中国社会科学院老年学者文库

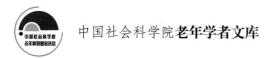

中国社会科学院**老年学者文库**

中国永佃制度研究

上 册

刘克祥 著

社会科学文献出版社
SOCIAL SCIENCES ACADEMIC PRESS (CHINA)

目　　录

导　言

　　所谓永佃制，从广义上说，是指佃农按额交租、有权"永久"性地耕种地主土地的一种租佃制度。不过作为一种完全的或典型的永佃制度，地主只能照额收租，无权随意增租、撤佃，佃农则不仅可以"永久"耕种，而且有权处置佃权，包括继承、转让、对换、退租、转租、抵押、典当、绝卖，等等。在典型的永佃制下，土地明显分离为所有权和使用权或收租权和耕作权（佃权）两个部分，所有权或收租权属于地主；使用权或耕作权属于佃农，并有相互对应的名称，但各地互不相同。在江苏、浙江、安徽一些地区，土地所有权或收租权称为"田底"，土地使用权或耕作权称为"田面"。在永佃制流行的其他地区，也大都有相应的名称，有的叫田骨、田皮，也有的叫骨田、皮田，田面、田根。此外还有田骨、田脚，田骨、佃头，下皮、上皮，下盘、上盘，里、面，民田、客田，民地、客地，民田、田脚，大租、小租，租子、地，卖租、顶手，大业、小业，大苗、小苗，粮田、赔田，里子、面子，苗田、税田，苗田、赔田，粮田、质田（粪质田），粮田、埂田，田土、肥土，租田、典首，丈田、佃田，大买、小买，大卖、小卖，大顶、小顶，根田、面田，大根、小根，大田、佃田，大田、小田，实田、浮田，大业、小田，大田、草粪，买价、承价，买价、批价，正田、绍田，租田、浮田，卖租、顶手，下皮、上皮，下面、上面，苗地、过投地，租田、批耕（顶耕、脱肩、顶肩、顶头、小典），租田、佃皮，等等，不下五六十种。在某些地区，地权、佃权名称甚至刚好颠倒，如在闽北建宁、延平、邵武府属诸县和闽西汀州府属地区，通常称土地所有权（租权）为田骨（亦称骨田），称耕作权为田皮（亦称皮田）；而福州、福宁府属诸县则称租权为田皮（亦称田面），称耕作权为田骨（亦称田根）。凡耕地有以上或类似名称的地区，都有永佃制的流行或存在，或曾经流行、存在永佃制。

封建社会后期，永佃制在欧洲和亚洲地区一度广泛流行。在欧洲，永佃制的起源很早，可以追溯到古代的森林地、葡萄园的永年租佃制和古罗马的隶农、"边境佃户"。到十二三世纪以后，随着西欧各国封建化过程的完成和商品经济的发展，各种类型的永佃制相继在英国、法国、德国、意大利、荷兰、比利时、葡萄牙等国形成并广为流行，到19世纪下半叶，才开始逐渐衰落。在亚洲，中国、日本以及朝鲜北部某些地区，都有永佃制的发生和发展。日本永佃制的大量兴起是德川幕府时代，明治维新以后逐渐衰落。

中国早在宋代，少数地区的佃农已开始获得某种形式的佃权，并出现了佃农之间的佃权顶退。明代，永佃制初步形成，在某些地区开始流行。清代前期和中期迅速发展，广泛扩散，除少数省区情况不明外，大部分地区都有永佃制的存在，永佃制已经成为一种带有普遍性的租佃制度。总的说，清代前期是中国永佃制度的鼎盛时期，此后，永佃制处于不断解体和再生的过程中。太平天国后，江浙皖一带，由于清朝地方官府和地主招佃垦荒，永佃制一度有所恢复、扩大，不过很快瓦解、衰颓，但与此同时，由于农民贫困化加剧，一些地区自耕农出卖土地而后佃种交租，出卖土地所有权而保留佃种耕作权，被称为"卖田留耕"或"卖马不离槽"的永佃关系多了起来，这使某些地区的永佃制在租佃关系中始终保持相当高的比重，这种情况一直延续到中华人民共和国成立和土地改革前夕。

永佃制的来源或形成途径很多，大致可分为六种，即开垦荒地；价买佃权；缴纳押租；长期耕种或改良、修补土地；出卖地权而又佃回耕种交租（俗谓"卖田留耕"、"卖马不离槽"）；各种形式的反抗斗争等。这六种途径，又可归纳为两类情况，一类是佃农从无到有，获得地主（包括封建官府）土地的耕作权或使用权；另一种是自耕农从有到无，丧失或"主动"（实际上是被迫）出让土地所有权，只保留土地耕作权或使用权。在不同地区，永佃制的来源或形成途径互有差异，在农业新垦区，永佃制主要形成于农民垦荒和价买佃权（相当部分垦荒也必须同时价买佃权或垦荒权）；在农业老垦区，永佃制主要形成于价买佃权（包括缴纳押租）、长期耕作和"卖田留耕"。从时间上看，在早期，永佃制主要形成于垦荒，在后期，永佃制主要来源于农民价买佃权和"卖田留耕"，而且越往后，"卖田留耕"越成为永佃制的主要来源。需要强调指出的是，农民的反抗斗争对永佃制有莫大的促进和捍卫作用。不仅早期永佃制的形成离不开农民（佃农是斗争主力）长期坚持不懈的斗争，而且某些地方永佃制的产生和维持更是佃农用鲜血和生命换来的。

地区分布方面，中国历史上的永佃制度，地域分布十分广泛，现有资料显示，除西藏、新疆、青海、宁夏（可能还包括贵州）等西部五省区外，其他各省区都有数量多寡不等的永佃制分布。其中热河、绥远、察哈尔、台湾等农业新垦区，是永佃制最为集中的地区，永佃制或永佃制蜕变后的衍生形态（即所谓"大、小租制"）构成了封建租佃关系的主体。在农业老垦区，苏南、皖南、浙江、福建、江西和广东的东江、韩江流域地区，永佃制的流行和分布，也十分普遍和广泛，永佃制及其衍生形态在封建租佃关系中占有相当比重，其中崇明岛的淤积地垦荒永佃，早在元代至元年间（1264—1294）已经定型，这是形成最早的永佃制之一，而且资料记载详明，很有研究价值。在苏南吴县、无锡部分农村，永佃制盛行不衰（这或许同自耕农"卖田留耕"有关），甚至到土地改革前夕，永佃制仍然是当地封建租佃关系的主体。在河北、东北部分地区则流行和分布着特种形态的旗地永佃。此外，在长江中上游流域和黄河中下游流域某些地区，也有永佃制的零星流行和分布，在陕南汉中部分州县，垦荒永佃一度成为封建租佃关系的主体。另外也还可见到某些特种形态的永佃制，如在紧邻山西、察哈尔的河北阳原，有在屯田民地化过程中形成的佃奴式永佃制；在云南，有武定的土司永佃制，等等。所有这些，真实反映了中国永佃制度地域分布的广泛性和永佃制形态、习惯的多样性、复杂性。

永佃制并未越出封建租佃制度的范畴，但又不同于传统的封建租佃制度。在传统封建租佃制度下，地主将土地出租给佃农耕种，但并未因此完全或永久性地丧失土地使用权或支配权，佃农只是"代耕"、"借耕"，召辞予夺，一任地主所为，"起佃久暂之权操自业户，租户不过按年出租而已……业户即便起佃，租户不得过问"。① 地主可以随时撤换佃农，任意改变租额、租率，或收回自种，终止租佃关系。直至明清之际，封建地主阶级仍然认为，"佃户出力代耕，如佣雇取值"。② 佃农的地位和身份接近于长工。永佃制度则不然，佃农可以"永久"耕种，甚至自由转租或让渡佃权，地主已经无权增租换佃或收回自种，对土地的所有权和支配权只限于照额收租。结果出现了土地的所有者无权自由支配和使用土地，而土地的自由支配和使用者却没有所有权的矛盾状态。所以，传统封建租佃制度仅仅表现为土地的所有同使用之间的分离，而永佃制在表现为土地的所有同使用之间分离的同时，进而表现为土地的所有权同使用权之间的分离。

佃农可以"永久"耕种地主土地的永佃制，既不同于中世纪欧洲的庄园农奴制，也不同于中国某些地区的世袭佃农制。按照封建的习惯权利，农奴或世袭佃农都可以"永久"性地耕种领主或地主土地，但是，他们很少甚至完全没有人身自由，对领主或地主有程度不同的人身依附关系，不能自由离开领主或地主土地。亦即农奴或世袭佃农对领主或地主土地的"永久"耕种，是以牺牲自己以及子孙的人身自由为代价的。在这种情况下，与其说农奴或世袭佃农有权"永久"耕种领主或地主土地，倒不如说领主或地主有权将农奴或世袭佃农永远固着在自己土地上，以保证自己的劳动人手和地租收入。而永佃农则不同，他们在人身上一般是自由的，可以"永久"或长期耕种，也可以随时退佃离开。反过来，地主则无权收回土地和撤换佃农，也不能将佃农永远束缚在自己的土地上。用一些地方的习惯说法，就是"只许客辞主，不许主辞客"。

作为一种典型的或完全的永佃制，必须具备两个前提：第一，地主无权撤佃，而佃农可以自由离开地主土地；第二，佃农有权转租或典卖佃权，地主不得干涉。只有这样，才表明佃农既有比较充分的人身自由，又有比较完全的佃权或土地使用权。否则，就不是一种完全的、典型的永佃制，而只能称之为一种不完全的或过渡形态的永佃制。不过，无论是在中国还

① 康熙《平和县志》第6卷，"赋役志"，康熙五十八年刻本，第18页。
② 顾炎武：《天下郡国利病书》第93卷，"漳州府·田赋"，清代抄本，第3页。

是其他国家，完全符合两个前提条件的永佃制，只占其中的一小部分。也就是说，大部分的永佃制是不完全的，或处于过渡形态的，但这并不排斥它们属于永佃制的范畴。

永佃制作为一种特殊的租佃制度，如同传统封建租佃制度一样，有一个产生、发展、成熟、解体和衰落的过程，并呈现出若干阶段。

佃农在无法获得土地和成为自耕农的情况下，最大的愿望就是不要被地主撤佃，能够稳定和无限期地耕种地主土地。"不欠租，不撤佃"，应是最初的、最起码的永佃制。所谓"不欠租，不撤佃"，或者是地主招佃时的允诺或契约设定。不同时期、不少地方都有这类契约存在，文字大同小异。不过留存下来的个案资料不太多，试举光绪年间皖南徽州的一纸租批为例：

> 立承租批人施长卿，今承租到程敬慎堂名下溪滩毗连园三块，坐落土名水碓山脚大路边，当日三面言定，每年春熟交纳干麦五斗，决不短少。客不欠租，东不加租管业；如租欠少，听从另召无辞。恐口无凭，立此租批为据。
>
> 再批，其园本系田税，倘日后成田，其租另议。原笔面批。
>
> 光绪拾壹年十一月　日立租批人　施长卿
>
> 凭中　何全美
>
> 代书　胡正长①

和仅仅单方面约束佃农的普通租约不同，这纸租约首先对地主的增租夺佃行径以某种条件限制，载明"客不欠租，东不加租管业"，而后才是"如租欠少，听从另召无辞"。佃农只要不欠租，就可以在原有条件下持续和无限期耕种。

"不欠租，不撤佃"，也可能是某些地区多年形成的租佃规则或乡俗惯例。在这种租佃关系下，地主不可能不需要任何理由就撤换佃户。佃农只要不欠租，就可以无限期耕种。这意味着佃农有了最起码的佃权，但这种

---

①　中国社会科学院历史研究所收藏整理：《徽州千年契约文书·清民国编》，卷3，花山文艺出版社1994年版，第167页。

权利还不是很明确，也没有增租限制，地主可以增加租额，使佃农无力完租，为撤佃制造借口。佃农的佃权并不稳固，更无处置佃权的自由。

随着时间的推移，永佃制继续成长，佃农的佃权逐渐明确、稳固：契约或习惯规定，地主不得"增租夺佃"，佃农可以"永远耕种"，地主无法通过增租以达到撤佃的目的，佃农的佃权有了确实保障。不过佃农仍然不能自行处置佃权，若不耕种，必须交给地主，但可获得若干"犁头费"或"工本费"作为补偿。

永佃制再往下发展，佃农可以进而处置佃权，只是必须事先通知地主，获得地主的同意，有的还要求新旧佃户一同到地主家中订立新约。这时，佃权逐渐从地权分离出来，开始有自己的名称和价格。最后，佃农可以自由处置佃权，无论继承、转租、典当、绝卖，地主均无权干涉。同时，地主的土地买卖和转移也不影响佃农耕作，佃权发展成为同地权平行的一种产权。

佃权与地权的最终分离，标志着永佃制的发展进入了完全成熟的阶段。不过也正因为这种分离，开始并加速了永佃制的分解和衰落。佃农既然有权转租、典当、绝卖佃权，也就存在随时失去佃权的危险。当佃农转租佃权，或出卖佃权而买主并非自耕，或佃农出卖（当）佃权而后佃回耕种纳租，其结果都是作为直接生产者的永佃农同土地使用权分离，直接导致永佃制的分解。

具体到每个地区，永佃制的发展、变化，不一定都要经历上述几个阶段，但都有一个从萌发、产生到成熟、解体的过程。由于各地历史条件和社会环境互有差异，永佃制的产生时间、形成途径、发展程度、表现形态各不相同，全国永佃制呈现出多样化的态势。

永佃制的发生和发展，标志着佃农由封建依附农向自由农的转化。通过永佃制的考察，以及中外永佃制度的比较研究，可以窥见中国封建社会后期封建土地制度、租佃关系、农村阶级关系、农业生产以及整个社会经济的一系列重大变化，从中发现某些带有规律性的东西。因此，在封建社会后期历史特别是经济史的研究，以及资本主义生产关系发生发展的研究中，永佃制无疑是一个不可忽视的课题。

早在 20 世纪二三十年代，中国就有人就永佃制的问题做过某些局部的调查和研究，但尚处于起步阶段。近二三十年来，永佃制问题的探讨，在史学界开始受到重视，若干专题论文陆续发表，一些有价值的档案资料被整理出版，尤其是近年来徽州地契、文书档案的发掘、整理出版，取得了重大进展，给永佃制研究提供了大量珍贵资料。这些都是可喜的。不过总的来说，对永佃制这一重大问题的研究，还处于起步阶段，无论是总体研究，还是个案分析，无论是广度还是深度，都还远远不够，有的甚至连基本情况也不清楚。在研究过程中，学术界在永佃制相关问题上存在的许多见解，有的固然属于观点分歧，但有不少是因为资料局限、研究尚浅、情况不明、认知歧异。比如，认为永佃制是中国封建社会后期"特有的"一种租佃制度，在太平天国以前"存在很少"，只是到太平天国失败后才广泛出现在江浙皖以及赣鄂个别县区；"永佃制在江浙皖赣等省的发展和扩大，是太平天国革命失败后才有的历史现象"。诸如此类的观点和提法，直至 20 世纪八九十年代，在一些专题论文和大学教科书中，仍时有所见。

更普遍的是概念和范畴模糊、错乱。例如，不明了租佃关系中佃农对地主土地的"耕作"或"使用"同"耕作权"或"使用权"之间的区别，将普通佃农对地主土地的使用同永佃农的土地使用权混为一谈，认为租佃关系的产生，意味着土地所有权和使用权的分离，"租佃制度是土地所有权与使用权分离的制度"。这等于说，所有佃农都持有永佃权或土地使用权，一切租佃制度都是永佃制。某些论者不仅将土地所有权与使用权分离说成是租佃制度的产物，甚至将它直接同土地制度挂钩，认为"只要存在土地的物权，就存在所有权和使用权的分离"。按照这种说法，在一切租佃关系下，土地固然被分割为所有权和使用权两部分，即使土地的所有者和使用者是同一个人，如奴隶主庄园、封建地主庄园、经营地主或经营性地主、自富农、小自耕农等，其土地也无不"存在所有权和使用权的分离"，简直令人匪夷所思。还有，将押租完全等同于永佃制下的佃权价格，认为"通过押租，地主把土地的使用权（或经营权）出让给了佃农，押租就是佃农取得佃权的代价"，等等。这类似是而非、张冠李戴的论断，当然不能视为通常意义上的学术观点分歧，而是源于对永佃制及其基本特征缺乏最起码的认知。同时也从一个侧面反映出对永佃制的研究及相关知识传播的欠缺，进而影响学人对传统封建租佃制、押租制和永佃制基本属性、特征的了解。

有鉴于此，在具体考察和讨论永佃制之前，有必要把永佃制的内涵和外延以及有关基本概念弄清楚，否则就会各说各话，无法找到共同的语言。

永佃权作为使用权同直接生产者的结合，是永佃制不可或缺的本质特征。永佃制既然是佃农享有永久耕作权（永佃权）的租佃制度，这就决定了，佃农必须是掌握佃权而又自己耕作经营土地（当然也包括雇工经营）的直接生产者，作为永佃制在法律（包括成文法和习惯法）上表现形式的永佃权，必须是同直接生产者相结合的土地耕作权或使用权。永佃制所体现的阶级关系，应该而且只能是掌握土地所有权的地主和作为土地耕作权的佃农之间的社会、政治、经济关系，亦即支配与被支配、剥削与被剥削的关系。

由于在永佃制度下，佃农有转租、典当、售卖佃权的自由，佃农对佃权的关系会发生多种变化：他可保持佃权而放弃耕作，也可放弃佃权而继续耕作，还可同时放弃佃权和土地耕作。前两种情形意味着，永佃权已经同直接生产者相分离（永佃制同时消失）；第三种情形，如果永佃权的获得者并不自己耕种，而是招佃收租，问题的性质也一样。这样一来，永佃制就发生了蜕变：原有意义上的永佃农不再耕作经营土地，而作为直接生产者的现耕佃农并无永佃权。在这种情形下，尽管还保留着永佃制某些形式和名称，但其性质已经改变，佃权持有者（有的地区称"田面主"）已经不再是永佃农，而是收取部分地租的食利者。"田面权"也不再是原来的永佃权（土地使用权），而是变成了另一重收租权。这种蜕变了的租佃关系也不再具有永佃制所特有的属性。

现在一个十分普遍的情况是，一些研究永佃制的学者，只要见到某处土地分离成田底、田面或田骨、田皮等两个部分，不问田面持有人是直接耕作土地的永佃农还是招佃收租的"二地主"（食利者），一律将其作为永佃制加以分析、阐发，甚至颂扬。结果自然是差之毫厘，失之千里。

当然，也不排除这种情形：永佃农在转租土地时，现耕佃农通过缴纳佃权价格或带有佃权价格因素的押金，取得某种形式的佃权；或现耕佃农在耕作过程中，投入工本，改良土壤，形成"浮土"、"粪草"，提高土地的附加值，出租人不得随意撤佃；或现耕佃农将土地顶退，收取顶价。随着顶退次数的增多，顶价升高。新佃因土地系有价顶耕而来，不会轻易同意出租人收田换佃。久而久之，顶价演变成佃权价格。在上述三种情况下，现耕佃农都持有公认的或事实上的佃权，也算一"主"。甚至某些现耕佃农转租，新佃也会有某种形式的佃权。原来的"一田二主"发展为"一田三主"、"一田四主"。不过，与"一田二主"不同，"一田三主"、"一田四主"下的永佃农必须缴纳双重、三重地租，永佃权大幅度贬值。佃农因地租负担加重，经济状况恶化，所持永佃权的牢固性和稳定性也大大降低。因此，"一田三主"、"一田四主"同"一田二主"下原始形态的永佃制，不可同日而语。

我们在研究永佃制及其发展变化时，自然要考虑和分析永佃制下的土地转租和佃权买卖，以及由此引起的地权分割、租佃形式、地租剥削以及阶级关系等方面的变化，但不能将永佃制、永佃权的蜕变或衍生形态仍然看成永佃制、永佃权的原始形态，并据此判定永佃权的原有属性。

有的研究者将永佃制衍生形态下已经蜕变为收租权或所有权的田面权，仍然视为永佃制初始形态下的佃权或佃农使用权，以为佃权发生由"使用权"到"所有权"的质的变化，仍未丧失其原有的"使用权"性质，而是同时兼有"所有权"，二者合而为一，强调"在永佃制度下，佃权不单是使用权——即给地主保证劳动人手的工具，而且还是一种土地所有权，它不为租权所支配，不受租权所制约"。这种论断的谬误是不明了或忽略了永佃制度的规定性与固有范畴。因为在永佃制范畴内，永佃农所拥有的佃权，同地主持有的收租权或所有权相对应，只能是一种耕作权或使用权，不可能同时又是所有权。佃权由"使用权"到"所有权"的质的变化，同永佃制的蜕变或消失，是同时发生的，是一个事物的两个方面。事实上，佃权一旦同直接生产者分离，不论永佃农转租，还是落入第三者手中，佃权即刻由耕作权或使用权变为收租权，以佃农享有土地耕作权为本质特征的永佃制也就不再存在。

永佃制作为封建社会后期开始形成和广泛流行的租佃制度，作为封建租佃制度一个重要组成部分，涉及的范围广泛，不同类别、不同地区、不同时段的永佃制，乡俗惯例、租佃规则、主佃关系，情况互异，内容繁复。本书试图从纵的方面，就其发生、发展和演变过程，尽可能勾画出一个大致的轮廓；从横的方面，作一断面剖析，就永佃制的形成途径或类型，永佃制的地域分布，永佃权的权利习惯和性质，永佃制下的主佃关系，永佃制下的租权和佃权买卖，以及永佃制的历史地位等问题，做初步的探讨和分析。在研究方法上，采用经济学与历史学相结合的方法，着重考察永佃制下各种经济因素和社会、经济关系，阐述永佃制对当时社会经济特别是农业生产发展所产生的影响。

第一章　永佃制发生、发展的历史条件

永佃制作为封建社会后期一种带有普遍性的租佃制度，它的发生和发展，不是由于某种偶然的因素，而是封建经济结构内部各种矛盾发展和相互制约的结果，是封建经济发展到一定阶段的产物。

中国永佃制主要形成于明代后期和清代前期，促成当时永佃制度发生发展的历史条件，可以从以下三方面来考察：第一，商品经济的发展导致地主生活方式和剥削方式的变化，以及佃农独立经营要求的增强；第二，农民争取土地和人身解放的斗争加剧，促成封建依附关系的松弛和佃农地位的提高；第三，土地买卖频繁、兼并加剧和人口的增长，造成佃农在土地耕作方面新的困难。

一　商品经济发展，佃农独立经营要求的增强

中国历史发展到明清两代，已进入封建社会的晚期和末期，农业生产力和整个社会经济有了进一步的发展，商品经济上升到了一个新的高度。在此基础上，明代中后期出现了资本主义生产关系的萌芽，清代中期则有所成长；再晚些时候，到鸦片战争后，加上对外贸易的刺激和西方资本帝国主义经济侵略的冲击，一些地区农业中的商品性生产和城乡商品流通又有进一步的发展，从而使原来自然经济占绝对统治地位的封建经济结构，逐渐发生变化。

明清时期特别是清代，农业生产力有较明显的发展，耕地面积增加，农业区域扩大。一方面，老垦区的耕地由平原、河谷、丘陵地带向山林、河滨、

湖滨、海滨扩充；另一方面，内地的剩余劳力和破产农民逐渐向边远地区迁移，出现了陕南山区、河套地区以及新疆、台湾、内蒙古和东北等新的农垦区。在作物的栽培种植上，玉米、番薯等适应性强和稳产高产作物的引进、推广，[1] 扩大了土地的农业利用范围，改变了农业的作物结构，提高了土地单位面积产量和农业的保险系数。在当时人口大量增加的情况下，对减轻人口对土地的压力，维持社会的安定和经济文化发展，有着深远的意义。

各种经济作物的种植也得到了进一步的推广。南方地区的甘蔗、蚕桑和茶叶种植，继续扩大，棉花生产在宋元之际，同时由南部和西部传入，南部由广东、福建而华中地区，西部由新疆、甘肃而华北地区，两路汇合。[2] 约在明末清初时期，进而推广到内蒙古和东北地区。明代中期以后，又引进、推广了烟草和花生的种植。明清两代，相继出现和扩大农业的区域性分工，出现以生产某种经济技术作物为主的专业区或专业户。此外，农业生产工具、耕作技术也有程度不同的改进。明清两代农业的发展，既表现为量的扩大，也表现为质的提升。只是由于人口增长过快，人均土地减少，质的提高不表现为通常的农业劳动生产率的提高，亦即单个农业劳动力所提供的农业收获量的增加，只表现为农业集约化程度，亦即单位面积产量的扩大。相反，劳动生产率不一定提高，甚至可能递减。农业集约化和劳动生产率二者之间的关系，可以按照假设，列如表 1－1。

表 1－1 农业集约化和劳动生产率二者之间关系

单个成年劳力耕作面积（亩）	单位面积产量（斤）	总产量（斤）
100	100	10000
50	150	7500
30	200	6000
20	250	5000
10	300	3000

---

① 关于玉米、番薯的引进和传播情况，参见陈树平：《玉米和番薯在中国传播情况》，《中国社会科学》1980 年第 3 期。
② 参见冯家昇：《我国纺织家黄道婆对于棉织业的伟大贡献》，《历史教学》1954 年第 4 期，第 19—20 页。

从表中可以发现，在单个劳力所耕种的土地面积不断减少的情况下，尽管单位面积产量相应提高，但他所获得的总产量却是递减的。虽然这是一组假定的数字，但这种随人口增加而出现的劳动生产率的递减率，在没有重大的技术突破或其他改革的情况下，恐怕是一个普遍的规律。

在农业生产发展的基础上，出现了商品生产、商业流通和对外贸易的发展。

正是由于粮食生产的发展，特别是高产作物的推广和单位面积产量的提高，即使在人口不断增长的情况下，各种经济作物的生产仍然不断发展，并随之而出现了农业生产区域性分工，出现了专业区和专业户。如果说，在农业区域分工尚不明显的情况下，相当一部分经济作物的产品仍然只供生产者自己消费，因而谈不上商品生产，那么，出现了经济技术作物的专业区、专业户以后，这种生产就越来越多地变成商品生产了。它们的产品不但要出卖，而且要销往其他地区，甚至省外、国外。同时，他们又必须依赖其他生产者或地区，供应粮食和其他用品，这又促成了粮食生产的专业化，出现了以粮食和经济作物及其制成品为主要内容的区域商品流通。当然，从政治经济学的角度来分析，在明清时期，大部分的商品生产者，还只是为买而卖，因而只是交换价值形式下的使用价值生产。也有一部分产品进入流通，但并不是商品生产。尽管如此，当时的商品生产一直在不断发展，却是无可置疑的事实。

以商品性经济作物和粮食为原材料的加工业和其他制造业，也有了相应的发展。随着棉花商业性生产的发展，不但老棉区的轧花业、棉纺织业、染布业、染料作物等商品生产，以及内部分工，也有了进一步的发展，[①] 而且有人从内地前往东北等地分别从事棉织和棉花种植。[②] 这也是值得注意的一种新发展。其他如丝织业、制茶业、榨糖业、榨油业、酿造业、木材业、

---

① 参见严中平：《中国棉纺织史稿》，科学出版社1955年版，第22—26页；韩大成：《明代商品经济发展与资本主义萌芽》，见中国人民大学历史教研室编：《明清社会经济形态研究》，上海人民出版社1957年版，第13页。

② 如乾隆年间，奉天铁岭县一带，即有来自山东海丰、青州、禹城一带的农民和织布匠从事棉花种植和织布业的商品生产。（中国第一历史档案馆、中国社会科学院历史研究所合编：《清代地租剥削形态》，上册，中华书局1982年版，第237—239页。）

造纸业以及采矿业、冶炼业，也都大大发展了。

随着商品生产和商品流通的发展，出现了区域性市场的形成和大小城镇的产生与扩大。唐代的大城市只有长安、扬州、洛阳等少数几处，宋代增加广州、泉州、温州、明州、杭州、澉浦、秀州诸城，明代则开始遍布各地。明代前期，包括北京、南京在内，全国已有 33 个较大的商业、手工业城市。明中叶以后，淮安、岳阳、芜湖、宁波、天津等 24 个城市，也逐渐发展起来。① 城市规模和人口密度也越来越大。如万历年间的南京，尽管"街道宽广，虽九轨可容"，还是因"近来生齿渐蕃，民居日密，稍稍侵官道以为廛肆，此亦必然之势也"。② 浙江乌青镇，也是"升平既久，户口日繁"，以致"十里之内，居民相接，烟火万家"。③ 这种情况的出现，既是由于城镇自身人口的繁殖，也是农村人口流入城市、农村人口城市化的结果。在此基础上，出现了某些地区城镇专业化，形成某些有特点的手工业中心。据考察，明嘉靖前后，是形成这一特点的枢纽期。④

上述情况表明，明清时期特别是有清一代，商品经济确已发展到一个新的高度。

从本质上说，封建经济是一种自给自足的自然经济，总的看来，明清社会经济也仍是一种自然经济。商品经济则是作为自然经济的补充和对立物而出现的，但它一经出现，就在越来越大的广度和深度上冲击着封建经济。具体到封建租佃关系，则影响和改变着地主的剥削方式和佃农的经营方式，影响和改变着地主和佃农之间的阶级关系。

在商品经济日益发展的情况下，不论是地主还是农民，都加强了同商品货币市场的联系。商品经济愈发达，地主生活愈奢侈，其生活用品愈来愈大的比重必须从市场购买，他们自身则往往转营或兼营商业。以地租为资本经营商业，又以商业利润购买土地，增殖地租，成为一部分封建地主新的剥削方式和手段。由于城镇豪华生活的吸引以及经商本身的需要，地

---

① 秦佩珩：《明代经济史述论丛初稿》，河南人民出版社 1959 年版，第 1—2、7 页。
② （明）谢肇淛：《五杂俎》，中华书局 1959 年版，卷之三，地部一，第 72 页。
③ 乾隆《乌青镇志》，乾隆二十五年刻本，第 32 卷，形势，第 1 页。
④ 秦佩珩：《明代经济史述论丛初稿》，河南人民出版社 1959 年版，第 6 页。

主居城之风也日渐盛行。明代前期，福建建阳一带的地主就有不少住在城里，因而"乡民多耕市民田土"；① 闽清、闽侯地主多习惯住在福州。因此该地的田土买卖契约大都标有福城"福城林衙"、"福城王衙"、"郑衙"等等字样；② 宁化地主大户则大多住在县城。③ 在安徽，休宁的巨族大姓，纷纷挈家迁居外省城镇。④ 江苏、浙江、福建一带的豪绅大户，更是很少有住在乡下的。这些城居地主通常只在乡间设廒收租，如明末福建，"其田主及有力家城居者，仓廒既设外乡，或设他县"，每年收租，"不过计家口所食谷几何，量运入城，余尽就庄所变粜，即乡居大户亦然"。⑤ 他们并不过问土地经营，甚至连租谷也要佃农直接运往城里。如福建邵武，"田米名色不同，佃人负送城中曰送城大米，散贮各乡者曰顿所小米。大米田价倍于小米"。⑥ 这样，时间愈长，他们对农业生产和土地经营情况愈加漠然无知，甚至不知道土地疆界和佃户姓名，这就不能不减弱他们对佃农的支配。

在地租剥削方面，由于商品流通的发展，无论是城居地主还是乡居地主，生活都日趋奢靡，开支越来越大，特别是对货币的需求量急剧增加。城居地主尤甚。清代前期，有人比较城居和乡居用度时说，城居"薪炭、蔬菜、鸡豚、鱼鰕、醴醯之属，亲戚人情应酬宴会之事，种种皆取于钱"；"居乡则可以课耕数亩，其租倍入，可以供八口，鸡豚畜之于栅，蔬菜畜之于圃，鱼鰕畜之于泽，薪炭取之于山，可以经旬累月，不用数钱。且乡居则亲戚应酬寡，即偶有客至，亦不过具鸡黍。女子力作，可以治纺绩，衣布衣，策蹇驴，不必鲜华，凡此皆城居之所能"。因此，必须"有二三千金之产，方能城居……若千金以下之业，则断不宜城居矣"。⑦ 正因为如此，

---

① 《明英宗睿皇帝实录》，卷177，正统十四年四月癸卯建阳耆民林惠言三事。
② 傅衣凌：《明清农村社会经济》，生活·读书·新知三联书店1961年版，第60—65页。
③ 康熙《宁化县志》，卷7，寇变，同治八年重刊本，第57页。
④ 廖庭奎：《海阳记录》，卷下，转见傅衣凌：《明清时代商人及商业资本》，人民出版社1956年版，第78页。
⑤ （明）周之夔撰：《弃草集》，江苏广陵古籍刻印社1997年刊本，文集卷之五，第11页。广积谷以固闽圉议。
⑥ 咸丰《邵武县志》，卷之四，田赋志。所述为康熙时情形。
⑦ 张英：《恒产琐言》，见贺长龄：《皇朝经世文编》，思补楼光绪十二年补校本，卷36，户政十一·农政上，第46—47页。

他们不再满足于直接役使佃户，而是力图榨取更多的实物和货币，征租方式则要求稳妥而简便易行。这就促成了地租形态和征租方式的变化，亦即劳役地租向实物地租、实物分成租向实物定额租以及实物地租向货币地租（包括货币折租）的转化。

明代中叶以后，劳役地租已经大大减少，并开始出现了实物地租向货币地租或折租的转化。南京一些寺田的地租形态转化过程是这样的：先是夏粮折银，冬粮折米，因"豆麦非急用，故从折色，以充杂费；米所必需，且不似银两之易于侵耗，故从本色"。但到万历三十年（1602）以后，冬米亦往往折银。① 从现存的一些皖南明代地租簿和分家书中，也可发现少量的货币租或折租。到清代前期，地租形态的转化更加明显和普遍。劳役地租已经基本上为实物地租所取代，货币地租虽然还不占优势，但一些地区已有相当大的比重。有人根据清代刑科题本中有关地租形态的材料进行统计，发现乾隆、嘉庆两朝货币地租的比重均为30%左右。② 这项统计不一定与实际情况吻合，但仍可由此推知当时货币地租已占有一定的比重。而官田和旗地，货币地租的比重可能还要大一些。

当然，明清时期佃农以现金缴纳的地租中，相当一部分还不是完全意义上的货币地租，而是实物折租。其数额除大部分固定外，有些则不但随谷物市场价格而改变，甚至按土地的实种作物折价，如乾隆年间江苏奉贤一宗租田，原定租米14石5斗，以后改完折租，但不是按米折价，而是规定，"种了稻子还稻价，种了棉花还花价"。③ 这是实物地租和货币地租之间的一种过渡形态。

实物地租本身也在发生变化，即由分成租向定额租转化。到乾隆年间，

① 《金陵梵刹志》，第50卷，转见纪庸：《苏南永佃制起源试探》，《中学历史》1980年第3期。
② 乾隆朝刑科题本中有关地租形态案档888件，其中劳役地租7件，占0.8%，实物地租628件，占70.7%，货币地租253件，28.5%（刘永成：《清代前期的农业租佃关系》，《清史论丛》，第2辑，中华书局1980年版，第78页）。嘉庆朝刑科题本中有关地租形态案档272件，其中实物地租177件，占65.1%，货币地租95件，占34.9%（李文治：《中国近代农业史资料》，第1辑，生活·读书·新知三联书店1957年版，第70页）。
③ 中国第一历史博物馆、中国社会科学院历史研究所合编：《清代地租剥削形态》，上册，中华书局1982年版，第136页。

在全国许多地区，特别是南方地区，定额租已经成为主要形式。从乾隆刑科题本中所看到的情况是：乾隆朝 60 年间，有关实物地租的案档 628 件，其中定额租 531 件，占 84.6%，分成租 97 件，占 15.4%。如果加上刑科题本中的另外 242 件钱租和 11 件折租（钱租和折租属于货币定额组），定额租所占比重就更大了。① 与此同时，押租也日益流行和普遍。有人根据刑部档案等有关资料进行粗略统计，清代前期各省有押租数目为，康熙朝 2 个，雍正朝 5 个，乾隆朝增至 35 个，嘉庆朝达到 97 个。②

随着地租形态和征租方式的上述变化，地主对佃农的地租剥削必然不断加重，而对佃农的人身支配则逐渐减弱。劳役地租转化为实物地租，地主对地租亦即佃农剩余劳动的榨取，也就由劳动的自然形态转化为实物形态，地主无需直接监督劳动；分成租转为定额组，地租量的多寡不再直接取决于农业收成的好坏，地主一般不可能通过提高佃农劳动强度的手段来增加地租收入，佃农的田间劳动有了较大的自主性；至于实物地租转化为货币制度，地主征收的不再是实物，土地作物品种的选择，对地主来说也就无关紧要，这就使佃农在土地使用和生产安排上有了更大的自由。马克思在谈到货币地租对封建主佃关系的影响时指出，"在实行货币地租时，占有并耕种一部分土地的隶属农民和土地所有者之间的传统的合乎习惯法的关系，必然会转化为一种契约规定的，即按成文法的固定规则确定的纯粹的货币关系"。③ 从中国明清时期的实际情况看，实行货币地租时的主佃关系，也是朝着这个方向转化的。这是一方面。另一方面，由于这种转化"一般只是在世界市场、商业和手工业有一定的比较高的发展程度以后才有可能"。④ 而明清时期尚不具备这种条件。因此，不能把这种转化估计过高。

随着社会分工和商品经济的发展，以及货币地租的实行，佃农同商品货币市场的联系也愈来愈密切，愈来愈需要用自己的一部分剩余产品去换取必要的生产和生活资料。为此，他们总是力图更快更多地将农副产品投

---

① 刘永成：《清代前期的农业租佃关系》，《清史论丛》，第 2 辑，中华书局 1980 年版，第 78 页。
② 江太新：《清代前期押租制的发展》，《历史研究》1980 年第 2 期。
③ 马克思：《资本论》，第 3 卷，人民出版社 1975 年版，第 899—900 页。
④ 马克思：《资本论》，第 3 卷，人民出版社 1975 年版，第 899—900 页。

放市场。用地主阶级的话说，就是"妄希贸易以博利"。① 有的甚至"朝登陇亩，夕贸市廛"。② 在一般情况下，商品生产和商业流通愈发达，农产品的商品化程度也愈高，佃农对市场的联系和依赖程度愈深。至于棉花、茶叶、烟草、蚕丝、甘蔗、蓝靛、木材、纸张等经济作物和农工产品，则大部分乃至全部是当作商品来生产的。显然，佃农的这种生产已经不是原来单纯的使用价值生产，而是一种价值生产，至少是价值形式下的交换价值生产，或交换价值形式下的使用价值生产，使佃农的生产"失去了它的独立性，失去了超然于社会联系之外的性质"。③ 因此，产品的规格、种类和投放时间，生产单位产品的个别劳动时间和社会必要劳动时间的差距，市场供求和价格的变化等，都直接影响佃农的生产和生活。这就要求生产者及时了解、适应市场的需要及其变化，亦即要求进一步摆脱地主的直接控制，更加合理地使用土地、支配生产时间，进行独立经营。

同时，随着商品经济的发展和货币地租的实行，佃农的贫富分化加剧。列宁指出，"在自然经济占统治地位的情况下，依附农民的独立性一扩大时，也就会出现农民分化的萌芽。但是这种萌芽，只有在下列的地租形式下，即在货币地租形式下才能得到发展"。④ 正是这种分化，使他们的生产规模和土地需求状况经常不断地发生变化：有的为了扩大生产需要增租土地；有的则因经济状况恶化或外出谋生，必须将土地转让。为了适应这种变化，无论富佃还是贫佃，都希望在土地的租佃和所租土地的转让方面有一定的自由。而地主的经商、居城，特别是地租形态和征租方式的变化，则为佃农上述要求的实现提供了某种条件。

在不同的地租形态下，佃农的生产独立性和人身自由程度是不一样的。货币地租同劳役地租、实物地租相比，其间的差别固不待言。即使同是实物地租，分成租制和定额租制下佃农的状况也是有很大差别的。一般地说，在分成租制下，大多数佃农除了土地这一基本生产资料是地主的以

---

① 咸丰《南浔镇志》，卷21，同治二年刻本，农桑，第1页。
② 乾隆《泉州府志》，卷20，同治九年重刊本，风俗。所述为明代和清代前期情形。
③ 马克思：《资本论》，第3卷，人民出版社1975年版，第898页。
④ 《列宁全集》，第3卷，人民出版社1963年版，第145页。

外，房屋、耕牛、农具、种子、肥料等，也程度不等地由地主供给。在有些地区，这种佃农被称为"拉鞭的"或"搭种地的"。[①] 形容他们除了一条鞭子外，别无其他生产资料，或者只有一些小型农具之类的次要生产资料。说明这些佃农虽有自己的个体经济，但极不完备。而定额租制特别是货币租制下的佃农，大多有自己的房屋、耕牛、农具、种子、肥料等，个体经济比较完备。[②] 在分成租制和定额租制下，佃农在生产和人身方面的自由程度也是不一样的。在分成租制下，土地产量的高低直接决定地主地租收入的多寡，各种大小生产资料又多由地主提供，地主对佃农的生产活动和日常生活势必进行直接干预，甚至驱使佃农从事某种劳役。因此，分成租往往是同各种形式的劳役租残余联系在一起的。而在定额租制下，由于租额是固定的，地主通常不可能直接通过加大佃农劳动强度来提高租额；佃农除土地外，一切生产资料属自己所有，地主也就没有必要事无巨细地干预他们的生产活动和日常行动。经济上的相对独立，也就为人身上的相对独立提供了基础。当时有人在比较南北佃农在这方面的差别时说，"北方佃户，居住业主之庄屋；其牛、犁、谷种间亦仰资于业主，故一经退佃，不特无田可耕，亦无屋可住，故佃户畏惧业主，而业主得奴视而役使之。而南方佃户，自居己屋，自备牛种，不过借业主之块土而耕之，交租之外，两不相问，即或退佃，尽可别图，故其视业主也轻，而业主亦不能甚加凌虐"。[③] 同时，对佃农来说，既然租额是固定的，就有可能通过改良土壤、加强田间管理等项措施，提高产量，增加地租以外的余额，从而有发展生产的更大积极性和可能性。为了自己的工本和劳动成果，特别是兴修水利、改良土壤、开垦四周余地等长期效益的投资，不被地主吞没，佃农在努力发展生产的同时，势必更加迫切要求在土地使用上有足够的稳定性。

---

① 李文治：《中国近代农业史资料》，第 1 辑，生活·读书·新知三联书店 1957 年版，第 272 页。

② "对那些和土地不同的劳动条件（农具和其他动产）的所有权，在以前各种形式中就已经曾在事实上，然后又在法律上，转化为直接生产者的所有权；这一点对货币地租来说，更是先决条件。"（马克思：《资本论》，第 3 卷，第 898 页。）

③ 《乾隆朱批奏折》，乾隆四年八月初六日两江总督那苏图奏。

历史的规律就是这样：商品经济愈发展，地主和佃农同市场的联系愈密切，他们相互之间的封建依附关系愈是趋于松弛，佃农在生产和经营上的独立性也就增强了。这就为永佃制的发生和发展提供了条件。

二　土地兼并、人口增加、佃农租地困难的加剧

土地买卖频繁，地主肆意兼并，而人口以前所未有的速度增加，使得土地的供求矛盾日益尖锐，佃农租种土地愈加困难，也是促成永佃制产生的一个重要历史原因。

很早以来，中国的土地就可以自由买卖，封建士大夫和商人置田霸产之风素盛。明清时期，随着商品经济的发展，在地权分配方面，又出现了新的因素：第一，随着商品经济的发展和社会分工的扩大，一些地区由原来的单一粮食生产变为多种经营，这中间既有专业区和专业户的形成，也有一家一户的兼种多营，从而使得收益增加。在这种情况下，无论地主还是农民，获取和使用土地的欲望大大增加了；第二，由于商品经济本身固有的规律，出现和加速中小地主特别是小生产者的分化，被卷入买卖过程的土地数量增多，地权转移也比以前更加频繁；第三，由于商品经济的刺激，一方面是地主兼营商业，另一方面是商人投资土地，形成二者的结合。再加上官绅地主依仗封建特权，大量掠夺和垄断土地，导致土地兼并加剧，地权日益集中，自耕农民加速破产。

明朝初年，朱元璋即将大批土地分赐皇族国戚、勋臣公侯等，再加上这些人掠买强占，很快就出现了激烈的土地兼并，中后期尤为严重。宪宗成化年间（1465—1487），京畿八府"良田半属势要家，细民失业"；大同、宣府"诸塞下，腴田无虑数十万，悉为豪右所占"。[①] 苏松一带，自嘉靖后，"豪家田至七万顷，粮至二万，又不以时纳"，专以"侵欺拖欠"为能事。[②]

---

① 《明史》，卷155，列传第四十三·蒋贵传，中华书局1974年版，第4260页。
② 张居正：《张文忠公文集》，商务印书馆1935年版，书牍六，第319页，《答应天巡抚宋阳山论均粮足民》。

潞王在湖广有田 7 万顷，福王在河南、山东、湖广等处亦占田 2 万顷。福建福州，"郡多士大夫，其士大夫又多田产，民有产无几耳"。① 不但福州如此，整个福建都一样，全省情况是，"仕宦富室，竞相畜田，贪官势族，有畛隰遍于邻境者。至于连疆之产，罗而取之，无主之业，嘱而丐之；寺观香火之奉，强而寇之，黄云遍野，玉粒盈艘，十九皆大姓之物，故富者日富，而贫者日贫矣"。②

明末清初，人口大幅度衰减，社会经济遭到严重破坏，清政府为了恢复农业生产，下令将一部分明代王公勋戚庄田改为"更名田"，归原耕佃户耕种、所有，并鼓励农民领垦无主荒地，作为己业交粮纳赋。这些都有利于地权和耕者的结合，使地权分配严重不均的问题一度有所缓和。但是，随着农业生产的恢复和发展，又一次出现了土地的剧烈兼并，"一人而兼数十人之产，一家而兼数十家之产。田无定数，以其所入与民为市，益附其富，而无田者半"。③ 到康熙、雍正、乾隆年间，大部分或绝大部分土地又落入少数地主手中，自耕农相继沦为佃户，如江苏华亭、青浦、娄县一带，富者"一户而田连数万亩，次则三、四、五万至一、二万者"，而原有田三亩、五亩的"里中小户"，田产相继"化为乌有"。④ 在崇明，"强者侵渔僭窃，田连阡陌；而弱者拱手他人，身无立锥"。⑤ 安徽庐江，"田归富户，富者益富，贫者益贫"。⑥ 乾隆前期的四川、两湖等地，"田之归于富户者，大约十之五六。旧时有田之人，今俱为佃耕之户"。⑦ 各地少数豪绅巨富，田产动辄以"万亩"、"万顷"计。江苏吴江地主沈懋德有田万余亩，海州孟思鉴有田五千余亩，刑部尚书徐乾学在无锡置田万顷，少詹事高士奇在浙

---

① 《明史》，卷 203，列传第九十一·欧阳铎传，中华书局 1974 年版，第 5363 页。
② （明）谢肇淛：《五杂俎》，卷之四，中华书局 1959 年版，地部二，第 116 页。
③ 吴铤：《因时论十·田制》，见盛康辑《皇朝经世文续编》，卷 35，光绪二十三年刊本，户政·赋役二，第 2 页。
④ 叶梦珠撰、来新夏点校：《阅世编》，卷 1，上海古籍出版社 1981 年版，田产一，第 23 页。
⑤ 沈寓：《治崇》，见贺长龄辑《皇朝经世文编》，第 23 卷，思补堂光绪十二年补校本，吏政九·守令下，第 61 页。
⑥ 光绪《庐江县志》，第 2 卷，光绪十一年活字本，第 5 页。
⑦ 杨锡绂：《陈明米贵之由疏》，见贺长龄辑《皇朝经世文编》，卷 39，户政十四·仓储上，第 23 页。

江平湖置产一千顷。湖南衡阳木材商刘氏亦"田至万亩"，桂阳州邓氏，田契以"担"计算，"乘马不牧，游食田野数十里，不犯人禾"。① 这些豪绅富室，不仅广置田产，而且兼并湖荡湾汊。如在江苏位处太湖之滨的吴江，地主"占田不已，进而占水"。该地太湖而外，"为荡为湖为漾为湾者，数以百计，菱芡荻芦鱼鳖之利富甲一郡，今大半入于豪家"。② 山东等地，也因豪强兼并，良民流离。康熙帝在二十三年（1684）九月的一纸"上谕"，引述山东巡抚张鹏翮奏折的话说，"今见山东人民逃亡京畿近地及边外各处为非者甚多，皆由地方势豪侵占良民田产，无所依藉，乃至如此"，并令张莅任后，"务剪除势豪，召集流亡，俾得其所"。③ 由此可见情况之严重程度。

在这种肆无忌惮的兼并之下，一方面使越来越多的自耕农破产，沦为佃农，如湖南，"旧时有田之人，今俱为佃耕之户"；④ 广西桂平，"田多为富室所有，荷锄扶耜之伦，大半为富人之佃"。⑤ 另一方面，导致田价上涨。如湖南，明代正德、嘉靖年间，田价不过"亩一金"，至清代康熙后，则"亩或十金，或数十金"。⑥ 江苏华亭、青浦，每亩价值十五、六两，上海每亩亦三、四、五两不等。⑦

封建土地所有制的基本矛盾是，土地的所有者同使用者之间的分离和对立，以及土地所有权的集中和土地使用的分散、零碎。"田主不知耕，耕者多无田"。⑧ 明清两代特别是清代土地的频繁买卖和剧烈兼并，大大激化了这一矛盾。随着地权的不断集中和频繁转移，主佃关系和佃权频繁变换，

---

① 李文治：《中国近代农业史资料》，第 1 辑，生活·读书·新知三联书店 1957 年版，第 67—69 页。
② 赵振业：《吴江占水私议》，见贺长龄辑《皇朝经世文编》，卷 38，户政十三·农政下，第 27 页。
③ 《大清十朝圣训·圣祖仁皇帝圣训》，卷 44，台北文海出版社 1965 年版，饬臣工，第 2 页。
④ 杨锡绂：《陈明米贵之由疏》，见贺长龄辑《皇朝经世文编》，第 39 卷，户政，第 9 页。
⑤ 民国《桂平县志》，民国九年铅印本，卷 29，食货（中）。
⑥ 黄炎：《限田说》，见（清）罗汝怀纂《湖南文征》（三），岳麓书社 2008 年版，卷 18，第 25 页。
⑦ 叶梦珠撰、来新夏点校：《阅世编》，上海古籍出版社 1981 年版，卷 1，田产一，第 22—23 页。
⑧ 吴铤：《因时论十·田制》，见盛康辑《皇朝经世文续编》，卷 35，光绪二十三年刊本，第 2 页。

佃农生活越来越失去安全保障。不仅如此，地主对土地的垄断，以及土地价格的不断上涨，封建地主势必利用土地垄断，提高租佃条件，加重对佃农的压榨。所谓"田益贵，则租益重，佃民终岁勤动而不免饥寒；老无以为终，幼无以为长；富者益富，贫者益贫"，① 是一个普遍的规律。

在考察明清两代封建土地所有制的矛盾时，还必须考虑一个重要的因素，这就是明清两代特别是清代的人口迅速增加，人均土地面积减少，从而导致和加剧了佃农租种土地的困难。

据当时统计，明代的人口，虽然大部分时间保持在五六千万的水平，耕地面积则为四百余万顷，人均耕地面积在七八亩上下。如果撇开明代人口和耕地统计不说②，从全国范围看，土地的供求矛盾似乎并不突出。但是，不同地区之间很不平衡。江苏、浙江、安徽、福建、江西等地，人口已经相当稠密，耕地十分短缺，许多人因"无田以自食"，被迫四处谋生。有关这方面的记载很多。如谓：

　　　　吴之新安，闽之福唐，地狭而人众，四民之业，无远不届，即遐陬穷发、人迹不到之处，往往有之，诚有不可解者；盖地狭则无田以自食，而人众则射利之途愈广故也。余在新安，见人家多楼上架楼，未尝有无楼之屋也。计一室之居，可抵二三室，而犹无尺寸隙地。闽中自高山至平地，截截为田，远望如梯，真昔人所云"水无涓滴不为

① 黄炎：《限田说》，见（清）罗汝怀纂《湖南文征》（三），岳麓书社 2008 年版，卷 18，第 25—26 页。

② 明代人口和耕地统计，存在诸多漏洞和问题。如洪武十四年（1381），全国人口已达 59873305 人，而到万历三十年（1602），反而减至 56305050 人。222 年间，人口不仅没有增加，反而减少 300 余万，根本不太可能，这只能用大量人口逃亡脱籍来解释。相反，在某些邻近年份，人口数字却相差悬殊。如永乐元年（1403），全国人口为 6659 万，而次年陡减至 5095 万，下降 23.5%。此后至永乐九年，全国人口一直停留在 5100 余万的水平。到永乐十年（1412），又突然增加到 6537 万，一年之间上升 27.1%。成化二十二、二十三年（1486、1487）两年的人口数字也有同样的情况。二十二年全国人口为 6544 万，次年突然降至 5020 万，减少 23.3%。这种人口的大起大落，说明统计数字本身的不可靠性。耕地面积统计也有类似的问题。如洪武二十六年（1393）和万历三十年（1602），全国耕地面积分别高达 8507623 顷余和 11618948 顷，以及弘治朝（1488—1505）的全国耕地面积数字（600 余万顷），均难以令人置信，而 400 余万顷的数字则可能较为切合实际。

用，山到崔嵬尽力耕"者，可谓无遗地矣，而人尚什五游食于外。①

明代《安徽地志》在谈到徽州（新安）地狭人稠时也说，"田少而直昂，又生齿日益，庐舍坟墓不毛之地日多。山峭水激，溪河被冲啮田，即废为砂碛，不复成田。以故中家以下，皆无田可业"。② 人口愈多，庐舍故墓占地愈广，耕地相应减少，本是自然之理，以致住屋需楼上架楼，为了谋生则无远弗届。江南、福建某些地区人口之稠密，土地供求之紧张，谋生之艰难，可想而知了。江西的情况，也大体差不多。如南昌"地狭民稠，多食于四方"；吉安"地瘠民稠，所望身多业邻郡"；抚州"人稠多商，行旅达四裔"；瑞金"山多田少，稼穑之外，间为商贾"；金溪"民务耕作，故无遗利；土狭民稠，为商贾三之一"；东乡"民稠而田寡……凡其所事之地，随阳之雁犹不能至"，等等。③ 所有这些，都从一个侧面反映了当时人口相对过剩、土地供不逑求的状况。

明末清初，由于长达半个世纪的战乱，人口一度大幅度下降，一改"地狭人稠"而为"地旷人稀"。清初某些地区甚至出现"民无遗类，地尽抛荒"、"官虽设而无民可治，地已荒而无力可耕"的局面。④ 劳动力的严重缺乏影响了农业生产的恢复、发展和封建政权的财政收入。清政府大力推行垦荒政策，使人均耕地面积达十四五亩，比明代增加一倍左右。但是，康熙中叶以后，人口大幅度回升和增加。到乾隆六年（1741）以保甲之法进行人口编查时，全国人口已达一亿四千余万。此后，由于基数增大，人口增加越来越快，呈直线上升的趋势。乾隆二十七年（1762），超过 2 亿；乾隆五十四年（1789）超过 3 亿；道光十四（1834）进而突破 4 亿大关。到咸丰元（1851），全国人口已达 4 亿 3 千余万。

人口可以高速繁殖，耕地面积却不可能以相应的速度扩大，中原老垦

---

① （明）谢肇淛：《五杂俎》，卷之四，地部二，中华书局 1959 年版，第 114 页。
② 明《安徽地志》，见顾炎武：《天下郡国利病书》，上海涵芬楼 1936 年影印昆山图书馆藏稿本，第 9 册，风宁徽，第 75 页。
③ 转见傅衣凌：《明清社会经济史论文集》，人民出版社 1982 年版，第 179、188—191 页。
④ 前"中央研究院"历史语言研究所编：《明清史料丙编》，北京图书馆出版社 2008 年版，第 1000、653 页。

区尤其如此。如河南，清初人丁 90 余万，额报成熟田 60 余万顷。到嘉庆后期，人口增至 2000 余万，而耕地只扩大到 72 万余顷，仅增加 1/6。其他地区也大致相似。[①] 结果导致人均耕地面积的下降。试看表 1-2：

表 1-2　清代人口与耕地统计
(1661—1851)

年　份	人口		耕地总面积		人均耕地面积	
	万人	指数	万亩	指数	亩数	指数
顺治十八年（1661）	3827	100.0	54926	100.0	14.30	100.0
康熙二十四年（1685）	4068	106.3	60784	110.7	14.93	104.4
雍正二年（1724）	5102	133.3	72364	131.7	14.18	99.2
乾隆十八年（1753）	18367	479.9	73522	133.9	4.00	28.0
乾隆三十一年（1766）	20699	540.9	78072	142.1	3.77	26.4
嘉庆十七年（1812）	36176	945.3	79211	144.2	2.19	15.3
咸丰元年（1851）	43216	1129.2	75621	137.6	1.75	12.2

说明：指数以 1661 年为 100。

资料来源：据李文治《中国近代农业史资料》，第 1 辑，生活·读书·新知三联书店 1957 年版，第 5、7—9、60 页摘录、综合编制，1661 年、1685 年、1724 年人口数原系人丁（18－60 岁男子）数，现按人丁数的 3 倍折成人口数。1661 年、1724 年、1812 年耕地数采用江太新修正数（见江太新《关于清代前期耕地面积之我见》，《中国经济史研究》，1995 年第 1 期，第 45 页）。

191 年间，人口增加了 10.3 倍，而耕地只增加 37.6%，人均耕地面积由 14.30 亩减至 1.75 亩，下降了将近 90%。这就大大加重了人口对土地的压力，使土地供求关系空前紧张。

在不同的国家、地区和不同的历史时期，因社会生产力和生活水平高低不同，人均耕地面积最低限度互有差异。据近代一些中外学者估算，当时中国人均耕地面积最低限额，南方大约 2 亩，北方大约 4 亩，全国平均大约 3 亩。从上面的统计数字可以看出，乾隆三十一年（1766）时，全国人均耕地面积 3.77 亩，已接近最低限额。而到嘉庆十七年（1812），已经大

---

① 盛康辑：《皇朝经世文续编》，武进盛氏思补楼光绪二十三年刊本，卷 43，户政八·赋税上；李文治：《中国近代农业史资料》，第 1 辑，生活·读书·新知三联书店 1957 年版，第 960 页。

大低于最低限额。这还是就全国范围而言，某些人多地少的省份，人均耕地面积数字更低。如江苏、浙江、安徽、湖南、甘肃、广东、广西、云南等省，人均耕地面积已在 2 亩以下，福建、贵州则不足 1 亩。到咸丰元年（1851），全国通扯计算，人均耕地面积也不足 2 亩了。

为了求得生存，人们只得向高山峻岭、湖滨边徼发展。许多地区，包括云南、贵州、广西、四川等偏远地区，到康熙晚期，也是"人民渐增，开垦无遗，山谷崎岖之地已无弃土"。① 川陕山林，热河、内蒙古、东北草原牧场以及禁地，也在这前后相继垦辟。尽管如此，仍然无法解决因人口迅速增长而造成的困难。越来越多的农村人口因无地耕种而失业，如一向地狭人稠的江西赣州，失业者谓之"浮口"，明代已有"浮口"的出现，到清康熙年间，"浮口患更甚于前"。② 这种状况，在当时就已经使清朝统治者严重不安，乾隆五十八年（1793）的一纸上谕称，"朕查上年各省奏报民数，较之康熙年间，计增十余倍。承平日久，生齿日繁，盖藏自不能如前充裕。且庐舍所占田土，亦不啻倍蓰。生之者寡，食之者众，朕甚忧之"。③

人口的过速繁殖，土地供求关系的紧张，进一步加剧了封建土地所有制内部矛盾，具体表现在租佃关系上，就是：首先，地主因人口增加，地价上涨，佃农之间租地竞争激烈，有理由和条件提高租佃条件。在地价上涨的情况下，地主必然以增加地租等手段来保持甚至提高原有的土地收益率。如康熙中后期的福建汀州，人稠地稀，全境"尽系高山叠嶂，间有平原，不及十分之一，而山僻乡愚，专以农耕为事，豪强田主遂将田土居奇。当佃户纳券初赁之时，每亩先勒银三四钱不等，名曰根租"。④ 乾隆年间的永定县，"邑境田少，昔年抵十金之田，今可作数十金，以至百金出卖。于是佃耕纳税（租），亦倍于昔，终岁勤动，余利无几，殊为可悯"。如佃农欠租，因土地供不应求，地主可以通过撤佃来达到勒租目的。佃农即使

---

① 罗尔纲：《太平天国革命前的人口压迫问题》，见前中研院社会科学研究所编：《中国社会经济史集刊》，1949 年 1 月，第 8 卷第 1 期，第 20 页。
② 同治《赣州府志》，同治十三年刻本，第 20 卷，风俗，引康熙张尚瑗志。
③ 《清史稿》，志第一百一·食货一·户口，中华书局 1977 年版，第 4—5 页。
④ 王庵简：《临汀考言》，卷 6，康熙间刻本，谘访利弊八条议。

"欠税霸耕"，亦多属徒劳。[①]

当然，这并不等于说，在地多人少或土地供大于求的情况下，地主不会或不能运用撤佃手段来加重地租剥削。但是，这种撤佃至少不会对佃农构成一种致命威胁。因为"东方不亮西方亮"，不愁没有土地租种。相反，地主倒要考虑，过高的租佃条件，是否能为新佃所接受。这样，地主的撤佃手段，就会在客观上受到某种条件的限制。然而，一旦土地求过于供，情况就大不相同了。即使条件再苛刻，地主也不用担心他的土地无人承佃，而对佃农来说，撤佃往往意味着失业，撤佃换佃也就成了地主榨取农民最毒辣的手段。如浙江，"佃户日多，而土地有限……地主得以要挟佃户者日烈，其要挟佃户者厥为撤佃"。[②] 结果，世佃遽撤、定期租佃提前撤换者有之；一田多佃、甲佃乙夺者有之；新佃代旧佃清缴欠租、代地主退还押租者亦有之。诸如此类，不一而足。其结果是租期愈来愈短，主佃关系变动愈来愈频繁，佃农的承佃条件愈来愈苛刻，其土地耕作愈来愈没有保障。

其次，由于土地供不应求，地主的土地全是有佃之地，一些新佃农很难直接向地主租种土地，而只能向原佃转租。更重要的是佃农需求土地愈急迫，一部分地主和富裕农民愈是操纵和利用土地转租以谋利。再加上有些大地主为了便于管理和收取地租，不愿将土地分散零星出租，从而促成了某些地区"揽佃"、"包佃"、"总佃"、"大佃"等各种名目的土地转租者的出现和发展。这种情况导致两方面的结果，一方面是佃农遭受地主和转佃人的双重剥削，使其经济状况更加恶化；另一方面是封建主佃关系的多重化和矛盾复杂化。

再次，前已述及，由于土地兼并，自耕农破产，佃农增加，亦即出租土地在土地总面积中的比重增大。但是，在人口增加、人均土地减少的情况下，多子继承和两极分化等因素，又会导致一部分地主家庭占有的土地减少，以致不能靠租息维持生活，只好收回自种，或将土地出卖，而买主

---

① 福建省地方志编纂委员会整理：乾隆《永定县志》，卷之五，厦门大学出版社 2012 年版，兵刑志，第 309 页。

② 《浙江通志稿》，转见王兴福：《太平天国革命后浙江的土地关系》，《史学月刊》1965 年第 5 期。

往往同样因土地数量有限，亦须收回自种。例如，安徽无为，地主伍德仓有田六亩零，向租与汪德胜耕种。乾隆十八年（1753）伍将田卖与周位祥，汪即向周承佃，因周欲自耕而遭到拒绝。[1] 湖北应城一鲁姓自耕农，将水田六斗出卖，但继续耕种完租。至乾隆十七年（1752），买主将此田复行出当，受当人即行收回自耕。[2] 有时即使佃农加租、加押，也摆脱不了被夺佃的危险。江西玉山佃农邓贵伯租种地主郑开章水田六亩，额租四石。雍正十一年（1733）此田出卖，买主急欲起佃自种，郑托人说情，两次加租一石五斗，又交"小耕银"二两五钱，才得以继续租种。但到乾隆四年（1738），买主又要撤佃，因此发生争执和殴斗。结果邓被打死，田被收回。[3] 类似的事例很多。很明显，地权的频繁转移，导致土地所有者同使用者之间更多矛盾和冲突的发生。

当然，撤佃问题的出现，并不限于地权的转移，或者说，多数撤佃问题并不是在地权转移时发生的。在平时，只要地主认为需要，或者有利可图，随时可以勒令佃户退佃。特别是在商品经济发展、地主贪欲陡增而又地权集中、人均土地面积不断递减的情况下，增租夺佃愈来愈成为地主榨取佃农血汗最重要的手段，成为租佃关系中最普遍和尖锐的问题。

上述情况和变化，归结到一点，就是人口增加，导致土地供求关系紧张，地主以撤佃为手段加重剥削。结果，主佃关系变动频繁，佃农的土地耕作越来越没有保障，甚至被完全赶出土地而失业。在这种情况下，佃农为了自身的生存，必然要采取各种方式和手段，延长租佃期限，维持和保障对地主土地的长期耕作。他们或者拒不退佃，或者私退私顶，将变换佃农的权力从地主手中夺过来。同时，因租地艰难，特别是佃农在长期租种过程中，在兴修水利、改良土壤、添加附属设施等方面，付出了工本，提高了土地产量和价值。在这种情况下，佃农即使被迫退佃，也要想方设法向地主或新佃索取一定代价。某些地主和佃农，特别是没有权势的小地主

---

[1] 乾隆朝刑部题本：乾隆十八年二月十六日刑部等衙门经筵讲官管理吏部、户部、刑部二库兼翰林院事阿桂等题。

[2] 乾隆朝刑部题本：乾隆十九年七月十六日刑部尚书阿克敦等题。

[3] 乾隆朝刑部题本：乾隆四年十二月六日刑部题。

和深陷土地饥荒的佃农，为了收回土地，获得土地耕作，不得不做出某种让步。久而久之，在某些地区，特别是那些人众地稀、土地供不应求或佃农力量相对强大的地区，逐渐出现和地权价格相平行的佃权价格，并形成惯例，最后导致永佃制的发生和发展。

三 佃农反抗斗争的加强和封建依附关系的松弛

在中国长期的封建社会中，地主对农民的压迫和剥削十分残酷，农民尤其是广大佃农经济贫困，法律和社会地位低下。为了摆脱经济困境，冲破封建束缚和人身依附关系，提高法律和社会地位，广大佃农进行了不屈不挠的长期斗争。到封建社会后期和晚期，随着商品经济和佃农个体经济某种程度的发展，反增租、争佃权、争取人身解放成为佃农斗争的重要内容。

春秋后期，井田制瓦解，地主土地所有制逐渐形成，封建租佃关系和佃农随之出现，并不断扩大。但在西汉以前，佃农尚无正式名称，笼统谓之"贫民"。他们是国家编户，要负担部分赋役，人身比较自由，尚未对地主产生强烈的依附关系。到东汉两晋南北朝时期，世家豪族的政治经济势力空前膨胀，佃农的法律和社会地位下降，对地主的封建依附关系加强。东汉已出现"奴视富人"、"历代为虏"的"下户"和"贫者"。这是一种保持独立个体经济的依附性佃农。东汉末年后，越来越多的农民因不堪国家赋役重压，或躲避战祸，托庇于世家豪族，产生了佃客"部曲制"。西汉时，豪门私客增多，并逐渐被用于农业生产。东汉时佃客地位下降，常与奴连称。到魏晋，"佃客"已丧失国家编户的独立身份。他们被登记在主人的家籍中，不负担国家赋役，租种主人土地，"其佃谷与大家（地主）量分"。这是一种世袭的私属性分成制佃农，并开始与部曲合一。部曲原为军队编制名称，魏晋南北朝时亦称私兵，并逐渐被用于农业生产。佃客在战时也要打仗，成为豪族地主的私兵，同部曲已无严格界限。佃客部曲制成为当时封建主佃关系的基本形式。

　　封建社会中后期，佃农的身份发生变化，法律和社会地位有所提高，但有反复。唐代以后，契约租佃关系逐渐取代私属租佃关系。到宋代，无论官田民田出租，大多订有文契，图绘疆界，写明田主、佃人及见知人姓名。宋代佃农被称为"客户"，不缴田赋，但要负担身丁钱米和服差役，和有土地的"主户"同具国家户籍。他们已基本摆脱地主私属的地位，在一定条件下可以徙乡易主，比依附农民有了更多的人身自由。但是，佃客和地主在法律上的地位并不平等。按规定，佃客犯主，照"凡人"加罪一等；主犯佃客，照"凡人"减罪一等。南宋时，随着大地主土地所有制的发展和封建宗法制度的强化，佃农地位转趋恶化。尤其是皇室、权臣、武将的大田庄，管庄多系武夫健卒，佃农备受欺凌。在蒙古贵族统治的元代，在大量农民沦为奴隶、半奴隶的同时，佃农的人身依附关系也加重了。元律规定，地主打死佃户，只杖一百七，给烧埋银 70 两，可见佃户地位的低下。至于地主干预佃户婚姻，任意奴役佃户子女，或将佃户转佃转卖的现象，在一些地区更是严重存在。①

　　长期以来，广大佃农对其封建人身依附关系和极其低下的法律与社会是不满的。有关元末浙江黄岩方谷珍醉杀地主的记载，颇能说明问题：

　　　　黄岩风俗，贵贱等分甚严。若农家种富室之田，名曰佃户，见田主不敢施揖，伺其过而复行。谷珍父为佃户，过于恭主。谷珍兄弟四人既长，谷珍谓父曰：田主亦人，尔何恭如此？父曰：我养赡汝等，由田主之田也，何可不恭。谷珍不悦。父卒，兄弟戮力，家道渐裕，酿酒以伺田主之索租。一日，主仆至其家，盛馔宴主，先以美酝醉死其仆，而主亦醉死焉。②

　　所谓"田主亦人，尔何恭之如此"，充分显示了广大佃户要求获得人格尊严和平等地位的强烈愿望。

---

① 参见刘克祥：《简明中国经济史》，经济科学出版社 2001 年版，第 24—26、44—46 页。
② （明）黄溥撰：《闲中古今录摘抄》，见沈节甫辑：《纪录汇编》卷 129，上海涵芬楼民国二十七年影印万历景明刻本，第 10 页。

明清处于中国封建社会的晚期,一方面由于商品经济的发展和资本主义萌芽的出现,佃农加强了同市场的联系,迫切要求人身解放和发展个体经济;另一方面,由于人口增加,地权垄断,农民对土地的需求日甚。同时,封建地主阶级日趋奢靡,物资和货币需求不断增大,频繁增租夺佃,加重了对佃农的经济剥削,使地主同农民之间的矛盾日益激化。在这种情况下,广大农民特别是佃农争取自身解放、反对封建压迫和剥削,特别是为保障土地耕作、发展个体经济而进行的反增租、反夺佃斗争,也就空前广泛和激烈。

在封建社会,商品经济既是自然经济必要的补充,又是作为封建经济的对立物而出现的。因此,不论商业资本与土地如何结合,商人和地主如何结合和转化,也不论商人如何依附于封建制度,商品经济的发展从理论上和实际上都是对封建制度,包括封建伦理、道德、宗法关系的冲击,它总是促使人们用货币交换的、契约的关系,取代原有的封建宗法和其他形式的封建依附关系。表现在农民同地主的关系上,则是农民包括佃农、佃仆等在内,要求人身解放,要求用契约关系取代原来的封建依附关系,要求发展有更大自主权的小农经济。过去,封建统治者认为,"君子怀德,小人畏刑",一向使用欺骗奴化和严刑峻法的手段对农民进行统治。但是,在商品货币关系的影响下,物质利益观念和货币关系开始冲击和取代传统的封建礼教,以致一部分农民"不惟不知德之可怀,亦复不知法之所在",一个个变得"愚而诈悍,而贪利之所在,虽性命不顾;又多背弃诗书,罔知礼义"。[①] 无论是礼教还是酷刑,都失去了它原有的威力。本来,在封建地主看来,"买田收租"是"不废清修、不染市道"的"儒家捷径良方",但是,商品经济的发展,使得"业主佃户莫不以狙诈相尚,实与市道无异"。[②]封建宗法和礼教掩盖下的主佃关系逐渐蜕变为赤裸裸的利害冲突关系。

明清两代,又都是在大规模农民起义的基础上建立的。在元末和明末农民起义中,封建地主阶级受到程度不同的冲击。在元末农民战争中,山东青州一带的地主状况是,"屋化飞尘灰,莽莽草木茂;往年大姓家,存者

---

① 《朱批奏折》,乾隆十二年六月二十六日署山西巡抚德沛奏。
② 咸丰《南浔镇志》,同治二年刻本,第21卷,农桑。

无八九"。① 大江南北，"巨姓右族，不死沟壑，则奔窜散处"。② 至于明末农民起义，明确提出"均田免赋"、"割富济贫"的斗争口号，推行扶助贫困农民、打击官僚豪绅地主的政策，李自成起义失败和明朝覆亡后，一些地区的农民又长期进行抗租、争取佃权和人身自由的斗争，对封建统治势力和地主阶级的冲击更大。

闽赣交界福建汀州（今长汀）、宁化、沙县和江西宁城、雩都（今于都）、石城、瑞金等地的农民反抗斗争，最具代表性。

明正统十三年（1448），邓茂七在沙县发动佃农起义。这是明代首次大规模武装起义，也是中国历史上佃农首次反对封建地租剥削的武装起义。邓茂七（？—1449）原名云，江西建昌（今南城）人，出身佃农，"豪侠为众所推"，因在老家杀死地主，偕弟逃至福建宁化，后移居沙县，"依豪民陈正景，易名茂七"，其弟易名茂八，靠佃种为生。邓茂七极具组织能力和号召力，聚众为墟，"常数百人，远近商贩至，皆依之，渐恣横，颐指杀人"，为其反对封建地租剥削的武装起义做好了组织和人才准备。当地惯例，佃农不仅要为地主挑租入库，还要加送鸡鸭鱼肉，谓之"冬牲"。佃农负担沉重，生活困苦。正统十二年（1447），福建官府为防叶宗留义军，令村落自建"隘门望楼"，乡民编为"什伍"，茂七与弟茂八皆被编充为什、伍之"长"，率领民兵负责村落防务。邓茂七趁机动员和联络佃农，反对"冬牲"等额外剥削，也不再为地主送租，令"田主自往受粟"，深得佃农和民众拥戴。地主状告到县，茂七不理，杀死前去拘捕的弓兵，并伏击延平府派去镇压的 300 名官兵，将其"杀伤略尽"。正统十三年（1448）二月，邓茂七与陈正景等在沙县陈山寨杀白马祭天，"歃血誓众"，宣告举兵起义，众兵"举金鼓器械应之"，迅即聚众"至万余人"，自称"闽王"（一说"铲平王"），设官署，杀富民，"缔置里图甲役"，并与活动于闽浙赣边界的叶宗留领导的矿徒起义军相互声援，协同作战，相继击败各路官军的讨伐，连陷 20 余县。义军所到之处，群起响应，聚众数十万。"控制八闽"，还攻占江西石城、瑞金、广昌等地，发展为明朝开国以来最大的一

---

① （元）李继本：《一山文集》，卷1，第5页，"送李顺文"。
② （明）贝琼：《清江文集》，卷8，第6页，"送王子渊序"。

次农民武装起义。明政府采取剿、抚兼施，招降分化的策略，叛降义军首领罗汝先等诱茂七攻延平，遭官军重兵合击，茂七身中流矢阵亡。其侄邓伯孙等率余部退至沙县山区，继续坚持斗争，明景泰元年（1450），因寡不敌众，起义失败，邓伯孙与将士、兵卒等被"斩首无算"。①

邓茂七起义失败了，佃农和贫苦农民更加难以为生，荒年尤甚。嘉靖四十年（1561）二月，因为年岁饥荒，上杭山背李占春，率所部罗秀廷、李迺瑄、卜廷诏、张节、张宪等，发动武装起义，打出"平谷"的旗号，要求平粜米谷，反对地主、商人的囤积贵粜，并统众万人，攻打永定、连城，以暴力手段要求对所交地租、田赋进行再分配。官府采取抚、剿并用的镇压手段，署永定县令黄震昌遣"义民"赖一凤等招抚，兵备道金淛督永定、连城、上杭三县官兵合剿，义军顽强抵抗，重挫官军。上杭兵"死半"，义军乘胜追奔，直抵城下，连城兵渡河"溺死不可胜计，被杀者数千人"，赖一凤亦死。金淛又令武平知县徐甫率主员李琛招降。李占春虽降"旋复叛"，而后几经激战，义军退至广东边界，最终被官兵镇压。②

明末李自成起义、明亡清兴的社会大变动期间，佃农斗争再次爆发，掀起新的高潮。

顺治三年（1646），宁化黄通率领"田兵"，奋起反对地主大斛收租和各种名目勒索盘剥。斗争一直持续到康熙十三年（1674）。

黄通原系县城"巨族"，崇祯年间，其父黄流名因兴讼、动乱，先是惹怒官府，后以祭祖归宗，"雄视其族"，被族人诱杀。黄通为集结队伍，以报杀父之仇，转而站到佃农一边，创立"较桶"之说。按宁化惯例，地主收租以20升为一桶，谓之"租桶"；粜卖则以16升为一桶，谓之"衡桶"。黄通"唱谕诸乡，凡纳租悉以十六升之桶为率，一切移耕、冬牲、豆课、送仓诸例皆罢"。黄通的"较桶"主张一出，"乡民欢声动地，归通唯恐后"。是年六月，黄通率田兵千数百人攻入县城，"杀其族衿黄钦铺并侄黄

---

① 《明史》，第 165 卷，中华书局 1987 年版，第 4467 页；（清）谷应泰：《明史纪事本末》，中华书局 1977 年版，卷 31，"平浙闽盗"。

② 乾隆《汀州府志》，卷 45，同治六年刊本，兵戎，第 11—12 页；《永定县志·大事记》，中国科学技术出版社 1994 年版，第 2 页；《上杭县志·大事记》，福建人民出版社 1993 年版，第 12 页。

招，掠殷户百数十家"，没收其浮财。然后迅速撤兵出城，扩大队伍，废除原有的封建基层政权和行政、司法，建立兵、民一体的地方政权，为长期战斗做准备。黄通将各里连结为长关，指派乡豪有力者为"千总"，乡之丁壮悉听其调拨。黄通有事即通报千总，"千总率各部，不逾日而千人集矣"，迅速建立起一支组织严密而又灵活机动的义军，严密封锁县城：出外贸易者，"皆困之"；四乡薪米输县者，"皆禁阻之"，随后黄通率田兵数千袭击县城，摧堕城垣，拆走城门，"杀仇掠富，诸佃客快报其睚眦"，对地主大户的压迫、剥削行为进行清算。① 义军势力并迅速扩大到邻县清流，同月下旬，黄通部将黄吉、黄泰率清流杨家店、暖水塘、左右龙坊"田兵千人"两度袭击清流县城。②

官府面对声势浩大、目标明确的"田兵"暴动，十分震惊而又无计可施。七月，巡道于华玉率兵赶至宁化，但不敢贸然行动，即使"宁民汹汹，夜出谤书"，地主阶级对于华玉的暧昧态度极为不满，于"亦不为意"，并未立即讨伐，而是出驻城外，"遣牌招抚"。不过黄通态度强硬，率众从中沙直奔县城，"碎其牌，不受抚"，并趁于同朱墀对弈、未有防备之机，将于捉拿而去，对朱则脱其衣、伤其足才让其逃走，诸役从作"鸟散"，城中沸然。次日由署县及诸绅衿措设 1500 两赎金交付黄通之"族好"，于华玉始被放归。

十月，偏将田国泰领兵二百来宁围剿，各乡起兵接应，但黄通"负隅不为动"。十一月，知府李友兰至宁化，亲自到中沙招抚，与黄通盟誓，"馈送如平交"，并授以"守备札"。黄通借机造势，不仅自出札授与千总，而且声势浩大，每授一札，"鼓吹旗导至合，俨如受朝命"。千总受札后，复买札馈送异乡豪户，清流、归化、泰宁、永安、沙县诸县村落，"千总令旗往来如织"。义军阵容达于鼎盛，不过内部也开始分裂。顺治四年（1647）四月，义军中离间计，黄通为部将所杀。六月，副总兵高守贵和知府李友兰、总镇于永绶率马兵、马步兵攻占中沙，义军"谋主"黄居正和

---

① 康熙《宁化县志》，卷 7，同治八年重印本，寇变，第 57—58 页。
② 民国《清流县志》，卷 4，民国三十六年刊本，大事记，第 7 页；乾隆《汀州府志》，同治六年刊本，卷 45，兵戎，第 15 页。

多名千总被杀，部分千总"就抚"。不过反抗并未因此停息，义军其他头领、千总，包括"就抚"千总，采取真真假假、虚虚实实、机动灵活的战略战术，率众坚持战斗，攻占村寨、土围，打击官军、乡兵，没收地主、大户资财。顺治十年（1653），清军王总镇以黄通之弟黄允会为"标官"，允会佯言"弛旧约、复旧桶"，与城中大户"议和"，将田主40人诱至中沙拘押，"勒索赀产巨万"，并将邑中"谋主"、恶毒咒骂田兵的诸生赖朝会处死。顺治十二年黄允会战死，次年，允会之弟素禾投降，所部解散，义军重挫，不过起义队伍并未完全瓦解，而是隐蔽等待，伺机再起。康熙十三年（1674）闽藩叛变，时局混乱，长关"田兵"乘机攻打县城。县令率乡兵开城抵抗，相持旬余，未有结果，城中诸生联名求助官兵扑剿。官兵将军刘应麟抵达宁化后，未用武力镇压，而是以"游守千总"札劝说。义军首领"皆喜"，旋即率部投降，"田兵"起义最终失败。[①]

"田兵"起义与邓茂七起义相比，斗争目标更高、更全面，除了邓茂七要求取消的冬牲、送仓等额外负担，黄通外加废止租桶、豆课、移耕等苛索。其中废止租桶、移耕对地主阶级利益和封建租佃制度的冲击最大。废止租桶使地主每年的地租收入减少20%，所谓"移耕"，则是地主通过定期换约批佃，确定租佃关系。但换约批佃，佃农必须缴纳礼金、备办酒席、挽请和酬谢中人，费用不菲。罢黜"移耕"恶例，不仅卸掉佃农的沉重负担，更重要的是无形中褫夺了地主换佃增租的权利。换言之，废止"移耕"就是将传统租佃改变为永佃。黄通提出"较桶"、罢黜"移耕"诸例的主张，或含私利成分，但在客观上满足了佃农的迫切要求，得到了广大佃农的拥护和支持。正因为如此，以佃农为主体的"田兵"起义，虽然规模不大，却坚持了28年之久。这在中国历代大小农民起义中是绝无仅有的。

康熙三十二年（1693），宁化又爆发反对大斗浮收的抗租运动。罗遂与罗石养、罗通等七人为首，倡议"较斗"，恃倚乡众，"欲改小斗还租"，并纠集多人，"横扰集场，抢夺财物"。宁化知县委派驿丞查拿，罗遂等持械堵截，刺杀驿丞，杀死差役。古田坑罗七禾，亦自称"长关令"，发动乡

---

① 康熙《宁化县志》，卷7，同治八年重印本，寇变，第59—67页。

众，要求"校斗减租"，并抗捕杀死署典史。① 罗遂、罗七禾"较斗"、"校斗减租"是黄通"较桶"的延续。

除了宁化，上杭的佃农反抗斗争也频发而激烈。康熙十三年（1674），当宁化长关"田兵"余部乘闽藩之乱攻打县城时，上杭佃农也掀起了反对地主大斗收租的斗争。王士百、胡天明等提出自设小斗的主张，不许地主大斗浮收。这一主张得到佃农的广泛拥护和追从，很快被付诸实施。他们"强抑田主，凌辱百端，众佃始则听其操纵，继则恣其科敛，随又霸分田租"。封建阶级形容其为"一方憝恶"，当时正在浙江平定闽藩叛乱的康亲王命臬司审理，但乡民代其请求官府宽恕。对此，康亲王仍坚持对王士百、胡天明等"各拟罪追赃"，同时下令"较准升斗，发县遵照"，防止地主大斗收租。②

不过官府"校斗"并无下文，大斗浮收仍是地主盘剥佃农的重要手段。宁化、上杭等地田主，为了额外浮收，"乃制大斗收租，每斗外加四五升不等"。佃农抗租斗争的主要目标仍然是校正斗、桶，反对地主大斗（桶）收租。康熙三十年（1691），上杭林章甫串联佃农，"私立斗头，一呼百应，以抗田主"。③ 康熙四十年（1701）前后，不知从何时开始，上杭又掀起群众性的抗租斗争。资料记载，该县主政者"从前夜窃不禁，盗贼滋众，乡民倡众减税，号称'斗棍'，勒租揩税，不可胜数"。看来这种打着斗、桶旗号的抗租斗争，已经发生和延续了一段时间，而且规模不小。直到康熙四十一年（1702），新任知县翁大中以消弭盗贼、斗棍为"先务"，特别是对斗棍"严加惩治"。自此，"盗风息而斗棍戢"，佃农抗租斗争方才转入低潮。④

乾隆十一年（1746），上杭因为蠲免钱粮的利益分配，又爆发佃农抗租斗争。因为灾歉，清廷"诏免本年钱粮，行令业佃四六分沾"。⑤ 从行文看，

---

① 民国《宁化县志》卷17，民国十五年刻本，循吏传·黄浩，第30页。
② 中国人民大学清史研究所、档案系中国政治制度史教研室合编：《康雍乾时期城乡人民反抗斗争资料》上册，中华书局1979年版，第98页。
③ 王简庵：《临汀考言》卷18，"批上杭县民郭东五等呈请较定租斗"。王简庵（廷抡）康熙三十五年至四十一年曾任汀州府知府。
④ 民国《上杭县志》卷33，民国二十七年刊本，名宦传·翁大中，第19页。
⑤ 一说"业佃分成由业主酌定"（参见《上杭县志·大事记》，福建人民出版社1993年版，第13页）。

业佃"分沾"的比例很明确，即业主四成、佃户六成，但"分沾"的标的物：是蠲免的钱粮，抑或佃农应交的地租，却不清晰，业佃分歧。佃户认为"分沾"的应是地租，濑溪隘佃农罗日光、罗日照等"鼓众勒令业佃四、六分租"。地主则认为"分沾"的是钱粮，并图谋独吞，急忙鸣官缉凶。罗日光等"殴差拒捕，复纠党积石列械，把守横坑"。知县梁钦如临大敌，会同千总、把总发兵剿拿。罗日光等"公然迎敌，鸣锣放炮，掷石如雨"，英勇抵抗。但因力量悬殊，罗日光、罗日照被缉拿解审，"从重究处"，斗争失败。[①] 邵武、汀州、兴化等府属佃农，还借助"铁尺会"等帮会组织，反对和制约地主的压迫、剥削。乾隆十八年（1753），邵武佃农杜正祈、杜正连联络"无赖子数十人，屡与田主构难。恃拳勇，入市强横。久之，党渐众，遂阴蓄异谋，人给一铁尺，号铁尺会"。但正准备"竖旗"，公开暴动，即被官府侦破、镇压，杜正祈、杜正连等多人被杀害，反抗斗争夭折。[②]

现将闽西佃农几次较大佃农反抗斗争的口号与斗争目标、方式，列如表 1 - 3：

表 1 - 3　闽西佃农斗争的斗争口号、目标与方式
(1448—1753)

序号	年　份	县份	发起人	斗争口号、目标、方式、手段
1	正统 13 年（1448）	沙县	邓茂七	"倡其党令勿馈，而田主自往受粟"
2	嘉靖 42 年（1563）	上杭	李占春等	"平谷"（平粜）
3	顺治 3 年 - 康熙 3 年（1646—1664）	宁化	黄通等	"较桶"；"移耕、冬牲、豆粿、送仓诸例皆罢"
4	康熙 13 年（1674）	上杭	王士百、胡天明	"私设小斗"
5	康熙 30 - 50 年（1691—1711）	上杭	林章甫	"私立斗头，横抽租谷"
6	康熙 36 年（1697）	宁化	罗通、罗遂、罗七禾	"较斗"；"改小斗还租""校斗减租"

① 民国《上杭县志》，卷1，民国二十七年刊本，大事志，第31页。
② 光绪《重纂邵武府志》，卷13，光绪年二十四刊本，寇警，第25页。

序号	年份	县份	发起人	斗争口号、目标、方式、手段
7	康熙 41 年（1702）前	上杭		"倡众减税"，斗棍"勒租揹税"
8	乾隆 11 年（1746）	上杭	罗日光、罗日照	"业佃四六分租"
9	乾隆 18 年（1753）	邵武	杜正祈、杜正连	与田主构难，入市强横

资料来源：①《明史》，第 165 卷，中华书局 1987 年版，第 4467 页；（清）谷应泰：《明史纪事本末》，中华书局 1977 年版，卷 31，"平浙闽盗"。②乾隆《汀州府志》，同治六年刊本，卷 45，兵戎，第 11—12 页；《上杭县志·大事记》，福建人民出版社 1993 年版，第 12 页。③康熙《宁化县志》，第 7 卷，寇变，同治八年重刊本，第 58—66 页。④－⑥中国人民大学清史研究所、档案系中国政治制度史教研室合编：《康雍乾时期城乡人民反抗斗争资料》，上册，中华书局 1979 年版，第98、101、100 页。⑦民国《上杭县志》，民国二十七年刊本，卷 33，名宦传·翁大中，第 19 页。⑧民国《上杭县志》，民国二十七年刊本，卷 1，大事志，第 31 页。⑨光绪《重纂邵武府志》，光绪年二十四刊本，卷 13，寇警，第 25 页。

说明：为节省表格空间，表格中纪年全用阿数，全书同。

　　表中 8 次较大的佃农反抗斗争，基本上都是经济斗争，主要内容是反对残酷的封建地租剥削，特别是大斗（桶）浮收和其他勒索，但并未拒绝纳租或强行减租。所谓"私设小斗"、"改小斗收租"，都是当地民间通用的乡斗，并非另设但用于纳租的"小斗"；所谓"私立斗头，横抽租谷"，抽的也只是地主大斗多收的租谷，而并非地租正额。所有这些，都是承认传统封建租佃制度、承担交租义务前提下，佃农所表达的最低限度的经济诉求。当然也有小部分反抗的斗争目标或随后的发展，已经超越了反对地主浮收勒索的范畴。如黄通提出的罢黜"移耕"恶例，不单单禁止地主在租佃存续期间又定期批佃、反复收取批佃银，以减轻佃农负担，更重要的是褫夺地主的换佃增租权，租佃一经成立，佃农即持有土地使用权，可以永久耕种。同时，黄通在"田兵"武装的基础上，还建立了自己的基层和地方政权，设有"千总"等职衔，"词讼不复关有司，咸取决于通"。[①] 其作用和震撼力更甚于"较桶"。

　　与闽西、粤北相邻的江西赣南，从明代后期到清代前期，佃农反抗斗争一直彼伏此起、延绵不断。

---

　　① 康熙《宁化县志》，卷 7，寇变，同治八年重刊本，第 58 页。

同闽西、粤北相比，赣南明清时期的社会环境和佃农结构有所不同，佃农斗争也有相应的特点。

明代初叶后的相当长一个时期，江西全境尤其是赣南地区，户口剧减①，劳力缺乏，土地荒芜，地主主要依靠外来劳力垦耕、佃种田地。而明中期后赋税徭役苛繁，一些地方的中小土地所有者为躲避田赋差徭，或将土地投献豪富，充当佃户，或流徙他乡，另谋生计，地旷人稀的丘陵山区，自然成为逃赋或破产农民流徙的首选。于是，赣南的豪绅、大户乘机兼并农民田产，招徕流民佃垦。如成化年间（1465—1487）的南安、赣州二府，"地广山深，居民颇少"，一些豪富、大户"吞并小民田地，四散置为庄所。邻境小民畏差徭，携家逃来，投为佃户，或收充家人"。同时，"各屯旗军"亦"多有招集外处人民佃田耕种"。② 这类"邻境小民"或"外处人民"，邻近赣中等地农民仅占少数，③ 主要还是闽、粤流民。随着时间推移，流民数量不断增多。加上明末清初长时间的兵燹、动乱，土著流亡，户籍一空，田地抛荒加剧，清政府招民垦荒、佃耕，外来流民数量加速上升。到康熙年间（1662—1722），一些县区的人口结构发生重大变化，流民不仅成为佃农的主体，而且在数量上超过土著，呈现"土著凋零"、"主常不胜客"、"佃强主弱"的态势，使原有的租佃矛盾和社会问题呈现出新的特点：租佃关系在形式上表现为土客关系，主佃阶级矛盾在形式上表现为土客之间的习俗差异和族群冲突。

流民佃农与一般土著不同，他们阅历较广，刚悍侠义，更富于反抗精神，加上赣南峰峦叠嶂、深山长谷的地理环境，形成明显的刚悍民风。如赣州府属，瑞金地界闽粤，"环山带川，山多田少"，县民"五方杂处，流寓半于土著"，康熙之初，民俗已"颇不近古"，旋经甲寅（1674）闽藩之

---

① 洪武初，赣州府"户以八万二千计，口以三十六万二千计，永乐减其半，成化再三减其一"。（同治《赣州府志》，卷首，旧序，同治十二年刻本，第6页。）成化末年的人口只及洪武初年的1/3。

② 《皇明条法事类纂》下卷，转见王毓铨《〈皇明条法事类纂〉读后》，中国社会科学院历史研究所明史研究室编：《明史研究论丛》第一辑，江苏人民出版社1982年版，第16、17页。

③ 据称，赣中流民"佃田南赣者十之一，游食他省者十之九"。（（明）海瑞：《兴国八议》，《海瑞集》，中华书局1962年版，第203页。）

乱和频繁兵燹，经济凋敝。"俗承丧乱之余，变为浇漓剽悍，民皆犷狠好斗，轻讼生事，暴寡弱，睥睨绅士，以拳勇为强"，风俗"大坏"。① 其他各县也大同小异。兴国，"民多固陋，兼有闽粤流民侨居境内，客家异籍，礼义罔闻"，"民风近悍尚斗"；② 会昌，"山峻水驶，民质刚劲"；③ 安远，"山峻水激，人多好胜"；④ 龙南，"在万山中，其人亢健而任侠"；⑤ 长宁，民俗"果而侠气，勇而喜争"；⑥ 定南厅，地处南岭南北，民风"有吴粤之染"，"人情好任侠而少容忍，睚眦小衅必与校"，"近龙南者多强悍"，原龙南地域更是"刚悍负气"。⑦ 整个赣州府，"地险俗悍，五方杂处，染侨户蛮蜑之习"。⑧ 南安府的情况也差不多。上犹，"士果而朴，民直而刚"。⑨ 等等。这都显现出流民习性的突出特点。

在租佃关系中，流民佃农也不同于土著佃农，他们所受的压迫、剥削更为残酷。和其他许多地区一样，赣南土著也大多聚族而居。如赣州府属，"诸邑大姓，聚族而居。族有祠，祠有祭"。⑩ 土著主佃关系和地租剥削或多或少受到族规、乡规民约、乡土情谊的影响和制约。流民佃农同土著地主之间既非宗亲，亦无乡土情谊，主佃之间是一种纯粹的经济利害关系，基于封建地主的贪婪本性，地租负担更加沉重。流民佃农"种伊田土，则不论荒熟，一概逼取租谷"。正租之外，还有名目繁多的附租、浮收、苛索。诸如桶面、批赁、白水、移耕、冬牲、豆粿、送仓、行路，等等，不一而足。地主榨取地租的同时，又放债取利。佃农"借伊钱债，则不论有无，一概累算利息。少弗其意，或横加捶楚；或强准孳畜；或逼卖子女，以致

① 康熙《续修瑞金县志》，卷之二，风俗，第9、10页；康熙《瑞金县志》，卷之二，地舆·风俗，第27、28页。
② 同治《兴国县志》，同治十一年刊本，卷37，请禁时弊详文；同治《赣州府志》，卷20，风俗，同治十二年刊本，第2页，引《郭知章记》。
③ 同治《赣州府志》，卷20，风俗，第2页，引《会昌县志》。
④ 同治《赣州府志》，卷20，风俗，第2页，引《安远县志》。
⑤ 同治《赣州府志》，卷20，风俗，第2页，引《龙南县志》。
⑥ 同治《赣州府志》，卷20，风俗，第2页，引《杨万里记》。
⑦ 道光《定南厅志》，卷6，道光五年刻本，风俗，第3、4页。同治《赣州府志》，卷20，风俗，第2页，引《定南厅志》。
⑧ 同治《赣州府志》，卷20，同治十二年刊本，风俗，第6页，引道光《赣州府志》。
⑨ 康熙《上犹县志》，卷5，康熙三十六年刻本，风俗附，第4页。
⑩ 同治《赣州府志》，卷20，风俗，第4页，引康熙张志。

小户贫苦，存活不得"，被迫沦为盗贼，四散劫掠。一些豪强、大户，又上下其手，罔顾法纪，包庇窝藏，坐地分赃。①

佃农强悍、侠义的习性，地主苛重、残酷的压迫、剥削，必然引发主佃之间的激烈对抗和斗争。事实上，早在成化年间，一些被沦为盗贼的流民佃农，即"勾引原籍盗贼，劫杀主家"。② 这是早期佃农反抗、报复地主的主要形式和手段。到明末清初，新出现的两个因素引致佃农反抗斗争的扩大和变化：一是土著凋落，而流民迁入达于高峰，流民成为一些地区佃农和居民的主体，人口结构和阶级力量对比发生重大变化，流民成为在某种程度上影响和制约当地社会发展的一支重要力量；二是山区加速开发，蓝靛、烟草、甘蔗、花生等经济作物，以及油茶等经济林的种植迅速兴起、扩大。经济作物生产促进商贸、市场的发育成长，打破了地区的封闭性，密切了与闽粤相邻地区的商贸交流，加强了佃农同市场的联系，开阔了佃农的眼界。同时，山区经济作物的种植比传统粮食作物耗费更多的工力，正如《赣州府志》所言："赣农皆山农也，力作倍于平原，虽隙地无旷。其以茶梓为业者，则有铲岭摘子诸工，劳苦尤甚。"③ 茶梓、果树等经济林的种植，工力大、收益慢，但结果获益期较长，租佃稳定、佃农持有佃种权是最基本的生产条件。也因为如此，争取永佃权成为佃农反抗斗争的重要内容和目标之一。

江西赣南各县农民先是响应李自成起义，打击了明朝统治势力，明朝覆亡后，旋即趁明清交替的政权空隙，转入抗租或争取人身自由的斗争。

顺治元年（1644），吉州奴婢、佃农率先奋起反抗。史载，顺治元、二年间，"吉州一大变化。苍头蜂起，佃甲厮役群不逞者从之"。奴婢下人领头造反，佃农、杂役、苦力等平日难得一逞者紧随其后。他们杀猪宰牛，聚众集会，"睢盱跳梁"，扬眉吐气，并组织队伍，"每千百人，各有渠魁，裂裳为旗，销锄为刃，皆僭号'铲平王'"。所谓"铲平"者，就是"铲主仆、贵

---

① 《皇明条法事类纂》，下卷，转自王毓铨《〈皇明条法事类纂〉读后》，中国社会科学院历史研究所明史研究室编《明史研究论丛》，第一辑，江苏人民出版社1982年版，第16页。

② 《皇明条法事类纂》下卷，《明史研究论丛》第一辑，第16、17页。

③ 同治《赣州府志》，卷20，同治十二年刊本，风俗，第5页。

贱、贫富而平之也"。原来低人一等的佃农，一齐穿上主人的服饰，闯入地主家中，占据宅院，打开谷仓，向穷人发放粮食。又将地主捆绑在梁柱上，加以鞭笞。每逢群饮，则命地主下跪斟酒，并扇其脸颊，数之曰："均人也，奈何以奴呼我？今而后得反之也。"据称，"此风滥觞于安福、庐陵，其后乃浸淫及永新"，其暴烈程度更甚于安福、庐陵，地主豪强受到沉重打击。大户左姓秀才，家世贵显，残忍成性，"好以法绳下，诸奴皆切齿"，群起反抗，几乎将其全家杀光，幸存者"惩羹吹齑，饮血忍隐廿余年不敢发"，直至康熙七年（1668）腊月，"始得泄其冤于县"，而此时杀人者"已耄且死矣"。① 可见此次奴、佃反抗斗争对地主威势、心理方面的打击颇大。

顺治二年（1645）九月，石城吴万乾举事，组织佃农武装，名为"田兵"，以"倡永佃，除桶面"相号召。石城旧例，每石租谷加收"耗折"一斗，谓之"桶面"。吴万乾"除桶面"的主张一出，佃农群起响应。斗争的内容很快由废除"桶面"发展为强行减租。正租一石只纳七八斗。"稍有忤其议者，径掳入城中。"因邑中大户多为土著豪强，根底雄厚，仅当地佃农力量，难以取胜，于是联络县内"客纲"首领郑长春、李诚吾、连远候及王振初等，组成"集贤会"，又与宁都、瑞金、宁化等处"田兵"联合行动，一年内先后六次围攻县城，摧毁巡检署，惩办地主豪强，城外广大乡村尽为田兵势力范围。次年五月，吴万乾集结田兵万余人，向县城发起总攻。无奈火器不及官兵，田兵损失惨重，退守石马寨筑城屯兵，继续开展斗争。顺治四年五月，清将侯天宠率马步兵万余猛攻山寨，吴万乾之子吴鹤中箭阵亡，吴万乾退走宁化，被宁化官兵擒杀，起义失败。②

不过"田兵"不止一支。吴万乾领导的宁化、石城"田兵"斗争，很快得到瑞金佃农的响应。该县张胜、何志源、沈士昌、范文贞等，"效宁化、石城故事"，也在顺治三年组织"田兵"，以张胜为"田总"，攻入县城，"旗帜号色皆书'八乡均田'"，具体方案是"三分田主之田，而以一分为佃人耕田之本。其所耕之田，田主有易姓，而佃夫无易人，永为世业"。

---

① 同治《永新县志》，卷15，同治十三年刊本，武备志·武事，第7—8页。

② 道光《石城县志》卷7，武事，转自《康雍乾时期城乡人民反抗斗争资料》，中华书局1979年版，第74—75页。

佃农的这一主张，得到了当地某些官吏的支持：瑞金知县刘翼"利其赂而主之"；总兵周之蕃"自吉安归，悉徇田贼所欲"。于是田兵"悍者倡先，懦者陪后，皆蚁聚入城，逼县官印'均田帖'以数万计"，又"收五门钥匙，将尽掳城人"，南明县吏被迫责令粮户与佃户"立盟，捐额租，除年节等旧例。粮户不敢出一言，唯唯而已"。田兵将所得成果，"竖碑县门，勒以为例"，后又与石城、宁化田兵联合，声势更大于石城、宁化。顺治四年，清朝知县徐珩到任后，赣州府调来马步军5000人，攻克田兵山寨，"剿杀五六千人"，[1] 田兵瑞金起义也被残酷镇压。

顺治五年（1648）二月，赣县人曾斌，广东人罗聚奎、李德元、李时、李其、李思甘等，在禾丰组织千余人成立"农民军"，攻打县城，后遭赣州抚军镇压。顺治十三（1656）年二月，雩都何辉明和兴国曾拱辰、刘元谷等又聚众起事，攻占雩都、永丰、万安、泰和诸县，后被赣州虔院佟国器军镇压。康熙九年（1670），石城佃农以吴八十（一说"吴十八"）、陈长先、孔昌等为首，再次组织"田兵"，发动起义，要求"永佃"，并将其主张刻石立碑，定为乡规。康熙十三年（1674），吴八十先后同福建汀州贾振鲁，建宁宁早，广东尚之信联手，攻打、攻陷石城、宁都，攻陷南安、南康，威胁赣县，起义斗争坚持了多年。[2]

康熙二十七年（1688），佃农斗争又掀起高潮。宁都李矮、李满、王瑛等发起佃户抗租，"踞寨行劫，名曰田兵"，并得到"邑令李聘祖护"。不过很快遭到地主武装的镇压。康熙五十二年（1713），兴国佃农李鼎三联合福建、广东流民佃农，"创田骨、田皮许退不许批之说，统众数千，赴县门挟官长，要求勒石著为例"。[3] 在雩都，康熙五十二年诏令"除赋蠲租"，但县府当局只免田主钱粮，不减佃户租额，佃长"倡为除赋则除掌田者赋、蠲租则蠲耕田者租之说，一唱百和"。佃民邱兰秀、陈万余、丁介卿及粤人马天祥等，以"除赋蠲租"为口号，汇集千余人起事，田租"颗粒不纳"，并

---

①　乾隆《瑞金县志》卷7，乾隆十八年刻本，艺文，杨兆年"上督府田贼始末"；卷1，兵寇。

②　乾隆《石城县志》卷7，兵寇；同治《赣县志》，民国二十年重印同治十一年刻本，卷24，武事，第16—17页。

③　同治《兴国县志》卷46，同治十一年刻本，杂记。

在县内小溪、禾丰一带"劫富济贫"。县衙"票拘差拿"，暴动者"蚁聚蜂
屯于邑南之某处，据险拒捕，歃血磨刃，囚拘田主，几酿大害"。后被官兵
镇压。① 虽然这些暴动都很快失败了，但仍是对封建地主阶级的一种警告。

雍正七年（1729），瑞金佃农反抗再起，斗争目标仍然是"革批赁、桶
子、白水为词"。这次起义又得到赣州新任知府高遐年的同情，"郡守信之，
檄行各县，悉行革除，以致主佃相狱，累年未已"。官绅地主攻击知府"偏
袒下户"，高遐年上任不足一年即被赶走。② 佃农斗争又一次失败了。

赣南佃农多为闽、粤流民，三地人员、经济往来密切，赣南佃农斗争
有不少受到临近闽西佃农斗争的影响，两地佃农斗争有其相似之处，但又
不完全一样，赣南佃农斗争有自己的特点。现将赣南佃农斗争的基本情况，
摘要列如表1-4：

表1-4　江西佃农斗争的斗争口号、目标与方式
（1644—1753）

序号	年　份	州县	发起人	斗争口号、目标、方式、手段
1	顺治1-4年 （1644-1647）	吉州		铲平主仆、贵贱、贫富；打击豪强，开仓放粮
2	顺治2年（1645）	石城	吴万乾	"倡永佃，除桶面"
3	顺治3年（1646）	瑞金	何志源等	"八乡均佃"
4	康熙9-13年 （1670-1674）	石城	吴八十等	要求永佃，将其主张刻石立碑
5	康熙27年（1688）	宁都	李矮等	踞寨抗租
6	康熙52年（1713）	雩都	邱兰秀等	"除赋蠲租"；劫富济贫
7	康熙52年（1713）	兴国	李鼎三	"田骨田皮许退不许批"
8	雍正7年（1729）	瑞金		"革批赁、桶子、白水"

资料来源：①同治《永新县志》，同治十三年刊本，卷15，武备志·武事，第7—8页。②道光
《石城县志》卷7，武事。③同治《瑞金县志》卷16，兵寇。④乾隆《石城县志》卷7，兵寇。
⑤道光《宁都直隶州志》卷14，武事。⑥同治《赣州府志》，同治十二年刊本，卷33，武事，第5
页；光绪《雩都县志》卷6，武事。⑦同治《兴国县志》卷46，杂记。⑧道光《宁都直隶州志》，
卷7，武事志。

---

① 宋启传：《对策》，见同治《雩都县志》卷之十三，同治十三年刻本，第70—71页；《于都
县志》，新华出版社1991年版，大事记，第22—23页。
② 道光《宁都直隶州志》卷7，武事志；同治《赣州府志》卷34，职官表·府秩官表，第55页。

同闽西一样，反对地主浮收勒索的抗租斗争，是赣南佃农斗争的内容之一，但主要目标是争取"永佃"。8 次反抗斗争中，除两次明确提出要求"永佃"，另外 3 次如"八乡均佃"、"田骨田皮许退不许批"、"革批赁、桶子、白水"等，其目标也是要求"永佃"。"八乡均佃"要求佃农"所耕之田，田主有易姓，而佃夫无易人，永为世业"，固然是"永佃"。所谓"田骨田皮许退不许批"，指的是佃田只许佃农顶退下手，不许地主收回和批佃他人，亦即地主没有撤佃权，佃农可以世代耕种；"革批赁、桶子、白水"中的"批赁"、"白水"，是地主在租佃关系存续期间，认定佃农耕作而收取的礼金或押佃银。革除"批赁"、"白水"既是反对地主巧立名目进行经济压榨，更是一次确立租佃关系后，即可永远耕种。相对而言，赣南佃农要求"永佃"的斗争比闽西佃农反对地主浮收勒索的斗争，更加具有鲜明的时代特征。

大规模的农民战争和各地此起彼伏的农民反抗斗争，虽然都相继失败了，但也迫使封建政权和地主阶级作出局部让步，某些地区的地主经济盘剥有所减轻。农民战争后，元代数量庞大的奴婢和"驱户"（亦称"驱奴"、"驱丁"、"驱口"）获得了自由，佃农的身份也有了较大的提高。这一点，从元、明、清三代有关佃户的律例条文，可以清楚地看出。元律规定，地主和佃户之间的关系是主仆关系，佃户对地主"拱侍如承官府"，路上遇见地主，"不敢施揖，伺其过而复行"。[1] 地主打死佃户，仅科杖百七，征烧埋银 50 两了事。[2] 明洪武五年（1372）明太祖下诏规定，"佃户见田主，不论齿序，并如少事长之礼。若在亲属，不拘主佃，则以亲属之礼行之"。[3] 明制，父辈曰"尊"，兄辈曰"长"。佃户与地主的关系，由奴和主的关系上升为"少"和"长"的关系，应该说是农民地位的一种提高。清律除了承袭明代的上述规定外，又给佃户以法律上某种程度的人身保护，规定："凡不法绅衿私置板棍，擅责佃户者，乡绅照违制律议处，衿监吏员革去衣顶

---

① （明）黄溥：《闲中古今录摘抄》，见沈节甫辑《纪录汇编》，上海涵芬楼民国二十七年影印万历景明刻本，卷 129，第 10 页。

② 《大元圣政国朝典章》，刑部卷之四·诸杀，"主户打死佃客"，中国广播电视出版社 1998 年影印元刊本。

③ 《明实录·太祖实录》，卷 73，中研院历史语言研究所校刊本（无出版年份），第 9—10 页。

职衔，杖八十。地方官失察，交部议处。如将妇女占为婢妾者，绞监候。地方官失察徇纵及该管上司不行揭参者，俱交部分别议处。"① 康熙、雍正、乾隆年间，地主打死佃户而被处以极刑的案例为数不少。这比起元律关于地主打死佃户只科以"杖一百七，给烧埋银七十两"的规定②，当然是一个大的改变。

就在这种历史条件下，农民的群体和阶级意识增强，政治地位和人身自由有所提高，即所谓"王公甘久辱，奴仆尽同升"。③ 一些地区的农民性情和社会风气开始发生变化，由温顺、驯良变得桀骜不驯。如位于皖南山区的祁门，人稠地稀，农田高亢，"依山而垦，数级不盈一亩，快牛利锄不得用"。收入微薄，口粮紧缺，"岁稔，粉蕨葛佐食，即丰年，谷不能二之一"。④ 原来等级贵贱分明，地处僻壤，社会闭塞，"往来鲜送迎，亦无修筑征调事，民只知供正赋，其应公家者皆故家子弟，非有包头雇役及细民窜入版图者"。立籍入册供赋皆官宦、世族之后，"包头"黔首、佣工佃仆，不得单立户册，入籍"版图"（赋役黄册）。虽然"人性椎鲁"，争气好胜，山墓田宅之讼，"事起渺忽，滋蔓不休"，毕竟"无巨恶大憝"，未对封建秩序构成冲击。康熙初年后，情况发生变化，"近缘剿防驻兵，呼庐博雉，年少效尤矣"，乡民性情大变。至于"下户贱厮"，原本温顺"奉法，不敢望见官府，今则越分跳梁者比比，是为厉阶"。⑤ 不仅民风习俗、社会治安变异，"下户贱厮"、"包头雇役及细民"等社会底层的僭越、骚动、反抗，更对封建秩序和作为封建生产关系主体的租佃关系开始构成某种威胁与冲击。

更重要的是，佃农直接抗欠地租和反对封建剥削的斗争愈加广泛、坚决。康熙年间的赣南信丰，往昔民风淳朴，"今也业不由主，一任奸佃混霸，巧其名曰赐、曰退。始则强踞赖租，继则公然转卖。迨控理到官，或假数百年之退纸一条，或抄两三朝之无稽批照，以为祖业历耕多年，狰狞

---

① 《大清律例通考》，乾隆四十三刻本，卷27，第44页；又参见光绪《大清会典事例》卷100，上海商务印书馆光绪三十四年石印本。
② 《元史》卷105，志第五十三·刑法志四，中华书局1976年版，第2677页。
③ （明）贝琼撰：《贝清江诗集》卷之八，"黄湾述怀二十二韵寄钱思复"，康熙间刊本。
④ 同治《祁门县志》卷5，疆土志·风俗，同治十二年刊本，第1页。
⑤ 同治《祁门县志》卷5，疆土志·风俗，同治十二年刊本，第3页，引康熙志。

强辩则工本之说愦之也。……工本之害，向之操其名色，惟图占耕，今则竟成一业两主，甚至佃田主之田而抗不立赁，纳租则以潮湿秕稗充偿。岁值丰稔，尚有顽良之不齐，稍愆则共同画一定为分数，绳田主以必从，而田主竟无如之何矣"。① 这种情况当然不止信丰一地。其他州县亦大同小异，嘉庆年间有记载称，江西各属佃户，"或因田主懦弱，故意欠租不完"，迨田主"欲起田另佃，即逞强阻挠，无人敢耕"。② 湖南一些地区的情况也相仿。据乾隆三年岳州府同知陈九昌称，他前任豫省，见田主如主人，佃户如奴婢，有事服役，不敢辞劳，有唯恐不当田主之意者；后任江南，见佃户亦送租上门，从未有霸种。但任职楚南，却发现"人情变幻，愈出愈奇，竟有佃户仍自称原主者"。也有一种佃户，"名为祖遗之佃，祖孙父子，世代相传，任意欠租，累年拖抗"；又有一种佃户，"附近业主之田，在伊门首，无人敢种，任意欠租"；更有一种"最衰者，名为原主之佃，游惰之农，将田卖与别主，而自己仍认佃户"。陈九昌复称，"卑职前任澧州，调任宝庆，今任岳州，此风此俗，如出一辙，则湖南各处勿问也"。③ 事实也确实如此，如郴州，若"招佃不慎，始则年清一年，久则改塍骗产、典卖踞庄、强耕强获之事至于滋讼"。故有"久佃生奸"之谚。④ 面对佃农抗租强获、典卖踞庄等日常反抗斗争，官府软硬兼施，除了凭借封建法律进行制裁，又张贴歌谣进行告诫、劝谕：

> 田主差粮岁有征，租来耕管莫持横。
>
> 他人财产非吾业，自己妻孥托彼生。
>
> 骗赖不思将谷撝（音 yin），刁蛮强欲把田耕。
>
> 如炉官法难为恤，怎似平情有路行。⑤

---

① 乾隆《信丰县志》，乾隆十六年刻本，卷1，疆域上，第17—19页。按：资料引自康熙志。

② 《为严禁顽佃抗租霸田之积习以安民业事》，嘉庆三年五月二十三日刊，中国社会科学院法学研究所藏谕告文件抄本。

③ 《湖南省例成案·工律·河防》，嘉庆十八年湖南按察司衙门刻本，卷1，"禁止召佃不许田主索取进庄规礼"。

④ 嘉庆《郴州总志》，嘉庆二十五年刻本，卷21，风俗，第7页。

⑤ 嘉庆《郴州总志》，卷之终，附考，嘉庆二十五年刻本，第24页。

这首题为《劝佃户》的打油诗，一方面颠倒黑白，硬说佃户的妻子儿女要靠地主养活，另一方面又以"官法如炉"相恫吓，最后劝谕佃户"平和心情"给自己留一条后路。这充分反映了封建统治阶级的理屈和无奈。

明清时期的赋役制度和地租形态也发生了重大变化，这对加速封建依附关系的松弛和佃农的人身解放，起了重大的作用。

封建社会中后期，随着均田制的逐渐破坏，土地分配不均，人口流亡严重，赋役制度逐渐由以人丁为本向以土地为本的方向转化，由丁税向地税演变。隋代和唐代中叶以前，一直推行均田制，在此基础上实行称为"租庸调"的赋役制度。唐初在实行租庸调的同时，对民户征收户税和地税。唐中叶后，土地兼并加剧，均田制被破坏，人口大量逃亡，以人丁为本的"租庸调"制难以推行，被"两税法"取代。"两税法"是将"租庸调"和户税、地税归并，并以户税、地税为基础。"两税法"简化了税制，扩大了征税面，税额负担以贫富为差，不再以人丁为本，使农民对封建国家的人身依附关系有所减轻。从宋代开始，不立田制，"不抑兼并"，不限制地主富户的占地数量。赋役制度初期沿袭"两税法"，继而先后施行"方田均税法"、"免役法"、"青苗法"。免役法是将民户直接服役改由州县官府募人应役，募役费由州县人户按户等高下分摊。原来服役者缴纳的叫"免役钱"。原享优免特权的官绅、形势户和僧道等，亦须照例交纳，谓之"助役钱"。由直接服役改为缴钱募役，意味着作为服役者的农民对封建国家的人身依附关系相应减轻，农民同官僚豪绅之间的等级鸿沟也有所收窄。元政权具有民族压迫和阶级压迫的双重性质，全面加强了对农民的人身控制，但差役可用蚕丝和银两代替。

明清两朝政府接续对赋役制度进行了重大改革，赋役制度发生了更大的变化。明初，官府曾对户口、土地进行全国性普查，分别编制户经地纬的赋役黄册和地经户纬的土地鱼鳞册，制定了相对较轻的田赋税率；又将民户编为里甲，作为官府催粮和民户轮流服役的基层组织。形成了封建社会后期比较系统和周密的户口管理和赋役征收制度。明中叶后，土地兼并加剧，吏治日益腐败，豪强富户瞒田遁赋，贫民相率逃亡，国家纳赋田亩、人户和赋役征收额剧减，国家财政危机日趋严重。在这种情况下，首辅张

居正全面清丈土地，对原有赋役制度进行根本性变革，于万历九年（1581）
在全国实施被称为"一条鞭"的新税法，"通计一省丁粮，均派一省徭役"，
将所有额赋、摊派、杂费、贡物、差役等"并为一条"，按亩征银，故谓之
"一条鞭法"。① 一条鞭法将原来的实物、货币、力役三者并行征收，变成了
单一的货币税，税种项目减少，纳税手续简化，农民对封建国家的人身依
附关系也继续松弛。

不过一条鞭法尚不完善，实施也不顺利。突出的问题是赋役摊派不公，
赋役折银给商人压价盘剥以可乘之机，在那些商品经济不发达的地区，赋
役折银更难以施行。加上吏治日益腐败，"一条鞭"法推行十余年后，已是
"规制顿紊"，完全走样。清朝开国之初，在继续推行"一条鞭"法的同时，
开始为新的赋役改革作准备：先后编制完成《赋役全书》、土地鱼鳞册和
《简明赋役全书》；田赋征收实行分期输纳、滚单、三联票和自封投柜四法，
赋役征收逐渐制度化和规范化。在此基础上，康熙晚期逐步实施"摊丁入
地"，实行新的赋役改革。康熙五十一年（1712）宣布，"盛世滋生人丁，
永不加赋"。② 即以康熙五十年的人丁数作为征课丁赋的标准数，此后新增
人丁，不再加征丁赋。从五十五年起，又开始在广东、四川等地施行"摊
丁入地"，雍正年间推广到全国。即将康熙五十年的固定丁银，按各地的原
征数额，平均摊入该地田赋银中。这种赋役制度称为"地丁制度"，它是
"一条鞭"法的完善和继续发展。至此，封建赋役制度的改革基本完成。
"摊丁入地"标志着农民对封建国家的人身依附关系又有进一步的松弛。同
时，"摊丁入地"是以土地占有及其数量多寡作为地丁征课依据，基本上废
除了官绅地主的优免特权，缩小了农民大众同官僚豪绅的等级差距，也有
利于减轻中小自耕农和贫苦农民的赋役负担。

封建社会中后期，地租形态和剥削方式也在发生显著变化，对租佃制
度中的主佃关系和佃农人身自由产生重大影响。

唐宋时期，实物分成租仍是基本的地租形态，但定额租已经兴起。唐代
租佃文契中有每亩租额的规定，官吏职分田也采用定额租制。宋代的分成租

---

① 《明史》卷78，志第五十四·食货二，中华书局1974年版，第1905页。
② 《清史稿》卷121，志第九十六·食货二，中华书局1977年版，第3546页。

制称"合种"，定额租制称"出租"，无论官田民田都有采用定额租的。学田租中还出现了货币地租。明清时期，定额租更为普遍。定额租制和分成租制在全国租佃关系中各自所占比例，明代两者不相上下，清代大体为4∶1。定额租已占主导地位。货币地租也有所发展。在清代，学田、官田和旗地中，货币地租已占有较大比重。

在不同的地租形态下，主佃关系和佃农人身自由大不一样。在劳役地租制中，地主直接占有佃农的活劳动，佃农的必要劳动和剩余劳动在时间和空间上都是分开的，亦即佃农有一半以上的生产劳动是在地主直接或间接监督下进行的。地主为了防止佃农偷懒、耍滑，驱使佃农在单位时间内创造更大的价值，总是尽可能监视佃农劳动的全过程，并不断加大佃农的劳动强度。在这种情况下，佃农对地主的封建依附关系强烈，人身自由受到极大限制。

实物地租制与劳役地租制不同，地主占有的是佃农的物化劳动而非活劳动，佃农的必要劳动和剩余劳动在时间和空间上都是不可能分开的，地主无需也不可能监视佃农劳动的全过程，亦即佃农的生产劳动是在地主土地上以相对独立的形式进行的。这样，佃农同地主的日常联系减少，封建依附关系减弱，人身自由程度相应提高。不过在分成租制下，地主占有的地租数量同土地产量成正比。为了增加地租收入，地主仍可能通过某种方式监督或干预佃农的生产劳动。如果地主提供部分种子、农具，干预的程度就更高。故此，宋代的分成租制谓之"合种"。显然，佃农生产劳动、农业经营的相对独立性仍在很大程度上受到限制。如果采用的是定额租制，地租数量是固定的，与土地产量高低无关，地主也就没有必要和理由直接监督和干预佃农的生产劳动，佃农在生产劳动和农业经营方面有着更大的独立自主性。

在货币租制下，情形又不一样。如果缴纳实物地租，不论分成租还是定额租，都有一个实物品种和质量问题。因此，各地的租佃契约中，不仅写明物租的品名、种类，如稻谷、稻米、小麦、棉花等，而且详细规定了品种、规格和质量：稻谷必写明干谷、黄谷或湿谷，或上午谷、下午谷；稻米必写明糙米或熟米。江浙一带，有的租佃契约更明确规定，佃农必须缴纳"上等圆粒米",地主拒收糙米,也不要口感较差的籼米或次等粳米。在多种农产品均可纳租的情况下,则会写明各种农产品的纳租比例,如在以高粱、小麦(或玉米)、大豆纳租的东北地区,因三者市场价格高低悬殊,契约都会载明"三色均纳",佃农无权选择地租实物品种和自行确定比例。地主为了获得自己需要的农产品,往往直接干预佃农耕作,强制佃农种植某些农作物。因此,在实物地租制下,佃农在农业经营尤其是植物品种安排上,并无完全的独立自主权。货币租制则不同,佃农缴纳的是现金,而不是农产品,免除了地租的品种、规格、质量以及种类比例等矛盾和争拗,地主无权也没有必要干预佃农的农业耕作和作物安排,佃农可以按照土地条件和家庭、市场需要安排作物种植,在农业生产和作物安排上有了更大的独立自主性。同时,佃农为了缴纳地租,必须将农产品出售,换取现金,从而加强了同市场的联系,而同地主的联系则相对减弱了。这都意味着佃农对地主封建依附关系的松弛和人身自由程度的相应提高。

封建社会晚期,租佃关系和地租剥削形态还有一个重要变化是押租制的产生和兴起。随着封建赋役制度和租佃制度特别是地租形态的变化,农民对国家和地主的封建依附关系逐渐松弛,社会和法律地位有所提高,地主对佃农的超经济强制力相应减弱。在实物定额租制和货币租制下,地主很难单凭超经济强制管束佃农,保证地租收入。加上商品经济的发展,地主物质贪欲膨胀,家庭开支增加,需要更多的现金。在这种情况下,一些地区开始征收押租,一方面以经济强制补充或取代超经济强制,保证地租收入;另一方面,押租本身又为地主增加了一份收入,收回了出租土地的相当一部分价格,降低了土地出租成本,对地主来说,一举两得。

押租制是封建依附关系松弛、地主超经济强制力减弱的产物,押租制的兴起和发展,又反过来导致封建依附关系进一步松弛。因有押租作抵,地主无佃农欠租之忧,自然放松了对佃农生产、生活的监督和干预,佃农在生产经营方面的独立自主性相应提高。为了避免因欠租而被地主扣吞押租,势必加大生产投入,设法改良土壤,兴修或完善排灌设施,提高土地产量。同时,在佃农看来,既已缴纳押租,也就花钱买下了土地的耕作权,或认为对所租土地拥有某种形式的权利,从而在长期租佃过程中,出现了土地的转租、顶退，既使传统租佃关系发生某种形式的变化，又引发了新的阶级冲突和社会问题。

为了缓和阶级矛盾，稳定社会秩序，某些地方官府不再一味偏帮地主，而是扮演"仲裁人"的角色，尽量平衡地主、佃农两方面的利益。如江西宁都，有关田山"批赁"问题，先是雍正七年（1729）经知县祖秉震具详禁革立碑，继而民人曾顺周于乾隆三十三年（1768）具呈，"田主于额租之外，杂派多项，扰累难堪，恳准赏示严禁"。最后，乾隆三十五年江西布政使司专门就"田山批赁"、"田皮退脚"等民间习惯，进行规范和限制。对田山"批赁"，一方面肯定批佃手续存在的合理性，认为"田主按赁收租，佃户照批掌耕，彼此借以为凭，原不可废"；另一方面，规定"批赁"只限于文字手续，不得向佃户索取"批礼银"，更不准"十年一批"，重复索取"批礼银"，所谓"十年一批之说，殊属额外多取。嗣后凡遇易主换佃，方许换立批赁；如主佃仍旧，则将初立批赁永远为照，不许十年一换"。至于"批礼银，无论初批、换批及苛索入学贺礼、帮纳差漕，一概禁革"。对田皮"退脚"，一方面承认"佃户之出银买耕，犹夫田主之出银买田，上流下接，非自今始，不便禁革"；另一方面鉴于佃农顶退，辗转相承，"退脚银两渐次加增，以致退脚贵于田价，往往蔑视田主，抗租私退，讼端由此而起"。因此不准私相承顶和提高顶价，规定"嗣后顶退时，前佃应协同新佃向田主说明立赁，不许私退，其退脚银两悉照上手退字所载数目收受，不许任意加增"。① 革除批赁、争取佃权是赣南佃农斗争的中心目标，众多佃农和反抗者为此付出了血的代价。江西官府明确禁革批赁，强调"初立批赁永远为照，不许十年一换"，是对佃农作出的重大让步。这无疑会对永佃制的形成、发展产生重大影响。

---

① 国民党政府司法行政部：《民商事习惯调查报告录》（一），第424页，附录乾隆"宁都仁义乡横塘塍茶亭内碑记"。

第二章　永佃制的发生、发展及兴衰历程

永佃制从其最初萌发到新中国成立前后全国实行土地改革、最后全部消失，在中国存在了一千年左右的时间。其起源、形成、发展和衰落、消亡，可大致分为三个阶段或时期：北宋至明末，是永佃制的起源、初步形成并在若干地区流行时期；清代前期是永佃制的全面形成、加速发展和走向衰落时期；清代太平天国战争后至新中国成立前夕，是永佃制局部恢复和全面瓦解、衰落时期。其中清代尤其是清代前期，是永佃制发展最重要的时期。

一　永佃制的起源和早期形态

永佃制在中国产生的具体时间，因资料缺乏、历史久远，难以确定。从目前见到的一些史料看，永佃制的起源或萌芽，最早可以追溯到北宋初年。据《宋史》载，至道元年（995），宋太宗下诏规定，"凡州县旷土，许民请佃为永业，蠲三岁租，三岁外，输三分之一"。[①] 这是封建政权将逃亡绝户田产及其他闲荒入官，准许农民呈请佃种交租，以此永远为业。这些可以世代租种官田的农民，虽然尚未明确拥有所租官地的"使用权"或"耕作权"，但既然可以永远耕种，似不妨称之为"官田永佃农"。这大概是中国最早的官田永佃，是永佃制的最初起源。

---

① 《宋史》卷173，志第一百二十六，食货上一，中华书局1977年版，第4159页。

北宋末年，宋朝官府更以公开招标的方式招佃垦荒。徽宗宣和元年（1119）八月，朝廷为了开辟浙西无主田地及芦荡、滩涂诸荒，规定："远年逃田、天荒田、草葑葖荡及湖泺退滩沙涂等地，并打量步亩、立四至座落、著望乡村，每围以千字文为号，置籍拘籍，以田邻见纳租课比扑，量减分数，出榜限一百日，召人实封投状，添租请佃，限满拆封，给租多之人。每户给户帖一纸，开具所佃田色步亩四至，著望应纳租课。如将来典卖，听依系籍田法请买印契，书填交易。"① 从这则资料可知，官府招垦的基本方法是：将荒地分段丈量、编号，比照相邻田地现纳租课"量减分数"，确定底租；限期公开招标，由佃垦户"实封投状（投标）"，限满拆封，出租高者得；允许佃户对所垦田地自由处分、典卖，不过必须依照国家法规，办理登记、税契手续，"请买印契，书填交易"，不得私相授受。这样，到北宋末年，农民不仅可以通过投标，承垦官荒，获得永佃权，还可依循合法渠道，对土地（耕作权）进行典卖、转移。永佃制渐现雏形。

自此以后，相当一部分省额屯田和其他某些官田，也都采取了同样的租佃形式。如江西屯田，因所立税则比税田更重，"许民间佃为永业"，对屯田租佃的基本原则和政策是，"籍其名数，计其顷亩，定其租课，使为永业"。② 由于租佃稳定，佃户耕种日久，遂将官田视为"己业"。如福州屯田，佃农"耕田岁久，虽有屯田之名，父子相承，以为己业"。③ 随着时间的推移，在土地所有权官有的情况下，开始形成了一种特有的产权——佃权，并出现了佃权的普遍流转和有价让渡。当时称之为"资陪"或"立价交佃"、"酬价交佃"、"随价得佃"，佃农如同售卖己物。或谓"如有移交，虽名为立价交佃，其实便如典买己物。其有得以为业者，于中悉为居室坟墓，即不可例以夺卖，又其交佃岁久，甲乙相传，皆随价得佃"。④ 在江西

---

① 国立北平图书馆编：《宋会要辑稿》（七），该馆 1936 年印本，第 155 册，食货六三，第 6084 页。

② （宋）陆九渊：《与苏宰》，见《象山先生全集》，卷 8，上海涵芬楼影印明嘉靖刊本，第 12—13 页。

③ 国立北平图书馆编：《宋会要辑稿》（七），该馆 1936 年印本，第 155 册，食货六三，第 6074 页。

④ （宋）马端临辑：《文献通考》，贯吾斋光绪二十八年印本，卷 7，田赋考七·官田。

金溪，省额屯田，"岁月浸久，民又相与贸易，谓之资陪"。由于"历时既多，辗转贸易"，佃权多次易主，以致"佃此田者不复有当时给佃之人，目今无非资陪之户"。① 屯田的佃权买卖和转移已经相当普遍。

当然，这些屯田佃户并不一定一开始都享有"永业"权，但在屯田无地权买卖和转移的情况下，租佃关系相对稳定。随着时间的推移，荒地开始垦熟，水利排灌设施陆续修建和不断完善，土地产量增加。因此，佃田的顶退，一开始就是有偿的，并伴随周围社会经济的发展和土地经济价值的提高，顶退价格不断上升，甚至"与税田相若"。宋朝官府对那些"随价得佃"的屯田佃户，或因"厥价与税田相若"，新佃耗资不菲，只得"许其承佃"；或因地内"悉为居室坟墓"，佃农生息繁衍已久，亦"不可例以夺卖"。同时，屯田、官田佃户所纳租额，远比一般税田的税额高，官府夺佃或夺买也得不到额外利益。这样，"随价得佃"的屯田佃户逐渐获得永佃权。这是当时屯田、官田永佃得以产生和存在的基本原因。

不过，宋代的永佃制，似乎仅限于官田、屯田，尚未扩大到民田。有一条资料被多次引用，以证明宋代已有民田永佃，但都十分简略，有的引文特别是间接引文，并不完全符合原意。现将原资料全文揭载如下：

> 侯叔献为氾县尉，有逃佃及户绝没官田最多，虽累经检估，或云定价不均。内有一李诚庄，方圆十里，河贯其中，尤为膏腴，有佃户百家，岁纳租课，亦皆奥族矣。前已估及一万伍千贯，未有人承买者。贾魏公当国，欲添为二万贯卖之，遂命陈道古衔命计会本县令佐，视田美恶而增损其价。道古至氾，阅视诸田，而议增李田之直。叔献曰："李田本以价高，故无人承买，今又增五千贯，何也？"坚持不可。道古雅知叔献不可欺，因以其事语之，叔献叹曰："郎中知此田本末乎？李诚者太祖时为邑酒务专知官，以汴水溢，不能救护官物，遂估所损物直计五千贯，勒诚偿之。是时朝廷出度支使钱，俵民间预买箭杆雕翎弓弩之材。未几，李重进叛，王师征淮南，而预买翎杆未集，太祖

---

① （宋）陆九渊：《与苏宰》，《象山先生全集》，上海涵芬楼影印明嘉靖刊本，卷8，第13页。

大怒，一应欠负官钱者，田产并令籍没，诚非预买之人，而当时官吏，畏惧不敢开析，故此田亦在籍没。今诚有子孙，见居邑中，相国纵未能恤其无辜而以田给之，莫若损五千贯，俾诚孙买之为便。"道古大惊曰："始实不知，但受命而来，审如是，君言为当，而吾亦有以报相国矣。"即损五千贯而去。叔献乃召诚孙，俾买其田，诚孙曰："实荷公惠，奈甚贫何？"叔献曰："吾有策矣。"即召见佃田户，谕之曰："汝辈本皆下户，因佃李庄之利，今皆建大第高廪，更为豪民。今李孙欲买田，而患无力，若使他人得之，必遣汝辈矣。汝辈必毁宅撤廪，离业而去，不免流离失职。何若醵钱借与诚孙，俾得此田，而汝辈常为佃户，不失居业，而两获所利耶？"皆拜曰："愿如公言。"由是诚孙卒得此田矣。①

　　这条资料说的是，太祖年间，河南汜县酒务专知官李诚，因汴水泛滥，未能用心救护官物，朝廷估计损失物值达五千贯，勒令李诚如数赔偿，未几复将李诚庄方圆十里、有佃户百家的巨额田产籍没。仁宗时朝廷决定变卖是项田产，县令侯叔献于是降低价格，拟让李诚之孙全数买回，但诚孙因家境败落，无法遂愿。侯叔献继而劝谕其佃户凑钱借给李诚之孙，让其购回田产，对佃户说："汝辈本皆下户，因佃李庄之利，今皆建大第高廪，更为豪民。今李孙欲买田，而患无力，若使他人得之，必遣汝辈矣。汝辈必毁宅撤廪，离业而去，不免流离失职。何若醵钱借与诚孙，俾得此田，而汝辈常为佃户，不失居业，而两获所利耶？"众佃户依计行事，"由是诚孙卒得此田矣"。

　　资料只说李诚之孙用佃户借给的钱买回了田产，未交代诚孙得到田产后对债款的处理和佃户情况。但资料说得很清楚，佃户是将钱借给诚孙买回田产，延续原有的租佃关系，并不是充作佃权价格，没有改变原有租佃关系的性质。诚孙同佃户之间的关系是债务关系和普通租佃关系。所谓"常作佃户"只是侯叔献的设想，诚孙是否做出明确承诺，不得而知。就算

_____

① （宋）魏泰撰：《东轩笔录》卷之八，中华书局 1983 年版，第 92—93 页。

是"常为佃户"，也只是同原来一样作李家的佃户，并不等同于永佃制。因此，单凭这条资料，尚不能足以证明宋代已经出现民田永佃。

事实上，从一些资料所反映的情况看，当时民田的租佃期限一般不长，并且很少不受地权转移的影响，佃农很难获得佃权。《明公书判清明集》记有南宋嘉定年间（1208—1224）一宗地权争讼案的判决情况，原告提出，其田产于绍兴二十年（1150）出卖，后于淳熙八年（1181）赎回，仍出租与原佃人耕作。判决者即质问："自淳熙八年至今已历四十二年，胡为不曾交业？若曰就行租佃，固或有之，然自吴四乙至吴镕，凡更四世，未有赁田如此之久者。"可见当时的租佃期限一般是不太长的，难以形成永佃制。

民田永佃制的出现，大约始于元代。江苏崇明岛沙田永佃的大量产生，是一个典型例子。据说在元代至元年间（1264—1294），崇明岛的沙田永佃已开始形成。[①] 位于长江出口处的崇明岛，原是一个流放人犯的荒岛，以后从附近和内陆地区迁来的客民，陆续圈占了岛上的全部荒地。他们除自己开垦外，将剩余部分出租给后来的垦民，收取地租。垦民通过垦荒而取得永佃权，[②] 并开始形成"一产二价"、"一产二租"的乡俗惯例。明代时，崇明岛上的永佃制有了进一步的发展。[③]

约莫在元代后期，扬州也出现了佃农典当佃田的事例。有记载说，"扬州泰兴县马鞍沙农夫司大者，其里中陈氏之佃家也。家贫，不能出租以输主，乃将以所佃田转质于他姓"。[④] 这条资料十分简略，无法得知事件详情，只有一点可大致确定：该佃农对所佃佃亩已经拥有某种程度的权利，而且这种权利可以用货币或实物加以衡量，并获得地主、贷款人（或许是高利贷者）甚至官府的承认。因为只有这样，贷款人才敢于收受作为质押标的物的佃田，放出相应数额的债款，既不担心债款本息无归，亦不惧怕地主强行收回佃田。据此推知，该地区某些佃农已经拥有某种形式的"佃权"，业已形成某种形式的永佃制，或正在向永佃制方向发展。

---

① 参见乾隆：《崇明县志》，卷4，服役制一，买价承价说。
② 埃梅·马尔坦：《海外传教士启示及巧奇书集》（法文本）第3卷，第196页。
③ 乾隆《崇明县志》，第4卷，服役制一，买价承价说，乾隆二十五年刻本。
④ 陶宗仪：《南村辍耕录》，第13卷，中华书局1959年版，第162页。

江阴的永佃制不知发源于何时，但最晚至正德年间（1506—1521），不仅相当普遍，并已形成与地权相平行的佃权。当时关于县境租佃有如下记载：

> 　　下农无寸土一椽之业，全仰给于上农，耕稼其田而输之租，谓之佃户。其佃人之田，视同己业，或筑场圃，或构以屋庐，或作之坟墓其上，皆自专之，业主不得与问焉。老则以之分子，贫则以之卖于人，而谓之"榷"，榷得之财谓之"上岸钱"，然反多本业初价。如一亩价银二两，"上岸钱"或三、四两。买田者，买业主才得其半，必"上岸"乃为全业。①

佃农将所租土地"视同己业"，不仅能在租地上筑场圃、建房屋、作坟墓，传之子孙，而且可以独立买卖。这意味着佃农对地主土地有长期使用权，而且对土地买卖和土地产权构成产生了重大影响。

松江府地区永佃制的产生和形成，在时间上和江阴差不多。宣德、景泰年间，该地"人绝田荒，赋役贻累里甲"。天顺六年（1462），地方官府奏准召民开垦，以补粮差。"方其初佃，大费工本，及转佃他姓，即以工本为名，立契得银"。对新佃而言，因为佃田是通过价买而来，也就获得了相应的土地耕作权，"工本"逐渐演变为佃权价格。又因为是官地，不存在地权的买卖、转移，租佃关系相对稳定，给永佃制的孕育、产生提供了条件，只是尚未获得官府的承认。万历初年，当地"奸豪"为攫夺与绝产连界的数顷田地，倡议查勘绝田，于是"奸民诬告，牵连骚扰"，涉及的土地多达37万余亩，"华亭、青浦尤多，几至于煽乱"。万历六年（1578），举人俞显卿出面反对，认为"小民既已出银，又焉得为白占。今欲追价，则价已付之原主，世无一田二值之理。若与原主追价，则原主以前又有原主，辗转追寻，何日清楚。始奸豪倡议，仅欲夺其连界田土数顷，不意祸连万姓"。巡抚都御史张佳允最终采纳俞显卿的建议，奏请终止查勘绝田、追缴

---

① 正德《江阴县志》，卷7，风俗，明正德十五年刻本。

地价的行动。① 这一决定使"原主"所获得的工本免受侵夺，新佃保住了佃权，佃农之间的有偿转让无形中合法化，永佃制自此最终形成和扩散开来。

到明代中后期，社会经济、政治等方面的条件发生了较大变化：城乡商品经济和商业性农业有了较明显的发展，并出现了资本主义生产关系的萌芽，广大农民反抗封建压迫、赋役和地租剥削的斗争空前加强，等等，这些都有利于封建人身依附关系的松弛和封建租佃关系的演进。正是在这样的条件下，永佃制有了初步发展。元代时，民田永佃还只是在个别地区零星存在，到明代中后期，除江苏崇明、江阴等地外，永佃制已较广泛出现于浙江、安徽、江西和福建、广东等沿海省区，并初步形成了相应的惯例和制度。

安徽徽州地区，永佃制起源甚早，不过具体时间不详，最迟至明代中期后，永佃制已经相当流行，而且田地被分离为田底、田面即收租权、耕作权两个部分，并有专门的名称。田底（收租权）称"大租"、"田骨"；②早期田面（佃权）称"坔坓"，据歙县某姓公堂的一册祀产租簿（记账年代为万历初年）记载，两名胡姓佃人租种的一宗水田（土名"查家坞"），其佃权即被称为"坔坓"。万历七年（1579），该宗水田地主收租40 秤，佃农另有"坔坓"24 秤。③ 而且佃权可以有价让渡，并出现了不事耕作、收取租息的田面主。下面是万历十年歙县的一纸田面主转佃（活卖）契约：

> 十一都吴元镒，原佃到寺口汪春门前佃种十王院田一丘，计田三亩，内取三秤零五斤，计佃价一两二钱伍分与子静，仍存佃租四秤零五斤，计佃价一两五钱八分整，自情愿凭中转佃与侄吴应乔名下，与汪春取租无词。今恐无凭，立此转佃约为照。

① 嘉庆《松江府志》，卷 20，嘉庆二十二年刻本，田赋志（资料引自万历《上海县志》）。
② 万历三十年代祁门的一些水田卖契，都有这种称谓。（见《康熙祁门徐氏抄契簿》，中国社会科学院历史研究所收藏整理：《徽州千年契约文书·清民国编》，卷 4，第 441、443、444、462 页。）
③ 章有义：《明清徽州土地关系研究》，中国社会科学出版社 1984 年版，第 33 – 34 页。"秤"系当地田租计量单位。有"加六"、"加八"之别，"加六"租每秤为 16 斤；"加八"租每秤为 18 斤。

　　日后有银听自取赎无词。

　　　万历十年正月十五日立转佃约人　吴元镒

　　　　　　　　　中见人　吴元鉴①

　　这纸名义上的"转佃约"，实际上是田面活卖契。从契约看，事情的来龙去脉是：卖主吴元镒，原先租到十王院田3亩，租额不详。其后就近转租与汪春耕种，收租7秤10斤（汪春应纳十王院租额不详），接着从中抽取佃租3秤5斤、作价1.25两，卖与子静。最后又将剩存的佃租4秤5斤、计佃价1.58两，卖与其侄吴应乔。这里有三点值得注意：第一，吴元镒从转租到分两次售卖佃田，均未受到地主的干预、阻挠，表明吴元镒租种该丘水田时，持有佃权或耕作权，并有自由处置佃田的权利；第二，吴元镒并非一次将整丘佃田卖净，而是分作两次拆卖，又未丈量、分割和划拨土地，买主实际到手的只是收租权，而非水田，表明在这宗佃田交易中，佃租已经同土地脱钩；第三，现耕佃农汪春虽无明确的佃权，但从契约看，交易的直接标的物只是佃租，许诺的买主权利是"与汪春取租无词"，并非"收田换佃"或"入田耕作"，而且佃租分属两家，作为佃租载体的水田，只有一丘，无法切割，在佃农按约交租的情况下，一般不会撤佃，也难以撤佃，现耕佃农汪春或许持有事实上的佃权。因此，这纸"转佃约"所反映的情况显示，当地早在万历以前，就产生了永佃制，并已发展、演变，甚至开始衍生出"一田三主"的局面。

　　与歙县交界的休宁，也可从一些"佃约"中得知，明代也已出现了永佃制，不过"佃约"的年份为崇祯末年，比歙县晚。现转录两纸如下：

　　其一

　　立佃约人汪廷保，今有承租佃作田一备，坐落土名沙丘，计田一亩肆分，计租十四秤整，出佃与李□□名下为业，得受价纹银一两叁钱整。其田是身承去耕种，逐年交还小租叁秤拾斤整，送至上门交纳。

---

① 安徽省博物馆编：《明清徽州社会经济资料丛编》第一集，中国社会科学出版社1988年版，第423页。原件藏徽州地区博物馆。

如有欠少，听佃主另佃无辞。其田未佃知〔之〕先，并无重复交易。不明〔等情〕，尽是出佃人承当，不及受〔佃〕人之事。恐后无凭，立此佃约存照。

　　崇祯十五年四月初二日　立佃约人　汪廷保①

　　其二

　　立佃约人李奇付，原佃得李三付田一备，坐落土名树坑桥头，计田一亩五分，计田大小三丘，计硬租十四秤十四斤。先年得价银一两佃与同春堂，递年交小租三秤。崇祯十四年十一月，是身凑价银二两六分，佃来耕种，交纳正租并同春堂小租。今因欠江三孙会银，将前田转佃与房东李名下为业，得受价银并酒食银二两八钱。其银、契当即两交明白，并无重复交易。不明等情，是身承当，不累受佃人之事。恐口无凭，立此佃约存照。

　　崇祯十五年五月初二日　立佃约人　李奇付

　　　　　　　　　　　　依口代笔　谢元禄②

　　前者佃田属于立约人祖上遗产，耕种久远，耕作人可能早已获得永佃权，作为家产多代相传，也可能是在长期的佃种过程中，某个时候形成永佃权。不论哪种情形，永佃制应当久已存在。同时，值得注意的是，立约人采取的是出让永佃权而保留土地耕作、递年交租的方式，形成正租、小租的双重地租关系。佃约订明，租谷"如有欠少，听佃主另佃无辞"。那么，如不欠租，立约人应可长期耕种。这又是原有永佃制度的某种延伸。

　　至于后者，佃田几经交易，不断变换方式，而且佃价银节节升高。先是转佃，收取小租；接着加价赎回耕作，缴纳正租、小租的双重地租；最后，再次加价，将佃田彻底转让第三者。在这里，永佃权或田面实际成为

---

①　安徽省博物馆编：《明清徽州社会经济资料丛编》，第一集，中国社会科学出版社1988年版，第423页。原件藏徽州地区博物馆。

②　安徽省博物馆编：《明清徽州社会经济资料丛编》，第一集，中国社会科学出版社1988年版，第424页。原件藏徽州地区博物馆。

佃农金融调剂的手段。而且，在这频繁和反复的佃田转移过程中，并未发现地主出面干涉。这从一个侧面反映出，当地永佃制的发展，已经趋于成熟。

另外，还可从徽州地区一些土地买卖契约用词的变化或差别，推知永佃制度的发生和存在。安徽省博物馆、中国社会科学院历史研究所整理、编辑的徽州明代271宗卖田契，大部分是出租地，时间最早的为洪武二十六年（1393），最晚的为崇祯十七年（1644）。文契关于买主权利的表述，宣德三年（1428）闰四月前，全部为听凭买主"闻官受税，收苗管业"、"自行耕种收苗，永远管业"或类似词句，但该年五月休宁的卖田契，上述契文改成了"一听买人自行闻官受税，永远收租管业"。此后两种表述交错出现。宣德三年五月至崇祯十七年间，217纸卖田契中，载明买主"收租管业"或"买入收租"、"入田收租"、"收租为业"的有49宗，占22.6%。从县区分布看，书中辑录的宣德三年至崇祯十七年间卖田契，休宁最多，计90纸，占41.5%，载明买主"收租管业"的卖田契数量，亦相应较多，共17纸，占34.7%。其次为祁门、歙县。另有18纸县份不详。①

土地买卖契约这种语言变换和差异的背后，所反映出来的是佃农租佃关系的变化和永佃制的产生。在传统租佃制度下，地主可以随意换佃，土地买卖一经成交，撤佃权也就同时由卖主转入了买主手中，所以卖主承诺，任凭买主"耕种收苗管业"，既可撤换佃人，也可收回自种。而在永佃制下，佃农持有土地耕作权，地主无权随意撤佃，所以买主同卖主一样，对土地的管业权限，只能是收租。而且，所谓"收租管业"，并非空泛用语，而是实有所指。嘉靖四十三年（1564）的一纸田、山卖契，清楚地说明了这一点。该契载明，"其田山自卖之后，一听买人入田收租管业，其山听自载（栽）种，并无存留"。② 显然，买主对所置田、山的权利是有差别的。前者是收租，而后者是自己栽种。从时间上看，倘若上述契约资料大体反

<hr>

① 详见安徽省博物馆编：《明清徽州社会经济资料丛编》，第一集，中国社会科学出版社1988年版，第1—83页；中国社会科学院历史研究所徽州文契整理组编：《明清徽州社会经济资料丛编》，第二集，中国社会科学出版社1990年版，第19—30页。

② 中国社会科学院历史研究所徽州文契整理组编：《明清徽州社会经济资料丛编》，第二集，中国社会科学出版社1990年版，第64页。

映了该地租佃关系的变化。那么，徽州地区最晚到明代前中期，永佃制已经产生，并形成了自己的一套惯例。

当然，从契文看，上述载明任凭买主"收租管业"的卖田契中，也有某些田产似乎并未出租，而是卖主自种，但仍写"收租管业"，可能由于买主购置的目的就是招佃收租，而非自种。但不论怎样，这种契文的变化无异从一个侧面反映了永佃制的产生。

除了田地永佃，也开始出现荒山开垦和树木种植的永佃制。下面是明天顺六年（1462）祁门的一纸租山植杉文书所反映的租佃关系：

> 十九都汪仕兴等，今断到五都洪渊等名下山壹片，坐落东都四保土名角公坑头，系经理有字号，新立四至，内取山壹片，其山东至石嵛陇心直上，西至田尾弯坑直上，降南至大降，北至行路。今将前项四至内山前去陆续研铲锄掘，栽坌杉苗。日后杉木长大，对半均分，其山原人再行用工长养，子孙均分。在分人数栽坌之后，不许私自变卖分籍。倘有私自砍研，已〔一〕准偷盗。其山来历不明，并是洪渊之〔支〕当，不涉用工人之事。自立合同文书二纸，各收壹纸。二家各无言悔，为先悔者甘罚白银拾两入官，工用仍依文书如始。今恐无凭，立此文书为用。
>
> 贴备杉苗累年壹半。
>
> 天顺陆年正月廿九日　立文书人　汪仕兴
> 朱美得
> 黄禾尚
> 汪　旺
> 汪　乞
> 奉书人　汪彦清①

这是一纸劳资合约形式的永佃契约。几户佃农合伙租山栽植杉树，地

---

① 中国社会科学院历史研究所收藏整理《徽州千年契约文书·宋元明编》卷1，花山文艺出版社1994年版，第171页。

主除了山场，还提供一半杉苗，佃农提供一半杉苗和工具、劳力，杉苗长大后，主佃对半均分。这种租山种树契约在南方丘陵山区，特别是皖南、江西、福建等地，时有所见。因林木生长期长，生产和土地收益周期较长，租佃期限大多为一个收益周期，林木砍伐、分配完毕，租佃或合约关系随即终结。

这纸文书不同，林木砍伐、分配后，合约关系并未终结，"其山原人再行用工长养，子孙均分"，合约长期有效，还传之子孙后代，双方谁也不许反悔，否则罚银10两"入官（合约公众）"，用工植杉"仍依文书如始"。在这种情况下，双方谁也不敢反悔，永佃关系相当稳固。

随着时间的推移，租山永佃逐渐形成被称为"坌坌"的佃权或"山皮"，试看天启元年（1621）徽州的租山承佃契：

> 十六都李才兴同汪子奇、包乞保等承佃到
>
> 房东郑安信公祠名下下十保土名苦竹坞山一源，新立四至，里至塘尽嫩苗为界，外至坞口抵坑，两边至峰，四至内山，前去砍拔锄种，㑇（无）问险峻，遍山栽插杉松苗木，不得抛荒尺土。日后成材，主<u>坌</u>三㑇（股）相分。主得二㑇（股），力得壹㑇（股）。其坌坌不得变卖他人。如有变卖，先尽山主照山坐买。恐后无凭，立此存照。
>
> 山主贴松子银壹两贰钱正。
>
> 天启元年十二月十三日　立承佃人　李才兴（押）
>
> 　　　　　　　　　　　　　　　　汪子奇（押）
>
> 　　　　　　　　　　　　　　　　洪节保（押）
>
> 　　　　　　　　　　　　　　　　包得宜
>
> 　　　　　　　　　　　　　　　　程腊乙
>
> 　　　　　　　　　　　　　　　　郑天训　书①

这宗租山个案和前宗个案相比，租佃内容、主佃关系、生产资料供给、

---

① 中国社会科学院经济研究所藏：《明清民间佃约》，编号005·20。

产品分配办法基本相同，但又有某些差别。主佃关系方面，明确分为主、力两个实体，产品主、力三股相分，主得二股，力得一股。值得注意的是，这里的"力"不是通常意义上的"力"，而是在"力"字下面特别加了一个"土"字，说明这里的力不是单纯的劳动力，力股所得不是单纯的劳动力价格。契约接着写明，"其坔坌不得变卖他人。如有变卖，先尽山主照山坐买"。所谓"坔坌"，不是指成材杉松，或不仅仅指成材杉松，而是包括杉松根下的浮土，所以规定"先尽山主照山坐买"。这里的"坔坌"就是后来永佃制下"山皮""田皮"的早期形态或别称。

事实上，在这之前，祁门、休宁等地在嘉靖后期，已经出现了得到官府承认的力坌买卖，祁门有一纸嘉靖三十一年（1552）价买坔坌赤契。可惜原契已腐烂无存，只剩粘附契尾的投税凭证。该凭证显示，李荣以价银100两，买受坔坌木苗一备，按官府规定纳税银3两。[1] 休宁有一纸嘉靖四十二年（1563）售卖山林坔坌的赤契。[2] 这说明最晚在嘉靖前中期，祁门、休宁等地已形成了山林栽植永佃，并出现了山林佃权买卖。

另外，契约文书所用单字、词汇的变化，也从一个侧面反映出山林永佃产生和形成的轨迹。祁门二十二都《金紫金氏文书》集有明后期至清代二百年间的数十纸山林租佃契约及相关文书。万历廿四年（1596）金大有的卖山赤契（残件），"祖坟塚林松杉木二号并山骨资四大股……"一句中有"山骨"二字，可能已有某种形式的山林永佃存在，但因系残件，未见亦不能判定是否有关于佃权的对应词语。此后万历三十六年（1608）的一纸佃山约，关于林木产品的分配办法载明，"主力四六分，主得六分，力得四分"；"日后力分出卖，务要先尽山主"。此处佃人单称"力"，"力分"的"分"下无"土"，反映佃人可能只是纯粹的劳力，所分林木产品属于工价或劳力报酬，故只有"分"而无"坌"。崇祯六年（1633）的佃山契，亦称"力分"。进入清代，情况发生变化，顺治十六年（1659）洪义承佃耕山林的"相分股坌"清单，初次出现"坌"字和"股坌"新词，表明资金

---

① 中国社会科学院历史研究所收藏整理《徽州千年契约文书·宋元明编》，卷2，花山文艺出版社1994年版，第193页。

② 中国社会科学院历史研究所收藏整理《徽州千年契约文书·宋元明编》，卷2，第348页。

股和劳力股都包括了"土"的成分或要素。到康熙四十三年（1704），佃山约则首次使用"力垒"一词。佃约载明，"栽植松杉，务要遍山满密，无得抛荒寸土，如违，力垒不与；日后成才［材］，主力两半，力垒出卖，先尽山主，无得变卖他人"。① 佃约显示，佃农应已持有山皮佃权，山林永佃已经产生。契约用词变化，从一个侧面反映出山林永佃的产生和形成过程。

到雍正乾隆年间，垦山永佃日益普遍，相当一部分垦山佃农都拥有"力垒"。如果佃农没有"力垒"，有的会在佃约中特别加以说明。乾隆三十年（1765）祁门二十二都的一纸"承佃"约，即是一例：

> 立承佃人龙起进等，今承到东主金惟江兄弟等名下原有三保土名四亩坞山壹号，内种一半，坐落西边正塝心直上，前去锄种，务要松子满密，不致寸土抛荒。日后成材，毋得称说力垒有垒。自承之后，两无异说，如违甘罚白银五两公用。今欲有凭，立此承约存照。
>
> 乾隆叁拾年九月廿日　立承佃人　龙起进
> 　　　　　　　　　　　　　　　金多三
> 　　　　　　　　　　　　　　　彦　弟
> 　　　　　　　　　　　　　　　旺　寿
> 　　　　　　　　中见人　金以亨②

这纸佃约有些异样，契中未有载明产品分配或交租办法，但有一点却是明确的：所种松树"日后成材，（佃农）毋得称说力垒有垒"。即佃农没有永佃权。同年十月的另一纸佃约也说，佃农"不得称说力垒"。③ 这些都是为了避免日后产生有无永佃权的争执，同时也反过来证明，所谓"力垒"或"垒"，就是永佃权的一种标志或名称。

---

① 刘伯山主编、安徽大学徽学研究中心编：《徽州文书》，第一辑（10），《祁门二十二都红紫金氏文书》，广西师范大学出版社 2005 年版，第 24、34、65、84 页。
② 刘伯山主编、安徽大学徽学研究中心编：《徽州文书》，第一辑（10），广西师范大学出版社 2005 年版，第 448 页。
③ 刘伯山主编、安徽大学徽学研究中心编：《徽州文书》，第一辑（10），广西师范大学出版社 2005 年版，第 449 页。

在民有山林、山地形成永佃的同时，还产生了官山永佃。下面转录嘉靖四十四年（1565）一纸徽州府学官山佃权顶退契，可以从一个侧面窥测早期官山永佃的某些踪迹：

> 八都住人胡子文同侄胡镒，原承父佃到府学官山一片，土名辛塘，计山税一亩二分七厘八毫，系服字六百八十三号；又山土名车塘，计税二亩，系服字五百九十号；又山一亩五分，土名干充，系服字六百九十三号；又山二分五厘，土名干充，系服字六百九十二号；又山一亩三分三厘三毫，土名大孤充，系服字六百一十三号，其四至俱照保簿。今将前项五号官山内取一半，计税三亩一分有令〔零〕，因无力管业不便，出佃与九都亲人陈名下栽植柴木，备纳递年官粮。当日面议成佃使费、人工饭食银柒两伍钱正，其银山当日交收足讫。如有内外人拦占及重复交易、一切不明等情，尽是出佃人之〔支〕当，不及佃人之事。其税粮候至大造之年，本户自行起割无辞。今恐无凭，立此为照。
>
> 　　嘉靖四十四年七月廿三日　立佃契人　胡子文
>
> 　　　　　　　　　　　　　　　　　　　胡　镒
>
> 　　　　　　　　　　　中见人　刘　腊①

从契约看，这种官山永佃尚处于产生和形成阶段：胡子文叔（伯）侄租种的官山来自上辈，耕作有年，租佃稳定，既可长期耕作，父子、祖孙相传，如遇困难或不愿耕作，又可通过有价转让，收回最初的租佃费用和后来投放的劳力工本，这正是永佃制的主要特征。更为重要的是，这种有价转让并非完全"私相授受"，而是如同普通土地买卖一样，缴纳契税，推割过户，说明这种顶退是得到官府承认和许可的。这如同宋代官田一样，是佃农在反复顶退过程中逐渐形成的事实永佃。土地耕作时间越长，顶退次数越多，顶退价格越高，佃农的相对独立性越高，持有的佃权越稳固。

---

① 《万历休宁苏氏抄契簿》，中国社会科学院历史研究所收藏整理《徽州千年契约文书·宋元明编》，第6卷，第262—263页。

随着时间的推移，这种官山租佃也就由事实上的永佃发展为名符其实的永佃。这从顶退契约中的价格内容、名称以及受主权利的变化等，就可以看出来，试看下面的山林"佃契"：

八都四图立佃契人胡尚贤同侄胡镒，原承胡珦奉例承佃官山土名麻柞山，系人字号，本家坐取月形山顶一个，该税二分有令〔零〕，除佃过八厘与仆李岩尚、李富盛等葬坟为业外，仍有山税乙分二厘有令〔零〕。其山东至峰尖，西至田塘，南至、北至田路，本家并无存留。今将前项四至内山并树木柴条于上，先华各仆凌虎、金顺并文武等坟在上，其业山尽行出佃与城居苏名下为业，面议佃价乙两伍钱正。其银契当日两交收足讫。其山出佃之后，一听佃人收苗受税管业，如有内外人拦占及重复交易、一切不明等情，尽是出佃人之〔支〕当，不及佃人之事。其税粮候至大造之年，本户自行起割。今恐无凭，立此为照。

　　隆庆三年六月二十五日　　立佃契人　　胡尚贤
　　　　　　　　　　　　　　同　侄　　　胡　镒
　　　　　　　　　　　　　　中见人　　　刘　义
　　　　　　　　　　　　　　　　　　　　程　七
　　　　　　　　　　　　　　　　　　　　刘　添①

这纸隆庆三年（1569）的顶退契，同上一纸契约只相隔13年，但顶退价格和受主权利发生了明显变化：一目了然的"佃价"取代了性质含混的"成佃使费、人工饭食银"；受主权利也由义务多过权利的"栽植柴木，备纳递年官粮"，换成了义务、权利并重的"收苗受税管业"。有必要指出的是，所谓"收苗受税管业"，正是当地传统土地买卖文契中买主权利的基本内容。这种变化标志着佃权地位的提高和官山永佃的最后形成。

从总体上说，徽州地区到明代中后期，永佃制有较大发展，在租佃关

① 《万历休宁苏氏抄契簿》，中国社会科学院历史研究所收藏整理《徽州千年契约文书·宋元明编》，第6卷，第288—289页。

系中占有相当比重，以致某些非永佃契约，必须做出特别声明：

　　立佃屯人程尚起，今佃到苏名下山园六领，递年秋收硬上租银八分正，不致少欠。其园并无佃头，苏宅要用，即行交还，并无难异。今恐无凭，立此佃约为照。

　　隆庆四年九月初五日立佃屯契人　程尚起

　　　　　　　　　　中见人　程延大[①]

　　这原本是一纸租额很小的普通承佃契，但佃农除了保证按约交租、不致欠少外，特意声明，"其园并无佃头，苏宅要用，即行交还，并无难异"。这种看似多余的声明，恰恰从一个侧面说明，永佃制在当地已成为一种相当普遍的租佃行为和习惯，给地主自由撤佃、随意支配和使用土地造成障碍。所以，地主未雨绸缪，一开始就让佃农做出上述声明，避免日后不必要的争执和麻烦。

　　在江西赣南，明代后期有大量福建、广东农民进入该地砍山耕作，称为"客籍"、"棚民"。山区人口少，荒地多，封建统治势力相对薄弱，客籍农民比土著更富于反抗精神，又摆脱了原地官府和封建宗族的束缚，因而有可能获得对小块土地的所有权或耕作权。棚民的辛勤垦种不仅加速了山区农业的开发，而且使作物和农业结构发生重大变化。烟、麻、蔗、蓝靛、棉花等经济作物，松、竹、油茶、漆、棕榈等经济林木的种植增多，农村商品经济日趋活跃。因种经济作物和经济林木比种粮有更高的收益，土地的经济价值不断提高，刺激了"赁田"经营。某些经济作物和经济林木从开垦栽种到成林结果或砍伐，需要若干年的时间，收获或砍伐期亦较长，必须有长期和稳定的土地使用权。这就促成了垦山植林永佃的产生。石城县崇祯八年（1635）的一纸山骨卖契，从一个侧面反映了明末垦山植林永佃的一些情况：

---

① 《万历休宁苏氏抄契簿》，中国社会科学院历史研究所收藏整理：《徽州千年契约文书·宋元明编》，第 6 卷，第 307 页。

立卖山骨契人蒋益久，兹因困窘，要银急用，自愿将祖父遗下宁邑龙上、下里凤凰山小地名石家排，房屋壹所以及四周山岗壹大处，东至凤凰山背，随田垄直上曹地为界，西至木古坳，随田坑直下黎树坑水口为界，南至木古坳分水为界，北至黎树坑路直出岗场田垄为界，四至分明，原载各佃山租铜钱叁仟捌百文，今要尽行出卖与人。遍问房亲，俱各不愿，今托中人说合，送至石城小姑朱文正公位下嗣孙向前承买为业，当日凭中言定时值山骨价及房屋价共银捌拾六两正。其银及契两交明白，不欠分厘，并无债货准折之类，二比甘允，亦非逼勒成交。其山骨自卖之后，任凭买人嗣孙迁坟收租，永远管业，卖人自后并无寸土相连，亦无房亲相干。倘有来历不明，卖人自行支当。今欲有凭，立卖山骨契为照。

计开界内山骨地基列后（略）

崇祯八年九月吉日　立卖山骨并房屋契人　蒋益久（花押）

艾其先（花押）

说合中人　长君甫（花押）①

文契显示，山骨并非卖主自置，而是其祖父遗留。看来垦山植林永佃，山地的骨、皮分离，早在崇祯以前就有了。

明代中后期，福建不少地区都有永佃制的发生发展，漳州府龙溪、南靖、平和等县以及龙岩一带，则相继出现了"一田二主"、"一田三主"的名目。

嘉靖年间（1522—1566）龙溪的情况是，"大抵业农之民甚劳，其间无田者众，皆佃人之田。年丰则业佃相资，岁歉则业佃俱困。柳江以西，一田二主，其得业带米收租者，谓之大租田。以业主之田私相贸易，无米而录小税者，谓之粪土田。粪土之价视大租田十倍，以无粮差故也"。②

柳江以西的"一田二主"和以"粪土田"为标志的佃权或田面权，似

---

① 卞利：《江西地区永佃权产生的时间问题考辨》，《江西师范大学学报》（哲学社会科学版）1989 年第 3 期，第 74 页。原件藏石城县小姑乡朱氏家中。
② 嘉靖《龙溪县志》，嘉靖十四年刻本，卷 1，地理，第 25—26 页。

乎是在佃农转让地主土地后形成的。至于"一田二主"及其性质,大体有三种情况:一是转租,收取"小税"(小租),原佃由直接生产者蜕变为不事耕作的"粪土田"主和"小税"主,现佃则必须缴纳大租、"小税"双重地租;二是原佃典卖,或"小税"主将其已经转租的"粪土田"典卖,买主并不耕种,而是出租,成为收取"小税"的"粪土田"主,现耕佃农同样必须缴纳大租、"小税"双重地租;三是典卖,佃农将佃田转卖,或"小税"主将其已经转租的"粪土田"售卖,买主自耕,他既是交纳大租的佃农,又拥有"粪土田",也成为一"主"。

上述三种情况中,前两种是正处于萌芽、产生中的永佃制开始分解、蜕变,尚不明确的佃权与直接生产者分离;后一种则标志着萌芽、产生中的永佃制正式形成。而且相对于租权而言,佃权价格甚高。

乾隆龙溪县志《官民田赋始末考》也有一段记载该县明代民田"大租"、"小税"、"粪土"的文字,地域不限柳江以西,而是涵盖全县:

> 民田则有大租之弊:邑民受田者,往往惮输赋税,而潜割本户米配租若干担,减其值以售,其买者亦利以贱得之。当大造之年,一切粮差皆其出办,曰大租主,有田者不与焉,曰小税主。而租与田遂分为二。又有田主受佃民粪土银,而狡黠佃民遂据为业,不得召耕,或私相授受,田主不得问焉。①

和柳江以西不同,这里的"大租"、"小税"源于赋税和地权的分离,"粪土"的产生,也并非佃农私自让渡地主土地,而是地主收取类似押租的"粪土银"。

这种租与田、租与税的分离和"粪土"佃权的产生,不限于龙溪,漳州府全境皆然。万历《漳州府志》即有关于"一田三主"及其缘由的详细记载:

---

① 乾隆《龙溪县志》,光绪五年补刊本,卷5,服役,第5页。

　　漳民受田者，往往惮输赋税，而潜割本户米、配租若干石以贱售之，其买者亦利以贱得之，当大造之年，辄取米入户，一切粮差皆其出办。于是得田者坐食租税，于粮差概无所与，曰小税主；其得租者，但有租无田，曰大租主（民间买田契券，大率记田若干亩，岁带某户大租若干石而已）。民间仿效成习，久之租与税遂分为二。而佃户又以粪土银，私相授受其间，而一田三主之名起焉。①

　　显然，"粪土"佃权不仅发生于龙溪，整个漳州府都存在，而且最迟到万历年间已相当普遍了。

　　从上面的资料记载，可以粗略发现"粪土"佃权的产生过程：佃农因长期佃种，耕作施肥，土壤改良，产量提高，以施有"粪土"为由，不许地主撤佃，同时私相顶受，收取一定数额的价款作为"粪土"补偿。随着时间的流逝，在地价之外，形成"粪土银"的名目。正是在这种情况下，地主为了多得收入，在出租田地时，也开始收取"粪土银"。这样，佃农自然认为，一经缴纳"粪土银"，也就买得土地耕作权，更加不许地主撤佃，地主也因收取"粪土银"，撤佃的"理据"大减。"粪土"或"粪土银"永佃，由此形成。

　　从漳州府属漳浦、诏安、平和三县析置的云霄厅，② "一田三主"名目及缘由，和漳州府其他地区一样，但"粪土银"、"粪土"佃权和上述情况略有不同。该厅除了"粪土银"，还有"佃头"银。据称佃头、粪土原系两项，"佃头"乃"保佃"之银，属押租性质，佃户如不欠租，业主欲召新佃，必须退还；"粪土"乃"兑佃"之银，新旧佃户承顶时，由新佃交付旧佃，数额多寡无定，被"强族悍佃"用作抗租踞庄的理据，佃户"拖欠短纳，业主欲召佃，则借粪土为辞，别人不敢承耕"，形成事实上的永佃。③

　　南靖、龙岩、平和出现的"一田三主"，包含的租佃关系性质、类型不尽相同，其中南靖、龙岩都有永佃制的产生和存在。

---

① 万历《漳州府志》，万历四十一年刻本，卷8，田赋考。
② 嘉庆三年（1798）析置，民国二年（1913）废厅改县。
③ 嘉庆《云霄厅志》，民国二十四年刊本，卷4，田土，第11页。

在南靖，同一宗田地，持有者和耕作者有业主、大租主、佃户之分。"买主只收税谷，不供粮差，其名曰业主，粮差割寄他户。田中收税，配之受业，而得租者，名曰大租主。佃户则出赀佃田，大租、业税皆其供纳，亦名一主。此三主之说也。"①

这里的地权和地租在土地买卖时，已被分割为互不相属的两个部分，作为直接生产者的佃农，一方面必须缴纳大租、业税双重地租；另一方面因为"出赀佃田"，取得了佃权和土地实际支配权，亦称一"主"，形成了不同于传统租佃关系的永佃制。

龙岩的情况和南靖一样，也是"一田三主"，地权分割为大租、"受产"（代完粮米）两部分："受田之家，其名有三：一曰官人田（官人即主人也，谓主是田而输赋于官者），其租曰大租。二曰粪土田（粪土即其田之人也），佃丁出银币于田主，质其田以耕，田有上下，则质有厚薄，负租则没其质。沿习既久，私相授受，有代耕其田，输租之外，又出税于质田者，谓之小租。甚至主人但知其租，而不知其田之所止。三曰受产田（富家田多，则赋必重，乃授田于人，顶戴苗米，计其租，仅足以供其赋，贪狡者受之，一有不支，则人田俱没矣）。古者授田之家一，今则授田之家三，甚者那移转贷，又不止于三矣。"②

龙岩的"粪土田"，名称和形成途径与龙溪相同，都是佃农交纳押金或押金兼有佃权价格的产物。不过从"田有上下，则质有厚薄"的说明看，龙岩佃农所交"质"银的佃权价格色彩更为明显。佃农"质其田以耕"，似乎一开始就获得了某种形式的佃权。而龙溪的"粪土田"佃权是在后来的转租或顶退过程中逐渐形成的。

平和的"一田三主"，据说源自"南靖粪土、大租之说"，但内容、名称不同，而且"三主"并不包括佃户。该地乡俗，"买田者为田主，买租者为租主。其田原载粮米，租主全不收入户，只将田租之内抽出三分，付与兑米人户，代办条差。而兑米之人，名曰白兑。递年收租纳官，谓之米主。

① 顾炎武：《天下郡国利病书》，清代抄本，第93卷，漳州府·田赋，第3页。
② 嘉靖《龙岩县志》，嘉靖三十七年刻本，卷上第二，民物志·土田。

乃佃耕人户，年供三主之租，得不困苦乎哉"。① 这是平和"一田三主"与南靖、龙岩"一田三主"的根本区别。由此可见，并非凡是"一田三主"都存在永佃制，或曾经发生过永佃制，这是需要特别说明的。

在福建福州、兴化等府属以及广东、江西一些地区，"一田三主"和永佃制的产生，又是另外一种情形，主要是小土地所有者投献土地，甘当佃户，放弃土地所有权，只保留土地使用权。明季年间，因辽饷逼迫，一年两纳，闽清有田者"半多贱售于贵显，愿为之耕作，故呼业主为势头"。② 仙游的一些自耕农民，也因"不胜书吏之敲勒，多愿出卖大租，舍完粮之责"。土地通常分为"庄权"（租权）和"根权"（佃权）两部分，庄权人"认租不认地"。③ 广东大埔，有的全村土地，皆系大族祖尝田产，农民全为佃农，据说也是由于明末赋税苛繁，"自耕者恒不敢有其田，宁愿贱价求沽于望族，自居佃户，藉求庇荫"。其条件是，地主只能收租，而佃农有权永远耕种。④ 某些地区的中小地主或在土地投献前，因收缴押租已将佃权付与佃农，⑤ 或在投献后，佃农通过某种方式取得佃权，也形成所谓"一田三主"的局面。

总之，最迟到明代中后期，某些形式的永佃制已成为福建一些地区通行的租佃形式。明万历年间（1573—1619）及其以后刊行的民间尺牍一类日用杂书，诸如《翰府锦囊》、《四民捷用学海群玉》、《万书萃宝》、《三台万用正宗》、《万锦全书》、《天下四民利用便观五车拔锦》等，都集有这类租佃契式。通过这些不同年期的租佃契式，不仅可以窥见早期永佃制的某些基本形态和在整个租佃关系中所处的地位，还可从中发现它的某些发展变化。先看《翰府锦囊》的几纸租佃契式：

---

① 顾炎武：《天下郡国利病书》，卷93，漳州府·田赋，清代抄本，第3页。

② 民国《闽清县志》，卷8，杂录，民国十年刊本，第8页。

③ 参见黄佑昌：《民法诠解·物权篇》，上册，民国三十六年刊本，第251—252页。

④ 民国《大埔县志》，卷10，民生志，民国三十二年铅印本，第2—4页。

⑤ 在上述尺牍书刊所辑永佃契式中，有一种称之为《退佃田土文约》的永佃契约，就是地主收取佃户"赔价"银两后，将佃权退与佃农的文契。（参见东洋文库明代史研究室辑：《中国土地契约文书集》，1975年刊本，第169页。）

　　某里某人置有晚田某段，坐落某里某处，原计田若干种，年该苗米若干桶乡，原有四至分明。今凭某人作保，引进某人出赔价纹银若干，当日交收足讫明白。自给历头之后，且佃人自用前去管业，小心耕作，亦不得卖失界至、移丘换段之类。如遇冬成，备办一色好谷若干，挑送本主仓使〔所〕交纳，不致拖欠。不限年月，佃人不愿耕作，将田退还业主，接取前银，两相交付，不致留难。今给历头一纸，付与执照。[①]

　　这是比较早期的，也是最低限度的契约永佃。地主立约收取"赔价"，将土地交由佃农管业、耕作纳租，并且"不限年月"。只要佃农按约纳租，地主无权撤佃，佃农获得了最起码的佃权。不过文字表述，还不十分清晰。往下发展，永佃权逐渐明确。试看下一纸租佃契式：

　　某处某人，置有早/晚田几段，坐落土名某处若干亩几丘，岁该纳苗租若干石，原契载有四至明白。今凭某等作保，引进某人出讨田银若干整，当日交收领讫，为此合给布佃文约与某执照，照界管业，辛勤耕种，不得抛荒丘角，埋没界至及移丘换段、隐瞒等情。每遇秋成收割，备办一色好谷若干，挑至本主仓前交纳，不得少欠升合。纵遇年岁丰凶，而苗租并无增减，永远耕佃，不限年月。如佃人不愿耕作，将田退还业主，任从召佃别市，不得留难争执。恐后无凭，给此布田文约为照。[②]

　　地主收取"讨田银"后，佃农的权利、义务（限制）和地主的允诺，更加明确、具体。佃农除了"不限年月"管业、耕种外，后加"永远耕佃"一句。这是明确永佃权的重要标志。不仅如此，地主允诺，租额固定，灾年不减，凶年不增，又意味着地主放弃了增租权。这样，地主无权增租夺

<hr />

① 杨国桢：《明清土地契约文书研究》，中国人民大学出版社 2009 年版，第 71 页。
② 《锲翰林海琼涛词林武库》，万历年间刊本，转自杨国桢《明清土地契约文书研究》，第71—72 页。

佃，佃农"永远耕佃"，永佃关系就真正确立了。

值得注意的是，该省左布政使范某在其颁行的《士民便用家禮简仪》所载"田园佃批式"中，也有类似的永佃契式：

> 某宅有田一段，坐落某处，今有某前来承佃，每冬约经风干净谷若干。收冬之时，挑载至本主仓前量秤，不敢升合拖欠。倘遇丰荒，租谷不得增减，永远耕作。如佃人不愿耕作，将田退还业主，不许自行转佃他人，任从业主召佃，不得执占。今欲有凭，立此佃批付照。[①]

由此可见，上述永佃制不仅存在，而且得到官府的承认，契式中不少内容、条款、词句也更加简要。"倘遇丰荒，租谷不得增减，永远耕作"，佃农的佃权更加明确。契文并未提到赔价、讨田银，则说明赔价、讨田银不一定是佃农取得佃权的必要前提，永佃制的条件放宽了，也就更普遍了。同时，契式中也没有"某人作保"、"小心耕作，亦不得卖失界至、移丘换段"、"辛勤耕种，不得抛荒丘角，埋没界至及移丘换段、隐瞒等情"一类词句，反映佃农的社会地位有所提高，在租佃、人地关系中的角色发生变化。事实上，在租谷不因年成丰荒而增减，佃农可以多劳多得，自然加倍小心和辛勤耕作，不会"抛荒丘角"，地主的监工角色已是多余。永佃制又向前迈进了一步。

不过需要指出的是，上述租佃契式，都有一个共同点，即全都写明，如佃人不愿耕作，必须将土地退还业主，任从业主另行召佃，不许佃农私自转佃、让渡，或留难执占。亦即佃农还尚未获得自由处置佃权，包括自行转租、顶退、典卖等权利。这清楚说明，这时的契约永佃还处于早期阶段。

总的说，元明时代特别是明代中后期，在长江下游和东南沿海部分地区，永佃制逐渐形成，开始在较大范围流行，个别地区则已步入成熟阶段。前已述及，永佃制的基本特征是地权同佃权，亦即土地所有权同使用权的

---

① 范涞编：《范爷发刊士民便用家禮简仪》，转自杨国桢《明清土地契约文书研究》，第71页。

分离。永佃制最后形成或进入成熟阶段的标志是，土地在形式上被分离为田底、田面（或田骨和田皮，等等）两部分。永佃制愈完全、愈典型，这种分离愈清晰、愈彻底。田底、田面在形式上既是各自独立的，其转移也是自由的，江苏崇明、江阴，以及皖南徽州部分地区，就是属于这种情况。

至于其他地区，直至明末以前，这种分离尚未真正出现。虽然某些地方早在宋代已有佃权典卖，但只限于官田，并且没有相应出现田底的买卖。宋朝官府曾几次试图通过拍卖官田、收取地价的办法解决财政困难，但考虑到官田卖与他人，买主势必撤佃，佃农失业；若由佃农购买，则佃农原已付价买佃，令其第二次缴价，于事理不合，因此未能实行。由此可见，当时农田尚未明确分离为地权、佃权或田底、田面两部分，官田永佃是在不转移地权的前提下才存在的。[①] 明代中后期福建某些地区出现的"一田三主"，如前所述，主要是中小地主投献土地的结果。其中"大租主"和"小税主"的所有部分，亦即所谓"官人田"和"授产田"都属于地权，作为土地使用权的"粪土权"，在产权形式上，尚未完全分离出来。也就是说，如前面所提到的，佃农尚未获得自由转让佃权的权利。因此，除江苏崇明等地外，从整体上说，永佃制尚处于萌发或早期发展阶段。

二　清代前期永佃制的全面形成、加速发展和转趋分解

从宋初到明末，永佃制虽然经历了五六百年的历史，但流行地域只限于江苏、浙江、安徽、福建、广东等少数东南沿海省份。其中除福建分布稍广外，江苏、浙江、安徽、广东仅存在于个别地区。永佃制作为封建租佃关系的一种重要形式，作为一种带有全国性的租佃制度，它的全面形成和迅速发展，还是在清代前期。

---

① 参见刘克祥：《清代永佃制的形成途径、地区分布和发展状况》，《中国社会科学院经济研究所集刊》，第 8 辑，中国社会科学出版社 1986 年版。

（一）永佃制的全面形成和加速发展

清帝国建立后，一改明代后期的颓势，在政治、经济、国防等方面出现了一个崭新的局面。顺治元年（1644）清军入关，定都北京，取代明朝，成为中华大地上继元朝之后第二个由少数民族建立的封建大帝国。清政府先后镇压了各地农民起义和南明抗清武装；结束了蒙古地区长期分裂割据的局面，使蒙古族又回到了中华多民族统一帝国的怀抱；康熙元年（1662），民族英雄郑成功驱逐荷兰侵略者，收复台湾，康熙二十二年（1683）正式置于清政府的管辖之下，台湾又回到了祖国怀抱；随后，清军在康熙二十四、二十五年（1685、1686）两度抗击和重创沙俄侵略军后，中俄双方正式签订了第一个边界条约——《尼布楚条约》，划定中俄东段边界。至此，国内统一，失地收复，国防巩固，疆域扩大，清帝国版图最大时达1200多万平方公里，成为名符其实的"大清帝国"，给全国经济的恢复和发展创造了良好环境，也为永佃制的全面形成和迅速发展提供了有利条件。

1. 农业新垦区永佃制的普遍兴起和全面形成

由于长期战争，清政府初时面临最严重的问题是劳力缺乏，土地荒芜，农业生产遭受严重破坏，农村凋敝，人民生活困苦，社会矛盾尖锐。同时，满洲贵族入主中原，民族矛盾空前激化。不仅如此，满洲贵族入关后，清政府和八旗贵族在河北等地，尤其是京畿地区多次大规模圈地，大批自耕农民失去土地和家园，流落他乡，更是火上浇油。从这个角度说，建国之初的清王朝，如同处在火山口上。

在这种情况下，为了缓和社会矛盾，恢复、发展农业生产和社会经济，清政府采取了鼓励农民垦荒的政策，为各地农民特别是没有土地的贫苦农民提供了一条出路，大规模的垦荒生产在各地迅速开展起来。

正是在大规模的荒地开垦过程中，永佃制普遍兴起，全面形成，并获得长足发展。

清代初期和清代前期的荒地开垦，主要集中在两类地区：一是关内人口较少、荒地较多的江湖沿岸、沿海淤积区和某些丘陵山区；二是关外和台湾等农业新垦区。永佃制的形成和发展也主要集中在这两类地区。

在关内，天津开埠通商以前，滨海大片地区，人稀地不毛，其价甚廉，一些地主低价买进大宗荒地，招人垦种，订立"不许增租夺佃"契约，于是形成永佃制。① 在江苏宝山、崇明、通州，浙江萧山等地，随着沿江、海滨淤积沙地的开垦，都先后形成永佃制；在某些内陆丘陵山区，也有永佃制的出现。江西赣州，在清代初期，人口稀少，田地荒废，地主空赔钱粮，于是招募闽粤移民垦种。"垦户开垦成熟，未免需费工本，遂世代守耕"。② 陕西宁陕、定远、佛坪等地山区，清代中叶时，也是地旷人稀，荒地价轻，垦荒价重，当地官府只得召集川楚移民开垦，如宁陕厅，"未经开垦地，以手指脚踏为界，往往有数两契价买地至数里、数十里者。垦荒之费谓之苦工，压价之资谓之顶手。苦工、顶手之价重，土地之价轻。所以川楚各省民人源源而来，有资本者买地典地，广辟山场，无资本者佃地租地，耕作自给"，逐渐形成以"苦工"、"顶手"为标志的垦荒永佃。③

关外和台湾等农业新垦区，人烟稀少，荒原辽阔，地价低廉，甚至可以任意圈占，垦荒农民人数多，时间长，永佃制流行的地域更广。

关外地区的永佃制大部分是在蒙旗地的开垦过程中形成的。

清王朝建立后，内蒙古地区结束了长期分裂割据的局面，蒙族又回到了中华多民族统一帝国的怀抱，清廷对蒙古人领地实行划旗封王政策，如同满族一样，推行八旗建制，"旗"下则以"箭"为基本军事和行政单位。从顺治五年（1648）开始，蒙族王公定期入京朝觐，清皇室和蒙旗贵族联姻和亲。④ 这就大大密切了蒙古族地区同中央及内地的联系、交往。"旗"的建立，划分和固定了牧地范围，不但使牧地的使用较为有计划和合理，有利于畜牧业的发展，而且促使各旗陆续召佃开垦；同时，由于蒙旗王公贵族经常进京朝觐，或外出经商，一方面对货币的需求量急剧增加，另一方面也看到和了解关内农业生产状况，认识到农业经营或农牧并重比单纯游牧有更高的收益，从而要求利用牧地或荒地进行农业生产，以增加收入，解决财政困难。这一切都为蒙古东南部地区，即内蒙古与河北、山西、奉

① 国民党政府司法行政部：《民商事习惯调查报告录》（一），民国十九年刊本，第 17 页。
② 同治《雩都县志》，卷 13，艺文，同治十三年刻本。
③ 民国《续修陕西通志稿》，卷 195，风俗一，民国二十三年铅印本，第 3 页。
④ 据统计，清代 12 朝皇后，出自蒙旗贵族者 6 人，另有蒙旗皇妃 16 人；清代前期公主下嫁蒙古族各部者共 23 人（参见沈彬华：《内蒙古经济发展史札记》，第 100 页）。

天、吉林、黑龙江交界地区的土地开垦及经济发展创造了条件。

清代前期，在热河、察哈尔、绥远和内蒙古与奉天、吉林、黑龙江交界地区，包括喀喇沁左旗（建昌县）、喀喇沁中旗（宁城县）、喀喇沁右旗（建平县）、翁牛特右旗（赤峰县）、翁牛特左旗（乌丹县）、土默特右旗（朝阳县）、土默特左旗（阜新县）、敖汉旗（新惠县）、克什克腾旗、正蓝旗、镶白旗、镶黄旗、鄂托克前旗、杭锦旗、乌拉特旗、科尔沁左翼中旗、达尔罕旗、科尔沁右翼后旗、扎赉特旗、莫力达瓦旗等，以丰宁县、喀喇沁左旗（建昌县）、喀喇沁中旗（宁城县）为中心，向西、向东、向北三个方向延展，相继开始了规模不等的土地开垦。

热河是蒙古族聚居而又邻近中原的地区，土地开垦比蒙古族聚居的其他地区要早。清代以前，已有汉族商人、工匠、农民前往经商、做工、垦种土地。不过，人数不多，规模不大，那里基本的生产活动仍然是游牧。农业或农牧结合，还只限于零星地区，有的还处于采集阶段。顺治元年（1644）清军入关后，清廷和八旗贵族在京畿和华北大量圈占土地，一些失地破产农民流往关外，这时喀喇沁右旗扎萨克札什又从内地雇请汉族农民、工匠到蒙地教授蒙民耕种和铁、木、建筑等技术，流入的汉民渐多。汉族农耕技术的传入，使喀喇沁蒙地的粮食产量提高，粮食品种增加。喀喇沁蒙古王公为征收粮租、增加财政收入，也开始招民垦殖。康熙七年（1668），卓索图盟盟长向清廷提出继续招收汉民到喀喇沁等地，教蒙民农耕，入蒙开荒种地的汉民人数增多。康熙三十七年（1698），康熙帝去盛京途经蒙地时，见"田土甚佳"，谕令可在不与牧民争地处垦种，并遣官"教之以耕"，"给之牛种"；又向卓索图、昭乌达两盟索取大片皇粮庄头地。从此，关内汉民大量涌入喀喇沁从事农耕，粮食产量明显增加，并有部分粮食运进京城。康熙四十八年（1709）康熙帝曾说，"大都京城之米，自口外来者甚多"。康熙五十年（1711），清廷规定，喜峰口、古北口为汉人出关之地，并批准喀喇沁右翼旗"招民开垦"，规定每年由户部发给印票800张，但对其居留行踪加以限制，"春令出口耕种，冬则遣回"。不过此前已定居的汉人，加上持证不归、无票私入蒙地和关内无家可归者，事实上已逐渐定居下来。① 随

---

① 《喀喇沁旗志》，卷6，农业，内蒙古人民出版社1998年版，第233页。

着时间的推移，要求领照或非法入蒙垦民数量增多，并逐渐由春往秋返改为长期定居，使执照"竟成具文"。[①] 在这种情况下，清政府只得退而求其次，严格限制蒙汉两族人民通婚和混杂居住，[②] 甚至几次完全禁止汉族农民入蒙垦地、佣工，或将他们遣回原籍。[③] 因此，总的来说，顺治、康熙年间，入蒙垦荒种地的汉民数量还是有限的。

华北地区从雍正年间开始发生的多次灾荒，使蒙地开垦出现新的转机。雍正元年至二年（1723—1724），山东、直隶一带发生饥荒，灾民麇集边口，逃荒出关谋生，清廷命昭乌达、卓索图两盟扎萨克容留灾民，以达"借地养民"之效，清廷将其称为"一地养二民"，对入蒙汉民"免其田赋"，对蒙古王公则"许其吃租"。蒙古札萨克因缺乏劳动人手，自然愿意收留。蒙民称来旗灾民为"察噶钦"，汉译为"娇民"，即奉旨而来的客人。乾隆八年（1743），直隶等地再次发生饥荒，乾隆密令把守喜峰口、古北口的官员，"如有贫民出口者，门上不必拦阻，即时放出"。此后内地饥民不断涌入蒙地，从位于长城沿边的喀喇沁、土默特一带，逐渐向东北方向推进。特别是雍正年间，实行"借地养民"，农耕范围不断扩大。此后清廷又明令宣布蒙古族于殷实扎萨克、台吉、官员、公主、郡主等陪驾太监及喇嘛等的土地内，酌拨三分之一，予本旗穷苦蒙古人耕种；[④] 又在北京八旗满洲骁骑内，挑选800名"熟谙农务"的兵丁前往热河、喀喇河屯和桦树沟三处开垦。[⑤] 乾隆五十七年（1792），京畿以南地区大旱，清廷谕令地方官府，"遇有

---

① 光绪《大清会典事例》，卷978，理藩院，户丁，第3页。

② 康熙二十二年（1683）规定，内地民人出口于蒙古地方贸易、耕种，不得娶蒙古妇女为妻。乾隆五十二年（1787）一度取消这一规定，但嘉庆六年又重申旧例，禁止蒙汉通婚。乾隆十三年（1748）议准"嗣后蒙古部内所有民人，民人村中所有蒙古，各将彼此附近地亩，照数换给，令各归其地"，不得混杂耕作居住。其中土默特旗和喀喇沁左、中、右三旗，"杂居已久，一时难以分移"，亦须"渐次清理"（光绪《大清会典事例》，卷178，第2—3页）。

③ 如乾隆十三年（1748）议准，将蒙古地方"踪迹可疑"和佣工谋生汉民"递回原籍"；次年覆准，喀喇沁、土默特、敖汉、翁牛特等旗，"除现存民人外，嗣后毋许再行容留民人多垦地亩"；乾隆三十七年规定，关内旗民人等，不准在蒙古地方开垦地亩，"违者照例治罪"。嘉庆十五年（1810），有人奏请恢复准关内民人开垦蒙地旧例，遭到嘉庆帝批驳。次年又议定，敖汉旗于所发印票外，"不得多开一垄，多招一民"。等等（光绪《大清会典事例》，卷978，理藩院，户丁，第3页；卷979，第1—3页；卷267，第1页）。

④ 《喀喇沁旗志》，卷6，农业，内蒙古人民出版社1998年版，第233—234页。

⑤ 光绪《大清会典事例》，卷166，户部，田赋，第1页。

贫民，详细晓谕"，令其前往热河等地"佣工觅食"；① 道光二十五年（1845）清政府又在土默特左旗（今阜新县）等地实行"借地养民"。②

清政府采取"借地养民"的政策，固然会促使大批关内农民入蒙谋生，就是推行各种严格的限制措施，也不可能真正阻止关内农民前往热河等地开荒种地。事实上，从清初开始，热河各地的汉族垦民数量一直在增加。还在实行限额发照、禁止垦民越年滞留的康熙年间，喀喇沁三旗已有数万名汉民定居者。据乾隆十三年（1748）的统计，仅喀喇沁中旗（宁城县）已有汉民佃农 42924 人，佃种土地 7741 顷有余。③ 乾隆四十三年（1778）改设州县后，热河各地的汉民聚集更多。④

热河蒙地的较大规模开垦，早的始于顺治或康熙初年，晚的始于乾隆年间。丰宁县、喀喇沁左旗（建昌县）、喀喇沁中旗，开垦最早。丰宁县在顺治年间，已有蒙汉人从事农耕，康熙十年（1671）后已有王公旗人招募汉民佃户垦种。⑤ 喀喇沁左、中两旗，汉民佃农开垦的时间大约也在顺治年间或康熙初年。翁牛特右旗（赤峰县）和土默特左旗（阜新县）较晚，大约开始于康熙三四十年代。据说康熙四十年（1701），和硕温格公主下嫁翁牛特右旗郡王，该旗水地村及大庙附近部落的土地被指定为该公主的"脂粉地"，从而开始了这些土地的垦发。此后，蒙旗贵族也相继夺占部族共有地，招募汉民耕种。同一时期，在土默特左旗，由于一部分被招募修建喀喇庙的汉族工匠、役人，工程完结后未回原籍，就地从事农耕，开始了这一地区的土地开发。土默特右旗（朝阳县）的南部地区，康熙年间也已有汉族佃农从事开垦，并逐渐向北边推进。到乾隆初年，除最北部外，大都已开始垦发。喀喇沁右旗（建平县）、翁牛特左旗（乌丹县）和敖汉旗（新惠县）的蒙地开垦，基本上是从乾隆年间开始的。⑥

---

① 光绪《大清会典事例》，卷 158，户部，户口，第 10 页。

② 日伪地契整理局编印：《锦热蒙地调查报告》（日文本）上卷，1937 年刊本，第 53 页。

③ 日伪地契整理局编印：《锦热蒙地调查报告》（日文本）下卷，1937 年刊本，第 1424—1427 页。

④ 光绪《大清会典事例》，卷 158，户部·户口，第 7 页。

⑤ 日伪热河省长官房土地科：《热河省之土地》，伪康德五年日文打印本，第 23 页。

⑥ 各旗土地开垦情况参见《锦热蒙地调查报告》（日文本）上卷，第 49、172—173、391 页；中卷，第 715、963、1079 页；下卷，第 1837、1855、1919 页。

随着土地的开发，热河地区的经济逐渐由原来的单纯游牧转化为主牧从耕或半牧半农，甚至完全农耕化。土默特左旗早在康熙后期已发展为主牧从耕和半牧半农。① 乾隆八年（1743）弘历东巡，在经过敖汉旗时，曾赋诗描绘两旁的情景说，"渐见牛羊牧，仍欣禾黍丰"。② 可见当时这一地区已经是半牧半农了。翁牛特右旗到光绪初年，蒙古牧民全部变成了农业民。到光绪末年，全旗土地已经开垦无余。③

热河往西、往东、往北也都相继开始了较小规模的土地开垦。

察哈尔张家口、独石口、多伦诺尔三厅，原为牧地及察哈尔八旗分驻之所，"旷土闲田，所在皆是"。雍正中开始募民垦种，"坝内以为农田，画井分区，村落棋布"。虽然到乾隆中期，垦民仍须"冬归春往，毋得移家占籍，故其聚散不常，土著者寡"。毕竟荒原开始垦发，由"随草畜牧"向"常居耕田"演变。④

绥远南临山西、陕西的准格尔旗，自清初以来，垦地逐步扩展，牧场日趋缩小。⑤ 鄂托克前旗，乾隆年间因陕北遭灾，农民流离失所，清政府即以"借地养民"的方式，将长城附近的蒙地划给灾民耕种和放牧。所借土地叫"牌借地"，占该旗土地的 5%。⑥ 乌拉特前旗，早在乾隆三十年（1765），即将沿河牧地"私租民人耕耘"，汉人地商与蒙旗上层私订草约，纳租包种，农垦渐兴。⑦ 乌拉特中旗，农业开发甚早，到隋唐时期，农业生产和人口有了更大发展。其后，因战争频仍，区辖更替，农业生产停滞，广大地区成为牧场。清中叶后，开始土地开垦，农业生产有所恢复。⑧ 热河以东，奉天康平县，土地皆为蒙古王公旗地，雍正、乾隆"借地养民"期间，蒙族王公即已设立地局招民开荒，佃户缴纳押荒银，找揽头认领荒地，

---

① 日伪地契整理局编印：《锦热蒙地调查报告》（日文本），1937 年刊本，上卷，第 49 页。
② 日伪地契整理局编印：《锦热蒙地调查报告》（日文本），1937 年刊本，下卷，第 2346 页。
③ 日伪地契整理局编印：《锦热蒙地调查报告》（日文本），上卷，1937 年刊本，第 391 页。
④ 乾隆《口北三厅志》，卷 5·风俗物产，乾隆二十三年刻本，第 25 页。
⑤ 《准葛尔旗志》，内蒙古人民出版社 1995 年版，第 51、52 页。
⑥ 《鄂托克前旗志》，内蒙古人民出版社 1995 年版，第 235 页。
⑦ 《清史稿》，藩部三；《乌拉特前旗志》，内蒙古人民出版社 1994 年版，第 169、170 页。
⑧ 《乌拉特中旗志》，内蒙古人民出版社 1994 年版，第 239 页。

领取地契，每年要向蒙古地局缴纳地租。① 科尔沁左翼中旗（今通辽市），乾隆末年后，许多流民冒禁逾界，进入蒙地垦殖，蒙古王公贪图租利，采取明禁暗放政策，这一地区进入私垦阶段。② 达尔罕旗（今吉林四平）也在嘉庆八年（1803）蒙王奉旨招垦，垦民缴纳押荒银取得蒙地垦殖权。③

蒙地的开垦导致了土地制度的变化和租佃制、永佃制的产生。

马克思指出，"在一切社会形式中都有一种一定的生产支配着其他一切生产的地位和影响，因而它的关系也支配着其他一切关系的地位和影响"。④由于原来热河和蒙古族聚居区的经济基本上是游牧经济，农业只是零星地、偶然地存在，这就决定了它的土地所有制的基本形式是部族共有制。清代建旗初期，也只是按旗划分牧场范围，尚未形成土地私有制度。随着土地的开垦和农业耕作的推广，以游牧为基础的土地共有制不断遭到破坏，而代之以土地私有制或官有制。

在蒙古族内部，蒙旗王公贵族的占有地出现最早。开始，蒙古族郡王、札萨克等上层贵族，将一部分公共牧地招募汉族农民开垦，自行收取地租，充作王府私用；清政府也不时圈占牧地，或充下嫁蒙古的公主嫁妆，或作为对蒙旗王公的赏赐。直到嘉庆二十二年（1817）清廷还赏赐敖汉旗郡王土地1780余顷，让其"招民垦种"。⑤ 此外，蒙旗王公贵族还利用权势，通过各种手段霸占旗内已开垦的土地。⑥ 这些都成为蒙旗王公的私有地，即所

---

① 《康平县志》，东北大学出版社1995年版，第325页。
② 《通辽市志》，方志出版社2002年版，第187页。
③ 《四平市志》（下），卷26，农业，吉林人民出版社，1993年版，第1294—1295页。
④ 马克思：《政治经济学批判导言》，《马克思恩格斯选集》，第2卷，第109页。
⑤ 光绪《大清会典事例》，卷979，理藩院，耕牧，第2页。
⑥ 有时蒙古贵族以强迫"孝敬"的名义，霸占蒙民土地。下面是一纸蒙民"孝敬"王爷的土地"契约"："立租契人额驸爷管家扎克鲁克齐、挠木阿尔克立文约事，于（嘉庆）二十三年冬间、二十四年春间将上忙牛束畲本营子南生荒八段，共计地一百九十天有余，情愿写与基查丁名下开垦耕种，言明十年后每天地应交租钱五吊……当日取押荒价钱四千一百八十吊。合营蒙古等将此荒情愿孝敬（奉纳）额驸爷名下吃租。慈心不忘，将基查丁地内李九成荒一段，二十九天有奇，赏回合营人等吃租，下剩地七段一百六十天有余，吊子〔予〕本府查收。……恐后无凭，立契存照。道光四年七月二十六日。"（见日伪地契整理局编印《锦热蒙地调查报告》（日文本），上卷，1937年刊本，第316页）面积达1900余亩的土地，开垦已经6年，眼看再过4年即可收租，租金总额超过950吊，却被王府以蒙民"情愿孝敬"的名义霸占。而立契者不是别人，正是王府的两名管家。"情愿孝敬"还是强行霸占，一目了然。

谓"王府地"，亦称"内仓地"。同时，蒙旗公署为了增加财政收入，充裕官用，以官府名义招募汉民开垦，以租息充作旗署官用。这部分土地直接属于蒙旗官府所有，即所谓"官仓地"，亦称"外仓地"。其他闲散王公、台吉、塔布囊以及喇嘛等蒙古上层人物，也都相继仿效，凭借自己的权势，纷纷侵占原来的公共牧地，召佃开垦，成为一家一户的私有地。其占有土地的数量，一般同其权势大小相适应。这些土地分别被称为"台吉地"、"塔布囊地"、"喇嘛地"或寺庙地。蒙旗王公贵族和上层喇嘛的这种强力掠夺和侵占，从康熙年间开始，直至乾隆十三年（1748）清廷下达禁令才稍稍收敛。

　　由于蒙地的不断开垦和上层贵族的大肆掠夺，以前下层蒙古牧民可以自由使用的牧地大幅减少，甚至没有了。蒙民生活日益穷困，社会矛盾尖锐。在这种情况下，清政府于乾隆十三四年（1748、1749）下令，禁止蒙旗王公贵族强占旗下公地招垦收租，并于殷实札萨克，台吉，官员，公主、郡主等陪嫁内监及喇嘛等名下地内，拨出 1/3，各予该旗穷苦牧民耕种，并将拨地数目造册呈报理藩院。① 这一命令虽然不可能完全执行。但是，为了缓和社会矛盾，热河各蒙旗公署给贫苦牧民、箭丁、喇嘛分配了数量不等的土地（主要是荒地）：喀喇沁中旗，从外仓地中拨出一部分土地，分给男女旗人，每人得 20 亩。喀喇沁左旗则是年满 18 岁以上的男子，分给 40 亩土地，并且每 3 年调查一次户口，按家庭人口增减而配给或撤回土地。② 此外，在旗署或王府当差的箭丁等也可得到一定数量的份地。这些土地分别被称为"箭丁地"、"生计地"、"差役地"，由蒙民、箭丁直接招佃收租。蒙旗札萨克还把大片土地和牧场分配给家族成员，名为"福分地"，赏给亲信或有功人员，称为"福民地"、"恩赏地"，俗称"铁杆庄稼"。汉族移民开荒，向王公贵族纳租，其经营的土地为"吃租子地"。③

　　在土默特左、右两旗，清初建旗，组建兵丁，初时官无俸禄，兵无饷银。康熙二年（1663）每兵给地 5 顷，作为粮饷。兵丁死后，土地收回另

① 光绪《大清会典事例》，卷979，理藩院，耕牧，第1页。
② 日伪地契整理局编印：《锦热蒙地调查报告》（日文本），下卷，1937年刊本，第1608页。
③ 《喀喇沁旗志》卷6，农业，内蒙古人民出版社1998年版，第236、237页。

行租放，是为"蒙丁地"。乾隆初年，由于开垦和土地兼并，蒙丁死亡后的"蒙丁地"多被蒙旗上层霸为己有，有的蒙丁将土地出典而无力回赎，"又未均派，任有力者多垦，则侵占既多，无力之人不得一体立业"。乾隆七年（1742），都统吉当阿等议奏，令民人领垦的蒙地，"按原价定限退还，均匀分给蒙古，自后不许复行典卖，违者案例治罪"。[1] 次年清廷对土地进行清理，对蒙丁土地按人口再次分配。每口以 1 顷为率，"以为常业"。蒙民对土地不仅有使用权，还逐渐获得占有权。这就是"户口地"。[2]

蒙地私有化是荒地开垦的结果，私有化的程度同土地的开发程度密切相连。土地开垦较早、范围较广的土默特右旗，据说乾隆五、六年间（1740—1741），土地已经全部私有化。[3] 清代前期，上述农业开发区的蒙地，按其地权性质则可大致分为四类：第一类是蒙旗公署所有地，其地租收入充作旗署官用，这是蒙旗官地；第二类是蒙旗王公贵族所有地，其地租收入归王府或贵族家用，这是王公贵族的所有地；第三类是牧民和箭丁的占有地。这类土地除少数须定期分配、调整，绝大部分属于牧民和箭丁所有。前两类属于封建的土地所有制，后一类则是牧民和箭丁个体所有制。在热河，习惯上称旗署所有地（外仓地）、王府所有地（内仓地）等为"大牌地"，一般贵族、牧民、箭丁所有地为"小牌地"。[4] 第四类是仍属于蒙旗共有的牧地或荒地。由于土地的不断开垦，这类土地的数量越来越少。

按照清政府的规定，蒙地是不能自由买卖的。清政府允许汉族农民开垦热河蒙地的目的是"借地养民"。这里的"民"既指汉民，也包括蒙民，即所谓"一地养二民"。因为蒙民有地不会种，关内一些汉民会种又无地，或因灾种而无收。于是由这些无地无收汉民垦种蒙地，蒙旗地主坐收租息。热河还有一句谚语："蒙古养儿当差，汉人种地纳粮（交租）。"嘉庆十五年

---

① 《清实录·高宗纯皇帝实录》（三），卷178，乾隆七年（1742）十一月丙辰，中华书局1987年影印本。

② 《土默特右翼前旗志》，内蒙古人民出版社1994年版，第219—221页。

③ 日伪地契整理局编印：《锦热蒙地调查报告》（日文本），上卷，1937年刊本，第173页。

④ 在热河，通常称土地文书、契约为"地牌子"。所谓"大牌地"，是指其契约（包括租佃契约）盖有蒙旗公署或王府印鉴的土地；"小牌地"是指契约上无上述印鉴，属于民间私契的土地。

（1810）的户部奏报也说，热河各处，"山厂平原，尽行开垦，均向蒙古输租"。① 无论官有地还是私有地，也无论"大牌地"，还是"箭丁地"、"生计地"、"差役地"、"户口地"、"福民地"等"小牌地"，基本上都是出租给汉族农民耕种。热河等处蒙地的开垦种植基本上是在封建租佃关系的形式下进行的。清代前期，汉族垦荒农民除少数归化蒙旗，充当箭丁、差役，或立有战功，获得少量"福分地"、"恩赏地"外，一般不可能取得土地所有权，只能向蒙旗地主认佃交租。但是，蒙地租佃关系一般比较稳定，而且相当一部分佃农可以通过垦荒、缴价等方式获得对蒙地的永久耕作权。随着蒙地的不断开垦，永佃制逐渐成为热河等处蒙地租佃关系的重要形式。

在蒙地开垦过程中，土地有多种出租形式，永佃制是其中重要的一种。如土默特右旗，土地租佃，名目、形式不一，有活约地、活租地、永租地等。"永租地永远耕种，许退不许夺"。② 喀喇沁旗在"借地养民"之初，佃农办理垦种手续，订立契约，蒙旗官府发给佃农租地执照，但有的征收押租银，有的未收。征收押租银的称为"普通租地"，不征押租银的称为"白荏地"。前者佃农自然有土地耕作权，后来有的"白荏地"在征收相当于押租银数额的地价银后，佃农领得地契，称为"红契地"。这类"白荏地"要定期清丈换取地照，但只要佃农不论年成丰歉，纳足地租，可以"永远耕种，其间地主不得任意增租或收回土地"。否则，蒙旗可以按契约规定将地收回，把未缴纳的地租从押租银里扣除。③ 奉天昌图厅地方，顺治、康熙年间，一些由蒙旗王公"壮丁"后裔或民户耕种的蒙旗荒地，在垦种之初立有碑碣，不许蒙旗王公夺佃或丈地增租。④ 该地区从道光元年（1821）开始招民垦种，每地一晌，领户缴押荒银一两，而后由蒙旗局发给汉蒙文合璧执照一纸，写明"永不准增租夺佃"，以为管业凭证。⑤ 吉林长春厅大荒一带的蒙旗荒地，于乾隆五十六年（1791）招流民垦种，规定由

---

① 光绪《大清会典事例》，卷158，户部，户口，第7页。
② 《土默特右翼前旗志》，内蒙古人民出版社1994年版，第219—221页。
③ 《喀喇沁旗志》，卷6，农业，内蒙古人民出版社1998年版，第237页。
④ 南满洲铁道株式会社：《满洲旧贯调查报告书》，蒙地，附录，第2—3页。
⑤ 民国《梨树县志》，第4卷，实业，民国二十三年铅印本；南满洲铁道株式会社：《满洲旧贯调查报告书》，蒙地，附录，第21页。

蒙旗收租，每届四十五年勘定一次，如有浮多熟地，照地增租，垦户事实上可以永佃。至于邻近夹荒沟一带，道光七年（1827）以后放垦的荒地，垦民用钱买得佃权，蒙公应允"永不勘丈增租"，并勒石为凭，[1] 永佃权有了更加明确的依据。山西口外绥远、归化等厅属地区的蒙旗地主，一般也是"按年凭帐吃租，并不问其地有无变迁，及转移何人"。古云："蒙古吃租，认租不认地。"[2] 在这种情况下，佃农除了永远耕作，还可以转租。

从时间上看，热河蒙地永佃制的产生比开垦要晚。如前所述，热河蒙地的开垦，不少从顺治年间或康熙初年就开始了。而永佃制的最初出现大约在康熙后期和乾隆初年。《锦热蒙地调查报告》（日文本）所辑录的土地和租佃契约中，反映永佃制最早的是乾隆五年（1740）的一纸荒地"倒契"。[3] 永佃制的普遍确立当在乾隆中后期或更晚一些。开垦初期，农民是以"搂青户"或普通佃户的身份为蒙旗地主开荒种地，又是春往秋返，因而既谈不上对土地有什么长期使用权，也没有要求这种使用权的迫切性。只是到后来，佃户流动转为定居，在经济上有所积蓄，才通过押价、购买等方式取得永佃权。有的垦荒农民从垦荒、搂青到获得永佃权，要经过几年、几十年甚至几代的时间。如一孙姓农民，乾隆年间从关内到喀喇沁右旗开荒种地，经历7代，才分6次买得70亩地的永佃权。又一张姓农民乾隆年间从山东登州来到喀喇沁右旗"搂青"，其后代大约到清末民初，才稍有积蓄，分别花60元和180元买得40亩"外仓地"和50亩"箭丁地"的永佃权。[4]

永佃制的出现，在时间上比土地的开垦晚，这是就整个蒙地的开发和租佃关系的发展过程说的，并非每一块荒地和每一个垦荒农民都要经过由"搂青"到永佃制的过程。一个搂青户或普通佃户购买的永佃权，可以是熟

---

① 《谕折汇存》，光绪二十四年七月二十四日。

② 国民党政府司法行政部：《民商事习惯调查报告录》（二），民国十九年刊本，第1282页。

③ 参见日伪地契整理局编印：《锦热蒙地调查报告》（日文本），下卷，1937年刊本，第2007页。该契约也是《锦热蒙地调查报告》（日文本）辑录的最早一纸契约。由于时间久远，康熙年间的民间契约可能已散失殆尽。因而不能直接以这纸契约的时间作为该地永佃制的产生时间。

④ 日伪地契整理局编印：《锦热蒙地调查报告》（日文本），中卷，1937年刊本，第792—793、734—736页。

地，也可以是生荒。事实上，在永佃制出现以后，特别是由于蒙旗公署和王公贵族经济上日益拮据，越来越多的荒地在招垦时即通过缴价立契确立了永佃关系。随着时间的推移和土地的不断开放，蒙地永佃制越来越普遍。

永佃制究竟在热河等处蒙地租佃关系中占多大比重，缺乏全面统计，但从一些调查材料和契约看，永佃制是十分普遍的。据说翁牛特右旗佃农有永佃权的土地占压倒多数。翁牛特左旗察干套海一带，凡有旗署红契的土地都分为永久耕种权和收租权两个部分。[①] 在整个热河，箭丁、贫苦牧民或下层贵族，将土地出租给汉族佃农，大部分或绝大部分是采用永佃制，"外仓地"和"内仓地"的永佃制也不少。

在蒙旗地产生和形成永佃制的同时，八旗地上的租佃制度也曾经历一个发展和变化过程，在特殊环境下，产生了特殊形式的永佃制。

在满族入关后和清代初期，东北三省和直隶的旗地，特别是皇庄、王庄和上层官吏占地，都是以"庄"为单位，由没有人身自由的"投充人"（即其土地被强行圈占的汉人投入旗人名下，也有因生活所迫或其他原因自愿投充旗人的）、"壮丁"（"包衣"）、俘虏和奴仆耕种，采用的是封建农奴庄园制的剥削方式。后来，由于"投充人"、"壮丁"、奴仆等不断反抗和逃亡，以致劳力缺乏，土地无人耕种，清朝官府或旗人地主只好将土地出租，招佃耕种，旗地上的庄田制逐渐为封建租佃制所取代。最初，永佃权多发生于官旗荒地的租垦。垦户承领官旗荒地，作为资本和劳务投资，化生荒为熟地。由于垦户投入了垦荒工本，通常不会发生增租和夺佃事件，而由承垦（佃）人在原始的约定条件下，无限期保留土地的租赁使用权。

在东北，旗地经营方式的演变和永佃制的产生，主要是康熙前期。顺治元年（1644）清政府在关内圈地、划拨旗地的同时，也在关外圈地编庄。顺治十年（1653）颁布《辽东招民开垦条例》，鼓励关内农民出关垦荒。移垦汉人或自行私垦，或投靠官庄，或承佃官地，或租种旗人私地，形式多样。但不论何种方式，一般并未获得地权，在法律上多半是承佃农。他们只要按年缴纳一定数量的"年贡"、租粮，即可耕种庄地，通常"不欠租不

---

① 日伪地契整理局编印：《锦热蒙地调查报告》（日文本）上卷，1937 年刊本，第 398、587 页。

撤佃"，持有身份世袭性的永佃权。但是，这种永佃权是相对的，有时"庄头借仗皇威，始而增租，继而夺佃"。在这种情况下，佃农对土地的使用权既不稳固，人身亦不自由。

"辽东招垦令"实行了十多年，但移垦人数不多。因当时总的趋势是东北人口大量入关，不是关内人口大量出关。据《海城县志》载，顺治十年（1653）垦民由山东、直隶陆续迁来者，不过数百户。所以移民开垦的效果不大。康熙七年（1668），"招垦令"被废止，不过并未禁止汉人流入东北，而且此后一段期间是东北旗地迅速扩大的时期。许多皇庄、官庄和大面积旗地都是这个时期建立起来的。盛京内务府84所粮庄，就是在康熙十年至三十年（1671—1691）间建立的。这些庄田囊括了大量熟地和生荒。因旗人壮丁不足，这些庄园、旗地的建立，主要采用逼民带地投充的方式。因此，这些庄园的经营方式不同于顺治时期。①

带地投充人与旗人壮丁有所不同。他们是"刨山户"（原垦荒户）"奉命编庄"，带着土地投充到内务府名下缴纳"王租"，如庄头许春声名下，租种内务府庄地3000亩，其中自领1100余亩，是由其亲丁、同册壮丁开垦而成；其余1800余亩，系由153名"开山户"开垦而成。投充的土地多是未入"红册"的各项"余地"。②经官府没收、查丈，另行备册登记，令垦者重新认租耕种，官府认可其永久使用权，可以传给子孙或转租第三者。除非承租人绝嗣或其他重大原因，官府不能单方面退佃和撤佃，承租人可以世代永远使用其土地。迨庄地丈放时，也不许庄头承买。这样，佃农享有较稳定的永佃权。③

另外还有与庄头直接发生关系的"现佃户"。他们大约出现在康熙末

---

① 参见张璇如：《东北旗地的几个问题》，《学术研究丛刊》1980年第1期；赵中孚：《清代东三省的地权关系与封禁政策》，台北《中央研究院近代史研究所集刊》1981年10月第10期，第284—289页。
② "红册"系雍正四年（1726）清丈旗民土地后编制。红册地除招垦升科土地外，还包括从汉军八旗退出、回复民籍诸人所带出的汉军八旗地亩。"户部则例"载："八旗另户汉军，出旗为民，无论离京远近，其老圈并自置各旗地，均准随带出旗，并令开明坐落四至、顷亩，报填记档，造册二本，咨送户部。一部存部备查，一部发入籍州县存案。"
③ 参见大连南满铁路株式会社总务部事务局调查课编：《关东州土地旧贯一斑》，大正四年印本，第92—108页；张璇如：《东北旗地的几个问题》，《学术研究丛刊》，1980年第1期。

年，又明显不同于顺治十年"辽东招垦令"发布后出关垦荒的"老佃户"。"老佃户"是"佃户有名册，地租有租账，不订立合同者居其多数"。现佃户则以口头或文字的形式订立租佃合同，取得土地使用权，交租采用预租制（"上打租"），地租剥削较重，但人身隶属关系大大削弱。①

在察哈尔，沽源黑卯、二汛地亩，清初均归旗人占有，但由附近汉人居民承垦，最初不纳押价，只以段落计，而不以顷亩量丈面积。垦耕成熟后，认缴租粮，写立"不准增租夺佃"对约，双方收执为据。迨后旗人贫乏，常向汉人佃户借贷，到期不能归偿，即将所借之款记于契约，始有"押价"之名。累年积月，仍复借贷，再记于契约，名曰"坐支"。所谓"不准增租"者，原认租若干，无论若干年代，均依此数缴纳；所谓"不准夺佃"者，承耕之户世世相守，不准旗人将承垦之地另招他人佃种。此种永佃，一直持续到咸同"旗民交产"弛禁之前。②张北县东沟一带，原本尽系生荒，清初被圈占，充作王公牧厂，由周边汉族贫民垦种，每年向旗人地主纳租，俗呼八旗王公为"山主"，所租土地俗称"山主地"。因按例"不准增租夺佃"，佃农"相沿数百年，视同祖业"。③

与旗地"壮丁"制比较，汉人垦荒或"投充人"的旗地永佃（但也只限于永佃），有以下几个明显标志：一是承租人有永远使用土地及支配一切收益的权益；二是承租人可以子孙传承相继，但不得私相授受承租权于外人；三是承租人须照约按期纳租，欠租撤佃；四是承租人若有其他不法行为，业主可增租夺佃；五是业主保留放租土地的一切主张权。④

随着时间的推移，永佃制由旗荒租垦逐渐扩大到一般旗地，但几经反复，过程曲折。

由于旗地经营采用庄头制，汉民佃农和旗人地主之间，有承租的庄头，

---

① 张璇如：《东北旗地的几个问题》，《学术研究丛刊》1980 年第 1 期。
② 国民党政府司法行政部编印：《民商事习惯调查报告录》（二），民国十九年刊本，第 729—730 页。
③ 国民党政府司法行政部编印：《民商事习惯调查报告录》（二），民国十九年刊本，第 728 页。
④ 大连南满铁路株式会社总务部事务局调查课编：《关东州土地旧贯一斑》，大正四年印本，第四章，土地に関する权利。

揽租的地棍，收租的旗奴，层层勒索中饱。佃农深耕薅锄，积累二三年的苦工，"田甫就熟，而地棍生心，遂添租挖种矣。稍有争执，即以民霸旗地告官矣；庄头取租，多索而少交，田主受其侵盗，佃户受其侵渔。甚且今年索取明年之租，若不预完，则夺佃另佃矣，另佃必添租。租银既重，逋负必多。一遇歉收，弃地而逃，并少租亦不得矣。旗人不能出京，多差家奴下屯。庄头地棍，声色哄诱，饮博相从，所收之租，随手花去，则又探次年之租矣。至于次年无租可索，而惧主责惩，则以佃户抗租为词矣。今年张甲，明年李乙，至小民租已预交，旗奴以为并未收取，遂至互讼不休矣。田主苦于欠租，虽有地而无利，民人苦于另佃，求种地而不得。而于中取利，华衣鲜食者，皆庄头地棍之家"。在这种情况下，康熙末年有人上疏革除旗地庄头制，严惩贪索庄头、旗奴，改由地方官府催租完解。如若自设庄头、家奴收租，亦悉听其便，但"不得轻易更换耕地之人"。①

更重要的是，八旗地主和庄头等肆无忌惮的盘剥勒索，激起了广大佃农的强烈反抗，特别是直隶等旗地集中地区，佃农一再掀起反对庄头撤佃和抗租踞种的斗争。如乾隆十七年（1752），安州生员宋子曾令深州旗佃价买地亩，佃户拒买，亦不交租；十九年（1754），直隶安州佃农徐璞反对庄头撤佃，强行耕作；二十年（1755），安肃旗人地主撤佃，佃农踞地不退；乾隆三十年（1765）间，滦州革退庄头官圈地亩，佃户反对收地撤佃，也不准庄头手下人（收租人）自种，并将其所种青苗割去；乐亭佃户抢种旗地；嘉庆三年（1798），易州旗佃董文兴反对庄头撤佃自种，抢割庄稼；同年保安旗佃白生奇等3人，既不交租，也不准庄头撤地另佃；嘉庆初年，新城、大兴等地旗佃反对庄头收地，抢割庄头所种庄稼。乐亭、满城等地，旗地地主撤佃，佃农也都奋起反抗，恃强不退。等等。②

这样，不仅社会矛盾日益激化，八旗地主也很难照旧驾驭和盘剥佃农。为了缓和矛盾，稳定社会秩序，清政府不得不考虑佃农的土地耕作权，稳

---

① 孙嘉淦：《八旗公产疏》，见贺长龄辑《皇朝经世文编》，卷35，户政十·八旗生计，第31页。
② 参见中国人民大学清史研究所、档案系中国政治制度史教研室合编：《康雍乾时期城乡人民反抗斗争资料》上册，中华书局1979年版，第199、196—197、191—192、180—182、184—185、198、200、185—186、191页。

定旗地租佃关系，但其过程颇多曲折、反复。

乾隆五年（1740），清政府议定动用公项取赎民典旗地。同时提出，应令地方官于赎地之时，将现在佃户及现出之租数造册备案。嗣后无论何人承买，仍令原佃承种，其租银照册收取，不得额外需索。如本佃抗欠租银，许地主禀官别佃；若并未欠租，而庄头土豪无故增租夺种者，审实定罪。再田主果若自种，则佃人虽不欠租，亦当退地；若地主并非自种，而捏称自种别佃者，审实亦量治其罪。① 按照这一规定，只要佃农不欠租，旗人地主又不是收地自耕，就不能增租夺佃，佃农获得了最起码的土地使用权。

"禁止增租夺佃"的政策推行 50 年后，出现重大反复。乾隆五十六年（1791）户部奏准，谓民人佃种旗地，其原佃额租本轻，现有别佃情愿增租及业主情愿自种者，均由业主自便，从前不准增租夺佃之例停止，佃农的土地使用权随即被剥夺。

又过了 10 年，嘉庆五年（1800）户部再次上奏，谓例禁增租夺佃，使富户地棍虽有谋夺之心，无所施其伎俩，穷黎始可安生。自和珅管理户部，将此例奏改，数年以来，旗人府及庄头撤地另佃者实复不少。而赖耕为食贫民一旦失其生计，不免游手为匪，实于政治民生均有未协，应请改照旧例，禁止增租夺佃，以安贫民，而杜垄断。得旨允准，将"禁止增租夺佃"篡入定例，全国通行。②

"禁止增租夺佃"之例通行后，佃农的土地耕作权或永佃权，得到法制保证，耕作比较稳定。直隶的情况是，清朝王公圈地所在多有，大多设有庄头，所有租种佃户，均向庄头纳租，"无论地主或庄头不能无故增租夺佃。佃户另有一种佃种权，可以自由让与他人，地主或庄头亦不能无故干涉"。③ 地主卖地也只能卖租，不能影响佃农耕作，并有先尽佃户留买的习惯，故"地虽易主，佃户依旧"。④

民典旗地的永佃关系有所不同。由于旗人不事生产，生活日益拮据，

---

① 乾隆官修：《清朝文献通考》，卷 5，田赋五，第考 4900 页。
② 王庆云：《熙朝纪政》卷 6，上海书局光绪二十八年石印本，第 23—24 页。
③ 国民党政府司法行政部编印：《民商事习惯调查报告录》（一），民国十九年刊本，第 22 页。
④ 《直隶清赋问答》，第 40 页。

往往将旗地典与汉人，到期无力回赎，汉人取得土地的长期使用权。民典旗地又内分民典旗红册地和民典旗余地。这类旗地交易，名为典押，实为买卖。清政府为了贯彻禁止"旗民交产"成例，解决旗人生计问题，乾隆五年（1740）经直隶总督奏准，几度动用公项为旗人地主回赎土地。但因财政不堪重负，乃于乾隆二十一年（1756）下令停止，此后不准回赎。自该年起，民典红册地正式得到法律承认，由汉人长期使用，但视其典契性质，区别为"永远征租"和"暂时征租"两种处理办法，由官府征收租课。民典旗余地与民典红册地的处理方式大体相同，但因旗余地不入"红册"，清政府不为旗人地主代赎，民人典进后，仍令民人承种，按则输租，责成州县催征。这样，民典旗余地，一变而为民领佃官地，仅催租权由旗署转到官署。总之，汉人对民典旗地，汉人只有永佃权，而没有法律上的所有权。[①] 至于民人佃种官府代为赎回的旗地，则直接由官府经管，官给印照，开列地亩及应征租钱各数，秋成后征收解司，汇解部库。原则上佃农不欠租、不撤佃，享有最低限度的永佃权，但无权转让佃权。佃农遇有事故，必须报官具退，听官招佃，不得私相授受。"倘有典卖，照盗卖官田律治罪，仍撤佃另佃。"[②]

旗地永佃，几经反复，情况多种多样，极其复杂，佃农持有的永佃权并不完整和稳固，而且社会地位低下。

清代前期，台湾地区也开始形成和广泛流行永佃制。

康熙二十二年（1683）台湾正式归入清帝国版图，由福建省直接管辖，福建漳州、泉州，广东潮州一带的农民纷纷前往台湾垦荒种地，导致该地土地制度的变化，并将福建、广东已有的永佃制和"一田多主"制带到了台湾。

回归初期，除台南部分土地已经开垦外，其余大多荒芜不治。就其所有权而言，当时全台土地大致分为"无主地"和高山族原住民所有的"番地"两类。只要不是原住民所有的土地，均为"无主地"，产权属官府所

---

① 大连南满铁路株式会社总务部事务局调查课编：《关东州土地旧贯一斑》，大正四年印本，第107页。

② 《户部则例》第10卷，田赋，同治四年校刊本，第3页。

有。当初官府出于财政税收的需要，凡有人报垦荒地，不问自种或招佃耕种，一概给予"垦照"或"垦单"。[①] 不过能从县衙、官署取得大面积荒地的，并非一般贫苦农民，只能是有钱有势的大户。于是地主豪强乘机出而包揽，先以"垦首"名义递禀承垦，再分给佃户垦耕。因揽垦的地块多、面积大，时间一长，垦首多不知土地的方位所在，耕作、处分悉听佃户，土地的实际控制权逐渐由"垦首"转入佃户。目前能见到的移民垦荒文献，最早的可能是康熙二十四年（1685）十月沈姓垦户的一纸请垦具禀状：[②]

> 具禀人沈绍宏，为恳恩禀请发给告示开垦事。缘北路鹿野草荒埔原为郑时左武骧将军旧荒营地一所，甚为广阔，并无人请耕，伏祈天台批准宏着李婴为管事，招佃开垦，三年后输纳国课；并乞天台批发明示台道，开载四至，付李婴前往鹿野草地起盖房屋，招佃开垦，永为世业，须至禀者。
>
> 今开四至，东至大路及八撑溪，西至龟佛山及崁，南至抱竹及崁仔上，北至溪崁。
>
> 康熙二十四年十月日。
>
> 垦荒，现奉上令，准速给照，以便招佃及时料理；候垦耕成熟之后，照例起科，照。

沈绍宏希图在官府的布告保护下，在自己圈划的土地范围内，"起盖房屋，招佃开垦，永为世业"，取得该片土地的永久耕作权或实际支配权。沈绍宏的禀请很快获得答复，官署承诺尽速给照，一经垦耕成熟，"照例起科"，沈绍宏不费任何代价就取得了大片荒地，只是佃权的性质尚不清晰。

汉人地主荒地的招佃垦种，情况相同。如自称"陈衙"的陈姓地主，雍正三年（1725）十月给佃农蔡赞亨的"给垦字"全文是："本衙马鸣山庄

---

① 申请书必须列明领垦荒地的地名、土名及四至。为了防止侵犯高山族居民土地或其他移民已垦地的产权，官府收到申请后，会派人先行查勘，并将申请书在领垦地公告5个月，无人提出异议，方能填发垦照或垦单。得到垦照或垦单的申请人即成为"垦主"。

② 台湾银行经济研究室编印：《清代台湾大租调查书》第1册，1963年印本，第1页。

地，内给出水田一甲二分①，付佃蔡赞亨前去开垦成田，初年、二年一九五抽的，三年依例每甲纳经风扇净干好粟八石，车运到仓交纳，不得短少，给批，付照，业主陈衙。"② 契约除土地面积、租额、租谷规格及纳租方法外，既无租佃期限，也无"欠租撤佃"之类的惩戒文字。在不欠租的情况下，佃农应可长期耕种。

随着时间的推移，可垦荒地减少，移民人数增多，垦户一般不可能再无偿获得荒地，必须向官府或其他垦户购买。在这种情况下，垦户为了尽快收回部分地价，也采取了有偿招垦的办法。佃农必须缴纳荒价才能获得荒地开垦权和永佃权。试看雍正十年（1732）的一纸招佃契：③

> 立招佃人业户李朝荣，明买有大突青埔一所，坐落土名巴刘巴来，东至柳仔沟埤为界，西至大沟为界，南至入社大车路为界，北至黄邦杰厝后港为界，四至明白。今有招到李思仁、赖束、李禄亭、梁学俊等前来承贌开垦，出得埔银六十五两正，情愿自备牛犁建筑陂圳，前去耕垦，永为己业。历年所收花利照庄例一九五抽的，及成田之日，限定经丈八十五石满斗为一甲，每一甲征租八石，车运到港交纳。二比甘愿，日后不敢生端反悔，增加减少，亦不敢升合拖欠；如有拖欠定额，明官究讨。口恐无凭，立招佃一纸存照。
>
> 即日收过埔银完，再照。
>
> 雍正十年十月日。
>
> 立招佃人李朝荣

业主李朝荣买有"青埔"一处，招佃垦耕。李思仁等4名佃农，通过缴纳65元银洋的"埔银"（亦称"埔底银""垦底银"等），取得该处荒地的垦殖权和永佃权。需要指出的是，这里的"埔银"不是押租银，因此契

---

① "甲"系台湾地方土地面积单位，1甲=11.3亩。
② 台湾银行经济研究室编印：《清代台湾大租调查书》第1册，第59页。"一九五抽的"是台湾分租制的一种，地主得15%，佃农得85%。常用的还有"一九抽的"、"二八抽的"等。
③ 台湾银行经济研究室编印：《清代台湾大租调查书》第1册，第60—61页。

约载明，佃农"如有拖欠定额"，业户只是"明官究讨"，而非以"埔银"扣抵，或撤地另佃。显然，这种永佃权是比较稳固的。

在台湾上述租佃关系中，土地所有权或实际支配权属于汉人所有，业主、佃农亦均为汉人。这种永佃制通称"汉大租"。

除了"汉大租"之外，台湾还有一种重要的永佃制形式是以"番地"为载体。"番地"属于高山族居民或村社所有，业主为高山族居民或村社，佃农则是闽粤汉人移民。这种汉人同高山族居民之间的永佃制关系，被称为"番大租"。

清代台湾，"番地"有"熟番地"（平埔高山族属地）和"生番地"（内山高山族属地）之分。① 清政府对"生番地"一直实行封禁政策，严禁汉人入山垦殖，以免引发冲突和变乱。除在一些主要隘口调兵驻守外，到乾隆后期，清政府还募集平埔高山族居民到"番界"附近居住和就近防守，设置关隘，称为"隘寮"。对平埔番地，清政府亦曾禁止汉人承佃垦种。平埔高山族各村社都有数量不等的共有地，到康雍年间，因移民日众，开垦者越来越多，这些村社共有地往往被开垦者侵占，引起开垦者同平埔高山族居民之间的冲突。一些高山族村社头人也常常私招垦户，垦种村社共有地，收取地租，禁令名存实亡。在这种情况下，清政府于雍正二年（1724）取消禁令，规定各高山族村社，除按其大小留备一定数量的牧猎地外，其余土地一律招垦升科。于是，开垦者与高山族村社或私人立契，永远耕种纳租，是谓"番大租"。不过，这些土地实际上被控制在少数汉族豪强、佃首或高山族"土目"、"通事"手中。汉族豪强对这些土地握有永久耕种权和实际控制权，形成"一田二主"的局面。握有永久耕种权和实际控制权的汉族豪强亦不垦耕，而是分散招佃垦种。如有个叫丁作周的，雍正元年至三年间，分4次揽到大武郡社草地、田地4处，招佃筑陂掘圳，开垦水田，年缴租粟375石。② 下面是大武郡社土官

---

① 清朝统治者把台湾土著民称为"番民"，聚居平埔地区、处于较高社会发展阶段的平埔高山族，称为"熟番"，所属土地为"熟番地"；聚居内山地区、处于较低社会发展阶段的高山族，称为"生番"，所属土地为"生番地"。

② 详见台湾银行经济研究室编印：《清代台湾大租调查书》第2册，第325—326页，第4册，1963年印本，第650、699页。

和丁作周的其中一纸租佃合约①：

> 立合约人大武郡社土官孩湾，有坔港草地一所，南从坔港横车路，北至苦苓脚横车路止，东至熟园岸，西至溪上，四至明白。因无鹿可捕，课饷无归，于康熙五十八年，招得丁文募佃前去开垦，议约每年贴课饷粟六十五石。但无水源灌溉，不能成田，兹丁作周欲出工本开筑水圳，作成水田，今当乡保通事公议，雍正元年起，至雍正四年止，每年内加贴粟四十五石，总原额共一百一十石斗正，系旧斗，番人到庄车运，永远定例，日后不得听人唆使生端等情。倘佃人有负短少租粟以及为非等项，系丁作周之事，不干番人之事。此系二比甘愿，并无迫勒，日后不敢异言。今欲有凭，立合约为照。
>
> 雍正元年八月　立合约　孩湾　丁作周
>
> 　　　　　知见　叶伯选　张苑　蛤肉
>
> 　　　　　代书人　李士元

大武郡社的一处草地，原招得丁文募佃开垦，年缴租粟65石，但丁文无力开发水源，不能成田，转由丁作周出资开筑水圳，作成水田。雍正元年至雍正四间，每年在原有65石租粟之外，加纳45石，合计110石，此后"永远定例"。丁作周除筹资筑圳、使旱地垦成水田外，还要担保和管束佃农，承担佃农"短少租粟以及为非"的责任，兼有"佃首"的功能。

作为永佃制的"汉大租"和"番大租"，有的一开始就是以永佃制的形式确立的，也有的是直接由普通租佃转变而来。

"汉大租"方面，如彰化县马芝遴堡业主鳌西堂林有水田3分（0.3甲），原佃从乾隆四十三年（1778）后欠租脱逃，嘉庆二年（1797）招到陈蓁亨认佃承耕。陈蓁亨出给"批银"12元，年纳大租2石4斗。其田听允该佃前去自备工本耕作，或筑盖房屋居住，"子孙永为己业"。②

凤凰翔馆业主张某，有退佃园一丘，年载纳大租5斗，因乏佃耕作，荒

---

① 台湾银行经济研究室编印：《清代台湾大租调查书》第2册，第325—326页。
② 台湾银行经济研究室编印：《清代台湾大租调查书》第1册，第91—92页。

芜多年,乃于乾隆六十年(1795)托中招出庄佃杨章哉前来承垦耕作,当日收取"认佃银"15元,其园即付佃人开垦耕作,"永为己业",年纳大租5斗,"日后永无增租丈甲诸事"。① 业主萧志振有退佃水田一坽,经丈1甲2分2厘半,递年配纳大租粟12石2斗5升,因要银完课,嘉庆六年(1801)托中引就巫德兴父子出首承领,当日收取时价银30元,其田随契踏付银主前去耕作纳租,"永为己业"。② 业主杨某有退佃田1甲2分5厘,"因水淹抛荒,无人耕作,诚恐久荒累课",嘉庆十三年(1808)招到邱邻,收取"田底价银"40元,年纳大租粟10石,其田付佃人前去掌管,自备牛工、种子,开垦耕作,"永为己业"。③

"番大租"方面,如秀朗社番业户老君孝之子润福,同白番沙几里等,有父遗树林地一所,先前所招之佃"不能用力开垦",而自己又"乏工斩辟,口粮无资",乃于乾隆四十七年(1782)撤佃,改招黄蕴辉等四佃前来辟垦,自备伙食工本,开筑陂圳灌溉水田,言明四年内免租,四年后按甲纳租,每甲水田6石,埔园3石。其田园即付四佃"子孙永为己业"。④ 小圭笼社有埔地两段,先年招詹姓佃人开垦不成,抛荒数载,误口粮无资,公项屡欠无征,嘉庆二十五年(1820)另招魏水礁兄弟等,自备工本起盖居所,开垦耕种,议交"埔地银"14元,递年应纳大租口粮粟1石3斗,"永为定例",日后倘若佃人欲移居别创,任凭佃人"典退银两,以充工本资货,番业主不得阻挡刁难"。⑤ 彰化感恩社六观目义有山园一坽,原瞨与杨汉耕作,因水冲荒废,难堪耕种,杨汉退瞨。道光二年(1822)招到杨舒献出首承垦掌管,"永为己业"。杨舒献当日给出"批银"19元,年纳大租粟一斗。⑥ 淡水竹堑社某业主有父遗山埔及垦熟水田各一处,因佃人开辟山埔不成,自己又无力开垦,遂将山埔及熟田取回,道光七年(1827)另招汉人陈住采承垦成田,架屋居住。陈住采备出"垦底并熟田时价银"74

① 台湾银行经济研究室编印:《清代台湾大租调查书》第1册,第32页。
② 台湾银行经济研究室编印:《清代台湾大租调查书》第1册,第34—35页。
③ 台湾银行经济研究室编印:《清代台湾大租调查书》第1册,第35—36页。
④ 台湾银行经济研究室编印:《清代台湾大租调查书》第2册,第192页。
⑤ 台湾银行经济研究室编印:《清代台湾大租调查书》第2册,第197页。
⑥ 台湾银行经济研究室编印:《清代台湾大租调查书》第2册,第198—199页。

元，山埔水田即付垦人"开辟耕种，永远为己业，历世子孙耕管，递年供纳大租粟一石"。① 这些永佃都是直接由普通租佃变换而来。

除了"汉大租"、"番大租"外，还相继形成多种名目的官田永佃。清代台湾的一些重要官田，如屯田、隆恩庄田、学田等，大多采用永佃制的垦耕和管理模式。

台湾屯田始于乾隆五十三年（1788）。乾隆五十一年至五十三年间（1786—1788），清政府在平定林爽文之乱的过程中，各社番随同官军奋勇杀敌，"颇能出力"。为此乾隆五十三年奏准，仿四川屯练兵丁办法，招募番民为屯丁，设立屯所，挑选壮健番丁 4000 名，分为 12 屯，其中大屯 4 处，每处 400 人；小屯 8 处，每处 300 人。屯丁、番丁不给月饷，按丁授地，蠲免供赋，每丁配地一甲至一甲三、四分不等。② 屯田的来源有二：一是民间溢额田园。官府对乾隆四十九年丈报的田园埔地复加丈量，以原报番民所垦田园归民耕种，而将"溢额"田 3730 余甲拨归屯田；二是从相关各处划拨近山埔地，面积为 5690 余甲。两共 9420 余甲。③

至于屯田的耕作经营，"溢额"民垦田园，原来大部分就是在永佃制的形式下经营的，转为屯田后，大多交由"佃首"管理，强制佃农在原有垦户番大租之外，按土地等则，加缴若干数量的屯租④，土地经营的基本形式相应由原来的民田永佃改为屯田永佃。"溢额"田园周边的余埔闲荒，也由"佃首"或垦户、"屯番"（番丁）招佃垦发，缴纳屯租。按清政府规定的产权关系是，"屯丁永为业主，汉佃永为佃户"，土地"不准私相典瞨"。⑤ 亦即汉人佃农对屯田有权永久耕种，但不能自由顶退。下面是分别由"佃

---

① 台湾银行经济研究室编印：《清代台湾大租调查书》第 2 册，第 200 页。
② 台湾银行经济研究室编印：《台湾私法物权编》第 2 册，第 397—400 页；《彰化县志》，转见《清代台湾大租调查书》第 2 册，第 371 页；《清代台湾大租调查书》第 2 册，第 348—349 页。
③ 台湾银行经济研究室编印：《清代台湾大租调查书》第 2 册，第 352 页。
④ 如淡水厅桃涧堡霄里社佃人陈仕贵名下，原报田 2 亩 3 分 6 厘，乾隆五十五年（1790）勘丈田 3 亩 6 分，溢田 1 甲 2 分 4 厘，勘系五等，由官署发给丈单，规定每甲征屯租 10 石，计征屯租谷 12 石 4 斗零，不论时价低昂，每石折银 1 元，由该佃递年照数交纳该社通事、业户收齐汇缴。（台湾银行经济研究室编印：《清代台湾大租调查书》第 6 册，第 1069 页）。
⑤ 台湾银行经济研究室编印：《清代台湾大租调查书》第 2 册，第 268 页。

首"、垦户、"屯番"订立的三纸招佃垦耕字，从一个侧面反映了这种屯田永佃制的大致情况：

其一

立招佃垦耕字，竹堑九芎林庄佃首姜胜智，缘九芎林庄田园，于乾隆五十三年，经蒙泉州府宪徐奉文勘丈归屯，举智充当佃首，按年催收屯租完缴，所有该处未垦余埔，亦蒙丈报准另招佃垦耕在案。但九芎林庄田园乏水，深虑屯租有误，议欲开圳引灌，工本浩大，无项可出。兹将丈报余埔招佃开筑水圳垦耕，俾各田园得以接水灌溉，实属两全其美。现招杨帝佑前来认佃，给出余埔一段，内量丈二甲三分七厘二毛五丝，东至孙家给垦毗连为界，西至林家给垦毗连为界，南至大溪为界，北至崁下大圳为界，四至界址分明，即日踏明交付杨帝佑自备工本前去实力开圳垦田，永为己业，以补费用。言约三年开荒，第四年田每一甲纳屯租二石，第五年纳屯租四石，第六年每一甲纳屯租谷八石，以此定例，丰歉不得增减。其租谷务要干净，递年于早收之时，照数车运到佃首仓口交纳，毋得延欠。给垦之后，即宜竭力开垦，庶租有所出，地无荒弃。今欲有凭，合立招佃垦耕字一纸，付执为照。

批明：此余埔东、西、南、北统园界址，内作五股半均分，佑得一股，内中作两股，其一大段，东至陈家为界，西至杨家为界，南至大溪为界；北至崁下大圳为界。又一小段，东至孙家为界，西至杨家为界，南至大溪为界，北至崁下大圳为界。批照。

乾隆五十六年十月日。[1]

其二

给开垦单垦户江福隆，今有罩兰埔地，奉旨配给岸里等社屯番口粮。蒙本县主宋详明列宪，发给示戳，准隆募佃开垦，输纳屯粮。今

---

① 台湾银行经济研究室编印：《清代台湾大租调查书》第2册，第360页。

招得佃户黄裁兄前来膜垦罩兰埔地，坐址上埔，东至□□为界，西至□□□为界，南至□□为界，北至□□为界；四至界址分明。言议犁份一张，该田五甲，每一甲输纳屯租八石正，每甲该贴车工银三钱六分正。经丈五甲，年共纳屯租四十石正，共贴车工银一两八钱正。其谷务要经风干净，自运赴公馆交纳，不得少欠升合；如有少欠，任凭垦户将田扣抵屯租，不得阻执。或将来年久恐有退佃情事，务必查明诚实之人向垦户认租，盖用垦户管事戳记，方许交关，不得私相授受。口恐无凭，合给开垦单一纸，付执永远为照，行。

即日批明：三年一九五抽的，水谷另行再议，批照，行。

管事□□□

乾隆五十九年月日给。①

其三

立招佃开垦埔字麻薯旧社屯番潘贤文，窃罩兰庄界外埔地，前奉列宪奏归屯丁自种养赡之埔，前批江福隆招佃开辟，仍有溪洲一派地方茅深石积，佃首不欲招垦。兹九社屯丁即将溪洲分股，贤文分得上溪洲埔一所。文因乏力，不晓垦务，今招得蔡养官、蔡旺官、冯富官、冯恕官、冯完官等前来垦辟认耕，当日对面议定一九抽的之后，垦成水田，丈明照庄例纳租。此埔业系文份内之埔，与别屯丁无涉；如有汉番混占等情，文一力抵挡，不干垦人之事。今欲有凭，立招垦开埔字一纸，付养等存照，行。

批明：此溪埔系养等自出工本，勤力成田，文不敢招佃起租，情愿付为永耕，批照。

嘉庆二年六月日立招佃开垦埔字。②

因荒地条件不同，三宗屯田招佃的佃权状况略有差异。淡水厅九芎林庄的归屯庄田，因乏水灌溉，屯租受损。欲开圳引灌，又因工本浩大，无项可

---

① 台湾银行经济研究室编印：《清代台湾大租调查书》第5册，第779—780页。
② 台湾银行经济研究室编印：《清代台湾大租调查书》第5册，第780—781页。

出。于是佃首将丈报余埔招佃，令其开筑水圳垦耕，允诺垦田"永为己业"，以抵补开圳垦荒费用，同时"俾各田园得以接水灌溉"，一举两得。彰化县配给岸里等社屯番口粮的罩兰庄埔地，先是由垦户招佃开垦，因荒地位置和质量较好，招佃较易，佃农所获佃权不够清晰和完整。佃户虽可长期耕种和有条件地顶退，但无明确的永佃权承诺或保证。由屯番自行招佃的荒埔，属于佃首不愿插手的次地，"茅深石积"，土质差，开垦工程量大，业主开出的条件相对宽松。契约特别批明，土地系佃农"自出工本，勤力成田"，业主"不敢招佃起租，情愿付为永耕"，佃农可以永久耕种，佃权较为稳固。

除了统一招垦、招佃和管理的屯田，每个隘口周边都有数量不等的山林、荒地，分别由各隘丁首掌管，招佃垦耕，收租充当隘丁口粮。这些山林荒地的垦耕，也大多采用永佃制的形式。下面是嘉庆二十二年（1817）隘口山荒的垦批字：

> 立给山批，隘丁首林开成，缘成奉宪充当摆接隘丁首，雇募隘丁，堵御凶番，则将抛荒山场付成掌管，招佃垦耕，抽收为口粮。兹有佃人范县、刘奂、刘倦、张金英、陈对、陈榜、黄茂、何火、杨钟、陈木等同前来，向给荒山一处，坐落中心仓尾石门内，东至坑为界，西至坑为界，南至大坑为界，北至仑头分水为界，四至界址明白。当日议定山批银二大员正，逐年所有栽种五谷以及茅草各等项，付成抽得为口粮。其山批银二大员，即日成亲收足讫；其所给荒山一处，随照界踏付佃人范县等前去开垦耕作，永远为业。不论栽种五谷杂子以及茅草，付成一九抽的，不得异言反复。口恐无凭，立给山批一纸，付执为照。
>
> 即日收过字内山批银二大员，再照。
>
> 嘉庆二十二年八月日立给山批
>
> 　　　　代笔人　黎却①

---

①　台湾银行经济研究室编印：《台湾私法物权编》第 2 册，第 478—479 页。

与屯田性质相近的隆恩庄田①，垦耕管理也大都采用永佃制的形式。如噶玛兰厅地方，嘉庆年间辟建兵营，随即议设隆恩官庄，划拨猫里府烟社等处埔地 18 段，计二百甲零，先后给发牌戳、执照，交与殷实垦户陈受恩、翁承辉自备工本，承领开垦，每甲纳租二石，"永远"按照该处乡斗，分限早、晚两季对半缴纳本色租谷。② 台湾城守营隆恩官庄界内有余荒草埔一片及小港一口，堪以垦种和修筑鱼塭，曾几次出示劝垦未果。乾隆三十七年（1772）竹堑庄民陈璋琦具呈认佃，愿备资本佣工前往开垦，听营照例抽收租谷。该营即行查核，发给印照，令该佃前去佣工垦筑，俟垦成园地、鱼塭，按照例限勘丈甲数，照例抽收租谷饷银，详报升科。③ 佃农获得了较明确和稳定的佃权。

学田也是清代台湾官田的一个重要组成部分。康熙二十二年（1683）台湾回归版籍后，各厅县相继创办和扩充书院、官塾，划拨、购置荒熟田地，或接受士绅的田产捐赠，学田数量不断增加。这些学宫田产，特别是荒地的垦发经营，大多交由"佃首"经手。其中相当部分采用永佃制的形式，不过现存有关清代前期学田的租佃资料不多，只发现道光前期新竹县明志书院佃首的两纸"垦批字"，现将其中一纸转录如下：④

　　立给垦批大二坪庄佃首童志昌，奉宪示谕充当明志书院佃首，管收大二坪等处学租，所有山林、埔地已垦及未垦，准昌招佃，给发佃批开垦。今招得佃人石是、郭潘前来，给出二坪圳头南势山林埔园一所，东至二坪圳墘，西至横仑顶分水，南至二坪圳头小坑为界。四至

---

① 隆恩庄田是清政府为台湾驻军应付营中各种恤赏银两开支（如兵丁游巡、戍兵往来、期满换回班兵、有病革退、兵弁骨骸棺柩等盘费、开销，以及戍兵家属吉凶事件恤赏等），于雍正八年（1730）后，在台湾购买的田园、糖廊、鱼塭等土地产业。各地（营）数量多寡不一，如台湾城守营于雍正十三年，支银 1043.4 两，购进水田 315.5 甲，旱田 65.55 甲，并草埔、山仑、港渡等，征租 376.5 石。乾隆二十九年（1764）续增水田 37 甲 3 亩，年增额租 192 石，通共额租 568.57 石。噶玛兰营有隆恩庄田二所，共 200 甲，年收租谷 400 石。（台湾银行经济研究室编印：《清代台湾大租调查书》第 6 册，第 991—992 页；《噶玛兰厅志》。）

② 台湾银行经济研究室编印：《清代台湾大租调查书》第 6 册，第 1006—1007 页。

③ 台湾银行经济研究室编印：《清代台湾大租调查书》第 6 册，第 992—993 页。

④ 台湾银行经济研究室编印：《清代台湾大租调查书》第 5 册，第 927 页。

踏明界址，付佃人自备工本前去掌管，配圳水通流灌溉，永为己业。侯成田之日，限定逐年配学租交纳，给单为凭，佃人不敢习难。今欲有凭，立给垦批字一纸，付执永远为照。

道光二年十月日给。

佃首将书院一处山林埔园交付佃农，令其自备工本垦耕掌管，配接圳水通流灌溉，开成水田后，逐年按额缴纳学租，同时承诺佃农对土地获有佃权，可以"永为己业"。

该佃首的另一纸"垦批字"立于道光十年（1830），契约基本内容、格式和条件，与前一纸一致，不同的是前者出租的"山林埔园"，部分或大部分是已垦旱地，并有水圳流经地边，或离土地较近；后者出租的"山林埔地"，大部或全部是生荒，水圳亦离地较远，故要求佃农自备工本，"开筑水圳灌溉，垦壁〔垒?〕田园"。① 佃农为获取永佃权付出的工本、劳作更大一些。

另外，某些湖泊、河流淤积地的开垦，鸦片战争前后也开始采用永佃制。如台南鲫潭，广袤 30 余里，原饶渔利，官府年征渔饷 350 元。道光三年（1823）遭遇台风，山洪暴发，洪水挟带大量泥沙冲入鲫潭，导致鲫潭溃堤改道，北畔浮复，潭底顿成沃壤，官府听佃开荒，年征租银 300 元，充当蓬壶书院膏火。随着泥沙的冲刷，南畔也日渐淤浅，佃民多种菱角，官府见此又加征巡司月费银 600 元。不过，官府并未因征收租费而给予耕佃和菱角佃以相对稳固的佃权。至道光二十年（1840）前后，因屡遭洪灾，溪沙冲刷淤塞愈甚，外潭一带变成荒埔，菱角佃与耕佃发生争控，土地多年不垦，加上社会扰乱不靖，耕佃四散流离。道光二十五年（1845），再遭水患沙盖，外潭和北畔内潭愈加荒废，饷费无征。在这种情况下，官府再次招垦，并改变办法，划定地界四至，核丈面积，由"佃头"招耕督垦，众佃公摊工力，"削填高低，整岸锄草，耕成田园，永远耕种"，每年收成"二八抽收"，并发给"垦照"，与"认耕字"合粘，明令"不得越界混耕，亦不得荒芜田园偷漏园货，致累饷项"。"垦照"末尾还特别补充强调，"四

---

① 参见台湾银行经济研究室编印：《清代台湾大租调查书》第 5 册，第 928 页。

至后重盖戳为凭，以酬工力，别处不得援为例"。[1] 这就导致了台湾河湖淤地开垦永佃的产生。

清代前期台湾地区的永佃制，无论"汉大租"、"番大租"，还是屯田、官田永佃，都有一个形成和发展、变化的过程。

资料显示，最初汉人承垦官荒、无主荒地、汉人土地或"番地"，一般无需缴纳荒价或其他费用，只要照额纳租，没有"为非"之举，即可长期耕种，而无增租撤佃之虞，不过并无明确的永佃权，土地的所有权和使用权尚未明显分离，垦户或佃农持有的佃权性质尚不清晰，一般处于"佃农不欠租，地主不撤佃"的状态。

后来，内地移民数量增多，荒地减少，官府、汉族地主和"番社"、高山族村民招垦或出租土地，必须收取荒价或其他相关费用。与此相联系，佃农的垦耕工本和佃权也开始获得业主的承认：先是业主承诺，如日后佃农退耕，可以收回若干数量的垦耕工本，"业主不得均分"；[2] 继而将垦耕工本与土地（田或"田底"）直接挂钩。一些契约载明，佃农如回内地，或转营别业，通过一定手续，可将"田底"（相当于江浙地区永佃制下的"田面"）顶退下手，收回"田底工力之资"[3]，或将其交给业主，工本由业主直接支付。[4]

"工本"或"锄头工银"是佃权的基础或核心，土地（田）或"田底"是工本或锄头工银的载体，随着佃权的发展，佃农从退耕可以获得工本或"工银"补偿到占有"田底"，垦户或佃农对租地"永远为业"、"永为己业"，永佃权日益明确，永佃制最终形成。

从现存租佃资料看，最晚雍正五年（1727）出现了首宗清晰、明确的永佃制契约，现照录如下：

　　　　立契卖园马芝遴社番打刘猫示，有自开垦园埔一片，坐址社东，

---

① 台湾银行经济研究室编印：《台湾私法物权编》第 2 册，第 463—464 页。
② 台湾银行经济研究室编印：《清代台湾大租调查书》第 1 册，第 60 页。
③ 台湾银行经济研究室编印：《清代台湾大租调查书》第 1 册，第 61 页。
④ 台湾银行经济研究室编印：《清代台湾大租调查书》第 1 册，第 152、153 页。

土名眉屯，四至园岸为界。因乏银使用，托中引就吴宅出头前来承买，三面言议着下时价愿出银二两，每年带纳租粟五石，年冬丰稔，不敢拖欠升合；如亢旱杂种无收，愿赛租粟，不敢言及其银。银即日同中收讫；其园底随付吴宅掌管耕种，任耕田作园，猫示不敢阻执。并无别社番交加争竞等情；如有，系猫示自理，不干银主之事。诚恐日后倘众社番或将草地典瞨汉人，园底永为己业，租粟交纳汉人，与猫示无干。此系二比甘愿，各无抑勒反悔，口恐无凭，立卖契为照。

即日收过园底银完讫，再照。

雍正五年五月日　立卖园契　打刘猫示。

> 代书　社师孙有为
>
> 中人　土官山里猫夷
>
> 知见　绞砌
>
> 知见　土官阿力①

这是一纸名为土地"卖契"的永佃契约。业主自称"立契卖园"，但不是笼统地出卖"园埔"土地主体或所有权，而只是"园底"。这里的"园底"实际上相当于江浙闽一带的"田面"、"田皮"或"田根"，是佃权或土地耕作权的专称，土地耕作权已经同所有权分离。契约不仅载明，"园底"交付佃农"掌管耕种，任耕田作园"，业主"不敢阻执"，而且允诺，日后倘村社众人将草地典瞨汉人，"园底永为（佃农）己业"，租粟交纳汉人买主，与业主无干，土地所有权的转移不影响佃农耕作。在现存台湾地区的租佃契约中，这种以"园底"作为土地耕作权专有名称和土地耕作权与所有权的明显分离，还是首次出现。它标志着台湾地区的永佃制的发展已走向成熟。

土地耕作权同所有权完全分离，佃农成为土地耕作权的持有者，租权、佃权成为两项基本平行的产权，已经形成"一田二主"的业权形态。

除了"一田二主"，台湾永佃制在其发展过程中，还出现了"一田三

---

① 台湾银行经济研究室编印：《台湾私法物权编》第 2 册，第 443 页。

主"。清初，台湾土地除台南一部外，大多荒芜未垦。清政府为了加快土地开发，凡有报垦者，不问自种或招佃、转售，一概发给垦照。于是豪强以"垦首"名义大片报领荒地，然后转招佃户分垦。初则业主即是"垦首"，至此佃户亦成业主，形成"一田二主"。佃户既成业主，转佃任其自由，如承租土地面积过大，一家无力全数垦耕，再转租或另行招佃分种，佃户之下又有佃户，前者称"原佃户"或"小租户"，后者称"二佃"或"现耕佃人"。部分现耕佃人亦有永佃权，于是形成"一田三主"。试看番地"业主"的一纸"佃批"字[①]：

> 立给佃批南崁虎茅庄业主周添福，有前年明买番地一所，土名虎茅庄，经请垦报课在案。今有佃人叶廷，就于本庄界内虎茅庄认耕犁份二张，每张以五甲为准，不得多占埔地，抛荒误课。开筑圳水，佃人自出工力，开水耕种，年所收稻谷及麻豆杂子，首年、次年照例一九五抽的，每百石业主得一十五石，佃人得八十五石；至第三年开成水田，照例丈量，每甲约纳租谷八石满斗，虽年丰不得加增，或岁歉亦不得短少。务备干净好谷，听业主煽鼓，约车至船头交卸；如有短欠租谷，将田底听业主变卖抵租。若租谷不欠，日后佃人欲将田底别售他人，务须向业主言明，另换佃批顶耕，不得私相授受，合给批付照。
>
> 乾隆四年十二月日给。

周添福买下大面积"番地"，掌握其开垦权和实际支配权，"番地"地主则只有收租权，故自称"业主"，与番地地主平起平坐。但自己并不垦种，转行招佃，垦种权蜕变为第二重收租权。不过作为直接生产者的佃农，握有土地的"田底"权即耕作权，不仅可以"永久"耕种，必要时还可"将田底别售他人"，也是一"主"。结果由"一田二主"演变为"一田三主"。

---

① 台湾银行经济研究室编印：《清代台湾大租调查书》第1册，第65页。

　　按台湾乡俗，在上述情况下，垦户（即契中"业主"）交给地权所有者的地租，通称"大租"，现耕佃农交给垦户的地租，通称"小租"。大租、小租全部由现耕佃农负担，大小租制是台湾永佃制的一般形态，只是多数现耕佃农并无永佃权，或仅有不完整的永佃权。下面两纸契约反映了两种不同的土地转租情况：

　　其一
　　立招耕字人廖各璨、黄富心，承领江福隆罩兰埔地一所，招得杨亮自备锄头火食，前来耕作成田八分。每年该大小租谷一十二石八斗，早、晚二季干净量清，丰凶年冬，不得少欠；倘或少欠，任从田主起耕招佃；若无欠租，任从耕作。若欲别处居住创业，不耕之日，议定每甲贴锄头工银二十元，将田送还田主，不得私退别人。此系二比甘愿，口恐无凭，立字存照，行。
　　批明：水田八分，不耕之日，该领锄头工银一十六元，批照，行。嘉庆六年二月日。①

　　其二
　　立出瞨耕字人族侄款，承父阄分应份有水田一甲五分，坐址在龙目井庄洋，土名犁头尖，东至大路界，西至犁头尖界，南至自耕田界，北至沟界，四至界址明白。带泉水圳水灌溉通流，年配纳王业主大租粟十二石满正，又小租谷六十三石（九三斗）正，并车工水银。今因欲银使用，愿将此田出瞨，并逐年小租在内，先问房亲人等不能承受，外托中问到族叔飘出首承受瞨耕，三面议定照时值价银二百七十大员正。其银即日凭中交收足讫；其田随即踏明，付瞨耕人前去自作，收租纳课。此田系款自己份下产业，与叔侄兄弟人等无干，亦无典挂他人财物及上手交历不明等情；如有此情，系出瞨人自当理明，不干承瞨银主之事。其田限五年：甲午年春起，至戊申冬止。到限之日，备

―――――――――――――
① 台湾银行经济研究室编印：《清代台湾大租调查书》第 1 册，第 152 页。

足银员，同中送还，赎回出赎字，两无生端反悔；若足无银清还，照旧耕作，亦不得言长语短。此乃二比甘愿，各无抑勒，口恐无凭，立出赎耕字一纸，付执存照。

即日同中收过赎耕字内银二百七十大员正完足，再照。

道光十四年十一月日。[①]

前者是供应屯番口粮的屯田荒地，时间较早，租佃条件相对宽松，佃农耕作较稳定，"若无欠租，任从耕作"，持有"不欠租，不撤佃"的有限佃权，自行退租还可获每甲 20 元的"锄头工银"。地租亦较轻。该地地租每甲 8 石，田面主另加小租每甲 8 石，大小租合计 16 石。8 分田为 12.8 石。后者是民田熟田，时间较晚，租佃条件相对苛刻。租种 1.5 甲水田，租期 5年，田面"时价"高达 270 元银洋。地租亦重，除每甲大租 8 石外，另交小租每甲 42 石，大小租合计 50 石，相当前者的 3 倍多。

除了农田永佃，清代前期台湾还有牧地永佃。霄里庄业主黄燕礼同股伙等，先年承买薛家大庄番大租一处，经多年招佃给垦，各庄荒地开辟殆尽，未有余埔牧牛，仅霄里山下新兴庄尚余下荒埔一所，未有给垦与人。该荒"原系赤烁之地，旱埔不能垦辟成田，仅可给众佃以为筑坡牧牛"。乾隆三十年（1765），新兴庄众佃备出"花红银"24 元，永租荒埔，"筑坡牧牛"。契约载明，"无论何人倘有向前业主给出垦批字约，不堪照用"。该牧埔因系"赤烁"不毛之地，没有单独计租，但若改良栽种杂粮，仍须纳租。契约规定，"其众佃倘有栽种杂物等项，照庄例一九五抽的"。[②]

2. 老垦区永佃制的广泛扩散和全国性永佃制度的形成

清代前期，关内老垦区的永佃制度也广泛形成，不断扩散。清代前期是这些地区永佃制发展中极其重要的一个阶段。

在江苏、安徽、江西等长江下游诸省，浙江、福建、广东等东南沿海

---

① 台湾银行经济研究室编印：《清代台湾大租调查书》第 1 册，第 154—155 页。
② 台湾银行经济研究室编印：《清代台湾大租调查书》第 3 册，第 544—545 页。"一九五抽的"又谓"一九五抽收"，系台湾地区分租制的一种。田主得产量的 15%，佃农得产量的 85%。

各省，以及广西等地，部分地区在元明两代就已出现永佃制，福建某些地区，永佃制在明代中后期已经成为通行的租佃形式，到清代前期，这一类地区的不少地方，永佃制已经十分普遍。苏南、皖南和苏北、皖北沿江地带，浙江东部、北部和中部各州县，江西南昌、建昌、赣州、南安、抚州、九江诸府，福建福州、建宁、延平、汀州、邵武、漳州、福宁等府属各县，广东韩江、东江和北江流域，以及广西苍梧、博白、左县、百色等某些县份，到清代前期，永佃制都已十分流行。在某些地方，永佃制已经成为租佃关系的基本形式。土地被普遍分离为"田底"（地权）、"田面"（佃权）两部分，佃权有自己独立的价格形态和转移方式。

在苏州，据载："吴农佃人之田者，十八九皆所谓租田。然非古之所谓租及他处之所谓租也，俗有田底、田面之称。田面者佃农之所有，田主只有田底而已。盖与佃农各有其半。"[1] 松江的永佃制也已成为一种租佃习惯，土地的田底、田面名目，"由来已久"。"畸田底者为业主，完纳赋税，有田之所有权，畸田面者为佃户……有耕种该田之权。"[2] 江宁和扬州、通州地区，永佃制均呈扩散状态，只是名称不同罢了。如江宁的永佃权称为"肥土"，扬州府属的江都、甘泉、泰兴、宝应等地称为"粪系脚"，通州称为"顶首"、"告工"，海门、启东则称为"批价"。等等。[3]

浙江宁波、绍兴、金华、处洲等府属州县，在清代前期，永佃制已普遍发展为一种"乡间俗例"、"地方乡例"或"乡风俗例"。[4] 不少土地被分离为所有权和耕作权两项名目和买卖。在这些地区，土地所有权通常被称为民田、田骨、大买、大卖、大业、下皮，土地耕作权相应被称为客田、田皮、小买、小卖、小业、上皮、小根、田脚、小田等。所有权的转移并不影响佃农的土地使用，如青田，"交易田产，不查亩分，不用弓尺，立契

---

[1] 陶煦：《租覈》，民国十六年重排本，第1页。

[2] 参见光绪：《松江府续志》卷5，民国十年刻本，疆域志五·风俗；光绪《华亭县志》卷23，杂志·风俗，光绪五年刻本，第6页；国民党政府司法行政部：《民商事习惯调查报告录》；《申报》光绪五年十一月二十七日。

[3] 李程儒：《江苏山阳收租全案》，附江南征租原案；规条·江南征租规条。

[4] 乾隆朝刑科题本，转见刘永成《清代前期的农业租佃关系》，《清史论丛》，第2辑，中华书局1980年版。

并无亩数，止载田租若干，而每亩租价又无定额……故卖租并不交田"。①
在浙江全省，不但田地有永佃，山场亦有永佃，如衢州府属常山、江山等
地，佃农租垦荒山，种植竹木，大都持有永佃权。②

在安徽，皖南徽州、宁国、广德府属各县和皖北安庆、太平府属各县，
清代前期，永佃制全面发展，其中又以徽州歙县、休宁、祁门、黟县、绩
溪、婺源（今属江西省）等地最为显著。这一地区的永佃制大致开始于明
末清初，到清代前期，地权与佃权已经明显分离，地权（收租权）通常被
称为田底、田租、大买、正买、大田；佃权被称为田皮、小买、佃田、佃
皮、小业、典首、草粪等。在土地的流转过程中，租权、佃权买卖逐渐发
展为两项独立的平行交易，即使租权、佃权并未分离的自种地买卖，通常
也是分做两项进行，分别立契，各自计价。意在表明，田租（田底）和田
皮，或租权和佃权，是各自独立的两种物业或产权。③

清代前期，江西一些地区的永佃制度也在发展、扩大，成为租佃制度
的重要形式。据乾隆前期的记载，该省土地，"向有分田皮、田骨，大业、
小业，大买、小买，大顶、小顶，大根、小根，以及批耕、顶耕、脱肩、
顶肩、顶头、小典等项名目，均系一田二主"。④ 其中以赣南和赣东南赣
县、兴国、雩都（今于都）、瑞金、石城、宁都、广昌、新城、建昌一
带，永佃制流行最广。该地区通常称地权（收租权）为"田骨"或"大
买"，称佃权为"田皮"或"小买"。土地普遍分离为"骨"和"皮"两
部分，且有各自的价格。"田骨属掌田者，曰大买；田皮属耕田者，曰小
买。名号俨然齐驱"。⑤ 在赣州府属各县，据说十分之七八的田土山塘，属
于"皮骨分管"。⑥ 建昌府属也是"田皆主佃两业，佃人转卖承种，田主无

① 光绪《青田县志》，卷4，风土志·风俗，民国二十四年重印本，第5页。
② 国民党政府司法行政部：《民商事习惯调查报告录》（一），民国十九年刊本，第494、497
页。
③ 参见孙在中：《契墨抄白总登》，中国社会科学院经济研究所藏徽州地契档，置产簿第23
函，W·TX·B0063。
④ 《严禁典契虚填淤涨霸占并一田二主等弊》，见江西按察司编：《西江政要》，卷2，第39
页。
⑤ 光绪《雩都县志》，卷15，引宋启传《对策》。
⑥ 国民党政府司法行政部：《民商事习惯调查报告录》（一），民国十九年印本，第442页。

能过问"。① 可见永佃制已经成为这些地区租佃关系中占统治地位的形式。

福建地区，前面已经指出，永佃制至迟在明代中后期，部分地区已成为通行的租佃形式，到清代前期，永佃制进一步发展、扩大。在莆田，佃农只要按约交租，则可永久租种某块土地。若地主出卖或转让该块土地，并不影响佃农的永久耕种权。且佃农可出卖、抵押、典当租种权。② 龙溪、海澄，明中叶后出现"一田三主"的永佃制，地租剥削量相对稳定，促进佃农加强土地经济，增加土地的生产力。清初由于战乱迁界，业户逃亡，龙溪、海澄出现大量无主田地。复界后农民回乡重新得到土地，永佃制比明代流行更广。③ 古田的永佃制出现较晚，据说"乾隆季年后始有之。乾隆以前大概皆根、面合掌"，但乾隆季年后发展很快。④ 清代前期，永佃制在福建全省相当一部分地区，普遍形成"乡俗"。不少永佃农获得合法的或事实上的处置佃权的权利。土地也就从形式上分成租权和佃权两部分。如建阳，"有一田而卖与两户，一田骨（租权）、一田皮（佃权）者"。"田皮买卖并不与问骨主。骨系管业，皮亦系管业；骨有祖遗，皮亦有祖遗"。⑤ 永安一带也有"一田三主"、"一田四主"的习惯。⑥ 在某些地区，所有权与耕作权分离的土地比例是很大的。如闽清一带，"无论民屯田，根面皆分"，"根面俱全之业甚少"。⑦ 古田土地亦"例分根、面"。⑧ 从大量的土地契约和其他有关历史记载来看，闽北和闽西地区，所有权与耕作权分离的土地比例也是不小的。

清代前期，广东永佃制的发展、流行，主要集中在韩江和北江流域。在韩江流域的一些州县，土地普遍被区分为"粮田"和"质田"两部分。前者为所有权，后者为永佃权。这种区分，大概在明末和清康雍乾年间最

---

① 陆耀：《江西新城田租说》，《切问斋文钞》，第15卷，财赋。

② 《莆田县志》，中华书局，1994年版，第172页。

③ 《龙海县志》，第4卷，农业，东方出版社1993年版，第105页。

④ （清）钱景星编：《露桐先生年谱》前编，卷4，嘉庆八年刻本。

⑤ （清）陈盛韶：《问俗录》卷1，建阳·骨田皮田条。

⑥ 傅衣凌：《明清农村社会经济》，生活·读书·新知三联书店，1961年版，第35页。

⑦ 台湾银行经济研究室编印：《福建省例·税课例》，第2册，台湾银行1964年发行本，第238、237页。

⑧ 国民党政府司法行政部：《民商事习惯调查报告录》（一），民国十九年刊本，第507页。

为明显。据 20 世纪 30 年代的调查，当地老人说，"粮、质的分别在二三百年前是最清楚"。① 也就是说，永佃制在这个时期最为发达。在广宁，"邑中农民多向富室佃耕，有祖孙相继不易者"。② 这也是永佃制或事实永佃的一种表现。广西武宣，乾隆年间就有记载说，壮族的租佃习惯，"历来只换田主，不换佃户，就算世业一般"。③ 可见这一地区的永佃制也是比较早的。

河南、山东、山西某些地区，清代前期也有零星的永佃制出现。如河南渑池，乾隆年间，地主黄慎言有田 130 亩，收价 100 两，租给王从官耕种，"许立约永佃"。山西发现有"许某永远耕种"的佃约。④ 在辽州，通常客籍农民向当地地主租垦荒地，谓之"顶地"。自顶之后，"许客顶客，不许原业主收回"。⑤ 在五寨一带，佃农租垦山地，一般都有契约，如不短欠租粮，即可永远承种，"只许乙（佃农）退，不许甲（地主）夺"。⑥ 山东则有关于官地永佃的记载，如利津一带，官府放垦淤滩地，佃户领有佃照，不但可以永佃，而且事实上可以转租、典卖。历城官产佃户亦有永佃权。⑦

此外，安徽、湖南、湖北和山西一些地区，清代前期都有军田永佃关系的存在。

西北地区，清代前期永佃制的发生，只限于某些局部地带，总的来说尚不普遍。陕西西安、汉中两府属的宁陕、佛坪、定远、留坝四厅和兴安府属白河县等地，清初山林遍野，人烟稀少，康熙年间川陕总督鄂海招募客民，于各边邑垦荒种山，并在西乡设立"招徕馆"。⑧ 湖北、四川等地的农民纷纷前往开垦，在此后至嘉庆间的垦辟和土地流转、租佃变化过程中，

① 参见陈翰笙主编：《广东农村生产关系与生产力》，中山文化教育馆 1934 年刊本，第 26 页。

② 道光《广宁县志》，卷 12，风俗，民国二十二年刊本，第 4 页。

③ 乾隆朝刑科题本，见中国第一历史博物馆、中国社会科学院历史研究所编：《乾隆刑部题本租佃关系史料之一·清代地租剥削形态》，下册，中华书局 1982 年版，第 490—491 页。

④ 乾隆朝刑科题本，转见刘永成《清代前期的农业租佃关系》，《清史论丛》第 2 辑，中华书局 1980 年版。

⑤ 国民党政府司法行政部：《民商事习惯调查报告录》（一），第 261 页。

⑥ 国民党政府司法行政部：《民商事习惯调查报告录》（一），第 304 页。

⑦ 国民党政府司法行政部：《民商事习惯调查报告录》（一），第 247、240 页。

⑧ 光绪《定远厅志》，卷 5，地理志·风土，光绪五年刻本，第 12 页。

相继形成永佃制度。如"定远老林未辟之先，地旷人稀，狐狸所居，豺狼之薮，因招集外省流民，纳课数金，指地立约，准其垦种。流民无多，亦难尽种，转招客佃。积年已久，有至七八转者，有一户分作数十户者。客佃只认招主，不知地主。地主控告至案，中间七八转之。招主各受佃户顶银，往往算至数百金。断地归原主，则客民以荒山开成熟地，费有工本，而顶银当照据转给。中间贫富不齐，原主无力代赔，则亦听其限年再耕而已"。[①] 宁陕厅等地的情况是，"有赀本者，买地典地，广辟山场；无赀本者，佃地租地，耕作自给"。[②] 一些买进或租进土地而不能全部自耕的客民，纷纷转顶或转租，佃农通过垦荒或缴纳顶手钱顶种而取得永佃权。[③]

在甘肃各属，清初农民借绅衿出名承垦荒地而形成永佃制，但"相传数世，忘其所自，业主子孙辄欲夺田换佃，而原佃之家忿争越控，靡有底止"。对此，乾隆七年（1742）奏议，"嗣后如佃户系原垦之子孙，业主不得擅更。业主子孙欲自种者，准将肥瘠地亩各分一半立券报官。若业户他徙，承种之户久已应差纳课，即业主子孙回籍，亦不全令给还，计其抛荒年份酌量分给。如过三十年以外者，概不分给。或业主回籍，在一二年之内将当年所获籽种全结承种之户承办粮差，次年仍归业主"。[④] 同年九月巡抚黄廷桂奏准，地主只许收租，不许夺佃，只有佃户欠租至三年者，"方许呈明地方官，讯实驱逐，田归业主"。如果地主确须收回自耕，必须将地亩肥瘠搭配，分一半给佃户。地主所得部分，此后也只能自耕，而不得出租。[⑤] 此外，甘肃各地还有一种"长租契约"，也带有永佃契约的性质。通常地主不能撤佃，有时地权转移，原契仍然有效，佃农耕作不受所有权转移的影响。[⑥] 这是由普通租佃向永佃制演变的过渡形态。

上述情况显示，永佃制作为封建租佃关系的一种重要形式，作为一种

---

① 光绪《定远厅志》，卷5，地理志·风土，光绪五年刻本，第7页，附府志山内风土。

② 民国《续陕西通志稿》，第195卷，风俗一·宁陕厅，陕西通志馆，民国二十三年刊本，第3页。

③ 光绪《白河县志》，卷5，风俗，光绪十九年刻本，第6—8页。

④ 乾隆官修：《清朝文献通考》，第41卷，田赋四，第考4886页。

⑤ 《清实录·高宗纯皇帝实录》，中华书局1987年版，卷175，乾隆七年九月二十九日户部议复甘肃巡抚黄廷桂疏。

⑥ 国民党政府司法行政部：《民商事习惯调查报告录》（二），民国十九年刊本，第669页。

带有全国性的租佃制度，它的全面形成和加速发展，还是在清代前期。这一时期是全国永佃制发展过程中最为重要的一个阶段。

第一，从宋初到明末，永佃制虽然经历了五六百年的历史，但在流行范围上，只限于江苏、安徽、浙江和福建等少数东南沿海省份。其中除福建较普遍外，江苏、安徽、浙江仅存在于个别地区。清代前期，不但江苏、浙江、安徽、福建、广东地区的永佃制有了进一步的发展，而且迅速扩大到台湾、广西、长江中下游流域和内蒙古、东北等全国各个区域，在某些地区，永佃制已经成为封建租佃关系的主要形式。因此可以说，直至清代前期，永佃制才成为一种带有全国性的租佃制度。

第二，永佃制的基本特征是租权同佃权，亦即土地所有权同使用权的分离。因此，永佃制最后形成的标志是，土地在形式上分离为田底、田面（或田骨、田皮等）两个部分。永佃制越完整、越典型、越发达，这种分离越清晰、越彻底。田底、田面在形式上既是各自独立的，其转移也是自由的。然而，这种分离正是在清代前期才大量出现。前面已经提到，尽管在宋代已经出现佃权典卖，但只限于官田，而且是在没有相应的田底买卖的情况下出现的。明代中后期福建地区出现的"一田三主"的局面，主要是中小地主投献土地的结果。其中大租主和小税主的所有部分，亦即所谓"官人田"和"授产田"都属于地权，作为土地使用权的"粪土权"，尚未完全分离出来。也就是说，佃农尚未获得自由转让佃田的权利。迄至明末为止，佃权能比较自由地转让的只有江苏崇明等个别地区。而到清代前期，相当一部分永佃制流行地区，永佃权都已开始自由转移。田底、田面成为彼此平行的两项买卖，同一块土地出现有田底、田面两种价格和契据，即使卖给同一买主也往往同时分别立契和计价，表明是两项不同的买卖。而且，田底权逐渐同土地失去直接联系，变成一种单纯的收租权。在这种情况下，买卖田底，并不交接土地；一块土地，虽然田底一再分割，并不影响该块土地耕作和使用上的完整性。如在皖南徽州地区，永佃农所租种的某一块土地上，可以同时有几个田底主。这些田底主只是各自收取一定数量的租谷，并未划定土地的某一部分属于自己所有。田底权的计价，也不再以土地面积和肥瘠程度为转移，而是以租额为准，亦即以租为息，以价为本，由此确定田底价格的高低。① 这些都是在清代以前所没有的。

第三，在清代前期，由于永佃制的广泛流行和发展，在不少地区，不但形成为社会所公认的乡俗惯例，而且引起了封建政权的重视。为了维护地主阶级的利益，防止封建土地所有制的破坏和瓦解，封建地方官府发布告示、制定条规，限制永佃农的权利范围，遏制永佃制的自由发展。尽管如此，封建统治者却无法回避和否认永佃制所造成的既成事实，有时在禁止佃农欠租和私相转卖地主土地或匿不投税的同时，不得不承认民间的永佃形式和习惯，对地主的随意增租夺佃行径，作出某种限制，从而在某种程度上承认和保护了佃农永佃的合法权益。如前所述，甘肃和陕西白河地方官府都做了这方面的规定。江西地方官府虽在雍正、乾隆年间几次下令禁止佃农欠租和私退私顶田皮，但也不得不承认，"佃农之出银买耕，犹夫田主之出银买田，上流下接，非自今始，不便禁革"，无法强令小业归并大业。只好规定，"嗣后民间买卖田地，如原佃力能承买，业主情愿卖给，听其凭中估价，立契成交外，倘佃户不能归并，或图短价勒揸挟制刁难，即听业主别卖，令原佃向接买之人换立耕字，承佃纳租；若佃户欲将田皮出售，仍令先行尽问业主，议价归并，如不愿承买，亦听别售，接佃交租。业主佃户均毋许刁揸霸阻，如违，一并治罪"。② 福建一方面禁止佃农"私立田皮田根名色"，但也同时规定，"佃户若不欠租，不许田主额外加增，生端召佃"。③ 仙游田地普遍分为田根、田面，买卖田房，根、面分别立契、计价，而且根价"极贵"，面价"极贱"。买主又匿不投税，被官府催逼，也是以面契投税，"粘尾多而税价少"，官府契税大减。即使如此，该县知县仍然坚持"无易其俗"，无意废除乡间永佃习惯。④ 江苏地方官府虽然把

----

① 这种情况不但南方各永佃制流行地区普遍存在，北方旗地的计价方法亦是如此。按清政府的规定，旗地"按租作价"的方法是，利率以一分三厘为断。如每亩租银一钱三分，其价银即为一两。（同治《户部则例》卷1，田赋。又见直隶《清赋章程摘要》。）

② 国民党政府司法行政部：《民商事习惯调查报告录》（一），第424页，附录乾隆《宁都仁义乡横塘塍茶亭内碑记》；《议详田皮田骨分卖章程》（嘉庆五年），见江西按察司编《西江政要》卷4，第3—4页。

③ 《禁革田皮、田根，不许私相顶卖，佃户若不欠租，不许田主额外加增》，见福建《省例》，田宅例。

④ （清）陈盛韶：《问俗录》卷3，仙游，第9页。

田面价格压得很低，规定"概以一年租额为限"，但毕竟无法否定佃农佃权的存在。① 这些从另一个侧面说明，到清代前期，永佃制已经成为一种带有普遍性的租佃制度，并且不同程度地获得了社会和封建官府的承认。

（二）永佃制的分解和衰减

从时间上看，永佃制的广泛产生和全面形成是在清初至乾隆前期，当时，由于垦荒政策的推行、农业生产的恢复、商品货币经济的发展以及封建依附关系的逐渐松弛，再加上农民的反抗斗争，永佃制得以迅速形成和发展。台湾，江西，福建古田、汀州，安徽和江浙部分地区，陕西，甘肃等地的永佃制，都是在这一时期形成的。官田、军田和旗地永佃制的形成，也主要是在这一时期。其中雍正至乾隆前期是全国永佃制发展的高峰期。此后，永佃制的发展速度明显放缓，新永佃制的产生减少，原有的永佃制开始分解、蜕变，永佃制的发展呈现由盛转衰的态势。

乾隆以后，新的永佃制的发生，在数量上显著减少。因相当一部分地区的永佃制主要是通过垦荒形成的，乾隆后大部分或绝大部分荒地已经开垦，新的永佃制的产生自然随之减少，台湾、江西、陕西、甘肃等地，即属于这种情况。有些地区，因荒地减少，佃农增加，即使新的荒地招垦，也不再采取永佃制的形式。如崇明，在乾隆前，淤积地的开垦，通常采取永佃制的方式，而乾隆以后则改为普通招佃的方式。按照该地习惯，买价、承价、过投（押租）归并一人，称为"底面地"，未归并者称为"单边地"。据说"乾隆以来，新涨外沙，皆底面地，唯内沙腹里尚有单边地"。② 陕西南部佛坪、宁陕、定远、白河等山区，也是这种情况。乾隆以前，人口稀少，地价低廉，而"苦工"（垦荒工本）、"顶手"（兼有佃权价格的押租）相对较高，在垦荒过程中大量形成永佃制，乾隆、嘉庆以后，人口增加，荒地减少，佃农通过垦荒或取得永佃权的机率明显减少，原来作为佃权价格的"顶手钱"也变成了单纯押租性质的"扯手钱"。宁陕厅的资料记载，以往"山中赋税不多，种植亦易，所以本省视为荒山，外省转视为乐

---

① 《江苏山阳收租全案》，附江南征租原案·条规。
② 光绪《崇明县志》第6卷，光绪七年刻本，服役·承买条。

土。近则膏腴尽辟，高山老林尚存手指脚踏之风，寸土尺地皆有主名；田地买卖价昂，邻县所谓苦工者已无之。北区一带尚存顶手钱之名，其他则改为扯手钱矣"。① 产生永佃制的地域和社会条件已经十分窄小。

在皖南徽州，雍正、乾隆后，荒地已经很少，地主招垦生荒或垦复被洪水冲毁的农地，一般也不再采取以往的永佃形式，垦荒永佃已不常见，佃农很难通过农地开垦或垦复取得佃权，最多只是某种有限的、含糊的佃权。嘉庆、道光以降，地主宁可以免租的方式抵偿佃农垦荒或垦复工本，也不给与佃权，垦荒永佃愈加罕见。雍正至道光年间祁门环砂程氏家族的大量租佃契约，从一个侧面反映了这种变化。先看雍正十二年（1734）的两纸招佃垦荒契：

其一

立召佃约人田主程之来兄弟，今将七保墙尾角荒田壹亩五分，计大小拾壹块，今凭中召王子友前去开荒耕种，面议定递年交纳九三色银壹钱四分正。其银递年九月交纳，不得短少。其田永远耕种，无得抛荒。今恐毋凭，立此召佃存照。

本年租银当收讫十叁年三月十九日收银六分

雍正十弍年三月十八日立召佃田主程之来兄弟

依口代笔人程春明书②

其二

立召佃业主程之来兄弟，今有七保荒田壹备，土名墙尾角，大小拾壹块，约计壹亩伍分，凭中召王子友前去开荒耕种，面议递年权交纳租钱九三色银壹钱四分。其银约至递年九月交纳，不得短少。其田议拾年之后另议交租。倘拾年之内，原佃不种，听自田主另行召佃耕种。自召之后，二各毋悔。今欲有凭，立此召佃存照。

雍正十弍年三月十八日立召佃业主程之来兄弟

① 民国《续修陕西通志稿》卷195，风俗一，民国二十三年刊本，第3—4页。
② 刘伯山主编：《徽州文书》第一辑（7），广西师范大学出版社2005年版，第29页。

依口代笔中程春明书

本年租银九月收银壹钱四分讫　十三年三月十九日收银六分①

　　这是程姓地主招垦同一宗荒地所立的两纸契约，从原资料外观判断，前者可能是草稿，后者是正式契约。草稿向佃农允诺，"其田永远耕种"，并一次性确定租额。这些都与过往的垦荒永佃惯例相符。但经过修改、誊写的正式契约，契文和租佃条件明显改变，"其田永远耕种"一句被删除，代之以"倘拾年之内，原佃不种，听自田主另行召佃耕种"，也就是说，在10年内，佃农虽无撤佃之虞，但不论荒田是否垦熟，只能自己耕种，而不能通过顶退或转租收回垦荒工本，因而并无佃权可言；10年之后，因须重新议定租额和交租方式，佃农只有接受地主提出交租的条件才能继续耕种，似乎也难以获得明确的佃权。正式契约虽无终止租佃或撤佃条文，但佃农对荒田垦熟后的土地耕作存在许多不确定因素，说明当时的荒地开垦开始不再采用永佃制。正式契约和草稿之间的这种明显差异，真实折射出该地垦荒永佃向普通租佃的演变态势。

　　进入乾隆后期，程氏租佃契约显示，招佃垦荒已无明确或纯粹的永佃，最多只是带有某些永佃因素的过渡型租佃。乾隆五十四、五十六年（1789、1791）两纸租佃契约所反映的就是这种情况：

　　其一

　　立召佃约租主程之璞、元珮、加会、延芳等，有七保舒家土名石礤坑、生坟坞、郑家坞田三号，因五十三年洪水，堆石沙积，眼同业主召与吴名下前来开成，去沙锄种，议定迭年接田主入田四六监分，主得四，力得六。干分之日，佃办中饭。其田务要勤莘，不得拖荒为照。

　　乾隆五十四年十一月初六日〔立〕　召佃约人程之璞等（余略）②

――――――――――

① 刘伯山主编：《徽州文书》第一辑（7），第30页。

② 《祁门十七都环砂程氏文书》，刘伯山主编：《徽州文书》第一辑（7），广西师范大学出版社2005年版，第403页。

　　　其二

　　　立承佃约人李荣高，今有六保土名九奴源大号内荒熟田地，分得程杰祀众，已共得租陆拾秤有零，是身承去耕种，无论丰歉，递年遍〔额〕定实折交租谷伍拾捌秤捌斤。其谷挑送上门，平秤交纳，不得短少拖欠。如违，听程姓。李荣高日后回家之日，听李姓另顶另卖。今欲有凭，立此承佃约存照。

　　　乾隆伍拾陆年三月十六日　　立承佃约人　李荣高

　　　　　　　　　　　　　　　　　　　　　王云祥

　　　　　　　　　　　　　　　　　　　　　义　叁

　　　　　　　　　　　　　　　　　代笔　曹少河①

　　这两纸租佃契约，前者是召佃约，地主土地被洪水冲毁，堆石沙积，招佃去挑沙垦复，并未给予佃农永佃权，只是地主分成租额略低（按当地"乡例"，分成租制一般为主佃对半分），亦无"欠租撤佃"或"听田主另召"一类契文，租佃性质和租佃关系的稳定程度，无法准确判断。因为是分成租制，租额多寡视收成而定，其中还包含佃农垦荒的成分，只要佃农如常耕作，按约定比例"监分"产量，地主一般难以寻找撤佃另召的借口，本个案应比一般租佃稳定。后者是承佃约，同样包含部分荒地开垦，承佃人是外来农民。契约一方面警告，佃农"不得短少拖欠"租谷，否则"田主另调所有"，发佃耕作；另一方面也允诺，"李荣高日后回家之日，听李姓另顶另卖"，佃农可以通过顶退、出卖佃田，收回垦耕工本，说明佃农有某种形式的佃权，又明显不同于普通租佃关系。

　　到嘉庆、道光年间，程姓家族的荒地垦种或垦复，全部采用普通租佃。道光十一年（1831）六月该地暴发特大洪灾，程姓家族部分田地被洪水冲毁，据业主"被水损田亩单"统计，被水损田亩97宗，计49.5亩（另有租谷77秤，面积不详），其中46宗为"砂积"、"砂石积"，另51宗更是"砂石成河"、"水尒成河"、"水尒见骨"、"水尒见骨堆砂"、"砂石积如

　　① 《祁门十七都环砂程氏文书》，《徽州文书》第一辑（7），第407页。

山"、"砂石积如河"，甚至"砂积无形"、"砂积无存"、"砂石积不能成田"、"水籴成河永不能挑复"。① 显然，要将这些田地完全修复、垦熟，工程十分艰巨，费用不菲，佃农望而却步。不过业主并不打算通过向佃农许诺永佃权的方式，进行垦复，对那些受损较轻的田地，或带同部分熟田（地）的荒田，都是以普通租佃的形式出租。灾后最初几年间的两纸租佃契约所反映的就是这种情况：

其一

立承寄种佃约人汪六九，今承佃到程千里、相山名下六保土名杨柳树丘，计租捌成熟之田，下丘未成熟坦壹块，上下两丘，是身承去耕种，迭年接田主到田作对半均分，身力分内起交皮租谷拾陆斤。至下丘锄种，总利对半干分。日后成田，对半干分。如佃不愿耕种，必须先行辞明，听东另寄。如有抛荒等情，任东起田另佃无词，立此承寄种约为据。

道光十二年九月十四日　立承寄种约人　汪六九

中见人　程开富②

其二

立承佃约人赵二得兄弟，今承到程杰公祀忠洁会大顺、大荣户名下等，缘有七保土名大坞大尖弯，又号王家田亩等处荒熟田式备，是身承去耕种开荒，无论丰歉，迭年实交租大钱肆仟式佰文正，议定冬至日交众业主照步数分收，不得增减拖欠过期。如违，听凭起佃另召，毋得异言。恐口无凭，立此存照。

道光十六年十一月十八日　立承佃约人　赵二得

中见人　胡神佑

同业中　程嘉清③

---

① 刘伯山主编：《徽州文书》第一辑（8），第313—322页。
② 《祁门十七都环砂程氏文书》，见刘伯山主编：《徽州文书》第一辑（8），广西师范大学出版社2005年版，第340页。
③ 《祁门十七都环砂程氏文书》，见刘伯山主编：《徽州文书》第一辑（8），广西师范大学出版社2005年版，第378页。

这两宗租佃都是荒田附带若干熟田、半熟田，地主以此驱使佃农为其无偿（没有佃权和耕作保证）垦复荒田荒地，而且条件严苛，尤其是第一宗个案，因为出租的土地为"八成熟田"或"未成熟坦"，不是完全被洪水冲毁的田地，条件更严，契约名称不是通常的"召佃约"或"承佃约"，而是"承寄种佃约"，表明租佃的临时性、短暂性和不稳定性。[1] 在租额方面，契约并未载明田主"自有田皮"，但除主佃对半分割外，佃农还要从自己所得部分（"力分"）另交"皮租"16斤，地租剥削比当地通行的主佃对分制更重。

一些被洪水冲毁程度特别严重、长时间荒废的水田，地主宁可采用免租"津贴"佃农工食的办法招佃垦种，也不给佃农以佃权。试看下面的两纸租佃契约：

其一

立承佃约人金松贵，今承到程杰公祀下经手同业人端培兄弟、端论弟侄、端翰兄弟名下六保土名严塘口田，于道光十一年间洪水砂积，是身承去挑砂上土成田，当日面言定七年内田不言租，以为工食之资。自丁未起至壬子年过癸丑年接田主登田对半监分，迭年始依原约，不得违误。恐口无凭，立此承约为据。

再批，坞内田三股之一因汤姓人力不足，暂承寄种，迭年接田主对半监分，又照。

又批，石曹坞口荒田二块，亦在约内，去砂上土成田，始依原约，年满对半监分，又照。

道光廿六年八月廿六日立挑砂填土字人承佃约人　金松贵[2]

其二

立承佃挑砂字人汤灿林，今承到程杰公祀下水田壹号，旧因洪水

---

① 该地主有一纸"承佃约"说，"坞内田三股之一因汤姓人力不足，暂承寄种"。说明了"寄种"的性质。

② 《祁门十七都环砂程氏文书》，见刘伯山主编：《徽州文书》第一辑（8），广西师范大学出版社2005年版，第441页。

砂积，莫能耕种，是以邀同程众为首登田看验，当日三面议作柒年为则，其租谷迭年津贴与佃人做埒、挑砂、上土之资。七年之外，仍依照旧交租，不致拖欠等情。今欲有凭，立此议挑砂上土字为照。

再批，其田系土名辰山下字号内，又照。

道光三拾年九月拾贰日立立挑砂填土字人　汤灿林

兄　汤接林

中见　汤芝友

吴正道①

两宗水田完全被洪水冲毁，"莫能耕种"，因垦复艰难，又无佃权保障，旧佃、新佃均不愿承接，以致长年荒废，无租可收。在这种情况下，地主改变策略，以退为进，允诺7年免交租额，"津贴与佃人做埒、挑砂、上土之资"，7年之后，再照原约纳租，相关文字亦较温和。但就是拒绝给予佃权，完全不见永佃制的踪影。

环砂程氏地主荒地开垦（包括垦复）所用租佃形式的上述变化，实际上是一面镜子，准确无误地反映出祁门和徽州地区雍正、乾隆后永佃制的衰减态势。

在永佃制原本十分流行的一些地区，乾隆、嘉庆后，也都是新生永佃制数量大幅减少，原有的永佃制开始分解。

前已述及，作为一种完全的或典型的永佃制，佃农有权出租或典卖田面。若佃农一旦将田面转租，或者出卖，而买主并不自耕，佃权即同直接生产者分离，原有的佃权在性质上发生蜕变，永佃制也就即行分解。严格地说，永佃制从形成之日起，就伴随着佃权与直接生产者的分离，亦即永佃制的分解。在永佃制的形成和生存历程中，一方面是田底权同田面权的不断分离，另一方面是田面权同直接生产者的不断分离。形成，分解，再形成，再分解，直至衰亡，这就是永佃制形成和发展变化的全过程。

事实上，佃农一旦有权处置田面或佃权，也就同时存在着丧失佃权、

---

① 《祁门十七都环砂程氏文书》，见刘伯山主编：《徽州文书》第一辑（8），广西师范大学出版社2005年版，第448页。

田面权同直接生产者分离的危险。这种分离既来自永佃农的内部贫富分化，包括永佃农的佃权（田面）转租、典卖，同时也来自地主富户对佃权（田面）的兼并。这两者都导致佃权由耕作权向收租权转化。如前所述，福建龙岩，早在明嘉靖年间，已经出现佃权（粪土田）的私下转租，"粪土田"由原来的耕作权变成了收租权。

明末时期的皖南徽州，当永佃制尚处于形成和发展阶段时，由佃权演变而来的收租权，已构成某些农户的家庭资产。崇祯十五年（1642）胡期荣的分家阄书显示，被分割的家产中，有永佃田或传统租佃田租谷 89 砠，"佃作田"（田皮田）租谷 10 砠，后者相当前者的 11.2%。[①] 清初顺治年间黟县的土地买卖中，也已出现地骨、粪草并卖契约：

> 　　立卖契人九都章承茂同侄法兴，今有承祖八都土名下坞地壹号，系新丈寒字叁百号，又叁百九号，共计丈积步计地壹片，共计豆租叁秤。其地四至炤依新鳞册可查，各至内身该豆租壹拾陆斤，计分丈积捌拾壹步陆分。其地骨并粪草即无存留，尽数立契出卖与八都立亮、立寄名下前去耕种收租管业，三面言定时值价纹银壹两肆钱整，其价并契当日两明。未卖之先来历不明、即〔及〕<无>重复交易，尽是卖人之〔支〕当，不干买人之事。自成之后，二各无悔。如先者悔〔悔者〕，甘罚纹银贰钱公用。今恐无凭，立此卖契存炤。
>
> 　　　顺治十三年十一月廿日立卖契人九都　章承茂
>
> 　　　　　　　　　　同侄　法　兴
>
> 　　　　　　　　　　　　　汪周祥
>
> 　　　　　　　代笔中见　章承龙
>
> 　　　　　　　中见人　　江国取[②]

契约显示，这宗旱地并非卖主自置，而是祖遗，可见作为租权的"地

---

① 中国社会科学院历史研究所收藏整理：《徽州千年契约文书·清民国编》第 10 卷，第304—305 页。

② 刘伯山主编：《徽州文书》第一辑（6），第 6 页。

骨"和作为佃权的"粪草"，早已归并一体。

事实上，在永佃制的流行和发展过程中，佃农争取佃权和地主富户兼并佃权的活动相互交织在一起。一方面，佃农为了获得永佃权，总是不断促成佃权同租权的分离；另一方面，地主富户千方百计收回和归并佃权，集租权和佃权于一身。康熙年间徽州休宁的一组租佃契约，从一个侧面隐约看到租权、佃权从分离到重新归并，亦即永佃制产生、分解的大致过程：

其一

立出佃批人黄乐善，今将本家长塘下田一丘，计租拾砠，出佃与詹名下耕种，当日言过贴头九五色银一两叁钱整，日后听便赎田之日一起取赎无辞。恐后无凭，立此存炤。

康熙四年七月初一日立佃批人　黄乐善

中人　黄朗仲

其二

立召耕种人黄自明，本家有田一丘，土名长塘下，计租拾砠，递年不拘丰旱，收本田租谷玖砠半，外收佃利二砠。又石水塘下田一丘，计租六砠，递年收佃利谷半砠，三共收谷十二砠。其田发与，倘本家要田，随即交还。此批。

康熙四十九年八月廿三日　黄自明批

中　黄洪远

凌子见

其三

立揽田种人朱世龙同妻李氏，今央中揽到黄名下田一宗，土名长塘下，计租拾砠，三面言定递年不计丰旱，交纳本田租谷玖砠半，外交纳佃利谷二砠。又揽到石水塘下田一丘，计租陆砠，递年不计丰旱，交纳佃利谷半砠，其田租是身交纳田主。其陆砠系身弟其龙佃出，其前项田倘田主自己要田，割稻交还，无得异说。恐后无凭，立此存照。

其石水塘下六砠、佃利，从前一并交清。

康熙四十九年八月廿三日立揽田人　朱世龙同妻李氏

中见　凌子见

代笔　黄洪远①

黄姓地主有水田两丘，康熙四年将长塘下丘批给詹姓佃农耕种，计租10砠，收有1两3钱银子的"贴头"，未定租期，只写明日后赎田，"贴头"一起取赎，其性质等同押租。在土地耕作、顶退过程中，"贴头"逐渐演变为佃权价格，形成事实上的永佃。其后地主通过"赎田"或欠租撤佃，将佃权收回，使之变为新的收租权，在原有的10砠租额之外，加收"佃利"2砠，并可随时撤佃。另一宗水田石水塘下丘，原是朱世龙向其弟其龙承顶而来，并将其龙所欠正租、佃利"一并交清"。契后还有召耕人的说明，谓石水塘下的租额、佃利"原系焕文叔经手，佃者今挽瑞弟讨佃，重力托瑞弟再四求让，只收得米四斗"。②看来租权、佃权早已重新合一，朱其龙之所以能以永佃制下特有的"佃出"形式将水田转让其兄，乃是其兄愿意代偿欠租，并有"瑞弟"从中求情。即使如此，仍无任何耕作保障。如地主要田，必须"随即交还"。

如果说，在这组租佃契约中，佃权演变为收租权的具体经过，还不够十分清晰的话，那么休宁另一组"出佃约"、"承揽字"，应是地主通过佃农顶退，强制或巧妙侵夺佃权，分解永佃制的一个明证：

立出佃人朱芨臣，今将自佃田一丘，土名里长丘，计租贰拾砠，央中出佃与名下耕种，三面议作佃价九五色银贰两整。其银当日收足，其田听从耕种、交纳黄村田主租谷，并无生情异说。今恐无凭，立此佃约存照。

其田日后并无取赎生情异说，再批。

---

① 《乾隆休宁黄氏抄契簿》，见中国社会科学院历史研究所收藏整理：《徽州千年契约文书·清民国编》第10卷，第25页。

② 《乾隆休宁黄氏抄契簿》，中国社会科学院历史研究所收藏整理：《徽州千年契约文书·清民国编》第10卷，第25页。

康熙贰拾年拾壹月　日立出佃约人　朱荩臣

凭中人　黄焕文

黄继先

黄以行

立承揽耕种人许高寿，今情愿揽到黄村田主黄名下田一丘，土名里长丘，计租贰拾砠。自揽之后，勤谨耕种，交纳租谷。如有懒惰荒芜等情，赔纳足租无辞。今恐无凭，立此存照。

其田系田主黄自己佃头，议定除交田租外，每年不拘丰旱，硬交□〔佃？〕谷四砠，不得欠少，再批。

康熙贰拾年拾壹月　日立承揽字人　许高寿

中见　家主代笔①

永佃农朱荩臣凭中立契，将一丘"自佃田"（田皮）以 2 两银子的价格"出佃"（绝卖）与许高寿耕种交租，不再取赎。因新佃的佃田（佃权）直接从原佃价买而来，和地主并无授受关系，按当地永佃习惯，这是佃农之间正常的佃权有价让渡，地主无权干涉，也无须订立新的租佃或承揽契约，更没有理由改变租佃条件。可是黄姓地主，不仅迫使新佃写立"承揽字"，令其保证"如有懒惰荒芜等情，赔纳足租无辞"，并且硬说自己持有"佃头"（田皮），强令新佃除原额田租外，每年"不拘丰旱"额外硬交佃谷 4砠。新佃耗费 2 两纹银从原佃买来的佃权，就这样被地主无偿占有了。

地主富户分解永佃制最常用和"文明"的手段，自然还是价买佃权：

立卖田契人江文枝兄弟同侄光裕，今承父买受三保土名正冲源、小地名白石堀庙前水田乙号，计田叁丘，系租四秤。又买受田皮贰秤在内。今凭中立契出卖与同都汪国昊兄弟名下前去入田收租管业。当日面议时价文〔纹〕银正。其银在手足讫，其田好歹买人自见。来历不明，卖人成〔承〕管，不干买人之事。自成之后，二各无悔。如违

① 《乾隆休宁黄氏置产簿》，中国社会科学院历史研究所收藏整理：《徽州千年契约文书·清民国编》第 7 卷，第 45 页。

甘罚白银三钱公用，仍依此契为准。所有税粮，先年寄在汪胜祥户，不得推割，其税系买人解纳。今恐无凭，立此卖契存照。

　　康熙五十二年二月初八日立卖契人　　江文枝兄弟

　　　　　　　　　　　　　　同侄光裕

　　　　　　　　中见人　　汪国振

　　　　　　　　依口代笔　　汪国胜①

　　卖主江文枝兄弟，其父早年买进的一宗水田，原本只是田底（田骨），田皮归永佃农所有（抑或另属他人），只能收租，后又买受田皮，达致田骨、田皮重新归一，分解了永佃制。

　　一般地说，佃权或田皮的顶退、买卖，最初大多在佃农之间进行，并不妨碍永佃制本身的存在。随着永佃制的流行、发展，佃权价值上升，佃权本身能够产生经济利益，加上地权饱和，兼并日益激烈，佃权开始成为地主富户的兼并对象。万历年间徽州祁门的一宗粪草田流转过程，是一个明显的例证。先看万历十四年（1586）的粪草田典帖：

　　　　一都住人江禄，今有粪草田一号，坐落土名鲍村源，自情愿出典与同都江名下前去耕种交租无词，计早租拾秤，凭中三面时值价文〔纹〕银五钱五分。其田当日两相交付明白。自承之后，各不许悔。如先悔者，甘罚银贰钱公〔用〕。今恐无凭，立此为照。

　　　　万历十四年十二月廿八日立典帖人　　江　禄

　　　　　　　　　　　　　　中见　　江天富

　　　　　　　　　　　　　　代笔　　何　祯

　　何金富卅二年八月初一日转典与徐田主所有，江万孙典约赍出不能行用。②

---

①　雍正汪氏《老契簿》，见中国社会科学院历史研究所收藏整理：《徽州千年契约文书·清民国编》第 6 卷，第 107 页。

②　康熙《祁门徐氏抄契簿》，见中国社会科学院历史研究所收集整理：《徽州千年契约文书·清民国编》第 4 卷，第 417 页。

先是永佃农江禄将一宗粪草田出典给同都江万孙耕种交租，其后某年，江万孙复将粪草田典与何金富。在上述转移过程中，受典人都是自己耕种，佃权并未因转让而同直接生产者分离，粪草田（佃权）本身的性质并未改变。但到万历三十二年（1604），何金富将粪草田典给"徐田主"（田骨持有人），粪草田（佃权）的性质随即发生改变。"徐田主"对这次粪草田典买及其后续处理，有详细记载：

> 卅二年八月初一日买鲍村源上段早谷田粪草壹亩，当去典纹银伍钱伍分，外认酒水三分。所有江禄旧典约缴付徐收。其约何祯代批。本月初二日胡云隆领租前去耕种。其粪草作小租，外加贰秤，亦有领约，并前约共粘一处。

粪草田落入地主（田骨主）手中，"粪草"立即变作"小租"，由原来佃农的耕作权变为另一重收租权，而且是最廉价的收租权。[①] 这宗田地的永佃制也就随即消失。

同时，也有部分佃权通过买卖进入第三者手中，买主并不自种，而是招佃收租。佃权进入并不自种的第三者手中和为地主（租主）所兼并，两者本质相同，都是土地使用权（佃权）与作为直接生产者的佃农分离，佃权蜕变为新的收租权，但表现形式不同。前者佃权落入地主手中，地主集租权、佃权于一身，由此恢复并进一步加强了对土地的支配；后者则表现为佃权的明显蜕变和同租权的进一步分离，由此衍生出一批新的食利者，也算一"主"，于是形成另类"一田二主"的土地产权结构。明末清初，转入第三者手中的"佃权"（田面权）日渐增多。下引雍正二年（1724）徽州某县的一纸"承佃约"，从一个侧面反映出早期流入第三者手中的"佃田"（田皮田）情况：

---

① "徐田主"在这前后买进的2宗田租（田骨），每秤价格分别为纹银0.71两和0.73两，而粪草小租为0.275两，只相当前者的38%（康熙《祁门徐氏抄契簿》，见中国社会科学院历史研究所收集整理：《徽州千年契约文书·清民国编》卷4，第416—419页）。

立承约人杨社赠，今承到云广名下佃田乙处，土名莲花心，计客租叁拾陆砠，是身承去耕种交租，其佃利递年硬交干小麦贰砠、谷柒砠正，送门交纳，无论年成丰啬，不至〔致〕欠少。立此承约存照。

雍正贰年正月日立承约人　杨社赠亲笔无见[1]

契约显示，"一田二主"的产权结构业正在形成，"佃田"持有人俨然一"主"，成为土地的实际支配者和产权执行人，地主（租主）反而退居"二线"，其租谓之"客租"。不过"佃田"持有人尚无正式名分，所收地租谓之"佃利"，还没有上升到"租"（"小租"、"佃租"、"皮租"）的地位，说明"一田二主"这种产权结构在该地尚处于早期阶段。

永佃制在其发展过程中，田底权同田面权的分离、田面权同直接生产者的分离同时存在，当前一种分离占优势时，永佃制就发展、扩大；反之，当后一种分离占优势时，永佃制就开始分解、衰落了。

从全国范围来看，乾隆以前，并非没有出现永佃制的分解，而只是新的永佃制的形成多于原有永佃制的分解，因而永佃制呈现发展和扩大的态势。而到乾隆以后，新的永佃制形成减少，而原有永佃制的分解加速，于是永佃制出现了衰落的整体趋势。如台湾，永佃制的相对稳定时间很短，从《清代台湾大租调查书》所辑录的土地契约资料看，早在雍正年间，在通过荒地开垦大量形成永佃制的同时，即出现了永佃权的典卖。到乾隆、嘉庆年间，永佃农的分化加剧，田面的出租和典卖情况愈来愈普遍，田面大部分落入地主或土地转租者（二地主）手中，形成大租户—小租户—现耕佃户的租佃关系。永佃制趋于瓦解。

乾隆以后，随着人口的大量增加和土地供求矛盾的尖锐化，田面权也越来越成为地主富户兼并的对象。在福建汀州等地，"绅监土豪，贪嗜无粮无差，置买田皮，剥佃取租"，[2] 以兼并田皮为能事。由于人多地少，耕地

---

[1] 中国社会科学院历史研究所收集整理：《徽州千年契约文书·清民国编》第1卷，花山文艺出版社1994年版，第228页。

[2] 台湾银行经济研究室编印：《福建省例·田宅例》，台湾银行1964年发行本，第2册，卷15。

稀缺，田底主夺佃自耕的事件，也时有所见。浦城佃农凌惟慎，乾隆三十五年（1770）备银 7 两，向罗有文承佃苗田一宗，契约载明，"若不欠租，永远佃种"，历年租谷清楚。至乾隆四十四年（1779），罗有文之子罗荣进，以"缺田种作"为由，提出原价赎田，收回自耕。凌惟慎不依，由此引发争斗，罗荣进将凌惟慎之子凌金亮殴毙。最后官府判决："苗田饬令罗荣进犯属，备价赎回，凌惟慎等不许占种，以杜衅端。"[①] 这就更加鼓励田底主恃强夺佃，加速租权、佃权的归并进程。

有些佃农由于经济困难等原因，也不得不"赖租"，主动放弃佃权。江苏华亭，除了田底，"又有田面之说，是佃户前后授受之价，亦视其田之高下广狭肥瘠以为等差，向来最上者一亩可值十余千，递降至一二千钱不等"。但据称至道光十年（1830）后，佃户"赖租抛田（？）者众，奚暇计及田面哉"。[②] 也有的被迫将佃权卖给地主。浙江庆元佃农范兰吉，在雍正八年（1730）五、六月青黄不接时，因"缺银使用"、"缺银食用"，不到十天时间，就卖掉田皮两段。广东揭阳，张士瑞佃种的 13 亩水田，原系粮、质分离，业主所有部分为"粮田"，张士瑞同侄观佑共有"质田"（质业，佃权）。雍正五年（1727），张士瑞将质田退与业主管耕，到乾隆十五年（1750），观佑赴县控赎得直，但无银呈缴，土地被业主另行招佃收租，观佑最后彻底失去了永佃权和土地耕作；福建建阳，土地有"大苗田"（租权）、"小苗田"（佃权）之分。佃农张米奴租种的一段水田，原本"大苗田"属于地主，自有"小苗田"之业，乾隆二年（1737）因故将"小苗田"卖给地主"归一管理"，失去了永佃权，但不得不继续耕种交租。结果由永佃农变为普通佃农，后因欠租又不甘心地主强行收地，发生斗殴而毙命。[③] 江西建昌地区，也早在雍正、乾隆年间，地主就普遍兼并田面，向佃

---

① 中国第一历史档案馆、中国社会科学院历史研究所编：《清代地租剥削形态》下册，中华书局 1982 年版，第 593—594 页。

② 光绪《重修华亭县志》，光绪五年刻本，卷 23，第 57 页，引姜皋《浦泖农咨》（成书于清道光十四年）资料。

③ 乾隆刑部题本，见中国第一历史博物馆、中国社会科学院历史研究所编：《乾隆刑部题本租佃关系史料之一·清代地租剥削形态》下册，中华书局 1982 年版，第 568—569、521—522、532—533 页。

农榨取双重地租（即正租和"花利谷"）。此种情况很快成为当地的"土俗"。①

在皖南徽州地区，乾隆以后地主兼并田面的事例更是屡见不鲜。该地区的一些地主置产簿在这方面提供了相当数量的典型材料。如歙县城关地主孙在中家族乾隆三十四年（1769）至道光二十二年（1842）买进、典进田产 36 宗，其中底面合一田 6 宗、大租 11 宗、田皮 18 宗，后者占总数的一半。② 休宁朱姓地主家族，康熙十一年（1672）至嘉庆二十二年（1817）间购进田产 56 宗，内底面合一田 5 宗，租田（田骨）24 宗，田皮（佃皮）27 宗，后者占总数的 48.2%。③ 有的地主更专门买、当田皮，如休宁汊口的程姓地主家族，雍正六年（1728）至宣统二年（1910）先后买进、当进田产 63 宗，除 3 宗底面合一田和 1 宗地租（田底）外，59 宗全部是田皮（佃皮），占置产总数的 93.7%，其中 37 宗是鸦片战争前买进或当进的。④ 在一些地主收租簿、分家书中，也可发现相当数量的田皮。据《永誉堂租簿》（记账年代为康熙五十年至五十一年）载，该地主有租田 218 宗，其中兼有田皮者 19 宗。另一佚名地主，乾隆五十八年（1793）有水田 515 宗，其中占有"典首"（当地田皮权的一种）者 21 宗。嘉庆七年（1802）一吴姓地主的分家阄书载明，该地主有田产 38.9 亩，另有小租 2.6 亩。又据道光二十六年（1846）一宫姓地主分家阄书统计，该地主有田租 801 秤零 15 斤，另有田皮租 25 秤零 15 斤。⑤ 由于地主的肆意兼并，到太平天国革命前夕，相当一部分土地已经由原来的"大买"（田底）、"小买"（田面）分离重新合并为"大小买田一业"。如黟县一家江姓地主道光十年至三十年（1830—

---

① 清代刑科题本，转见韩恒煜《试论清代前期佃农永佃权的由来及其性质》，《清史论丛》第 1 辑，1979，第 52 页。

② 孙在中：《契墨抄白总登》，中国社会科学院经济研究所藏，徽州地契档，置产簿第 23 函，W·TX·B0063。

③ 休宁《朱姓置产簿》，中国社会科学院经济研究所藏，徽州地契档，置产簿第 24 函，W·TX·B0071。

④ 休宁《程姓誊契簿》，中国社会科学院经济研究所藏，徽州地契档，置产簿第 12 函，W·TX·B0051。抑或该地主将田皮集中单誊一簿，不过未见该地主的田租和普通田产的誊契簿。

⑤ 以上均据中国社会科学院经济研究所藏皖南地主租簿和土地文约资料。

1850）置买的 30 宗田产中，文约言明为"大小买田"者 17 宗。而这 17 宗中，原来"大买"和"小买"分别掌握在不同占有者手中的仅 3 宗。①

也有的地主，在售卖土地时，有意将佃农持有佃权的出租地连同其他"粮质归一"土地一起混买，以达到侵占佃农佃权的目的。如广东揭阳陈勘寄，乾隆十九年（1754）将粮田 8 亩卖与谢复达，得价银 156 两，其中 2.5 亩即是陈勘寄之父收取质银 5 两，批与陈阿庆的"质业"。陈阿庆得知后与谢复达、谢阿佑父子争较、扭打，被谢阿佑殴伤毙命。② 虽然县衙将 2.5 亩质业判归陈阿庆胞弟陈阿侯续耕输租，但付出了惨重的代价。

一些地区的官田、屯田永佃，也开始分解。福建侯官一宗屯田的租佃案件，颇有代表性。该宗屯田据称系举人林绪章"祖置之业"。佃农因垦田筑坝，改良土壤，耗费工本，获得佃权，土地根、面分离，佃农世代耕作，得价顶佃，历久相安。至雍正后，开始发生地权转移，雍正十年（1732）林绪章之祖林碧云将田产典给监生黄仲汉，作价 130 两，不过"契载根面不全，主佃循旧耕收无异"，尚未根本动摇永佃关系的运作。到乾隆三十五年（1770）八月间，林绪章因赴京会试，缺少盘缠，先向黄仲汉找价不果，于是将田赎回，作价 240 两，连佃农所持田根（永佃权）一起转卖与程仲西，卖契写明"根面俱全"。这样，13 家佃农的永佃权被剥夺，佃权价格（垦耕工本、根价）全部被霸吞。十月，程仲西兄弟及雇工入田翻犁，同在邻田工作的 4 户佃农发生争执和殴斗，程仲西将佃农陈信振打死，酿成人命大案。最后，巡抚衙门以四佃"争殴成仇"、将来主佃"难免又滋争端"为由，判令程仲西家属将 4 佃原垦工本"照顶契根价如数偿还"，其田由程仲西家属"撤回自种"。其余 9 户佃农"另立佃批，照旧承耕纳租"。③ 这样，4 户永佃农不仅永佃权被剥夺，而且失去了土地耕作。

佃农经济状况恶化，拖欠租额，地主夺回、变卖佃权，抵充欠租，佃农因而丧失佃权和土地耕作，也是永佃制分解的一个重要途径。乾隆年间

---

① 据中国社会科学院经济研究所藏《道光江姓置产簿》，置产簿第 14 函，W·TX·B0053。
② 乾隆刑部题本，见中国第一历史博物馆、中国社会科学院历史研究所编：《清代地租剥削形态》下册，中华书局 1982 年版，第 541—542 页。
③ 乾隆朝刑部科题本，见中国第一历史博物馆、中国社会科学院历史研究所编：《乾隆刑部题本租佃关系史料之一·清代地租剥削形态》下册，中华书局 1982 年版，第 577—578 页。

的一宗命案清晰地记录了永佃农因欠租而失去佃权和土地耕作的过程。福建侯官县（1912 年与闽县合并为闽侯县）生员叶广文有祖业田一宗，载种 3 斗，佃农罗允向因"费有工本"，永佃耕种，年纳租米 3 石，传至其子罗必善，因"积欠租米"，乾隆二十一年（1756），叶广文强行收回半斗种佃田，立契批与罗必和耕种，收价 5 千文，抵充罗必善欠租。允诺嗣后罗必善清还欠租，许其赎回。如或未清，听叶自便。罗必善在场画押。此后，罗必善又积欠租米，叶广文在没有通知罗必善和征得其同意的情况下，乾隆三十一年（1766）向罗必和找价 2 千文，立契卖断，以找价抵充欠租，罗必善彻底丧失了这部分土地的佃权和耕作。不仅如此，罗必善复因加欠租米，叶广文将剩余的二斗半种租田全部收回，连同"粮田"（田底）一起卖给了罗必和。① 至此，罗必善因欠租失去了全部租地的佃权与耕作，这部分土地也因买主自耕而脱离了永佃制关系。崇安武生翁相光有祖业田骨一宗，佃农周上遇持有田皮，已佃种纳租多年。乾隆三十三年（1768），周上遇将田皮卖与翁相光，得价银 7 两，仍租回耕种，年纳租谷 7 桶，由只纳田骨租的永佃农变为缴纳田骨、田皮双租的佃农。次年，周上遇欠租 4 桶，翁相光多次追讨未果。这期间，周上遇将田卖与夏衰未成。翁相光乘机将田强行收回，周上遇不甘被夺佃，同翁相光两相揪打，被翁相光之子殴打毙命，翁相光复将该田连田皮、田骨一起卖给了刘闵。② 周上遇不单失去了佃权和土地耕作，而且命丧黄泉。平和县永佃农黄溪租种黄仲樑田 8 斗种，年纳租谷 15 石 3 斗，分两次完纳。乾隆三十六年（1771）八月，黄仲樑将田卖与赖殿，黄溪继续耕种，当年应缴租 7 石 7 斗，拖欠未完，买主要求起佃自种。黄溪因有"粪土佃银"，不肯退佃。经公亲调处，令赖殿支付"粪土佃银"50 元作为补偿，扣除黄溪欠租及原欠黄仲樑银两、钱文、息谷等，折款 48 元，实付 2 元。黄溪被迫退佃，失去了佃权和土地耕作。③

① 中国第一历史博物馆、中国社会科学院历史研究所编：《清代地租剥削形态》下册，中华书局 1982 年版，第 591—592 页。
② 中国第一历史博物馆、中国社会科学院历史研究所编：《清代地租剥削形态》下册，第 575—576 页。
③ 中国第一历史博物馆、中国社会科学院历史研究所编：《清代地租剥削形态》下册，第 555—557 页。

　　永佃制之所以在乾隆以后趋于衰落，还因为封建地主肆意撕毁契约，任意增租、夺佃。如甘肃一些地区的佃农在清初垦荒过程中获得的永佃权，本有"永远承耕，不许夺佃团约"为据，但到乾隆年间，地主纷纷毁约，"或租粮偶欠，或口角微嫌"，动辄"夺田换佃，告官驱逐"。结果，有些佃农，"其祖父则芟刘草莱，辟治荒芜，筑土建庄，辛勤百倍，而子孙求为佃户而不可得"。[①] 直隶天津滨海地区，开垦之初，由于人稀地瘠，租额较低，通常立有"不准增租夺佃"文契。随着时间的推移，人口增加，土地产量亦提高，地价上涨，地主即撕毁契约，要求增租。增租不遂，则令退地。[②] 浙江永康佃农潘思永，租种吴国养水田60把，年纳租谷220斤，乾隆二十七年（1762），因潘思永短交少量租谷，吴国养即起田自种，因此兴讼，经县令判决："查永康俗例，田主买田为田骨，佃户出银佃种为田皮。如佃户并不欠租，不许田主自种。吴国养虽买此田，向系潘思永佃种，应饬令清还租谷，田仍令潘思永耕种输租"。但吴国养并不死心，乾隆三十年七月，以潘思永上年"短少租谷几斤"为由，邀同多人至田中强割稻谷抵租，并将前往阻拦的潘思永堂兄打死。面对地主的凶残强势，官府态度亦发生根本性变化，宣布："吴国养之田，虽潘思永佃种有年，今殴毙人命，彼此各有怀嫌，若仍令佃种，诚恐再起争端，饬令吴国养认还潘思永承种银两，另行招佃，以杜争端"。[③] 佃农即使付出性命，也未能保住佃权。

　　直隶、东北一带的旗地，雍正、乾隆后，地主、庄头和地棍"添租挖种"的问题也日见严重，"甚且今年索取明年之租。若不预完，则夺佃另佃矣。另佃必添租"。[④] 清政府非但没有采取有效措施予以制止，反而一度宣布废止"不准增租夺佃"成例，使旗人地主的增租夺佃行径合法化。在察哈尔，清初农民垦种旗地，立有"不准增租夺佃对约"，并无押租惯例。以

---

① 《清实录·高宗纯皇帝实录》，中华书局1987年版，第175卷，乾隆七年九月二十九日户部议复甘肃巡抚黄廷桂疏。

② 国民党政府司法行政部：《民商事习惯调查报告录》（一），民国十九年刊本，第17页。

③ 中国第一历史博物馆、中国社会科学院历史研究所编：《清代地租剥削形态》下册，中华书局1982年版，第562—564页。

④ 孙嘉淦：《八旗公产疏》，见贺长龄辑《皇朝经世文编》，第35卷，户政十·八旗生计，第31页。

后，旗人地主生活日益腐化，需求激增，纷纷向佃户强行借贷和征收押租，[①] 佃农永佃权名存实亡。东北一些地区原来文契载明"永不勘丈增租"的蒙旗地，乾隆、嘉庆以后，也都纷纷勘丈增租。[②] 所有这些，都导致了永佃制的分解和衰落。

三　太平天国后永佃制的再次兴起和衰微

太平天国失败后的一个时期，由于某些条件的变化，永佃制有所恢复和发展，不过时间、速度、数量远不及清代前期，而分解、衰落又远比清代前期来得急促。

（一）永佃制的再次兴起和部分恢复

农民大起义被镇压后，一些地区人口锐减，劳力缺乏，土地荒芜，许多原来人口稠密、经济繁荣的地带，一变而为"有土地而无人民"的旷野，"向日绣壤相错之地树木丛生，桠杈成拱，或行数十百里不见一椽之屋、一瓦之覆，炊烟昼绝，豺獾夜嗥，气象殆非人境。既屡下招徕垦荒之令，卒不闻有负耒耜而至者。无庐舍以资栖止无牛种以备耕耘，无籽粒糇粮以供播种、饔餐之计"。[③] 总之，几乎到了山穷水尽的地步。这种情况的出现，使一些地区封建租佃关系发生某种微妙的变化：过去，由于人多地少，土地供不应求，佃农租地困难，地主得以苛求挟制，动辄以撤佃相威胁；现在一变而为地多人少，地主深感劳力紧张，招佃不易，无租可收，而农民则可择主而佃，择地而耕，反过来以辞佃抛荒相威胁。在这种情况下，地主为了招徕佃农，只好放宽条件，除了延长垦荒免租年限，降低租额，就是许给佃农以永佃权。这是导致太平天国后一些地区永佃制发展和扩大的主要原因。

---

① 国民党政府司法行政部：《民商事习惯调查报告录》（二），民国十九年刊本，第729—730页。
② 南满洲铁道株式会社：《满洲旧贯调查报告书》，蒙地·附录，第86—87页。
③ 刘蓉：《刘中丞奏议》卷10，长沙思贤讲舍光绪十一年刊本，第23页。

在地区上，太平天国后永佃制的发展主要集中在江苏、浙江、安徽、江西等原太平天国起义地区和内蒙、东北等农业新垦区。永佃权的形成，主要是佃农垦荒：或者是战争期间地主逃亡，佃农占垦；或者是战争后地主和官府招垦。

太平天国战争期间，地主逃亡，土地荒芜。待起义失败、地主回乡后，一部分土地已由原佃或外来客民开垦成熟，于是发生了地权归属以及追租和抗欠的激烈斗争。在封建官府的直接干预和支持下，地主往往重新确立了对这些土地的所有权，责令原佃或客佃纳租。但由于当时阶级力量对比和农村土地、劳力供求关系的特殊状况，地主往往不得不给佃农以永佃权。如江苏，战时地主外逃，佃户即投资耕种。因地多人少，劳力缺乏，"迨业主归来，即许佃户特别利益，准其永远佃种"。某些地区由于佃农的坚决斗争，还形成了这样的惯例：即使佃农欠租，地主提起诉讼，也只能追租，而不得退佃。浙江兰溪和温州、绍兴府属地区的情况也大体相同。在地主逃亡时，其地已"多由别人报升开垦"，清政府为了保护地主阶级的土地所有权，于同治五年设局清丈，各户给以报单，分别业主、佃户身份。"其原始所有者为业主，其所管之田为民田民地；报而开垦者为佃户。其田为客田客地"。但是，在人多地少、劳力缺乏的情况下，地主为了防止佃户弃地他往，土地再度荒废，在夺回土地的同时，不得不许以佃农永久耕作的权利，规定"民田民地"为所有权，"客田客地"为佃种权。① 江苏松江地区的一些盐场淤田，也曾多次进行清厘，以确定田底、田面名目。② 这是太平天国后永佃制形成的一种情况。

另一种更为普遍的情况是，战后土地荒芜，地主和官府急于招垦，以便收租征赋，而佃农一则因地多人少，土地供求矛盾大大缓和，二则恐垦熟后没有耕作保障，不肯承佃承垦。在这种情况下，地主和官府往往不得不许以永佃权，以广招徕。浙江嘉兴、衢州、严州各属和安徽安庆、徽州、宁国、池州、太平、庐州等地，战后部分永佃制的产生、扩大多是官府或地主招垦的结果。如嘉兴、秀水（民国元年嘉兴、秀水合并，改称嘉禾县，

---

① 国民党政府司法行政部：《民商事习惯调查报告录》（一），第317、463页。
② 《申报》光绪五年十一月二十七日。

因与湖南嘉禾县重名，三年改称嘉兴县），原来户口繁盛，土地肥沃，农民战争失败后，"田禾鞠成茂草，极目荒芜，无人过问。当局者以财赋所出，召集流亡，设法开垦"，但当时米贱、租少、赋重，垦费又贵，地主无利可图。其时米价每石不过制钱一千文，亩田中稔年成收租不过白米六七斗，而"浙西粮赋之重甲于全国"，每亩地丁漕粮须制钱六七百文，地主一年所得租钱，扣除纳税、催工，鲜有余利。若系荒田开垦，又须垦费一二十千文。故地主"皆弃田不顾，任他人垦种"。于是，垦者遂取得田面权，形成当地谓之"余花田"的永佃制。[①] 严州、衢州地区的情况是，"居民大半逃亡，土地荒芜者甚多"；战后，左宗棠召集客民开垦，"成熟后许其有佃种权，固有之业主只能收取租息，完粮管业。佃户除欠租一年以上，许业主撤佃外，可以永远耕种"。[②] 嘉兴、湖州两府属某些地主因谷贱赋重，土地无利可图，允许直接由垦户报垦升科，租额甚轻，主要代地主完粮，佃权有更充分的保障。[③]

在皖南和皖北南部地区，战后一个时期同样是地荒人稀，耕畜、农具短缺，地主招佃困难。永佃制广泛流行的徽州某些地区，由过去的地主兼并佃权、佃农竞佃，一变而为佃农退佃、地主劝佃。同治九年（1870）的一纸劝佃字颇能说明问题：

　　立劝字人李相武，同男佑韶、佑连、佑芳，孙久松，情年荒岁歉，堂弟永清退耕，今无银退给，父子商议，无从设办，只得央请满弟元上、堂弟云楼，再三言劝胞弟世顺、正杰二人承佃已分关地名古塘湾田壹石，议作备规银柒拾两整，以退给永清规银，今央劝是实。日后世顺、正杰退耕无得异言。恐后无凭，立此央劝字一纸，付世顺、正杰收执为据。

　　　　　　　凭　云楼　凭族　佑正　久盈

---

①　国民党政府司法行政部：《民商事习惯调查报告录》（一），第467—468 页。
②　国民党政府司法行政部：《民商事习惯调查报告录》（一），第462 页。
③　光绪《重修嘉善县志》第10 卷，土田，第5 页；国民党政府司法行政部：《民商事习惯调查报告录》（一），第467 页。

元上　　克昌　　久林

久厚　　布云

佑韶

同治九年八月廿日李相武同男　　佑连　　孙　久松　立①

佑芳

　　因年荒岁歉，无力恢复和维持生产，佃农执意退耕。老佃退耕，却无新佃接替，而地主又无银两退还老佃规银。无奈之下，地主只得央求堂弟再三劝说胞弟备银承顶耕作，归还原佃规银，并立下字据，承诺日后新佃退耕，"无得异言"。可见地主招佃之难。

　　在其他一些地区，地主只好招徕客民开垦，而客民因无耕作保障，观望不前。"地主为奖励起见，故特让以田面之权，令其永久佃耕，以安其心"。因此，舒城、桐城等县，佃农几乎全有永佃权，芜湖则大半有之，巢县、怀宁、太湖等地，获得永佃权的佃农也不少。在贵池，客籍农民约占80%。他们承垦地主土地，分垦荒与垦熟两种，凡垦荒者，按当时通例有获得永佃该田的权利。又如歙县，地主招佃垦种，规定"初三年免纳租谷，以后租额亦皆减轻，且予以永久佃种之权"。②旌德表现为"大买"、"小买"的永佃制也都是起源于咸丰、同治年间。当时，县民为躲兵燹，纷纷外逃，土地大量荒芜。战争结束后，"地主采取允诺永佃办法，吸引外来移民安心垦荒，以图进款恢复生产"。据1950年6月调查，朱旺村有田3778亩，其中属大、小买类型的达3055亩，占80.9%。全县属大、小买类型的土地，约占总数60%。③

　　江西一些地区在战后垦荒过程中的做法是，由人自由插标为界址，任意占领，招人开垦，而后向承垦者收租，但不得收回自种，承垦者于是取得永佃权。④不过当时并不是任何人都可以获得这种插标占地的"自由"，

①　中国社会科学院历史研究所收藏整理：《徽州千年契约文书·清民国编》第3卷，花山文艺出版社1994年版，第53页。

②　孙文郁编：《豫鄂皖赣四省之租佃制度》，金陵大学农业经济系1936年印本，第110页。

③　《旌德县志》，黄山书社1992年版，第226页。

④　国民党政府实业部《中国经济年鉴》编纂委员会编：《中国经济年鉴》，1934年，第G78页。

实际上只有那些权势地主才能这样做。因此，这里的永佃制是豪绅地主占地揽垦的产物。

台湾地区的永佃制发展，表现为原有永佃制加速分解，新的永佃制继续形成的态势。

鸦片战争后，越来越多的永佃农典卖、转租佃权，永佃权与直接生产者的分离更加普遍，田面权大部分落入地主或二地主手中，田面主或小租主成为土地的实际控制者和土地收益的最大占有者，不仅原有永佃制的分解和衰落加剧，新的永佃制的形成也受到无形的抑制。一些荒地或底、面合一地的占有者，眼见田底主或大租主虽然拥有地权，却无法支配土地，租额不高，为了避免重蹈现有田底主或大租主的覆辙，招垦或出租土地，往往不再出让佃权，而是改用普通租佃形式，永佃制开始加速衰落。

不过尽管如此，新的永佃制的产生，并未完全停息。太平天国战争后，清政府在台湾采取了鼓励垦荒的政策，同治十三年至光绪元年间（1874—1875），船政大臣沈葆桢巡视台湾，在岛上修筑道路，招民垦荒，主张"一切旧禁尽与开豁，以广招徕，俾无瞻顾"。[1] 光绪三年（1877），福建台湾地方官府采取措施，制定《抚番开山善后章程》，加强人口管理，稳定社会秩序，鼓励垦荒种植，以加速农业和社会发展。对"归化"各番社（即平埔高山族村社），造报丁册，编制户口，设置"乡长"；在番民交易的城镇墟市，专设"公局"，处理"番务"；设立医局，医病施药，并普种牛痘，防止天花传播，"以全生命"；在附近番社市镇，广设"义学"，"以资化导"；严定各番社界址，不准邻社或番目恃强侵占他人土地，"除近海官山及各番耕种力所不能及者，听民开垦外，其余附社山田树木，应令各归各营，不准地方民人，将该番所有土地占为己业"；在前、后山"旷地甚多"各处成立"招垦局"，选派委员前往汕头、厦门、香港等处招工前去开垦；拟定《台湾招垦章程》，并适时变通，实行"民招民垦，民收民食；所垦之地，永为民业"，对台地或内地垦民酌垫耕牛、谷种和口粮银两，三年垦熟后偿还。"番社"土地，自己无力垦种并招汉人承佃开垦者，"准报明存案，听

---

[1]　台湾银行经济研究室编辑：《福建台湾奏折》，第11—12页。

其自便"，三年升科。"其余未垦之地，如有内地富民愿来耕作者，准其自备工资，禀官领照认垦；惟不许附搭洋股，以杜流弊。"①

上述政策措施大大加快了闽粤农民移垦和台湾土地开发的速度。如光绪元年（1875）就有汕头、厦门农民 2000 余户移垦。从 19 世纪 70 年代中期到 80 年代中期，台湾垦区迅速扩大。开垦较早的台北地区，这时"种茶开田，已无旷土"；一直未垦的台东一带荒地，现在多成良田。该地的高山族 36 社，原来农业长期落后，也开始由大陆农民"授耕耘之法"，由狩猎转向农耕。② 部分高山族农民还掌握了稻田耕作技术，"渐能自开水田种莳禾稻"。③

在荒地开垦和农业经营方面，采用形式不一，不过永佃制仍是其中一种重要的形式。随着土地的加速开发和农业的发展，永佃制在部分地区尤其是垦荒工本较高的新垦区，相应扩大。特别是在台中、台东一些土地开发较晚、垦荒工本甚高的地区，在土地垦辟过程中，不仅有若干新的永佃制产生，而且得到官府的承认和保护。如云林县苦苓脚庄大租户金大全，持有县发垦单，因资本不敷，必须招佃承耕。但佃农害怕佃权得不到保障，不敢承佃垦种。该县代理县令龚某应金大全之请，于光绪十七年（1891）十月发布告示，劝谕佃农承佃垦耕，谓金大全正领单承垦，升科完粮，各佃如愿承耕，可前往金大全大租馆承领佃字，"自备资本耕种，准予永佃"。至于应完大租，则按照金大全所定办法，首年所收五谷，许其自行收抵工本；次年一九抽收；第三年一九五抽的；自第四年起，永远二八抽收。告示强调，"金大全不得额外加租，各佃亦勿拖延短欠"。④ 在这种情况下，这类地区的永佃制自当扩大。

原有官田永佃也在延伸。在清政府的招垦过程中，一些豪强大户从"招垦局"、"抚垦局"或厅县官署领得一纸"垦谕"，低价或无偿揽得大片荒地，然后分块招佃开垦。有的充当"垦首"，承揽官荒，以永佃制的方式招佃分垦。如曾华春，继承其叔的垦首职位，光绪十三年（1887）奉命垦

① 台湾银行经济研究室编印：《台湾私法物权编》第 1 册，1963 年印本，第 9—16 页。
② 连横：《台湾通史》第 5 卷，商务印书馆，1947 年版，第 82 页。
③ 吴赞诚编：《吴光禄使闽奏稿选录》，台湾银行经济研究室 1966 年印本，第 10 页。
④ 台湾银行经济研究室编印：《清代台湾大租调查书》第 2 册，第 280—281 页。

辟油罗青山荒地山场。光绪十七年正月，招得"佃首"庄台秀，邀得佃人巫阿冉前来，立契划定地界，令其自备工本，砍树建庄筑屋，协同众佃凿陂开圳，赶紧垦辟成田，"异日听官章程，按甲征租，永为己业"。契约同时载明，"倘有大小公事及科派需费，随传随到，不得退缩推诿，亦不得交接匪类窝藏等情"。这是新生的官田永佃。①

一些由各地隘首分别掌管的隘口山荒，也继续采用永佃形式，招佃开垦。下面两纸契约，从一个侧面反映了这类永佃的一些情况：

其一

立给垦字人金锡茂，业主罗锡光，今因蒙前宪史谕给有山场一所，土名坐落沙平坑口东片坑，东至坑尾倒水为界，西至竹崀倒水为界，南至埔崁倒水为界，北至龙岗倒水为界。四至界址同中面踏分明。今因缺乏隘粮，尽问房族人等不得承就，托中引就将此山埔给与卢顺兴承垦，当日凭中三面言定时值价银一十二员正，其每年应纳大租隘粮银二大元正，原系己业，并无包给兄弟物业，亦无重张给字。自给后，交与承垦人任从架坡圳，通流灌溉成水田，永远掌管为业，垦业主房族人等不得异言生端等弊。一给千休，永断葛藤。此系仁义之交关，两无逼勒，今欲有凭，立给垦字一纸，付执为照。

即日批明：实领到字内佛银一十二员正，立批，足讫。

又批明：每年应纳大租隘粮二大元，日后不得升科，批照。

再批明：字内添一"业"字，立批，再照。

同治四年正月二十七日立给垦字人 业主罗锡光

说合为中 张宗钰

代笔 侄罗玩元

在场见 弟范光 振光 男永连、

侄福连 金 连 黄洪生

戚张添生 张红秀 邱阿东②

---

① 台湾银行经济研究室编印：《清代台湾大租调查书》第 1 册，第 137—138 页。
② 台湾银行经济研究室编印：《台湾私法物权编》第 2 册，1963 年印本，第 480—482 页。

其二

立给永耕字人嘉盛庄众佃户，同隘首陆成安等，情因隘粮缺乏，原有荒埔一所，土名牛栏窝，东至窝尾崀顶倒水为界，南至张振闰界毗连石崁为界，西至窝口沥底罗家坡为界，北至石崁为界，四至界址踏明，众佃等招得苏陈水前来承耕，面议每年应供隘粮银五角正，至期向隘首交纳，不得少欠。从今给约以后，任从承耕人永远掌管为业，众佃等日后不得异言别生事端。今欲有凭，立招耕字付为执照。

再批明：伯公龙岗直透宝斗石倒水为界。

大清同治乙丑（四）年十月　日。

隘首陆成安

知见人谢如嵩

嘉盛庄众佃人刘玉荣　吴海烈　谢宏业　胡定妹　李发荣[1]

契约显示，经过长期开垦，剩下未垦的大多是零散余荒，地租数额不大。前者年租银 2 元，后者更只有 5 角，可见面积相当狭小。

也有的垦户、垦首集股或单独从官府揽得荒地，以永佃形式分散招垦。如垦户钟增禄等"先年奉宪开辟大山背一带地方"，光绪十六年（1890）"众股前来划定界址，粘阄分管"，钟增禄分得老四重透草寮，从中抽出一段租给叶发确，令其自备工本，垦辟成田，"永为己业"，每年向钟增禄缴纳大租佛银一元。[2] 垦首曾德成，向官府揽得鹿槌一带草地，光绪十六年将其中一段交付佃人沈池，自备工本垦成旱田，经丈一分七厘九丝，"永为己业"。佃人缴纳垦底银三角五点八毫，每年该纳大租谷 7 斗 1 升 6 合，"听垦首完纳供课"。[3] 垦首邱乾山，光绪十六年获得"抚垦局"给出"垦谕"，招佃垦辟尖笔山一带荒地，将其中一段埔业付与刘国昌掌管，即速辟开成田，"永远为业"。契约保证，"自分归管以后，价值万金，乾山及股内人等

① 台湾银行经济研究室编印：《台湾私法物权编》第 2 册，1963 年印本，第 479—480 页。
② 台湾银行经济研究室编印：《清代台湾大租调查书》第 1 册，1963 年印本，第 136—137 页。
③ 台湾银行经济研究室编印：《清代台湾大租调查书》第 1 册，第 135—136 页。

不得另生异端，各无反悔"。条件是刘国昌备出佛银 5 元，每年缴纳早谷 1 石 5 斗，全部交给垦首邱乾山。这些都是民田永佃。

一些垦户、垦民早先承揽的荒地，因资金、劳力以及荒地本身条件限制等原因，一直未能开垦。鸦片战争后特别是进入光绪年间，随着内地移民增多，可垦荒地减少，这些荒地也都在永佃制的形式下相继被垦发。如业户张振万、户丁张金奠，有承祖父遗下埔地一处，因张金奠不能自耕，同治十二年（1873）招得佃人刘万恶，给出垦价银 26 元，年纳业主大租谷 1 石 7 斗，将荒埔"开耕成田，永远掌管"。[①] 协源有买过王国宾、王国宽承祖父向六社化番草地主目改旦垦过万安埔一带草地，因自己"乏力开耕"，光绪十一年（1885）招得佃人巫呆九开田一段，经丈 4 分 8 厘，立约缴纳垦底银 2.88 元，逐年缴纳大租谷 1.44 石。其田即付佃人巫呆九"掌管耕作，永为己业"，垦首"不敢垦付别佃"。[②] 垦首王丰瑞，有承祖父向六社化番给出中落埔一带草地，部分长期未垦，光绪十二年（1886）招得佃人王门刘氏开垦双冬、单冬水田二段，经丈 5 分 5 厘。该佃备出垦底银 4.75 元，每年缴纳大租谷 4 石零，垦首即将水田交付佃人"掌管耕作，永为己业"。[③]

一些江河湖海浮复淤地的垦发永佃也在延续扩大。如台南鹿耳门港天后庙一带，浮沙横亘，再加溪流不断冲积，海潮倒灌淤塞，昔日港湾日渐浮成陆岸。道光七年（1827），垦户黄学源曾承揽新浮埔地 75 甲（另带庄地、牧场等项），立石定界，出资招佃试垦，带纳军工厂租息。黄学源曾于道光九年（1829）招得嘉义籍"佃丁"，立约试垦，令其在鹿耳门内一带新浮埔地"搭寮居住，择其淡地耕垦成园"。试垦前三年免租，第四、五、六年采行四六抽分，第七年后"永远对半均分"。但该处地势逼海，土质斥卤，"有种鲜收"，试垦失败。次年又备资在界内"围筑鱼塭，冀资租息。无如浮埔筑堤，遇水辄崩，修填耗费，筹补尤难"。最后只放养毛蚶。随着溪水泥沙的不断冲刷淤积，浮埔地势渐高，盐卤逐渐消退。到光绪年间，再次启动鹿耳门浮埔的开垦。光绪十年（1884），垦户"万益馆"招来佃户

---

① 台湾银行经济研究室编印：《清代台湾大租调查书》第 1 册，第 124 页。
② 台湾银行经济研究室编印：《清代台湾大租调查书》第 1 册，第 131 页。
③ 台湾银行经济研究室编印：《清代台湾大租调查书》第 1 册，第 132—133 页。

"领耕田园鱼塭"，仍行分成租制，并发给"佃户执照"，规定"园塭所有种植五谷、杂子及鱼虾等号收成，面定二比八抽收"，佃户得八份，业主得二份，"以应完纳厂租"。租佃形式也发生某种变化。佃户如无越界混耕、抛荒短欠、抗违诸弊，可以"永远耕作，照收照分"。如不愿耕作，在获得垦户同意的前提下，可以转卖过户，垦户"决无刁难"。佃农由此获得了某种形式的永佃权。[①]

"番田"永佃制方面，在"民招民垦，民收民食"的方针下，平埔高山族无力自垦的荒地，仍由"番社"自行招募汉族农民垦种，但有新的发展。因内地移民增多，垦地扩大，一些用于牧牛的荒原、不宜耕种的瘠薄荒山，或水冲坍塌、长期荒芜的土地，也相继被招垦利用。淡水竹堑社番业户钱荣和，有乾隆年间祖遗牧牛荒埔一处，一直未垦。光绪初年"因加升府县就地取粮"，田赋负担加重，"若不招佃垦耕，仍作牧牛荒埔，课无片粒，加征无由"。而当时闽粤茶叶良种在台湾各地栽种甚殷，光绪九年（1883）恰有赖左进等7名佃农前来承领栽种，于是即日言定埔价垦批银180元，茶丛落地三周年后，每万茶丛每年供纳课租银2元。其地给付该佃"管耕栽种，收利纳课，永为己业"。[②] 中港社有一处山埔，以前曾经招垦，但因土地"硗薄，不堪耕种，抛荒数十载，社租莫纳，事属废垦"。咸丰六年（1856）有汉人林接传求租，欲垦栽树木以作柴山。林接传备出垦价银12元，每年配纳社租五斗，该山乃"永归与垦主林接传官承管"。彰化县东螺社通事猫刘秀等，有祖传园圃，多因水冲抛荒。其中一处草地熟园，因道光年间被水冲崩，"变为溪埔，以致众番等口粮无归"，到光绪年间"稍有浮复"。光绪七年（1881）招得陈绍年等出首承垦，"自备牛工、种子耕作，永远为业"。陈绍年等备出"永耕银"100元，逐年配纳租谷1石。其园址即交付该佃"掌管耕作，后若开成业，再议配纳租谷"。[③] 猫刘秀等的另一处祖遗荒埔，也因"前年间被水冲崩，现暂浮复"，但自己"无力开筑，通

---

① 参见台湾银行经济研究室编印：《台湾私法物权编》第2册，1963年印本，第924、673—674、930—931、953—954页。

② 台湾银行经济研究室编印：《清代台湾大租调查书》第4册，1963年印本，第597—598页。

③ 台湾银行经济研究室编印：《清代台湾大租调查书》第3册，第432—433页。

事累赔供饷"。光绪八年（1882）招来汉人陈齐卿等出首承垦，收取"开垦契面银"60元，每年配纳番税粟1石，溪埔任听"银主雇工开筑，永为己业。一垦千休，任从其便，听栽种树木、果子，起盖居住，剪裁器俱"。契字载明，如开筑成田，租粟同中三面再行订议；溪埔如再被水崩坏，又再浮复，依旧付陈齐卿等掌管耕作，番主"不敢阻挡"。[①]

鸦片战争后，台湾"番地"永佃条件和模式方面也发生了某些变化。由于高山族居民贫困化程度加剧。他们为生活所迫，不仅加快了荒地放垦的步伐，而且纷纷提高垦价，相应降低租额，以救燃眉之急。鸦片战争前，相当一部分番地永佃采用的本来就是高垦价、低租额的模式。鸦片战争后，这一情况愈加突出。大量永佃契显示，高山族村社、村民招垦、招佃收取的垦价银、佃价银颇高，而租额特低。如道光二十一年（1841）淡水厅中港社招得汉人黄学儒垦荒，黄学儒备出垦价银60元，年纳社番口粮大租谷2石。咸丰二年（1852），蜂崎社土目招得汉人陈达先承垦祖遗埔园，"永远为业"。陈达先备出埔园价银40元，年带纳大租口粮粟2斗。[②]西势抵美简社番加丁缘，有祖遗水田1甲9分零，因浸水淹压，无力改垦成业，咸丰八年招得汉佃黄协和出首"承垦永耕"，该佃备出地底银460元，每甲配纳口粮租1石。[③]东螺社番论未说，有承祖父建置荒地一所，因乏银使用，同治六年（1867）招垦永佃，收垦契银10元，年配纳番租银一角。[④]彰化感恩社蔡中庸有埔园一所，因乏银费用，光绪二年（1876）将其出尽根发与黄念等"永耕"，收取永耕价银32元，年纳大租谷1斗。[⑤]社番万历佃，有祖遗埔园一丘，因乏银费用，光绪六年引得汉人王悟官出首承买，"永为己业"，时价8元，年纳大租1斗。[⑥]大甲新社番妇乃秀海生，有祖遗水田并埔园一所，因"自己乏力开辟"，光绪七年引得汉人黄严官出首承垦，黄出

① 台湾银行经济研究室编印：《清代台湾大租调查书》第3册，1963年印本，第433—434页。
② 台湾银行经济研究室编印：《清代台湾大租调查书》第3册，第427—428页。
③ 台湾银行经济研究室编印：《清代台湾大租调查书》第3册，第523—524页。
④ 台湾银行经济研究室编印：《清代台湾大租调查书》第3册，第527—528页。
⑤ 台湾银行经济研究室编印：《清代台湾大租调查书》第3册，第519—520页。
⑥ 台湾银行经济研究室编印：《清代台湾大租调查书》第3册，第530—531页。

给"开垦永耕时价"银 250 元。逐年配纳大租谷一斗。[①] 淡水厅大甲西社番巧清安四老，有祖遗水田七段，因乏银别创，光绪八年引得汉人陈进出首承垦，"永为己业"。三面言定时值垦田价银 100 元，年纳大租 5 升。[②] 彰化县迁善北社番文瑞山悦，有祖遗山埔一处，因"自己无力耕作，乏银费用"，光绪十八年（1892）托中引就汉人陈春官"出首承受，永远耕作"，陈备出契面银 50 元，历年配纳大租谷 4 斗。[③] 等等。

有的更以"绝卖"契的形式，将土地高价低租招垦招佃。新竹县猫盂社番丛明生，有祖父遗下山埔园三段，因乏银应用，咸丰十年订立"绝卖尽根契"，卖与汉人吕达，时价佛面银 30 元，历年配纳番租粟 3 斗。其地即行"交付买主掌管耕作，出贌收租，永为己业"。[④]

也有某些高山族居民，或无力自耕，或为抵债、还债，将原来的自种地改为高价低租招佃，如彰化县感恩社番妈愿爱夺等，有祖遗番丁水田三处，因无力自耕，兼缺银别置，咸丰十年（1860）招得汉人杨水信承佃，"永为耕作"，杨水信面交碛地银 644 元，年纳大租粟二斗。[⑤]

部分高山族居民又将普通租佃改为高押低租的事实永佃。咸丰元年（1851）的一纸租佃契约有一定的代表性：

　　立招佃耕字辛仔罕社番豆菜星仔星，有自置水田一段，址在本社界，东西南北四至各与番田为界，年纳剩稻谷四石。因从前日食难度，有借欠他人账项，将田付佃耕作扣抵利息，究难清款。奈何告贷无门，故将此田再招别佃重贌，加借银元赎田完账，望剩多少银元，以作粮食之资。先尽问番人等不欲承受，外愿托本社土目番耆同招贌佃黄春荣出首承贌，即日三面议定碛地银要多，田租愿少。明备足重碛地银七大元交收足讫，随同踏明田界，交付新佃前去管耕，每年应纳租三斗，年清年款，不得少欠。此田不拘年限，番若有力备足碛地银愿赎

① 台湾银行经济研究室编印：《清代台湾大租调查书》第 3 册，第 531—532 页。
② 台湾银行经济研究室编印：《清代台湾大租调查书》第 3 册，第 533 页。
③ 台湾银行经济研究室编印：《清代台湾大租调查书》第 3 册，第 534 页。
④ 台湾银行经济研究室编印：《清代台湾大租调查书》第 3 册，第 526—527 页。
⑤ 台湾银行经济研究室编印：《清代台湾大租调查书》第 3 册，第 525—526 页。

此田，务要先日通知，届冬至前将垦银送还原佃，外他瞨佃；如银元未足，不敢言及赎田之事；时逢春夏，亦不敢任意迫赎，致防农物。此系人番仁义外关，中心甘愿，各无抑勒，口恐无凭，同立招佃耕指摹字一纸，付执为照。

即日亲收招佃耕字内碛地垦银七大元完足。

咸丰元年元月日。①

高山族农民豆莱星仔星因衣食艰难，欠债待偿，被迫将一段自耕的水田付佃耕作，但仅能扣抵利息，无法还本，奈何告贷无门，又只得将该田再招别佃重瞨，条件是"碛地银（押租银）要多，田租愿少"，以便加借银元赎田还债。结果新佃备交超重碛地银 7 元，而地租由原来的 4 石降至 3 斗。从碛地银和地租的悬殊比率看②，业主出卖的不仅仅是佃权或耕作权，还包括了相当部分的土地所有权。虽然契约并未载明"永佃"，业主有权取赎，但取赎的概率甚微，实际上是一种永佃制。不少"番地"永佃就是这样形成的。

除了官荒、番地永佃，台湾的没官田、学田等官田永佃，鸦片战争后也有所扩大。一些没官田和学田，原来多实行定期或不定期租佃，咸同、光绪时期，移民增多，可垦荒地减少，佃农竞佃日渐激烈。一些佃农通过开垦熟荒、余荒，加纳地租或代原佃缴纳欠租等方法，争取和获得永佃权。一宗面积为 6.5 甲的抄封"叛产"，本已荒芜，无人承耕，光绪元年（1875）佃户林廷栋愿自备工本开垦耕种，按年缴纳 219 石的超高额地租，获准"永远管耕"；有一宗蔗园学田，年纳租糖 1200 斤，佃户因"历欠多租"被撤换，咸丰元年（1851），新佃以"永为耕作"为条件，交银 100 元，抵充原佃欠租，获得有限的永佃权。③ 彰化县半线堡有抄没园地两段，原系林文渠、庄南丁耕种，年纳税银 7 元。光绪十八年（1892）佃农潘兰芳提出，愿意加租，"永远瞨耕"，每年缴纳租谷 10 石。其要求获得核准，

---

① 台湾银行经济研究室编印：《台湾私法物权编》第 3 册，1963 年印本，第 680—681 页。
② 当时台湾 1 石稻谷为银洋 1 元，碛地银相当地租的 23.3 倍。
③ 台湾银行经济研究室编印：《台湾私法物权编》第 7 册，第 1430—1431 页。

由县衙发给印照，令其"永远承耕，完纳租谷，毋得短欠"。① 光绪十六年九月，苗栗县北坑有一处拨作书院膏火的田园，原租 265 石，庄民谢永安提出，愿出首"永远赁耕"，加纳租谷 60 石，每年交租 325 石，"以广书院经费"。但原有之田不足以负担如此高额的地租，"惟该处山脚溪边，前人苦其艰难未及开辟之处，间或有可成田，然工浩大，非可骤成，如蒙永远赁耕，安自愿备出工本换辟为田，将来容有弥补"。谢永安的请求立即得到核准，县府谕饬该庄民"永远承耕，每年应缴租谷务请精燥干洁，不准稍有蒂欠"。② 光绪年间官府发给学田佃农的谕单，也都承诺，如不欠租，即可永佃。光绪七年（1881）二月，新竹县儒学正堂刘某发给佃户的两纸"谕单"均载明，佃农租谷"如有短欠升合等弊，本学立即将田起耕调佃别赚；其租谷若年清年款，并无拖欠，其田准该佃户久远耕种，不必调佃别赚，致滋事端"。③ 值得注意的是，两佃并非垦荒，而是接替旧佃，租耕熟田。其中一名佃户的"赚耕字"内批明，备出"过佃银"6 元，交付旧佃收去。旧佃应是没有佃权的定期或不定期佃农。所以儒学"谕单"才有"不必调佃别赚，致滋事端"之语。这标志着该宗学田由定期或不定期租佃向永佃制演变。也有的学田，因地势低洼，收获和租额没有保障，官府以永佃权刺激佃农进行改造，保障和提高地租收入。如噶玛兰厅有移作学田的五段没官田，因"俱系傍溪低洼，多种少收"，必须筑堤填岸，耕收方有保证。但无"永耕"，佃农不肯"活用工本"。官府只得允准该佃"具保认耕永佃"。同时趁机"酌加租额，以供国课并充祭费"。④

一些旧案"叛产"，或因原佃撤换，或因佃农缴纳押租，也都立约改为永佃。光绪十三年（1887）台北府尹核发的"林案叛产"佃照有重要参考价值：

　　台北府正堂雷为给耕事。照得本府经理林案叛产有芝兰三堡炮台

---

① 台湾银行经济研究室编印：《台湾私法物权编》第 3 册，第 707 页。
② 台湾银行经济研究室编印：《台湾私法物权编》第 3 册，第 705—706 页。
③ 台湾银行经济研究室编印：《台湾私法物权编》第 7 册，第 1400—1401 页。
④ 台湾银行经济研究室编印：《台湾私法物权编》第 7 册，第 1406—1409 页。

脚庄田丘园□份，原带水租□□，给与佃人陈才耕种，议早冬六月间交纳陆稻十二石五斗（从下文判断，"十二石五斗"乃"一百二十五石"之误——引者），务须晒干扇净，不得混用湿冇之谷抵塞，丰歉两无加减。当日收过该佃预抵无利碛地银一百二十五大元，倘有拖欠，即将此银控抵；再有不敷，为保认人赔补足数，仍将所带田寮等项全份交还，听候另布。如每冬交纳清楚，应准该佃永远耕种；倘或不愿承耕，本冬并无短欠，即由本府将所交无利碛地银当堂发还，原单缴销，不准署内丁胥、差役人等控取分文，此照。

光绪十三年十二月二十六日给。

右给佃人陈才收执。

该佃自光绪十七年晚季起，除拨借洋关填筑种树批准减租七十五石外，按年实剩租谷五十石，仍按早、晚两季分纳，此批。

该佃碛地随租控减发还银七十五元外，实存碛地银五十元，此批。[①]

佃农陈才以缴纳"无利碛地银"（押租）为条件，佃种台北府经理的林爽文旧案"叛产"，并获得有限永佃权，即所定租额"如每冬交纳清楚，应准该佃永远耕种"。倘或不愿承耕，而租额不欠，则当堂如数发还所交无利碛地银，并特别写明"不准署内丁胥、差役人等控取分文"。无利碛地银的数量则与全年租额相等（清代台湾银元 1 元同稻谷 1 石等值，可以相互折算），光绪十七年（1891）因部分土地拨借海关"填筑种树"，批准减租 75石，实剩租谷 50 石，并同时随租控减并发还无利碛地银 75 元，实存碛地银50 元，而并未借故留难、扣押。这说明台北府还是照章办事的。

光绪二十一年（1895）日本帝国主义侵占台湾后，永佃制加速衰落，永佃田的转租、抵押、典卖愈加频繁，直接生产者同永佃权的分离更加普遍。被称为"瞨耕"的定期或不定期租佃制逐渐成为台湾租佃最重要的形式。一些底面原未分离或重新合一的土地出租，也用"瞨耕"，而不再采用

---

① 台湾银行经济研究室编印：《台湾私法物权编》第 2 册，第 394 页。

永佃，数额苛重的"小租"，取代了按惯例标准征收的"大租"。在某些地区，"瞨耕"已是租佃的唯一形式。在"瞨耕"中，只有少数自备工本新垦茶园、水田的佃农，还保有永佃权。光绪二十五年（1899）石碇堡十一区的一纸"报明书"清晰反映了这一情况：

> 当各庄佃户，或有现年瞨耕，或有永远瞨耕。现年瞨耕者，佃户每年向业主取瞨，其租谷、茶税无定，依时相商是也。永远瞨耕者，佃户自备工本栽种茶丛，建立屋宇，每年仅纳山税银而已，其地基畑地并无别纳税金。至于佃人若有自备工本开辟水田，限十年为满，听佃人耕作免纳小租；至十年以外，然后按田额多少，向业主相商纳租谷是也。兹届丈量之际，理应报明上申候也。
>
> 光绪二十五年十一月十日。
> 石碇堡十一区庄长潘颖悟。
> 青桐坑石笋尖庄委员张溪。
> 平溪仔庄委员李生来。
> 柴桥坑庄委员许运。①

在永佃制加速衰落的情况下，佃户自备工本栽种茶丛，仍可获得佃权，永远瞨耕，只缴纳数额较轻的山税银；佃人若自备工本开辟水田，可在10年之内免纳小租，10年之后才加纳小租。这主要是随着人口的增加和土地的不断开发，适于垦耕的荒地越来越少，垦荒成本不断升高，如果没有永佃和较长年限的低租优惠，很难有人承租认垦。这是部分永佃制继续保留的重要原因。

在东北、热河、内蒙等地，由于清政府和蒙旗加速官、旗荒地和蒙地放垦，战后永佃制继续扩大。

东北是清王朝"隆兴之地"，对官荒、官地，特别是旗荒、旗地的管制甚严。第一、二次"旗民交产"开禁时，范围都只限于关内地区圈占的旗

---

① 台湾银行经济研究室编印：《台湾私法物权编》第3册，第689—690页。

地，而不包括东北的旗荒、旗地。对东北官、旗荒地的放垦方式和产权归属，也有严格的限制，规定只能"旗领旗垦"，即由旗人认领荒地，自行雇用汉民开垦耕种。旗人既是土地的所有者，也是土地的经营者。汉民只许佣工，不许佃种，更无资格认领荒地自行垦种。

甲午战争后，情况有所改变。光绪二十二年（1896）黑龙江通肯放荒章程，开始改变"旗领旗垦"模式，允许旗人承领，招汉民佃垦，具体办法是旗人"按旗分领，旗交押租，民人承佃"。① 将原来的"旗领旗垦"改变为"旗领民佃民垦"。为了解决旗户招民佃种过程中产生的各种问题和矛盾，光绪二十四年（1898）制定的《招民代垦章程》规定：如佃户现交押契，每晌完课粮 6 斗，未交押契者完课粮 1 石，均由官府制发印契，契内载明"永不增佃〔租〕，互为恒产"。即领垦的旗人地主拥有土地所有权，垦种的汉民佃农占有土地使用权。

不过这种"旗领民佃"办法实行时间不长。黑龙江当局为了加快垦荒进度，增加财政收入，光绪三十年（1904）奏准全省开放，同时宣布变通原有"旗领民佃"办法，改由垦地民户补交荒价作为己产。具体办法是：除原交押契外，每晌再交 4200 文，未交押契者，每晌补交 6300 文；散户所领之地已经私卖者，令其减半，每晌 3150 文。其维持原有东佃关系确无异议，或彼此愿意转兑者，均听其便。到光绪三十二年（1906）十二月，补价全部完竣。② 这就出现了三种情况：一部分汉族垦民佃户通过缴价获得了土地所有权，旗地变成了民地，永佃农变成了自耕农；一部分汉族垦民因无力补价，"维持原有东佃关系"，保留永佃权，继续耕种交租；还有一部分汉族垦民的土地通过"转兑"，进入了其他自耕农或地主手中。转入地主手中的土地，则一般采用雇工或耪青的经营方式。

其他地区官地的放垦或私垦清丈升科，都有多寡不等的永佃制形成。按照清政府的惯例，官地不论是招垦还是私垦，垦户领照升科后，都有权"永远耕种"。同治二年（1863）热河围场招佃章程规定，佃户按其土地等

---

① 朱寿朋编：《光绪朝东华录》第 5 册，中华书局 1958 年版，第 5244 页。
② 民国《黑龙江志稿》卷 9，经政，民国二十二年铅印本，第 28 页。

则缴纳押荒银两后，即由总局发给执照，"永远为业"。[①] 张之洞在光绪八年（1882）清丈山西口外丰镇、宁远等地官荒马场放垦地亩时，下令"晓谕佃民，务使深信，一经清丈，呈缴押荒，即可领照，承为世业"。[②] 宣统元年（1909）制定的奉天采哈新安垦局试办章程也有类似条款："官地招佃，须永远耕种，如无欠租及确实犯法之条，官绅均不得任意增租夺佃。"[③] 此外，奉天、吉林和黑龙江三省，在战后时期对所放官荒进行清丈和缴价升科的过程中，也大都确认了佃农的永佃权。这样，随着放垦和私垦地亩的增加，这些地区的永佃制也有了明显的发展和扩大。

太平天国后蒙旗地的加速放垦，也有部分或一度在永佃制形式下进行。

太平天国战争前后，前往蒙区垦荒种地的内地农民大量增加，清政府出于弥补财政亏空和"移民实边"的双重目的，对相关政策相继做出调整：光绪二年（1876）宣布废除禁止汉族妇女出关法令，自此汉民可以携带眷属出关谋生、定居。在山西口外和绥远地区，光绪初年，山西巡抚张之洞为了安置灾民、解决财政困难，加快了对山西口外官荒马场的放垦升科。不过总的来说，甲午战争前，清政府在蒙地放垦方面，推行的措施不多，规模不大。

甲午战争后，情况开始改变。清政府在放垦东北官旗荒地的同时，清中央和奉天、吉林、黑龙江等地方官府纷纷制定章程，开始了对蒙旗荒地的大规模垦殖。1895 年、1899 年黑龙江将军、副都统，先后奏陈丈放蒙古各旗荒地，派员劝商蒙旗放垦，并开始了札赉特旗荒地的丈放。[④] 光绪二十八年（1902），清政府正式宣布解除蒙地禁令，准奉天、吉林、黑龙江三将军设立官局，主持各旗蒙地丈放，鼓励汉民到蒙区垦荒租地，以达"移民实边"的目的。同年，黑龙江成立"总理黑龙江札赉特等部蒙古荒务总局"，主持三蒙旗放荒事务。由盛京将军督办的科尔沁右翼地区，也于这年十一月设立行局，制定章程，开始丈放。刚由理藩院改名的理藩部，也委

---

① 中国社会科学院经济研究所藏户部抄档：同治二年六月初九日热河都统瑞麟奏。

② 张之洞：《筹议丰宁押荒办法摺》，《张文襄公全集》，民国十七年刻本，奏议，第 6 卷。

③ 南满洲铁道株式会社：《满洲旧惯调查报告书》，前篇，蒙地·附录，大同印书社 1914 年刊本。

④ 朱寿朋编：《光绪朝东华录》第 4 册，中华书局 1958 年版，第 4478—4479 页。

派大臣督办东北垦务，札催各蒙旗加快放荒速度。光绪三十二年（1906）又设立"东三省蒙务局"，规定凡未经招垦各蒙旗，令各边省督抚及各路将军大臣，商同蒙旗奏请开放。[①] 奉天为了加快蒙荒放垦，光绪三十一年（1905）在省城设立"蒙荒总局"，全力督办科尔沁六旗蒙荒勘丈。[②] 据统计，从蒙地解禁到清王朝覆亡十年间，整个东北地区，共丈放蒙荒达 4548 万余亩。[③]

内蒙古南部和西南地区，一度停歇的蒙荒丈放，也在甲午战争后重新提上日程。光绪七年（1881）年撤销的"丰宁垦荒局"于光绪二十五年（1899）正式恢复。庚子八国联军侵华后，绥远河套各旗，先是将蒙地拨赔教款，接着为筹款赎地，又广招垦户，加快蒙地放垦。光绪二十七年（1901）岑春煊任山西巡抚后，为了实边，奏请发展河套垦务（当时绥远为山西辖区），放垦蒙荒，获得批准。清廷以国势艰难，西北空虚，认为防务首在实蒙，实蒙必先开垦，并把河套垦务作为筹措"庚子赔款"、挽救空前财政危机的重大措施。光绪二十八年（1902）任命兵部侍郎贻谷为绥远将军兼理理藩院尚书职衔、钦命督办蒙旗垦务大臣，办理绥远垦务，并设立"垦务行辕"和"归化垦务总局"等机构，督办蒙旗垦务。次年八月，贻谷委派总局会办姚学镜在包头镇设立筹办伊克昭盟、乌兰察布盟垦务事务分局，规定除公共牧场及不堪耕种的土地外，凡宜农土地一律放垦；往年私垦地一律收归垦务局，重新丈放，然后再出售，收取押荒银。光绪三十二年（1906）在乌拉特前、中、后 3 旗合设乌拉特垦务分局（翌年划归乌盟垦务总局辖管，宣统元年复设乌拉特垦务分局），丈放乌拉特 3 旗已报未垦地亩，[④] 加快了河套地区的蒙地开垦步伐，放垦方式也开始发生变化，贻谷成立官商合办的"蒙旗垦务公司"，将放垦办法由原来的官放民领改为官商包领。

---

① 〔日〕稻叶郡著、杨成能译：《满洲发达史》，萃文斋书店 1940 年刊本，第 376 页；《宣统政纪》卷 41，第 104—108 页。
② 朱寿朋编：《光绪朝东华录》第 5 册，第 5457—5458 页；《东方杂志》，二年七月，实业，第 2—3 页。
③ 参见田志：《清代科尔沁蒙地开发述略》，《社会科学战线》1982 年第 2 期；田志和：《清代东北蒙地开发述要》，《东北师大学报》1984 年第 1 期。
④ 《乌拉特中旗志》，内蒙古人民出版社 1994 年版，第 239 页。

从光绪三十二年（1906）起，蒙荒的放垦范围，开始由内蒙古扩大到外蒙古。是年，清廷电令科布多办事大臣，饬将外蒙阿尔泰左近一带荒地，"委员勘丈明确，一律招佃开垦"。[①] 宣统元年（1909）夏，清廷宣布各处蒙地一律放垦，谕令内外蒙古将军、都统会同各旗蒙古王公等，"选择沃野，督催蒙人次第开垦"。[②] 次年，理藩院正式废止汉民出边垦地的禁令。至此，东北和内外蒙古各旗荒地，全部开放。

热河地区的蒙地开垦也继续向东、向西北方向推进。地处热河东北部的科尔沁左翼各旗，光绪初年开始了较大规模的放荒招垦；光绪十七年（1891），科尔沁右翼前旗也开始对札萨克旗领地招垦。至光绪三十二年蒙地正式解禁止，科尔沁左翼3旗及科尔沁右翼前旗共招垦土地110余万晌（合1100余万亩）。[③] 同时，科尔沁左翼前旗的永、昭、福3陵养息牧地也于光绪二十三年准垦。蒙旗解禁后，科尔沁左翼各旗和科尔沁右翼前旗地区，放垦规模进一步扩大。科尔沁左翼中旗达尔罕一带（今通辽市），乾隆末年后进入私垦阶段。光绪二十八年（1902）蒙地解禁，鼓励汉人移居蒙地开荒或租佃，人口迅速增加；科尔沁右翼前旗，光绪十七年（1891）开始札萨克旗领地招垦；光绪二十八年后，札萨克、镇国公两旗设立官局主持招垦丈放蒙荒，每次都制定了内容详细的招垦章程，蒙地开垦效率提高，速度加快。[④] 位于通辽以北的开通、瞻榆，土地分属札萨克图郡王世袭领地和图什业图郡王世袭领地，也先后于光绪二十八年和光绪三十二年放荒招垦。[⑤] 通榆以北的镇赉，境内亦属蒙古王公贵族牧地。蒙荒解禁后，大量汉民到境内"备价领荒"，开始了蒙地的开垦。[⑥] 到清王朝覆亡，科尔沁6旗

① 《申报》光绪三十二年十一月初五日。
② 《安徽实业报》第5期，宣统元年九月二十日，第71页。
③ 参见《科尔沁右翼前旗志》，内蒙古人民出版社1996年版，第280—281页；田志和：《清代科尔沁蒙地开发述略》，《社会科学战线》1982年第2期。
④ 《通辽市志》，方志出版社2002年版，第187页；《科尔沁右翼前旗志》，内蒙古人民出版社1996年版，第280—281页。
⑤ 《通榆县志》，吉林人民出版社1994年版，第123—124页。
⑥ 该地1910年设镇东县（因地处科尔沁右翼后旗镇国公封地之东），1946年3月设赉北县，1947年8月，镇东、赉北合并为镇赉县（《镇赉县志》，吉林人民出版社1994年版，第51、52页）。

共出放荒地 243 万余晌（合 2430 余万亩）。[①]

这一时期蒙地的加速开垦，使蒙地永佃制相应扩大。绥远乌拉特中旗、后旗，自蒙地解禁后，晋陕汉族农民越来越多地迁居境内，从事垦耕，加快了这一地区土地的开发和永佃制的形成。山前黄灌区的土地，也由一部分地商向蒙旗包租；山旱区的地商则向蒙旗王爷、台吉、召庙包租大量土地，一部分自己雇工耕种（无土地所有权），其余土地转租给佃农耕种，充当"二地主"。[②] 乌兰察布盟、伊克昭两盟放垦地有"短租地"、"永租地"之分。短租地定有租种年限，又叫"年限地"。其中达拉特旗放垦地多为"永租地"，西公旗放垦地多为"年限地"，租约一般 15 年一换。每次换约，大地商和中小地户相互争夺，有钱有势者，以向蒙旗公有、私有土地者馈送礼物（俗称"水礼"），或者预放贷款，一旦无力偿还，即索要大片土地抵偿。[③] 这些"年限地"也往往变成"永租地"。

由于清政府的直接介入，一些蒙旗的招垦手续日趋规范，招垦章程更加细密，不过这些蒙地的地权和永佃权或租佃关系的性质则变得比以前复杂。如开通、瞻榆相继在光绪二十八年（1902）、光绪三十二年（1906）放荒招垦，荒地按上、中、下三个等级定价，上等荒地每公顷 2 两 2 钱，中等 1 两 8 钱，下等 1 两 4 钱。一些"揽头"（外来商人、富裕户及先来蒙地私垦的暴发户），从荒务局把大块和整片土地揽（买）过来，再全部或部分提等、抬价转卖。买地者交足地价后，即可领取土地"大照"，但每年须按所购土地数量，向奉天府和札萨克图旗王府（或图什业图旗王府）缴纳一定数量的"大租"和"小租"。[④] 这些购荒者获得的并非土地所有权，而是土地使用权或永佃权，由此形成一种带有特殊性质的永佃制。

科尔沁右翼前旗，自光绪二十八年后，札萨克、镇国公两旗设官局主持招垦丈放蒙荒，每次都制定了内容详细的招垦章程，对地租作出详尽的规定。荒价银每晌 4 吊 200 文，其中 2 吊 100 文上缴清廷；2 吊 100 文归旗

---

① 田志和：《清代科尔沁蒙地开发述略》，《社会科学战线》1982 年第 2 期。

② 《乌拉特中旗志》，内蒙古人民出版社 1994 年版，第 239 页。

③ 《乌拉特前旗志》，内蒙古人民出版社 1994 年版，第 169、170 页。

④ 《通榆县志》，吉林人民出版社 1994 年版，第 123—124 页。

王府所有，均分给王公贵族官员。光绪二十九年（1903）开始，改按土地肥瘠划分为三等，收取不等额的荒价银：上等地库平银 2 两 2 钱，中等地 1 两 8 钱，下等地 1 两 4 钱。镇国公旗某些地段，分别按 4 两 4 钱、2 两 4 钱、1 两 4 钱 3 个等级收取荒价银。各等地同时加收库平银 1 成 5，作为两旗蒙荒行局办公经费。两旗收取的荒价银，一半上缴清廷，一半归各旗王府所有。从光绪三十一年（1905）始，其中 4 成归旗札萨克，3 成 5 归台吉、壮丁，2 成 5 归庙仓。地租征收及其分配则为：3 年或 6 年升科起租，每晌地年收租 660 文，其中 240 文归国家，420 文归各旗王府。无论荒价银和地租，清政府均有分成，蒙地已不是原来意义上的蒙旗地，而是部分带有官地的性质。垦户执照的发放，由于当时丈放蒙荒实行"备价领荒"制度，凡是交付足额荒价银后，札萨克、镇国公两旗荒务局便发给盖有奉天府和旗王府官印的《土地执照》为凭证。从表面上看，土地所有权转移给垦户（佃户）。佃户成为地主，可以自耕，也可以转手兑卖，成为地商。又可典押、出租或雇人耕种，成为封建主。但是，这些地主、地商或自耕农，"仍然是两旗蒙古族领主的佃户，承担向蒙古族领主缴纳地租的义务，双方间既是土地买卖关系，又是土地租佃关系，使蒙地所有权具有双重性"。[1] 永佃农和自耕农，佃富农和地主、二地主或经营地主的界限显得模糊，一时难以分清。在蒙荒开垦中出现的那些"揽头"（在数十户或百户以上的村落，大家推选出一名主持垦荒事务者叫"揽头"）、地商、大土地所有者，占有或经营的土地成千上万亩。光绪二十九年（1903），札萨克图旗照甲诺乌鲁赫的租地户裕九，通过揽荒转租等中间剥削获得重利后，购买"良田"（正确地说，应是蒙旗租田或通称的"田亩"）1 万亩，招募榜青 30 多户，进行经营。[2] 既是大型佃富农，又像经营地主或二地主。

（二）永佃制的普遍分解和迅速衰退

在太平天国战争后的一段时间内，当永佃制在一些地区大量形成时，原有永佃制的瓦解暂时在速度和数量上居于次要地位，但并没有停止。随

---

① 《科尔沁右翼前旗志》，内蒙古人民出版社 1996 年版，第 280—281 页。
② 《科尔沁右翼前旗志》，内蒙古人民出版社 1996 年版，第 280—281 页。

着时间的推移，新的永佃制的形成减少，而原有永佃制的分解增多。这样，战后永佃制在一些地区经过短时间的发展、扩大后，又迅速衰退。

在江苏苏州地区，租额既高，地主苛刻，永佃农一旦欠租，地主就"强夺佃农之田面以抵其租而转以售于人"，或"择土豪而减价售之，或择善堂之有势力者而助之"，[①] 必以剥夺佃农的永佃权而后快，田面权相继落入地主富有者手中。

皖南徽州地区，鸦片战争后，永佃农经济状况明显恶化，纷纷典当、绝卖佃权。当地现存契约资料显示，同治、光绪年间，永佃农典当田皮契约明显多了起来，越来越多的永佃农将典卖佃权作为治病、治丧、应付年关或其他急用的主要途径。[②] 变卖方式则以典当为主，为的是保留回赎权，但实际上回赎概率极低。如光绪十七年（1891），黄新顺将佃皮3宗当出，收受当价银7元，每年偿付利息水谷3砠半，载明到期回赎，但次年即找价断骨绝卖。[③] 同时，地主富户也加强了对佃权（田皮）的兼并，田皮成为某些地主田产的主体。如黟县四都汪得光家族于康熙四十三年（1704）至光绪十一年（1885）间买、典、押进的20宗（另有一宗田皮购进年份不详）田地中，11宗亦即超过一半是田皮、坦（旱地）皮。[④] 而这11宗田（坦）皮中，有9宗的购置时间是道光三十年至光绪十一年（1850—1885）。[⑤] 下录道光三十年（1850）"杜断典约"是该户鸦片战争后买进的首宗田皮：

> 立杜断典约人方峻豊，今因无措，自情愿将承父阄分田皮乙处，土名坞塘，计客租柒砠拾觔，今托凭中立约出典与汪得光名下为业，时值九九大典钱柒仟文正，当三面言定，其钱当日亲手一并收足，其田听自受业人插禾管业、耕种交租无阻，未典之先并无重复交易，如

---

① 陶煦：《租覈》，民国十六年重排本，第11页。
② 参见中国社会科学院历史研究所收藏整理：《徽州千年契约文书·清民国编》第3卷，第49、65、461页。
③ 中国社会科学院历史研究所收藏整理：《徽州千年契约文书·清民国编》第3卷，第186页。
④ 该处旱地谓之"坦"，用来种植豆类作物的旱地谓之"豆坦"，豆坦佃权谓之"坦皮"。
⑤ 参见刘伯山主编：《徽州文书》第一辑（2），广西师范大学出版社2005年版，第211—375页。

有来历不明及内外人声说等情，尽身支当，不干受典人之事。自成之后，两各无悔。今欲有凭，立此典约永远为据。

    道光三拾年拾月　日立杜断典约人　方峻豐

                  中见人　汪得意

                        汪灶立[1]

    契约文书资料显示，汪得光家族不是大户，所置田皮、坦皮，应有部分是雇工经营[2]，这部分田皮、坦皮的永佃制性质并未改变。尽管如此，在某一时段，田皮、坦皮在土地买卖中，占有如此高的比重，又如此迅速地向少数农户或村户集中，绝非偶然。它从一个侧面反映出永佃农经济状况明显恶化，永佃制加速分解。到19世纪末20世纪初，几乎绝大部分的田面权落入了地主和富裕农户手中，如祁门一宗族地主，光绪后期有租田21宗，其中单占大租者3宗（尚有一宗因"佃农窃谷"，该地主于1920年收回田皮），大小租兼有者15宗。又据一程姓地主租簿（记账年代为1910—1923年）记载，该地主有大买田44.3亩、"大小买合一田"29.8亩，另有小买田17.8亩。[3] 后两者合计47.6亩，明显多过大买田，掌握在直接生产者手中的田面已经为数不多了。

    新的租佃契约，不仅永佃很少，而且条件越来越严格、苛刻，目的就是为了消除原有的永佃习惯及其影响，防止在租佃延续期间，萌发和形成新的永佃制。下面引录的祁门3纸"承佃字"，十分生动而具体地反映了这种变化：

    其一

    立承字人汪鹏成、吴求全，今承到金班仪先生名下本都四保土名里塘坞山壹号，东至山降，西至田，南北至山降。四至之内，已兴茶

---

[1] 刘伯山主编：《徽州文书》第一辑（2），第253页。

[2] 该户文书中存有光绪七至廿二年（1881—1896）的"工账"，雇工劳动内容有割稻、种麦、割麦、莳田、包田、打菜子等农业生产活动。

[3] 中国社会科学院经济研究所藏：《程锡卿租簿》第17函，W·TX·B0151。

窠，尽行承去兴种杂派，花利采摘，当日面议定迭年蒲月内交纳山租洋钿贰元，又钱贰佰文，不得短少。如违，听凭山主另佃他人，山主亦不得称说加租，均无悖墨。自定之后，立此照依为据。

　　光绪捌年春月念四日　立承字人　汪鹏成

　　　　　　　　　吴求全　亲笔①

　　其二

　　立承字人吴观炳，今承到金彦济先生名下本都四保土名里塘坞山壹号，东至山降，西至田，南北至山降。四至之内，分水为界，已兴茶窠，尽行承去兴种杂派，花利采摘，当日面议定迭年蒲月交纳山租本洋贰元，又大钱贰佰文。山主亦不得称说加租。如违短少租钱，听凭山主另佃他人。恐口无凭，立此承字为据。

　　光绪贰拾捌年杏月十三日　立承字人　吴观炳

　　　　　　　　　中代笔　金可浩②

　　其三

　　立承佃字人金茂进，今承到族翁彦济名下二十壹都拾保土名郑家坦皮骨全业，身愿承去兴种，面言定迭年八月交纳租制钱壹千肆佰文，不得短少，亦不得私等［顶］私佃。如违私等［顶］私佃，短少租钱，任凭族翁携坦另佃他人，身不得霸种，毋得生端异言。今欲有凭，立此承佃字为据。

　　光绪三拾壹年八月二十弍日　立承佃字人　金茂进

　　　　　　　　　代笔堂叔　金纪彬③

　　这3纸"承佃字"都来自祁门22都红紫金氏地主家族，前两纸属于同

---

①　刘伯山主编、安徽大学徽学研究中心编：《徽州文书》第一辑（10），广西师范大学出版社2005年版，第500页。
②　刘伯山主编、安徽大学徽学研究中心编：《徽州文书》第一辑（10），第539页。
③　刘伯山主编、安徽大学徽学研究中心编：《徽州文书》第一辑（10），第547页。

一宗山地，后一纸是邻近 21 都的一宗旱地，3 者都属于普通不定期租佃，前后相隔 23 年，时间不算太长。但是，租佃条件、契约语言，却有明显变化。众所周知，永佃制的基本标志和特征是，地主无权增租、夺佃，佃农可以转租、顶退。头一纸租契未有提及佃农的转租、顶退问题，只申明佃农不能短少租额，否则"听凭山主另佃他人"。而作为一种平衡，契约同时写明，"山主亦不得称说加租"。并特意加上"均无悖墨" 4 字，意即主不加租、短租撤佃，二者并行不悖。这里显然还残留着永佃制的某些因素。

这宗租佃持续 20 年后，山主（已传至下一代）因某种缘由换佃新招，虽然租额未变，但值得注意的是，新立租约增加了"佃人不能抛荒，不能私等［顶］私佃"的新内容，尽管保留着"山主亦不得称说加租"的原有文字，但佃农已被明文禁止"私顶私佃"，以往那种通过佃农"私顶私佃"而逐渐形成佃权价格和永佃制的途径被堵死了。

第三纸租约承佃的是与山地性质相近的"坦"（旱地），同第二纸租约只相隔 3 年多，但租佃条件、契文语调发生了很大变化。"山主亦不得称说加租"的内容没有了，只剩下警告佃农不得短少租额，不得"私等［顶］私佃"，否则任凭地主"携坦另佃他人"。这还不够，又让承佃人做出"身不得霸种，毋得生端异言"的保证。至此，原来永佃制留下的痕迹和影响，已经全都消除净尽。

浙江的情况是，清代前期形成的永佃制，到鸦片战争前后已大多分解。此后，新的永佃制形成，据说"十九为农民乱（按指太平天国革命）后所占垦"。[①] 但不久，这种新形成的永佃制也即行分解。到同治、光绪之交，宁波等地的田面权已经大多同直接生产者分离，现耕佃人普遍必须完纳"大小业租"。[②]

鸦片战争后，特别是太平天国战争后，台湾地区永佃制的分解也大大加快。随着永佃制的发展变化，台湾小租户已经成为握有土地实权的"业

---

① （浙江省）《佃业仲裁委员常会决议案》，（南京）《中央日报》1933 年 3 月 15 日，见章有义：《中国近代农业史资料》第 3 辑，生活·新知·读书三联书店 1957 年版，第 253 页。

② 《申报》光绪五年三月十九日。需要指出的是，成书于光绪十年（1884）的《租覈》记载说，苏州城居地主都乐意购买田底、田面分离的土地，把底、面合一的土地称为"滑田"，弃而不取。说明苏州地区的永佃制这时还在继续扩大。这可能是个别地区的特殊情况。

主"或"业户"。台湾巡抚刘铭传在光绪十三年（1887）清赋时，采取"就田问赋，充裕国课"的方针，规定由小租户承领"丈单"（又称"红单"，是由省府颁发的土地执照），而大租户只发县印"照单"，田赋亦改由小租户完纳，其粮额则从小租户应纳大租中扣除。其具体办法是：从光绪十四年（1888）开始，将大租分成十成，减去其中四成归小租户完粮，其余六成留归大租户收缴。"汉大租"如此，"番大租"也一样。番社土目、通事、屯番应收额租、社课、地饷等项，均扣减四成，贴归汉佃、汉业户完粮。这就是所谓"减四留六"之法。[①] 这就正式承认了小租户对土地的所有权，大租户只有纯粹的收租权。

小租户尾大不掉，成为一些业主、业户以永佃形式出租土地的前车之鉴，许多土地或"田底"、"垦底"所有者，不敢再以此种方式出租土地。资料显示，不仅熟田、熟园出租几乎全部采用定期或不定期租佃，荒埔、山地也大多改用定期或不定期租佃了。

事实上，还在鸦片战争前夕，土地出租采用定期、不定期瞨耕方式的情况已时有所见。下面是道光十八年（1838）的一纸定期租佃的"瞨耕字"：

> 立瞨耕字东螺东堡大丘园庄萧起鹪，有承父遗下水田一段，址在梅州庄东势洋。自己并无雇工可以耕作，今将此田瞨与东螺堡梅州庄佃人叶己然出首备出牛工、种子承耕，言约全年小租粟三十石，自道光十八年早冬起，至道光二十一年晚冬止，二比甘愿。时叶己然备出压地银三十元，每元银全年利息二斗，除利粟以外，其租粟付田主收租纳课。若期限已满，银还佃人，田还业主，两不得刁难。其佃人若欲再耕，再立约为凭。口恐无凭，今欲有凭，立瞨耕书字一纸，付执为照。
>
> 即日亲收过压地银三十元完足，再照。
>
> 道光十八年□月　日　　亲立瞨耕字人　萧起鹪[②]

---

① 台湾银行经济研究室编印：《清代台湾大租调查书》第4册，1963年印本，第633—645页。

② 台湾银行经济研究室编印：《台湾私法物权编》第3册，1963年刊本，第675—676页。

鸦片战争后，进入咸丰、同治特别是光绪年间，无论荒地招垦，还是水田、熟园出租，采用定期或不定期租佃形式的情况，更加多了起来。试看咸丰六年（1856）的一纸荒地"开垦字"：

> 立出开垦字人陈平庄公馆业户陈五云，自置七张犁庄牛埔尾茅埔一段，东至郑天定官田为界，西自大沟为界，南至郑天定官田沟为界，北至牛埔塍为界；四至界址明白。招出陈随官、陈和官同备齐牛、犁、工、种子耕作，开垦成业。限至三年开垦无租，咸丰六年至八年止。限年已满，若开不成，愿将开耕田并带开垦字清楚交还业户陈五云收返，起耕掌管，定租出贌成业，以为永远。三人二比甘愿，各无反悔，口恐无凭，今欲有凭，立出开垦字一纸，付陈随官、陈和官同收存为照。
>
> 批明：三人言约，开不得成业，日后不得异言之〔滋〕事，批照。
>
> 咸丰六年二月　日
>
> 业主　□□□
> 代笔人　廖　干
> 立出开垦字人　业户□□□①

与以往绝大部分"招垦字"允诺佃农将垦地"永为己业"的惯例不同，这纸"开垦字"特别批明，佃农"开不得成业"。佃农自备牛、犁、工、种子替地主垦荒，不仅得不到任何佃权或耕作保证，连垦熟后佃种纳租的机会也没有。佃农除"三年开垦无租"外，一无所得。"开垦字"载明，开垦年限一满，佃农即使没有垦完，亦须将田、埔并带开垦字"清楚交还业户"，由业户"起耕掌管，定租出贌成业，以为永远"。这里需要说明的是，在台湾的租佃习惯用语中，佃人拥有佃权和带有永佃性质的租佃，一般谓之"租"；佃人没有佃权的定期或不定期租佃，一般谓之"贌"。② 这就是

---

① 台湾银行经济研究室编印：《清代台湾大租调查书》第1册，第121—122页。

② 光绪《淡水厅志》载："有佃户焉，向田主贌田耕种也。有碛地焉，先纳无利银两也。银多寡不等，立约限年满，则他贌，田主以原银还之。每年田主所收曰小租。"

说，业户将垦地收回掌管，而后以收取定额租的定期或不定期租佃形式，另行"出瞨成业，以为永远"，垦荒佃户因土地和"开垦字"被一并收回，不仅不能连约接续耕种，连重新立约承瞨或以后某年某月立约承瞨的机会也没有。这明显反映了某些地主对以往垦荒永佃惯例的抗拒和防范心理。

到光绪中后期，定期、不定期瞨耕更加普遍，在新的租佃契约中，绝大部分是瞨耕契约。试看下面两纸招垦契约：

其一

立招开荒字大湖总垦广泰成，兹招得佃户陈来官、陈东海、陈阿乾叔侄等，在于本垦界内开辟四寮坪，全坪透落下芦竹坪，四至界址面踏分明。即日言定该处应开水圳、水埠，系本垦自雇工匠凿开，以灌溉裕如；其地不论高埔平坦、畸零细块，力能成田者，该佃务要极力开辟，以赴三年清丈。定限十年开荒：自己丑年冬起，至己亥年冬止。庚寅年则免供小租；辛卯、壬辰年则供一九小租；癸巳、甲午、乙未年则供纳二八小租，言定每年早季在埕量清，务要精燥，不得湿有抵塞。乙未年后，则再行斟酌供纳。恐口无凭，合给开荒字一纸，付执为照。

光绪十五年（己丑岁）九月　日广泰成给①

其二

立承开垦字人黄克实，绿炮珠睐坑内余地颇多，前来向得垦户广泰成划出该处山场余地一所，四至界址面踏分明，自备工本筑塘开田。当日三面言定十年限瞨，自癸巳年冬起，至癸卯年冬止。始五年一九抽收，次年二八抽收，后二年业六佃四。此皆早冬一季在埕供纳，所有界内埔地出息芒薯、杂果，概无抽的。当即备出过定碛地佛洋二元正，限满之日，银还田还。此系二比欢悦，恐口无凭，今欲有凭，立承开荒字付执为照。

---

① 台湾银行经济研究室编印：《清代台湾大租调查书》第1册，第175—176页。

　　即日批明：实备出过定佛洋二大元正足讫，立批。

　　光绪十九年（癸巳）十一月日立承开荒字人　黄克实

　　　　　　　　　　　　　依口代笔　邱云章①

　　两纸契约的招垦者是"垦总"、"垦首"，揽有的荒地数量颇大，以往为了调动垦户、佃人的积极性，不论招垦面积大小，一般都采用永佃形式，至少是"不欠租，不撤佃"，或者允诺佃人退耕时可以通过某种方式收回垦耕工本。现在则多是定期租佃，即使缴有碛地银，期满也只能是"银还田还"。

　　甲午战争后，台湾被日本侵占，农业资源与社会经济遭受残酷掠夺和严重破坏。光绪二十九年（1903），日本侵略者为了扩大土地税收，又通过"赎买"手段，将大租权收为"国有"，由官方直接征收。② 这样，大租户、小租户，大租权、小租权等作为曾经流行或存在永佃制的名目或痕迹，最后消失了。

　　内地屯田、官田和旗地、蒙旗地上永佃制的分解或瓦解，在太平天国以后也加速了。

　　在大规模农民战争和剧烈社会动荡的冲击下，许多地方官府和军事机构的文档、册籍被焚毁或散失，管理和规章废弛，加上官府机构反复分、并、设、裁变迁，一些地区的屯田、官田、运田、伍田、学田，或契据毁失，无以稽查，或被官绅盗卖，不知去向，或佃户隐匿、辗转顶退，现耕农户早已视为己产，原有的官田租佃制度不复存在。如甘肃毛目县在雍正年间开创的屯田，其目的原为"民领官地，官分屯粮"，官民两利。但历时既久，私下买卖增多，到清末民初，"屯民子孙视与己产无异"。③ 江苏南汇，屯田同民田一样买卖，虽契约不写"绝卖"，而以"过田"代替，但在民间，二者"实有同等之效力"。④ 湖北、湖南各卫所屯田，"皆已辗转易主"。⑤ 江西九江卫所屯田，也"可以自由顶退，一如所有者。百数十年习

---

　　① 台湾银行经济研究室编印：《清代台湾大租调查书》第 1 册，第 178—179 页。

　　② 程家颖：《台湾土地制度考查报告书》，台湾银行经济研究室 1963 年印本，第 57—69 页。

　　③ 国民党政府司法行政部：《民商事习惯调查报告录》（二），第 1621 页。

　　④ 施沛生编：《中国民事习惯大全》第二编第三类，民国十三年刊本，第 25 页。

　　⑤ 许同莘编：《张文襄公电稿》卷 13，宣统印本，第 29 页。

惯成风，牢不可破"。①

由于相当一部分屯田、官田已经变为事实上的民田，庚子八国联军侵华后，清政府为了筹措庚子赔款、弥补财政亏空，对屯田采取了清理、拍卖，改屯田为民田的政策。光绪二十七年（1901），两江总督刘坤一、湖广总督张之洞提出，各卫所屯田，辗转典当，久已屡易其主，视同民业。建议由买主报官契税，将屯田改为民田，屯饷改为地丁。屯丁、运丁名目，"永行删除"。② 次年，清廷采纳了刘坤一、张之洞的建议，谕令各省对屯田"认真清查，改归丁粮，以昭核实，而裕赋课"。屯户报官税契后，听其管业。即使"盗卖私售者，亦饬据实报明，完纳正供，不咎既往"。③ 不久再次谕令各省督抚迅速认真清理，"毋稍延宕"。④ 自此，各省相继成立机构，制定章程，对屯田和其他官田进行清丈，令耕者税契升科。湖北于光绪二十八年（1902）设立"清理卫田局"，拟定章程和办法，派员分赴各地，会同地方官进行勘丈，令屯户限期缴清契税，发给印契，准其永远管业。⑤ 江苏从光绪二十九年开始，分别对苏北、苏南两地的屯田、运田进行清理，令耕者缴价承买，无论军执、民执，分别缴价，发给印照管业，但田赋仍照屯田科则缴纳。⑥ 只因缴价和赋税太重，卫民群起反对，"纷纷乞恩求缓"，江苏以及浙江官府被迫宣布延缓至 10 年后实行。故江浙两省对屯田的清理拍卖，1911 年才正式进行。⑦ 安徽也在光绪末年开始拍卖屯田，令各卫指挥及千总、百总后代缴价领照，变官田为私田。⑧

各地屯田、官田相继变为民田，原有的屯田、官田永佃除个别地区外，随之消失。

旗地永佃也在加速瓦解。如前所述，旗地永佃制从形成之日起，就已

① 罗正钧：《劬庵官书拾存》，民国九年湘潭罗氏养正斋刻本，卷 4，第 14 页。
② 朱寿朋编：《光绪朝东华录》，中华书局 1958 年版，第 4 册，第总 4749—4750 页。
③ 朱寿朋编：《光绪朝东华录》第 4 册，第总 4829 页。
④ 朱寿朋编：《光绪朝东华录》第 4 册，第总 4878 页。
⑤ 许同莘编：《张文襄公奏稿》第 40 卷，第 1 页。
⑥ 朱寿朋编：《光绪朝东华录》第 5 册，第总 5027—5028、5035—5036 页。
⑦ 《大公报》宣统三年七月初四日。
⑧ 中共皖北区党委政策研究室：《肥西县上派河乡农村情况调查》，见华东军政委员会土地改革委员会：《安徽省农村调查》，1952 年刊本，第 49 页。

开始瓦解和破坏。不过，咸同以前，旗人地主毕竟在名义上受到"不准增租夺佃"这一规定的限制，且旗地不得在旗人地主和汉民之间自由买卖（亦即禁止"旗民交产"），因此，"旗专卖租，民专推佃，两不相妨"。① 旗地的买卖和佃权的转移尚不影响原有租佃关系的性质。咸丰、同治后，旗地违禁买卖日益普遍，并且经过几次反复后，"旗民交产"完全合法化，导致旗地永佃制的加速瓦解。

长期以来，旗地违禁买卖一直存在，太平天国战争后更为严重。顺天、直隶等处旗地，"暗相授受，以预交租息立券，所在多有"。如清苑旗地，"名虽官圈，实则用价辗转典质，累世相承"，耕者"久已视同永业"。直隶近畿 80 余州县，原有八旗王公、官员、兵丁各项旗地 15 万余顷，到光绪后期，辗转典卖，变为无粮黑地者，多至七八万顷。仍在旗人手内交租者，"大抵十无二三"。② 浙江萧山的旗地，原为汉籍旗人所有，业主执有"龙批"，太平天国战争后，"旗籍多式微，竟将龙批抵押民户"。③

虽然清政府一再申禁，但禁者自禁，卖者自卖，买者自买，清政府无可奈何。加之咸丰、同治后，清政府财政日益窘迫，只得因势利导，承认旗地买卖的合法化，并通过售卖旗地和提高租税征额，增加财政收入。咸丰二年（1852），清廷谕准户部奏议，规定除奉天外，顺天、直隶等处旗地，无论老圈、自置，也无论京旗、屯居及各项民人，"俱准互相买卖，照例税契升科"。从前已卖之田，"业主、售主均免治罪"④，正式承认了旗地买卖的合法化。

旗地买卖弛禁的一个重要目的是"筹饷裕课，藉充经费"。但弛禁后，由此派生的产权纠纷"层见叠出"。结果，"虽有税契升科之名"，但"绝无纳赋之实"，未达预期目的。因此，户部于咸丰九年（1859）又提出恢复旧禁。这一奏议获得清廷允准。⑤ 然而清朝统治者中不少人反对这一决定。只

---

① 《查办荒地未尽事宜章程》，见直隶《清赋章程摘要》。

② 王传璨：《王文勤公年谱》，1933 年铅印本，第 18 页；罗正钧：《劬庵官书拾存》卷 4，光绪二十九年刊本，第 13—14 页。

③ 张鸿编：《量沙纪略》，1915 年印本，第 5 页。

④ （清）户部编：《户部井田科奏咨辑要》上卷，光绪十六年印本，第 1 页。

⑤ （清）户部编：《户部井田科奏咨辑要》上卷，第 13—14 页。

过了 4 年，即同治二年（1863），御史裘德俊提出，旗人、汉民都是皇上子民，"遐迩一体"，如果只准旗人典买民地，而不准汉民典买旗地，未免"有畛域之分"，因此建议规复咸丰二年（1852）成案。奏议又获清廷批准，旗地买卖再次开禁。①

同治二年的弛禁决定执行了 20 多年，旗地买卖十分活跃，先后有 50 多万亩旗地转入汉民手中。当时的外国调查者预测，"这种特殊形式的军田，或许不久就会完全消失"。② 户部也看到了这一点，因此深感不安，认为长此开禁，旗地日少，而八旗人口日繁，他们除了俸饷，别无恒产，生活日渐艰难，这对维护清王朝的"根本"极为不利。于是又在光绪十五年（1889）奏请仍复旧制，嗣后京屯旗产，"永远禁止卖与民人"。③ 旗地的合法买卖又一次中止了。

然而，旗地买卖并未因二度封禁停止，相反，"民间仍多私相授受"，封禁"终属有名无实"。特别是甲午战争后，国内外的政治经济形势发生了巨大变化，农村的土地买卖更加频繁，相当一部分旗地变成了事实上的民田。在这种情况下，清政府不得不再一次改变政策，度支部于光绪三十三年（1907）奏准第三次开禁，同时准许外出居住营生的旗人，"在各省随便置办产业"。④ 旗地买卖经历两弛两禁反复，最后完全合法化，旗地可以在旗人和汉民之间自由买卖，转换为普通民地。

旗地买卖及其合法化，是促成清代晚期永佃制加速瓦解的主要因素。因为民人地主不受"不准增租夺佃"条例的约束，他们在买受旗地后，即行换佃或收回自种。旗地地权一经转移，变为民地，佃农的佃权即行丧失。这样，随着旗地的自由买卖和民地化，原有的旗地永佃制也自然消失了。

需要指出的是，"旗民交产"弛禁后，即使旗地仍然留在旗人手中，旗人地主也不再受"禁止增租夺佃"定例的制约。如前述察哈尔沽源县

① （清）户部编：《户部井田科奏咨辑要》上卷，第 15—17 页。
② *Journal of the China Branch of the Royal Asiatic Society*，第 23 卷，1889 年，第 64 页。
③ （清）户部编：《户部井田科奏咨辑要》上卷，第 13—14 页。
④ 《谕折汇存·经济选报》，光绪二十九年印本，第 11—12 页。

黑卯二汛旗地，汉人佃农承佃开垦成熟后，曾立有"不准增租夺佃"对约，主佃双方收执为据，自后承耕之户世世相守，相沿成风。至咸丰、同治年间，破除"旗民交产"禁例，旗人地主发觉前项对约破坏了地权的完整性，于是采用欺诈手段篡改和废除旧约，改换新约，删去"不准增租夺佃"字样，改为"钱到许赎"字样，随之纠葛频生，相互争执不下，佃农的土地耕作权失去了契约依据。[①] 张北东沟俗称"山主地"的旗地，佃农世代租种，"数百年视同祖业"，但到清末，地价陡涨，旗人生计日蹙，见此大利可图，"屡有将该地私卖，致起讼端"。[②] 延续数百年的旗地永佃被破坏了。

太平天国后，蒙旗地永佃制的分解也加速了。随着荒地的不断开垦，蒙民牧地越来越少，畜牧业大受影响。但因蒙民不善农耕，又须当差，土地一般只能出租，很少直接经营。耕地面积和租项收入有限，生活日见困难。随着时间的推移，蒙民卖租卖地的情况日益普遍。而租子（收租权）、土地的变卖，大多意味着蒙地永佃制的瓦解和消失。

绥远土默特旗一带的情况是，因蒙民不善耕作，又须当差，土地一般只能出租。出租名目、形式不一，有活约地、活租地、永租地等。永租地永远耕种，"许退不许夺"。随着时间的推移，土地典当越来越普遍。到咸丰年间（1851—1861），蒙民土地已多半典当，并出现了买卖土地的现象。因法例禁止蒙地买卖，为蒙骗官府，土地买卖常在"倒兑"的形式下进行，一些契约特别写明，"卖租不卖地"。名为卖租，实为卖地。[③] 如果土地直接卖给佃农（永佃农），不论名义如何，佃权已变成地权，若买主继续自耕，则永佃农变为自耕农，佃权升格为地权；若转租、转卖，永佃权也随之消失。或者以"名为卖租，实为卖地"的方式卖给第三者，而买主强行撤佃转租或收回自耕，永佃制也都随之瓦解。

太平天国后尤其是蒙地解禁后产生的永佃制，所占比例较小，维持时

① 国民党政府司法行政部编印：《民商事习惯调查报告录》（二），民国十九年刊本，第729—730页。
② 国民党政府司法行政部编印：《民商事习惯调查报告录》（二），第728页。
③ 《土默特右翼前旗志》，内蒙古人民出版社1994年版，第220—221页。

间更短，瓦解或消失更快。由于当时清政府和蒙旗公署多采用大面积放垦的方式，垦户照额缴纳荒地银后，发给盖有旗署和县衙双重官印的"大照"或地照，作为土地使用权的凭证。揽垦者多为有钱有势的"揽头"、地商或地主富户，土地或土地使用权首先被掌握在他们手中。揽垦者获得土地后，处理办法不一，大致分为三种：一是提等提价分割转卖；二是采用耪青的方式进行经营；三是分割出租（准确地说是转租）。第一类方法，可能有较大部分买主是中小农户，土地用于直接经营，但也有小部分买主转租；第二种方法，耪青属于介乎雇工耕种和招佃收租的一种经营方式。耪青有外青、里青之分。按前述开通、瞻榆一带的惯例，外青是青户在自己家吃住，地主先借给青户 2 石（每石 250 公斤左右）口粮，秋后偿还；土地、畜力、农具、种子由地主借给，青户除种地外，每年给地主打零工 20 – 30 天，打羊草 1500 捆（合 2250 公斤），秋后打粮对半分成。里青是青户在地主家吃住，整年给地主干活，每年正月十五上工，腊月十五下工，其间如果闲时误工 1 天扣 5 角钱，忙时误工 1 天扣 1 元钱。秋后打粮扣除地租、畜工、车工等一切费用后，地主分一半，余下一半各青户再分。① 这里的外青，除畜力、农具、种籽由地主借给外，与普通分成租制佃农无异，地主土地仍是青户分散独立耕作。里青则除以产品分成代替固定工资、须同雇主（地主）共同承担风险外，与普通长工无异，地主的土地已是集中统一耕作，与雇工经营基本相同。第三种方法，采用的是普通定期或不定期租佃而非永佃制。开通、瞻榆一带的情况是，地租分"死租"和"活租"两种。死租一般为每亩固定租粮 30 公斤左右；活租即分成租，因土地等则不同，秋后收获量分为主佃三七分、二八分及对半分不等。② 佃农均无永佃权。由此可见，蒙地永佃权经揽垦者转卖、出租后，相当一部分永佃权很快与直接生产者分离。即使揽垦者有部分土地采用里青的方式进行集中经营，但同通常意义上的永佃农，仍有某种质的差别。其他永佃农也因基础脆弱和不断贫困化，永佃权亦极不稳定。这都使蒙地永佃制加速瓦解。

---

① 《通榆县志》，吉林人民出版社 1994 年版，第 123—124 页。
② 《通榆县志》，吉林人民出版社 1994 年版，第 124 页。

四　民国时期永佃制的延续及没落

民国时期，永佃制的环境、条件和永佃制本身的结构都发生了重大变化。

辛亥革命推翻了清王朝，结束了中国持续二千年的封建帝制，国内民族关系和阶级、等级关系结构，国家体制和政权架构，财政状况和岁入来源及取给，军队驻防和官兵给养，农村土地需求和租佃习惯，法规法律和国家的土地、租佃政策，农业生产性质和土地收益，城乡商业和地主的经济动向与金钱贪欲，等等，都出现了程度不同的改变，直接或间接影响、制约永佃制的发展和存废。

清王朝的覆亡，八旗贵族地主失去了国家机器的庇护和原有的特权，旗地丧失了生存的法理依据和社会条件；民国成立后，国内民族关系和内部防务迅速改变，军队驻防同传统卫所已无关连，屯田大多名存实亡，或已失去原有的实际价值，而北洋政府和其后的国民党政府，财政状况和晚清政府一样甚至更为拮据，放荒招垦和清理拍卖官田、旗地，是其弥补财政亏空的主要措施之一。不过在大规模的官荒丈放招垦过程中，大部分垦荒农民已无永佃权，而随着官地、旗地的加速清理和拍卖，官地、旗地的全面民地化，作为出现最早及在清代永佃制中占有相当比重的官田、旗地永佃，急剧衰减，最后趋于消失。民田永佃开始成为永佃制的主要乃至唯一成分。这是民国时期永佃制本身结构的重大变化。

随着城乡商品经济的加速发展，一些地区经济作物种植扩大，加上人口增加，土地供应紧张，人均耕地面积缩减，单位面积劳力投入加大，土地收益提高；地主则因商品经济的发展、城市生活的诱惑和经商居城热的持续升温，对金钱的需求和贪欲空前膨胀，反映在永佃制和租佃关系方面，就是提高租额，开征、加重或吞匿押租，缩短租期，撤佃增租或增押，撤佃自种，兼并田面，剥夺佃农永佃权，等等。为了满足地主阶级的需要，维护地主阶级的利益，北洋政府和国民党政府不仅在仲裁、判决租佃纠纷和案件时，偏袒地主一方，而且制定和修改法律，限制和废止永佃农的相关权利，否定永佃关系中民间惯例和其他习惯法的法律效力，为地主取消和剥夺佃农永佃权提供法律依据，使佃农手中的永佃权失去理据和法律保障。这是民国时期永佃制加速和全面没落最重要的原因。

（一）永佃制的延续、变化及其特点

民国时期，在官地、旗地永佃全面瓦解的同时，一些地区仍有多寡不等的永佃制继续产生。同清代比较，民国时期永佃制发展、变化的一个重要特点是，新的永佃制产生的地域有所增加，数量则明显减少。

在关外农业新垦区，蒙地丈放招垦过程中仍有若干新的永佃制形成。但各蒙旗或蒙古王公属地，具体情况及发展变化互有差异。土地开发较早的喀喇沁、翁牛特、敖汉、土默特各旗，大部分或绝大部分荒地早已陆续放垦，不过进入民国后，蒙旗王府、贵族、寺庙及蒙民仍有零星荒地继续以永佃制的形式出租给汉族农民开垦。除了中小农户价买小片荒地佃权、永佃耕作外，一些地主、商人、富户也都出资揽垦荒地，取得永佃权。1912年，翁牛特左旗大兴永商号"执事"以每亩大洋 1 元的价格买得 52 亩土地的永佃权；建平县王姓商人以 55 元大洋的价格买得 25 亩"边荒"的永佃权。[①] 有的还合伙集资向蒙旗王公贵族购买荒地永佃权。1914 年，土默特右旗杨家沟杨姓合伙凑钱 280 吊，买得该旗吉祥福寿寺"熟地边荒"一处。又如下引卖契所示，有五名富户集资成立"五合堂"，以 2500 两银子购得翁牛特左旗台吉鲍子瑞、宝寿山大片荒地的永佃权：

> 立卖文约人台吉鲍子瑞、宝寿山，今将自己东翁牛特旗海流土一段，东至阿鲁科尔沁边界，西至哈拉勿苏东土堆为界，南至老河，北至阿鲁科尔沁边界，四至分明。此地内有土墙围子一座，围子内住户十余家，均系贝勒府收租，不与置主相干。围子外地土一概俱出与五合堂号下永远为业。以后围子内如有烧锅当铺等商与贝勒府出租不与置主相干。此同本族大众议妥，情愿将地卖与五合堂开垦、耕种、修

---

① 日伪地契整理局编印：《锦热蒙地调查报告》（日文本）中卷，1937 年刊本，第 1415 页。

盖，永远为业。自立契之后，或耕种倒卖，任其自便。言明地价银两千五百两，其银笔下交足不欠。倘有外旗本旗以及汉蒙人争执，均有贝勒府又有卖主一面承管。此系情出两愿，永无反悔。恐口无凭，立卖契为证。小租五年秋后交租，每年租子小洋五十元整。永不丈地，永不增租，并无杂项。随带罗荣买契一张、退契一张。

中　人　林景臣　宫祥　书　宝

代　字　崔筱峰

中华民国七年十一月二十六日同面立契[①]

这文约名义上是卖契，实际上是永佃契，买主不仅一次性付给 2500 两银子的"地价"，从第五年秋后开始，还需每年交纳 50 元小洋的"小租"。因此，买主能够"永远为业"的只是"开垦、耕种、修盖"的荒地使用权，而非所有权。这种土地交易和契约模式是部分蒙地永佃的一个基本特点。

科尔沁各旗及其以北地区，可垦荒地较多，民国时期的荒地放垦规模相对较大，新的永佃制也在陆续产生。

科尔沁左翼中旗达尔罕旗一带（今通辽市辖区内），光绪二十八年（1902）清政府宣布解除蒙地禁令后，开始放垦和"移民实边"。1912 年卓里克图亲王为偿还宿债，将东起巴林他拉、西至爱新庙、南起花灯、北至舍玛力营子的巴林爱新荒地出放；1916 年固山贝子将西起包力营子、东到达罕站，西起乃木格拉、东到胡力海的"达旗河南北荒"出放。这些荒地大部分由军阀、官商富贾及高利贷者购买。如固山贝子出放的 3600 方里土地中，被张作霖、吴俊陞、冯麟阁、马龙潭等购买的荒地为 1500 方里，占总出放面积的 44%。1919 年，张作霖在通辽地区有土地 2800 方里。除军阀、官商富贾及高利贷者占有的土地外，剩余土地仍直接属蒙古王公所有。垦荒者租种需交纳"荒价银"，才能取得对蒙荒的垦耕权和永佃权。"荒价

---

① 日伪地契整理局编印：《锦热蒙地调查报告》（日文本）中卷，1937 年刊本，第 1412—1413 页。该荒地计 96 顷，此前因罗荣所买，因"遥远耕种无人"，1916 年 2 月作价纹银 400 两，卖与翁牛特左旗"东府富大爷"，次年买主提价卖给五合堂。后复被天山垦务局"没收"，1936—1937 年日伪调查时归警务科长"吃租"。（见上引书第 1406—1407、1412—1413 页。）

银"因荒地等级而异，每晌2两2钱至6两6钱不等。垦荒者租种土地6年后，如继续租种，每年除缴纳一定数量的"荒价银"外，还要向蒙古王公缴纳数百文地租钱，向官府地捐局缴纳一定数量的地捐税。放荒期间，土地占有者划分为"大农"、"中农"、"小农"等3个等级，占有200天（晌）地以上的为"大农"，50–200天（晌）地的为"中农"，50天（晌）地以下的为"小农"。土地占有者有业主权、出卖权、典当权、抵押权和租佃权等5种权利。1934年，日本侵略者下令取消蒙古王公收取地租的权力，使土地的永佃权变为私有权。永佃制消失，绝大部分落入地主手中。蒙古王公贵族还被迫将自己占有的部分土地奉献给伪满皇帝，称"土地奉上"。1939年，通辽地区有土地10万晌，其中地主9万晌，占90%。日伪政权5000晌，占5%。剩余5%由占人口90%以上的农户耕种。①

辽宁省康平县，土地原为蒙古王公属地，清代"借地养民"期间，王公设地局招民开荒，佃户缴纳押荒银，找揽头认领荒地，领取地契，每年向蒙古地局缴纳地租，佃农只有耕作权而无所有权。进入民国后，蒙地同时兼有官地的性质，地租、田赋合一，省四旗六分成。1925年康平县公署会同"博、宾、达"三旗成立联合事务所，办理民户佃垦，价契换照。1926年全县清丈土地，佃民须先到蒙旗地局缴价粘贴蒙地契照，然后再到县公署重换省照。所换省照仍有"承租"二字，佃民仍然只有耕作权。1938年，日伪宣布取消蒙古王公的土地产权。② 蒙古王公失去了原有的土地所有权和收租权，汉族佃农也同时失去了永佃权。

辽宁四平街（今吉林四平市），土地原为哲里木盟达尔罕亲王所有，嘉庆八年（1803）奉旨招垦。垦民缴纳押荒银，取得蒙地垦殖权和永佃权。土地经营有自耕，亦有雇工耕种或转押、转租。转押收价，比原押荒银高出几倍至十几倍不等，历经百余年沧桑，基本延续到1927年梨树县公布《新清赋令》，清丈升科。③

准格尔旗自清朝以来，垦地逐步扩展，牧场日趋缩小，至民国时期，

① 《通辽市志》，吉林人民出版社2002年版，第185—186页。
② 《康平县志》，东北大学出版社1995年版，第325页。
③ 《四平市志》（下），吉林人民出版社1993年版，第26卷，农业，第1294—1295页。

蒙汉两族均无纯牧业户，皆以农耕为主，兼营养牧。地权和土地耕作有多种形式，永佃制是其中的一种。新中国成立前，垦地共分 6 种：一为"黑界地"；二为永租于外省人的"牌界地"；三为旗地；四为王府地；五为"缮召地"；六为蒙民"糊口地"。蒙民多种自己的糊口地，也有将其租给汉民耕种者。旗地、王府地、缮召地则全由汉人租种。汉人为自耕农者，占农户的十分之二三，租种旗地、王府地、缮召地、糊口地者占农户的十分之七八。① 租佃形式不详，不过除"牌界地"外，永佃制似乎已为数不多。

在农业老垦区，某些江河湖海淤积沙地的开垦，民国时期仍有若干数量永佃制的形成，有的还以永佃制为主。江苏海门以及后来的启东，② 新淤沙地垦殖，大多以永佃的方式进行，由佃农筑围开垦，永佃制一直在不断扩大。据 20 世纪 30 年代的调查，实行永佃制的土地，在海门占耕地总面积的 23.6%，启东占 70.6%。③ 宝山沿江淤地的招租惯例是，如地主自己围岸筑圩而后收押招佃垦种，佃农皆无永佃权；如系佃农围岸筑圩，则佃农享有永佃权。④ 在浙江萧山东乡，"当沙地新涨时，由某甲承粮（每亩约纳粮二三分），永佃与某乙筑堤开垦种植，某乙须纳相当之租金与某甲。而其地即可自由处分使用收益，某甲无权过问"。⑤ 佃农通过筑堤开垦取得永佃权。在位于黄河出口的山东利津一带，官府放垦淤滩地，佃户领有佃照，即可永佃，还可以转租、典卖。历城官产佃户亦有永佃权。⑥

某些地区的地主招垦，也有的采用永佃的形式。山西辽县，通常客籍农民向当地地主租垦荒地，谓之"顶地"。自顶之后，"许客顶客，不许原业主收回"。⑦ 在五寨一带，佃农租垦山地，一般都有契约，如不短欠租粮，

---

① 《准葛尔旗志》，吉林古人民出版社 1995 版，第 51、52 页。

② 海门原为直隶厅，民国元年 1 月改制为县；启东县系民国十七年（1928）浙崇明外沙设置。

③ 沈时可：《海门启东县之租佃制度》，《民国二十年代中国大陆土地问题资料》，台北成文出版社有限公司、〔美国〕中文资料中心 1977 年版，第 60 册，第 30907 页。

④ 国民党政府司法行政部：《民商事习惯调查报告录》（一），民国十九年刊本，第 463—464 页。

⑤ 徐振亚：《萧山租佃制度之研究》，《民国二十年代中国大陆土地问题资料》，（台北）成文出版社有限公司、〔美国〕中文资料中心 1977 年版，第 59 册，第 30525 页。

⑥ 国民党政府司法行政部：《民商事习惯调查报告录》（一），第 247、240 页。

⑦ 国民党政府司法行政部：《民商事习惯调查报告录》（一），第 261 页。

即可永远承种，"只许乙（佃农）退，不许甲（地主）夺"。①

在永佃制长期广泛流行的皖南徽州地区，由于某些特殊原因，偶尔也有新的零星永佃的发生。1927 年黟县八都燕川的一纸永佃契，是其中一例：

> 积寿公会内在昌保公屋场西边与长有屋塝毗连有白地一片，今于民国十六年丁卯清明日，凭会内众人将此白地永远出租与长有处。其租钱每年议定一百廿文，当日毓兰手收。长有银十二元存会，每年以一元之利息作〔抵？〕。递年之租金，凭众允定，特此批明是〔实〕存据。②

这是一宗情况比较特殊的永佃个案。吴姓"积寿公会"有一片村内空地，与族人吴长有的屋场相连。可能由于鸡鸭扰害、行人往来等显而易见的原因，该地并不适于耕作，其他族众、村民更是完全无法利用。在这种情况下，会众才会同意将其"永远出租"给吴长有，给祭祀会提供一点收入。值得注意的是，吴有银洋 12 元存会生息，地租亦可冲销部分利息，一举两得。从这个意义上说，这宗永佃个案似乎不一定具有普遍意义。

湖北以及其他一些地区，还部分保留和继续产生通过购买佃权形成的永佃制。湖北阳新，有农民向田主买进永佃权，俗称"永批"。③ 宜昌地方有俗称"溜庄"的永佃制，佃户通过缴纳"上庄"钱获取佃权，可以长期耕种，除非佃户自愿退佃，谓之"卖田不卖佃"。不过"上庄"钱数额不菲，一般相当于土地的 3 年产量，而且退佃时庄钱不退。④ 竹溪的"明租暗典"，也属于这一类型的永佃制。⑤

甘肃地区有一种"长租契约"，也带有永佃契约性质。通常地主不能撤佃，有时地权转移，原契仍有效，佃农耕作不受所有权转移的影响。⑥ 这是

---

① 国民党政府司法行政部：《民商事习惯调查报告录》（一），第 304 页。
② 刘伯山主编：《徽州文书》第一辑（4），广西师范大学出版社 2005 年版，第 393 页。
③ 《阳新县志·经济篇》，新华出版社 1993 年版，第 169 页。
④ 《宜昌县志》，冶金工业出版社 1993 年版，第 4 卷·农业，第 144 页。
⑤ 国民党政府司法行政部：《民商事习惯调查报告录》（一），第 565 页。
⑥ 国民党政府司法行政部：《民商事习惯调查报告录》（二），第 669 页。

由普通租佃向永佃制演变的一种过渡形态。

民国时期，许多地区永佃制的产生，并非农民垦荒，获取佃权，而是自耕农出卖土地，保留耕作权，俗谓"卖田留耕"、"自卖自种"、"卖田不卖佃"或"卖马不离槽"。

自耕自食的中小农户，贱价出卖土地，或无偿投献土地，投靠权势地主，放弃土地所有权，仅仅保留耕作权，从自耕农下降为佃农，这种情况在明末清初永佃制形成初期即已出现。清代前期特别是清代后期，某些地区亦不乏自耕农出卖土地、保留耕作权的情况。延至民国，由于城乡商业和商业性农业的加快发展，农民贫富分化加剧，尤其是税捐负担沉重、农户经营规模缩小、家庭手工业萎缩等多种因素，自耕农民经济状况愈益恶化，被迫出卖土地，但又无法另谋生计，只好保留佃权，继续耕种。自耕农沦为佃农（部分为永佃农）的情况，在一些地区越来越普遍。在相当一部分地区，无论借债抵押，还是土地买卖，农民舍弃所有权，而保留耕作权，已经成为普遍现象和地方惯例。

皖南休宁一些地方，农民将出卖的土地，佃回耕种交租，称为"卖租"，其契约被称为"卖租契"，否则称为"卖田契"。[①] 从皖南徽州地区一些地主租簿和土地文契中可以发现，几乎每户地主都占有数量不等的借债抵押地或典当地。这些土地通常由地主保存地契，但并不直接经营管理，而是由借债人或出典人继续耕种。久而久之，原有的土地所有者完全丧失地权而仅仅保留耕作权。[②] 徽州地区的"卖田留耕"，从清代前期开始分为土地买卖和租佃两个程序，在凭中订立卖契之后，卖主必须再写"承佃（种）字"。不过随着永佃制的加速衰落，"卖田留耕"的永佃性质和因素越来越模糊和逐渐消失。下面是1927年黟县的一组"卖田留耕"契据：

其一

立杜断卖契人王松龄，今因正用，自情愿将承祖遗下之业，土名枧头田壹丘，计实租拾叁砠拾斤正，系经理推字号，其税照推照依鳞

---

① 参见中国社会科学院经济研究所藏：《休宁朱姓地主置产簿》第24函，W·TX·B0071。

② 参见中国社会科学院经济研究所藏徽州文书：《收租簿》、《置产簿》各函。

册，现管现业，四至指明央中尽行出卖与吴长有兄名下为业，三面言定时值价英洋壹佰叁拾伍元正。其洋当日现手收足无欠，其田听从管业耕种，身无异说。未卖之先，并无重迭交易；既卖之后，倘有内外人声说等情，尽是卖人之〔支〕当，不涉受业之事。自卖之后，两无悔异。恐口无凭，立杜断卖契存据。

中见人　吴有山　吴门王氏

王权龄嫂　胡氏王门

亲笔人　王松龄

民国拾六年拾一月　日立杜断卖契人王松龄①

其二

立承种字人王松龄，今自卖之田，原中声明种到吴长有兄名下田壹丘，三面言定递年上下季监分。自种之后，倘有外内人缴种等情，请察详明；或本人种力不足，唯从本求。自发以后，本人无能倍力耕种，预先通知。恐口无凭，立承种字存照。

民国拾六年冬月　日立承种字人王松龄②

"卖田留耕"的卖地习惯流传了下来，不但永佃权没有了，交租方式也出现了倒退，由原来的定额组变成了分成租，并且是临田"监分"。有意思的是，尽管在"监分"下，地租收入直接同土地产量挂钩，地主加强了对佃农的奴役，"承种字"并无撤佃警告，而是佃农自己解决：人手不足，自己想办法；实在无力耕种，"预先通知"，不致影响田东收入。这大概是该地"卖田留耕"从永佃制退回到传统租佃的过渡形态。

（二）永佃制的加速衰微和终结

民国时期，虽有新的永佃制继续形成，但原有的永佃制，无论官田、旗地永佃还是民田永佃，都呈加速度蜕变和没落态势。官田、旗地、蒙旗

---

① 刘伯山主编：《徽州文书》第一辑（4），广西师范大学出版社2005年版，第391页。
② 刘伯山主编：《徽州文书》第一辑（4），第392页。

地永佃相继在民国初年或日本侵华战争中消失；延续到土地改革前夕的民田永佃，则大多是以永佃制的衍生形态，即"大、小租制"或"底面合一双租制"的形式存在，只有极少数地区的永佃制，永佃权仍然作为土地使用权保留在永佃农手中，永佃制作为当地封建租佃关系的一种重要形式，最后在土地改革中消亡。

辛亥革命后，由于国内政权架构、阶级和民族关系、军队驻防和给养的改变，官田旗地存在的环境、条件和归属、性质，都出现了重大变化。

一些地区的屯兵已失去原有的作用，变为耕作农民。如川西雷波、马边、犍为、宁南、松潘、茂州等处，清代原有重兵把守，屯兵按户拨有屯田，但随着时间的推移，日形松疏。辛亥革命后变成专事耕作的农民，屯田则子孙世守，渐成私田。学田和其他官府机关田产，也多被官绅提卖。[1] 辛亥革命后，八旗贵族地主加速没落，被迫以卖地为生。如直隶京汉路沿线地区，"旗室陵夷"，旗地纷纷贱卖。[2] 江苏南京一带，辛亥革命后旗人逃亡殆尽，旗地被佃户据为己有；后旗人归来，亦不承认其所有权。[3]

更重要的是，辛亥革命后，北洋政府及后继的国民党政府，进一步加速和扩大了官田、屯田、旗地的清理和拍卖。

1914年9月，北洋政府财政部成立"清理官产总处"，各省设"官产处"，着手官产、旗地及其他官荒地亩的清理与拍卖。11月制定颁发《国有官荒承垦条例》。自此，全国官地、官荒的清理拍卖进入了一个新的阶段。

各省屯田、官荒以及其他官公地亩的清理、拍卖也在加紧进行。1913年，江苏、湖北等省，因财政支绌，相继提出变卖官地，以济燃眉之急。3月，江苏决定将该省官房、官地、营地和各种屯田、学田估价招标拍卖，以为"救济政策"，并将变卖方法交省议会公议。[4] 湖北也因"军需浩繁，罗掘无穷"，决定将该省官房，学、卫、屯田，营地，马厂，芦苇官湖等各

---

① 张肖梅编：《四川经济参考资料》，中国国民经济研究所，1939年刊本，第411页。
② 陈伯庄：《平汉沿线农村经济调查》，附录一，国立交通大学，民国二十五年印本，第6页。
③ 万国鼎：《南京旗地问题》，正中书局1935年版，第43页。
④ 《大公报》1913年3月22日。

项公产，"一概变卖"。① 浙江余姚、上虞、萧山、绍兴等沿海沙田、灶地，1913—1927 年曾多次清理和拍卖招垦。1913 年冬至 1914 年春，先后在余姚、上虞、绍兴、萧山设立"清查沙地总局"及分局，着手清理、拍卖沙田。1915 年，北洋政府财政部颁行处分官产条例后，复在杭州设立"清理浙江官产处"，在各属分设"官营产事务所"。其清理和拍卖范围，也由沙田扩大到灶地和其他官有田产。1923 年复设"浙江沙灶地垦放总局"，专门负责沙田、灶地的清理和放垦拍卖，其他官有田产的清卖转归省财政厅办理。垦放总局成立后，一面派人赴各地调查沙田、灶地；一面相继于杭州、萧山、嘉兴、温州、绍兴等 12 处设立分局，分局下复设事务所和报丈处，开始了全省范围的沙田、灶地清查、拍卖。直至 1927 年国民党政府成立后，垦放总局的活动才暂告一个段落。② 江西萍乡拍卖的是军田。在清代，该县充差承运军粮的"军家"所管领的军田，早已在军家内部买卖，逐渐失去了官田性质。辛亥革命后，北洋政府宣布将此项军田"收归国有"，由官府主持发卖与原军籍后裔。③ 湖南洞庭湖滨官田的清理，清末即已开始，后因辛亥革命一度搁置。1917 年，湖田局再度开始于湖滨各县实行丈量升科，规定以前所领官田执照，一律向财政厅缴费换取民业执照，湖田产权自此由官业变为私业。④ 广东潮州地区的屯田初为屯丁自种，后改招佃户。佃民辗转相承，地权性质已逐渐蜕变。1919 年广东省政府宣布屯民按照屯租额的 10 倍缴价，改屯田为民田，仍照原田科则升科纳粮。⑤ 四川的学田和其他官府机关田产，也多被官府或地方豪绅拍卖。⑥

到 1919 年，全国大部分官田已经拍卖或清理完毕。同年 7 月，北洋政府宣布各级"官产处"全部裁撤，未了事宜交由各省财政厅负责，有关官地的拍卖、换照活动继续进行。如吉林桦甸的太平仓田，原由省城官仓处

① 《大公报》1913 年 4 月 5 日。
② 潘万里：《浙江沙田之研究》，《民国二十年代中国大陆土地问题资料》，第 69 册，第 36201—36202 页。
③ 国民党司法行政部：《民商事习惯调查报告录》（二），第 994 页。
④ 彭文和：《湖南湖田问题》，《民国二十年代中国大陆土地问题资料》，第 75 册，（台北）成文出版社有限公司、〔美国〕中文资料中心 1977 年版，第 39473 页。
⑤ 民国《大埔县志》卷 6，经政志，民国三十二年铅印本，第 38—41 页。
⑥ 张肖梅编：《四川经济参考资料》，中国国民经济研究所 1939 年印本，第 411 页。

经理出租，租户有官仓处所发认租数目执照，世代承种，也有的转租招佃。
至 1925 年，吉林省取消承租，由省财政厅会同县署丈放，尽先由原租户缴
价换照，发给丈单管业。① 奉天开原也继续拍卖官地，收缴地价。1926 年 3
月还专门成立"开原收价事务所"，收缴三陵、官荒、边壕、伍田、学田等
官田地价。②

　　1927 年国民党政府成立后，对官地、旗地和湖田、灶地等特种土地，
继续采取清理和拍卖措施。1928 年夏，国民党政府接管北洋政府的直隶、
京兆旗产官产清理处，改组为"河北兼热河官产总处"，隶属财政部，接着
对河北、热河境内的旗地、官地进行清理和拍卖（北平市旗地中有关文化
古迹者，拨归北平市政府管理），原已拍卖的官田旗地，则进行验照税契，
并制定或修订相关章程、条例和实施细则。官田旗地的购买，仍沿袭北洋
政府旧章，原则上鼓励佃户留置，只有当佃户声明放弃，或逾期不留置时，
才另行标卖。③ 从 1928 年开始，国民党政府先后对浙江沿海沙地、灶地，
江浙太湖湖田进行了登记整理。这一活动断断续续，直至 20 世纪 30 年代
中，始终未有完全停止。④

　　经过北洋政府、国民党政府先后 20 余年的清理、拍卖，到 1937 年日本
全面侵华战争爆发前夕，各省屯田、官荒、官地、旗地相继变成了民田，
而且绝大部分为地主、富商和官绅豪强所垄断。如热河滦平县（今属河北
省），清末时有皇粮庄头地、行宫地、王公府地、旗佐营汛地、杨木地、府
旗鹰手地等各类旗地 72 处，总计 30 万亩，占 1931 年土地总面积 90.6%。
1915 年 4 月设立"热河官产处滦平县官产分处"，依据《修正热河售放庄地
规则》，开始分配、放售庄旗地。基本原则是，提取庄地总数的 25% 分配给
驻防官兵；10% 给看管热河园庭（含各县内行宫）兵弁，每人 60 亩；10%

<hr>

① 民国《桦甸县志》卷 6，食货，民国二十一年年铅印本，第 7 页。
② 民国《开原县志》卷 7，财赋，民国十九年铅印本，第 29—30 页。
③ 1932 年，由于日本帝国主义占领东北和不断蚕食河北，加上连年灾荒，河北农村破产，农
　民生活困苦至极，根本无力置地。1934 年 5 月第二次全国财政会议核准，停办河北官旗各
　产拍卖，但验照税契继续进行。（参见鞠镇东：《河北旗地之研究》，《民国二十年代中国大
　陆土地问题资料》第 75 册，第 39711—39788 页。）
④ 谢俊：《两浙灶地之研究》；徐伯符：《太湖湖田之研究》，均见《民国二十年代中国大陆土
　地问题资料》第 74 册。

归原庄头；其余 55% 优先售放给原佃、再佃或他人。售价上上则即水园地每亩银元 6 元，上则 5 元，中则 4 元，下则 3 元，下下则 2 元。佃农缴价领照后即为民地，升科纳赋，赋额每亩依次为 8 分、7 分、6 分、5 分、4 分。售放后期，应王府要求，王府旗地亦被拍卖。1931 年，各项旗地售放基本卖竣。庄旗地售放的结果，使相当数量的佃农、半自耕农、下层官兵获得了一些土地，特别是带有二地主性质的"原佃"，购得了较多土地，上升为中小地主。另有一些地主、商户勾结官府，趁贫苦佃户无力购置之机，肆意挂购，购得了大量土地，上升为较大地主。[①] 滦平县庄旗地的分配、放售，大致反映了北洋政府和国民党政府时期官地、旗地清理拍卖的一般情况。

20 世纪 30 年代，官地、旗地基本清理、拍卖完毕后，除放垦的蒙地和河滩湖滨沿海淤地中，有小部分采用永佃制的形式外，其余全都演变为传统封建租佃关系。一些地区残留的学田，也大多由以前的永佃、世袭租佃或长期租佃演变为短期租佃，甚至通过"招标"的方式，定期换佃增租。如四川江北，全县学田一律实行"投标竞佃"，每 5 年竞佃一次，不分新佃、旧佃，价高者得。[②] 在"公平竞争"的旗号下，大幅度缩短租期，人为抬高租价，加重对佃农的地租压榨。

北洋政府和国民党政府虽没有像清理、拍卖旗地一样清理、拍卖蒙地，但民国时期的蒙地永佃的环境条件，也发生了巨大变化，蒙地永佃也呈加速衰落态势。

民国时期，由于关内华北地区土地供不应求，关外东北南部地区成片的荒地已经开垦完毕，而蒙地在 1938、1939 年两次"土地奉上"、全部奉献给伪满皇帝（实际上奉献给日本侵略者）之前，名义上仍属蒙旗或蒙古王公所有，汉族开垦者一般只能获得永佃权。在这种情况下，蒙地永佃权成为汉族地主富户占有和兼并的重要对象。民国时期蒙地开垦过程中出现的永佃制，形成的机制既与清代不同，维持的时间亦短，大多很快落入地

① 《滦平县志》，辽海出版社 1997 年版，第 243—244 页。

② 按《江北学田竞佃规则》规定，若新佃、旧佃所出标价相同，旧佃有优先权；若旧佃落标，也可以要求按中标人所出最高租价认租，但必须在投标现场当即提出，并给予中标人相当于该业押金 3% 的一次性"酬报金"。（张伯芹：《江巴两县租佃制度之研究》，《民国二十年代中国大陆土地问题资料》第 61 册，第 31414—31418 页。）

主豪绅和富商手中。

在绥远河套地区，达拉特旗、乌拉特旗的短租地一般15年一换约。每次换约时，蒙旗地主往往把中小地户原种之地转给大地商。因此有的大地商竟占地几百顷或千余顷。如河套最大地商王同春之子王乐寓在原安北县就有上千顷土地；王二台吉在前山和河套占有土地7处，计4万余亩。1923年绥远都统马福祥在中滩一带领有五六千亩好地。此外，地主陈三仁、刘富春等，也分别占地数十顷或数百顷。而中小地户则因"无钱无力争租，年限期满，钱地两空"。永租地也一样。蒙旗放垦地一般以自然标记为界，按整片计租，不论能否耕种，都要收取租银，正项租银有押荒、渠地租、渠租、岁租，其他款项有地租、罂粟另租、水租。此外还有放地照费，叫"杂款"。地商把持土地后，将能种的土地再转租给小农耕种，按三七、四六或对半分收禾苗，谓之"分股子"。[①] 这些地商很快变成了"二地主"，原来意义上的永佃制瓦解殆尽。

热河土默特右旗（朝阳县），到清末民初，旗署、王府土地交由地商管理，随即终止了推行已久的永佃制，凡新立租约，无论荒熟地亩，都改行短期租佃或耪青，包括垦荒在内，租期大多只有5年，期满收地，一般不得再议、续租，而且纳租等条件严苛[②]，生荒开垦，头年就得交租。如宣统元年（1909）地商庆聚堂开立的一纸"开荒地文约"，一改过往的永佃模式，规定耕种五年，交租头年三七，二年四六，三年对半，期满退地。[③] 即使换约，也只能另垦新荒，试看民国八年庆聚堂的一纸"对契合同"：

> 西土默特旗黑山公仓庆聚堂管界内，陈家丈字南坡熟地一段，计开四至，南、西、北至山，东至郎，四至以内地贰天租与陈有名下，每年秋后交纳租塔钱贰拾吊正，五年换契，在［再］开荒地，将原地

---

① 《乌拉特前旗志》，内蒙古人民出版社1994年版，第169、170页。

② 有的除地租外，佃农或耪青人还须负担"警款花销"的地方差捐。如民国十六年庆聚堂开立的一纸"耪青合同文约"规定，"警款花销由耪青人负担"（《锦热蒙地调查报告》（日文本）上卷，1937年印本，第378页）。

③ 日伪"地籍整理局"编印：《锦热蒙地调查报告》（日文本）上卷，1937年印本，第378页。

撤回。此系三面言明情愿，恐口无凭，立租约为证。

　　对契合同（蒙文省略）

　　民国八年三月初八日　　　　　　　　立①

　　"合同"虽然载明"五年换契"，但佃农只能再开荒地。至于原租地亩，根本没有商议、续租的余地，必须无条件收回，可见条件之苛刻。

　　在科尔沁左翼中旗地区，光绪二十八年（1902）清政府宣布解除蒙地禁令后，除相当一部分土地被张作霖、吴俊陞、冯麟阁、马龙潭等地方军阀购买外，剩余土地在放荒期间，已有"大农"、"中农"、"小农"之分。②分别占地 200 天（合 2000 亩）地以上的"大农"，50—200 天地的"中农"，在雇工经营的同时，将部分或大部分土地出租，或者采用"榜青"（"外青"或"里青"）的方式进行经营。那些出租或采用"外青"形式经营的土地，永佃权已经同直接生产者相分离。而土地 50 天（合 500 亩）地以下的"小农"，不少因耕地面积和经营规模过小，经济状况恶化，被迫出卖或典当、抵押土地（耕作权），也不断同永佃权分离。就在蒙地的买卖、典当、抵押、转租过程中，垦耕者不断分化，"大农"越大越富，"小农"越小越穷，耕作权相继同直接生产者分离，永佃制随之衰落。

　　有的地区，虽然放垦的蒙地均有永佃权，但中小农户拥有的永佃权比例既小，维持时间更短。如开通、瞻榆地区的札萨克图郡王和图什业图郡王世袭领地，光绪二十八年（1902）和光绪三十一年（1905）相继放垦后，大部分或绝大部分为"揽头"所把持。一些土地"揽头"（外来商人、富裕户及先来蒙地私垦的暴发户）从荒务局把大块整片土地揽（买）过来，再全部或部分抬等抬价转卖给需要土地者。凡购买土地者交足地价，就领取土地"大照"，并每年按土地面积向奉天府和蒙旗王府分别缴纳"大租"和"小租"等租税。"这些购荒者逐渐成为县内的地主阶级，通过招榜青或出租土地，剥削贫苦农民。"③ 1934 年日本侵略者宣布取消蒙族王公征收地租

① 日伪地籍整理局编印：《锦热蒙地调查报告》（日文本）上卷，1937 年印本，第 324 页。
② 《通辽市志》，吉林人民出版社 2002 年版，第 185—186 页。
③ 《通榆县志》，吉林人民出版社 1994 年版，第 123—124 页。

的权力前，蒙地基本上为这些地主（二地主）所垄断，相当一部分永佃权蜕变为另一重收租权。

前述哲里木盟达尔罕亲王世袭领地（今吉林四平、梨树一带）的放荒地，1927 年梨树县《新清赋令》公布后，虽有部分农民仍然佃租蒙王耕地，延续原有的永佃关系，其租赋由设在梨树镇的西公益地局征收，但有不少大户农家、豪绅巨富将永佃权变为土地所有权。同时，掌控农村基层政权的百家长、村长趁机兼并农民手中的佃权，致使更多的土地落入封建地主及揽头手中，① 该处蒙地永佃制急剧没落。

除了清理、拍卖官田、屯田、旗地，直接导致官、屯、旗地永佃制加速没落，北洋政府和国民党政府对永佃制的相关法律、法规、政策进行大幅修改、调整，不断收缩永佃农的权利范围，在审理有关永佃制的纠纷、案件时，对地主（田底主）肆意偏袒、纵容，使永佃权和永佃农彻底失去了官府和法律（包括成文法及习惯法）的保护，封建地主在加紧压榨永佃农、侵夺永佃权的过程中，愈加肆无忌惮，从而大大加快了永佃制全面没落的速度。

北洋政府和国民党政府有关永佃制法律、法规和政策措施的改变，有一个逐渐加剧的过程。

北洋政府从一开始就明显收缩永佃权和永佃农的权利范围，放宽对地主（田底主）追租撤佃的条件限制，在审理涉及永佃权的租佃案例时，总是偏袒地主一方。北洋政府大理院审理这类案件的基本原则是：第一，佃户拖欠地租或"盗典"土地，准许地主撤佃，不能以佃户应允补缴或赎回，而拒却业主的撤佃要求；第二，地主实欲自种或因其他"必要情形"，永佃人虽不欠租，亦应退佃；第三，即使立有"永不增租夺佃"契约，日后若因经济状况变更，认为原定租额太轻，地主不妨以邻近地方为标准，向佃农提出增租要求。②

---

① 《四平市志》（下）卷 26，农业，吉林人民出版社 1993 年版，第 1294—1295 页。
② 参见郭卫编：《中华民国元年至十六年大理院判决例全书》，上海会文堂新记书局 1932 年版，第 184 页；《大理院判例要旨汇览》，北洋政府大理院编辑处 1926 年刊本，卷 1，民法，第 110 页；郭卫编：《大理院解释例全文》，上海会文堂新记书局 1932 年版，第 719—720 页。

增租、夺佃是地主盘剥和压榨佃农的两个杀手锏。其中夺佃主要是手段，增租是最终目的。不许地主增租夺佃，是永佃权的基本标志和核心内容。北洋政府审理永佃制案件的上述三大原则，为地主（田底主）增租夺佃扫除了全部障碍，所有永佃权，不论有无契约依据，都不再受到国家成文法法或习惯法的承认和保护，上述天津地主（田底主）悍然增租夺佃，就是在这种情况下发生的。不过永佃农权利之一的转租权，似乎仍然得到北洋政府的承认。北洋政府大理院的判例显示，永佃权人是可以将土地出租与他人的。如1913年判例上字第140号规定：佃权人对于自己之佃权，除与地主有特别约定外，自得自由处分，毋庸受地主之干涉；1918年上字第983号规定：佃权人得以其所佃之地转租于人。① 这是一个例外，在地主（田底主）恣意增租夺佃的威胁下，转租成为某些永佃农唯一一线出路。

不过北洋政府尚未制定明确废止永佃制的法律、法规。

国民党政府在调整永佃权法规、政策，收缩和限制永佃农的权利方面，在北洋政府的基础上，又向前跨了一大步。

首先，将收缩和限制永佃农的权利范围，特别是地主（田底主）的撤佃权，以国家法律的形式明确和固定下来：

国民党政府立法院1929年颁布的《民法》中，第846条规定，"永佃权人积欠地租达二年之总额者，除另有习惯外，土地所有人得撤佃"；

第458条规定，"耕作地之出租人，如收回自己耕作，得终止契约"；

第845条规定，"永佃权人不得将土地出租于人。永佃权人违反前项之规定者，土地所有人得撤佃"。②

显然，同北洋政府比较，国民党政府对永佃制的态度和相关政策，更加明确、具体和法制化，特别是取缔永佃农的土地（田面）转租权，堵死了永佃农应对和躲避地主增租夺佃的一线出路，不仅提高了地主（田底主）收租权的安全系数，而且为其加重剥削、侵夺田面创造了条件。

其次，在审理永佃权案件、调解永佃权纠纷的过程中，更加偏袒地主

---

① 大理院编辑处：《大理院判例要旨汇览》卷1，民法，1926年再版，第109页。

② 吴经熊：《中华民国六法全书理由、判解汇编》第一册，1936年8月增订本，第454、259、453页。

（田底主）一方。

北洋政府和国民党政府相继调整、改变有关永佃权的政策，特别是国民党政府在《民法》中对永佃权的限制和地主撤佃权的保障，以法律条文的形式固定了下来，地主（田底主）越加有恃无恐，限制和盘剥佃农、撤佃和侵夺佃权的行动进一步升级。租佃纠纷迅速增加。国民党政府及相关机构，则完全站在地主（田底主）一边，甚至拘传和镇压佃农。前述江都屯田主勒令增租，酿成租佃纠纷，江都县政府即特派军警下乡拘传佃农。江西旧袁州府属宜春、分宜、萍乡、万载四县学田，虽系佃户永佃，耕者"名居佃夫，实为业主"，历年缴纳"铁板"租，但1927年前已数次增租，由原额租折银499两9钱5分增至743两5钱2分多。1928年乡绅刘天瑞接管袁州书院，征收学租，再次大幅提高租额，远远超出了佃农的负担能力，遭到全体佃农的强烈反对。宜春县长欧阳骧不问是非曲直，诬指佃农"抗租不交"，派遣法警、差役多人，蜂涌进村"任意横行，不分皂白，捆人击物，坐家骚扰"，在拘拿苏东成等5名佃农的同时，勒索现洋84元，并"勒书限结"，以暴力手段威逼佃农完租。①

不仅如此，国民党政府对一些地区长期存在和广泛流行的永佃权，根本不予承认。

浙江地区的永佃权，十分之九是太平天国战争后农民占垦的产物，并为当时封建政权所承认，"经官方明令只许收租，不得撤佃"。因为这是一种群体行为，不受个人信用的影响，"故当时仅有人的隶属关系（按即主佃关系），并无契约明文"。20世纪30年代初，浙江省财政厅为了增加税收，制定的《征收永佃契税施行细则》载明，永佃权"权利之移转设定，均用书面契约，仅口头结定者不发生效力"。② 一些地区缴有佃价，立有契约，依当地习惯存在的永佃权，只因契约未写明"永佃权"字样，国民党官府也一样不予承认。如浙江诸暨县佃农温周氏租种徐俊德农地3亩，当时出过"人事钱"，立有"认租票"。1932年，田主借口温周氏将田转佃他人，收

---

① 《江西宜春四邑公所佃农苏东成等呈诉刘天瑞非法增租》，《农矿公报》1929年10月第17期，第29—31页。

② （浙江省）《佃业仲裁委员会决议案》，（南京）《中央日报》1933年3月15日。

回自种，遂起纠纷。诉至省佃业仲裁委员会，该会以人事钱属于押金，"不必有永佃权"，予以"驳斥"。[①] 於潜县有佃农出过押金，并立有"永远存照"之批约，省佃业仲裁委员会亦拒绝承认其有永佃权。[②]

这就大大助长了封建地主的嚣张气焰，浙江自财政厅《征收永佃契税施行细则》一出，"一般永佃田主咸利用机会，起而推翻一般无书面契约之永佃农"。浙江省佃业仲裁委员会决议案显示，各地"佃农以无书面契约，不能证明其有永佃权，致遭撤佃者，比比皆是"。[③] 自国民党政府及相关机构将一些地区兼具佃权价格的押租、"人事钱"定性为单纯的押租、押金，各地佃农昔日由劳力或投资得来的永佃权，瞬间转变为货币关系（押租）的"暂佃权"。[④] 等等。

这样，一方面，北洋政府和国民党政府大幅度改变封建政权关于永佃制的传统政策，制定法律、法规，缩小永佃权的权利范围，限制永佃农使用和处置田面的权利，放宽地主（田底主）增租、撤佃的条件限制，为地主增租夺佃、剥夺佃农永佃权提供法律依据。在审理相关纠纷和案件时，又总是偏袒地主（田底主）一方；另一方面，因土地供求矛盾加剧，地租剥削加重，田面权越来越成为地主富户的兼并对象，使永佃权不断同永佃农分离。同时地主通过增押增租、追租撤佃、禁止佃农出售或转让田面、夺回自种，以及地主卖地后，买主撤佃或收回自种等手段，剥夺佃农的永佃权。所有这些，都促成了永佃制的加速没落。20 世纪二三十年代，一些地区的普遍情况是，昔日凭劳力或投资获得的永佃权日渐演变为货币关系（押租）下的"暂佃权"。[⑤]

在永佃制的形成和发展过程中，垦荒一直是永佃制的重要形成途径，但在江河、湖泊、滨海新垦区，民国时期尤其是 20 世纪 30 年代，通过农民垦荒产生的永佃制数量大减，或近乎绝迹。前述江苏海门、启东的垦荒永佃，基本上是民国以前形成的。进入民国，一些地主特别是垦殖公司，继

① 浙江省《佃业仲裁委员会决议案》，南京《中央日报》1932 年 10 月 19 日。
② 浙江省《佃业仲裁委员会决议案》，南京《中央日报》1932 年 2 月 11 日。
③ 浙江省《佃业仲裁委员会决议案》，南京《中央日报》1933 年 3 月 15 日。
④ 浙江省《佃业仲裁委员会决议案》，南京《中央日报》1932 年 2 月 11 日。
⑤ 《中国经济年鉴》，1934 年，第 7 章，第 G80 页。

续收取押租，但不再给佃农以永佃权，并明文禁止佃农转租、让渡租地，以防止土地产权的分裂和永佃制的产生。如裕华垦殖公司的承种田亩规则，第 3 条规定必须缴纳押租；第 4 条规定佃农不得将领种地亩抬价私自转移；第 5 条规定不得转租他人收取第二租；第 12 条有关于收回佃田及给予奖励金的规定；第 13 条有予佃业尽先承购佃田的机会；第 14 条有关于自愿退佃的规定。① 这些规定从根本上堵死了新的永佃制的产生途径。

有的地主在掠夺土地和立约时，应允佃农永佃，但迅即废约，剥夺佃农的永佃权。日本全面侵华战争期间，在天津北部军粮城一带，汉奸地主与日本帝国主义相勾结掠夺土地。军阀陈光远将农民开垦的熟地 2000 余亩掠为己有，于 1940 年与农民订立"永久佃约"，佃租按三等交纳，一等每亩年租 2.7 元，二等 2.6 元，三等 2.5 元，以后"不准增租夺佃"。但不久，陈光远于 1942 年勾结日本人，将每亩佃租强行增至 8 元。农民上诉，陈光远败诉积愤，将土地卖与日本人下村，改为"近松农场"。农民杨立达、刘墨春代表民众起诉，日本人将其绑捆活埋，又将所立永久契据掠走。② 农民不仅相继失去地权、佃权，而且死于非命。

在老垦区，民国时期随着土地买卖自由化和商业性农业的加速发展，地权兼并加剧，地租剥削加重，田面权（永佃权）越来越成为地主富户的重要兼并对象。永佃制面临更大的冲击。尤其是因垦荒而形成的永佃制，最初租额较低，以后随着土地改良、设施完善和佃权的多次买卖转让，田面的收益和价格逐渐赶上甚至超过田底。这就进一步刺激了地主增征地租和占有田面的贪欲。一些地区的地主纷纷要求提高地租征额，佃农不允，即要求撤佃。如天津在开埠前，地主招佃垦荒，起初因土地新垦，且多盐碱，租额甚低，契约内多写有"不准增租夺佃"字样。后经佃农改良，产量提高，到清末，粮价上涨，佃农土地收益增加，于是地主提出增租。在遭到佃农反抗后，即悍然剥夺佃户永佃权。租佃矛盾激化，"甚有聚众要挟情事"。天津地方官府曾采取法律措施，对地主的增租夺佃行径进行限制。宣统元年（1909）四月，天津议事会曾议决"死佃"（即永佃）之证据及

---

① 唐启宇：《永佃制有无存在之价值》，《地政月刊》1935 年 5 月第 3 卷第 5 期，第 677 页。
② 《东丽区志》，天津社会科学院出版社 1996 年版，第 174 页。

办法，移知审判厅执行，"办法"明确规定：业主不得增租夺佃；佃能倒佃（须声明注册）；业主夺佃须给佃农相当之赔偿。但地主我行我素，议事会所定办法"无补于事"。进入民国，清朝地方官府的办法作废，北洋政府采取偏袒地主、限制永佃权的态度和措施，甚至视永佃为"恶习惯"。谓天津死佃"漫无限制，佃户之收获数倍或数十倍于前而不止，而所有权者独不得增加一钱之租，揆之情理，宁得谓平，故津地死佃之习惯不得谓非恶习惯也"。① 在这种情况下，地主增租夺佃变本加厉，佃农不断丧失永佃权，永佃制加速衰落。如天津小刘庄等5村农民，向种旗地，持有永佃权，民国初年每亩缴纳永佃租8角，1917年已增至3元，增幅接近3倍。到1929年，握有田底权的魏世珍、宗汉卿等更以"武力压迫佃农，夺佃自种"。② 江苏江都县属，清代军卫屯田极多，向由垦农永佃，租额颇轻。1930年初，各屯户（占有屯田之田主）俱不愿遵守成章，主张屯农与普通佃户采用同一办法，"勒令加租"。屯农群起反对，"酿成极大纠纷，县府特派军警下乡拘传屯农"。③

　　一些为国民党政府或地主所承认的永佃权，地主（田底主）也寻找各种借口、采用各种手段，撤换或终止主佃关系，剥夺永佃权。

　　江苏无锡惯例，获得田主承认的田面权，永佃农可以自由顶替。但到20世纪20年代末，各地主"仓厅"（地主收租机构）为了便于收租，禁止永佃农出卖"灰肥田"（田面）。1930年底有仓厅发出警告，永佃农未经仓厅同意，不得以灰肥田擅卖于人，"违则撤佃，取消其佃权"。④ 浙江定海惯例，永佃田可以自由转佃。1929年一陆姓永佃农将田转佃，地主周某即行撤回另佃。⑤ 萧山惯例，永佃田不得无故撤佃。佃农沈阿德耕种的6亩永佃田，系

---

① 国民党司法行政部编印：《民商事习惯调查报告录》（一），民国十九年刊本，第17—18页。

② （天津）《大公报》1929年11月7日，见《中国经济年鉴》，1934年，第七章，第G80—81页。

③ 《上海新闻报》1930年3月6日、4月5日，见章有义编《中国近代农业史资料》第3辑，生活·读书·新知三联书店1957年版，第252页。

④ （无锡）《国民导报》1930年12月30日，见章有义《中国近代农业史资料》第3辑，生活·读书·新知三联书店1957年版，第252页。

⑤ （浙江省）《佃业仲裁委员会决议案》，（南京）《中央日报》1932年2月17日。

1925 年出顶价获得，历年并无欠租等情。田底主忽于 1932 年 9 月借口开办农场，撤佃将土地收回。^①在广东，韩江下游的澄海县留美乡，乡民于光绪十九年（1893）前领垦荒地，当时与田主订明，"年纳定租（铁租），不得另佃"，一直相安无事。然而，1933 年初，田主忽然撤佃另招，"一般佃农哭诉无从"。^②北江的英德、翁源等县，被称为"粪质田"的永佃权，按惯例，田底主无权更换佃户，而佃农可以自由转让"粪质田"（耕作权），并可收回相当的代价（当地称之为"粪水钱"），每"斗"田（"斗"为水田面积单位，1斗种田约相当 1 亩）数额自三、五元至十余元不等。因按惯例不能撤换佃户，地主就强行收回自种，而这是国民党政府法律所允许的。到 20 世纪 30 年代，当地形成这样一种说法："业主虽不能把粪质田从原耕佃户的手中收回，交给另一个佃户耕种，但他可以无代价地随时收回自己耕种"。当然这只是业主一方想侵夺佃户永佃权的"片面之词"，不为佃户所承认。但地主的侵夺行为已"构成此种制度趋于崩溃的一种象征"。^③

有的原本是当地公认的永佃权，但因地主出售田底，买主不承认佃户永佃权，导致佃农永佃权的丧失。浙江杭县惯例，永佃田的底、面完全分开，各自转移，不相牵涉，土地买卖并不影响佃农耕作。该县东乡新湾底永佃农赵金贵所租顾常盈花地 14 亩，本是该佃 60 年前（1870 年前）开垦所得。1929 年顾常盈将田底卖与张得诰，该佃为了保住佃权，已主动忍痛每亩出大洋 5 元，合计 70 元。不料买主根本否认事实上的永佃权，"强制撤佃，不许赵佃落田工作"。虽由东乡"自治会息争局"调解，买主仍然不理；上诉至县"佃业仲裁会"，亦无结果。^④在崇德，"全县的租佃是永佃性质的"。这在 1927 年前，"是一种习惯的事实"，田面权"绝对由佃户保存"。但从 1927 后，逐渐发生变化。在田底转移过程中，买主"凭借金钱的势力"和狡猾的手段，开始打破这一惯例。在购买时，买主虽然让佃农

① （浙江省）《佃业仲裁委员会决议案》，（南京）《中央日报》1932 年 9 月 5 日。
② （广州）《新岭东报》1933 年 2 月 16 日。
③ 黄毅刚：《广东的一种永佃制——"粪质田"制》，《新中华》1934 年 1 月第 2 卷第 2 期，第 81—82 页。
④ 《杭州民国日报》1930 年 4 月 21 日，见章有义《中国近代农业史资料》第 3 辑，生活·读书·新知三联书店 1957 年版，第 252—253 页。

暂时保留田面权，但在契据上往往写明：地主在需要的时候，随时可以自由向佃户要求买回田面，佃户不得拒绝。由于该县永佃权并无明确的规定，加以这种制度正处于消灭的过程中，所以许多人竟不认为土地有田底、田面之分，只认为"不欠租不撤佃"是崇德"极通行的惯例"。到 20 世纪 30 年代初，开始形成一种地主、佃户共同承认的习惯：如业主需要收回自种，例应在一年前通知佃户，最后一年的地租，"可以任佃户不缴"。这算是田面权留下的最后一点痕迹。①

同时，地主尽可能通过确定或缩短租佃的契约年限，以防定期租佃演变为永佃。如福建连江，按当地乡俗，押租原本兼有佃权价格的功能，佃农缴纳押租后，"如不欠租，即可永远佃耕"。但到 20 世纪 30 年代前后，佃农照样缴纳押租，而田主总要在租佃契约上"标明年限，以示与永佃有别"。尽管押租永佃"既已养成习惯，不易轻改"。但缴押佃农也不可能轻易取得佃权，押租永佃必然趋于衰微。直隶三河一带，因当地流行"租佃三年有永佃权"的习惯，所以租佃期限大多限定为 1 年，期满收地②，彻底铲除永佃制的土壤。这些地区的永佃习惯就这样慢慢消失了。

用佃权价格扣抵或欠租撤佃，一直是地主兼并佃权、消灭永佃制的重要手段。民国时期，由于永佃农经营规模不断缩小，加上天灾人祸，经济状况恶化，无力照额完租，地主即将佃权价格扣抵，到时收回田面。在江苏海门，有"退仓"、"收仓"的惯例，佃农因积欠租金超过"过投"地价，将地退与"租仓"（田底主），名曰"退仓"；业主因佃户欠租太多，将"过投"收回，则谓之"收仓"。另外，该县还有所谓"推仓"。即通过缴纳顶首获得永佃权的佃农，倘累年欠租，数额与原出顶首相符，地主即以顶首扣抵欠租，将地收回另佃，名为"推仓"。或地主仍许原佃租种，但须照底面合一地租惯例完租。③ 在松江府属，原来佃农向地主承佃时所交顶首，是"作为该佃永远承种之价值"。但如果该佃欠租不还，积累过巨，业主即以其所缴顶首扣抵，收回田面，另招他佃承种。但新佃所缴"招价"（每亩五千至十千不等），已不同

---

① 怀溥：《浙江崇德县农村视察记》，《新中华》1934 年 3 月第 2 卷第 6 期，第 77—78 页。
② 张铁梅：《三河县农村概况》，天津《益世报·农村周刊》1934 年 7 月 7 日。
③ 国民党政府司法行政部编印：《民商事习惯调查报告录》（一），第 346 页。

于原来的"顶首"，谓之"招田"，而非"田面"，业主拥有田底、田面的"完全所有权"。佃农不仅不能"永远耕种"，连"不欠租，不撤佃"的基本佃权也没有。"如业主要建屋、做坟，即使佃户并未欠租，业主亦得随时收回，该佃户无权揢种"。① 所谓"招田"，在松江县又叫"召田"，明确地主的收地条件是永佃农拖欠租米达到3年。据记载，持有"永佃权"的农民，"如三年不交租米，地主可取消其使用权，地面归己所有，另召其他农民耕种，名为'召田'"。② 1950年的调查中，关于松江的租佃形式，已经见不到永佃，只有"小租田"和"召田"。前者是田面主将田面出租，收取"小租"；后者是原先持有田面权的永佃农因无力交租，被地主"召掉"，地主集田底、田面于一身。佃种者同时交大租、小租，松江的永佃制迅速没落，甚至接近绝迹。③ 浙江嘉兴等地，地主的撤佃条件也是佃农欠租3年不交。民国初年，佃农向地主租田时，缴付若干数额的"田面价"，即可永久耕种，只要每年缴清租米，地主无权撤佃，若欠租三年不缴，地主则可撤佃。1927年后，地主想方设法将原来的"田面价"改为押租，永佃改为定期租佃，普通以三五年为期，暂时无法撤佃的，虽仍名"永佃"，但一旦撤佃再出租，即将永佃改为押租与定期租佃。④

在更多的地区，佃农偶有欠租，地主即宣布撤佃，改用传统租佃形式。武进一些地方的习惯是，永佃权人向地主租种地亩，必须出具承种契据，载明土地亩分和应纳租额，保证"如有拖欠，听凭土地所有者禀追，另召他人耕种"。⑤ 有的地区，佃农即使所欠租额甚微，即被撤佃，甚至有欠租不到10元，而损失永佃权价格至数十元、数百元之巨者。⑥ 也有的地区，

---

① 国民党政府司法行政部编印：《民商事习惯调查报告录》（一），第384—385页。
② 《松江县志》卷9，农业，上海人民出版社1991年版，第301页。
③ 《松江县农村租佃、借贷、生产情况调查》，见华东军政委员会土地改革委员会编《江苏省农村调查》（内部资料），1952年刊本，第205—206页。当然，这是就全县情况而言，个别村落由于某些特殊原因，永佃制的范围仍然很广，如该县新农乡张家村，因地主主动出卖田面等原因，农民有田面权的田占租入田的98.7%。（《松江县新农乡农村情况调查》见上引书第145页。）
④ 冯紫岗编：《嘉兴县农村调查》，浙江大学、嘉兴县政府1936年刊本，第42—43页。
⑤ 国民党政府司法行政部编印：《民商事习惯调查报告录》（一），第359页。
⑥ 郭卫编：《大理院解释例全文》，上海会文堂新记书局1932年版，第709—710页。

地主通过改变传统的租佃手续，废止永佃习惯。如江西横峰惯例，地主招佃名曰"布佃"，佃户承租名曰"讨"，彼此互立字据。"布字"交佃户执凭，"讨字"交地主收存。同时佃户必须缴纳"顶价"，分别载明于布、讨两个字据上。顶价既是押租，又是佃权价格。凡佃农执有"布字"者，即享有永佃权，不受地权转移的影响，而且佃农可以转租，名曰"脱肩"，由原佃写给"脱肩字"，或将"布字"互相抵押，地主无权过问。20世纪初，该县东、西、北三乡仍然保留旧时习惯，而南乡则开始变化，地主出租土地，仅由佃户书立"讨字"，自己不立"布字"，顶价亦较过去减少，佃农也不再享有转佃或抵押租田的权利，而地主则可随时起佃。[①] 当然，也有个别用钱买佃权的地区，永佃制一直呈不断扩大的趋势。如位于宁都县城郊外的刘坑乡，据解放初的调查，全乡70%的土地是"皮骨权"关系，"骨权"全属地主和"公田"，"皮权"为农民所有。因人多地少，土地耕作必须用钱购买，租佃关系极不稳定，花钱多才能买到"皮权"（永佃权），保证土地耕作。虽然这种"皮骨权"关系"产生很早，但仍不断增加"。[②] 不过这样的地区为数不多。

这样一来，民国时期，特别是进入20世纪30年代后，许多地区的永佃制，都呈现更明显和加速度衰落的态势。

一些调查资料显示，20世纪二三十年代，一些地区的租佃期限明显缩短，永佃制亦相应萎缩。表2-1反映了二三十年代江苏、山东等南北8省各类租佃期限和永佃制所占百分比的变化：

表2-1　江苏等南北8省租佃期限及其变化

省别	定期租佃						永佃		无定期租佃	
	1年		3-10年		10-20年					
	1934	10年前	1934	10年前	1934	10年前	1934	10年前	1934	10年前
江苏	20	15	37	41	3	8	9	11	29	27

① 国民党政府司法行政部编印：《民商事习惯调查报告录》（一），民国十九年刊本，第449—450页。

② 《土地革命至解放前夕的刘坑乡》，见中南军政委员会土地改革委员会调查研究处编印：《中南区一百个乡调查资料选集·解放前部分》，1953年印本，第102页。

续表

省别	定期租佃						永佃		无定期租佃	
	1 年		3－10 年		10－20 年					
	1934	10 年前	1934	10 年前	1934	10 年前	1934	10 年前	1934	10 年前
浙江	20	19	20	18	8	9	37	41	15	13
安徽	—	—	10	10	10	10	5	5	75	75
江西	30	30	18	20	4	5	9	10	39	35
山东	39	35	35	35	5	8	8	9	13	13
河南	15	13	33	31	9	13	5	6	38	37
山西	58	56	8	8	4	6	4	4	26	26
甘肃	20	20	50	50	20	20	10	10	—	—
总平均	25	23	27	27	8	10	11	12	29	28

资料来源：国民党政府 1934 年调查（未发表），见《中国经济年鉴续编》，1935 年，第七章，第（G）101—104 页。

如表，1934 年同 10 年前比较，除安徽、甘肃两省没有变化外，其余各省的基本态势是租佃期限缩短，永佃制萎缩。8 省平均，在短短的 10 年间，永佃制下降了 2 个百分点。8 省中，江苏（主要是苏南）、浙江、江西 3 省的永佃制流行最广，永佃制的下降幅度也最大，江苏、浙江分别从 41%、11% 降至 37% 和 9%，分别下降了 2 个和 4 个百分点；江西从 10% 降至 9%，虽然只降 1 个百分点，实际上减少了 10%；山东、河南也是下降 1 个百分点，实际上分别减少了 11% 和 17%。

上述统计只是 1924—1934 年短短的 10 年时间，永佃制的萎缩即如此明显，整个民国时期，特别是 30 年代中期后，永佃制的萎缩幅度更大。

江苏在调查统计的 8 县中，下降的幅度最大，达 18.2%。在民国后期的衰落则更明显。如常熟，据民国初年的调查，耕地分"田底"、"田面"、"自业"三种，租田全是底面分离的永佃田。[①] 此后永佃制迅速蜕变、衰落，田底、田面在地主、富农手中重新归并，谓之"花利田"，另有一部分永佃田落入"二地主"手中，谓之"接手田"，在地主与农民之间，"再加上一

---

① 国民党政府司法行政部：《民商事习惯调查报告录》（一），民国十九年刊本，第 327 页。

个二地主的剥削",田面仍然掌握在佃农手中的永佃田数量大减。① 这种情况同样存在于苏南其他县区,如太仓,永佃制主要来源于佃农出价购买或修筑海塘堤,在早期,佃农大都持有佃权,土地底、面分离,大部分租田只交田底租,谓之"单租"。不过按照惯例,佃农欠租 3 年,地主可收回佃权,另行招佃。同时,因"单租"租额较低,转租佃权可以谋利,佃权成为地主富农的兼并对象。民国时期特别是 20 世纪二三十年代后,因佃农拖欠地租或地主富农兼并,越来越多的佃权落入地主(田底主)或转租谋利的"二地主"手中,永佃制加速瓦解。租种地主的底、面合一田或"二地主"的田面田,都必须缴纳田底、田面双重地租,谓之"双租",有的须在种地之前预先议定双租租额,不论年成丰歉,每年都按定额交纳,谓之"板租"。据 1950 年的调查,"双租"、"板租"是太仓的主要租制之一。②

苏州(吴县)、无锡的情况有所不同。苏州永佃田的租额异常苛重,佃权转租的获利空间很小,佃权(田面)转租的不多,如吴县斜塘镇一带,田面"转租情形很少,大多是失去劳动力的佃农,才转租于他人"。③ 无锡永佃田(灰肥田)的租额相对稍轻,但转佃田(亦称"三租田"、"盖头田")也"数量甚少,在租佃关系中,不占重要地位"。④ 两地永佃制的萎缩,主要是地主兼并佃权,田底、田面在地主手中重新归并;同时,苏州永佃田的来源佃农购买佃权,主要是自耕农典卖田地,在无锡,自耕农典卖田地几乎是永佃田(灰肥田)的唯一来源。虽然地主富户不断兼并佃权,重新集田底、田面于一身,但持有小块土地的农民贫困加剧,不断丧失土地,因"卖田留耕"而新增的永佃田,在一定程度上抵消了地主富户兼并佃权而导致的永佃制萎缩,如吴县姑苏乡忠心村,仅 1947—1948 年的两年间,贫农、雇农就分别丧失了24% 和 51% 的土地。与此相联系,该乡地主出租的 2300 余亩土地中,"绝大

---

① 《常熟县农村经济概况》,见华东军政委员会土地改革委员会编:《江苏省农村调查》(内部资料),1952 年刊本,第 55 页。

② 《太仓县农村经济概况》,见华东军政委员会土地改革委员会编:《江苏省农村调查》(内部资料),1952 年刊本,第 60 页。

③ 《吴县斜塘镇三、六两保农村调查》,见华东军政委员会土地改革委员会编:《江苏省农村调查》(内部资料),1952 年刊本,第 179 页。

④ 苏南区农筹会调研科:《无锡县农村概况》,见华东军政委员会土地改革委员会编:《江苏省农村调查》(内部资料),1952 年刊本,第 68 页。

部分为管业田（永佃田）"①，结果永佃制所占比重不降反升。无锡土地租佃也以"灰肥田"为主，如张村区"有永佃权的土地数量极多"；坊前乡农民租入的土地，52%为"灰肥田"；堰桥乡农民的承佃地中，"灰肥田"多的占耕地面积的50%上下，少的也在30%左右。② 直至土地改革前夕，永佃制始终是苏州、无锡租佃关系的主要形式。这反映了民国时期某些地区永佃制衰落的局部差异和表现多样性。

　　福建是永佃制形成最早、分布最广的地区之一，清代时，虽然地主士绅和封建地方官府多次要求取缔，但因永佃制流行广泛，普遍成为乡俗惯例，一时难以撼动，永佃制的伸缩、增减，主要是基于永佃制自身的发展、演变。进入民国时期，由于政治经济条件的重大变化，这一地区的永佃制衰落、萎缩速度大大加快。20世纪30年代中的调查称，"今者业主，鉴于过去之事实，多不愿作永佃之设定矣。其他底田、面田分开移转典卖之事，因产权分散，诸有未便之处，各地前此有底、面之分者，渐有趋于合并之势。向之产权凭证，常有面契、根契之分，今多改根面全契据"。调查者因此预言，"整个之田地底面权问题，将来无形中逐渐归于消灭，未亦可知也"。③ 从一些县区的情况看，也确实如此，如莆田的"卖田留耕"永佃，在清末以前相当流行，是当地永佃制的主要来源，但清末民初以来，"此风渐戢"。④ 自耕农因经济窘迫而卖地日益增多，而"卖田留耕"永佃则呈反向趋势，加速没落。永佃制相当流行的顺昌县，民国初年时，永佃关系尚不罕见，但20世纪30年代中的调查却发现，骨、皮分离"甚少"，只能从田地契据均有"带骨连皮田几坵几亩"的记载，"推知该地亦有骨田及皮田之分"。⑤ 在福安，20世纪30年代中的调查提到，该县"亦有永佃

① 苏南区农委会：《吴县姑苏乡农村情况调查》，见华东军政委员会土地改革委员会编：《江苏省农村调查》（内部资料），1952年刊本，第184—185页。

② 参见华东军政委员会土地改革委员会编：《江苏省农村调查》（内部资料），1952年刊本，第100、119、128页。

③ 郑行亮：《福建租佃制度》，《民国二十年代中国大陆土地问题资料》第62册，（台北）成文出版社有限公司，〔美国〕中文资料中心重印发行，1977年版，第32187—32188页。

④ 郑行亮：《福建租佃制度》，《民国二十年代中国大陆土地问题资料》第62册，第32172、32179页。

⑤ 郑行亮：《福建租佃制度》，《民国二十年代中国大陆土地问题资料》第62册，第32178、32160页。

制之流行，所订笔约名曰‘替断批’，亦即"代替'断'之批佃也"，但未涉及
30 年代的现状和变化趋势。[①]　其实所谓"替断批"，不过是部分清代永佃的延
续，因为进入民国后，地主为了改变原有的租佃习惯，可以自由撤佃，多令佃
户改立"借种"或"借耕"契约，不再用"判"、用"批"，"替断批"笔约已
被废止，佃户"设有私替，随时可以召回"，"替断批"越来越少了。[②]　也有一
些县区，由于第五次反"围剿"失败后政治、经济形势的空前恶化，永佃制急
剧萎缩。如泰宁，永佃制原本相当流行，业佃双方均有权处分其权利，业主出
卖田底为"大卖"，佃户出卖田面为"小卖"。但在第五次反"围剿"失败后，
农村经济极度凋敝，民不聊生，佃户即使将田面"小卖"，也"苦无受主"，干
脆"一意欠租"，任凭业主撤佃，永佃制随之加速瓦解。30 年代中调查时，永佃
制在该县租佃关系中仅占 1%。[③]　清流情况也一样，原本永佃制相当普遍，第五次
反"围剿"失败后加速没落，在租佃关系中的比重陡降至 1%，"行将绝迹"。[④]

安徽也一样。该省的永佃制分布集中皖南徽州地区，上表按全省范围
统计，永佃制的比重只占 5%，而且 10 年间没有变化。但实际情况完全相
反，到民国时期，徽州地区原有的永佃制已大部瓦解，租权（田骨）、佃权
（田皮）重新归并，新的租佃契约中，已很少见到"永佃"，契约在涉及土
地产权、地租性质时，大多会一一注明"正租并佃"（或简缩为"租佃"）。
下面两纸"承种字"是很好的例证：

　　其一

　　立承种字人毕桂鸿，今央 [中] 承种到潘芥房名下田五丘全业，
土名大塘下双塘，正租九砠并佃；又土名横路分水介，正租六砠并佃；
又土名山边墈，正租九砠并佃；又土名正租七砠并佃；又土名上寅，
正租七砠并佃。共计正租叁十八砠并佃。当日三面议定每年硬交十八

---

① 郑行亮：《福建租佃制度》，《民国二十年代中国大陆土地问题资料》第 62 册，第 32175 页。
② 国民党政府司法行政部编印：《民商事习惯调查报告录》（一），民国十九年刊本，第 557—558
　页。
③ 郑行亮：《福建租佃制度》，《民国二十年代中国大陆土地问题资料》第 62 册，第 32183 页。
④ 郑行亮：《福建租佃制度》，《民国二十年代中国大陆土地问题资料》第 62 册，第 32160、
　32182 页。

〔两〕曹秤过风白干谷四百伍十六斤。秋收之日送田东门上交足，不得短少丝毫。倘遇天旱年岁，尽行请东到田监割对分，两无异说。种期言定六年为期，期满听从另召耕种。送租每百斤给力钱五十文。年分〔份〕满后，承种字不还。恐口无凭，立此承种子存据。

　　民国八年十月　日立承种字人　毕桂洪

　　　　　　　　凭中人　江德修

　　　　　　　　亲笔人　毕桂洪①

其二

　　立承种字人胡洪福，今央中承种到潘坤利名下塘源等处田租四亩八分半，是身承来种作，三面议定按年硬交过风午谷五百四十觔。秋收之日送门交纳，决不短少。恐口无凭，立此承种字为据。

　　计开田亩于后：

塘源塚林田壹丘计租佃八砠　　　叶村　　南堂田壹丘计租佃拾叁砠

　又　独亩田壹丘计租佃六砠　　　又　　南堂田壹丘计租佃式砠半

　又　仰山田壹丘计租佃五砠

　又　新塘口田壹丘计租佃九砠

　又　前山田壹丘计租佃五砠

民国十七年夏历二月吉日立承种字人　胡洪福

　　　　　　　　代笔中人　程瑞庭②

　　这两纸"承种字"的文字或提法，与传统租佃制下的同类契约不同。前者称地租为"正租"。在徽州一些地区，"正租"是"大租"、"骨租"的别称；后者称田地为"田租"，谓"承种到潘坤利名下塘源等处田租四亩八分半"。由此可见，这些土地原来都是在永佃关系下经营的，而现在，佃权已全部归并到地主手中，前者"正租×砠并佃"，意即出租人拥有"正租"（田底租）并"佃皮"或"佃皮租"；后者"计租佃×砠"，则是"正租"

---

① 中国社会科学院历史研究所收藏整理：《徽州千年契约文书·清民国编》第 3 卷，第 469 页。

② 中国社会科学院历史研究所收藏整理：《徽州千年契约文书·清民国编》第 3 卷，第 481 页。

（田底租）并"佃皮"或"佃皮租"的简化。这种约定俗成的文字简化，说明租权、佃权或土地所有权、使用权已重新归并有年，原来的永佃早已变成了定期而且是短期（租期一般为 6 年）租佃。带有讽刺意味的是，过去某些不定期租约，"客不短租，东不撤佃"原是最低限度永佃制的标志，现在却变成了在短期租佃中某些地主的廉价承诺。1929 年的一纸"承种字"，言定租期以 6 年为限，文约特别载明，"期内客不少租，东不收田"。①

20 世纪 40 年代，徽州一些佃农租种土地虽然仍要缴纳"佃价"，但这时的"佃价"，已经不是过去的佃权（耕作权）价格，而是定期租佃的押租。试看民国三十一年（1942）休宁的一纸"佃园批字"：

> 立佃园批人马天助嫂，今因正用，自愿央中将先祖遗下园业壹宗，土名枫木坞口，大小两块，又土名同屋基地壹块，连茶树山柏子树在内。今凭中立批出佃与陈名下种作，当日三面言定得受时值佃价国币叁拾五元正。其币于成批之日亲手一并收足讫。其园当即指交现业与受佃人种作交租，言定按年交纳园租国币两元正，不得短少。倘若欠租不清，凭中提园另佃无辞。……其园言定拾贰年为满，期满听从原价取赎，两无异说。恐口无凭，立此出佃园批存照。
>
> 民国叁拾壹年贰月　日立出佃园批马天助嫂
>
> 凭中朱裕仂
>
> 程秋贤
>
> 代笔谢公望②

马姓地主收取 35 元"佃价"，将两处园地租与佃农耕作，每年征缴租银 2 元，虽然"佃价"相当年租额的 14.5 倍，佃农却没有获得永佃权，而是只能耕种 12 年。更为奇怪的是，若佃农欠租，地主并不从"佃价"中扣抵，而是直接"凭中提园另佃"，"佃价"的功能已经完全变质。

---

① 中国社会科学院历史研究所收藏整理：《徽州千年契约文书·清民国编》第 3 卷，第 484 页。

② 刘伯山主编、安徽大学徽学研究中心编：《徽州文书》第三辑（6），广西师范大学出版社 2009 年版，第 129 页。

随着永佃制的加速衰亡，永佃农"卖佃留耕"的条件也更加严苛，留不住佃权。试看休宁民国三十二年（1943）一纸"出佃田批"：

> 立出佃田批人曹兆云，今因缺少正用，自情愿将身己业土名西杆沙圻计田壹圻，并带田塍后塝山柴薪、树木、茶柯、荒田尽是一并在内，今来央中立批出佃与刘观弟名下为业。当日时值佃价国币洋叁佰元正。其国币洋当时比即交付，亲手一并收足。其田本家揽转耕种，按年交秋收下午利谷柒拾伍觔租秤足，不得欠少。倘有欠少觔粒，凭公声明管业，另召另佃，本东不得难［拦］阻，倘有内外人言说，出佃人一力承值，不关受业人之事，今欲有凭，立此佃田批存据。
>
> 另批，带来上首来路佃批壹纸、断批壹纸，共式纸。再批。
>
> 中华民国三十式年十式月　日立出佃田批人　曹兆云
>
> 凭中书人　刘永清①

曹姓永佃农因"缺少正用"，将一圻永佃田"立批出佃"，获价法币300元。但不愿失去佃权而丧失更为重要的生活来源，决定将水田"揽转耕种"。不过文约显示，相关条件比以往的"卖佃留耕"要严苛得多："利谷"质量、规格写明为"秋收下午利谷"；称量衡器要用比当地市场和乡间用秤大得多的"租秤"足秤；尤为严苛的是，利谷不能有任何短欠，即使欠少一斤一粒，即刻"凭公声明管业，另召另佃"，毫无私下延缓、通融、妥协的余地。所有这些，都是以往同类个案所罕见的。

20世纪40年代，徽州地区即使偶尔出现"不欠租，不撤佃"的准永佃租约，但非常脆弱、短命，转瞬即逝。永佃制曾经十分发达的歙县，就有这种例子。试观下面两纸"租批"：

其一

立租批人汪社招，今租到本家汪有良名下土名上源杨木段熟田壹

---

① 刘伯山主编、安徽大学徽学研究中心编：《徽州文书》第三辑（7），广西师范大学出版社2009年版，第36页。

业，计田税六分，四至照依原形，言定每年交干谷壹石，不得欠少。如要欠少，凭中起业；如不欠少，永远不得起业。本东要种，年内阅照。恐口无凭，此事两相情愿，立此租批为据。

中华民国卅年十一月　日立租批人汪社招

中人汪东明

代书人汪宏[①]

其二

立租批人汪社招，今租到本家汪有良名下土名上源杨木段熟田壹业，计田税六分，四至照依原形，言定每年交干谷壹担，不得欠少。如要欠少，凭中起业；如不欠少，不得另租他人。本东要种，年内阅照。恐口无凭，此事两相情愿，立此租批为据。

中华民国卅年拾式月　日立租批人汪社招

中人汪东明

亲笔汪社招[②]

这是歙县十一都东关汪氏文书中的两纸租批，反映的是同一坵水田、同一次租佃交易。时间只相隔一个月。一宗面积半亩多的水田租佃，两个月内连写两纸租批，就是因为前纸"租批"写有"如不欠少，永远不得起业"一句，似乎还残留着某些永佃制的色彩，这是地主绝对不能接受的，于是修改为"如不欠少，不得另租他人"，前一纸"租批"残存的永佃制因素立即消失了。值得注意的是，修改的新租批不再有代书人，而是佃农"亲笔"。[③]

在永佃制的形成和流行过程中，曾有部分押租转化为佃权价格或兼有

---

① 刘伯山主编：《徽州文书》第三集（1），广西师范大学出版社 2009 年版，第 415 页。

② 刘伯山主编：《徽州文书》第三集（1），广西师范大学出版社 2009 年版，第 416 页。

③ 两纸契约的租额单位不同，前纸"租批"的租额为 1 "石"（125 斤），新租约为 1 "担"（100 斤），可能是徽州地区乡间部分人将二者混淆或一时疏忽。如休宁民国三十七年一纸"出佃田批"载，一宗出佃水田"时值佃价食米壹担伍斗"（见刘伯山主编、安徽大学徽学研究中心编《徽州文书》第三辑（7），广西师范大学出版社 2009 年版，第 37 页）。此处的食米单位显然应是"石"，而非"担"。

佃权价格的成分。这也正是永佃制形成途径之一。到民国时期，徽州的押租不论数额多寡，已同永佃制或佃权价格无关。1932 年徽州的一纸"佃字"是一个极好的例证：

> 立佃字人陈桂和，今佃到李集福堂名下古塘冲粮田五斗，当日凭引人义〔议〕定佃规光洋五拾元正，每年义〔议〕定双车河库租谷四石五斗，秋收送至东仓交卸，不得迟延。倘有天年不亦〔一〕，请东义〔议〕亩纳租。无论年月远近，合〔或〕东退佃、佃退东，将佃规光洋退还。倘有租不清，将佃规光洋扣除。〈退〉日后出庄，并无犁田、粪草，二比无得意〔异〕言。金〔今〕欲有凭，立此佃字壹纸付东收执为据。

凭引进人　李相臣
李玉珍

民国贰拾壹年腊月廿七〔日〕　　陈桂和立[①]

当时徽州同类租佃中，征收押租的不多，可能同以往部分押租兼具佃权价格的功能有关。这宗个案比较特别，不仅收取押租，而且数额甚高，5斗（约相当于 5 亩）地征收"佃规"银洋 50 元，平均每亩 10 元，高出同地和周边地区的押租水平 2—10 倍。为了防止佃农索取佃权或将来拒不退佃，"佃字"特别载明，"无论年月远近……日后出庄，并无犁田、粪草"。这样，押租既不兼具佃权价格的性质，佃农通过长期耕作、改良土壤而形成"粪草"佃权的途径也预先被堵死了。

到 20 世纪 30—40 年代，徽州地区的农民认租田地，不再拥有佃权，不能转租土地，而且必须延请租保，已经成为土地租佃惯例常态。休宁曹姓地主（"曹友荼堂"）在民国二十八年（1939）初，集中出租了一批土地，共有"租批" 19 纸（另有民国三十年两纸），全部是用现成的木刻版空白"租批"填写，其文字、契式真实地反映了当时的租佃惯例常态，现照录

[①]　中国社会科学院历史研究所收藏整理：《徽州千年契约文书·清民国编》第 3 卷，第 488 页。

如下：

> 　　立租批人□□□，央中领到□□□名下□□一业，土名□□，计租×砠，议定不论年成丰歉，交纳硬租，风净朗白干谷××斗整。其租收割之日挑送上门，不得欠少。其□□本宅并无小佃，倘有私行退佃、交租不清等弊，任凭本宅起业另召。恐口无凭，立此租批存据。
> 　　×年×月×日立租批人□□□
> 　　　　　　　保租□□□
> 　　　　　　　代填□□□①

　　这种空白"租批"是曹姓地主（"曹友茶堂"）从市场购进，抑或自行草拟、刻印，无从判断。可以肯定的是，空白租批同当地以往的租约特别是永佃、准永佃租约相比，条件更为苛刻：租地没有"小佃"，佃农没有要求佃权或耕作保障的谈判空间；不论年成丰歉，一律交纳"硬租"，不能丝毫延缓、折让，一定要在禾稻"收割之日挑送上门"，而且要求是"风净朗白干谷"，倘若"交租不清"，即刻"起业另召"。更为严苛的手段还是"保租"的设定。因为有了"保租"，即使颗粒无收，佃农全家逃荒要饭，还有"保租"包赔，租谷颗粒无损。显然，"保租"是在永佃制加速没落、封建依附关系基本消失的情况下，地主压榨和奴役佃农的新"杀手锏"。

　　其他地区的永佃制，也在加速衰落、消失中。

　　浙江崇德，全县的永佃制习惯，正处于"消灭的过程之中"。②广东北江，永佃制"已在衰落中"；"质田"十分流行的韩江下游，永佃制"已日渐减少"，到1933年末，"质田"已不到全部耕地面积的10％。③在潮安，因民国以来，粮田和质田的纠纷渐多，两者"就很快当地合并起来了"。30年代初，单独的粮田或质田买卖已经很少，买卖契据大多写着"粮质归一

---

① 《休宁曹氏民国二十八年租批》，见刘伯山主编、安徽大学徽学研究中心编：《徽州文书》第三集（5），广西师范大学出版社2009年版，第3—13页。
② 怀溥：《浙江崇德县农村视察记》，《新中华》1934年3月第2卷6期，第78页。
③ 黄毅刚：《广东的一种永佃制——"粪质田"制》，《新中华》1934年1月第2卷第2期，第81—82页。

之田"，并特别载明，"可问耕者来面询，令其交田，以便另租给他人"，潮安全县只有 5% 的耕地属于质田，即永佃制下的租田。而且残留的永佃制大多行于"始祖"的太公田，而不见于各房所有的太公田。韩江上游的梅县，尚存的永佃制成数比潮安稍高，但也有一半的耕地已经"粮质归一"，剩余一半是质田和"租田"。梅县所称的"租田"多属山地，是明末时农民垦荒而向地主永佃的。水田质田已为数不多了。[1] 在广西，凤山、恩阳等地，"以前盛行永佃制，现已渐衰"。[2] 博白一带流行一种类似世袭佃农的永佃制，自 1925 年后，"已逐渐减少"。经 1925、1926 年间农民协会实行的"二五减租"，及逐年的土地所有权的转移，此等佃农的永佃权"多已失去矣"。[3] 桂东北兴安瑶民中间往常存在的永佃制，正循着由永佃制到长佃制，或由永佃制到"质当租佃制"轨迹演进，而"这种演进的过程，是加紧佃农的剥削，渐渐把瑶民从土地中驱逐出来"。[4]

民国时期，云南武定环州、茂连彝人土司区的封建领主制永佃也在加速没落和瓦解中。一方面，由于环州、茂连两地民众持续不断的反土司斗争，土司的管辖范围大幅度缩小：1937 年前，两土司共辖 280 个大村庄，总面积约 1522 平方公里，占全县总面积的 51.6%；到 1949 年新中国成立前夕，土司实际辖区缩小至 148 村，约 860 平方公里，只相当于全县面积的 1/4。土司在失去对某一区域实际管辖权的同时，也失去了这些区域的土地所有权，这部分土地相继落入其他地主、富户手中，原有的永佃制随即宣告瓦解，蜕变为普通封建租佃关系；另一方面，仍由土司管辖的地域，永佃制也由于土司和国民党政府的经济压榨，佃农贫困急剧，欠租、欠债的情况越来越普遍。按照土司衙门的规定，佃农欠土司的官租或债务，即按 5—10 分的复利计算年息，当本息相加达到该户佃入田地产量的 30% 左右时，土司就取消该户佃农的永佃权。不过田地仍由该佃耕种，目的是迫使佃农继续还债、交租，按规定，佃农收获后，须先缴清官租、田赋等项，

① 陈翰笙主编：《广东农村生产关系与生产力》，中山文化教育馆 1934 年刊本，第 27 页。
② 寿民：《广西农村经济现阶段的写真》，《中国经济》，1934 年 12 月第 2 卷第 12 期，第 9 页。
③ 《中国经济年鉴》，1934 年，第（G）243 页（系 1933 年材料）。
④ 启凡：《广西兴安瑶民农业生产概况》，《中国农村》1937 年 8 月第 3 卷第 8 期，第 73 页。

余下的一半归还土司，"作为永远还不清的利息"。这种被取消永佃权的土司租田，谓之"私租田"。它是武定土司区民国时期越来越重要的一种租佃形式。①

　　总之，加速没落是民国时期永佃制发展演变的基本态势，当时一些学者和社会调查人士在考察 20 世纪 30 年代永佃制的发展趋势时，大都以"衰落""瓦解""减缩""惨淡"等结论概括。或谓"永佃制之趋势，大有日渐减缩之征象"；② 或谓"永佃物租制之前途目前已显惨淡之色"，③ 等等。所有这些，准确反映和高度概括了 20 世纪 30 年代各地永佃制加速衰落的整体趋势。

---

① 《武定县志》，天津人民出版社 1990 年版，第 169—170 页。
② 唐启宇：《永佃制有无存在之价值》，《地政月刊》1935 年 5 月 3 卷 5 期，第 77 页。
③ 《中国经济年鉴》，1934 年，第 G80 页。

第三章　永佃制的地区分布及各地的习惯形态

　　清代和民国时期永佃制的地区分布相当广泛，除新疆、青海、西藏等少数地区外，全国各省区都有关于永佃制的记载，但是各地分布疏密、数量多寡悬殊，多的分布十分广泛，甚至构成当地租佃关系的主体或基本形式；少的分布稀疏，或仅间中存在。1934 年国民党政府土地委员会曾对江苏、河北等南北 16 省永佃制进行过调查（详见表 3 - 1）。此次调查比前述租佃期限调查的省份多一倍，某些省份互有交错。因取点和调查范围不同，江苏、安徽、江西等省的永佃制数据有较大差异。察哈尔、绥远土地绝大部分是旗地和蒙地，而这两类土地基本上是在永佃制的形式下经营的，故永佃农在佃农中的比重特高。这个统计从某个角度大体反映了 20 世纪 30 年代永佃制的分布状况。

表 3 - 1　江苏等南北 16 省永佃农占佃农百分比

(1934)

单位：%

省　份	百分比	省　份	百分比
江　苏	40.9	湖　北	13.4
浙　江	30.6	河　北	3.9
安　徽	44.2	山　东	4.5
江　西	2.3	河　南	2.6
福　建	5.2	山　西	4.8

省　份	百分比	省　份	百分比
广　东	1.7	察哈尔	78.7
广　西	11.7	绥　远	94.0
湖　南	1.0	陕　西	0.5

资料来源：国民党政府土地委员会：《全国土地调查报告纲要》，1937年刊本，第45页。

各地关于永佃制的乡俗惯例亦互有差异，从"不欠租，不撤佃"，土地不分底、面，到地主"认租不认地"、以价为本、以租为息，按当地通行借贷利率计算田底（租权）价格；从类似中世纪的世袭式佃奴，到"一田二主"之一的"田面主"，全国永佃制有多个层次、多种不同类型和习惯形态。按其流行状况和习惯形态，永佃制在全国范围的流行和分布，大致分为长江下游流域和东南沿海地区，长江中上游和黄河中下游地区，台湾、西北、内蒙、东北等农业新垦区等三类地区。

一　长江下游和东南沿海地区

这一类地区人口多，密度大，封建经济和商品货币关系较为发达，地权也比较集中，农业生产主要是在封建租佃关系的形式下进行的。一方面，地主豪强势力大，封建压迫和地租剥削残酷；另一方面，广大农民的反抗也非常顽强，从明中叶以后，这一地区压迫与反压迫、束缚与反束缚、奴役与反奴役、增租与反增租、撤佃与反撤佃等斗争，一直十分激烈。正是由于农民的斗争，这一地区的永佃制出现较早，也比较普遍和发达。

从时间上说，这一地区的永佃制出现最早。作为中国永佃制萌芽或早期形态的北宋屯田永佃，即主要发生和流行于这一地区。全国最早的民田永佃，也发生在这一地区。如前所述，江苏崇明岛沙田永佃，在元代至元年间（1264—1294）就已开始形成。福建某些地区和皖南徽州地区，永佃制在明代中后期已经形成，甚至成为通行的租佃形式。到清代前期，这一类地区的不少地方，永佃制已经十分普遍。苏南、皖南和苏北、皖北沿江地带，浙江东部、北部和中部各州县，江西南昌、建昌、赣州、南安、抚州、九江诸府，福建福州、建宁、延平、汀州、邵武、漳州、福宁等府属各县，广东韩江、东江和北江流域，以及广西苍梧、博白、左县、百色等某些县份，都是永佃制十分流行的区域。在某些地方，永佃制已经成为租佃关系的主要形式。土地被普遍分离为"田底"（所有权）、"田面"（佃种权）两部分，佃权有自己独立的价格形态和转移方式。

江苏苏南地区，是江苏也是全国几个永佃制最为流行的地区之一。据1950年的调查，苏南永佃制的分布范围包括吴县、常熟、昆山、吴江、太仓、青浦、金山、松江、上海、嘉定、江阴、无锡等13个县，约占有400万以上人口的地区。①

苏州（吴县）及周边地区，人口密集，地权高度集中，佃农是农民的主体，农业生产基本上是在封建租佃关系的形式下进行的。而地主大多居于城镇，城居地主是封建地主的主要成分。由于在田产管理和对佃农生产干预上的困难，苏州城居地主大都愿意采用永佃制，乐意购买田底、田面分离的土地，以"田连底面者为滑田，鄙弃不取，而壹取买田底，以田面听佃者自有之"。② 在这种条件下，永佃制形成较早，分布广泛，逐渐发展成为封建主佃关系的基本形式，如《租覈》所载，苏州的所谓"租田"，十之八九田底、田面分离。

清代和民国时期，永佃制及其衍生形态，一直是苏州地区租佃关系最重要的组成部分。有学者根据康熙前期长洲西十八都三十一图、下二十一都三图及二十图等3图的鱼鳞册，对土地租佃形态所作的综合统计显示，7700亩土地中，田底、田面分离的土地为7532亩，占总数的95.5%，底、面合一的土地为348亩，只占4.5%。在7532亩底、面分离的土地中，田面归属佃农的为6267亩，占全部土地的81.4%；田面归业主自有的1086亩，占14.1%。③ 亦即超过4/5的田地是以永佃制

---

① 中共苏南区党委农委会：《苏南农村土地制度初步调查》，见华东军政委员会土地改革委员会编：《江苏省农村调查》（内部资料），1952年刊本，第8页。

② 陶煦：《租覈》，民国十六年重排本，第11页。

③ 章有义：《康熙初年江苏长洲三册鱼鳞簿所见》，《中国经济史研究》1988年第4期。

的形式经营的。

民国时期的情况大致相似。1949 年土地改革前夕的吴县，^① 土地有田底、田面之分。拥有田底的地主叫"管业主"，其土地称"管业田"，底租谓之"大租"；拥有田面的地主叫"田面业主"，地租谓之"小租"；"底"、"面"合一田称"盖头田"。各区乡习惯和"管业主"、"盖头田"各自所占比重，大同小异。据1949 年木渎区 4 个乡的调查，以租佃形式经营的9218 亩土地中，"管业田"占81%，"盖头田"占19%。^② 1950 年对该县保安乡的调查，全乡各阶层农户使用的13698 亩土地中，6282 亩归苏州城内的不在地主所有，而这类土地绝大部分属于底、面分离的"管业田"，全乡"管业田"达5438 亩，占各阶层租入地7203 亩的75.5%，比木渎区稍低。^③ 堰里乡、斜塘镇、姑苏乡一带情形也相差不远。堰里乡各阶层租种的957 亩土地中，"管业田"占61.2%。永佃制的范围也不算小。斜塘镇、姑苏乡无明细统计，但调查称，斜塘镇"租田有田底田面之分，田底所有权属于地主，田面使用权归农民"；姑苏乡各阶层农户租入土地2818 亩，地主出租约占2300 余亩，"其中绝大部分为管业田"，底面田"占比重很小"。^④ 看来两地永佃制的流行范围也不比木渎、保安、堰里等区乡窄。吴江全县租佃形式，除少数转租田和分租田外，主要是大租田、小租田两种。大租田的土地被分离为田底和田面，分别属于地主和佃户，谓之"业底佃面"。据1932 年出版的《三年来江苏省政述要》载，吴江县约有 70% – 80% 的租田是大租田。^⑤ 这种情形同吴县大体相同。

常熟据民国初年的调查，耕地分田底、田面、自业三种。收租纳粮者为"田底"；向业主书立"租札"，承种纳租者为"田面"，俗称"灰肥

---

① 清代时，吴县与长洲、元和为苏州府附郭"三首县"。民国元年（1912）裁府并县，长洲、元和撤销，并入吴县。
② 《吴县志》第 5 卷，上海古籍出版社 1994 年版，第 267 页。
③ 《吴县保安乡农村情况调查》，见华东军政委员会土地改革委员会编《江苏省农村调查》（内部资料），1952 年刊本，第 165—167 页。
④ 参见华东军政委员会土地改革委员会编：《江苏省农村调查》（内部资料），1952 年刊本，第 174、179、185 页。
⑤ 《吴江县志》第 5 卷·农业，江苏科学技术出版社，1994，第 168—169 页。

田"；土地自营耕种、完粮归于一体者为"自业"。[1] 1950 年调查将"田制"分为四种：租田、"花利田"、"接手田"和沙田。租田就是永佃田，也分为田底、田面两个部分，并且各有自己的价格，同早先调查所称田底、田面没有多大差别；"花利田"是田底、田面全在地主、富农手中，出租给佃农耕种的土地；"接手田"则是永佃制在其分解过程中，永佃农持有的田面落入"二地主"手中后，现耕佃农所耕种的田面，故"在地主与农民之间，再加上一个二地主的剥削"。[2] 两项调查都反映常熟永佃制是土地租佃的基本形式，十分普遍，并且已经发展成熟，土地的所有权和耕作权彻底分离，田面同田底以及底面合一的"自业"，平起平坐，各有自己的价格，成为一种独立的产权形态。不过两项调查也有显著差异：如"花利田"不等同"自业"。因为"自业"是田底、田面不曾分离的自营地，"花利田"则是田底、田面已经分离而又重新集结于地主、富农一身的出租地。至于"二地主"手中的"接手田"，则可能是民国初年后才大量产生的。从中可以看出，永佃制发展态势和范围大小不同。在大约 1/3 个世纪中，常熟永佃制发生了从继续形成、扩大到迅速分解、缩小的变化过程。

据 1950 年的调查，昆山土地分为底面田、管业田、小租田和活契田四种类型。底面田是田底、田面全归业主所有，佃户没有永佃权；管业田系底、面分离，佃户持有田面和永佃权；小租田是有田面权的佃户将田面转租，收取小租；活契田也是田面主转租田面，但只收押金（一般为每亩 1 石米），不再另外收租，期满后退押赎回田面，是以押金利息抵充小租。这四种类型的土地中，除了底面田，其余三种属于正在或曾经实行永佃制的土地。是次实际调查的太平乡，地主（包括外乡地主）、富农占有地相当全乡农户用地的 84%，地主土地绝大部分出租。其中底面田的占有者一般为"小地主和富农"，不过农民租入的土地，78.2% 属于城居或外乡地主所有。[3] 据此估计，一直或曾经实行永佃制的土地比重，在 2/3 以上。该县小

---

① 国民党政府司法行政部：《民商事习惯调查报告录》（一），民国十九年刊本，第 327 页。

② 《常熟县农村经济概况》，见华东军政委员会土地改革委员会编：《江苏省农村调查》（内部资料），1952 年刊本，第 55 页。

③ 《昆山县太平乡农村情况调查》，见华东军政委员会土地改革委员会编：《江苏省农村调查》（内部资料），1952 年刊本，第 153—154 页。

淀乡的情况也相似，地主多为城居工商业者或自由职业者，租田大多田底、田面分离，农户租入的土地中，有永佃权者占 78.2% 。[1] 永佃制的分布比太平乡更普遍。

在太仓，大部分出租地一直实行，或曾经一度实行永佃制。该地佃农租种土地，首先要向地主或其他佃户价买租种权，俗称田面权，亦称"单租"田。如佃农欠租，地主收回其租种权后，仍给原户耕种，该佃户即须向地主缴纳双倍地租，或佃农将田面权出卖，买主将田面权出租，现耕佃户也要缴纳双份地租，一份给原地主；一份给田面主。故称"双租"田，俗称"倒换田"。[2] 另据 1950 年的调查，除"单租"、"双租"外，还有"板租"，即田底、田面均属地主，或二地主将田面出租，佃农种地之前，先议定租价，不论丰歉，每年按定额缴纳，但地主或二地主可随时撤佃。[3]

苏州地区的永佃制，不仅十分流行，延续时间长，发展也较为充分，习惯形态较为完整和典型。土地的所有权和使用权，亦即田底和田面完全分离，并有一定比例的价格分割和各自相对独立的转移方式，基本的习惯形态是：

> 俗有田底田面之称，田面者，佃农之所有，田主只有田底而已，盖与佃农各有其半。故田主虽易，而佃农不易；佃农或易，而田主亦不与。有时购田建公署，架民屋，而田价必田主与佃农两议而瓜分之，至少亦十作四六也。[4]

崇明也是永佃制的重要分布地。崇明岛上的永佃制，主要分布在外围沙田。因产生的时间较早，相关俗例的形成和发展亦相当成熟和完备。其

---

[1] 《昆山县小淀乡农村情况调查》，见华东军政委员会土地改革委员会编：《江苏省农村调查》（内部资料），1952 年刊本，第 162 页。

[2] 《太仓县志》，江苏人民出版社 1991 年版，第 172—173 页。

[3] 《太仓县农村经济概况》，见华东军政委员会土地改革委员会编：《江苏省农村调查》（内部资料），1952 年刊本，第 60 页。

[4] 陶煦纂《周庄镇志》，光绪庚辰年（1880）刻本，卷 4。另见陶煦《租覈》，民国十六年重排本，第 1 页。

名称和习惯形态，从形成之初到近代时期，有一个变化过程。在形成初期，崇明永佃制表现为"一产二价"、"一产二租"。所谓"一产二价"，就是土地有"买价"（地权）、"承价"（佃权）之分。按照开垦工程的难、易，垦殖工本的费、省，"承价"本身又分为"半承价"、"分承价"和"全承价"三种情况。"承价"的确定、售卖、转租，都有社会公认的规则或惯例：

> 一主佃各得者曰半承价，如承价五两，佃人约费钱二两五钱，则半偿价适足相偿，主家即给以承价批书一券为凭，而存半承价归主家管业；一主佃分得者曰分承价，如主产地脉平衍，佃工不费，则主给承价亦少，如主产滨海，岸高地碗，佃工必多，则主给承价亦多，因而主佃有三七、四六，甚至一九、二八颠倒诸例，总以工本类推。主家给以分承价议券一纸为凭，而分存承价，尚属主家管业；一佃户独得者曰全承价。主佃各半分管，则每千步主尚存五百步，时价银二两五钱输佃，有力输纳者名田投生，其承价例得全归与佃。盖主佃各半分管，则承价中佃先有其半。再纳二两五钱，便完五两全数。从此主管单买价，曰轻田，而佃得全管承价。①

佃农因投入的垦殖工本多寡各异，占有的佃权（田面）份额亦高低不一，从主九佃一到佃农占有全部"承价"（佃权）不等。因惯例设定，土地的"买价"（地权）和"承价"（佃权）等值，故佃农实际占有土地全部价额的比重，从5%至50%不等。

同时，关于佃户缴租和佃权的转租、售卖让渡，也有一整套惯例制约，佃户必须按约照额纳租，如果欠租，地主即依照惯例，将承价扣除抵偿。必要时，佃户亦可转租或售卖佃权，但有两个条件：一是应交租额全部完纳清楚；二是事先必须通知地主，而且依照惯例，地主有优先购买权，"地主不受，方可售卖他人"。写立契约时，文契"必先批明主家买价，后得佃户承价"，"非此则法所不许"。如果转租，承价租的名称、数额、结构均与

_____

① 乾隆《崇明县志》第4卷，服役制一·买价承价说，乾隆二十五年刻本。

买价租不同。"如买价租谷每千步四百斤,承价租名曰田脚,每千步二百斤。买价有麦租,承价无麦租。"据说这套惯例,元代至元年间(1264—1294)已经形成。[①]

崇明永佃制产生后,在其运行和发展过程中,可能受到江南邻近地区永佃制的影响,名称和习惯形态都发生了重大变化。变化的起始时间不详,只知1950年对崇明土地租佃和地租剥削所作的调查,其中有关永佃制问题的记载,永佃制的来源,仍然是农民做圩、修岸、垦荒,但早期"一产二价"、"一产二租"、"承价"、"全承价"、"分承价"和"半承价"等名称、概念统统不见了,换上了苏南通行或类似的"底权"、"面权"、"底面田"、"单边田"、"额租田"、"过投田"等名称。调查说,崇明的土地是逐渐淤积起来的,在土地尚未淤好时,地主圈占"海苗"(海边水草地),待水草地成滩后,由穷人做圩、修岸、开垦。这些新垦农地,地主有"底权",农民有"面权",故称"底面田"(即"单边田"),农民"可以自由买卖,不受地主限制",但买主要到地主家换名字,纳"写地金",所以又叫"过投田"。如果佃农将"面权"卖给地主,"底权"、"面权"全归地主后,就成了"脱手田",除每千步租额由原来的300斤增加到500斤,还要缴纳"利谷"200斤。[②]

崇明的永佃形式,除了"一产二价"、"一产二租"或"底面田"外,还有"崇划田"永佃。因"崇划田"顶首重而取租轻,业主只有收租权,而不能禁止佃农私自转租,佃农通过高额顶首取得佃权,逐渐形成永佃制。[③]

松江、奉贤以及无锡和江宁等地,都有数量不等的永佃制存在,但名称各有差异。

松江地区的永佃田被称为"大租田"。自从明天顺年间"召垦绝田"产生后,永佃制不断流行、扩散,早已成为一种重要的租佃习惯,土地的田

---

① 乾隆《崇明县志》第4卷,服役制一·买价承价说,乾隆二十五年刻本。
② 华东军政委员会土地改革委员会编:《江苏省农村调查》(内部资料),1952年刊本,第444、446页。
③ 国民党政府司法行政部:《民商事习惯调查报告录》(一),民国十九年刊本,第384页。

底、田面名目，亦"由来已久"。"畸田底者为业主，完纳赋税，有田之所有权，畸田面者为佃户……有耕种该田之权"。[①] 佃农所持田面，"乡间自相买卖，业主不与闻"。[②] 而且田底、田面各有不同价格，"田之价值，以下乡之膏腴者最贵，以粮较轻而租易得，此业户买田，俗云田底是也；又有田面之说，是佃户前后授受者，视其田之高下广狭以为差等"。[③] 底、面分离的土地买卖和租佃手续，也有相应的乡俗惯例。土地买卖有"召顶"、"外顶"之别：若田底、田面同时买进，招佃时须由佃农先纳顶首。佃农倘欠租米，即将顶首扣抵，撤佃另召，是谓"召顶"；若买进的只是田底，而田面向为种户所有，每年认完租米参照本地善堂成数，如遇水旱虫荒，须酌量减轻。倘种户抗欠租米，为数较巨，可将田面作价抵租，另召佃接种，是谓"外顶"。[④]

在奉贤，大部分或绝大部分出租地采用永佃制。奉贤业主出租土地，大多收取押租，凡交押租佃户，一般都有永佃权。[⑤]

无锡在乾隆年间已有被称为"灰肥田"的永佃权名目。[⑥] 民国时期则有被称为"租田"、"承种田"的永佃制。据土地改革前的调查，该县地主土地的出租比例为83%。租佃形式主要有"借田"、"租田"、"承种田"、"分种田"、"转租田"及"赖本赖利田"等多种类型："借田"是地主同时拥有田底权和田面权，佃农只是"借"来耕种，对土地没有任何权利；"租田"俗称"灰肥田"，地主只有田底权，佃户持有田面权，亦称永佃权；"承种田"是地主将荒地交给农民开垦种植，一二年内不交租，其后约定承种年限和年纳租额，佃户享有某种程度的永佃权；"分种田"有地主与佃户、佃户与佃户两种分种形式，收获由地主、佃户或佃户、佃户双方按协定比例分配；"转租田"是享有永佃权的佃户将田面转租给第三者耕种；

---

① 参见光绪：《松江府续志》卷5，疆域志五，风俗，光绪十年刻本；光绪《重修华亭县志》卷2，杂志，光绪五年刻本；《申报》光绪五年十一月二十七日。

② 《申报》光绪十四年十一月初三日。

③ 光绪《松江府续志》卷5，疆域志五·风俗，光绪十年刻本，第5页。

④ 国民党政府司法行政部：《民商事习惯调查报告录》（一），民国十九年刊本，第342页。

⑤ 《奉贤县志》第9卷，农业志，上海人民出版社1987年版，第315页。

⑥ 乾隆刑部题本，见中国第一历史博物馆、中国社会科学院历史研究所编：《乾隆刑部题本租佃关系史料之一·清代地租剥削形态》下册，中华书局1982年版，第516页。

"赖本赖利田"是佃户先交租后种地,地主往往要预收数年的地租,作为放债本钱,而佃户预交租额却不计算利息。[1] 上述6种租佃形式中,有一半是永佃制及其衍生形态。另据1949年对该县梅村区6个村的调查,各村"灰肥田"占总田亩的比重,除两村分别为10%和40%外,其余4村均在60%以上,最高的达90%。[2]

江宁府属也有少量永佃制分布。江宁一带有叫作"浮土"的永佃权存在。该地清代中叶,"因承平日久,丁多田少,无田之佃,欲领业田,必向前佃买浮土",由此形成佃权和永佃制,地主不能无故换佃。[3] 高淳、溧水两县,据民国初年有关租佃期限的调查,高淳东北三市乡、西南二乡分别为一年期和三年期,东南二乡则为"永远期";溧水东、南、西三区均以三年为期,北区租期虽有一年、三年者,"但不及永远者之多"。[4] 顾名思义,租期为"永远期"的租佃形式,似乎应为永佃制,但乡俗惯例和运行模式不详。

在苏北地区,永佃制远不如苏南地区发达和普遍,主要分布在长江北岸的扬州、通州以及海门、启东新垦区。南通有永佃权的土地称为"过放田"。这种田的佃户有"田根",地主不能随意收田涨租,佃户可将田转让他人,业主不得干预,此时业主只能向新佃户收租。[5] 扬州府属江都、甘泉、泰兴、宝应等地,永佃权被称为"粪系脚",通州称之为"顶首"、"告工",海门、启东则谓之"批价"。[6] 此外,淮安府属的涟水县,租佃有"短田"(临时性)出租和"长田"(长久性)出租两种,前者用口头契约,先由中人说合,当面订交租数量和办法,然后找保人担保;后者用书面契约,凭中画押,订明租种年限、纳租数目及种类,租期1年至终身不等。终

---

① 《无锡县志》,上海社会科学院出版社1994年版,卷5,农业,第192页。
② 苏南区农民协会筹备会:《无锡县梅村区四个乡租佃债务情况调查》,见华东军政委员会土地改革委员会编:《江苏省农村调查》(内部资料),1952年刊本,第214页。
③ 《申报》光绪五年十二月二十二日。
④ 东南大学农科编:《江苏省农业调查录·金陵道属》,民国十二年刊本,第19、14页。
⑤ 姚谦编著:《张謇与近代南通社会:口述实录(1895—1949)》,上册,方志出版社2010年版,第94页。
⑥ 李程儒:《江苏山阳收租全案》,附江南征租原案;规条·江南征租规条,民国十六年刊本。

身租田，经业主同意，可以传之子孙续佃。① 这可视为一种从长期租佃向永佃制演进的过渡形态。

安徽的永佃制，主要分布在皖南徽州、宁国、太平府属各县和广德州，皖北安庆、庐州、太平府属各县，其中又以徽州府属歙县、休宁、祁门、黟县、绩溪、婺源（今属江西省），宁国府宣城、旌德等地最为普遍。1949年的农村调查称，土地"大买、小买的关系，除黟县没有，旌德较少外，在徽州很多，绩溪尤为普遍"。②

这一地区的永佃制大致开始于明代中后期和清代前期，太平天国后，再次发展、扩大。其中徽州及周边地区，永佃制流行及延续时间较长，发展较为充分、成熟。地权与佃权已经完全分离，地权（收租权）通常被称为田底或大买、大田、田骨；佃权被称为田皮、佃皮或小买、佃田、小业、典首、草粪等。歙县土地多分为大买、小买，大买拥有土地所有权，但不得收回土地自耕或另租，小买拥有土地使用权，并可将土地买卖和转租。③绩溪田地向分"起佃"、大买、小买等三种名目。起佃系大买、小买两权合一，据称"最为上格"；大买只有所有权，而无佃权；小买又名"小顶"，其权利以佃种为限，如或自己不种，转佃与他人耕种，得与大买人分收谷租，并独收麦租。该县西乡八都一带，则在小买之外，"草粪"又单独构成一层佃权。民国初年的调查说，其名目始于雍正、乾隆以后，有"草粪权"者始有耕种权。④小买同大买一样，也变成了收租权。

宁国府旌德全县，大部分土地被分为大买（亦称"丈田"）、小买（亦称"佃田"）两部分，民国时期，这类土地约占总数60%左右。据1950年6月的调查，朱旺村的3778亩土地中，属大、小买分离的达3055亩，占80.9%。⑤太平府芜湖县，据1950年对十里区杨埠村的调查，绝大部分土地都分离为两个部分，446户各阶层村民租入的3997亩土地中，有永佃权的达3903亩，占

---

① 《涟水县志》，江苏古籍出版社1997年版，第227页。

② 中共皖南区党委政策研究室：《徽州专区农村情况概述》，见华东军政委员会土地改革委员会编：《安徽省农村调查》（内部资料），1952年刊本，第32页。

③ 《歙县志》，中华书局1995年版，第129页。

④ 国民党政府司法行政部：《民商事习惯调查报告录》（一），第412页。

⑤ 《旌德县志》，黄山书社1992年版，第226页。

全部租入地的 97.6%。① 不过杨埡村的地理位置和地权分配比较特殊。该村位于芜湖城郊，村民使用的 4201 亩土地中，3664 亩归芜湖城市地主和地主兼工商业者等所有，占土地总面积的 87.2%。而属于本村的 537 亩土地中，又有 269 亩是祠田，本村村民占有的私田仅 268 亩，占总面积的 6.4%。这是一个特例，芜湖其他村落的永佃制比重不会如此之高。

皖北安庆府的太湖县，则有被称为"保庄田"（又叫"份田"）的永佃制。② 桐城、枞阳境内土地出租形式中，有永佃租，佃农租种地主或公堂土地，一般先交押板金，地主不付利息，但也不能随意撤换佃农。③ 庐州府无为县，租种田分为永佃田和活业田两种。永佃田，地主不得随意撤佃，佃农有永久使用权；活业田，佃农仅有"临时经营权"。④ 英山（今属湖北省）土地有"里子"、"面子"之分，"里子系地主所有权，面子系佃农所有权"，亦即永佃权。⑤

庐州府肥西县（1948 年从合肥县析置）有被称为"埂价田"的永佃制分布。该地的"埂价田"有三种：一是卫田，亦称军田。据载，明初，明太祖仿效唐太宗办法，实行以兵屯田，每卒配田 50 亩，清嘉庆年间，曾进行整理，令屯丁运粮。光绪年间，清政府饬令卫所指挥、千总、百总后人备价购买，将卫田变为民田，但士卒后代耕种卫田，享有永佃权；二是有"埂价"的一般民田。不过这种"埂价田"为数不多；三是诸如"李府"、"刘府"、"周府"等淮军将领大地主的变相"埂价田"。这类大地主买田只买"租头"，不问实际土地面积。当初也要交少量"羁庄"费（押租），此后只要租额不欠，其他概不过问。佃农无形中享有永佃权。⑥ 在无为县的租佃关系中，永佃制也占有相当比重。据 1950 年的典型调查，该县百马乡的出租土地"有永佃权与活佃权之分"，有永佃权的土地，田底归地主，田面

---

① 中共皖南区党委农委会：《芜湖十里区杨埡村调查》，见华东军政委员会土地改革委员会编：《安徽省农村调查》（内部资料），1952 年刊本，第 168—169 页。

② 《太湖县志》，黄山书社 1995 年版，页 117。

③ 《枞阳县志》，黄山书社 1998 年版，第 96 页。

④ 《无为县志》，社会科学文献出版社 1993 年版，第 123 页。

⑤ 国民党政府司法行政部：《民商事习惯调查报告录》（一），民国十九年刊本，第 409 页。

⑥ 中共皖北区党委政策研究室：《肥西县上派河乡农村情况调查》，见华东军政委员会土地改革委员会编：《安徽省农村调查》（内部资料），1952 年刊本，第 49 页。

归佃户。"佃户有永久耕种此土地的权利"。全乡各阶层农户租入的 6233 亩土地中，有永佃权的 4871 亩，占租入地的 78.1%，比例不低。①

安徽地区的永佃制在其发生、发展过程中，形成了一整套独特的乡俗习惯。

在安徽一些地区，永佃制和普通租佃泾渭分明。据民国初年的调查，当地的租佃契约和习惯，大致分为两种，一为"东顶东卸"，谓之"清庄"；一为"客顶客庄"，谓之"客庄"。凡属"清庄"，地主可以随时退佃自种，或另行招佃。"客庄"则不同，地主只能收租，不能退佃。佃户以佃权之全部或一部自由顶拨，辗转让渡，俱无须地主同意。故凡"清庄"，租约必系"承约"，而"客庄"则系"顶字"。客庄是一种比较完全的永佃制。清庄羁庄钱（即押租）有定数，而客庄羁庄钱虽有定数，而顶价实无定数。② 在安徽许多地区，无论"客庄"、"清庄"，佃农都缴有"羁庄钱"，但只有"客庄"有永佃权。如肥西，除卫田、有"埂价"的民田和"×府"等的变相"埂价田"外，一般民田大都有"羁庄钱"（押板金），但没有永佃权。③

在安徽永佃制流行地区，土地买卖流通过程中，租权与佃权的买卖通常是分开的。如黟县，大买契叫"杜卖契"，小买契叫"杜吐契"，也叫"佃田契"。一"卖"一"吐"，表明租权与佃权的区别。无永佃权或永佃权已与租权归并的土地，则称"大小买田"。即使大买、小买已经合一的土地，在买卖时也往往分立"杜卖"、"杜吐"两契，表明是两项买卖。④ 这反映出土地租权与佃权分离的深度和普遍程度。婺源的情况也大致相似，至迟到康熙年间（1662—1722），永佃制已经成为该地租佃关系中一种普遍形式。在那里，土地买卖和田租买卖通常也是分开的。按照惯例，田租的抵押和买卖，其范围仅限于田底权，因而只能收租，而不能直接支配或垦

① 中共巢湖地委政策研究室：《无为县百马乡圩区典型调查》，见华东军政委员会土地改革委员会编：《安徽省农村调查》（内部资料），1952 年刊本，第 93—94 页。
② 国民党政府司法行政部：《民商事习惯调查报告录》（一），民国十九年刊本，第 392 页。
③ 中共皖北区党委政策研究室：《肥西县上派河乡农村情况调查》，见华东军政委员会土地改革委员会编：《安徽省农村调查》（内部资料），1952 年刊本，第 49 页。
④ 章有义：《太平天国革命前夕徽州地区土地关系的一个实录——黟县地主〈江崇艺堂置产簿〉剖析》，《文物》1975 年第 6 期。

种土地。① 在英山，如甲将自种的土地立契出卖与乙，乙仅有收租权，而无招佃换佃权。乙必须再出顶价，由甲另立顶约，方有完全管业权。②

肥西县的"埂价田"买卖也有同样的习惯。地主只能卖地权，不能卖佃权，佃农可以自由典卖佃权，地主不得干涉。地主如想连佃权一起出卖，必须佃农同意，并要分给佃农一半地价，或只卖原地的一半，其余一半即完全归佃户所有。"埂价田"佃户出卖佃权时，新佃户须随同原佃户到地主家"认东"。此后原佃即同该地完全脱离关系。若新佃户未去"认东"，原佃可依原租额向新佃收租，而后转交地主。③

江西的永佃制度极为普遍，全省大部分地区均有分布，租权、佃权明显分离，其中以赣南赣州府属，赣东建昌、抚州府属地区，流行最广，租权、佃权分离最为彻底。

清代时期尤其是清代前期，赣州府属地区的耕地，土地普遍分离为"骨"（收租权）和"皮"（永佃权）两部分，地权（收租权）通称"田骨"或"大买"，佃权通称"田皮"或"小买"。并有各自的价格。④ 又有资料称，"赣郡诸邑多有田骨、田皮之号，田骨属掌田者，曰大买；田皮属耕田者，曰小买。名号俨然齐驱"。⑤

民国初年，永佃制虽然明显衰落，赣州地区的永佃制、永佃习惯仍然相当流行。据民国初年的调查，南康县田亩，骨、皮分离清晰，权利、义务明确：管皮者（佃户）有永佃权，对管骨者（田主）每年应纳租额，均有定数，"无论水旱荒歉，概不减让"。⑥ 赣州府属各县，十分之七八的田土山塘，属于"皮骨分管"。⑦ 田亩有"租田"、"粮田"之别。粮田皮、骨不分，其租被称为"华利"；租田皮、骨分离，所有者只能收租纳粮，不能转

---

① 参见刘和惠：《读稿本〈畏斋日记〉》，《中国史研究》1981 年第 1 期。
② 国民党政府司法行政部：《民商事习惯调查报告录》（一），民国十九年刊本，第 409—410 页。
③ 中共皖北区党委政策研究室：《肥西县上派河乡农村情况调查》，见华东军政委员会土地改革委员会编：《安徽省农村调查》（内部资料），1952 年刊本，第 49 页。
④ 光绪《雩都县志》卷 5，民俗。
⑤ 光绪《雩都县志》第 13 卷引宋启传《对策》。
⑥ 国民党政府司法行政部：《民商事习惯调查报告录》（一），第 456 页。
⑦ 国民党政府司法行政部：《民商事习惯调查报告录》（一），第 442 页。

佃，亦不能收回自种，谓之"管骨"。承租人世世耕作，按年纳租，其赁耕权可以自由转佃、顶退，谓之"管皮"。田皮的顶退、转让，亦有说法，典当被称为"暂退"，绝卖被称为"杜退"。① 不过自 20 世纪 30 年代后加速瓦解。如兴国，皮、骨分管田以祠、庙公产田为多，农民之间也有，但为数不多。据 1950 年土地改革前对塘石乡一个村的调查，全村耕地 2853.7 担，其中皮、骨田 177.9 担，只占总数的 5.7%。骨权属地主 15 担，富农 9 担，中农 3 担，公产 150 担；皮权属中农 80.8 担，贫农 97.1 担。② 永佃田主要是祠、庙公产，占总数的 84.3%，民田私田的永佃制不多了。

对于被水冲毁永佃地亩的租赋及土地修复，赣州地区也有相应的乡俗惯例。如田被大水冲毁，不能耕种，管皮者即可免纳租谷，但管骨者每年应纳田赋，管皮者亦须"酌量帮贴"。至于被毁田地，日后如雇工修复，所花费用，则由管骨、管皮双方各照该田收益比例摊派。③ 南康县属，若皮田被水冲毁，不能耕作，管皮者可免纳皮租，但须每年帮完管骨者粮米。日后管皮者如修复开辟成田，仍须照旧纳租。④ 这反映了该地永佃制发展的成熟程度。

赣东建昌、抚州府属也是"田皆主、佃两业，佃人转卖承种，田主无能过问"。⑤ 黎川（新城）田地多分皮、骨两业，若民间契载租若干、地丁若干者，为大租、为业主，即为田骨；如契无地丁字样，则为小租、为佃户，即为田皮。骨、皮之所有权不必同属一人，若业主单买田骨，则只能收租，不能自佃。故俗谓"大业主收租，小业主佃种"。⑥ 广昌因特殊历史环境，明中后期即开始出现土地皮、骨分离。明正统以后，县内土地兼并加剧，"田多为豪右所占"。清初 33 年中（1646—1678），广昌兵戈扰攘，农民苦于"征输日以急而称贷"，被迫出卖土地，豪绅则逼债夺地，或压价购地。民国初年，社会动荡，富豪之家以土地为最可靠的"恒产"（民谚云：田地是个宝，乱兵抢不去，大火烧不掉），纷纷掠夺土地。在长期的土

① 国民党政府司法行政部：《民商事习惯调查报告录》（一），第 420 页。
② 《兴国县志》卷 4，农渔牧业，1988 年内部发行本，第 161 页。
③ 国民党政府司法行政部：《民商事习惯调查报告录》（一），第 429—430 页。
④ 国民党政府司法行政部：《民商事习惯调查报告录》（一），第 456 页。
⑤ 陆耀：《江西新城田租说》，《切问斋文钞》卷 15，财赋，道光五年刻本。
⑥ 国民党政府司法行政部：《民商事习惯调查报告录》（一），第 451 页。

地兼并过程中，产生了土地买卖的特有形式："大买"和"小买"。所谓"大买"者，"皮"（土地使用权）、"骨"（土地所有权）皆管，立契过割赋税，买主难以逃税，卖主索价亦较低；"小买"则不同，买"骨"不买"皮"。卖主保留"皮田权"即永佃权（永佃权亦可转让于人），以图有田可耕。买卖时，只立吐（顶）约，虽然赋税应由买主负担，但不办理赋税过割手续，预留漏税地步。"初则（卖主）将应完粮帮贴买主代纳；迨历年既久，人事变迁，卖业者或贫洗外出，或故绝无人"，官府纵有粮册，亦无从追索钱粮，此时买主则公享无粮之福。故小买之田价比大买贵一至数倍。卖主因有"田皮权"，如非自己弃耕，对方不能夺田。农民借此同田主进行反剥削斗争，"往往逋租，远乡之佃尤甚。或另以田种芒谷输主，佃人尽收其佳者"。因此田主同佃农每每兴讼，府县衙门为之头痛。[①] 不过至迟到民国初年，相当一部分佃权（田皮）已同永佃农分离，普遍形成一田"皮骨两租"的局面，当时的调查说，广邑田亩纳粮者所入的"正租"曰"骨租"；有种田权者所入之"顶耕租"曰"皮租"，两租"皆由承种佃户缴纳"。[②] 原来意义上的永佃制，已经蜕变、消失。

抚州府乐安县的普遍习惯是，田亩分骨、皮两业，"业主管骨，佃户管皮"。业主有自由典卖之权，佃户不能阻遏；但若转租，须由原佃辞耕方可，业主无权强行换佃。[③] 佃农有较明确的永佃权。

赣北、赣东北湖口、靖安、丰城、弋阳、上饶、玉山等地，也都有多寡不等的永佃制分布。有的县区还比较普遍，成为租佃关系重要形式。湖口，租佃形式有二：一称"客田"，所有权属业主，须负担田赋；佃权即使用权属佃户，须向业主交租。若佃农3年不交租，业主有权将其佃权转卖给他人，称"撤佃"；佃户不愿耕种，也可将佃权转卖他人，称"转佃"；二称"寅租卯"，随时可以将地撤回，自己耕种。[④] 靖安、丰城租佃有永佃、定期、不定期3种形式。丰城永佃制的土地多为会堂、寺庙公产，佃耕权固

---

① 《广昌县志》，上海社会科学院出版社1995年版，卷6，农业，第178页。
② 国民党政府司法行政部：《民商事习惯调查报告录》（一），第433页。
③ 国民党政府司法行政部：《民商事习惯调查报告录》（一），第446页。
④ 《湖口县志》，江西人民出版社1992年版，卷3，农业，第97—98页。

定不变，父可传子，自己不耕可以交回业主，也可转租或雇工耕种。① 弋阳、上饶，租佃有二：一为"起耕田"，租田先立契约，缴纳押金，方可耕种。押金俗称"顶头"，秋后佃户按契约缴清租谷，业主将押金还给佃户。1940 年法币贬值，废除"顶头"，改送鸡、鱼等礼物。佃户无力耕种或延期交租，业主可以废止契约，更换佃户，俗称"起耕"。二为"老客田"，即"客庄田"（外乡地主土地），佃农享有永佃权，业主不得起耕。业权转移时，佃农仍可耕种。老客田租额较轻。一般为五分租。② 玉山土地租佃有永佃、定期佃、不定期佃三种形式，永佃制位居三种形式之首。③

江西除了田地永佃，还有山林永佃。事实上，赣南地区的永佃，不少就是起源于客民的山场、山林垦植。赣东乐安，竹木山场有山皮、山骨之分。竹木所有权谓之"山皮"，土地所有权被称为"山骨"。山皮所有人对山骨所有人"仅须永远交纳山租，并无年限限制"，山骨所有人若将山场收回自植竹木，如果山皮所有人自愿让还，"得将竹木削光，还山免租"。④

东南沿海及珠江流域地区的永佃制分布主要包括浙江、福建、台湾和广东韩江、东江、北江以及两广西江流域等地。

浙江⑤永佃制的地区分布，就全省而言，比江苏更为普遍。1950 年的调查说，"永佃权相当普遍的存在于浙江省的各地"。永佃权和所有权在各地有不同的名称。绍兴、衢州分别称"小田"、"小业田"与"大田"、"大业田"；温州、平湖等地分别称"田皮"、"田面"与"田心"、"田底"；兰溪分别称"小皮"与"大皮"；江山分别称"小耕"与"大耕"；开化分别称"浮田"与"实田"；此外还有"小卖"、"客田"、"下手田"与"大卖"、"民田"、"上手田"，等等。⑥ 资料显示，杭州、嘉兴、宁波、绍兴、金华、台州、温州、衢州、处洲等府属各县，永佃制多寡、疏密不等，都有分布，

① 《靖安县志》，江西人民出版社 1989 年版，卷 7，农业，第 161 页；《丰城县志》，上海人民出版社 1989 年版，第 66 页。
② 《上饶县志》，中共中央党校出版社 1993 年版，第 60 页。
③ 《玉山县志》，江西人民出版社 1985 年版，第 215 页。
④ 国民党政府司法行政部：《民商事习惯调查报告录》（一），第 435 页。
⑤ 浙北太湖流域诸县属长江流域，为叙述方便，一并归入东南沿海地区讨论。
⑥ 中共浙江省委农委调研处：《浙江省永佃权情况调查》，见华东军政委员会土地改革委员会编：《浙江省农村调查》（内部资料），1952 年刊本，第 221 页。

其中杭州、嘉兴、宁波、绍兴等府属地区较为普遍。民国后期，永佃制急剧没落，短期租佃已是浙江租佃关系的主体，不过永佃制仍占有一定比重。如表3-1所示，据1947年对富阳、嘉善等18县的调查统计，1—3年的短期租佃占各类租佃的50.5%，永佃制占38.7%，最高达80%—90%。

表3-1　浙江省佃农制度概况

（1947）

单位：%

县别	农户数（户）	定期租佃			不定期租佃	永佃
		1 年	2 年	3 年		
富阳	12000	14	—	—	82	4
淳安	46267	5	10	70	5	10
吴兴	104555	10	10	25	55	—
长兴*	40000	40	25	20	45	10
德清	27015	8	7	5	10	70
嘉善	45000	—	—	—	10	90
海宁	60159	—	—	—	15	85
平湖	46260	1	0.5	8	0.5	90
绍兴	119870	20	—	—	—	80
嵊县	68224	10	20	40	5	25
兰谿	50540	5	10	65	5	15
东阳	92214	—	10	10	30	50
奉化	41166	50	—	—	10	40
黄岩	43990	25	25	5	10	30
温岭	84000	—	—	—	90	10
瑞安	154000	55	30	10	—	5
云和	10000	5	5	10	15	65
平阳	63940	5	5	50	30	10
合计/平均	1109200	24.05	8.75	17.67	21.25	38.73

说明：*原资料各种租期所占百分比之和大于100，存疑。

资料来源：浙江省银行经济研究室编：《浙江经济年鉴·农业》（民国三十六年），1948年刊本，第473—475页。

在杭州地区，永佃制兴盛时，土地产权普遍分离为田底权和田面权，各地名称不一，有大田、小田，实田、浮田等。拥有田底权的只管收租完粮，不能支配田面使用；拥有田面权的可以耕作或转租。① 嘉兴永佃田称为"永年田"，该县在太平天国后形成的"余花田"永佃制遍及全县，并有独特的惯例。县内田地大多有"余花与非余花之别"。凡属纳粮执照书有"某业、某某完粮"字样，均属"余花田"。这类田地的业主只有田底，佃农占有田面。垦种、收花、纳粮悉属于佃户，业主全不过问。佃户平常并不纳租，惟遇丰年，业主可得租息一、二斗，名曰"余花"。凡种余花田者，"无论何事，业主不能过问，佃户权力甚大"。田底可以抵押买卖，田面亦可抵押买卖，两不相妨。② 嘉善、平湖的永佃制更特别普遍，直至 1947 年，仍是租佃关系的主要形式。该地永佃权俗称田面、田皮，所有权俗称田心、田底，亦称为业主。③ 据 1950 年对平湖胜利乡 13 个村的调查，土地改革前夕各阶层村户共持有底面合一的"清业田"138 亩，田底田 188 亩，田面田 1737 亩。④ 此处田底田、田面田二者的面积相差甚远，乃因绝大部分田底田为不在地主所占有之故。不过这并不妨碍土地面积的计算和永佃制范围的测定。上述 3 组数据中，田底田和田面田基本上是重叠的，故可直接将"清业田"与田面田之和（1875 亩）视为胜利乡的土地总面积。据此，1875 亩土地中，1737 亩底、面分离，亦即92.6% 的土地是在永佃制下或曾经是在永佃制下经营的，由此可见该地永佃制的普遍程度。

宁波府一些县区，佃农大多持有佃权，许多地方都有相关的永佃习惯。如"鄞县乡间俗例，佃户俱有顶头钱文谓之田脚"。新佃租种土地，一般都要向老佃备价顶耕。⑤ 绍兴府属各县的永佃制分布也相当广泛。据 1950 年

---

① 《杭州农业志》，方志出版社 2003 年版，第 185 页。

② 国民党政府司法行政部：《民商事习惯调查报告录》（一），第 467—468 页。

③ 国民党政府司法行政部：《民商事习惯调查报告录》（一），第 465 页；中共浙江省委农委调研处：《浙江省永佃权情况调查》，见华东军政委员会土地改革委员会编：《浙江省农村调查》（内部资料），1952 年刊本，第 221 页。

④ 中共浙江省委农委调研处：《浙江省永佃权情况调查》，见华东军政委员会土地改革委员会编：《浙江省农村调查》（内部资料），1952 年刊本，第 224—225 页。

⑤ 有档案称，乾隆五十九年，邵国保因乏用，将面积分别为二亩五分和二亩的水田两处，一并顶与钱庭才耕种，得钱七千文（见《刑科题本·土地债务类》，乾隆九年六月十二日广东巡抚策楞题）。

对绍兴县乡 4 个村的调查，各阶层村户共持有底面合一的"清业田" 1485 亩，田底田 1272 亩，田面田 3191 亩。[①] "清业田"与田面田合计 4676 亩，田面田占 68.2%，底、面分离的土地面积超过 2/3。在诸暨，土地有"一卖田"、"二卖田"之分。"一卖田"的田底权（所有权）和田面权（使用权）属同一地主所有，佃户租田耕种，由地主确定年限和租率；"二卖田"的田底权属地主，享有收租权，田面权属佃农，有永佃权。如佃户欠租 3 年，田面权即被地主剥夺。[②]

　　金华和温州府属大部分县区，都有永佃制的分布。金华据 1950 年的调查，乾溪乡雅宅村各阶层村户共持有底面合一的"清业田" 498 亩，田底田 822 亩，田面田 933 亩。[③] "清业田"与田面田合计 1431 亩，田面田占 65.2%，底、面分离的土地面积接近 2/3。永康县农田分为田骨、田皮，由来已久。田骨是祖传，田皮亦系祖传，租佃长久。如乾隆二十七年间（1762），吴姓地主因佃农欠租，要收地自种，佃农具禀，县衙批断仍由该佃耕种，条件是"不许欠租"。[④] 在义乌县，包括多数公尝田、"绝卖留种"田，以及久种不欠租的租田，佃户一般都有永佃权。[⑤] 温州府永嘉一带，永佃权称为"小买"或"客田"，收租权称为"大买"或"民田"。同一区域的田地或有小买，或无小买，买卖有相应的规矩和契约格式。如系大买、小买合一，则卖契写明"立绝卖民客田某某"（或写"卖绝并杜绝起亩过割"等字样）及"任凭耕种管业"或"照契收管召佃耕种"字样；如仅系大买，则卖契写明"立绝卖民田某某"及"收租管业"字样。小买让渡写立"顶契"，受顶者向业主（民田业主）交租耕种。[⑥] 景宁县永佃制更为普遍，收租权和耕作权分离相当彻

---

① 中共浙江省委农委调研处：《浙江省永佃权情况调查》，见华东军政委员会土地改革委员会编：《浙江省农村调查》（内部资料），1952 年刊本，第 224 页。

② 《绍兴市志》第二册，浙江人民出版社 1996 年版，第 10 卷，经济总情·生产关系，第 634 页。

③ 中共浙江省委农委调研处：《浙江省永佃权情况调查》，见华东军政委员会土地改革委员会编：《浙江省农村调查》（内部资料），1952 年刊本，第 223 页。

④ 乾隆朝刑科题本，见中国第一历史博物馆、中国社会科学院历史研究所编：《乾隆刑部题本租佃关系史料之一·清代地租剥削形态》下册，中华书局 1982 年版，第 565—566 页。

⑤ 《义乌县志》，浙江人民出版社 1987 年版，第 99 页。

⑥ 国民党政府司法行政部：《民商事习惯调查报告录》（一），第 472—473 页。

底。民国初年的调查说，该县田亩有田骨、田皮"两种所有权"，田骨所有人有收租之权利，负纳税之义务；田皮所有人有耕种之权利，负纳租之义务。[①] 其余诸如青田、永嘉、乐清等县，太平天国战争后，永佃制也都成为租佃关系的基本形式。青田最晚至光绪年间，永佃制的发展已经十分成熟，又因"僻处山陬"，土地买卖并不规范，土地的所有权与使用权彻底分离，所有权的买卖变成纯粹的地租买卖，"交易田产，不查亩分，不用弓尺，立契并无亩数，止载田租若干，而每亩租额又无定额，坐落则专载土名，并无四至，而土名亦随时更换，迄无定所，中代则任意开列，或用私人，或用亡人，故卖租并不交田"。[②] 所有权的转移完全不影响佃农的土地使用。

台州府天台县的乡俗习惯稍异，当地把租佃关系限定为实行定额租制的永佃制，而不包括采用分成租制的普通租佃关系；把前者土地称为"租田"，后者土地叫作"分种田"。有记载说：

> 农民与地主有租佃关系的土地称为租田。租田的所有权属地主，永佃权属农民。……不存在租佃关系的称为分种田，即地主出土地，农民出劳力、畜力、种子、肥料，秋后按收获量分成。[③]

这种划分和冠名法，应当是基于和尊重当地民间习俗、惯例，而非完全出于方志编纂者的主观设定。事实上，前述江苏无锡亦有"租田"和"分种田"的划分，不同的是无锡将"租田"、"分种田"以及"借田"、"承种田"、"转租田"、"赖本赖利田"等，皆视为租佃关系的不同的形式，而天台则将"分种田"排除在租佃关系之外。这或许因为该地永佃制出现和形成的时间较早，分布亦较普遍，早已构成封建租佃关系的主体或重要组成部分，随着时间的推移，在农村生产关系和经济生活中的地位日益重要。在这种情况下，以致出现更早、历史上长期作为封建租佃关系主体甚至唯一形式的分成租制，反而被人们排除在封建租

---

① 国民党政府司法行政部：《民商事习惯调查报告录》（一），第483页。
② 光绪《青田县志》卷之四，风土志·风俗，第10—11页。
③ 《天台县志》，汉语大词典出版社1994年版，第146—147页。

佃关系之外。

不过这种划分和冠名法，可能也有明显的疏漏，或与历史不符。民国初年的调查称，天台县乡民佃种田地付有代价者名曰"绍价"，有独立买卖、典押等处分之权，对田主的义务，唯承交租谷而已；其无"绍价"者，为"承种田"，亦有拨佃分种、订明租额者。如佃户交租不足，即可撤换。而有"绍价"之佃户，即怠于交租，亦不能撤换。[①] 调查者的划分法似乎更符合历史实际。

在浙江全省，不但田地有永佃，山场亦有永佃，如寿昌，山场垦种，或佃农备洋承垦，充作"揽价"，立有"永远常揽，不得回赎"契约；或业主人工不及，管理不便，自行招揽，揽后承揽人即取得"地上权"，形成永佃关系。衢州府属常山、江山等地，佃农租垦荒山，种植竹木，也大都持有永佃权。常山佃户租种荒山，立有"揽字"交业主收执，持有"山皮"，业主须立"布字"交佃户收执，俗名"山骨"。江山佃户租种山场，亦有"山皮权"。[②]

福建地区，前面已经指出，永佃制至迟在明代中后期已成为某些地区的通行的租佃形式。

清代时期，永佃制的分布更加广泛。在部分县区，直至民国时期，永佃制仍是一种重要的租佃形式，相当一部分土地底、面分离，据20世纪30年代中的调查，全省永佃制按7个行政区统计，有如表3-2：

表3-2　福建各区租佃形式和定期租佃期限比较（%）

行政区别	县数	不定期	定期	定期租佃期限（年）			永佃
				最长	普通	最短	
第一区	8	34.4	40.5	30	3	1	25.1
第二区	8	45.6	29.8	20	5	1	24.6
第三区	5	45.0	23.7	15	3	1	31.3
第四区	7	42.5	30.3	30	5	1	27.2

---

① 国民党政府司法行政部：《民商事习惯调查报告录》（一），民国十九年刊本，第487页。

② 国民党政府司法行政部：《民商事习惯调查报告录》（一），第491、494、497页。

续表

行政区别	县数	不定期	定期	定期租佃期限（年）			永佃
				最长	普通	最短	
第五区	6	81.6	10.1	30	10	1	8.3
第六区	4	50.6	26.2	20	5	1	23.2
第七区	5	92.8	4.1	10	3	1	3.0
总计平均	43	56.1	23.5	20	3.5	1	20.4

资料来源：郑行亮《福建租佃制度》，《民国二十年代中国大陆土地问题资料》第62册，（台北）成文出版社、〔美国〕中文资料中心重印发行，1977年版，第32162页。

说明：各区分别辖县如下：第一区8县：长乐、闽侯、连江、罗源、平潭、宁德、福安、福鼎；第二区8县：南平、永泰、闽清、古田、屏南、尤溪、沙县、顺昌；第三区5县：建阳、崇安、松溪、政和、寿宁；第四区7县：同安、莆田、仙游、晋江、安溪、永春、德化；第五区6县：漳浦、诏安、东山、龙溪、南靖、海澄；第六区4县：龙岩、宁洋、永定、上杭；第七区5县：连城、明溪、清流、武平、泰宁。

如表，按佃农百分比计算，7区43县中。除第五、七两区11县永佃制比重较低外，其余5区永佃制比重都在20%以上，其中第三区5县最高达31.3%。7区平均为20.4%。分县统计，以政和、屏南、仙游、福鼎、晋江和罗源永佃制比重最高，依次为80%、70%、61.3%、60%、56.5%和50%。[①] 在这些地区，永佃制仍然是最重要的租佃形式。

概括说，福建中北部福州、南平、宁德、建州、邵武等府属各县，永佃制流行最广。

福州府闽清一带，清代时期，"无论民、屯田，根、面皆分"，"根、面俱全之业甚少"。[②] 20世纪30年代中的调查亦称，闽清"面主有用益权"。[③] 闽侯的永佃制分布，亦相当普遍。该县民国时期一般租佃习惯是，佃农租耕土地，均由主佃双方自行订立契约，农佃如不欠租，必可永耕其田。耕地例分根田（耕作权）和面田（所有权）。若根田、面田统归一人管业，则

---

① 郑行亮：《福建租佃制度》，《民国二十年代中国大陆土地问题资料》第62册，（台北）成文出版社、〔美国〕中文资料中心重印发行，1977年版，第32156—32160页，"福建各县租佃期限之比较"表。

② 《福建省例》第9卷。

③ 郑行亮：《福建租佃制度》，《民国二十年代中国大陆土地问题资料》第62册，（台北）成文出版社、〔美国〕中文资料中心重印发行，1977年版，第32177页。

由田主觅佃耕作，预先约明几年为期，期内如无欠租，不得换佃。若根田、面田分属二人，则根田主有召佃换佃之权，而面田主则无此权，递年由根田主送纳面田主湿谷若干斤，面田主即即缮收条付根田主为据。但根田主如有欠租等事，面田主亦可换佃。[①] 侯官县〔民国二十三年（1934）并入闽侯县〕则有屯田永佃，因佃农费有工本，通常对屯田持有田根，故买卖契约一般都会写明"根、面不全"；永福县〔初为永泰，后因避宋哲宗陵讳改名永福，复因与广西永福县同名，民国三年（1914）恢复原名〕也有关于永佃制的记载。如佃农黄宗福，有租田一段，因世代承耕，费有顶耕银子，故持有田根。[②] 另据调查，该县永佃名称与他处不同，称"田面权人为业主"，而"底主"为永佃农，"田面权人"不能直接使用土地；"底主"则可将土地转佃他人。但若"底主"积欠地租，"田面权人"得撤除永佃关系。[③] 长乐县的情况是，田地"有面有根，富者买面收租，贫者买根耕种，且有不自种而令他人代佃，佃户一还面租，一还根租，或总输租于根主，而根主分还面主者。承佃者既久，私令他人转佃，则又有小根焉，名曰让耕。……更有一种年远租贱，佃户辗转售耕，名曰锄头根，田主卖田，佃户诡云有根，反把持取利"，[④] 形成"一田三主"的局面。尤溪、沙县土地有田底、田面之分，沙县业主出让田面者，立有"皮田约"交付面田。如面主将田地转租，底主有优先收租权。[⑤]

南平地区永佃制分为两种类型，一种比较典型和完全，收租权和永佃权分离明显，前者称"苗田"，后者称"税田"，两者均可单独买卖、让渡；另一种不太典型和完全。按该地习惯，土地租佃并不设定存续年限，只要不短欠租额，地主即"永久不得责令退佃"。不过佃农不得将田地赁贷与

---

① 国民党政府铁道部财务司调查科查编：《福州市县经济调查报告书·农业经济篇》，约1930—1931年调查，铁道部财务司1931—1932年印行，第59、60页。

② 乾隆朝刑科题本，见中国第一历史博物馆、中国社会科学院历史研究所编：《清代地租剥削形态》下册，第525、577页。

③ 郑行亮：《福建租佃制度》，《民国二十年代中国大陆土地问题资料》第62册，（台北）成文出版社、〔美国〕中文资料中心重印发行，1977年版，第32176页。

④ 民国重修《长乐县志》，福建印刷所民国七年印本，卷30，杂录，第6页引"同治彭志"。

⑤ 郑行亮：《福建租佃制度》，《民国二十年代中国大陆土地问题资料》第62册，（台北）成文出版社、〔美国〕中文资料中心重印发行，1977年版，第32177—32178页。

人。① 另据稍后的调查，南平各区的永佃名称和习惯，差异甚大。第三区沿闽江南岸樟板湖各地，有根田、苗田之分，实即田底、田面之分；北岸余西、余东、保福、遵教各属，"田赋由苗田缴纳，根田即永佃"，不过根田主对田地无处分权，不能转佃；第四区有田面权者，取得用益权后，据说"田底无何利益，且此项底面关系逾数十年者，底权无形归于消灭"。② 此习惯甚为蹊跷，不过调查者未对其原因作出说明。古田的永佃制出现较晚，据说"乾隆季年后始有之。乾隆以前大概皆根、面合掌"，③ 但很快普遍流行。20 世纪 30 年代前，已是全县农田"例分根、面"，并大多在契内载明，其执业凭证称"田根契"。这种永佃关系主要分布于地势平坦、土地较肥沃的区域，那些地瘠民贫、佃户无力买"根"者，则无此俗。④ 据 1950 年对该县七保村的调查，全村 2419 亩田地中，1716 亩属于根、面分离。占全村出租地的 87.5%。本村 936 亩共有田和本村人在外村占有的 4280 亩地，更全都属于根、面分离。本村的 1441 亩皮田中（另有 275 亩皮田为外村人所有），79.9% 自耕。⑤ 直至土地改革前夕，永佃制仍是封建租佃关系的主体。在永佃制广泛流行的情况下，有些本无田根的佃户，"耕种岁久，亦得发生根主权，不许田主自由退耕"。⑥

永安、东山等县，土地租佃都有永佃、定期、不定期等 3 种形式。永安永佃田租期甚长，并可延续到下一代。⑦ 福安在清代时，田地山场租佃，佃户均可"转替与人，甚至辗转相替，累及地主。阅时既久，地主非将替价一一代还，即不能调佃或转卖"。⑧ 因地主调佃困难，相当一部分佃农已获得事实上的永佃权。建瓯永佃制也十分广泛，并形成"一田二主"。据民国前期的调

---

① 国民党政府司法行政部：《民商事习惯调查报告录》（一），民国十九年刊本，第 509 页。
② 郑行亮：《福建租佃制度》，《民国二十年代中国大陆土地问题资料》第 62 册，（台北）成文出版社、〔美国〕中文资料中心重印发行，1977 年版，第 32175—32176 页。
③ 民国《古田县志》，民国三十一年铅印本，卷 21，礼俗志。
④ 郑行亮：《福建租佃制度》，《民国二十年代中国大陆土地问题资料》第 62 册，（台北）成文出版社、〔美国〕中文资料中心重印发行，1977 年版，第 32176—32177 页。
⑤ 福建省农民协会：《古田县七保村农村调查》，见华东军政委员会土地改革委员会编：《福建省农村调查》（内部资料），1952 年刊本，第 74—75 页。
⑥ 国民党政府司法行政部：《民商事习惯调查报告录》（一），第 507 页。
⑦ 《永安市志》卷 9，农业，中华书局 1994 年版，第 293 页。
⑧ 国民党政府司法行政部：《民商事习惯调查报告录》（一），第 558 页。

查，县内田地分大苗、小苗，"各成独立之所有权"，均可"随意转移"。但小苗已普遍同永佃农分离，小苗主同大苗主一样，都只收租，而不耕作。不过作为直接生产者的现耕佃户，"须经合意方能更换"[1]，租佃关系还是相对稳定。屏南长桥三保等村，情况相似，盛行"一田二主"，一为"田面主"，一为"田根主"。不过永佃权已大多同直接生产者分离。不仅面主收租，并代根主出名完粮；根主亦行收租之权，而无完粮之责，并得自由择佃，唯须担保面租。[2] 松溪县除缴纳定额租的普通租佃外，另有一种租田有"粮田"与"埂田"之分。粮田亦称"骨田"，属地主，要负担"皇粮"；埂田亦称"皮田"，属佃农，可以转租。没有埂田权的田称为"白契田"。[3] 邵武永佃约占9%－10%，佃户有永远使用耕地之权或转佃之权（也称田面权），地主则有收租权（即田底权）。按惯例，双方均可自由买卖其应享之权利，无须征得对方同意。如地主要出卖田底权时，不得波及佃户，叫作"换主不换佃"，但以佃户不欠租或抗租为前提。[4] 在光泽（1934—1947年曾划属江西省），永佃制是租佃关系的基本形式。除契载"皮骨全"者外，均"骨契为主，皮契为佃。若仅取得其骨，则产虽易主，而佃仍如故"。而且皮契亦可赠与、转移，"效力直与骨契同"。[5] 田骨、田皮已形成基本平行的两种产权。柘荣有永佃、期佃、暂佃之别。[6] 惜各自所占比重不详。

闽南各地，大多有永佃制的分布。该地永佃权或田面权一般俗称"田根"、"田皮"。兴化、泉州、漳州、汀州府属各县，相当一部分土地都分田骨（田面）、田根。兴化府仙游县，不仅田地分为根、面，而且买卖流通，各有自己的价格、文契。道光六七年间的调查称：

> 田分根、面，根系耕佃纳租，极贵；面系取租完粮，极贱。买卖田房，一日并立三契，将契价分碎。先写根契，价为上等；次写找契，

① 国民党政府司法行政部：《民商事习惯调查报告录》（一），第550页。
② 国民党政府司法行政部：《民商事习惯调查报告录》（一），第559页。
③ 《松溪县志》第5卷，农业，中国统计出版社1994年版，第132—133页。
④ 《邵武市志》，群众出版社1993年版，第338页。
⑤ 国民党政府司法行政部：《民商事习惯调查报告录》（一），第515页。
⑥ 《柘荣县志》，中华书局1995年版，第175页。

价为中等，终写面契，价斯下矣。①

在田地买卖中，佃权单立"根契"，与地权的"面契"相对应，而且价格"极贵"；面价"极贱"。田根已发展为与地权平行的独立产权，不过仍然由永佃农耕种纳租，尚未同直接生产者分离，永佃制发展到了它的最高形态。

泉州府南安县，"乡例旧有田根"，且得转卖。② 漳州府莆田县土地也多有"田根"名目。一些原无"田根"的土地，佃农租种年久，也往往产生"田根"。如唐孟香的 2 亩水田，租与谢氏"世耕"，谢氏"私立田根名目，屡年欠租"，唐氏无法，只得于乾隆四年（1739）用 16 两银子买回田根，立约退佃。③ 在平和，佃农一般有被称为"粪土佃银"的佃权，可以长期耕作，如地权转移，"业主卖租不卖佃"。④ 永春州则有通过"买佃"产生的永佃制。⑤

龙岩田地的底、面分离，"十九为永佃关系"。不过到 20 世纪二三十年代，永佃农或田面主，已不自耕，而是将田面转佃他人，收取小租之利。⑥ 亦即永佃制已经分解、蜕变。永定县，"田有皮、骨之分"，田骨者纳粮当差，是田主；田皮曾缴"赁批银"，有永佃权。⑦ 永佃制在该县占有相当比重。漳平也有少量永佃制，该县党太，1947 年有租佃 2040 亩，其中不定期占 75%，定期占 15%，另有 10%属于永佃。⑧

---

① 陈盛韶：《问俗录》卷 3，仙游，第 9 页。陈盛韶，道光六年八月至七年六月任仙游知县。
② 乾隆朝刑科题本，见中国第一历史博物馆、中国社会科学院历史研究所编：《清代地租剥削形态》下册，第 501、525、577、543 页。
③ 乾隆朝刑科题本，见中国第一历史博物馆、中国社会科学院历史研究所编：《清代地租剥削形态》下册，中华书局 1982 年版，第 539—540 页。
④ 乾隆朝刑科题本，见中国第一历史博物馆、中国社会科学院历史研究所编：《清代地租剥削形态》下册，中华书局 1982 年版，第 586 页。
⑤ 乾隆朝刑科题本，见中国第一历史博物馆、中国社会科学院历史研究所编：《清代地租剥削形态》下册，第 528—529 页。
⑥ 郑行亮：《福建租佃制度》，《民国二十年代中国大陆土地问题资料》第 62 册，（台北）成文出版社、〔美国〕中文资料中心重印发行 1977 年版，第 32180 页。
⑦ 福建省地方志编纂委员会整理：乾隆《永定县志》（乾隆二十二年刻本）卷之五，兵刑志，厦门大学出版社 2012 年版，第 309 页。
⑧ 《龙岩地区志》（上）卷 6，农业，上海人民出版社 1992 年版，第 212 页。

福建除了田地永佃，山场、山林永佃也相当普遍，并有相应的乡俗惯例。闽北政和，将山出佃，谓之"批多"。不设定存续年限，佃农"如无欠租，永不得由山主另佃"。[1] 闽清山场，多分皮、底，底主甲如将山场付乙垦种，立字交与乙执凭，递年只收山租，从此乙为一"主"，再转付与丙承佃，立约分利，不准甲干涉。但山内若有风水吉地，用以盖屋造坟，甲收价让与丁，乙丙亦不得干涉。其房基、坟墓四至内如有树木等物必须砍伐者，应由甲等向乙丙补偿损失。[2] 建瓯租山约字，一般不载退还年限，"若无欠租，例不换佃"。[3] 佃农持有"不欠租，不撤佃"的起码佃权。

同江浙皖赣一样，福建各地的土地所有权和耕作权称谓也是各不相同的，甚至刚好相反。如在闽北建宁、延平、邵武府属诸县和闽西汀州府属地区，通常称土地所有权（租权）为田骨、亦称骨田、大苗，称耕作权为田皮，亦称皮田，小苗；而福州、福宁府属各县则称租权为田皮，亦称田面，称耕作权为田骨，亦称田根。《露桐先生年谱》称，"闽省乡俗，一田而有田面、田根之不同，完粮之业主为田面，又称田皮；不完粮而曾经出资者为田根，又称田骨"；"田根者，有与业主分据之势"，指的就是福州、福宁府属一带的情况。延平府属南平、永安等县，其称谓又不一样，所有权称作"苗田"，而耕作权称作"税田"或"赔田"。

广东的永佃制主要集中在韩江、东江、北江流域，以及西江和粤西南某些州县。

在韩江上、下游流域地区，土地曾普遍被区分为"粮田"和"质田"两个部分。前者为所有权，后者为永佃权。这种区分在明末和清康雍乾年间最为明显。迟至20世纪30年代，"多少还有些属于永佃的田亩"。[4] 处于韩江下游的潮汕地区，到19世纪80年代，尚有"很多土地是按永佃制经营

① 国民党政府司法行政部：《民商事习惯调查报告录》（一），第505页。
② 国民党政府司法行政部：《民商事习惯调查报告录》（一），第527页。
③ 国民党政府司法行政部：《民商事习惯调查报告录》（一），第550页。
④ 参见陈翰笙主编：《广大农村生产关系与生产力》，中山文化教育馆，1934年刊本，第26页。

的"。① 至于韩江上游，直到 20 世纪 30 年代，永佃制严重衰落后，仍有一半左右的土地是"粮田""质田"分离。② 饶平的永佃制，亦称"弧佃"，一般发生于公地、老爷地，或者面积较大、离家较远的地主土地，因不便管理，佃户须向地主交纳押金，并一次性议定租额。久之，佃户有"半业权"，可转租转典，地主往往不知其地在何处，只知向原佃户收租。但遇天灾人祸，佃户如无力交租，亦随时有被撤佃的危险。③ 西江高要，有被称为"不转批的田"，原来都是实行永佃制。粤西南茂名也有地主不能随意换佃的土地，都属永佃制的表现或遗存。④

在东江、北江流域，永佃权被称为"粪质田"。这是佃农长期改良土壤的结果。东江流域归善（今惠阳）等地，早在清代康熙雍正年间，部分田地已分离为粮业（田底）、质业（质田、质地）两个部分。出现了粮业和质地的分开买卖。如雍正三年（1725），归善邓瑞发等，用价银 12 两、钱 4 千文，买得朱天佑的"质地"（田面）数丘，计种 1 石 2 斗，历年自耕，每年向朱天佑交纳租银 1 两 4 钱 7 分。雍正十二年（1934），朱天佑将粮业（田底）卖与朱绍熹。因邓瑞发拥有"质业"，"故田仍归邓氏兄弟照旧耕种收租"。⑤ 到 20 世纪 30 年代，翁源、英德一些地方的粪质田，尚占耕地的 30%。⑥ 在广宁，据说"农民多向富室佃耕，有祖孙相继不易者"。⑦ 这也是实施永佃制的一种表现。

广东还有某种形式的屯田永佃。据载，该省向有屯田 5300 余顷，分隶番禺等 76 州县，额征屯米 92900 余石，充作旗营兵米。自卫所改归州县之后，由地方官招丁佃种，历年既久，"有佃户辗转顶替，将瘠田兑换腴田"，或原田荒芜冲陷，历年屯米征额多不足额，地方官苦于垫解，以应兵米支

---

① 李文治：《中国近代农业史资料》第一辑，生活·读书·新知三联书店 1957 年版，第 638 页。

② 参见黄毅刚：《广东的一种永佃制——"粪质田"制》，《新中华》1934 年 1 月第 2 卷第 2 期；《中国经济年鉴》，民国二十五年第三编，商务印书馆 1936 年版，第 G225 页。

③ 《饶平县志》，广东人民出版社 1994 年版，第 256—257 页。

④ 陈翰笙主编：《广大农村生产关系与生产力》，第 25 页。

⑤ 见《刑科题本·土地债务类》，乾隆十三年十月二十四日刑部尚书阿克敦题。

⑥ 陈翰笙主编：《广大农村生产关系与生产力》，中山文化教育馆 1934 年刊本，第 25 页。

⑦ 道光《广宁县志》，民国二十二年刊本，卷 12，第 4 页。

放。"阅年久远，垫解数多，每届交代，镠辖不清"。在这种情况下，嘉庆二十一年（1816）奏准，对各州县屯田"普行彻查"。处理办法是，"除历年清完屯粮之户，仍准照旧佃耕外，其顽抗者，立限比追，起佃另行召耕。内有私相抵兑者，逐一查明清理，务使佃户田亩，各无隐匿。如地本瘠薄，力实不能照额输纳，即将科则量减；倘田亩实已荒芜冲陷，佃丁逃亡故绝，当即照例题豁。所有荒芜冲陷，历久旧欠无着米石，及豁除田亩暨减少科则，均以现勘升科沙田，并追缴花息，照数拨补"。① 按照上述清查办法，抗租不交者，比追撤佃，而历年交租不欠者，则可"照旧佃耕"，显示佃户持有"不欠租，不撤佃"的起码佃权。同时，租额基本固定，而且是只减不加。鉴于屯租比民田丁粮重10倍或10余倍，对佃农实在无法照额纳租的瘠薄田地酌量减低租则，但腴地不增租，减则及荒芜冲陷田地所缺租额，由沿海升科沙田拨补，并不加重其他屯田佃户的负担。这也是反映该地屯田永佃的一个标志。

广西据1944年的调查，租佃期限有短期、长期、不定期和永佃四种，其中永佃"为数极少"。② 全省仅部分地区有永佃制的分布。武宣，乾隆年间就有记载说，壮人的租佃习惯，佃户租种的田地，"历来只换田主，不换佃户，就算世业一般"。③ 永佃权相当牢固。贵县壮族居住区，佃农也有通过缴纳"粪脚银"产生的永佃制。如乾隆年间，壮族佃农李社保因承佃时出过"粪脚银子"，土地可以"长种"。④ 南宁府宣化县也有世代相传的永佃关系。乾隆刑部档案载，该县何君铣的一宗田业，祖上就批给樊国耀的祖父承佃，祖孙三代相传无异。⑤ 桂西南龙州，实行永佃制的多数是公田（光绪年间苏元春军垦戍边及龙州铁路占有地遗下的产业）和学田，还有大

---

① 民国《仁化县志》，民国二十二年刊本，卷3，田粮，第15—19页。
② 中国第二历史档案馆编：《中华民国史档案资料汇编》第五辑第二编，财政经济（八），江苏古籍出版社1998年版，第203页。
③ 乾隆朝刑科题本，见中国第一历史博物馆、中国社会科学院历史研究所编：《乾隆刑部题本租佃关系史料之一·清代地租剥削形态》下册，中华书局1982年版，第485页。
④ 中国第一历史博物馆、中国社会科学院历史研究所编：《乾隆刑部题本租佃关系史料之一·清代地租剥削形态》下册，中华书局1982年版，第519—520页。
⑤ 中国第一历史博物馆、中国社会科学院历史研究所编：《清代地租剥削形态》下册，第534—535页。

地主谭浩明、韦绍基出租的田。这类永佃田都实行固定租额。如军垦、铁路产业的公田，每亩年租固定为 15 公斤大米，丰年不增，歉年不减，一直延续到 1950 年。不过这类永佃公田，盛行经济外强制，地主雇有专人催租，"到期不交者，抓去坐牢"。如菜农林邑记租种铁路遗产田 20 亩，1946 年因未能按时交租，被加脚镣关押了 7 天，经多方筹措完租才获释。[①]粤桂交界的梧州，永佃制的分布相对普遍，部分乡村的田地，已被明确分割为"田"与"耕"两部分，当土地买卖时，有卖"田"不卖"耕"与卖"田"兼卖"耕"两种类型。前者价贱，卖主可保留土地耕作；后者较贵，往往由买主耕种。一般地主买田时，多采用前者。[②]

二 长江中上游和黄河中下游地区

这类地区主要指湖南、湖北、四川等长江中上游诸省和河南、山东、直隶（河北）、山西等黄河中下游流域诸省。

这些地区农业生产和商品货币经济不如第一类地区发达，永佃制出现较晚，早的始于清初，晚的直到清代后期或民国初年才产生、形成。除湖北外，数量也很少。虽然在少数局部地区，永佃制也较为流行，但总的来说，远不如第一类地区普遍和典型。其形成途径主要是自耕农贱价出卖土地或佃农缴纳押租，也有少数佃农是通过垦荒或长期租种地主土地而取得永佃权。

在湖南，据乾隆《湖南通志》载，该省俗谓佃田为"写田"。每田十亩，有纳进庄银二三十两者，谓之"大写"；有纳进庄银二三两者，谓之"小写"。租佃年限则有议定年份者，亦有载明"永远耕种"者，[③]在押租制的流行过程中产生了少量的永佃制。安仁有卖田不退耕、"换东不换佃"

---

① 《龙州县志》，广西人民出版社 1993 年版，第 388 页。

② 刘端生：《苍梧农村杂记》（1934 年 2 月），见陈翰笙、薛暮桥、冯和法编：《解放前的中国农村》（第三辑），中国展望出版社 1989 年版，第 601 页。

③ 乾隆《湖南通志》，乾隆二十二年刻本，卷 49，风俗。

的租佃习惯；汉寿、宁乡等地则有新佃向原佃购买部分或全部佃权的情况。① 这表明佃农有某种限度的永佃权。在鄞县，民国时期有所谓"批租田"，农民租种地主的批租田，每亩需交"批金"（押银）5—10 银元，全部高于租额。但农民对批租田有永佃和转租的权利。②

湖北的永佃制分布，明显比湖南广泛，1944 年的调查显示，永佃制占全省租佃关系的 13.4%。鄂东黄冈、阳新、黄梅、浠水、蕲春、麻城，鄂中鄂西汉阳、荆州、德安、安陆、郧阳、宜昌、襄阳、施南等府属及州县，都有数量不等的永佃制存在。有的还相当普遍。

鄂东黄冈据 20 世纪 30 年代的调查，水田租佃"普遍实行永佃权"。对出租的土地，"田主固有永久收租权（如不变卖于他人），而佃农因前已顶有批价，获得永佃权，亦可自由顶批，退与他人佃种，仅须告知原主即可"。③ 另据 1950 年对该县百福寺乡三合村的调查，租田有"黑庄田"、"红庄田"、"分田" 3 种。"黑庄田"须向田主交付一定数量的押金，佃农有永佃权（退佃时退押金），但须负担全部田赋捐税。④

黄梅县据 1934 年《黄梅县政概况》记载，"佃户承种地主田地，有保庄及活庄之分，均须凭中书立承租字，一切权利义务关系，在承租字上注明。保庄田地主只能收租，不能取田，即永佃田是也"。⑤ 黄梅县的永佃制也较为普遍，据说佃农一般都有永佃权，且可自由让渡。因此，新佃承租土地，一般须向原佃购买佃权。⑥ 在浠水，永佃制是该县 5 种租佃形式之一，不过一般只限于烝尝田和庙产。此类土地的佃户定都有永佃权，地主不能随意撤换佃户。⑦ 蕲春的永佃制起源于太平天国起义期间，起义失败后不久，一度被封建地主废除，后经佃农流血斗争，再次恢复，永佃制成为当地主要租佃形式之一。据 1934 年《中国经济年鉴》记载，佃户永远保留

① 国民党政府司法行政部：《民商事习惯调查报告录》（一），第 605—606、608 页。
② 《鄞县志》，中国社会出版社 1994 年版，第 98 页。
③ 潘泅：《黄冈县之租佃制度》，《民国二十年代中国大陆土地问题资料》第 60 册，（台北）成文出版社、〔美国〕中文资料中心 1972 年版，第 31216—31217 页。
④ 《黄冈县志》，武汉大学出版社 1990 年版，第 76—77 页。
⑤ 《黄梅县志》，湖北人民出版社 1985 年版，第 53 页。
⑥ 孙文郁编：《豫鄂皖赣四省之佃租制度》，金陵大学农业经济系 1936 年刊本，第 27 页。
⑦ 《浠水县志》，中国文史出版社 1992 年版，第 122 页。

耕种权的租田，即永佃田约占全部租田的70%。另据1934年对刘公河等14村的调查，永佃田占租田的54%。① 阳新有农民低价出卖土地、保留永久耕种权，或向地主购买佃权而形成的永佃制。前者俗称"保庄"，后者俗称"永批"。② 麻城亦有所谓"保庄"永佃或类似永佃。该地有一种佃农，不缴庄钱，但租佃关系较稳定，佃农一直照老例纳租，如有租课不清，业主得令其退佃。但佃户如自行将佃权移转他人，业主亦不得出面干涉。该地水塘也习惯分塘水、塘底两个所有权。前者只能灌溉禾苗，而不能养鱼；后者只能养鱼，而不能用水灌溉禾苗。③

鄂中鄂西部分地区的也有永佃制的分布。汉阳的永佃制分为两类，一类是佃农价买佃权。这类永佃俗称"一里一面"。"里"即收租权，属地主，"面"即耕作权，属佃户。佃农买得佃权耕作时，须写立"认柬字"，认主交租。地主不能随意退佃，佃农则可自由转让其佃权，但新佃须向业主另立"认柬字"，转让方能生效；另一类是自耕农户出卖土地，保留耕作权，其习惯是在卖契中注明田地"仍归自种"。这类租田称为"己业田"，俗谓"贱卖图耕"。日后该佃不欲自种，得听其觅人顶种。顶种人须向该佃书立"认种字"，不定年限，业主即向顶种人收缴租课。④ 现在的荆州地区，包括江陵、松滋、公安、石首、监利、洪湖、仙桃、潜江、天门、京山、钟祥等县在内，土地租佃有定额租制、永佃制、分益制、折租制等几种形式。永佃制盛行于太平天国战争后，地主拥有"田底权"，佃农拥有"田面权"。向地主缴清地租（称"大租"）后，佃农可以出租或出卖"田面"，并向现耕佃农民征收田租（称"小租"）。⑤ 宜昌有谓之"溜庄"的永佃，佃户可以长期耕种，地权转移并不影响佃农耕作，叫作"卖田不卖佃"。⑥ 另外，京山、谷城等地，租佃或定期限，或不定期限，佃农都程度不同地持有

---

① 《蕲春县志》第4卷，农业，湖北科技出版社1997年版，第72页；"大事记"，第11页。
② 《阳新县志·经济篇》，新华出版社1993年版，第169页。
③ 国民党政府司法行政部：《民商事习惯调查报告录》（一），民国十九年刊本，第581、579页。
④ 国民党政府司法行政部：《民商事习惯调查报告录》（一），第580页。
⑤ 《荆州地区志》第4卷，红旗出版社1996年版，第112页。
⑥ 《宜昌县志》第4卷，冶金工业出版社1993年版，第144页。

"地上权"，并得出租、出卖，"不随土地所有权之转移为转移"。①

鄂西兴山有佃农通过缴纳庄钱而形成的永佃，系佃农出庄钱若干，向业主租田耕种，契约注明"开垦无阻，欠稞扣庄"。租期或定年限，或不定年限。佃户在租佃存续期内，可自由将佃权移转他人，业主不得干涉。② 竹山有被称为"顶庄"的永佃权，亦系佃农价买而得。该县南乡一带，向有"顶庄"的租佃习惯。业主将田地作价若干，立约永顶与人耕种，每年按约纳租，该地地面即由顶主全权处置，包括"创造兴蓄或改良田亩"等。出顶人除按年收租外，"不得自由提退"。如果土地变卖，也只能出卖原有"稞石"（租谷），不能并卖顶主的"地面顶庄权"。顶主如果不愿耕作，亦听其凭人作价转顶让渡，出顶人不得干涉。③ 长乐（五峰）有被称为"顶田"的永佃，其习惯与竹山的"顶庄"有些相似，但又不完全一样。"顶田"也是佃农价买佃权，但契约形式和手续与普通土地买卖无异，契约同土地绝卖契一样，写明"永不回赎"，而且契约使用官印契纸，并须投税，只是顶价比土地卖价略低。租权、佃权"两下移转，均可自便"。④ 竹山的"顶庄"和五峰的"顶田"都是比较典型和完全的永佃制。毗邻竹山的竹溪，有当地称为"顶当权"的永佃，亦称"明租暗典"。其形成与习惯较为特殊。具体情况是，甲买乙田，无银足价，乃将该田出顶与丙耕种，以顶银补足买价，丙向甲每年按额交租。在顶田期限内，丙可将该田任意转顶，甲无权干涉。⑤ 在甲长期无力回赎，而该田反复转顶、多次换佃的情况下，"顶当权"无形中演变为永佃权。

荆州、沔阳一带，清代时期尚有运漕屯田永佃。两地运漕卫所在乾隆初年共有屯田 658919 余亩，有军户世代耕种纳粮，以赡漕运。随着时间的推移，出现佃权顶退、转移，或"军买军产"，或"民买军田"，甚至"军田典卖在民及顶绝垦荒年久造有房屋坟墓"，往往"田去差存"，田产、差

---

① 国民党政府司法行政部：《民商事习惯调查报告录》（一），第588页。
② 国民党政府司法行政部：《民商事习惯调查报告录》（一），第581页。
③ 国民党政府司法行政部：《民商事习惯调查报告录》（一），第562页。
④ 国民党政府司法行政部：《民商事习惯调查报告录》（一），第580—581页。
⑤ 国民党政府司法行政部：《民商事习惯调查报告录》（一），第581页。

役脱节，产生屯田产权和永佃制的蜕变。①

长江上游流域四川、贵州、云南3省地区，永佃制不多，只在少数地区存在，川黔两省更不多见。四川宜宾，据20世纪30年代的调查，租佃有定期、不定期和永佃3种形式，不定期租佃流行时间最久，永佃次之，定期租佃则是"最近几年新兴的方法"。②江北、巴县，据1938年的调查，不定期、定期、永佃等三种租佃形式中，不定期租佃"最多"，定期租佃"不常见，十无一二"，永佃最少，"千不得三四"。江北调查的165户佃农中，仅有永佃农3户，占0.2%，巴县调查的184户佃农中，仅有永佃农2户，占0.1%。按耕地面积计算，江北1881石佃耕地中，仅有永佃地19石，占1%，巴县3312石佃耕地中，仅有永佃地20石，占0.6%。③另据1939年对巴县租佃形式的调查，326户佃农中，4户为永佃农，占1.2%。④地贵州少数地区有某种形式的军屯田永佃。从雍正初年至乾隆四年（1739），贵州八寨、清江、凯里、施秉等处，相继设置九卫，屯军定额8921户，按户给田，分上、中、下三等，上田6亩，中田8亩，下田10亩。上田每亩纳粮1斗，中田8升，下田6升，均纳于卫。⑤此类军屯田由屯军世代耕种。历年既久，往往转鬻民间，而"民转相授受，与交易民田无异"，耕者持有事实上的永佃权。⑥

云南永佃制的分布相对略广，其中以位处滇东的陆良、罗平、弥勒和彝、倮倮等兄弟民族聚居的武定等县，永佃制的分布都较普遍。这些地区虽无"永佃制"或"田底"、"田面"等相关名称，但从租权、佃权的分离程度和各自的独立买卖情况看，永佃制是相当完整和典型的。

① 嘉庆《大清会典事例》卷169，第12页。
② 杨予英：《宜宾农村之研究》，《民国二十年代中国大陆土地问题资料》第42册，（台北）成文出版社、〔美国〕中文资料中心1977年版，第21240页。
③ 张伯芹：《江巴两县租佃制度之研究》，《民国二十年代中国大陆土地问题资料》第61册，（台北）成文出版社、〔美国〕中文资料中心1977年版，第31538—31541页。"石"系江北、巴县用产量计算的土地面积单位，能产1石毛谷的水田，谓之一石。
④ 王国栋：《巴县农村经济之研究》，《民国二十年代中国大陆土地问题资料》第54册，第27563页。
⑤ 《贵州省财政沿革利弊说明书》，民国四年刊本，第一部第二编，第1页。
⑥ 王先谦：《虚受堂文集》，民国十年刊本，第8卷，第2页，吏部左侍郎杨公传。

民国前，陆良、罗平分别为陆凉州和罗平州，农业生产主要是在元明时期推行的屯田基础上发展起来的，永佃制则是在屯田民田化和地权兼并过程中逐渐形成的。元明时期推行的屯田制，既有军屯，也有民屯、商屯。明中叶前，军、民屯田面积占耕地总面积的一半以上。明政府规定，民屯户所垦荒地，允许作为"己业田"，除按民田缴纳田赋外，"永不取科"。明中叶时，随着农业生产的发展，开始出现土地私相买卖。因军屯户的租赋相当民屯户田赋的3倍左右，屯军多不愿屯种，"数传而后化为农桑"。同时，卫所军官多侵占军屯田地而为庄田；豪强富户则大量兼并民田，屯政废弛，土司制度亦趋于瓦解。万历年间，陆凉州实行"改土归流"，废除了土司的世袭制。明末清初，田赋负担加重，加之战乱频仍，军屯田地大多荒芜。康熙八年（1669），陆凉卫所裁撤。二十九年（1698），军屯田地全部照民田纳赋，并变价归农民所有，屯田完全民田化。

在明清土地频繁流转、买卖和土地私有及经营制度演变过程中，陆良土地的所有权和使用权逐渐分离，开始形成某种形式的永佃制。到清末民初，工商业日渐发展，土地兼并激烈，土地买卖日趋频繁。土地所有权和耕作权的分离，更为明显，并形成有着某种地方特色的惯例。私庄土地出卖时，因佃户多有永久耕种权，卖主只能出卖田租给买主，田赋归买主缴纳，土地仍由原佃耕种，习称"卖租不卖佃"。公田的田租较轻，田赋一般由佃户缴纳，佃户有永久耕种权，并可将其出卖、转让，田赋、地租由买主缴纳，习称"卖佃不卖租"。罗平县的情况基本相同。[①]

弥勒县在明代中叶时推行民屯，南京等地移民开始进入。明朝政府为了鼓励开荒，加速农业发展，规定屯民开垦的土地作为"己业田"，除缴纳田赋外，"永不取科"。当时地多人少，农业处于初创阶段，土地少有买卖，"虽有地权，尚无地价"。弘治十年（1497），弥勒"改土归流"，移民增多。明末清初，田赋加重，军屯士兵逃亡，土地加速私有化。农业生产有了较大的恢复和发展。清中叶至民国时期，土地买卖与日俱增，不但"己业田"有买卖、典当，租佃的田地也有买卖、顶佃，并逐渐形成租权、佃

---

① 《陆良县志》，上海科学普及出版社1991年版，第172—173页；《罗平县志》，云南人民出版社1995年版，第117页。

权各自独立的买卖。租佃的田地通常是"卖佃不卖租"，租谷随田负担；封建主之间的转卖，通常是"卖租不卖佃"，使用权仍为耕种者所有。两者互不妨碍。①

陆良、罗平以北的宣威，一些大地主租田，佃农也有某种事实上的永佃权。据称，该县"大地主所有庄业，均只认租不认地，佃民辗转变卖亦难究诘"。② 在地主"认租不认地"和地权并不转移的情况下，只要佃农不欠租，租佃关系即可长久维持。这也是永佃制的一种形式。

武定是彝、傈僳、苗、傣等兄弟民族聚居区，明清和民国时期，一直为环州、茂连（今万德）两处彝人土司所辖管，统治范围曾超过全县总面积的一半。土司辖区的全部土地，包括耕地、林地、荒山、宅基、坟山等等，均为土司所有，所在居民或耕作者均无土地所有权。据称，"绝大多数"耕地，都是属于耕作者无土地所有权、但有永久使用权的"永佃地"。这种特殊租佃关系形成的一般过程是，佃农以向土司"献鸡酒"、"献羊酒"的方式，请领土地。如土司收下礼品，即表示获得同意，而后土司指定某处土地由佃户耕种，租佃关系即宣告成立。倘若佃户要求开垦某处荒地，也要通过"献鸡酒"，得到土司允准才行。佃耕这类田地的佃农，自然要向土司缴纳"官租"，租额固定，丰年不加，灾年不减，谓之"荒年不荒租"。租额一般占土地常年产量的25%—30%不等。此外还有劳役、小租、杂派等。

耕种土司的土地，缴纳地租，负担劳役、杂差，这同其他土司管辖区的租佃关系并无二致。武定环州、茂连土司辖区的土地租佃的不同特点在于：佃农一旦佃入土地，就获得了长期使用权，可以视同"遗产"，由子女继承，同时可以转租、典当，甚至绝卖，不过买卖、转移的只是使用权，所有权仍属于土司。"土司管租管佃不管买卖"。佃农典当、买卖后，由新佃向土司照额缴纳官租、田赋、杂税，担负劳役。③ 单纯从土地租佃关系而言，这不愧是一种相当典型和规范的永佃制。

昆明南面的呈贡，民国时期，土地租佃在其发展、变化过程中，也衍

① 《弥勒县志》，云南人民出版社1987年版，第92页。
② 《宣威市志》，云南人民出版社1999年版，第262页。
③ 《武定县志》，天津人民出版社1990年版，第169—170页。

生出多种租佃形式："实典倒租"，是农民向地主典出土地后又租回耕种；"轻接押头重交租"，是佃农少交押租，每年多交地租；"重接押头轻交租"，则是佃农多交押租，每年少交地租。① 原资料未提及这些租佃形式所导致的租佃性质的变化，但从资料本身可以看出，所谓"实典倒租"，就是"卖田留耕"；至于"重接押头轻交租"，因押租数额高而地租额相对较低，地主退押撤佃和佃农欠租的可能性亦相应较低，佃农的土地耕作也就较有保障。在邻近地区流行永佃制的情况下，"实典倒租"和"重接押头轻交租"有可能或多或少形成某种形式的永佃关系。

黄河中下游地区，永佃制主要流行于旗地、官地集中的某些区域，民田永佃只在部分地区零星分布。

直隶（河北）地区的永佃制，可分为官田旗地和民地两种，其中主要是旗地永佃制。直隶尤其是京畿地区，是清代旗地的集中地，也是旗地永佃制的主要分布地。

1644 年清军入关、清王朝建都北京后，立即开始了大规模的土地圈占。顺治元年（1644）、二年（1645）、四年（1647），顺治帝 3 次下达圈地令，圈占近畿房屋、土地，赐予入关王公、将领及八旗官兵，以示奖赏。随着时间的推移，圈地的次数越来越多，圈占地域愈来愈大。第二次圈地令，范围从京畿扩大到河间、滦州、遵化。第三次圈地扩大到顺天、保定、河间、易州、遵化、永平等 42 府州县。赏赐对象也越来越广，凡册封宗室勋臣，陪嫁公主，筹措驻防八旗官兵粮饷，设置行宫，解决驿站兵丁养赡，安置满蒙无恒产兵丁等，均令官兵、家丁、旗户、屯丁等前往圈地。康熙二十四年（1685）四月曾宣布永不再圈地，大规模的圈地基本停息，但各种名目的零星圈地，包括以荒换熟、以瘦换肥、以少换多，以及接壤民地补圈取齐，等等，并未终止。到嘉庆时，总计顺天、直隶的圈地范围广达80 余州县，各类圈地加上汉人地主投充带地，总面积为 15702715 亩，占两地耕地总面积 74143400 亩的 21.2%。②

---

① 《呈贡县志》，山西人民出版社 1992 年版，第 75 页。
② 据嘉庆《大清会典事例》卷 76，第 7—8 页，卷 135，第 1—2、4—9 页；嘉庆《大清会典》，嘉庆二十三殿刻本，卷 11，第 10—13 页综合统计。

京畿地区，圈地所占比例更高。京南房山、良乡、雄县，顺治时几次下令圈地，将京师附近土地圈占，赏赐诸王及八旗官兵。未几，"近畿膏腴多属旗圈"。房山原额民地 176737 亩，顺治二年（1645）拨正黄旗 13055.2亩，三年拨正黄旗 25889.5 亩，四年又先后拨 37475.8 亩和 28123 亩入旗，三年共圈 104543.5 亩，占全县耕地总面积的 59.2%。良乡原额土地 291824亩，在顺治二至四年间（1645—1647），"尽数被圈投"。①雄县原额民地440576 余亩，清初八旗圈占 351600 余亩，地主投充带地 61800 余亩，两共367500 余亩，占全部民地的 83.4%。②京北怀柔，顺治二年（1645）至康熙五年（1666），几次圈占 11.1 万亩，占全县土地 13.9 万亩的 80%。③京东宝坻、玉田、蓟县，情况相似。宝坻从顺治元年（1644）至雍正十一年（1733），几次圈占耕地近 93 万亩，加上投充旗籍的汉族地主土地 15 万多亩，共 108 万亩，约占全县耕地 165 万亩的 65%。④玉田原额民地 521688亩，顺治二年（1645）后，"圈拨旗下屯田，投充勋戚食采"，只剩民地61751 亩，旗地占耕地总面积的 88.2%。⑤蓟县，清初有旗地 91.22 万亩，占全县耕地的 85.6%。后来部分旗人卖掉旗地，清政府为了保证八旗生计，稳固统治，乾隆元年（1736）用国库银赎回交还原主。⑥这大体反映了京畿地区的旗地分布状况。

这些旗地，早期全部采用农奴式的"庄田制"。如房山、良乡，康熙二十四年题准设立"粮庄"，房山、良乡各设粮庄 18 处，由"壮丁"耕种。因遭到汉满人民反抗，至乾隆初，庄田制迅速崩析，演变为一般租佃制和永佃制。旗地地主"不准增租夺佃，确认只能收租，不能撤地"，佃农持有永佃权，成为清政府通例。⑦如藁城县，据民国《续修藁城县志》载："藁城前朝勋戚佃地九段十四厂，共地 155602 亩（含马厂籽粒地），由佃农

① 《北京市房山区志》，北京出版社 1999 年版，第 106、107 页。
② 民国《雄县新志》卷 3，民国十八年刻本，第 1 页。
③ 《怀柔县志》，北京出版社 2000 年版，第 159 页。
④ 《宝坻县志》，天津社会科学院出版社 1995 年版，第 210 页。
⑤ 光绪《玉田县志》，光绪十年刻本，卷 13，第 2—4 页。
⑥ 《蓟县志》，南开大学出版社 1991 年版，第 201 页。
⑦ 《查办荒地未尽事宜章程》，见直隶《清赋章程摘要》；同治《户部则例》卷 10，田赋。

5098 人，世代租种，每岁完租"。余为庙产、校田和民地。① 这是清廷圈占农民耕地，赏赐勋臣国戚，交由破产农民"世代租种"，属于有限度的旗地永佃。

除旗地永佃外，也有数量不等的民田永佃。

房山早在清代前期就有"准其客辞主，勿许主辞客"的民地永佃。试看乾隆年间的一纸"过佃字"：

> 立过佃户人张德兴，因有本身当差地一段，坐落在房山县西南娄子水村北，东西地计三亩，东至官道，西至帮茶为界，南至黄玉恒，北至道，四至分明。今情愿过与李泰名下永为耕户耕种，不准李姓另种另典，言明押租银三十五两正，年例小租银五百文，准其客辞主，勿许主辞客。立字之后，如有另人争论，有取租张姓一面承管，不与佃户相干。此系两家情愿，各无返〔反〕悔。恐口无凭，立过佃字一样两纸，各执一纸为证。
>
> 乾隆九年十月十五日立过佃字据人张德兴亲笔②

这是一纸佃权明确但又有限制的永佃契约。契文"永为耕户耕种"有双重含义和限制，一方面，佃农有永佃权，可以无限期耕作，地主无权撤佃，而佃农有退佃的自由，即"准其客辞主，勿许主辞客"；另一方面，佃农只能以"耕户"的身份自己耕种，不准"另种另典"，转租、典当。佃农获取佃权的代价称为押租，而且数额很高，不过契约并无欠租扣押、退租退押等说明文字。显然，这里的押租已经不是保证地主地租收入的传统押租，而是佃权价格。同时，文契中"永为耕户耕种，不准李姓另种另典"、"准其客辞主，勿许主辞客"等词句，应是当地及邻近地区同类文契的习惯用语或乡俗惯例，并非该纸文契自创。因此，当地这类民地永佃契约不会是个别的。

新乐县境，土地占有及其使用，分为四种形式：一是自耕"清业"，所有

---

① 《续修藁城县志》，中国大百科全书出版社 1994 年版，第 97 页。
② 见杨国桢《明清土地契约文书研究》，中国人民大学出版社 2009 年修订版，第 72 页。

者同时占有土地所有权和使用权，而自己耕种；二是出租"清业"，所有者同时占有土地所有权和使用权，而出租给他人耕种；三是出租所有权，出租者只有所有权而无使用权；四是出租使用权，出租者只有使用权而无所有权。①

在这里，前两种分别属于传统的或底面合一的土地自种和招佃收租；第三种是典型的永佃制，因而出租者只有所有权而无使用权，使用权归承租人所有；第四种则是永佃农或佃权（田面）持有者转租土地，使用权（佃权）同耕作者分离，属于永佃制蜕变后的衍生形态。虽然新乐永佃制的产生时间、发展历程不详，但从上述资料判断，该地永佃制应当早已形成，广泛流行，已经发展成熟，土地所有权同使用权完全分离，成为新的地权形态；永佃制和作为永佃制衍生形态的佃权（田面）转租成为封建租佃关系的重要组成部分。而且这种新的地权形态和租佃形式已成乡俗惯例，或为地方政权所承认。

在天津一带，前面提到，清代前期流行垦荒永佃和稻田永佃，并有自己的乡俗惯例。津北宁河，永佃制同暂佃制、包佃转租制一样，属于基本的租佃形式。"佃户村"全庄是该县永佃制的主要集中地，全庄地主占有全部生产资料，佃户保有"永佃租权"，地主通过买卖关系变更土地所有权时，佃农的"租典权不变"。②

清苑等处的租佃习惯是，一般十年一换租契，但契约大多载明，如果租价不欠，地主不得收地，亦不得增租长价和转租。"只许客辞主，不许主辞客"。③ 这显然是一种永佃制。在冀中部地区，也有永佃制的存在。因此，光绪二十九年（1903）制定的正太铁路购地章程中，有关于永佃制土地给价办法的规定。④

察哈尔阳原县（现属河北省），民国时期有一种佃奴式的永佃制，它产生于屯田的民田化过程中，情况比较特别。

阳原位处察哈尔、河北、山西三省交界桑干河流域，明初实行屯田制，

---

① 《新乐县志》，中国对外翻译出版公司 1997 年版，第 114 页。
② 《宁河县志》，天津社会科学院出版社 1991 年版，第 202 页。
③ 国民党政府司法行政部：《民商事习惯调查报告录》（一），第 25 页。
④ 转见南满洲铁道株式会社《满洲旧惯调查报告》，长春大同印书馆 1936 年刊本，后篇·佃权，第 12 页。

州卫军民皆事垦辟。永乐年间，从山西洪洞县迁来大批移民开荒种地。正统时，改用招商纳粮，以粮换"盐引"（贩盐许可证）的办法，吸引大批商人往边地输粮。商贾为节省运费，换取更多的盐引［谷米 3 斗兑换一个盐引，正统十二年（1447）增至 1 石］，自行招募无地农民前往种地。商人"有利竭蹶而趋，无利掉臂而往"，"亦多徙家于边地为墟者"（明怀隆道李仙岚《屯田四议》）。如揣骨疃李家，即由山西介休、文水县来此经商并定居下来。明弘治时，境内原额地 8346 顷 85 亩 4 分，军民屯地约 3000 顷，占全县耕地总面积的 36%。明末，屯田政令基本废弛，军需筹集受阻，明朝政府改军粮为纳银，除卫所隶属的屯田外，其余折价变卖给私人，由私人向官府缴纳地丁银，屯田开始转化为民田。官绅遂廉价购得土地，甚至将一村或数村土地据为己有，成为"庄主"（大地主）。其时，较大的"庄主"有揣骨疃李家、曲长城苏家、浮图沟朱家、泥泉堡薛家、东城王家马家、七马坊全家。各家耕地，少则 1 万亩，多则数万亩。不过卫所屯田大多继续维持。迁延至清末，清政府全面清理、拍卖官田、屯田，光绪二十八年（1902）下令，不论卫所还是州县隶属的屯田，一律废除，折价变卖。此次，西城井应斗一家买地最多，约 15 万亩，占全县耕地的 1/6，相当于今西城、揣骨疃、东坊城堡三乡镇耕地之和。西城同时大面积买地的还有李鼎成、张夔典和三星堂张家、赵家等。于是，全县多数村庄成了地主的佃庄。尤其是南北山区几乎全部沦为佃庄。1930 年全县有佃庄 177 个，其中纯佃庄 86 个，半佃庄 91 个，占全县 277 个村庄的 63.9%。西城井家大地主的佃庄，至少有 26 个。

这些佃庄的租佃有两种形式：一是定期和缴纳定额租的契约租佃，到期如有一方不愿继续，即行解除租约；二是纯佃庄的佃奴式永佃。后者的基本特点是，庄主集地权、行政管理权和司法权于一身，全庄农民均为庄主佃户，对租种的土地、居住的房屋，有"租用继承权和转租权"。一切田赋由庄主缴纳，佃户向庄主纳租、服役。如遇凶灾，则可请求庄主蠲免当年租额，另再借给部分粮食，以后分年偿还。但佃农的法律和社会地位低下，没有完全的人身自由。按规定，佃户比庄主低一辈称呼；平时有事呈明庄主，经庄主允许而后行；庄主如有嫁娶丧祭等事，可随时调用佃户，只供食宿，不给工钱；佃户之间发生民事纠纷，先由庄主仲裁，如不服裁决，再转呈县署。这种租租佃关系的成立及其手续，大体有四种情况：一是双方有契约有中人；二是有契约无中人；三是有中人无契约；四是契约、中人皆无，全凭口头约定。纳租方式有二：一为定额租，不论年成丰歉，均按约定数额缴纳租银；二是"定比租法"（即分成租制），租地人秋后将收获的粮食或割倒的庄稼，按约定比例缴纳。① 佃奴式永佃是纯佃庄的基本租佃形式，而86个纯佃庄占全县村庄的31%，这一比例比明弘治年间屯田占全县耕地比重（36%）只低5个百分点。据此可以大致推知，该县屯田民地化后，地主大多以佃奴式永佃进行经营，佃奴式永佃是该县租佃关系和农业生产关系的重要形式。

山东、河南、山西某些地区，永佃制较少，仅零星存在于个别地方。

山东租佃有不定期、定期、永佃三种。永佃制多是地主招佃垦荒，为刺激佃耕者改良土地，增加地力而采取的手段。② 如利津，官府放垦淤滩地，佃户领有佃照，不但可以永佃，而且事实上可以转租、典卖。历城官产佃户亦有永佃权。③ 乐陵租佃关系，大体分永佃制、分租制和包租制三种形式。永佃制是土地分为田底和田面，地主为田底所有者，佃户则为田面所有者，即土地所有权归地主，耕种权归佃户。④ 河南渑池，乾隆年间，地主黄慎言有田130亩，收价100两，租给王从官耕种，"许立约永佃"。山西也发现有"许某永远耕种"的佃约。⑤ 在山西辽州，通常客籍农民向当地地主租垦荒地，谓之"顶地"。自顶之后，"许客顶客，不许原业主收回"。⑥ 岢岚县租佃，有永佃权地和伴种地两种。据称地是该县的一种"特殊租佃形式"，即地主将一道坡、一道梁或一座山的土地，不计亩数，连同该地"银米"揭给租种者，揭地者需出"压山钱"（也叫"不回头钱"）。永佃权地的租期较长，一般为4—5年，也有10—20年的。租种者只要每年交

---

① 参见《阳原县志》，中国大百科全书出版社1997年版，第94—95页。
② 《山东省志》（18），农业志上，山东人民出版社2000年版，第82—83页。
③ 国民党政府司法行政部：《民商事习惯调查报告录》（一），第247、240页。
④ 《乐陵县志》，齐鲁书社1991年版，第125页。
⑤ 乾隆朝刑科题本，转见刘永成《清代前期的农业租佃关系》，《清史论丛》第2辑。
⑥ 国民党政府司法行政部：《民商事习惯调查报告录》（一），第261页。

够租子，地主就不能收回租地。所以在租约上往往注明"许退不许夺，许盖不许拆"的字样。[1] 据调查，这类永佃权地主要分布在岢岚、宁武两县交界的森林地区，如岢岚的东川（后划归宁武县）和五区半数以上行政村（如下石沟、黄土坡、王家岔、西洼黑峪口等村）普遍存在永佃权。东川与五区黄土坡、王家岔（后划归宁武县）2 村，永佃权地就占到全部土地的80% 以上。该县小南川的森林地带如中塞、下塞、井上等村，永佃权地也相当多。当地称这种租佃形式为"开山写地"。日后开山人如不愿耕种，也可转"写"给第三者，从中取利，谓之"接地"。[2] 五寨的情况是，佃农租垦山地，双方订有契约，如不短欠租粮，"即能永远承种，只许乙（佃农）退，不许甲（地主）夺"。而且，当地惯例，农民见有荒地，即往耕种，业主亦不阻止，只问明垦种者何人，至秋后按三升收租，"双方俱无异言"。[3] 如长期如此，也可能形成事实永佃。

三　台湾、西北、内蒙、东北等农业新垦区

第三类地区是台湾、西北、绥远、察哈尔、热河、内蒙和东北等地农业新垦区。

这类地区的特点是，土地辽阔，人口稀少，劳力缺乏，居民大多是来自内地或邻近地区的破产或贫苦农民。清代前期，这类地区的农业生产和土地开发不少处于创始阶段，发展水平较低，土地供求关系也远没有第一、二类地区紧张。永佃制大多是在垦荒过程中陆续形成的，也有部分佃农通过缴纳押租取得永佃权。产生的时间，与第二类地区大致相同。从地区看，台湾的永佃制是最为广泛的，无论官地、民地、"番地"（高山族村社共有地或村民私有地），永佃制都已经成为租佃关系的主要形式；西北只发生于

---

[1]　《岢岚县志》，山西古籍出版社 1999 年版，第 154 页。

[2]　岳谦厚、张玮：《20 世纪三四十年代的晋陕农村社会——以张闻天晋陕农村调查为中心的研究》，中国社会科学出版社 2010 年版，第 64 页。

[3]　国民党政府司法行政部：《民商事习惯调查报告录》（一），第 304 页。

陕西南部和甘肃的某些州县；内蒙古（包括直隶、山西口外地区和陕西北部某些地区）、热河和东北，则基本限于官地和旗地（包括蒙旗地），民地上的永佃制并不多见。

台湾地区的永佃制，分布和流行十分广泛，从地权性质看，不仅有官田、屯田和一般民地，还有高山族村社地及村民私有地。从土地类别看，既有水田、旱地、山林，还有蔗园糖寮、陂渠圳路；由于田底主或业主的身份、社会地位和经济实力差异悬殊，台湾永佃制有多种类型，永佃农的身份和社会地位差别很大。台湾永佃制发展成熟，土地所有权同使用权的分离十分彻底；台湾永佃制的大租（田底租）租额较低，原始租额相对固定划一，佃权（田面）的收益普遍较高，佃权转让既自由，价额也远比租权高，在永佃制的发展演变过程中，佃权流向租权主（田底主），田底、田面重新合一的情况较为罕见。这是台湾永佃制明显不同于其他地区的习惯形态和发展走向。

台湾地区永佃制的大量出现是在康熙二十二年（1683）台湾正式归入清朝版图以后至乾隆、嘉庆年间，以中部和北部最为盛行。据日本侵略者在1903年"赎买"大租权时统计，有大租权、小租权关系的土地约占全台耕地面积的60%。[①] 当时台湾永佃制已经全面衰落，绝大部分的土地使用权已经同作为直接生产者的永佃农分离，小租权由耕作权蜕变为纯粹的收租权。因此不能据此断言，永佃制覆盖了当时台湾60%的耕地，但这一数据至少说明60%的耕地一度是在永佃形式下经营的。

按照土地所有权性质的不同，台湾地区的大租可分为"汉大租"和"番大租"两大类。汉人地主通过领取垦照等方式，圈占无主荒地或揽得官地，而后以永佃的形式出租给农民垦种，称之为汉大租。"番大租"则是汉人地主或垦户揽得高山族村社土地，以永佃的形式出租给农民垦种，或汉族农民直接以永佃的形式租垦高山族的土地，是汉族农民同高山族村社或私人之间的租佃关系。原来，各高山族村社都有数量不等的共有地，到康雍年间，开垦者越来越多，这些村社共有地往往被开垦者侵占，引起开垦

① 程家颖：《台湾土地制度考查报告书》，台湾银行经济研究室1963年刊本，第57页。

者同高山族人民之间的冲突。清政府于雍正年间规定，各高山族村社，除按其大小留给一定数量的牧猎地外，其余土地一律招垦升科。于是，开垦者与高山族村社或私人立约，永佃纳租。这就是所谓"番大租"。不过，这些土地实际上被控制在少数汉族豪强或高山族"土目"、"通事"手中。光绪十三年（1887）刘铭传清赋后，"番地"正式变成为民地，[①]"番大租"的名目实际上不再存在。

台湾除了"番地"永佃，还有相当数量的官田、屯田、学田永佃分布，并有不少官田、学田永佃执照留下来，下面分别是台湾北路的一纸官田永佃契和新竹的一纸学田永佃执照：

其一

福建台湾北路右营委派管理竹堑息庄租务守府郑，为给垦照事。照得据本庄佃户陈六禀称，自备工银九十元，开垦田车巷南处水田一所……兹蒙仁宪会同厅主陈，派拨书差清丈二分，按照下田纳租，每年每甲应纳大租四石，计二分，每年应纳大租八斗，理合禀请给垦等情，令行给垦。为此，恳给该佃遵照，永远承耕，毋得怠惰偷安，致欠课租，凛之毋违。须垦。

同治九年十二月十六日给。[②]

其二

立给垦批大二坪佃首童志昌，奉宪示谕，充当（新竹）明志书院佃首，管收大二坪等处学租，所有山林、埔地已垦及未垦，准昌招佃，给发佃批开垦。今招得佃人石是、郭潘前来，给出二坪圳头南势山林埔园一所，东至二坪圳墩，西至横仓顶分水，南至二坪圳头小坑为界，四至踏明界址，付佃人自备工本前去掌管配圳水通流灌溉，永为己业。俟成田之日，限定逐年配学租交纳，给单为凭，佃人不敢刁难。今欲有凭，立给垦批字一纸，付执永远为照。

---

① 连横：《台湾通史》上册，第 129—130 页。
② 台湾银行经济研究室编印：《清代台湾大租调查书》第 6 册，1963 年印本，第 995—996 页。

道光二年十月日给。①

　　这两宗租佃都是佃农通过自备工本开垦荒地，取得永佃权。不过具体情况或方式略有差异。前者是佃农已经自备工本开成水田，官府应其禀请，进行丈量，确定面积、租额，发给垦照，令其"永远承耕"；后者是书院"佃首"代为招佃，给发"佃批"垦荒，承诺按坐落四至开成水田，逐年配纳学租，即可"永为己业"，亦即以佃权许诺为招徕，佃农在领得"佃批"时，真正的永佃权尚未到手。

　　在土地类别方面，除稻田外，山坡林地、茶园甚至陂渠圳路，也有永佃制的分布。

　　随着台湾土地的开发，土地开垦范围逐渐由有水源的河谷平地、缓坡地扩大到无水源的山岗、陡坡地。作物种植方面，果树、杂木、茶丛的栽植，日渐普遍。这类土地的永佃制也随之多了起来。下面是台湾现存较早的一纸垦山栽植果杂永佃契：

　　　　立开垦字猫罗社番通事李妈河，有山仑埔一所，址在猫罗保永定寮，东至仑顶为界，西至仑脚为界，南至坑尾为界，北至园墘大路为界，四至界址明白。今因有汉人林禀，同中人黄成，到社给出开垦山仑埔字，现纳佛银四大元，又逐年应纳本社大租银五分正，即给垦字为凭，任从银主林禀掌管，栽种果子、树木，每年砍伐生息为己业。此业系是本社所管，与别社番亲无干，又无来历不明等情为碍；如有不明，妈河自出首抵挡，不干银主林禀之事。此系二比甘愿，各无反悔，口恐无凭，今欲有凭，合立开垦山仑埔字一纸，收执为照，行。

　　　　即日同中当堂收过开垦山仑埔字内佛银四大元完足，再照，行。

　　　　乾隆四十五年十月　日立开垦山仑埔字猫罗社番通事李妈河
　　　　　　　　　　　　　　　　　　　　　　为中人黄成
　　　　　　　　　　　　　　　　　　　　　　代笔人林元②

---

① 台湾银行经济研究室编印：《台湾私法物权编》第 7 册，1963 年印本，第 1413 页。
② 台湾银行经济研究室编印：《台湾私法物权编》第 5 册，1963 年印本，第 1026—1027 页。

这类土地多属荒山秃岭，开垦成本较高，回收较慢，故有不少采行永佃制。有的招垦面积较大，往往包括整个山谷或山沟，承垦佃农自己无法开垦，必须转招佃户垦种①，这就形成了两层租佃关系，但第二层租佃关系不一定是永佃制。

与开荒种植果杂不同，垦荒植茶成本回收较快，但收益期较长。一些租佃个案资料显示，茶园租期一般较长，永佃制亦占相当比例。下面是光绪十二年的一纸垦荒植茶永耕字：

> 同立瞨荒埔永耕约字人业主林浚哲、佃人邱送德，缘因浚哲有荒埔一处，址在桃涧堡大湳庄，瞨与送德自备工本，永远栽种茶树。自种之后，二比到场检点，计有四万丛，约定每万丛地租银十二元，计全年地租银四十八元。分作两季完纳，春季先纳一半，夏季完纳清楚，不得挨延少欠；如有少欠，向保认人取讨，不敢异言。又带无利碛地银四十元。此系永远耕种，并非年数有限。至于茶树枯槁，佃人自当补种，不得以损失之额扣抵地租银额。爰立荒埔永耕约字一样二纸，各执一纸存照，行。
>
> 即日浚哲同保认人亲收过永耕无利碛地银四十元正足讫，批照。
>
> 批明：庄中有大小诸费，佃人自理，不干业主之事，批照，行。
>
> 批明：佃人有不欲耕种者，时向业主相商，补还佃人工本几何，二比约定，各为喜悦从事，批照，行。
>
> 光绪十二年十二月日同立瞨荒埔永耕约字人佃人邱送德
>
> 　　　　　　　　　业主林浚哲。
>
> 　　　　　　　　　代笔人简鸿
>
> 　　　　　　　　　保认人邱紫来②

由于茶树的栽种、生长、采摘、产量有不同于果杂的特点，茶园永佃

---

① 参见台湾银行经济研究室编：《台湾私法物权编》第 5 册，1963 年印本，第 1016—1018 页。

② 台湾银行经济研究室编印：《台湾私法物权编》第 5 册，1963 年印本，第 1067 页。

或租佃有其自身的惯例，契约通常规定，立约后即行栽植，3 年后按茶丛数量计算和交纳租额（一般以万丛或千丛为单位）。上述"永耕约字"即是先立草约，佃农将茶树栽齐后，主佃双方实地点数，再立正式契约。

作为台湾农地最重要的水利灌溉设施水渠圳路，修筑和管理方式多种多样。或干渠由地主、佃农按比例分摊资金修筑，田间支渠由佃农自理；或全部由佃农集资修建；或地主以土地永佃权为代价换取垦户或佃农修筑水圳，取得若干份额的用水权。也有的地主以永佃的方式出租圳路土地，收取地租，并取得用水权。下面的杜卖圳路契就是一纸圳路永佃契：

> 立杜卖圳路契社番通事武裂大里骨、班马那哈哩、远史意、满富笼，有自垦水田各一段，带内界埔地耕种为活。兹有汉亲邱德贤孙托丁求买田地，开凿水圳，灌溉田亩，上供国课，下裕民生。即日同中踏圳路一条，阔三丈，长不计，言定价银八百大元正。其银即日同中交收足讫；其田并埔随即丈明，交邱德贤前去开凿大圳，引水通流灌溉田亩，任从收取水租，永为己业；如有崩坏，任从取土修筑。按年早季应纳大里骨地租谷五石；其大里骨等番田，应用圳任从引灌，免纳水租，大里骨等消水阴沟不能塞绝。今欲有凭，立杜卖契一纸，付执为照。
>
> 即日同中收过契面银八百大元正，再照。
>
> 嘉庆十六年四月日立。
>
> 杜卖圳路契武裂大里骨外四名及中见人、代笔人署名（略）。[①]

这字面上是一纸圳路杜卖（绝卖）契约，契文说的也是佃农"求买田地"，而非"求租田地"。然而，卖主不仅可以任从引灌圳水，免纳水租，买主还得每年交纳地租 5 石。可见买主"永为己业"的圳路只是永佃权，而非所有权。与此相对比，道光五年的一纸"杜卖圳道契"，才是名符其实

---

① 台湾银行经济研究室编印：《台湾私法物权编》第 5 册，1963 年印本，第 1141 页。

的绝卖契：

> 同立杜卖圳道契字高螺、阿东、北投、猫儿干社番李文德、猫都贵、田本、郑眉井，有承祖父遗下向萧春荣建置珠仔山一带荒埔一所，四至界址载在垦契字内。兹因四社番亲穷苦靡常，情惨万状，无奈集议愿将此埔抽出圳路一条，由水头至水尾，长约四里许，圳面宽约二尺，出卖与人。先尽问各社番亲人等不欲承受，外托中引就向与陈石生官出首承买，三面议值时价银三十二大元，库平二十二两四钱正。其银即日两相交收足讫；其圳路随即踏付买主前去备本开辟成圳收租，永为己业，日后子子孙孙不敢言讨，亦不敢言找情弊。口恐无凭，今欲有凭，合立杜卖尽根契字一纸，付执为照，行。
>
> 即日同中亲收过契面佛银三十二大元，库平二十二两四钱正完足，再照，行。
>
> 道光五年十月日同立杜卖圳路契字东螺阿东北投社番李文德
>
> 　　　　　　　　　　　　　　　　　　猫都贵、田本
>
> 　　　　　　　　　　　　　　　　　　猫儿干郑眉井
>
> 　　　　　　　　　　　　　　　　知见并代笔人　苏文彬
>
> 　　　　　　　　　　　　　　　　为中人　茆国珍①

两纸契约虽同为"杜卖契"，后者不仅有"日后子子孙孙不敢言讨，亦不敢言找情弊"的保证，更重要的是买主没有向卖主提供无偿用水和交纳地租的义务。所以后者才是真正的圳路土地卖契，前者则是永佃契。

清代台湾永佃制的一些名称含义，与内地稍有不同。台湾永佃农持有的佃权或耕作权，通称"田底"、"园底"、"埔底"、"垦底"或"工力"、"粪土"，有时亦"工力粪土田底"齐称。佃农为获取佃权或耕作权而缴纳的押租或佃权代价，相应称为"田底银"或"园底银"、"埔底银"、"垦底银"等。与"田底"等相对应，土地所有权或租权通称"大租"或"田

---

① 台湾银行经济研究室编印：《台湾私法物权编》第6册，第1145页。

面"、"田皮"，偶尔"大租田皮"齐称。① 有时大租也称"田面大租"或"田面租"。② 不过"田面"、"田皮"的称谓不如对应的"田底"普遍。而且在一些小租主的土地典当契或出租契中，其土地也偶称"田面"，③ 如不注意，极易混淆。

由于清代台湾特殊的历史和社会条件，一些永佃农的土地垦耕，以及生产、生活，都有许多不同于其他地区的特点。清代前期，台湾部分地区的土地开发和农业发展，尚处于开创阶段，地旷人稀，开垦者又多是来自闽粤两地的移民，其中相当部分是单身农民，农村封建基层组织尚未建立，或不完善。在这种情况下，封建官府、高山族村社往往将成片土地交由"垦首"承垦，再由"垦首"招佃分垦，指定或由众佃推选一名"佃首"代官府或高山族村社管理佃农，征收地租。"垦首"制和"佃首"制成为清代台湾永佃制中的特有形式。也有部分"垦首"或垦户直接管辖佃农，更有少数佃农沦为地位卑下的"佃丁"。土地垦耕、经营方面，也有部分土地进行某种形式的集股或合伙经营。合伙人公立合约、条规，"所有筑庄、凿圳、雇募壮丁一切杂费，随时照股并派并出"，并选有"当事"或"管事"，设有办事"公馆庄地"，供"当事"居住执掌，规定"所有庄中事务，惟听当事指挥约束；如违禀究"。规模稍大的，则设有"垦总"、"总理"、"总办"、"经办"等管事名目，各有薪酬，刻有"垦总"、"总理"等多枚公戳图记，事务处理，盈利分配，更为规范。④

在西北地区，永佃制只存在于陕西、甘肃、新疆部分地区，总的来说并不普遍。

陕西西安、汉中两府属的宁陕、佛坪、定远、留坝四厅和兴安府属白河县的山林地区，在乾隆、嘉庆年间的垦辟过程中，一度比较广泛地形成永佃制，并得到官府的承认。如陕西巡抚于嘉庆十七年（1812）颁发的

---

① 台湾银行经济研究室编印：《台湾私法物权编》第 2 册，1963 年印本，第 348 页。
② 台湾银行经济研究室编印：《台湾私法物权编》第 2 册，1963 年印本，第 310、427 页。
③ 台湾银行经济研究室编印：《清代台湾大租调查书》第 1 册，1963 年印本，第 733 页，第 6 册，第 1005 页。
④ 台湾银行经济研究室编印：《清代台湾大租调查书》第 5 册，1963 年刊本，第 781—785 页。

《南山州县章程》，一方面禁止佃农私行转佃和拖欠地租，另一方面也规定，佃农租垦的多余地亩，在由地主出名的前提下，可以招佃分种。地内租息，归原佃收用，"地主不得妄冀分肥"。地主出卖土地，须先尽佃户，如佃户无力承买，始准另卖。出卖后，"如无欠租事项，一律换约认主，不得夺佃自种，亦不得将原佃起发，另招他户"。租佃章程还规定，地主不得任意增租；如佃户欠租，地主可以"禀官究追"，但"不得径行夺佃"。[①] 这就给了佃农的永佃权以法令上的保证。兴安府紫阳县有称为"顶佃"的租佃形式。佃农出价，立约顶进土地，耕种交租，地主一般"不得回赎"，佃农享有永佃权。[②] 岚皋县西区的"顶地"，也是永佃的一种形式。该地习惯，土地所有者将地作价立约出顶与人耕种，规定承顶人"每年帮粮稞若干"。契约有订明"不拘年限，备价取赎者"，亦有订明"永顶不赎者"。无论活顶、永顶，均不过粮，亦不投税。这名为"顶地"，实际上是佃权活卖或绝卖。而且承顶人可以转顶，其粮稞由原出顶人收取。[③] 这显然是永佃制，而且是一种高佃价、低地租的永佃制。

秦岭北侧的蓝田，有一种租制被称为"顶锞"，同岚皋"顶地"的性质相近。"顶锞"也叫"老锞"，是蓝田山区特有的一种地租制（平川地带采用定租制或分租制），业主将地顶给佃户耕种，每年收取"定数租锞"。据说佃户"有部分地权"，并可以将租到的土地另顶给别人，不过必须向业主交纳20%的"回空利"。[④] 这里的所谓"部分地权"，准确地说应该是土地耕作权或使用权，因而应当看成是一种永佃制。至于佃农转顶必须向业主交纳20%的"回空利"，则显然是地主对佃农所得顶价（收回原来支付的顶价）的侵夺或强制分割，故论者强调这是"封建地租最残酷的一种形式"。[⑤]

在甘肃陇西等地，农民借绅衿出名承垦荒地而形成永佃制的情况，是前面已经提到过的。并得到官府的认同和保护。另据调查，甘肃全省，通行"长租"习惯。凡立有"长租契约"，地虽易主，如新地主未提出撤佃，

---

① 光绪《白河县志》，光绪十九年刻本，卷5，风俗一，第6—8页。
② 国民党政府司法行政部：《民商事习惯调查报告录》（一），民国十九年刊本，第636页。
③ 国民党政府司法行政部：《民商事习惯调查报告录》（一），民国十九年刊本，第667页。
④ 《蓝田县志》，陕西人民出版社1994年版，第164页。
⑤ 《蓝田县志》，陕西人民出版社1994年版，第164页。

"以前契约视为继续有效"。调查者称，"此种租佃权有永久存续之性质，佃户固不能阻止业主不处分土地，如不欠租，亦不受所有权转移之影响"。[1] 这是一种不完全的永佃制。在陇西县，佃户佃地所纳租额，谓之"团租"。按当地习惯，如佃户年年照约送纳"团租"，业主不得夺田，而佃户耕退、取舍，则可自由。[2] 佃农持有"不欠租，不撤佃"的基本佃权。

新疆则有驻兵屯田永佃。新疆乌鲁木齐、昌吉、哈密、巴里坤、伊犁等北路、西路驻防地及周边宜垦地带，从康熙末年开始屯田垦种，垦种者有绿旗兵、蒙古"土默特兵善种地者"，或驻防兵丁中"愿耕种者"，但以屯田兵和招募的民户为主。[3] 这些屯田在性质上全部属于军屯，所缴租粮充作驻防兵丁饷需，屯垦者可作"恒产"，世代耕种。如雍正元年（1723）议准：西路布隆吉尔驻扎官兵俸饷，由内地转输，多费不便。故在赤金卫、柳沟所等处，"常募人种地"，于每营拨余丁二百，每丁官给牛二头、籽种四石、口粮三石，次年给半，三年但给籽种之半，嗣后无给，"其田即为耕者恒产"。无论米、麦、青稞，计收三石，"以为兵丁月饷"。[4] 其性质属于屯田永佃。

热河、察哈尔、绥远和内蒙、东北地区，永佃制的分布较为普遍。有调查显示，其中察哈尔、绥远更是全国永佃制最为集中的地区。据20世纪30年代国民党政府土地委员会的调查，两地永佃农分别占佃农总数的78.7%和94.0%。[5]

这一地区分布的永佃制，有旗地永佃、蒙地永佃和官田永佃三类。热河、察哈尔、绥远南部与河北、山西、陕西交界地带，农业开发很早，属于农业老垦区。1644年清王朝建都北京后，大部分土地被清政府圈占，变为各类旗地。康熙九年（1670）二月，户部奏准，从古北口外拨地与镶黄旗、正黄旗、正白旗官兵。是年，上述三旗官兵，在古北口外大肆圈占土

① 国民党政府司法行政部：《民商事习惯调查报告录》（一），民国十九年刊本，第669页。
② 国民党政府司法行政部：《民商事习惯调查报告录》（一），民国十九年刊本，第693页。
③ 参见嘉庆《大清会典》，嘉庆二十三殿刻本，卷150，第1页，卷151，第10—11页；嘉庆《大清会典事例》卷150，第4—5、6—7、10页，卷151，第10—11页。
④ 嘉庆《大清会典》卷151，嘉庆二十三殿刻本，第12—13页。
⑤ 国民党政府土地委员会：《全国土地调查报告纲要》，1937年刊本，第45页。

地，与此同时，正红旗礼亲王府、镶白旗肃亲王府、镶蓝旗郑亲王府、正蓝旗豫亲王府府下官兵，也都前往大量圈地。不仅如此，此后册封勋臣，陪嫁公主，筹措八旗官兵粮饷、驿站兵丁养瞻，安置满蒙无恒产兵丁等，无不前往圈地。紧邻古北口的滦平县，到清末，县内滦河、伊逊河、潮河、汤河、白河两岸及其他大川平岗，均有旗地，旗地遍布全县。1914 年 3 月 8 日县知事呈文称，"庄头地与旗地估计占全数十分之七、八，而民地仅有十分之三"。滦平县的旗地不仅比例高、数量大，而且种类和名目繁多。按其权属、用途，该县旗地分为内务府属地（其中主要为皇粮庄头地，以上交杨木板、槽及野鸡为公差的杨木旗地、鹰手旗地）；各处行宫所属围场地、宫缺地、兵丁生计养瞻地；亲王、公主、郡王、贝勒、贝子等宗室爵地（通称某某公府地）；驻防八旗满洲"恩赏"茔地；驻防绿营营汛地；驿站站丁地；八旗兵丁垦殖、屯田地；县衙代管并招佃耕种的存退、另案、庄头、四次、奴典等各项旗租地；一般旗人"恩赏地"，等等。[1] 镶黄旗、正黄旗、正白旗以及镶白旗、镶蓝旗的官兵旗地，还遍及宣化府、张家口、喜峰口、独石口等处。热河承德则有八旗宗室庄田。[2]

　　东北农业开发较早的辽宁地区，也有相当数量的官田和旗地永佃。龙井地区，租佃主要有永佃、定期佃、不定期佃 3 种形式，"永佃"居其首位。[3] 据日本人的调查，金州、旅顺、普兰店一带的官庄地、随缺地、伍田地，因佃户多为原来的垦荒户，大多有永佃权，少数庙地也存在永佃关系。[4] 辽宁地区旗地很多，辽阳、盖平等地即是镶白旗、正蓝旗、镶蓝旗宗室庄田的重要分布地。[5]

　　这些八旗宗室庄田和八旗官兵旗地，同其他旗地一样，最初也是由没有人身自由的壮丁和佃丁耕种，后来由于壮丁、佃丁的不断反抗，逐渐演变为普通封建租佃或永佃制。如滦平县的旗地租佃，时间上分为有年限和

---

① 《滦平县志》，辽海出版社 1997 年版，第 243—244 页。
② 嘉庆《大清会典事例》卷 135，第 4—9、1—2 页。
③ 《龙井县志》，东北朝鲜民族教育出版社 1989 年版，第 120 页。
④ 〔日本〕关东都督府临时土地调查部：《关东州土地旧惯提要》（日文本），大正七年（1918）印本，第 52、56、185—186 页。
⑤ 嘉庆：《大清会典事例》，卷 135，第 1—2 页。

无年限两种。有年限租佃须有中人订立文字契约；无年限者须租粮不欠，并允许业主增租。① 显然，这是一种不完全的永佃制。其他一些旗地也有某种形式的永佃制。② 察哈尔地区有一种称为"山主地"的旗圈地亩，最初多属王公牧场，后由农民垦种纳租，大都有永佃权。因此，佃农"相沿数百年，视同祖业"。③

绥远、察哈尔、热河原蒙族居住区及辽宁、吉林、黑龙江和内蒙交界地区，分布的主要是蒙地永佃。从清初到民国时期，随着这些地区牧地或荒地相继开垦和公共牧地、荒地的不断私有化，相继产生和形成多种形式的永佃制，其中以喀喇沁旗、土默特旗、敖汉旗、翁牛特旗、乌拉特旗、达拉特旗、杭锦旗、准葛尔旗、科尔沁左翼各旗、科尔沁右翼各旗、扎赉特旗等地的蒙地永佃制最为广泛和集中。如喀喇沁、土默特等旗，嘉庆二十年（1815）时，"民人租种蒙古地亩，每旗80至100万亩不等"。至道光五年（1825），喀喇沁、土默特一带，可耕之地已开垦殆尽，甚至当地蒙古人无地可种，也北移到其他旗去垦种。④ 民国初年，翁牛特旗实行旗县并存、蒙汉分治，翁牛特左旗王府即有吃租地1550顷，10余户台吉有收租地700顷，其甘庙有吃租地8顷，北大庙等3座庙宇有收租地193顷。以上合计2443顷。⑤ 这些土地基本上都是以永佃制的形式经营的。

辽宁昌图厅、康平县，吉林长春厅、四平街等地，蒙地永佃制的分布也都相当广泛。奉天昌图厅地方，顺治康熙年间，一些由蒙旗王公"壮丁"后裔或民户耕种的蒙旗荒地，在垦种之初立有碑碣，不许蒙旗王公夺佃或丈地增租。⑥ 该地区从道光元年（1821）开始招民垦种，每地一晌，领户缴押荒银一两，而后由蒙旗局发给汉蒙文合璧执照一纸，写明"永不准增租夺佃"，以为管业凭证。⑦ 康平县从清初"借地养民"开始，直至1938年日

---

① 《滦平县志》，辽海出版社1997年版，第245页。
② 民国《桦甸县志》第6卷，食货，民国二十一年铅印本。
③ 国民党政府司法行政部：《民商事习惯调查报告录》（一），民国十九年刊本，第728页。
④ 《喀喇沁旗志》卷6，农业，内蒙古人民出版社1998年版，第234页。
⑤ 《翁牛特旗志》卷12，农业，内蒙古人民出版社1993年版，第335—336页。
⑥ 南满洲铁道株式会社：《满洲旧惯调查报告书》，蒙地·附录，第2—3页。
⑦ 民国《梨树县志》，民国二十三年铅印本，卷4，实业；南满洲铁道株式会社：《满洲旧惯调查报告书》，蒙地·附录，第21页。

伪取消蒙古王公土地特权止，相当一部分土地是在永佃制的形式下经营的。[①] 吉林长春厅大荒一带的蒙旗荒地，于乾隆五十六年（1791）招募流民垦种，规定由蒙旗收租，每届四十五年勘定一次，如有浮多熟地，照地增租，垦户事实上可以永佃。邻近夹荒沟一带，道光七年（1827）以后放垦的荒地，垦民价买佃权，蒙公应允"永不勘丈增租"，并立碑为凭，[②] 永佃权有了进一步的依据。四平街的土地原为哲里木盟达尔罕亲王所有，嘉庆八年（1803）蒙王奉旨招垦，并且保证垦民对领垦土地的永佃权，开始形成蒙地永佃制。到1927年梨树县公布和实施《新清赋令》前，永佃制一直是当地农业生产关系的基本形式。1927年丈地清赋，有不少大户农家、豪商巨富升科领照，将永佃权变为土地所有权，但多数农民继续租种蒙地，永佃制在农业生产关系中仍占有一定比重。[③]

蒙地永佃不仅有农耕地，亦有牧地。如道光二十八年（1848），翁牛特札萨克王旗即以永佃的形式，将一处荒山租给万茂隆、锦隆当、万泰永等三家字号"永远为业，作为牧场"。[④]

类似情况，土默特右旗也有。虽然这类契约总的数量不多，但毕竟说明，热河蒙地的永佃制已经由农地发展到牧地，从农业发展到畜牧业或家畜养殖业。这在国内其他地区永佃制中尚不多见。

在习惯形态方面，蒙地永佃制并无明确的田底、田面一类名称，但土地的所有权和使用权的分离却是十分彻底的。土地的所有权（田底）被称为"租权"、"吃租权"或"租子"，而土地的使用权（田面）则直接称为"地"。蒙旗地主通常只管收租，并不过问佃农土地使用情况，也无权夺地换佃，即所谓"蒙古吃租，认租不认地"。在绥远、归化等厅属地区，蒙旗地主一般都是"按年凭账吃租，并不问其地有无变迁，及转移何人"。[⑤] 租权和佃权均可各自自由售卖、转让。土地所有权和使用权的这种分离，以蒙族蒙民、箭丁占有地即"小牌地"最为明显。

---

① 《康平县志》，东北大学出版社1995年版，第325页。
② 南满洲铁道株式会社：《满洲旧惯调查报告书》，蒙地·附录，第86页。
③ 《四平市志》（下）卷26，农业，吉林人民出版社1993年版，第1294—1295页。
④ 日伪地契整理局编印：《锦热蒙地调查报告》（日文本）上卷，1937年刊本，第483页。
⑤ 国民党政府司法行政部：《民商事习惯调查报告录》（二），民国十九年刊本，第1282页。

此外，热河、察哈尔、绥远和东北地区，还有零星官田永佃。这些地区分布有各种名目的官地。这些土地有的最初是由没有人身自由的"壮丁"垦种，以后随着壮丁的反抗和人身解放，逐渐演变为耕种者有某种佃权的封建租佃关系；有的是"军户"、"匠户"的份地或兵丁随缺地亩，而出租给农民垦种；也有的是农民开垦的余荒地亩。但不论是哪一种形式，按照清政府的惯例，地方官府不得随意增租夺佃，"壮丁"或佃农可以世代耕作，有的通过一定的手续还可以转让。在热河，鞋匠地、少府地、恩赏地、兵丁随缺地等各种名目的官地，佃户通过缴纳押租承种，或无需押租只须每年按约缴纳地租，均可获准永佃。[①] 下面是道光十四年（1834）热河围场的一纸兵丁随缺地永佃执照：

> 围场右翼翼长德为给执照事，案蒙
>
> 都宪奏准由丰宁县拨给围场右翼四旗兵丁随缺地亩，今据佃户谭忠海认领到坐落石家栅子邓之宗名下入官地三十三亩三分三厘三毫，每亩每年按八分交纳租银，共交纳租银二两六钱六分六厘六毫四丝。拟准该佃按年携带租银均于十月初一日前赴围场大人衙门照库平如数兑交足色纹银。此项租银即于道光十四年起纳。以后无论丰歉，按年完纳无缺，准其永远耕种。倘有拖欠，撤佃另佃。（余略）[②]

奉天各项官地的租佃原则同样是，"按年缴纳，永不增租夺佃"。因此，"承种佃户经营管理，直与己产无殊"。[③] 有一个陈姓佃户，于乾隆年间垦种官地七日，[④] 历年耕种交租无异。到宣统二年，庄头强行退佃，因而兴讼。官府判决："此地为户部之官产，陈万山又为垦地之原佃，既不欠租，即不

---

① 国民党政府司法行政部：《民商事习惯调查报告录》（二），第 718 页。
② 日伪热河省长官房土地科编印：《热河省之土地》，伪康德五年年日文打印本，卷 1，第 285 页。
③ 奉天省清理财政局编：《奉天省财政沿革利弊说明书》，宣统年间刊本。
④ "日"为土地面积单位，亦称"天"或"响"。各地一"日"地的面积大小不一，奉天地区一日地的面积约相当于 6 亩。

准撤退。"① 黑龙江桦甸县有一种由省城官庄处经理的太平仓田，其佃户在官庄处注籍后，即"世世承种"。这种租佃关系从清初一直延续到民国年间。②

　　奉天、黑龙江等地，清末民初尚有若干民田永佃存在。数量虽少，却是得到官府的认可和规管的。民国六年（1917），奉天地方政府还制定了《奉天永佃地亩规则》（以下简称《规则》）17 条。这是中国永佃制萌发、流行近千年来，首个永佃制专门法规，可能也是唯一的法规。"规则"对永佃期限、佃租、佃农的权利和义务、撤佃条件、租佃期间的相关事务等，作出了明确规限。值得注意的是，《规则》将乡俗惯例从来视为无限期的永佃年限规定为 20 年以上 50 年以下，凡"永佃契约未明定年限者，概视为五十年"；以前地主与佃户订有"永不撤佃契约"者，也以"规则"施行之日（民国六年四月二十日）为始期，50 年为满。《规则》部分承认了佃农对永佃地亩的权利（包括转租权），规定"佃户于原约期限内得将永佃地亩转佃于他人"，条件是须取得地主同意，并以原约年限为限。第 15 条还特别写明，"永佃地亩应由地主、佃户共同声请登记"。关于永佃地亩的地租、田赋，《规则》规定，佃户应于每年收获后交付佃租，并代地主完纳田赋；若于收获前交租，佃户得将代纳田赋金额扣除；若契约规定田赋由地主完纳，而地主所收佃租不足完纳田赋时，原约虽订明"永不增租"，地主仍得要求"加租至敷纳田赋及佃租旧额"。但《规则》同时规定，永佃地亩因天灾等减少收益，佃户不得请求免除或减少佃租；若佃户一年以上不交佃租，或减交佃租至二年以上，地主得撤佃另招。为了保持和提升土地的原有价值，《规则》特别强调，佃户应自费修缮佃种地亩的道路、沟渠、桥梁、围障及其他各物，对租种地亩"不得加以永久不能回复之损害"。③ 与奉天及其他各地的永佃惯例比较，这里永佃农的义务被扩张，权利被压缩，永佃制已丧失了原有的含义。

---

① 南满洲铁道株式会社：《满洲旧惯调查报告书》，租权·附录参考书，第 2—3 页。
② 民国《桦甸县志》卷 6，民国二十一年铅印本，食货。
③ 日伪土地局编：《土地关系旧法规·奉热两省单行之部》，1934 年印本，第 412—415 页。

另外，黑龙江绥化，佃农有"不欠租，不撤佃"的基本佃权。按当地习惯，佃户除自行解约及有欠租情形外，"地主不能擅行解约"。同时，在租佃期间，佃户也可将部分土地转租，而无须征得地主同意。①

---

① 国民党政府司法行政部编印：《民商事习惯调查报告录》（一），民国十九年刊本，第115页。

第四章　永佃制的形成途径

永佃制形成的途径是多种多样的。归纳起来，大体可分为两种类型：一种是垦荒农民或佃农通过某种方式取得对地主土地的永久耕种权，形成永佃制：开垦荒地，备价购买，缴纳押租或押荒银，长期佃种或对农田进行修复、改良和增添附属设施，在地权长期不变（如官地屯田）的情况下，佃权多次让渡、顶退，逐渐形成佃权价格，等等，在某些地区或特定条件下，均可获得对地主土地的永久耕种权；另一种是土地所有者放弃土地所有权而仅仅保留耕作权：某些地区的自耕农甚至小地主为了躲避赋役苛扰，将土地立契低价出卖或"投献"地主豪族，自居佃户，永远耕种交租。也有一些小土地所有者因经济困难，出卖土地而保留耕作权，由自耕农变为佃农，即所谓"卖田留耕"、"卖田不卖佃"、"卖马不离槽"。晚清至民国时期，这是某些地区永佃制的主要形成途径。

一　垦荒取得永佃权

现有的资料显示，垦荒可能是永佃制最早的形成途径。北宋初年，太宗诏令，"州县旷土，许民请佃为永业"。[①] 这种最早的永佃制雏型，就是由农民垦荒产生。同时，垦荒也是永佃制最主要的形成途径。不仅台湾、绥远、察哈尔、热河，以及东北和内蒙古交界等农业新垦区，永佃制绝大部分由垦荒而来；在农业老垦区，西北新疆、陕南及甘肃部分地区，江苏崇

---

① 《宋史》卷173，中华书局1977年版，第4159页。

明、海门、启东等岛屿及江海淤积区，赣南、闽西山林地区，永佃制的形成，也相当部分或大部分源于荒地开垦。太平天国战争后，江浙皖地区新的永佃制的产生，也是官府和封建地主招垦的结果。从全国范围看，在实行永佃制的耕地中，垦荒永佃的面积可能是最大的。

（一）农业新垦区的垦荒永佃

佃农通过开垦官府和地主荒地而获得永佃权的情况，在各永佃制流行区域都是存在的，但以农业新垦区最为普遍。

台湾、绥远、察哈尔、热河，以及东北和内蒙交界地区，永佃制大多是通过垦荒产生的。

在台湾，高山族居民主要以渔猎为生，不谙农耕。康熙二十二年（1683）台湾归入清帝国版图后，福建漳州、泉州，广东潮州一带赴台垦耕谋生的农民增多，他们有劳力和丰富的生产经验，但没有土地；高山族村社、村民拥有大量土地，但因不谙农耕，一直荒芜未垦。同时，随着人口增加，土地日渐开垦，野鹿数量减少，高山族居民的食物供给和经济生活越来越困难。在这种情况下，平埔高山族村社、村民纷纷招募汉族农民垦荒。但因人少地多，荒地本身价值低贱，而开垦成本相对较高，高山族村社、村民只能以允诺垦者永远耕作（永佃权）为条件，换取汉族农民领垦交租。清代台湾的垦荒永佃由此产生。雍正二年（1724），清政府覆准福建台湾各番鹿场间旷地可以垦种者，令地方官晓谕，听各番租与民人耕种，垦荒永佃加速扩大。下面两纸分别由高山族村社、村民所立的"招垦字"，具体反映了这种垦荒永佃产生的基本原因、过程和规则。

其一

立招垦字水里社土目大宇、甘仔辖等，有承祖遗下水里山脚大路下草埔一块，因众番自己不能开垦，情愿招得汉人赖以觉承垦为业。东至山脚大路下，西至长兴庄厝后，南至车路为界，北至泉水圳为界；四至分明。当日面议定垦得田甲二分，当日收得以觉犁头银十圆，系众番公用。其田开垦三年后，该应纳风精租粟一石五斗正，丰荒不得加减。自招垦为业以后，任从汉人赖以觉永远耕作为业，众番不得异说；倘有异言生端，系土目大宇等一力抵挡，不干汉人之事。其租粟不得少欠。今欲有凭，立招垦字为照。

批定：番婆井水只灌田头之水，余不得萦夺，所批是实。批定当日，收得犁头银十圆正。

乾隆十年四月　日　立招垦字土目　大宇

甘仔辖

土目请得代笔人　赖天辅

甲头　眉智目①

其二

立招垦字人新港仔庄白番加巳，承祖遗下有青埔荒地一所，土名后垄田寮尾边河浍一块，东至张家为界，西至河为界，南至河为界，北至河为界；四至界址面踏分明。情因自己无力开辟，父子一为议会通知众社前来招得汉人徐焕创、徐焕业、徐垂、徐统兄弟向前承垦，系创自备农器、牛、伙食、工本开辟，即日三面言定创兄弟备办出社费银三十八两正，以为社费公用。其青埔垦成，每年配纳大租粟四石五斗正，系加巳给单执收。即日银、字两交明白，照垦字界内交付徐焕创兄弟开辟掌管，永为巳业，日后巳子孙人等永不敢言赎言增等情。倘上手来历不明，不干承垦之事，系出垦人同众社一力抵挡。一给千休，葛藤永断。此乃二比允愿，两无反悔，今欲有凭，立招垦字一纸，付执为照。

即日批明：亲收过社费垦底银三十八两正，足讫。

乾隆十六年三月　日立招垦字人白番加巳

为中人刘金

在场人凹力

代笔人才力②

从"招垦字"内文可知，无论高山族村社或村民，都是"自己不能开垦"或"无力开辟"，所以"情愿"招得汉人自备工本垦种纳租，"永远耕

---

① 台湾银行经济研究室编印：《清代台湾大租调查书》第2册，1963年刊本，第341—342页。
② 台湾银行经济研究室编印：《清代台湾大租调查书》第3册，1963年刊本，第451页。

作为业"、"永为己业"。一给千休，永无言赎言增或异言生端。当然，高山族村社、村民招募汉民垦荒的具体原因多种多样，诸如"隘粮乏用"、"番黎贫苦"、"亏缺公项"、"口粮公项无资"、"乏银使用"、"费用无征"、"乏银别创"，等等。"乏银费用（使用、应用）"更是一些高山族村民招垦永佃或"卖地"永佃的重要原因。尽管如此，大量的租佃个案显示，因"乏力"、"无工"（因"番丁"每日须轮流守把隘口）及"不谙耕种"、"缺欠工本"或"离社窎远"，不能自己垦种，是最主要的原因。

也有地主、商人或"垦首""佃首"，通过"通事"、土官、社丁首等，向高山族村社、村民领得或买得荒地，以业主或"垦首"、"佃首"的身份，转招其他汉民认垦交租，同样可能形成垦荒永佃：

> 同立给垦招佃字人垦首张居郎、潘奈正等，有先年同向水沙连社通事毛天福、社丁首黄林旺给出八杞仙管内埔地一段，座落土马鞍仑尾，东至自己田，西至张远园，南至李甚园，北至崁唇为界，四至界址明白，各有定界。今给付与张天球叔前去自备工本开凿水圳，招佃收税纳租，永为己业。三面言定三年之后，开垦成田，定例每甲并年配大租粟四石正，经明丈五分零一毫四丝正，年配纳垦首大租粟二石零六合正，年清年款，不得拖欠升合；如有拖欠大租者，听垦首招佃收抵，不得阻挡。其田因佃户自凿水圳，工本浩大，日后价值千金，郎、正等永不得加增租粟，亦不敢滋事生端。此系二比甘愿，各无反悔，口恐无凭，同立给招佃垦字纸一纸，付与永远收存，照。
>
> 即日收过埔底垦字银二大员正完足，再照。
>
> 再批明：其地不拘园头园心，欲要开凿，无分公私水圳，通流灌溉，不得阻挡习难滋事，批照。
>
> 道光十年正月　日同立给招佃垦字人　张居郎
>
> 潘奈正
>
> 代笔人　李永成①

① 台湾银行经济研究室编印：《清代台湾大租调查书》第 1 册，1963 年刊本，第 112—113 页。

"垦首"从高山族村社领得荒地，但并不自己开垦，而是转行招佃，令其自备工本，开圳引水，招佃收税纳租，"永为己业"。从"给垦招佃字"看，佃户只认垦首，并不同高山族村社发生关系。这是表现为"汉大租"形式的垦荒永佃。

在台湾，部分佃农通过开垦官荒、屯田或没官田地，也可获得永佃权。下面是乾隆五十六年（1791）的屯田余荒"招佃垦耕字"：

> 立招佃垦耕字，竹堑九芎林庄佃首姜胜智，缘九芎林庄田园，于乾隆五十三年，经蒙泉州府宪徐奉文勘丈归屯，举智充当佃首，按年催收屯租完缴，所有该处未垦余埔，亦蒙丈报准另招佃垦耕在案。但九芎林庄田园乏水，深虑屯租有误，议欲开圳引灌，工本浩大，无项可出。兹将丈报余埔招佃开筑水圳垦耕，俾各田园得以接水灌溉，实属两全其美。现招杨帝佑前来认佃，给出余埔一段，内量丈二甲三分七厘二毫五丝，东至孙家给垦毗连为界，西至林家给垦毗连为界，南至大溪为界，北至崁下大圳为界；四至界址分明。即日踏明，交付杨帝佑自备工本前去实力开圳垦田，永为己业，以补费用。言约三年开荒，第四年田每一甲纳屯租二石，第五年纳屯租四石，第六年每一甲纳屯租谷八石，以此定例，丰歉不得增减。其租谷务要干净，递年于早收之时，照数车运到佃首仓口交纳，毋得延欠。给垦之后，即宜竭力开垦，庶租有所出，地无荒弃。今欲有凭，合立招佃垦耕字一纸，付执为照。
>
> 批明：此余埔东、西、南、北统园界址，内作五股半均分，又得一股，内中作两股，其一大段，东至陈家为界，西至杨家为界，南至大溪为界；北至崁下大圳为界。又一小段，东至孙家为界，西至杨家为界，南至大溪为界，北至崁下大圳为界。批照。
>
> 乾隆五十六年十月　日。
>
> 　　　　　给招佃字人。[1]

---

[1] 台湾银行经济研究室编印：《清代台湾大租调查书》第 6 册，1963 年刊本，第 1057—1058 页。

乾隆五十三年（1788）平定林爽文叛乱后，九芎林庄田园被勘丈归并番屯，因田园乏水，"屯租有误"，欲开圳引灌，又工本浩大，无项可出。"佃首"姜胜智乃招来佃农杨帝佑，以给出周边一段余荒的耕作权为条件，令其垦耕纳租，同时开筑水圳，灌溉原有旱园，一举两得。佃农杨帝佑通过垦荒修圳，取得了所垦荒地的永佃权。

垦荒过程中形成的永佃权，是佃农的垦荒报酬，是垦荒工本的转化形态。这种永佃权赖以存在的土地，可以是该佃农的开垦地，也可以是其他土地。如台湾一地主招佃垦荒，就是将佃农开垦以外的另一处水田田面（永佃权）作为垦荒工资，拨归该佃农所有。[①] 当然，从数量上说，后者远不如前者普遍。

绥远、察哈尔、热河，以及东北和内蒙古交界地区，蒙地垦荒永佃产生和形成的具体过程，有自己的某些特点。从时间上看，热河蒙地永佃制的产生比荒地开垦要晚。如热河蒙地的开垦，不少从顺治年间或康熙初年就开始了。而永佃制的最初出现大约在康熙后期和乾隆初年。《锦热蒙地调查报告》（日文本）所辑录的土地和租佃契约中，反映永佃制最早的是乾隆五年（1740）的一纸荒地"倒契"。[②] 永佃制的普遍确立当在乾隆中后期或更晚一些。

蒙旗外仓地和内仓地的开垦，一般不是零星租给汉族佃农垦种，而是由揽头大面积承包。充当揽头的，不少是长年在蒙族聚居区从事贸易的商人。他们富有资财，通晓该地区的风俗习惯，同蒙古族上层人物有较为密切的联系，因而容易取得他们的信任。也有原来为蒙旗贵族做工、榜青，后来发展成为揽头的。如有一个叫官得荣的，乾隆年间到敖汉旗充当札萨克奴仆，缝衣种菜，后由王府发给"红契"，揽种大宗土地，成为当地有名的大揽头；又有一个来自山东的张姓佃农，先后为蒙古台吉和王公榜青，

---

① 台湾银行经济研究室编印：《清代台湾大租调查书》第 4 册，1963 年刊本，第 733—734 页。

② 参见日伪地契整理局编印：《锦热蒙地调查报告》（日文本）下卷，1937 年刊本，第 2007 页。该契约也是《锦热蒙地调查报告》（日文本）辑录的最早一纸契约。由于时间久远，康熙年间的民间契约可能已散失殆尽。因而不能直接以这纸契约的时间作为该地永佃制的产生时间。

到光绪年间，王府因土质恶化，将大片土地倒与这户张姓佃农。该佃农因此上升为揽头。[①]

揽头在承揽荒地时，有的须缴纳一笔押荒银，然后由蒙旗公署或王府发给"红契"；也有的并不缴纳押荒银，仅写"揽垦字"，确定起租年限和总额。这些揽头通常称为"租揽头"或"占山户"。占山户并不自己开垦，而是将土地分散倒卖。从占山户手里承倒荒地的称为"劈山户"。有时劈山户也不自己垦种，而是将土地再次劈分倒卖。如此几经分割、转手，土地最后才落到垦荒农民手中。自然每次分割和倒卖都立有契约。但因没有旗署或王府印鉴，故称"白契"。下面是一纸"劈地文约"：

> 立劈地文约人王揽头名下，因元宝洼劈出房身一段、沙荒四段〔与〕李太名下永远为业，共劈价钱八十五吊正。其钱笔下当面交足，并不短欠。相〔租〕差归与官苍〔仓〕，遂〔随〕年交纳，制〔别〕无杂差。四至开列〔于〕后。恐口无凭，立劈契为证。代租十二亩。
>
> 房身四至，东至揽头，西至常姓，南至大边，北至分水岭。
>
> 头一段东至王宗和，西至于德海，南至大边，北至分水岭；二段东西至揽头，南至小道，北至大道；三段东至揽头，西至常姓，南北至小道；四段东至揽头，西至常姓，南至小道，北至大道。
>
> 中　人　常福典　王存宽
王定和　于德海
代字人　张　山
>
> 大清道光四年二月十日　　　　　　　　　　　立契[②]

凡立有类似文契的土地，一般都有永佃权。

不少占山户通过包揽和分割倒卖，赚得一笔地价差额，随即脱离了同蒙旗地主以及垦荒佃户之间的关系，带着红契和价款返回了原籍，或迁往

---

① 日伪地契整理局编印：《锦热蒙地调查报告》（日文本）下卷，1937 年刊本，第 2100、2153 页。

② 日伪地契整理局编印：《锦热蒙地调查报告》（日文本）下卷，1937 年刊本，第 2328 页。

他处。也有的占山户在揽到荒地后并不立即倒卖，而是以榜青或普通垦佃的形式转垦，待榜青户或佃户将荒地垦熟并有积蓄后，再收价立契，承认他们对土地的永久耕作权。这些揽头往往还为蒙旗地主收租，并耕种一定数量的免租地。

东北某些官荒的领垦，一直到垦熟多少年以后，佃农才通过价买获得佃权。下面的一纸"卖契执照"，从一个侧面反映了这类官地的永佃制形成过程：

> 水师营协领衙门为发给卖契执照事，因办公无资，查得旅顺白玉山后坡荒场内有开垦成熟地亩若干，官员等公议，即将此项地亩按地之肥瘠，变价充公，着该佃户等承领。今将熟地柒段，计地陆日一亩三分七厘卖与原开垦人王振喜名下耕种，永远为业。拟定卖价市银壹佰贰拾伍两整。其价当日交清，并无施〔拖〕欠，恐后无凭，除衙门存稿备查外，为此出立卖契执照证，每年兑地亩小数〔租〕钱陆吊贰佰文。
>
> 计开
>
> 坐落水师营白玉山熟地七段陆日一亩三分七厘（四至略），注册备查。
>
> 右给佃户王振喜遵此。
>
> 光绪二十二年二月十三日①

这片水师营协领衙门官荒，佃农已经垦殖纳租多年，一直没有佃权。直到水师衙门筹措办公经费，才将耕地卖给佃农，令其"耕种，永远为业"，每年还要交小租钱6200文。因此，水师衙门变卖的并非所有权，而只是耕作权（永佃权）。

（二）农业老垦区的垦荒永佃

在农业老垦区，或者因为是滨海和江河湖泊淤滩、沙地，或者因为是

---

① 〔日本〕关东都督府临时土地调查部：《关东州土地旧惯提要·附录文契类集》（日文本），大正七年（1918）印本，第47—48页。

荒山秃岭，或者因为战争破坏而造成土地荒废，在垦荒过程中都可能形成永佃制。

一些冲积岛屿或海滩、江河湖泊淤积地、沙地的开垦，大多必须筑堤围岸，防潮防涝，工程浩大，垦耕成本比一般荒地高昂。因此，围垦这类荒地的佃农，大多会获得某种形式的永佃权。如位于长江入海口的崇明岛，被称为"承价"的永佃权，就是佃农筑堤围垦的产物。该岛四面环海，沧桑倏忽，潮落滩出，有势者占滩为业，待土积渐阜，筛、菅诸草丛生，产主取以偿课，名曰"草滩"。其后淤积渐次高阜，出租种植芦苇，名曰"种菁"。至芦苇茂盛，产主报明图甲到荡与状首照验，令佃者砍柴还租。此即所谓"荡涂之制"。若干年后，荡老碱退，佃农垦辟成田，因"必须筑圩、滩担诸费（土有高下，须削凸填卑，故土语曰滩担），一产遂有二价"。办粮者曰"买价"，开垦者曰"承价"。又因"地有高下，海有近远，戗水与扒头，岸或高而阔，或卑而狭，开垦工本相悬，不啻倍蓰"。承价尚有"全承、半承及三七、四六之分，总以议券为凭"。①

江苏宝山，江海沿岸积淤成滩，名曰"沙田"，民人照章缴价管业，如自行筑岸成圩，挑并成阜，召佃耕种，佃农先交顶首若干（民国初，每亩四五元至八九元不等），产谷主佃四六分成，俗称"分谷田"，佃农皆无永佃权；若业主缴价之地，由佃户筑岸成圩，挑并成阜，再缴若干钱（每亩一二元不等）与业主，由业主出给佃户草据一纸，名曰"副度据"，秋收时每亩交租六七百文至八九百文不等，谓之"副度田"，俗称"额租田"，持有者享有佃权。此种"副度据"还可以买卖，契内往往只写步数，而不写亩数，每亩约计250步。② 现将"副度据"格式转录如下：

> 立批副度据□□□，今批到佃户□□□处所有□□沙□□圩副度地□□步，为因是前年围筑，港形低洼，未能开种，现在挑并成田，堪以试种，议明贴来围筑岸本洋□□□元，批为副度田耕种输租。自

① 康熙《崇明县志》卷4·田制，见《上海府县旧志丛书·崇明县卷》（上），上海古籍出版社2011年版，第218页。
② 国民党政府司法行政部：《民商事习惯调查报告录》（一），民国十九年刊本，第344页。

今以后，按亩认业完纳无异。此系公同允洽，立此副度票据存照。

　　　民国　年　月　日立批副度据□□□　押

　　　　　　　　　经中□□□　押

　　存此副度据存照①

　　在浙江萧山东乡，"当沙地新涨时，由某甲承粮（每亩约纳粮二三分），永佃与某乙筑堤开垦种植，某乙须纳相当之租金与某甲。而其地即可自由处分使用收益，某甲无权过问"。② 南田境内多系天涨沙涂，必须筑塘养淡。三年始可开垦，种植杂粮，垦本高而收益甚微。按当地惯例，业主招垦，三年后才能立约收租。而且一旦立约，业主即须受契约约束，不得中途自由撤销及变更。苟有违反，须负偿还垦本之责。③ 佃农虽无明确佃权，但实际上带有某种永佃的性质。青田四种租佃形式中，第二种就是"垦佃"。其中分为两种，"山主招人垦田，发给工本垦成，山主报升；未给工本者亦正不少"。④

　　一些未见筑堤围岸的河滩沙地或滨海荒地开垦，也有不少形成永佃权。直隶怀安，早在清初，即有开垦河滩地而产生的永佃权，并可传之子孙。如庞太始开垦刘姓地主河滩地 1 顷，因"费了工本，开垦成熟，原定永远佃种，不许加租夺地"，一直租种，世代相传，至其子孙庞正喜，将分种的 25 亩出典他人，乾隆元年（1736）二月地主得知后，将地收回自种，才导致殴斗和人命大案。⑤ 天津滨海，开埠通商以前，地旷人稀，地价极贱，不毛者亦多。业主出些少之钱，即买得大宗土地，但无收益，与石田无异。于是招贫人垦种，所定租价低廉，约内且多写明"不许增租夺佃"字样，

---

① 据民国七年五月的调查报告。国民党政府司法行政部：《民商事习惯调查报告录》（一），民国十九年刊本，第344—345页。

② 徐振亚：《萧山租佃制度之研究》，《民国二十年代中国大陆土地问题资料》第59册，（台北）成文出版社有限公司、〔美国〕中文资料中心1977年版，第30525页。

③ 国民党政府司法行政部编印：《民商事习惯调查报告录》（一），民国十九年刊本，第491页。

④ 光绪《青田县志》卷之四，风土·风俗，第9页。

⑤ 中国第一历史博物馆、中国社会科学院历史研究所编：《乾隆刑部题本租佃关系史料之一·清代地租剥削形态》下册，中华书局1982年版，第486—487页。

于是而形成永佃制。① 浙江黄岩，早先土著人口、劳力不多，北方居民移徙海滨之初，土著地主招集流民，随地垦辟和寄住，除坐收额租外，其他概不过问，相沿成习，开垦者遂持有"上皮权"，不论良田美地，上皮佃人除永远耕种外，"得于田地上造屋置坟，掘坑烧窑，下皮人不得顾问"。② 江苏通州、昭文，浙江上虞的沙地永佃，也是在开垦过程中形成的。③

在其他某些农垦老区，在某个时期或大规模战争后，或因劳力缺乏，或系荒山野岭、边角余荒，或因地区内永佃制盛行，也有部分佃农通过垦荒获取永佃权。

江西南昌、赣州、抚州、建昌等府属地区，以土地分离出田骨、田皮为基本特征的永佃制，最初就是源于清初农民垦荒。据称，清王朝开国之初，"当兵燹之后，地亩荒芜，贫民无力耕复，率系召人佃耕。垦户开荒成塾，未免需要工本，遂世代守耕。故在业主为田骨，在耕户为田皮。业主得买其田骨为大买，耕户得顶其田皮为小买"。业主只能收租，而无换佃、自耕之权。④ 宁都有一种被称为"永顶"的租佃关系，多行于"塘园"（旱地），也是源于垦荒。因塘园本系荒坪，垦荒费用较大，业主无力垦种，只得招人承顶垦发，双方订立"永顶"契约，承顶人享有永久耕种权，并得自由转佃、让渡，出顶人只能收租，并无回赎和其他权利。⑤ 在兴国，除地主富农与农民的普通租佃关系外，另有一种"皮骨田"，多是原由甲先占有的土地，后经乙开荒耕种，则皮（耕）权归乙，骨（主）权归甲。这种皮骨田以祠、庙公产田为多，部分农民之间也有。⑥

广东韩江流域地区，作为永佃制标志的粮田、质田分离，"在二三百年

---

① 国民党政府司法行政部编印：《民商事习惯调查报告录》（一），民国十九年刊本，第17页。

② 国民党政府司法行政部编印：《民商事习惯调查报告录》（一），民国十九年刊本，第464页。

③ 国民党政府司法行政部编印：《民商事习惯调查报告录》（一），民国十九年刊本，第486页。

④ 凌焘：《平钱价禁祠本严霸种条议》，《西江视臬纪事》卷2，详议，第53页；同治《雩都县志》，同治十三年刻本，第13卷，艺文。

⑤ 国民党政府司法行政部：《民商事习惯调查报告录》（一），民国十九年刊本，第438—439页。

⑥ 《兴国县志》卷4，1988年内部发行本，农渔牧业，第161页。

前最清楚"，而质田的来源，一说是垦荒。旧时官吏和大地主向政府领得大批荒地后，即招佃户耕种。"佃户因在垦殖时须费去许多心血和成本，故与地主订明，日后不能将此田移交别人耕种。这种永佃权便成了典当和买卖的对象"。[①]

福建武平的永佃，大多源于垦荒。地主将荒地交佃农开垦，除3—5年免租外，以后荒主取得田底，开垦人取得田面。权利、义务之划分，一一立约载明，"所有权、处分权不相掣肘"。[②] 其他一些地区则有垦山永佃。建阳的山地永佃，即源于"侨居山佃"垦荒，最初山主"岁受赁钱数百文，听其垦种，日久受害，欲令退佃，则诡云工资浩大，挟令重价取赎，自是业不由主"，形成事实上的永佃。随着人口增加，土地供应日趋紧张，"土著人民效尤垦种者，亦复不少，岁加稠密，连冈亘嶂，有田之家无能禁止，遂成积重难返之势"。[③] 建阳本来就是山区，这样一来，垦山永佃迅速流行。

侯官县也有垦山永佃。与建阳"积重难返"的事实永佃不同，侯官的垦山永佃，大多有正式契约，下面是该县的一纸垦山永佃契：

> 立批山约刘根良同侄克行，承祖遗下有税山乙所，坐落侯邑二十三都梧安地方，土名过坑仔，上至路，下至田，左至灿金山为界，右至宗恩山为界，四至明白。今因照管不周，凭中批予汤院郑宗子处，开掘栽种杂果并松树杂木等树，递年约纳山租钱捌拾文正。十一月向送厝交纳，不得挨延欠少。自批之后，其山内任听郑家永远栽种松树杂木等树。其租欠少，其山听山主另招别人。今欲有凭立批山约乙纸付执为照。
>
> 嘉庆二十五年正月　日立批山约刘根良（花押）
>
> 同侄克行（花押）
>
> 代字中侄克志（花押）[④]

---

① 陈翰笙主编：《广东农村生产关系与生产力》，中山文化教育馆1934年刊本，第26页。
② 郑行亮：《福建租佃制度》，《民国二十年代中国大陆土地问题资料》第62册，（台北）成文出版社有限公司、〔美国〕中文资料中心重印发行，1977年版，第32182—32183页。
③ 道光《建阳县志》，道光十二年刻本，卷2，第3页。
④ 福建师大历史系（唐文基主编）：《明清福建经济契约文书选辑》，人民出版社1997年版，第498页。

　　从契约内容看，该山是一处必须按年缴纳地税的"税山"，因"照管不周"，山上并无值得提及的树木或其他出产和收益，而是每年空耗税款。有出无进，产权成为累赘。在这种情况下，山主以永佃权换取佃农对荒山的开掘栽种，按年缴纳山租。虽然租额不多，但契约还是载明，"其租欠少，其山听山主另招别人"。假若有一天佃农欠少山租，山主即可撤佃另招。那时山上已有杂果、林木，土地价值提升，山主的地租要价亦必然水涨船高。这就是山主的如意算盘。

　　安徽贵池的"顶礼"及"退庄费"乡俗，性质相似。据调查，该县地主召佃垦荒，必俟佃户垦熟获利后方能按亩计租。若佃户不能承种时，得私顶与他佃接种，收回"顶礼银"若干，业主即向新佃换约收租。如业主因佃农欠租，欲令其退庄，亦必酌给开垦之工资为"退庄费"。① 这里同样没有明确的佃权，但因地主必待佃农垦熟获利后方能收租，佃农又可自由顶退，即使欠租，地主也必须酌给开垦费才能撤佃。这既说明佃农实际上已有某种限度的佃权，同时这些习俗也成为佃农进而争取完整佃权的有利条件，其中应有部分垦荒佃农最终获得永佃权。

　　相对于贵池而言，徽州的垦荒永佃则十分明确。祁门环砂有一纸雍正年间的召佃开荒契，转录如下：

　　　　立召佃约人田主程之来兄弟，今将七保墙尾角荒田壹亩五分，计大小拾壹块，今凭中召王子友前去开荒耕种，面议定递年交纳九三色银壹钱四分正。其银递年九月交纳，不得短少。其田永远耕种，无得抛荒。今恐毋凭，立此召佃存照。

　　　　雍正十弍年三月十八日立召佃田主程之来兄弟

　　　　　　　　　　　　依口代笔人程春明书②

　　地主招佃自备工本，垦种荒田，未见减免租额等优惠条件，但是允诺

---

① 国民党政府司法行政部：《民商事习惯调查报告录》，民国十九刊本，第395—396页。
② 《祁门十七都环砂程氏文书》，见刘伯山主编《徽州文书》第一辑（7），广西师范大学出版社2005年版，第29页。

"其田永远耕种，无得抛荒"。这里的"永远耕种"，既是以土地不抛荒、不影响地主的地租收入为目的，同时又是以不得换佃、收地，允诺佃农佃权为前提的。

在其他地区，包括某些地狭人稠地区，都有数量不等的垦荒永佃。江苏无锡租佃关系中，有一种被称为"承种田"的耕地，即是地主将荒地交给农民开垦种植，一二年内不交租，后规定承种年限和佃人租额，佃户享有永佃权。① 另据1950年的调查，该县坊前乡也有少量垦荒永佃。据称农民无代价为地主垦荒，至能生产时取得该片土地的永佃权。不过这种永佃"并不多见"。② 靖江有"扁担分田"（亦称"扁担分子"）的惯例。即业主报领荒地，召佃开垦成熟升科，所有权归业主，名为"田底"，佃户耕种纳租名为"田面"（即"工本田"）。业主不得改佃，佃户可随时辗转抵押。如佃户自愿将熟田吐退与业主，业主应照原纳租额的10倍之数付还佃户。③ 在浙江，据称"平常也有因农民替地主开垦荒地因此取得这垦地的永佃权的"。④

太平天国后，江浙皖一带的佃农通过垦荒而取得永佃权的情况更加普遍。

如前所述，江苏、浙江、安徽、江西等原太平天国起义地区，太平天国战争后出现的永佃制，几乎都是农民垦荒的产物。

太平天国战争后，江浙皖一带，劳力短缺，农业荒废。对于那些仍未垦复的荒地，地主和官府因急于招垦，以便收租征赋，而佃农一则因地广人稀，可以择地而耕，择主而佃，二则恐垦熟后没有耕作保障，不肯轻易承佃承垦。在这种情况下，地主和官府往往不得不"许以田面权，令其永久佃耕，以安其心"。⑤ 江苏、浙江、安徽等地，战后永佃制的产生，多是

① 《无锡县志》卷5，农业，上海社会科学院出版社1994年版，第192页。
② 《无锡县坊前乡农村情况调查》，见华东军政委员会土地改革委员会编：《江苏省农村调查》（内部资料），1952年刊本，第119页。
③ 国民党政府司法行政部编印：《民商事习惯调查报告录》（一），民国十九年刊本，第348页；《中国经济年鉴》，民国二十五年第三编，商务印书馆19336年版，第G150页。
④ 中共浙江省委农委调研处：《浙江省永佃权情况调查》，见华东军政委员会土地改革委员会编：《浙江省农村调查》（内部资料），1952年刊本，第221页。
⑤ 孙文郁编：《豫鄂皖赣四省之租佃制度》，金陵大学农学院经济系1936年刊本，第110页。

官府或地主招垦的结果。据调查，安徽舒城、桐城等县，永佃权"大多由开垦荒地而起，盖地主以荒芜之地，无从利用，令佃农设法垦殖允其有永佃权"。在广西贵县，客籍农民占80%，主要是同治光绪之交从桐城、庐江两县迁入。当时客民的租佃办法，分垦荒与垦熟二种，"凡垦荒者有获得永佃该田之特权"。其缘由，一是"地主有意鼓励佃农"；二是桐城佃农几乎全有永佃权。[①] 歙县在太平天国后，因人少地荒，乏人耕耘，地主乃有召佃之举。规定垦荒头三年免交租谷，以后租额亦皆减轻，且予以永久佃种之权，唯地税概归佃农缴纳。该县习惯，租地分离为大买、小买，亦叫地骨、地皮，即甲开垦了乙荒芜的土地，则乙为大买，甲为小买。大买拥有土地所有权，但不得收回土地自耕或租卖，小买拥有土地使用权，并可将土地买卖和转租。[②]

不过需要指出的是，并非所有垦荒永佃的产生，都是佃农从无到有，获得企盼的永佃权，也有的是地主或官府是将农民开垦的土地所有权夺走，只留给他们永佃权，迫其耕种交租。农民战争期间，地主富户外逃，人口大量死亡，劳力缺乏，土地荒芜，土地供求关系也由原来的人稠地狭、土地供不应求一变而为地旷人稀、土地供大于求。战争结束后，地主返乡，一部分土地已由原佃或外来客民开垦成熟，于是发生了地权归属以及追租和抗欠的激烈斗争。在封建官府的直接干预和支持下，地主往往重新确立了对这些土地的所有权，责令原佃或客佃照额纳租。但由于当时地多人少，劳力缺乏，地主不得不让给佃农永佃权，以换取垦耕农民充当佃户，缴纳地租；或者由地方官府设局清丈，明确业主、佃户身份。土地的原始所有者为业主，所管之田为"民田民地"；开垦者为佃户，其田为"客田客地"，规定"民田民地"为所有权，"客田客地"为佃种权，亦即永佃权。[③] 如浙江海盐，业户田亩抛荒日久，客民将其垦熟，"始则尽举田底田面而有之"，后业户归来，令其订立承种契约，按年纳租，而给以田面占有权，作为垦

---

① 孙文郁编：《豫鄂皖赣四省之租佃制度》，金陵大学经济系1936年刊本，第109—110页。
② 孙文郁编：《豫鄂皖赣四省之租佃制度》，第110页；《歙县志》，中华书局1995年版，第129页。
③ 国民党政府司法行政部：《民商事习惯调查报告录》（一），民国十九年刊本，第317、463页。

价的补偿。① 兰溪情况相似。太平天国战争期间，地主外逃，迨战后返乡，田地已多被人占垦。同治五年（1866）官府设局清丈，各户给以"报单"，原始所有者为"业主"，所管之田地为"民田"、"民地"；报而开垦者为"佃户"，其田地为"客田"、"客地"。② 开垦者也只剩下永佃权。

在地区内垦荒永佃盛行的情况下，有时非新垦土地，佃农亦非垦荒人，通过双方立契，也会获得永佃权。天津就有这样的情况，试看该地的一纸永佃契：

> 立合同人郭洛书，今有稻田一段，坐落牌地西南角西河沿，今租与李二荣名下耕种，言明每年每亩租价大洋五角五分，永不长租。议定每逢十月初一日交纳租价。自租之后，准租主不租，亦准转租转兑。如至期租价不到，准许业主将地撤回。如至开种地亩之时，租价不到，有中人一面承管。此系同中三面言明，倒东不倒佃，各持一纸，各无反悔。恐口无凭，立此合同为证。
>
> 中友人　李于贵
> 李少琴
> 合同人　郭洛书
> 李二荣③

这纸租佃合同没有标明年月，订立的时间应是清末民初。合同的成立并无特别条件，租佃的农地既非荒地或水冲沙压残缺地，佃农亦未缴纳佃价、押金或其他费用，单位面积租额不高，处于当地地租水平的中低位（当地每亩租额一般自银洋五六角至一二元不等），除了欠租撤佃，业主对佃人亦无任何额外限制。然而，该合同却是一纸并不多见和颇为典型的永佃契约，从业主"永不长租"，佃农可自由退佃、转租、转兑，到"倒东不

---

① 国民党政府司法行政部：《民商事习惯调查报告录》（一），民国十九刊本，第317、460页。

② 国民党政府司法行政部：《民商事习惯调查报告录》（一），民国十九刊本，第463页。

③ 国民党政府司法行政部：《民商事习惯调查报告录》（一），民国十九年刊本，第16页。

倒佃"、地权转移不影响佃农耕作，佃农持有相当充分的永佃权。这样的永佃契约之所以产生，其原因乃是该地系淤积新垦区，周边土地的佃农，大多因垦荒而持有永佃权，永佃制是当地租佃关系的基本形式，业主一般只能按照当地通行惯例，以永佃形式招佃耕种。事实上，合同中的一些用语，如"准租主不租"、"转租转兑"、"倒东不倒佃"等，都是当地及河北一带的永佃常用语。因此，该宗土地的永佃，实际上是垦荒永佃的延伸。

二　佃农价买永佃权

有一部分永佃权是由佃农价买而来，或者价买至少是永佃权形成的必要条件之一。价买永佃的载体，既有熟田熟地，也有荒地荒山；既有农田耕地，也有山林牧场。由于佃农在获得荒地之前，必须缴纳一定数额的"押荒银"、"荒价银"或"投生银"一类费用，所以，从某个角度说，价买永佃比垦荒永佃更为广泛。永佃权的买卖，既可以在佃农和地主之间进行，也可以在佃农与中间人（如"揽头"）或在佃农与佃农之间进行，情况多种多样。

（一）价买荒地荒山垦殖权

在垦荒永佃中，荒地开垦自然是佃农获得永佃权的重要条件，但并不是唯一的条件。在部分甚至大部分地区，佃农在开垦荒地之前，必须缴价才能获得荒地垦殖权，江苏崇明、台湾、察哈尔、绥远、热河，以及内蒙古与东北交界蒙地区，还有其他某些地区，大都如此。

江苏崇明惯例，田未开垦者曰"生"，佃农在挑荡筑圩垦田之先，照例要向产主缴纳"投生银"，才能取得芦荡的开垦权。[①] 佃农持有的"承价"中，实际包括"投生银"和垦荒工本两部分。

清代台湾的情况是，平埔高山族业主，通常都是以"给垦"、"永佃"等形式，将荒地（实际上是荒地的垦殖权或永佃权）作价卖与汉族垦民，

---

① 康熙《崇明县志》卷4，田制，见《上海府县旧志丛书·崇明县卷》（上），上海古籍出版社2011年版，第218页。

开垦耕作，照额交租，"以为己业"。除早期官地外，^① 农民无偿垦发荒地的情况并不多见。

垦民佃农购买荒地垦殖权或永佃权，大致分为两种情况。一种是垦户或佃农直接向平埔高山族业主购买。从下面所引乾隆后期平埔高山族业主订立的两纸荒地给垦永佃契约，可以窥见这类契约的基本格式和垦荒永佃的一般惯例：

其一：

立给山埔地垦字锡口社番如来，承祖遗下有山埔地一所，址在樟树湾番婆坑庄，东至赤土崎岭头分水直透南畔大路下小坑为界，西至坑底石门圳头为界，南至仑中张家山分水为界，北至仑中李家山分水为界，其东西四至界址明白。年纳山租银四钱，口粮租谷四斗正。今因缺公项乏银费用，愿将此山埔地欲行出卖与人，先问房亲社番人等不欲承受，外托中引就与汉人陈连招身上出首承买，三面议定时值价银十二大元正。即日同中两相交收足讫，其山埔地踏明四至界址，随时与陈连招前去耕种，开筑成田，收租纳课，永为己业。保此山埔地系是如来承祖遗下，与别社番亲无干，亦无典挂他人不明情弊；如有不明为碍，如来出首一力抵挡，不干买主之事。此系二比甘愿，各无反悔，口恐无凭，今欲有凭，立给山埔垦字一纸，付执为照。

即日同中如来亲收过字内银一十二大元完足，再照。批明内改"圳"一字，添注"是"一字，声明，照。

乾隆四十七年正月　日立给山埔垦字番如来

依口代笔人吴清海

在场甲头力稷　力九喃

知见番阿陵^②

---

① 台湾在康熙二十二年（1683）回归清帝国版图之初，全岛地广人稀，农业落后。"阡陌之利未开，赋政之源未出，故凡有赴官衙请垦者，不问贵贱，悉行照准，只以速成为效。官将原禀照抄，批示许可，字据盖用县印，给付垦户执凭，听其备资招佃兴工开垦。三年之后照例禀报成科，配纳供课。"垦户既无缴价，土地所有权归属和租佃关系亦无明确规定。
② 台湾银行经济研究室编印：《台湾私法物权编》第1册，1963年刊本，第142—143页。

其二：

立给永佃批大圭笼社老番己力武老，有自己承祖遗下林埔一所，坐落土名蚝壳港口，东至大港，西至山顶分水为界，南至敦何成园，北至大坑，四至明白为界。今因自己无力开垦，爰是告明通土，情愿出给永佃。兹有赖卦、张爵观等前来承给永佃垦耕，当日三面言议，出时值埔底银五十大元正。银即日同通土交收足讫，其林埔依照四至踏明界址，随付卦、爵观等前去自备工本垦耕掌管，永为己业，不敢阻挡。如界内倘能开筑些少成田，及园中所有栽种杂物，递年俱至冬成，勿论丰歉，听本社通土一九五抽的大租，仍带纳口粮租粟一石二斗，冬成交纳，俱不得刁难摊缺升合。此业一给千休，力日后以及子孙不敢言及找洗贴赎，异言滋事。保此埔地委系力自己承祖物业，与叔兄弟侄及番亲人等无涉，并无重张出给他人，以及来历不明等情；如有不明，力自出首抵挡，不干佃人之事。此系两愿，各无抑勒反悔，今欲有凭，立给永佃批一纸，付执永远存照。

即日同通土收过永佃批内埔底银五十大元完足，再照。

此契内之山埔田业，割出一段，已于庚寅年经本分府买为建造衙署地基，其四至：东至衙署墙壁水沟为界，西至刘家田沟为界，南至海水，北至山脚，四至分明。除建署应用余地外，所有山场余地，概归原主掌管，钱粮酌减，按年仍完银四钱，此批。十一月。

乾隆五十五年十月　日立给永佃批老番己力武老

　　　　　　代笔人总社记蔡记标

　　　　　　在见通土

　　　　　　为中人伙长许希元[1]

两纸契约的名称互异，一纸称"垦字"，而另一纸称"永佃批"，但内容、行文格式、永佃惯例大体相同。上述契约有三个明显的特点：一是业主（卖主）明确承诺，佃人（买主）对荒地有绝对占有和使用权，任从开

---

[1]　台湾银行经济研究室编印：《台湾私法物权编》第 1 册，1963 年刊本，第 153—154 页。

垦耕作，"永为己业"；二是只要求佃人（买主）如额交租，并未载明对佃人的欠租处罚；三是从契约行文看，除佃人交租义务外，同一般土地绝卖契并无明显区别。

另一种是"垦首"或垦户从官府或"番社"（平埔高山族村社）、高山族业主包揽或买进大块荒地，而后分块转卖、转租。中小佃农向垦首或垦户价买荒地垦殖权。光绪二年（1876）的一纸契约，反映的就是这种情况：

> 立批给山场水田垦契字人垦户黄安邦，有遵宪开辟海山堡永福庄，贯在土地公坑，土名高桥。按东至仑脊分水，直透仑尾，到沟漕为界；西至石仑，直透小坑为界；南至大坑为界；北至顶湖大仑脊，与曾家毗连分水流落为界。内抽出厝地一所，付林家建屋居住，四至界址面踏分明。自带本坑泉水通流灌溉，历年应纳地租银一元正。今因佃友傅祖荫托中引向公馆，批给此处山场水田，当日同中三面议定垦底佛面银四十九大元正；其银即日同中亲收足讫，随即同中踏明四至界址，内一切交付傅祖荫前去掌管，任从开田耕作，栽种茶丛以及杂果等件，永为己业。界内栽茶，落地三年，每千丛每年应纳山地租银六角正，订于春、夏向公馆交纳清楚，割单执凭，至期毋许借端拖欠分毫，俟後日成田之时，酌纳大租，依众佃规例。此系二比两悦，各无异言，今欲有凭，立批给山场水田垦契字一纸，付执为照。
>
> 即日同中亲收过垦契字内佛面银四十九大元正完足，再照。
>
> 一、批明：人杰由于地灵，界内如有煤炭，不准开掘，以伤龙脉；如敢故违，定即传众公诛，再照。
>
> 一、批明：界内茶每千丛带山地租银六角，系是大租隘粮一角，地租五角，计共六角，照。
>
> 光绪二年丙子十一月日立批给山场水田垦契字人垦户黄安邦
>
> 　　　　　　　　　　　　代笔人周钟华
>
> 　　　　　　　　　　　　为中人陈添记
>
> 　　　　　　　　　　　　场见人黄石等①

---

① 台湾银行经济研究室编印：《台湾私法物权编》第 1 册，1963 年刊本，第 68—69 页。

垦户黄安邦包揽到一片官荒，已大部分转卖和开垦成熟，并聚佃成庄。光绪二年（1876）将尚未开垦的荒地的垦殖权和耕作权，以银元49元的价格，卖给"佃友"傅祖荫，令其开垦耕作交租。

在某种情况下，荒地垦殖权价款也可由垦荒修筑的水利工程费用抵充。试看下面一纸"垦字"：

公同立给垦字人六馆业户：张振万、陈周文、秦登鉴、廖干孔、江又金、姚德心，岸里搜揀乌牛栏旧社等社土官：潘敦仔、茅格、敦必的、茅格买阿打歪、加腊下、郡乃拔以、郡乃大由仕、该但打禄禄阿、阿打歪郡郡务、黎、斗肉土郡乃、四老马下道、马下道甲必难、白番阿木阿打爱薯、歪格比等。缘敦等界内之地，张振万自己能出工本开筑埤圳之位，水源不足，东西南势之旱埔地，历年播种五谷未有全收，无奈，众番鸠集妥议，向垦通事张达京与四社众番相识，请到六馆业户取出工本，募工再开筑朴仔篱口大埤水，均分灌溉水田，敦等愿将东南势之旱埔地，东至旱复沟，直透至赖家草地为界，西至张振万自己田地、牛地为界，南至石牌透至西，与张圳汴为界。此系敦四社众番之地，亦无侵碍他人界限，众番情愿以此酬工本付与六馆业主前去招佃开垦阡陌，永远为业，敦等四社日后子子孙孙不敢言争。今据通事张达京代敦等请到六馆业户担承，计共出本银六千六百两，开筑大埤之水与番灌溉，当日议明六馆业户开水到公圳汴内之水，定作一十四分，每馆应该配水二分，留额二分归番灌溉番田。其东南势之旱埔地，照原踏四至界内，付与六馆业户前去开垦，以抵开水银本。六馆业户与四社众番，敦等当日议明举为六馆，以张振万为首也，历年筑理朴仔篱口大埤之水，以及圳水灌溉民田、番田，共保水源充足。此系敦等祖地，与他社无干，亦无重约他人、典挂来历不明；如有出首，敦等抵挡，不干六馆之事。此系敦等甘愿割地换水，六馆业户愿出本银开水分番，灌溉换地，两相甘愿，日后不敢言找言赎侵越等情。保此地系每年六馆业户坐粟六百石，每馆应该粟一百石，听敦等自己到佃车运。此系二比甘愿，两无迫勒交成，恐口无凭，同立给垦约字七纸，各执一纸为照。

　　雍正十年十一月　日（立约众人签名略）[1]

　　因垦户张振万等六馆业户（垦户）开筑的埤圳，水源不足，租垦岸里等四"番社"（高山族村社）土地以及番社成员的自种地，五谷缺水歉收。张振万等六馆垦户，应四番社商请，费银6600两，又募工修成大型埤圳，并将来水分作14份，六馆每馆配水2份，计12份，余下2份归四社灌溉番田。四番社于是划出一片旱埔地，付与六馆业户前去招佃开垦，"永远为业"，以抵开圳银本。不过这种"灌溉换地"，换的不是荒地所有权，而只是垦殖权和耕作权，因为张振万等每年还必须缴纳租谷600石。

　　在各蒙地区，不论蒙旗公署或蒙旗王府将成片荒地交给"揽头"总揽，还是台吉等下层贵族和蒙民、箭丁将荒地直接租给汉族农民垦种，通常都要先行收取相当数额的"押荒银"或"押契钱"、"地价"。试看嘉庆年间两户蒙古台吉的荒地租契：

　　其一

　　立文约人贝音巴图与弟达里马甲布台吉、吉各甲布台吉、常宝台吉、桑木甲布台吉等，公议将自己祖遗玉天稿阑荒一段，东至旧河身底，西至李民远地，南至河，北至泡子旧濠往西与李民远旧濠取直，四至分明。情愿写与侯公名下设立烧锅当铺生理，开垦承种，永远为业，由其自便。同众言明，地价京钱六百吊，笔下交足不欠，以开垦后十一年秋后交租，每年毛银一百两，每两合东钱五吊文，永无增长。日后若有蒙人拦阻，汉人争夺，额驸一面承管外，西边有房身一百文。恐后无凭，分〔立〕永远约为证。

　　　　中人　连仲　宗天成　高升　高珩

　　大清嘉庆七年十月二十一日　立[2]

①　台湾银行经济研究室编：《清代台湾大租调查书》第1册，1963年刊本，第23—28页；又见《台湾私法物权编》，第1283—1284页。

②　日伪地契整理局编印：《锦热蒙地调查报告》（日文本）下卷，1937年刊本，第2395页。

其二

立租契文约人台吉高之保同子毛闹海、刀崩，因无力耕种，今将小河西绳子地荒地一段，东界横陇地，西界道，南界哈八秋岙地，北界个力个地，烦中说合，情愿租与车坦名下承耕为主，言定押契中钱二百三十六千正，其钱面交无欠。净种十五年满交租两石五斗，小差钱一千五百文，并无杂费，永不增减。两家各不许反悔，若有反悔者，罚银五十两入官公用。恐后无凭，立租契存证。

初　廷　显　　个立个喇嘛

中成人　巴王台吉　毕　希　周

得　　各　　车　　中　　规

嘉庆二十二年三月十六日[①]

两者荒地出租，都收取了相当高额的荒价银，但文契名称和内文互异。文契名称前者笼统地称"文约"，后者则称"租契文约"；交易前者笼统地叫做"写"，后者则叫做"租"；荒价银前者谓之"地价"，后者则谓之"押契钱"。由于荒价银较高，免租期较长，都在 10 年以上，后者更长达15 年。

押荒银（荒地价）因地理位置、土质优劣和供需状况而异。如热河翁牛特旗，乾隆末年，旗札萨克将原属部族共有的荒地卖给汉民耕种，并发给"红契"，虑及将来的吃租问题，地价一般定得较低，[②] 随着时间的推移和周边社会、经济环境的改善，荒地价格呈不断上涨的态势。如科尔沁右翼前旗，光绪十七年（1891）札萨克旗领地招垦是，规定垦户每开荒 100响地，缴押荒银 20 两，平均每响押荒银 2 钱。光绪二十八年（1902），札萨克、镇国公两旗设官局主持招垦丈放蒙荒，每响收取荒价 4200 文。光绪二十九年（1903）后，改按土地肥瘠收取荒价银：上等地库平银 2 两 2 钱，中等地 1 两 8 钱，下等地 1 两 4 钱；镇国公旗某些地段，则分别按 4 两 4钱、2 两 4 钱、1 两 4 钱三个等级收取荒价银。另外各个等则土地加收库平

---

① 日伪地契整理局编印：《锦热蒙地调查报告》（日文本）下卷，1937 年刊本，第 2397 页。
② 《翁牛特旗志》，内蒙古人民出版社 1993 年版，卷 12，农业，第 334—335 页。

银一成五，作为两旗蒙荒行局办公经费，比光绪十七年上涨了八九倍至二十余倍不等。[①] 辽宁开通、瞻榆，[②] 其地原来分别属于札萨克图郡王和图什业图郡王世袭领地，光绪三十二年（1906）放荒招垦，荒地按上、中、下三等定价，上等荒地每公顷 2 两 2 钱，中等 1 两 8 钱，下等 1 两 4 钱，[③] 与札萨克、镇国公两旗大部分的荒地价格相同。

不过这是"揽头"支付的价格，一般垦民实际支付的价格，比这要高得多。各地的普遍情况是，一些土地"揽头"从蒙旗公署、王公贵族或荒务局"把大块整片土地揽（买）过来，再全部或部分抬等抬价转卖给需要土地者"。[④] 通常"揽头"转押、转买的蒙荒价格，"高于原押荒银几倍至十几倍"。[⑤]

蒙族牧民、箭丁则是以卖地的形式，将荒地耕作权卖给汉族农民，仅仅保留单纯的收租权。下面是一纸类似普通土地卖契的永佃契：

> 立倒卖契文约人蒙古章吉白音吐莫，因手乏无凑，今将自荒地一段，计地一顷零五亩，自托中人说妥，情愿倒与罗尔兴名下耕种，永远为业，由其自便，不与倒主相干。同众言明共倒地价东钱五十二吊五百文。其钱笔下交足，并不短欠。此地共合租子九吊五百文，并无杂差。此系两家情愿，各无反悔。恐口无凭，立字为证。日后若有蒙民争论，有倒卖主一面承管。
>
> 乾隆五年十月二十日。[⑥]

从字面上看，这纸契约同普通土地卖契没有什么区别。所不同的是契约载有买主应交的地租及数额。据此可以肯定，卖主出卖的不是土地所有权，而是使用权。文约不是普通土地卖契，而是租约。而且相对而言，荒

---

① 《科尔沁右翼前旗志》，内蒙古人民出版社 1996 年版，第 280—281 页。
② 1958 年 10 月，两县合并为通榆县，现属吉林省。
③ 《通榆县志》，吉林人民出版社 1994 年版，第 123—124 页。
④ 《通榆县志》，吉林人民出版社 1994 年版，第 123—124 页。
⑤ 《四平市志》（下），吉林人民出版社 1993 年版，卷 26，农业，第 1294—1295 页。
⑥ 日伪地契整理局编印：《锦热蒙地调查报告》（日文本）下卷，1937 年刊本，第 2266 页。

地价格较高，租额较低，荒地价相当于地租额的 5.5 倍。这是一般蒙古牧民永佃契约的普遍特点。

有些下层或没落蒙旗贵族，迫于经济困难，也以这种土地买卖契约方式，出卖荒地耕作权。下面是一纸以土地卖契出现的荒地永佃契：

> 立卖契约人西衙门朝二太爷，之〔兹〕因无钱使用，今同中人说合，情愿将常告野窝铺东松树沟有荒一沟，情愿卖与于发名下开荒占草，永远为业。同中言明地价京钱九十五吊文。四至分明……言明每顷交租四石二斗。许种许外当。若有亲族人等争论，有卖主众人承管。恐口无凭，立文契存照。
>
> 上带干草五十个，别无杂项。于众言明，差斗叁拾肆碗。
>
> 　　　　　　中见人　　刘经尧　尚管
>
> 　　　　　　代笔人　　田之艺
>
> 嘉庆元年拾一月二十七日。

卖主住在"西衙门"，荒地多达"一沟"，面积颇大，还自称"太爷"，言明交租用"差斗"，又有"众人"承担相关风险。这一切都表明，卖主显然是一个蒙旗贵族，而非普通牧民，不过因经济拮据，"无钱使用"，并未如同王公和札萨克上层贵族那样进行"招垦"，而是不得不同贫苦牧民一样，以卖地形式出卖荒地耕作权。

甲午战争后，黑龙江地方当局为了增加财政收入，加速荒地开垦，也采取了收取"押契银"、出卖荒地垦殖权和永佃权的办法。在通肯，先是1896 年将原来的"旗领旗垦"改变为"旗领民佃民垦"，允许旗户承领，招汉民佃众开垦，具体办法是旗人"按旗分领，旗交押租，民人承佃"[1]，汉民没有永佃权。接着于 1898 年制定新的《招民代垦章程》，规定：如汉民佃户现交押契，每晌完课粮 6 斗，未交押契者完课粮 1 石，均由官府制发印契，契内载明"永不增佃（租），互为恒产"。即领垦的旗人地主拥有土

---

① 《光绪朝东华录》第 5 册，第 5244 页。

地所有权，垦种的汉民佃户通过缴纳"押契"（每晌 2100 文）或每年每晌多交租粮 4 斗，获取荒地垦殖权和土地使用权。[①]

在某些农业老垦区，也有价买荒地（山）垦殖权的情况。如前述福建侯官县二十三都梧安地方，已揭嘉庆二十五年（1820）那宗荒山垦殖永佃，垦殖权是无偿的，只须按年交租即可，而另一宗立于嘉庆十四年的荒山永佃，佃者则须缴纳"佃山价"。契约如下：

> 立批佃字刘则庆同弟则山，承祖遗有税山乙所，坐产侯邑念三都梧安地方，土名必石，上至则容火路为界，下至大路，左至大路，右至永岳慇良山为界，四至明白。今因乏用，自情愿将此山按批与汤院绅宅江宗光、郑闰闰处，三面言议，得山批佃山价钱贰千八百文正。其钱即日交足，其山听从钱主领麓栽插杂木等树，及开掘栽种杂冬，开掘厂坪等茅〔屋〕居住通行。面约递年纳税山租钱壹百文正。送屉交收，不得欠少。其山听从钱主永远耕作、开掘，栽插树木。其山税租钱欠少，其山听从刘家另招别耕。倘有山内来历不明，系庆出头承当，不设钱主之事。二家允愿，各无反悔。今欲有凭，立批佃字乙纸为照。
>
> 嘉庆拾肆年拾壹月日立批佃字刘则庆（花押）同弟则山（花押）
>
> 代字侄良海（花押）[②]

这种差异可能同荒山的地理位置、交通条件、开掘用途及经济价值大小有关。从契约条文判断，前者位置较偏僻，只临山路，交通条件较差，山坡较陡，只宜开掘栽种杂果和松木、杂木；而后者两面紧靠大路，位置较好，交通方便，山坡坡度较小、较平坦，用途较广，不仅可以栽插树木，而且能耕作，栽种越冬杂粮，还能开掘厂坪、搭盖茅屋居住通行，经济价值比前者高多了。荒山荒地的批垦永佃，佃农是否需要价买垦殖权，荒山

---

① 民国《黑龙江志稿》卷 9，经政，民国二十二年铅印本，第 28 页。
② 福建师大历史系（唐文基主编）：《明清福建经济契约文书选辑》，人民出版社 1997 年版，第 490 页。

荒地本身的经济价值是其中决定性的因素之一。

（二）价买熟田熟地永佃权

佃农价买熟田熟地永佃权，主要分布于农业老垦区，也同时存在于农业新垦区，因此在地区上比价买荒地垦殖权更为广泛。

在佃农首先需要价买荒地开垦权，才能垦荒的条件下，熟地佃权自然更需要价买，而且价格相对更高。

热河等蒙地区，蒙古台吉等下层贵族特别是蒙民、箭丁，通常都是将土地耕作权出卖给汉族农民，令其耕种，按亩交租。从下面蒙旗台吉的一纸租契可以大致窥见汉族农民价买蒙地佃权和蒙地永佃的一般惯例：

> 立租契文约人台吉鲍天福，因无钱使用，今将自己河东呼思来熟地一段，计开四至，东至张存喜、西至小沟、南至王连科地边、北至六大分地边为界，四至分明。自烦中人说妥，情愿倒与张成志名下耕种，永远为业。同众言明押契价京钱七吊五百文。其钱笔下交清不欠。地上带租粮谷子三斗二升板，随年景交纳小差三百文，别无杂项。此系两家情愿，并无反悔。恐口无凭，立租契合同为证。
>
> 　　　中见人　大　官　王　亩　王化安
>
> 　　　代字人　杨德山
>
> 大清同治五年二月二十二日立①

业主是在经济困难、无钱使用的情况下，出租土地的。虽然文契名称叫"租契文约"，收取的是"押契价"，不过并非通常的押租，而是佃价。契文说"情愿倒与张成志名下耕种，永远为业"。按当地习惯，土地文契中的所谓"倒"，通常与"卖"、"绝卖"同义。

在隆化，这类租契多采用"押租契"的契约形式。通常"押租"很高，而所纳租额相当低，习惯称作"小租"。契约大多写上"永远耕种""来由

---

① 日伪地契整理局编印：《锦热蒙地调查报告》（日文本）下卷，康德四年12月刊本，第2399页。

主，去由客；许推不许夺"等字样。这类"押租契"，契文虽写"某甲有地若干，押租与某乙，每年交小租若干。租粮不欠，永远耕种"。业主实际上已将土地的绝大部分权益让渡，仅仅保留象征性的土地所有权。[①]

按清政府的规定，蒙地是禁止买卖的，清代蒙地区又无通常意义上的土地交易，但汉民佃农对蒙地佃权的获得，不少是在土地买卖的形式下进行的。有的蒙地永佃契约，在格式或外形上，与通常的土地买卖契约十分相似，甚至几乎完全一样。下引喀喇沁中旗"卖契"即是一例：

> 立卖契文约人嘎拉的，因手发〔乏〕不便，今将自己本身地一段，地坐落自〔四〕至分明，西至布剌，北至呢西，东至买主，南至布剌。自烦中人说妥，情愿卖与饱和吐名下耕种为主，永远为业。土木相连，由买主自便，不于〔与〕卖主相干。言明卖地价钱二十一千钱，每年秋后交租钱一千钱。此系两家情愿，各不须〔许〕反悔。恐口无凭，立卖契存证。
>
> 中见、代字人下顺嘎
> 富增可
> 河剌德吐
>
> 同治十四年十月十二日　立[②]

从契约从名称到内容、行文格式，包括交易、契价名称，交易双方称谓、买主权利、卖主允诺，等等，都同一般土地买卖契据毫无二致。唯一不同的是，契约列有买主的纳租义务和数额。这是能够确定该契约性质的唯一证据。

当然，这种从名称到内容、行文格式与一般土地卖契完全一致的佃权卖契或永佃契，毕竟只是少数，大部分还是"租契"、"卖契"或"租契"、

[①] 国民党政府司法行政部编印：《民商事习惯调查报告录》（一），民国十九年刊本，第717页。

[②] 日伪地契整理局编印：《锦热蒙地调查报告》（日文本）下卷，1937年刊本，第1770页。契约签署时间"同治十四年"，错。疑为同治十三年或光绪元年。

"倒租契"并用，契中词语，也是两者混杂。以下面两纸契约为例：

其一

立卖契地文约人老赖毛子，因当差不凑，将自己南山坡地一段，计地七亩，四至东西至沟，南北至范姓，四至分明。自烦中人说妥，情愿倒于〔与〕林天顺名下耕种，永远为业。言明押契钱四吊文。其钱笔下交足不欠。恐口无凭，立卖契为证。按每年租子钱七百文，吃租子人老赖毛子。别无杂项，立字为证。

    中 人 黑 小 教 德 拉不三

    代字人 尹照远

大清道光三十年二月十五日 立①

其二

立租契文约人葛而文，为无钱使用，今将自己双山地一段，凭众人说妥，情愿倒与王进玉名下耕耕，永远为业。言明地价钱四千文。其钱当面交足，分文不欠。恐口无凭，立租契为证。其地个〔各〕有四至，北至沟沿，南至张魁地，东至沟地，西至双山顶，四至分明，立文约为证。

七年交租钱二百文。

    中见人 舍并把台 四立卜

    代笔人 李德仁

咸丰四年五月十九日 立②

这两纸永佃契，前者开头写的是"卖契"，土地交接也是"倒与"（该地"倒"与"卖"同义，或"倒卖"叠用）佃种人，但佃农所交代价，不叫作"地价"，而是租佃契约中特有的"押契钱"；后者契约名称前后用的都是"租契"，但土地交接却是"倒与"，而非"租与"，佃农所交价款亦

---

① 日伪地契整理局编印：《锦热蒙地调查报告》（日文本）中卷，1937年刊本，第1013页。

② 日伪地契整理局编印：《锦热蒙地调查报告》（日文本）下卷，1937年刊本，第2269页。

非通常的"押契钱"或"佃价"，而是土地买卖专用的"地价"。

事物或事件的形式，是事物或事件内容、本质的外在表现。这种兼具土地买卖和租佃外形的永佃契约，乃是由于地主让与佃农不只是佃权或土地耕作权，还可能包含了部分收租权或土地所有权，土地租佃含有土地买卖的某些因素，有的甚至舍弃或典当了若干年的全部收租权，也可以说是提前收取了若干年的地租。如咸丰四年（1854）的那宗租佃，不仅佃价相当地租的20倍，而且到咸丰七年才开始交租，此宗租佃显然带有短期典当的性质。

在热河蒙地租佃中，这种情况并不少见，有的租权典当年份更长。试看下面两纸契约；

其一

立卖地契文约人哈尔乞嘎，今因官差紧急，将自己小河沿西营熟地一段，同中说合，情愿卖与孟子佩名下永远耕种为业，十年后交租。言定地价京钱一百廿吊整。其钱笔下交足，并无短欠。租价年满后按每顷地五石交租，杂差具〔俱〕无。计开四至，东至河什兔，南至呵什兔，北至老河，西至套秀候分明。自嘉庆十七年春种，二十七年秋后纳租。此系两家情愿，并无反悔。恐口无凭，立死契为证。

十六年春借去钱十吊。

中见说合人　丁生拉嘆

你迷立拉嘆

代笔人　王　屏

大清嘉庆十六年十月三日哈尔乞嘎　立①

其二

立租契文约人土斯拉其留泥惜利，今因无钱使用，将自己西阿套地一段卖与姜礼名下永远为业，同中言明地价中钱六十五吊整。其钱

---

① 日伪地契整理局编印：《锦热蒙地调查报告》（日文本）下卷，1937 年刊本，第 2268 页。

笔下交足，并无短欠。恐口无凭，立卖契存证。言明种十年以后交租，每年交租子钱一千文，并无杂差。廿四年交租，四至开列于后，北至本主，西至各毛，东至孙皮，南至大道，四至分明。

外欠钱一千四百文，租满之后变还。

中见人赵瑜魁

代字人王　宪

蒙古代字人黑小儿

道光十三年十二月十四日箔泥惜利立①

两宗租约都规定佃农耕种 10 年以后才交租，说明佃农交付的"地价"中，包含了 10 年的地租，亦即地主在绝卖土地耕作权的同时，典当了 10 年的收租权。前者文契载明，"租价年满后按每顷地五石交租，杂差具〔俱〕无"。每顷地五石是当地的通常交租标准，说明"租价年满后"，地主已收回全部收租权或地权。后者因单位面积租额不详，不能断定 10 年期满后，出租人是否收回了全部租权或地权。另外，两宗租约的地主在立约前都有向佃农借款。前者没有说明偿还时间；后者写明"租满之后变还"，可是土地已"卖与姜礼名下永远为业"，属于"永租"，在通常情况下，不会有"租满"或终止租约的情况发生，亦即出租人归还欠款的可能性不大。需要说明的是，出租人虽然典当了 10 年的收租权，不过与普通土地活卖或典当不同，相关契据掌握在业主手中，佃农在免租期间，并未获得相应的土地所有权，契约所载若干年份的免租期，是立约人以土地所有者的身份规定的。因此，两者之间的关系，性质上仍然是租佃关系，这是双方明确无误的。

在一些永佃制流行地区，佃农价买熟地永佃权的情况更为普遍。

与价买荒地垦殖权不同，价买熟地永佃权主要不是发生在人口稀少地区，而是更多地发生在人口稠密、土地供求紧张的地区，因而是佃农竞争的结果。在这些地区，佃农在租佃土地时，往往要交一笔费用，只是当时

---

① 日伪地契整理局编印：《锦热蒙地调查报告》（日文本）下卷，1937 年刊本，第 2266 页。

并未明确买到佃权，不过随着时间的推移，或地权转移，而佃户不变；或地权不变，而佃户易人。几经变换，地主逐渐失去对土地的直接支配，佃农对土地的耕作无形中成为一种不能轻易剥夺的权利。据说江苏松江地区的永佃制就是这样形成的。有人在叙述该地永佃制的形成过程时说，"租地人将定金交给田底主以后，获得一种相应的权利，只要他履行租约，他的租赁就不致被剥夺。若干年以后，特别是几经变迁以后，田底权几经转手，租地者始终是原来的家族。由于习惯，这一权利于是变为世袭，变成了严格的权利。如果其他租地人要求他出让，他就不必为过去支付的定金担忧，把佃权卖给出价最高的人。于是，田面权同田底权分开了"。① 这种方法开始采用的具体年代不详，只知到民国时期仍然十分流行。江苏华亭，田底、田面之分不知始自何时，只知田底、田面均须价买："业户买田之价俗云田底是也；又有田面之说，是佃户前后授受之价。"又谓"田面由佃户乡间授受者，曰顶种；佃户退业另召者，曰召种，其价全视村落之盛衰以为准"。② 总之，所谓"田面"，即是佃户花钱购买的佃权。不只华亭如此，整个松江地区均如此。据民国初年的调查，松江府属各县，田亩向有田底、田面两种名称，分别属地主、佃农所有，因佃农向业主承种田地，每亩出过"顶首"十千或二十千，甚至有出至三四十千者。此种顶首即"该佃永远承种之价值"。相反，如佃农每亩只缴五千至十千不等，则为"招田"，并非"田面"。田底、田面均为业主所有。如业主要建屋、做坟，即使佃农并未欠租，业主亦得随时收回，佃农无权揂种。③ 在这里，佃农向地主缴纳的"顶首"，有的是押租，有的则是可以"永远承种"的永佃或"田面"价格。两者的作用和区别十分清楚。江宁情况相似，佃农也是多向前佃买进佃权。清代中叶，"因承平日久，丁多田少，无田之佃，欲领业田，必向前佃买浮土"。④ 苏州，地主出出租土地，"必入顶手钱若干，谓之顶去田面，

---

① 黄伯禄：《关于中国财产的技术概念》（法文本），第31页，转自刘克祥《清代永佃制的形成途径、地区分布和发展状况》，《中国社会科学院经济研究所集刊》第8辑，中国社会科学出版社1986年版，第166页。

② 光绪《重修华亭县志》，光绪五年刻本，卷23，杂志，第6—7页。

③ 国民党政府司法行政部编印：《民商事习惯调查报告录》（一），民国十九年刊本，第384页。

④ 《申报》光绪五年十二月二十二日。

然后按额征租"。① 太仓的"单租"田，也是佃农价买佃权，俗称"田面权"。抗日战争前，每亩田价一般为 3 石大米（80 公斤/石），田面价为 1 石5 斗大米，占田价的 50%。抗日战争胜利后，田面价提高到田价的 2/3。②在松江，有部分地主将自田田面卖给农民，并订有名为"春花永状"的绝卖契（农民又称之为"杜绝契"，意即地主再也不能拿回土地使用权），也有农民因不能一次付清田面价格，而只交"顶首"者，以 6 年为期。期满后地主又涨"顶首"，待涨到田面价格时，方立田面绝卖契，等于先当后卖。③

安徽黟县，佃权谓之"典首"，亦称"小买"。其来源有二说：一说"典首"乃"抵首"之误。所谓"抵首"者，缘自佃人与佃人争竞上首佃田。其时"上首佃人田中已经播种，此田或易主，或田主另召"，抵首即为新承佃者所认"上首种子、农工价"。因历时既久，"渐渐失真"，"抵首"变成了"典首"；另一说是"昔日地狭人稠，欲佃不得，于是纳金于田主，田主收其金，则此田永远由其承种。若欲易佃，则必偿旧佃之金，故曰典首"。若田主并未收过佃户之金，"则此田之典首，仍归田主所有"。④ 不论哪种说法，"典首"都是佃农纳金购买所得。附带指出，论者称两种说法，"未知孰是，因两存之"。⑤ 从近年来新发现的文献资料看，两种说法所反映的情况不同，但都有根据，不存在孰是孰非或舍此即彼的问题。

在安徽其他县区，被称为"客顶客庄"（亦称"客庄"）的永佃权，都是佃农立约缴纳"羁庄钱"而获得的。⑥ 安徽太湖，佃户租地，有"保庄田"、"青庄田"两种。保庄田即佃田，又叫"份田"。佃户向东家承租份田时，缴纳一定数量的资金，买下该田的永佃权，地主无权调佃。佃农在征

---

① 陶煦：《租覈》，民国十六年重排本，第 11 页。

② 《太仓县志》，江苏人民出版社 1991 年版，第 172—173 页。

③ 中共松江地委调委调研组：《松江县新农乡农村情况调查》，见华东军政委员会土地改革委员会编《江苏省农村调查》（内部资料），1952 年刊本，第 145 页。

④ 民国《黟县四志》，黟县蔡照堂民国十二年刻本，卷 3，地理志·风俗·黟俗小纪附，第 8页。

⑤ 民国《黟县四志》卷 3，第 8 页。

⑥ 国民党政府司法行政部编印：《民商事习惯调查报告录》（一），民国十九年刊本，第 392页。

得地主同意后，可将"份田"出典给别人、转租给别的农户耕种。①

因价买而形成永佃的情况，在浙江、江西、福建、台湾、广东等地也相当普遍。

浙江不少地区都有农民价买佃权的情况。1950 年的调查说，"地主以一定价格出卖土地使用权给农民，农民为了免除地主随时撤佃之苦，出高价购得了永佃权"。② 在宁波，"相沿俗例"，佃户承种田地要出银顶佃，名叫"田脚"；临海的"地方乡例"，佃农租种田地，一般向田主交有"佃价"。佃农由此取得耕作权，可以永久耕种；如地主将田卖与别人，仍是旧佃耕种还租，叫做"卖田不卖佃"。③ 庆元地方的"乡风俗例"，佃户租种田地，出银顶买，名曰"田皮"，可以永耕、转卖。④ 青田的四种租佃形式中，第三种就是"买佃"，其方式、途径，则既有买自地主，也有买自佃农。"或钱交租主，谓之佃价；或钱交原佃，谓之买佃皮"。⑤ 在鄞县、永康、庆元、缙云等地，佃农顶买佃权，早已成为"乡风"、"俗例"。⑥ 在平湖，佃户向业主租田时，按惯例"须缴纳一种性质类似而高于普通押租金之田价，因而取得永久耕作权"。⑦ 嘉兴的情况是，当佃户向地主租种时，付给田面价若干，购买田面，如是佃户即可永久耕种其田，年年缴清租米，地主无权撤佃，若租米不缴纳，普通于三年后，地主即可撤佃。⑧

江西赣南，作为永佃权载体的田皮成因，"或由佃户出资垦荒，即俗名

① 《太湖县志》，黄山书社 1995 年版，第 117 页。

② 中共浙江省委农委调研处：《浙江省永佃权情况调查》，见华东军政委员会土地改革委员会编：《浙江省农村调查》（内部资料），1952 年刊本，第 221 页。

③ 乾隆朝刑部题本，见中国第一历史博物馆、中国社会科学院历史研究所编：《清代地租剥削形态》下册，中华书局 1982 年版，第 550、485 页。

④ 乾隆朝刑部题本，见中国第一历史博物馆、中国社会科学院历史研究所编：《清代地租剥削形态》下册，中华书局 1982 年版，第 567 页。

⑤ 光绪《青田县志》卷之四，风土·风俗，第 9 页。

⑥ 参见见中国第一历史博物馆、中国社会科学院历史研究所编：《清代地租剥削形态》下册，中华书局 1982 年版，第 550、599、563、567 页；国民党政府行政院农村复兴委员会：《浙江省农村调查》，商务印书馆 1934 年版，第 200 页。

⑦ 段荫寿：《平湖农村经济之研究》，萧铮主编：《民国二十年代中国大陆土地问题资料》，第 45 册，第 22698 页。

⑧ 冯紫岗：《嘉兴县农村调查》，李文海主编：《民国时期社会调查丛编·乡村经济卷上》（二编），福建教育出版社 2009 年版，第 272 页。

工本；或由业主征收佃价，即俗名'坠脚'，亦名'退脚'"。① 宁都佃农，大多是通过高价顶耕获得永佃权。该县境辖六乡，上三乡皆土著，土地租佃"永无变动"；下三乡佃耕者悉属闽人，其中建宁、宁化人占十之七八，上杭、连城人居十之二三，明嘉靖、万（历）泰（昌）时即到宁都务农谋生，初始"赤贫赁耕"，子孙相继，有"耕之十余世、四五世者"，已视佃田如己业，"往往驯至富饶，或挈家返本贯，或其本庄轮换其居，役财自雄，比比皆是"。及后，"旧佃既携富厚而归，新佃乃复费重资与彼顶耕"。故该地清代的永佃权，多系佃农高价顶耕而来。② 此种价买永佃的乡俗惯例一直延续到民国时期。买卖习惯与普通土地买卖相仿，业主得价后，书立"顶皮字"付"掌皮人"（佃权取得人）为据；"掌皮人"付价后，复立"认租字"交业主收执，载明每年纳租数额。"掌皮人"即可永远耕种，亦可顶退。③ 据1951年冬至1952年春对宁都刘坑乡的调查。该乡因离城较近，人口多，租佃关系很不稳定，地主经常以夺佃的方式，向农民增加租额，有时即使增租，仍被夺佃。农民为了保障土地耕作，便向地主缴纳一部分钱款，名叫"坠脚"，借以固定一定时段的"佃权"。当地一般习惯是，以"坠脚"钱的多少，决定佃耕时间的长短，并用契约确定下来，也可交更多的钱购买"皮权"（即永佃权）。④

福建价买佃权的情况十分普遍。龙岩因"田额稀少，民数日繁，间向业主认佃，纳赀押耕者，谓之土本，或私向佃户承顶，计亩输钱者，谓之流退，更有胎借钱银纳谷供息者，谓之小租"。⑤ 长乐一带的通常情况是，"富者买面收租，贫者买根耕种"，名曰"让耕"。⑥ 这里的"面"就是田面，指的是地权，"根"就是田根，指的是土地使用权，亦即永佃权。另据

① 国民党政府司法行政部编印：《民商事习惯调查报告录》（一），民国十九年刊本，第422页。
② 魏礼：《魏季子文集》，道光刻本，卷8，与李邑侯书。
③ 国民党政府司法行政部编印：《民商事习惯调查报告录》（一），民国十九年刊本，第440—441页。
④ 《土地革命至解放前夕的刘坑乡》，见中南军政委员会土地改革委员会调查研究处编印：《中南区一百个乡调查资料选集·解放前部分》，1953年印本，第102页。
⑤ 道光《龙岩州志》卷7，风俗志，光绪十六年重刊本，第4页。
⑥ 民国重修《长乐县志》卷30，杂录，福建印刷所民国七年印本，第6页。

20 世纪 30 年代中的调查，长乐田地移转买卖有押、典、卖、断四种方式。"普通田地卖多而断少"。所谓"卖"，就是卖主仅出卖田面，保留田根（田底）。买主取得面契为产权凭证，有使用田地、收取利益的权利，并可将面契转让他人，出让田面，但应向卖主（根主）按约缴纳地租若干。不过买主这种土地使用权并非完全"永久"的。因按习俗，卖主（根主）常保留其回赎权，如若备足原价，另加利息（闽侯谓此为"金子"），得到买主同意，仍可买回面权。① 长汀田地典卖有"田皮"、"田骨"之分，卖后失去所有权，为卖"田骨"；保留土地所有权，仅卖土地使用权被称为卖"田皮"。田骨所有者应负担田赋。② 农民通过购买田皮，获得土地的永久耕作权。宁德的"乡例"是，收了佃户的钱，田主不得另佃，佃户有权长期耕种。如有欠租，就在这钱内扣抵。如无欠租，佃户退耕，田主必须退还所收钱文。永福"乡俗"，佃农购买"田根"，获取永佃权。如黄宗劝祖先因佃田时费有"顶耕银子"，故获有田根，"世代承耕"。③ 在罗源、平潭等地，有的业主因需现款，将田面让与佃户，这就将"普通租佃关系易为永佃关系"。④ 福建某县一宗庙田也提供了佃农价买佃权的例证。该庙庙志称，"一段土名天上罗坑，递年冬收租纹银壹两伍钱。皮罗文瑞。此田原系经公合捐银壹拾肆两外，瑞赔贰两承耕，并苗承入林户议立约定完粮外，实还庙银壹两贰钱正"。⑤ 罗文瑞花 2 两银子的"赔价"承耕庙田，因而占有田皮，获得了永佃权。这些例子都清楚地说明了土地供求状况与价买永佃形成的关系。

广东也有佃农价买永佃的事例。广东惠州府属乡俗，田分两业，名称各县稍异：河源县买田收租纳粮者，名为"粮业"；出资买耕交租者，叫作

---

① 郑行亮：《福建租佃制度》，《民国二十年代中国大陆土地问题资料》第 62 册，（台北）成文出版社有限公司、〔美国〕中文资料中心重印发行，1977 年版，第 32169—32170 页。

② 《长汀县志》卷 4，农业，生活·读书·新知三联书店 1993 年版，第 123 页。

③ 乾隆朝刑部题本，见中国第一历史博物馆、中国社会科学院历史研究所编：《乾隆刑部题本租佃关系史料之一·清代地租剥削形态》下册，中华书局 1982 年版，第 570、524—525 页。

④ 郑行亮：《福建租佃制度》，《民国二十年代中国大陆土地问题资料》第 62 册，（台北）成文出版社有限公司、〔美国〕中文资料中心重印发行，1977 年版，第 32173 页。

⑤ 《历西正顺庙志》卷 3，转见傅衣凌《明清农村社会经济》，生活·读书·新知三联书店 1961 年版，第 50 页。

"佃业"。归善（今惠阳）称粮业、质业。"粮主收租纳赋，质主耕田交租"，佃人均有耕作权。如亚猜的母舅邓瑞发等，于雍正三年（1725），用价银 12 两、钱 4 千文，买得朱天佑在双剑口等处的"质地"（田面）数丘，计种 1 石 2 斗。历年自耕，每年向朱天佑交纳租银 1 两 4 钱 7 分。雍正十二年朱天佑将粮业（田底）卖与朱绍熹，因邓瑞发拥有"质业"，"故田仍归邓氏兄弟照旧耕种交租"。[①]

揭阳也有佃农出银顶耕、取得佃权的习惯，地权转移亦不影响佃农耕作。乾隆刑部题本称，徐振勋于雍正元年价买李姓良田 6 亩，因原系徐颖捷出银 18 两 5 钱顶耕，振勋得业后，"仍听颖捷照旧佃耕，输租无异"。香山逐年预纳耕银、"即任长耕"的租佃办法，也是价买佃权的一种形式。如杨姓地主有围潮田 1 顷，乾隆九年（1744）分别批与林念兹、黄涵远等耕种，每年租谷乡小斗 366 石，预纳次年"耕赆银"6 两，批约写明，"不欠租谷，预秤耕银，即任长批耕种"。[②] 需要指出的是，这类佃农虽可"长批耕种"，但因必须逐年预购佃权，所谓"永佃权"的"永久性"或稳定性自然要大打折扣。

湖北某些地区也有佃农价买佃权的情况。如阳新，农民向田主买进永佃权，俗称"永批"。[③]

台湾地主也有不少是将田面出卖给佃户，而后令其垦种交租的。下面是乾隆、嘉庆年间佃农价买佃权的两纸永佃契：

其一

立给垦字业主陈廷溥，有承祖给垦茄藤社草地壹所，坐落土名南岸，用本开垦埔园一片，东至洪宅园，西至车路，南至水沟，北至洪宅田，四至明白，经丈载明一甲，今佃人洪振老，托中向托园底（按即田面），三面议估，即日收过先年开垦工本及园底银顶番银壹百大

---

① 《刑科题本·土地债务类》，乾隆十三年十月二十四日刑部尚书阿克敦题。

② 乾隆刑科题本，见中国第一历史博物馆、中国社会科学院历史研究所编：《乾隆刑部题本租佃关系史料之一·清代地租剥削形态》下册，中华书局 1982 年版，第 514—515、504—505、497—498、506—507 页。

③ 《阳新县志·经济篇》，新华出版社 1993 年版，第 169 页。

员，银即日收讫明白，其园交与振老前去自备牛只耕种，永为己业。年配纳业主租粟叁石满榷。收冬之日，应办经风扇净干粟，车运到馆完纳，不得少欠。如振老不合意耕作，租粟清明，听其转退下付。保此园系承租先年用本开垦熟园，与房亲叔兄弟侄无干，及交加来历不明为碍。如有不明，业主抵当，不于振老之事。今欲有凭，立给垦字，付执为炤。

即日收过垦字内番银壹百大员

乾隆三十九年正月日立给垦字　业主陈

作中人　陈赞官

洪心官

知见人　陈　仁①

其二

立招耕字人业主萧志振，因前年有刘家退佃水田一坵，坐落镇平庄南势，东至刘荫田为界，西至曾厝仑大圳岸为界，南至范家田为界，北至萧坤田为界，四至界址明白。经丈一甲二分二厘半正，递年配纳大租粟十二石二斗五升，庄例带车工水银。今因要银完课，情愿出赎，托中就与巫德兴父子前来出首承领，当日三面言定时值价银三十大元正。其银即日同中交收足讫，其田随踏付与银主前去耕作纳租，永为己业。保此田果系刘天赐等退佃之田，并无上手来历不明等情；如有此等，业主抵挡，不干银主之事。此系二比甘愿，各无反悔，口恐无凭，合立招耕字一纸，并带上手退佃字一纸，共二纸，付执为照。

即日收过契内三十大元完足，再照。

嘉庆六年十一月　日立招耕字人业主萧志振。

为中人邱国贤②

---

① 临时台湾旧惯调查会：《第一部调查第二回报告书第一卷附录参考书》，明治 39 年刊本，第 35 页。

② 台湾银行经济研究室编印：《清代台湾大租调查书》第 1 册，1963 年刊本，第 95—96 页。

与前述台湾业主招垦不同，这里的出租地是熟田熟园。前者是祖遗自垦熟园，收取的是"先年开垦工本及园底银"；后者是前佃退佃水田，收取的是水田"时值价"，实际上是佃权价。类似契约，在台湾地区为数不少。

三　押租的功能及其变异和押租永佃的产生

押租同永佃制之间的关系比较复杂和微妙。押租作为防止佃农欠租的质押物，它的发生、发展，同永佃制并无直接联系，就其性质、作用和发展历程而言，不可能构成永佃制的形成途径。而且随着商品经济的发展，封建地主日益奢靡、贪婪，押租很快由地租保证蜕变为高利贷和地主加强地租剥削的重要手段，佃农的地租负担加重，租期缩短，土地耕作愈加没有保障。然而也有例外，部分地区，特别是先有永佃制后有押租的某些地区，或佃农力量较强大的地区，佃农坚持认为，只要缴纳押租，就买下了土地耕作权，地主不得增租夺佃。在这种情况下，押租在保证地主征租权的同时，也兼有佃权价格，或因地主无法撤佃，形成事实永佃。

（一）押租的功能及其变异

押租是在封建社会晚期封建人身依附关系日渐松弛的情况下，地主以经济强制取代超经济强制的产物。就其性质和作用而言，押租制完全不同于永佃制，押租是租佃关系确立时预收的地租，目的是防止佃农日后欠租，以确保地主的地租收入不受损失。押租既不能保障佃农的土地耕作，或延长租佃期限，更不等于佃权价格。因此，押租的征收，并不妨碍地主增租换佃，相反，一些地区的地主甚至通过频繁撤佃来达到增租、增押的目的。

随着商品经济、商业流通和城镇的快速发展，地主生活日趋奢华，对钱财的需求更加贪婪。而押租流行地区，大多人稠地狭，地权集中，佃农竞佃激烈，这就给地主增押、增租提供了条件。本来押租的作用是防止佃农欠租，在租佃关系终止时，理应如数退还。① 但是，实际上在终止租佃关系以前，押租往往早已被地主借故侵吞，即使未被侵吞，也少有如数退还的。如清代后期湖北东湖县一罗姓地主勒令其已佃种数十年的佃户退佃搬家，而又拒不退还当地称为"溜庄钱"的押租，因而兴讼。县令判决：原计溜庄钱134千文，除已退45千文外，令罗姓地主再退45千文，下余44千文，"即作罢论"。其"理由"是，"佃户佃种已久"，溜庄钱"不能全得"。另一赵姓地主撤佃，拒不退还"溜庄钱"，该县令亦判决原溜庄钱400千文，只退300千文。并勒令上述两户佃农限期搬家，否则，"传案重究"。② 退一步说，即使退佃时地主如数退押，也是"总以新佃进规抵退旧佃"。这样，押租就实际上成了地主的一笔固定资产。如湖南长沙一周姓官绅地主，咸丰十一年至光绪十七年间（1861—1891）累计购置田租4890.5石，收押租银4726两、钱1328千文。光绪二十五年分家析产，因"日后换佃，总以新佃进规抵退旧佃"，遂将押租同田产一起作为固定财产而加以分割。③

押租的这种特殊性，为贪婪的封建地主提供了一个新的生财门道和剥削手段，而且押租不受传统和惯例的限制，比地租正租更为灵活机动。于是地主在押租上大做文章，押租数额不断上升，征收手段花样翻新，押租的性质随之发生蜕变，由最初的地租担保蜕变为肆无忌惮和敲骨吸髓的高利贷盘剥。押租名目和征收次数越来越多，数额越来越大。

江苏嘉定押租，据说"最初尚轻"，后来不断加重，到20世纪20年代末30年代初，已由原来的5角涨至2元，增加了3倍。④ 浙江平阳的押租，同治光绪年间，每亩一二千文，少的数百文，到20世纪20年代，多则20元，少亦6元，增加了约10倍。⑤ 湖北蕲春，租佃关系中有所谓"原庄

① 也有少数地区和部分押租并不退还，或按租种年份分成冲销。如台湾地区的押租分有息押租、无息押租和撤佃不退押租三种，不过后者所占的比重不大（参见临时台湾旧惯调查会编：《第一部调查第三回报告书》所辑租约资料）。
② （清）熊宾：《三邑治略》，光绪三十一年刻本，卷5，第25—26页。
③ 据中国社会科学院经济研究所藏该地主"分关"。
④ 《申报》民国二十一年年二月十五日。
⑤ 詹选之：《各地农民状况调查——平阳》，《东方杂志》民国十六年八月24卷16号，第132页。

田",佃户在立约进庄时已交纳押租,租种期间除每年照额交租外,每隔5-10 年还要"原庄"一次,即向地主加交一次押租,谓之"批钱",其数额相当佃田卖价的 25% -50%。故俗称"大批如小买"。不仅如此,"原庄"时,佃户还要置办酒席,请地主与中人(证人)吃酒,加办签押手续。若佃户不能如期缴纳"批钱",地主即行"夺佃",转租他人。① 湖南湘乡,佃户进庄之前,须按约向东主缴足押金(又称"进信"),一般每亩 5-10 银元。以后地主还可随时向佃户加收押金,谓之"加佃"。② 湖南各地的普遍情况是,地主凡遇现金短缺,或筹集高利贷资本,即向佃户加征押租。长沙、湘潭等地谓之"大批",益阳、安化等地名为"重庄",湘乡则叫作"伴借"或"加佃"。每亩原交押租四、五元,而"伴借"、"加佃"常达 10 元以上。③

押租最为盛行、押租和地租剥削最为残酷的地区还是四川,四川押租的发生、发展和演变,在全国具有一定的典型性,有必要多费点笔墨,进行略微详细的叙述。

四川押租的起源时间不详,鸦片战争前后开始大量产生。清晚期和民国时期,押租不仅在全川加速流行,押租额迅猛升高,押租演变为高利贷,并滋生出凭借押租进行高利贷剥削的专业集团。永川县雍正乾隆年间,地主开始征收押金后,征收手段即日见严酷,如佃农无力交押,必"照依银数,每岁入息三分",或向他人"贷银偿足"。押租变成地主的借贷资本,并引发新的利贷剥削。随着时间的推移,押租额不断攀升。到清末,开始出现"大押金"(又名"大顶首")。佃农缴纳高额押金(也叫"稳钱"),可以少交租甚至不交租。少数佃农开始富裕,地主愈加贪婪,通过增租增押和退佃换佃,加重押租和地租榨取。进入民国,剥削更重,地租常占土地产量的 70% 以上,还有豆租、力租;押租一般已在年租额以上。抗日战争时期,地主趁货币贬值,大肆加押,甚至一年加几次。佃农缴不起押租,

---

① 《蕲春县志》卷 4,农业,湖北科技出版社 1997 年版,第 72 页,大事记,第 11 页。
② 《湘乡县志》卷 4,生产关系变革,湖南出版社 1993 年版,第 125 页。
③ 黄星辉:《旧长沙府属租佃制度》,《民国二十年代中国大陆土地问题资料》,第 59 册,第 30709 页。

地主就放佃农"大利"，夏借秋还，借一还二，并在青黄不接时，以市价的20%～50%买青苗，进行盘剥。①

押租演变成为残酷的高利贷剥削手段后，地主在加强和扩大押租榨取方面更加肆无忌惮。在綦江，地主随时提高押金数额，佃农若不能满足，则另佃他人。② 其他各县，莫不如此。有的每逢正常年份，即加押加租（如梁山）；有的趁通货膨胀，"连年加租加押"（如仪陇、开江）；有的不论丰歉，"任意加押加租"（如南充、井研、巫溪），或几乎年年加押（如广安、南部）。③ 不仅民田私田地主大肆加押，官田公田地主亦莫不如此，如江油庙田，多次"向各佃多加押租"。④ 因此，各地押租无不持续升高，民国时期尤为突出。綦江一佃农，1945年租种地主土地一段，最高年产18老石，立约时交押金谷子2.5老石，法币3万元。后一年加一次押金，新中国成立前夕已加至25石谷子。⑤ 成都平原各县，过去通例每亩押银5两（合7元），1934年平均为8元，1936年已普遍增至13—15元，简阳最高达30元。⑥ 川东江北、巴县押租，1927—1938年间，平均增长了一倍多。⑦ 岳池有的地主更是年年增押，一胡姓佃农，1930年租种地主水田40挑，年租30石，初交押租铜元3400吊，折谷28.4石。1931、1935、1937年先后加押5次，累计银元100元、铜元5700吊，共折谷38.5石，相当初押的1.36倍。⑧ 在南川、南充以及其他许多地区，押租原来通常为上田占地价5%，山田为1%。进入民国后，因累年加增，或采行"明佃暗当"，押租步步攀升，不少地方已"与地价相埒"。⑨ 前述各地离

---

① 《永川县志》，四川人民出版社1997年版，第282—283页。

② 《綦江县志》，四川人民出版社1991年版，第283页。

③ 参见相关各县县志。

④ 蒋德钧：《求实斋类稿》卷12，光绪间刻本，第24—25页。

⑤ 《綦江县志》，四川人民出版社1991年版，第283页。

⑥ 陈太先：《成都平原租佃制度之研究》，《民国二十年代中国大陆土地问题资料》第62册，第32547、32548—32549页。

⑦ 张伯芹：《江巴两县租佃制度之研究》，《民国二十年代中国大陆土地问题资料》第61册，第31524页。

⑧ 川南区党委档案材料，见何承朴《辛亥革命后四川农村土地剥削情况初探》，《四川师院学报》1983年第3期。

⑨ 民国《南川县志》卷4，农业，第28—29页；民国《南充县志》，卷20，文艺志；瞿明宙：《中国民田押租底进展》，《中国农村》1935年1月第1卷第4期，第26页；吕平登：《四川农村经济》，商务印书馆1936年版，第199页。

奇的高额押租，也都是这样一步步攀升上来的。由最初只占年租一部分，发展到等于年租，超过年租和土地产量，由超过一倍上升到数倍，最后发展到等于乃至超过地价。

押租范围也不断扩大，甚至渗入到分成租和劳役地租等租佃领域。押租本来是地租形态和征租方式发展到较高阶段的产物，只限于定额租。押租制主要在南方地区流行，北方并不普遍，一个重要原因是南方以定额租为主，而北方分成租占优势。在南方一些押租制流行的地区，也未见分成租或劳役租征收押租。但四川情况很特别，押租制无孔不入。不仅定额租有押租，连分成租乃至劳役租，都征收押租。如南充，据 1937 年的调查，地租方式有四：即定额货币租（占 21%），定额实物租（占 66%），分成租（占 9%）和劳役租（占 4%），"无论哪种方式，都须交押金"。[①] 在其他一些押租异常盛行的州县，也有这种情况。定额租征收押金作为地租保证，还勉强说得过去，分成租是临田监分，多则多分，少则少分，根本无租可欠。至于劳役租，佃农以劳力抵充地租，在时间上属于预租性质，更不会存在欠租问题。分成租制和劳役租制下的押租，完全是彻头彻尾的额外敲榨和盘剥。

为了最大限度地增加押租，地主使用的一个欺骗手段是"增押减租"，即当押租超过一定限度后，每增加若干数量的押租，相应扣减若干地租，作为所增押租的利息。押租越高，地租越少，这就是所谓的"重押轻租"。如宣统年间，永川地主萧卫封将值价 1100 串、面积 120 挑（4 挑合 1 亩）的水田租与佃农龙照临耕种，原先收缴押金 300 串、年纳租谷 23 石。随后押金加至 580 串，租谷减为 2 斗。[②] 金堂一宗官田 94 亩，先征"正压租"钱 1280 千文，后征"抵押租"银 2400 两，年租 2.14 石。平均每亩仅 2.3 升。[③]

在四川其他不少地区，都有增押减租、重押轻租的习惯。重庆南岸区，地租有"押重租轻"、"押轻租重"之别；[④] 铜梁地租一般占产量的六成，

① 《南充县志》，四川人民出版社 1993 年版，第 152 页。
② 吴光耀：《永川公牍·堂判》卷 8，第 24 页，转见《永川县志》，四川人民出版社 1997 年版，第 282—283 页。
③ 民国《金堂县续志》，卷 3，食货，第 15 页。
④ 《重庆市南岸区志》，重庆出版社 1993 年版，第 247 页。

若"押重租轻"，押租达地价的 60% - 70%，而地租只占产量的二三成；蒲江也存在"重押轻租"的现象，即押租高于一般标准，租额则低于一般标准。① 在有的地区，"押重租轻"更成为地租的基本形式之一。如西充，地租分为铁板租、重押轻租和先称后做等三种；古蔺地租有定额租、"顶首高"、分租等三种。②

由于押租数额太大，绝大多数佃农根本无力负担，只能如同永川佃农一样，高利借贷，或任由地主将其变为高利贷。江津佃农为了筹措押租，"八方高利借贷"；③ 在合江，押租称为"稳谷银"，无力缴纳稳谷银的佃农，每铜钱百串，须加纳"稳谷"1 至 4 石作为利息；宜宾地主更以佃农的耕牛、农具作抵，并转为租用，另计租金，甚至有以身为奴作抵者。④ 押租原本是佃农人身解放的产物，现在却反过来变成地主购买奴婢的本钱，佃农因为无力缴押而卖身为奴。这是对历史的莫大讽刺。

随着押租演变成高利贷，凭借押租谋利的行当应运而生。在江北、巴县一带，某些富佃或租地者靠转租收押得利，并成惯例。该地租佃有"大押"、"小押"之分，如佃农缴押超过一定数额（通常为地价的五分之一），即称为"大押"，大押将租地一部或全部转租，并收取押租，则承租者为"小押"（如不转租，则无"大押"名称）。⑤ 在合江，更有富户单独或联合行动，集资缴纳押租，成批租进田地，分散转租给无力缴押的佃农，赚取"稳谷"。有人还发起成立被称为"田园会"的专门机构，筹集巨资，缴押整批佃田转租，赚取"稳谷"瓜分。据说"田园会"所集款额，每年多达数千两。⑥ "田园会"成为借押租谋利的高利贷集团，是押租极度盛行和苛

---

① 《铜梁县志》，重庆大学出版社 1991 年版，第 324—325 页；《蒲江县志》，四川人民出版社，1992 年版，第 199 页。
② 《西充县志》，重庆出版社 1993 年版，第 339 页；《古蔺县志》卷 5，农业，四川科学技术出版社 1993 年版，第 147 页。
③ 《江津县志》，四川科学技术出版社 1995 年版，第 187 页。
④ 瞿明宙：《中国农佃押租底进展》，《中国农村》1935 年 1 月第 1 卷第 4 期；《宜宾县志》，巴蜀书社 1991 年版，第 124 页。
⑤ 张伯芹：《江巴两县租佃制度之研究》，《民国二十年代中国大陆土地问题资料》第 61 册，第 31513—31514 页。
⑥ 瞿明宙：《中国农佃押租底进展》，《中国农村》1935 年 1 月第 1 卷第 4 期。

重的产物，是押租利益在封建阶级内部的再分配。至此，押租不仅由最初的地租担保蜕变为残酷的高利贷盘剥，而且盘剥者由单个出租地主扩大到封建剥削阶级整体。

押租的产生、流行和不断攀升，使其同正租一起构成地租的主要成分。由于押租是地租的担保，两者紧密关联，并构成一定的比例关系。地租的升高和变动，是押租升高和变动的条件和"理据"，直接导致后者的升高和变动；同样，押租的升高和变动，反过来又影响和制约地租。当押租大幅飙升、远远抛离正租时，地主就会不择手段提高正租额，改变押租对正租过高的比例关系，避免押租担保功能的"闲置"。当押租对地租的比例恢复到"正常"时，地主又会想方设法提高正租额，开始新一轮的押租、地租增长。就是这样，地主为了最大限度地榨取佃农血汗，总是轮番增加押租和地租。结果，押租、地租你追我赶，交替上升，最后形成高押高租的"双高"态势。如井研千佛乡刘民生等4佃户，1914年租种地主水田320挑（3.75挑折合1亩）、土20.8石（0.24石折合1亩），共缴押金铜元2700吊（相当121石黄谷），年纳租谷54石，杂粮1.5石，押租相当租额的218%，租额相当常年产量的42%。1932年，押租增至3200吊，按不变价格计算，对租额之比升至258%。随即租谷增至78石、杂粮1.8石，租率升为61%。抗战时期，物价上涨，押金转为黄谷，租谷又增至91石、杂粮1.8石，租率升为70%。这样，由于押租地租你追我赶，很快由高押平租演变为高押高租。到1948年，租谷更增至100石、杂粮3.6石，租率达78%。[①] 其他地区的情况也都大同小异。

民国时期，大部分地区的押租，一般至少相当一年租额，部分已大大超过，少则半倍、一倍，多则数倍。需要强调指出的是，押租成倍超过地租，除个别情况外，并非增押减租、此长彼消的结果。恰恰相反，押租、地租都在不断增加，只是地租租额原来已经很高，甚至已近极限，因而增幅相对较小，而押租增幅更大。如大足，1941年的记载称，地租"往昔约其产量之半，今则增至十分之六至十分之七"，约增10－20个百分点；押租1941年按地价4%－5%交纳现金，约为地租的一半。1941年后改交稻谷，数额大幅增加。

---

① 《井研县志·农业》，四川人民出版社，1990年版，第134页。

据 1951 年的退押数字统计，全县 10839 户土地出租者，共收押佃谷 2847.3 万公斤，占 1949 年佃耕地粮食总产量的 48.4%。① 考虑到总有少量业主或土地由于种种原因（如亲朋邻里之间的租佃、劣等土地以及"佃强业弱"等），未能征收押租，可以断定，绝大部分押租已接近和超过地租，增幅接近或超过一倍。仪陇在 1941 年前后，押租、地租已经很高。当时中田亩价 80—120 银元，押租 16—60 银元，占地价的 20%—50%。水田谷租占产量的 50%—70%，旱地钱租占收入的 50%—60%。但地主仍不满足，借口货币贬值，连年加租加押，押租、地租进一步飙升。县政府被迫于 1946 年宣布"限租"，规定地租不得超过地价的 8%，② 但未干预押租。即使如此，也未实行。广汉押租原来交钱，金额接近于年租额。20 世纪 40 年代改交实物，田亩高的纳谷 1.7—1.8 石（每石 140 公斤），一般 1.4—1.5 石，低的 1 石左右，已大大超过租额。据统计，1949 年全县地租共计大米 344.27 万公斤，平均每亩 123.5 公斤，折谷 1.26 石。押租高的超过地租 35%—43%，一般超过 11%—19%，只有低的才接近地租。地租则已接近极限：佃农正常年景交租后，每亩仅余稻谷四、五斗，稍差则只剩两三斗，③ 地租率为 71.6%—86.3%。北川押租数额不详，地租据 1937 年的调查，每亩 8—12 斗，地租率亦不详。同周围地区比较，似乎不算太重。到 1946 年，押租、地租已高得惊人。据统计，该年全县农副总产值为法币 9450 万元，地主富农收取的粮租、押金达 5062 万元，占 53.5%；田赋、壮丁款、门户款等 80 余种捐税 1643 万元，占 17.4%，农民实际所得 2756 万元，占 29.1%。④ 如将自耕农和其他农户的收入剔除，地租和押租所占比重将大大升高，佃农收入所剩无几了。

其他地区的情况也都大同小异。据对 20 世纪三四十年代成都、重庆南岸区等 57 县（区）的押租率和地租率的调查统计，一是大部分或绝大部分县（区）的押租额相当或超过地租，而地租达到或超过土地产量的一半，均属"高押高租"。押租率达到或超过 100% 的有 32 县（区），占总数的

① 《大足县志》，方志出版社 1996 年版，第 261 页。
② 《仪陇县志》卷 5，农业，四川科学技术出版社 1994 年版，第 178—179 页。
③ 《广汉县志》，四川人民出版社 1992 年版，第 87—88 页。
④ 《川北县志》，方志出版社 1996 年版，第 378 页。

56.1%；会理、重庆南岸区、忠县、营山、蓬安等 5 县（区），最高达 10 倍左右。地租率全部达到或超过 50% 的达 50 县（区），占总数的 87.7%。其中全部达到或超过 60% 的有 30 县（区），占 63.2%。在这些地区，60% 或 60%—70% 是一般租率或"法定租率"。① 到 20 世纪三四十年代，"双高"已是四川农村租佃关系的常态。二是押租高度与地租高度成正比，押租率高的地区，地租率也高。押租率达到或超过 100% 的 32 县（区）中，29 县（区）的地租率达到或超过 50%，占 90.6%。虽然一些地区流行"增押减租"，但统计数据显示，除永川、蓬安等个别地区外，并不存在"押重租轻"的现象。可见，"增押减租"并未导致地租额的减少和地租率的下降。②

四川押租、地租的高度和剥削程度，由此可见一般。不过问题还不止此。押租对地租剥削的影响，还必须考虑和计算押租所生利息及其对佃农所造成的损失。

押租绝大部分为无息抵押，但佃农所交押租全部或绝大部分系高利借贷而来，必须支付高额利息。而押租一旦进入地主手中，立即变成商业或高利贷资本，获得高额利润或利息。不仅如此，在实际生活中，乙佃高利借贷的押租款，可能就是甲佃交纳的押租。地主就是利用这种手段，将押租辗转增殖谋利。押租所生的利息，实际上就是佃农为筹措押租支付的借贷利息和多缴的地租。通过计算，可以得知佃农地租加重的程度。

在合川，1925 年拨给县立初中的 53 宗学田，征有"稳银"7280 两、钱 40 千文（折银 6.15 两），年征租谷 876 石。当地借贷，一般每银 100 两，收息谷 4 石。据此计算，押租可收息谷 291.5 石，佃农所受地租剥削加重 33.3%；又该县另拨学田 18 宗，计租 327.7 石与县立高小，收有"稳银"2461 两，押租可生息谷 98.4 石，地租实际加重 30%。③ 灌县光绪四年

---

① 如泸县，"法定租额"为占常年产量的 60%－70%。这已高得惊人，但地主仍不满足。据统计，该县 10025 户收租者，仅 1889 户按"法定数"征收，占 18.8%，而超"法定数"的达 8136 户，占 81.2%。（《泸县志》，四川科学技术出版社 1993 年版，第 176 页。）

② 刘克祥：《近代四川押租制与地租剥削》，《中国经济史研究》2005 年第 1 期。

③ 民国《合江县志》卷 3，教育，第 14—16、19—20 页。

（1878）有公产 510 亩，收有押租 4320 两，岁征租谷 411 石，[①] 押租可生息谷 172.8 石，佃农实纳租谷 583.8 石，增加 42%。又该县文庙祀田 564 亩零，收有押租 6424 两，岁征租米 148 石、租谷 140 石，[②] 押租可生息谷 257 石，佃农实纳租谷 693 石（以租米 1 石折谷 2 石计算），地租增加 62.7%。

这是就个案而言，如按地区平均计算，也可看出地租加重的程度。有调查显示，20 世纪 30 年代中期的成都、温江、华阳、新都、双流、新津、彭县、简阳等 8 县，谷租租率最低为 75%（华阳），最高为 85.4%（双流），平均 79.7%。按年利 2 分将押租利息计入地租后，实际租率上升 9.2%（成都）至 18.3%（彭县）不等，平均上升 11.7%。8 县租率平均数由原来的 79.7% 升至 89%，新都、双流、新津、彭县等 4 县更超过 90%。[③]

必须指出，当时四川农村（其他地区也一样）通行借贷利率并非 2 分，一般至少在 3 分以上；成都地区的押租在 1937 年尚未狂升，40 年代才到达顶峰。实际情况比统计数字要严重得多。如以年利 3 分计算，各县谷租租率的升幅大都接近甚至超过 30%，实际租率大都远远超过 100%。其他押租数额较大，特别是达到和超过年租额的县（区），情况也都一样。1948 年，美国农林部派遣来华的雷正其，曾到四川各县"视察"，和许多佃农谈话，得到的信息是佃农 95% 到 100% 的农产物都交了地租。[④] 百分之八九十的稻谷都被地主征走，佃农"收益"和"生活指望"全在小春、杂粮。[⑤] 有人在 30 年代末调查四川租佃关系后得出结论说，"无论大佃小佃，纯依佃耕之收入，大都不能维持全家最低之生活，尤以小佃为甚。而所以能勉强维系之者，全恃因佃得房地一份，以为居住耕作之所，再利用农暇操之副业"。[⑥]

当然，如果是"增押减租"，情况稍有不同，但也绝不等于地租率和佃农所遭受的剥削程度没有变化。恰恰相反，所谓"增押减租"或"押扣"，不过是封建地主加重押租和地租剥削的一个花招。一些地主为了掩人耳目

---

① 《近代史资料》，1955 年第 4 期，页 11。
② 光绪《增修灌县志》卷 7，学校志，第 51 页。
③ 刘克祥：《近代四川押租制与地租剥削》，《中国经济史研究》2005 年第 1 期。
④ 四川省档案馆藏资料，转见《阆中县志》，四川人民出版社 1993 年版，第 364 页。
⑤ 《丰都县志》，四川科学技术出版社 1991 年版，第 155 页；陈太先前引文，第 32540 页。
⑥ 郭汉鸣、孟光宇：《四川租佃问题》，商务印书馆 1944 年版，第 132 页。

和缓和广大佃农的激烈反抗，虽然在押租超过一定水平后，会相应扣减一定数额的地租，抵充押租利息。但是，扣减的租额远比押租所生利息为低。如成都通例，每增加押租银洋百元，扣减租额 3 石 5 斗，谓之"三扣五"。[1]但当时农村的借贷利率是借洋百元，应还息谷 6 石。佃农被剥削 2 石 5 斗。1921 年后，因借贷利率高涨，"押扣"曾一度上升，有多至"四扣"者。但 30 年代后，因佃农竞佃，"押扣"又降至"四扣"以下，地主的口号是"升租少扣"。意即租谷增加，"押扣"减少。[2]佃农所受盘剥进一步加重。

也有"押扣"等于甚至超过押租利息的，但这不过是地主设下的陷阱，佃农不仅不能通过少交地租获取应得利息，最后连押租本金和土地耕作也全部化为乌有。如前述永川地主萧卫封，将租给佃农龙照临的 120 挑水田，押金由 300 串加至 580 串，地租由 23 石减至 2 斗。佃农似乎并不吃亏。故论者谓"与贱价出卖无异"。地主当然不会善良和愚笨到将土地贱卖与佃农的程度。果然，萧卫封随即加押加租，将土地改佃陈顺铣，并诬称龙照临积欠地租 27 石，以吞霸其押金。[3]最后，佃农不仅无法收回押租本金，连租种的土地也没了。所谓"增押减租"，其结局大都如此。而且，押租增幅越高，扣减租额越多，佃农丧失押租本金的概率越高。因为高额押租如同到口的肥肉，地主绝不会轻易吐出来。同时，大量扣减地租，地主失去了正常收入，经济活动和家庭生活大受影响，必然进一步增押，并反过来增租。佃农无法满足其要求，即吞押撤佃，佃农以失押失地告终。

需要强调的是，地主侵吞押租，并不限于"增押减租"的场合，而是一个普遍规律。在彭水，地主退佃时，"多以各种理由赖账不还（押租）"。[4]20 世纪 40 年代后，地主更普遍利用通货膨胀匿吞押租。巫溪有的地主抽田另佃而不退押。[5]为此，一些地区的地主把租期定得很短。如乐

①　马正芳：《成渝铁路成都平原土地之利用问题》，《民国二十年代中国大陆土地问题资料》第 44 册，第 22519—22520 页。

②　马正芳：《成渝铁路成都平原土地之利用问题》，《民国二十年代中国大陆土地问题资料》第 44 册，第 22519—22520 页。

③　《永川县志》，四川人民出版社 1997 年版，第 282—283 页。

④　《彭水县志》，四川人民出版社 1998 年版，第 155 页。

⑤　《巫溪县志》卷 5，农业，四川辞书出版社 1993 年版，第 131 页。

至，租期大都只有 3 年，到期退押退佃，或重新订约续佃。由于货币贬值，原纳押金已无价值，既不能将其换约续佃，更不能向其他地主租地，甚至完全蒸发。如中江，民国时期，地主借货币贬值不断增押换佃，农民退佃因货币贬值，往往破产；重庆南岸区，因货币贬值，加上几经换约，原先所交银元变为纸币，佃农所交押租皆不抵原值。① 有的更完全变成废纸。綦江瓦房村一佃农光绪三十年（1904）佃种地主 6 老石租谷的田，缴纳押租 20 银元，当时可买 3 石多谷子，退佃时，银元变成纸币，所退押金只能买 9 市斤盐巴；蓬安碧溪乡佃农吕星基，1943 年佃田 50 挑，交押租法币 100 元，值黄谷 5 石，1947 年退押，仅能买个烧馍；巫山一佃农交押租法币折谷 2 石，1948 年退押，只够买一根油条。② 不论哪种情况，押租本金都是有去无回。不仅如此，更有部分地主强迫佃农重缴。③ 押租成了永远填不满的无底洞。

除了高押高租盘剥和侵吞押租本金，押租又成为地主向佃农征派劳役、扩大需索的重要条件。押租制本来是佃农人身解放的产物，押租制在加重佃农经济剥削的情况下，理应有助于佃农人身的进一步解放，使佃农在生产经营上有更大的自主性，佃农除缴纳地租外，一般不承担其他义务，租佃关系应当开始由传统封建型向契约型转变。

四川则相反，押租制的流行和发展，不仅没有促进佃农人身的进一步解放和自主经营的加强，没有促成租佃关系由传统封建型向近代契约型的转变，没有稳定租佃关系的作用，而且成为地主要挟、勒索、奴役佃农的本钱和手段。佃农的经济状况更加悲惨，社会地位愈形低下。

四川各地的普遍情况是，地主除了高押高租高利盘剥外，还强迫佃农无偿提供各种劳役、贡献新鲜果菜、谷物和各种土特产品、宴请下乡地主，甚至要顶替地主子弟当壮丁。稍不顺从如意，即以加押加租、撤佃进行惩罚。在金堂、江源等地，逢年过节、红白喜事，佃农都须帮工送礼，地主

① 《乐至县志》，四川人民出版社 1995 年版，第 172 页；《中江县志》，四川人民出版社 1994 年版，第 174 页；《重庆南岸区志》，重庆出版社 1993 年版，第 247 页。
② 《綦江县志》，四川人民出版社 1991 年版，第 283 页；《蓬安县志》，四川辞书出版社，1994 年版，第 221 页；《巫山县志》，四川人民出版社 1991 年版，第 107 页。
③ 《巫溪县志》卷 5，农业，四川辞书出版社，1993 年版，第 131 页。

稍不遂意，立即加租加押、夺佃。① 万源更是等级森严，主佃等同父子，故有"主客如父子"之谚。凡遇地主吉、凶、庆、吊，佃农必须送礼、帮忙，"否则有退佃之忧"。② 铜梁、合川等县，地主需索更是名目繁多。铜梁地主除高押高租外，还索取鲜菜、新粮、鸡、鸭、鹅、鱼等，红白喜事必须帮忙，秋收前，地主察看庄稼，需办酒席供其吃喝。佃农为了保持耕作，减少搬迁之苦，只得忍受沉重剥削。合川除正租外，地主还加收豆租、谷草租、挂红租、力租、附加租等。佃农为了生存、耕种，每年产新季节，要"孝敬"瓜果、蔬菜、粮食供地主"尝新"，生日、婚丧、年节还要送礼、帮工。③ 内江佃农为了取得地主欢心，要给地主挑水、砍柴、送礼，以免年三十"香火坐箩篼"（夺佃）之苦。④ 其余如涪陵、万县、武隆、宜宾、广安、仪陇等地，都有五花八门的劳役、需索，并形成惯例，载明契约。万县佃农除地租、押租外，要给地主砍柴、挑水、碾米、抬滑竿等；开江佃农除无偿帮工和抬轿外，新年拜年要送白糖、肘子、挂面，端午、中秋要送鸡鸭、糯米，所种瓜果菜豆一俟成熟，便要无偿送给地主"尝新"。武隆举凡年头岁尾，生婚嫁娶，佃农都要无偿帮工，备送厚礼；仪陇凡地主修造、外出，佃农必须无偿服役，春节、端午、中秋等传统节日以及地主婚丧嫁娶和主要成员生辰，须同时送礼和无偿服役；⑤ 在涪陵，这类劳役、需索，更全部载诸契约。如一佃约写明：佃田 30 老石，押黄谷 5 老石，年交租谷 4 老石 5 老斗，另有黄豆 2 老斗，绿豆 5 老升，向日葵 5 老升；新菜出，送菜尝新、逢年过节、生朝满月，帮工 3 - 5 天，不给钱；另外每年给地主干活 150 天；主人有子中签当兵，佃户去人顶替。⑥ 这样的佃户，已不

---

① 《金堂县志》，四川人民出版社 1994 年版，第 191 页；《汉源县志》，四川科学技术出版社 1994 年版，第 189 页。

② 《万源县志》，四川人民出版社 1996 年版，第 235 页。

③ 《铜梁县志》，重庆大学出版社 1991 年版，第 325 页；《合川县志》，四川人民出版社 1995 年版，第 354—355 页。

④ 《内江县志》卷 8，农业志，巴蜀书社 1994 年版，第 404 页。

⑤ 《万县志》，四川辞书出版社 1995 年版，第 143 页；《开江县志》，四川人民出版社 1989 年版，第 112 页；《武隆县志》，四川人民出版社 1994 年版，第 261 页；《仪陇县志》卷 5，农业，四川科学技术出版社 1994 年版，第 179 页。

⑥ 《涪陵市志》，四川人民出版社 1995 年版，第 357 页。

是普通的佃农，而是中世纪式的佃奴了。

在高押高租高利盘剥、任意役使和需索下，佃农不仅绝大部分的正产物被地主囊括一空，相当一部分副产物和家庭副业产品也被地主夺走，而且情况愈来愈严重。在 20 世纪 30 年代，一般佃户只能靠杂粮及副业为生。在川东丰都、川西成都平原，百分之八九十的稻谷都被地主征走，佃农"收益"和"生活指望"全在小春、杂粮。① 进入 40 年代，地主的剥削和需索，愈加残酷和贪得无厌。押租、地租的数量和比率不断升高，征收的范围空前扩大。30 年代前，地租一般只征水田稻谷，不及副产和旱地。抗日战争开始后尤其进入 40 年代，水田副产和旱地全部征租。如潼南，1937 年前只征水田，1938 年后，不但水田征收谷租，旱地也收谷租。② 不仅如此，绝大部分家庭副业产品也在需索之列。这样，佃农完租和供地主需索后，劳动产品已所剩无几。在西充，不少佃农交租后，只剩下一些秕谷和副产物。③ 1948 年，美国农林部派遣来华的雷正其，得到的信息也是佃农 95% 到 100% 的农产物都交了地租。④

由于押租特别是"高押高租"，剥削异常残酷，租佃矛盾尖锐，国民党政府将其视为"恶例"，在其制定的相关法规中，都严厉予以禁止。1926 年 5 月国民党政府颁布的《佃农保护法》第 5 条规定，"凡押金及先缴租项全部或一部等恶例，一概禁止"。⑤ 国民党政府立法院于 1930 年 6 月制定公布的《土地法》第 177 条载明，"出租人不得预收地租，并不得收取押租"。⑥ 国民党政府内政部在 1928 年 12 月召开第一期民政会议上，提出关于保障佃农的提案，会后拟成《保障佃农改良租佃暂行办法》八条，后经征求各省意见、反复修改，1932 年 11 月制定《租佃暂行条例草案》十九条，其中第五条明确规定，"押租金及类似押租之抵押品应严行禁止"。⑦ 如果不是因为

---

① 《丰都县志》，四川科学技术出版社 1991 年版，第 155 页；陈太先：《成都平原租佃制度之研究》，《民国二十年代中国大陆土地问题资料》第 62 册，第 32540 页。
② 《潼南县志》，四川人民出版社 1993 年版，农业，第 217 页。
③ 《西充县志》，重庆出版社 1993 年版，第 340 页。
④ 四川省档案馆藏资料，转见《阆中县志》，四川人民出版社 1993 年版，第 364 页。
⑤ 瞿明宙：《中国农佃押租底进展》，《中国农村》1935 年 1 月第 1 卷第 4 期，第 30 页。
⑥ 国民党政府立法院编：《土地法》，1930 年。
⑦ 郑震宇：《中国之佃耕制度与佃农保障》，《地政月刊》，1933 年 4 月，第 488—493 页。

押租剥削实在太残酷，佃农实在太痛苦，国民党政府是不会一再申禁的。

　　大部分佃农被押租剥削尤其是"高押高租"榨取，弄得家徒四壁，仓瓮如洗，只能靠借贷和糠菜度日，① 但并没有也不可能因缴纳押租而取得永佃权。地主的目的是既要充分保障地租征收，又坚持保留可以随时增押、撤佃的权利，防止佃农因押租而取得佃权。在有押租的租佃契约一般要写上"欠租不缴，任凭扣押另佃"、"租谷短少，押内扣抵"之类的条文，却不见"地租不欠，照常耕作"或"如额交租，不得撤佃"的内容。若能写上"退租退押"、"退押交地"，佃农能收回押租，已是地主的最大让步，缴押佃农与佃权无缘。不仅如此，由于地少人多，佃农竞佃，地主增押撤佃日趋频繁，租佃期限普遍缩短。前述表 2－1 的资料显示，押租制十分流行的江苏、浙江等省，租佃期限的缩短程度也最为明显。同时，押租制和永佃制二者的地区分布也不成正比关系。湖南、四川等地，押租十分盛行，而永佃制很少。在一些永佃制流行的地区，押租和佃权价格、押租制和永佃制也是严格分开的，如台湾，押租被称为"碛地银"（无利碛地银或有利碛地银）或"押地银"，佃权价格被称为"垦底银"、"垦价银"、"埔底价"、"基价银"等，从该地区一些租佃契约所反映的情况来看，虽然前者的数额有时比后者要高得多，却很少发现佃农有通过缴纳的押租而获得永佃权的。江西上饶，押租田和永佃田也是严格区分的。该县租佃形式有二：一为"起耕田"，佃农租田先立契约，缴纳押金，方可耕种。押金俗称"顶头"，秋后佃户按契约缴清租谷，业主将押金还给佃户。1940 年法币贬值，废除"顶头"，改送鸡、鱼等礼物。佃户无力承种或延期交租，业主可以废止契约，更换佃户，俗称"起耕"；二为"老客田"，即"客庄田"（外乡地主土地），佃农享有永佃权，业主不得"起耕"。业权转移时，佃农仍旧耕种。老客田田租较轻。一般为五分租。②

　　（二）某些地区押租永佃的产生

　　押租由最初的地租保证演变为高利贷，租期缩短，租额上升，最后形

---

① 　参见刘克祥：《近代四川押租制与地租剥削》，《中国经济史研究》2005 年第 1 期。

② 　《上饶县志》，中共中央党校出版社 1993 年版，第 60 页。

成"高押高租"态势，不仅严重损害了佃农的利益，自然遭到了佃农的抵制和反抗。与地主的观点相反，佃农无不把押租看作佃权代价。他们认为，只要缴纳押租，就取得了佃权，可以长期或永久耕种地主土地，往往以各种方式和手段阻止地主增押撤佃，出现了撤佃和"踞庄"、"霸佃"的激烈斗争，使押租制与永佃制之间的关系出现某种变异。因此，押租同永佃制之间的关系又是相当复杂的。在某些地区和一定条件下，如佃农反抗激烈，佃农力量强大，特别是先有永佃制、后有押租的地区，押租也可能导致租佃期限的延长和永佃制的产生。

广东韩江、东江流域地区的"粪质制"永佃，即有部分起源于押租。韩江下游潮州地区"当批田耕种时，佃户先纳押金，并约定每年纳租若干，无论丰歉不得加租，亦不得欠租短租及调佃或收回，世所谓永佃权是也。但佃户欠租时，第一年地主得没收其押金，第二年再欠租则将田收回。若永久不欠，则可继续耕种，传其子孙"。① 东江流域地区的情况相同，据 20世纪 30 年代的调查，"粪质制"永佃"几百年前经已存在"，最初批田时，佃户也是"先纳金若干作押金，并规定每年纳租若干，不能加租，不得欠租，亦不得调租或收回"。若佃户永不欠租，"可继续耕到几百年"。②

有的地区，定期征收押租曾经是地主盘剥佃农的重要手段，但在农民越来越激烈的反抗下，不得不废除。如前述湖北蕲春地主的"原庄"，就因佃农的激烈反抗和流血斗争而被废除，并且获得了永佃权。③

在台湾，如前所述，佃农很少能够通过缴纳押租（当地通称"磧地银"：有利"磧地银"或无利"磧地银"）获取永佃权，但也不是完全没有。不过在时间上，押租永佃（包括押租垦荒永佃）的产生明显比垦荒永佃晚得多，现存契约文献显示，最早的是押租垦荒永佃，它最先出现于嘉庆初年。下面是嘉庆八年（1803）高山族村民业主的一纸招垦辟荒契：④

---

① 饶宗颐总纂：《潮州志》新编第三册，实业志，农业，潮州市地方志办公室，2005 年刊本，第 974—975 页。

② 《广东经济年鉴》编纂委员会：《广东经济年鉴》（民国二十九年度）上册，广东省银行经济研究室民国三十年刊本，第 G46 页。

③ 《蕲春县志》卷 4，农业，湖北科技出版社 1997 年版，第 72 页，大事记，第 11 页。

④ 台湾银行经济研究室编印：《清代台湾大租调查书》第 3 册，1963 年刊本，第 474—475 页。

立招垦辟荒埔朴仔社番阿道歪阿沐，有荒埔一块，坐落土名朴仔山脚下，东至阿沐打壁田为界，西至阿沐郡乃田为界，南至小圳为界，北至阿四老打沐田为界，四至分明。因自己乏力垦辟，招得汉人张仁元兄前来垦辟成田，当日经通事三面言定，仁元实备出碛地银十元正。递年该供纳租谷二石正，此谷限二季供清，要重风干净，不得湿有抵塞，亦不得少欠升合；如有少欠，任道歪另招别佃；若无少欠租谷，系仁元垦辟之业，永付耕作。如道歪要自己耕作，其仁元工本银清算补还，方得起耕。此系人番甘愿，两无所迫，口恐无凭，立招垦字付为执照。

批明：实收到碛地银十元正足讫，批照。

嘉庆八年九月　日立招垦字番　阿道歪阿沐。[①]

高山族村民道歪招得汉人佃农张仁元开垦荒埔，张仁元通过缴纳当地称作"碛地银"的押租10元，递年完租2石，获得了永佃权。业主承诺，佃农如不欠租，其地即系佃农"垦辟之业，永付耕作"。不过契约载明，业主在偿清佃农垦荒工本后，可以将地收回自种，这种押租垦荒永佃，佃农所获得的还只是最起码的佃权。

道光十六年（1836）、十七年的两宗押租租佃，情况相似。道光十六年汉人佃农陈森承租高山族村民山埔园一处，备出"无利碛底银"15大元，每年缴纳租银1元，契约载明，地租系"先纳后耕"，属于预租。"倘遇租银不清，任从埔主另招佃；如无欠租，不敢另招别佃"。也是不欠租不撤佃的有限永佃。不过立契后，业主复向佃户借债2元，言明每月每元愿贴利钱三分，但还息方式不详。[②] 若从地租扣抵，则年租只剩二角八分，欠租撤佃的风险相对较低。道光十七年（1837），汉人佃农管光祖备出碛地银4元，租垦高山族村民一处荒山，开荒7年届满后，每年缴纳租谷3斗。租契载明，荒山交与佃农"永远掌管"，任凭"栽种竹木、果树，架造房屋"，业

---

① 台湾银行经济研究室编印：《清代台湾大租调查书》第3册，1963年刊本，第474—475页。
② 台湾银行经济研究室编印：《清代台湾大租调查书》第3册，1963年刊本，第515—516页。

主"不敢另瞨他人"。①

同治五年的一纸"招永耕字"所反映的押租永佃较为稳固和完全：

> 立招永耕字人吴乞食，有承父遗掌福德祀园地一段，址在武营后，东至冢埔，西至横路，南至吴垒园，北至郑天送园各为界。今因带欠课租不少，乏银完纳，愿将此园出瞨，托中招得吴松音官前来承瞨耕作，三面议定佃人备出无利碛地银一百三十六大员正。即日同中交收足讫，随将该园踏明界址，交付吴松音永远耕作。年纳园租银六大员，除纳课租三员交佃完纳外，尚该银三员，以为递年祀祭福德爷寿诞之需。二月定银六角，交食祭祀；余二员四角，归佃办理。自瞨以后，任凭吴松音子子孙孙永远耕作，食及子孙不敢言及起耕找赎滋事。此系久远配纳福德爷祭祀，他人亦不得混瞨。二比甘愿，各无抑勒反悔，口恐无凭，立永耕字一纸，并带丈单一纸，共二纸，付执为照，行。
>
> 即日同中亲收过永耕字内无利碛地银一百三十六大员正足讫，再照，行。
>
> 一、批明：自己巳年起，经将二月福德爷寿诞配与上段祭祀，剩下前定园租六角，因欲修改无资，恳向佃户借银三元，愿将该园租六角任其递年抵利，不敢异言，照，行。
>
> 　　同治五年十一月　日立招永耕字人　吴乞食
>
> 　　　　　　　　　　场见人　菩观词
>
> 　　　　　　　　　　在场人　吴顺日
>
> 　　　　　　　　　　认耕人　吴文海
>
> 　　　　　　　　　　代笔人　吴　泓
>
> 　　　　　　　　　　为中人　吴元球
>
> 　　　　　　　　　　场见人　吴　朗②

不过这里的押租永佃有其特殊原因，业主吴乞食持有的是父亲遗留的

---

① 台湾银行经济研究室编印：《清代台湾大租调查书》第3册，1963年刊本，第515—516页。

② 台湾银行经济研究室编印：《台湾私法物权编》第2册，1963年刊本，第712—713页。

一段福德祀园地田面，因欠租不少，乏银完纳，被迫以高押低租的方式将园地转租，收取 136 元的无息押租，而年租额仅 6 元，押租相当年租额的 22.6 倍。在这里，押租不仅仅是地租的保证，而且包含了相当部分的田面权价格。正因为如此，佃农对永佃权的要求也相应提高，契约特别载明，园地"自瞨以后，任凭吴松音子子孙孙永远耕作，食及子孙不敢言及起耕找赎滋事"。这样的永佃承诺文字，在清代台湾的相关契约中是少见的。

在某些地区，押租在其长期发展过程中，也可能逐渐演变为佃权价格，押租制演变为永佃制。如浙江天台，作为佃权价格的"绍价"，原是地主向佃农征收的交租保证金，"绍票"所载租期，一般十年、五年，或不拘年份，届时还价退佃，倘租息不清，任凭田主在绍价内扣抵，其目的完全是保障地主的权益。但是随着时间的推移，或因地主未能归还绍价，到期无法退佃；或因地权转移，收租者并非故主，缴有绍价的佃户"遂得独立移转，田主虽欲收回自种或撤换佃户而不能"，押租制无形中演变为永佃制，绍价佃户对田主的义务只是交租，有时即使欠租，地主也不能撤换。[1] 福建永定县，最初地主因害怕多年欠租，向佃户收取"赁批银"，作为佃农欠租的抵偿，其后佃农顶退承替，并收接"耕批银"，是为"田皮"。原来作为押租的"赁批银"，演变为佃权价格。押租制演变为永佃制。[2]

在其他某些地区，也有少量押租田佃户持有永佃权。

按照惯例，撤佃必须退押，而地主总想撤佃而不退或少退押租，这样的撤佃自然得不到佃农的同意。在某些地区，押租是逐年缴纳的，如嘉庆二十一年（1816）东北某地的一纸旗地租帖载明，佃户每年缴纳押租市钱一吊六百文，到久后退佃之日，所收押租，"一律清楚，不许拖欠"。[3] 时间愈长，押租累计金额愈大，地主愈不愿和难以偿还。不退换押租而退佃，佃农是绝对不会答应的，结果逐渐形成一种事实上的永佃。在其他某些收

---

① 国民党政府司法行政部编印：《民商事习惯调查报告录》（一），民国十九年刊本，第 487 页。

② 福建省地方志编纂委员会整理：乾隆《永定县志》（乾隆二十二年刻本）卷之五，兵刑志，厦门大学出版社 2012 年版，第 309 页。

③ 日本东洋文库明代史研究室辑：《中国土地契约文书集》，日本东洋文库 1975 年刊本，第 130 页。

有押租的地区，也是随着时间的推移，或地权的转让，而佃户不变；或地权不变，而佃户顶退。几经变换，地主逐渐失去对土地的直接支配，佃农对土地的耕作无形中成为一种不能轻易剥夺的权利。据说江苏海门地区的永佃制就是这样形成的。该地田亩有"底"与"面"之分，底为"苗"，面为"过投"。后者即是永佃权。其起源由于佃户垦种田亩，必先预纳金钱若干，谓之"顶首"，迨土地垦种成熟，安业多年，一旦退种，业主无力付还顶首，佃户遂将此田佃种权转卖与人，谓之"田面"，亦即"过投"。积日既久，乃成习惯。即新地最初为一人报缴承领，垦熟后亦可将田面划卖。凡置买田地，如无"过投"契据，即不能自己或召佃耕种。"苗"地不过收额租、完国税而已。① 在奉贤，业主出租土地，大多收取押租，一般每亩大米1石（75公斤）或籽花1砠（约35公斤），高的1.5石（112.5公斤）或花1.5砠。欠租不交，押租抵扣。凡交押租佃户，都有有永佃权；不交押租的，业主可随时停止租佃关系。② 江西宁都，佃户向田主缴纳"坠脚"认租田地，田主不得无故提田另佃他人。佃户有"永佃之权利"。如佃户自愿退田，田主须偿还"坠脚"钱。③ 新建县山岭中的一些田地，距业主窎远，常为耳目所不及，故招佃户耕种时，虞佃户潜逃及损坏建筑物之事，佃户须缴纳押金，俗谓"押脚"，额数大体相当一年租额数，亦有超过者。嗣后若无欠租情形，地主"即不能增租夺佃"。如佃户声请退耕，地主仍须将押租原数退还。④ 押租兼有保障佃农佃权的作用。

福建连江、古田，据称"永佃制多基于押租而来"。佃农缴纳押租后，"如不欠租，即可永远佃耕。虽然形式上未有田面权之转移，实则此项押租金可谓为取得田面权之代价矣"。⑤ 泰宁永佃以永兴堡最盛，大多来源于押

① 国民党政府司法行政部编印：《民商事习惯调查报告录》（一），民国十九年刊本，第345页。

② 《奉贤县志》卷9，农业志，上海人民出版社1987年版，第315页。

③ 国民党政府司法行政部编印：《民商事习惯调查报告录》（一），民国十九年刊本，第440页。

④ 国民党政府司法行政部编印：《民商事习惯调查报告录》（二），民国十九年刊本，第983页。

⑤ 郑行亮：《福建租佃制度》，《民国二十年代中国大陆土地问题资料》第62册，（台北）成文出版社有限公司、〔美国〕中文资料中心重印发行，1977年版，第32172页。

租。从前佃浮于田，佃农多先缴纳现金若干（似即押租），名为"贴埂"，然后取得永佃权。建阳也有部分永佃制"始诸押租者"。①

浙江某些地区，有农民以预交若干押金的方式，取得一种"相对的永佃权"，地主不得随意抽佃（但地主往往找许多借口抽回土地），在衢州地区称为"押揽租"。② 湖北黄冈，也有部分缴纳押金的租田持有永佃权。据1950年对该县百福寺乡三合村的调查，缴纳定额租的租田有"黑庄田""红庄田"之分（另有采行分成租的"份田"）。这两种租田都须向田主交付一定数额的押金，凭中立约为据。"黑庄田"有永佃权，退佃时退还押金；"红庄田"没有永佃权，退佃时不退押金，而且田主可能随时增押。地租负担亦有差异："黑庄田"租秣一般为稻谷年产量的20%–30%。佃户除交租外，凡遇田主家有红白喜事，都须送礼，并要缴纳杂粮、牛课、鱼课、桐课、木梓课，以及柴、肉、鸡鸭等附加课，田赋捐税亦归佃户负担。"红庄田"租秣一般为稻谷年产量的30%–40%，田赋捐税由田主负担。"红庄田"的佃户最怕加征押金，交不出时就被夺佃。据统计，三合村有"黑庄田"288.8亩，占全村租田的58.7%，红庄田113.4亩，占23%。可见该村大部分的押租田是有永佃权的。③ 在这里，缴押佃农虽有永佃权，但租税负担沉重，社会地位地低下，这是押租永佃中比较特殊的一种形态。

在押租制极其普遍的湖南，如前所述，永佃制十分罕见，但也有例外。如地处湘赣交界的酃县（今炎陵县），民国时期有被称为"批租田"的永佃制。农民租种地主的"批租田"，每亩需交"批金"（押银）5—10元银洋，全部高于一年的租额。佃农缴纳"批金"后，即对"批租田"有永佃和转租的权利。当地一般租田无需缴纳"批金"，但租额高于"批租田"，有的还有"水利"，1石租谷加利1斗。④ 看来酃县并无单为预防佃农拖欠地租的押租，"批金"既非典型的押租，但也不完全等同于永佃制下的佃权价

---

① 郑行亮：《福建租佃制度》，《民国二十年代中国大陆土地问题资料》第62册，（台北）成文出版社有限公司、〔美国〕中文资料中心重印发行，1977年版，第32178、32183页。

② 中共浙江省委农委调研处：《浙江省永佃权情况调查》，见华东军政委员会土地改革委员会编《浙江省农村调查》（内部资料），1952年刊本，第221页。

③ 《黄冈县志》，武汉大学出版社1990年版，第76—77页。

④ 《酃县志》，中国社会出版社1994年版，第98页。

格，而是同时兼有保证地主征租权和佃农耕作权的双重功能。因此，不能断定"批租田"永佃直接来源于押租，它很可能是受邻近赣南一带永佃制影响的结果。

一些地区的官地，佃农缴押后，也有权要求永佃。如直隶热河围场一佃农于道光十四年（1834）承佃兵丁随缺地 33 亩，缴纳押金 200 两，承佃书载明："若租银不到，任凭将地撤出另佃，其押租钱文即抵欠，若不欠租，乞准永远耕作。"官府所发佃户热照亦相应规定："按年完租无缺，准其永远耕种。"① 在某些地区押租普遍兼有佃权价格的情况下，统治者也不得不承认，押租具有"一则防其欠租，一则防其撤地的双重作用，佃农一经缴押即享管有之权"。②

旗地也有通过缴纳押租获得永佃权的事例。如直隶永平府正蓝旗下汉军佟某，有旗地 29.5 亩，租给李茂哲等人耕种。因佟某先后向李茂哲等借用大钱 66 吊未还，李等即邀同村人说合，"将借钱作为押租"，"地给李茂哲家永远长种，不许增租夺佃，每年仍旧交租"。③ 这是佃农在地主欠债而又不愿偿还或无利偿还的情况下所做的一种妥协。

四　佃农长期耕作、修补农田与永佃权

永佃制还可以由佃农长期耕种和改良土地而形成。特别是屯田、官田、学田和族田、祠田、庙田等公田，地权较少转移，佃农也多是世代相传。在长期的垦种过程中，佃农对土地付出了一定的投资或工本，或改良土壤，或提高沃度和地力，或增添水利和其他附属设施，等等。佃农往往以此为理由，不许地主撤佃。久而久之，形成了某种习惯上或事实上的佃权。

由佃农长期耕作而形成永佃权，这种情况可能最早出现于屯田。如前

---

① 日伪热河省长官房土地科：《热河省之土地》，康德五年日文打印本，第 1 卷，第 286 页。

② 南满洲铁道株式会社：《满洲旧惯调查报告书》后篇，租权附录，第 15 页。

③ 档案，乾隆四十一年十月初十日直隶总督元理题，转见韩恒煜《试论清代前期佃农永佃权的由来及其性质》，《清史论丛》第一辑，中华书局 1979 版，第 39 页。

述宋代福建、江西等地的部分屯田，在屯垦初期，佃户并无"永业"权，但土地属于国家所有，不存在地权买卖和转移，租佃关系相对稳定。由于佃农的辛勤垦辟和耕作，昔日荒原渐成沃野，排灌设施日趋配套、完善，土地产量和收益增加，土地价值升高。随着时间的推移，佃农内部势必出现贫富分化和人口增减、流动，佃农间的私相转让和顶退也随之发生，并在顶退过程中，逐渐形成公认的佃权价格。伴随当地及周围地区社会经济的发展，顶退价格不断上升，甚至"与税田相若"。时间越长，佃田转移的次数越多，范围越大，以致现耕之户，"不复有当时给佃之人"。宋朝官府对那些"随价得佃"的屯田佃户，或因"厥价与税田相若"，新佃耗资不菲，只得"许其承佃"；或因地内"悉为居室坟墓"，佃农生息繁衍已久，亦"不可例以夺卖"。同时，屯田、官田佃户所纳租额，远比一般税田的税额高，官府夺佃或夺买也得不到额外利益。这样，"随价得佃"的屯田佃户逐渐获得永佃权。这是除垦荒外，当时屯田永佃制形成的另一重要途径。

　　明清时期，永佃制开始流行后，屯田、官田佃农通过长期耕种而取得永佃权的情况或例证更多。

　　福建侯官，有土名朋垄头、六丘头屯田 31 亩零，原来土地瘠薄，又无水坝，多致歉收。后经各佃自捐工本，开垦筑坝成田。由此佃农通过水利修筑和土壤改良，获得了永佃权，可以长久耕种，如地权转移，惯例"契载根面不全，主佃循旧耕收无异"。[①] 在湖南，军田佃户有一种"换主不换佃"的"通例"。这种通例是在佃农长期耕种过程中形成的。据说从清初开始，这些佃农就承佃耕种，在田边盖有芦舍，葬有坟墓，每逢地主粮船出运，佃户则例有帮费。因此，"任尔业更数主，而佃户始终一家"。封建统治者虽然责问这种通例"不知所奉何文，所遵何例"，但因佃户耕种已久，既有庐舍坟墓，又有运粮帮费，亦感通例"猝难更张"，不得不承认事实上存在的永佃权。[②] 广东廉江，某处官田向由佃户黄如珣耕种。同治年间因欠租不缴，田被收回另佃。黄以耕种有年，并费有工本为理由，在清缴欠租后，

————————————

　① 乾隆朝刑科题本，见中国第一历史博物馆、中国社会科学院历史研究所编：《清代地租剥削形态》下册，中华书局 1982 年版，第 577 页。

　② 《湖南省例成案》，嘉庆二十五年刻本，工律，河防，卷 1。

要求继续租种，因而兴讼。县官在强调佃户"欠租不缴，法实难宽"的同时，不得不承认该田"向非沃壤，后经黄如珣稍为培护，渐获丰收，则黄如珣修筑之功未可尽泯"。认为黄既已如数清缴欠租，租佃"自未便更张"。因此决定将新佃执照"勒即缴销"，另换新照交黄如珣收执。① 台湾一些官田永佃权形成也同佃农长期耕种有关。许多官田"因耕佃一年一换，无人肯实力用本下粪，田园瘠薄，日就荒芜"。在这种情况下，官府只得准予永佃。也有的佃农因改良土壤或修复耕地，投入大量的劳动，因而获得永佃权。②

民田佃农因长期耕种，或改良土壤，垦复水冲、沙压耕地等，取得永佃权，形成永佃制，情况十分常见。

福建平和康熙志的"粪土田根之说"是一个例子：

> 他邑田产俱以业户为主，起佃久暂之权操自业户，租户不过按年出租而已。少有拖欠，即便起佃，租户不得过问。今和邑之俗，业主虽有田产之名，而租户反有操纵之实，甚至拖欠累累，连年不结，业户虽欲起佃，而租户以粪土、田根之说，争衡制肘，此又积习之难以遽更者也。③

记载显示，该地租佃原本即以长期租佃为主，租佃关系比较稳定。佃农在长期耕作过程中，自然会对田地投放工本，进行改良、施肥，提高田地的沃度和产量。在这种情况下，地主撤佃，佃农当然会提出"粪土、田根之说"。主佃之间经过反复的斗争、妥协，最终形成永佃制。

南平被称为"税田所有权"的永佃权，也是佃农通过改良土壤、增加产量而取得的。据调查，如甲之田年可收谷百斤，招乙承佃，乙因勤劳农事，不惜工本，使田产量增至 150 斤。这增加的 50 斤，即为乙的所有权。谓之"税田"，甲原有的田谓之"苗田"。两者都"可以单独买卖让与"。④

---

① 聂尔康：《廉江公牍》卷 13，民国二十四年刊本，户禀批。
② 台湾银行经济研究室编印：《台湾私法物权编》第 2 册，1963 年刊本，第 395 页。
③ 康熙《平和县志》第 6 卷，赋役志，第 18—19 页。
④ 国民党政府司法行政部编印：《民商事习惯调查报告录》（一），民国十九年刊本，第 509 页。

东南两面临海的长乐，洲田佃户如耕作勤勉，增加土地收益，田主不得另佃他人，即使因故变卖，亦须先同佃户议定，方可出售。[1] 宁德的莲峰寺和其他寺庙田产，因年代久远，乏人管理，田产来历亦难稽考，佃户承佃日久，无形中取得田面权，租佃稳定，租额固定不变，也是佃户长期耕作而形成的一种永佃关系。[2]

浙江、安徽都有若干数量的永佃制是在佃农的长期耕作过程中，逐渐形成的。浙江如嘉兴、嘉善、平湖等县，一些"客帮佃户"就是"经过长期使用租田而取得永佃权"。[3] 安徽肥西县一些大地主的变相"埂价田"永佃，情形相似。肥西县有所谓"淮军故里"之称，淮军将领一类大地主买田只买"租头"，不问实际有多少地，当初佃农也要交少数"羁庄"费，此后"在下面暗将佃田进行买卖，大地主也不过问，只要保证租头不短少即可"。[4] 佃农在这种长期耕作和辗转买卖过程中，逐渐取得永佃权。

在清代台湾，一些汉人或高山族业主招揽佃户垦种土地，有的佃农初期并未取得明确的永佃权，但其垦荒工本得到业主的承认。在一定条件下，佃农如果中止耕作，可以将佃田交还业主或顶退下手，收回垦荒及耕作工本。如嘉庆六年（1801）汉人业主的一纸"招耕字"规定，若佃户欠缺租谷，"任从田主起耕招佃"；若佃户转往别处居住创业，必须"将田送还田主，不得私退别人"，但可获得每甲20元的"锄头工银"补偿。[5] 次年同地另一纸"招耕字"的规定相近，契约写明，倘本佃无力耕作，准其亲人接种，不准私卖他人；如无亲人接种，每甲贴给耕人"锄头工本银二十元"，将田交还田主。[6]

① 国民党政府司法行政部编印：《民商事习惯调查报告录》（一），民国十九年刊本，第546页。
② 郑行亮：《福建租佃制度》，《民国二十年代中国大陆土地问题资料》第62册，（台北）成文出版社有限公司、〔美国〕中文资料中心重印发行，1977年版，第32174页。
③ 中共浙江省委农委调研处：《浙江省永佃权情况调查》，见华东军政委员会土地改革委员会编：《浙江省农村调查》（内部资料），1952年刊本，第221页。
④ 中共皖北区党委政策研究室：《肥西县上派河乡农村情况调查》，见华东军政委员会土地改革委员会编：《安徽省农村调查》（内部资料），1952年刊本，第49页。
⑤ 台湾银行经济研究室编印：《清代台湾大租调查书》第1册，1963年刊本，第152页。
⑥ 台湾银行经济研究室编印：《清代台湾大租调查书》第1册，1963年刊本，第153页。

更多的是业主有条件或无条件允许佃农顶退，收回垦耕工本。

嘉庆某年高山族村社社首、通事所立的"山埔佃批字"载明，"倘佃要别创，或回内地，出退下手，预闻业主，查无欠租及承接诚实，方许出退"。①

嘉庆三年（1798）高山族业主的一纸"招批字"载明，"日后佃人或回籍别创，任从出退银两，以充开垦工力，本业主不得刁难阻挡"。② 嘉庆十年（1805）高山族业主所立的"招批字"载明，"所有垦成田园，后日佃人意欲别创，任从退卖，业主、众番不敢阻挡"。③

民国时期的东北，吉林东宁的永佃制也是源于转佃。该县裕宁屯垦公司采取的垦荒办法是，招佃垦殖，按年纳租，荒地垦成换照，可以继续租种，并无定期。如某佃欠租、损坏土地或"为匪"等原因，停发租照，即行撤佃。若佃户自行退租，即将租照缴销。这种租佃办法，原本是"一年一讲"，属于活佃，与永佃不相干。但是该公司承认佃户有"转佃权"，允许佃出者酌收垦荒垫办费，以收回初垦时的损失。佃户在转佃时，双方一般立有文契，俗称"倒佃字据"，或称"白字"、"白契"、"兑约"。因佃农转佃可以收回垦荒垫支费，在性质上与卖地相似，故契据亦称"卖契"。这就意味着佃户取得了田面权，为永佃制的产生提供了基础。④

这样，在佃农的长期耕作、改良和几经顶退过程中，一方面，垦耕工本和土地附加值增加，顶退价格升高；另一方面，地主同土地的关系日益疏离，对佃农的支配能力无形减弱，已无力收地换佃，对土地的权利只限于单纯的收租权，佃农的永佃权也就慢慢形成。

安徽当涂，佃户因人力或费用缺乏，将所佃之田分拨若干转给他人接种，每亩收银七八角至一二元不等，名为"肥土钱"。分佃人并不对业主另立佃约，收租时仍由原佃收齐转交业主。⑤ 这里的"肥土钱"和徽州地区的

① 台湾银行经济研究室编印：《清代台湾大租调查书》第 3 册，1963 年刊本，第 411—414 页。
② 台湾银行经济研究室编印：《清代台湾大租调查书》第 3 册，1963 年刊本，第 386—387 页。
③ 台湾银行经济研究室编印：《清代台湾大租调查书》第 3 册，1963 年刊本，第 388—389 页。
④ 《中国经济年鉴》第三编（民国二十五年），第 G236—237 页。
⑤ 国民党政府司法行政部编：《民商事习惯调查报告录》（二），民国十九年刊本，第 956 页。

"草粪"、江苏江宁的"肥土"、广东的"粪质"一样，都是佃农长期耕作、培植土壤的工本补偿。通常佃农有偿转租，只要不拖欠地租，地主也就睁只眼闭只眼，不加干涉。久而久之，佃农有偿转让成为习惯，"肥土钱"逐渐演变为佃权价格，地主失去了随意撤佃的权利，从而形成事实上的永佃权。

在福建连城地方，租佃历时既久，佃户逐渐持有"田皮权"，将土地典当与人，"偶有争论，业主不能干涉"。[①] 龙岩州属，"若各族祖遗祭产，授耕多年，佃直据为世业，其间辗转流顶，有更数姓不闻业主，小租加倍原租者"。当然，这种情况并不限于祖遗祭产。事实上，由于该地山多田少，土地供应紧张，佃农租地为难，现耕者得价转让，已成常例，全境"佃耕俱有流顶"。[②] 就在这种频繁的流顶过程中，一方面因佃户变换，主佃之间原有联系中断，地主对佃农和土地的控制能力减弱，另一方面因顶价不断上升，佃农顶耕的成本日益加大，必然极力反对地主撤佃，或要求地主偿还顶耕和耕作成本，地主撤佃更加困难。随着时间的推移，永佃制逐渐形成。永定、上杭，也有"久佃而成永佃"者。[③] 邵武在清代时，因鱼鳞田册"久失"，致使"刁佃瞒田吞租，移丘换墢，安享无粮之租。更有受价私脱，称为违例皮田之弊"。[④] 皮田虽然"违例"，却为佃农所有，改变了传统的租佃关系。

有的由于某些因素，佃农在耕种过程中，多次顶退，并且不断提高顶价，地主失去对佃农和土地的有效控制，无法增租和撤地换佃，形成事实上的永佃权。如江西龙南县，租佃习惯中有"退耕纸"一项，俗称"工本纸"，系由佃人出资承贴业主，写立退耕字据，其田此后不得佃人许可，不能另易新佃。推其原由有三：一是佃人减租。佃人租佃期间一再请求田主减租，租额年年递减，导致田腴租寡，佃人因故顶退，新佃因租寡利厚，多愿意支付"脱耕粪草费"，写立"退耕字"，而田主并不知晓。迨新佃顶

---

① 国民党政府司法行政部：《民商事习惯调查报告录》（一），民国十九年刊本，第516页。
② 道光《龙岩州志》卷7，风俗志，光绪十六年重刊本，第3—4页。
③ 郑行亮：《福建租佃制度》，《民国二十年代中国大陆土地问题资料》第62册，（台北）成文出版社有限公司、〔美国〕中文资料中心重印发行，1977年版，第32182页。
④ 《邑侯栾城房永清正俗约令》，见咸丰《邵武县志》卷17，第7页。

退，索费如前，逐渐形成佃权价格；二是公产田地经理人收租舞弊。经理人为图私利，暗中应允佃农，酌减租额，由此租少田多，若他人顶耕，原佃亦必索资弥补，亦写"工本纸"与新佃收执；三是田主"管理疏忽"。父兄之田，子弟唯知收租，不问田之膏腴，由于经理历次更换，不识田之坐落。年久佃农作弊，私造"工本"，顶退多收资金。[1] 这里虽然原由不同，但都是在佃农顶退过程中产生佃权价格，形成永佃权。在福建连江，原本没有永佃权的田地，佃农"耕种年久，辗转承批，甚至阅时数十载，历佃十余人，此时佃户俨然发生根主权（按即永佃权）之效力，田主虽欲退佃，势难自由"。[2] 前述广东潮州地区的"粪质制"永佃，也有一部分来源于佃农长期耕种。据说此种永佃制出现很早。"盖当古时，地旷人稀，地主占地极广，或因特别情形，以低微租额给佃户承耕。佃户落力垦殖，久之，佃户即发生"半地主权"（按即永佃权），其地主之权曰质权，佃户之权曰粪权。""因耕种年代久远，故常为佃户转租、转典、转授情事（立契仅书粪田字样，亦与粮质归一之田有别），而地主往往不知己田究在何处，不过仅存简单契约一纸，每年向佃户收取额定租谷而已。故粪权人有转移权，而质权人则仅享有额定租谷之利"。[3] 四川云阳，由于佃农长期耕种地主土地，主佃关系很少变动，逐渐形成佃权，以致"他佃百计营夺，固不可动，数世相安，视同己产"。[4]

关于这类永佃制的形成原因，还可以从一些地区永佃权的名称和构成成分得到印证。在安徽黟县一带，一般将永佃权（田面权）称作"小买"。该县一些佃权顶吐契约说明，小买价格的一个重要组成部分就是附加的农田设施和现存作物工本，如粪草、田磅、水路、树木、茶树和各种青科、成科，以及顶手、押租或订约时开销的中人酒食费用等，总之，是佃农在佃种土地过程中投下的工本。[5] 这些工本的投放，尤其是粪草（田地的"肥土"）、田磅、水路、树木、茶树等，绝非一年一季之功，而是长期耕种、

---

[1] 国民党政府司法行政部：《民商事习惯调查报告录》（二），民国十九年刊本，第1013页。
[2] 国民党政府司法行政部：《民商事习惯调查报告录》（一），民国十九年刊本，第544页。
[3] 饶宗颐总纂：民国《潮州志·实业志·农业》，1933年铅印本，第42—43页。
[4] 民国《云阳县志》第13卷，礼俗中·农，第4—5页。
[5] 参见章有义：《太平天国革命前夕徽州地区土地关系的一个实录》，《文物》1975年第6期。

培育的结果。在福建永安、南平等地，有一种被称为"赔田"或"赔头谷田"、"耕作赔田"的永佃权，也是由于佃农在土地上"赔下了许多工本和劳力，因而增加了产量所致"。①

江苏、安徽、广东、广西、东北一些地区，诸如"灰肥"、"粪土"、"肥土"、"草粪"、"草粪权"、"粪脚"、"粪质"、"粪系脚"、"粪底"、"灰粪"等各种名目的永佃权，都同佃农的耕作和改良工本有程度不同的关系。在江苏无锡，不同途径形成的永佃形式，各有不同的名称，垦荒产生的永佃田，称为"承种田"，而佃农长期耕作形成的永佃田，称为"租田"，俗称"灰肥田"。② 江宁、常熟一些永佃田也都称作"灰肥田"或"肥土"，因这些地区的土壤酸性大，农田必须常年施放草木灰，中和土壤的酸碱度，才能增加产量，③ 于是形成相关佃权。另外，一些地区农田水利工程也需要佃户经常的维护，如江苏的宝山、太仓，浙江的黄岩等沿海岸的沙田位处低洼地带，佃农要修筑堤防和其他排水工事。作为补偿，地主也往往将永佃权给予佃农。浙江一部分山区还有一种永租制，与"棚民"开荒永佃不同，是由于佃民在山上种植了树木，才形成了永佃制。④ 这种山地永佃无疑有利于环境保护。安徽芜湖的"肥土"，广东北江清远、英德的"粪质田"，韩江潮安、梅县的"质田"、安徽绩溪的"草粪权利"，都是在施肥改良土壤基础上形成的永佃权，北江清远、英德的"粪质田"，据说不外两种情形：一是原为瘠田，经佃户不惜工本重加肥料，实施灌溉，增加收成。在交替佃田顶退时，佃户要求收回所耗工本，此种代价即俗称"粪水钱"；二是原为膏腴之田，佃户每造所得，比普通田地收成高，佃户放弃佃田时，要求取回代价，地主初时反对，但下手佃户因急于求佃，多答应付给"粪水钱"，地主也慢慢习惯此种办法。在长期顶退过程中，逐渐形成佃权。⑤

---

① 傅衣凌：《福建佃农经济史丛考》，福建协和大学中国文化研究会，1944 年刊本，第 66—67 页。

② 《无锡县志》卷 5，农业，上海社会科学院出版社 1994 年版，第 192 页。

③ 〔日〕天野元之助：《支那农业经济论》，改造社昭和十五年刊本，第 488—489 页。

④ 《中国经济年鉴》，1934 年，第 G77 页。

⑤ 陈翰笙主编：《广东农村生产关系与生产力》，中山文化教育馆 1934 年刊本，第 26 页。

芜湖"肥土"所代表的永佃权价格甚至高达每亩 50 元。① 吉林东宁，北部农业粗放，除菜圃外，作物纯赖土地自然肥料生长，而南部农业较为精细，开始对土地进行培肥投资。此项投资俗称"肥土钱"或"粪底钱"，如未经地主偿还，在佃农转佃时，必须由承佃者支付。久而久之，"肥土钱"、"粪底钱"也同"镐头费"一样，成为当地永佃制的一种来源和形式。②

有一部分永佃权，是由佃农垦复损毁田地或荒田，修复、改造农田而取得。

台湾有 3 宗"抄封匪首"水田，合计面积 7 甲，所征官租，原供"支给兵饷"之用。但"该田现已荒芜，无人承耕"。光绪元年（1875）招得佃户林廷栋，"愿自备工本前往开垦耕种"，无论丰歉，每年纳谷 219 石。官府随即给发印照，允准佃户"永远管耕，按年缴纳，给领印串执凭，毋得始勤终怠，致负委任"。③ 在这里，佃农的永佃权是通过垦复已经荒芜的原有耕地获得的。

光绪十三年（1887），台湾佃农吴阿添缴纳碛底银 2 元，承租高山族业主连德水田一处，年纳租谷 1 石 8 斗。因该田"先年被洪水冲崩"，吴阿添承诺"自备工本，垦辟成田"，这时恰因业主"乏银凑用"，吴阿添再备出"田底银" 6 元、"碛底银" 2 元，于次年写立"再承永耕字"合约二纸，各执一纸为据，业主将田正式"退于"吴阿添名下，准其"永耕管业"。这是洪水冲崩田垦复永佃的一个例证。不过"合约字"载明，"此田自戊子（1888）冬起，至丙辰（1916）冬止，限满之日，再行转约"。④ 签约并非"一劳永逸"，这实际上是长期租佃或有条件的永佃。

台湾另有一处"抄封"官田，面积 3 甲 4 分 5 厘 4 毫，光绪十六年（1890）"被水冲坏一隅，沙石成山"，佃户张常荣前往承佃垦耕，自备工本修复改造，照约年纳"风扇干净"租谷 80 石。官府批照规定，佃户"倘敢挨延短欠以及藉混转相顶替滋事等情，立即起耕别招，不许争抗。如无各

---

① 《中国经济年鉴》，1934 年，第 G78 页。
② 《中国经济年鉴》第三编（民国二十五年），第 G236—237 页。
③ 台湾银行经济研究室编印：《台湾私法物权编》第 3 册，1963 年刊本，第 708 页。
④ 台湾银行经济研究室编印：《清代台湾大租调查书》第 1 册，1963 年刊本，第 134—135 页。

等情，限以三年为满，再行酌议"。3 年后，光绪十九年官府给发"佃批执照"，允准佃户"以后如无欠租等情，准其永远承耕"。[①] 佃农通过修复坍崩水田，同样获得了永佃权。

五 自耕农舍弃地权或"卖田留耕"永佃

永佃制形成的主要途径，除了开垦荒地、出价购买（包括缴纳押金）、长期使用和改良土壤外，还有自耕农被迫放弃地权或"卖田留耕"，在晚清和民国时期，因农民经济状况加速恶化，失地破产，但又无法离开土地和农业耕作，"卖田留耕"越来越成为某些地区永佃制产生的重要途径。

（一）明代和清代前期"卖田留耕"永佃的产生

从历史上看，一些地区自耕农被迫放弃土地所有权或"卖田留耕"永佃同其他途径的永佃一样，产生的时间甚早。

明末清初，一些地区的小土地所有者，因害怕赋役苛扰，被迫将土地投献地主，自当佃户。这种情况在福建福州、漳州、兴化等府属以及广东、江西、甘肃、东北某些地区，相当普遍。在福建龙溪，明代民田向有"大租之弊"。"邑民受田者，往往惮输赋税，而潜割本户米配租若干担，减其值以售，其买者亦利以贱得之。"代其出办粮差，曰"大租主"，原主耕种输租，曰"小税主，而租与田遂分为二"。[②] 在南靖，因寺田可免差徭，农民"即以田诡寄僧户，输半租于僧"。[③] 闽清在明朝季年，因辽饷迫逼，一年两纳。民间有田者，半多贱售于贵显，甘愿自居佃人，为之耕作纳租，呼业主为"势头"。[④] 闽侯、长乐均有此类情况。清代时期，粮胥往往仗势欺虐农民，无所不至，农民不堪其苦，遂将田根（田底）折价出让与城中

---

① 台湾银行经济研究室编印：《台湾私法物权编》第 3 册，1963 年刊本，第 709 页。
② 乾隆《龙溪县志》卷之五·服役，光绪五年补刊本，第 5 页。
③ 乾隆《南靖县志》，乾隆八年刻本，卷 8，杂记。
④ 民国《闽清县志》卷 8，杂录，民国十年铅印本，第 8 页。

豪贵，负担田赋，自己仅仅保留田面，佃耕输租。[①] 仙游的一些自耕农民，也因"不胜书吏之敲勒，多愿出卖大租，舍完粮之责"。该县土地通常分为"庄权"（租权）和"根权"（佃权）两部分，庄权人"认租不认地"。[②] 永定、上杭等县，也有自耕农以赋税繁重，无力负担，乃将其田产底权出让，自居于"永佃权人"地位，俾将粮米赋税概归买主负担。[③] 广东大埔，有的全村土地，皆系大族祖尝田产，农民全为佃农，也是由于明末赋税苛繁，"自耕者恒不敢有其田，宁愿贱价求沽于望族，自居佃户，藉求庇荫"。不过地主只能收租，不能随意收地换佃，而佃农有权永远耕种。[④] 不只大埔，整个韩江流域都有这种情况。该地以粮田、质田分离为标志的永佃制的产生，除了"垦荒"一说，还有另一说，即这些土地都是以前农民的自有地，因畏纳巨额赋税，被迫托庇于大户，供给大户少量钱、谷，以减轻赋税负担。"日久而向大户所纳的，变成所谓质田的地租，包税的大户子孙俨然以粮田的地主自居"。[⑤] 江西广昌，明正统后，县内土地兼并加剧，"田多为豪右所占"。清初继而兵戈扰攘，农民苦于"征输日以急而称贷"，更是被迫纷纷卖地，豪绅则逼债夺地，或压价购地。在长期的土地兼并过程中，产生了土地买卖的特有形式："大买"和"小买"："大买"者"皮"（土地使用权）、"骨"（土地所有权）皆管，立契过割纳税，卖价较低；"小买"则买"骨"不买"皮"，卖主保留"皮田权"即永佃权（永佃权亦可转让于人），以图有田可耕。[⑥] 乐平第七区上河北乡，农民欲逃避捐税之拖累，也往往将田地低价售与豪富之家，唯保留其永久耕种权。该地凡买卖田地，不保留永佃权者谓之"别佃"，或称"过业"；如卖主欲保留佃权者，则称为"饭碗田"或"卖租田"。[⑦] 在甘肃地区，清初，地旷人稀，荒地遍野，

---

① 郑行亮：《福建租佃制度》，《民国二十年代中国大陆土地问题资料》第62册，（台北）成文出版社有限公司、〔美国〕中文资料中心重印发行，1977年版，第32171页。

② 参见黄佑昌：《民法诠解·物权编》上册，第251—252页。

③ 郑行亮：《福建租佃制度》，《民国二十年代中国大陆土地问题资料》第62册，（台北）成文出版社有限公司、〔美国〕中文资料中心重印发行，1977年版，第32182页。

④ 民国《大埔县志》，民国三十二年铅印本，卷10，民生志，第2—4页。

⑤ 陈翰笙主编：《广东农村生产关系与生产力》，中山文化教育馆1934年刊本，第26—27页。

⑥ 《广昌县志》卷6，农业，上海社会科学院出版社1995年版，第178页。

⑦ 孙文郁编：《豫鄂皖赣四省之租佃制度》，金陵大学农学院经济系1936年刊本，第111页。

农民本来可以通过领垦荒地而成为自耕农，但由于差徭苛重，他们不得不托庇于绅衿名下，报垦承种，"自居佃户，比岁交租"，但又恐地亩垦熟，地主夺佃，故立"永远承种，不可夺佃"团约，形成特种形态的永佃关系。[①] 在吉林滨江厅，清初丈放屯田，禁止农民私垦，农民只好将垦熟的土地，投献旗人地主为东，谓之"民认旗东地"。按照当地惯例，旗人"只能食租，不得撤佃"。[②] 直隶等地自耕农民带地投充，自为佃户的事例更是屡见不鲜。

清代初期，在福建台湾地区，垦耕农民丧失或被迫放弃应得土地所有权，仅仅保留永佃权的情况也相当普遍。在农业生产的恢复和发展过程中，一些农民占垦了荒地，成为这些土地事实上的所有者，但是地主和官府往往以各种方式巧取豪夺，剥夺农民的所有权，只留给他们以佃耕权。康雍年间，福建泉州、漳州和广东潮州一带的农民大量前往台湾垦荒种地，每俟开垦成熟，附近豪绅地主即与官府勾结，领取垦照，夺取地权，有的甚至因此而"坐至千顷，富有万锺"，而垦地农民则由事实上的自耕农变为永佃农。于是，"垦户遂有小租户之名，领户有大租户之名"。[③]

更多的是在正常的土地买卖过程中，自耕农出卖地权，保留土地耕作，向买主纳租，由自耕农沦为佃农。

在人稠地狭和永佃制盛行皖南徽州地区，早在明代前中期，"卖田留耕"的情况就已不罕见。休宁买卖田地，按当地乡俗，若是出租田地，卖契一般都写明佃人姓名及应纳租额；若是自耕地，而又卖后佃种交租，则在契内写明"佃人自"或"佃自"及应交租额。现存的一些明代卖田契中，从洪武年间（1368—1398）开始，就发现载有"佃人自"或"佃自"字样的例子。从这种已经高度简化的佃人身分标示法看，"卖田留耕"似乎早已流行。安徽省博物馆编《明清徽州社会经济资料丛编》所辑徽州明清卖田契，时间最早为洪武二十六年（1393），载有"佃自"字样的卖契始自洪武

---

① 《清实录·高宗纯皇帝实录》，中华书局1987年版，第175卷，乾隆七年九月二十九日部议复甘肃巡抚黄廷桂疏。
② 国民党政府司法行政部：《民商事习惯调查报告录》（一），民国十九年刊本，第62页。
③ 《字林沪报》光绪十三年七月十一日。

二十九年（1396）。此后，写有"佃自"字样的卖田契时有所见，某些时段（如洪武季年、正统年间等）甚至相当普遍。

这类"佃人自"、"佃自"在早期不一定是永佃，但在永佃制已经开始流行的情况下，佃农（卖主）如不欠租，地主一般不会无故撤佃收地，租佃关系可能较为稳定。下面以洪武三十一年（1398）的一纸"卖田契"为例，说明该地早期"卖田留耕"的大致情形：

> 太平里十二都三图住人胡周，承父户下有田二号，系九保乙字一千七百二十号田内，取五分二厘一毫，东〔至〕汪彦伦田，西〔至〕闵子通田，南〔至〕路，北〔至〕李子成田，土名引江大石头下，又将同保一千七十四号田〔内〕，〔取〕五分二厘九毫，东、西〔至〕汪彦伦田，南〔至〕路，北〔至〕李子成田，土名同。佃自二号田，每年硬上租〔谷〕九秤，上田租。今来为日食不给，同母亲汪氏商议，自情愿将前项二号四至内田，尽行立契出卖与同里人汪猷干名下，面议时值价谷一十八秤。其谷当成契日一并收足无欠。其田今从出卖之后，一任买人自行文〔闻〕官受税、收苗，永远管业。如有内外人占拦及四至不明，重叠交易，并是出产人自行抵当，不及买人之事。所有上手来脚入户契文与别产相连，缴付不便，日后要用，本家索出参照不词。今恐无凭，立此卖契文书为用。
>
> 　　洪武三十一年八月初　日出卖人　胡周卖契
>
> 　　　　　　　　　　　　　　　　胡四
>
> 　　　　　　　　母亲　汪氏
>
> 　　　　　　　见人　朱双
>
> 　　　　　　　义父　李添
>
> 　　　依口代书人　汪丑干
>
> 今领价谷并收足讫。[①]

---

① 安徽省博物馆编：《明清徽州社会经济资料丛编》第一集，中国社会科学出版社1988年版，第7页。

卖主因"日食不给"①，以 18 秤（合 360 斤，可能大体相当一年稻谷的产量）稻谷的低价，将 1.05 亩水田出卖，目的是继续耕作，而所交租谷为 9 秤（合 180 斤），不仅失去了土地，即使按单纯的借债计算，也是年利率五分的高利借贷。尽管如此，佃权并无保障。契约载明，"一任买人自行文〔闻〕官受税、收苗，永远管业"。这里的"闻官受税"，应是承受官府纳税指令，而"收苗"，则指收回自耕经营。如宣德三年（1428）闰四月，已莳秧在田，同都九保一自耕农将已莳秧的一亩水田出售，契约载明，秋后交"上田"（即不经晾晒）粀谷 10 砠（湿谷 250 斤），稻谷"收割后一听买人自行耕种收苗，永远管业"。② 显然，买主既可让卖主佃种交租，又可随时收回自行耕种。卖主"佃自"年份的长短，租佃关系的续断，完全取决于买主。

随着卖田"自佃"的不断增多和当地永佃制的日渐流行，"卖田留耕"永佃也开始出现。试看该图英宗天顺五年（1461）的一纸"卖田契"：

> 十二都十保住人汪舟印，今将自己阄分得原买到同里人潘运户下田一号，坐落本都十保体字一千一百八十六号，田六分四厘六毫，土名小塘上，其田东至□□，西至□□，南至□□，北至□□。今来缺物支用，自情愿将前项四至内田，尽行立契出卖与同里人汪士熙名下，面议时值价纹银一两八钱整。其银当日收足。其田从今出卖之后，一听买人自行管业收租，本家佃作，每年交租五砠。如有内外人占拦及重复交易，一切不明等事，并是出卖人之〔支〕当，不及买人之事。所有来脚契文，一并缴付，今恐人心无凭，立此文契为用。
>
> 　　天顺五年三月二十二日出卖人　汪舟印契
>
> 　　　　　代书见人　丘伯敬③

---

① 农历八月，水稻收割正接近尾声，或刚刚结束，作为自耕农的卖主却"日食不给"，一定遇上了大灾大难。

② 安徽省博物馆编：《明清徽州社会经济资料丛编》第一集，中国社会科学出版社 1988 年版，第 24 页，"休宁县汪思名卖田赤契"。

③ 安徽省博物馆编：《明清徽州社会经济资料丛编》第一集，中国社会科学出版社 1988 年版，第 44—45 页。

自耕农汪舟印，因"缺物支用"，将自己阄分和耕作的一处水田出卖，一听买主"管业收租"，而由自己佃回耕作，每年交租五砠（合 125 斤）。与以往不同的是，买主的"管业"只限于"收租"，而不能"耕种收苗"。亦即买主对土地只有收租权，而无耕作权。卖主由原来的自耕农变为永佃农，而不是不定期租佃下一般的佃农。从这纸卖田契看，安徽休宁，最迟在明代中叶前，已有"卖田留耕"产生的永佃。这或许是现存最早的一宗"卖田留耕"永佃的个案资料。

进入清代，"卖田留耕"更加多了起来，契约程式，大致承续明代。下面是顺治八年（1651）休宁的一纸"卖田留耕"契：

> 二十六都五图立卖契人江华禄，今因缺少使用，情愿央中将承祖阄分田一号，坐落土名上沙田一丘，计租六砠，计税，其田东至朱田，西至朱田，南至塝洪田，北至朱田，系新丈贞字号。又将公家塘塘税四厘，今将四至内田并塘税尽行断骨出卖与东都三图朱名下为业，三面议作时值价纹银六两五钱整。其银当日随手一并收足。其田出卖之后，一听买人随即管业收租受税，本家并无异说，日前并无重复交易及一切不明等事，尽是原卖人自理，不涉买主之事。今恐无凭，立此出卖文契永远存照。
>
> 其田系卖人自种，每年交硬租陆砠，断不短少。其塘税积水以备干旱放入本田养稻无异。同日再批。
>
> 　　顺治八年六月　日立卖契人　江华禄
> 　　　　　　　　　　　中见人　毕世茂
> 　　　　　　　　　　　　　　　陈轮儒
> 　　　　　　　　代书人　若　愚①

江华禄因"缺少使用"，将祖遗水田一丘卖与朱姓，从契约正文看，和普通卖契完全一样，"卖田留耕"未入正文，只以"再批"的形式载明。租

---

① 顺治休宁朱氏《祖遗契录》，见中国社会科学院历史研究所收藏整理《徽州千年契约文书·清民国编》卷 4，第 325 页。

佃条件也加比以前严苛，这明显反映在契文上，前者只称"本家佃作，每年交租五砠"，语气较为随意、平缓；后者不仅强调"每年交硬租陆砠"，表明无论水旱灾荒，毫无折让，而且保证"断不短少"。

在契约手续方面，皖南徽州地区的自耕农"卖田留耕"，有的除了卖契，还须同时另订立佃契。即使当时未写，过后也得补办。下面一纸承佃字，就是在水田出卖一年后补写的：

> 立承佃汪得意叟［嫂］，土名石灰塘，秈租拾贰砠零拾贰觔，租并佃向日自家赎置。今于乾隆五十三年间将租转卖与胡姓为业，自后每年依照年成交纳，无得异说，立此承佃存照。
>
> 乾隆五十四年秋八月日立承佃　汪得意叟［嫂］
>
> 依口代笔　胡明清①

自耕农汪得意嫂早年将一宗水田典卖，后赎回，复于乾隆五十三年将租（田底）卖与胡姓，继续耕种，当时并未写立租约，到次年才补立承佃字，完成相关手续。

徽州除了"卖田留耕"，还有"卖地留耕"。契约手续与"卖田留耕"一样：

> 立卖契侄徐成林，今为会银无措，自愿托中将承祖本家住屋土库内房壹眼，与叔良珍相共，本身合得半眼。又乙号门前左边菜园地壹段，四股之中，本身合得贰股，今内取壹股，并前房半眼，今凭中出卖与族叔良谟名下为业，三面言议时值价纹银捌两整。契价当日两明。未卖之先，即无重复交易。来历不明卖人承当，不干买人之事。自成之后，各不许悔，如悔者，甘罚白银伍钱公用，仍照此契为准。所有税粮，随即照则扒与叔户供解，再不另立推单。今恐无凭，立此卖契存照。

---

① 王钰欣、周绍泉主编：《徽州千年契约文书·清民国编》卷2，花山文艺出版社1994年版，第77页。

再批，日后取赎，炤依原价无词。

顺治三年五月十七日立卖契　佃徐成林

见　亲汪汝忠

族叔祖　徐名卿

立租约佃徐成林，今租到叔良谟名下门前左边菜园地壹岭，通长递年议交租银叁分整，不致短少。立此租约存炤。

顺治三年五月十七日立租（约）佃徐成林

见　叔祖徐名卿①

交易人不仅将同一块土地的卖出和租回耕种分成两个独立程序，分别立契，而且并不呼应，互不相干。这从一个侧面反映出"卖田（地）留耕"程序的某种"规范化"。

在"卖田留耕"、"卖地留耕"出现的大致同时或稍后，也出现了"当田留耕"、"典田留耕"，契约形式和手续与前者基本相同。下面是乾隆三十三年（1768）休宁的一纸不定期"当田留耕"契：

立当契人十七都六图朱康候，因使用无措，自情愿将己置田贰丘，系黄字五佰十三号，计税一亩七分贰厘四毫一丝，计租拾陆砠，凭中出当与一都五图七甲汪　名下为业，当日得受当价九五银叁拾两整。其田仍身种作，言定每年硬交下午谷叁百斤正，另立承管。今将本号田契、归户税票共四纸质据，银便听从取赎。恐口无凭，立此当契存照。

乾隆三十三年八月立当契人　朱康候

凭中　汪圣言

代笔　李伯儒②

朱康候因"使用无措"，将自田一宗立契得价当出，其田连同契约、归

① 《康熙祁门徐氏抄契簿》，中国社会科学院历史研究所收藏整理：《徽州千年契约文书·清民国编》，卷4，花山文艺出版社1994年版，第480—481页。

② 中国社会科学院经济研究所藏：《休宁汪姓抄契底册》，置产簿第24函 W·TX·B0072。

户税票等全部交付当主。但因该田仍由出当人耕种，为此当契特别载明"另立承管"，即单立佃约作为出当人承管耕作交租的依据。

其他地区也有自耕农"卖田留耕"的情况。如早年由广东龙川移居湖南醴陵的自耕农杨永贵，因陆续借欠同村谭惟石的银子，无力偿还，被谭"催逼不过"，乾隆十九年（1754）将田2石零4升，作价138两，卖与谭惟石，订明"永远佃耕"，年纳租谷30石。[①]浙江诸暨王汉英，乾隆九年将租田4亩零卖与蒋育千，佃回耕种，年纳租谷10石。虽无契约订明"永远佃耕"，但乾隆三十年（1765）二月，王汉英得价6400文，将佃田转顶苏邦信。至乾隆三十四（1769）年，王汉英因借债无力偿还和佃价上涨，复以10千文的价格顶与债主周尚文，最后因取赎、抢耕毁苗纠纷，酿成人命大案，前后20余年时间，未见原买主蒋育千提出异议，似乎是一种事实上的"卖田留耕"永佃。[②]

（二）近代时期"卖田留耕"永佃的畸形发展及其习惯

鸦片战争后，特别是民国时期，不少自耕农民，由于经济状况恶化，被迫出卖土地，但又无法另谋生计，只好保留佃权，继续耕种。当时各地永佃制正呈现加速衰落的态势，但一些地区因自耕农"卖田留耕"而出现的"永佃制"反而多了起来，呈现畸形发展的态势。

在相当多的地区，无论借债抵押，还是土地买卖，农民舍弃所有权，而保留耕作权，已经成为普遍的习惯。

河南桐柏，农民典当、抵押田地，但继续耕种，形成被称为"典田"、"押田"的租佃形式。所谓典田，就是农民生活困难，将自己田地典当给地主，但出典人仍有"使用权"，向地主缴租，形成"典田"永佃。按当地乡俗，出典人只能将使用权抵押给他人，但无权出卖；地主有权收租与出卖收租权，价格为同类田地的七折。所谓"押田"，就是农民向地主借债，将自己田地押给地主，田赋仍由原主负担，押价一般只有田价一半，规定时

---

① 乾隆刑部题本，见中国第一历史博物馆、中国社会科学院历史研究所编：《清代地租剥削形态》下册，中华书局1982年版，第553—554页。

② 乾隆刑部题本，见中国第一历史博物馆、中国社会科学院历史研究所编：《清代地租剥削形态》下册，第662—664页。

间一般二至三年，过期不赎就成死押，此田即归地主所有。这种抵押又分两种方式：一种是连同耕种权一同抵押，田地交由债权人耕作收获，债务人不付利息，到期取赎；另一种是债务人保留"耕作权"，继续耕种，向地主交租，以抵充利息，由此形成"押田"永佃。①

江苏不少地区，借贷均以田地抵押，但土地仍由出典人耕种，名曰"典田图种"。利率自一分七厘至二分五厘或三厘不等，或者并不写明利率，契约仅载借钱若干，每年秋后付稻若干；甚或契载"无论丰歉，稻照额解，税由出典人完纳"云云。② 若出典人田不回赎，租不短欠，这种租佃关系一般维持不变。吴县、无锡都有借债抵押而产生的永佃关系。吴县农民向地主借债，利上加利，多年还不清，乃将土地抵押，地主继而以"割断债务"为借口，要求农民把土地"杜绝"给他，但仍租给农民耕种，按年交租，于是由债务关系转为"业佃关系"。③ 无锡乡间习惯，农民向地主借债，须以"田单"作抵押，每亩可抵押4—5石米，一般为年利2分，限期3年。若到期无力偿还，地主即取得土地所有权，农民在不欠租的情况下取得永佃权。有时农民以田作抵，每亩可借得30元（抗日战争前），每年交租糙米1石，谓之"利租"。若3年无力缴纳，本利合计同"田底"价格相等时，地主即行"结田"，取得田底权，农民只剩下田面权。④ 该县堰桥乡有被称为"押田"的永佃关系。农户借债而无法偿还，只得以田底押与债主，按期交租，由债务关系演变为永佃关系。⑤ 这种由抵押到最后绝卖形成的永佃田，无锡一带统称为"利租田"。⑥

吴县、无锡这类情况，借债抵押或"典田图种"，实际上只是永佃关系

---

① 《桐柏县志》，中州古籍出版社1995年版，第294页。
② 国民党政府司法行政部：《民商事习惯调查报告录》（一），民国十九年刊本，第314—315页。
③ 中共吴县县委会调查室：《吴县租佃情况调查》，见华东军政委员会土地改革委员会编：《江苏省农村调查》（内部资料），1952年刊本，第195页。
④ 《无锡县坊前乡农村情况调查》，见华东军政委员会土地改革委员会编：《江苏省农村调查》（内部资料），1952年刊本，第118—119页。
⑤ 《无锡县堰桥乡农村概况》，见华东军政委员会土地改革委员会编：《江苏省农村调查》（内部资料），1952年刊本，第129页。
⑥ 苏南区农筹会调研科：《无锡县农村概况》，见华东军政委员会土地改革委员会编：《江苏省农村调查》（内部资料），1952年刊本，第68页。

的"前奏"，永佃关系的最后确立，是农民无法偿债而被迫放弃田底，而保留田面（使用权）。与借债抵押或"典田图种"不同，"卖田图种"则没有这种"前奏"或过渡，更加干脆。吴县、无锡既有"借债抵押"永佃，也有直接出卖田底的永佃，吴县农民因生活困难将自田出卖给地主，地主乘机压低价格，仅给农民保留耕种权，因而形成了租佃关系。值得一提的是，吴县这种"卖田留耕"，还有一个其他地区没有的"拔田"规矩，即农民出卖而仍旧自种的土地，只要能拿出相等于田价的款项，就可以向地主"拔田"。不过实际上只有个别富农才"拔"得起，一般农民是没有力量"拔田"的。[①] 无锡坊前乡农民因迫于生活，急需款项时，以田底权直接卖与地主，每亩约值白米 10 石，价格比抵押约高 1 倍。[②] 在近代特别是民国时期的无锡，农民借债抵押、押田绝卖和出卖田底的情况十分普遍，并且构成当地永佃制最主要的产生途径。调查者将无锡"灰肥田"的来源归纳为 4 种：一为借贷抵押，一为出卖田底，一为代垦荒地，一为"利租田"（押田卖出）的转化。并得出结论说：永佃制"构成的原因虽各不同，但均是地主剥夺了农民土地的所有权所产生的"。[③] 单就无锡一地而言，这一结论是基本符合历史实际的。

常熟也有"卖田图种"永佃。下面是光绪二十五年（1899）该县一纸"卖田图种"的粮田绝卖契和"除票"：

其一

立绝卖粮田文契薛盛昇，为有正用，央中堂弟盛甫、李友卿等，今将自己祖遗南四场四十八都六下图南助号二斗三升粮田壹亩柒分正，情愿得价绝卖与姚处得业，三面言明时值绝卖粮田价银库平肆拾玖两叁钱正，当日一荛收足。自绝卖之后，任凭过户办粮，收租当业，永

① 中共吴县县委会调查室：《吴县租佃情况调查》，见华东军政委员会土地改革委员会编：《江苏省农村调查》（内部资料），1952 年刊本，第 195—196 页。
② 《无锡县坊前乡农村情况调查》，见华东军政委员会土地改革委员会编：《江苏省农村调查》（内部资料），1952 年刊本，第 119 页。
③ 苏南区农筹会调研科：《无锡县农村概况》，见华东军政委员会土地改革委员会编：《江苏省农村调查》（内部资料），1952 年刊本，第 68 页。

远姚姓之世产，与薛姓无涉。此系两愿成交，再无反悔，欲后有凭，立此绝卖粮田文契为照。

计开田小名：上段肆分伍厘正，靠南第四路；又下段田柒分伍厘正，靠南第一路；又四亩里伍分正，靠北第二路。

租额每亩壹石正，佃户自佃。

光绪念五年七月中　　日立绝卖粮田文契　薛盛昇

中　堂弟盛甫

李友卿

代笔　□□□

绝契是实，永远存照。[1]

其二

立除票薛盛昇，户上南四场四十八都六下图南助号二斗三升粮田壹亩柒分正，过有〔与〕姚姓户上办粮，叱烦经书老相公无悮，立此除票为照。

光绪念五年七月　　日立除票　薛盛昇

见除　堂弟盛甫

李友卿

除票是实。[2]

薛盛昇因为"正用"，将1亩7分粮田立契绝卖，得价库平银49两3钱，再佃回耕种交租。所以，买主的权利只是"收租当业"，而非"入田耕作"或"招佃收租"。契约除了规定单位面积租额，又特别注明"佃户自佃"。卖主舍弃了水田的所有权，但仍然继续耕种，只是由原来的"业主"变成了"佃户"。

因为是"卖田图耕"，土地移交是纸面的，而非实体，买主心存顾虑，所以交易程序比一般的土地绝卖更加繁复、周密，订有"绝卖"、"除票"

---

① 薛金坤：《清代常熟土地契约文书之五：绝卖契》，《苏州日报》2014年9月27日。
② 薛金坤：《清代常熟土地契约文书之五：绝卖契》，《苏州日报》2014年10月24日。

双契。卖主不仅在"绝卖契"中做出"任凭（买主）过户办粮"的保证，又写立"除票"，通过经管鱼鳞册和钱粮征收的里图，将田号从户上消除，过入买主户上纳粮，心甘情愿认主交租。

浙江据 1950 年的调查，农民出卖土地而保留耕作权是永佃权形成的重要来源。调查说，"农民因长期地受地主盘剥，生活困窘不堪，只得出卖自己的土地以应急，但因农民与土地相依为命，所以只愿出卖所有权，使用权仍归自己所有，按年交纳一定数量的地租"。[1] 青田的租佃形式有 4 种，头一种就是"卖田留耕"，即"既卖租于人，仍自佃种，卖租不卖佃"。[2]

皖南徽州休宁，农民将出卖的土地，佃回耕种交租，称为"卖租"，其契约谓之"卖租契"（否则称为"卖田契"）。[3] 又从皖南徽州地区一些地主租簿和土地文契中可以发现，几乎每户地主都占有数量不等的借债抵押地或典当地。这些土地通常由地主保存地契，但并不直接经营管理，而是由借债人或出典人继续耕种。久而久之，原有的土地所有者完全丧失土地所有权而仅仅保留耕作权。[4] 浙江义乌的永佃制中，除多数公尝田和某些"久种不欠租"的田以外，还有大量"绝卖留种"田，即是自耕农舍弃土地所有权，保留耕作权。[5] 当地这类永佃权称为"租谷佃"。自耕农需款孔殷，往往将土地的"田权"卖给富户，自己保留佃权，并继续缴纳田赋。这种"田权"的价格随双方立约设定的租额大小而高低不同，而这种租佃关系的单位也是谷物而非田亩。这就是"租谷佃"的来由。通常每石租谷售价 30元至 40 元不等。在买主看来，"租谷佃"只是放债生利的另一种形式，而且是最安全的一种形式，因"租谷佃"契均载明，"若有租谷拖欠短少事情，准由财主管业耕种无词"。故"租谷佃"实际上是"高利贷在租佃关系中的化身"；在卖主看来，"租谷佃"只是以土地作抵押借得一笔贷款，不

---

① 中共浙江省委农委调研处：《浙江省永佃权情况调查》，见华东军政委员会土地改革委员会编：《浙江省农村调查》（内部材料），1952 年刊本，第 221 页。
② 光绪《青田县志》卷之四，风土·风俗，第 9 页。
③ 《休宁朱姓置产簿》，中国社会科学院经济研究所藏，徽州地契档，置产簿第 24 函，W·TX·B0071。
④ 参见中国社会科学院经济研究所藏皖南地主租簿和田地文约资料。
⑤ 《义乌县志》，浙江人民出版社 1987 年版，第 99 页。

算出卖或割弃祖遗田产（虽然心里明白"永难取赎"）。基于上述两个原因，"这种'租谷佃'的发达，自是无怪其然了"。[1]

江西、福建、湖南、湖北、广西等省都有类似情形。

江西南昌、莲花、临川，均有俗称"卖租"、"卖大业"的"卖田留耕"永佃。南昌的"卖租"过程和习惯是，甲将田产凭中立契绝卖与乙，同时订立"租赁字"，载明年交租谷若干，随同卖契交付乙收执，田地仍由甲管理耕种，逐年所交租谷，恰与乙所付契价的利息互相抵消。如文契载有回赎期限，则甲可依期付还契价和买主税契、过粮各项费用，取回卖契、租赁字，终止债务关系。否则，卖主永远留佃耕作。因此种买卖，"仅交租，而不交田"，故俗谓"卖租"。[2] 九江县有一种称为"东道田"的租佃形式，也是农民"卖田留耕"的结果。按当地习惯，农民卖田时少得田价，一般只有正常价格的一半，但卖主有永佃权，保留土地耕作，向买主交租。佃户不种时可以转租别人，由原佃收租再交田主。这种"东道田"租佃在当地十分普遍，甚至构成租佃关系的主体。如该县石门乡，土地改革前夕，"东道田"占全部租田的80%。[3] 湖口的永佃制，大部为自耕农"卖田留耕"。该县租佃有二：一称"寅租卯"，地主随时可以将地撤回，自己耕种；一称"客田"，即富户（即业主）用廉价从迫于生计的农民手中买来土地又租给农民（佃户）耕种。所有权属业主，田赋由业主交纳。佃户有佃权即使用权，3年不交地租，业主有权将其佃权转卖给他人；佃户不愿耕种，也可将佃权转卖他人。[4] 广昌从清初开始产生的"小买"，一直延续到民国时期，卖主卖"骨"不卖"皮"，保留"皮田权"即永佃权（永佃权亦可转让于人），"如非自己弃耕，对方不能夺田"。地主富豪视土地为最可靠的"恒产"，"乱兵抢不去，大火烧不掉"，所以愈是社会动荡，卖田留耕的

---

[1] 吴仲辰：《浙江义乌县农村概况》，天津《益世报·农村周刊》1935年3月9日。

[2] 国民党政府司法行政部：《民商事习惯调查报告录》（二），民国十九年刊本，第979—980页。

[3] 《江西九江县石门乡解放前的政治经济情况》，见中南军政委员会土地改革委员会调查研究处编印：《中南区一百个乡调查资料选集·解放前部分》，1953年印本，第146—147页。

[4] 《湖口县志》卷3，农业，江西人民出版社1992年版，第97—98页。

"小买"愈加盛行。① 临川则称为"卖大业"。自耕农民因家境窘迫卖田，又苦无田耕种，于是只有卖"大业"，其田自己佃耕种交租，卖契载明"杜卖大业"字样，契价较普通卖价稍贱。只有大、小两业一并出卖，买主方能照田易耕。② 在莲花，土地买卖向分卖租、卖耕两种，卖租就是农民卖地后，向买主纳租耕种。③

在福建，"卖田留耕"异常普遍，民国时期尤甚。20 世纪 30 年代中的调查称，自耕农因种子、肥料及农具之购买，或迫于苛捐杂税，"在在需用现款，不得已将其所有之田地典卖与人"，但又考虑本身今后之耕种问题，出卖底权的同时，"设定永佃关系"。因此，福建地区的永佃制，除通常意义上的"永佃"外，"始自典卖尤多"。④ 如长汀田地典卖有"田皮"、"田骨"之分，前者是卖主保留土地所有权，仅卖土地使用权，换取收租权，买主则是价买永佃权；后者是卖主放弃土地所有权，以向买主按约交租为条件，换取土地耕作权，亦即所谓"卖田留耕"。⑤ 连江、罗源、平潭等县，相当一部分甚至绝大部分永佃制属于"卖田留耕"。在连江，有两种不同形式和来源的永佃制，形式上没有"田面权"的永佃制，由佃农缴纳押租而形成；"实际上形成田底、田面者，厥为典卖"。而且随着 20 世纪二三十年代农村经济衰落，农民贫困加剧，典卖土地"大多难于回赎，十之八九非另断即凑断"，"田底田面"式的"卖田留耕"永佃畸形扩大。崇安永佃制的产生，也有源于自耕农"资金缺乏者"。罗源、平潭等县，"田地底、面之分离，则具有抵押借贷之意味"。因农民需要现金，又不允出卖田地，故多将"田面权"（实即通常的"田底权"）出卖，"又设定租佃关系，保留耕作权……自身居于佃农地位。此时田面权如再发生移转，并不影响根主利益，还是继续前此之佃权"。⑥ 这种"卖田留耕"永佃相对稳固。闽南晋

① 《广昌县志》卷 6，农业，上海社会科学院出版社 1995 年版，第 178 页。
② 国民党政府司法行政部：《民商事习惯调查报告录》（一），民国十九年刊本，第 437 页。
③ 国民党政府司法行政部：《民商事习惯调查报告录》（二），民国十九年刊本，第 992 页。
④ 郑行亮：《福建租佃制度》，《民国二十年代中国大陆土地问题资料》第 62 册，（台北）成文出版社有限公司、〔美国〕中文资料中心重印发行，1977 年版，第 32184 页。
⑤ 《长汀县志》卷 4，农业，生活·读书·新知三联书店 1993 年版，第 123 页。
⑥ 郑行亮：《福建租佃制度》，《民国二十年代中国大陆土地问题资料》第 62 册，（台北）成文出版社有限公司、〔美国〕中文资料中心重印发行，1977 年版，第 32172—32173、32178 页。

江、永春、德化、诏安、东山、莆田等县的永佃制，"均以典卖之起因为多"，其中莆田多以自耕农无力施肥或购置农具，不得已出卖田地，而保留其永佃权与底权。[①]

湖南安仁，民间流行卖田而不退耕地习俗。买卖契纸上载明出卖某处"田租"若干石或若干桶（安仁习惯以桶代斗，6桶为1石），由某人"接管收租"，契尾注明"永不续赎"字样。[②]

湖北阳新，永佃权的来源有二：田主低价出卖耕地，保留永久耕种权，俗称"保庄"；农民向田主买进永佃权，俗称"永批"。[③]钟祥有一种田地买卖，契内载有"自卖自种"字样，即表明卖主保留"永佃权"。该地虽所有权已转归买主，但"买主欲取田自种，或另佃他人，绝对不能"。甚至卖主无人耕种，买主"亦不可与他人另结契约，任意让与"。[④]另外，汉阳"贱卖图耕"的"己业田"、麻城的"保庄"田等，都属于这种类型的永佃制。[⑤]云南某些地区也有典卖留耕的情况。如呈贡、通海，均有"实典倒租"，农民向地主典出土地又租回栽种缴租。[⑥]

广西苍梧，农民"卖田留耕"是永佃制的主要甚至唯一形成途径。当地土地买卖有卖"田"不卖"耕"与卖"田"兼卖"耕"两种类型。前者价贱，卖主可保留土地耕作；后者较贵，田地往往由买主自耕，而"一般地主买田时，多采前者"。[⑦]这样，随着农民贫困加剧，被迫卖地而又无法离开土地耕作，只得卖"田"不卖"耕"。地主本来大多都是买田收租，加上"价贱"，当然更是求之不得。于是永佃制因农民普遍卖"田"不卖"耕"加速流行、扩大，使得该地的田地明确分成"田"与"耕"两个

① 郑行亮：《福建租佃制度》，《民国二十年代中国大陆土地问题资料》第62册，（台北）成文出版社有限公司、〔美国〕中文资料中心重印发行，1977年版，第32178—32179页。
② 国民党政府司法行政部：《民商事习惯调查报告录》（一），民国十九年刊本，第605页。
③ 《阳新县志·经济篇》，新华出版社1993年版，第169页。
④ 国民党政府司法行政部：《民商事习惯调查报告录》（一），民国十九年刊本，第561页。
⑤ 国民党政府司法行政部：《民商事习惯调查报告录》（二），民国十九年刊本，第979—980页。
⑥ 《呈贡县志》，山西人民出版社1992年版，第75页；《通海县志》，云南人民出版社1992年版，第100页。
⑦ 刘端生：《苍梧农村杂记》（1934年2月），陈翰笙、薛暮桥、冯法和编：《解放前的中国农村》（第三辑），中国展望出版社1989年版，第601页。

部分。

在北方地区，直隶承德一带，欠债不还，即以土地房产抵偿，立给债权人卖契或当契，但并不交地，俗谓"卖马不离槽"。通常契约载明，"如不欠租，不得撤地"。[1] 山东平原县，有一种租佃形式称之为"卖租粮地"，又俗称"座佃座租"或"卖马不离槽"。[2] 虽然资料未对"卖租粮地"的租佃性质作具体说明，不过从其名称或俗称判断，原主出卖的只是"租粮地"或收租权，而保留佃种和耕作权，买主并不收地耕种或另行出租，而是"座佃座租"，即就原地、原主招佃收租，故又叫"卖马不离槽"。显然，山东平原和直隶承德两地的"卖马不离槽"，都属于同一租佃性质。

这类通过"卖租不卖佃"的方式形成的永佃制，一般都有契约依据，有的除土地卖契外，还须订立"招佃字"或"认耕字"，如上述湖南安仁，买主要另写"布耕字"交卖主收执，以证明卖主有永远耕作之权。买主或将田租转卖他人，卖主的耕作权不变，俗谓"换东不换佃"，但须由新买主换立"布耕字"。同时，如卖主欠租，则以其所欠租数为找贴，另书"找贴字"，即行丧失其耕作权。[3] 在江西，卖主在立绝卖文契的同时，须立一"租赁字"交买主收执。[4] 有的地区，如热河平泉，还要预交一二年的租额，以防拖欠。[5] 有的甚至将一部分地价转为押租，如湖北利川，农民冉广厚于光绪年间将一宗田地卖与地主冉裕全为业，仍继续耕种，内有契价 110 串钱未付，因而兴讼。县令判决将该项契价转为押佃钱。[6]

清代台湾也有田主卖田留耕而形成的永佃制，并有原始卖契、租契留存下来，可从中察看此类永佃关系形成的具体过程、手续及习惯。

光绪十八年（1892），台东新开园庄赵添丁、大埔庄潘阿添等 9 户田主，因"负债无着，需银急用"，托中将各自垦熟的田地卖与大埔庄南天后

---

① 国民党政府司法行政部：《民商事习惯调查报告录》（二），民国十九年刊本，第 709 页。

② 《平原县志》，齐鲁书社 1993 年版，第 160 页。

③ 国民党政府司法行政部：《民商事习惯调查报告录》（一），民国十九年刊本，第 606 页。

④ 国民党政府司法行政部：《民商事习惯调查报告录》（一），民国十九年刊本，第 605—606 页。

⑤ 国民党政府司法行政部：《民商事习惯调查报告录》（一），民国十九年刊本，第 709 页。

⑥ 熊宾：《讯冉裕全一案》，《三邑治略》，光绪三十一年刻本，卷 4，堂判。

宫，复通过"包承人"之手租回，永佃耕种交租。现将刻于庙碑的杜卖田契字、包承甘结字及相关说明揭载于下：

　　盖闻尊崇庙貌，固所以仰答神庥；而创置土田，又所以永垂祀典。此善后之举，允宜刊之碑石，用昭来兹，非可苟焉已也。我埠南天后宫，于光绪壬辰（1892）年夏五月，在新开园大埠一带新置田亩一十五甲有奇，年收租谷一百四十八石，以为庙祀酹神福地，意至良也，法至善也。凡属后来包承庙主经管人等，各宜实心实力保护维持，咸知创业之艰，毋或废坠；共矢守成之念，靡至荡然；继继承承，长垂不朽，是所厚望。除将各卖主原契当神焚化，另将包承租谷人等出具保结，分别存留台东州署镇海后军中营流交备案外，兹谨将卖主契据、佃户姓名、田产坐落、应纳钱粮、征收租课各数目，以及包承甘结，分晰刊列于左，以示经久不渝之遗意云。

　　立杜卖田契字人新开园庄赵添丁、赵添水、刘添丁、吴世忠、张得胜、陈生、潘旺、帝阿偕、帝阿风，大埠庄潘阿添、张珠明等，今因负债无着，需银急用，情愿将各本名开垦成熟之田招人承买，先招伯叔兄弟，继招庄中耆老、左右乡邻均无人承受，嗣托中人问到埠南天后宫欲置祀产，因凭中商议时值田价每甲四十、五十、六十元不等，计卖契九张，共田亩一十五甲零六毫二丝，共应得田价六八洋银七百四十元，当即凭中将田亩四界址数大小踏勘分明，点验指卖。是日银入卖主，契交买主，银、契两清，均无尾缺。至以上所买之田并无重当重典情事；如有来历不明，仍由中人与卖主理清，不与买主干涉。自卖之后，田听买主招佃收租管业，推收过割，纳粮当差，卖主永无异说。恐口无凭，立此杜卖契并原田丈单一并交执为据。凭中黄来成、区达生、张新才、王肇文、宋梅芳、朱紫贵、刘阿来、郑清贵、苏明标

　　丘段亩数列后：

　　一、买赵添丁、赵添水田一份，坐落大埠岸，东至车路，西至大水圳，南至董怡俄田，北至张福金田为界。计共大小一十二丘，计亩共一甲六分九厘二毫，价银八十五元。批佃承种，每年应收租谷一十

七石正。

一、买刘添丁田二份，一份坐落新开园东首，东至本名园地，西至李寿田，南至本名田，北至水圳为界。一份坐落新开园东首，东至刘阿文田，西至李寿田，南至自己园地，北至温阿二田为界。计二份，共大小丘计亩共一甲六分二厘，价银七十元。批田承种，每年应收租谷一十四担正。

一、买吴世忠田一份，坐落南畔万安庄，东至李文忠田，西至刘天生田，南至李秀田，北至水圳为界。计大小一十五丘，计亩共四分五厘六毛六丝二忽，价银四十元。批佃承种，每年应收租谷八担正。

一、买张得胜田一份，坐落新开园北畔，东至潘寿田，西至水圳，南至潘寿田，北至杨阿二田为界。计共大小十三丘，亩共二甲二分八厘九毛六丝，价银八十元。批佃承种，每年应收租谷一十六担正。

一、买陈生田一份，坐落新开园北畔，东至吴潘旺田，西至水圳，南至陈皎田，北至杨阿二田为界。计共大小五丘，计亩共一甲二分七厘二毛，价银七十元。批佃承种，每年应收租谷一十四担正。

一、买潘旺田二份，一份坐落大浮溪脚，东至草埔小溪，西至陈其和园，南至王阿径田，北至大溪为界。一份坐落大浮溪南势，东至陈其和田，西至刘升安田，南至陈其和田，北至王文受田为界。计两份，共大小二十四丘，计亩共二甲六分七厘六毫，价银一百三十五元。批佃承种，每年应收租谷二十七担正。

一、买帝阿偕、帝阿凤田一份，坐落新开园东旁，东至帝阿偕园，西至刘文园，南至吴文旺田，北至刘添丁田为界。计共大小十丘，计亩一甲五分正，价银七十五元。批佃承种，每年应收租谷一十五担正。

一、买潘阿添田一份，坐落大埠庄前，东至水圳，西至车路，南至车路，北至横圳为界。计共大小二十三丘，计亩共一甲五分，价银七十五元。批佃承种，每年应收租谷一十五担正。

一、买张珠明田一份，坐落大埠庄山脚，东至山脚，西至大路，南至竹脚福星园地，北至大埠旧营盘为界。计共大小五十六丘，计亩共二甲，价银一百十元。批佃承种，每年应收租谷二十二石正。

以上田契九张，计亩一十五甲零六毛二丝二忽，每年应共收租谷一百四十八担正。至应完钱粮，按照台东定则，定合补平余一并在内，每年应完库平银七两零一分七厘八毛六忽，由庙主在所收谷项下按年开销，合并登明。

具包承甘结字人埠南都总管张新才、区达生、宋梅芳、黄来成、苏明标、郑清贵、朱紫贵等，今当天上圣母座前承领六八洋银七百四十元，买得新开园大埠庄田产一座，计共一十五甲零六毛二丝二忽。其田仍由包承人交与各卖主承佃耕种，庙主不认佃户，只认包承人。言定租课每田价银一百元，每年纳租谷二十担，计共田价七百四十元，每年纳租谷一百四十八担。每年收获之后，限十月底由佃户雇车，一律运送天后宫交纳；倘或遇有实在天干水患，验田收租。其租谷务要干燥洁净，年清年款，不得借口拖缺短少颗粒；如有拖缺短少，即惟包承人是问，限包承人张新才等如数缴出。恐口无凭，立此包承甘结字永远为据。

凭中保人王肇文、刘阿来、朱紫贵

佃户姓名列后：

一、佃户赵添丁、赵添水，种水田一份，计亩一甲六分九厘二毛，每年纳谷一十七担。

一、佃户刘添丁，种田二份，计亩一甲六分二厘，每年纳谷一十四担。

一、佃户吴世忠，种田一份，计亩四分五厘六毛六丝二忽，每年纳谷八担。

一、佃户张得胜，种田一份，计亩二甲二分八厘九毛六丝，每年纳谷一十六担。

一、佃户陈生，种田一份，计亩一甲二分七厘二毛，每年纳租一十四担。

一、佃户潘旺，种田二份，计亩二甲六分七厘六毛，每年纳谷二十七担。

一、佃户帝阿偕、帝阿凤，种田一份，计亩一甲五分，每年纳谷二十七担。

　　一、佃户潘阿添，种田一份，计亩一甲五分，每年纳谷一十五担。

　　一、佃户张珠明，种田一份，计亩二甲，每年纳谷二十二担。

　　以上各佃户每年应完租谷一百四十八担，合并登明。

　　光绪十八年五月　日。

　　　　　　彝陵陈鸿江敬书（勒石）①

　　上揭杜卖田契字、包承甘结字及相关说明文字显露了一些重要信息：

　　其一，买卖双方虽已事前商定，土地均由原主佃回永远耕种交租，但并未订立买卖、租佃合一契约，买主、卖主并未直接由土地买卖关系转化为租佃关系，而是卖契、租契分立。不仅如此，卖契还特别载明，"自卖之后，田听买主招佃收租管业，推收过割，纳粮当差，卖主永无异说"。然后另立租契，规定土地由卖主租回耕种。而且，买卖和租佃均通过"包承人"居间进行，卖主和天后宫不直接发生关系。天后宫将现款交付包承人，买下土地，复由包承人交由卖主耕种，包承人负责收租。"包承甘结字"写明，"庙主不认佃户，只认包承人"。

　　其二，为了彻底消除卖主对土地的留恋，打消有朝一日原价赎回土地的念头，庙主并未自行保存卖主原契，而是将其"当神焚化"，将包承人等出具的保结，分别存留台东军政官署备案，另将卖主契据、佃户姓名、田产坐落、应纳钱粮、征收租课各数目，以及包承甘结等，全部刻碑，以垂永久。

　　其三，土地价额和租额的确定，并不取决于土地的质量、面积和产量，而是以社会通行借贷利率为准。即每田价银 100 元，每年纳租谷 20 担。清代台湾地区的通行惯例是银元 1 元，折合稻谷 1 石。亦即相当于年息 20%。这样，"卖田留耕"的土地买卖关系实际上是一种现金借贷关系。虽然按土地单位面积计算，土地价额和租额互有高低差异，但因利率划一、固定，买主多付价款多得息，卖主多得价款多偿息，对买卖双方而言，单位面积

_____

　　① 台湾银行经济研究室编印：《台湾私法物权编》第 2 册，1963 年刊本，第 684—689 页。

土地价额和租额的高低差异，并无太大的实质性意义。与此相联系，这类"卖田留耕"的土地买卖谈判难点，并不是单位面积价额和租额，而是利率。而利率又通常以社会通行利率为准，一般难以任意大幅度提高或压低，从而相应减少了普通土地买卖中那种人为的抬价或压价现象。

内地某些"卖田留耕"永佃，在形式上，更加贴近土地抵押借贷。如前述浙江义乌的"租谷佃"，租佃关系的单位是谷物而非田亩，"田权"价格的计算不按土地面积，而直接由租额决定。"田权的价格是随双方立定的租额的大小而上下的"。20世纪30年代，一般每石租谷售价30元至40元不等。① 江苏无锡被称为"田底田活田"（俗名"租田"）的"卖田留耕"永佃，其性质亦等于土地典当。1930年的入户调查显示，卖者将田卖给"主人"，约值75元，称"一亩租额"。田税由谁缴纳，讲价时就已讲明，若价贱则由买者纳税，若价贵则由卖者纳税，唯田单须入买者之手。调查者据此得出结论说，"此三点似与借贷中之当相同，卖者之还一担租米者，即75元之利息也"。②

六　佃农反抗斗争与永佃权

永佃制虽有多种形成途径，但有必要指出的是，一些地区永佃制的产生和形成，是同佃农的反抗斗争分不开的。有的更是佃农用鲜血和生命换来的成果。

浙江萧山，按以往的惯例，佃农欠租不清，即由地主另行召佃，具体方法是，预以铁耙掘田之四隅为标志，俗谓"起田"。新佃代缴陈欠，承契认种，旧佃不得把持。太平天国起义期间，"田主无权，民心大变"。同治六年（1867），佃农刊印传单，自议土地顶价，把地主起田换佃的权利夺了

① 吴仲辰：《浙江义乌县农村概况》，天津《益世报·农村周刊》1935年3月9日。
② 中国社会科学院经济研究所藏、前中央研究院社会研究所编：《江苏无锡农民地主经济调查表·朱世文调查表》，编号：前NO.1。

过来。自此，"佃户欠租，业主遂不能起田；即起，亦无认种者"，[①] 佃农取得了永佃权。又如乐清，在同治、光绪年间，佃农以集体斗争的方式反对地主勒租、撤佃或卖地报复，尤以年轻农民最为坚决。据称"每遇岁歉，'恶少'结连邻村，醵钱宰牲，联盟立禁，颗粒不交，间有守分者邀业主均分，群起相攻，以为违禁，到门吵闹"。至业主起佃，则"不许别人接种"。如业主自种，他们就以"损坏稻苗或偷掐稻穗"等方式进行破坏。"原主"则不让业主卖田。"人家田地出卖，原种主多生枝节，或称田系活业，或称佃价数多，即将割契、旧札凭中出看，一味不肯承认；并掇父母年迈，到家泼赖。时买主必待田无轇轕，方肯发价，卖主势当岁暮，需用甚急，不得不隐忍曲从，遂其所索，非同向来洗手钱所费细小易为。"[②] 所有这些，迫使地主不敢肆意勒租、随便撤佃，也相应减少了田地易主而导致收地、撤佃事件的发生，从而促成了永佃制的产生和发展。

在吉林长春府属地区，同治年间，蒙旗佃农曾对清政府清丈增租、破坏永佃制的倒行逆施进行暴力反抗。清朝统治者虽然残酷地镇压了这次暴动，屠杀无辜3000余名，但还是不得不答应在户部立案，此后地租"永远不准加征"。至宣统三年（1911），清政府因财政支绌，推翻前案，复议加租，又激起佃农的反对。他们聚集数千人，将"委员"、"书记"捆绑，"意欲立置死地"。当时已经大难临头的清王朝，"恐激他变"，又只好暂时作罢。[③] 光绪十五年（1889），吉林地方官府对农安蒙旗地的清丈增租，也曾因佃农的激烈反抗而一度中止。[④] 这些对战后永佃制的发生和维持起了一定的推动和保障作用。

道光年间龙岩的佃农抗租也是如此。

岩地山多田少，耕农者众，往往视田亩租额有赢余者，多出资钱，私相承顶。至赀本渐积，余利渐微，偶遇歉岁，即恳减租，既乃丰岁，

① 民国《萧山县志稿》卷4，田赋上，民国二十四年铅印本。
② 光绪《乐清县志》卷之四，风俗附·民俗，民国元年补刊本，第59—60页。
③ 《远东日报》宣统三年十月二十九日，转见《满洲旧贯调查报告书》蒙地，附录，第109页。
④ 南满洲铁道株式会社：《满洲旧贯调查报告书》蒙地，附录，第86—87页。

亦且拖延。迨积年短欠，田主起耕，近郭农民尚畏法，不敢阻抗，特有三四乡落预约，田主起耕，不许乡内承顶，外乡来佃，辄阻种抢收，几不可制。迩来业户因抗租霸耕，控者甚夥，前雁石乡经官惩创，顽佃稍戢，然他乡似此恶习未尽革除，若各族祖遗祭产，授耕多年，佃直据为世业，其间辗转流顶，有更数姓不闻业主、小租加倍原租者。①

龙岩佃农的斗争方式，和浙江乐清相似。当地的永佃制，就是由于佃农这种长期反复的反抗斗争逐渐形成起来的。

前述福建、江西交界汀州、石城、雩都、宁都、瑞金等地清初佃农连绵不断的武装反抗斗争，包括以"倡较桶"，废移耕、冬牲、豆课、送仓诸例，特别是"倡永佃，除桶面"，明确提出"三分田主之田，而以一分为佃人耕田之本。其所耕之田，田主有易姓，而佃夫无易人，永为世业"。② 佃农无数次的反抗斗争，虽然全都失败了，但对这些地区永佃制度的形成和发展，无可置疑地起了巨大的推动作用。

广东香港大屿山地区的永佃制最初起源于垦荒，但也是经过佃农的一再抗争才最后形成的。

大屿山的土地，是宋朝末年皇帝赐予李姓的。康熙五年（1666）前后，清政府实行坚壁清野，该地居民被全部迁出。解禁之后，居民陆续迁回，向李家租地耕种。因土地荒芜多年，佃农必须花费大量工本才能垦复，初时租额甚低。但规定每隔十年，必须换约。其目的既是防止佃农私顶转租、紊乱姓名丘段，也为增租换佃提供了条件，从而使主佃矛盾不断加剧。故此，18世纪时，李姓与佃户之间曾多次发生纠纷。据乾隆四十二年（1777）碑文记载，乾隆四十一年（1776）主佃双方终于达成协议，将每亩租额限定为0.5两，迫使地主允诺"永不增租"。

调查者在该地发现两纸残存的租佃契约，时间分别为雍正六年（1728）和嘉庆十一年（1806），两者均为木板刻印，说明这类契文的使用量很大。现将嘉庆十一年的一纸佃批摘录如下：

① 道光《龙岩州志》卷7，风俗志，光绪十六年重刊本，第3—4页。
② 乾隆《瑞金县志》卷7，杨兆年"上督府田贼始末"。

其田自领自耕，如不愿耕，缴回批照，任从田主另批别人，不许私顶私兑，紊乱姓名丘段，难查租数。田主到庄收租，轮流供膳，迎来送往，担挑行李，毋得推诿。……批以十年一换，以便其子孙兄弟分耕租数，各照输纳。每换一批，每亩要银三分，以为来往笔墨纸张之费。

该佃批系批与一张姓佃户，耕种的是 1.86 亩烝尝田，年租额为 0.93两，折合每亩租额 0.5 两，这说明限租协议正在生效，地主已经失去或放弃了增租权力。另外，虽然佃批不许佃户私顶私兑，紊乱姓名丘段，但并不阻止佃户子孙兄弟继承分耕。这样，佃农获得了最基本的永佃权。不仅如此，随着时间的推移，佃农对土地支配权不断扩大。英国占领香港后，光绪二十五年（1899）英政府曾对李姓佃户进行调查，佃农统统坚持自己是土地的所有者，虽然继续缴纳少量实物或现金给李家，但不承认是地租，而不过是一种"税"而已。最后，香港政府决定把土地所有权判给了佃农。①

不仅相当一部分永佃制是佃农通过顽强的斗争才得以产生、形成，永佃制的运行和延续，佃农权益的维护，同样离不开佃农的斗争。佃农有时甚至必须付出生命代价，才能保住佃权，捍卫自己的正当利益。

广东惠州府河源佃农谢文运、谢文通兄弟顽强斗争捍卫佃权是典型例子。按惠州乡规，买田收租纳粮者，名为"粮业"；出资买耕者，名为"佃业"，即永佃权。谢氏兄弟有祖遗佃业田 19 亩，年纳租谷 38 石，历年耕种纳组无异。乾隆元年，谢氏兄弟将田顶与母舅陈逊平，得顶手银 52 两，立有"顶帖"，议明 7 年为满，还银取回。陈逊平因屡年歉收，累计欠租 80石。乾隆八年，粮业温锦文提出，以陈逊平付给谢氏兄弟的 52 两顶手银抵充欠租，另给陈逊平 20 两银子作为"粪脚"，将田收回自耕。陈逊平因有"顶帖"在先，该年恰届期满，不敢应允。谢氏兄弟因是祖遗产业和家庭命根，更不能放弃。即刻借银 52 两，取回"顶帖"。温锦文不等陈逊平回复，

① 张富美：《明清之际地主佃农关系试探》，1980 年中美历史讨论会论文影印稿。

即偕弟温习达及工人温亚六，到田插秧，谢氏兄弟全力阻拦。在双方争闹、打斗过程中，温习达将谢文通殴伤致死。官判：水田 19 亩，"系谢文运祖遗佃业，仍听其耕种交租"；陈逊平所欠温锦文租谷 80 石，"系因历年歉收所致，应免追给"。① 谢氏兄弟以生命的沉重代价保住了佃权。

湖北蕲春，"原庄"恶例的彻底废除，永佃关系的最终确立和正常运行，同样是佃农流血牺牲的成果。

前面提到，湖北蕲春，租佃关系中有所谓"原庄田"，佃户在立约进庄时已交纳押租，租种期间除每年照额交租外，每隔 5—10 年还要"原庄"一次，即向地主加交一次押租，谓之"批钱"，其数额相当佃田卖价的 25% - 50% 。故俗称"大批如小买"。不仅如此，"原庄"时，佃户还要置办酒席，请地主与中人（证人）吃酒，加办签押手续。若佃户不能如期缴纳"批钱"，地主即行"夺佃"，转租他人。②

咸丰三年（1853）初，太平军入境，地主豪强为缓和农民的反抗情绪，主动提出"免批"，并先后立"永垂不朽碑"和"免佃户批礼碑"，以志其事。但是太平天国失败后，朱林河的地主豪强率先恢复"原庄"，不少佃户因交不起批钱而被夺佃。光绪六年（1880）终至引发朱林河农民陈纯粹领导的"免庄"起义，口号是"免除原庄钱，收回永佃权"。起义虽然失败，陈纯粹被抓捕和杀害，但"原庄"终于被废除。永佃制成为蕲春的主要租佃形式，据 1934 年《中国经济年鉴》记载，佃户永远保留耕种权的佃田，即永佃田约占全埠租田的 70%。另据 1934 年对刘公河等 14 村的调查，永佃田占租田的 54%。③ 还有的永佃权是在大革命时期和抗日战争时期，农民凭借自己的组织斗争得来的。

在浙江萧山，东部沙地区及中部平原水网地带，土地有大田（又称田底）、小田（又称田面），即所有权和永佃权之分。这种永佃权的产生，是在 1921 年中国共产党建立初期，该县衙前村成立农民协会，为保护农民利

---

① 中国第一历史档案馆、中国社会科学院历史研究所编：《清代地租剥削形态》下册，中华书局 1982 年版，第 503—506 页。
② 《蕲春县志》卷 4，农业，湖北科技出版社 1997 年版，第 72 页，大事记，第 11 页。
③ 《蕲春县志》卷 4，农业，湖北科技出版社 1997 年版，第 72 页，大事记，第 11 页。

益，宣布地主不得撤佃，于是"农民有永久之佃权"。[①]

　　慈溪农民也曾为获取永佃权而斗争，并取得成功。大革命期间，1926年9月，柯东乡（今宗汉乡）农民在中国共产党领导下成立农民协会，推行"二五减租"，保障佃农的永佃权。接着各地相继成立农民协会，开展减租运动，但因地方当局维护业主利益，未能真正推行。抗日战争时期，三北抗日革命根据地实行"二五减租"，规定交租不得超过农产品收获量的37.5%。1943年，龙山、观城、逍林、横河等地的地租率大多降为21.5% -29.5%，佃农的永佃权也逐步得到确认。[②]

---

① 《萧山县志》，浙江人民出版社1987年版，第215页。
② 《慈溪县志》，浙江人民出版社1992年版，第212页。

第五章　永佃制及其衍生形态下的
主佃关系和地租剥削

永佃制下的佃农，因对土地享有永久性的耕作权或使用权，对土地的耕作经营有较大的独立性和自由性。只要照约完租，地主无权干涉佃农的生产和生活，更无权撤佃。相对于普通佃农而言，永佃农有较高的法律和社会地位，生活亦较稳定，地租负担通常比普通佃农略轻。不过，这是就一般情况而言。实际上，永佃制下佃农的法律、社会地位和地租负担，因地权性质、地主身份和永佃制的形成途径不同而差异悬殊。所租土地是官地、屯田、旗地、蒙旗地还是民地，是蒙地"大牌地"（官仓地）还是"小牌地"（普通蒙民地）；出租者是官绅地主还是中小庶民地主，佃农的法律、社会地位和地租负担固然大不相同，不同途径形成的永佃制，佃农的地位和地租负担也有明显差异。在支配和被支配关系方面，佃农从与"田底主"、"大租主"、"大业主"平起平坐的"田面主"、"小租主"、"小业主"到近乎中世纪的世袭式佃奴，社会、法律地位天差地别；在地租负担方面，从只交数量微小的象征性地租到囊括佃农全部剩余劳动、侵蚀大部分必要劳动的繁复租差，轻重悬殊，情况纷繁复杂，不可一概而论，更忌以偏概全、一叶障目，只能实事求是，具体问题具体分析。

一　永佃制下的主佃关系

永佃制及其衍生形态下的主佃关系，可以从政治支配、经济剥削两个方面进行考察和分析。

就政治支配关系而言，在不同地区和时期，由于永佃权形成的历史背景、具体途径和阶级力量对比状况不同，地主对永佃农的支配关系有很大的差异。不过相对于普通佃农来说，永佃制下地主对佃农的政治支配关系还是有它自己的特点，那就是，永佃农的政治和经济地位有所提高，超经济强制的因素有所减弱。

在普通封建租佃关系下，佃农对地主土地毫无"权利"可言，召辞予夺，一任地主所为，在封建地主阶级看来，"佃户出力佃耕，如佣雇取值"①，同雇工没有什么差别。因此，只有地主才能称"业"、称"主"，佃户则既无"业"，自然也不能称"主"。永佃农则有所不同。他们对地主土地握有使用权，并把这种使用权视为"家业"，和地主相抗衡，也纷纷称起"业"、"主"来了。在一些永佃制流行地区，地主和佃农都有相应称"主"的习惯，"底主"和"面主"、"骨主"和"皮主"、"粮主"和"顶主"、"大业主"和"小业主"、"大税主"和"小税主"、"苗主"和"赔主"、"面主"和"根主"、"大租主"和"小租主"，等等，大有分庭抗礼之势。如江西宁都，由于田皮辗转承顶，其价格渐次加增，最后贵于田骨，佃户"往往蔑视田主"。② 因此，这不是一个名称问题，而是标志着主佃关系某种微妙的变化。永佃农因为有田面，生产安排、田面转移，本是佃农权限内的事，因此地主不能像支配普通佃农那样来支配永佃农，永佃农不再是地主土地上的单纯附属物。一般地说，也不再对某一地主存在人身隶属关系，亦即有较多的人身自由。事实上，由于田面权可以自由让渡，往往出现地主不知佃户的情况，如江西赣南一带，"管骨者按簿收租，历年既久，恒不知田亩所在"③；福建龙岩州等地，由于田面"辗转流转，有更数姓不闻业主者"④；陕西定远、佛坪等深山老林垦区，垦山流民"转招客佃，积年已

① 顾炎武：《天下郡国利病书》卷9，清代抄本，漳州府·田赋，第3页。
② 国民党政府司法行政部编：《民商事习惯调查报告书》（一），民国十九年刊本，第424页，附录"乾隆宁都仁义乡横塘塍茶亭内碑记"。
③ 国民党政府司法行政部编：《民商事习惯调查报告书》（一），民国十九年刊本，第424页。
④ 道光《龙岩州志》，卷7风俗志，光绪十六年重刊本，第4页。

久，有至七八转者。因此，"客佃只认招主，不知地主"。① 在这种情况下，地主也就无法在生产活动和日常生活方面直接支配佃农。

有的论者为了证明永佃制同普通租佃制度没有什么区别，甚至比后者更坏，提出"实行永佃制度后，佃户被牢牢地束缚在所佃种的土地上"的观点，② 这是只看到了事物的表面，而未能触及实质。永佃农因为有佃权保障，在同土地的关系上，更具有长期性和稳定性的特点，这恰恰是永佃权的重要标志。在这里，永佃农是以"田面主"的身份出现的，因而同地主凭借超经济强制手段把佃农牢牢地固着在土地上，有质的区别。后者既无佃权或田面权，又没有完全的人身自由，而永佃农既有田面权，又有较多的人身自由。在通常情况下，永佃农长期佃耕地主土地，与其说是由于地主的束缚，毋宁说是永佃农对田面权的留恋。同样，由于永佃农掌有佃权，在地主出卖土地后，佃农随着田底的转移，向新的土地所有者认佃交租，有的还要作为中证人在卖契上签字画押，或向买主重立承佃契据，也不表明他是地主土地的单纯附属物。因为这样做，既保证地主的地租征收，同时也是佃农的佃权不致丢失所必需的。如果田底和田面同时出卖，地主和佃农也有互为凭中的。如安徽黟县地主江广生堂在订立 7 号田契约时，地主江应炳（即"桂林先生"）和佃户江逢沭就是分别以"凭中"的身份在田皮"杜吐契"和田底"杜卖契"上签字画押的。③

又有的论者，为了自己某些观点的需要，又走到另一个极端，强调在永佃制下，"农民除了向地主交纳地租之外，没有其他任何束缚"。④ 似乎永佃制形式下的主佃关系已经是一种纯契约关系。这也不完全符合历史。

历史的实际情况是，一方面，在永佃制下，封建依附关系有较大程度的松弛，一些永佃农的社会和经济地位有所提高；另一方面，从本质上说，永佃制仍然是一种封建租佃制度，土地所有权被操纵在地主手中，佃农并

---

① 光绪《定远厅志》卷 5，地理志·风土，第 7 页，附府志山内风土；民国《续修陕西通志稿》卷 195，风俗一，第 14 页。

② 河北大学经济系经济史教研室编：《中国近代经济史稿》，河北大学经济系，1976 年刊本，第 51 页。

③ 见中国社会科学院经济研究所藏《道光江姓置产簿》，置产簿第 14 函，W·TX·B0053。

④ 刘耀：《太平天国失败后江南农村经济变化的再研究》，《历史研究》1982 年第 2 期。

没有取得经济上的完全独立，超经济强制仍然是地主赖以支配佃农、维持和加强地租剥削的重要手段。在某些地区，超经济强制还十分明显和强大。如前述察哈尔阳原县在屯田的民田化过程中产生的永佃制，地主垄断了整个村庄的土地，全庄农民都是他的佃户，地主即"庄主"和"家长"，庄主集地权、行政管理权和司法权于一身，佃农的法律和社会地位低下，没有完全的人身自由。按规定，佃户一律比庄主低一辈称呼；平时有事呈明庄主，须经庄主允许而后行；庄主如有婚嫁丧祭等事，可随时调用佃户，不给工钱，只供食宿；佃户之间发生民事争执，先由庄主仲裁，如不服裁决，再转呈县署。虽然这种主佃关系也是一种契约关系，佃农对租种的土地、居住的房屋，有"租用继承权和转租权"；但除此之外，它同中世纪的世袭佃奴制并无多大差别。

清代台湾，因为是新垦区，封建人身依附关系相对松弛，永佃制的契约因素更浓一些，永佃农的经济、法律和社会地位较高，但也有少数永佃农或准永佃农，由于地主权势强大，佃农社会地位相应低下，人身自由受到诸多限制。"佃丁"的情况尤为突出。有的佃丁虽有田面权，却受到地主的人身支配。乾隆十七年（1752）淡水的一纸"佃批"规定，佃丁"须当安分守业，不许聚赌窝奸，牵牛扰番、聚众打架滋生事端，干犯宪禁；如有等情，听业主鸣官究逐，招别佃顶耕"。[①] 道光年间嘉义的一纸"认佃契"，更清楚地反映出"佃丁"永佃农社会地位的低下：

> 立认佃字嘉属王甲庄郑陶，缘陶乏业耕作，托保向垦业主黄学源，即本渊老爷，认充佃丁，给出台辖武定里附近鹿耳门内一带新浮埔地前来搭寮居住。择其淡地耕垦成园，约定开荒之始三年内，佃人收成五谷，业主全无分抽；至四、五、六年，始行四六抽分；惟自第七年起，以后永远对半均分。佃人自备牛犁、种子、肥粪，不论年丰岁歉，所有早晚五谷杂子成熟，实数报明，运到业主租馆交收，不敢丝毫贪匿抗缺；如有贪匿抗缺，愿听业主禀逐究治。但陶既为佃丁，自当安

分守法，勤劳力耕，谨遵业主教诲，与佃朋相友相助，以期安居乐业；倘敢愚顽逆教，怠惰废业以及恃强凌弱，为非滋事等情，一经察出，悉听业主随时起耕，逐出界外，另招别佃承接顶耕，陶亦不得藉有工资寮屋为词，恃强习抗，致于禀究。倘陶情愿自去别图，当将原耕产业一并辞还业主，领回佃字，不得私相授受，擅引别人顶耕，冀图得利，反招咎戾。今陶自来此埔认佃，凡事多承看顾，恩义周至，情逾顾复，正宜实心竭力，稍图报德，世世子孙无忘斯语，合此送执为照。

批明：此业将来业主倘以分收费事，转将按年赎定税银理应如数交纳；但恐海涨地盐，溪崩沙压，有种鲜收，到时业主又当以赎定变作均分，庶佃人无致吃亏，经承业主当天喜诺，世代永远遵行。又此埔截至道光十二年五月止，若要新开园地，务就业主分股踏界之日为始，只准三年开荒，不许仍前又有三年四六之例，合此再照。

道光九年二月　日。

保认人　着姆
立认佃字人　郑陶
代书人　黄浅元①

契约中的业主被称为"老爷"，设有"租馆"，显然是一名家财不菲的权势地主，既能够凭借权势占有原本属于官地的新淤滩涂，也对佃农有足够的超经济强制力，因而并未收取押租或押荒银，而是通过"保人"将荒滩租给佃农，强制按约纳租。虽然租额并不特别苛重，无论分成租还是定额租，租率固定在50%的水平，但佃农社会地位卑下。为了获得长期和永久性的土地耕作权，佃农被迫认充"佃丁"，对地主恭维备至，百依百顺，其身份、地位同阳原的永佃农没有太大区别。

台湾地区的佃丁制度始于郑氏管治时期，招募者为官府及文武官员，大多提供牛种，佃丁耕种纳租，并无永佃权。当时台湾农业的开发，尚处于起步阶段，生产条件差劣，特别是文武官员所持田园，"皆属陆地荒埔，

---

① 台湾银行经济研究室编：《台湾私法物权编》第3册，1963年刊本，第673—674页。

有雨则收，无雨则歉，所招佃丁去留无定"。① 为了保持农业劳力和地租收入的稳定，地主相继以普通租佃或永佃制取代原来的佃丁制度。如一纸"佃批"显示，吴姓地主一宗田地，原由数名佃丁垦耕，因被水浸，不堪耕种，佃丁逋租逃逸，土地荒芜。嘉庆五年（1800）地主立约招佃，即采用普通租佃制。②

随着时间的推移，佃丁制度虽然逐渐被淘汰，但佃丁制度的残余或痕迹仍然依稀可见。一些田产较多的地主，一直习惯用管束佃丁的传统手段支配包括永佃农在内的所有佃农，对佃农的管束极严，佃农的日常生活往往受到诸多限制。不少地主招垦、招佃都有限制佃农自由的条款，诸如要求佃农"恪守庄规"、"循规守法"、"不得故违宪禁"，彼此"相友相助"。至于"窝匪奸盗"、"赌博行凶"以及"抗欠田租"，等等，更是在严格禁止之列。否则动辄以收回田面、逐出界外相威胁。雍正十一年（1733），一纸佃农握有不完全的永佃权的"佃批"，除要求佃农"租税务要逐年交纳清楚，不得少欠升合"外，严令佃农"不得故违宪禁，不遵庄规，窝容匪类，及为非作歹；如有此等情弊，被庄主查出，禀逐出庄，不许藉称田底；听业主配佃别耕，不许异言生端"。③ 同年的一纸"招佃垦耕"字同样规定，佃农"在庄务须恪守庄规，不许聚赌、容匪、打架、宰牛等项；如有违犯，立即呈官究逐出庄，不得藉端生事"。④ 乾隆元年（1736）的一纸"招佃"字也有佃农"不得隐藏匪类等情；如有，听业主禀逐，另招别佃"的条文。⑤ 至于豪绅大地主，全都设有"租馆"，对永佃农的控制更加严密，条件更加苛刻。如台湾县一家叫"万益馆"的地主在光绪十年（1884）所立的"佃批"写道："自给批付耕以后，各宜照界管耕，不许混淆，以及抛荒短欠，并不得私自收成，致累公项，以干禀究。苟有抗违等弊，除将埠底、网棋、牛只、农棋公估置抵，项外不敷，再将园埠插越召耕充抵。此系明议两愿，倘敢玩抗，定即禀官拏究。诸佃各宜循规守法，无赖自误；如无

① 台湾银行经济研究室编：《清代台湾大租调查书》第 1 册，1963 年刊本，第 16—18 页。
② 台湾银行经济研究室编：《清代台湾大租调查书》第 2 册，1963 年刊本，第 270 页。
③ 台湾银行经济研究室编：《清代台湾大租调查书》第 1 册，1963 年刊本，第 61—62 页。
④ 台湾银行经济研究室编：《清代台湾大租调查书》第 1 册，1963 年刊本，第 62—63 页。
⑤ 台湾银行经济研究室编：《清代台湾大租调查书》第 1 册，1963 年刊本，第 63 页。

抗违诸弊，仍听该佃永远耕作，照收照分。若欲将已耕之园塭转卖与人，须将契字到馆盖戳，以便改换户名，方许过户，本馆决无刁难；如敢私相授受，查出定将该园塭充公，换佃耕作不贷"。①

这些佃农若要保持佃权，必须安分守己、俯首贴耳。一旦违规生事，不仅立即被剥夺佃权，无法收回佃权工本，而且被逐出庄外，以致无家可归，景况比一般佃农更惨。

同时，官府或地主还采取"垦首"、"佃首"制度来管束佃户。地主在揽得成片荒地后，即将其分成若干"股"出租，每"股"设一"佃首"，再由"佃首"招佃分垦。② 也有的由"股实"佃户以"佃首"身份总揽，而后集股分垦，每股再设"股首"，各个佃农称为"股伙"，佃农持有的佃权或田面权则称"股底"。有的股数较多（有多至三四十股者），自成一庄，公举"总垦"、"总办"、"总理"、"经办"或"当事"，公给印章，负责处理庄内事务。③ 各庄立有合约、条规，众佃必须"同心协力，照约遵行；倘或恃强混占，刁违抗约等情，定将该埔份充公，仍不许在庄居住，决不徇情"。

如果土地原系官产，由垦首揽垦分佃，佃农虽同样享有永佃权，但所受的人身束缚或限制则更严。光绪十三年（1887）垦首曾华春招募佃首、佃人等分垦官有荒地山场，要求佃人自备工本，凿陂圳灌溉，赶紧成田，"异日听官章程，按甲征租，永为己业"。同时严令，"倘垦内大小公事及科派需费，随传随到，不得退缩逾限，亦不得交接匪类窝藏等情；如有此情，鸣官究追"。佃户如有"越轨"行径，则由众佃"鸣官究追"。④

由于台湾是新垦区，佃农大部分是来自福建、广东沿海地区的贫苦农民，封建基层政权和户籍管理尚不完善，地主阶级颇感佃农难以支配。在这种情况下，封建政权一方面直接制定和颁发庄规、禁令，保证地主的征

---

① 《临时台湾旧贯调查会第一部调查第二回报告书》第 1 卷附录参考书，第 102—103 页。
② 参见台湾银行经济研究室编：《清代台湾大租调查书》，1963 年刊本，第 1 册，第 59—60、137—138 页，第 3 册，第 401、544—545 页，第 6 册，第 1017 页。
③ 参见台湾银行经济研究室编：《清代台湾大租调查书》，1963 年刊本，第 1 册，第 28—30 页，第 5 册，第 783—786 页。
④ 参见台湾银行经济研究室编：《清代台湾大租调查书》，1963 年刊本，第 1 册，第 137—138 页。

租权，如淡水厅同知颁发的庄规禁约，禁止佃农抗欠大租、小租，"违者投诉该庄总理、董事、庄正、庄副，着令清还，如有不遵，概禀官究追"。[①] 新竹县知县亦于光绪十五年（1889）发布告示，申禁佃户抗租，并向地主保证，"小租户如有抗欠，准其（按指大租户）禀官追究"。[②] 另一方面赋予地主管束佃农的权力。如雍正五年（1727）浙闽总督奏议，内地前往台湾垦荒种地的单身农民，如果搬迁眷属，除必须佃田满一甲（合11.3亩）、住台五年以上两项条件外，还必须业主具状"保领安插"，佃农"如有妄为，甘与同罪"。[③] 这种永佃农或佃农，甚至保留着魏晋"佃客"的豪门"私属"残余。

在其他某些地区，永佃农的生产活动和日常生活也都程度不等地受到地主的间接或直接干预。而且地主往往同封建政权紧密勾结，利用官府条规、告示、碑禁等各种形式，规定田面价额，禁止佃农抗租霸耕，限制佃农在田面使用方面的权利，借以维护和加强对佃农的政治统治和经济剥削。这种情况无论是在农业老垦区还是在新垦区，都是存在的。在地主豪绅势力异常强大的江苏苏松地区，佃农所受的超经济强制一向十分严重，特别是太平天国运动后，豪绅地主纷纷建立租栈，并加紧了同封建官府的勾结，封建政权直接为保证地主的征租权效劳。这样一来，豪绅地主更加有恃无恐，利用佃农对田面权的留恋，不顾永佃制的惯例，任意加重地租剥削，"厚其租额，高其折价，迫其限日，酷烈其折辱敲榨之端"。[④] 一些无法驾驭佃农的中小地主，则将田底"择土豪而减价售之，或择善堂之有势力者而助之"。[⑤] 在这里，地租不仅没有客观上的标准，而且它本身就是暴力的产物。因此，佃农很难偿清地租，也不可能不受其他任何束缚。在广西博白一带，有一种祖祖辈辈耕种同一地主土地的永佃农，虽然租额较一般佃农

①　《淡水厅志》，转见台湾银行经济研究室编：《清代台湾大租调查书》第2册，1963年刊本，第279页。
②　台湾银行经济研究室编：《清代台湾大租调查书》第4册，1963年刊本，第635页。
③　《临时台湾旧惯调查会第一部调查第二回报告书》附录参考书，第34页，又见《清代台湾大租调查书》第2册，1963年刊本，第249—250页。
④　陶煦：《租覈》，民国十六年重排本，第11页。
⑤　陶煦：《租覈》，民国十六年重排本，第3页。

为低，但逢年过节和婚丧喜庆等事，都要给地主服役和赠送鸡、肉、面、糯米及其他礼物。① 很明显，这样的永佃农还带有封建世袭佃农的性质。

陕西紫阳一带的"顶佃"永佃，佃权一经顶出，地主一般不得回赎，只有收租权，主佃关系相对宽松。但也有例外，某些权势地主单方面订有条规，动辄以撤佃驱逐相威胁，对佃农进行严密管制和人身支配。直至民国，仍然如此。民国八年（1919）的"顶约"，是一个典型例证：

> 地主张忠义志，今将自置大响水沟阴阳二坡山地一分，顶佃与刘功名名下承种，当入押租钱四百八十串文整，议定每年认主完纳银课钱七串八百文。自课之后，任客耕种，如犯约内条规，听主辞客另佃无异。此照界照彭楚发祖父所顶原地原时（址），毋得私行毁害侵让。
>
> 批明：吕兆堂所顶之地不在此内。
> 课一、在地务须敦行孝弟，倘有犯上灭伦、行凶赌博者禀逐。
> 一、遇口角参商，须明地主理论，如外端滋事，查实禀究。
> 条一、地佃上招佃最易藏奸窝匪，查有故意违反者禀逐。
> 一、短少租课不行清完，即将押租钱照市扣除，地主收回另佃。
> 规一、客不愿种，许其谪主（中缺略），如有隐匿议罚。
> 约一、地内竹木茶桐出产，不行禁修、私自砍挖盗卖议罚。
>   朱成杰
>   凭　证　王和廷
>   吴左源
>   谢同普笔　　右给刘功名存据
> 字第　　号
> 民国八年八月二十八日张忠义志盖章发②

从约内顶价银（押租钱）与地租的比值（佃价银相当地于地租的 61.5

① 《中国经济年鉴》，1934 年，第 G243 页。
② 国民党政府司法行政部编印：《民商事习惯调查报告录》（一），民国十九年刊本，第 636—637 页。

倍）看，顶价银已相当于或接近地价。地主虽然应允其地"自课之后，任客耕种"，佃农持有佃权，但所订规约条款苛细，地主集地权、族权、司法行政权于一身。佃农不仅无权转租或自行顶退佃权，甚至家庭日常生活、地邻屋邻关系，也都受到严密规管。连家庭内外、屋村邻里遇有口角、争执，也必须禀明地主决断，如有违反，动辄"禀逐"、"禀究"、"议罚"、土地"收回另佃"。佃农不仅没有完全的人身自由，与此相联系，土地耕作权亦无切实保障，只要佃农稍有差池，或地主不太满意，即可借口佃农"犯规"，收回土地，将其"禀逐"。

至于官田旗地上的永佃农，受封建政权和八旗贵族的控制就更严了。他们一般在承充官佃之前都要具保。如同治二年（1863）所立的热河围场招佃章程规定，所招佃户，不但必须"家计殷实"，"平素确系循分良民"，而且必须取具铺保。如有"滋生事端，即惟该铺保是问"。[①] 宣统二年（1910）奉天采哈新甸安垦局试办章程规定，每地约 80 方里居中设立 3 村，每村约四五十家，"垦户必须在新设村屯居住"，每逢农隙，"本局长亲率巡警之有程度者，自裹干粮，按村传习，务令强壮农夫皆知御侮，是即寓兵于农之隐意也"。[②]

清代台湾地方官府，则设有"官佃首"、"垦首"，负责官田、屯田、"叛产"、学田等的招垦、招佃，监督佃农、佃丁生产，收缴租差。乾隆五十三年（1788）后设立的 10 万余亩番丁屯田，均由"佃首"及"通事"经管，"督佃开垦成熟，按等科租，以充屯务公用"。[③] 台湾的抄封"叛产"，因散在各县，官府无法直接控制，"统归台湾遴派佃首，代为征收，多属绅官揽办"。[④] 前述新竹县明志书院的学田，也是由佃首招佃垦耕，管收地租。[⑤] 淡水厅的官田一般由"垦首"经管。该厅内部山区，各山口设有隘卡，驻扎营勇，垦民"分别一百名、五十名立一垦首，督佃丁耕作"。[⑥] 这

---

① 中国社会科学院经济研究所藏清代户部抄档：《同治二年六月初九日热河都统瑞麟奏》。
② 南满洲铁道株式会社：《满洲旧惯调查报告书前编》蒙地，大同印社 1914 年刊本，附录第 35 页。
③ 台湾银行经济研究室编：《台湾私法物权编》第 2 册，1963 年刊本，第 402—433 页。
④ 连横：《台湾通史》上册，商务印书馆 1920 年刊本，第 129 页。
⑤ 台湾银行经济研究室编：《清代台湾大租调查书》第 5 册，1963 年刊本，第 927 页。
⑥ 唐赞衮：《台阳见闻录》（光绪十七年）卷上，台湾银行经济研究室 1958 年刊本，第 51 页。

些"佃首"或"官佃首"，与民地上的"佃首"有所不同。后者相当一部分由众佃"公举"，而前者一般由官府直接委派，有官府给发的"管耕收租戳记"，并有固定的"辛劳"和"办公"费用。① 他们已经不是官地佃农，而是管束和监督官佃的官府吏员，因而比民地上的"公举"佃首有更大的权力，对佃农的管束也更严。即使发给佃农的永佃"执照"，也是居高临下，官腔十足。凤山县林案叛产租务佃首萧达泉签发的一纸"永耕佃批"即是例证：②

　　管理凤属林案叛产租务佃首萧，为遵示给批永佃事。今据港西里茄苳脚庄佃民黄葵龙，邀同保家黄开旺到馆识认，并具认耕字一纸，赎过抄封匪犯陈天恩名下入官叛产田一甲三分二厘一毛四丝七忽二微，坐落茄苳脚庄，每年应征额租谷三十九石八斗五升七合一勺正□抄□撮，照部例折征纹银二十七两九钱正，例应按季交纳清款，分毫难容短欠。此项叛租，攸关月给戍饷，无论丰歉之年，均当照数赴馆完纳，不得藉词失收拖欠。今查佃欠累不能年年清楚，实因耕佃一年一换，无人肯实力用本下粪，田园瘠薄，日就荒芜，已经将情禀请宪示，给予永佃，俾为恒产竭力耕作；邀蒙宪恩察准，出示晓谕，准给永耕。该佃务将所赎之田园用本下粪，实力勤耕，早完国课，佃首断无轻换内佃，致滋篡耕恶习；倘敢疲玩拖欠租项，即着保认之人垫完足数清楚，仍将田园起耕换佃，断难徇情，该佃亦不得藉执永佃，踞耕滋事，定行禀究，勿谓言之不早也。合给永耕佃批，付执为照。

　　　　佃首　府正堂汪
　　　　给凤属林爽文叛产佃首萧达泉管耕收租戳记
　　嘉庆二十二年十月二十八日给。

① 如番丁屯田"佃首"每年的"辛劳"和"办公"费用为60石稻谷，折合银洋60元。当时屯丁大小头目的年薪为"千总"（统管1-2县屯丁）为100石，折银100元，"把总"（统管一路或数屯屯丁）80石，折银80元，"外委"（每屯一员，统管屯丁300-500人）60石，折银60元。"佃首"辛劳额与外委相同。上述年薪、辛劳均从每年所征屯田租项中划拨支付（参见台湾银行经济研究室编：《台湾私法物权编》第2册，1963年刊本，第395—396、426—433页）。

② 台湾银行经济研究室编：《台湾私法物权编》，1963年刊本，第395—396页。

佃首萧达泉一方面察知以往"耕佃一年一换，无人肯实力用本下粪，田园瘠薄，日就荒芜"，以致佃租"欠累不能年年清楚"。因而禀请县衙，将定期租佃改为永佃，"俾为恒产竭力耕作"；另一方面，为了保证租项如期足额完纳，规定佃农务必"用本下粪，实力勤耕，早完国课"；"倘敢疲玩拖欠租项，即着保认之人垫完足数清楚，仍将田园起耕换佃，断难徇情，该佃亦不得藉执永佃，踞耕滋事，定行禀究，勿谓言之不早也"。由于"官佃首"直接代表官府，又是专职，对佃农有更大的强制力。在"官佃首"管束下的官田永佃，佃农所受人身束缚比其他官地永佃农更为严重。

这些官田、屯田、旗地佃农或佃丁所持永佃权，有在一定条件下处置田面的权利，但社会地位低下，生产生活受到诸多限制，有的还过着类似屯丁的半军事化生活，没有完全的人身自由。

虽然部分永佃农的人身自由受到限制，少数佃农、佃丁更类同中世纪的佃奴，不过不能由此而得出这样的结论：永佃农所受的超经济强制比一般佃农更严重，更没有人身自由。因为在同样的条件下，这些佃农如果没有永佃权或土地耕作权，则所受的封建束缚将更加严重，生产和人身自由更少，法律和社会地位更低下。

总之，同传统封建租佃关系比较，永佃制下的支配与被支配关系，既有其特点，两者又有本质上相同的一面。不考虑永佃农拥有永佃权的这一事实，认为永佃农也同普通佃农一样，被地主牢牢地束缚在土地上；或者任意夸大永佃农在生产管理、佃权支配等方面的权利和自由，认为"地主同农民之间土地依附关系消失了，取而代之的却是佃农对地主土地的占有"。[①] 似乎永佃制下的主佃关系不仅变成一种纯契约关系，而且地主土地已经实际上变成了佃农的土地。这些观点都不符合历史实际。同时必须看到，在不同地区、不同历史时期，主佃间不同阶级力量对比，情况千差万别，不进行全面深入的考察和分析，而是蜻蜓点水，浅尝辄止，以偏概全，或者想当然，都难以得出正确的结论。

---

① 刘耀：《太平天国失败后江南农村经济变化的再研究》，《历史研究》1982 年第 2 期。

二 永佃制下的地租剥削

永佃制下的地租剥削，有不同于普通租佃关系的一些特点：因地主一般无权干涉佃农耕作，无权增租夺佃，租额相对固定；地租形态则主要是货币或实物定额租，除台湾等少数地区在垦荒头几年实行产品分成外，分成租很少，劳役租残余更只是存在于个别地区的特例。大部分永佃制产生于佃农垦荒或购买佃权，更有相当一部分是佃农在缴纳相当数额的"垦底银"或"押荒银"后，才能获得荒地开垦权，自备工本垦辟。而佃权价格又往往数额可观，构成土地价格的主要成分。在这种情况下，地租量和地租率一般会相应减低，也有部分地主愿意一次性得价，佃价要多，地租愿少，形成所谓"价高租低"或"高押低租"态势。有的永佃田地租完全是象征性的，只不过是地主保留田底权的法律依据。因此，永佃制下的地租剥削，情况多种多样。从整体上看，相对于普通租佃而言，永佃制下的地租额和地租率相对较低。这是不容置疑的。不过不能因此得出结论，永佃制的地租剥削一定比普通租佃制轻。因为考察和测定永佃制地租剥削程度，不能单看地租额和地租率，还必须考虑和计算佃农的垦荒工本和佃权价格，因为在商业投资和有息借贷已经相当发达的社会条件下，佃农支付的垦荒工本和佃权价格，同商业资本和借贷资本一样，是需要计算利息回报的。

同时，永佃田租额和租率的高低，佃农地租负担的轻重，直接同永佃制的形成途径有关。一般地说，垦荒永佃，价买佃权永佃（包括部分高押永佃），修复农田、改良土壤或长期耕作而形成的永佃等，租额较轻，租率较低；无息押租（如清代台湾的"无利碛地银"等）永佃、"卖田留耕"永佃，以及部分地区的特殊永佃等，租额较重，租率较高。从时间上看，产生和形成较早的永佃，租额较轻；清代晚期和民国时期出现的永佃，租额普遍加重。

至于永佃制地租的发展变化趋势，从单个佃农看，因地主不能随意增租，租额相对稳定；但从整个永佃农阶层或整个永佃制度看，不同佃农、不同土地的永佃关系产生时间不同，地租额、地租率和地租水平高低各异。

一般地说，形成永佃制的时间越晚，地租额、地租率和整体地租水平越高。永佃农作为一个整体，同普通佃农一样，随着时间的推移，所受的地租剥削也仍然在不断加重。

（一）地租形态、征租方式及其变化

永佃制下的地租形态和征租方式比较复杂。从地租形态看，和同期普通租佃关系一样，永佃地租大部分是实物地租，也有相当数量的货币地租和折租。总的情况是，货币地租所占比重，官田旗地大于民田私田，旱地山林大于水田，棉、茶、烟、蔗等经济作物大于稻、麦、黍、豆等粮食作物。由于北方地区的永佃制主要实行于官田旗地，民地较少，而且大多是旱地，因而货币地租在永佃田地租中所占的比重较大。而在南方地区，大量的永佃制存在于民田和水稻田，货币地租的比重相对较小。在苏松地区，因为折租已经十分盛行，永佃制中货币租的比重也就比较高。江浙沿河沿海沙地、赣闽山林以及台湾地区种植茶叶、甘蔗等经济作物的永佃地，也有相当一部分征收货币地租。其余则大部分或绝大部分是实物地租。

另外，热河蒙地以及其他少数地区，还有数量不等的劳役地租。热河蒙地中的"大牌地"永佃农，在缴纳钱租和实物地租的同时，还要负担某种形式的差役。到清末民初，除少数差役折成现金或谷物外，大部分一直是力役。一些大牌地佃权买卖（顶退）文契末尾，都会写上"皇差便交"、"上带租差×个"、"皇差便交，租差×亩"、"租差×亩，随官仓交纳"，等等。① 这类皇差、租差，特别是按个、按亩计算的差役，全都是劳役地租。此外，有的"大牌地"还有无偿为地主锄地的劳役地租。如喀喇沁中旗民国十五年（1926）的一纸佃权"杜绝地契文约"，末尾写明，"上代（带）租粮六斗、官差四亩、锄张捌亩"。② 所谓"锄张捌亩"，就是无偿为地主薅锄 8 亩地的庄稼。

还要指出的是，就连某些普通蒙民地，直至民国时期还残留着锄地劳役地租。试看喀喇沁右旗（建平县）的一纸佃权当契：

---

① 参见日伪地契整理局编印：《锦热蒙地调查报告》（日文本）上、中、下卷，1937 年刊本。
② 日伪地契整理局编印：《锦热蒙地调查报告》（日文本）下卷，1937 年刊本，第 1755 页。

立钱倒（到）许赎地文约人王殿甲，因手乏不便，今将自置北山熟地一段，计开四至，东至荒界，西至大沟，南北至荒界，四至分明。自烦中人说妥，情愿倒与王亭名下耕种三年，钱到赎回。如钱不到，无年限。同中人言明，此地价钱谷米四石三斗整，其钱笔下交足，分文不欠。此项两家情愿，各无反悔，并无杂项。恐口无凭，立文约存证。收租人陈柱、文未二人收纳，共租钱二千七百文，上带大锄二亩。

> 中　　人　　蔡玉春　王颜显
>
> 代字人　　张汉源
>
> 中华民国拾七年五月初六日　　立①

这纸佃权当契与当地同类契据并无多大区别，唯一不同的是，契尾载明"上带大锄二亩"。亦即佃农每年按约交纳租钱 2700 文外，还要为收租人锄 2 亩地。究竟是"大锄"一遍，抑或一季或一年庄稼的全部薅锄包干，未见具体规定或说明，当有惯例可循，因为这样的文契并非一纸。另有佃权卖契说，"租子遂（随）老契交纳，带锄一亩三分"；"上代〔带〕大锄二亩"；"代〔带〕锄差二分半"；"外代〔带〕官锄贰厘五毫"。② 如果不带锄地劳役，一些契约亦会特别载明。如民国十九年（1930）的一纸佃权"倒契地文约"说，"租遂（随）老契交纳，此地差锄不代（带）"。③ 可见"差锄"在当地相当普遍。这反映了某些地区永佃制下地租形态的多样性和复杂性。

以征租方式而言，由于永佃制下的租额一般是固定的，地主不能随意提高，因此绝大部分是定额租，分成租不甚普遍，而且大都带有阶段性或临时性，多实行于荒地垦熟或垦成水田之前。在台湾，地主招佃垦荒，一般在立约垦种的头几年，佃农所种杂粮和其他旱地作物，多行分成租制，分成比例

---

① 日伪地契整理局编印：《锦热蒙地调查报告》（日文本）中卷，1937 年刊本，第 946 页。

② 日伪地契整理局编印：《锦热蒙地调查报告》（日文本）中卷，1937 年刊本，第 949、977 页；下卷，第 2279、2282 页。

③ 日伪地契整理局编印：《锦热蒙地调查报告》（日文本）中卷，1937 年刊本，第 946 页。

一般为"一九五抽的（抽收）"，即地主得一成五，佃农得八成五，少数为"一九抽的"或"二八抽的"，即地主得一成或二成，佃农得九成或八成，待陂圳修毕，开成水田，再行丈地，改行定额租制。如同宗租佃，水田、旱地兼备，则往往定额租制和分成租制并用。如乾隆五十五年（1790）一纸社番招募汉佃垦种林埔的"永佃批"载明，园中所种杂物，一律"一九五抽的"；另可开筑些少水田，则缴纳一石二斗稻谷的定额租。[①] 情况多种多样。

在蒙地永佃制下，"小牌地"多是钱租，租额一经立契确定，永无增减，自然也不受实际耕作面积增减以及年成丰歉的影响，契约上通常总要写明，"永不丈地，永不增租"。这种地租当地称为"死租"，属于定额货币租的范畴；而"大牌地"的地租一般以实物地租为主，虽然大部分定有单位面积租额，但地租总额和实际征额随耕地面积和收成情况而经常变化。因为是大面积招垦，对荒地面积只进行毛估，其中相当一部分是无法垦耕的，又由于土质瘠薄，必须轮流休耕，少则三五年、七八年，多则十多年、二十年才能恢复地力，也就是说，每年的征租面积势必小于契约租地面积。基于这种情况，一些契约在确定纳租面积和租额时，通常都要按土质条件打一定的折扣。[②] 也有的按实际种植面积交租，即所谓"见楂（茬）交租"、"随年交租"。契约通常载明："种地交租，抛荒抛租"，"×年丈地，地长租长，地落租落"。蒙旗官仓地这种定期丈地，"地长租长，地落租落"的地租征收制度，一直延续下来。试看光绪三十二年（1906）喀喇沁中旗札萨克贝勒府给发的一纸丈地增租"执照"：

　　喀喇沁东（中）旗札萨克贝劲（勒）府发给执照事

　　切因三十家子西梁荒地，昔年出与张九思名下开垦耕种熟地八亩，每亩中钱一吊七百文，迨至今春，经本府旗员又将地按公丈明，计地十一亩二分五厘，内有坟十四座，去坟占地一亩二分五厘，净增地二亩。

---

① 台湾银行经济研究室编印：《台湾私法物权编》第1册，1963年刊本，第153页。

② 如喀喇沁右旗的惯例是，每地10亩，上地纳租8亩，中地6亩，下地3亩；敖汉旗耕地一顷，纳租面积最多70亩，最少一亩，通常30-50亩；翁牛特左旗某些地方的惯例是一顷地纳租10亩。

同中言明，每亩中钱五吊，又交增地价钱十吊整，统计地十亩，其钱交足不欠，历年向本府纳钱租中钱一吊六百三十文，别无杂项。此地作为兑契，永远管业，木土石水相连。恐口无凭，故立执照存证（四至略）。

光绪三十二年十二月二十日　立①

经过丈量，土地的实际耕种面积增加了 2 亩。对这部分增加的耕地，除照原定单位面积租额加纳地租外，每亩还须交纳佃价 5 吊。这大体反映了蒙旗"大牌地"定期丈地和随地交租的基本情况。

此外还有所谓"合租"、"合年交租"，即地主和佃农视年成好坏合议租额。因此，粮租在当地被称为"活租"。这种征租方式，虽有较大的灵活性，但无论计算耕地面积还是衡量年成好坏，都是地主（官仓和内仓"仓员"）说了算，佃农是没有多少发言权的。

由于分成租是一种比较低级的征租方式，不利于佃农生产积极性的发挥和个体经济的发展，因此在佃农的强烈要求下，一些地区原有的分成租也逐渐改为定额租。如台湾地区，原来分成租比较普遍，但随着永佃制的发展，到道光年间，已有相当一部分分成租转为定额租。从一些资料记载看，大部分是佃农斗争的结果。日本占领者收集的这类租制改动契约，13件中有 5 件载明为"佃人要求"，7 件为"业佃相商"等，只有 1 件属于"业主要求"。具体情况见表 5 – 1：

表 5 – 1　清代台湾永佃田租制及其变化情况示例

（1775—1881）

序号	改制契约年份	原定分成租	新改定额租（谷石）	备注
1	乾隆 40 年（1775）	照庄例一九五抽的	银 1 两 4 钱 4 分	业佃相议
2	道光 7 年（1827）	照庄例一九五抽的	13.2	佃人要求
3	道光 21 年（1841）	照例抽的	1.1	佃人要求
4	道光 12 年（1832）	照例抽的	9.0	佃人要求

① 日伪地契整理局编印：《锦热蒙地调查报告》（日文本）下卷，1937 年印本，第 1803 页。

序号	改制契约年份	原定分成租	新改定额租（谷石）	备注
5	道光 14 年（1834）	照庄例一九五抽的	23.45	业佃相商
6	道光 28 年（1848）	照庄例一九五抽的	9.5	业佃相议
7	道光 29 年（1849）	照例抽的	4.0	佃人要求
8	咸丰 1 年（1851）	照庄例一九五抽的	36.0	业佃"妥商"
9	同治 13 年（1874）	照例抽收	5.4	佃人要求
10	光绪 2 年（1876）	一九五抽收	12.0	业佃相商
11	光绪 2 年（1876）	照台例一九五抽的	0.4	业佃酌议
12	光绪 4 年（1878）	照例一九五抽的	20.0	业主要求
13	光绪 7 年（1881）	照庄例抽的	23.625	业佃相商

资料来源：1、2、4、5、6、10、11、12，依次据《清代台湾大租调查书》，第 2 册，第 365—366 页，第 1 册，第 143—144、144、144—145、146 页，第 4 册，第 589—590、590—591 页，第 1 册，第 149—150 页；13 据《台湾私法物权编》，第 287—288 页；3、7、8、9 据《台湾旧惯调查会第一部调查第三回报告书·台湾私法附录参考书》第 1 卷上，第 271—281 页综合整理编制。

这种情况从一个侧面反映出永佃农经济地位某种程度的提高。

清代热河蒙地的地租形态同租佃形式有着密切的联系。普通租佃关系下的地租多为实物地租，而在永佃制下，货币地租占有较大的比重。根据日本侵略者在这一地区收集的蒙地租佃契约统计，可以确定为永佃制而又载明地租形态的契约为 454 宗，其中货币地租 305 宗，占 67.2%，货币与实物混合租 68 宗，占 15%，两项合计占 82.2%；纯实物地租只占 17.8%。这是因为，相对于实物地租而言，热河蒙地的货币地租是一种单一、相对固定的地租形态，给佃农的土地开垦和经营以更大的自主性，从而更适合永佃制这种处于较高发展阶段的租佃形式。由于"小牌地"（普通蒙民地）的租佃形式以永佃制为主，货币地租一开始就占有相当大的比重；"大牌地"（蒙旗王府地和官仓地）则以实物地租为主。但是，随着永佃制的发展、佃农的不断斗争，以及实物地租本身引发出来的各种矛盾，相当一部分"大牌地"也逐渐由实物地租向货币地租、折租转化。如喀喇沁右旗，在乾隆年间招垦时，官仓地和内仓地（蒙旗王府地）都是粮租，每项租额三大石至五大石，"随年交纳"。但耕作年份一长，或因地力减退，佃农无力照原额纳租，要求折价交钱；或因路途遥远，地主收粮运输不便，宁愿折价征收。试看道光十二年（1832）喀喇沁右旗（建平县）的一纸改钱租契：

> 立改租契人伊昌阿，因地户地薄，租差拖累，同众说合，情愿改钱租与丛俊名下永远为业。言明永不打地，永不长租，每年交租钱七十五吊，旱涝不等，不许拖欠。此系两家情愿，不许反悔，前契作为废纸。恐口无凭，立契存证。
>
> 张　　有
> 中　人　李　　明
> 卜立格图
> 代字人　王　秀　俊
> 大清道光十二年贰月卅日　立

从立契人自称看，这应是一宗普通蒙地，原来交的是物租，但佃户和租额不详。因"地薄，租差拖累"，原佃逃逸或被撤换，业主立契改佃，将物租改为钱租，并许佃农"永远为业"，言明"永不打地（丈地），永不长租"。

这种物租改钱租的情况，进入近代更加普遍，而且多以"当租"的形式进行。旗署和王公贵族深感催租烦累，往往将租契改为"办契"（当契），一"办"三年五年不等。将每年租粮按半价交钱。不过这种"办契"形式的折租，许多只是一种临时性折价。下面这纸"办契"即是一个例证：

> 立办租契文约人玺三爷属下小塔子沟大营子牌租地四十顷，原例定租每顷每年交租五大石，肥猪一口，草一束。今因催现租不便，情愿粮租折价，当与众佃户，每顷五年纳中钱三十吊，共当中钱一千二百吊，自七年春起，至十二年秋后为满。年满之后，行弓丈地，每顷弓力钱二吊，马料二斗，公馆均摊，仍按旧例交纳现租，不准拖缺。为此出给办租契为证。
> 同治七年四月十二日。①

---

① 日伪地契整理局编印：《锦热蒙地调查报告》（日文本）中卷，伪康德四年（1937）印本，第1110页。

这是地主将租地出当，当期 5 年。以 5 年的地租、杂差作为当价，全部折成现金，一次缴清。期满后再行弓丈地，按原例纳租。

在喀喇沁中旗平泉一带，蒙旗地租本系粮租，但据说因钱租交收于主佃双方均感便利，"颇有以钱折合者"。敖汉旗官家地一带的官仓地粮租，也因租额等问题，佃农同蒙旗官府之间一再发生矛盾，到道光年间，经热河都统裁决，一律改为钱租，每亩纳中钱 132 文。[①]

也有"大牌地"粮租是随着租佃形式的改变，即由普通租佃关系转为永佃制而改变为钱租的，并大多立有契约，例如：

> 立改钱租契文约人台吉挠力桑卜、叔兄图司拉王勒因年饿用不足，将先祖租与敖汉波洛南北上下地土，至今开设多年有余，其地中水沟死石不计其数，瘠薄难以丈量，是以租粮太重，差管事人那思来与地户商议明白，将每年所吃綦思忠名下租粮叁石五斗，小差在内，并綦思聪名下租粮叁石七斗，小差在内，除尹姓交租九斗，差钱一吊八百文，草九束，净租二石八斗，通共租粮六石三斗。同众人说妥，情愿改作钱租，永远为业。〔则〕言明共合押契钱二百卅九吊四百文。其钱笔下交足，言定历年秋后交租共二拾二吊零五文。别无杂差，永不长租，永不丈地。此等情系两家有益，各无反悔。此钱并非私债折扣。恐后无凭，立改钱租契各执一章〔张〕存证。外有跑腿钱壹吊伍佰文。
>
> 道光十七年十二月二十四日。[②]

这是一纸改钱租契，同时又是一纸永佃契。佃农綦思忠等租垦蒙古台吉土地多年，但并未缴纳押契钱（佃权价格）和取得永佃权。地租是一种活租形式的粮租，必须定期丈地，租额随耕地面积伸缩涨落。因长年水土流失，地力衰减，地中沟壑、死石不计其数，根本无法丈量计租。在这种情况下，佃农通过缴纳押契钱，取得永佃权（"永远为业"），其地租也由粮

---

① 日伪地契整理局编印：《锦热蒙地调查报告》（日文本）下卷，1937 年刊本，第 1464、2103 页。

① 日伪地契整理局编印：《锦热蒙地调查报告》（日文本）下卷，1937 年刊本，第 1464、2103 页。

② 日伪地契整理局编印：《锦热蒙地调查报告》（日文本）上卷，1937 年刊本，第 352 页。

租改为钱租，并特别写明"永不长租，永不丈地"。活租变成了死租。

台吉挠力桑卜的另外4宗租地，也都于道光十八年、二十三年、二十四年先后由物租改为钱租。4宗租地原来同为钱物混合租，因"水冲地少"或"种地年远，河滩地少，交租不凑"，减去部分粮租，免征小差钱和干草，再将剩余粮租改为钱租。还有一宗也"因山瘦地薄"，免去小差钱，将粮租改为钱租。然后4宗租地均按借贷利率折合，将按年征收的钱租改为一次征收，佃人此后不再交租。①

类似这样的改租契有好几宗。地租改制后，佃农既有永久耕作权，租额又明文规定且固定，佃农可以多种多收多得，必然会采取措施改良土壤，水土严重流失、土质不断恶化的状况或许能得到缓解或遏制。这的确对主佃"两家有益"，不失为明智之举。

不过总的来说，蒙旗地特别是"大牌地"，兼有其他租差的粮租，一直占有相当的比重。由于灾害频繁，土地收成不稳，这类粮租并非丰歉无改的"铁板租"，而是根据年成、土地产量而相应调整。因此，一些租约会载明，"见楂（茬）交租"；"有楂交租，无楂免租"。②为此，一些地方有每年请地主勘验青苗的惯例。如绥远五原县，汉人蒙旗佃农，每年春夏间，得邀同蒙古土地所有人查勘青苗优劣。如因旱涝或其他原因，没有或减少收益时，得免除或减少佃租，谓之"视验青苗"。③

另外，在一些地区，随着地主对田面的兼并和永佃制遭到破坏，纳租方式也出现倒退，亦即由定额租改为分成租。这种现象在皖南徽州一带非常明显。如黟县地主江广生堂于1830—1850年买进"大小买一业田"16宗，实行分租制者13宗，而其中6宗是由定额租改过来的（其余7宗或原系自耕，或原征租方式不明）。④

（二）高价低租与地租剥削

由于大部分永佃是通过佃农垦荒或价买佃权（包括购买垦荒权）形成

---

① 日伪地契整理局编印：《锦热蒙地调查报告》（日文本）上卷，1937年刊本，第353—354页。

② 日伪地契整理局编印：《锦热蒙地调查报告书》（日文本）下卷，1937年刊本，第2141页。

③ 国民党政府司法行政部：《民商事习惯调查报告录》（一），民国十九年刊本，第723页。

④ 中国社会科学院经济研究所藏：《道光江姓置产簿》，置产簿第14函，W·TX·B0053。

的，而垦荒工本和垦荒价（垦底银）、佃权价格一般都为数不菲，这是主佃双方在计算和确定租额时必须考虑的因素，所以，垦荒低租和高价低租或高押低租，在永佃制地租中占有相当大的比重。

通常佃农通过垦荒取得永佃权的租田，租额相对较低，这是一个十分普遍的情况。例如，江苏靖江佃农租种的"扁担田"，每亩租额只有 600 文。[①] 江都由垦农永佃的军卫屯田，"租额颇轻"。[②] 浙江萧山的淤沙永佃地，每亩租钱只有二三百文。[③] 在嘉兴，佃农在太平天国运动后垦复的一些"余花地"，据说平时仅代地主完粮，并不交租，只在丰年每亩交租一二斗，故称"余花"。[④] 兰溪类似性质的永佃田，每石田（合 2.5 亩）租谷 200 斤，[⑤] 相当于每亩 80 斤。安徽歙县某些地方，太平天国战争后，地主招佃垦荒，头三年免租，"以后租额亦皆减轻"。[⑥] 江西赣州府属各县，清初佃农通过垦荒而获得的永佃田，"其租额极轻，又有折扣，自八折至五折不等"。如宁都的永佃田，"五十亩之田，谷租从未有过五十石以外者，或四十五石，或四十石，谓之九收、八收，少至七收六收"。[⑦] 雩都（今于都）的情况是，田有田骨田皮，田皮属佃人。据说田皮"出息广，厚利皆归佃人，而田主仅得些许之租"。[⑧] 兴国有一种"皮骨田"，多是原由甲先占有的土地，后经乙开荒耕种，则"皮（耕）权"归乙，"骨（主）权"归甲。"皮骨田"的租额较轻，约及普通田租额的一半。这种田以祠、庙公产田为多，农民之间也有。[⑨]

在清代台湾地区，永佃制绝大部分是佃农在垦荒过程中形成的，其通

① 国民党政府司法行政部：《民商事习惯调查报告录》（一），民国十九年刊本，第 348 页。
② 章有义：《中国近代农业史资料》第 3 辑，生活·读书·新知三联书店 1957 年版，第 252 页。
③ 张鸿：《量沙纪略》初集·大租地之沿革。
④ 国民党政府司法行政部：《民商事习惯调查报告录》（一），民国十九年刊本，第 467 页。
⑤ 国民党政府行政院农村复兴委员会：《浙江省农村调查》，商务印书馆 1934 年版，第 216 页。
⑥ 孙文郁编：《豫鄂皖赣四省之租佃制度》，金陵大学农学院经济系，1936 年刊本，第 110 页。
⑦ 道光《宁都直隶州志》卷 1，风俗志；国民党政府司法行政部：《民商事习惯调查报告录》（一），民国十九年刊本，第 420 页。
⑧ 同治《雩都县志》，同治十三年刊本，卷 5，风俗。
⑨ 《兴国县志》卷 4，农渔牧业，1988 年内部发行本，第 161 页。

例是，佃农立约领得荒地后，必须限期开垦。在荒地开垦初期，采行分成租制，分配比例通常为"一九抽的"或"一九五抽的"，即地主得一成或一成五，佃农得九成或八成五。待荒地垦耕成熟，或建成水利排灌设施，再采行定额租制，征租标准是水田每"甲"（合 11.3 亩）交租 8 石，旱地每甲 4 石，每亩分别折合 0.71 石和 0.35 石。《清代台湾大租调查书》所集各种永佃契约中，可以确定单位面积租额的水田 106 宗，载明每甲租额 8 石或 8 石以下者，分别为 75 宗和 15 宗，合计 90 宗，占总数的 85%。8 石以上者 16 宗，只占 15%。可以确定单位面积租额的旱地 22 宗，载明每甲交租 4 石或不足 4 石者，分别为 11 宗和 8 宗，合计 19 宗，占总数的 86.4%；4 石以上 3 宗，只占 13.6%，可见水田每甲 8 石、旱地每甲 4 石是清代台湾地区垦荒永佃田租额的通行惯例。

台湾土地单位面积产量互有高低。康熙中叶，据称诸罗县的官田水田，每甲"每岁可收粟五十余石"。[1] 也有的土地面积按产量计算，以年产谷 85 石为一"甲"。下引雍正十年（1732）的一纸"招佃字"，从一个侧面反映出清代前期台湾的耕地面积计算和垦荒永佃征租习惯或标准：

> 立招佃人业户李朝荣，明买有大突青埔一所，坐落土名巴刘巴来，东至柳仔沟埤为界，西至大沟为界，南至入社大车路为界，北至黄邦杰厝后港为界，四至明白。今有招到李思仁、赖束、李禄亭、梁学俊等前来承赎开垦，出得埔银六十五两正，情愿自备牛犁建筑坡圳，前去耕垦，永为己业。历年所收花利照庄例一九五抽的，及成田之日，限定经丈八十五石满斗为一甲，每一甲征租八石，车运到港交纳。二比甘愿，日后不敢生端反悔，增加减少，亦不敢升合拖欠；如有拖欠定额，明官究讨。口恐无凭，立招佃一纸存照。
>
> 即日收过埔银完，再照。
> 雍正十年十月　日立招佃人　李朝荣[2]

---

① 台湾银行经济研究室编：《清代台湾大租调查书》第 1 册，1963 年刊本，第 18 页。
② 台湾银行经济研究室编：《清代台湾大租调查书》第 1 册，1963 年刊本，第 60—61 页。

佃农交纳押荒银（埔银），自备牛犁工具，垦荒筑陂开圳，历年土地收成采行分成租制，"照庄例一九五抽的"，即地主得 15%，佃农得 85%。开成水田后，再行丈地，改成定额租制，产量满 85 石为一甲，每甲征租 8 石，永无增减。这既是"庄例"，也是清代台湾地区垦荒永佃征租的一般惯例。水田每甲产谷 85 石、征租 8 石，占土地产量的 9.4%。这样低的租率是十分罕见的。

垦荒永佃的租额租率相对较低，主要是由于当时台湾的土地开垦和农业发展尚处于早期阶段，地旷人稀，荒地价值、价格低廉，地主大户可以无偿领垦，甚至可以任意圈占，得来容易，而要将荒地垦熟，特别是筑陂开圳，修建完整的水利排灌系统，将高低不平的山坡、荒野筑成水田，要耗费大量人力、物力和财力。因此，如地主提供牛种或主佃分摊垦荒费用，租额即相应提高。淡水厅的一般惯例是，"凡田器、牛种皆佃备，其或荒地初垦、近溪浮复者，经佃开垦成田，须三年后，田主方勘界定租，垦费主佃分者则租均之"。[①] 地主供给部分垦费，租率即提升至五五均分，可见垦荒成本之高昂。事实上，与开垦初始阶段的"佃丁制度"不同，在永佃制或普通租佃制度下，牛犁籽种等垦费，固然全由佃农自理，修筑陂圳通道等水利费用，也多由佃农负担。虽然在某些地区存在主佃分摊水利工程费用的俗例或个案，有的水圳干道工程费用由地主、佃户对半支付，或四六、三七分摊，田间支渠由佃户自理，每甲征租 8 石。如乾隆二十二年（1757）有"佃批"设定，"若遇筑大陂圳水，业四、佃六均派；田头小陂圳水，佃人自备工力，不得推诿"。[②] 雍正十一年（1733）一纸佃批字开列的条件是：如开水圳为水田，业主每甲议贴水银一两一分，疏通上下水圳，庄内田丘排灌，以及每年修理水圳，"系佃人之事"。地租征课，首年每甲纳粟四石，次年八石，三年清丈，"每甲纳粟八石满，车运到鹿仔港交纳"。[③] 乾隆二年（1737）的一纸"佃批"字写明，佃农依约垦种，"开筑圳水并历年修补工

---

① 《淡水厅志》，见《清代台湾大租调查书》第 1 册，1963 年刊本，第 151 页。
② 台湾银行经济研究室编：《清代台湾大租调查书》第 1 册，1963 年刊本，第 72—73 页。
③ 台湾银行经济研究室编：《清代台湾大租调查书》第 1 册，1963 年刊本，第 61—62 页。

资，照庄例均出"，首年每甲纳租四石，次年六石，第三年八石，"永为定例"。① 某些高山族村社招募汉族佃农租垦荒地，解决水利灌溉的办法是，村社将溪水引入灌渠，佃农修筑灌渠，引水到田，每甲纳租6石。如乾隆十二年（1747）番社土官所立的一纸"佃批"载明，"溪中水头修筑水道，引入埤圳，乃土官、众番之事。至于开埤筑圳，工力浩大，水道行远，必藉匠人开筑，约付佃人自出资本，募匠开筑，灌溉成田，故于三年后，每甲定例纳租谷六石；而酌减台例二石者，以偿佃人开筑埤圳之工本故也"。②

有的地区，若佃人独自负担水圳工程费用，将每甲租额相应降为4~6石。如乾隆二十九年（1764）一纸"招垦字"的规定是，"埤水佃人自筑灌溉，每甲纳粟四石"；乾隆五十一年（1786）另一纸"招垦字"所列的招垦条件是，"筑埤圳乡勇公费，业三佃七匀派"，候三年垦成水田丈量，按甲8石纳供；"如埤水佃人自筑，按甲六石完收"。③

然而，更普遍的情况是，每甲租额按乡例定为8石，而陂圳修筑工程费用全部由佃农自理。如地主张振万乾隆二十六年（1761）、三十二年（1767）所发"招佃批字"均规定，每甲纳租8石，"永为定例"，并须佃人送至地主公馆交纳入仓，但"庄中修理桥路、开筑埤圳以及埤头杂费等项，系佃人之事"，与地主无关。④ 乾隆三十四年（1769）的一纸佃批也写明，佃人"自备工本，开筑埤圳垦耕"，开垦初期，递年收成粟石、蕃薯以及杂子，照一九五抽的。将来开成水田，每甲每年纳租八石。⑤ 大租主招垦永佃如此，小租主招垦永佃亦复如此。陈姓两"佃主"（小租主）先后于乾隆五十六年（1791）、嘉庆五年（1800）所立的两纸招佃（佃批）字，令现耕佃人"自备牛工、种籽，耕垦成田"，"永远为业"的同时，特别说明，"凡有修筑埤圳及顾水工粟等费，悉系耕佃自行鸠出，不干佃主之事"。⑥

---

① 台湾银行经济研究室编：《清代台湾大租调查书》第1册，1963年刊本，第64页。
② 台湾银行经济研究室编：《台湾私法物权编》第2册，1963年刊本，第368页。
③ 台湾银行经济研究室编：《清代台湾大租调查书》第1册，1963年刊本，第75、83页。乾隆二十九年（1764）、道光十年（1830）各有的一宗永佃个案，均是"埤水佃人自筑灌溉"、佃农（小租主）"自备工本开凿水圳"，每甲纳租4石（上引书，第75、112页）。
④ 台湾银行经济研究室编：《清代台湾大租调查书》第1册，1963年刊本，第76页。
⑤ 台湾银行经济研究室编：《清代台湾大租调查书》第1册，1963年刊本，第76、77页。
⑥ 台湾银行经济研究室编：《清代台湾大租调查书》第1册，1963年刊本，第84、94—95页。

　　需要特别指出，现存绝大部分永佃契约，均只写明水田每甲租额 8 石，而未提及水圳修筑，这些田亩的水利工程费用全都由佃农负担。如果租垦的荒地已经或正在修筑陂圳，则佃农另需补贴工程费用。雍正十一年（1733）的一纸"佃批"说，招佃草地"现在开圳灌溉禾苗"，佃农须"每张犁份议贴水圳银三两"，"俟水开到田之日，立即交明"。①

　　显而易见，这种低廉的垦荒地租是在特定的历史环境和条件下产生的。其中陂圳工程艰巨、费用高昂，又是最主要的原因。关于这一点，一些租佃契约亦有反映。道光十年（1830）张居郎等"垦首"所立的一纸"给垦招佃字"，载明垦户"前去自备工本开凿水圳，招佃收税纳租，永为己业"，同时保证："其田因佃户自凿水圳，工本浩大，日后价值千金，郎、正等永不得加增租粟，亦不敢滋事生端。"②

　　永佃低租的另一种情况是，由于某种原因，地主高价出卖佃权，相应减少租额，使单位面积租额或地租总额大大低于同类土地的地租水平。这种情况在清代台湾和热河、察哈尔、绥远蒙地区十分普遍，在其他永佃制流行地区也不同程度地存在。其突出特点是，佃权价格或押租银远比同类土地高，而租额远比同类土地低。

　　在台湾，业主以永佃制的方式进行原荒或再荒地招垦时，大多要收取一笔款项，作为押荒、押租或佃权价格。具体名称不一，用的较多的有"垦底银"、"垦批银"、"垦成银"、"垦字银"、"给垦银"、"埔底银"、"园底银"、"田底银"、"田头银"、"犁头银"、"碛地银"、"碛底银"、"批银"、"价银"、"价值银"、"时价银"、"垦价银"、"埔价银"、"地价银"、"认佃银"、"垦礼银"，等等。有的地主为了一次得价，"碛地银（押租）要多，田租愿少"，③佃农通过交纳高额佃价或押租，降低单位面积租额，从而出现所谓"价重租轻"或"租少银多"的现象。有的还直接以卖地的方式，将土地或山林使用权卖给佃农，只收极少量的租额，作为保留土地所有权的证据。下引"永耕字"是其中一个例子：

────────────

① 台湾银行经济研究室编：《清代台湾大租调查书》第 1 册，1963 年刊本，第 62—63 页。
② 台湾银行经济研究室编：《清代台湾大租调查书》第 1 册，1963 年刊本，第 112—113 页。
③ 台湾银行经济研究室编：《清代台湾大租调查书》第 4 册，1963 年刊本，第 763 页。

　　同立永耕字迁善南北社通事、业户、土目、番差、甲首暨众白番，有承祖父遗下应管山仑，在竹林庄后，土名大仑，东至横车路为界，西至本仑山脚为界，南至犁壁仑坑中为界，北至中仑为界，四至界址明白。今因乏银费用，兄弟姊妹相议，愿将此山仑出卖，先尽同房亲伯叔兄弟姊妹不欲承买，外托中引就向与下厝庄某号、竹林庄某同出首承买，时同中议定面值仑价佛银一百一十大员正。银即日同中交收足讫，其仑随即踏明界址，交付买主前去掌管招佃，栽种树木相思杂子，日后子孙不敢言及贴赎找洗，亦不敢异言生端。历年面约配纳相思柴二十担，交纳给单。保此山仑系是迁善南北社物业，与别社番人等无干，亦无重张典挂他人以及来历交加不明为碍；如有不明等情，我社头人一首出力抵挡，不干买主之事。此系仁义交关，二比甘愿，各无反悔，口恐无凭，同立永耕字一纸，付执为照。

　　即日同中亲收过永耕字佛面银一百一十大元，再照。

　　光绪十年十月　日。①

　　业主将范围颇大的整座山冈以 110 银元的价格出让，保证"日后子孙不敢言及贴赎找洗"，而每年征收的租额仅仅 20 担相思木柴，以此作为保留对山冈所有权的依据或象征。又如道光二十一年（1841）大甲西社高山族业主将一处水田招佃"永耕"，收取"时值田价佛银"665 元，"一给千休"，业主及"日后子孙不敢言及找赎生端"，唯一条件是年纳"社番私租"2 斗，② 以表明业主出让的只是土地使用权，而非土地所有权。

　　个别的甚至完全无租，文契名义上是招垦永佃，实为土地绝卖。试看道光六年的一纸"垦单字"：

　　立给垦单字阿里史社番大渗毛，有承父遗下荒埔一所，址在旱溪庄东北势，土名沙历巴来，东至茅格群乃园为界，西至番仔沟为界，

① 台湾银行经济研究室编：《台湾私法物权编》第 2 册，1963 年刊本，第 369—370 页。
② 台湾银行经济研究室编：《清代台湾大租调查书》第 3 册，1963 年刊本，第 519 页。

南至沟为界，北至车路为界；四至界址分明。今因乏工本开园，托中招与汉人林凤出首承垦永耕，开辟成园，当日凭通事三面言定时值埔底价银三十大员正。同中银、字两相交收足讫；随即踏明荒埔界址，交付凤掌管永耕，日后子孙永无取赎，不敢异言生端滋事。保此埔渗毛承父物业，与别社番无涉，亦无重张垦字典借他人财物。若上手来历不明，渗毛等一力抵挡，不干林凤之事。此是番汉二比甘愿，各无迫勒反悔，口说无凭，立给垦单字一纸，付执永远存照。

道光六年十月　日立给垦单字阿里史社番　大渗毛。

依口代笔　蔡和成

在场知见　通事①

文契名称是"垦单字"，交易行为及目的是招得汉人"承垦永耕，开辟成园"，承垦人所付价款谓之"埔底银"，性质或作用是押荒银或佃价银、田面价银，不过文契并未规定承垦人的纳租义务及租额。相反，招垦人却保证，将荒埔交付承垦人"掌管永耕，日后子孙永无取赎，不敢异言生端滋事"。这样，承垦人在缴纳 30 元的"埔底银"后，可以永远无偿耕作，招垦人同土地已无经济上的关系。但从法理的角度看，又不属于土地绝卖，招垦人仍然保留着没有实际意义的土地所有权。

这种"价高租低"或只象征性地收租，甚至免租的情况，在台湾的永佃制中，无论"汉大租"或"番大租"，都相当普遍。表 5 - 2 是汉大租"价高租低"的情况示例：

表 5 - 2　清代台湾垦荒永佃（汉大租）中"价高租低"情况示例
（1763—1876）

年份	土地类别/面积（甲）	埔底银（银元）	大租（谷石）	大租/埔底银①（%）	资料来源②
乾隆 28 年	荒埔一处	36	粟 5 斗、麻 6 斗	3.06	大租 I 74
乾隆 34 年	埔地一所	30	0.5	1.67	大租 I 79

① 台湾银行经济研究室编：《清代台湾大租调查书》第 3 册，1963 年刊本，第 502 页。

续表

年份	土地类别/面积（甲）	垦底银（银元）	大租（谷石）	大租/垦底银（%）	资料来源
乾隆 38 年	荒埔一处	20	0.5（两）	3.50	大租 I 80
乾隆 39 年	草地一所	100	3	3.00	大租 I 81
乾隆 60 年	荒园一丘	15	0.5	3.33	大租 I 88
嘉庆元年	埔地 0.05 甲	6	0.35	5.83	大租 I 90－91
嘉庆 13 年	瘠薄荒埔 2 小段	10	0.7	7.00	大租 I 100
嘉庆 18 年	尖角田一小丘	4	0.2	5.00	大租 I 103－104
嘉庆 22 年	荒埔一所	12	0.8	6.67	大租 I 104
道光元年	田土 3.46 甲	354	27.25（7.9 石/甲）	7.70	大租 I 105－106
道光 3 年	荒埔一小丘	6	0.2	3.33	大租 I 107
道光 4 年	水田 1.4 甲	310	11.2（8 石/甲）	3.61	大租 I 108
道光 4 年	水田 2.9 甲	710	23.2（8 石/甲）	3.27	大租 II 273－274
道光 30 年	荒埔地基一所	12	0.4	3.33	大租 I 120－121
同治元年	海埔旷地一处	8	0.2	2.50	大租 I 122
同治 8 年	水田 0.15 甲	50	免租	—	大租 I 123
同治 12 年	埔地一处	26	1.7	6.54	大租 I 124
光绪 2 年	山场一处	49	1	2.04	物权 I 68－69

说明：①大租单位原为谷石（1 宗为银两），为便于比较，计算百分比时，按清代台湾惯例，稻谷 1 石折成银元 1 元；银 1 两折成银元 1.4 元。

②为节省篇幅，资料来源书目业已简化："大租 I 74"即《清代台湾大租调查书》第 1 册，第 74 页；"物权 I 68—69"即《台湾私法物权编》第 1 册，第 68—69 页，依此类推。

表 5－2 所列并非清代台湾汉大租永佃"价高租低"案例的全部，而只是摘取租额对垦底银的比例不足 10%（其中大多不足 5%）的一部分案例，以揭示"价高租低"的实际程度。当然，这类案例在整个"汉大租"永佃中只占一小部分。大部分案例的租额对垦底银或埔底银的比例远在 10% 以上，也还有相当多的案例，地主或招垦者并不收取垦底银或碛地银之类的费用。情况多种多样。

因表 5－2 中案例的土地单位面积不详，无法确定单位面积租额。所谓"价高租低"，只是垦底银或埔底银和租额二者比较而言。按单位面积和全台地租水平计算，垦底银固然甚高，而实际地租额并不一定低。从有土地

单位面积可查的几宗案例即可看出这一点。除同治八年（1869）那宗个案
免租外，嘉庆元年（1796）和道光年间的4宗个案都是按每甲6~8石的一
般惯例收取地租，并无任何扣减，价高但租不低。其中道光四年（1824）
的两宗个案，主佃双方分别是同一个人，立约时间相同，土地性质一样，
均系原佃退耕之地，地主"因田土荒瘠，恐累国课"（"田土荒瘠"或许是
原佃退耕的原因），托中招佃。不过，地主并未因"田土荒瘠"而放宽招佃
条件，不但仍按租馆私斗每甲征租8石，而且分别收取310银元和710银元
的"垦价银"，平均每甲分别达221.4元和244.8元。同治八年（1869）那
宗个案，收取的"给垦银"更每甲高达333.3元。虽然免纳地租，但以每
甲8石计算，所免租额充其量不过1.2石，只有50元"给垦银"年息的1/
10强，微不足道。由此可知，许多所谓"价高租低"，实际情况是佃价高但
地租并不低。

　　相对于"汉大租"而言，"番大租"永佃的"价高租低"情况更为普
遍。资料显示，各类业主以出卖土地使用权为条件的招垦招耕永佃，绝大
部分个案的地租额不到垦底银的1/10。现将地租额不足垦底银或佃权价格
5%（包括3宗免租）的76宗个案列如表5-3所示：

表5-3　清代台湾垦荒永佃（番大租）中"价高租低"情况示例
（1727—1885）

年份	地区	土地类别	垦底银（银元）	大租（谷石）	大租/垦底银[1]（%）	资料来源
雍正10年	猫罗社	山厝地竹园、果子宅树木二段	60	100（文）	0.23	大租Ⅲ444
雍正10年	彰化岸里社等		8300（两）[2]	520	4.39	大租Ⅰ26-27
乾隆3年	半线社	山埔一所	8	0.3	3.75	大租Ⅲ445
乾隆5年	雷里社	埔园一大段	130	1	0.77	大租Ⅲ446
乾隆8年	马芝遴社	园底一丘	0.03（两）	0.1	2.33	大租Ⅲ448
乾隆11年	南大肚社	荒山一所	76	0.3（元）	0.39	大租Ⅲ449
乾隆14年	北投社	荒埔一段	27	3	11.11	大租Ⅲ450
乾隆17年	北投社	埔地一块	24	0.6	2.5	大租Ⅲ452
乾隆18年	猫罗社	田头荒埔地一处	25	0.8	3.2	大租Ⅲ453

年份	地区	土地类别	垦底银（银元）	大租（谷石）	大租/垦底银（%）	资料来源
乾隆 21 年	水里社	埔荒一处	8	0.3	3.75	大租Ⅲ455
乾隆 23 年	新眉社	园一丘	90	0.6	0.67	大租Ⅲ456
乾隆 23 年	北投社	埔园一丘	33	0.2	0.61	大租Ⅲ457
乾隆 23 年	东螺社	荒埔田二段	213	2	0.94	大租Ⅲ458
乾隆 29 年	东螺社	下则田 1.1 甲	213	7.48	3.51	大租Ⅲ458－459
乾隆 31 年	柴坑仔社	沙埔一所	326	15.2	4.66	大租Ⅱ371
乾隆 32 年	南社	荒埔二丘、园一丘	18	150（文）	1.17	大租Ⅲ459－460
乾隆 39 年	茄藤社	草地一所	100	3	3.0	物权Ⅱ241
乾隆 43 年	里族社	山地一处	12	0.13（两）	1.52	大租Ⅱ372
乾隆 44 年	里族社	山林荒埔一处	48	0.4	0.83	大租Ⅲ462－463
乾隆 44 年	猫罗社	荒田一处	62	1.6	2.58	大租Ⅲ463－464
乾隆 45 年	猫罗社	山仑埔一所	4	0.05（元）	1.25	物权Ⅴ1026
乾隆 49 年	大圭笼	山林海埔一所	64	1	1.56	物权Ⅳ928
乾隆 51 年	柴里社	秧田 3 丘	9	0.1	1.11	大租Ⅲ468－469
乾隆 54 年		山埔林一处	7.6（两）	0.2（两）	2.63	大租Ⅲ381
乾隆 58 年	里族社	荒埔山一所	2	0.05	2.5	大租Ⅲ382－383
嘉庆 8 年	山顶冒达社	隘埔一处	28	1	3.57	大租Ⅲ473
嘉庆 8 年	南投社	水田一段	380	2.5	0.66	大租Ⅲ475
嘉庆 9 年	金包里社	荒埔田一所	68	1.2	1.76	大租Ⅲ477
嘉庆 10 年	猫罗社	厝地一段	11	150（文）	1.91	大租Ⅲ478
嘉庆 10 年	阿里史社	埔园一所	80	0.5	0.63	大租Ⅲ479
嘉庆 13 年	迁善南社	荒埔一处	26	100（文）	0.54	大租Ⅲ481
嘉庆 13 年	大武郡西堡	水田 1.25 甲	40	10	2.5	物权Ⅱ296
嘉庆 14 年	雷里社	埔地一处	148	1.3	0.88	大租Ⅲ484－485
嘉庆 17 年	马芝麟社	旷仑一所	20	300（文）	2.1	大租Ⅲ486
嘉庆 19 年	迁善南社	荒田一处	100	2	2.0	大租Ⅲ487－488
嘉庆 19 年	新港社	埔园一所	160	1（元）	0.63	物权Ⅴ1017－1018
嘉庆 20 年	猫罗社	荒山一片	6	0.1（两）	2.33	物权Ⅴ1027
嘉庆 20 年	迁善南社	埔园一所	17	100（文）	0.84	大租Ⅲ489

续表

年份	地区	土地类别	垦底银（银元）	大租（谷石）	大租/垦底银（%）	资料来源
嘉庆 21 年	北投社	埔园一段	12	0.1	0.82	大租Ⅲ489－490
嘉庆 22 年	吞霄社	山埔园田一所	17.5	0.2	1.14	大租Ⅲ490－491
嘉庆 23 年	水里社	荒埔一处	12	0.415	3.46	大租Ⅲ492
嘉庆 23 年	吞霄社	水田一所	20	0.5	2.50	大租Ⅲ493
嘉庆 25 年	新港社	山坪一所	162	0.4（两）	0.35	物权Ⅴ1016－1017
嘉庆 25 年	大突社	荒埔一所	26	0.2	0.77	大租Ⅲ410
道光元年	雷里社	荒埔地一所	300	0.1	0.03	大租Ⅲ494
道光 2 年	宛里社	下田埔二处	215	3	1.40	大租Ⅲ495－496
道光 2 年	吞霄社	荒埔一处	11	0.2	1.82	大租Ⅲ497
道光 6 年	阿里史社	园圃一所	60	0.1	0.17	大租Ⅲ503
道光 7 年	竹堑社	山埔一处	74	1	1.35	物权Ⅴ1129－1130
道光 9 年	竹堑社	草地一所	42	200（文）	0.67	大租Ⅲ505
道光 11 年	小圭笼社	山一小段	3	（免租）③	—	大租Ⅲ506
道光 11 年	日北社	埔园一小丘	20	0.4	2.0	大租Ⅲ507－508
道光 14 年	黄竹坑社	荒埔一所	14	0.2（折200文）	1.43	大租Ⅲ510
道光 15 年	吞霄社	山埔田园一所	60	0.7	1.17	大租Ⅲ512
道光 18 年	茅乌哒加六社	荒山一处	18	（免租）	—	大租Ⅲ516－517
道光 18 年	眉里社	旷埔地一所	修补车道	0.2	—	大租Ⅲ518
道光 21 年	中港社	山埔水田	60	0.2	0.33	大租Ⅲ425－426
道光 21 年	大甲西社	水田一所	655	0.2	0.03	大租Ⅲ519
道光 24 年	吞霄社	园圃一处	37	0.4	1.08	大租Ⅲ520
道光 25 年	大肚中北社	埔地一处	1	40（文）	4.0	大租Ⅲ521
咸丰 2 年	蜂峙社	埔园一所	40	0.2	0.5	大租Ⅲ427
咸丰 8 年	里脑社	沙压埔地一所	谷99石、银26元	（免租）	—	大租Ⅲ522
咸丰 8 年	抵美简社	沙压水田1.92甲	460	1	0.22	大租Ⅲ523－524
咸丰 10 年	感恩社	水田3处	644	0.2	0.03	大租Ⅲ525
咸丰 10 年	猫盂社	山埔园3段	30	0.3	1.00	大租Ⅲ526－527

年份	地区	土地类别	垦底银（银元）	大租（谷石）	大租/垦底银（%）	资料来源
咸丰 11 年	中港社	山埔一所	22	0.5	2.27	大租Ⅲ428
光绪 2 年	感恩社	埔园一所	32	0.1	0.31	大租Ⅲ529－530
光绪 5 年	茅呜哒社	山埔一处	7	0.3	4.29	大租Ⅲ431
光绪 6 年		埔园一丘	8	0.1	1.25	大租Ⅲ530－531
光绪 7 年	大甲新社	水田及埔园一所	250	0.1	0.04	大租Ⅲ531－532
光绪 7 年	东螺社	草地熟园	100	1	1.0	大租Ⅲ432－433
光绪 8 年	东螺社	荒埔一处	60	1	1.67	大租Ⅲ433－434
光绪 8 年	猫雾捒社	山园地 9 处	40	600（文）	1.5	物权Ⅳ994
光绪 10 年	猫雾捒社	山埔一所	16	1.8（元）	11.25	物权Ⅳ995－996
光绪 10 年	猫雾捒社	山地园埔一处	150	1.8（元）、600（文）	1.6	物权Ⅳ997
光绪 11 年	猫雾捒社	山一处	18	0.2	1.11	物权Ⅳ998－999

说明：①关于百分比的计算、资料来源的标注方法详见表 5－2 说明。本表另有数宗大租单位为钱文，每 1000 文折合银元 1.4 元（道光十四年后折合银元 1 元）。

②番社"以地换水"，垦底银系陂圳工本费。

③如无开成水田，不纳租。

据初步整理和统计，《清代台湾大租调查书》《台湾私法物权编》两书所集高山族村社、村民的收费垦荒永佃共 109 宗，地租相当或超过垦底银或佃权价格 5% 的只有 33 宗，占总数的 30.3%；其中相当或超过垦底银 10% 的 14 宗；相当或超过垦底银或佃权价格 50% 的只 3 宗，等于或超过垦底银或佃权价格的仅有 2 宗。表列 76 个案中，如计入 3 宗不纳租个案，则 25 宗的地租额不到垦底银或佃权价格的 1%。其中 3 宗的地租额更不足垦底银或佃权价格的 0.1%。如道光二十一年（1841），大甲西社高山族村民东虎豹厘"因无力自耕"，将自置水田一所退与汉人郑玉罄"永耕"，收取田价银 665 元，年纳租谷只有 2 斗。咸丰十年（1860），感恩社高山族村民安生爱夺等"因无力自耕"，将祖遗水田三处出租给汉人杨水信"永为耕作"，收取碛地银 644 元，也是年纳租谷 2 斗。按通例银元 1 元折谷 1 石计算，这两宗的地租都只相当佃价的 0.03%。光绪七年（1881），大甲新社高山族村妇乃秀海生，将祖遗水田并埔园一所，出与汉人黄严官开垦永耕，收取开垦永耕银 250 元，年纳大租 1 斗，地租只相当佃价的 0.04%。由此可见"番大租"垦荒永佃的"价高租低"程度。

当然，同"汉大租"一样，"番大租"也存在"价高"而租不低的情况。如表中乾隆二十九年（1764）东螺社、嘉庆十三年（1808）大武郡西堡两宗个案，佃农分别缴纳的"埔田底价银"、"时值田底价银"都很高，前者更达 213 元，平均每甲 193.6 元，已大大超出了当时的地价，特别是劣质田（下则田）的价格。但地租都是按照当地每甲 6 - 8 石的惯例缴纳，没有任何扣减，后者更是位于每甲 8 石的高限。不过这种情况并不普遍。从整体上看，绝大部分"价高租低"的"番大租"，"租低"不只是相对于垦底银或佃权价格而言，其绝对量也大多微小。表列 79 宗个案中，50 宗的租额不足 1 石或银 1 两、1 元及钱 1 千文。加上 3 宗免租，合计 53 宗，占总数的 67.1%。有的租额完全是象征性的。如表中道光元年雷里社高山族业主将"屡被洪水冲溢，浮沉未定"的一处荒埔地招垦，以埔底银 300 元价格出卖荒地使用权，"一给千休，永断蔓藤，寸土无留，日后子孙不敢言找赎"，而地租只有 1 斗。[①] 咸丰十年（1860）感恩社业主将水田 3 处招佃"永耕"，以"碛地银"644 元的价格卖断土地使用权，"日后子孙不得再言贴赎洗找"，而收取的租额仅有 2 斗。[②] 再如光绪七年（1881）番社业主将水田四处及埔园一所招佃垦耕，收取"开垦永耕时价佛面银"250 元，"一垦千休，葛藤永断"，日后业主及子孙"永不敢言及找赎添贴生端滋事"。业主与土地及佃农唯一的"葛藤"是佃农必须每年缴纳租谷 1 斗。[③] 一两斗租谷实在微不足道，却是业主对土地仍然保留所有权的主要证据。

在直隶和关外一些官地和蒙地永佃制中，"价高租低"的情况同样广泛存在。

光绪二十九年（1903）直隶安州白洋淀淤地官荒招佃承种，清朝地方政府规定，将土地酌分四等，每亩先征押租性质的预租银 2 - 8 两，"即准

① 台湾银行经济研究室编：《清代台湾大租调查书》第 3 册，1963 年刊本，第 494 页。
② 台湾银行经济研究室编：《清代台湾大租调查书》第 3 册，1963 年刊本，第 525 页。
③ 台湾银行经济研究室编：《清代台湾大租调查书》第 3 册，1963 年刊本，第 532 页。

永远为业"，以后每年每亩按照预租的1%（即银2－8分）征收"小租"。①
无论同预租还是当地民地租额相比，"小租"都很低。热河丰宁有一宗面积
为33.3亩的兵丁随缺地，佃农获得"永远耕种"的佃权，所付押租高达
200两银子，而每亩租额为8分银子，地租总额只有2.67两。② 热河围场招
垦永佃，每顷押租按上、中、下三则计算，依次征银30两、20两、10两，
地租则相应为每顷5两、4两、3两，亦即每亩租银5分、4分、3分，比上
述兵丁随缺地租额更低。③ 这些都与白洋淀淤地官荒的单位面积租额相近。

"价高租低"在蒙地永佃制中更是十分普遍。蒙旗王府、王公，尤其是
下层贵族、贫苦牧民、箭丁，迫于经济困窘，为了一次得价，往往以出卖
（通称"倒卖"）土地的方式，将佃权或土地耕作权出让给汉民，收取价格
较高，而租额极少。下面是两纸分别由蒙旗公署和王公给发的"价高租低"
永佃契据：

其一
翁牛特札萨克王旗为出给合同事，今因旗员呈明王爷将柴达木荒
山一处出与万茂隆、
锦隆当、万泰永等三家字号永远为业，作为牧场。言明将〔缴〕倒
契京钱六百吊正。其钱笔下交足，并不短缺。租项至来年起，每年各家
交租钱拾吊文。……四至分明。各无反悔，别无杂项，出给合同存照。
道光二十八年七月廿日。④
其二
敖汉右旗札萨克亲王为派旗员王梅轩、王子嘉、李士山三位给发
红契，照得本旗波洛旗营子北河坎地一段，东至山根，西至王八山后，
南至王姓，北至水皮，四至分明，出与李玉峰名下耕种，给予红契，
永远为业，言明奉地价银大洋二十二元正，其钱笔下交足不欠，历年

① 《光绪朝东华录》第5册，第总5065页，光绪二十九年七月己亥袁世凯奏。
② 日伪热河省长官科：《热河省之土地》卷1，第285—286页。
③ 中国社会科学院经济研究所藏清代户部抄档：同治二年六月初九日热河都统瑞麟奏。
④ 日伪地契整理局编印：《锦热蒙地调查报告》（日文本）上卷，1937年刊本，第483页。

交纳地租银大洋四角，如数交王府。自置以后，如有阻滞，本旗主一面承管。恐后无凭，特此给印照存证。

中华民国十年正月十六日　（蒙文略）①

前者是翁牛特札萨克王旗同 3 家商户（其中至少有一家是当铺）订立的牧场永佃"合同"，王旗将一处荒山佃权"倒（卖）给" 3 家商铺作为牧场，给予"红契"，"永远为业"，倒价京钱 600 吊，各家年纳租钱 10 吊，合计 30 吊，相当于倒价的 5%。后者是敖汉右旗札萨克亲王将沿河地一段的佃权以 22 元大洋的价格"出"与佃农，"永远为业"，并给发"红契"，每年的地租为 4 角大洋，相当佃权价格的 1.8%。这两宗永佃显然都是价高而租低。

不过总的来说，蒙旗公署、王公以"价高租低"的方式招垦、招租永佃的情况并不普遍。使用这类方式更多的是蒙旗中下层贵族和箭丁、牧民。试看蒙族牧民的一纸"价高租低"永佃契约：

立租契文约人白因吐，奉母命同弟腊海，今将自己家东地一段，东至沟崖，西至河沟底，南至崖头，北至置主，四至分明。众人说妥，情愿租与李扮名下耕种，永远为业，土木相连，阴阳两用，任其自便，言定押契钱五十八吊整，上带租钱五百五十文，其钱笔下交足不缺。恐口无凭，立文约为证。

中见人　立根丹庞玉堂

咸丰十一年十二月二十日　立②

押契钱 58 吊，租钱 550 文，只相当押契钱的 0.09%。

有的由于经济困难，一再加收押契钱，提高佃价，相应降低租额。试看下面两纸契约：

---

① 日伪地契整理局编印《锦热蒙地调查报告》（日文本）下卷，1937 年刊本，第 2408 页。
② 日伪地契整理局编印《锦热蒙地调查报告》（日文本）中卷，1937 年刊本，第 1105 页。

其一

立租契文约人白万金，同子白永太（父）子二人，因为官差无凑，今将自己河东福分地一段，计地三十亩，自烦中人说妥，情愿租当赵连旺名下，永远耕种为业，掘井盖房，任地户自便，言明先年押契中钱壹佰九十二吊整，自烦中有说合，新找押契中钱八吊，两宗共合中钱二百吊整。其钱笔下交足，言定每年交租钱十千文，秋后交拿[纳]。此系两家情愿，并不返[反]悔。若有返悔，有中人一面承管。立租契文约存照。日后不能自种，许地户许倒许兑。四至开列于后：东至赵（姓），西至孙姓，北至沟，四至分明。

中见人　赵连仕　张永林　白　玉　张永福

白　禄　李　应　李成林

代字人　孙殿扬

道光卅年二月二十九日　立租地人白万金同子白永太①

其二

立租契文约人白万全（金），同子白永太父子，因为官差无凑，今将自己河东家北福分地一段，计地卅亩，自烦中人说妥，情愿租与赵连旺名下，永远耕种为业，掘井盖房埋坟，许倒许兑，任意自便所用，不干地主人相干，言明先契押契中钱贰佰吊整，自烦中友说合，又找押契中钱四十千文，三宗共合贰佰四十千整。其钱笔下交足并不欠少。前契租钱十千，因找押契钱四十千文，退租五千。立契一（以）后，每年秋后交租钱五千文，秋季交纳。此系两家情愿，各无[反]返悔。若又[反]悔，有中人一面承（担）。四至开列于后，立租契文约为证（四至、中人、代字人略）。

咸丰四年十二月十八日立租契人白万金②

---

① 日伪地契整理局《锦热蒙地调查报告》（日文本）下卷，伪康德四年十二月印本，第1802页。

② 日伪地契整理局《锦热蒙地调查报告》（日文本）下卷，伪康德四年十二月印本，第1801页。

蒙民白万金将福分地 30 亩租给汉人佃农赵连旺，"永远耕种为业"，先年收取押契中钱 192 吊，每年交租 10 千文。因"官差无凑"，道光三十年（1850）立契，加押契中钱 8 吊，两共合计中钱 200 吊。咸丰四年（1854）复因"官差无凑"，立契再加押契中钱 40 千文，并扣减租额 5 千文，作为加押利息。4 年间押租增幅达 1/3。

有的更是典当与永佃结合或接续进行。下面是一纸"杠当"（加当）、然后期满永佃的文约：

> 　　立租文约人圭力甲因当差无钱，今将小河子西二绳子地一段，计地五十亩，原契未满，今又杠当十年，前后十二年，情愿租与宋明业名下永远耕种为业，押契钱一百三十五吊，其钱笔下交足，并不欠少。满后按五十亩地交钱租中钱七吊九百文，别无杂差。同众说明，两家情愿。恐后无凭，立租契存照。
>
> 　　　　　　　　　　　代字人　谭　玺
> 　　　　　　　　　　　中人　益林台刘天福
> 道光七年九月二十三日立租契人　圭力甲①

这是一纸十分特别的文约。蒙民圭力甲因"当差无钱"，将原已出当、尚余 2 年期满的 50 亩土地，又受价 135 吊，"杠当"10 年，加上原当剩余的 2 年，合计 12 年，典当期满后再按永佃形式收租。文约涵盖的既有典当，又有租佃。不过文约不称"典契""当契"，而叫"租文约"，所收契价不叫"典价""当价"，而称"押契钱"。土地也不是"典与"或"当与"银主名下若干年，而是"租与"银主名下"永远耕种为业"。这是因为典当是短暂的，租佃是永久性的。而且同样是"价高租低"。佃农以 135 吊押契钱的利息抵充地租，不再另外交租。如以年息 2 分的较低利率计算，每年利息即实缴租额应为 27 吊，平均每亩 540 文。典当期满后，每年缴纳地租中钱 7.9 吊，平均每亩 158 文，租额已大大降低。这里的押契钱或佃权价格即土

---

①　日伪地契整理局编印：《锦热蒙地调查报告》（日文本）下卷，1937 年刊本，第 2398 页。

地当价，而租额为原交地租的 29.3% 。由此可以看出"价高租低"的程度。

事实上，由于大部分蒙民都是以"卖地"或"倒地"的形式出让土地耕作权，加上经济日益拮据，为了应急，通常尽可能提高佃权价格，而相应降低租额。结果同前述台湾"番大租"一样，地租往往仅仅是作为保留土地所有权的依据。到民国时期，"价高租低"的情况尤为普遍。不过由于当地币制紊乱，钱币种类繁多，银有银两、大洋、小洋，钱有制钱、京钱、中钱、东钱、市钱、塔钱、建邑钱等，纸币有奉票、东钱票洋，1932 年后还有伪满伪币，举不胜举，即使同一租佃个案，押租或佃权价格和地租使用币种也往往不一致，无法准确换算，一一直接进行比较。

表 5-4 只是摘取部分币种相同、便于直接比较的永佃个案，但足以反映民国时期蒙地永佃中"价高租低"的一些情况：

表 5-4 民国时期热河蒙地永佃"价高租低"情况示例
（1912—1935）

年份	契约名称	土地类别、面积	押租/佃价（银元）	租额（银元）	租额/佃价（%）	每亩租额[①]（银元）	资料来源[②]
1912	文约	耕地 52 亩	52	1（两）	1.9	0.019（两）	II-1415
1912	文约	边荒 25 亩	55	0.3（两）	0.55	0.005（两）	II-1415
1913	倒卖契	院地 3 亩	105（吊）	500（文）	0.48	167（文）	I-575
1913	倒卖地契	白地 16 亩	建邑钱 176（吊）	1600（文）	0.91	100（文）	III-1747
1914	卖契	水地 6 亩	钱 105（吊）	400（文）	0.38	67（文）	I-574
1915	卖契	平地 5 亩	40	0.3	0.75	0.06	I-539
1917	卖契	熟地 3 天	钱 1360（吊）	2（吊）	0.15	67（文）	I-313
1918	契约	荒地 200 亩	银 120（两）	2（两）	1.7	0.01（两）	II-1416
1919	兑地契	熟地 1 天 3 亩	130（吊）	1（吊）	0.77	77（文）	I-154
1919	倒契	阳坡荒地 117 亩	塔钱 140.4（吊）	2（吊）	1.4	17（文）	III-2303
1920	退押契	熟地 2 天余	塔钱 2730（吊）	1.5（吊）	0.05	75（文）	I-267
1920	永远为业	地 1 天	450（吊）	500（文）	0.11	50（文）	I-309

续表

年份	契约名称	土地类别、面积	押租/佃价（银元）	租额（银元）	租额/佃价（%）	每亩租额（银元）	资料来源
1920	永远为业	地5天5亩	1340（吊）	3（文）	0.000002	0.05（文）	Ⅰ-310
1921	永远为业	地1天2亩	540（吊）	1（吊）	0.19	83（文）	Ⅰ-313
1921	兑契	熟地2天3亩	市钱2000（吊）	1.5（吊）	0.08	65（文）	Ⅰ-307
1928	兑契	熟地1亩	60	0.3	0.5	0.3	Ⅰ-311
1928	永远为业	熟地1.1亩	80	0.2	0.25	0.18	Ⅰ-311
1929	兑山荒地契	荒山2天余	20	0.1	0.5	0.05	Ⅰ-155
1929	卖契	熟地7亩	80	0.1	0.13	0.01	Ⅰ-308
1929	倒兑契	熟地5.3亩	429	1.65	0.04	0.3	Ⅰ-312
1929	倒卖园地文约	园地23亩	1145	1	0.08	0.04	Ⅲ-1760
1930	兑地契	熟地6亩	75	0.1	1.3	0.013	Ⅰ-343
1930	倒兑契	熟地1天	45	0.1	0.2	0.01	Ⅰ-306
1930	倒兑契	地4天	360	0.8	0.02	0.02	Ⅰ-309
1930	卖契	地1天	220	0.1	0.005	0.01	Ⅰ-310
1930	永远为业	地8亩	175	0.2	0.01	0.03	Ⅰ-311
1930	卖契	地2亩	76	0.2	0.26	0.1	Ⅰ-311
1931	永远为业	熟地4天7亩	940	0.6	0.06	0.013	Ⅱ-1312
1931	卖契	地3天	540	0.3	0.06	0.01	Ⅰ-311
1931	卖契	地8亩	155	0.15	0.1	0.019	Ⅰ-304
1931	倒兑契	地3天6亩	330	0.7	0.2	0.019	Ⅰ-308
1931	卖契	地3天	180	0.3	0.17	0.01	Ⅰ-311
1931	倒契	熟地35亩	35	0.4	0.11	0.01	Ⅲ-2302
1932	卖契	熟地5亩	红粮6（石）	0.06	1.0	0.012（石）	Ⅰ-312
1932	卖兑契	地4天8亩	550	0.5	0.9	0.01	Ⅰ-309
1932	卖契	熟地1天8亩	320	0.3	0.094	0.017	Ⅰ-309
1933	兑契	地3天	260	0.3	0.12	0.01	Ⅰ-309
1933	倒兑契	地2亩	30	0.2	0.07	0.1	Ⅰ-305
1933	卖契	地1天	130	0.2	0.015	0.02	Ⅰ-306

续表

年份	契约名称	土地类别、面积	押租/佃价（银元）	租额（银元）	租额/佃价（％）	每亩租额（银元）	资料来源
1933	兑地契	熟地1天7亩	160	0.2	0.13	0.01	Ⅰ－343
1934	永业	熟地2天3亩	400	0.8	0.2	0.035	Ⅰ－311
1934	卖契	熟地2天	248	0.3	0.12	0.015	Ⅰ－307
1935	兑园地契	下则园10.6亩	190	0.2	0.1	0.019	Ⅰ－147

说明：①计算每亩租额时，按1"天"地等于10亩折算为亩。

②为节省篇幅，资料书名已省略。"Ⅰ"、"Ⅱ"、"Ⅲ"分别代表"上册"、"中册"、"下册"，"Ⅰ－575"即：日伪"地籍整理局"编印：《锦热蒙地调查报告》（日文本）上册，1937年印本，第575页。余类推。

为了揭示蒙地永佃"价高租低"的程度，表中辑录的是"价高租低"最为突出的部分个案。同清代台湾"番大租"永佃一样，蒙旗永佃的"价高租低"，不仅表现在地租额对押租或佃权价格的比值很低，而且租额的绝对数也极其微小。表列43宗个案中，地租额对押租或佃权价格的比值，最高1.9％，最低只有0.000002％，亦即五百万分之一。其中15宗不到0.1％，等于或超过0.1％的28宗，等于或超过0.5％的11宗，等于或超过1％的仅有5宗。就其绝对数而言，每亩租额最高银元3角，最低只有0.05文，大多只有几十文铜钱或几分银元。43宗个案的每亩租额，使用银两的3宗个案，全部不足1钱；使用银元的28宗个案，除5宗外，全部不足1角；使用钱文的11宗个案，除2宗外，全部不足100文。由此可见，单位面积租额都很低。

高价低租所反映出来的地租剥削，情况相当复杂。

在"价高租低"或"高押低租"的情况下，"高价"是"低租"的前提条件。但无论价多高、租多低，都没有发生土地所有权的转移。田主通过提高垦荒或佃权价格，相应降低应征租额，实际上只是一种以地租抵偿利息的现金借贷，与土地典当并无质的区别，所不同的是高价低租无论价多高、租多低，都无须将地契及相关契据交付佃农或"银主"，因而不存在丧失土地所有权的风险，而且较少受到同时同地土地价格和民间借贷利率的制约。这正是一些永佃制流行地区地主或业主十分乐意将高价低租作为摆脱财政困境手段的重要原因。所以，不能单凭荒价或佃价与租额的悬殊比率，或者租额本身数额的微小，直接测定永佃农所受的地租剥削程度。

考察和测定高价低租条件下的地租剥削程度有两种基本方法可供选用：一是将垦荒价格或佃权价格对底面合一田价的比率同扣减租额对常态地租的比率进行比较，看垦荒价格或佃权价格应得地租是否为永佃农所占有；二是将垦荒价格或佃权价格所减地租与垦荒价格或佃权价格应得利息进行比较，看垦荒价格或佃权价格产生的利息是否为永佃农所占有。如果考虑到垦荒价格或佃权价格应得的地租或利息，名义上的"低租"未必是真正的"低租"。江西宁都刘坑乡的"皮权"永佃，租额比骨权、皮权合一的"白借田"低二三成，但因皮权价格很高，调查者认为，租额"实际上并未减少，农民并没有利益可得，只不过是佃权有些保障而已"。[①] 同样，苏南的永佃田租额也较普通租田略低，但农民须用很高的代价，买进田面权，田面权价格所生利息，远远超过减去的租额。据对常熟三个乡的调查，1937年前，田面与田底价格相同，每亩5—10石米，如按年息2分计算，可得大米1—2石，等于或超过永佃田或普通租田的年租总额。因此，调查者得出结论，"如果把农民购买田面权所付的价格利息计算在地租之内，则租田的租率实际很高"。[②] 这一结论是完全正确的。

清代台湾以及热河蒙地高价低租的部分个案，更可通过荒价或佃价所产生的利息计算，考察和评估永佃农实际缴纳租额的高度。从表5-2、表5-3、表5-4所列个案看，表5-2"汉大租"中缴纳高额荒价或佃价，仍按常额乃至常额高限缴纳正租的几宗个案，由于没有地租扣减，荒价或佃价所产生的利息全部为地主或业主所占有，永佃农实际所受的地租剥削成倍或成数倍加重。其中嘉庆元年（1796）、道光元年（1821）和道光四年的4宗个案，如按清代台湾通行的年息2分计算，佃农缴纳的"垦单银"、

---

① 《土地革命至解放前夕的刘坑乡》，见中南军政委员会土地改革委员会调查研究处编印《中南区一百个乡调查资料选集·解放前部分》，1953年印本，第102页。

② 华东军政委员会土地改革委员会编：《江苏省农村调查》（内部资料），1952年刊本，第8页。

"垦价银"、"垦成银"每年所生息谷依次为 1.2 石、70.8 石、62 石和 142 石。将这部分利息加入地租，永佃农缴纳的地租不仅没有减少，还依次增加了 2.4 倍、1.6 倍、4.5 倍和 5.1 倍。同治八年（1869）的 1 宗个案，佃农缴纳的"给垦银"所生息谷为 10 石，虽然应证地租全免，但佃农实际所缴地租仍然增加了 7.3 倍。

表 5－3"番大租"有单位面积数据可稽的 3 宗个案中，乾隆二十九年（1764）、嘉庆十三年（1808）的两宗并未扣减租额，前面提到过的乾隆二十九年那宗个案，更是加租。该宗租佃在乾隆二十三年立约时，佃农缴纳"埔田底价银" 213 元，承垦荒埔 2 段，"筑成熟田耕作"，年纳"社番饷租粟" 2 石。乾隆二十七年"白番"业主要求增租，"佃人不依，致控在案"，后经"公亲调处"，重新立约，丈明下则田 1.1 甲，年纳租粟 4.4 石，外加"通土水租并课饷社费租粟" 3.08 石，合计 7.48 石。并载明其田不拘年限，听业主原价取赎，原来高价买来的永佃权也要大打折扣。[1] 咸丰八年（1858）那宗个案，情况有所不同。1.92 甲沙压水田的"地底银"为 460 元，平均每甲 239.58 元，而租额只有 1 石。平均每甲 0.52 石。单位面积租额确实甚低。不过 460 元"地底银"，以年息 2 分计算，每年可生息谷 92 石，将其计入地租，每甲实际租额也高达 48.44 石。与乾隆二十九年那宗个案不同的是，佃农高价买到了扎扎实实的永佃权。契约载明，"自此招佃永耕，葛藤已断，四至内无论湳沟水窟，任从填辟耕种，寸土不留，日后价值数倍，丁及子子孙孙终不敢找赎翻异，生端滋事"。[2] 如果该宗土地四至内余荒较多，佃农通过余荒开垦，扩大耕地面积，增加土地产量和收益。可能这是佃农的潜在利益所在。

表 5－4 所列民国时期热河蒙地永佃"价高租低"个案，因全有单位面积数据可稽，除了佃权价格、地租总额以及二者的比率外，还可得知单位面积的佃价额及地租额，能够具体测定"价高租低"状态下的地租水平和佃农所受的地租剥削程度。表列数据显示，与清代台湾"番大租"尤其是

---

① 台湾银行经济研究室编印：《清代台湾大租调查书》第 3 册，1963 年刊本，第 458 页。

② 台湾银行经济研究室编印：《清代台湾大租调查书》第 3 册，1963 年刊本，第 523—524 页。

"汉大租"有所不同，蒙地单位面积佃权价格较低（相对于同时同地的土地价格而言），而单位面积租额更低。纵向观察，民国时期蒙地佃权价格变动趋势呈单峰骆驼形，20世纪前10年佃权价格较低，20年代末至1931年前急剧上升，1931年"九一八事变"后明显下降，与同期土地价格的变动趋势大体一致。不过30年代国内经济恐慌期间同10年代比较，佃权价格仍然上涨了1倍左右。与此相联系，租额占佃权价格的比率，相应由0.5% - 1.5%降至0.1% - 0.2%。同时，单位面积租额亦下降了1倍左右。地租不仅同地权价格比较极低，而且绝对数也比清代台湾"汉大租"、"番大租"更小，蒙地永佃的地租水平比清代台湾"汉大租"、"番大租"可能稍低，这同热河蒙地单位面积产量和佃农劳动生产率低下有关。

至于"卖地留耕"的地租高度，基本上是由当地的民间借贷利率决定的，高价高租，低价地租，而且一般不会比普通租佃低。如江西九江石门乡"卖地留耕"的"东道田"，依当地习惯，每亩交租2石，好田每担66斤，即每亩租额132斤（老秤），次田60斤，即每亩租额120斤，平均每亩产谷400斤，按次田计算，地租占产量的30%，而普通租田为40%，"东道田"租额表面上比普通租田低。但是，当地普通田的实价为12石谷子，而"东道田"只卖6石谷子，价格只有普通田的一半。这少卖的6石谷子，如以年息2分计算，可得利息1石2斗。每亩实际租额为240斤，占土地总产量的60%。实际负担更高于普通租田。[1] 出现这种情况并不奇怪，因为诸如"东道田"一类"卖田留耕"永佃都是出于无奈之举，卖主既急需现款，又不能失去土地耕作，高于普通租佃的地租负担正是为保留土地耕作权而付出的代价。

总的来说，在"价高租低"或"高押低租"状态下，如计算佃权价格所生利息，佃农实际缴纳的地租额不低，实际所受地租剥削的程度并不轻，但不论如何，永佃农用高价购得了土地的耕作权，成为租地的实际支配者。而且，永佃农的租额是固定的，生产和生活相对稳定，这正是普通佃农所期望而又无法实现的。

---

[1] 《江西九江县石门乡解放前的政治经济情况》，见中南军政委员会土地改革委员会调查研究处编印《中南区一百个乡调查资料选集·解放前部分》，1953年印本，第147页。原资料的地租稻谷单位写成"担、斗"，此处"担"系"石"之误，现予更正。

（三）永佃制地租的一般水平及其发展趋势

虽然垦荒低租和高价低租在一些地区的永佃制中相当普遍，但在垦荒永佃、价买永佃（包括押租永佃）和整个永佃制中，都只占一小部分。在"价高租低"比较普遍的台湾地区和蒙地区，也主要存在于"番大租"和普通蒙民地、小门台吉地（下层贵族地），"汉大租"（包括屯田、官田）、"大牌地"（包括外仓地、内仓地、大门台吉地）"价高租低"情况则相对较少。高价低租还不能反映永佃田地租的一般水平。

在台湾，"汉大租"特别是屯田、官田、学田以及各种没官田，租额明显比"番大租"高。台湾民田永佃租额的通常标准是水田每甲8石，自费修筑陂圳的部分佃农，租额可能减至每甲4—6石；旱园租额一般每甲4石。高山族村社、村民招来汉民佃垦，因须一次性得价，大租往往低于上述标准。官田、屯田、学田以及各类没官田等永佃租额则明显高于上述标准。乾隆五十五年（1790）闽浙总督觉罗伍等奏准，按土地等则勘定屯租征额，将田园分为6等，一等田每甲年征屯租22石，二等田18石，三等田14石，四等田12石，五等田10石，六等田6石；一等园每甲年征屯租10石，二等园6石，三等园5石，四等园4石，五等园3石，六等园2石。一石租谷折缴银洋一元。[①] 田园永佃屯租每甲最高额分别高出当时民田的175%和150%。旱园永佃屯租最高额比民田水田还高出25%。

学田、没官田等的永佃地租高度大致相近。只是因为各处土地肥瘠和其他条件不同，单位面积租额互有差异。表5—5是若干官田永佃租额示例：

表5—5　清代台湾官田永佃租额示例
（1790—1893）

年份	官田类别	面积（甲）	租额（谷石）	每甲租额（谷石）	资料来源[①]
乾隆55年	屯田5等溢田	1.2406	12.406	10	大租Ⅵ1069
嘉庆20年	官庄荒埔中则田	112.19	673.14	8[②]	大租Ⅵ1007—1008
嘉庆20年	隆恩庄田	200	1600	8	物权Ⅱ451

---

① 台湾银行经济研究室编印：《台湾私法物权编》第2册，1963年刊本，第413—414页。

续表

年份	官田类别	面积（甲）	租额（谷石）	每甲租额（谷石）	资料来源
嘉庆 24 年	屯田水田	1.5	10.723	7.15	大租Ⅵ1058
嘉庆 25 年	溢额归屯田	2.0196	16.157	8	大租Ⅵ1071
道光 19 年	官庄原、溢水田	0.6	1.71（元）③	2.85（元）	大租Ⅵ948
清前期	官庄田园	229.75	1054.6（两）	4.59（两）	物权Ⅱ448
道光 29 年	官庄下则溢田	27.598	82.794	3④	大租Ⅵ1009、1011
咸丰元年	祖遗屯田水田	1.6	18	11.25	大租Ⅵ1074
咸丰 10 年	祖遗官庄水田	2.98	5.96（元）	2（元）	大租Ⅵ951
咸丰 10 年	祖遗官庄溢田	4.05	16.2（元）	4（元）	大租Ⅵ951
同治 7 年	抄封田	1.25	17.5	14	物权Ⅲ715–716
光绪元年	抄没田	7	219	31.29	物权Ⅲ708
光绪 3 年	祖遗隆恩水田	1.12	8.96	8	大租Ⅵ1000
光绪 9 年	充公学田浮复园地	1.4	11.2	8	物权Ⅶ1415–1416
光绪 14 年	学田园地	2.12	21.2（元）	10（元）	物权Ⅶ1406–1407
光绪 15 年	官庄田园	5663.2	15596.43（两）⑤	2.754（两）	物权Ⅱ449–450
光绪 17 年	叛产下则田	1.29	28.14	21.8	物权Ⅱ460–461
光绪 19 年	没官叛产	3.454	80	23.16	物权Ⅲ709

注：①为节省篇幅，资料来源书目全部简化："大租Ⅵ1007–1008"即《清代台湾大租调查书》第 6 册，第 1007—1008 页；"物权Ⅱ451"即《台湾私法物权编》第 2 册，第 451 页，由此类推。

②包括番租 4 石、营租（官庄租）2 石、垦户"资息"（垦首租）2 石。

③原资料称"年纳官庄租银六钱六分正，纳局租银七角七瓣正"，换算合总得银 1.71 元。

④包括番租 2 石、营租 1 石。

⑤系粟、芝麻、白糖、青糖等实物折租。

表中官田租额，最高每甲征谷 31.29 石，最低 2 元（相当于稻谷 2 石），相差 15.6 倍。官田租额的高低受到官田类别及形成途径、土质优劣、历史时限等多方面因素的影响和制约。官田类别方面，屯田、官庄田的租额相对较低，学田、各类没官田租额大多较高。这是因为屯田、隆恩庄田一般都是荒地招垦，大面积计算租额，其中包括相当一部分劣质地、非耕地或根本无法开垦耕作的土地。如嘉庆二十年（1815）噶玛兰招垦的一宗面积为 200 甲的隆恩庄地，紧邻"化番"社地，"低湳欹斜，树根滋蔓"，本难开垦耕种，但官府却要求"不论歪斜地角，务必尽力开垦，以收土膏之利"。而且 3 年内必须垦透。三年限满，依照中则田起科，每甲征租 8 石（内番租 4 石，营租 2 石，垦首资本利息 2 石）。[①] 一些屯田、官庄田相对较低的单位面积租额就是这样定下来的。某些屯田、官庄田的租额初时较高，经佃农一再申诉，官府也最终被迫调整、宽减。如乾隆五十四年（1789）彰化县一处屯田，部分佃农的水田每甲征租 18 石，而另有部分佃农的田园每甲征租 6 石。后经申诉、调整，将每甲 18 石的租额降至 8 石，每甲 6 石的租额提高至 8 石，以添补前者降低租额的损失。[②] 这也是屯田、官庄田租额相对较低的原因。学田和各类没官田，因基本上都是熟田，原本租额较高，也有的由于佃农竞佃，自愿加租以取得永佃权，故单位面积租额明显比屯田、官庄田高。另外，从时间上看，屯田、官庄田永佃的确立，时间较早，多在乾隆末年和嘉庆年间，当时地租尚处于相对较低的水平；学田和各类没官田永佃的确立，时间较晚，多在同治光绪年间，当时地租已上升到很高的水平。这也是导致学田和各类没官田永佃租额普遍高于屯田、官庄田的重要因素。

热河蒙地永佃制下地租租额，"小牌地"、"大牌地"高低不同。"小牌地"除少数力役外，租名目单一，单位面积租额较低，剥削较轻；大牌地租则名目繁杂，单位面积租额高，剥削重。据调查，"小牌地"粮租每亩在 2 升以下，钱租则每亩 10 文至 200 文；"大牌地"粮租每亩为 5 升至 1 斗，钱租每亩 200－500 文。表 5－6 是几个地方大牌地和小牌地的租额比较：

表 5－6　热河大牌地和和小牌地租额比较

地区	粮租		钱租	
	大牌地	小牌地	大牌地	小牌地
喀喇沁右旗王府村	每顷 8－16 斗	每顷 4 斗		
小牛群村	每顷 2－3 石	每顷 2 石		

---

① 台湾银行经济研究室编印：《清代台湾大租调查书》第 6 册，1963 年刊本，第 1007—1008 页；台湾银行经济研究室编印：《台湾私法物权编》第 2 册，1963 年刊本，第 451 页。"垦照"所称"永远即照该处乡斗，每甲纳租二石"，单指"营租"，未包括番租和垦首资本利息。
② 台湾银行经济研究室编印：《清代台湾大租调查书》第 6 册，1963 年刊本，第 1066 页。

续表

地区	粮租		钱租	
	大牌地	小牌地	大牌地	小牌地
大牛群村			每亩 175 文	每亩 120 文
敖汉旗	每顷 5 – 5.3 石	每顷 2 石		
敖汉旗萨力把村			每亩 160 文	每亩 10 文
白塔子村			每顷 44 千文	每顷 10 千文

资料来源：据日伪地契整理局编印《锦热蒙地调查报告》（日文本）上、中、下卷综合整理编制。

如表，大牌地的租额普遍比小牌地高，钱租的差距尤大。

"大牌地"不仅正租额高，而且有各种名目的"小差"、"杂差"，以及丈地换契的双租和额外需索。"小差"、"杂差"既有现金，又有白面、豆子、粳米、猪肉、清酱、烟叶、干草、马料、柴火等实物。如喀喇沁右旗规定，官仓地每顷正租 10 石，小差钱 5400 文，细米 2 斗，马料 2 斗，干柴 30 捆。其他各旗也大同小异。表 5 – 7 是几纸契约所载正租和杂差数额：

表 5 – 7　热河蒙旗大牌地正租和杂差数额示例
（1756—1833）

立契年份	地区	正租额	杂差
乾隆 21 年	喀喇沁右旗	每顷粮 4 石	猪一口（无猪交钱 3000 文）、干草 100 斤、小租 1 斗、马料 1 斗
嘉庆 2 年	土默特右旗	每顷粮 6 石	差猪 150 斤、粳米 3 斗、每石租粮脚步小钱 200 文
嘉庆 7 年	喀喇沁右旗	每顷粮 7 石	猪一口（重 60 斤）、烟钱 1000 文、干草 100 个、米面斗 2 个、跑腿钱 500 文
嘉庆 19 年	土默特右旗	地 54 亩，租粮 3.2 石	猪肉 13 斤、粳米 2 升、小差钱 800 文
嘉庆 23 年	喀喇沁右旗	每顷粮租 5 石	猪、草折钱 5000 文、小差粮 3 斗、钱 400 文
道光 13 年	土默特右旗	荒场一处，租粮 3.2 石	差肉 37.5 斤、米 7 升半、酒 5 斤、面 13 斤

资料来源：据日伪地契整理局编印《锦热蒙地调查报告》（日文本）上、中、下卷综合整理编制。

在有些地方，杂差的实物部分，也可以折成现款交纳。上表乾隆二十一年（1756）的那纸契约即规定，如无猪，可交钱3000文。嘉庆二十三年（1818）的那纸契约则已将差猪和干草折成钱文。还有将正租、杂差全部折成钱文的。嘉庆二十五年（1820）敖汉旗的一纸官仓地印照规定，每顷租粮5石，每石折中钱2200文，① 合计11000文，猪米钱3000文，马料3斗，折钱750文，外加小差钱500文。差钱合计5000文，相当正租的45.5%。依照这个标准，并参考当时当地的粮价、物价，上表几宗契约杂差同正租之比，最低42.3%，最高120.1%。可见杂差的苛重程度。此外，每逢丈地换契，佃农还须缴纳马力、弓步等各种使费，或缴纳双租。这样，丈地换契的间隔愈短，佃农缴纳双租的年份愈多。少的9年两次双租，多的9年3次乃至5次双租。② 到清代后期，有些"大牌地"不再定期丈量，但仍需换契，并纳双租。如敖汉旗下洼等地即是如此。

从时间上看，早期蒙旗地租额较高，随着土地沙化，地力衰减，后期租额下降，征租方式亦有变化。如翁牛特旗，乾隆年间"大牌地"初定每顷租粮3—5石，每年秋后征收，不准拖欠。后因地力渐耗、租粮运输不便等原故，遂改粮租为以钱支付的"当租"，期限3—5年不等，租粮以半价折款，并依土质肥瘠，按耕地面积的7%—8%征租，平均每亩纳制钱160文。无论年景丰歉，租额不变，故称"死租"。"小牌地"吃租蒙民亦因生计日蹙而将粮租半价折款，每顷熟地1吊。佃户歉年往往无力缴纳，遂有"随年交租，见茬交租，抛地无租，抽扣租及合租（地主与佃户按年成合议，确定纳租率）"之说。初定钱租时，纹银1两合制钱2吊，后制钱贬值，1两纹银折合20余吊。蒙租按原定制钱额收缴，实收量大为减少，佃农的地租负担自然相应减轻。

原来地租相对较重的"大牌地"，进入民国后，除杂项负担继续保留不变外，单位面积租额也在下降。如翁牛特左旗的"内仓地"（蒙旗王府地）

---

① 清代热河地区的钱币种类主要有京钱、中钱、东钱等三种。通常京钱或中钱1000文合制钱490文，东钱1000文合制钱160文。此外，赤峰一带还有塔钱、赤钱等名目。本书所说钱文，除有注明外，一般指京钱或中钱。

② 如敖汉旗下洼、榆树林子的"大牌地"，规定五年两次丈地、一次换契。平时为单租，丈地换契之年为双租，即一、二、四年为单租，第三、五两年为双租。官家地、小哈拉道口、小海沿一带，五年两次丈地、一次换契，五年中有三年是双租。

租项，一直由"催头"下乡常驻催收。"揽头"将佃户租子集中，转交"催头"。"催头"收租期间的一切费用，均由佃户按纳租亩数分摊。每五年的首尾两年丈量土地，丈地年份收双租。民国初年实行旗、县并存，蒙汉分治。在每年秋季，王府仍派"催头"去西部农区收缴地租，但租额已明显减轻。当时王府有吃租地1550顷，其中粮租地300顷，年收租粮300石，钱租地1250顷，年收租金2500元。10余户台吉有粮租地200顷，年收租粮200石；钱租地500顷，年收大洋1000元，平均每亩粮租1升，钱租2分，和"小牌地"租额相若。

1932年伪满洲国成立、1933年3月日寇攻占热河后，蒙地永佃农和蒙人地主都沦为亡国奴，地租和租税结构发生重大变化，租额进一步下降，但苛捐杂税猛增，成为蒙地永佃农的主要和沉重负担。

清末民初，银贵钱贱，铜钱大幅贬值，蒙人地主实收地租本已下降。[①] 伪满洲国成立时，日本帝国主义在建立伪满货币制度的过程中，又大幅压低铜钱对伪满币的比值，借此进行金融劫夺。结果，蒙地平均每亩租额只有2分9厘钱，低到令人难以想象的程度。不过佃农和地主共同负担的亩捐、杂税等日伪政权差捐，因相继改用银元、伪满"国币"元计算，并未减少，特别是日伪按地亩、农具、经济活动征收的差捐，不但直接按伪币计算，而且名目繁多，诸如亩捐、车捐、屠宰捐、保甲费、街村费、临时费、参领署费等，不一而足，其征额大大超过地租。表5-8是喀喇沁右旗（建平县）、敖汉旗（新惠县）25户永佃农的地租、差捐负担及其结构示例。

表5-8　热河蒙地永佃农租差负担示例
（1937）

序号	姓名	耕作面积（亩）	土地收入（元）	地租		亩捐、税差		地租、捐差小计	
				金额（元）	占土地收入（%）	金额（元）	占土地收入（%）	金额（元）	占土地收入（%）
1	张俊亭	73	154.1	22.8	14.80	19.5	12.65	42.3	27.45

---

① "初定钱租时，纹银1两合制钱2吊，后制钱贬值，1两纹银折合20余吊，蒙租按原定制钱额收缴，实收量便大为减少"（《翁牛特旗志》卷12，农业，内蒙古人民出版社1993年版，第336页）。

序号	姓名	耕作面积（亩）	土地收入（元）	地租		亩捐、税差		地租、捐差小计	
				金额（元）	占土地收入（%）	金额（元）	占土地收入（%）	金额（元）	占土地收入（%）
2	苏振德	91.3	157.2	9	5.73	5	3.18	14	8.91
3	杨禄①	129.4	535.52	5	0.93	71.45	13.34	76.45	14.28
4	罗子云	120	177.4	1.2	0.68	12	6.76	13.2	7.44
5	孙修②	70	104.8	7	6.68	26.75	25.52	33.75	32.20
6	于庆志③	120	290.05	4.8	1.65	41	14.14	45.8	15.79
7	王金春	20	21.6	0.75	3.47	1.04	4.81	1.79	8.29
8	王唤④	270	420.2	5.5	1.31	129	30.70	134.5	32.01
9	万山	115	211	4.5	2.13	10	4.74	14.5	6.87
10	杨鼎和⑤	700	1622.35	20	1.23	157.72	9.72	177.7	10.95
11	韩瑞轩⑥	230	435.4	7	1.61	44.5	10.22	51.5	11.83
12	张树清	50	75.5	3	3.97	5.5	7.28	8.5	11.26
13	朱景轩⑦	103	352.9	5	1.42	27	7.65	32	9.07
14	李开运⑧	70	310.5	1.6	0.52	28.4	9.15	30.0	9.66
15	郭希成	160	160	0.75	0.47	10	6.25	10.75	6.72
16	蔡景文	192	360	5.5	1.53	33.2	9.22	37.7	10.47
17	程殿元	200	120	4.5	3.75	8	6.67	12.5	10.42
18	李广德	400	340	20	5.88	15	4.41	35	10.29
19	冯金林	120	130	7	5.38	24.3	18.69	31.3	24.08
20	冯永清⑨	70	106	0.66	0.62	17	16.04	17.68	16.68
21	滕大鹏	210	220	16	7.27	75.6	34.36	91.6	41.64
22	李连科	150	183	0.23	0.13	21.1	11.53	21.33	11.66
23	马云龙	300	306	0.9	0.29	28.85	9.43	29.75	9.72
24	孟继贤⑩	120	172.72	2.96	1.71	19.46	11.27	22.42	12.98
25	夏清和	50	43.4	2.4	5.53	4.3	9.91	6.7	15.44
	平均	4133.7	7009.64	158.05	2.25	835.65	11.92	992.72	14.16

说明：①收入中包括 13 亩鸦片的收入 227.5 元；捐差包括"禁烟税"65 元。

②收入中包括 4 亩鸦片的收入 40 元；捐差包括"禁烟税"20 元。

③收入中包括 5 亩鸦片的收入 190.05 元；捐差包括"禁烟税"35 元。

④收入中包括 10 亩鸦片的收入 150 元；捐差包括"烟税"50 元。

⑤收入中包括 15 亩鸦片的收入 228 元；捐差包括亩捐 82.7 元，"禁烟特税"75 元。

⑥收入中包括 180 元的村长津贴、2 亩鸦片的收入 57 元；捐差包括"禁烟特税"10 元。

　⑦收入中包括 3 亩鸦片的收入 96.9 元；捐差包括"禁烟特税"15 元。

　⑧收入中包括 4 亩鸦片的收入 136.8 元；捐差包括"禁烟特税"20 元。

　⑨收入中包括 1.8 亩鸦片的收入 24 元；地租除钱租外，平均每年劳役 10 天，捐差包括"禁烟捐"9 元。

　⑩收入中包括 1 亩鸦片的收入 20 元；捐差包括"禁烟特税"5 元。

　资料来源：据日伪"地籍整理局"编印《锦热蒙地调查报告》（日文本），1937 年印本，中卷（Ⅱ）、下卷（Ⅲ）综合整理、计算编制，具体页码按序号依次为：①（Ⅱ）734—738、②（Ⅱ）764—765、③（Ⅱ）768—770、④（Ⅱ）790—792、⑤（Ⅱ）792—795、⑥（Ⅱ）795—798、⑦（Ⅱ）844—846、⑧（Ⅱ）846—850、⑨（Ⅱ）855—857、⑩（Ⅱ）906—910、⑪（Ⅱ）979—982、⑫（Ⅱ）982—985、⑬（Ⅱ）1063—1066、⑭（Ⅱ）1095—1098、⑮（Ⅲ）1937—1938、⑯（Ⅲ）1987—1989、⑰（Ⅲ）2023—2025、⑱2093—2095、⑲（Ⅲ）2095—2098、⑳（Ⅲ）2130—2134、㉑（Ⅲ）2243—2246、㉒（Ⅲ）2237—2240、㉓（Ⅲ）2240—2243、㉔（Ⅲ）2243—2246、㉕（Ⅲ）2246—2248。

　　如表，热河蒙地永佃农负担的租税，包括蒙人地主收缴的地租和日伪政权征收的税捐两部分。地租除 2 宗粮租、1 宗钱粮混合组外，都是将原额中钱（中钱 1 吊相当制钱 480 文），折合成伪满纸币征收。25 户 4133.7 亩地，合计交租 158.05 元，平均每亩租额 3 分 8 厘，按土地产值（1937 年农产品平均市价额）计算，租率最高 14.7%，最低 0.1%，平均为 2.2%。撇开农业生产力和佃农经济状况，单就地租本身而言，普通蒙地永佃制下的地租额和地租率，大概是全国最低的。

　　这是因为在日伪统治下，永佃农除了缴纳地租，还要承担原本由地权所有人缴纳的税捐，而且种类、名目之多，前所未有，所以，相比之下，差捐征收额和征收率却要高得多。差捐占土地产值的比重，最低 3.1%，最高 34.3%，平均为 11.9%，比地租高出 4.4 倍，甚至高过作为地权（田底）所有者的蒙民。如 9 号佃农万山，租种地 115 亩，交纳亩捐 10 元，平均每亩 0.87 角，同村蒙民箭丁谢文祥自种地 100 亩，缴纳亩捐 7.8 元，亩均0.78 角，明显低于万山，即是因为其中 40 亩是福分地（吃租地）。同样，箭丁陈喜，自种地 45 亩，其中"养老地"20 亩，纳租地 25 亩，交纳亩捐和参领费（各自数额不详）合计 3.75 元，亩均 0.83 角，亦低于万山。[①] 永佃农的租差负担，同蒙旗贵族的差距更大。如 14 号佃农李开运，70 亩租种

　　[①] 日伪地籍整理局编印：《锦热蒙地调查报告》（日文本）中卷，1937 年印本，第 850—857 页。

地，缴纳亩捐及街村费 8.4 元，亩均 1.2 角，同村蒙旗他布囊 （上层贵族）初古存扎佈，有吃租地 10 顷，只须负担亩捐 9 亩，包括 "参佐费" 在内，计 1.35 元。[①] 土地比李开运多 13 倍，而亩捐等负担只相当李开运的 16%。需要指出的是，由于调查资料关于蒙地永佃农税捐负担的统计很不完整，车捐、驮捐、屠宰捐、山份等，多有缺漏，特别是一些地方税目，只见于村屯概况调查，而户别调查不见踪影，蒙地永佃农实际负担的税捐数额及其占收入的比重，比表列数字还要高得多。

从租税内部结构看，热河蒙地永佃农所纳租税的主要成分并非地租，而是日伪政权征收的苛捐杂税，前者只占租税总额的 12.5%，而后者高达 87.5%。这种奇特和违背常理的租税结构，既有历史原因，更是日本帝国主义进行金融掠夺和财政搜刮的罪证，也是为 "土地 （蒙地） 奉上" 所做的精心准备。

日伪满康德三年 （1936），蒙租改由旗公署统一征收。在决定新租率的同时，伪旗公署参照各租权者以前所得蒙租数付与等量租金。伪康德七年 （1940） 实行 "土地奉上"，蒙租最终被取消。[②]

在关内农业老垦区，某些地方的永佃田租额也较低，同普通租佃比较更为明显。

江苏吴江，每亩正产物产量一般为 2 石稻米 （每石 75 公斤），普通租田 （"小租田"） 的地租一般是 1 石米，较高则为 1 石 2 斗米，租率为 50%—60%。永佃田 （"大租田"） 的租额一般每亩 4 斗米 （每斗 7.5 公斤），租率为 20%。[③] 新中国成立前夕的太仓，永佃田 （"单租田"） 租率，一熟稻田为 20%—30%，两熟田为 20%—25%；底面合一的 "双租田"，租率为 40%—50%。[④] "单租田" 比 "双租田" 约低一半。无锡各区乡，有永佃权的 "灰肥田"，亩租最高 0.8—1.0 石米，最低 3—4 斗米，没有永佃

---

① 日伪地籍整理局编印：《锦热蒙地调查报告》 （日文本） 中卷，1937 年印本，第 1094—1095 页。

② 《翁牛特旗志》 第 12 卷，农业，内蒙古人民出版社 1993 年版，第 335—336 页。

③ 《吴江县志》 第 5 卷，农业，江苏科学技术出版社 1994 年版，第 168—169 页。

④ 《太仓县农村经济概况》，见华东军政委员会土地改革委员会编《江苏省农村调查》 （内部资料），1952 年刊本，第 60 页。

权的"借田",绝大部分为1.0—1.8石米,个别最低为3—4斗米。[1]"灰肥田"比"借田"约低1/4—1/3。

在浙江,民国时期天台县的情况是,普通租田实行分成租,一般为四六分成,农民得四成,地主得六成,也有三七分成的。永佃田一般实行定额租制。按产量计算,每石田交租谷3斗、麦3升或租谷4—5斗,租率为30%或40%–50%,明显低于普通租田。[2] 龙游,据说地租通常占到土地收获量的一半以上,而永佃田的租额平均只占土地收获量的1/4或1/3。[3] 表5-9是该县楼下等8村永佃田和普通租田每亩租额比较。

表5-9 浙江龙游永佃和普通租佃每亩租额比较
(1933)

村别	产量（斤）	永佃田		普通租田	
		租额（斤）	占产量（%）	租额（斤）	占产量（%）
楼下村	350	90	25.71	180	51.42
三元村	320	80	25.00	160	50.00
潼溪村	280	80	28.57	160	57.14
灵石村	280	20	7.14	150	53.57
石亘村	300	90	30.00	180	60.00
泉塘下村	280	80	28.57	160	57.14
华峰村	300	70	23.33	160	53.33
新王村	300	90	28.12	180	56.22
简单平均数	301.25	75	24.56	166.25	54.85

资料来源:国民党政府农村复兴委员会1933年调查,见〔日〕田边胜正《支那土地制度研究》,昭和十八年刊本,第260—261页。

如表,8村地租率,普通租田最低50%,最高60%,平均54.85%;永佃田最低7.14%,最高30%,平均24.56%,只相当普通租田的44.78%。

福建宁德的寺庙田产永佃,由于形成时间较早,租额甚低,每亩100斤

① 《无锡县农村经济概况》,见华东军政委员会土地改革委员会编:《江苏省农村调查》(内部资料),1952年刊本,第72—73页。
② 《天台县志》,汉语大词典出版社1994年版,第146—147页。
③ 国民党政府行政院农村复兴委员会:《浙江省农村调查》,商务印书馆1934年版,第35页。

谷，一直"原额不动"。到 20 世纪二三十年代，永佃农转租可收租 300
斤。[①] 永佃租只有底、面双租的 1/3。永定、上杭的永佃租额也较低，"永佃
人田纳租少而所得多"，例如可收 10 担谷之田地，仅纳 3 石租，永佃人将田
转佃，收 7 石租，除 3 担缴纳原租，自得 4 担。连城情形亦大体相同，故有
"金皮银骨"之称。[②] 古田的永佃田地租，普通一亩田完 1 石谷（折新制 6
斗 6 升），良田 1 石 5 斗，瘠田 5—8 斗不等。[③] 单从租额看，地租不算重。

广东汕头地区，据 19 世纪 80 年代的调查，普通租佃的租额视土地好
坏，每亩二箩至五箩（每箩 80 斤）不等，平均为四箩，租率约为 50%。而
永佃田因系祖传（土地所有者的祖先租给某一同族人），租额通常较低，每
亩一箩至二箩。租率约为 20%。[④] 安徽黟县地主江广生，有毗邻的两丘水
田，一丘只有田底权，另一丘则兼有田面权。前者面积 1.31 亩，租额 12
"件"，后者面积 0.59 亩，租额 12 件 5 升。[⑤] 后者面积只有前者的一半，租
额反而高出 5 升。亦即永佃田的租额比普通租佃的租额少一半。

江西瑞金一带，普通租佃的地租率一般为 60%—80%，而永佃田的租
率为 45%—50%。[⑥] 上饶"老客田"（外乡地主土地）的永佃田租也较轻。
一般为"五分租"，即租额占产量的 50%。[⑦] 乐安永佃制下的产量分配办法
是，土地分上、中、下三等，上等业主得 5/10，中等业主得 3/10，下等业
主得 1/10，余均为佃户所得。[⑧] 据此，50% 是最高租率，大部分租率为
30%—50%，这在江西稻产区应该是比较低的。宁都县刘坑乡，农民用高价

① 郑行亮：《福建租佃制度》，《民国二十年代中国大陆土地问题资料》第 62 册，（台北）成文出版社有限公司、〔美国〕中文资料中心重印发行，1977 年版，第 32174 页。

② 郑行亮：《福建租佃制度》，《民国二十年代中国大陆土地问题资料》第 62 册，（台北）成文出版社有限公司、〔美国〕中文资料中心重印发行，1977 年版，第 32181—32182 页。

③ 郑行亮：《福建租佃制度》，《民国二十年代中国大陆土地问题资料》，第 62 册，（台北）成文出版社有限公司、〔美国〕中文资料中心重印发行，1977 年版，第 32176—32177 页。原资料为"折新制六石六升"，这里的"石"应为"斗"之误。

④ 李文治：《中国近代农业史资料》第一辑，生活·读书·新知三联书店 1957 年版，第 638 页。

⑤ 中国社会科学院经济研究所藏：《道光江姓置产簿》，置产簿第 14 函，W·TX·B0053。"件"系当地租谷计量单位，每件为 18 斤。

⑥ 《中国经济年鉴》，民国二十五年，第 G193 页。

⑦ 《上饶县志》，中共中央党校出版社 1993 年版，第 60 页。

⑧ 国民党政府司法行政部：《民商事习惯调查报告录》（一），民国十九年刊本，第 446 页。

购买"皮权"的永佃田,租额比骨权、皮权合一的"白种田"要低二成或三成。[①] 九江石门乡"卖田留耕"的"东道田"永佃,表面租额也比普通租田低。[②]

湖北浠水,永佃制存在于祖庙田产,可能产生较早,租额也较轻,每石田按 1 石稻谷计算,主四佃六分成。[③] 山西岢岚,"永佃权地"的租额以种子计算,一般为种 15 公斤种子的土地,交租 10.5—12 公斤,租率约为 10% 左右。在当地,地主只出土地的普通租佃("伴种地"),租额为主三佃七、主四佃六或对半分成,亦即租率为 30%—50%。从表面上看,"永佃权地"租率远比"伴种地"低。不过必须注意的是,二者的租佃和耕种条件并不相同:"永佃权地"是山荒开垦,而非熟地租种;"永佃权地"佃农必须缴纳"压山钱",而且不能退还,故称"不回头钱";"永佃权地"佃农须代地主完纳钱粮,等等。把这些计入租额,"永佃权地"的低租率"优势"就会大部乃至全部消失。而且除正租外,有些"山区的地主"还在逢年过节时巧立名目,向农民索要礼品,如山鸡、鸡蛋、蘑菇、黄花、木炭、狐狼皮、药材等,并要佃户给做针线等杂活。[④] 很明显,"永佃权地"佃农是地主额外需索主要的受害者。

在其他一些地区,虽然永佃租比普通地租要低,不过永佃租本身已达相当高度。

苏南地区人多地少,地权高度集中,地租剥削异常残酷,地租高度已近极限。

永佃制相当普遍的青浦,光绪年间的情况是,"农民大率赁田而耕,岁成则偿其租。其所病则在谷贱而工力籽壅俱贵,丰岁所收亩不过二石,除偿工本还租息,所余无几,不足以支岁用。曩时田主携斗斛就佃量米,谓之'讨租';光绪初,田主设限,更令农民送仓,谓之'还租',嗣有改收

---

① 《土地革命至解放前夕的刘坑乡》,见中南军政委员会土地改革委员会调查研究处编印:《中南区一百个乡调查资料选集·解放前部分》,1953 年印本,第 102—103 页。

② 《江西九江县石门乡解放前的政治经济情况》,见中南军政委员会土地改革委员会调查研究处编印《中南区一百个乡调查资料选集·解放前部分》,1953 年印本,第 147 页。

③ 《浠水县志》,中国文史出版社 1992 年版,第 122 页。

④ 《岢岚县志》,山西古籍出版社 1999 年版,第 154 页。

银币者，谓之'折租'"。① 不难发现，地租高度已近极限。佃农即使丰年也
难以为生，而且随着太平天国起义被镇压、地主阶级元气逐渐恢复，阶级
力量的对比也在发生变化，从地主携斗斛"讨租"，到农民挑米送仓"还
租"，不仅是地租剥削量（劳役）的变化，更生动反映出佃农的社会地位变
得愈加低下。

苏州地租之苛重、豪绅地主的地租榨取手段之严酷，更是远近闻名，
地租剥削残酷性也更高。据载，吴中水稻亩产最高不过 3 石，少者 1 石多，
但每亩"额租"高至 1 石 5 斗，虽纳租时例以 8 折计算，实纳租额也达 1 石
2 斗。同治二年（1863），清廷下诏将苏州、松江地区的田赋核减 1/3，地
主同时减租，但苏州豪绅地主瞒天过海，以亩租 1 石 5 斗之虚额减去 3 斗，
每亩完租 1 石 2 斗，非但粒米未减，还外增"催甲"（地主雇以勒租者）钱
一二升。"是赋虽减而租未减；租之名虽减，而租之实渐增"。不仅正租不
减反增，地主又明目张胆地进行浮收勒索：征收折租，"必以市价一石二三
斗或一石四五斗之钱作一石算"；即使不得已而收米，"又别有所谓租斛，
亦必以一石二三斗作一石"。同时，地主又对佃农交租设立严格限期。吴中
秋禾十月方登场，而租限九月中旬已经开始。待佃农"脱粟出梟，则租限
早满"。如此一来，地主就达到了罚租和勒索的目的。②

关于苏州地区的地租高度，也曾有人做过调查计算，以一家 5 口、雇人
耕种 10 亩的永佃农为例，光绪十年（1884）的土地收支如下（以钱文计算）：

收入：春熟作物，七千至十一二千，平均 9000 文；

秋熟稻谷，一石七八斗至三石多，平均 43200 文；

稻草、谷糠，约 8800 文；

合计，61000 文。

支出：长工（1 人）伙食（5.5 石）、工薪（6 石），20700 文；

家庭成员（5 人）伙食，12500 文；

农具修理（若畜牛，则增加 3—5 倍，未计），800 文；

壅田豆饼，5000 文；

---

① 光绪《青浦县志》，光绪五年尊经阁刻本，卷 2，疆域下·风俗，第 24 页。

② 陶煦：《租覈》，民国十六年重排本，第 1—2 页。

地租 12 石折价（1800 文/石），21600 文

合计，60600 文。[①]

这户雇 1 名长工租种 10 水田的永佃农，春、秋两熟收入，连稻草、谷糠在内，共计 61000 文；支出包括长工工食、地租、农具修理和家庭成员（5 人）伙食等，合计 60600 文。收支相抵，尚盈余 400 文。似乎情况尚可。不过调查资料中的地租折价是按当时的市价（1800 文/石）计算，并不包括地主浮收勒索。上面已经提到，地主在征收折租时，"必以市价一石二三斗或一石四五斗之钱作一石算"。故此，调查者特别补充，若田主"更高其折租之价，杂征以催甲诸费，则并其工食亦所余无几矣"。[②] 若地租折价从低以市价 1 石 3 斗之钱作 1 石算，亦即浮收 30%，则折租从 21600 文增至 28080 文。总支出相应从 60600 文增至 67080 文。收支相抵就不再是盈余 400 文，而是亏折 6080 文。这样一来，家庭成员的伙食就会短缺一半。

实际情况可能还要严重，因收支项目本身很不完全，一些基本开支都被遗漏：生产开支中没有种子；生活开支缺项更多，服饰、照明、医疗、教育等项，都未提及。如果把这些开支都包括进去，亏折就更大了，佃农几乎无法生活。

尽管开支项目缺漏不全，但调查者对永佃农的艰难处境十分清楚，并为之鸣不平："苏松之佃者，明明与绅富共有其田也，乃欲下同佣耕之所得而犹不足，则岂若无田者而竟佣于人乎。且佣于人而竭其力，终无折辱责比之困。而佃者反以田面故，不能得佣值，不能免官追，吾不知其冤抑无告之状，有为之易地以观者乎。"[③]

当然，苏松、无锡永佃农的地租负担也有变化，局部地区之间亦有差异。

苏松、无锡等地的永佃农地租负担，由于佃农持续不断的抗租斗争和国内政治形势的影响，在某个时期有不同程度的下降。如吴县，有永佃权的"管业田"租额，原来"极重"，清政府实行"减赋"后，租额稍减，

原来 1.4 石者，减为 1.18 石，1.2 石者减为 1.08 石。大革命后推行"二五减租"，佃农实交租额一般降至 5—7 斗。抗日战争胜利后，由于农民顽强抗租，实交租额又减至 5 斗。[①] 具体情况因佃农力量强弱、抗租斗争力度不同而有差异。该县斜塘镇，日本全面侵华战争爆发后，1937—1939 年间，因地主逃亡，佃农不再交租。1940 年后，大部分地主返回，1940—1946 年间，佃农又须交租，交租额一般为原租的 4—6 成，但"拖抗力强者"，仅交一、二成，或完全不交。稍弱的佃农有交到八成的，也有少数佃农十余年一直抗租的。解放战争开始后，由于政治形势的变化，1947、1948 两年，佃农又不再交租。[②] 无锡梅村区的永佃租额，抗日战争爆发后的变化也很大。抗日战争前，地主在城里开大会，统一规定，"不问土地好坏，租额一律"，但抗日战争爆发后有所变化。薛典六保的"灰肥田"租额，抗日战争前是每亩糙米 7 斗 5 升（合稻 150 斤）、麦 2 斗。抗日战争爆发后，在江南抗日纵队进驻、农民抗租运动影响下，减至稻谷 120—130 斤、麦 2 斗，解放战争爆发后，1947 年又减至稻谷 100—110 斤、麦 2 斗，1948 年再续至稻谷 81—90 斤、麦 2 斗。稻租部分比抗日战争前降低了 40% 以上。梅村、墙门两乡的永佃租额也有不同程度的降低。[③]

在青浦地主一直顽固坚持高额地租压榨，直到新中国成立前夕，在佃农坚决抗欠和人民解放军大军南下的形势压迫下，才开始降低租额。当地本来 1937 年起已废除老斗改用市斗，以量器改制的方式，实行"二五减租"。但地主反以市斗比老斗小，公然将每石租米增加一成六，名曰"一六升"，有的地主则干脆恢复老斗，无论永佃地租还是普通地租，一直居高不下。直至 1948 年人民解放军大举南下，青浦才重新改用市斗，租额、租率相应下降。据对 1949 年高、中、低三类水田的最高、最低租额平均，每亩"板租"（定租、铁租）租额依次为 9 斗、6.8 斗和 3.7 斗，租率依次为 36%、34% 和 37%。三类

---

① 《吴县租佃情况调查》、《吴县保安乡农村情况调查》，见华东军政委员会土地改革委员会编：《江苏省农村调查》（内部资料），1952 年刊本，第 197、167 页。

② 《吴县斜塘镇三、六两保农村情况调查》，见华东军政委员会土地改革委员会编：《江苏省农村调查》（内部资料），1952 年刊本，第 180 页。

③ 《无锡县梅村四个乡租佃债务情况调查》，见华东军政委员会土地改革委员会编：《江苏省农村调查》（内部资料），1952 年刊本，第 214—215 页。

水田的普通地租（大小租）依次为 1 石 4 斗、1 石 2 斗和 6 斗，租率依次为 56%、60% 和 60%。[1] 永佃地租的租额、租率比普通地租约低 30%—40%。

所有这些，反映了永佃制下社会背景、佃农地租负担及其变化的多样性。

而且有必要指出，无论青浦还是吴县（苏州）、无锡，实行较低租额的时间都很短，不足以改变两地地租剥削异常残酷的整体性质。而且即使这种表面看似相对较低的租额，永佃农所受的实际剥削也不轻。如吴县姑苏乡，"管业田"每亩租额一般为 1 石米，合稻谷 200 斤，每亩产谷 450—500 斤，种植成本包括雇工、种子、肥料、戽水费等，折谷 246 斤，加上地租 200 斤，仅余 4—54 斤。[2]

同样，新中国成立前夕的太仓，永佃田（"单租田"）租率，一熟稻田为 20%—30%，两熟田为 20%—25%；底面合一的"双租田"，租率为 40%—50%。[3]"单租田"比"双租田"约低一半。永佃租率虽低，实行时间也极短。而且同在太仓，新永佃农所受剥削仍然异常沉重。因新佃租地，须向旧佃价买租种权，俗称田面权。如前所述，租种权价格不菲，实际租额并不低。稻田一般每亩 6 - 8 斗大米，高的 1 石 2 斗大米；棉田 6 - 8 公斤籽棉。稻租一般占扣除成本后剩余产物的 70% - 80%，棉租占 60% - 90%，同吴县永佃农的情形相若。而且，佃户累计 3 年欠租不交，就要被地主强行收回租种权。[4]

同时，既要看到苏州、无锡地区情况的某些特殊性、多样性，又不要将农民抗租、租额减轻及其效果过分夸大。苏州、无锡田底主的核心是城市豪绅地主，背后不仅有强大的封建、半封建国家机器做靠山，而且因为"粮从租出，租由佃完"的共同利益，相互勾结，以盘剥、残害佃农为能事。苏州大地主很早就建有榨取地租、残害佃农的"租栈"，抗日战争胜利

---

① 中共青浦县委会：《青浦县农村经济概况》，见华东军政委员会土地改革委员会编：《江苏省农村调查》（内部资料），1952 年刊本，第 14、16 页。

② 《吴县姑苏乡农村情况调查》，见华东军政委员会土地改革委员会编：《江苏省农村调查》（内部资料），1952 年刊本，第 185—188 页。

③ 《太仓县农村经济概况》，见华东军政委员会土地改革委员会编：《江苏省农村调查》（内部资料），1952 年刊本，第 60 页。

④ 《太仓县志》，江苏人民出版社 1991 年版，第 172 页。

后，1946年又将各家"租栈"联合，建立"联合收租处"，旋即因佃农抗欠，地主收不到租谷，又改为"指佃完粮"，借助国民党政府收租。虽然这种倒行逆施进一步激起了佃农更加广泛地抗欠，但毕竟"胳膊拧不过大腿"。从实际情况看，佃农抗租并未真正减轻负担，而且，各种苛捐杂税，如日伪时期的"军米"、"经常费"，国民党政府的"壮丁费"等，陆续加在农民头上，佃农实际负担比过去缴租时的租额还要重。因此，"农民生活还是一天困苦一天"。[①]

皖南徽州地区的永佃租也很高，清代和民国时期，有的每亩租额高达二三百斤稻谷。现将该地区清代后期一些永佃契约所反映的租额情况列如表5-10。

表5-10 清代安徽徽州地区永佃田租额示例
（1820—1906）

年份	面积（亩）	租额（斤）	平均每亩租额（斤）
嘉庆25年（1820）	1.0	270	270
咸丰5年（1855）	1.0	200	200
咸丰8年（1858）	1.0	200	200
同治1年（1862）	0.3	90	300
同治2年（1863）	0.6	120	200
光绪5年（1879）	1.7	465	274
光绪32年（1906）	2.4	350*	146
合计/平均	8.0	1695	211.9

说明：*原为2.8石，现以每石125斤换算为斤。
资料来源：据中国社会科学院经济研究所藏明清民间佃约综合整理编制。

7宗租佃契约中，每亩租额最低146斤，最高300斤，平均211.9斤。这大致反映了晚清皖南地区永佃田的地租高度。

在福建，相对于普通佃农而言，"永佃农之田租较轻"。[②] 但因人稠地

①《吴县租佃情况调查》，见华东军政委员会土地改革委员会编：《江苏省农村调查》（内部资料），1952年刊本，第197页。

② 黄金涛、季天祜主编：《福建经济概况》，福建省政府建设厅，1948年印本。

稀，整体地租苛重，许多地区的永佃田租额也往往在每亩 2 石以上。如浦城，光绪十年（1884）署理知县何徵将孟姓地主的 3 宗"苗田"没官归入书院，租谷 46.5 石，每亩最低 1.57 石，最高 2.48 石，平均 2.08 石，其地亩、租额详如表 5 - 11。

表 5 - 11　福建浦城永佃田租额示例

（1884）

田亩等则	面积（亩）	地租总额（石）	每亩租额（石）
泰宁图种田	7.25	18.0	2.48
泰宁图种田	11.96	23.5	1.96
泰宁图种田	3.18	5.0	1.57
合计/平均	22.39	46.5	2.08

资料来源：据光绪《浦城县志》卷 17，书院综合编制。

又据调查，该县土地买卖，契约不载土地大小，只称"苗田"多寡，如该田可收谷 10 石，只载苗田五石。[1] 据此推算，该地的永佃田租额，约占土地产量的一半。顺昌一带永佃田的地租剥削状况是，"佃户三成或四成，土地所有人七成或六成"。[2] 莆田永佃农的地租负担也很重，不仅租额占产量的 50% - 70%，还常负担被转嫁的繁重徭役、租赋等。[3]

在湖北汉阳等地，"一里一面"的永佃田，产量分配是"业主得七成，佃户得三成"。[4] 地租剥削已经到了相当残酷的程度。

旗地的租额、租率普遍都很高。据乾隆刑科题本载，直隶旗地租率为 65%，另据嘉庆三年（1798）七月二十七日会计司呈稿载：良乡县关庄一段 1 顷 20 亩，由农民高龙登承种，每亩租钱 500 文；关庄南北 60 亩，农民高大保承种，每亩租钱 100 文；良乡贾河地 60 亩，佃农郭七承种，年租 36 吊，平均每亩 600 文，道光年间租率为 40%。[5]

---

① 国民党政府司法行政部：《民商事习惯调查报告录》（一），民国十九年刊本，第 532 页。
② 国民党政府司法行政部：《民商事习惯调查报告录》（一），民国十九年刊本，第 519 页。
③ 《莆田县志》，中华书局 1994 年版，第 172 页。
④ 国民党政府司法行政部：《民商事习惯调查报告录》（二），民国十九年刊本，第 580 页。
⑤ 《北京市房山区志》，北京出版社 1999 年版，第 106、107 页。

在某些地区，永佃田的正租额虽然较低，但杂项不少，或兼须负担田赋差役。如前述广东大埔少数乡村，大族祖尝田业的永佃租额虽然较轻，"往往佃七而主三，甚或佃八而主二"，但田主对佃农多有需索，不仅租谷外有"信鸡"，而且每届收租，田主必率多人挑运，佃户应具酒菜饭食，以为接待，还须制备"米粄"，馈赠其家属，曰"田头粄"；又每5年或10年须转批一次。届时总有若干人拥至佃户家中，佃户不仅要具酒菜款待，且须每人饷以"号资"若干，名曰"批头钱"。田主甚或任意取索佃户家杂物，稍不遂意，"辄以吊佃为胁迫之端"，佃户不胜其需索、苛扰。[①] 前述湖北黄冈的"黑庄田"，租秫为稻谷年产量的20%－30%，租率不高，但佃户另外还需交纳杂粮和鱼肉鸡鸭等附加课，田赋捐税亦归佃户缴纳。[②] 佃农的地租实际负担可想而知。

另外，在考察和探讨永佃制地租的整体状况或一般高度时，必须提到自耕农"卖田留耕"，亦即舍弃土地所有权、保留耕作权的租额确定或水平问题。

所谓"卖田留耕"永佃的形成原因、程序和具体形式、常年运作，不同时期、不同地区互有差异，但实质相同。它不是通常的土地买卖，而只是一种田底权交易。买主得到的并非土地使用和实际处置权，而只是收租权。这与其说是土地买卖，毋宁说是一种以地价为本、地租为息的现金借贷。或者说是以土地买卖为外形的现金借贷。这样，排除买主乘人之危、肆意揞勒（尽量压低地价、提高租额）的特殊事例，在通常情况下，决定价格和租额的关键因素是土地产量（亦即卖主的常年付息能力）和当地通行利率，地租水平及其变化有自己的规律。如前述台东一宗9户农民集体"卖田留耕"的土地买卖，确定租额的依据是，"租课每田价银一百元，每年纳租谷二十担"。[③] 现将其相关数据列如表5－12。

---

① 民国《新修大埔县志》，民国三十二年铅印本，卷10，民生志，第2—4页。
② 《黄冈县志》，武汉大学出版社1990年版，第76—77页。
③ 台湾银行经济研究室编印：《台湾私法物权编》（二），1963年刊本，第687页。

表 5 - 12　台湾台东"卖田留耕"情况揽要

(1892)

序号	面积（甲）	价额（银元）		租额（谷石）		利率（%）
		总额	每甲价额	总额	每甲租额	
1	1.692	85	50.54	17	10.05	20.0
2	1.62	70	43.21	14	8.64	20.0
3	0.457	40	87.53	8	17.51	20.0
4	2.289	80	34.95	16	6.99	20.0
5	1.272	70	55.03	14	11.01	20.0
6	2.676	135	50.45	27	10.09	20.0
7	1.5	75	50.00	15	10.0	20.0
8	1.5	75	50.00	15	10.0	20.0
9	2.0	110	55.00	22	11.0	20.0

资料来源：据台湾银行经济研究室编印《台湾私法物权编》，1963 年刊本，第 684 - 689 页综合整理计算编制。

如表，各宗土地的单位面积价额和租额，互有差异，但单位价额所缴地租相同，即银元 100 元年缴租谷 20 石。因当时台湾稻谷 1 石同银元 1 元等值，可直接换算，故年利率为 20%。而这一利率正是当时台湾民间通行的借贷利率。因地租直接同地价挂钩，买主多付价多得租，卖主多得价多交租，即使单位面积价额和租额互有高低，但对买卖双方仍然是公平的。同时，利率以民间通行为准，也相对减少买卖过程中的人为抑勒，降低了交易谈判的难度。

因资料缺乏，未知这一"卖田留耕"案例在其他地区有多大的代表性。撇开买主乘人之危的抑勒，"卖田留耕"永佃，地租剥削有自己固有的规律。

永佃地租的一般水平已如上述。至于其发展趋势，因在永佃制下，地主无权增租夺佃，租额相对稳定。不过这是就单个佃农某一租佃个案而言。对永佃农整体来说，也同普通佃农一样，地租水平随时间的推移而会不断上升，所受的地租剥削程度不断加重。

如前所述，不同类别、不同地区、不同时段的永佃制，租额、租率高低差异悬殊。而某一地区、某一类别、不同时段永佃制的租额、租率，大多是前期低，后期高。如清代台湾的屯田官田，同治光绪年间的租额，明显高于乾隆嘉庆年间（详见表5－5），永佃地租水平呈现不断攀高的态势。

下面根据日本人收集的契约资料，对永佃制下的热河蒙地钱租的一般水平和变化趋势作一探查。日本人收集的清代热河蒙地钱租契约中，可以确定单位面积租额的有94宗，试将其分组统计，列成表5－13。

表5－13　清代热河蒙地永佃钱租分组统计

单位：京钱文/亩

时期	50 文及以下		51－100 文		101－200 文		201－500 文		501 文及以上		合计	
	宗数	%	宗数	%	宗数	%	宗数	%	宗数	%	宗数	%
1840 年前	4	36.3	3	27.3	2	18.2	1	9.1	1	9.1	11	100
1840—1894 年	9	20.4	8	18.2	19	43.2	7	15.9	1	2.3	44	100
1895—1911 年	3	7.7	12	30.8	22	56.4	0	0	2	5.1	39	100
合计	16	17.0	23	24.5	43	45.8	8	8.5	4	4.3	94	100

资料来源：据日伪地契整理局编印《锦热蒙地调查报告》（日文本）上、中、下卷综合计算、编制。

从表5－13可以大致看出地租的变化趋势：1840年以前、1840—1894年和1895—1911年这三个阶段中，每亩地租在50文以下的契约宗数，其比重1840年以前为36.3%，1840—1894年降至20.4%，1895—1911年只有7.7%。而租额在101—200文的契约所占比重持续上升，由1840年以前的18.2%增长到1840—1894年的43.2%，1895—1911年更达56.4%。可见清代热河蒙地永佃钱租的变化趋势是不断上升。

当然，单凭地租（正租）额的一般水平及其变化趋势，还不能直接确定地租剥削的程度及其趋势。因为，交纳钱租的蒙地一般都是以"倒兑"（即出卖耕作权）的方式出租的，佃农必须缴纳一笔相当数量的佃价或押契钱。如其他条件不变，单位面积租额同佃农支付的佃权价格成反比，佃权价格或押契钱无非是佃农提前缴纳的地租。所以，必须结合佃价或押契钱来考察地租剥削程度及其变化趋势。试看94宗永佃契约的佃价或押契钱户（押荒银）的分组统计（见表5－14）。

表 5 – 14　清代热河蒙地佃价或押契钱（押荒银分组统计）

单位：京钱文/亩

年份	500 以下		500 – 1000		1001 – 2000		2001 – 5000		5000 以上		合计	
	宗数	%	宗数	%	宗数	%	宗数	%	宗数	%	宗数	%
1840 年前	6	54.5	1	9.1	1	9.1	1	9.1	2	18.2	11	100
1840 – 1894	4	9.1	2	4.5	9	20.5	16	36.4	13	29.5	44	100
1895 – 1911	0	0	0	0	4	10.2	9	23.1	26	66.7	39	100
合计	10	10.6	3	3.2	14	14.9	26	27.7	41	43.6	94	100

资料来源：据日伪地契整理局编印《锦热蒙地调查报告》（日文本）上、中、下卷综合计算、编制。

如表 5 – 14 所示，三个时期中，佃价在 500 文和 1000 文以下的契约比重，均呈下降趋势，分别由 1840 年以前的 54.5% 和 9.1% 降至 1840—1894 年的 9.1% 和 4.5%。1895 年以后，每亩佃价已经没有在 1000 文以下的了。佃价在 1001 – 2000 文和 2001 – 5000 文的契约比重，1840—1894 年曾一度上升，但 1895 年后开始下降，而佃价在 5000 文以上的契约宗数和比重则持续上升，1840 年以前为 18.2%，1840—1894 年增至 29.5%，1895 年以后更增至 66.7%，即占契约总数的 2/3。可见佃权价格和地租同时上升，其变动趋势大体相近。

那么，佃价和租额的上升速度谁快呢？这可以从佃价同地租的比较（佃权价格对租额的倍数）得到答案（见表 5 – 15）。

表 5 – 15　清代热河蒙地佃价相当租额倍数的分组统计

时期	10 倍及以下		10.1 – 20 倍		20.1 – 50 倍		50 倍以上		合计	
	宗数	%	宗数	%	宗数	%	宗数	%	宗数	%
1840 年前	9	31.0	8	27.6	8	27.6	4	13.8	29	100
1840—1894 年	15	19.0	19	24.1	28	35.4	17	21.5	79	100
1895—1911 年	3	5.1	5	8.5	15	25.4	36	61.0	59	100
合计	27	16.2	32	19.2	51	30.5	57	34.1	167	100

本表 5 – 15 所列除前两表 94 宗契约外，还包括 73 宗只有佃价和地租总额但无面积，因而无法计算单位面积佃价和租额的契约在内，故契约总数

为 167 宗。

从表 5-15 可以看出，佃价对地租的倍数在不断增加，佃价分别相当于地租 10 倍和 20 倍以下的契约比重持续下降，1840 年以前 31.0% 和 27.6%，1840—1894 年降为 19.0% 和 24.1%，1895 年以后更降为 5.1% 和 8.5%。佃价为地租 20.1-50 倍的契约比重，曾一度上升，但 1895 年以后下降，并且低于 1840 年以前的比重。而佃价相当于地租 50 倍以上的契约比重，持续上升，1840 年以前为 13.8%，1840—1894 年增至 21.5%，1895—1911 年达 61%。

情况很清楚，佃权价格和租额都在上升，而佃权价格上升的速度更快。这就意味着佃农负担的恶性加重。当然这中间存在着某些不可比因素，例如钱文对银两比值不断下降等。① 同时，由于永佃制下的地租（特别是钱租）一般是固定不变的，上述地租负担（包括正租和佃价）的加重，并不直接表现为同一佃农对同一土地地租负担的加重。尽管如此，佃农作为一个整体，地租负担无疑是加重了。②

我们还可从整体的角度，对永佃租和普通地租进行横向比较，以探查永佃租和普通地租的轻重、异同。

从一些资料记载所反映的情况看，永佃农所受的地租剥削确实比一般佃农较轻。这是没有问题的。不过在分析永佃制下的地租剥削深度时，必须考虑如下两个因素：第一，如前所述，永佃农之所以只交较低的租额，是因为他们在垦荒过程中已经投下了大量的劳力和工本，或者缴纳了高额的佃价或押租。佃农承垦之始，有的本是不毛之地，有的地价极其低廉，甚至可以任意圈占，也有的因劳力缺乏，无人承佃纳租。在这种情况下，佃农开垦成熟，本应该是土地的真正所有者，可是，他们还必须向地主缴纳地租，因而不能笼统地说他们所受的地租剥削较轻。至于缴纳高额佃价或押租，对佃农来说，是多年地租的一次性预缴，是一种更加沉重的负担；

---

① 乾隆嘉庆年间，中钱或京钱 1800—2000 文折银一两，而光绪年间约需 2500 文才能折银一两。

② 国民党政府司法行政部编：《民商事习惯调查报告录》（二），民国十九年刊本，第 1283 页。

而对地主来说，等于将大部分甚至全部地价已经收回，并转为高利贷资本，这是一笔比地租更可靠的资产。如果排除这一因素，可以看到，永佃农与非永佃农所受地租剥削的程度不甚悬殊。试以清代后期台湾地区若干宗茶地租额作一比较（见表 5-16）。

表 5-16　清代台湾永佃和定期租佃茶租情况比较
（1876—1895）

类别	立约年份	万丛茶树租额（银元）	地租总额（银元）	押租额（银元）	备注
永佃	光绪 2 年（1876）	6		49	荒埔垦种
	光绪 10 年（1884）	6		1	埔地垦种
	光绪 12 年（1886）	12	48	40	荒埔垦种①
	光绪 19 年（1893）	7			山埔垦种①
	光绪 21 年（1895）	6.5		43	附茶园风围、茶寮
定期租佃	光绪 7 年（1881）	10	92	24	租期 30 年②
	光绪 10 年（1884）	10	34	2	佃人自备资本垦荒种植，租期以茶树枯槁为准
	光绪 14 年（1888）	36	200	100	附茶寮，租期 7 年
	光绪 17 年（1891）	5 元/3 元③			佃人自备资本垦荒种植
	光绪 18 年（1892）	40	160	200	租种现成茶园，租期 3 年
	光绪 18 年（1892）	12	16	19	租种现成茶园，租期 32 年
	光绪 20 年（1894）	10 元/20 元④		2	荒埔垦种，租期 20 年
	光绪 27 年（1901）	36	200	100	熟园，附茶寮，租期 7 年，如茶树枯槁，须随时补齐

说明：①如茶树枯槁，佃人补种，不得以枯槁之数扣除地租。
②佃人自备资本垦荒种植，租期 30 年，以茶树枯槁为准。
③垦荒 3 年后 5 元，10 年后 3 元
④垦荒 3 年后 10 元，10 年后 20 元。

资料来源：据《临时台湾旧贯调查会第一部调查第二回报告书第二卷附录参考书》《临时台湾旧贯调查会第一部调查第三回报告书·台湾私法附录参考书》第 1 卷上及《清代台湾大租调查书》《台湾私法物权编》综合整理编制。

如表 5-16，永佃农每万丛茶树租额，最低 6 元，最高 12 元。定期租佃农每万丛茶树租额，最低 10 元，最高 40 元。永佃农的茶租虽然比定期租佃农为低，但均系荒埔垦种，除 1 宗外，全部交有押租或"地价"（田面

价），而定期租佃多为现成茶园种植。如果是垦荒，其租额亦同永佃农相差不远。就当时的农业生产力水平而言，据说开垦和种植 1 万丛茶树，所需工本约为 100 元。[1] 显然，决定租额高低的主要因素是佃农所租茶园的荒熟，而非是否永佃。

再者，某些永佃农除了交租，还有负担田赋和其他差役。如上述浙江嘉兴的"余花田"佃户，须代地主完粮。道光二十七年（1847）热河仁寿寺一永佃契载明，佃农除照额交租外，"皇差布施按三厘所出，上带钱二分"，此外还有马料一斗、干草十个。[2] 江苏苏州一带的永佃农，地租负担本已不轻，但尚须主佃"各半完粮"。[3] 台湾地区也有由永佃农完纳钱粮的，如光绪十九年（1893）台东某地垦首和佃农的《合同字》载，"每年每季，谷麦麻豆地瓜付垦首张义春号，壹九抽收，其钱粮正供番租，该众佃户愿备完纳，与垦首无干"。同时还规定，"每年五谷欲有出粜者，尽付垦首收，不许他人采籴"。[4] 广西博白的永佃农，虽租额较一般佃农为低，但逢年过节必须奉送鸡、肉、面和糯米等礼物；如果地主家有婚丧嫁娶等红白喜事，亦须无偿服役。[5] 如将这些因素考虑进去，永佃农和非永佃农之间地租负担上的差异就不那么悬殊了。永佃农实际的地租负担也是相当沉重的。

三 永佃制衍生形态下的主佃关系和地租剥削

在永佃制下，由于佃农持有的佃权多由垦荒、价买（包括缴纳押租）、改良土壤或贱价出卖土地所有权而来，租额大多比周边普通租田相对较轻，佃农在租地面积扩大或劳动力短缺时，就可能转租部分佃权，遭遇天灾人祸或重大变故，更势必以佃权抵押借债或典卖佃权。同时，因佃权尚存在

---

[1] 姚贤镐：《中国近代对外贸易史资料》第 3 册，中华书局 1962 年版，第 1470 页。

[2] （日伪）热河省长官房土地科：《热河省之土地》，伪康德五年日文打印本，第 243 页。

[3] 《申报》光绪九年八月初七日。

[4] 临时台湾旧惯调查会编《第一部调查第三回报告书》，台湾私法附录参考书，第 1 卷上，第 38 页。

[5] 《中国经济年鉴》，1934 年，第 G243 页。

某种获利空间，随着土地商品化的发展，佃权也越来越成为地主富户的兼并对象。地主富户在买得佃权后，一般不会自种，而是出租。如果地主富户本身就是田底主，兼并佃权的基本手段，除了价买，就是借佃农欠租或其他违约行为，收回佃权（田面），再行出租，或加租交回原佃耕种。因此，还在永佃制形成初期，就开始出现佃权的转租、典卖。随着永佃制的发展、演变和土地兼并的加剧，佃权的转租、典卖也更加频繁和普遍，形成多种多样的衍生形态，租佃名目、地租数额也相应增加，现耕佃农必须同时缴纳田底、田面双重地租，地租负担自然比永佃农和其他普通佃农更加沉重。

（一）佃权的转租、典卖和永佃制的衍生形态

在不同地区，永佃制的产生时间、表现形式、永佃农处置佃权的权限，以及永佃制本身的发展变化速度等，各不一样，永佃制衍生形态产生的时间、表现形式、在永佃制和整个租佃关系中所占比重，互有差异。

在永佃制产生较早的皖南、福建地区，明代中后期，随着佃权的转租、典卖，或地主对佃权的兼并，永佃制的各种衍生形态也接踵而生。在皖南徽州，从天启七年（1627）的一纸当田契，可以窥见早期衍生形态的某些情况：

> 逢庆今将十二都田倒石丘，加八晚租四秤十贰斤，又本田童成龙力垒加八贰平［秤］半；又本都奇富种大培山下加八四平［秤］半；又十二都佛岭坑口加八晚租五平［秤］六斤。前田共计租并力垒共拾陆秤，出当与侄光前名下，纹银肆两整，每年至收租时，收苗折利。日后本到取赎前田无词，存照。
>
> 天启七年三月十九日立当约叔逢庆
>
> 见叔明盛
>
> 后卖与光讫。①

---

① 中国社会科学院历史研究所收集整理：《徽州千年契约文书·宋元明编》卷4，第214页。

出当人当出的 3 宗水田中，后两宗属于永佃制原生形态或普通租佃关系，前一宗则是永佃制的衍生形态。出当人早前已将原本属于佃农的"力垄"（当地佃权形式之一）没收或价买，底、面归一，但并未恢复为传统租佃关系，而是衍生一种新的租佃形式，现耕佃农童成龙必须同时交纳"晚租"（骨租）、"力垄"租（皮租）的双重地租。

清代和民国时期，永佃制流行的江苏、安徽、浙江、福建等地，因佃权转租、典卖或地主兼并佃权而衍生的租佃形式，成为当地租佃关系的一个重要组成部分。

江苏苏州，土地出租户分"盖头地主"（底面合一地主）、"管业地主"（田底主）和"田面主"等三种。"田面主"将承租"管业地主"之土地转租给佃农，从事中间剥削。与此相联系，承租户分"盖头佃户"、"管业佃户"、"二佃户"等三种。① "盖头佃户"即普通佃户，"管业佃户"是永佃农，"二佃户"则是同时向"田面主"和"管业地主"交租的现耕佃人。

吴江全县租佃形式主要有"大租田"、"小租田"两种，还有少数"转租田"。后者是永佃农或田面主以小租田的形式转租田面，有的还收取押金。② 在常熟，此类土地被称为"接手田"。③ 无锡则叫做"转佃田"。④

太仓租佃有单租、双租之分。"单租"是佃户先要向地主价买租种权（俗称田面权），而后耕种。佃户欠租 3 年不交，地主即强行收回租种权；"双租"田，俗称"倒换田"。地主收回欠租佃农的租种权后，再租给原户耕种，该佃户即须向地主缴纳双倍地租，或将田面权卖给二地主，再由二地主租给佃户，佃户亦要缴纳双份地租，一份给原地主；一份给二地主，故谓之"双租"。⑤

安徽太湖，有采行永佃制的"保庄田"，又叫"份田"，佃户须向地主购买永佃权，并立承租契约，地主无权调佃。永佃农将"保庄田"转租给

---

① 《苏州市志》第 27 卷，农业，江苏人民出版社 1995 年版，第 679 页。

② 《吴江县志》第 5 卷，农业，江苏科学技术出版社 1994 年版，第 168—169 页。

③ 《常熟市志》，上海人民出版社 1990 年版，第 201 页。

④ 《无锡县志》卷 5，农业，上海社会科学院出版社 1994 年版，第 192 页。

⑤ 《太仓县志》，江苏人民出版社 1991 年版，第 172—173 页。

别的农户耕种，则叫"插厘田"。[1] 在芜湖，部分佃农持有佃权，并由此衍生所谓"交佃权"。即是该类佃农将部分佃田转租给贫农和其他佃农耕种，进行中间剥削。[2]

歙县在垦荒永佃的形成和发展过程中，接续出现佃权转租，并发展为大买、小买的产权关系，形成乡俗惯例：甲开垦乙的荒地并转租给丙，则乙为大买，亦称地骨；甲为小买，亦称地皮。大买拥有土地所有权，但不得收回土地自耕，小买拥有土地使用权，并可将土地买卖和转租，丙（佃户）既要向大买交地骨租，又须向小买交地皮组。[3] 小买即由土地使用权变为收租权。

旌德全县约有 60% 左右的土地属大买、小买分离，部分乡村更高达80% 以上。"小买既无土地又不耕种，也不纳赋（由大买负担）、完差，只通过换佃增租，坐享其成"。亦即 60% 甚至 80% 以上的土地是在小买转租的形式下经营的。该地"小买"转租，俗称"借种"，通常须立"借种字"。据说小买转佃他人后私自加租，源于换佃时收取肥料补贴费。自民国二十三年（1934）课征小买契税后即完全定型。[4]

在浙江，杭州、余杭、淳安等地，均有田面主转租的情况存在。[5] 淳安一些地主，更专门购进田面权（即"浮田"），转租给农民，收租牟利。[6] 绍兴、嵊县一带，转租制或大小租制是当地基本租佃形式之一。转租者中，一种是包租人成片租得地主或官公地亩，再转租给佃农；一种是有永佃权者无力耕种时，转租给他人，从中收取小租。[7]

福建一些永佃制较为流行的地区，佃权转租都十分普遍。龙溪、海澄一带，因永佃制形成较早，佃权转租亦较流行，而且在佃权转租中形成第

---

① 《太湖县志》，黄山书社 1995 年版，第 117 页。

② 《芜湖市志》下册，社会科学文献出版社 1995 年版，第 612—613 页。

③ 《歙县志》，中华书局 1995 年版，第 129 页。

④ 国民党政府司法行政部编印：《民商事习惯调查报告录》（一），民国十九年刊本，第 426 页；《旌德县志》，黄山书社 1992 年版，第 226 页。

⑤ 《杭州农业志》，方志出版社 2003 年版，第 185 页。

⑥ 《淳安县志》，汉语大词典出版社 1990 年版，第 189 页。

⑦ 《绍兴市志》第 10 卷，经济总情·生产关系，浙江人民出版社 1996 年版，第 634 页。

二级佃权。到明中叶后期，已出现"一田三主"的局面。① 浦城田地有大苗、小苗之别，有小苗者佃种，有大苗者收租。"有时有小苗者只收息谷，不佃种田面"。建瓯的小苗转租情况则更为普遍。②

台湾在清初土地开垦和永佃制形成过程中，很快出现佃权的转租、典卖，普遍形成大、小租制。当初清政府为了加快台湾土地开垦，凡报垦者，不问其自种或招佃，一概给予"垦照"。于是豪强乘机包揽，以"垦首"名义递禀承垦，分给佃户垦辟。因承揽的荒地多，地域广阔，垦首不知其地之所在，转手处分悉听佃户。日久，佃户亦成业主，形成一地二主。佃户既成业主，转佃任其自由，故佃户之下又有佃户，称为"现耕佃人"。现耕佃人纳租于原佃户，谓之"小租"；小租户（即原佃户）纳租于垦首，谓之"大租"。大、小租制由此形成。民地如此，番地、官庄、屯田、隆恩田等各类土地，租制亦大体相似。大、小租制成为全台租佃关系的一般形态。光绪年间虽经巡抚刘铭传清赋整理，大租、小租名目仍未能消减。据日本侵略者在1903年赎买大租权时统计，有大、小租权关系的土地约占全台耕地面积的60%。③

其他地区，佃权转租也都不同程度地存在。

广东潮州等地，持有"粪权"的永佃农，若不欠租，可以长期和永久耕种，传之子孙。因耕种年代久远，"故常有佃户转租、转典、转授情事"。④ 湖北荆州地区，有的永佃农在缴清地租（称"大租"）后，出租或出卖"田面"，并向再佃农民征收田租，俗称"小租"。⑤ 云南宣威的情况是，"大地主所有庄业，均只认租不认地，佃民辗转变卖亦难究诘"。⑥

东北旗荒旗地在开垦过程中，有的佃农取得永佃权后，在收取"开刨工本"费用的形式下，将土地转租、转让。移垦民户中部分有资力者，在

①　《龙海县志》卷4，农业，东方出版社1993年版，第105页
②　国民党政府司法行政部编印：《民商事习惯调查报告录》（一），民国十九年刊本，第532、550页
③　程家颖：《台湾土地制度考查报告书》，第57页。
④　民国《潮州志》，实业志，农业，1933年铅印本，第42—43页。
⑤　《荆州地区志》卷4，农村经济综述，红旗出版社1996年版，第112页。荆州地区包括江陵、松滋、公安、石首、监利、洪湖、仙桃、潜江、天门、京山、钟祥等11县。
⑥　《宣威市志》，云南人民出版社1999年版，第262页。

立约取得永佃权后，渐而自垦更多闲荒，赓续报佃，由承佃耕作而自行招佃。成为坐收地租的"包佃准地主"。包佃关系多发生在后期移垦区，主要是光绪前后的吉林和黑龙江两省。①

在某些永佃制广泛流行的地区，这种"衍生形态"并不一定要经过明确的永佃制阶段。如江西，民间承种地亩有转佃的习惯，如甲承佃乙田 10 亩，年纳稻谷 20 石，甲将该田转佃于丙，丙对甲年纳租谷 25 石，甲对乙仍纳租谷 20 石。这时乙为"佃东"，甲则称为"二佃东"，与"二房东"之例相同。② 在永佃制广泛流行、租佃关系比较稳定的条件下，"二佃东"的地位和权益接近于小租主或田面主。

（二）衍生形态下的土地收益分割和佃农地租负担

佃权（或田面）转租或田底、田面重新合一后，土地耕作权与永佃农分离，作为直接生产者的现耕佃农没有佃权或田面权，原有的永佃制性质、地租结构和永佃农身份、地位、经济状况都发生重大变化，作为直接生产者的现耕佃农，无论是原来的永佃农还是其他佃农，地租负担加重，经济状况恶化具体情况和表现形式互有差异：若因佃农欠租或其他原因，地主收回佃权或田面，交由原佃或其他佃农耕种，此时土地底、面合一，现耕佃农必须缴纳田底、田面双份地租，有的还要另缴押租；若是佃权转租，或佃权典卖落入第三者手中，买主并不自耕，而是招佃收租，则转租者或买主并非直接生产者，而是收租人。不论其经济状况和身份、地位如何，社会性质上已变为从事中间剥削的田面主或"二地主"。而作为直接生产者的现耕佃农，既要向田面主或"二地主"交租，又须向田底主或大租主交租。在上述两种情况下，现耕佃农所交租额上升，地租负担加重，经济状况恶化。

1. 衍生形态下的租佃形式和主佃关系

租佃形式、租佃手续和主佃关系方面，因租权、佃权或田底、田面分离程度，佃权、永佃农或田面、田面主的地位和独立程度，差异颇大。

---

① 〔日〕石田兴平：《满洲にゎける植民地经济の展开》，第 174—182 页。
② 国民党政府司法行政部编：《民商事习惯调查报告录》（二），第 972 页。

在那些永佃制产生较晚、发展尚不成熟、土地底面分离不彻底或不明显、佃农的佃权处置权有限的地区，例如契约明文规定只许佃农或子嗣耕种，不得将土地转租、顶退；或佃农只享有"不欠租，不撤佃"的最低限度佃权，或虽无明确禁止佃农转租、顶退，但佃权尚未发展成为同租权平行的一种产权，佃权的转租、顶退，情况不太普遍，大多是短期的或私下的行为，往往带有临时救急或某种资金周转的性质，相关手续和程序亦不甚规范，一旦某一环节出现问题，往往难以修补或挽救，甚至爆发激烈冲突或酿成命案。

在那些永佃制产生较早、流行普遍、发展成熟、土地底面分离彻底、佃权完全平行于租权的地区，情况则有所不相同。

随着永佃制的长期流行、扩散、发展、演变，佃权的转租、典当、买卖、继承、流通日益普遍，永佃农经济状况和经济地位的升降变化加剧，佃权不断与佃农分离，由使用权变为收租权，成为一种完全独立于地权（田底权）的新型产权，佃权（田面）租佃不再是临时救急的短期行为，已经发展为封建租佃关系的一个组成部分。如前述江苏苏州的"田面主"租佃、吴江的"转租田"、常熟的"接手田"、无锡的"转佃田"、太仓的"倒换田"，安徽太湖的"插厘田"、芜湖的"交佃权"，歙县、旌德的小买租佃，浙江杭州、余杭、淳安等地的"浮田"，绍兴、嵊县一带的"转租制"或"大小租制"，福建龙溪、海澄等地"一田三主"制下的三级租佃，浦城、建瓯等地的小苗转租制，台湾的大、小租制，等等，都属于这种情况。

部分地区，田面田租佃是封建租佃关系的主要甚至一般形态。如台湾，从一些文献资料看，在清代初期，"佃"、"佃人"、"佃户"原本泛指所有佃农，包括一般佃农和永佃农。随着永佃制的发展、变化，绝大部分佃权与永佃农分离，落入了转租和食利者手中，佃农一般专指租种田面田的农户。如同治《淡水厅志》所说的"佃户"，就是属于这一类：

> 有佃户焉，向田主贌田耕种也。有碛地焉，先纳无利银两也。银多寡不等，立约限年满，则他贌，田主以原银还之。每年田主所收曰

小租，淡北分早、晚交纳；自塹而南，多纳早冬，其晚冬悉归佃户；亦有先纳租一年后，乃受耕，则不立瞨字，亦无碛地银也。凡田器、牛种皆佃备，其或荒地初垦、近溪浮复者，经佃开垦成田，须三年后，田主方勘界定租，垦费主佃分者则租均之。于田中葺屋曰寮，瞨者有田必有寮，以荆竹为墙，各庄皆然。俗呼谷熟为冬，有早冬，有晚冬，两熟曰双冬，犹书言有秋也。①

从这段文字还可以看出，佃权或田面田的租佃形式、租佃手续和主佃关系，同传统租佃毫无二致。不仅淡水，台湾其他地区的田面田租佃，亦是如此。下面是道光、同治、光绪年间的三纸田面租约：

其一

立佃批字人庄长流兄弟，承父阄分应得水田一段，址在万宝新庄头大圳下，东至大圳，西至锦旗田界，南至启太兄弟田界，北至曹家田界；四至明白。经丈一甲九分正，原带大圳水充足通流灌溉。今因招得李梦龄前来自备牛工、种子、农器力耕，并带来碛地银二十员，当面言议全年大小租谷实八十七石六斗正，重风洗净，不得湿有抵塞。分作早、晚二季交纳，不论年岁丰歉，不许少欠升合；如有少欠者，收碛地银以及牛只扣抵。水田限耕四年：自丙申年十月起，至庚子年十月止。四年为满，租谷清楚，收碛地银送还，水田另耕别佃，不得刁难；若要再耕，另行相商。今欲有凭，合立佃批字一纸，付执为照。

即日亲收佃批字内银二十大员，再照。

道光十六年（丙申）十月日立佃批字人　庄长流。

代笔人　庄玉山

为中人　赖清顺②

---

① 同治《淡水厅志》卷11，风俗考，同治十年刻本，第1页。

② 台湾银行经济研究室编印：《清代台湾大租调查书》，1963年刊本，第155—156页。

其二

立承耕字人江大夏，自备农椇、种子，又备出无利碛地银一百三十大元，平重九十一两，凭中向得族侄振彬碛过后庄仔庄水田二甲五分，配大甲坡水份通流灌溉，又配田中竹围内茅厝一座十一间面踏承交。议：每全年完纳业主大租水谷以外，实纳田主小租谷一百六十石道斗正，分作早、晚两季完纳，不敢湿有抵塞，亦不敢少欠升合；如有少欠升合，愿将碛地银付田主扣抵起耕，另赎别佃。其田限耕自癸酉年春起，至戊寅年冬止，共六全年为满。限满之日，田主应备齐碛地银交还佃人，将田交还田主，不敢异言生端滋事。此系二比仁义交关，各无迫勒，今欲有凭，合立承耕字一纸，付执为照。

即日凭中备出承耕字内无利碛地银一百三十六元，平重九十一两正足讫，照。

批明：八月中先交过定银一十六元，至犁秧地交还碛地银六十六元，其余候晚季收成后纳租之日交清，批照。

同治十一年十二月日立承耕字人　江大夏

代笔人（族叔）大川

为中人（族叔）大婴

在场人（堂伯）大烈

知见（母亲）张氏[1]

其三

立收碛地垦字人王尔加，有自己阄分水田一分七厘，计共二丘，要赎与本庄梁永全官起盖厝屋，居住耕作。即备出碛地垦银十二大元，库秤八两四钱正。逐年将小租谷扣利息明白而外，尚该小租谷二石五斗正，作两季完纳，不得短欠；如是短欠，听加起耕别赎。其田面赎至十二年为满，听加备足碛地银赎回碛地字，不得互相习难；如至限无银可赎，依旧仍付永全耕作居住，加等不敢异言生端滋事。此系仁

---

[1]　台湾银行经济研究室编印：《清代台湾大租调查书》，1963年刊本，第162—163页。

义交关，各无反悔，恐口无凭，合立碛地银字一纸，付执为照。

即日同中亲收过碛地字内佛银十二大元，库秤八两四钱正完足，再照。

批明：后日向赎之时，永全所起厝屋从公公估，加应备银向坐；如是无银可坐，其厝听全拆回，不得互相刁难，此照。

光绪四年十二月日立收碛地银字人　王尔加

代笔人　王永修

为中人　王马养①

　　这三宗纸契约从一个侧面反映了台湾田面田的租佃形式和主佃关系。已经成为清代台湾封建租佃关系一般形态的田面田租佃，几乎全部是契约租佃，佃农必须缴纳押租（无利碛地银或有利碛地银），自备农具、牛种，田面主既不提供任何生产资料，一般也不直接干涉佃农生产和生活，传统的超经济强制已逐渐被经济强制取代，现耕佃农和田面主（小租主）之间的关系基本上是一种契约关系。租佃期限方面，绝大部分是定期租约，而且租期不长。上面三宗个案，租期最短 4 年，即使允许佃农在租地上盖房，租期也只有 12 年，期限一满，就得拆房走人。《清代台湾大租调查书》所辑田面定期租佃契约，除荒地开垦和开园植茶外，租期也都很短。25 宗定期租佃的租期平均为 11 年，若剔除垦荒和开园植茶的 3 宗长期租佃，租期平均只有 5.2 年。

　　需要指出的是，尽管经济强制已经取代超经济强制，现耕佃农和田面主在表面上是完全平等的，但无论田面主的佃批字还是佃农的承耕字，字里行间仍隐约显露出田面主的某种威吓力量和高压态势，如租谷务须"重风洗净，不得湿有抵塞。……如有少欠者，收碛地银以及牛只扣抵"；租期限满，"将田交还田主，不敢异言生端滋事"。某些田面主"招佃（耕）字"的词语更加严苛，如谓大小租谷务必"每年六月在埕经风晒精燥完纳清楚，年清年款，不得湿有抵塞，亦不得少欠升合；倘或少欠，即将碛地

① 台湾银行经济研究室编印：《清代台湾大租调查书》，1963 年刊本，第 166—167 页。

银扣还清楚，将田并厝地、禾埕、菜园一概起耕"；园租"务要年清年款，交纳清楚，不敢少欠分文；如有少欠租项非为等弊，不依约限，任从番园主另招别佃"等。① 如果佃农不交或无力缴纳押租，则必须有人担保，如咸丰九年（1859），佃农姚园伯承租林沐官一宗田面田，因未交押租，即请其堂弟姚传充当保人，并由其代立"认耕字"承诺；小租"系传保认，不敢少欠；如有少欠，情愿代赔清楚，将田听林沐官起耕另佃，不敢异言"。② 一些占有出租面积稍大的田面主，威吓和高压态势更为明显。

清代台湾的永佃制源自福建、广东，三地的田面租佃习惯、租佃形式和主佃关系，也大同小异。下面试以福建闽清的两宗田面（田根）租佃个案为例：

其一

立承佃刘德庆，今在许尔言处承出民田根数号，坐产……承来耕作，递年不拘损熟，约纳根利谷振贵项一百斤；又世昌项柒十斤，送厝交收，不得欠少。如有欠少，其田听另召别耕，不得霸占。至于面租，因根利过廉，面约代为完纳。今欲有凭，立承佃一纸为照（道光十年一月）③。

其二

立承耕字峇矛许习守，今在姐丈吴长道处承得田根一号，坐产……共受种六升零，承来耕作，言约递年冬成四六均分，耕者四分，田主六分，预先报知田主到田分收，送厝交纳，不得抛荒丘角等情。如有此情，听吴另召别耕，不得霸占之理。今欲有凭，立承耕字一纸，付执为照（同治十年十二月）④。

---

① 台湾银行经济研究室编印：《清代台湾大租调查书》第 1 册，1963 年刊本，第 174、158 页。

② 台湾银行经济研究室编印：《清代台湾大租调查书》第 1 册，第 160 页。

③ 林祥瑞：《试论永佃权的性质》，《福建师大学报》（哲学社会科学版）1981 年第 1 期，第 124 页。

④ 林祥瑞：《试论永佃权的性质》，《福建师大学报》（哲学社会科学版）1981 年第 1 期，第 124 页。

同台湾一样，田面（田根）租佃的确立，也都必须订立书面契约。从这两纸承佃字看，主佃关系基本上是一种契约关系，即使亲房戚友，也是如此。如后一纸契约，虽是姐弟至亲，一样铁面无情。因是产品分成制，根主收益同土地产量成正比，还要特别加上"不得抛荒丘角"的条件约束。福建、台湾两地，田面租佃契约的基本内容、格式乃至词语，也都非常相近。如称田面（田根）所有者为"田主"；又如"另召别耕"和"另耕别佃"、"另粪别佃"、"起耕别粪"等，都是同一词类。所不同的是，这两宗个案都是不定期租佃，也没有收取押租。这可能同田面（田根）租佃尚未发展为该地的主要租佃形式有关。

在皖南徽州地区，早在明代中后期，随着佃权的买卖让渡，出现了田皮或粪草田租佃。租佃形式和手续，与普通土地租佃大同小异。试录万历年间的祁门两纸契约，以资比较：

其一

一都胡云隆，今领到徐　名下，鲍村源上段田一亩，早硬租拾秤，递年秋收送至上门交纳，其粪草作小租，外加贰秤，随正租一齐交纳，不致短少，立此为照。

递年交鸡谷五斤。

万历三十二年八月初二日立领约人　胡云隆

中见人　徐　岳

何　祯

吴一书①

其二

今租到徐　名下大谷田一号，计二丘，坐落土名梅树坦，计内取硬租一拾四秤正。其租递年秋收送至上门交纳，其鸡谷每秤捌两，不致少欠。今恐无凭，立此为照。

---

① 康熙《祁门徐氏抄契簿》，见中国社会科学院历史研究所收藏整理：《徽州千年契约文书·清民国编》卷4，第417页。

万历三十三年十月初一日立约人　吴金成

代笔人　吴兴保①

这是徐姓地主两户佃农所立的租约。前者是粪草田皮，租佃被称为"领"，后者是普通水田，租佃被称为"租"。主佃关系、佃农地位基本相同。都是租谷按时挑送上门，"不致欠少（短少）"。不同的是地租和鸡谷（信鸡）负担。普通佃农只交一份地租，鸡谷每秤8两。粪草田皮佃农除了硬租，还需交纳"粪草作小租"。

近代时期，田皮（佃皮）或小买田租佃更加普遍，租佃形式、主佃关系同普通租佃关系，仍是大同小异。还是以两者的租佃契约作比较：

其一

立借种租批人汪祖成，今借到□名下唐字号田一丘，计税三亩，土名吴石六亩，言定每年秋收，交纳风车净硬租谷三十三斗，照祠例折算，挑送上门，不得欠少。如有欠少，另换他人耕种。恐口无凭，立此租批为据。

道光十六年八月　日立租批人　汪祖成亲笔

凭中　汪德和②

其二

立借种小买租字人郑镇隆，今租到□□名下小买田一丘，计税一亩二分，土名弯丘；又田一丘，计税八分，土名下五角，言定每年秋收，交纳本田车谷硬租二十七斗，照时年祠内分例折算，挑送上门，籽粒不得欠少。如有短少，听凭另换他人作种。恐口无凭，立此借租字为据。

道光十六年八月　日立借字　郑镇隆亲笔③

---

① 康熙《祁门徐氏抄契簿》，见中国社会科学院历史研究所收藏整理：《徽州千年契约文书·清民国编》卷4，第418页。

② 安徽省博物馆编：《明清徽州社会经济资料丛编》第一集，中国社会科学出版社1988年版，第435页。

③ 安徽省博物馆编：《明清徽州社会经济资料丛编》第一集，第436页。

其三

立借种光板小买田租批人方观阆，今托中借到许名下，化字号小买田一丘，计税二亩五分整，土名南亩丘，凭中言定每年秋收，交纳风车净谷干扇谷十四斗整。其谷担送上门，不致短少。倘有欠少，任凭另召他人耕种，并无异说。所有大租，秋收之日交纳清楚。恐口无凭，立此借种租批存据。

同治三年十二月　日立借种租批人　方观阆

凭中　许元发

代笔　许习仁①

这三纸租约都来自歙县，前一纸是普通租约，后两纸是小买田（田皮）租约。前两纸租约是同地、同一年期，可比性更强一些。除了租佃标的物一个为底面合一水田、一个为小买田之外，这两纸租约所反映出来的租佃形式以及契约本身的名称、内容、格式、文字都大体相同。值得注意的是，因为没有缴纳佃价或押租，底面合一水田和小买田都被称为"借种"，表明佃农在土地方面没有任何权利，以预防将来出现有关粪草、工本或佃价、田皮等争拗。也因为是"借种"，没有押租、佃价、粪草、田皮等可供扣抵，只要租谷欠少，不论多寡，即行撤佃。二者的主要差别是租佃条件，普通租佃只交一份地租，小买田（田皮）租佃同时要交大租、小租双份地租，单位面积租额比前者高得多。从这三纸租约看，普通佃农每亩租额 11 斗，而小买田佃农每亩租额，一宗是大、小租合计 22.5 斗，另一宗是小租 5.6 斗，大租在外，数额不详。在一般情况下，小买田（田皮）佃农比普通佃农更加贫苦，租佃条件也更加严苛，在契约中也明显反映出来。如关于租谷质量，第一纸契约只说"风车净硬租谷"，而第二纸租约则特别指定要"本田车谷硬租"，不许其他水田的稻谷替代或混杂；关于欠租问题，第一纸契约只说租谷"不得欠少"，语气较和缓，第二纸契约则特别强调"颗粒不得欠少"二字，语气、要求明显严苛。这也从一个侧面反映出小买田

---

① 安徽省博物馆编：《明清徽州社会经济资料丛编》第一集，第 444 页。

（田皮）佃农的经济地位和社会地位更为低下。

"卖佃留耕"（包括当佃留耕）形成的租佃关系，租佃形式、主佃关系则与"卖田留耕"形成的租佃关系十分接近，其经济和社会地位，则与其他田面田佃农相仿。

同"卖田留耕"一样，"卖佃留耕"的起源也很早。在永佃制形成较早的皖南徽州地区，明代中后期已有已有"卖佃留耕"的土地交易。最初可能只是佃权典当，属于临时救急。下面是该地崇祯年间的一纸当佃留耕契约：

> 立当契人汪记孙，今因无钱用度，自情愿托中将本身分下粪草田土名小公坞晚硬租贰秤，出当与房东谢魁元名下，当得纹本银伍钱。其银在手足讫，其租无问虫荒水旱，秋收日送至上门交纳硬租无词。银不起利，租不起税。今恐无凭，立此当契存照。
>
> 崇祯九年二月廿三日立当契人　汪记孙
> 　　　代笔中见房东　谢上元①

这可能是早期的"当佃留耕"，契约比较简单，文字不够清晰，甚至彼此矛盾。在本案中，只有粪草田交由受当人耕种，以土地收益抵充债款利息，出当人不再另外付息，才是"银不起利，租不起税"。既然出当人继续耕作"粪草田"，"无问虫荒水旱"，上门交租还息，就不能说是"银不起利，租不起税"，交易双方明显受传统典当模式的影响，两者互相混淆。

随着"当佃留耕"的资金借贷和佃权买卖日益增多，契约也更加详细、规范。道光年间的一纸"当佃留耕"契是一个明显的例子：

> 立当佃皮契人袁文魁，今因岁暮急用无措，自情愿央中将己置田皮壹号，坐落土名韩充口水门丘，计田税一亩六分正，计田壹丘，今自情愿当与朱坤臣名下为业。当日议定时值当价九五平九八色元银拾

---

① 中国社会科学院历史研究所收藏整理：《徽州千年契约文书·宋元明编》第4卷，第402页。

两正。其银是身收讫，其田原是身种，每年秋收之际，在田称午谷四砠，不得短少。倘谷不清，任从执田另发耕种，身无异说。未当之先，与本家内外人等并无重复交易，如有是是〔事〕，不涉受当人之事。恐口无凭，立此佃契存照。

　　　道光四年十二月日立出当佃契〔文〕人　袁文魁

　　　　　　　　　　　　　　凭中人　洪其元

　　　　　　　　　　　代书　章庭山①

　　契约除了普通佃皮典当必须交代的相关要素外，特别载明，"其田原是身种"。在这里，永佃农将佃皮出当，继续耕种，按年纳谷，充当利息和地租。这既是当契，同时也是租约。受当人和出当人的关系，同时也是地主、佃农的关系。就其性质而言，是一种完全凭借契约约束的经济强制和被强制关系。契约关于出当人（佃农）的纳谷时间、地点、规格、数量，一一写明，清晰无误，强调"倘谷不清，任从执田另发耕种，身无异说"。契后附批显示，后来确是按上述契文执行的。道光十一年二月，或因欠谷不清，出当人（佃农）被迫放弃佃皮和耕作，"凭中断骨无存，即听朱姓执田另发支替无辞"。必须指出，这里并未经过通行的找价（加价）绝卖程序，佃皮就按契约规定，"断骨"落入了受当人（地主）之手，由此可见契约在这类典当和租佃关系中的强大约束力。

　　不过"当佃留耕"在"卖佃留耕"中，只是一小部分，因佃权典当是一种变动性较大的应急措施，租佃关系不太稳定，一般时间较短，上面这宗租佃关系只持续了7年。作为这类租佃形式的主体，还是佃权绝卖中的"卖佃留耕"。它的产生应与"当佃留耕"大体同时或稍后。下录乾隆和咸丰年间的两纸典约，可以发现"卖佃留耕"租佃一些情况和特点：

　　其一

　　立典约人邱永宏，今因无银支用，自情愿托中将承父阄分田皮壹

号，坐落三保，土名石砻里洪家坞口，计田式丘，计客租伍秤。今将田皮粪草出佃与侄玉生名下前去耕种管业，三面言定时值价纹［银］三两正。其价约当日两明，其田皮未典之先，即无重复交易、来历不明，［如有，］出典［人］之〔支〕当，不干承典人之事。自成之后，二各无悔，悔者甘罚白银贰钱公用。今欲有凭，立此典约存照。

乾隆十九年二月初十日立典约人　邱永宏

依口代笔　侄玉义

再批，其田皮是身当日承去耕种，递年议交小租谷三秤，送门交收，不至拖欠。如有拖欠，听自易田〔佃〕耕种无词。①

其二

立出典粪草田皮契人朱连林，原有承祖典受田皮贰号，乙号坐落东都四保土名杨树丘，计田一丘，计客租拾柒秤零五斤八两；又一号同都保土名弯丘，计田一丘，计客租柒秤。共计田贰丘，共计客租贰拾四秤零五斤八两。今因正用，情愿托中将前田皮尽数立契出典与房东洪维贤老官名下为业，比得受典价钱叁仟文正，当日在手收讫。其田是身承去耕种，秋收之日，递年接监，在身力分内称实谷叁秤，每秤加贰斤，送至上门，不得短少。如有短少，听凭起佃另召耕种，身无异说。其田皮未典之先，并无重复交易；来历不明是身承当，不干受人之事。今欲有凭，立此典契存照。

咸丰元年十一月初一日立典田皮契人　朱连林

中见代笔人　朱香保②

乾隆十九年（1754）的"典约"是较早的"卖佃留耕"个案，咸丰元年（1851）的"典田皮契"则反映了近代时期"卖佃留耕"的一些情况。"卖佃留耕"租佃的成立，是永佃农将田皮出卖以后，再佃回耕种交租。所以契约特别载明，"其田是身承去耕种"，或加"再批"注明，"其田皮是身

---

① 刘伯山主编：《徽州文书》第一辑（6），第38页。
② 中国社会科学院历史研究所收藏整理：《徽州千年契约文书·清民国编》卷2，第477页。

当日承去耕种"。有的还须另立租约，这两宗个案省略了租约。还须附带说明，这两纸"典约"并非通常的土地或佃权典当，而是田皮绝卖。在徽州部分县区，佃权或田皮买卖，通常不叫"卖"，而叫"典"、"出典"或"佃"、"出佃"，文契称为"典约"、"佃约"。有的为了与通常的土地典当相区别，也叫"杜断典约"或"杜绝典约"。

"卖佃留耕"虽然暂时保住了土地耕作，但"典出"（卖出）的田皮不能回赎，已经彻底丧失，佃农必须交纳双重地租，经济状况急剧恶化，经济和社会地位下降。随着负担不断加重，拖欠地租的概率增高，买主（田皮主）对佃农的控制特别是防范佃农欠租的措施相应加强，后一宗个案尤为明显。虽然田皮租仅为3秤，只相当客租（田骨租）的12%，但因害怕佃农完纳客租后，无力交纳皮租，契约特别强调，"秋收之日，递年接监"。土地收割和产品分配，直接受皮主监督。并且必须送租上门。事实上，受主握有"起佃另召耕种"的杀手锏，其收租权绝对有保障。不过无论现耕佃农还是田皮主，都不敢侵犯田骨主（大买主）的利益。所以契约关于田皮租的清缴，强调"在身力分内称实谷叁秤"，即是田皮租出自佃农完纳客租后的自得部分，不会危及或损害客租（田骨租）。总之，田骨主、田皮主的利益都必须保证，而这种保证自然是以牺牲现耕佃农的利益为前提的。

如果佃权（田面）被地主兼并，进入田底主（大租主、大买主）手中，或租权（田底、大买）、佃权（田面、小买）在第三者手中被重新归并，也会形成一种新的、特有的地权占有形态，这种土地在徽州一些地方被称为"大小买合一田"或"大小买田"。它既不同于田底或田面，也和底、面不曾分离的其他田地有别。底、面或大、小买合一田上的租佃形式和主佃关系，也既不同于永佃制或传统租佃制，也与田面租佃有明显差别。它的最大特点是，地主集租权、佃权于一身，既提高了地主在土地收益中的占有比例，也增强了地主对佃农的控制力。同时，为了保证空前的高额地租收入，地主的压榨手段更加残酷，主佃关系更加紧张。乾隆末期徽州的"佃田字"从一个侧面反映了种类租佃形式情况：

立佃田字人孙友朋、孙友高，今佃到陈主人名下枣树岗老租叁拾贰石五斗、小租九斗柒升、草租贰斗、大麦租贰石一斗贰升，斛加八升照算。每年秋收请主踹看，务须抛飏洁净交斛。倘有荒芜田亩等情，听从换佃耕种，并无异说。今欲有凭，立此佃田字存照。租鸡贰只，又照。

友高老租拾贰石五斗、小租三斗七升半、麦租八斗一升三 [合]、草租八升

友朋老租贰拾石、小租六斗、麦租一石三斗、草租一斗二升

立佃田字人　孙友朋

孙友高

乾隆伍拾叁年十二月廿三日凭中盛维先、彭永环同见①

这明明是一纸"佃田字"，却并未提到水田及其面积，通篇是一连串五花八门的地租名目和数字，以及苛刻的地租规格和纳租条件。由于没有土地面积，无法准确得知单位面积租额和地租水平，单从繁多的地租名目和地主的苛刻手段，也可看出地租剥削的残酷性和佃农地位的低下。地租名目不仅有老租（大租）、小租、草租（粪草田皮租），还有麦租、租鸡；地租不但"务须抛飏洁净交斛"，每斛还要额外增加 8 升。仅此一项，佃农的地租负担就加重 16%。值得注意的是，"请主踹看"，本来是在分成租情况下地主增加地租收入的重要手段，本案采用的是定额租，地租并未直接同土地产量挂钩，地主也要求临田"踹看"，并以"换佃耕种"相威胁，防止佃农私割瞒产。这无非是以"踹看"和"换佃"恫吓为手段，加大佃农劳动强度，提高土地产量，加大高额地租的征收保证，同时通过"踹看"，显摆威风，需索勒索，既加强对佃农的控制，又无形中增加了地租收入，一举两得。

2. 土地收益分割和佃农地租负担

佃权（或田面）转租或底面重新合一后的租额变化，田底、田面租额及其比例，地租的总额高度，现耕佃农所受的地租剥削程度，因时因地而

---

① 中国社会科学院历史研究所收藏整理：《徽州千年契约文书·清民国编》卷 2，第 330 页。

异，情况多样：由于某种原因，永佃租或田底租可能相当低，转租租额或田面租很高，往往相当永佃租或田底租的数倍乃至数十倍，现耕佃农的地租负担成倍加重；永佃租或田底租接近正常水平，转租租额或田面租与永佃租或田底租大体持平，形成典型的"双租"，现耕佃农所纳租额增加一倍；永佃租或田底租已经居于高位，甚至接近极限，留给转租租额或田面租的空间有限，后者的绝对数额虽无法追赶永佃租或田底租，但地租总额已达到惊人的高度。在后两种情况下，现耕佃农所受的地租剥削都异常深重。

在台湾，因永佃农的佃权获得，绝大多数是通过垦荒或价买，地租（大租）低廉，并有社会惯例可循，佃权转租（小租）的加租空间大，小租往往相当大租的几倍乃至几十倍。表5-17是清代台湾若干案例的大、小租比较。

表5-17　清代台湾永佃制下的大租、小租比较
（1743—1901）

单位：面积，甲；碛地银，元；租额，石

序号	年份	土地类别、面积		碛地银（银元）	大租（谷石）	小租（谷石）	小租/大租（倍）	资料来源[1]
		类别	面积（甲）					
1	乾隆18年	水田	1.37		10.96	12	1.1	租Ⅱ195
2	嘉庆12年	旱园	2塂		（糖1740斤）	（糖1600斤）	0.9	物Ⅲ671
3	道光7年	旱园	1.7		（糖580斤）	（糖1700斤）	2.9	物Ⅲ670
4	道光14年	水田	1.5	270	12	63	5.3	租Ⅰ154
5	道光16年	水田	1.9	20	15.2[2]	72.4[2]	4.8	租Ⅰ155-156
6	咸丰2年	水田旱园	各1段	13	2.2	9.7	4.4	租Ⅰ159
7	同治8年	水田	1.1	176.6	12	52	4.3	租Ⅰ160
8	同治10年	水田	1.2		10.08	42.0	4.2	物Ⅷ1653-1654
9	同治10年	丘园	1丘		3.3	10（元）	3.0[3]	物权Ⅷ1653
10	同治10年	寮园	1丘		0.8	4（元）	5.0[3]	物Ⅷ1653
11	同治11年	水田	2.5	130	20.0[4]	160	8.0	租Ⅰ162
12	光绪3年	水田	0.35	80	2.8[5]	27.2[5]	9.7	租Ⅰ165

续表

序号	年份	土地类别、面积		碛地银（银元）	大租（谷石）	小租（谷石）	小租/大租（倍）	资料来源
		类别	面积（甲）					
13	光绪 3 年	隆恩庄田	2 处	185	25.18	125	5.0	租Ⅵ999
14	光绪 4 年	水田	0.17	12	1.36⑥	3.54⑥	2.6	租Ⅰ166
15	光绪 7 年	茶园	1 处		0.12（元/千丛）	0.48（元/千丛）	4.0	物Ⅴ1061
16	光绪 9 年	水田	半张犁		19.946	120	6.0	租Ⅰ171－172
17	光绪 10 年	茶园	茶 2 千丛		0.12（元/千丛）	0.48（元/千丛）	4.0	物Ⅴ1059－1060
18	光绪 10 年	茶园	茶 3.4 万丛		3（元/万丛）	7（元/万丛）	2.3	租Ⅰ176－177
19	光绪 10 年⑦	水田 连山埔	1 段	300	6.4	210	32.8	物Ⅷ1525
20	光绪 10 年⑦	水田 连山埔	1 段	100	5.6	98	17.5	物Ⅷ1525
21	光绪 10 年⑦	水田 连山埔	1 段	44	4.23	44 石 +6 石	11.8⑧	物Ⅷ1525
22	光绪 10 年⑦	水田	1 段	50	1.7	45	26.5	物Ⅷ1525
23	光绪 10 年⑦	水田	1 段	37.5	12.28	50	4.1	物Ⅷ1526
24	光绪 10 年⑦	水田	1 处	30	1	9	9.0	物Ⅷ1526
25	光绪 25 年	水田	1.3	40	10.4⑨	57	5.5	租Ⅰ183
26	光绪 25 年	水田	4.5	20	36⑩	14⑩	0.39	物Ⅲ665
27	光绪 27 年	水田	0.7	30	5.6⑪	30.4⑪	5.4	租Ⅰ184
28	光绪 31 年	水田	0.936		7.49⑫	46.51⑫	6.2	物Ⅲ668

说明：①为节省篇幅，资料来源书目业已简化："租Ⅱ195"即《清代台湾大租调查书》第 2 册，第 195 页；"物Ⅲ671"即《台湾私法物权编》第 3 册，第 671 页，其余类推。

②契约记载为大小租87.6 石，以民田每甲惯例大租最高 8 石，1.9 甲应纳大租15.2 石，并将其从大小租中分出，得出现数。

③按当时台湾通例，银元 1 元折合稻谷 1 石，计算得出。

④契约记载，佃户"全年完纳业主大租、水谷以外，实纳田主小租谷一百六十石道斗正"，但大租、水谷额不详。以民田每甲惯例大租最高 8 石，2.5 甲应纳大租20 石，得出现数。

⑤契约载，"全年大小租粟三十石"，以民田每甲惯例大租最高 8 石，0.35 甲应纳大租2.8 石，并从大小租中分出，得出现数。

⑥契约只有小租 2.5 石，没有大租（可能系底面合一田），并载明小租额是扣除 12 元碛地银利息后的余额。相关记载显示，当时民间借贷通行利率为 20%，即借银 100 元，年扣息谷 20 石。12 元应扣谷 2.4 石。将其加入小租，得 4.9 石。又以民田每甲惯例大租最高 8 石，0.17 甲应纳大租 1.36 石，并从小租中分出，得出现数。

⑦原资料为小租主李赖氏光绪十年（1884）的一纸分家书。相关租佃契约的订立时间均在光绪十年前。

⑧小租中的银元 6 元，按当时台湾通例银元 1 元折谷 1 石，计算得出。

⑨契约载明，"逐年地租、大租、水租，以及庄规等费，佃人代完纳理清。全年尚剩实小租粟五十七石"。以民田每甲惯例大租最高 8 石，1.3 甲应纳大租 10.4 石，得出现数。

⑩契约只有小租 50 石，没有大租（可能系底面合一田），以民田每甲惯例大租最高 8 石，4.5 甲应纳大租 36 石，并从小租中分出，得出现数。

⑪契约载明，"全年纳小租谷三十六石"，没有大租（可能系底面合一田），以民田每甲惯例大租最高 8 石，0.7 甲应纳大租 5.6 石，并从小租中分出，得出现数。

⑫契约只有小租 54 石，没有大租（可能系底面合一田），以民田每甲惯例大租最高 8 石，0.936 甲应纳大租 7.49 石，并从小租中分出，得出现数。

28 宗佃权转租个案，小租数额及其对大租的比例，高低差异悬殊。最低相当大租的 0.39 倍，最高 32.9 倍，大部分为 4—10 倍，28 宗中，17 宗为 4—10 倍，占总数的 60.7%。28 宗简单平均数为 7.1 倍。少数小租对大租的倍数特高，可能是因为大租主收取的垦底银（埔底银）或佃权价格超出常规，形成"价高租低"态势，如序号 19—22 的 4 宗个案，碛地银依次为 300 元、100 元、44 元、50 元，大租只有 6.4 石、5.6 石、4.23 石、1.7 石，而小租多达 210 石、98 石、50 石（44 石 +6 石）、45 石。与此相联系，小租对大租的倍数依次达 32.8 倍、17.5 倍、11.8 倍、26.5 倍。表列 28 宗中，这 4 宗对大租的倍数最高，但因"价高租低"，大租数额微小，尽管小租超过大租 10 余倍至 30 余倍，现耕佃农的地租负担倒不一定是最重的。如将这 4 宗个案剔除，剩余 24 宗个案，小租对大租倍数的简单平均数为 4.4 倍。这可能是清代台湾小租对大租比重的一般水平。另外序号 14、26、27、28 的 4 宗个案，只有小租而无大租，可能是底面合一的土地。在大、小租制（佃权转租制）十分流行的情况下，这类出租地，不论采用何种名目，实际上都会采用大、小租合一的双租制。

如果联系到单位面积产量，还可对清代台湾永佃农和佃权转租现耕佃农的地租负担做一比较。关于清代台湾的土地产量，有不同记载：康熙中诸罗县知县李麒光条陈台湾事宜称，官佃水田，每甲"每岁可收粟五十余石".① 雍正十年（1732）的一宗垦荒"招佃字"载明，佃农自备牛犁耕垦，"永为己业。历年所收花利照庄例一九五抽的，及成田之日，限定经丈八十五石满斗为一甲，每一甲经［征］租八石".② 后者提供了一个很有参考价值的信息，同内陆某些地区一样，清代台湾计算土地单位面积的"甲"，不只是一个空间概念，即一甲约相当内地清亩 11 亩 3 分有奇，而且有严格的产量指标，即产谷 85 石为一甲。也许"甲"最初就是按产量计算的耕地面积单位。现在不妨就以稻谷 85 石作为一甲的年产量，来测定、比较大小租高度，以及永佃农和现耕佃农的地租负担。试看表 5－18：

表 5－18　清代台湾大小租及佃农地租负担示例
（1743—1905）

单位：面积，甲；产量、租额，石

序号	年份	面积（甲）	产量（石）	大租 数额（石）	大租 租率（%）	小租 数额（石）	小租 租率（%）	大小租合计 数额（石）	大小租合计 租率（%）
1	乾隆 18 年	1.37	116.45	10.96	9.4	12	10.3	22.96	19.7
2	道光 14 年	1.5	127.5	12	9.4	63	49.4	75	58.8
3	道光 16 年	1.9	161.5	15.2	9.4	72.4	44.8	87.6	54.2
4	同治 8 年	1.1	93.5	12	12.8	52	55.5	64	68.3
5	同治 10 年	1.2	102	10.08	9.9	42.0	41.2	52.08	51.1
6	同治 11 年	2.5	212.5	20.0	9.4	160	75.3	180	84.7
7	光绪 3 年	0.35	29.75	2.8	9.4	27.2	91.4	30	100.8
8	光绪 4 年	0.17	14.45	1.36	9.4	3.54	24.5	4.9	33.9
9	光绪 9 年	2.5	212.5	19.946	9.4	120	56.5	139.946	65.9
10	光绪 25 年	1.3	110.5	10.4	9.4	57	51.6	7.4	61
11	光绪 25 年	4.5	382.5	36	9.4	14	3.7	50	13.1
12	光绪 27 年	0.7	59.5	5.6	9.4	30.4	51.1	36	60.5
13	光绪 31 年	0.936	79.54	7.49	9.4	46.51	58.5	54	67.9
	总计/平均	20.026	1702.19	163.836	9.6	700.05	41.1	863.886	50.7

资料来源：据表 5－18 及上文已揭资料综合整理编制。

① 台湾银行经济研究室编印：《清代台湾大租调查书》第 1 册，1963 年刊本，第 18 页。
② 台湾银行经济研究室编印：《清代台湾大租调查书》第 1 册，1963 年刊本，第 60 页。

表列 13 宗大小租个案中，大租租率比较均匀，一般为 9.4%，最高 12.8%，平均为 9.6%。小租租率高低差异悬殊，最低 3.7%，最高 91.4%，平均 1.1%。大小租合计，租率最低 13.1%，最高 100.8%，平均 49.9%。因采样个案数量过少，不一定能全面、准确反映历史实际。而且个别案例存有疑点，如序号 11 光绪二十五年那宗个案，水田 4 甲 5 分零，原配圳水通流灌足，并带价银 9 元的新水车一架，条件上乘，但只收无利碛地银 20 元、小租 50 石，平均每甲租额 11.1 石，租率低至 13.1%，与永佃制下的大租租率相近。而较低的大租租率几乎全是源于荒地开垦或高价购买。故这宗极低的小租租率抑或只是特例。如将其剔除，12 宗大小租个案，小租租率平均为 52.0%，大小租合计，租率平均为 60.6%。这就是说，清代台湾永佃农或田面主负担的租率平均为 9.6%，即不到 10%，而田面转租的现耕佃农或底面合一佃农负担的租率平均为 60.6%，相当永佃农或田面主的 6.3 倍。如果撇开永佃农（或田面主）的垦荒或价买成本等因素，与内地比较，清代台湾永佃农或田面主的地租负担是最轻的，田面转租的现耕佃农或底面合一佃农同永佃农或田面主之间的地租负担差别是最大的。

在内地也有田面租超过田底租的。

江西宁都，地分皮、骨，租有皮租、骨租。佃人承赁主田，不自耕种，借与他人耕种者，谓之"借种"。借种之人既交田主谷租，又交佃人皮租。50 亩之田，岁可获 200 石，谓之"四勾之田"，则以 50 石为骨租，租率为 25%；以 70 石为皮租，相当骨租的 140%。借耕之人自得 80 石，皮、骨租合计，租率为 60%。"然多寡亦微有不同，大要以三分之二为皮骨租，皮多骨少"。[①] 浙江上虞沙地，业主向垦户所收大租，每亩数百文，而垦户转租与种户，每亩所收小租，多达三四千文。[②] 淳安县转租水田，佃户每亩要交田底主"实租"湿谷 1 石，折合干谷 45 公斤，田面主"浮租"湿谷 2 石，

---

① 国民党政府司法行政部编印：《民商事习惯调查报告录》（一），民国十九年刊本，第 422—423、427 页。

② 国民党政府司法行政部编印：《民商事习惯调查报告录》（一），民国十九年刊本，第 486 页。

折合干谷 90 公斤。① 田面租比田底租高出一倍。皖南徽州雍正五年（1727）的一纸"借佃约"显示，佃农借种底、面合一田 2 丘，一丘为骨租、"佃头"（皮租）各 10 砠；另一丘为骨租 5 砠、"佃头"10 砠，后者"佃头"相当骨租的 2 倍。② 在歙县，租种"小买"田的现耕佃农，既要向大买交"地骨租"，又须向小买交"地皮组"，交小买的租额多于大买。③ 祁门也有部分小租超过大租。该县乾隆四十年（1775）一纸卖租契（实为当租契）载明，其地大租 2 秤半，小租 5 秤 4 斤，小租高出大租 1 倍多。④ 又《胡澍廷租簿》显示，光绪七年至二十二年间（1881—1896）持有的 28 宗田皮中，可进行大、小租比较的 11 宗，内有 3 宗小租超过大租。⑤ 福建永安，因为小租辗转买卖，于是小租常大于正租，据嘉庆十一年（1806）的卖田文约所载，"黄历土名出收寠原计递年实收正租早谷伍斗大，外有连业小租捌斗官"。此类个案并不罕见，"间有超过正租数倍者"。⑥ 永定县也是田皮租超过田底租数倍。大概田骨收租一桶，田皮收租三五桶不等，故俗有"金皮银骨"之谚。⑦ 江苏也有小租超过大租的情况。如太仓的"双租"，二地主买来田面出租，佃农给二地主每亩交租 1 石，同时还要 3 斗 4 升的田底租给"大地主"，面租相当底租 2.9 倍。⑧

部分地区，田面租、田底租二者数额相近或基本相同。

浙江庆元，佃农范礼堂因"缺银使用"，雍正八年（1730）先后将田皮 2 段立约典卖，继续耕种。一段原交业主租谷 13 把，卖后向业主（田底主）、买主（田皮主）各纳租谷 12 把；另一段原纳业主租谷 7 把，卖后除

① 《杭州农业志》，方志出版社 2003 年版，第 185 页；《淳安县志》，汉语大词典出版社 1990 年版，第 189 页。

② 中国社会科学院历史研究所藏：《陈维新户续置产业抄白契簿》，转见杨国桢《明清土地契约文书研究》，中国人民大学出版社 2009 年版，第 171 页。

③ 《歙县志》，中华书局 1995 年版，第 129 页。

④ 刘伯山主编：《徽州文书》第一辑（9），第 359 页。

⑤ 中国社会科学院经济研究所藏：《祁门胡澍廷新置租利簿》第 5 函，W·TX·B0099。

⑥ 傅衣凌：《福建佃农经济史丛考》，第 73 页。

⑦ 福建省地方志编纂委员会整理：乾隆《永定县志》（乾隆二十二年刻本）卷之五，兵刑志，厦门大学出版社 2012 年版，第 309 页。

⑧ 《太仓县农村经济概况》，见华东军政委员会土地改革委员会编：《江苏省农村调查》（内部资料），1952 年刊本，第 60 页。

业主（田底主）租谷 7 把外、另纳买主（田皮主）租谷 8 把。① 田底、田面
租额大体相等。皖南黟县，嘉庆十七年（1812）的一宗豆坦"典首"（田
皮）"典约"显示，客租（田骨租）、"典首"（田皮租）各为 2 砠 10 斤，
完全相等。② 嘉庆八年（1730）祁门一纸卖契记载，一丘水田的大租、典租
分别为 1 秤和 1 秤 2 斤半，两者接近。③ 又据该县《思成堂租簿》记载，有
一宗水田，永佃农原本占有"典首"（当地佃权的一种），年纳租谷 2 砠 15
斤（合 65 斤）。咸丰四年（1854），该佃欠租未交，地主撤佃，以"典首"
扣抵欠租，另招新佃承种，将正租和"典首利"合并征收，谷租增至 3 砠
10 斤（合 85 斤），另外又征小麦 15 斤（相当谷租 1 砠），合计 4 砠 10 斤
（合 110 斤），新佃的地租负担比原来永佃农提高 69.2%，④"典首利"和正
租接近。

　　福建一些地区，"贫农揭债莫偿，指田禾岁岁输纳，名曰田根。根主得
粟与业主同，而实无苗粮之苦"。据说"此风闽省最盛"。⑤ 南安县佃农马
愈，租种蒋表田一段，年纳租谷 2 石，自有田根。后马愈将田根卖与黄骥
观，仍自耕种，年纳蒋表正租 2 石，又纳黄骥观佃租（根租）2 石，正租与
佃租（根租）相等。⑥ 江西广昌，田亩买卖向分皮、骨两租计算，契上所载
"老租"，即为骨租；其外依据土俗另行收取的地租，即为皮租，又称为
"募租"。契面"所载老租设有二石，应得皮租也在二石上下"。以上田估
计，契载老租二石，"可推定共计有六石租谷，业主得老租二石，皮租二
石，此外募种之户，又可取得二石"。⑦ 安徽芜湖，农民承种永佃农转租地
亩，俗称"交佃权"，通常向转租佃户交租每亩 100 斤稻谷，又要向田底主

<hr />

① 中国第一历史档案馆、中国社会科学院历史研究所编：《清代地租剥削形态》下册，第
　　568—569 页。
② 刘伯山主编《徽州文书》第一辑（3），第 16 页。
③ 刘伯山主编《徽州文书》第一辑（9），第 386 页。
④ 中国社会科学院经济研究所藏：《黟县思成堂租簿》，收租簿第 1 函，W·TX·B0091。
⑤ （明）陈益祥：《采芝堂文集》第 13 卷，风俗，转见傅衣凌《明清农村社会经济》，第 67
　　页。
⑥ 中国第一历史档案馆、中国社会科学院历史研究所编：《清代地租剥削形态》下册，中华
　　书局 1982 年版，第 543—544 页。
⑦ 国民党政府司法行政部编印：《民商事习惯调查报告录》（一），民国十九年刊本，第 433—
　　434 页。

交 100 斤稻谷，合计 200 斤稻谷，是为"双交租"。[①]

还有一些地区，由于永佃租或田底租已经相当重，田面租膨胀的空间有限，其数额不可能超过或等同田底租。江苏、浙江、福建、安徽多数地区，都属于这种情况。

江苏青浦，没有田面权的佃农，一般要向田底主交大租 9 斗，再向田面主交小租 3 - 5 斗，小租相当大租的 33.3% —55.6%。[②] 昆山的情况是，普通地租一般每亩 1 石米（最高 1 石 5 斗），田底租（大租）8—9 斗，小租 3 斗，小租相当大租的 33.3% —37.5%，大小租合计 1 石 1 斗至 1 石 2 斗，租种田面的现耕佃农比普通佃农的地租负担加重 10% —20%。[③] 松江好田每亩产米 2 石，大租 1.1 石，六成实交 6.6 斗，占亩产量的 1/3，若实交租 8 斗，占产量的 40%，小租每亩一般 5 斗，也有 3 斗或 4 斗的。通常大租低则小租高，反之亦然。若大租 6.6 斗、小租 5 斗，合计 1.16 石，占产量的 58%，现耕佃农的地租负担比永佃农加重 75.7%。另外还有"包租"。农民向田面主租种田面，每年交大、小租者谓之"包租"，又叫"包石头"。包租不打折扣，定额一般为 1 石米。[④] 租额虽比 1.16 石稍低，但因多系低田、荡田，产量低而不稳，佃农承担的风险更大，负担更重。吴县的田底租、田面租及其比例有一个变化过程：清代时，田底租为 1.2 石米、1.4 石米，进入民国，分别减为 1.18 石、1.08 石；大革命后实行"二五减租"，实交租额一般只有 5—7.5 斗。田面租则一直是 5 斗左右。[⑤] 随着田底租的不断减低，田面租逐渐接近田底租，在地租总额中所占比重相应提高。

浙江杭州，承耕转租的佃户，要向田底、田面两处业主交租，租额最

---

① 《芜湖市志》下册，社会科学文献出版社 1995 年版，第 612—613 页。
② 中共青浦县委会：《青浦县农村经济概况》，见华东军政委员会土地改革委员会编《江苏省农村调查》（内部资料），1952 年刊本，第 15 页。
③ 《昆山县太平乡农村情况调查》，见华东军政委员会土地改革委员会编：《江苏省农村调查》（内部资料），1952 年刊本，第 154 页。
④ 中共松江地委调委调研组：《松江县新农乡农村情况调查》，见华东军政委员会土地改革委员会编：《江苏省农村调查》（内部资料），1952 年刊本，第 145—146 页。
⑤ 中共吴县县委会调查室：《吴县租佃情况调查》，见华东军政委员会土地改革委员会编：《江苏省农村调查》（内部资料），1952 年刊本，第 197 页。

重。余杭县仓前乡转租佃户要交大租 6 成、小租 2 成，自己只得 2 成。[①] 在这里，大租租率已达 60%，小租自然无法超过或等同大租，只有大租的 1/3。在嵊县，租种永佃权者转租土地的现耕佃农，缴纳永佃权者的小租，一般只相当于缴给田底主大租额的 1/4。[②]

福建人多地少，永佃地租普遍较高，如浦城地分大苗、小苗，土地买卖契约不按面积大小，只载苗额多寡。如该田年可收谷 10 担，契约只载大租 5 担。[③] 据此，田底租率已达 50%，田面租自然不可能等同或超过田底租。在建瓯，"大苗租额较多于小苗"。[④] 永春州有资料显示，佃租（田面租）约为正租（田底租）之半。雍正、乾隆之交，该州陈黄氏有丈夫遗下佃田一宗，转租给夫叔陈助承耕，除交业主 11 石 5 斗正租外，自得佃租 6 石，相当正租的 52%。[⑤] 闽清也往往是"面租"（田底租）高于"根租"（田面租）。道光十年（1830）一纸田根租约提供的信息是，一佃农租得民田根数号，年纳"根利谷"（根租）170 斤，"面租"数额不详。不过租约言明，"至于面租，因根利过廉，面约代为完纳"。[⑥] 很明显，根租远比面租少。

皖南旌德、徽州等地区，小租一般都低于大租。旌德大买租一般占中等产量的 30%，小买租一般占产量的 20%—25%。[⑦] 亦有调查说，旌德小买（"佃田"）租约占全租的 1/5，大买（"丈田"）租约占全租的 4/5。[⑧] 在徽州，明天启七年（1627）的一纸当田契显示，一宗水田的骨租为 4 秤

① 《杭州农业志》，方志出版社 2003 年版，第 185 页；《淳安县志》，汉语大词典出版社 1990 年版，第 189 页。

② 《绍兴市志》第 10 卷，经济总情·生产关系，浙江人民出版社 1996 年版，第 634 页。

③ 国民党政府司法行政部编印：《民商事习惯调查报告录》（一），民国十九年刊本，第 532 页。

④ 国民党政府司法行政部编印：《民商事习惯调查报告录》（一），民国十九年刊本，第 550 页。

⑤ 中国第一历史档案馆、中国社会科学院历史研究所编：《清代地租剥削形态》下册，第 528 页。

⑥ 林祥瑞：《试论永佃权的性质》，《福建师大学报》（哲学社会科学版）1981 年第 1 期，第 124 页。

⑦ 《旌德县志》，黄山书社 1992 年版，第 225、226 页。

⑧ 国民党政府司法行政部编印：《民商事习惯调查报告录》（一），民国十九年刊本，第 397 页。

（18 斤/秤）12 斤，力垄租 2 秤半，后者相当前者的 50%。[1] 康熙末年，某纸水田卖契显示，田骨租 4 秤，田皮租 2 秤，后者为前者的一半；永佃农程观生将一丘缴纳 7 秤田骨租的田皮变卖，再租回耕种，年纳田皮租 2 秤，田皮租相当田骨租的 28.6%；雍正二年（1724），杨社赠承佃田皮一宗，年交"客租"（田骨租）36 砠，"佃利谷"（田皮租）干小麦 2 砠（约相当稻谷 3 砠）、谷 7 砠，田皮租相当田骨租的 27.8%。[2] 又某地主有"小顶田"（田面田）两宗，面积分别为半亩零，一宗的大买租稻谷 115 斤、小麦 11 升，小顶租稻谷 36 斤、小麦 3 升，后者约相当前者的 30%。[3] 乾隆十六年（1751）歙县一纸"租批"显示，佃农年交"时租"（大买租）稻谷 24 斗，另交小买"硬谷"4 斗，小买租相当"时租"的 16.7%。[4] 在绩溪，小买、大买间的地租分配，有二八、三七或四六等不同比例，不过都是小买低于大买。[5] 祁门大部分的小租数额也低于大租，前述胡澍廷租簿，有数额可比的 11 宗大、小租中，3 宗小租超过大租，8 宗小租的数额则小于大租。试看表 5–19。

表 5–19　安徽祁门大小租比较
（1882—1896）

单位：面积，亩；租额，斤

序号	面积（亩）	地租总额（斤）	大租（斤）	小租（斤）	小租/大租（倍）
1		238	138	100（对分）	0.72
2	0.3	98	38	60（对分）	1.58
3	1.57	407	247	160	0.65

① 中国社会科学院历史研究所收集整理：《徽州千年契约文书·宋元明编》卷 4，第 214 页。
② 中国社会科学院历史研究所收集整理：《徽州千年契约文书·清民国编》卷 6，第 207 页；《徽州千年契约文书·清民国编》卷 1，第 208、228 页。
③ 中国社会科学院经济研究所藏：《歈记租簿誊清》，收租簿第 9 函，W·TX·B0133。
④ 安徽省博物馆编：《明清徽州社会经济资料丛编》第一集，中国社会科学出版社，1988，第 426—427 页。
⑤ 国民党政府司法行政部编印：《民商事习惯调查报告录》（一），民国十九年刊本，第 412 页。

续表

序号	面积 （亩）	地租总额 （斤）	大租 （斤）	小租 （斤）	小租/大租 （倍）
4	1.03		90	主四佃六	
5		426	226	200（主四佃六）	0.88
6	谷种 15 斤		205	对分	
7	1.16	300	200	100	0.50
8			116*	均分	
9		136	76	60	0.79
10		378	298	80	0.27
11		484	284	200	0.70
12		460	360	100	0.28
13		1640	640	1000	1.56
14		190	80	110	1.38

说明：＊包括"老利 2 秤"（40 斤）

资料来源：据中国社会科学院经济研究所藏《祁门胡澍廷新置租利簿》（第 5 函，W·TX·B0099）综合整理编制。原资料租谷计量单位为"秤"，按该地 1 秤＝20 斤换算为斤。

如表 5-19，除序号 2、13、14 的 3 宗个案外，其余 8 宗小租的数额均小于大租，占总数的 72.7%。其中最高的相当大租的 88%，最低只有 27%，8 宗平均为 54.7%，即一半稍多。从表列可见，大小租的征租方式略有不同。大租全部为定额租，而小租有 6 宗为分成租。其中有 3 宗有分得的租额数字。可从中推算出土地产量和大租、小租以及现耕佃人承担的总租租率。如 1 号个案，土地产量为 338 斤，大租、小租、总租租率依次为 40.8%、29.6% 和 70.4%；2 号产量为 158 斤，大租、小租、总租租率依次为 24.0%、38.0% 和 62.0%；5 号产量为 626 斤，大租、小租、总租租率依次为 36.1%、31.9% 和 68.0%，以 2 号现耕佃人的地租负担最为沉重。

祁门 22 都洪紫（现称"红紫"）村一带，大租普遍处于饱和状态，留给小租的发展空间十分狭窄。因此，相对于大租而言，小租只占很小的比重。表 5-20 是根据红紫金氏文书整理所做的大、小租比较统计：

表 5 - 20　安徽祁门 22 都大、小租额比较统计

(1833—1946)

单位：斤

序号	资料年份	面积	大租（斤*）	小租（斤*）	小租相当大租（%）	资料出处（页码）
1	道光 13 年	田 1 坵	30	3.5	11.7	480
2	道光 22 年	田 1 坵	130	20	15.4	273
3	道光 22 年	田 1 坵	140	20	14.3	274
4	道光 22 年	田 1 坵	100	10	10.0	275
5	道光 22 年	田 1 坵	120	20	16.7	277
6	道光 28 年	田 1 坵	100	15	15.0	282
7	咸丰元年	田 1 坵	180	30	16.7	285
8	咸丰 3 年	田 1 坵	180	30	16.7	287
9	光绪 2 年	田 3 坵	140	20	14.3	311
10	光绪 5 年	田皮 1 坵	130	30	23.1	493
11	光绪 7 年	田 1 坵	80	15	18.8	496
12	光绪 9 年	田 1 坵	150	10	6.7	502
13	光绪 9 年	田 6 坵	370	65	17.6	503
14	光绪 10 年	田 1 坵	80	15	18.8	320
15	光绪 10 年	田 1 坵	40	7	17.5	506
16	光绪 10 年	田 1 坵	150	30	20.0	508
17	光绪 12 年	田 1 坵	180	30	16.7	512
18	光绪 13 年	田 1 坵	280	50	17.9	517
19	光绪 14 年	田 1 坵	60	6	10.0	518
20	光绪 15 年	田 1 坵	160	30	18.8	519
21	光绪 16 年	田 1 坵	70	12	17.1	522
22	光绪 16 年	田 1 坵	30	3	10.0	523
23	光绪 19 年	田 2 坵	280	50	17.9	330
24	光绪 20 年	田 2 坵	50	5	10.0	531
25	光绪 22 年	田 4 坵	264	31	11.7	334
26	光绪 24 年	田 1 坵	210	35	16.7	340
27	光绪 24 年	田 1 坵	140	30	21.4	341
28	光绪 26 年	田 1 坵	140	30	21.4	347

序号	资料年份	面积	大租（斤）	小租（斤）	小租相当大租（%）	资料出处（页码）
29	光绪 26 年	田 1 坵	50	5	10.0	348
30	光绪 27 年	田 1 坵	60	10	16.7	357
31	光绪 27 年	田 2 坵	90	15	16.7	368
32	光绪 29 年	田 2 坵	70	15	21.4	546
33	光绪 31 年	田皮 4 坵	240	40	16.7	551
34	光绪 33 年	田 2 坵	90	15	16.7	368
35	宣统元年	田皮 4 坵	240	40	16.7	559
36	民国元年	田 2 坵	130	30	23.1	569
37	民国 2 年	田皮 1 坵	160	30	18.8	570
38	民国 2 年	田 1 坵	80	17	21.3	571
39	民国 21 年	田皮 1 坵	240	30	12.5	401
40	民国 30 年	田皮 1 坵	277	40	14.4	407
41	民国 30 年	田皮 1 坵	90	15	16.7	408
42	民国 35 年	田皮 2 坵	270	45	16.7	411
	平均		6071	999.5	16.5	

说明：＊原资料租谷计量单位为"秤"，按该地 1 秤＝10 斤换算为斤。

资料来源：刘伯山主编、安徽大学徽学研究中心编：《徽州文书》第一辑（10），广西师范大学出版社 2005 年版，第 282—411 页（明细页码见表"资料出处"栏）。

表列 42 宗大、小租个案，时间最早的为道光十三年（1833），最晚为民国三十五年（1946），跨度长达 113 年。虽然小租与大租不同，可以按照小租主（田皮主）的意愿调整、提高，但在一个多世纪的时间中，小租数额及其对大租的比重，似乎并无明显和带有某种规律性的变化态势。从整体观察，42 宗大、小租个案，小租对大租比重最低为 6.7%，最高 23.1%，但绝大多数不超过 20%，平均为 16.5%，小租数额及其对地租的比重较低，发展变化亦相对平稳。

这种情况的出现，主要还是受到客观因素的制约。因为在当地永佃制的形成过程中，大租的高度已接近甚至超过永佃农所能承受的极限。只是表 5-20 中水田，全部只列地名、坵数，而无亩积，无法确知其单位面积租额。作为唯一的例外，光绪二十七年（1901）的一纸卖田租契提到，售卖本位分得大租 6 秤 2 斤（合 62 斤），计税 3 分 6 厘。[①] 据此可知，每亩租额为 172 斤。这似乎不算太高，当时徽州地区每亩租额一般为 200 斤左右。但是，洪紫村一带的租秤是每斤 22 两的特制"村秤"（亦称"租秤"），比普通秤高出 6 两，[②] 172 斤实际等于 237 斤。这样高的租额，远远超出了佃农的负担能力，佃农每年交租，往往无法足额。在这种情况下，不知从何时开始，一些地主被迫将每年的实交租额适当降低，而后强令佃农每年按实租额如数缴纳，谓之"硬交"或"实交"。保存下来的"红紫金氏文书"中，最早从道光五年（1825）开始有"硬交"的记载，该年二月一纸抽卖本位所分大租的文契载称，"田式坵，共大租式拾四秤三斤，分该本位得大租式秤，迭年硬交租秤谷壹秤六斤……又田一坵，共大租玖秤，分该本位得大租壹秤，迭年硬交租秤谷壹秤。前田式号，共大租叁秤，共硬交租秤谷式秤六斤"。[③] 在这宗个案中，大租硬交额比原额减少了 13%。在此后特别是道光中期，不少卖田契或租佃契都将大租分为原额和"迭年硬交额"加以说明。由于大租折扣"硬交"成为一种常态，有的即使并无折扣，大租原额和"迭年硬交"数额相同，也要分成原额和"迭年硬交"两项加以说明，以解除不必要的疑虑或麻烦。也有的只写"实交"额，而不提原额。因为原额已经失去了意义。[④]

　　既然大租如此苛重，地主（田骨主）都难以照旧如额收租，永佃农或田皮主转租获益空间，自然极其有限。小租只相当大租的零头，原因就在这里。然而，对于直接生产者的佃农来说，不论有无佃权，在负担大租的同时，还要额外缴纳小租，即使数额不大，占大租额的比重平均不到 20%，也是"百上加斤"，难上加难。以小租平均相当大租 16.5% 计算，现耕佃农每亩额外增加小租 39 斤，大小租合计 276 斤。其负担之沉重程度，并不亚于比某些小租远大于大租的耕作佃农。

　　资料显示，整个徽州地区田皮租低于田骨租（大买租），但可能也有例

①　刘伯山主编、安徽大学徽学研究中心编：《徽州文书》第一辑（10），广西师范大学出版社，2005，第 535 页。
②　刘伯山主编、安徽大学徽学研究中心编《徽州文书》第一辑（10），第 551、559 页。
③　刘伯山主编、安徽大学徽学研究中心编：《徽州文书》第一辑（10），第 237 页。
④　参见刘伯山主编、安徽大学徽学研究中心编：《徽州文书》第一辑（10），第 264—265 页。

外，1949 年的调查说，徽州地区"休宁田皮租重于田骨租，其他县租田骨重于田皮租"。[①] 休宁田皮租重于田骨租算是一个例外。

总的说，在永佃制的演变过程中，由于作为租权的田底和佃权的田面，属性不同，其可变性和活跃程度有明显差异。田底只能收租而没有使用权，甚至"认租不认佃"，与土地失去直接联系，无权撤地换佃或收回自耕，只能进行平面分割，无法派生出新的租权或佃权，租权或田底实际上变成了一种存本取息的借贷资本。不过这是就一般情况而言，如果佃农欠租达到一定数量，或有其他违约情形，地主（田底主）仍可收回佃权或田面，重新掌握土地使用权，变换租佃条件，另行出租；佃权或田面因是土地使用权的载体，既可自耕，也可转租、典卖，不仅可以进行平面分割，而且可以立体多重分割。在分割过程中，佃权演变为另一重"租权"，又从新的"租权"派生出另一层"佃权"。如此反复进行，佃权主或田面主演变为收租食利的"二地主"、"三地主"，形成"一田三主"甚至一田多主的局面。在这情况下，现耕佃农就不止缴纳大租、小租，更要负担三重甚至多重地租。

明代中后期后，福建、江西、安徽等地，都相继形成"一田三主"的局面。明代中后期，在福建龙溪，中小地主因"惮输赋税"，将本户钱粮配租若干担，贱售大户。受主承办一切粮差，曰"大租主"，卖主有田无差，曰"小税主"。"租与田遂分为二"。[②] 但小税主并不自耕，大多招佃收租。佃农在长期耕种过程中，逐渐形成"粪土权"。虽然尚未完全分离出来，但已是一种土地使用权。这就成了"一田三主"。这里的"第三主"佃农必须交纳双份地租。如果"第三主"不自种，现耕佃农则须缴纳三重地租。皖南徽州也有同样情况，有的现耕佃农必须缴纳大租、小租和"粪草典租"、"料亥谷"等三重地租。试看表 5 - 21。

如表 5 - 21，这里大租额已经很高，12 宗个案中，亩租最低 188.3 斤，最高 440.5 斤，平均 318.5 斤，已达极限，不仅大大高于徽州其他地区的大租，也明显超过大、小租之和，已经没有田面租的空间。但因人稠地狭，

---

① 中共皖南区党委政策研究室：《徽州专区农村情况概述》，见华东军政委员会土地改革委员会编《安徽省农村调查》（内部资料），1952 年刊本，第 34 页。
② 乾隆《龙溪县志》，光绪五年补刊本，卷 5，服役，第 5 页。

仍然出现田面转租、再转租，形成"一田二主"、"一田三主"的局面，衍生出小租、草粪租等多重地租，其数额及比重虽然很小，两者分别只相当大租的 14.5% 和 2.5%。但不管怎样，对于现耕佃农而言，还是又一重、再一重搜刮，使其完全透不过气来。由此可以看出，封建地租剥削已经到了无孔不入、无所不用其极的地步。

表 5-21 皖南徽州"一田三主"土地收益分配示例

（1876）

单位：面积，亩；租额，斤

序号	面积（亩）	地租额（斤*）		大租（斤*）		小租（斤*）		粪草典租（斤*）	
		总额	亩租额	数额	%	数额	%	数额	%
1	1.7	582	342.4	480	82.5	80	13.7	22	3.8
2	3.168	1045	329.9	800	76.6	200	19.1	45（监分）	4.3
3	1.19	226	189.9	200	88.5	20	8.8	6	2.7
4	0.4	131.4	328.5	103.4	78.7	8	6.1	20	15.2
5	4.48	1472	328.6	1286	88.9	120	8.2	66（监分）	4.4
6	2.166	620	286.2	560	90.3	40	6.5	20	3.2
7	1.68	600	357.1	480	80.0	80	13.3	40	6.7
8	0.84	370	440.5	240	64.9	124	33.5	6	1.6
9	1.2	226	188.3	200	88.5	20	8.8	6	2.7
10	1.3	336	258.5	300	89.3	30	8.9	6	1.8
11	1.125	444	394.7	360	81.1	40	9.0	44	9.9
12	2.08	740	355.8	660	89.2	60	8.1	20	2.7
合计	21.329	6792.4	318.5	5669.4	83.5	822	12.1	142	2.1

说明：* 地租原资料以"秤"为单位，现以每秤 20 斤，折算为斤。

资料来源：据中国社会科学院经济研究所藏徽州佚名地主租簿（编号：收租簿第 27 函，W·TX·B0202）综合整理编制。

中国社会科学院老年学者文库

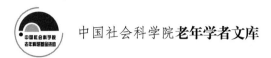

中国社会科学院**老年学者文库**

中国永佃制度研究

下 册

刘克祥　著

社会科学文献出版社
SOCIAL SCIENCES ACADEMIC PRESS (CHINA)

第六章 永佃农的佃权处置权和佃权、租权的市场买卖

永佃制最显著的特征是土地所有权和使用权的分离，地主只能收租，而不能增租夺佃。地主一旦以永佃的方式将土地出租给佃农，对土地即失去了按额收租以外的其他支配权。在完全或典型的永佃制下，土地分离为地权（收租权）、佃权或田底（所有权）、田面（耕作权）两部分，地主对土地的支配和处置，只限于地权（收租权）或田底，佃权或田面（佃权）则属佃农所有。租权和佃权可以各自让渡、转移，互不干涉、影响。由于永佃制形成的原因、途径不同，租权、佃权和各自所处的地位及权益大小，差异颇大：有的租权权益很大，几乎凌驾一切，佃权的权益仅限于"不欠租，不撤佃"；有的租权、佃权并驾齐驱，形成"一田二主"的局面；也有的佃权权益远大于租权，地主"认租不认地"，佃农或田面主成为土地的实际支配者。

由于永佃制下的佃权比普通租佃制度下的佃田有更大的权益，佃权或田面权成为地主土地兼并的重要目标。同时，永佃农内部不断发生贫富分化，经济状况不稳定，永佃田的转租，田面的典当、买卖、让渡，日益普遍、频繁，佃权或田面的市场交易日益活跃，并在各地形成了不同的乡俗习惯。

一 各地永佃农的佃权处置权及其差异

各地永佃制的一般习惯是，地主无权增租夺佃，而佃农可以退佃、转

佃、典卖佃权。不过不同地区、不同类型的永佃制，佃农处置佃权的权限和乡俗习惯差异颇大，各地佃农转租和佃权典卖的具体情形多种多样。

佃农对所租土地或佃权的处置权限，可大致分为三种类型。

第一种，佃农只能"永久"耕种交租，而无权转租、典卖佃权。

一些地区的惯例或契约规则是，佃户可以长期耕种，传之子孙，比"不欠租，不撤佃"进了一步，但不能转租或让渡给第三者。佃户如不耕种，必须将田退给业主，有的可由业主付给一定数量的垦耕工本。清代台湾某些永佃田及部分旗地永佃，即属于这种类型。

台湾有这样两个例子。其一，嘉庆六年（1801），业主廖各璨立约招得杨亮自备锄头、伙食，将埔地一所开荒耕种，垦得水田八分，年纳大小租谷 12 石 8 斗。契约载明，租谷"倘或少欠，任从田主起耕招佃；若无欠租，任从耕作。若欲别处居住创业，不耕之日，议定每甲贴锄头工银二十元，将田送还田主，不得私退别人"。[1] 其二，嘉庆七年，业主廖宁立约招得佃农张乃华自备锄头、伙食，将埔地一所开荒耕种，垦得水田三分零六毫四丝。年纳大小租谷 4 石 5 斗 9 升 6 合。契约规定，租谷"如有少欠，任从田主招佃起耕；若无欠租，任从耕作。倘本佃无力耕作，准其亲人接耕，不准私卖他人；如无亲人接耕，议定每甲田贴锄头工本银二十元与耕人，将田交还田主，不得异言生事"。[2] 两例中的佃农都有一定限度的永佃权，如不欠租，可以长期耕作，还可亲人继承，地主不得任意撤佃，而佃农可以退耕，并获得约定数量的锄头工本银。但是，土地只能交还业主，不能自行转佃、典卖。

在永佃制形成初期的安徽皖南，佃权包括佃农栽植的树木在内，倘若变卖，都只能卖给地主。明代天启年间一纸租山栽树契约载明，"其坌垒不得变卖他人。如有变卖，先尽山主照山坐买"。[3] 这里的"坌垒"主要指成材树木。坌垒不能外卖或转佃他人，在徽州一些地区已成惯例，一直流传下来。祁门环砂村，明清期间数十纸租山契，都有同样的限制词句，诸如

---

① 台湾银行经济研究室编印：《清代台湾大租调查书》第 1 册，1963 年刊本，第 152 页。
② 台湾银行经济研究室编印：《清代台湾大租调查书》第 1 册，1963 年刊本，第 153 页。
③ 中国社会科学院经济研究所藏：《明清民间佃约》，编号 005·20。

"日后力分务照山分，尽卖山主，毋许变卖他人"；"力分务要凑便山主，无许变卖他人"；力坌"无得变卖他人，亦无许另佃异姓人锄种"，等等。① 某些水田永佃，佃农亦无转佃或顶退权，如乾隆三十六年（1771）祁门环砂的一纸水田承佃约载明，"自承之后，是身永远佃种，不得令〔另〕佃他人"。②

一些官田、旗地，佃农也都无权处置佃权。如山东利津，官府放租浮淤滩地，章程规定，领户有永久佃种权，但不准私行典卖转让。③ 在台湾，地主黄学源（即"本渊老爷"），道光九年（1829）将所揽台湾县鹿耳门内一带新浮埔地，招得嘉义佃丁郑陶垦耕永佃，也禁止佃农转让佃权，如佃丁退耕，须将租地交还业主，不得私招别人顶耕。"认佃字"载明，"倘陶情愿自去别图，当将原耕产业一并辞还业主，领回佃字，不得私相授受，擅引别人顶耕，冀图得利，反招咎戾"。④

旗地方面，虽然佃农相互顶推、典当，习以为常，但按清政府的规定，在光绪十三年（1887）前，佃农一直没有自行处置佃权的自由。乾隆年间定例，民佃八项旗地，州县给印照收执，佃民遇有事故，报官具退，听官招佃，不得私相授受。道光六年（1826）改为佃户有退地、顶地等事，由里长报案，令佃户自行赴官，退佃者缴回旧照，顶佃领取新照。⑤ 同乾隆年间的定例相比，道光六年的规定有所放宽，似乎佃农可以自行顶退，只需到县衙换照即可。其实不然。因为要先"由里长报案"，新佃自然首先要得到里长的认可，里长即可借此刁难、需索。对于退佃者来说，反而不如直接赴县报官具推来得顺当。

某些地区通过押租取得的永佃权，佃农也不能转让。如前述江西宁都

---

① 《祁门十七都环砂程氏文书》，见刘伯山主编《徽州文书》第一辑（6），第285页；第一辑（7），第43、224页。
② 《祁门十七都环砂程氏文书》，见刘伯山主编《徽州文书》第一辑（6），第285页；第一辑（7），第43页；第一辑（7），第171页。
③ 国民党政府司法行政部编：《民商事习惯调查报告录》（一），民国十九年刊本，第247页。
④ 台湾银行经济研究室编印：《台湾私法物权编》第3册，1963年刊本，第673—674页。
⑤ 刘锦藻编：《清朝续文献通考》（一），商务印书馆1935年版，卷7，田赋七，第7559页。

的"坠脚"（押租）永佃，佃农即不得转佃，仅有永远耕种的权利。[1]

第二种，佃户可以顶退，但必须首先报明业主，经过业主审查核准，办理相关手续。

江苏崇明，田分"买价"（租权）、"承价"（佃权），"以买价为主，非承价另有一产"。承价虽可出卖，但田主有"先买权"。佃农因故出售，"必先问田主，田主不受，乃另售，亦必先批主家买价，后得佃户承价。若违例私售，法所不许"。而且售价（顶首）金额也有严格限制，即不能超过"田价（田底价）时值银两之半"。新佃还得向田主换揽，"不许原折私相转授"。[2]"承价"转租也一样，除了订立"吐揽据"或"草麦契"，写明接种人历年认纳租额外，并得将原立揽契退还业主，"不得私自转吐"。[3] 浙江嘉善，永佃权俗称"田面"，永佃农欲将田面权移转他人，必须征得业主同意，所定契约方能成立。[4] 鄞县乡例，佃户都有"顶头钱文"，名为"田脚"，可以长期耕种，但无权私自顶退。乾隆五十九年（1794）八月间，佃农邵国保将一宗长期租种的土地私顶与人，即被地主收回自种。[5]

台湾永佃制在形成和发展初期，虽然佃农一般有权转租或顶退佃田，但无论"汉大租"还是"番大租"，都必须得到业主的同意。现将"汉大租"、"番大租"有关个案资料加以综合整理，分别列如表6-1、表6-2。

表6-1　　台湾永佃农（汉大租）处置佃权条件示例
（1729—1799）

单位：佃价，两；租额，石/甲

年份	租地类别	佃价银（两）	租额石/甲	佃权处分条件
雍正7年	园埔一所	50	8	佃人要回家之日，先问明业主之后，任听其脱替，工本业主不得均分

[1] 国民党政府司法行政部编：《民商事习惯调查报告录》（一），民国十九年刊本，第440页。
[2] 光绪《崇明县志》，光绪七年刻本，卷之六，经政·田制二，第23—24页。
[3] 国民党政府司法行政部编：《民商事习惯调查报告录》（一），民国十九年刊本，第332页。
[4] 国民党政府司法行政部编：《民商事习惯调查报告录》（一），民国十九年刊本，第465页。
[5] 乾隆朝刑科题本，见中国第一历史博物馆、中国社会科学院历史研究所编《清代地租剥削形态》下册，中华书局1982年版，第599页。

续表

年份	租地类别	佃价银（两）	租额石/甲	佃权处分条件
雍正 11 年	草地一所	—	8	佃等欲回内地，或别业，欲将田底顶退下手，务要预先报明业主，查其短欠租谷及新顶之佃果系诚实之人，听其顶退，收回田底工力之资
雍正 11 年	草地一所	5	8	如欲变退下手顶耕，及招伙帮耕，务须先报明头家查明诚实之人，方许承招，不得私相授受
乾隆元年	埔地一所	—	8	佃人倘欲别创及退回内地，必先问明业主，查无拖欠租粟、车工，并承退之人诚实，方允顶退，收回犁头工本银两
乾隆 15 年	埔地一所	—	8	若欲回唐转退下手，与下手之人同来印认佃约，不许私退私顶，妄退匪人，致滋多事
乾隆 17 年	现田 8 分	—	6.4（石）	欲转退他人，须向业主言明，不得私相授受
乾隆 22 年	荒地半张犁	—	8	倘回唐别创，择其诚实之人顶退，预报业管，不得私相授受
乾隆 26 年	水田 5.39 甲	—	8	若佃人欲退，必要诚实之人方许授受
乾隆 27 年	水田 1.017 甲	—	8	倘日后欲回唐别创，须顶退他人，并通知业主过佃，不许私相授受
乾隆 32 年	水田 2.5 甲	—	8	倘佃欲别创，招人顶退，必闻业管；来人规矩，去人无碍，方得授受
乾隆 32 年	旷地半张犁	—	8	若其佃人欲退卖下手，先报明业主清完租粟之后，听佃退卖，业主不得阻难
乾隆 50 年	田 0.3276 甲	—	8	倘日后别创另退，须问明业主，顶退字盖戳，方许承顶
乾隆 51 年	青埔 6 甲	—	8	倘该佃欲回籍别创，退售此业，归还工本，须择诚实人承顶，通知业管清租割佃，不得私自顶替，妄引匪人
乾隆 56 年	沙碛荒熟田园埔地	—	2.75（石）	倘欲转手顶耕，即当闻知佃主清租过数，毋许私受典卖，致延租项
嘉庆 4 年	荒埔一所	—	（一九五抽的）	将来佃人抑欲别创，退业下手，务必同承接之人到本馆认佃顶耕，不得私相授受，妄退匪人
道光 12 年	石坝地一所	6（元）	3 石	若佃人另创别业，转退他人，务须声明垦首认佃

资料来源：据台湾银行经济研究室编印：《清代台湾大租调查书》，第 1 册，1963 年刊本，第 59—60、61、62、63、67—68、68—69、72—73、73、77、79、82—83、83—84、92、113—114 页。

表6-2　台湾永佃农（番大租）处置佃权条件示例

(1740—1876)

单位：埔底银，两；租额，石/甲

年份	租地类别	埔底银（两）	租额（石/甲）	佃权处分条件
乾隆5年	课地一所	—	（一九五抽的）	或日后欲退售回籍别创，须择诚实后顶，通知业管租清割佃，不得私相授受
乾隆5年	埔地5甲	30	8	倘欲别创及退回内地，必先问明业主，查无拖欠租粟，及承退之人诚实，准其退回犁头工本银两，业主不得异言阻挡
乾隆9年	埔地一所	39		倘日后要退卖别创，先声明业主，查其诚实之人承顶其田，不得私相授受
乾隆32年	埔地一段	不详	3	倘垦人如要别置，对户过佃收租，余任从其便，不敢阻挡
乾隆38年	埔地一块	—	100（石）	如退下手，当通闻庄众，不得私退
乾隆43年	埔地一所		6	该佃垦成水田、园地或欲别创，任从出退另顶，抵还工本，报明业主割认承顶，不得私相授受，本社亦不得阻挠
乾隆43年	青埔10张犁		8	倘日后佃人欲回籍别创，退卖此业，须择诚实人承顶，通知业管到场租清割佃，不得私相授受
嘉庆4年	青埔一处	—	（一九五抽的）	日后或欲回籍别创，退旧售此业，须择诚实承顶，通知业管租清割佃，亦不得私相授受
嘉庆11年	山林埔地一所	—	6	倘佃人另创别业，任从佃人出退，抵回工本，业佃众社不得阻挡，要通知业主割佃，不得私相授受
嘉庆?年	山埔一带	10（元）	2.6（元）	倘佃要别创，或回内地，出退下手，预闻业主，查无欠租及承接诚实，方许出退
道光2年	青埔一处	—	（一九五抽的）	倘若日后佃人回籍别创，欲退售此业，须择诚实人承顶，通知业管到场租清割佃，不得私相授受
道光9年	青埔草地一所		（照甲纳租）	承垦人日后或要回籍，抑系别创典退下手，务要通知业主过割对佃，不得私相授受
道光12年	山林埔地一处		0.5（石）	佃人回唐之日，任从佃人退还工本，亦要通知业主割佃，不得私相授受
光绪2年	荒埔一小块	—	0.4（石）	若日后欲退售别创，任从其便，要通知业馆割租过户，不得私相授受

资料来源：依次据台湾银行经济研究室编印《清代台湾大租调查书》第3册，1963年刊本，第537、539、539—540、545—546页；第2册，第363—364、373页；第3册，第550、560—561、390、411—412、571—572页；第4册，第581、585、590—591页综合整理编制。

　　从时间上看，这类个案主要集中在雍正、乾隆时期，嘉庆年间不多，主要是嘉庆前期，道光后则仅见。地主限制佃农处置佃权的核心是不准私相授受。但具体内容、严厉程度、契约行文，互有差异。这既因时而异，又同地主的权势和政治地位有关。大体上，在永佃制形成和发展的初始阶段，限制范围较广，条件较严苛，契约行文语气亦较严厉。随着永佃制的扩大和发展，佃权顶退条件日渐放宽，限制的主要目的是要求新旧佃户、地主三方办理交割手续，便于地主收租，契约语言亦相对和缓；从地主方面的情况看，权势地主对佃农的限制较苛，契约文字亦严厉，一般庶民地主或高山族村民限制相对较松，契约语言亦相对和缓。有的在规定佃农不等私相授受的同时，声明业主不得阻碍佃农顶退，不得分润佃农锄犁工本，以示业佃权利的平衡。

　　蒙旗地对佃农佃权顶退的限制，主要存在于旗署、蒙旗王公及上层贵族所有的"大牌地"、"外仓地"或"内仓地"。

　　大牌地的地主，无论旗署还是蒙旗王公及上层贵族，对佃农的支配力较强，不仅不准佃农私相授受佃权，更须定期丈地换契。佃农转让佃权，必须事先取得地主的同意，带同新佃认主交租，由地主确定身份，签发"顺契"，转让方能生效。这种"顺契"手续的起源时间不详。喀喇沁右旗（建平县）的"顺契"据传始自道光八年（1828），其时因佃农将租地几经让渡，原佃迁往他处或返回原籍，新佃抗不纳租，而地主无凭可据，以致讼端迭起。故奏请理藩院，规定佃农转让租地，必须报明地主或旗仓，写立"顺契"（即税契之意），更名注册，并按契价 10%（房院地基为 20%）的标准缴纳顺契注册费。地主依"顺契"认佃收租，佃户依"顺契"种地。[①] 日本侵略者收缴的契约中，就有多纸这样的"顺契"，这里转录两纸，作为例证：

其一

大鹿沟官仓为发给顺契事，今官仓属［下］佃户揽头杨丛名下，

[①]　日伪地契整理局编印：《锦热蒙地调查报告》（日文本）中卷，1937 年印本，第 1115—1116 页。

王文富种租地贰亩，又刘德元租地六亩，又揽头杨丛名下刘玉海租地
七亩半，又刘玉振租地叁亩九分，共租地拾九亩四分，同倒与朱万增
名下耕种，永远为业，历年应交租粮每顷地平郡斗五石正，猪差钱五
千零四十文，小米贰大升，干草拾捆，柴火拾四捆，准于十月十五日
自送官仓交完，不许拖欠。每逢五年丈地一次，所有公馆使费，按地
亩数摊派。如若倒典地亩，务须报明本仓，按照所规顺契，不许隐匿，
因此发给顺契为证。

光绪贰拾贰年六月廿八日①

其二

苏大爷府管理租差处为出给顺契事，今将谢制诏原种租地一段，
计二十四亩，顺于穆长春名下承种，永远为业，许种许倒，每年交纳
租钱壹吊八百文。谢制诏得去倒价中钱叁拾千文，交到顺契钱叁千文，
笔下交足不欠。恐后为〔无〕凭，立此顺契为凭。此地坐落在高粱秆
甸西城子西山，东至荒界，西至大道，南至大道，北至荒界。

中 人 梁文广

白玉福

光绪二十五年十月十二日②

这两纸"顺契"分别来自喀喇沁中旗（宁城县）和喀喇沁右旗（建平
县），所"顺"土地均系"大牌地"，但其性质略有差异，前者是旗署官仓
地，后者是大门台吉地。两者地主威势和对佃农的超经济强制力强弱不同，
因而"顺契"的内容、语气，以及"顺契"本身的效力依据，都有明显差
异。前者租差名目庞杂，数额不菲，"顺契"大部分文字就是重申租差项
目、数额和完纳方式、时间，同时警告，不许拖欠地租，地亩倒典，务须
报明官仓，申领"顺契"，不许隐匿。至于地价和"顺契钱"，数额相对较
小，只字未提。亦无须中人见证，地主（官仓）说了算。反映了"顺契"

---

① 日伪地契整理局编印：《锦热蒙地调查报告》（日文本）下卷，1937年印本，第1773页。
② 日伪地契整理局编印：《锦热蒙地调查报告》（日文本）中卷，1937年印本，第1008页。

的单一强制性。后者有所不同，地价和"顺契钱"较高，地租相对较低，不到前者猪差钱的一半。佃农的经济地位相对较高，地主的强制力亦较弱。"顺契"对地主、地价、"顺契钱"① 都有交代，语气亦较和缓，无任何警告文字，置主权利则在"永远为业"之外，还加有"许种许倒"字样。更重要的是，契尾列有两名中人姓名。使原本单方面强制的"顺契"，又带有民间契约的某些色彩。

也有的"顺契"是以佃农的名义写的，试看下面的契约：

> 立写顺契文约人王万全，因手乏不便，将自置房屋〔一〕所，地有三段，倒与安其名下居住耕种，永远为业，许立阴阳宅。有前契使过地价钱。今认地主交租公孙札大了〔爷〕名下。交租粮差斗按前契，永不打地，② 永不长租。房地四至，有前契、有本地主弘〔红〕契可凭。

中见人　姚盛功　安其顺

樊立功　卜立代

借字人　樊　岳

道光贰十捌年三月二十六日　立凭③

这是佃农立契将佃权及永佃地上自盖房屋出卖后，带领新佃到地主家订立"顺契"，认主交租。这纸在地主见证下订立的"顺契"，虽然用的是佃农卖主的名义，实质上代表了地主的意愿，所作承诺（如"交租粮差斗按前契，永不打地，永不长租"等）也是地主要求、应允的，因而文字中也夹杂地主的口吻（如称"本地主"等）。由于这纸"顺契"的基本功能是原佃带领新佃认主交租，完成佃农纳租义务的交割手续，表明佃权转让

---

① 热河蒙地佃权转移过程中的"顺契钱"征收习惯类似于近代德国的"佃权承认金"。按照德国的永佃习惯和有关法令规定，在佃权被让渡或继承时，新佃必须缴纳一笔相当数量的"佃权承认金"（参见〔日〕泽村康：《中欧诸国的土地制度和土地政策》（日文本），第370页）。

② "打地"，即丈地。

③ 日伪地契整理局编印：《锦热蒙地调查报告》（日文本）中卷，1937年印本，第834页。

已获地主应允，而佃权转让本身，另有契约为凭，所以"顺契"也只写明佃农的纳租义务和基本权利，而对佃权转让价格，只字未提，仅说"前契使过地价钱"一笔带过。由于"顺契"是佃农的名义所写，本身效力更低，所以同样有中人，而且数量更多。

当然，也有的"大牌地"如大门台吉地，并不一定写立"顺契"，只在佃农卖契中申明，已经征得地主同意。如道光十五年（1835）的一纸佃权"兑契文约"特别载明，已"同本业主台吉九十五说允"。[1] 总之，大牌地的佃权转移是不完全自由的。

某些官地永佃，佃权同样不能私自转移。江西南昌的官产濠池濠地，佃户均有县给执照管业，按年征租，不准自相买卖。若有承顶转移，须由承顶人取回原佃所领执照缴县吊销，由县给承顶人换发新的执照，承顶方为有效。[2]

前述台湾县鹿耳门新浮埔地，原来完全禁止佃农转让佃权，鸦片战争后有所放宽，但须经地主同意，佃农方能顶退。光绪十年（1884），地主"万益馆"领照垦耕鹿耳门天后庙一带浮复埔地，对佃农处置佃权的限制有所放宽，佃户可以顶退，但新旧佃户必须一同到地主租馆盖戳换户。"佃户执照"规定，佃户"若欲将已耕之园埕转卖与人，须将契字到馆盖戳［戳］，以便改换户名，方许过户，本馆决无刁难；如敢私相授受，查出定将该园埕充公，换佃耕作不贷"。[3]

第三种，佃农可以自由转租、让渡佃权，不受地主的限制。

江苏苏州，永佃农可以自由让渡佃权，在土地买卖过程中，田底、田面分别自由转移，故"田主虽易，而佃农不易；佃农或易，而田主不与焉"。[4] 事实上，该地早有佃农自由顶退租田田面的个案。如康熙五十八年（1719），张敬山将佃种地主沈家的租田田面 8 亩 5 分转顶与张茂甫耕种交租，直至乾隆九年（1744），因出典人侄子回赎不果发生殴斗和人命案，始

---

① 见日伪地契整理局编印《锦热蒙地调查报告》（日文本）上卷，1937 年印本，第 346 页。
② 国民党政府司法行政部编：《民商事习惯调查报告录》（一），民国十九年刊本，第 444 页。
③ 台湾银行经济研究室编印：《台湾私法物权编》第 4 册，1963 年刊本，930—931 页。
④ 陶煦：《租覈》，民国十六年重排本，第 1 页。

终未见地主出面干涉。[①] 常熟永佃农持有的田面，俗称"灰肥田"，如欲顶退，只须凭中立契收价，让与耕种，由新佃人向业主另立租扎，并无明显限制。[②] 松江府的普遍情况是，"乡间自相买卖（田面），业主不与闻"。[③] 其实在整个苏南地区都大体如此。据 1950 年的调查，当地"有田面权的农民可以将田面权出卖、出典、转租"。[④]

浙江大部分地区的永佃制，佃权均可独立转移。嘉兴一带，田底、田面均可抵押、买卖，佃户将田出售，地主的权利、义务并不因此而受影响。[⑤] 鄞县和绍兴府属地区，作为永佃权的"田脚"（又称"小业"），"具有单独转移性质"，无论佃户自种或转佃，"除按年纳租外，业主绝无干涉之权"。[⑥] 宁海，乡间田亩多分上、下面，上面之权属于佃户，下面之权属于业主。业主、佃户"应有部分之权利，可各自处分，均不相牵连"。[⑦] 天台被称为"绍价"的佃权，佃农"独立卖买典押等处分之权，田主不能干涉"。[⑧] 临海田地分为正、绍二种，"正田"有收租之权利，负纳税之义务；"绍田"有耕种之权利，负交租之义务。绍田所有人若不能耕种，即可将田地发佃耕种。[⑨] 海盐在太平天国后，客民已经垦熟的土地被返乡地主夺走，只剩下田面权。不过田面可以自由转让，"业主不得加以干涉"。[⑩] 金华在太平天国后招垦中形成的习惯是，田地有"民田"（收租权）、"客田"（耕作权）之分，两者"均可自由让渡"，故前者又名"大买"，后者又名"小买"。兰溪情况大体相同。[⑪] 庆元地方"乡风俗例"，凡佃户租种田地，出银

① 乾隆刑部档案，见中国第一历史博物馆、中国社会科学院历史研究所编：《乾隆刑部题本租佃关系史料之一·清代地租剥削形态》下册，中华书局 1982 年版，第 509—510 页。
② 国民党政府司法行政部：《民商事习惯调查报告录》（一），民国十九年刊本，第 327 页。
③ 《申报》光绪十四年十一月初三日。
④ 中共苏南区党委农委会：《苏南农村土地制度初步调查》，见华东军政委员会土地改革委员会编《江苏省农村调查》（内部资料），1952 年刊本，第 8 页。
⑤ 国民党政府司法行政部：《民商事习惯调查报告录》（一），民国十九年刊本，第 468 页。
⑥ 国民党政府司法行政部：《民商事习惯调查报告录》（一），民国十九年刊本，第 503 页。
⑦ 国民党政府司法行政部：《民商事习惯调查报告录》（二），民国十九年刊本，第 1061—1062 页。
⑧ 国民党政府司法行政部：《民商事习惯调查报告录》（一），民国十九年刊本，第 487 页。
⑨ 国民党政府司法行政部：《民商事习惯调查报告录》（二），民国十九年刊本，第 1051 页。
⑩ 国民党政府司法行政部：《民商事习惯调查报告录》（一），民国十九年刊本，第 460 页。
⑪ 国民党政府司法行政部：《民商事习惯调查报告录》（一），民国十九年刊本，第 462—46 页。

顶买，名谓田皮，是"可以顶卖的"。①

在安徽，皖北舒城，"永佃权人得以其佃权之全部，或一部自由顶拨，辗转让渡，无须得地主之同意"。② 无为的乡俗习惯是，永佃农将田转佃他人，收取"押板金"，叫做"顶田"，"业主不得干涉"。顶田又分两种，一种是"活顶"，到期原佃户退还押板金，将田赎回；另一种叫做"杜顶"，即佃户将田面权出卖，取得较高的"卖佃金"，此后则不能回赎了。③ 肥西县的"埂价田"永佃，佃户也"可自由典卖佃权，地主不能干涉"。这种习惯，当地称之为"客顶客，佃顶佃"。④ 广德州属地区，凡属永佃田，业主"不能起佃自耕"。同时，佃农可以自由转让、抵押或出卖佃权（田面）⑤。在旌德，"丈田"（田底）、"佃田"（田面）可以同时或分别买卖，永佃农除自耕外，"并得租与他人耕种，不须业主同意"。⑥ 歙县的习惯是，"小买田之转移，大买主不得干涉"。⑦ 不只歙县，整个徽州地区都如此。1949 年的调查称，"小买权可自由买卖，大买不能干涉"。⑧ 安徽其他地区的情况也大致相同。民国初有调查说，安徽各县佃田契约有两种性质，一为"东顶东卸"，亦称"清庄"；一为"客顶客庄"，亦称"客庄"，也就是永佃制。"客庄"佃户"以佃权之全部或一部自由顶拨，辗转让渡，俱无须征得地主同意"。⑨

江西永佃农（田皮主）处置佃权的权利更加明显。《西江视臬纪事》说，江西自清初以来，田亩独有田皮、田骨之分，而南昌、赣州、抚州、建昌等府为尤甚。通常"业主得买其田骨为大买，耕户得顶其田皮为小买，

① 中国第一历史博物馆、中国社会科学院历史研究所编：《清代地租剥削形态》下册，第 567页。
② 国民党政府司法行政部《民商事习惯调查报告录》（二），民国十九年刊本，第 935 页。
③ 中共巢湖地委政策研究室：《无为县百马乡圩区典型调查》，见华东军政委员会土地改革委员会编：《安徽省农村调查》（内部资料），1952 年刊本，第 93—94 页。
④ 中共皖北区党委政策研究室：《肥西县上派河乡农村情况调查》，见华东军政委员会土地改革委员会编：《安徽省农村调查》（内部资料），1952 年刊本，第 49 页。
⑤ 光绪《广德州志》，光绪六年刊本，卷 36，杂著，第 14 页。
⑥ 国民党政府司法行政部编：《民商事习惯调查报告录》（一），民国十九年刊本，第 397 页。
⑦ 国民党政府司法行政部编：《民商事习惯调查报告录》（一），民国十九年刊本，第 407 页。
⑧ 中共皖南区党委政策研究室：《徽州专区农村情况概述》，见华东军政委员会土地改革委员会编《安徽省农村调查》（内部资料），1952 年刊本，第 34 页。
⑨ 国民党政府司法行政部编：《民商事习惯调查报告录》（一），民国十九年刊本，第 392 页。

业主止管收租，赁耕、转顶权自佃户，业主不得过问"。① 这种情况从清初一直延续到民国。新城（今黎川）雍正、乾隆年间的一般习惯是，"田皆主佃两业，佃人转买承种，田主无能过问"。② 又说，田分大买、小买。"农田皆有主者谓之大买；农与农私相授受谓之小买"。③ 金溪风俗，凡业主与佃户间收纳田租之关系，每有大业、小业之分。如承佃人不能耕种，将佃权"转卖"（实为有偿转租）予第三者，承佃人除间接纳原业主额租若干外，并对转卖（租）者每纳租谷若干。在这种情况下，前者称"大业"，后者称"小业"。④ 丰城永佃户所赁土地，自己不耕可以交回业主，也可转租。⑤ 湖口被称为"客田"的永佃，佃农也有转佃权。该县租佃有二：一称"客田"，二称"寅租卯"。后者随时可以将地撤回，自己耕种；前者佃户有佃权即使用权。佃户不愿耕种，可将佃权转卖他人，谓之"转佃"。⑥ 乐安的竹木山场永佃，"山皮、山骨所有权均可独立典当或转让"。⑦ 所有这些佃权或田面的转租、典卖都是不通过地主（田底主）的自主行为。

清代前期，江西永佃农或田皮主自由典当、顶退田皮的事例甚多。如赣州府安远县蔡有职，康熙五十六年（1717）将顶耕之田退与他人承耕20余年，契约未载回赎；赣县张元吉，乾隆十七年（1752）将承耕曾、王两姓之田退与他人顶耕，"契载永远耕作，不得找价取赎"；瑞金县李晋仕、李士人父子，雍正、乾隆年间，先后将田皮暂退、绝退；会昌县林佑昇，乾隆二十二年（1757）用价承顶沈士拔原佃刘蒂悦租田一处，每年向刘蒂悦纳租。后刘蒂悦将田活卖与林暄普，林佑昇即就向林暄普立赁还租。乾隆二十四年，林暄普复将田转卖与曾辉表，林佑昇再向曾家立赁还租。⑧ 所

① 凌燽：《西江视臬纪事》，《清史资料》1981年第3期，第209页。
② 陈道：《江西新城田租说》，见贺长龄编：《皇朝经世文编》，思补楼光绪十二年补校本，卷31，户政，第12页。
③ 同治《新城县志》，同治九年刻本，卷1，地理志·风俗，第16页。
④ 国民党政府司法行政部：《民商事习惯调查报告录》（二），民国十九年刊本，第1008页。
⑤ 《丰城县志》，上海人民出版社1989年版，第66页。
⑥ 《湖口县志》第3卷，农业，江西人民出版社1992年版，第97—98页。
⑦ 国民党政府司法行政部：《民商事习惯调查报告录》（一），民国十九年刊本，第435页。
⑧ 乾隆朝刑部题本，见中国第一历史博物馆、中国社会科学院历史研究所编：《乾隆刑部题本租佃关系史料之一·清代地租剥削形态》下册，中华书局1982年版，第493—494、531—532、536—538、565页。

有这些佃权或田面的顶退转让，都未曾受到地主或田底主的阻扰或干预。

福建各地，永佃权或田面权一般均可自行转租、让渡。在闽侯，若根田、面田分属二人，则根田主有召佃、换佃之权，而面田主则无此权，递年由根田主送纳面田主湿谷若干斤，面田主即缮收条付根田主为据。如根田主有欠租等事，面田主亦可换佃。① 侯官县陈振信、林克振等13佃农分佃屯田31亩零，因原地瘠薄，经诸佃自筹工本，开垦筑坝成田，不仅持有佃权，照额耕种纳租，且可自由顶退。佃内有不能自种者，"得价顶佃，以偿工本，仍听新佃向田主换批耕纳，历久相安"。② 宁德寺庙田产永佃，只要佃农按从前所定租额纳租，地主对佃权买卖、转让，一概不问，"佃权之移转买卖，悉听自由"。③ 古田持"田根契"的永佃农，可将田根（也称"田底"）"自由移转押抵，与田面无关"。④ 在政和，永佃农"得自由典卖其田皮"。⑤ 邵武永佃农均有"永远使用耕地之权或转佃之权"；松溪永佃农也"可以转租"。⑥ 莆田永佃农可出卖、抵押、典当租种权。⑦

在广东，高要永佃农"可不向地主求得同意，即将租田转租给人耕种"。⑧ 惠州府属和韩江流域等地，永佃农均可自由转租和让渡佃权。惠州府河源县佃户，在康熙二十四年（1685）至乾隆十二年（1747）间，将佃田辗转顶退，未见地主干预。⑨ 大埔和韩江流域一些地区，卖买田业有"粮田"、"质田"之别。在大埔，粮田是自己所有、自己纳粮的田业；质田则

① 国民党政府铁道部财务司调查科查编：《福州市县经济调查报告书·农业经济篇》，约1930—1931年调查，铁道部财务司1932年印本，第59、60页。
② 中国第一历史博物馆、中国社会科学院历史研究所编：《清代地租剥削形态》下册，中华书局1982年版，第577页。
③ 郑行亮：《福建租佃制度》，《民国二十年代中国大陆土地问题资料》第62册，（台北）成文出版社有限公司、〔美国〕中文资料中心重印发行，1977年版，第32174页。
④ 郑行亮：《福建租佃制度》，《民国二十年代中国大陆土地问题资料》，第62册，（台北）成文出版社有限公司、〔美国〕中文资料中心重印发行，1977年版，第32177页。
⑤ 国民党政府司法行政部编：《民商事习惯调查报告录》（一），民国十九年刊本，第505页。
⑥ 《邵武市志》，群众出版社1993年版，第338页；《松溪县志》第5卷，农业，中国统计出版社1994年版，第132—133页。
⑦ 《莆田县志》，中华书局1994年版，第172页。
⑧ 陈翰笙主编《广东农村生产关系与生产力》，中山文化教育馆，1934年刊本，第26页。
⑨ 乾隆朝刑部题本，见中国第一历史博物馆、中国社会科学院历史研究所编：《乾隆刑部题本租佃关系史料之一·清代地租剥削形态》下册，中华书局1982年版，第512—514页。

是佃户有永佃权的租田。因租额特轻，又多为上代遗传，"已有永耕之权"，于是佃农认为，自己对这些土地有一部分所有权，"与自己之田无异"，可以完全自由买卖，不受田主干涉。佃农将田转卖与他人耕作，每年仍向承买者收租，或自纳虚租以应田主。但买卖契券中只书"退质"，不书"断卖"、"典当"等字样，故曰"质田"。地主出卖粮田，"佃户之质权仍然存在，买主执此契券，不得任意吊佃"。因此一般不影响佃农耕作。[①] 在潮州，作为永佃权的"粪田"或"粪权"，佃农有转移权，而作为收租权的"质权"，地主则"仅享有额定租谷之利"。[②] 在海丰，一些佃农持有"顶手银两"的永佃田，田主"任听佃户顶耕"，不加干涉。[③] 饶平的永佃制，乃佃户向地主交纳押金承耕田地，久而久之，佃户有"半业权"，可以转租、转典，地主往往不知其地在何处，只知向原佃户收租。[④]

广西一些地区的永佃农，也可自行转让佃权，只要不影响收租，地主一般不加干涉。如南宁府宣化县佃农樊成志，雍正十三年（1735）将佃种田主何君宠的一宗租田，当与梁任通佃耕，照旧输租，直至乾隆十七年（1752）回赎，田主全都知晓，但"因一样都是承佃完租，故此历来都无话说"。浔州府贵县壮人佃农李社保，将一宗承佃的水田当与他人耕种输租。因为该田可以"长种"，"故此可以出当。田主只要有人还租，就不来管了"。[⑤]

清代台湾在永佃制形成和发展初期，如前所述，永佃农一般无权自由处置佃权，如因故退耕，只能将土地交还业主，或在征得业主同意后，才能顶退下手。但也有例外。在这个时期，同样有允许佃农自行转让佃权的个案存在。试看乾隆十七年的一纸"佃批"：

① 民国《新修大埔县志》，民国三十二年铅印本，卷10，民生志，第4页。
② 饶宗颐总纂：民国《潮州志》，实业志，农业，1933年铅印本，第42—43页。
③ 乾隆朝刑部题本，见中国第一历史博物馆、中国社会科学院历史研究所编《清代地租剥削形态》，下册，中华书局1982年版，第574页。
④ 《饶平县志》，广东人民出版社1994年版，第256—257页。
⑤ 乾隆刑部题本，见中国第一历史博物馆、中国社会科学院历史研究所编：《清代地租剥削形态》下册，第534—35、519—520页。

立给佃批猫儿捉业主郭朝选，有熟园一所，坐落土名凤山崎大圳下，东至宗元园畔隔界，南至旱溪，西至梁堀，北至大圳。今有佃人田嘉祯前来给批承耕，即日收过园底银完足，佃人乃去耕作。议定历年之租一九五抽分，其租佃人车运业主家中交收；如所约之租不清，将园底听从业主另招别佃顶耕；如租无欠，日后佃人倘或回唐售卖，亦不得阻挡。此系业佃两愿，日后不得异言等情，今欲有凭，立给佃批一纸，付执为照。

业主乾隆十七年十一月日立给佃批①

业主将一处熟园出租，佃农因缴有"园底银"，获得有"园底"获有限的土地耕作权。契约规定，如佃农欠租不清，业主即收回"园底"，另招别佃顶耕；如不欠租，佃农倘或返回内地，可将"园底"售卖，业主"亦不得阻挡"。不过在这宗个案中，佃农的永佃权尚不太清晰，还不能得出永佃农可以自由让渡佃权的结论。乾隆二十六年（1761）高山族村社的一纸"招批"字，可能是永佃农获得自由让渡佃权权利的较早个案。现将该"佃批字"转录如下：

立招批阿里史社通事该且，有自己承祖遗下草埔一块……四址分明。兹因众番欠少隘粮乏用，愿将此埔招汉人郑翰宽前来开成埔园，即日实收到埔底银足讫。其埔随付佃人永管栽种，言定每年供纳租粟银一员。倘此埔日后通庄要开水圳，翰不得执拗，照经丈纳租。若佃欲回唐别创，任从佃人顶替，业主不得异说。恐口无凭，立招佃批，付执为照。

外批明：溪崁下青埔一块，交付开园，再照。

乾隆二十六年七月日　立招批　潘该且。

在见　陈辉振

代笔　邱登越②

---

① 台湾银行经济研究室编印：《清代台湾大租调查书》第 3 册，1963 年刊本，第 541 页。
② 台湾银行经济研究室编印：《清代台湾大租调查书》第 2 册，1963 年刊本，第 348 页。

与同期其他永佃契约以各种条件限制佃农自行转让佃权的做法不同，"招批"字载明，"若佃欲回唐别创，任从佃人顶替，业主不得异说"，佃农有自行顶退佃权的充分自由。此后，佃农自行转让佃权的情况增多，由"番大租"扩大到"汉大租"。乾隆三十九年（1774）的一纸"佃批字"，可能是"汉大租"永佃农获得自行转让佃权权利的最早个案：

> 立给垦字业主陈廷溥，有承祖给垦茄藤社草地一所，坐落土名南岸，用本开垦埔园一片，东至洪宅园，西至车路，南至水沟，北至沟宅田，四至明白，经丈明载一甲。今佃人洪振老托中向求园底，三面议估，即日收过先年开垦工本及园底银项番银一百大员。银即日同中收讫明白；其园交与振老前去备牛只耕备，永为己业。年配纳业主租粟三石满，收冬之日，应办经风扇净干粟，车运到馆完纳，不得少欠。如振老不合意耕作，租粟清明，听其转退下手。保此园系承祖先年用本开垦熟园，与房亲叔兄弟侄无干，并无交加来历不明为碍；如有不明，业主抵挡，不干振老之事。今欲有凭，立给垦字付执为照。
>
> 即日收过垦字内番银一百大员。
> 乾隆三十九年正月日立给垦字。[①]

契约显示，佃农如不愿耕作，只要租粟完纳清楚，即可自行转退下手，没有其他任何限制。"汉大租"永佃农获得了转让佃权的自由。

随着永佃制的发展和永佃农队伍的壮大，业主对佃农让渡佃权的限制逐渐放宽，佃农自由转让佃权的情况越来越普遍，佃权转移日益频繁。佃权自由顶退和买卖，成为佃权让渡的基本形式。

表6-3、表6-4分别所辑台湾"汉大租"、"番大租"永佃契约，反映了佃农自由处置佃权的一般情况：

---

① 台湾银行经济研究室编印：《清代台湾大租调查书》第1册，1963年刊本，第80页。

表 6 - 3　台湾永佃农（汉大租）自由让渡佃权情况示例
(1767—1824)

单位：埔底银，元；租额，石

年份	租地类别	埔底银（元）	租额（石）	佃权处分条件
乾隆 32 年	旷地一所	—	8（石/甲）	若其佃人欲退卖下手，先报明业主清完租粟之后，听其退卖，业主不得阻难
乾隆 39 年	草地一所	100	3	如振老（佃农）不合意耕作，租粟清明，听其转退下手
嘉庆 13 年	荒埔二小段	10	0.7	抑或后日售卖他人，听从其便，不敢阻挡
嘉庆 25 年	水田 5 分	38	4	倘亨（佃农）欲移居别处，田听其转售
道光 4 年	山地一段	不详	0.6	倘欲别图转手他人，任从其便

资料来源：依次据台湾银行经济研究室编印《清代台湾大租调查书》第 1 册，1963 年刊本，第81、100、104—105、109—110 页综合整理编制。

表 6 - 4　台湾永佃农（番大租）自由让渡佃权情况示例
(1752—1827)

单位：埔底银，元；租额，石

年份	租地类别	埔底银（元）	租额（石）	佃权处分条件
乾隆 17 年	熟园一所	不详	（一九五抽分）	日后佃人倘或回唐售卖，亦不得阻挡
乾隆 26 年	草埔一块	（足讫）	1（元）	若佃欲回唐别创，任从佃人顶替，业主不得异说
乾隆 32 年	埔园一仑	6	3（元）	倘日后扶官（佃农）欲别创，任从转售他人，猫等（业主）亦不得异言阻挡
乾隆 34 年	水田一小丘	30	0.2	倘佃人要回唐，听其转递，业主不得阻挡生端
乾隆 37 年	青埔一块	16	0.5	银主日后或回家另立别业，任从出退，佛等（业主）社番人等不得异言阻拗
乾隆 41 年	草地一所	—	（一九五抽的）	若守分耕种，无欠课租，该佃欲别创佃业，任凭退顶，吻等（业主）再无阻挡
乾隆 58 年	山林草地一所	—	3.5	山埔垦成田园之日，倘佃别创，任佃退卖，业主不敢异言阻挡
乾隆？年	荒埔草地一所	400	100	佃人永为己业，任耕任退，业主、通事不异言生端
嘉庆 3 年	山坑荒埔一块	13	（一九五抽的）	日后佃人或回籍别创，任从出退银两，以充开垦工力，本业主不得刁难阻挡

年份	租地类别	埔底银（元）	租额（石）	佃权处分条件
嘉庆 10 年	树林埔一处	—	6	所有垦成田园，后日佃人意欲别创，任从退卖，业主、众番不敢阻挡
嘉庆 12 年	山林一所	6	（照庄例抽的）	倘日后佃退卖移居别创，众社番不得阻挡滋事
嘉庆 12 年	山林遗地一所	12	8（元）	后日佃人欲回内地或别创，任其典卖，不敢阻挡生端滋事
嘉庆 25 年	埔地二处	14	1.3	倘若佃人欲移居别创，任凭佃人魏水磜等典退银两，以充工本资货，番业主不得阻挡刁难等情
道光 7 年	山埔、水田各一处	74	1	日后垦人若要别创，任从陈住彩（佃农）出退，业主同众社番等不得阻挡

资料来源：依次据台湾银行经济研究室编印：《清代台湾大租调查书》，1963 年刊本，第 3 册，第 541 页；第 2 册，第 348、357—358 页；第 3 册，第 546—547 页；第 2 册，第 358—359、369 页；第 3 册，第 383—384、385、386—387、388—389、395、565—566、569—570、577—578 页综合整理编制。

　　相关资料的契约数量，番大租限制佃农让渡佃权和允许佃农自由让渡佃权的契约数量大体相等，而汉大租业主允许佃农自由让渡佃权的契约数量明显比限制佃农让渡佃权的契约数量少，可能从一个侧面反映，番大租佃农可以自由让渡佃权的数量比例更大一些，而汉大租佃农可以自由让渡佃权的数量比例相对较小。在时间上，无论业主限制佃农让渡佃权，还是允许佃农自由让渡佃权，两类契约都主要分布在乾隆、嘉庆年间。道光和咸丰同治年间后，永佃契约中，已很少关于佃农处置佃权的规定或内容。乃因当时佃农自由让渡佃权已逐渐形成惯例，契约无须特别载明。光绪十一年（1885）台湾建省后，巡抚刘铭传在全省范围推行丈田清赋，发给小租主具有土地执照性质的"丈单"，并从小租主应纳大租中扣留四成，由小租主直接缴纳田赋，小租主成为土地的实际所有者，以实际所有者的身份支配土地。光绪十七年（1891）的一纸田面互换契约，突出反映了这一点：

　　　　同立换田合约字人何北海、吴泮水等，有自置过赖家水田一段，址在后垄仔庄东势瓦窑前，清丈计二甲五分五厘四毫八丝，内抽出田一甲五分六厘九毫三丝，带契四纸，丈单一张，永换与何北海掌管，配纳粮银。其田东至玄坛爷田界，西至小路外赖家田界，南至自己抽出田界，北至大路界，四至界址踏明。余伸〔剩〕田九分八厘五毫五丝之粮银，并契内所带大租，仍归水掌管，纳粮完租。又海有承先祖父遗下水田一段，址在外新庄仔东门口，四至界址契内载明，原纳折六成大租二石八斗八升，清丈田一甲五分六厘九毫三丝，带印契一纸，又丈单一张，永换与吴泮水掌管，逐年安粮纳租。此系二比两愿，各无抑勒反悔，今欲有凭，同立换田合约字二纸一式，各执一纸，永远执照，行。

　　　光绪辛卯十七年十二月日　　同立换田合约字人　何北海、吴泮水

　　　　　　　　　　　　　　　　　　代笔人　何海干

　　　　　　　　　　　　　　　　　　为中人　林元昌①

　　这是两户农民以等面积田面互换。但从契约行文看，与普通土地互换无异。只是从"丈单"和应纳六成大租，才能判断是田面，而非普通土地。值得注意的是，吴泮水用来调换的田面，并非独立丘块，而是从二甲五分五厘四毫八丝的总面积中，抽出一甲五分六厘九毫三丝的土地调换给对方。而用来调换的田面，契约多达4纸，可见既非一次购置，大租主亦非一人，权益关系复杂。但这些似乎并未给田面互换带来什么麻烦。这就从一个侧面说明了小租主已成为土地的真正所有者。

　　热河一带的蒙旗地，大牌地佃权的转让，必须得到地主许可，到地主家中订立"顺契"，缴纳"顺契钱"。与此相反，小牌地的佃权转移既不需要事先征得地主同意，更无写立"顺契"和缴纳"顺契钱"之说，十分自由。一般只向置主交代如何交租就行了。有的契约连收租人的姓名都没有，只说"上代租差"若干，或"照老契（或照原有面积）纳租"。契约名称和文字格式则同小牌地永佃契、普通土地卖契，没有多大分别。往往只能从收租者的身份来判定契约的性质。试比较下面两纸契约：

---

① 台湾银行经济研究室编印：《台湾私法物权编》第2册，1963年刊本，第279—280页。

其一

立倒租契地文约人王彦邦，因手乏不便，今将自置新窝铺北山坡熟地一段，计数五亩，计开四至，东至置主，西至荒界，南至荒界，北至置主，四至分明。自烦中人说妥，情愿倒与王情怀名下耕种，永远为业。言明地价钱拾八吊文，其钱笔下交足不欠。恐口无凭，立倒契文约存证。每亩租钱一百文，陈珠收吃。

　　　　中　人　陈秉仪　王　祥　陈祥德

　　　　　　　　王　玉　陈　荣

　　　代　字　陈百成

光绪卅一年十二月二十五日　王　喜立①

其二

立倒租契地文约人石头，因当差不凑，今将下铺子西自己南北垄熟地二段，共计地十九亩。头段计开四至，东至朱姓，西至倒主，南至荒界，北至大荒；二段地计开四至，东至置主，西至元宝，南至荒界，北至大荒，四至分明。自烦中人说妥，情愿倒与郭中和耕种，永远为业，由置主自便。此地前使过典价钱七十六吊正，今又拔〔找〕出倒契价钱四十七吊五百文，前后二契共倒地价钱壹百二十三吊五百文，其钱笔下交足不欠。恐口无凭，立契一张存证。每亩租钱一百文，自吃。

　　　　中　人　哥　生　王龙噶

　　　　代字人　张胜远

光绪三十二年十二月二十五日②

　　两纸契约的名称、内容、行文格式一模一样，唯一不同的是地租归属。前者吃租人是契约双方以外的第三者，而后者地租"自吃"。由此可见，前者是佃农的佃权顶退，而后者是地主出卖佃权，即土地永佃。

---

①　日伪地契整理局编印：《锦热蒙地调查报告》（日文本）中卷，1937年刊本，第945页。
②　日伪地契整理局编印：《锦热蒙地调查报告》（日文本）中卷，1937年刊本，第1015页。

热河和口外地区，佃权的完全自由买卖和让渡，不限于蒙地，也流行于内务府旗地和其他土地。该处土地多属荒地，占有者大多无力开垦。隆化、围场、平泉等县的习惯是，地主招集佃户垦发，立约许以永远耕种，每年纳租若干，"从此不得增租夺佃"。及至年代久远，佃户顶退，互相推递。但"无论移转何人，业主不得过问"。① 承德县的鞍匠地、鹰手地、少府地、恩赏地，② 佃户均向管地的"千总庄头"缴有押租，立有租契，且因押租屡加，其数额最后高过民地买价。故佃户不愿耕种时，多私相转让佃权，所立的转让契有当契、转租契、借条、退契、捣（倒）契等。这五种契约的手续程序略有差异。当契、转租契、借条因可以回赎，大多不须经过庄头。退契、捣（倒）契因不能回赎，新佃须与庄头换立新契，同时注销原佃旧契。③ 察哈尔张北县东沟一带的"山主地"，相沿数百年，产权未变。佃户若因贫窘或无力耕种，往往将佃权立契转租，或径行售卖，写明"永佃不返"。④ 沽源黑卯二汛的旗圈地亩，由附近汉人居民承垦，立有"不准增租夺佃"对约。承垦之家无力耕种，另佃他人，收受原价或有加增地价者，"旗人皆不能过问"，是曰"推佃"。⑤ 这类佃权转让基本上都是自由的。

在云南陆良、罗平、弥勒、宣威等地，由明代屯田演变而产生的永佃制，佃权转让也相当自由。土地买卖通常分为租权和佃权两种平行的买卖，互不影响。在陆良，私庄地主卖地，只能出卖田租给买主，田赋归买主缴纳，田地仍由原佃户耕种，习称"卖租不卖佃"。公田的田租较轻，田赋由佃户缴纳，佃户有永久耕种权，并可出卖耕种权，田赋田租由买主缴纳，习称"卖佃不卖租"。⑥ 罗平县情况相同。⑦ 在弥勒，不但己业田有买卖、当佃，租佃的田地也有买卖、顶佃。租佃的田通常是卖佃不卖租，租谷随

---

① 国民党政府司法行政部编印：《民商事习惯调查报告录》（一），民国十九年刊本，第710页。
② 鞍匠地、鹰手地系专向清宫内务府按年缴纳马鞍、鹰禽的土地；少府地、恩赏地清廷赏赐宗室王公、勋臣的土地。
③ 国民党政府司法行政部编印：《民商事习惯调查报告录》（一），民国十九年刊本，第718页。
④ 国民党政府司法行政部编印：《民商事习惯调查报告录》（一），民国十九年刊本，第728页。
⑤ 国民党政府司法行政部编印：《民商事习惯调查报告录》（二），民国十九年刊本，第729—730页。
⑥ 《陆良县志》，上海科学普及出版社1991年版，第172—173页。
⑦ 《罗平县志》，云南人民出版社1995年版，第117页。

田负担；而封建地主之间的土地转卖，通常是卖租不卖佃，使用权仍为耕种者所有。[①] 宣威的一般情况是，除自耕外，多向他人租种，"大地主所有庄业，均只认租不认地"，民间租田顶退习以为常，故"佃民辗转变卖亦难究诘"。[②]

二　佃权的买卖习惯和市场价格

在永佃制的发展、演变过程中，佃权的顶退、买卖是和佃权的转租同时发生的。当佃农租地面积扩大，或劳动力短缺而无力雇工，或遭遇突然困难而所需资金数量不大时，可能选择转租部分佃权的办法解决；如遭遇天灾人祸或重大变故，又或迁移置业（这种情况在清代台湾常见），所需资金数量较大时，更势必以佃权抵押借债或直接顶退、变卖。在土地买卖频繁、土地兼并激烈、佃权逐渐成为重要兼并对象的情况下，越来越多的佃权或田面落入地主富户手中。而地主富户购买佃权，大多并不自耕，而是招佃收租。如浙江淳安，"地主买得田面权（即浮田），转租给农民"。[③] 其他一些地区也都大同小异。因此，相当一部分佃权的出租是发生在佃权典卖以后。到清代后期和民国时期，随着永佃制的加速演变和衰落，带有"二地主"性质的田面主越来越成为佃权或田面出租者的主体。

（一）佃权的顶退、典卖及其习惯

佃权占有或使用的流动，除了转租，更多的是顶退、典卖。相对而言，佃权、田面的顶退、典卖让渡比转租更为普遍，流转更为频繁，习惯、手续各有不同。

1. 佃权的顶退、买卖及其习惯

在一些地区，土地买卖分离为田底、田面两个平行的部分，佃权或田

---

① 《弥勒县志》，云南人民出版社1987年版，第92页。
② 《宣威市志》，云南人民出版社1999年版，第262页。
③ 《淳安县志》，汉语大词典出版社1990年版，第189页。

面顶退、买卖成为土地买卖的一个重要组成部分。

江西广昌，明正统以来，县内土地兼并激烈，"田多为豪右所占"。清初广昌兵戈扰攘，农民苦于"征输日以急而称贷"，被迫出卖土地，豪绅则逼债夺地，或压价购地。土地兼并加剧。在长期的土地兼并过程中，产生了土地买卖的特有形式："大买"和"小买"。"大买"者"皮"（土地使用权）、"骨"（土地所有权）皆管，立契过割赋税，买主难以逃税，卖主索取田价亦较低；"小买"则不同，卖"骨"不卖"皮"。卖主保留"皮田权"即永佃权（永佃权亦可转让于人），以图有田可耕。买卖时，只立吐（顶）约，虽然赋税应由买主负担，但不办理赋税过割手续，预留漏税地步。"初则（卖主）将应完粮帮贴买主代纳；迨历年既久，人事变迁，卖业者或贫洗外出，或故绝无人"，官府纵有粮册，亦无从追索钱粮，此时买主则公享无粮之福。①

广东潮州，卖买田业有粮田、质田之别。粮田系自己所有、自己纳粮之田业；质田即佃户有永佃权之田地，佃人即将其视为自己有一部分所有权在内，与自己之田无异。但交易手续与粮田不同，买卖契券中只书"退质"，不写"断卖"、"典当"等字样。②

永佃制盛行，土地普遍分为田底、田面的苏南地区，田地买卖亦多有田底、田面之别。田面让渡通常称"顶"，又有"活顶"、"绝顶"之分，"活顶"加价找齐，即成"绝顶"。现将一纸活顶加绝契转录于下：

> 立加绝田面文契季甲，为前因某年间曾将自己坐落某县某保某区某图某圩田面若干亩，应纳若瑟堂全额租米若干石正，凭中某活顶与郭名下，（中略）自绝之后，无赎无找，任凭永远耕种完租。此田面的系自己绝业，毫无枝师争端。……③

也有的佃权或田面典卖直接称"卖"，作为典卖标的物的佃权或田面则

---

① 《广昌县志》卷6，农业，上海社会科学院出版社1995年版，第178页。

② 民国《新修大埔县志》，民国三十二年铅印本，卷10，民生志，第4页。

③ 〔日〕仁井田陞：《中国法制史研究》，东京大学1960年版，第192页。

称"租田"。如果是绝卖，文契被称为"永远杜绝卖租田文契"。光绪七年
（1881）吴县佃农邓二观所立"永远杜绝卖租田文契"就是一例。契文说：
今将"祖遗坐落吴邑十九都十九图首字圩内科则金业租田四亩，车口三分
正，凭中卖绝与查处耕种还租，额米每亩壹石壹斗五升，即将秋收一并交
还到金业收租办粮。当日三面言明，租田绝价通足大钱玖仟文正，契下一
并收足。……今遵宪例，一纸为绝。自卖之后，任凭得主起造，阴阳两用。
此系自愿成交，各无异言"。① 文契对土地来源、性质、坐落、面积、租额
和契价、得主权限，一一列明，十分清晰，反映了苏南地区佃权买卖的一
般惯例。

常熟、江阴等地佃权（俗名"灰肥田"）的买卖、顶退，谓之"上
岸"，其文契称为"上岸田文契"。现将常熟乾隆二十九年（1764）的一纸
"上岸田文契"转录如下：

　　立上岸田文契包侯氏同男御玉、弟喜观，为因正用，央中薛大椿
等，将自己北助号本宅租田一亩正上岸到薛处耕种。三面言定，时值
灰肥银伍两又灰肥银肆两伍钱正，契日一顿交足。自上岸之后任凭耕
种还租，再无言论，两愿成交，各无反悔。倘有原价，叁年之后任从
取赎。恐后无凭，立此上岸田文契为照。

　　计开：钱柒折串，每年实办租米壹石正。

　　学周名下半亩名〔明〕白分清银伍两，芳周名下半亩银肆两伍
钱正。

　　乾隆贰拾玖年拾贰月　日立上岸田文契包侯氏　同男御玉　喜观
　　原中　薛大椿　沈维三
　　　　　包侯基　聚　五　仲　玉
　　代笔　李旭范
　　　　　包行如②

①　日本东洋文化研究所藏：《中国土地文书目录·解说》（上），第87—88页，转见董蔡时
　　《永佃制研究》，《苏州大学学报》1995年第2期。
②　薛金坤：《上岸田文契》，《苏州日报》2014年8月8日。

文契除了名称，基本规矩同一般田地买卖契约没有多大差别。从参加交易的人数看，中介多达5人，代笔有两人，阵容相当庞大，无形中增加酒水开支，加大了交易成本。这样做可能有两方面的原因，一是佃权（灰肥田）已经构成一项重要的土地产权，不仅为社会所承认和看重，而且价格不菲。虽然是活卖，文契载明三年后可以不拘时限"原价取赎"。1亩的价格仍然达到9.5两，可能比邻近时期邻近地区田底乃至某些底面合一的田地活卖价还要高。[①] 佃权（灰肥田）买卖是一件必须慎之又慎的大事；二是卖主当家人是一位老太太，而且可能不识字，为了确保交易效果，避免差错和反悔，买卖双方都十分谨慎，中介人中有买卖双方的同族，代笔因属第三姓，卖主不放心，故请来同族人作"监笔"。这些既反映当地佃权买卖的一般习惯，也从一个侧面说明佃权（灰肥田）在土地产权关系中的重要地位。

皖南徽州地区，永佃制下的租权、佃权或田底、田面，有多种称谓，有的被称为大买、小买，有的被称为田骨、田皮，也有的叫田骨、佃头田，以及租田、佃皮，等等。与此相联系，佃权买卖习惯和契约形式也互有差异。

通常，小买、田皮买卖，在契约形式上，同大买、田骨或普通土地买卖没有太大区别。试看祁门一纸田皮杜卖契：

> 立杜卖田皮契人胡□□，今将承祖父买受粪草田皮乙号，坐落本都五保六佰六十七号，土名蒋家坞，计田贰丘，计三佰四十九步，计谷种拾五斤，计交客租拾贰秤正。今因正用无措，自情愿托中将田皮谷种尽数立契杜卖与五甲房东□□名下，听凭前去入田耕种受业，当面言定时值洋蚨□□元正。其洋比日契价两相交付。未卖之先，并无重复等情。倘有来历不明，出卖人自理，不干买人之事。今欲有凭，立此杜卖契存照。
>
> 再批：老契一同缴付。又照。

---

① 如苏州雍正年间5宗水田活卖价，每亩最高8.96两，最低5.03两，平均6.9两（杨国桢：《明清土地契约文书研究》，中国人民大学出版社2009年版，第193—194页）。

光绪九年月二十三日立杜卖契人　胡茂兴

中见人　汪新喜

代笔人　房东胡俊旺①

除载明客租及其数额，契约文字，同普通土地卖契无异。

明清时期，徽州地区的田皮、粪草田买卖，也叫“典”，文契称“典帖”、“典约”。先看万历年间祁门的一纸粪草田“典帖”：

一都住人江禄，今有粪草田一号，坐落土名□村源，自情愿凭中出典与同都江　名下前去耕种交租无词，计早租拾秤，凭中时值价文〔纹〕银五钱五分。其田当日两相交付明白，自承之后，各不许悔。如先悔者，甘罚银贰钱公［用］。今恐无凭，立此为照。

万历十四年十二月廿八日立典帖人　江禄

中见　江天富②

这是现存徽州文契中比较早的佃权转让契。契名和契文用的都是“典”，不过契约并未提及典当期限和回赎问题，显然并非通常的土地典当。契约又特别载明，“自承之后，各不许悔”，双方应该是一种顶退、承接关系，亦即买卖关系。所谓“典帖”，实际上是绝卖契。

这种佃权（田皮）买卖习惯，有的文契也叫“典约”。下面是乾隆末年的田皮“典约”：

立典约人汪永学，今因无银支用，将承祖业田乙处，土名里坞，计客租拾八砠正，立契出典与汪永德名下为业。三面言定时值价大钱拾叁仟文正。其钱当日收足，其田听自耕种交租管业无阻。余〔如〕有来历不明，尽是出典人支当，不管受人之事。自成之后，两各无悔。

① 中国社会科学院经济研究所藏：《祁门胡澍廷新置租利簿》第5函，W·TX·B0099。

② 《康熙祁门徐氏抄契簿》，见中国社会科学院历史研究所收藏整理：《徽州千年契约文书·清民国卷》卷4，第417页。

恐后无凭，立此典约存照。

再批，日后检出老约不得行用。

乾隆五十三年四月　日立典约人　汪永学

中见人　汪永胜

代笔人　余太来①

名为"典约"，实际上也是绝卖契。这纸典约的交易性质不仅同一般的土地绝卖没有区别，出典人又将交易标的物称作"承祖业田"，表面上像是一宗普通的水田买卖。但从"客租拾八砠"、"其田听自耕种交租管业"等文字可以断定，这宗"承祖业田"并非一般水田，而是佃权或粪草田皮。

在徽州地区，小买（田皮）售卖的契约形式或名称，除了卖契、典帖、典约，还有其他多种名称。祁门有的称"顶"、"出顶"。下引该县22都光绪二年（1876）一纸"顶字"作为例子：

> 立顶字人金天祥，今因无钱用度，自情愿将三保土名金家担坞田大小三坵，共大租拾四秤，又小租式秤，央中立契出顶与柏祥名下前去耕种，面议时值洋式元五各［角］。自顶之后，无得异说。恐口无凭，立此顶字为照。
>
> 光绪式年腊月廿日立顶字人　金天祥亲笔②

这宗佃田有大买、小买和现耕佃权三重产权，出顶人并非永佃农或将佃权（田皮）转租的小租主，而是承租田皮的现耕佃人。但也持有佃权，所以能将田皮作"田"出顶。

歙县的小买田顶退一般称"退"、"出退"，以区别于大买田售卖。安徽省博物馆收藏整理的歙县69宗小买（田皮）卖契中，15宗为"卖（杜卖）契"，51宗为"退（杜退）契"，另有3宗分别是"顶契"、"杜脱契"、

---

① 中国社会科学院历史研究所收藏整理：《徽州千年契约文书·清民国卷》卷2，第64页。

② 刘伯山主编、安徽大学徽学研究中心编：《徽州文书》第一辑（10），广西师范大学出版社2005年版，第311页。

"交业契"。① 下面是其中一纸退小买田契:

> 立退小买田契人黄瑶珍,今因欠少使用,自愿将自己作种场字号小买田一业,计税一亩五分,土名金线充,凭中立契出退与家堂兄名下为业,三面言定得小买田价之〔元〕丝银二十四两整。其银当即收足,其田即交过割管业作种,无得异说。此系两相情愿,并无威逼、准折等情。倘有亲房内外人等异说。俱系出退人承当,不涉受业人之事。今恐无凭,立此退据久远存照。
>
> 嘉庆元年十月　日立退批人　黄瑶珍亲笔
>
> 　　　　凭中　黄福兴
>
> 　　　　　　黄福招
>
> 　　　　　　黄双喜
>
> 　　　　　　黄绥衡②

其实这种小买退契(批)很早就存在了,下面是康熙六年(1667)的一纸小买退批字:

> 立退批人唐士恩,今退到程名下地二片,计地三亩,土名牌楼基,三面言定得受小买银贰两捌钱正。其钱当即收足,其地随即退人管业,无得异说。恐口无凭,立此小买批存照。
>
> 外酒水银叁钱正,再照。
>
> 康熙六年九月　日　唐士恩
>
> 　　　　中人　朱　贵③

值得注意的是,这纸文契与嘉庆元年的文契有所不同,开头称"退

---

① 据安徽省博物馆编:《明清徽州社会经济资料丛编》第一集,中国社会科学出版社 1988 年版,第 192—236 页综合、统计。

② 安徽省博物馆编:《明清徽州社会经济资料丛编》第一集,第 194—195 页。

③ 中国社会科学院历史研究所收藏整理:《徽州千年契约文书·清民国编》卷 1,花山文艺出版社 1994 年版,第 64 页。

批"，末尾又改成"小买批"，契约名称前后不一致，反映当时"退批"的名称使用时间不长。

在歙县、休宁一带，田皮（佃皮）售卖，谓之"出佃"，契约通称"佃约"、"出佃约"或"出佃批"。歙县城关一孙姓置产簿辑有乾隆至道光年间的田皮（佃皮）买卖契约20宗，19宗用的是"佃约"。[1] 试举一例：

> 立佃约人孙亭侯，今有承祖遗下田皮一号，坐落土名渡水丘，计大租四秤十六斤。今因急用，央中出佃与堂兄胜樑名下耕种管业。三面言定时值价银伍两伍钱正，其银约当日两相交明。其田未佃之先并无重复交易，既佃之后，听从受佃人管业。倘有一切不明等情，尽是出佃人理直，不涉受佃人之事。今恐无凭，立此佃约存照。
>
> 乾隆五十九年三月　日立佃约人　孙亭侯
> 依口代书人　笋社桂[2]

契约自始至终用的是"佃"、"出佃"、"受佃"，没有"买卖"或"顶退"之类的字样。从其格式和词语看，很像是一纸租佃或转佃契约。

也有的田皮（佃皮）顶退或绝卖文约，称作"加佃断批"、"杜佃断批"、"出佃断批"、"断田（佃）皮约"或"出佃断田（佃）皮约"，等等，名称纷繁，甚至同一纸文契中，就有多个契名。下面是民国三十一年（1942）歙县25都的一纸"加佃断批"：

> 立加佃断批人汪金全同弟汪松全，今因正（事）无办，自情愿将祖父遗下现业土名孙干末，其田一宗一秤，其租主汪凡祥收谷租叁斗正。其田四至，东至，南至，西至，北至。四至之内照依现业种作为定，今凭中立批尽行出佃断交汪相尧名下为业。当日三面言定时值得

---

① 孙在中：《契墨抄白总登》，中国社会科学院经济研究所藏徽州地契档，置产簿第23函，W·TX·B0063。

② 孙在中：《契墨抄白总登》，中国社会科学院经济研究所藏徽州地契档，置产簿第23函，W·TX·B0063。

受佃价法币壹佰伍拾元正。其洋成佃断批之日，亲手一并收足讫。其田业（租）秋收上门交纳，不得欠少，倘有欠少，听从业主提业另佃无异。倘有亲房内外人言说，尽是出佃断人一力承值，不涉受佃人之事，两无异说。今欲有凭，立杜佃断批存据。

又批：原来老买契式纸，又税票式纸，共肆纸，当日凭中缴出。原批。

民国三十一年十二月　日立出佃断批人　汪金全亲笔

同弟　汪松全

凭中人　汪长有

汪锡迪①

这纸田皮绝卖契用了三个契名，开头用的是"加佃断批"，结尾改用"杜佃断批"，最后落款又变成了"出佃断批"。文契还有一个明显特点，不仅载明大租主姓名和租额，而且特别交代纳租时间和纳租方式，"秋收上门交纳"，并警告：田租"不得欠少，倘有欠少，听从业主提业另佃无异"。这宗田皮面积不大，租额不多，但租主威权不减。

徽州其他县区，一些称为"粪力田皮"或"佃头田"的田皮，售卖亦称"出佃"，契约被称为"出佃契"。如顺治年间，徽州某县十一都佃农江求富，"今因缺用"，将"粪力田皮"七丘，计租四秤，"出佃"与同都叶某名下为业，价银2两2钱正。"其田自今出佃之后，一听佃人永远耕种出租"。② 这显然不是转租，而是绝卖。

被称为"佃头田"的田皮"佃约"更多。试看雍正年间的一纸"佃头田"佃约：

立佃约人邱大同，今因病重，无得日食，自情愿将祖遗下九亩圩水磨前佃头田乙（一）丘，计租九砠，田骨金宅。今央中出佃与房兄

---

① 刘伯山主编、安徽大学徽学研究中心编：《徽州文书》第三辑（3），广西师范大学出版社2009年版，第460页。

② 原件藏北京中国社会科学院历史研究所，编号：150480，转见韩恒煜上引文。

大茂名下为业，当日得受佃价纹银七两九钱整。其银当日三面一并收足讫，其田并在田大麦草随即交与受佃人耕种管业，本家并无内外人拦阻及重复交易。一切不明等情，尽是出佃人承当，不涉受佃人之事。其有上首老佃约一纸，即缴付受佃人收执。今恐无凭，立此佃约永远存照。本田柜（橘）子树一根，再批（押）。

  雍正拾二年九月日立佃约人 邱大同（押）

    凭 中 邱大旺（押）

      邱景同（押）①

  契约初看同一般租佃契约无异。卖主自称"出佃人"，买主谓之"受佃人"，佃头田价款则叫做"佃价银"，卖主同买主之间似乎是一种租佃关系或主佃关系。但买主除向田骨主金宅交租九砠外，对卖主并不承担任何纳租义务。只能是卖契而非租契。

  有的"佃头田"绝卖契亦直书"杜断佃约"。咸丰十一年的一纸佃头田绝卖契即是如此：

    立杜断佃约人张永林同男寿春，今因无银急用，自情愿将承祖阄分得遗下佃头田壹据（处），土名栈倍下，计田一丘，计客租拾贰砠廿一斤正，凭中立契尽行佃与。

    王元瑞名下为业，三面言定时值价钱拾四千五百文正。其钱当日收足，其田即交受佃人耕种管业，本家无得声（生）情异说。未佃之先，并无种（重）复交易。倘有来历不明，尽是出佃人承当，不涉受佃人之事。今欲有凭，立此佃约永远存照。

    再批，老佃约检出，日后不得行，又照。

    再批，老租不涉受佃人之事，又照。

    再批，树木一并在内。

    咸丰十一年九月 日立杜断佃约人 张永林（押）

---

① 中国社会科学院经济研究所藏：《明清民间佃约》，编号005·24。

同男　寿春（押）

　　凭中人　吴彩廷

　　　　张得富①

与前纸契约略有不同，田骨租并未点明姓名，而只笼统地说"客租"。同时，契约批明，"老租不涉受佃人之事"，显示卖主欠有地主租谷。

有的佃皮直接称"田"，不过典卖同样采用"佃约"形式。下面的佃皮活卖契据就是一个例子：

　　立佃皮约人柯紫如，今因正用，将自己田壹号，坐落土名上呈大丘，计租八砠，计田一丘。又田一号，土名毕家园（此下河），计租四砠，计田一丘，并茶数棵在内。今凭中出佃与程　名下耕种管业。当日言定佃价七折钱五两正。未佃之先并无重复交易。倘有外人拦阻，尽是出佃人承当，不涉受业人之事。恐后无凭，立此佃约存照。

　　日后原价取赎，无得异说，又批。

　　道光十年十一月　日立佃约人　柯紫如（押）

　　　　　　　凭　中　盖　廷（押）

　　　　　　　代　笔　叶纪常（押）

　　内毕家园柯宾欠谷四十五斤，□九月收程姓代偿讫，崇本堂批。②

与前一纸佃约的格式、文字几乎完全一样。所不同的，一是前者是绝卖契，故载明"立此佃约永远存照"；后者是活卖契，故只说"立此佃约存照"，省略"永远"二字。末尾又特别批明："日后原价取赎，无得异说"；二是没有写明租田主或田底主姓名。单从契约正文看，不知收租者为何人。但是因为原佃（卖主）欠租，次年九月由新佃代完，并由收租人（租田主）在契尾批注，代替收据。这样，"佃皮约"的性质，也就一清二楚了。

下面一宗田皮田，也直接称"田"，售卖使用"佃约"形式，亦未写明收租人或大租主姓名：

> 立佃约人朱德林，今将母遗下田一号，土名龙王潭，计租拾三砠半，内该身分下一半，计租六砠零拾玖斤，每砠二十五斤，自愿央中出佃与宋（受全）名下为业，当日议定德受佃价银贰两玖钱整。其田随即听从受全耕种管业，本家内外人等不得生情异说。恐后无凭，立此佃约永远存照。
>
> 再批：其田当日言定，永远无得取赎（押），日后不得加价（押）
>
> 雍正拾年拾二月　日立佃约人　朱德林（押）
>
> 　　　　凭　中　刘文彪（押）
>
> 　　代　书　刘公震（押）①

这可能是兄弟俩共有的一宗田皮，朱德林将自己的一半绝卖。因"佃约"本身无绝、活之分，故契约末尾特别批注、画押："永远无得取赎"，"日后不得加价"，以表明是绝卖。

明明是佃头田、佃皮买卖，却以租佃形式立约，只有一个解释，即买卖双方都是以田骨主、租田主佃户的身份来进行交易。这也从一个侧面说明，佃头田和佃皮的分离尚未提升到同田骨、租田"平起平坐"的地位。

徽州地区山林力坌（山皮）买卖，如前所述，早在明代嘉靖年间就出现了，一般都是采用卖契的形式，为了防止山地、林木的分割，早期的山林永佃契约大多规定，山林力坌（山皮）只能卖给山主。试看嘉靖年间休宁的一纸力坌（山皮）卖契：

> 十七都傅皆全，原栽到六都程　名下白毛坑神龙堀山壹块、苗木壹塆，并连堂壹块，约计贰百根，本身该得力边分一半，尽数立契出卖与山主程　名下前去长养为业，面议时价文〔纹〕银叁钱整，在手足汲〔讫〕。今恐无凭，立此为照。

---

①　中国社会科学院经济研究所藏：《明清民间佃约》，编号005。

嘉靖四十二年十一月廿日立契人　傅皆全

中见人　傅真

代书人　倪隍①

佃农将一块山地力坌（山皮）、连同苗木 200 根，作价卖给"山主"，山骨、山皮重新合一。值得注意的是，这是一纸经过税契的赤契，可见是被官府承认的土地产权交易。

万历年间祁门的一纸力坌卖契，买主也是山主。佃农汪大銮、汪大淳承佃王姓山主荒山一宗，锄种栽植，万历三十八年（1610），汪大銮因"回祖〔籍〕，管业不便"，以 7 两的价格，将自身所得力坌卖与王姓山主。值得注意的是，契约除了汪大淳、中见人、代笔人，还有里长画押。②

徽州地区的山林力坌，所有者占有的时间大多不长，买主则多为山主，不过亦有祖传和外卖者：

崇祯十二年四月十八日立契人倪宗汉，今承租种有垦坌山一号，坐落本都捌保土名江浦坞，共计山一令〔岭〕槽，本位该得垦坌四股之一。今将四水流俱〔注〕内松杉苗木尽数出便与弟翘年名下为业，面议时价三两六钱整，在手足讫。契价当日两付明白。未卖之先，并无重复，卖后各不许悔。凭此。

再批，其山里至千源坞，外至金坑坞，其山两嘴相对。

立垦坌契人　倪宗汉

中见　重吉③

这宗山林力坌并非本身或父辈垦栽，而是祖传；交易转让的名称不是通常的"卖"、"出卖"，而是谓之"出便"；受"便"人也不是山主。这反映出该地山林力坌交易情况的多样性。

---

① 中国社会科学院历史研究所收藏整理：《徽州千年契约文书·宋元明编》卷 2，第 348 页。
② 中国社会科学院历史研究所收藏整理：《徽州千年契约文书·宋元明编》卷 3，第 409 页。
③ 中国社会科学院历史研究所收藏整理：《徽州千年契约文书·宋元明编》卷 4，第 445 页。

在福建，租权、佃权或田底、田面一般分别称为田皮、田根或粮田（或苗田）、赔田。田根、赔田的典卖习惯、形式，各地略有差异。有的叫"卖"，也有的叫"退"或"出赔"，受主分别称为"买主"、"赔主"、"银主"。闽北等地，早在明代中后期，就已流行赔田的顶退、典卖。下面照录万历二十年（1592）闽北的一纸"出赔"契：

> 慈惠里四十五都李墩住人李芳椿，承祖置有晚田一段，递年供纳吴衔员米四石四斗庄，其田坐落土名坊垱……今来具出四至明白，且芳椿要得银两使用，情愿托得知识人前来为中说谕，就将前四至立契出赔与本里下陈应龙边为业，当三面言议定时价值铜钱，前后共讫一万二千文小，自立成契至〔之〕日，眼同中人等一顿交收足讫，无欠分文，易〔亦〕无准折债负之类。其田言定三冬以满，备办原价取赎，契书两相交付退还。如无原本，任从银主永远耕作。田系芳椿承父分定之业，与门房伯叔兄弟各无相干。系是两甘意允，各无反悔。今恐难凭，具文契合同为照用。（下略）①

这是与租权（田骨）买卖基本平行的佃权（赔田）转让，当地称之为"出赔"，文契将"赔田"直称"晚田"，与普通田地没有区别，但文契载明收租人和租额，不说"出卖"、"卖与"，而说"出赔"，表明并非底面合一的"晚田"，而是俗称"赔田"的佃权。

进入清代，佃权或田面买卖，比明代更加普遍。以下分别是田根、赔田卖契：

其一

立卖田根契方继养，承祖置有民田根叁号，坐产二十五都大箬地方，土名赤墓，受种陆斗，年载王衔租谷壹拾壹石，又枯垄枯垄枯细墈，受种五斗，年载郑衔租谷玖石，今因乏用，向到安仁溪刘镇西表

---

① 厦门大学历史系资料室藏，转见杨国桢《明清土地契约文书研究》，中国人民大学出版社2009年版，第78页。

兑处卖出田根价银共壹拾贰两正。水九叁色顶九五，即日收讫。其田根听买主前去管业收租。其根系己物业，与房下伯叔弟侄无干。如有来历不明，系养出头抵挡，亦未会重张典挂。自卖之后，不得言尽之理。倘有力之日，不拘年限，照契面赎回，不得执留。两家允愿，各无反悔。今欲有凭，立卖契壹纸为照。

　　顺治二年五月吉日立卖田根契　方继养（押）

　　　　代字　辉（押）[①]

　　其二

　　立卖赔契字叔荣衢，承父分受得有赔田壹段，坐落本乡土名大应历上场，即目前至秦后至左至祭田，后至葛垄为界，又衢本宅大苗早谷陆箩庄。今来四至载明，且衢目下因条鞭紧急，乏银应用，无从措办，托中说谕，即将前田出卖。未立契日，先问亲房伯叔兄弟人等，各不愿受后，凭中引到族内侄瑞桂边进前承买为业，当日同中三面议定时值土风价钱一万纹［文］正色，即日现钱交收足讫，未欠分文，并无货物准折以及债负之类，亦无贪图逼勒等情。其田产米现存汾常二图七甲叶毓圣户，载明苗贰升贰合，递年照例津贴，如遇大造黄册，任从推割过户，不敢丢掷负额。其田自受价银之后，任凭买主前去登田耕作，递年桂要还衢分下大苗早谷壹箩庄，且叔再不敢生端，另生枝节。其田系是己下分受物业，与亲房伯叔兄弟人等各无干涉。倘有上手重叠典当，来历不明，不涉买主之事，卖者自己出头抵挡料理明白，向后备得原价取赎，契价两相交付，不得留字刁难。所有上手赔契壹张，一连缴付。此系二家先商后定，各无反悔。今欲有凭，敬立赔契壹纸，付与银主收执为照。

　　另有大苗上手契一张一连缴付，当日面受得契面价钱壹万纹［文］正色，批尾，再照。

　　乾隆五十一年十二月日立卖赔契字　叔荣衢押

---

①　傅衣凌：《明清农村社会经济》，读书·生活·新知三联书店 1961 年版，第 66 页。

说谕　兄昌宇

在见　兄荣礼

依口代笔　兄锦雀①

前一纸是田根活卖契，文契格式和用词与普通土地卖契大体相同。从"其田根听买主前去管业收租"的契文看，买主可能不是自耕，而是用来收租，田根由土地使用权演变成了收租权。这是一纸活卖契，卖主可以不拘年限，原价回赎。果真如此，则田根由收租权又变回使用权。

后一宗"赔田"交易也是活卖，与赔田同契出卖的还有一处苗田，故文契用语和一般田地卖契一样。交易行为称作"出卖"，得主称"买主"，用的是"承买"。这种佃权同地权糅合、同契出卖的情况并不常见。从"任凭买主前去登田耕作"的契文看，买主是用来自耕，而非收租；卖主原来也是自耕，否则就不会直接用"登田耕作"，而是"起田耕作"或"起佃耕作"了。这是佃农或半自耕农之间的交易。

有的赔田卖契直接称"赔约"：

二七都黄历住人邓秀忠承父受分赔田一段，坐落二十七都早岭后黄泥垒，原计实还林宅主人正租谷二硕大，今来要物用急，托中送至本里冯九环出头承赔，当日三面言议，定价九八色银伍两伍钱正。其银即日交收足讫明白，不欠分厘，其田即便退与赔主前去自己耕作管理为业，如有来历不明，系是邓宅自己出头抵挡，不涉赔主之事。今来二家甘心意允，各无反悔。今欲有凭，立赔约为照。

雍正甲辰二年八月　日立赔约　邓秀忠

中人　冯予受

代字　冯如祐②

---

① 杨国桢辑：《清代闽北土地文书选编（二）》，《中国社会经济史研究》1982 年第 2 期，第 105 页。

② 傅衣凌：《明清农村社会经济》，第 44 页。

佃农邓秀忠，因"要物用急"，托中将赔田"送"人"承赔"，字里行间凸显赔田卖主行为的主动性和急迫性。所谓"送"，当然不是白送。故后面还是用"退"，谓"其田即便退与赔主前去自己耕作管理为业"。赔田价款则笼统地称作"定价"，并未和赔田挂钩，使用"赔价"一词。

也有的文契"卖"、"退"兼用，如下例：

> 立卖小赔田契人卢世炯，情因有得小赔田一段，坐落土名庙仔陇，其田即目上至杨宅田、林宅田，下至林、游两宅田，左至汤宅田，右至林宅田为界，今来具出四至明白，其田递年实还田宅大苗早谷捌箩庄，且炯今因缺少银两使用，无从所办，情愿托中即将赔田前去出卖，为立契之日，先问亲房伯叔兄弟人等，俱各不愿受后，凭中引到龙源坊林天翰边进前承买为业，当日同中三面议定时值土风所卖契价纹银柒两壹钱伍分正。成契之日，系是一色现银交讫，并无短少分厘，亦无货物准折，及无逼勒贪图之意，且炯自授〔受〕价银之后，其田即便退与买主前去登田管业耕作，且卖主不得异说阻当〔挡〕之理。倘有上手来历不明，不涉买主之事，务要卖主自己出头低当〔抵挡〕料理。此系两家甘愿，各无反悔，先相言尽，后方立契。今恐口说难凭，敬立卖赔田契一张付与买主为照。
>
> 　乾隆己亥肆拾肆年拾贰月日立卖契人　　卢世炯　押
> 　　　　　　　　　　说谕中人　　张观凤　押
> 　　　　　　　　　　在见银人　　林天高　押
> 　　　　　　　　　依口代笔人　　卢文贤　押①

契约为"卖契"，前面称赔田交易为"出卖"，凭中引人"承买"，得主称"买主"。后面亦用"退"，谓"其田即便退与买主前去登田管业耕作"。价款称"契价"，亦未直接同赔田挂钩。

一些称为"田皮"的佃权转让，则直接称为"出赔"。试看下例：

---

① 杨国桢辑：《清代闽北土地文书选编（二）》，《中国社会经济史研究》1982年第2期，第104—105页。

立赔契人张赤奴，承祖遗下早田皮一段，坐落土名油坑垅，即目四至，老契俱载明白，计还主人张宅大苗谷壹拾伍箩肆斗正。今因缺少银两使用，情愿托中将此田皮出赔与吴宅边为业，当日三面言议时值赔价纹银壹拾贰两正，成契之日一顿交足，不欠分厘，并无准折债货之类，及无重复典赔之理，所赔其田，的系自己物业，与亲房伯叔兄弟侄人等各无相干。自赔之后，仍〔任〕从赔主前去招佃管业，其田皮言议后日备有原价，仍〔任〕从随冬取赎，不得阻执。此系两家甘允，并无异说。今欲有凭，立赔契为照用。

当日交得实价纹银壹拾贰两正　押

其有上手赔契一并缴照

雍正肆年拾月　日立赔契人　张赤奴　押

　　　　　　　　为中人　江　曾　押

　　　　　　　　在场人　张文炳　押

　　　　　　　　代笔人　吴佐武　押①

这是一纸称作"赔契"的田皮活卖契。田皮让渡称为"出赔"，得主称为"赔主"。与前三纸契约不同，并未对受主直书其名，而以"吴宅"代之，与对苗田主的称谓相同，同时，契约载明，田皮"自赔之后，仍〔任〕从赔主前去招佃管业"，而非"耕作管业"。显然，买主不是用来自耕，而是招佃收租，买主多半是"二地主"或地主。

闽清则叫"掏（帑）根利"。该地永佃农（"根主"）多有将其田根立契借钱，契内载明递年纳租若干，其田仍自己耕作，俗称"掏（帑）根利"。②

江西永佃制产生较早，发展比较成熟，佃权的顶退、转让相当普遍，其名称有"出退"、"顶退"、"顶耕"、"顶头"、"过手"、"脱肩"。与此相

---

① 杨国桢辑：《清代闽北土地文书选编（一）》，《中国社会经济史研究》1982年第1期，第114页。

② 国民党政府司法行政部编印：《民商事习惯调查报告录》（一），民国十九年刊本，第528页。

联系，有"顶"、"推"、"流"、"退"、"退帖"、"借"、"寄"、"揽"等多种契约形式。下面转录安远县康熙五十六年（1717）的一纸"退帖"：

> 立退帖人友职，今因无银使用，将自置田业一处，坐落土名菜子坑大照圳下左右两处，共载老租十角正，其田要出退与人，请中向本家相叔近前承顶为业，过手耕作。当日言定，顶耕纹银八两五钱正。倘有上手租税不明，不干顶人之事。恐口无凭，立退帖为照。
>
> 康熙五十六年十二月　日立退帖人　蔡友职
>
> 　　　　　　　中人　蔡友习①

文契将佃权直接称作"田业"，与普通土地没有什么分别，但佃权的顶退、承接有专门的契约形式和习惯用语。契约被称为"退帖"，转让称"出退"，下手承接叫做"承顶"、"顶耕"，承顶者简称"顶人"，等等，与普通土地买卖不相混淆。

在清代台湾，佃权或田面通常直接称"田"、"园"，也有时称"田底"、"园底"、"埔底"，佃权或田面售卖一般直接称为"卖"，有时也称"退"或连称"卖退"。下面是一纸佃权绝卖契：

> 立卖田契人林文研，先年有自垦过杨业主水里新盛庄有水田一段，原丈五甲九分九厘，年载大租粟四十七石九斗二升，东至江叔田头，西至贤叔田头，北至沟，南至斗叔田头；四至明白为界，兹无拖欠头家租粟。今因欠银费用，托中送就与杨宅智叔出头承买，三面言议时值银六十九两正。其银即日同中收讫；其田即付银主起耕掌管，永为己业，不敢阻挡，日后叔兄弟侄不得言贴言赎。保此田系是自垦，并无来历不明，又无重张典挂他人；如有不明，卖主抵挡，不干银主之事。此系二比甘愿，各无反悔，今欲有凭，立卖契一纸，付执为照。
>
> 即日收过契内银完足，再照。

---

① 中国第一历史档案馆藏清代刑科题本土地债务类，转见中国第一历史档案馆、中国社会科学院历史研究所编：《清代地租剥削形态》下册，中华书局1982年版，第493页。

乾隆元年九月日立卖契　　林文研

知见　林怀弼

中人　杨思悟①

虽云"卖田契"，但并非普通的土地卖契，而是当地一纸相对"规范"的佃权绝卖契，内容相当清晰、完整。佃权的来历（自垦），土地类别（水田）、面积、四至，大租主姓氏，大租数额，卖主、买主（银主）姓名，佃权售卖原因（欠银费用），契价数额，等等，相关要素一应俱全。而且契约特别载明，卖主"无拖欠头家租粟"；佃权"并无来历不明，又无重张典挂他人"，"日后叔兄弟侄不得言贴言赎"，买主管业后绝对安全，完全可以"永为己业"。

有的契约，应纳大租等相关内容含混，更接近普通土地卖契，请看下例：

立卖田契人杨文达，有自垦南大肚业主杨秦盛主内瞨出埔田一段，坐落土名辘遇，垦成田二甲七分，东至关志英田为界，西至沟为界，南至自己埔园为界，北至圳沟为界；四至分明，愿托中送与张破损，当日三面言议出得时值价银五十四两正。其银即凭中秤交足讫；其田随即交付破损前去掌管，耕作纳租，永为己业。此田系达自垦之业，与房亲叔侄兄弟人无干，日后不得生端异言等情，并无典挂他人财物，亦无拖欠租粟为碍等情；如有不明等情，系卖主一力抵挡，不干银主之事。自卖之后，再不敢言赎。二家甘愿，两无反悔，口恐无凭，立卖契一纸，付执为照。

即日收过契内银完足，再照。

雍正十三年十一月日立卖田契人　　杨文达

代笔人　关志英

为中人　杨或②

---

① 台湾银行经济研究室编印：《清代台湾大租调查书》第 2 册，1963 年刊本，第 190—191 页。

② 台湾银行经济研究室编印：《清代台湾大租调查书》第 2 册，1963 年刊本，第 186 页。

除了契中提到土地来源系业主"杨秦盛主内瞨出",以及交付买主"耕作纳租"外,同普通土地卖契没有两样。

上述两纸契约分别载明,佃权自卖之后,"不得言贴言赎""不敢言赎",表明均系绝卖。此类绝卖契,有的也直书"杜卖契"或"杜卖尽根契"、"杜根绝卖契"、"卖尽根契"、"卖尽根绝契"、"卖杜绝尽根契"等。有的还写明售卖的田、园、地、埔地、山、厝、屋宇等土地、物业类别,如"杜卖尽根水田契"、"卖杜根田契"、"杜卖田园契"、"杜卖佃底契"、"杜卖佃底田契"、"杜卖尽根埔地契"、"卖尽园契"、"卖尽根杜绝园契"、"杜卖尽根水田埔地屋宇契"、"杜卖尽根山契"、"卖尽根杜绝园契"、"永杜卖断根田厝契"、"杜卖尽根水田埔地屋宇契",等等,很少有两纸佃权卖契的名称是一模一样的。

有的佃权让渡不称"卖",而称"退"、"出退",书立"退田契"或"退佃契"、"退耕契""退田埔契"等。也有的直称"杜退田契"、"根尽退契"、"退耕找典契"等。下面是"退"字契的一个例子:

> 立退佃契人巫日,今有自置犁份半张,坐落土名外快官庄,东至田邻刘溢士田界,西至田邻刘陆士田界,南至柴坑仔大圳为界,北至大肚溪为界,四至明白。分经丈熟田六分五厘,熟园一甲七分,大、小等丘,因银凑用,自情愿出退,托中引就刘宅前来出首承受,当日三面言议出得锄头工资并水圳时值价银共计一十四两五钱。其银即日同中秤收足讫,归用其田园,即踏付银主前去耕作,永为己业,收租掌管。其田园并无上手不明、典当债折等情。如有此情,系卖主一力抵挡,不干承人之事。其租粟,雍正十一年之上如有不明,系上手之事;以下年系承人自纳。此系二家甘愿,两无迫勒,内外人等不得异言生端。口欲有凭,立退佃契并上手契付执为照。
>
> 即日收过银十四两五钱。
>
> 雍正十一年十月日立退人 巫日
>
> 为中人 巫翰[①]

① 台湾银行经济研究室编印:《清代台湾大租调查书》第2册,1963年刊本,第188—189页。

这种"退"字契约的佃权交易形式，可能缘于大陆的佃权"顶退"。如前述广东潮州，"质田"即佃户有永佃权之田地，买卖契券只书"退质"，而不写"断卖"、"典当"等字样。

在台湾，不仅佃农之间的佃权交易，有的采用"退"字契约的形式，地主因永佃农欠租而收回佃权，一般都须立契，亦使用"退"字契约的形式。在现存佃权"退"字契约中，相当一部分是佃农将佃权退给业主的契约。试举一例：

> 同立退佃字人仑仔庄陈德兴兄弟等，有承祖父坐落牛栅仔庄水田一段，东至黄家田为界，西至水沟为界，南至自己田为界，北至庄家田为界；四至界址明白。年带纳陈业主大租谷三石五斗正。自道光十五年，至道光二十年，大租谷数百余石，业主累次究讨，兄弟商议，愿将田业立字退佃，托中送归本业主陈荣德堂掌管。即日同中踏明界址，交付本业主掌管，瞨佃耕种，后日兄弟不敢异言生端滋事。保此田系是陈德兴兄弟承祖父自置物业，与外人及房亲叔兄弟侄人等无干，亦无交加来历不明为碍。此是二比两愿，各无反悔，恐口无凭，同立退佃字一纸，付执为照。
>
> 即日同中将田同立退佃字一纸，送归业主瞨耕，收抵正供，再照。
>
> 道光二十五年三月日同立退佃字人　　陈德兴
>
> 　　　　　　　代笔人　陈添
>
> 　　　　　　　为中人　黄再松[①]

虽然是佃农欠租，主动退佃，以佃权抵偿欠租，本质上同地主撤佃没有多大差异，但手续和契约形式上却与普通佃权交易相同。不仅立契交接有中人、代笔，土地有坐落、四至，契文还有此田系"自置物业，与外人及房亲叔兄弟侄人等无干，亦无交加来历不明为碍"等保证。

这纸契约未有计算佃权价款，只是笼统地说将租田立字"送归业主瞨

---

① 台湾银行经济研究室编印：《清代台湾大租调查书》第 2 册，1963 年刊本，第 275—276 页。

耕，收抵正供"，佃权价款和所欠租谷两相抵消。有的退佃契还单独计算佃权价款，退佃、偿租分别处理。雍正十三年的一纸退佃字就是一例：

　　　立退佃田底字人朱盛美，有开垦过业主吴分下水田一段，经丈三甲，坐落水漆林，东至圳沟，西至自己厝后牛埔，南至曾恒达田为界，北至徐思佩田为界。又分下田一段，经丈九分，东至自己厝前田为界，西至出水沟为界，南至曾恒达田为界，北至刘敬臣田为界。并茅厝一座四间，牛栏二间，仍带竹围、菜园一段，四至明白。今因欠租，情愿将田底茅厝退还业主吴，三面言议出得贴工资银八十五两番广。其银即日同中交讫；其田厝即付业主前去掌管，耕作输纳。保此田厝果系盛美自己开垦之业，与叔侄兄弟房亲无干，亦无来历不明等情；如有不明，系是盛美一力抵挡，不干业主之事。此系二家甘愿，日后不得言贴言赎。恐口无凭，立退佃田底字一纸，送为执照。
　　　即日收过契内番银八十五两广完讫，再照。
　　　雍正十三年十一月日立退佃田底字人　　朱盛美
　　　　　　　　　　　　　　代书人　弟名达
　　　　　　　　　　　　　　为中人　林志钦
　　　　　　　　　　　　　　知见人　汪琳①

　　永佃农朱盛美因为欠租，"情愿"将田底（相当江浙地区的"田面"）3.9甲、毛屋4间、牛栏二间及竹围、菜园一段，退还业主，收取垦荒工资银85两。按当时台湾惯例，1甲地的垦荒犁头银为20两。3.9甲应得垦荒犁头银78两，剩余7两，应是毛厝、牛栏及竹围、菜园的价款和工本银。契约未提欠租数额与偿还办法，并未说从85两工资银中扣抵欠租。或许另行办理，但很可能欠租数额不太大，就此了结。下面一宗欠租退佃字对这些关系的处理更加清晰：

---

　　①　台湾银行经济研究室编印：《清代台湾大租调查书》第2册，1963年刊本，第267页。

立退佃田底字人邱道，有承先人开垦滥田四甲六分正，坐落大武郡小漆林庄，年带吴头家大租粟三十六石八斗正，车工圳费照例配纳，圳水通流灌溉。今因积欠大租粟二百零石，又新旧车工圳费银三十九元零，愿此业抽出一半田二甲三分，退耕抵还所欠大租粟及车圳银一半，面会折番银七十元；余欠一半大租粟及车圳银，仍带在余一半田二甲三分之额。先问房亲叔侄不能承受，外托中引就业主吴郡山出首承坐，三面议定着下时价番银七十元。其银即日同中交收讫，抵还大租；其抽出一半田，随踏明退归郡山前去掌管输课，日后不敢再言找赎。保此田二甲三分果系道承先人开垦之业，与房亲无干，亦无来历不明等情；如有不明，道自出头抵挡，不干郡山之事。此系二比甘愿，各无反悔，口恐无凭，合立退佃田底字一纸，送执为照。

乾隆四十九年十一月　日立退佃田底字人　邱道

　　　　　　　　　　　为中人　邱养

　　　　　　　　　　　知见人　邱达

　　　　　　　　　　　代书人　林春①

永佃农邱道，先人遗下自垦吴姓业主滥田 4.6 甲，累积拖欠大租 200 零石、车工圳费银 39 元零。原想抽出水田的一半即 2.3 甲，外卖得价偿还，在"房亲叔侄不能承受"的情况下，只得托中请业主出首承坐，作价番银 70 元，随契抵偿所欠大租粟及车工圳费银的一半。继续租种剩余的一半水田，偿还剩余一半的大租及车工圳费银。这宗个案有其特点：不是业主收地或勒退，而是佃农托中要求业主"承坐"；契约中欠租数额、佃权价款、抵偿手续均清晰明白；退还的土地也并非全部，而只是一半，租佃关系继续维持。这是另一种退佃偿还欠租办法。

清代台湾，地主追租撤佃或主动退佃偿还欠租，均采用惯例通行的佃权顶退交易形式，既说明永佃制下的佃权让渡十分盛行，且相当自由，类同普通土地买卖的佃权顶退，逐渐成为各种佃权转移到基本形式；同时也

---

① 台湾银行经济研究室编印：《清代台湾大租调查书》第 2 册，1963 年刊本，第 268 页。

显示，主佃关系相对宽松，市场交易行为部分取代传统的超经济强制或经济强制，主佃关系已经演变成一种可以用钱物计量的纯经济和契约关系。

旗地、蒙旗地和屯田、官田的佃权顶退、买卖也十分普遍，并有特定的程序和习惯。

京畿、直隶一带旗地或圈地，无论旗人地主或庄头都不能无故增租夺佃，但佃权让渡，一直受到清政府的限制，相关手续、程序几经变化。

乾隆年间定例，民佃八项旗地，州县给印照收执，佃民遇有事故，报官具退，听官招佃，不得私相授受。道光六年（1826）改为佃户有退地顶地等事，由里长报案，令佃户自行赴官，退佃者缴旧照，顶佃者领新照。不过旗地佃户并未照官府的规定办理，而是自行立契推当，私相授受，各执白契管业，相习成风。试看光绪八年（1882）顺天府顺义县沙井村的一纸旗地让渡"认契"：

> 立认契文约人李金海，因手乏，今将自置旗租地一段，计地五亩，坐落庄西老坟东边，今烦人说合，情愿将此地认与李成蹊名下为业，言明认价东钱叁百吊（二十五元）整。其钱笔下交清，并不欠少。此系两家情愿，各无返〔反〕悔。恐口无凭，立字为证。
>
> 代〔带〕元〔原〕契壹张
>
> 南北长捌拾陆丈，东西宽叁丈陆尺伍寸。
>
> 光绪八年十月初四日立字人　李金海
>
> 中保人　李廷斌
>
> 代笔人　李金铎①

这是八旗老圈地让渡契，名称为"认契"，整个交易程序概括为"认"，契价谓之"认价"，十分罕见，"认"可能含有"认顶"、"认垦"、"认种"、"认佃"、"认主交租"等含意，不过文契并未载明旗地类别、地主姓名、应纳租额。亦未提及买主的权利和义务。如剔除"旗租地"三字，根本无法

---

① 〔日〕中国农村惯行调查刊行会编：《中国农村惯行调查》卷6，日本岩波书店1952—1958年刊本，第414页。

判别所交易的土地类别和交易本身的性质。

有鉴于此，光绪十三年（1887）直隶总督咨明户部，拟请变通办理，准其推当，不准买卖，所写字据不准称"契"。推绝者曰"推约"，转当者曰"当约"。除当约毋庸报官外，其写立推约者将推约呈官验明，由地方官填发印照粘连推约之前，钤用骑缝印信，过户纳租。如再推出，缴销旧约旧照，呈验新约，换粘新照，均毋庸完纳税银。每执照一张，佃地十亩以下给照费银一钱，二十亩以下给照费银二钱，二十亩以上无论若干，概给照费银三钱，不得按亩加增，以示限制。户部核复，令直隶自行妥办，通饬各属遵照办理。[①]

不过资料显示，民间旗地推当也没有完全按照直隶总督拟定的办法、程序办理，试看光绪十九年（1893）的"匠役地"买卖文契：

> 立卖匠役地文约人薛国祥，因无钱使用，将本身受分祖遗匠役地壹段肆亩，坐落塔河村东井北边，南北行垄，东至香火地，西至李姓，南至道，北至道，四至分明。今烦中人说合，情愿卖与薛国旺名下为业，同中言明卖价铜制东钱壹佰陆拾吊（廿元）整。其钱笔下交足，并不欠少。自卖之后，任凭置主自便，无有契主相干。如有舛错，有中人一面承管。此系两家情愿，各无反悔。恐口无凭，立卖字为证。
>
> 坟冢贰座，许起不许埋。
>
> 历年代〔带〕交匠役租东钱壹仟六百文。
>
> 光绪拾玖年十月二十六日立卖字人　薛国祥　+
>
> 中保人　薛德贵　+
>
> 薛国卿　+
>
> 代笔人　薛国桢
>
> 于十二月十日前投税，永远为业。[②]

---

① 刘锦藻编：《清朝续文献通考》（一）卷7，田赋七，商务印书馆1935年版，第7559页。

① 刘锦藻编：《清朝续文献通考》（一）卷7，田赋七，商务印书馆1935年版，第7559页。

② 〔日〕中国农村惯行调查刊行会编：《中国农村惯行调查》卷6，日本岩波书店1958年刊本，第408页。

旗地让渡者显然没有按照官府的规定行事，直隶总督府规定，旗地只能"推当"，不准"买卖"，所写交易字据不准称"契"，出让者虽然没有称"契"，但整个交易仍被看作是"买卖"，而非"推当"，字据称为"卖地文约"、"卖字"，契价称作"卖价"。而且特别注明"投税"，似乎这种契约形式是官府所认可的。

到北洋政府时期，因旗产出售，屡起讼争，直隶巡按使订定《直隶售租章程》十条咨部，于民国四年（1915）八月五日经北洋政府内务、财政两部修正，呈准公布实行。旗地租户让渡文契亦有定式。现照录如下：

> 立推（或称退）地契人□□□，今因不便，将租种某王府圈地一段若干亩，坐落□□地方，东至□□，西至□□，南至□□，北至□□，烦中说合，情愿推与（或称退与）□□□永远耕种为业。三面言明值价钱□□□。其钱笔下交足，并无零折等弊，倘有弟男子侄争竞违碍者，尽在推地主（或称退地主）一面承管，不与买主相干。租银由买主自行交纳。恐口无凭，立此为据。
>
> 　　　　　立推契人 □□□
> 　　　　　同中人　 □□□①

民国四年后，情况有所变化，旗地佃权的顶退文契，大多都是按照官定格式订立的。民国十二年（1923）直隶昌黎的一纸旗地"退契"，即是例证：

> 立永远退契人张大文、大富，今因乏手，今将祖遗旗租地一股四亩五分正，此地坐落上岗子，南北长，东西宽，南至顶地，北至道，东西至张姓，四至明白，同中情愿退与王泰有名下永远为业，言明退价钱贰千九百七拾吊。其钱笔下交足不欠。自退之后，任其置主自便，不与退主相干，盖房使土，盘窑打井，由其自便。恐口无凭，立退契

---

① 国民党政府司法行政部编印：《民商事习惯调查报告录》（一），民国十九年刊本，第22页。

为证。

历年与韩家封小租钱四千六百文。

计开丈尺（略）

中人（略）

民国十二年二月二十二日　立退契①

文契格式、用语和官定格式基本相同，并且载明受主权利，"盖房使土，盘窑打井，由其自便"。地租数额及得主，也交代得十分清楚。至此，旗地顶退程序和契式已相当"规范"。

在东北官荒、旗荒的开垦过程中，佃农取得永佃权后，即在收取"开刨工本"费用的形式下，将土地典卖、转让。正如光绪三十三年（1907）奉天将军赵尔巽在奏请解除旗民交产禁令折中所说，奉天旗圈地亩，"定例不准民间买卖，亦不征收契税。然历年既久，势难禁其贸易，有时退兑佃缺，俨同业主，唯变其名曰开刨工本，实则与买卖无异"。②

这里所说的"定例不准民间买卖，亦不征收契税"，指的是在册"旗圈地亩"。至于后来佃农或其他人等开垦并经丈量升科的"旗余升科地亩"和佃农开垦耕种的围场等处官荒地亩，则允许佃农顶退，但必须按照严格的程序和手续，并须缴纳契税。下面的四纸顶退文约和官发"契尾"，具体反映了奉天围场官佃的佃权顶退程序：

其一：兑契文约

立兑契文约人李广禄，坐落二龙山河北道南，有升科地四十贰亩，内有旧店院一所，东厢房五间，木［水］井一眼，只因手乏，托众人说妥，情愿兑与李德玉名下永远为业，言明兑价银贰佰两整。其银笔下交足，并不短欠。自兑之后，任凭买主更名税契，不与卖主相干。此系两道情愿，各无反悔。如有反悔者，有中保人一面承管。恐后无

① 〔日〕中国农村惯行调查刊行会编：《中国农村惯行调查》卷6，日本岩波书店1958年刊本，第38页。

② 《关东州土地旧惯一斑》，第304页。

凭，立兑契为证。

　　计开东至道，西至赵姓，南至河甸沟，北至道。

中保人　梁玘珍　高文珍　韩永厚

赵文昶　郭纯青

李万昌　郭天化

代笔人　许广俊

大清光绪二十九年三月二十四日　兑契人　李广禄[1]

其二：顶退具结呈

　　具退交地亩结呈人李广禄，为出具退交地亩结呈事，情因小的原领右翼二龙山地四十二亩，退给李德玉名下纳粮，辛力银二百两，小的收讫。此系两相乐从，各无反悔。伏乞

　　总管大人案下恩准更名注册，洵邀公便，为此出具结呈是实。

　　计开（坐落四至略）。[2]

其三：承佃具结呈

　　具承佃地亩结呈人李德玉，为出具承佃地亩结呈事，情因佃户李广禄原领右翼二龙山地四十二亩，退给小的名下纳粮，辛力银二百两，小的交足。甘愿承领，按章纳课。伏乞

　　总管大人案下恩准更名粘尾，洵邀公便，为此出具结呈是实。[3]

其四：关防契尾

　　海龙城总管衙门为发给关防契尾事，案照两翼所属各牌花户原、续升科地亩内，有无力耕种、辗转典兑多主，一经收课，虽有其名，

①　南满洲铁道株式会社编：《满洲旧惯调查报告书前篇·一般民地·附录》中卷，昭和十一年（1936）三版，第49~50页。

②　南满洲铁道株式会社编：《满洲旧惯调查报告书前篇·一般民地·附录》中卷，昭和十一年（1936）三版，第51页。

③　南满洲铁道株式会社编：《满洲旧惯调查报告书前篇·一般民地·附录》中卷，昭和十一年（1936）三版，第51页。

而非其人，以致催征无从比追实于课赋大有关碍。当经详明，依照奉天历办旗余升科地亩退交承领章程，由总管刊发关防契尾，并请仿照奏准东边外各厅州县田房税契成案，从减［简］核办各情形，缮具示稿，据情呈蒙将军大人批准照办等因，出示晓谕，咸使周知，一体遵照在案。唯围地升科地亩，既经详准，佃民遇有互相退领地亩案件，自应概予税契，由总管衙门刊发关防契尾，随时报税，以符定制。嗣后凡有佃民原领续浮荒熟地亩，无力耕种，情愿退交他人承领者，务须遵照定限，各持粮照契纸，迅赴总管衙门报明，按照册载，查核相符，即行取据，两造退领呈状附案备查，一面饬翼更注征粮底册，随时发给关防契尾一纸，交与承领之人收执管业，按年照章纳课。倘有无知之辈，仍前隐匿，不为依限税契者，迫至一年限满，均准原业备价回赎，俾杜取巧隐漏之弊。合将承领业户姓名、段落、四至、亩数、价银、税契各数，填写契尾。钤用关防，庶便稽查，以重课赋，而息讼端可也。须至契尾者。

计开：坐落右翼属界二龙山处地一段四十二亩（四至略），当经乡保地邻人等议明，押荒、开刨、牛祺、辛力等项，共核［合］贰佰两整，照章税契。

右给承领佃民李德玉收执

光绪三十一年十二月初三日①

文契资料所反映的佃权顶退程序是，首先由顶退人邀请中保数人写立"兑契文约"，按民间传统习俗，完成佃权交易程序和移交手续；接着买卖双方到官府"具结"，分别递交"顶退具结呈"和"承佃具结呈"，缴纳契税，最后由官府衙门刊发"契尾"，粘连于"兑契文约"之后。契尾因钤有主管衙门"围场总管关防"，故谓之"关防契尾"。只有这样，佃农的佃权交易及相关文约，才具有法律效力；新佃的佃权所有权，才算获得官府的认可。

---

① 南满洲铁道株式会社编：《满洲旧惯调查报告书前篇·一般民地·附录》中卷，昭和十一年（1936）三版，第52页。

　　"关防契尾"本身有些特别，内容并不限于正契或是项交易所涉及的范围，文字也相当长，"尾巴大过身躯"。"关防契尾"详细交代了"契尾"来历和形成过程，严格规定了依法税契和领办"关防契尾"的期限，并特别警告，"倘有无知之辈"，仍前隐匿不报，不依限税契者，"迨至一年限满，均准原业备价回赎"，绝顶绝卖变成了活顶活卖，承顶人的佃权所有权也就失去了保证，迫使承顶人依限税契、过户，从而保留租稞征收。同时，正契、"顶退具结呈"、"承佃具结呈"和契尾，都不是各此独立和零散的，因为除了正契、契尾大面分别钤用"围场总管关防"外，正契左沿，"顶退具结呈"、"承佃具结呈"及契尾各自的左右两沿，都骑缝钤用"围场总管关防"。而且，"围场总管关防"不只一种款式，而是分别钤用竖、横两种不同款式。其中竖式较大，横式较小。显然，正契及"顶退具结呈"、"承佃具结呈"和契尾，都不可能伪造。

　　在所有永佃权的交易习惯、程序和契约文书中，奉天围场官的地佃权顶退，可能是最为"规范"和严格的。

　　清代热河蒙地佃权的买卖习惯，从佃农的佃权处置权看，前已述及，"大牌地"和"小牌地"不同，撇开新佃认主交租的"顺契"，两者的市场交易习惯、形式和程序，包括买卖文约内容、文字格式等，两者并无多大差别。下面是三纸蒙地佃权转让文契：

　　其一
　　立兑契文约人张义清同子张财、一妥，因手乏无凑，今将自己〈此地〉坐落南阴地壹段，计开四至，东壹段东至分水岭，西至置主，南至梁顶，兆〔北〕至程姓荒界；计石中壹段，东至置主，西至河沟，南至李姓，北至河沟；西壹段东至河沟至〔置〕主，西至朱姓，南至山头张姓，北至河心，四至分明，自烦中人说允，情愿兑与朱广名下种耕为主，永远为业，土木石水相连，言明兑价钱伍佰伍拾吊整。其钱当面交足不久〔欠〕。租粮二大年〔斗〕，自交官仓，差地四亩，自交相〔租?〕牌，杂差遂〔随〕地交纳。自兑至〔之〕后，不许搅赖，此系两家情愿，恐后无凭，立兑契为证。

中说人　于　富（共 10 人，余略）

依言代笔　张俊卿

契　主　张义清

大清宣统元年十二月十一日立①

其二

立倒契文约人乐各等拉汉，因手乏无钱使用，无奈将自己熟地一段，计地八十亩，自烦中人说妥，情愿倒与张坤名下耕种，永远为业，言明每亩东钱一吊八百文，共一百四十四吊整。其钱笔下交足不欠。其余历年交租粮五十二亩，每亩租粮五升，较准建邑官斗，随年交纳，与海力王府交纳。两家情愿，各无反悔，立倒契为证。计开四至：东至韩发，西至河洼，南至刘登科，北至倒主，四至分明，立字为证。

中　人　仝尔四拉莫充　各加李　发财

高　　　祥　刘登科　冯起周

代字人　任永盛

大清道光二十四年冬至月初五日立倒契为证②

其三

立卖契约人冯德蓝，因手乏不便，今将自己大庙河南关家地一段，其地四至，东至南半截至张行成，北半截至张万金，西至张凤鸣，南至山根，北至大道，四至分明。亲烦中人说允，情愿卖与耿君名下耕种，永远为业，同众言明卖价京钱一百四十吊，其钱笔下交足，分文不欠。此两家情愿，并无反悔，恐口无凭，立卖契为证。

每年交租一石八斗八升，关玉珍吃一石一斗，关玉英吃七斗八升。

中见人　李万禄　段明魁　李　珍

代字人　张连祥

---

① 日伪地契整理局编印：《锦热蒙地调查报告》（日文本）下卷，1937 年刊本，第 1728 页。
② 日伪地契整理局编印：《锦热蒙地调查报告》（日文本）下卷，1937 年刊本，第 2400 页。

光绪二十三年十一月廿六日立卖契约人　冯德蓝①

　　这三纸文契分别来自喀喇沁左旗（建昌县）、敖汉旗（新惠县）和翁牛特右旗（赤峰县），反映了三类蒙地佃权的转让：第一纸文契是旗署是官仓地，亦称"外仓地"，第二纸文契是王府地，亦称"内仓地"，这两种土地都属于"大牌地"；第三纸文契是一般蒙民地，即所谓"小牌地"。尽管这三类土地的性质、佃农转让佃权的自由度不同，但市场交易程式、文契内容一模一样。唯一的差别恐怕只有契约名称，三者分别称为"兑契"、"倒契"、"卖契"。不过这种不同旗县或不同类别蒙地，佃权让渡使用不同的契约名称，纯属偶然，因为某一契约名称同某类土地之间并无相应和固定的匹配关系，也无明显的地域差异。事实上，上述契约名称在各旗县、各类蒙地的佃权交易中，都是通用的。

　　调查资料显示，蒙地永佃农对通过倒兑方式获得的佃租地，有"所有权观念"。② 因此，佃权转让通常采用土地买卖的交易程序和契约形式。该地的佃权转让一般称为"倒（捣）"、"兑"、"卖"、"退"，以及"典"、"当"、"烂价"等，由此形成和派生出多种契约名称，主诸如"倒（捣）契"、"倒（捣）地契"、"倒死契"、"倒（捣）租契"、"兑契"、"兑退契"、"兑卖契"、"倒（捣）兑地契"、"永远倒（捣）兑地契"、"卖契"、"杜契"、"卖地契"、"杜绝卖地契"、"卖死契"、"卖绝契"、"出卖绝契"、"卖杜绝文契"、"倒卖地契"、"转倒卖地契"、"退租契"、"永远为业文约"、"退永远为业文约"，以及"指契"、"典契"、"当契"、"典当契"、"烂价契"、"钱倒许赎契"，等等，不下二三十种。在各永佃制流行地区，热河蒙地区的佃权转移契名数量无疑是最多的。

　　上述三纸文契中，佃农关于交易标的物的提法，有一个共同的特点，即直称佃权或租地为"自己熟地"、"自置熟地"或"自置白地"，有如土地所有者写立的卖契或佃权出让契（永佃契）。事实上，热河蒙地区的佃权顶退契约，同地主的佃权出让契（永佃契），以及通常的土地卖契，内容及

---

① 日伪地契整理局编印：《锦热蒙地调查报告》（日文本）上卷，1937 年刊本，第 548 页。
② 日伪地契整理局编印：《锦热蒙地调查报告》（日文本）下卷，1937 年刊本，第 2307 页。

行文格式十分相似，只能从买主是否纳租以及收租人同卖主的关系来加以区别。试看下面三纸契约：

其一

立倒租契地文约人石头，因当差不凑，今将下铺子西自己南北垄熟地二段，共计地十九亩。头段计开四至，东至朱姓，西至倒主，南至荒界，北至大荒；二段地计开四至，东至置主，西至元宝，南至荒界，北至大荒，四至分明。自烦中人说妥，情愿倒与郭中和耕种，永远为业，由置主自便。此地前使过典价钱七十六吊正，今又拔〔找〕出倒契价钱四十七吊五百文，前后二契共倒地价钱壹百二十三吊五百文，其钱笔下交足不欠。恐口无凭，立契一张存证。每亩租钱一百文，自吃。

中　人　哥　生　王龙噶

代字人　张胜远

光绪三十二年十二月二十五日①

其二

立倒租契地文约人王彦邦，因手乏不便，今将自置新窝铺北山坡熟地一段，计数五亩，计开四至，东至置主，西至荒界，南至荒界，北至置主，四至分明。自烦中人说妥，情愿倒与王情怀名下耕种，永远为业。言明地价钱拾八吊文，其钱笔下交足不欠。恐口无凭，立倒契文约存证。每亩租钱一百文，陈珠收吃。

中　人　陈秉仪　王　祥　陈祥德

王　玉　陈　荣

代　字　陈百成

光绪卅一年十二月二十五日王喜立②

---

① 日伪地契整理局编印：《锦热蒙地调查报告》（日文本）中卷，1937年刊本，第1015页。

② 日伪地契整理局编印：《锦热蒙地调查报告》（日文本）中卷，1937年刊本，第945页。

其三

立卖熟地文约人于深同合族侄于永存、于永盛、于永海、于永财，各因〔同〕妻子阖家议允，愿将祖遗三家牌、其地坐落西南地村正东熟地一段，西头南北横阔八十七弓零三尺，中横阔九十五弓零二尺，东头南北横阔一百零六弓一尺，东西中长阔一百五十三弓零二尺，其地以内有于姓营地二亩，东至大道，西至置主，北至王姓，四至杆丈，均系业主请同牌邻人等，按照原置文契量明，毫无侵越。凭中作价京钱五百陆拾吊整，情愿出卖与王秉文名下永远耕种为业。应得地价叔侄各查收讫，并无私债折控逼勒别故。自卖之后，凿井栽树，抑或改种园地，悉由田主自便，以前契均作废纸，若有亲族人等藉端争论，自有倒主一面承管。此系各愿，毫无反悔，恐口无凭，立出卖熟地文契，永为确据。

蒙古租差京钱陆吊，贾宽吃。

宣统三年二月二十二日立出卖文约人　于　深同侄　于永存　于永盛

于永海　于永财

应纳税三圆六角六　牌　头　杜宝增

代字人　杨宗海

中　人　王树亭　宗省三

穆清泉　李培兰①

这三纸契约，前两纸来自喀喇沁右旗（建平县），第三纸来自翁牛特右旗（赤峰县），其中第一纸是土地所有者向佃农让渡佃权的永佃契，第二、三两纸是佃农的佃权转让（顶退）契，但三者之间看不出什么区别，都像是普通的土地卖契或永佃契。特别是前二纸契约，基本上是同地同时，除了第一纸契约的佃权让渡多了一个从典当到找价绝卖的过程，契约名称、格式、内容、词句几乎一模一样，只能从收租人的身份来判断契约性质。至于第三纸契约，不仅从名称到内容、文字，完全是地地道道的土地卖契，而且如同一般土地卖契一样纳税，成为"红契"。唯有凭借"蒙古租差京钱陆吊，贾宽吃"的文

① 日伪地契整理局编印：《锦热蒙地调查报告》（日文本）上卷，1937年刊本，第514页。

句，才能判定该契属于佃农的佃权卖契，而非普通土地卖契。

屯田是永佃制的重要发源地。屯田的佃权顶退，早在永佃制的萌芽阶段就产生了。从另一个角度看，屯田佃权实际上是在佃农频繁顶退佃田的过程中逐渐形成的。

江西九江、会昌，卫民、运丁持有的屯田，可以自由顶退，九江卫民屯田佃农，"一如所有者，百数十年相习成风，牢不可破，盖名为顶退，实与典卖无异"。[①] 赣南会昌的运丁屯田，佃农也可自由顶退。乾隆刑部档案载，廖文昭向佃运丁揭垂豹等屯田，后因田被水冲，难以修复，遂退与雷文侯耕种，得价 12 两，立有"永耕字约"，历时多年，直至乾隆四十三年（1778），廖文昭欲赎回自耕，雷文侯不允，最后酿成人命大案，始终未见业主干涉。[②] 其习惯与民田佃权顶退相似。

江苏常熟，很早就流行屯田佃权顶退，下面是乾隆四十一年（1776）的一纸屯田顶首"贴绝"契：

> 立贴绝屯田文契时殿荣，为有前年将北助号军田壹亩叁分零，已经得价顶典与薛处耕种，贴过两次，今思年歉，复央原中凌佑臣等三面再议，贴绝银肆两伍钱正。立契日一戳交足，自愿贴绝之后，永为薛姓之世产，与时姓无涉，两愿弃绝，并无逼劝。恐后无凭，立此贴绝文契永远为照。
>
> 绝契不载钱串。
>
> 乾隆肆拾壹年拾壹月　日立绝贴顶首屯田文契　时殿荣同弟殿公
>
> 　　　　　　　　　　原中　凌佑臣
>
> 　　　　　　　　　　　　　薛大椿
>
> 　　　　　　　　　　　　　国　桢
>
> 　　　　　　　　代笔　曹悦贤[③]

---

① 国民党政府司法行政部：《民商事习惯调查报告录》（一），民国十九年刊本，第 431 页。

② 乾隆朝刑科题本，见中国第一历史博物馆、中国社会科学院历史研究所编：《清代地租剥削形态》下册，中华书局 1982 年版，第 594—595 页。

③ 薛金坤：《清代常熟土地契约文书之四——贴绝顶首屯田文契》，《苏州日报》2014 年 9 月 12 日。

这里虽然未见到原始顶典契和价格，但通过"贴绝"契可以大致了解当地屯田佃权让渡的程序和相关习惯。文契将屯田佃权称为"顶首屯田"，这既是屯田佃权的专有名称，也说明屯田佃权是在佃农之间有偿顶退，新佃向旧佃支付"顶首"过程中逐渐形成的。顶退自然也是屯田佃权让渡、流动的基本方式，并有活顶（顶典）、绝顶（顶退）等不同形式。活顶经过找贴，补足价款，达至绝顶。文契显示，时殿荣将面积 1 亩 3 分零的屯田顶首（佃权）顶典与薛姓耕种，事后连续两次找贴，又遇上年成歉收，只得央原中"再议"，第三次找贴，并且"自愿贴绝"，以绝卖告终。值得注意是，每次找贴都是一项正式交易，有中介在场协调、见证。

安徽芜湖，屯田佃权的顶退，也十分自由，交易程序、习惯和江苏常熟相近。乾隆二十一年（1756）的一宗人命案，系源于屯田佃权顶退，从该案的刑部题本中，可以窥见当时屯田佃权顶退的基本情况。事缘乾隆十八年（1753）三月间，宗启贵（近仁）将原顶佃曾凡臣屯田 10 亩，随田庄屋（茅屋）三间两厦转顶与宗义先佃种，得银 21 两，议定 3 年回赎。到二十一年（1756）闰九月里，年限已满，宗启贵因母故无力回赎，凭中议定找价 9 两，连同原来的 21 两，30 两加绝，另立杜顶字如下：

> 立杜顶首人侄孙近仁，因有曾姓屯田三丘十亩，奈身无力耕种，浼凭中证说合，杜顶与叔祖义先名下耕种。当日议定杜顶首纹银三十两整。比日是身收讫。其田听义先永远耕种，再无异说。随田草屋三间两厦，树木池塘一应在内，与身无涉。其田日后再不得借口生端，倘有此情，听凭中证、宗族执纸付公理论。今欲有凭，立此杜顶，永远存照。
>
> 乾隆二十一年闰九月初四日　立杜顶首人　侄孙近仁押
>
> 　　　凭　宗族宗时先押
>
> 　　　　　宗永昭押
>
> 　　　　　宗廷援押
>
> 　　　凭中　秦尔吉押
>
> 　　　　　邢伦先押

邵天弼押①

交易习惯和契约格式同常熟没有多大差别。屯田佃权亦称"顶首"，佃权顶退同样有活顶、绝顶（杜顶）之分，活顶经过找贴，补足价款，即为绝顶。稍有不同的是，宗族在这起屯田佃权顶退中有其重要地位和作用。契文虽说是"浼凭中证说合"，并未提及族亲，但对日后出顶人"借口生端"或反悔的处理，则是"听凭中证、宗族执纸付公理论"。这可能因为佃权让渡是在族内（近仁是义先共高租的侄孙，未出五服）进行，宗族的作用举足轻重，故契尾的中证签署，3名宗族凭证排在了3名中证的前面。当然，宗族的这种特殊作用，并不一定限于屯田佃权顶退，一般土地买卖亦应如此。

这宗屯田佃权顶退还有一个特别之处是，顶退由活顶变为绝顶（杜顶）之后，因为契价拖欠问题，又退回为活顶。交易立约时，孙宗义先实际只付银5两，尚欠4两。未几，宗义先亡故，其子灿扬又无力将欠款付清。至十月十二日，只得凭中"公处"，将庄房作银4两，退还宗启贵（近仁），另立如下一纸顶首字：

> 立顶首人宗近仁，今有屯田三丘十亩，随田沟池一段，浼凭亲族出顶与灿扬叔名下耕种。当日三面言定，得受顶首银二十六两整。其银比日一并受讫，并无短少。其田只许回赎，毋许争〔增?〕找。日后不得借口生端，如有此情，执纸付公理论。今欲有凭，立此顶首存照。
>
> 乾隆二十一年十月十二日立顶首人　宗近仁　押
> 　　　　　　　　　凭族亲　宗寿年　押
> 　　　　　　　　　　　　　宗廷援　押
> 　　　　　　　　　凭中　秦尔吉　押
> 　　　　　　　　　　　　秦义公　押
> 　　　　　　　　　　　　奚殿扬　押

---

① 乾隆朝刑科题本，见中国第一历史博物馆、中国社会科学院历史研究所编：《清代地租剥削形态》下册，中华书局1982年版，第548—549页。

奚有严　押①

这样，又从杜顶（绝顶）回到了活顶。而且契约载明，"其田只许回赎，毋许争〔增?〕找"，堵死了再从活顶变回杜顶（绝顶）的退路。只是契约并未写明回赎年限。事实上，出顶人债务缠身，困难重重，不仅在相当长时间内无力回赎，且于十月二十二日将退还的 3 间庄屋，作价七折钱 4 千文，拆卖与李汉公。不过当时只付 2300 文，尚欠 1700 文。此时宗灿扬告知李汉公，该屋是随田庄屋，不应拆卖，田主得知，必定会找麻烦。李汉公立即反悔，要求退还已交的 2300 文契价。但宗启贵（近仁）已将钱用来还债，且房子已拆，宗启贵（近仁）陷入了绝境，屯田佃权顶退走进了死胡同。②

在台湾，屯田的创立始于乾隆五十三年（1788）清政府平定林爽文叛乱之后。屯田创立后不久，佃权买卖也相继开始了。屯田佃权的买卖习惯、文契格式与普通土地卖契大同小异。试看嘉庆二十四年（1819）的一纸屯田佃权绝卖契：

立杜卖尽绝断根水田契人林承喜、林承基兄弟，承祖父遗下明买彭朝生有九芎林、五股林水田一处，奉宪丈明一甲五分正，东至林进田为界，西至刘家田为界，南至大溪为界，北至山崁为界。原带大坡圳水通流灌溉，递年供纳屯租谷十石零七斗二升二合六勺正。四至界址，经中面踏分明，并带茅屋一座六间，门窗、户扇、地基一应在内，菜园、禾埕以及牛埔等项俱一周全。今因别创，母子相议，将承祖父遗下阄份应份掂得水田情愿出卖，尽问房亲本宗人等不受，外托中引送与姜秀銮、姜珠福兄弟出首承买，即日凭中三面言定时值田价佛银四百三十大员正。其银色现，银、契经中互相交讫；其田即交秀銮、

①　乾隆朝刑科题本，见中国第一历史博物馆、中国社会科学院历史研究所编：《清代地租剥削形态》下册，中华书局 1982 年版，第 549 页。

②　乾隆朝刑科题本，见中国第一历史博物馆、中国社会科学院历史研究所编：《清代地租剥削形态》下册，中华书局 1982 年版，第 547—548 页。

珠福兄弟永远输租管业。保此田委系承喜、承基兄弟承父阄份物业，与房亲内外人等无涉，并无包卖他人物业，亦无重张典当挂碍，以及拖欠屯租来历等项不明之弊；如有此情弊，喜兄弟一力抵挡，不干承买人之事。至契内田业明买明卖，并非债货准折，契明价足，无留寸土，一卖千休，永断葛藤，日后承喜兄弟及子侄人等永不敢异言找洗、增赎生端等情。此系两家允愿，两无逼勒，今欲有凭，立杜卖尽绝断根水田契一纸，原带阄书一纸，并缴祖父承买印契一纸，垦单一纸，共四纸，付执永远为照。

　　即日实收过契内田价佛银四百三十大员正足讫，立批再照。

　　嘉庆（己卯）二十四年十二月　日立杜卖尽绝断根田契人　林承喜
　　　　　　　　　　　　　　　　　　　　　　　　　　　林承基
　　　　　　　　　　　　　　　　　　为中人　魏和义
　　　　　　　　　　　　　　　　　　代笔　叔祖林荣列
　　　　　　　　　　　　　　　　　　在场伯林　应财
　　　　　　　　　　　　　　　　　　　　　　　阿秋
　　　　　　　　　　　　　　　　　　在场　叔林阿夏
　　　　　　　　　　　　　　　　　　　　　　　阿冬
　　　　　　　　　　　　　　　　　　在见母　张氏①

　　契约格式同普通土地卖契没有多大区别。"递年供纳屯租"的契文，是断定该宗土地是屯田的唯一根据。从契文和附交契据判断，彭朝生是该宗屯田开垦者，林承喜立约出卖，是该宗佃权第二次转手。两名持有人平均持有的时间最多不超过15年。由于这宗佃权面积较大（合16.95亩），价款额较高。契约载明多重保证。如保证是买主承父阄份物业，与房亲内外人等无涉；并无包卖他人物业，亦无重张典当挂碍，以及拖欠屯租来历等项不明之弊；契内田业明买明卖，并非债货准折；田业一卖千休，永断葛藤，日后承喜兄弟及子侄人等永不敢异言找洗，增赎生端，等等。道光九

---

　　① 台湾银行经济研究室编印：《清代台湾大租调查书》第6册，1963年刊本，第1058—1059页。

年（1829）另一宗佃权绝卖契，格式、内容也都大同小异。[1]

山东利津，官府放租滩地，领户只有永久佃种权，并无所有权，故原定章程不准私行典卖。但县民往往将佃照出卖，另立文契，取其名曰"转租"，其实与卖契相同。所得价款，则一般于契内载为"帮贴垦费"若干，其实即为卖价。此类"转租"，一般不准回赎，等于绝卖。[2]

清代台湾的隆恩庄官田，佃权买卖也十分普遍而频繁。下面是乾隆四十一年（1776）的一纸隆恩庄园佃权绝卖契：

> 立根尽退契人虎仔山杨全老、杨贡老兄弟，有自己置隆恩庄园一所，土名坐在羊寮庄尾牛埔墩。园三分抽出二分，四至：北至车路，东至车路为界，西至圳，南至仑仔下为界，四至明白。今因家中乏银费用，先问于房亲叔兄侄弟各不欲承受，外托中引就于羊寮洪鸭叔边出手承买，三面言议时价银七十大员正。其银即日同中收讫；将园即付银主照界管耕。其大租一九五抽的，不敢阻挡。将园永为己业，日后并无反悔取赎，并无增添契尾及插花等情之事。此系两愿，日后并无反悔。园并无交加不明；如有不明，卖主抵挡，不干银主之事。恐口无凭，立根尽退契为照。
>
> 批明：契内银完足，再照。
>
> 一、批明：千古万年，叔兄弟侄无干，再照。
>
> 一、批明：立根尽退契人并缴契，上手司单，并胡家契，又并叶家契共纸四张，再照。
>
> 乾隆四十一年十月　日立根尽退契人　杨贡老。
>
> 　　　　　　　　知见人　（叔）府叔
>
> 　　　　　　　　　　　杨全老
>
> 　　　　　　　　作中人　兄荣老
>
> 　　　　　　　　代笔人　郭对老[3]

---

① 参见台湾银行经济研究室编印：《清代台湾大租调查书》第6册，1963年刊本，第1060—1061页。

② 国民党政府司法行政部编印：《民商事习惯调查报告录》（一），民国十九年刊本，第247页。

③ 台湾银行经济研究室编印：《清代台湾大租调查书》第2册，1963年刊本，第206—207页。

文契虽称"退契"，但对契中相关交易行为，契文多用"买"、"卖"，如谓受主出手"承买"，不称"承退"；受主虽泛称为"银主"，但出退人还是自称"卖主"。似乎立契人并未刻意规避官田佃权的买卖行为。

特别值得注意的是，该契连带附有三纸租单和老契。据此，这宗佃权已是第四次易手。台湾隆恩庄田的历史不长，据同治《淡水厅志》记载，雍正八年，"总镇王郡奏准给发帑银，就台郡购置田园、糖廊、鱼塭等业，岁收租息，以六分存营，赏给兵丁游巡及有病革退者，与夫拾骸扶榇一切盘费；以四分划兑藩库，赏戍兵家属吉凶事件。此即隆恩庄之始也云云"。隆恩庄田从雍正八年创立到乾隆四十一年，只有短短47年的历史，即便该宗佃权与隆恩庄同时产生，也不会超过47年。在不到半个世纪的时间内，已4次转手，平均每户佃农持有的时间不超过12年，可见佃权流动的频繁程度。当然，这种情况并不限于台湾隆恩庄田，其他地区、其他类别土地永佃制下的佃权流动状况，也都大同小异。

由于经济不稳定，佃农掌握佃权的时间甚短，佃权的买卖、顶退频密，而佃权活卖、活顶的贴赎年限很长，往往当卖主要求贴赎时，佃权已几经换主，情况复杂，贴赎困难，引发多重矛盾。因此，在某些市场发展比较成熟的地区，形成了特殊惯例，以利贴赎的顺利进行。如江苏常熟，有所谓"照赎"的契约习惯，以保证多重买卖关系下的贴赎能够顺利进行。先看该地乾隆年间的一纸"照赎"：

> 立照赎薛唐氏，为有昔得徐姓语号屯田壹亩正，此田昔年转顶与俚茂如处，今徐问身找贴，三面言明，书付照赎一纸，其价不亏不浮，任凭徐姓问现种贴赎，于氏无涉。立此照赎留据。
>
> 计开其田两契转顶
>
> 乾隆伍拾贰年三月　日立照赎　薛唐氏
>
> 　　　　　　　　　中　凌佑臣
>
> 　　　　　　　　　　徐文魁
>
> 　　　　　　　　　仲　若

代笔　时天祥①

这是一种比较特殊的契约，从其内容、性质和作用看，类似于当事人出具的"字据"或"声明"，但比一般"字据"、"声明"郑重，由于有中人、代笔为证，可以排除胁迫、伪造之嫌，因而和相关土地契约具有同等效力。

事缘永佃农徐君华，某年将租自彭姓的一亩屯田卖给薛大椿耕种。后薛大椿去世，其妻薛唐氏于乾隆四十九年、五十一年分两次（每次半亩）将屯田转顶给侄子薛茂如。不久，徐君华向薛唐氏提出"找贴"要求，但因田已转顶，薛唐氏无法满足其要求，而徐君华又不可能直接向薛茂如"找贴"，事情陷入胶着状态。最后凭中议定，薛唐氏写立"照赎"文约，声明放弃"找贴"权，任凭徐姓向现耕贴赎。当年十二月，徐君华手持薛唐氏"照赎"，向薛茂如找得价银6两5钱，订立"贴绝顶首屯田文契"，载明"自贴之后永远薛氏之祖业，与徐姓无干"，使矛盾得以解决。② 不过这种佃权多重转移仍可依据惯例贴赎的情况，似乎并不普遍。

永佃制下佃权流动的异常普遍和频繁，是在土地日渐商品化的情况下，农村土地兼并加剧的结果。

在永佃制下，由于佃权或田面权与土地所有权分离，成为相对独立的、新的产权，土地买卖也形成租权、佃权或田底、田面两项平行的买卖，佃权或田面随之进入地主富户的土地兼并范围。特别是那些租额租率较低、尚有一定获利空间的垦荒永佃，或人多地少、地权已届饱和状态的地区，佃权或田面更成为地主富户兼并的主要目标。他们或者典进、购进佃权或田面，而后转租，收取小租或田面租，既无土地，又不纳赋，净得租利；或者因佃农欠租，没收佃权或田面，使租权、佃权或田底、田面重新合一，收取双重地租。在台湾的佃权买卖文契中，不少就是业主收回佃权的契据。表6-5是台湾业主收回佃权（田面）情况示例：

---

① 薛金坤：《清代常熟土地契约文书之八：照赎》，《苏州日报》2014年12月5日。
② 薛金坤：《清代常熟土地契约文书之八：照赎》，《苏州日报》2014年12月5日。

表 6 - 5 台湾业主收回佃权（田面）情况示例
(1735—1889)

序号	年份	地主	佃农	面积（甲）	原因	结果
1	雍正 13 年	吴某	朱盛美	3.0	欠租	退回业主，佃农收回垦荒工本银 85 两
2	乾隆 49 年	吴郡山	邱道	4.6	欠租及车工圳费银	退还一半，抵偿一半欠租，余一半田继续租种，偿还余下欠租
3	乾隆 54 年	萧某	刘天赐	1.225	欠租兼缺耕作工本	退还业主
4	嘉庆 3 年	王某	黄宗淑	2.3	欠大租及车工水费银	退还业主变卖抵价
5	嘉庆 5 年	吴某	刘思等	田一所	水浸抛荒，欠租	被地主收回另佃
6	嘉庆 5 年	施伯慎	添亨	6.8	积欠大租	退还业主
7	嘉庆 18 年	詹天送	林张氏	0.21	佃农外迁	退还业主，佃农收回垦荒工本银 15.5 元
8	道光 4 年	吴义记	？	2.9	？	退还业主另佃
9	道光 4 年	？	陈外	0.73	欠租	退还业主，抵完公项
10	道光 16 年	林某	吴佑等	3.0（蔗园）	欠大租糖	退还园底，以抵欠租
11	道光 25 年	陈荣德堂	陈德兴兄弟等	水田一处	欠租	退回业主瞨耕，收抵正供
12	道光 29 年	高焕观	胡耀宗等	山林山埔一所	地瘦，佃农伙计外迁	退回业主，佃农收回工本银 14 元
13	同治 7 年前	吴平记	刘照	1.8	欠大租及车工银 300 余元	退还业主抵欠
14	光绪 15 年	登瀛书院	黄乌九	水田一段	因灾欠租 50 石	退还业主另佃，由新佃出银 190 元，作为原佃修复水田工本费，并从中扣偿欠租

资料来源：10、14 据台湾银行经济研究室编印：《台湾私法物权编》，1963 年刊本，第 2 册，第 245—246 页，第 4 册，第 697—698 页；余据台湾银行经济研究室编印：《清代台湾大租调查书》，1963 年刊本，第 2 册，第 267—279 页综合整理编制。

如表 6 - 5，被收回的佃权，既有民田，也有官田。业主收回或佃农被迫退回佃权的主要原因是佃农欠租。表列 14 宗个案中，除一宗个案不详外，11 宗是佃农欠租，占总数的 84.6%。具体情况互有差异。有的业主因佃农欠租，强制收回佃权，也有的业主虽未强制收回佃权，但连续催收欠租，佃农被逼无奈，只得将佃权退还业主。对退回佃权的处理办法，也有严苛、宽松之分：宽松的除扣抵欠租外，还付给佃农若干数量的垦荒工本；严苛的并不计算欠租和佃权价格或佃农垦荒工本，概以佃权抵偿欠租。最为严苛的还是官田。14号个案，佃农黄乌九租种彰化登瀛书院水田一段，因光绪十四年（1888）拖欠租谷，官府即行撤佃。因田近池边，每逢水涨，十年无三四年可收，光绪十四年佃农备资出工挑土填高，并再筑新田，"所费资本甚多"，撤佃后所费工本无归，要求补偿。官府不仅不予补偿，而且将佃农关押数月。后由掌管官田的"总理"出面，劝令新佃出银190元，从中扣抵欠租50石后，剩余部分即作为黄乌九修理和新开水田的工本补偿，官司才算完结。①

　　佃权或田面流动频繁最直接的原因还是永佃农家庭经济脆弱，力量单薄，农业生产和土地收成很不稳定，无力抵御天灾人祸或其他变故的打击，一遇灾歉、病患、婚丧嫁娶，往往必须出卖佃权或田面，或者以佃权或田面为抵押，向外借债。债款到期无力偿还，最后以绝卖佃权告终。

　　前揭诸多佃权或田面买卖文契中，出卖或放弃佃权的原因，退还业主是因欠租，而出卖的原因无非是"正用无措"、"欠少使用"、"无得日食"、"无银急用"、"今因正用"、"乏银应用"、"要物用急"、"欠银费用"、"缺少银两使用"、"乏银费用"、"手乏不便"、"今因不便"、"无钱使用"、"官差无凑"、"当差不凑"，等等。一句话，解决的唯一办法是典卖佃权。

　　2. 佃权典当、抵押及其习惯

　　如同自耕农视土地如生命一样，永佃农也把佃权看成是自己的身家性命，不到走投无路的地步，不会轻易放弃。因此，相当一部分佃权或田面的买卖，最初都是因为缺钱应急，以典契、当契或抵押借契的形式出现。

　　在江苏苏州地区，田面短期典当有一个独特的术语，叫做"期"，文契称为"期田面文契"。以下是民国二十三年（1934）的一纸"期田面文契"：

　　　　立期田面文契周桂宝，为因正用，央中陈云生等，今将坐落吴邑十

———————————

① 台湾银行经济研究室编印：《台湾私法物权编》第4册，1963年刊本，第697—698页。

一都三十一图贡字圩内官则田三亩正，今央中期到康炳荣名下耕种还租，当日三面言明时值期田价银洋肆拾伍元正，契下一并收足，无折无扣。自期之后，三周年为满。年满之后，仍将原价对月取赎。如无原价，得主耕种。此系两愿，各无异言。恐后无凭，立此期田面文契为照。

当日契下一并收足期田价银洋肆拾伍元正。

民国二十三年夏历十一月十一日立期田面文契人　周桂宝 +

央中　陈云生 + 陈云轩 +

陈云亭 + 陆根全 +

陆水全 + 徐根全 +

康阿水 + 殷阿根 +

王士良 +①

从文契可知，所谓"期田"、"期田面"，就是定期典当田面。而且期限精确，取赎限制严格，必须"周年为满"，"对月取赎"。这生动反映了近城和商业发达地区的佃权典当特点。

皖南徽州、福建、台湾等地现存佃权、田面典、当或抵押借契，为数不少。

现存徽州土地买卖文契中，包括大量佃权、田皮典、当或抵押借契，中国社会科学院经济研究所藏皖南徽州民间土地文契和一些地主租簿中，亦存有或录有相当数量的佃权、田皮典、当或抵押借契。现将这类文契部分摘要整理，如表 6-6：

表 6-6　清代皖南徽州典当情况要览

（1755—1906）

单位：面积，亩；租额，砠；价额，两

序号	年份	典当原因	面积 （亩）	大租额 （砠）	典当价额 （两）	备注
1	乾隆 19 年	今将急用		7	2.5	日后原价取赎

---

① 〔日〕林惠海：《中支江南农村社会制度研究》（日文本）上卷，东京有斐阁株式会社昭和 28 年（1953）版，第 227 页。

续表

序号	年份	典当原因	面积（亩）	大租额（租）	典当价额（两）	备注
2	乾隆 19 年	钱粮紧急		18	7	乾隆 25 年加银 1.7 两绝卖
3	乾隆 20 年				3	日后原价取赎
4	乾隆 51 年			3	5	
5	嘉庆 7 年	今因正用	3		27	12 年外原价取赎
6	嘉庆 10 年			5（秤）	10	不拘年月远近，原价取赎
7	嘉庆 16 年			8	6	10 年后原价取赎
8	嘉庆 18 年	今因正用	2		18	6 年后听凭取赎，不得生端加价
9	道光 7 年	今因正用	0.9		6	12 年内不得取赎；12 年外听凭取赎
10	道光 10 年			12	5	日后原价取赎
11	道光 10 年	今因正用	0.5	8（斗）	13	12 年内不得取赎；12 年外听凭取
12	道光 12 年	今因正用	3		51（千文）	12 年之内不得生端加退，12 年外听凭取赎
13	道光 13 年		2.4		46	以 12 年为满，不得加价、退价及未满取赎
14	道光 13 年		3.4		85	以 12 年为满，不得加增、退价及未满取赎
15	道光 13 年	今因正用	1.2 亩		16	以 12 年为满，年份未满，不得生端加价、取赎；年份已满，听凭将原价取赎
16	道光 15 年		0.9		4.5（千文）	言定 12 年为满，期内取赎刘姓（退主）认；期外取赎鲍姓（受主）认
17	道光 15 年		6		120	以 12 年为满，年份未满，其田不得取赎
18	道光 25 年	欠少正用	2.3		16.2	以 12 年为满，期满之日，听凭原价取赎；年份未满，不得生端加价
19	咸丰 5 年		1	200（斤）	10	日后原价取赎
20	咸丰 7 年		1.4		16（千文）	以 12 年为满，期满之日，听凭取赎未满之日，不得生端加价、取赎异说
21	咸丰 8 年		1	200（斤）	13	

续表

序号	年份	典当原因	面积（亩）	大租额（砠）	典当价额（两）	备注
22	同治3年	今因正用	2.7		17（千文）	以12年为满，期满之日，听凭原价取赎；年份未满，不得生端加价，亦不准取赎
23	同治3年	今因正用	4.55		19（千文）	以12年为满，期满之日，听凭原价取赎；年份未满，不得生端加价，亦不准取赎
24	同治8年	今因正用	1.8		4（千文）	以12年为满，期内不得生端加价、取赎；期满之日，听凭原价取赎
25	光绪22年		30（秤）	1+360（斤）	15（千文）	不拘年限取赎，民国9年加银5元绝卖
26	光绪32年		2.4	2.8（石）	银1（元）	一季为满

资料来源：1~4、6、7、10、19、21、25、26据中国社会科学院经济研究所藏徽州民间契约及地主租簿；余据安徽省博物馆《明清徽州社会经济资料丛编》第一集（中国社会科学出版社1988年版）综合整理编制。

　　由于典当文契内容一般相对简略，大多没有说明原因，但凡是载明原因的几乎全都是"今因正用"或"欠少正用"、"今将急用"等。当期"一季为满"的特短期典当，也显然是应急。总之，都是因为遇到了不可克服的经济困难。

　　同佃权或田皮（佃皮）顶退、买卖一样，休宁、歙县的田皮（佃皮）典当，也称"出佃"，文契称为"出佃田批"、"佃批"或简化为"出批"。从下引休宁20都的"出佃田批"，可以看出该地佃皮典当及其文约习惯：

　　　　立出佃田批人刘大祥，今因缺少粮食正用，自愿（将）身己业土名生盈坞计田壹宗，大小柒垅，计交硬租陆秤正，并田塍后塝山柴薪树木尽是一并在内，今来央中立批出佃与曹兆云名下为业。当日时值佃价食米壹担伍斗。其米即时交付，是身一并收足。其田即行交业，听从受佃人管业（耕）种交租。言定种叁年为满，听从原价食米取赎。倘有先后重复、内外枝节不明等情，尽是出佃人一力承值，不关受业人之事，两无异说。今欲有凭，立此佃批存据。

另批，田未耕，田塝未割，来路佃批无从交付。再批

中华民国三十七年拾月　日立出佃田批人　刘大祥

　　　　　　　　同男中人　刘长水

　　　　　　　　依口代书人　曹德钧①

　　文约载明了田皮土名、大租额和典当期限。因当时通货恶性膨胀，物价飞涨，以稻米计算佃价，取代了以往的现金。

　　在田皮典当期间，如果出佃人加价，则采用"加佃批"、"加价批"或"加批"一类契式。加价者既可能是出佃人，也可能是受佃人加价转佃（典），采用的都是同一契式。试看下引两例：

　　其一

　　立加佃价人汪朝嬉，今因欠少急用，自情愿将祖分业土名祥坑田壹坵，先年佃过九七色银陆两正，因五十一年加价足钱贰仟弍佰文整，其钱当日三面收足其田加价之后，听亲弟朝旗下田耕种，拾年之后听原价取赎，倘有重复交易、不明等情，尽是出加佃人承值，不涉受佃人之事。其田不得外人取赎。恐口无凭，立此加佃批存据。

　　乾隆五十壹年十二月　日立加价批人　汪朝嬉

　　　　　　　　　凭书人　曹正法②

　　其二

　　立加批人程阿陈氏同男兆通，今因正用，自愿先年佃过土名野猪塔田壹宗，计田大小五坵，今来凭中立批加到江广辕名下为业，加价足钱壹千文整。其钱当日收足，其田听从种作，甲午年（按即1834年）之后听原价取收，不得难〔拦〕阻。恐口无凭，立此加批存据。

────────────

① 刘伯山主编、安徽大学徽学研究中心编：《徽州文书》第三辑（7），广西师范大学出版社2009年版，第37页。

② 刘伯山主编、安徽大学徽学研究中心编：《徽州文书》第三辑（6），广西师范大学出版社2009年版，第448页。

内带程三德佃批壹纸、程长兴佃批壹纸，佃价拾弍千，加价壹
〔千〕伍佰文。再批。

嘉庆二十五年十二月　日立批人　程阿陈氏

同男兆通

代书中人　程兆镗①

前者是出佃人加价。契约载明，加价之后 10 年原价取赎；后者是受佃
人加价转佃（典），受佃人转变为出佃人。"加批"写明，加价 15 年后原价
取赎。从附缴的老契看，上手出佃人程长兴已经加价 1500 文。程阿陈氏支
付的佃价计为 13 千 500 文，现在又加价 1 千文。结果佃价越加越高，回赎
期限越来越长，取赎概率相应降低。

有的则是同一出佃人连续"加佃"，"佃期"不断加长。到 20 世纪三四
十年代，随着永佃农经济状况的急剧恶化，这种情况更加普遍。试看下面
一纸"加佃"契：

立加佃人润众［支丁］本租佃长房汪文彬、弍房汪士尧，今将三
房佃过洋贰拾元佃皮壹号，坐落土名银屏垅，计田骨捌分正，今央中
加佃与朱财德名下耕种交租，当日三面议定时值加佃法币拾元正，比
日契洋两相交明。未加之先并无重复。今加价以后，听从受佃人耕种，
两无异说。倘有内外本家人等生枝异说，尽是加佃人一力承肩理值
［直］，不涉受佃人之事。佃期可加十弍年。期满之日，听备原价取赎。
恐后无凭，立此加佃契约为据。

民国二十九年一月日立加佃人　长房汪文彬

弍房汪士尧

中证人　汪树芝

民国三十三年立加价国币陆拾元正，嗣后不得加价。又加当期拾
弍年。

---

① 刘伯山主编、安徽大学徽学研究中心编：《徽州文书》第三辑（6），广西师范大学出版社
2009 年版，第 456 页。

汪文彬

汪熙华①

　　这是一宗面积不大，但属三房房众共有的佃皮，因经济拮据，各房轮流加价。先是三房（熙华）单独将佃皮出佃，获价银 20 元，接着长房（文彬）、二房（士尧）联合立契"加佃"法币 10 元，加长佃期 12 年。隔了不到 4 年，长房、三房又利用原加佃契，联合批注加价法币 60 元，加长当期 12 年。虽然特别批注警告，"嗣后不得加价"。但二房明显少加一次，这种警告未必有效。

　　至于用田皮（佃皮）抵押借债，则直接采用"借票"契式。下举休宁一纸"借票"为例：

　　　　立借票人陈有成，今因缺少事用，自愿借到汪名下七数钱一两七钱正。其钱将叶家坞佃租十二秤底［抵］押，其利每年秋收交谷一秤，不得欠少。倘利不清，听从银主执佃耕种无异，立此借票存照。

　　　　乾隆卅五年又五月日立借票　陈有成

　　　　　　　代书人　汪君灿②

　　这是永佃农将须缴纳佃租（佃租）12 秤的一宗田（佃）皮作抵押，借银 1 两 7 钱，每年支付利谷 1 秤。"借票"写明，如利息不清，债权人即没收田（佃）皮，发佃耕种收租，其实质与田（佃）皮典当无异。

　　除了民田佃权、田皮典当，皖南徽州地区也有军田、学田等官田田皮典当。

　　前面曾提到《炎公记（刘炎章）租簿》两纸军田典契，中国社会科学院经济研究所藏皖南徽州《炎公记（刘炎章）租簿》，录有一纸军田典契：

---

① 刘伯山主编、安徽大学徽学研究中心编：《徽州文书》第三辑（4），广西师范大学出版社 2009 年版，第 525 页。

② 刘伯山主编、安徽大学徽学研究中心编：《徽州文书》第三辑（6），广西师范大学出版社 2009 年版，第 443 页。

同治元年（1862）八月，军田佃农杨则庆将一宗面积为 6.5 亩的军田，典给刘炎章，典价七折制钱 24 两（后又加 4 两），出典人除原纳官租 54 勺外，每年向典主交白硬谷 9 勺。又有一宗军田，面积 1 亩（2 亩内占一半），年租 8 勺，典价银 4 两。

雍正五年的一纸学田"出佃约"，反映了徽州地区的学田典当：

> 廿五都三图立出佃约倪阿程，今将自佃种儒学田一丘，土名山人塘，计租六砠，系惟字四千二百〇四号，因无力耕种，自愿央中转佃与程 名下耕种，当得佃价九七色银三两正。其银随即收足，其田即交佃主管业耕种，其学租自今年起，是程姓办纳，不涉倪姓之事。并无重复等情，倘有人拦阻，是身承值。恐后无凭，立此佃约存照。
>
> 上首当契一纸缴付佃主收执
>
> 雍正五年三月日立佃约程阿程　押
>
> 递年应完学租平戥九七色银六钱。
>
> 加批：乾隆二十五年取回。①

这纸"出佃约"的契名和用词比较含混。文契名称为"出佃约"，佃权交割叫做"转佃"，契价谓之"佃价"，受主称作"佃主"，很像是"转租"。可是，"佃主"只是一次性缴付"佃价"，接替出佃人"管业耕种"，办纳学租，并不对出租人承担纳租义务，显然不可能是转租。其实，契文"当得佃价九七色银三两正"的"当得"二字，准确揭示了交易的性质：是典当，而非"转租"。而且，田于"乾隆二十五年取回"的尾批，为这次学田佃权典当画上了句号。明明是典当，却说是"出佃"、"转佃"，既是当地的特殊习惯，也可能是由于当时地方官府对学田顶退的限制较严，佃户采用"出佃"、"转佃"的契式、契文，以规避官府的限制。

福建和台湾地区的佃权、田面典当，也有自己的习惯。

福建佃权、田面（赔田、田根）典当习惯，契约名称、文字表述，不

---

① 中国社会科学院经济研究所藏：《休宁程姓置产簿》，置产簿第 25 函，W・TX・B0079。

仅与他省异样，不同县区之间或同一县域，也互有差异。下引乾隆和道光年间的三纸赔田典、当契，反映的是闽中永安一带佃权、田面（赔田、赔权）典当和文约习俗：

其一

立典小租赔约始平郡大松兄弟，原有承父遗下自己耕作赔田一段，坐落二十七都土名黄历澄湖头下坂，原计递年实还张宅主人正租早谷二石五斗大，外有小租谷一石大，今来要物用急，情愿托中前向送与大德族兄边出头承典，当日凭中三面言议，约时值价银六两正，折作铜钱四千八百文。其钱即日交收足讫，不欠只文。其田自己耕作，其谷递年到收成之日，备办好谷一石大，送至兄家下双方交量明白，弟不敢阻占异说等情。其田来历不明，系是弟出头抵当，不涉兄之事，其田自己受分，与别房兄弟各无干涉。其田言约不拘远近，备办原价兑期赎回，银约两相交付。此乃明正交易，并无枯折抑勒情由，其田并无重迭典挂之类。今来二家甘允，各无反悔，欲后有凭，立典小租约存照。

一批澄湖头下坂小租谷一石大再照。

一批中礼银一钱八分正再照

一批笔资钱一钱正。

（道光辛巳元年九月立约）[1]

其二

立当约族兄九环，原有赔田一段，坐落土名早岭黄泥垄，原计实还崇五弟正租谷二硕大，自己小租谷六斗正。今来要物用急，将赔权当崇五弟边九八色银二两正。其银即日收讫，其谷递年到冬熟之日，备办好谷，送至弟家下交量明白，不敢拖欠升合，如有此色，其田任弟下伙改佃，兄不敢阻占。其田不拘远近，办出本银取赎，文约两相

---

① 傅衣凌：《福建佃农经济史丛考》，福建协和大学中国文化研究会，1944 年刊本，第69—70页。

符。今来二家甘心意允，今欲有凭，立赔约为照。

（乾隆辛未十二年二月立约）①

其三

立典约人冯玮玉，原有承父遗下受分赔田一段，坐落土名黄历曲尾垄，小租谷一硕二斗正。自己养膳未分，今来要物用急，前向表叔边典得铜钱一千文，其钱每百随月纳息二文算，其钱言约来年十一月尾，本利一足付还。如是至期无还，其田即便退与陈宅去管理招佃，管理收租为业。冯宅不得意（异）说等请。其田并无重迭典挂之类，并无拈折抑勒情由，如有来历不明，冯宅自己抵挡。恐口无凭，立典约存照。

外有上手一纸缴照。

一批递年实还刘宅主人正租谷一石正。

乾隆癸酉十八年十二月日立典约人冯玮玉（押）同男冯木蛟（押）

现佃冯木生（押）亲笔②

在永安一带，佃权或田面（田根）通称"赔田"，佃权或赔田典当文契，契名叫"典约"、"当约"，有时也称"赔约"或混杂、兼称。如第一纸文约开头叫"典小租赔约"，末尾简称"典小租约"；第二纸文约开头称"当约"，末尾复称"赔约"。

三纸文约的典当交易标的物都是"赔田"，但社会性质不同，前二者持有人是永佃农，属于永佃权或土地使用权；后者持有人是小租主，属于永佃制蜕变后派生的另一重收租权。三宗赔田典当的交易性质一样，都是抵押借债，不过条件、方式略有差异。前两宗佃权是不定期典当，水田由出典人继续耕作，递年还租偿息，不拘年期远近，出典人备办原价（本金）取赎。只是两者关于出典人欠租（欠息）的处理方法稍有不同，第一纸契约没有提及，第二纸契约特别载明，若地租"拖欠升合"，即"下伙改佃"，

---

① 傅衣凌：《福建佃农经济史丛考》，福建协和大学中国文化研究会1944年刊本，第72页。
② 傅衣凌：《福建佃农经济史丛考》，福建协和大学中国文化研究会1944年刊本，第56页。

出典人"不敢阻占"。后者条件似乎更为严苛。

第三纸契约是小租权的定期典当，期限只有一年。与前两宗个案不同，这里的小租只是充当抵押，并未直接同债款（典价）挂钩，出典人（债务人）并不通过交纳小租还息，只是订明到期本息一次偿清。因小租是谷物，债款为现金，亦未指定用小租偿还。文契特别载明，如债款"至期无还，其田即便退与陈宅去管理招佃，管理收租为业"。若然如此，小租主的赔田固然即时易主，"现佃"也因此失去了土地耕作。然而带有讽刺意味的是，包括这段文字在内的文约正是"现佃"亲笔所写，并签字画押。因为"现佃"并无佃权，也不能通过向承典人交纳小租偿还债款本息以维持自己的土地耕作，"现佃"在场并亲笔书写契约，只能是现身说法，证明典当标的物（抵押品）真实无虚，文约的履行没有任何问题，纯粹是为他人做嫁衣。这种案例在其他地区似乎尚不多见。

福建部分地区的佃权或田根典当，在文约特别是文约用字方面，有相当独特的地方习俗。如果不明就里，往往令人困惑，或导致歧异。下面摘引的四纸典当契约，在一定程度上反映了这种独特习俗：

其一

立替田皮粪尾帖郭李氏，今因缺用，自情愿将夫手开荒水田壹处，坐落土名登滩上过桥坑神坛面前，相连大小伍坵，上与神坛为界，下与竹头为界，左与坑水为界，右与李家田为界，四址分明，欲行出替，托中送与大元阁李占元、李慕章兄弟入手承顶，当日三面凭中言断时值田皮粪尾花边贰拾元正。其钱及帖即日两相交付足讫，其田自替之日为始，任凭顶人即起管业，招佃耕作，有替人不得异言阻挡，其田原系夫手自己垦荒，与上下房亲伯叔兄弟侄人并无干涉，亦未曾重张典当他人。如有上手来历不明，皆系替人一手支当，不涉顶人之事，亦无夹带，原系正行交易，并非准折负债之故。二比首肯，两无逼勒。今欲有凭，立替田皮粪尾帖为据。

一批即日收到字内花边足讫，批正。

一批其田每年偿纳林坝主地租谷贰斗，批正。

一批不限年月许备原价许赎，批正。

一批并无上手老契，批照。

在场中见　葛兆发

在场男　郭清元

郭清河

道光六年二月廿九日立替田皮粪尾帖　郭李氏

代笔　范青林①

其二

立替田根约王金成，原父手阄下份之额有佃田壹号，坐属拜井里小荻地方，土名俗叫水涵头田贰坵，载租壹百贰拾伍觔大秤，今因无银乏用，即将此佃田托中引到替于雷坤照处为业，三面言议，得出价银番贰拾员正纹广，其银立字之日仝中亲手收讫，其佃田即付银主耕作纳租，其年限面约捌年以满，听从原主备银取赎，不敢执留，如是无银取赎，照旧纳租耕作，亦不敢生端言说之理，但此佃田系成阄下份之额，与亲堂伯叔兄弟侄无干，日前并未曾重张典当他人财物，倘有不明，系成出头抵当，不涉银主之事，两家允愿，各无反悔，今欲有凭，立替田根约壹纸为照。

日后备银取赎，每员陆钱重，再字。

外用中钱陆百文。

光绪拾柒年拾壹月日　立替田根约　王金成

在见胞伯　王铨桂

中见　罗善可

在见胞叔　王仁桂

代字　罗秀顺②

其三

立赞根批陈开成，原上年间置有水田壹号，坐落二都三坑地方，

---

① 陈支平主编：《福建民间文书》第 6 册，广西师范大学出版社 2007 年版，第 140 页。
② 陈支平主编：《福建民间文书》第 6 册，广西师范大学出版社 2007 年版，第 65 页。

土名坑尾坝林安着，出判与范宅宜位亲边耕种，递年冬成之日，加纳晾租谷壹拾伍贯正，即日得过范根银柒钱重番壹元正，亲收足讫，未少分厘，递年范边扣租贰贯，实纳陈边租谷壹拾叁贯正，不敢欠少斤两，亦不敢抛荒失界等情。今欲有凭，立根批合同为照。

面订陈边备出根番取赎，范边不得执留，原笔再照。

即日实收过根番壹元正，再照。

光绪十五年十月吉日立根批　　陈开成

　　　　　　在见　夏清桂

　　　　　　代笔　夏万灼①

　　其四

立暂田根约雷坤照，自己手置有雷姓佃田壹号，坐属拜井里小获地方，土名俗叫其盘石，载租谷贰百贰拾觔大秤，今因无银乏用，即将此佃田托中引到暂于雷士处为业，三面言议，得出价银小洋壹百捌拾角正，每角柒分贰厘重，其银立字之日仝中新〔亲〕手收讫，其田即付银主耕作纳租，亦不敢生端支节之理，但此其田面约年限年以满，备银取赎，不敢执留，如是无银未赎，照旧银主耕作纳租，其田系是自己手置之额，与亲堂伯叔兄弟任无干，日前并未曾重张典当他人财物。倘有不明，系是照出头抵当，不涉银主之事，两家允愿，各无反悔，今欲有凭，立暂田根约壹纸为照。

　　　　　　中见　堂兄乾住

　　　　　　在见　胞兄坤恩

中华民国元年旧历十一月立暂田根约　雷坤照

　　　　　　　　自己执笔②

　　这四纸典当文约，第一纸来自上杭，第二、四两纸来自罗源，第三纸来自寿宁，三县互不连属。四纸契约全是田皮、田根典当，但契约名称十

<hr>

①　陈支平主编：《福建民间文书》第5册，广西师范大学出版社2007年版，第274页。

②　陈支平主编：《福建民间文书》第6册，广西师范大学出版社2007年版，第110页。

分特别，契中某些字词令人困惑，需要加以诠释和说明。

契名方面，虽然四宗田皮或田根交易都是典当，但契名"替田皮粪尾帖"、"替田根约"、"賛根批"、"暂田根约"，并无"典"字或"当"字，其中"替"、"賛"、"暂"三字尤其令人费解。有必要从文字学的角度进行诠释。这里的"替"，并非"替换"、"顶替"的"替"，而是"賛"的讹变和简省，"賛"则是"贊"的俗字，"贊"的隶书体也写作"賛"，故"替"、"賛"均与"贊"同。而"赞"与"暂"同音通假，亦即"替"、"賛"都是"暂"的借字。① 按其本字、本义，前三纸契约的契名实为"暂田皮粪尾帖"、"暂田根约"、"暂根批"，与第四纸契约"暂田根约"基本相同或完全一样。

契名字词的来源、含义查清了，看似不同的契名统一了，不过谜团还未破解。从字面上看，"替（暂）田皮粪尾帖"、"替（暂）田根约"、"賛（暂）根批"、"暂田根约"的意思仍不清楚，同契约内容似乎也挂不上钩。从四纸契约的表述看，都是立契人因"缺用"、"乏用"等原因，佃田、田根短期或不定期活卖，许原主限期或不限期备价取赎，银主"不敢执留"，交易性质属于定期或不定期典当。可是，立契人只是申明，田皮、田根"未曾重张典当"，但是次交易到底属于何种类别、性质，立契人并未交代。从契约名称到文字表述，都未出现"典"、"当"或"买"、"卖"等字样。同时，在文契中，立契人自称"替（暂）人"；将田皮、田根付诸交易谓之"出替（暂）"；将田皮、田根移交受主，谓之"替（暂）于……"、"暂于……"，等等，同样令人困惑。

不过上述疑团、困惑并不难解决。只要将这些文契与同地租权典当契相互参照，就会发现，这种情况的出现，乃是文契采用的结果。通过检索同地甚至同一契主的租权典当契，可以窥测当地相关文契的借字、省字习惯及其规律。如第四契契主雷坤照，光绪三十年（1904）订立的一纸民田租权典卖契，开头契名是"卖暂典契"，落款使用"暂典契"，契名都有"典"字，而契文表述则称"卖暂契"，省略了"典"字；雷坤照宣统元年所立屯田典当

---

① 参见唐智燕：《清代福建"賛""替"类契名解读》，《中国经济史研究》2014年第3期。

契，开头、结尾写的都是"典契"，落款用的是较完整的"典暂契"，只是把"暂典"颠倒成"典暂"；同地雷乾方兄弟光绪二十年所立的"粮应田"租权典当契（受主为雷坤照），开头用的是完整的"赞典契"，结尾、落款全部省去"典"字，写成了"赞契"。^① 关于交易标的物移交受主的表述，雷坤照前述屯田"典契"和光绪三十三年（1907）同地王仁泰所立的民田"暂典契"（受主为雷坤照），用的都是完整、清晰的"暂典于"，谓"即将此田托中引到暂典于雷乾珍处为业"；"即将此民田托中引到暂典于雷坤照处为业"。^② 而雷坤照前引光绪三十年（1904）民田租权"典契"，将"暂典于"的"典"字省略，变成了"暂于"，谓"即将此民田托中引到暂于蓝得昌处为业"。^③

十分清楚，四契中除了前三纸契约同音假借，用"替（赞）"、"赞（赞）"字取代"暂"字，全都在重要部位省略了关键性的"典"字。因此，四契的原字原义契名，依次应当是"暂典田皮粪尾帖"、"暂典田根约"、"暂典根批"、"暂典田根约"。第一纸文契中，立契人自称的"替人"实为"暂典人"；将田皮付诸交易的所谓"出替"，应为"出暂典"或"出典"。关于交易标的物移交受主的表述，第二、四两纸文契的"替于"、"暂于"，都是"暂典于"。查明借字由来，恢复省字原貌，所有谜团、困惑立即迎刃而解。

须要指出的是，上杭、罗源、寿宁三县，相隔甚远，这种土地文契的借字、省字习俗，却如此雷同，说明这种习俗的流行范围，相当广泛，远不止这三县，只是其他县区的相关契约、资料尚未被发现罢了。

在清代台湾，佃权或田面买卖文契中，也有若干数量的典当契约。下面分别就典契、当契各举一例：

其一

立典契字人下水仔庄陈周，有自己应份阄分份下水田一段，址在旱溪底。大小三丘，东至园崁，西至添生田，南至添生田，北至番叔

---

① 参见陈支平主编：《福建民间文书》第 6 册，第 93、108、72 页。

② 参见陈支平主编：《福建民间文书》第 6 册，第 100、108 页。

③ 参见陈支平主编：《福建民间文书》第 6 册，第 93 页。

田，四至界址明白。今因乏银别创，先尽问房亲人等不能承受，外托中引就向与本宗陈玉麟出首承典，当日三面议定时值价银一百五十大员正。其银即日同中交收足讫；其田随即踏付银主前去掌管起耕，招佃耕作，年纳大租谷一石，又水租四斗。其田限自甲子年起，至甲戌年终，听周备足典契字内银一足送还，取回原契字；如银未备，任从银主耕作，不得刁难。保此田系周应份阄分物业，与房亲人等无干，亦无重张典挂他人财物，并无拖欠大租及上手来历交加不明等情；如有此情，周一力抵挡，不干银主之事。此系二比甘愿，各无反悔，口恐无凭，立典契字一纸，阄书一纸，共二纸，付执为照，行。

即日同中收过典字内银一百五十大员正完足，再照，行。

其上手契连在别段，难以开拆，再照。

嘉庆九年六月　日立典契字人　陈周。

　　　　　　　　代笔人　宗侄希周

　　　　　　　　知见人　胞兄起

　　　　　　　　为中人　叶圆[1]

其二

立当水田契人武西保曾厝仑庄许月，有承祖父母应分阄书内抽出其中水田一处，东至镇平圳，西至小沟，南至叶家田，北至叶家田，四至界址明白。奉丈一分五厘，年纳业户大租谷一石五斗，道车工照配。今因乏银凑用，愿将此田出当，先问尽房亲伯叔兄弟侄人等不受，外托中引至本庄张春祈祖公尝出首承当，即日凭中三面言约时值出得当银价三十大员正。限当四年为满：癸卯年春起，至丙午年终，田主备足价银取赎原契，其银主不敢刁难；至期无银取赎，银主再将此田掌管，其田主不敢异言。保此田业明系月兄弟阄书应分之自业，与他人无干，并无重张典挂他人财物为碍，亦无少欠业户大租，亦无上手来历不明等情；如有不明等情，系月一力抵挡，不干银主之事。此系二比甘愿，各无反悔，口恐无凭，立有当契一纸，上手阄书一纸，共

---

[1]　台湾银行经济研究室编印：《清代台湾大租调查书》第 2 册，1963 年刊本，第 217—218 页。

二纸，完单缴连，付执为照，行。

即日同中交收过当契佛银三十大员正完足，再照，行。

批明：中金银一员，取赎之日备还。

道光二十二年十二月　日。

亲笔人　许月

为中人　兄许见明

在场见人　母亲谢氏[1]

前已述及，在台湾的佃权、田面买卖中，佃权、田面直接称田或园、地。典当也一样，两契一为典约，一为当约，从文契看，分别都是水田典、当。条件、规则、习惯也大体相同。作为质押物的水田，连契约一起，都必须移交典主（当主），以质押物水田的收益抵充典当价款利息，因而不存在利息支付的拖延或短缺问题。典期、当期都是固定的，如到期无银取赎，质押物水田即被典主（当主）没收。至于典当利息、利率，其中典约因水田面积不详，无法得知。当约水田一分五厘，以台湾每甲产谷 85 石计，一分五厘产谷 12.75 石，扣除大租 1 石 5 斗，"道车工"暂以 5 斗计，合计 2 石，尚余 10.75 石，按台湾稻谷 1 石，折合银洋 1 元计算，当价年利率为 39.2%。但尚须计算和扣除生产成本，同时还要考虑年成风险。如将这些计算进去，当主所得利率可能在 20%－25%，同其他抵押借债利率大体接近。还有一点值得注意，两宗典当交易都是在先问房亲伯叔兄弟侄人等不受之后，才托中寻觅外人承典，说明当地的"亲族先买权"习俗还普遍流行，牢不可破。

清代台湾，因欠租被地主收回佃权（田面）或佃农主动退回田面抵偿欠租，除了绝卖外，还有典当。下面是一纸佃农退田偿租的"退耕找典契"：

立退耕找典契字人武东保排仔路头庄赖红、赖火暨侄等，有承祖父建置水田一段，经丈四分五厘，每年带纳林益丰业主大租谷三石九

---

① 台湾银行经济研究室编印：《清代台湾大租调查书》第 2 册，1963 年刊本，第 238 页。

斗六升满。址在排仔路头庄，东至牛埔，西至林溪水田，南至林清霞田，北至陈仲田，四至界址明白。今因年来光景不顺，其田被水冲坏失收，拖欠益丰大租谷无力清还，托中恳求，愿将此田退耕找典契子面银六十大员。其银同中交收足讫；其田随即踏明界址，付与业主起耕招佃耕作，收租纳课。此田面约五年为满，听红备足契面取赎；如是无银取赎，田依旧付业主掌管，不敢异言生端。保此田系红、火等承父物业，与他人无干，亦无重张典挂他人不明等情；如有不明滋事，红出首抵挡，不干业主之事。此系两愿，各无反悔，口恐无凭，立退耕找典契字一纸，付执为照。

即日同中收过契面佛银六十大员正完足，再照。

一、批明：其上手大契及阄书带粘别业，难与分析，批照。

一、此田已经被水冲坏，若有修理工资之银，日后取赎之时，照数清还，批明，照。道光二十五年十二月日立退耕找典契人　赖红赖火

为中人　赖菊

代笔人　陈冯喜

知见　母亲叶氏①

佃农因田地被水冲坏，年成无收，拖欠地租，无力偿还，既不是地主强制或无偿收回水田，也不是佃农退回或绝卖，而是典当。典期5年，典价60元。5年后佃农还可原价赎回。这是清代台湾佃权转让的特有形式和习俗。

旗地典当也相当普遍。下面是光绪七年（1881）顺天府怀柔县的一纸"典地文约"，可从中窥测其习俗、惯例：

立典地文约人王钺、王铠同子本中，因手乏，今将祖置旗地一段九十亩，坐落在怀柔县花园庄西，四至有原契可证。自□〔商?〕置主情愿将此地出典与坤宅名下为业，言明典价京平银叁佰两整，其银笔

---

① 台湾银行经济研究室编印：《清代台湾大租调查书》第2册，1963年刊本，第239—240页。

下交足不欠。自典之后，由王姓耕种，历年与置主交纳租银叁拾两整。如是日〔田〕租若不到，地由置主自便。如是田租若不欠，其地亦不许置主增租转佃。言明二十年之后不许回赎，如二十年以前，春前秋后全价许赎，当年现纳租银叁拾两整。随代〔带〕图书纸一张，白字一张。此系因王钺手乏，情急无奈，故与坤宅告祈，情愿将地典押，以济眉急，各无反悔。恐口无凭，立典字为证。

　　光绪七年拾月廿日立字人　王钺、王铠　亲笔（押）

　　　　同子　王文中（押）①

　　旗地佃农王钺、王铠兄弟，因手乏，"情急无奈"，将祖置的90亩旗地出典给坤宅为业，佃价银300两，并将相关契据交由置主收押保管，但土地仍由出典人耕种，每年向置主交租银30两，充当典价利息，相当年利率1分。契约载明，典期最长为20年。20年之内，每年春前秋后均可原价取赎。期满20年之后，则不许取赎。契约只规定出典人取赎的最后年限，而不限制最后期限前取赎的具体年份，给出佃人以较大的选择空间。这种典当习惯，似不常见。

　　热河蒙地的佃权典当，主要有"钱到许赎"、"烂价"两大类。下面四契大体反映了这两种类型：

　　其一

　　立钱倒〔到〕许赎文约人王殿甲，因手乏不便，今将自置北山熟地一段，计开四至，东至荒界，西至大沟，南北至荒界，四至分明。自烦中人说妥，情愿倒与王亭名下耕种三年，钱倒〔到〕许赎。如钱不到，无年限。同中人言明，此地价钱谷米四石三斗整。其钱笔下交足，分文不欠。此系两家情愿，各无反悔，并无杂项。恐口无凭，立文约存证。收租人陈柱、文末二人收纳共租钱二千七百文，上代〔带〕大锄二亩。

---

①　日本东洋文库明代史研究室辑：《中国土地契约文书集》，日本东洋文库1975年刊本，第77—78页。

中　人　蔡玉春　王颜显

代字人　张汉源

中华民国十七年五月初六日　立①

其二

立当契地文约人任茂财，因手乏不凑，今将自己熟地八亩，坐落在朝阳庄大道西，四至开列于后，自烦中人说妥，情愿当与任茂德名下耕种为主，同众言明当价现大洋一百五十元整。其钱笔下交足，分文不欠。每年秋后，上代〔带〕租粮四斗，兑官仓交纳。此系不拘年限，钱到许赎，别无杂项，两家情愿，各无返〔反〕悔，恐口无凭，立字为证。计开四至，东至大道，西至刘姓，南至沟，北至徐姓，四至分清。上代〔带〕官差二亩。

民国十九年九月廿七日　立

户族人　任廷奎

中见人　刘　起　邢振槐　李凤令　周凤阳

代字人　刘　春②

其三

立当地文约人居力可，因度日艰难，今将八拉卜屯东撂荒地一段，计地三天，南至本主，东至本主，西至坟，北至大荒，四至开〔分〕明。地价钱十二吊，一当八年烂价为满，地归本主。此系两家情愿，各无返〔反〕悔。恐后无凭，立此当契为证。情愿当与李广得名下耕种八年。

中见人　西力八他　冯洪太

代字人　赵清魁

大清光绪四年十二月十五日　立③

---

① 日伪地契整理局编印：《锦热蒙地调查报告》（日文本）中卷，1937 年刊本，第 946 页。

② 日伪地契整理局编印：《锦热蒙地调查报告》中卷，1937 年刊本，第 1828 页。

③ 日伪地契整理局编印：《锦热蒙地调查报告》上卷，1937 年刊本，第 365 页。

其四

立烂价文约人庆丰局催头章京王名山，今将上牤牛东畲合粮窖后所有略〔撂〕荒一处，四至列后，情愿当与樊喜宗名下，耕种五年烂价为满，言明地价钱六十吊正。其钱笔下交足不欠。此系两家愿意，各无返〔反〕悔，恐口无凭，立文约为证。

计开四至，东至荒界，西至山顶，南至大道，北至沟，四至分明。

中见人　贾子周　李孔忠

韩士俊亲笔

光绪廿年五月初十日　立①

这四纸契约，前两纸是"钱到许赎"，后两纸"烂价"。"钱到许赎"是以土地耕作抵充当价利息，当期届满，出当人可以原价回赎。这是各地广泛通行的典当方式。但"钱到许赎"的契名是热河蒙地区特有的。有的虽然也用"当契"、"典契"的契名，但契中必定有"钱到许赎"的文字说明。具体分为固定年限和不拘年限两类。其中固定年限的取赎又有两种情况，一种是若出当人届时无力回赎，受当人继续耕种交租，当期改为不拘年限，出当人可以随时回赎，头一纸"钱到许赎"契即属此类；另一种是若出当人届时无力回赎，取赎权随即丧失，佃权即永远归受当人所有。如宣统元年（1909）喀喇沁右旗的一纸"钱到许赎"契载明，当期3年，"清明钱到许赎"；3年秋后，若"钱相〔项〕不到，置主有种"。② 但未提及出当人的回赎权。第二纸当契属于后一类。当期和取赎均不拘年限。契约特别注明，"此系不拘年限，钱到许赎"。这对出当人是最为宽松的。

"烂价"不同于"钱到许赎"。后者是以佃权耕作收益抵充契价利息，当契约年限届满，必须备付契价本金，才能赎回土地；而前者是以佃权耕作收益抵充契价本金及利息，契约年限届满，契价本金全部消失，土地无偿回归原主。这是热河蒙地区特有的一种佃权典当形式。契式方面，契名

① 日伪地契整理局编印：《锦热蒙地调查报告》（日文本）上卷，1937年刊本，第369页。
② 日伪地契整理局编印：《锦热蒙地调查报告》（日文本）中卷，1937年刊本，第924页。

或为"烂价文约"，或称"当契"。这里所引的两纸契约，前者用"当契"，后者用"烂价文约"，不管用何种契名，但契约必定有"×年烂价为满"或"一当×年烂价为满"等相关说明。"烂价"地的田底租往往由原主缴纳，其中部分为无租撂荒地。契约期限亦较短，大多为3年、5年、8年不等，10年以上的很少。"烂价"名为典当，但更像是某种形式的租佃，是承当人一次性预缴若干年租金的定期或短期租佃。由于"烂价"届期，佃权无偿回归原主，永佃农既可解救燃眉之急，又能保住佃权，倒不失为双全之策。只是原主本来就遇到了难题，现在失去土地耕作，但又必须照纳地租，无异难上加难。

另外，热河蒙地佃权的典卖，有"尽典不禁卖"的规矩：业主将已典出之地复典与他人，原典户可以阻止；但如果出卖，原典人则只能索价，不能禁止，唯原典户有优先购买权。①

除了绝卖、活卖和典当，永佃农或田面主也普遍以佃权或田面为质押，开立借约、借票，借谷借款，进行资金融通，契式、习惯互有差异。

皖南徽州一带，永佃农或田面主用佃权或田面抵押借债，十分常见。下面试举三个借款实例：

其一

立借约人胡玉友，今因缺少使用，自情愿将承祖遗下田皮一丘，土名金竹坞，计籼租四砠，凭中抵到汪　名下本九五色银壹两五钱整。其银利言定每年秋收之时硬交籼谷三砠，不致短少。倘若谷利不清，听从执田扒佃，无得异说。未抵之先，并无重复交易一切不明等情。如有尽是本家一面承当，不涉受主之事。恐后无凭，立此抵约存照。

乾隆二年十月日立借约人　胡玉友（押）

凭　　中　　胡征贯（押）

达五（押）

彩三（押）②

---

① 《土默特旗志》上卷，内蒙古人民出版社1997年版，第163页。

② 中国社会科学院经济研究所藏：《明清代民间典当契》，编号：010·6。

其二

立借字约人程鸣和，今因家母正事急用，自情愿借到族婆仪三名下本洋拾元正。其洋比即是氏收足讫。其利每周年一分行息，送到名下，不得短少。今母分身名下归还。倘若本年利息不清，自情愿将父分身名下佃皮田壹丘，土名遭到圩，计租拾租，听从借字人耕种管业，无得异说。恐口有（无）凭，立此借约存据。

道光二十年九月日立此借字约亲笔　程鸣和（押）

凭中　胡叔婆（押）

再批，老契与别业相连，不便划出，若日后刷出，不作行用。①

其三

立借票人汪培功，今借到黄德本堂广秤仓谷壹佰五拾斤，言定按秋交纳利干谷四拾伍斤，不得短少。另检付黄福孙大门前佃七秤，以作为信。如有是情，听从另召耕种裕租，两无异说。恐口无凭，立此借票存据。

同治元年十二月日　立借票人　汪培功（押）

凭中　孙云彪（押）

代笔　孙文辉（押）②

三纸借票的年代分别是乾隆、道光、同治，都是以田皮、佃皮或佃权作抵押，在程序和形式上，有一个共同特点：都有中介协调、见证，土地凭约充当抵押，但并不将契约、土地交付债权人，仍由债务人持有、耕作，另行付息。倘若拖欠利息，田皮或佃权即归债权人所有。至于利率，第一纸借约因谷价不详，难以准确计算。如以 1 两银子折合大米 1 石或稻谷 2 石、1 石稻谷以 135 斤计，1 两 5 钱折合稻谷 405 斤；偿息稻谷每租以 25 斤计，共 75 斤，得出年息为 18.5%。与民间通行借贷利率基本相若。第二纸借约载明"周年一分行息"，利率相对较低。第三纸借约，从"黄德本堂广

① 中国社会科学院经济研究所藏：《明清代民间典当契》，编号：010·14。

② 中国社会科学院经济研究所藏：《明清代民间典当契》，编号：010·20。

秤仓"这一称谓看，债主可能是大地主，利率亦最高，达30%。从三纸借票还可大致得知，借贷利率处于不断升高的态势。

在清代台湾，有的佃权抵押借贷，采用出租、借款合一的契式。试看下例：

> 立赎耕带借银字人刘攀桂兄弟等，有承祖父遗下坐落土名搭寮坑庄军工岭脚山田一段，应纳番租银七分半正，果仔、杂物、竹木、茅厝一座，东至陈家仑头分水为界，西至坑沟为界，北至陈家为界，南至水沟为界。又带过坑山田一段，应纳番租银一钱正，东至坑沟为界，西至赵家仑头分水为界，南至石家小坑为界，北至游家仑头分水为界，两段界址明白。攀桂向与房亲人等不欲承受，外托出中人引就向与简隆德，三面言定，手内借出佛银一百五十大元正。山田二段无租，银项无利。如有上手来历不明，与银主无干，系山主一力抵挡。现耕银主备出佛银一百五十大元正，交付攀桂兄弟等亲收足讫；其山田二段，并果子、杂物、竹木、茅屋一座，均交付现耕银主前去掌管。其田限典戊子年冬至起，至甲寅年冬至止，共二十六年为满，到期银交还现耕银主，阄书字纸交还攀桂兄弟。此系二比甘愿，各无反悔，口恐无凭，今欲有凭，立赎耕借字一纸，阄书二纸，书单一纸，共四纸，付执为照。
>
> 批明：阄书书单破纸三张，为照。
>
> 再批明：字内添［界］一字，批照。
>
> 再批明：加［四］一字，为照。
>
> 光绪十四年（岁次戊子）十一月。
>
>
>
> 代笔人　简以能
>
> 为中人　简进心
>
> 在场人　刘清琪
>
> 知见人　刘新兴
>
> 立赎耕借银字人　刘攀桂[①]
>
>

① 台湾银行经济研究室编印：《台湾私法物权编》第3册，1963年刊本，第766—767页。

这是一纸比较特别的契约。双方的借贷或经济权益关系，原本十分简单明了：刘攀桂兄弟以山田二段为质，向简隆德借银150元，并将该田及茅屋交付简隆德耕作、居住，以山田收益抵充借款利息。借期26年，期满归还本金，取回山田及茅屋。这显然是债务人与债权人的关系。但现在的契约谓之"瞨耕带借银字"，即刘攀桂兄弟将山田二段"出瞨"给简隆德耕种，不过承租人备出的150银元，并非无息碛地银或有息碛地银，而是借给业主的债款，利息则以承租人应交地租抵充，因此契约载明，"山田二段无租，银项无利"。这样，双方既是业主同佃户的关系，也是借款人与债权人的关系。从"其田限典戊子年冬至起，至甲寅年冬至止，共二十六年为满"的契文看，同时又是出典人同典主的关系。这从一个侧面反映出佃权典当或抵押借贷形式的多样性和性质的复杂性。

顺天、直隶一带，旗地佃权抵押借债也相当普遍，不过往往直接同佃权典当结合在一起，契约形式和习惯，较为特别。从顺义的两纸"指地借钱文约"，可以窥见当地旗地佃权抵押借债的大致情形：

其一

立指地借钱文约人张温德，因手乏，今将祖遗老租地一段，壹亩柒分伍厘，指此地借到杜文达名下承种，坐落沙井村西南，地名沙窝下头，当面言明借价东钱伍拾叁吊整。其钱笔下交足，并不欠少。钱无利息，地无租价，租相〔项〕张往交约〔引者按：约念 yao〕。三年之后，钱到回赎，两家情愿，各无反悔。恐口无凭，立字为证。

咸丰七年三月初十日。[1]

其二

立指地借钱文约人李春，因手乏，今将自种老租地一段柒亩五分，此地坐落沙井村西南，地名沙窝，亲托中人说合，情愿指此地借到本村杜文达名下承种，言明种地叁年以后，钱到回赎，同中言明，钱无

---

[1] 〔日〕中国农村惯行调查刊行会编：《中国农村惯行调查》卷6，日本岩波书店，1952—1958年刊本。

利息，地无租价，以利息顶补租价。同中言明，借价东钱贰佰柒拾吊整。其钱笔下交足，并不欠少。此系两家情愿，各无反悔。如有错争论者，自有借主中保人一面承管。恐口无凭，立字为证。

同治四年九月初二十六日。

中保人　孙　发[①]

这两纸"指地借钱文约"，贷款人为同一个人。文约格式、内容比较特别，顾名思义，所谓"指地借钱"，应是立契人以土地作抵押，向他人借取钱款，订明还本付息办法，按惯例将土地的相关契据交由贷款人收执，土地仍由立契人耕作，另行缴付利息。但本契说的却是将土地立契"借到（给）"某人耕种若干年，言明"借价"若干。土地交由贷款人掌握、使用，不过相关契据仍由借款人保管。两纸契约均言明，借种3年，届期"钱到回赎"。借种期间"钱无利息，地无租价"。这与其说是契主指地借钱，毋宁说贷款人出钱借地，尤其是后一纸契约"以利息顶补租价"的补充说明，更是从借地人的角度说的。这纸"指地借钱文约"，又像是典契。将典契写成"指地借钱文约"，反映了当地旗地佃权抵押借债的特有习惯，也可能同佃农有意规避官府禁止的旗地典当有关。

热河蒙地的佃权抵押借债契式、习惯，和旗地有其相似之处，又存在某些差别。试看下面两纸"指契文约"：

其一

立指契文约人王福玉，因手乏不便，今将自己贝子府北山熟地贰拾亩，计垄五十壹条，东边短垄叁条。计开四至，东至王才，西至曹发，南至大道，北至龙凤礼，四至分明，自烦中人说妥，情愿指与赵增贵名下，使银本利共合叁拾九两。冬月初一日交银赎地。如交不上者，三年以后银到回赎。此系两家情愿，各无反悔。恐后无凭，立契为证，言明每年秋后交租钱陆吊整。

---

① 〔日〕中国农村惯行调查刊行会编：《中国农村惯行调查》卷6，日本岩波书店，1952—1958年刊本。

中　人　王进福

代　字　张奎

大清光绪三十三年二月二十九日　立①

　　其二

　　立指契文约人宁德福，因无钱使用，今将自己熟地一段，坐落在大零沟东小沟，计数五拾亩正，四至开列与〔于〕后，又有场园一处，自烦中人说允，情愿指与吴歧山名下，借五分利小米五石，至本年腊月十五日，本利共小米七石五斗正。至本日小米本利付到，地为〔归〕本主。小米若不到，地〈归债权人〉永远为业，土木石水相连，不与地主相干，每年秋后地租按度支局下地交租，别无杂项。此是两家情愿，各无反悔。恐后无凭，立指契为证。（四至略）

中　人　伊崐岗

代　字　张志侠

民国十八年五月十一日宁德福　立②

　　所谓“指契文约”，显然是旗地“指地借钱文约”的简化。契名相近，但契式、习惯大不相同，“指契文约”的内容、文句清晰、准确，没有掺杂典当、租佃契约的相关词语、元素，是纯粹的佃权抵押借债文约。土地作为信用抵押，虽按文契规定已归债权人所有，但仍由债务人掌管、耕种，独自支配土地收益，土地收益不同债款本息的计算、支付挂钩，只有当债务人到期无法支付债款本息时，债权人才有权没收土地（佃权）。当然，这种情况可能同借期较短有关。两宗个案的借期均不足一年，分别只有 8 个月和 7 个月，前者立约时临近清明，春播准备就绪；后者已经青苗在田，相关价值评估和土地移交存在某些困难。也正因为如此，借贷条件相应严苛，土地抵押率和借贷利率都很高。前者债款因系本息合计，利息、利率不详，后者借 5 石小米所抵押的佃权为 50 亩，即每借一斗小米，须以一亩土地

---

① 日伪地契整理局编印：《锦热蒙地调查报告》（日文本）下卷，1937 年印本，第 1897 页。

② 日伪地契整理局编印：《锦热蒙地调查报告》（日文本）中卷，1937 年刊本，第 752 页。

（佃权）作抵押，而借期 7 个月的利率为 5 分，年利率接近 10 分。对债务人到期无法按约支付债款本息的处理，前者规定 3 年后才能"银到回赎"，这期间即以土地收益抵充利息，尚有 3 年的缓冲期。后者更严，债务人若到期无法清偿债务，佃权即行没收，归债权人"永远为业"，1 亩佃权的价格才 1 斗小米，可见热河蒙地佃权指地借债条件的严酷程度。

3. 永佃农的佃权典当与地主兼并

绝大部分永佃农典当佃权、田面，或以佃权、田面抵押借债，大多都是由于天灾人祸或家庭收支困难，而这种天灾人祸或家庭收支困难，又是地主残酷剥削的结果，或同地主的地租和经济剥削有着直接或间接的关系。

永佃农典当佃权、田面，或以佃权、田面抵押借债，原本希图既救燃眉之急，又保住佃权或田面，但实际情况往往是，一旦陷入典当佃权、田面的抵押借债泥潭，就很难自拔，典出、当出的佃权或田面，很难如期原价赎回。结果往往是典当→找价→最后绝卖。这就是绝大部分永佃农或小田面主丧失佃权或田面的"三部曲"。永佃农的佃权典当的"三部曲"，既给地主富户的佃权兼并提供了条件，从某个角度看，又是地主兼并佃权的真实记录。

在实际生活中，当然也不排除某些永佃农在典当、找价、再找价的拼死挣扎中，最后翻过身来，最后得以赎回佃权。如嘉庆十五年（1810）十二月，徽州永佃农吴廷武，将应交大租硬租 4 砠 24 斤的一宗佃皮出典，得价 8 千文，5 年后原价取赎。到嘉庆二十五年（1820）加找 2 千文再当，三年后原价取赎；到道光八年，又加找 2700 文第第三次出当，5 年后再原价取赎，最终保住了佃权。① 但其他永佃农却没有这么幸运，佃权一旦出典、出当，或抵押借债，就只能加找、绝卖。这类个案，俯拾皆是。

乾隆十五年（1750），浙江瑞安佃农李世圣将佃田 3 亩"暂时押当"，当期一年，得价银 5.2 两。次年，为赎回当田，又将另外 2 亩田"转顶"给朱阿宝，得顶银 5 两。② 为赎回暂时押当的 3 亩，被迫顶退（等于售卖）

---

① 中国社会科学院经济研究所藏：《程姓滕契簿》，置产簿第 12 函，W·TX·B0051。
② 档案，乾隆十七年十二月初三日刑部尚书阿克敦题，见中国第一历史档案馆、中国社会科学院历史研究所编：《清代地租剥削形态》（下），中华书局 1982 年版，第 621 页。

2 亩，实际仅赎回 1 亩。福建政和县佃农吴观云情况更糟。该佃有"租田"10 石，乾隆二十年（1755）将 4 石典给吴道忠，得价 8 两，但无力回赎，未几找银 4 两，将其绝卖，不过仍然自己耕种纳租。接着又将 3 石田卖给吴维睦，得价 14 两，也是继续耕种纳租。到乾隆二十三年（1758），将已经卖出而尚在耕种的 7 石连同尚有佃权的 3 石一起，全部顶与吴道海耕种，得"顶手银"12 两。次年，又因母去世，将剩下的 3 石租田也卖给了吴道海为业。最后以丧失 10 石田的全部佃权和土地耕作告终。[①] 从乾隆二十年（1755）年出典 4 石田开始，在短短 4 年间，不仅典出的田没有赎回，而且把 10 石田全部卖光。嘉庆十四年（1809）十二月，徽州永佃农江大春将一宗大租硬租 5 秤半的佃皮出典，得佃钱 18 千文。同月加找 2 千文，道光元年（1821）十二月又加找 1200 文。到道光三年（1823）再加找 3500 文，被迫绝卖，不再取赎。[②] 表 6-7 是皖南徽州佃权由典当到绝卖的若干实例。

表 6-7　皖南徽州佃权由典当到绝卖情况示例
（1795—1896）

单位：面积，亩；租额，秤价额，两

序号	年份	典当原因	面积（亩）	大租额（秤）	典当价额（两）	情况摘要
1	顺治 × 年	今因缺用	7（丘）	4	2.2	一听佃人永远耕种出租
2	乾隆 60 年	作种不便	1.2		5	原约 6 年为满，嘉庆 6 年加价 3 两，绝卖，永远不得加价取赎
3	嘉庆 3 年	欠少使用	8（秤）	167（斤）	9	原约言定嘉庆 10 年后方许取赎，嘉庆 11 年加价 2 两，不再取赎
4	嘉庆 14 年			5.5	18（千文）	同年 12 月加 2 千文，又加 1200 文，道光 3 年加 3500 文，绝卖
5	嘉庆 18 年	衣食无度	1（号）	50	35	因子外逃无踪，女死无钱下葬，嘉庆 22 年加找佃价银 4 两，卖断

① 转见韩恒煜《试论清代前期佃农永佃权的由来及其性质》，《清史论丛》第 1 辑，中华书局 1979 年版，第 45—46 页。
② 中国社会科学院经济研究所藏：《程姓腾契簿》，置产簿第 12 函，W·TX·B0051。

续表

序号	年份	典当原因	面积（亩）	大租额（秤）	典当价额（两）	情况摘要
6	嘉庆 19 年	钱粮紧急		18（砠）	7	嘉庆 25 年加银 1.7 两，绝卖
7	道光 10 年	欠少使用	1.5		12	每年秋后交利谷 12 斗，同年 12 月又借银 8 两，年交利谷 8 斗
8	道光 10 年	今因正用	0.6		14	12 年内不准取赎；12 年外听凭取赎，道光 30 年找价 2800 文，即行杜退
9	道光 14 年		1.4		26	以 12 年为满，并不得加增、退价及未满取赎。道光 16 年加退银 1 两 8 钱 9 分，议定此后永远不得加增退价
10	光绪 22 年		30（秤）	360（斤）+1（砠）	15（千文）	言定不论年限取赎，民国 9 年加找银 5 元，绝卖

资料来源：1 据韩恒煜《试论清代前期佃农永佃权的由来及其性质》，《清史论丛》第 1 辑，中华书局 1979 年版，第 50 页，4、7、8、9 依次据安徽省博物馆《明清徽州社会经济资料丛编》第一集（中国社会科学出版社，1988）第 193、195—196、210、202、208 页，余据中国社会科学院经济研究所藏《徽州土地契约》综合整理编制。

　　皖南佃权或小买田价格明显低于租权或大买田价格，而典当价格又更低。但绝大部分永佃农或小买主，迫于经济困窘，一旦将佃权或小买田出典（当），取赎的可能性极微。所有这些，大大地刺激了地主富户对佃权的兼并，某些地主甚至专门承典（当）佃权或小买田，通过加价找断，达到兼并佃权、小买田的目的。如休宁汉口程姓地主，从雍正四年（1726）至宣统元年（1909）的 183 年间，共典进、当进（包括收押放债）水田、园地、山林、房产等 92 宗，其中小买田（水田）74 宗，占总数的 80.4%。当地乡俗，佃权或小买田的典卖让渡，文契称为"佃批"或"出佃批"，若系绝卖，则叫"出杜佃批"或"出佃断批"、"杜绝佃批"。74 宗小买田（佃权）典卖中，只有 6 宗绝卖，68 宗都是典、当或借债抵押。而这 68 宗典当或借债抵押的佃权中，只有 17 宗，即 1/4 由出典（当）人或借债人"取赎清讫"，22 宗（占 32.4%）业已加找卖断或被受主转典、转卖，剩余 29 宗（占 42.6%）则处于典当、加找和"听其原价取赎"但无力取赎的状态，已经卖断和无力取赎的占总数的 75%。据《誊契簿》的记载，典进和取赎年份最晚的一宗佃权是宣统二年（1910）的一宗"转佃批"佃权，原主于民国八年（1919）取赎。29 宗"听其原价取赎"但无力取赎的佃权，最晚典进于咸丰六年（1856），亦即离民国八年（1919）至少在 63 年以上，时间漫长，有的还几次加找，取赎机会极微。① 因此，凡是典出、当出的佃权、小买田，绝大部分的最终结局都是加找、绝卖。现将 22 宗佃权由典到卖的过程摘要整理，列如表 6 – 8。

表 6 – 8　安徽休宁永佃农"小买田"从典当到绝卖过程示例
（1726—1863）

单位：面积，丘；价额，千文

序号	年份	出卖原因	面积（丘）	价额（千文）	从典当到绝卖过程摘要
1	雍正4年	婆亲正用	1	7	言定其田取赎。雍正 6 年 3 千文"加断"
2	雍正4年	钱粮衣食无办	1	10	言定 5 年后取赎。雍正 10 年 2 千文"加断"
3	嘉庆13年	缺少事用	2	20	16 年加价 6 千文，"永远不得加价，永远不得取赎"
4	嘉庆14年	今因正用	2	18	当月加价 4 千文，言定 10 年后原价取赎；道光元年因"年底正用"，加价 1200 文；3 年因"年底正用"再加价 3500 文，"其田日后不得取赎"
5	嘉庆15年	正事自用	1	8	嘉庆 25 年立约加价 2 千文，言定 3 年后原价取赎；道光 8 年再立加价 2700 文，言定 5 年后原价取赎；同治 12 年受主出佃与王姓，光绪 23 年"加断"
6	嘉庆16年	欠少事用	11	53	言定耕种 10 年原价取赎，19 年加价 2 千文，加种 2 年；20 年加价 4 千文，再加种 5 年，言定"日后不得加价，听从原价取赎"；道光 3 年，"因取息少正用"，再加价 5 千文，言定 4 年后原价取赎；4 年复加价 12 千文，"其田久远听从种作交租，日后久远不得取赎"

---

① 休宁《程姓誊契簿》，中国社会科学院经济研究所藏，徽州地契档，置产簿第 12 函，W·TX·B0051。

序号	年份	出卖原因	面积（丘）	价额（千文）	从典当到绝卖过程摘要
7	嘉庆17年	今因正用	1	8.5	言定5年后原价取赎。23年加价2500文，言定5年后原价取赎。道光2年又"因年底欠少事用"，加价4500文，"其田日后永远不得加价，永远不得取赎"
8	嘉庆17年	欠少事用	1	6	言定日后听从原价取赎。19年因"欠少事用"，加价2千文，其田8年后"听从原价取赎"；25年因"欠少事用"，再加价3500文，其田"永远不得加价，永远不得取赎"
9	嘉庆19年	欠少事用	1	2.8	言定"日后原价取赎"。当年复借钱4600文；21年借钱4200文，秋收支利谷2砠。22年再借钱1400文，三共借钱10.2千文。"其钱恐年久不能清理"，将田一丘，0.29亩，连租并佃卖断，售价为前借之10.2千文
10	嘉庆20年	今因正用	2	2.3	其田由出佃人揽回种作，年交利谷11砠，言定"5年外原价取赎"。23年加价2800文；道光3年"因欠会钱"，又加价2950文；6年"因正用"复加价5500文；9年又加价1280文；道光23年"因钱粮门户无从措办"，最后加价700文，"永远不得取赎"。光绪4年受主出佃与王姓种作交租，25年"加断"
11	嘉庆25年	年冬欠少事用	1	5（两）	后加价2千文，言定"5年后取赎"。道光7年又加价2千文，"其田听从受佃人永远耕种，本家不得取赎"。光绪2年受主出佃与查姓，24年加断
12	道光元年	欠少事用	1	12	后加价2千文，言定5年后取赎；7年又加价2千文，"其田听从受佃人永远耕种，本家不得取赎"。光绪2年受主出佃与查姓，24年加断
13	道光3年	娶亲缺用	1	6	言定3年后取赎。7年6月加价1千文，言定5年取赎；同年12月又加价1千文，言定9年取赎。光绪24年受主转押与徐永兴店
14	道光8年	年底缺少事用	1	5	其田由出佃人揽回耕作。20年加价2千文，言定8年后取赎。咸丰4年，因母亡故，欠少事用，加价3千文找断。同治12年受主出佃与王姓，光绪23年"找断"
15	道光10年	今因正用	2	38	言定不拘年月远近，原价取赎。13年加价肆佰（千?），"找断"

续表

序号	年份	出卖原因	面积（丘）	价额（千文）	从典当到绝卖过程摘要
16	道光11年	年底事用	0.5	5.5	言定"日后加价不准，5年后原价取赎"。13年因"年底事用"加价1000文，"永远不得取赎"
17	道光25年	祖母病故	1	10	言定5年后听从原价取赎。咸丰元年找断
18	道光26年	葬母无办	3	17.5	其田揽转种作，年交佃谷7砠，言定3年后到月原价取赎。26年因钱粮无从措办，加价6500文，言定6年后取赎；27年加价2500文，其田揽转种作，年交佃谷9砠；光绪31年12月取赎，同月"佃断"与吴姓
19	道光28年	门户缺用	2	15	言定5年后听从原价取赎。光绪27年"佃断"
20	道光29年	钱粮门户急用无办	1	12	言定5年后听从原价取赎，咸丰2年5千文加断。光绪34年，受主将其出佃
21	咸丰6年	今因正用	1	9	言定5年后听从原价取赎。光绪26年，600文"加断"
22	同治元年	今因正用	3	50	言定5年后听从原价取赎。2年因"做田派工正用"，将其中原租20秤硬租中的10砠一丘加批5千文。光绪34年受主"佃断"与汉口一业主

资料来源：据中国社会科学院经济研究所藏《程姓膳契簿》（置产簿第12函 W·TX·B0051）综合整理编制。

　　表6-8列资料显示，永佃农都是在家庭经济状况十分紧急、走投无路的情况下，被迫典当佃权或抵押借债，之所以宁可少要价而不采用绝卖的方式，就是不愿意放弃佃权，希望有朝一日能够赎回。但无情的事实是，不仅无力赎回，还要以"加价"或"加找"的方式继续借债。随着经济的不断恶化，时间越长，"加找"金额越大，越无力取赎，最后无奈"找断"绝卖，应允"永远不得加价，永远不得取赎"。有的虽未立约找断，因迁延时间太长，也被受主立约"出佃"，转典、转卖，13、22号即属于这种情况。如13号个案，其田言定3年后原价取赎。但3年后不仅无力取赎，反倒于道光七年六月"加价"1千文，取赎期限延长至5年。同年十二月再"加价"1千文，取赎期限进一步延长至9年。但至光绪二十四年（1898），

离道光七年（1827）已有 71 年，仍无力取赎，当年受主将其抵押与徐永兴店，此后不论原主有无能力，取赎已几乎不可能。有的即使取赎，也是从张家取回，即时卖给李家。如 18 号个案，其田出典后，揽回耕种，年交佃谷 7 砠，言定 3 年后"到月听从原价取赎"，但同年即因"钱粮无从措办"，加价 6500 文，取赎期限延长至 6 年后，二十七年再加价 2500 文，年交佃谷增至 9 砠，光绪三十一年（1905）十二月由出佃人侄孙赎回，但同月即"佃断"（绝卖）与吴姓。总之，典当→加找→绝卖，是永佃农丧失佃权的基本过程和一般规律。

民田永佃的佃权典当结局如此，屯田、官田的佃权典当亦然。如台湾官庄佃农江佐元、江观元兄弟，原已将父遗下的官庄水田六分零典出，到道光十九年（1839）典期届满，无力回赎，只得以原典价 320 元再典给新主。[1] 隆恩庄官田佃农商条，因"乏银别创"，道光二十六年（1946）二月将年纳隆恩大租粟三石五斗五升的官田二段，典给林四海，价银 250 元，典期 10 年为满。言定届期"备齐契内银取赎原典契字"。但只过了两年，即道光二十八年（1948）十二月，商条"又有要事乏银费用"，托中向典主找洗银 10 元，声明"自此找洗尽根杜卖终休，日后不敢言议找赎"。[2]

在清代，按照各地土地买卖习俗，典当、活卖土地的回赎年限多无严格限制，一般都很长。这自然对出典（当）人保留土地有利，但受主并不一定能够在漫长时间内保留土地，等待出典（卖）人原价取赎。如上述程姓地主典进的好几宗佃权，未等出典（当）人取赎，业已转典、转当、绝卖。也有的是故意转典、转当、绝卖，以免却出典（当）人无休止的借款、加找。倘若佃权典当是在永佃农和小农、小土地所有者之间进行，因后者经济能力有限，经济状况的稳定性不高，对典进、当进佃权的占有一般也不稳固，往往因经济变故或突发事件，未等出典（当）人回赎，急需转典（当）套现，以救燃眉。这样，各地转典、转当的情况也十分常见。如皖南徽州章天河，有当入的"小顶地"一段，包租 3 斗 5 升，未等出当人回赎，

---

① 台湾银行经济研究室编印：《台湾私法物权编》第 3 册，1963 年刊本，第 785—786 页。
② 台湾银行经济研究室编印：《台湾私法物权编》第 3 册，1963 年刊本，第 787—788 页。

即于咸丰八年（1858）九月将其地连同原当约转当他人。[①]

这种情况在台湾更为普遍，类似个案很多。如永佃农吴淋，其父生前典入埔园一丘，与其伯父共业，历年同业主"一九五抽的"（即业主得15%，佃农得85%）。因"乏银别创"，将自己应分的一半抽出，转典与新竹围庄许忍，得典价银 140 元，典期 5 年。[②] 永佃农钟启战有承父典进水田、熟园二项，每年配纳业主硬租 6 石 7 斗 5 升．"因欲银别创使用"，将田、园连同上手典契一起转典与人，得典价银 60 元，典期 6 年，而且银主可以"插竹围起厝安居"。[③] 等等。

佃权、田面转典、转当，契价、受主变化，产权、经济关系变得更加复杂，相应加大了原主回赎的难度。试看光绪二年（1876）台湾的一纸"缴典契字"：

> 　　同立缴典契字人燕雾堡秀水庄陈凉水父兄，承过该儿安庄梁番水田一所六分六厘六丝七忽，坐落址在埔姜仑庄后，土名五埒北势，年载纳业主大租谷二石八斗六升六合八勺，另又跳水头一丘，俱各东西四至界址在上手契内明白，并带水份通流灌溉。今因乏银别置，先问房亲伯叔兄弟侄人等不能承受，外托中引就向与埔姜仑后庄陈沃观出首承缴典尽，三面言议时值价佛银八十大元，库平五十六两正。其银即日同中交收足讫，其田随即踏明界址，交付银主前去掌管，收租纳课，不敢异言生端滋事。日后听其上手取赎，可向埔姜仑庄陈沃观取赎，与陈凉水无干；上手若无取赎，永远银主掌管，不敢阻挡。保此田系是凉水父兄明典，凉水均分，与别房人等无干，亦无重张典挂他人，亦无交加来历不明等情为碍；如有不明等情，凉水自一力出首抵挡，不干银主之事。此系二比甘愿，各无反悔，口恐无凭，今欲有凭，同立缴典契字一纸，并缴上手契二纸，阄书一纸，合共四纸，付执为照，行。

---

① 中国社会科学院经济研究所藏：《清代民间转当契约》，编号：009·6。
② 台湾银行经济研究室编印：《台湾私法物权编》第 2 册，1963 年刊本，第 227—228 页。
③ 台湾银行经济研究室编印：《台湾私法物权编》第 3 册，1963 年刊本，第 770—771 页。

即日同中交收契面银八十大元，库平重五十六两正完足，再照，行。

光绪二年十二月日。

为中人　陈高升　林模洪

在场知见人　胞侄陈茂汀

立缴典尽根契字人　陈凉水

代笔人　陈廷瑞①

陈凉水父兄因"乏银别置"，将原典梁番年的 6 分 6 厘零水田，转而"典尽"给陈沃观，不再取赎。但承认上手有回赎权，契约载明，"日后听其上手取赎"。不过只能向陈沃观取赎，"与陈凉水无干"。这里的取赎规则虽然明确，但实际操作，困难重重。因为银主陈沃观的水田典自陈凉水，同陈凉水的"上手"并无直接关系。而且契据掌握在陈沃观手中，取赎人梁番手中并无证据，陈沃观完全可以不认。同时，转典和原典价额未必相同，往往转典价额高于原典价额。"上手"梁番向陈沃观取赎时，只能备付原得典价，差额部分只能由陈凉水返回补足。但陈凉水多半既无现款，更不愿回吐。"上手"取赎几乎不可能。

值得注意的是，有的不但转典（当），甚至进而绝卖。如永佃农林长庚、林长春等，有承父叔典入园、田一甲二分，年纳租 2 石 8 斗，原已于光绪元年（1875）三月转典他人，得典价银 150 元。后因"乏银费用"，复于光绪七年十一月向原典主再找典价 110 元，连同前典价银合计 260 元，将此田园"洗找尽典"，不再取赎。不过上手不在此限，契约载明，"不拘年限，听上手林就等备银取赎，银主不得刁难。庚等自此洗找，非上手亦不得取赎"。② 虽然上手可以不拘年月，备银取赎，但实际困难同样是三方如何配合和借款差额问题，而且绝卖的价款差额比转典更大。林长庚、林长春等就是因"乏银费用"，才进而将已经转典的园、田洗找绝卖，所得价款早已无影无踪，上手备银取赎，根本毫无希望。事实上，很多有关转典取赎的

---

① 台湾银行经济研究室编印：《台湾私法物权编》第 3 册，1963 年刊本，第 833—834 页。

② 台湾银行经济研究室编印：《台湾私法物权编》第 3 册，1963 年刊本，第 818—819 页。

纠纷、案件，就是这样发生的。不管事态如何变化，实际情况怎样，最终结果大多是佃权落入地主富户之手。

（二）佃权的市场价格

佃权作为永佃制下特有的地权衍生形态，市场价格有其本身的形成基础和变化规律。佃权市场价格的贵贱、高低，佃权价格的构成、占土地总价格的比重及其变化，受到多种因素的影响和制约，由于永佃制的形成途径、佃农对佃权的掌控权利、佃农的地租负担和佃权收益，以及人地比例关系、土地买卖和佃权的市场供求等，各有差异，不同地区、不同时期，甚至同时同地不同地块或不同地主的土地，佃权价格水平及其在土地总价格中所占比重，高低悬殊。不过总的说，在永佃制的发展、演变过程中，由于人口增加，人均耕地面积下降，佃农竞佃，土地兼并愈来愈激烈，佃权价格呈波浪式上升态势。

1. 佃权价格在土地总价格的地位和比重

佃权或田面作为土地耕作权或使用权，市场价格的高低，从根本上说，是由佃权的收益大小决定的。在一般情况下，因田底主不得随意增租，租额固定不变，佃权的收益也相对稳定，佃权价格一般与地租成反比，永佃地租额、租率较高，土地剩余产品较少，则佃权价格较低，在土地总价格中所占份额较小；反之，永佃地租额、租率较低，土地剩余产品较多，则佃权价格较高，在土地总价格中所占份额较大。在永佃地租额相对固定的情况下，佃权价格本身的弹性不大，价格的涨落主要受供求关系及整体地价变动的影响。

当永佃权同作为直接生产者的永佃农分离，永佃权由耕作权演变为收租权，因现耕佃农并无佃权，田面主可以通过增租、撤佃提高田面收益。在这种情况下，田面权的市场价格有比佃权更大的弹性。这与国外（如日本）情况大不相同。

在日本，永佃地的地租租额固然十分稳定，即使田面转租，租额也受到严格限制，转租者不得随意增加租额。如名古屋裁判所在大正十二年（1923）的一纸业佃纠纷调解契约书中规定的纳租量是：田地一反步（1"反步"合0.245英亩，1.49华亩）收获量超过2石5斗（1日石＝1.89市石）时，纳租 45%；田地一反步收获量不足 2 石 5 斗时，每减 1 斗，减 1%，减少产量不到 1 斗时，作 1 斗计算。[①] 如永佃权转租，1 反步水田产 2 石 5 斗，现耕佃农（"又小作人"）自得 1 石 4 斗，交租 1 石 1 斗给转租者（"永小作人"），永小作人将其中的 7 斗转交给地主，自留 4 斗。[②] 据此计算，大租率为 28%，小租率为 16%，合计 44%，租额租率都相对固定。在日本，租额直接决定土地所有权、永佃权的价格。20 世纪 20 年代，1 反步产谷 2 石 5 斗的水田，地租总额为 1 石 1 斗，价格通常为 800 日元，所有权租额为 7 斗，占地租总额的 63%，价格也占 800 日元的 63%，即大约 500 日元，永佃权租额为 4 斗，占 37%，永佃权价格同样占 800 日元的 37%，大约 300 日元。[③] 所有权和永佃权二者的价格及其各自所占比重，都相对固定，弹性很小。

中国由于永佃权转租的租额不受限制，现耕佃人有没有佃权或耕作保证，田面主可以随意变换佃人，增加租额，由租额决定的田面价格相应上升，再加上人多地少，佃农竞佃激烈，永佃权特别是田面权的价格，也就十分活跃。

各地永佃权、田面权的价格，由于永佃制的形成途径、永佃地租额高低、佃权的独立程度与地位、佃权流动的频密程度以及佃权、田面权的市场供求关系等，各不相同，价格差异极大。

永佃权价格在地价总额所占比重，各地高低互异。有的地区永佃权或田面权价格占地价总额的比例甚小，永佃权价格明显低于所有权价格。皖南徽州，田地一般分为大买、小买或田业（大租）、田皮，有一宗水田，面积 0.636 亩，业主自有田皮，乾隆五十四年（1789）售卖，买主为同一个人，"田租"（田底）、田皮分别立契，田租作价 14.4 两，田皮作价 4.8 两，后者相当前者的 33.3%，占总价额 19.2 两的 25%。[④] 另一宗水田，"田业"（田底）和田皮分别由两家持有，面积 0.48 亩，大租 4 秤 16 斤（合 116 斤），先后于乾隆五十七年和五十九年出卖，价银分别为 8 两和 5.5

---

① 〔日〕小野武夫：《永小作论》（日文本），1924 年刊本，第 282 页。
② 〔日〕小野武夫：《永小作论》（日文本），1924 年刊本，第 242 页。
③ 〔日〕小野武夫：《永小作论》（日文本），1924 年刊本，第 243 页。
④ 孙在中：《契墨抄白总登》，中国社会科学院经济研究所藏，徽州地契档，置产簿第 23 函，W·TX·B0063。

两，分别占总价额 13.5 两的 59.3% 和 40.7。①黟县《江崇艺堂置产簿》（记事年份为道光十年至咸丰六年，1830—1856）的资料显示，在大小买田的价格总额中，小买价格所占的比重不断升高，如 26 号田，老上首文契（年月不详）的小买价格相当大买价格的 7.2%，而上首文契（年月亦不详）的小买价格相当大买价格的 34.5%，大幅上升了将近 4 倍。不过总的来说，小买价格仍明显低于大买价格。有大买、小买价格可稽的几宗田地，价格比较详见表 6-9。

表 6-9　安徽黟县小买、大买价格比较
（1830—1849）

田号	买卖年份	小买价/大买价（倍数）
1	道光 10 年（1830）	0.21
6	道光 16 年（1836）	0.37
7	道光 17 年（1837）	0.95
8	道光 17 年（1837）	0.53
10	道光 18 年（1838）	0.73
12	道光 19 年（1839）	0.32
15	道光 20 年（1840）	0.25
23	道光 25 年（1845）	0.38
24	道光 27 年（1847）	0.63
27	道光 29 年（1849）	0.40
	简单平均数	0.48

资料来源：中国社会科学院经济研究所藏：《道光江姓置产簿》，徽州地契档，置产簿第 14 函，W·TX·B0053。

如表，10 宗田产中，小买价格最低相当大买价格的 0.21 倍，最高 0.95 倍，平均 0.48 倍，占土地总价额的 32.4%。

歙县徽城一地主置产簿中，有 3 宗水田原本田骨、田（佃）皮合一，但卖主将水田一分为二，田骨、田（佃）皮分别立契、计价出卖，从中可以比较清晰地看出田骨、田皮的价格高低及比例情况。现将相关资料整理

---

① 见孙在中《契墨抄白总登》，中国社会科学院经济研究所藏，徽州地契档，置产簿第 23 函，W·TX·B0063。

列如表 6 - 10：

表 6 - 10　安徽歙县田骨（大买）、田（佃）皮价格比较
（1788—1791）

单位：面积，亩；租额，斤；地价，两

序号	年份	面积（亩）	租额（斤）	地价（两）	田骨价（两）		田皮价（两）	
					实数	%	实数	%
1	乾隆 53 年	1.2	300	29	18	62.1	11	37.9
2	乾隆 54 年	0.636	120	19.2	14.4	75.0	4.8	25.0
3	乾隆 56 年	0.46	110	15.4	10.0	64.9	5.4	35.1
	合计/平均	2.296	530	63.6	42.4	66.7	21.2	33.3

资料来源：据中国社会科学院经济研究所藏，孙在中：《契墨抄白总登》（置产簿第 24 函，W·TX·B0063）综合整理编制。

如表所见，3 宗水田中，田皮或佃权价格占土地总价额的比例，最高 37.9%，最低 25%，平均 33.3%，亦即田皮或佃权价格占土地总价额的 1/3，与黟县情况十分相近。

浙江临海，清代至民国时期，田地分为正田、绍田二种，正田有收租之权利，负纳税之义务；绍田有耕种之权利，负交租之义务。"例如田价三十元，正田居十成之七，绍田居十成之三"。[①] 嘉兴虽然租额租率甚低，但田面价格比田底低，一般情况是，"底值一，面值半"。[②] 田面价格只有田底的一半，相当于土地总价额的 1/3，与临海情况相近。

在东北，吉林东宁因开荒或土地培肥而形成的田面权，前者通称"镐头费"，通行于北部；后者谓之"肥土钱"或"粪底钱"，盛行于南部。两者一般都低于田底价。"镐头费"的数额相当开垦费，民国时期每晌哈大洋 10 余元至 40 元，亦即每亩 1 元多至 4 元不等，视开垦方法（镐头垦地最贵，火犁最贱）、土壤性质及交通状况而定，"镐头费"只占土地价格很小一部分；至于"肥土钱"或"粪底钱"，据说约等于田价的十分之四，亦即

① 国民党政府司法行政部编印：《民商事习惯调查报告录》（二），民国十九年刊本，第 1051 页。

② 国民党政府司法行政部编印：《民商事习惯调查报告录》（一），民国十九年刊本，第 468 页。

田底价的 2/3。①

有的地区，永佃权和所有权两者价格大体相当，高低差异不大。江苏松江，"田面之价值为田地所值之半"，亦即田底田面的价值或价格相等。② 太仓在抗日战争前。田价每亩 3 石大米，田底、田面各占 1 石 5 斗。③ 昆山太平乡，田面价每亩最低稻米 150 斤，最高 750 斤，一般 450 斤；田底价最低 100 斤，最高 700 斤，一般 400 斤。④ 田面价略高于田底价，但差异不甚悬殊。安徽黟县，"典首"（小买）价与"正买"（大买）价"不甚相远"。⑤ 在甘肃，永佃农和地主两者所占土地价值份额基本相等。乾隆年间甘肃巡抚黄廷桂曾建议，如地主将土地出卖，或收回自耕，"应合计原地肥瘠，业佃均分，报官执业"。⑥ 苏州周庄，俗有田底、田面之称，地主、佃农对土地价额的占有，通常"各有其半……至少亦十作六也"。⑦ 浙江宁海，乡间田面多分上面、下面，上面之权属于佃户，下面之权属于业主。"卖买之价值，有上面田等于下面田者，且有上面田昂于下面田者。此项习惯除附郭外，四乡皆然，尤以山乡为最盛焉"。⑧ 福建归化，佃农黄世同祖上用银 24.5 两，顶耕田主谢帝纶祖上田地一块，年纳租米 9 斗 9 升。"已经年久了"。乾隆十五年（1750），谢将此田卖与何佑为业，得价银 23 两。谢向何声明："这田只好给世同耕作，每年收九斗九升租米。若要自耕，须还世同顶耕原价二十四两五钱才好起回耕作"。⑨ 据此，租权（田底）价为 23 两，佃权（田面）价为 24.5 两，后者略高于前者，但不甚悬殊。江西雩都，

① 《中国经济年鉴》第三编（民国二十五年），第 G236—237 页。
② 国民党政府司法行政部编印：《民商事习惯调查报告录》（一），民国十九年刊本，第 342 页。
③ 《太仓县志》，江苏人民出版社 1991 年版，第 172—173 页。
④ 《昆山县太平乡农村情况调查》，见华东军政委员会土地改革委员会编《江苏省农村调查》（内部资料），1952 年刊本，第 154 页。
⑤ 民国《黟县四志》，黟县蔡照堂民国十二年刻本，卷 3，风俗·黟俗小纪，第 8 页。
⑥ 《清实录·高宗纯皇帝实录》，中华书局 1987 年版，卷 175，乾隆七年九月户部议覆甘肃巡抚黄廷桂疏。
⑦ 光绪《周庄镇志》卷 4。
⑧ 国民党政府司法行政部编印：《民商事习惯调查报告录》（二），民国十九年刊本，第 1061—1062 页。
⑨ 档案，乾隆十七年，具题人缺，转见韩恒煜《试论清代前期佃农永佃权的由来及其性质》，《清史论丛》第 1 辑，中华书局 1979 年版。

'田有田骨、田皮，田皮属佃人，价时或高于田骨"。①

也有不少地区，或某个时段，永佃权或田面权价格，明显高于所有权价格，在土地总价额中占有较大甚至绝大比例。如康熙苏州，田价每亩约1.5两，约在康熙前中期，长洲唐甄"贱鬻"租田40亩，得价（田底价）"六十余金"，每亩约1.5两零。② 该县佃农张茂甫，康熙五十八年（1719）用银8两活买田面田8.5亩，"耕种还租"，平均每亩0.94两。乾隆三年（1738）又付给卖主"加绝"银10两，契约载明，此田不再回赎，由买主"永远布种"。③ 每亩绝卖价为2.3两零。约相当于唐甄田底价的1.5倍。江苏海门，"过投（田面）价值贵，苗地（田底）价值贱，往往有十与一之比例"。④ 在江苏松江、吴县、常熟、无锡等地，田底价格一向高于田面价格，或二者大体持平，但到解放前一段时间，因受时局影响，出现田面价格上升、田底价格递降的反向态势，导致田面价格大大高过田底价格。⑤ 如松江新农乡，抗日战争前，田底每亩价格白米8—9石，抗日战争期间降至7—8石，抗日战争胜利不久，曾一度涨到9石，此后因受解放战争胜利和老区土地改革影响，逐渐下降，淮海战役后，更从4石急降至1石，田面价格从抗日战争前、抗日战争和抗日战争胜利后，一直是每亩2—4石，解放战争期间涨至3—5石，最后比田底价高出2倍。⑥ 常熟葛成乡，在抗日战争前，田底、田面价格都是每亩稻谷5石，抗日战争胜利后，田面每亩涨至6石，而田底每跌至1石，田面价相当田底价的6倍。⑦ 浙江平湖胜利乡第13村，1931年以前，田底价格高于田面价格约三分之二；1931年至日寇侵入平湖

---

① 同治《雩都县志》，同治十三年（1874）刻本，卷之五，民俗，页29。

② 唐甄：《潜书·食难》，四川人民出版社1984年注释版，第261页。

③ 档案：乾隆十二年四月二十八日刑部尚书阿克敦题，见中国第一历史档案馆、中国社会科学院历史研究所编《清代地租剥削形态》下册，中华书局1982年版，第510页。

④ 国民党政府司法行政部编印：《民商事习惯调查报告录》（一），民国十九年刊本，第345页。

⑤ 中共松江地委调委调研组：《松江县新农乡农村情况调查》，见华东军政委员会土地改革委员会《江苏省农村调查》（内部资料），1952年刊本，第144—145页。

⑥ 《苏南农村调查》，见华东军政委员会土地改革委员会编：《江苏省农村调查》（内部资料），1952年刊本，第145页。

⑦ 《常熟县农村概况》，见华东军政委员会土地改革委员会编：《江苏省农村调查》（内部资料），1952年刊本，第56页。

前，田底价格或高于田面，或二者相等；敌伪统治时期到1947—1948年间，田面价格高于田底价格3—5倍。[①]

浙江天台，民国时期，没有"绍价"的"承种田"，每亩价洋百元或七八十元，有"绍价"的"租田"，亩价仅三四十元，"绍价之卖买反有重于田价者"。[②] 景宁一都地方，地分田骨、田皮。按该地惯例，田皮持有人欠租，业主只能追租，而不能改佃。故一般业户买田，多轻田骨而重田皮，若只卖田骨，"纵价极低廉，亦无人受买，以其无耕种权也"。[③] 在这种情况下，自然田皮价高而田骨价低，相差悬殊。清代台湾，北投社有一宗水田，面积13甲，大租104石，乾隆四十一年（1776）佃农绝卖佃权，价银4000元，乾隆四十三年（1778）业主绝卖租权，价银416元。[④] 佃权价相当租权价的9.6倍，占土地总价额4416元的90.6%。

广东一些地区，地分粮业（粮田）、质业（质田），质业（质田）价或高于粮业（粮田）。潮安的粮田价格"向来较低于质田"。[⑤] 又如归善朱天佑有地一处，该种2石1斗，原兼有粮、质两业，雍正二年（1724）以出卖质业的方式招佃收租，得价银12两、钱4千文，每年收租银1.47两。雍正十二年（1734）将粮业卖与第三者，得价11两。[⑥] 如以钱千文折银1两计算，质业价格为16两，相当粮业价的1.45倍，占土地总价额27两的59.2%。

2. 佃权的市场价格及其变化

永佃权或田面权的市场价格水平及其变化，不同地区或同一地区不同历史时段，由于永佃制的成因、地租高度以及社会、历史环境不同，差别很大。表6－11反映的是安徽歙县的佃权（小买）价格及其变化情况。

---

① 华东军政委员会土地改革委员会：《浙江省永佃权情况调查》，《浙江省农村调查》（内部资料），1952年刊本，第222页。
② 国民党政府司法行政部编印：《民商事习惯调查报告录》（一），民国十九年刊本，第487页。
③ 国民党政府司法行政部编印：《民商事习惯调查报告录》（一），民国十九年刊本，第483页。
④ 台湾银行经济研究室编印：《清代台湾大租调查书》第2册，1963年刊本，第204页。
⑤ 陈翰笙主编：《广东农村生产关系与生产力》，中山文化教育馆1934年刊本，第27页。
⑥ 乾隆朝刑科题本，见中国第一历史博物馆、中国社会科学院历史研究所编：《清代地租剥削形态》下册，第514—515页。

表6-11 安徽州歙县小买田价格及其变化

（1734—1907）

单位：面积，亩；价格，两

序号	年份	出卖原因	面积（亩）	价格（两）		备注
				总额	每亩价额	
1	雍正12年		6.484	9.0	1.39	
2	乾隆43年	钱粮紧急	2.0	5.0	2.5	连青苗
3	乾隆60年	自种不便	1.2	5.0	4.17	连青苗
	小计		9.684	19	1.96	
4	嘉庆元年	今因正用	1.6	12.7	7.94	杜退与原业主，另青苗麦、豆钱486文。嘉庆10年受主带青苗转当，得价13.32两，当期5年
5	嘉庆元年	欠少使用	1.5	24.0	16.0	
6	嘉庆元年	欠少使用	1.07	25.0	23.36	
7	嘉庆11年	夫故衣棺正用	1.0	18.0	18.0	来年蒔水交纳世忠祠内大租
8	嘉庆18年	今因正用	2.0	18.0	9.0	
9	道光7年	欠少使用	0.9	20.3	22.56	
10	道光8年		1.241	50.0	40.29	
11	道光8年	今因正用	7.25	188.5	26.0	
12	道光12年	今因正用	3.9	26.0	6.67	大租66斗
13	道光13年		2.4	46.0	19.17	自种空田，
14	道光14年	欠少正用	1.5	54.0	36.0	带青苗小麦，另塘1分零
15	道光28年	今因正用	1.25	24.0	19.2	其田并无取赎，亦无生端加价等情
16	道光29年	欠少正用	1.095	19.0	17.35	
17	道光30年	今因正用	2.318	24.0	10.35	自杜退之后，永无生端取赎
18	咸丰6年	今因正用	7.25	54.66	7.54	同治3年受主退出2.7亩与吴姓
19	咸丰7年	今因正用	1.5	50.0	33.33	杜退契
20	咸丰9年	欠少正用	2.482	90.0	36.56	
21	咸丰11年	欠少正用	1.25	9.0	7.2	
22	咸丰11年	正用紧急	1.44	16.5	11.46	

续表

序号	年份	出卖原因	面积（亩）	价格（两）		备注
				总额	每亩价额	
23	咸丰11年	正用紧急	1.7	13.0	7.65	
	小计		44.646	782.66	17.53	
24	同治元年	正用紧急	1.8	7.2	4.0	带塘，面积不详
25	同治元年	正用紧急	1.095	4.7	4.29	
26	同治元年	正用紧急	1.07	4.0	3.74	杜卖契
27	同治元年	正用紧急	0.82	3.5	4.27	
28	同治元年	正用紧急	1.62	6.0	3.7	另地0.42亩，塘0.13亩
29	同治3年	紧急正用	1.106	3.5	3.16	杜卖契
30	光绪9年	今缺正用	1.2	4.2*	3.5*	*
31	光绪21年	水路不便	2.0	4.76*	2.38*	杜卖粪草田皮契
32	光绪25年	今因正用	3.186	17.5*	5.49*	另塘0.0466亩，杜退契
33	光绪33年	今因正用	4.226	39.2*	9.28*	杜退契
34	光绪33年	今因正用	2.0	16.8*	8.4*	上手老契因兵燹遗失
35	光绪33年	今因正用	4.0	7*	1.75*	杜卖契，交客租24元
	小计		24.123	118.36	4.90	
	总计		78.453	920.02	11.72	

说明：＊原货币单位为银元，现按银洋1元＝0.7两，换算为银两。

资料来源：据安徽省博物馆编《明清徽州社会经济资料》第1集，中国社会科学出版社1988年版，第192—236页，综合整理、计算编制。

表列35宗个案，涵盖时间较长，前后达174年，而分布地区不大，都在同一县区，并且几乎全部集中在十五图、二十一图两图，范围很小，可变性较强，可以从中看出佃权价格发展变化的长期趋势。

如表，歙县的佃权价格水平及其变化，明显分为三个时段：雍正乾隆年间，即18世纪30年代至90年代中，为第一时段，当时永佃制的发展可能处于早期阶段，分布不广，佃权买卖尚未十分流行，现存资料数量亦有限，表中只有3宗个案，其代表性可能受到限制。从中看到的情况是，佃权价格在持续上升，从雍正十二年（1734）的1.39两升至乾隆六十年（1795）的4.17两，上升了2倍。不过价格还不高，平均每亩的价格不到2两。嘉庆元年（1796）至咸丰十一年（1861），为第二时段。这一时段的特点是，佃权价格迅速上涨，包括太平军在皖南战斗和活动的几年在内，佃权价格一直处于高位。20 宗个案中，每亩最低价格为 6.67 元，最高达 36.56 元，平均 17.53 元，相当第一时段每亩平均价格的 8.9 倍。同治元年（1862）至光绪三十三年（1907），即太平军皖南失陷、太平天国失败到清朝季年，为第三时段。本时段的佃权价格大幅跌落，12 宗个案中，8 宗亩价在 5 元以下，最低的只有 1.75 元，12 宗平均为 4.9 元，比第二时段下降了 72%。这同战争破坏、人口减少、战后农业生产回复缓慢有密切关系。

与歙县相邻的休宁，自然条件和社会、经济环境接近，永佃制的流行、发展及习惯，佃权价格及其变化趋势，也大体相同。试看表 6-12。

表 6-12 安徽州休宁县小买田价格统计
(1746—1817)

单位：面积，亩；价格，两

| 序号 | 年份 | 出卖原因 | 面积（亩） | 价格（两） | | 备注 |
				总额	每亩价额	
1	康熙 32 年	今因缺用	2.5	7.5	3.0	
2	康熙 32 年	今因缺用	1.8	15	8.33	
3	康熙 36 年	今因缺用	1.6	6	3.75	5 月"出佃"，11 月加"断骨银"7 钱，绝卖。雍正 7 年受主将田"转佃"（转顶），得价银 8 两
4	雍正元年	母病故	0.8	3	3.75	母殡葬"二弟"用银 3 两，众议以佃权抵偿
5	雍正 11 年	今因缺用	0.7	2.5	3.57	
6	雍正 12 年	今因缺用	2.5	16	6.4	
	小计		9.9	50	5.05	
7	乾隆 4 年	今因缺用	2.5	12	4.8	
8	乾隆 11 年	母病危	2	15.6	7.8	原当 12 两，3.6 两加绝
9	乾隆 12 年	今因缺用	1	15.5	15.5	
10	乾隆 15 年		0.8	6.2	7.75	原当价 2.5 两，现加价 3.7 两绝卖
11	乾隆 17 年	今因缺用	4	30	7.5	
12	乾隆 21 年	今因缺用	1	10.5	10.5	

序号	年份	出卖原因	面积（亩）	价格（两）		备注
				总额	每亩价额	
13	乾隆 49 年	今因缺用	1.8	15	8.33	
14	乾隆 55 年	叔故支用无办	3	24	8.0	
15	乾隆 59 年	祖母病故	0.5	6	12.0	
	小计		16.6	134.8	8.12	
16	嘉庆 8 年		1.1	14	12.73	
17	嘉庆 8 年	今因正用	2.5	50	20.0	
18	嘉庆 11 年	今因正用	2.4	8	3.33	
19	嘉庆 11 年	今因急用	2.2	19	8.64	
20	嘉庆 15 年	今因正用	2.386	32	13.41	
21	嘉庆 16 年	今因急用	4.58	100	21.83	租 27 砠 15 斤，次年弟病故，加绝（价不详）
22	嘉庆 22 年	今因正用	2	80	40.0	
	小计		17.166	303	17.65	
	总计		43.666	487.8	11.17	

资料来源：据中国社会科学院经济研究所藏，休宁《朱姓置产簿》（置产簿第 24 函 W·TX·B0071）综合整理、计算编制。

表列 22 宗个案，时间全部是清代前期，资料均源自同一业主的置产簿，从买卖者的姓名、血统及社会关系看，田产基本上集中在同一村落，范围很窄，前后的可变性强。对察测佃权价格的变化趋势有较大的参考价值。22 宗佃权，每亩价格最低 3 元，最高 40 元，平均 11.17 元，与歙县的 11.84 元相近。从时间上看，虽然各个年期的佃权价位有高有低，甚至相当悬殊，但除个别年份或某些特殊原因（如灾年或土地贫瘠、租额特高等）外，佃权价格整体呈现波浪式的上升态势，从低到高，可大体分为康熙雍正、乾隆和嘉庆三个时段。康熙雍正时段，佃权价位最低，平均每亩 5.05 两；乾隆时段，佃权价格渐涨，平均每亩升至 8.12 两；嘉庆时段特别是嘉庆中期后，佃权价格上涨速度加快，7 宗佃权的每亩平均价格达 17.65 元，分别相当于前两个时段的 3.5 倍和 2.2 倍。

在台湾和热河蒙地区，佃权或田面市场价格有不同于江浙皖闽等地的特点：一方面，因永佃田租额较低，佃权或田面市场价格在土地价格总额中所占比重较大；另一方面，因是农业新垦区，永佃农有较大的活动空间，人地矛盾不太尖锐，佃农竞佃不算激烈。佃权或土地市场价格亦不太高。

表6-13反映的是清代台湾佃权买卖和价格变化。

表6-13　清代台湾永佃田面价格和大小租额
（1735—1903）

单位：面积，甲，大租，石；价额，元

序号	年份	出卖原因	面积（甲）	大租（石）		价额（元）		资料来源◀
				总额	每甲租额	总额	每甲价额	
1	雍正13年	乏银费用	4.05			62.86*	15.52*	租Ⅱ189-190
2	雍正13年	退佃偿租	3.9			121.43*	31.14*	租Ⅱ267
3	乾隆元年	乏银费用	5.99	47.92	8	98.57*	16.46*	租Ⅱ190-191
4	乾隆21年	乏银别置	0.8			80	100	租Ⅱ200-201
5	乾隆28年	乏银应用	3			348	116	租Ⅱ202-203
6	乾隆31年	今因别创	2.5	20	8	254.57*	101.83*	租Ⅱ201-202
7	乾隆41年	乏银别创	13	104	8	4000	307.69	租Ⅱ203-204
8	乾隆45年	内地创置	2.5	20	8	280	112	租Ⅱ207-208
9	乾隆49年	退佃偿租	2.3	18.4	8	70	30.43	租Ⅱ268
10	乾隆50年	欲创别业	9.4	74.4	7.91	1400	148.94	租Ⅱ209
11	乾隆60年	内地创置	7.07	56.56	8	1200	169.73	租Ⅱ213
12	嘉庆3年	欲银费用	2.3	18.4	8	70	30.43	租Ⅱ269
13	嘉庆10年	回唐别创	6	48	8	1500	250	租Ⅱ218-219
14	嘉庆13年	退田招佃	1.25	10	8	40	32	物Ⅱ296
15	嘉庆21年	乏银别创	2	16	8	1220	610	租Ⅱ225
16	嘉庆24年	乏银费用	3.2	13.47	4.2	700	218.75	物Ⅴ1008-1009
17	道光2年		0.7	3.8	5.43	240	342.86	物Ⅶ1424
18	道光8年	退佃新招	2.9	23.2	8	710	244.83	租Ⅱ274
19	道光10年	乏银别创	0.88	7.09	8.06	450	511.36	租Ⅱ232-233
20	道光13年	乏银费用	0.3	0.96	3.2	85	283.33	物Ⅱ351
21	道光13年	乏银费用	0.8	6.4	8	440▷	550▷	租Ⅱ235
22	道光22年	乏银凑用	0.15	1.5	10	30▷	200▷	租Ⅱ238

续表

序号	年份	出卖原因	面积（甲）	大租（石）		价额（元）		资料来源
				总额	每甲租额	总额	每甲价额	
23	道光 25 年	退田偿租	0.45	3.96	8.8	60▷	133.33▷	租Ⅱ239
24	同治 2 年	乏银别还	1.2	3.9	3.25	1400	1166.67	租Ⅱ244
25	同治 7 年	乏银别创	1.8	14.4	8	200	111.11	租Ⅱ278
26	光绪 2 年	欲银使用	0.35	3	8.57	70	200	租Ⅱ249
27	光绪 7 年	乏银应用	0.456	9.5	20.83	170▷	372.81▷	租Ⅱ250
28	光绪 4 年	乏银费用	1.25	10	8	333	266.4	物Ⅷ1522 - 1523
29	光绪 11 年	乏银别还	2.25			820	364.44	物Ⅶ1418 - 1419
30	光绪 13 年	乏银费用	0.6	6.6	11	215	358.33	租Ⅱ255 - 256
31	光绪 15 年	乏银别置	1.19	6.4	5.38	640	537.82	物Ⅷ1677 - 1678
32	光绪 20 年	乏银费用	0.36	0.5	1.39	186▷	616.67▷	物Ⅷ1521 - 1522
33	光绪 29 年	乏银别置	7.31	22.91	3.13	750	102.6	物Ⅴ1011 - 1012
	合计		92.21	571.27	6.20	18244.43	197.86	

说明：﹡原为"银两"，现按 1 元 = 0.7 两，统一换算为银元。

▷系典价（其中 21 号为当价）

◀为节省篇幅，书名简化。"租Ⅱ189 - 190"即"台湾银行经济研究室编印：《清代台湾大租调查书》第 2 册，1963 年印本，第 189—190 页"；"物Ⅱ296"即"台湾银行经济研究室编印：《台湾私法物权编》第 2 册，1963 年印本，第 296 页"。余类推。

　　与前述皖南徽州等老农垦区不同，台湾永佃农的经济状况稍好一些，佃权出卖原因的多样化清楚地显示了这一点。表列 33 宗佃权买卖中，因"乏银别置（创）"及相关原因和"乏银费用"及相关原因各为 13 宗，分别占 39.4%。这就是说，出卖佃权的永佃农，除了家庭经济困难，也还有一部分是为了寻找新的或更好的创业机会。

　　佃权的市场价格方面，为了便于考察和比较，表列个案只限水田，而不包括旱地和水田、旱地混合个案。不过即使如此，少数卖地别创的个案（7、10、14 号等），除水田外，还附带秧地、禾埕、农舍、竹围、鱼池及周边闲荒等，水田价格中包含附属物的价格在内。另外，佃权价格亦因水田等则、大租高低而异。如 33 号，契约载明为"下则田"，其价格在光绪年间的 8 宗个案中最低，只有 8 宗平均价格 231.29 元的 44.4%，可能同土质差劣有关。33 宗个案中，以 24 号的价格最高，每甲 1166.67 元，相当 33 宗平均价格的 4.9 倍，但其大租额较低，只有 33 宗平均租额的 52.3%。另外，还有一种情况，地主因佃农欠租而收回佃权，不论地主逼迫或强制收回，还是佃农主动退还，其价格定会明显被压低。表中数据显示，这种情况下的佃权价格，大都比同期的佃权价格低很多。

基于上述因素，表中各宗佃权单位面积价格高低悬殊，最高最低相差 75 倍。如果排除这些因素，还是可以看出清代台湾佃权市场价格的一般水平和发展变化的大致趋势。总的说，在乾隆以前和乾隆初期，佃权价格尚低，每甲（1 甲合 11.3 旧亩）10 余元至三四十元不等。进入乾隆特别是乾隆中期后，佃权价格明显上升，一般每甲在百元以上。嘉庆（1796—1820）中期即进入 19 世纪后，佃权价格进一步上升，一般每甲在 200 元以上，高的达五六百元。直至清末，台湾的佃权每甲的市场价格大多在二三百元至五六百元的水平徘徊。变化趋势与皖南徽州地区大体相同，单位面积价格亦相近。按银元计算，皖南徽州佃权每亩 15.76 元，台湾 17.52 元，差别不大。

热河地区的佃权市场价格，官仓地（"大牌地"）和蒙民地（"小牌地"）高低不同。"大牌地"租额较高，且须定期丈地，并于丈地当年征收双租，佃权买卖受到某种限制，手续烦复，交易费用较高，市场价格较低；"小牌地"租额较低，无须定期丈地，佃权买卖十分自由，交易费用较低，市场价格相对较高。

表 6－14 反映的是清代热河蒙地"大牌地"佃权市场价格及其变化的一些情况。

表 6－14　清代热河蒙地（大牌地）佃权市场价格
（1811—1911）

单位：面积，亩；地租/价格，千文、文

序号	年份	出卖原因	面积（亩）	地租		价格		资料来源**
				总额（千文）	亩租（文）	总额（千文）	亩价（文）	
1	嘉庆 16 年	无钱使用	53.5	3.7	69	61	1140	Ⅰ－648
2	嘉庆 21 年	手乏不便	568.34	31.15（元）	0.055（元）	548	964	Ⅰ－659

序号	年份	出卖原因	面积（亩）	地租		价格		资料来源
				总额（千文）	亩租（文）	总额（千文）	亩价（文）	
3	嘉庆 23 年	无钱使用	80	3.2（元）	0.04（元）	73.5	919	I – 658
4	嘉庆 24 年	手乏不便	50	租差半亩		10	200	Ⅲ – 2194
5	道光 4 年	手乏不便	50	租差半亩		4	80	Ⅲ – 2194
6	道光 4 年	无钱使用	14	0.5	36	10	714	Ⅲ – 2269
7	道光 6 年	无钱使用	16	租差 2 分		2	125	Ⅲ – 2189
8	同治 5 年	手乏不便	20	2320	116	20	1000	I – 651
9	同治 8 年	手乏不便	40	租差 8 分		2	50	Ⅲ – 2187
10	同治 9 年	度日艰难	7	0.2	29	5	714	Ⅱ – 1043
	小计		898.84			735.5	818	
11	光绪 2 年	今因手乏	49	亩捐 0.75 元，租子 1.5 亩，蒙差 1.5 亩		15	306	I – 655
12	光绪 2 年	今因手乏	10	随大仓办理		36.5	3650	Ⅱ – 1006
13	光绪 3 年	手乏不凑	70	3.5	50	67.2*	960*	Ⅲ – 2009
14	光绪 9 年	手乏不便	111.5	皇差便交，带租差 3 亩，亩捐 3.345 元，蒙差 1.11 元		10	90	I – 658
15	光绪 9 年	手乏不便	184.94	皇差便交，带租差 17.5 亩		1017.5	5502	I – 660
16	光绪 10 年	今因手乏	30	租差 3 亩		85	2833	I – 653
17	光绪 10 年	今因手乏	40	皇差、学差各 1.5 亩		10	250	I – 655
18	光绪 10 年		42	10	238	400	9524	Ⅲ – 1777
19	光绪 11 年	手乏不便	120	皇差便交，亩捐 3.09 元，蒙差 1.025 元		60	500	I – 657
20	光绪 11 年		82	11.2	137	300	3658	Ⅲ – 1780
21	光绪 15 年	手乏不便	20	租差 1 亩		19	950	I – 664
22	光绪 17 年		120	27	225	50	417	Ⅲ – 1782
	小计		879.44			2070.2	2354	

续表

序号	年份	出卖原因	面积（亩）	地租		价格		资料来源
				总额（千文）	亩租（文）	总额（千文）	亩价（文）	
23	光绪 19 年	租差不凑	86	随地交纳		700	8140	Ⅲ－1757
24	光绪 21 年	手乏不便	36	上带租子，官仓吃		40	1111	Ⅱ－978
25	光绪 21 年		120	租差 40 亩	120 文，五年丈地	312	2600	Ⅲ－2142
26	光绪 22 年	手乏不便	20	上带租差 2 亩		50	2500	Ⅰ－653
27	光绪 22 年	不能承管	10	0.45（石）		100	10000	Ⅲ－1808
28	光绪 23 年	手乏不便	10	交差 5 亩		25	2500	Ⅰ－552
29	光绪 23 年	手乏不便	114.5	租差 14 亩		744.5	6502	Ⅰ－644
30	光绪 24 年	手乏不便	30	租差 3 角，亩捐 4.8 角		30	1000	Ⅰ－649
31	光绪 24 年	手乏不便	28	租差 1500 文，亩捐 3.36 角		56	2000	Ⅰ－650
32	光绪 24 年	手乏不便	33	皇差随地交，租差 1.5 亩		20	606	Ⅰ－665
33	光绪 24 年	手乏不凑	10	1（石）		33.28*	3328*	Ⅲ－1812
34	光绪 25 年	手乏不便	60	租 3.075 石，小差钱 3 吊		483	8050	Ⅱ－825
35	光绪 25 年	手乏不便	10	租差 2 分		1.5	150	Ⅲ－2190
36	光绪 26 年	手乏不便	14.5	租差 12 亩		217	14966	Ⅰ－568
37	光绪 27 年	无钱使用	1023	80	78	4748.5	4642	Ⅲ－2077
38	光绪 28 年	手乏不便	50	2.5（石）	5（升）	300	6000	Ⅱ－1112
39	光绪 29 年	手乏不便	30	随官仓收纳		90	3000	Ⅱ－999
40	光绪 29 年		200	60	300	550	2750	Ⅲ－1778
41	光绪 31 年	手乏不便	5	上带租子 4 亩		235	47000	Ⅰ－572
42	光绪 32 年		2	0.326	163	10	5000	Ⅲ－1803
43	宣统元年	天主堂无人耕种	45	皇差便交，租差 4 亩		270	6000	Ⅰ－661
44	宣统元年	手乏不便	40	皇差便交，租差 4 亩		240	6000	Ⅰ－662

续表

序号	年份	出卖原因	面积（亩）	地租		价格		资料来源
				总额（千文）	亩租（文）	总额（千文）	亩价（文）	
45	宣统元年	手乏不便	50	租差1亩		25	500	Ⅲ-2193
46	宣统2年	天主堂无人耕种	87.5	皇差便交，租差8个		520	5943	Ⅰ-663
47	宣统2年	使用不便	45	6.75	150	1000	22222	Ⅲ-1761
48	宣统3年	手乏不便	16	皇差随地交纳，租差半亩		13	813	Ⅰ-665
49	宣统3年	手乏不便	26	2.6	100	44	1692	Ⅲ-1737
	小计		2201.5			10857.78	4932	
	总计		3979.78			13663.48	3433	

说明：＊原为"东钱"，现按1吊东钱＝0.32吊京钱，换算为京钱。

＊＊为节省篇幅，书名、页码业经简化。"Ⅰ—648"即为日伪地契整理局编印：《锦热蒙地调查报告》（日文本）上卷（Ⅱ、Ⅲ分别代表中卷、下卷），1937年印本，第648页。余类推。

同皖南徽州等地一样，永佃农出卖佃权最主要的原因是经济困窘。表列49宗个案中，契约载明出卖原因的43宗，除1宗"不能承管"、2宗"无人耕种"外，其余40宗全部为"手乏不便"、"无钱使用"、"度日艰难"、"租差不凑"等，都是家庭经济陷入了极其困难的境地。

由于"大牌地"的租额较高，名目繁复，除了谷租、钱租，还有差役。契约上载明的租额，大多只是额外的租差。而这类租差多无定数，契约通常只写"皇差便交"、"皇差随地交纳"、"上带租差×亩（个、分）"、"随大仓（官仓）办理"等。又要定期丈地，"地长租长"。佃农的地租负担既比蒙民地佃农重，又带有较多的不确定因素。虽然蒙旗公署和王府、贝勒一般不会无故撤佃增租，佃农的佃权有一定的保障，但佃农转佃、买卖佃权必须事先得到地主的同意，并由地主（官仓）写立"顺契"，交纳相当于佃权卖价10%的"顺契钱"。基于上述原因，官仓地（大牌地）佃权的市场价格一般比蒙民地低。

从官仓地（大牌地）佃权本身的单位面积价额看，互有高低，并且相当悬殊，亩价最低50文，最高47千文，相差940倍，49宗平均亩价3433文。就其发展变化而言，总的趋势是不断上升。按表列价格水平，可以大致分为三个时段：光绪或19世纪70年代中叶前为第一时段，佃权价格甚低，大部分亩价在千文以下，最低仅50文，10宗平均亩价818文；70年代中叶至甲午战争前后为第二时段。这时清政府开始有组织地放垦蒙荒，移垦农民增多，佃权价格明显上升，大部分亩价超过千文，12宗平均为2350文，相当上一时段的2.9倍；甲午战争前后至清末为第三时段。这时特别是庚子"八国联军"侵华战争后，蒙地放垦规模进一步扩大，移垦农民数量也随之大大增加，佃权价格的上升幅度相应加大，半数以上的亩价已在3千文以上。27宗平均亩价为4932文，比上一时段和第一时段分别上升1.1倍和5倍。当然，这是按铜钱计算，没有考虑这一时期银涨钱落的因素。

一般蒙民地的租佃和佃权买卖有不同于官仓地（大牌地）。因业主绝大部分是蒙旗箭丁、牧民或小门台吉一类的下层贵族，租佃条件和主佃关系相对宽松，地租名目单一。又因箭丁、牧民或小门台吉一类的下层贵族经济拮据，往往押契钱数额高，租额低，佃权的买卖、让渡十分自由，佃权的市场价格也比大牌地高。现将小牌地佃权的买卖及市场价格情况列成表6-15。

表6-15　清代热河蒙地（小牌地）佃权的市场价格
（1740—1911）

单位：面积，亩；地租/价格，千文、文

序号	年份	出卖原因	面积（亩）	地租		价格		资料来源
				总额（千文）	亩租（文）	总额（千文）	亩价（文）	
1	乾隆5年	手乏无凑	105	3.04*	29*	16.8*	160*	Ⅲ-2007
2	乾隆51年	手乏不便	20	2	100	40	2000	Ⅱ-972
3	道光3年	无力耕种	14	0.56（石）	0.04（石）	37	2643	Ⅲ-1787
4	道光3年	手乏不便	15	0.3	20	15	1000	Ⅱ-789
5	道光4年	无力耕种	34	1.36（石）	0.04（石）	90	2647	Ⅲ-1786
6	道光7年	手乏不便	6	0.42	70	4.2	700	Ⅱ-1014
7	道光28年	手中缺资	5.5	0.88	160	23	4182	Ⅲ-1764
8	道光28年	官差紧急	6	0.5	83	63.04*	10507*	Ⅲ-1817

续表

序号	年份	出卖原因	面积（亩）	地租		价格		资料来源
				总额（千文）	亩租（文）	总额（千文）	亩价（文）	
9	道光 29 年	无钱使用	1	0.2（石）	0.2（石）	93.76*	93760*	I－347
10	道光 29 年	无钱使用	2	0.34	170	340	170	III－1761
11	道光 29 年	无人耕种	100	2	20	9.6	96	II－973
12	咸丰 8 年	无力耕种	200	2.52	13	19.2	96	III－2009
13	咸丰 9 年	手乏不便	15	不详		32	2133	II－1009
14	同治 2 年	手乏无钱	10	3	300	130	13000	III－1896
15	同治 5 年	手乏不便	10	1.5	150	25	2500	II－821
16	同治 6 年	手乏无凑	44	5.28	120	70.4	1600	III－2008
17	同治 10 年	手乏不便	3.5	0.07	20	7.3	2086	II－973
18	同治 10 年	手乏无凑	29.3	5.86	200	7	239	II－1018
	小计		620.3	27.71	50	1023.3	1650	
19	光绪 2 年	无钱使用	35	5.6	160	66.9	1911	II－1001
20	光绪 5 年	无钱使用	10	2	200	55	5500	II－1005
21	光绪 8 年		8	1.7	213	43.5	5438	II－990
22	光绪 10 年	当差不凑	14	3.5	250	126	9000	III－1748
23	光绪 11 年	手乏不凑	32	3.7	116	1657.5	51797	II－1103
24	光绪 12 年	手乏不便	7	1.4	200	40	5714	III－1501
25	光绪 12 年	当差不便	12	2.4	200	42	3500	III－1825
26	光绪 13 年		28	1	36	450	16071	I－313
27	光绪 13 年	手乏无钱	12	1.8	150	52.2	4350	III－1769
28	光绪 14 年		15.5	2.325	150	31	2000	II－823
29	光绪 15 年		30	3.6	120	100	3333	II－823
30	光绪 16 年		30	0.8	27	35.25	1175	II－931
31	光绪 16 年	无钱使用	48	2	42	96	2000	III－2330
	小计		281.5	31.825	113	2795.35	9930	
32	光绪 20 年	官差紧急	21	6	286	120	5714	I－153
33	光绪 20 年	手乏无凑	24	2.4	100	61.44	2560*	III－2075*
34	光绪 21 年	因无邻居	7	0.7	100	14	2000	II－947
35	光绪 22 年	耕种不便	10	2	200	180	18000	I－151

续表

序号	年份	出卖原因	面积（亩）	地租		价格		资料来源
				总额（千文）	亩租（文）	总额（千文）	亩价（文）	
36	光绪 22 年	无钱使用	56	11.2	200	1338	23893	I－345
37	光绪 23 年	手乏不便	5	0.69	138	60	12000	3－1801
38	光绪 24 年		10	0.5	50	130	13000	I－309
38	光绪 24 年		10	2	200	210	21000	I－312
40	光绪 25 年		12	0.8	67	150	12500	I－157
41	光绪 25 年		15	1	67	750	50000	I－304
42	光绪 25 年	无钱使用	145	42	289	1200	8276	I－344
43	光绪 25 年	无钱使用	12	0.72	60	21.6	1800	II－948
44	光绪 25 年	当差不凑	8	0.8	100	18.4	2300	II－1014
45	光绪 26 年	无钱使用	10	2	200	100	10000	II－875
46	光绪 29 年	手乏不便	61	6.1	100	131	2148	II－934
47	光绪 29 年	手乏不便	10	0.6	60	24	2400	II－934
48	光绪 30 年	手乏不便	48	9.6	200	340	7083	II－930
49	光绪 30 年	手乏不便	4	0.8	200	28	7000	II－931
50	光绪 31 年	手乏不便	5	0.5	100	18	3600	II－945
51	光绪 32 年		25	2	80	710	28400	I－306
52	光绪 33 年		2	0.64	320	32 *	16000 *	I－306
53	光绪 33 年		3	1.28	427	224 *	74667 *	I－312
54	光绪 33 年		15	2.4	160	200	13333	II－819
55	光绪 33 年	手乏不便	8	0.96	120	64	8000	II－817
56	宣统元年		10	1	100	550	55000	I－311
57	宣统元年	手乏不便	100	14.2	142	490	49000	II－749
58	宣统元年	手乏不便	10	不详		150	15000	II－996
59	宣统二年	耕种不便	40	3.2	80	220	5500	II－868
60	宣统 3 年	无钱使用	16	4	250	432	27000	II－997
	小计		702	124.17	177	7966.44	11348	
	总计		1603.8	183.705	115	11785.09	7348	

说明：＊原为"东钱"或"市钱"，现按 1 吊东钱（市钱）＝0.32 吊京钱，换算为京钱。

＊＊为节省篇幅，书名、页码业经简化。"I－648"即为日伪地契整理局编印：《锦热蒙地调查报告》（日文本）上卷（II、III 分别代表中卷、下卷），1937 年印本，第 648 页。余类推。

就佃权的买卖或让渡原因而言，一般蒙民地同官仓地一样，也是经济困窘。全表60宗个案中，列明出卖原因的44宗，除1宗"因无邻居"、4宗为"耕种不便"或"无力耕种"等原因外，其余39宗全部是"手乏不便"、"无钱使用"、"官差紧急"等。一般蒙民地佃农和官仓地佃农的佃权出卖原因及家庭经济状况是一样的。

从各宗个案的价格情况看，单位面积价额高低悬殊，最低亩价只有96文，最高达93760文，相差977倍。60宗平均亩价为7348文，比官仓地佃权平均亩价3433文高出1.1倍．按其变化趋势，也可大致分为三个时段，每个时段的平均亩价都明显高于官仓地。同治末年亦即19世纪70年代中叶前，为第一时段，最低和最高亩价均出现在这一时段，不过大部分佃权亩价在3千文以下，18宗平均亩价为1650文，相当官仓地818文的2倍；70年代中至甲午战争前夕为第二时段，佃权价格明显上升，而且高低不如前一时段悬殊，亩价全部在千文以上，最低1175文，最高51797文，相差44倍，一半的亩价超过3千文，13宗平均亩价为9930文，相当官仓地2354文的4.2倍，比前一时段上升4倍；甲午战争至清末为第三时段，佃权价格进一步上升，29宗个案中，16宗（占55.2%）的亩价超过10千文，29宗平均为11348文，相当官仓地4932文的2.3倍，比前一时段上升14.3%。

进入民国时期，大牌地和小牌地的佃权价格，都进一步上升，不过"大牌地"的佃权价格水平，仍明显低于"小牌地"。

表6－16、表6－17是分别按钱文（京钱）计算的民国时期"大牌地"和"小牌地"佃权市场价格统计：

表6－16　民国时期热河蒙地（大牌地）佃权的市场价格（按钱文计）
（1912—1937）

单位：面积，亩；地租/价格，千文、文

序号	年份	出卖原因	面积（亩）	租额		价格		资料来源**
				总额（千文）	亩租（文）	总额（千文）	亩价（文）	
1	1912	无钱使用	100	上带租差15亩，官仓交纳		96*	960*	Ⅲ－2143

续表

序号	年份	出卖原因	面积（亩）	租额		价格		资料来源
				总额（千文）	亩租（文）	总额（千文）	亩价（文）	
2	1914	手乏不便	45	上带租差钱4角，交驿站		49	1089	Ⅰ-649
3	1914	道路遥远	84	租粮2.139石，随官仓		176*	2095*	Ⅲ-1810
4	1915	年岁饥馑	31	官仓租代交3亩，租钱2吊		29.44*	950*	Ⅲ-2335
5	1916		129	25.8	200	1664*	12899*	Ⅱ-879
6	1916	手乏不便	31.4	上带租差3亩		56*	1783*	Ⅲ-2196
7	1917	手乏不便	85	上带租差钱三吊五；8差洋1元；亩款2.04元9		40.32*	474*	Ⅰ-651
8	1917		15	1.5	100	25	1667	Ⅲ-1767
9	1918	因乏不便	40			1888*	47200*	Ⅰ-647
10	1921		89	10.68	120	360	4045	Ⅱ-816
11	1921	因手不便	84.88	上带租差5.2亩		192.5	2268	Ⅲ-2188
12	1922	手乏不便	5	上带租差2.9吊		32.16*	6432*	Ⅲ-2304
13	1922	手乏不便	17.5	1500文，见茬交租		21	1200	Ⅲ-2304
14	1924	手乏不便	36	8.64	240	360	1000	Ⅲ-1783
15	1933	手乏不凑	7	租粮3斗，交官仓		22.4*	3200*	Ⅲ-1823
	合计		799.78			5011.82	6266	

说明：*原为东钱（塔钱、市钱、城钱、本地钱），现按1吊东钱（塔钱、市钱、城钱、本地钱）=0.32吊京钱，换算为京钱。

**为节省篇幅，书名、页码业经简化。"Ⅰ-648"即为日伪地契整理局编印：《锦热蒙地调查报告》（日文本）上卷（Ⅱ、Ⅲ分别代表中卷、下卷），1937年印本，第648页。余类推。

表6-17 民国时期热河蒙地（小牌地）佃权的市场价格（按钱文计）
（1912—1937）

单位：面积，亩；地租/价格，千文、文

序号	年份	出卖原因	面积（亩）	租额		价格		资料来源**
				总额（千文）	亩租（文）	总额（千文）	亩价（文）	
1	1912	无钱使用	50	27	540	3300	66000	Ⅰ-145

续表

序号	年份	出卖原因	面积（亩）	租额		价格		资料来源
				总额（千文）	亩租（文）	总额（千文）	亩价（文）	
2	1913		3	0.5	167	105	35000	Ⅰ－575
3	1913	手乏不便	16	1.6	100	176	11000	Ⅲ－1747
4	1913		4	—	0.08（石）	64*	8000*	Ⅲ－1813
5	1914	手乏不便	6	0.4	67	105	17500	Ⅰ－574
6	1916		30	6	200	1350	45000	Ⅰ－309
7	1917	无钱使用	12	2.4	200	170	14167	Ⅱ－820
8	1917		13	3	231	1300	100000	Ⅰ－311
9	1917		4	0.5	125	200	50000	Ⅰ－307
10	1917		30	2	67	100	33333	Ⅰ－307
11	1918		7.8	1.5	192	850	108974	Ⅰ－312
12	1918		30	67		1360	45333	Ⅰ－313
13	1918		20	4.5	225	400	20000	Ⅰ－304
14	1918		4	1.5	375	384*	96000*	Ⅲ－1799
15	1919	因有用项	13	1	77	130	10000	Ⅰ－154
16	1919		10	2	200	850	85000	Ⅰ－306
17	1920	正用不凑	20	1.5	75	873.5*	43680*	Ⅰ－267
18	1920		10	0.5	50	450	45000	Ⅰ－309
19	1920		55	3	55	2340	42545	Ⅰ－310
20	1921		10	1	100	1350	13500	Ⅰ－309
21	1921		12	1	83	540	45000	Ⅰ－313
22	1921		23	1.5	65	2000	86956	Ⅰ－307
23	1921		30	4.5	150	1612.8*	53760*	Ⅰ－164
24	1921		6	0.5	83	159	26500	Ⅰ－305
25	1921		10	4	400	450	45000	Ⅰ－309
26	1921		20	8	400	448*	22400*	Ⅰ－309
27	1921		10	1	100	170	17000	Ⅰ－307
28	1922		20	7.5	375	1000	50000	Ⅰ－304
29	1923		0.47	0.16*	340*	30.4*	64681*	Ⅰ－306
30	1925	因有用项	10	2	200	76.8*	7680*	Ⅰ－150

续表

序号	年份	出卖原因	面积（亩）	租额		价格		资料来源
				总额（千文）	亩租（文）	总额（千文）	亩价（文）	
31	1933	手乏不凑	7	—	0.04（石）	22.4*	3200*	Ⅰ－1823
	合计		496.27	92.06	186	22366.9	45070	

说明：＊原为东钱（或市钱、塔钱），现以 1 吊东钱（或市钱、塔钱）＝0.32 吊京钱，换算为京钱。

＊＊为节省篇幅，书名、页码业经简化。"Ⅰ－648"即为日伪地契整理局编印：《锦热蒙地调查报告》（日文本）上卷（Ⅱ、Ⅲ分别代表中卷、下卷），1937 年印本，第 648 页。余类推。

表 6-16 所列 15 宗蒙地大牌地佃权交易个案，价格最低 950 文，最高 47200 文，15 宗平均为 6266 文。小牌地的情况则有所不同。表 6-20 所列小牌地佃权交易价格，已经没有千文以下的个案。其中最低 3.2 千文，最高达 100 千文，31 宗平均为 45070 文，相当大牌地佃权价格的 7.2 倍。

进入民国，特别是 20 世纪 20 年代后，佃权交易中使用银元明显增多，铜钱减少，民国时期使用银元的佃权交易个案数量大大超过使用铜钱的交易个案。为了更全面地了解热河蒙地的佃权价格及其变化，表 6-18、表 6-19 按银元价格，分别对"大牌地"、"小牌地"佃权交易价格进行统计。

表 6-18　民国时期蒙地（大牌地）佃权市场价格（按银元计）
（1912—1937）

单位：面积，亩；地租/价格，元

序号	年份	出卖原因	面积（亩）	地租		价格		资料来源***
				总额（元）	亩租（元）	总额（元）	亩价（银元）	
1	1912		25	0.43*	0.02*	55	2.2	Ⅱ－1415
2	1913		125.5	上带租差 12 个		1700	13.5	Ⅰ－633
3	1913	手乏不便	30	皇差便交；上带租差 2 个；亩捐 1.35 元		28	0.93	Ⅰ－666
4	1919	无人耕种	15	随地交纳差一个半；皇差便交		30	2	Ⅰ－663
5	1919	耕种不便	30	随仓办租		30	1	Ⅱ－928

序号	年份	出卖原因	面积（亩）	地租		价格		资料来源
				总额（元）	亩租（元）	总额（元）	亩价（银元）	
6	1919	耕种不便	32	随仓办租		32	1	Ⅱ－929
7	1919	手乏不便	50	上带租粮5斗；蒙古差地10亩		643**	12.86**	Ⅲ－1805
8	1921		166	上带租子15个，交王府		665	4	Ⅰ－643
9	1921	无钱使用	8	带官仓租4亩		16	2	Ⅲ－2407
10	1922		6.6	1.584（千文）	240（文）	29.5	4.47	Ⅲ－1745
11	1922	耕种不便	20.7	1.3石，对官仓交纳		190	9.18	Ⅲ－1809
12	1922	手乏不凑	10	0.7（石）	0.07（石）	150	15	Ⅲ－1819
13	1923	手内空乏	30	差粮0.57（石）	0.02（石）	150	5	Ⅰ－549
14	1923	正用不便	80	带地租4亩；皇差便交；亩捐2.4元；蒙差0.8元		120	1.5	Ⅰ－661
15	1923	手乏不便	75	随地交纳租差3个；皇差便交		112	1.49	Ⅰ－662
16	1923	手乏不便	82	上带租子5亩		93.6	1.14	Ⅲ－2151
17	1924	手乏不便	210	上带租子222亩，官仓吃		700	3.33	Ⅰ－506
18	1926	手乏不便	26	租差随地缴纳		400	15.38	Ⅰ－575
19	1927	手乏不便	54.16	皇差便交；上带租差2.5亩		47	0.87	Ⅰ－660
20	1927	手乏不足	25	1.25（石）	0.05（石）	125	5	Ⅰ－1827
21	1928	手乏不便	10	差0.15（石）	0.015（石）	120	12	Ⅰ－550
22	1928	手乏不便	10	上带租差1.5吊		60	6	Ⅰ－650
23	1928	手乏不凑	60	亩捐15亩		12	0.2	Ⅲ－2327
24	1929		24	4.8（千文）	200（文）	400	16.67	Ⅱ－877

序号	年份	出卖原因	面积（亩）	地租		价格		资料来源
				总额（元）	亩租（元）	总额（元）	亩价（银元）	
25	1930	手乏不便	30	租差875文		13	0.43	Ⅰ－570
26	1930		20	租2.3千文，小差钱230文；每亩丈地弓力钱"到期再为合计"		100	5	Ⅱ－878
27	1930		15	1.61（千文）	110（文）；丈地之年，每亩弓力钱2千文	90	6	Ⅱ－879
28	1931	手乏不便	5	租差随地缴纳		100	20	Ⅰ－571
29	1931	手乏不便	8	租差随地缴纳		100	12.5	Ⅰ－572
30	1931	今因正用	20	王府租粮6斗；随带亩捐6.2		300	15	Ⅲ－1751
31	1931	无钱使用	7	粮租0.613石；地捐2.5亩，官仓交纳		210	30	Ⅲ－1811
32	1932	手乏不便	25	皇差便交；租子1.5亩；亩捐0.35元；蒙差1.5亩		18	0.72	Ⅰ－654
33	1933	手乏不便	15	大差4.5亩		30	2	Ⅰ－540
34	1933	手乏不便	28	租子7.5亩；募捐各款、新政花费随地交纳		700	25	Ⅲ－1756
35	1934		5	2.16千（文）	120（文）	11	2.2	Ⅱ－823
36	1934	手乏不凑	0.3	租粮2升，官仓交纳		5	16.67	Ⅲ－1819
37	1935	手乏不便	21	租差随地缴纳		270	12.86	Ⅰ－572
38	1936	使用不便	2	租0.17石，官仓交纳；亩捐3分		65	32.5	Ⅲ－1810
39	1937	手乏不凑	10	0.5（石）	0.05（石）	20	2	Ⅲ－1827
	合计		1416.26			5422.1	3.83	

说明：＊原为银两，现按1元＝0.7两换算为银元。

＊＊原为"小洋"，现按小洋1元＝0.6两，换算为"大洋"（1元＝0.7两）。

＊＊＊为节省篇幅，书名、页码业经简化。"Ⅰ－648"即为日伪地契整理局编印：《锦热蒙地调查报告》（日文本）上卷（Ⅱ、Ⅲ分别代表中卷、下卷），1937年印本，第648页。余类推。

表 6 - 19　民国时期蒙地（小牌地）佃权市场价格（按银元计）

（1912—1937）

单位：面积，亩；地租/价格，元

序号	年份	出卖原因	面积（亩）	地租		价格		资料来源**
				总额（元）	亩租（元）	总额（元）	亩价（元）	
1	1915	手乏不便	5	0.3	0.06	40	8	I - 339
2	1921	手乏不便	8			6	0.75	II - 1002
3	1923		34	6.4（千文）	188（文）	153.5	4.51	III - 1798
4	1925		8	150（文）	19（文）	72	9	II - 933
5	1925	年乏不便	13	1.3（千文）	100（文）	27	2.08	III - 1747
6	1927		10	0.3	0.03	260	26	I - 310
7	1927	年乏不便	14	8（千文）	571（文）	850	60.7	III - 1758
8	1928		37	0.3	0.008	560	15.14	I - 308
9	1928		1	0.3	0.3	60	60	I - 311
10	1928		1.1	0.2	0.18	80	72.73	I - 311
11	1929	耕种不堪	20	0.1	0.005	20	1	I - 155
12	1929		13	0.22	0.017	140	10.77	I - 305
13	1929		7	0.1	0.014	80	11.43	I - 308
14	1929		15	1（两）	0.067（两）	220	14.67	I - 310
15	1929		1	0.2	0.2	85	85	I - 311
16	1929		24	200（文）	8（文）	400	16.67	II - 877
17	1929	手乏不便	23	1	0.043	1130	49.13	III - 1760
18	1930	正用无济	13	（照老契）		65	5	I - 144
19	1930		10	0.1	0.01	45	4.5	I - 306
20	1930		40	0.8	0.02	360	9	I - 309
21	1930		8	0.2	0.025	175	21.88	I - 311
22	1930	使用不便	6	0.1	0.017	75	12.5	I - 343
23	1930		3	0.2	0.067	205	68.33	I - 344
24	1930	手乏不便	10	（照老契）		30	3	II - 846

序号	年份	出卖原因	面积（亩）	地租		价格		资料来源
				总额（元）	亩租（元）	总额（元）	亩价（元）	
25	1931		8	0.15	0.019	155	19.38	Ⅰ－304
26	1931		6	0.1	0.017	90	15	Ⅰ－304
27	1931		10	0.1	0.01	34	3.4	Ⅰ－306
28	1931		25	0.12（石）	0.005	150	6	Ⅰ－309
29	1931	耕种不便	35	0.4	0.011	35	1	Ⅲ－2302
30	1932	因有正用	50	27（千文）	540（文）	330	6.6	Ⅰ－144
31	1932		20	0.3	0.015	248	12.4	Ⅰ－307
32	1932		48	0.5	0.01	560	11.67	Ⅰ－308
33	1932		18	0.3	0.017	320	17.78	Ⅰ－309
34	1932		23	0.8	0.034	400	17.39	Ⅰ－312
35	1933		2	0.1	0.05	30	15	Ⅰ－305
36	1933		10	0.2	0.02	130	13	Ⅰ－306
37	1933		30	0.3	0.01	260	8.67	Ⅰ－309
38	1933	今有用项	17	0.2	0.012	160	9.41	Ⅰ－343
39	1933	正用不便	6	0.1	0.017	7.5	1.25	Ⅲ－1794
40	1935	因有正用	21	4（千文）	190（文）	242	11.52	Ⅰ－145
41	1935	正用无钱	15	5.4（千文）	360（文）	180	12	Ⅰ－146
42	1935	当差不便	11	1.87（千文）	170（文）	41	3.73	Ⅲ－1748
43	1936	手乏不便	5	1（千文）	200（文）	57	11.4	Ⅲ－1768
44	1937		21	2.5（千文）	119（文）	50	2.38	Ⅲ－1769
45	1937	因有正用	9.8	2.3（千文）	235（文）	150	15.3	Ⅲ－1779
			714.9	7.97*	0.02*	8768	12.26	

说明：＊只含银元租，钱文租、谷租及相关土地面积，在加总、平均时，业经剔除。

＊＊为节省篇幅，书名、页码业经简化。"Ⅰ－648"即为日伪地契整理局编印：《锦热蒙地调查报告》（日文本）上卷（Ⅱ、Ⅲ分别代表中卷、下卷），1937年印本，第648页。余类推。

表列资料显示，使用铜钱的佃权交易个案大多分布在 20 世纪 20 年代初叶以前，而使用银元的佃权交易个案，则绝大部分集中在 20 世纪 20 年代以后，重叠部分的个案数量不多，二者接续，比较完整地反映了民国时期蒙地佃权交易价格的状况及变化。表 6-20、表 6-21 显示，佃权价格按银元计算，大牌地最低 0.2 元，最高 32.5 元，39 宗平均为 3.83 元。小牌地的佃权价格，最低 0.75 元，最高 85 元，45 宗平均为 12.26 元，相当大牌地的 3.2 倍。

佃权价格作为土地价格的一个组成部分，同土地价格一样，不同地区、不同时期高低悬殊。不过从前面的一些统计来看，情况并非完全如此。表 6-14、表 6-15、表 6-16、表 6-22 等所列，安徽歙县雍正至咸丰年间 35 宗佃权的每亩平均价格为 11.84 两，折合银洋 16.91 元；安徽休宁康熙至嘉庆年间 22 宗佃权的每亩平均价格为 11.17 两，折合银洋 15.96 元；台湾雍正至光绪年间 33 宗佃权的每甲平均价格为 197.99 元，以一甲合 11.3 亩计，折合每亩 17.52 元；热河蒙民地 1915—1937 年 45 宗佃权平均价格为 12.26 元。四者虽有差异，但不甚悬殊。其中歙县和休宁的佃权平均价格，高低相差不到 10%，因时间、地域相近，永佃习惯相同，本属正常。但台湾、热河均属新垦区，热河更是土地相对贫瘠的旱作区，土地价格与与皖南徽州及台湾相差甚远，而佃权价格差别不大。这种情况的发生，乃因佃权价格占土地总价额的比重高低悬殊而形成的巧合。徽州地价高，但佃权价格占土地总价额的比重低，台湾、热河地价低，但佃权价格占土地总价额的比重高，在这种情况下，佃权价格反而差别不大。

（三）佃权的买卖、流转与永佃制的存亡

在佃权、田面的买卖、流转过程中，买主身份各异，对佃权、田面的使用方式也不尽相同。佃权的买主身份，主要分为农民和地主、二地主两大类。农民购买佃权基本上都是耕种，而地主购买佃权大都是用来招佃收租。与此相联系，对永佃制兴衰存亡的影响也不一样。如果佃权在农民阶层内部转移、流动，而买主将佃权用于自耕，而非招佃收租，则只是永佃权的所有者发生变换，永佃制本身依然延续，永佃制的性质和范围并未改变。如果佃权为地主所购买，佃权落入地主手中，佃权、租权或田面权、田底权归一管理，除非地主继续以出让佃权的方式招佃收租，则地主无论出租、自种或者卖主佃回耕种交租，原有的永佃关系均已消失。佃权若落入二地主手中，必定转租谋利，永佃关系同样消失。所以，佃权已经落入地主二地主手中，原有的永佃关系都会消失，永佃制的范围相应缩小，永佃制衰退。

1. 佃权在农民生产者内部的流转和永佃制延续

由于佃权是一种耕作权和土地使用权，在一些永佃制比较流行和发达的地区，佃农只有通过价买佃权才能获得土地耕作，在一般情况下，佃权买卖主要还是在农民生产者之间进行，买主大多是佃农，在永佃制发展初期尤其是这样。乾隆朝刑科题本涉及永佃制下佃权转移的 41 宗案件中，28 宗属于农民生产者之间的转移，占总数的 68.3%。具体情况见表 6-20。

表 6-20　乾隆刑部档案所反映的佃权转让情况
（1685—1794）

序号	年期	县别	面积	租额	价额	买主身份	佃权使用	备注
1	康熙 24 年	广东河源	0.5 亩		5.8 两	农民	自种	活退，此后两次转顶
2	康熙 32 年	江西信丰	田种 7 桶		6 两	农民	自种	绝退
3	康熙 56 年	江西安远	10 角		8.5 两	农民	自种	顶退（绝退）
4	康熙 58 年	江苏长洲	8.5 亩		8 两	农民	自种	顶退，乾隆 3 年找银 10 两加绝
5	雍正 2 年	福建永春	田 1 段	11.5 石	31 两	农民	自种	绝卖，后出租
6	雍正 2 年	广东归善	种田 3 石		100 两	农民	自种	顶退，雍正 7 年找银 20 两加绝
7	雍正 2 年	广东归善	种 2.1 石	1.47 两	12 两，4 千文	农民	自种	地主以出卖"质业"（佃权）的方式，招佃收租
8	雍正 4 年	广东揭阳	10 亩		13.5 两	地主	出租	批耕银折抵欠租，田亩退回另佃
9	雍正 5 年	广东揭阳	13 亩		87.8 两	地主	出租	活退，质田价退业主，粮质归一管理，另佃
10	雍正 7 年	广东归善	田种 6 斗		39.5	农民	自种	活卖，雍正 10 年找价 1300 文加绝

序号	年期	县别	面积	租额	价额	买主身份	佃权使用	备注
11	雍正8年	浙江庆元	田皮1段	13把	2.99两	寺庙	出租	活卖，卖主佃回耕种，纳业主、佃主租谷各12把
12	雍正8年	浙江庆元	田皮1段	7把	1两	农民	出租	活卖，卖主佃回耕种，纳业主谷7把、佃主谷8把
13	雍正10年	江西瑞金	1亩6合		66两	农民	自种	"暂退"，乾隆18年加退8合，加找钱28千文，作银35两，一并绝退
14	雍正元年	广西宣化	田1分	1.4石		农民	自种	当，后赎回
15	乾隆1年	广东河源	19亩	38石	52两	农民	自种	因欠租，地主以价款抵租，收回自耕
16	乾隆2年	广西武宣	4升		4两	农民	自种	佃农欠租，私当，后田被地主收回
17	乾隆2年	福建建阳	田1段		6两	地主	出租	绝卖，大苗、小苗归一，卖主佃回耕作
18	乾隆2年	浙江宁波	2亩	320斤	8.7两	农民	自种	典，后田底、田脚各分卖两家，各管1亩全业
19	乾隆4年	福建莆田	2亩		16两	地主	自种	佃农欠租，业主买回"田根"，退佃
20	乾隆6年	福建侯官	屯田0.7亩	100斤	6.4两	农民	自种	顶退
21	乾隆6年	福建侯官	屯田2.3亩	220斤	34.8两	农民	自种	顶退
22	乾隆6年	福建侯官	屯田1.2亩	190斤	17两	农民	自种	顶退
23	乾隆10年	福建永福	田1段		50	农民	自种	佃农欠租，地主强行将田骨连同田根（作价20两）卖与第三者，以抵欠租

序号	年期	县别	面积	租额	价额	买主身份	佃权使用	备注
24	乾隆13年前	福建南安	田1段	2石		地主	出租	佃农出卖田根，继续耕种，除正租2石外，加纳佃租2石，后田根卖与地主，田骨、田根归一，最后因佃农欠租，地主起田自耕
25	乾隆13年	江苏无锡	1.8亩		3.8两	地主	出租	将原已顶退、复行"借种"的灰肥田退回地主折抵欠租
26	乾隆14年	广西贵县			8两	农民	自种	当
27	乾隆17年	江西赣县		5石3桶	22两	农民	自种	顶退
28	乾隆18年	安徽芜湖	10亩		21两	农民	自种	顶退，3年后找价9两，加绝
29	乾隆19年	广东揭阳	8亩		156两	地主	出租	地主将佃农的质田2.5亩，作为"粮质归一"田一起绝卖（后官判归还佃农）
30	乾隆21年	福建闽清	种半斗	米10斗	5千文	农民	自种	佃农欠租，地主强夺部分田面另典抵租，原佃清租可赎，后地主找价2千文加绝
31	乾隆22年	江西会昌	田1处	6角		农民	自种	顶退，其间田底两次转手
32	乾隆23年	福建建安	寺田1宗		27两	地主	出租	初暂押，佃回耕种，年交利谷2石，后顶退与第三者
33	乾隆28年	江苏元和	10.5亩		22两	农民	自种	活顶，后找价8.5两加绝
34	乾隆30年	福建彰化	田园5丘	一五抽分		农民	自种	绝卖
35	乾隆32年前	广东海丰	种6斗9升			农民	自种	转顶

续表

序号	年期	县别	面积	租额	价额	买主身份	佃权使用	备注
36	乾隆33年	福建崇安	皮田1片	7桶	7两	地主	出租	佃户将田皮卖与田主，佃回耕种交租，后因欠租，田主将田皮卖与第三者
37	乾隆36年	福建平和	8斗种	15.3石	50元	地主	自种	欠租夺回佃权，以其中48元抵租、抵债，实给2元
38	乾隆36年	福建浦城	苗田并荒碓1座	骨租25石，余同面主平分	118.2千文	地主	出租	二人伙顶，出价多者占有佃权，出价少者耕种，缴纳田骨、田面双重地租
39	乾隆43年前	江西会昌	屯田1宗		12两	农民	自种	顶退
40	乾隆45年	福建浦城	苗田1段		7两	地主	自种	地主因"缺田种作"，将苗田强行原价赎回耕作
41	乾隆48年	福建仙游	祭田1分	2.2石		地主	出卖	诬佃欠租撤佃，导致命案
42	乾隆59年	浙江鄞县	2.5		15.3千文	地主	自种	佃农私顶，被地主发现，将地收回自种

资料来源：中国第一历史博物馆、中国社会科学院历史研究所编：《清代地租剥削形态》下册，中华书局1982年版，第485—600页综合整理编制。

表列佃权转移个案涵盖时间从康熙二十四年（1685）至乾隆五十九年（1794），前后历经康雍乾三朝，长达近110年，从中可以观察佃权转移情况及其变化。佃权转移个案的数量，康熙、雍正年间相对较少，康熙三十八年间只有4宗，佃权转移全部在农民生产者内部进行；雍正十三年间为10宗，佃权流向除7宗的承顶人为农民生产者外，另有3宗佃权流向地主和寺庙，后者占总数的30%；乾隆年间佃权转移个案相对较多，60年间共28宗，佃权流向方面，15宗佃权转移在农民生产者内部进行，另有13宗佃权流入地主手中，比重升至46.4%。

因资料只限于乾隆一朝的刑科题本，发生于乾隆朝的佃权转移个案自然多过康熙、雍正两朝。值得注意的是佃权转移状况和流动范围的变化，即流向地主的佃权从无到有，从少到多，乾隆朝转移的佃权超过 2/5 流入地主手中。乾隆三十年后的 9 宗佃权转移，更有 2/3 流向地主。

在佃权的买卖、转移过程中，佃权的买主身份和佃权的流动范围及其变化，直接影响永佃制的生存、发展。

如果佃权是在农民生产者内部流动，买主将佃权用于自耕，则永佃权变换了所有者，但佃权的性质和永佃制范围并未发生改变。永佃制早期的地权转移大多是采用这种方式，佃农租地也多向原佃顶耕。甚至还有经过官府核验的赤契，明弘治九年（1496）安徽祁门吴逸兑佃赤契，就是一例：

> 祁门县十一都住人吴逸，原佃到本都项永祥田一备，坐落本都伍保土名江村段九分里田，内取田贰分，其田新立肆至，东至项永祥田，西至王田，南至李澄田，北至李渡田，今为无力耕种，将前项田亩并租转佃与休宁卅三都李度名下，面议贴备输纳银贰两贰钱整。其兑佃之后，听自永远输纳耕种，未佃之先即无重复交易，税粮造册之日照数推割无词。今恐无凭，立此佃契为用。
>
> 弘治玖年拾月初十日兑佃人 吴逸
>
> 见人 江胜隆①

佃农吴逸从佃田中抽取 2 分，连田带租兑与李度，听其"永远输纳耕种"，自己同佃田完全不再有任何关系。这只是佃权转手，原有的永佃关系并未发生变化。

地主因佃农欠租等原因，强制收回佃权，如仍以新佃价买佃权的方式重新招佃，也不影响永佃制的存在。宣统年间江苏常熟一纸换佃"仓交文契"，反映的就是这种情况。现将该文契转录如下：

---

① 中国社会科学院历史研究所收藏整理：《徽州千年契约文书·宋元明编》卷 1，花山文艺出版社 1994 年版，第 275 页。

立仓交朱怀善,为有坐落南四场四十八都六图北助字号本业租田陆分柒厘伍毫正,凭中〔经〕催赵金、地〔保〕黄圣昌等,今仓交与新佃朱松观承种,当即三面言明灰肥田价银洋玖元正,以偿连年积欠租米。自仓交之后,务需竭力耕种,依限还租,不得延宕,以便转输国课。倘遇水旱灾荒照依边方大例。欲后有凭,立此仓交为照。

计开:田小名前朗田叁分叁厘叁毫、五亩里田叁分壹厘式毫、下四亩田叁厘正。租额〔壹〕足石。

宣统贰年三月中日立仓交朱怀善。

凭中〔经〕催　赵　金

地〔保〕　　黄圣昌　池云亭

仓交文契是实。

代笔　李赞吾①

因佃农"连年积欠租米",又拒不退佃,地主朱怀善勾结基层封建势力,没收佃权(灰肥田),强行撤佃,以"租仓"(其性质类似苏州的地主"租栈")的形式交给新佃耕种,并借用乡间土地交易习惯,由经催、地保充当"中介",议定并由新佃缴付"灰肥田"(当地佃权、田面权的俗称)价银,抵偿原佃所欠租米,令原佃、新佃全都难以抗衡。不过新佃因为缴付了灰肥田价银,同时获得了佃权,只要"依限还租",还是可以"永久"性地耕种。佃农换了,原有的永佃制关系仍然延续下来。

其他地区,不论佃权采取何种交换、流转方式,只要佃权转移没有超出直接生产者的范围,结果大都一样。如江苏长洲佃农张茂甫,康熙五十八年(1719)用价银 8 两,向张敬山顶种租田 8 亩 5 分,乾隆三年(1738)找银 10 两加绝;雍正二年(1724),福建永春陈保让,用价 31 两,买受陈伯君顶退佃田一段,自己耕种,向田主郑廷年纳正租 6 石 5 斗;雍正七年(1729),广东归善永佃农赖永赛将 6 斗种的"质田"卖与彭国镇兄弟耕作为业,得价 39 两 5 钱,雍正十年(1732)找价 1300 文,立有"增契",写

---

① 薛金坤:《清代常熟农村土地契约文书——仓交文契》,《苏州日报》2014 年 7 月 25 日。

明“永不取赎”；乾隆十七年（1752），江西赣县永佃农张元吉，将承耕曾、王两姓田租5石3桶退与钟国崑、钟国重顶耕交租等等。有的即使多次顶退、辗转转移，也未超出农民生产者的范围。如广东河源县永佃农刘湛，康熙二十四（1685）年将佃种刘、罗两姓的水田5分退与王伟耕种，得银5两8钱，退帖写明十年回赎。次年，王伟之子王尊仁原价转退与黄兆杰承耕。退帖亦载十年回赎。至康熙三十七年（1698），期限已满，黄兆杰之子黄廷美得银9两，又将其转顶与黄廷宰承耕。直至乾隆十二年（1747），刘湛之孙刘成章备足原价，浼中回赎，60余年间，佃权三易其主，佃权始终为农民直接生产者所持有。江西信丰永佃农王维尧，康熙三十二年（1693）得银6两，将田种7桶的佃权出顶与温汝玉耕种。契约载明“不得回赎”。至康熙五十五年（1716），温汝玉之子温彩炤将其中田种2桶8升转退与温常秀耕作。直至乾隆五年（1740），王维尧之孙王道明，以从前顶价过贱，要求回赎，佃权持有人也都是农民生产者。福建永春州佃农有佃田一宗，雍正二年（1724）卖给陈保让，买主也是自种。陈保让死后，其妻黄氏才将田转给夫叔陈助短期承耕，收取根租。陈助死后，黄氏即拟收回自种。[①]在这种情况下，不论佃权如何转移，永佃制不会发生量和质的变化，还在原有范围内延续。

有的佃权在流动过程中，因卖主佃回耕种交租，佃权一度由耕作权蜕变为收租权，永佃制消失，但最终因卖主放弃耕作，改由原买主或新的买主耕种交租，永佃关系又重新恢复。如前述福建政和县佃农吴观云，原有“租田”10石，他相继将其中7石出典、加找、绝卖，但继续耕种纳租，佃权蜕变为收租权。其后，吴观云将已经卖出而尚在耕种的7石连同尚有佃权的3石一起，先后顶给、卖给第三者耕种，舍弃了10石“租田”的全部佃权和土地耕作。与此相联系，一度蜕变为收租权的佃权，变回为耕作权，永佃关系又重新恢复、延续。[②]

---

① 中国第一历史博物馆、中国社会科学院历史研究所编：《清代地租剥削形态》下册，第509、529—530、526—527、530—531、512—513、495—496、528页。

② 参见韩恒煜：《试论清代前期佃农永佃权的由来及其性质》，《清史论丛》第1辑，中华书局1979年版，第45—46页。

2. 佃权流向地主或"卖佃留耕"与永佃制的消失

佃权的让渡、转移，另一个重要流向是地主或其他收租业者。如表 6 - 23 所示，随着永佃制的发展和时间的推移，此种佃权流动越来越普遍，在整个佃权流动中占有的比重不断增大。欠租撤佃，以佃权价格折抵欠租，是佃权流向地主的主要原因和形式。广东揭阳永佃农温尚和，用银批耕监生林时觉粮田 10 亩，雍正四年（1726）因欠租难偿，以批耕银两抵租，田亩被地主收回；福建莆田谢佑，向佃唐孟香水田 2 亩，持有田根。因拖欠地租，乾隆四年（1739）唐孟香给银 16 两，买回田根，立约退佃。谢佑仍行占耕，乾隆五年又欠租 1 石 5 斗。六年三月，谢佑已经栽插，唐孟香赴县控告，官断田还唐孟香自种，并以栽插工本抵偿欠租。有的地主，将佃权强行卖与第三者，以抵欠租。福建永福黄宗劝、黄宗福兄弟，"世代承耕"地主黄用东田一处，费有顶耕银子，持有田根。乾隆十年（1745），因缺乏耕本，暂托罗起光耕作，约定三年后交还，田主租谷由黄宗劝兄弟包收代交。但因为家贫，致有拖欠。乾隆十五年（1750），罗起光将田私转给郑学遇顶耕，郑学遇乘机向黄用东价买此田。黄用东即将黄宗劝兄弟持有的田根连同自有田骨一起霸卖，折抵欠租，由此引发人命官司。官判田归郑学遇管业，"根字抹销"。黄宗劝兄弟同时失去了田根（永佃权）和土地耕作。江苏无锡佃农杨介祥，承种地主田 1 亩 8 分，历年租米未清，乾隆十八年（1753）租米复行拖欠，地主催讨紧急，杨介祥外逃，其兄杨介臣只得将杨介祥原已"过"与吴天瑞、复行"借种"的 1 亩 8 分"灰肥田"（即租田田面），退回地主应急，地主即招徐云来耕种。后吴天瑞和徐云来因抢耕打斗，吴天瑞因伤毙命。官判杨介祥清交欠租，田归尸妻佃种。杨介祥最后失去了佃权和土地耕作。虽然偶尔也有佃农用价赎回被地主收走的佃权，但不多见。广东河源县，谢文运、谢文通兄弟有祖遗佃业 19 亩，年交地主温锦文兄弟租谷 38 石。乾隆元年（1736）谢氏兄弟将田顶与母舅陈逊平耕种，得顶手银 52 两，议明 7 年为满，原价取赎。因年岁歉收，陈逊平累积欠租 80 石。乾隆八年（1743）五月，温锦文即以陈逊平所交 52 两顶手银折抵欠租，另给陈 20 两银子作"粪脚"，夺田自种。谢文通兄弟得知后，借银 52 两，将田赎回，谢、温两家因抢耕打斗，酿成命案，谢文通被打死。

官判田系谢文运"祖遗佃业，仍听其耕种交租"；陈逊平所欠温锦文租谷 80
石，"系因历年歉收所致，应免追给"；温锦文所给陈逊平粪脚银 20 两，应
由温锦文取回。① 谢文运兄弟虽然保住佃权，但付出了沉重的代价。而且，
封建官府这种相对公允的判决也是不常见的。

佃权流往地主，并不限于佃农欠租。即使佃农不欠租，有的地主也可
以诬赖佃农欠租，以达到夺回或夺卖佃权的目的。福建仙游，林正之父早
年佃种陈汪言等公共祭田一宗，年纳租谷 2 石 2 斗，供各房轮流收租办祭。
契约载明，"如无欠租，不得另付他人耕种"，如此相安已久。乾隆四十八
年（1783），轮应陈汪言收租，其时有人愿出高价买田，并答应酬谢陈汪言
钱 50 千文。陈乃捏称林正欠租不还，试图借地保之力，强行撤佃，林正不
依，凭众理论，陈汪言未达目的。林正虽然暂时保住了佃权，但亦因此酿
成命案。某些地主亦可单方面毁约夺佃。福建浦城佃农凌惟慎，乾隆三十
五年（1770）备银 7 两，向罗有文租得苗田一宗，契约载明"若不欠租，
永远佃种"。承种后历年交租无欠。乾隆四十四年（1779）冬间，罗有文之
子罗荣进因缺田种作，要求原价赎田自耕，凌惟慎之子凌金亮不允，罗荣
进认为"业从主便"，不顾契约承诺，备料到田搭厂，欲行霸耕，双方发生
打斗。结果凌金亮因伤致死，而且官判苗田由罗姓业主备价赎回，"凌惟慎
等不许占耕，以杜衅端"，佃农人地两空。也有的地主借口佃农"私顶"，
强制收回佃权，或盗卖、霸卖佃农佃权。浙江鄞县佃农邵国保，乾隆五十
九年（1794）因乏银用度，将持有"田脚"（永佃权）的佃田 2 亩 5 分连同
别田一并顶与钱庭才佃种，遭到田主反对。佃农无奈，只得将田退还田主；
广东揭阳陈阿庆兄弟用质银 5 两，向陈勘寄之父批田 2 亩 5 分耕种交租，是
为"质主"，一直相安无事。乾隆十九年（1754）四月，陈勘寄既未知会质
主，更未退还质银，即将 2 亩 5 分质田连同其他水田（共计 8 亩），全部写
明"粮质归一"，卖与谢复达。②

① 中国第一历史博物馆、中国社会科学院历史研究所编：《清代地租剥削形态》下册，第
539—540、501—502、523—526、519—520、503—506 页。
② 中国第一历史博物馆、中国社会科学院历史研究所编：《清代地租剥削形态》下册，第
597—598、593—594、599、541—542 页。

佃农卖给、退回地主或被地主强制收回的佃权，从表 6 - 23 反映的情况看，主要有 5 种处理方式。

一是继续以出让佃权的方式招租。如前述广东揭阳地主林时觉，收回欠租佃农温尚和 10 亩的质田，随后以 13 两 5 钱的价银批给贝文爵耕种，永佃制的性质未变，只是永佃农发生更替。福建闽清的一宗载种 3 斗的租田，因佃农罗必善"积欠租米甚多"，乾隆二十一年（1756）地主叶广文将其中半斗种（载租 10 斗）的佃权收回，先是"小寄与"罗必和耕种，照额纳租，收价 5 千文，以抵原佃欠租，面约 5 年为限。后因罗必善欠租未偿，叶广文令罗必和又凑出"代垫租钱"2 千文，"其田永远耕作，照旧纳租"。[①]同样是永佃农更替，租佃性质不变。

二是底、面归并，以普通租佃形式或收取底、面双重地租的形式招租，前者如广东揭阳张士瑞、张观佑有公共质业 13 亩，雍正五年（1727）退与地主张洪善管业，先是自种，乾隆十五年（1750）以普通租佃形式批与其堂弟张洪拔耕种；同县张阿和有质田 8 亩，乾隆十九年（1754）以 55 两的价银卖与李陈保，李将田以普通租佃形式批与李阿文佃种。

三是佃权被地主收回或买回，底面归并，或卖与第三者，佃农再租回耕种。如福建建阳张米奴佃种地主宋武烈大苗田一段，自有"小苗"（佃权）。乾隆二年（1737）张米奴得价 6 两，将小苗卖与宋武烈"归一管业"，其田仍由张米奴耕种纳租。南安永佃农马愈，佃种地主蒋表田一段，年纳租谷 2 石，按乡例持有"田根"（永佃权），后马愈将田根卖与监生黄骥观，继续耕种，每年纳蒋表正租 2 石，又纳黄骥观佃租 2 石。乾隆十三年（1748），马愈过世，其堂兄马全接种。至乾隆十九年，黄骥观将田根卖与蒋表，田骨、田根"归一管理"，马全须同时向蒋表缴纳正租 2 石、佃租 2 石。[②]福建崇安永佃农周上遇佃种翁相光一宗水田多年，乾隆三十三年（1768）将田皮卖与翁相光，得价 7 两，仍佃回耕种，每年纳租 7 桶。建安

① 中国第一历史博物馆、中国社会科学院历史研究所编：《清代地租剥削形态》下册，第 591 页。

② 中国第一历史博物馆、中国社会科学院历史研究所编：《清代地租剥削形态》下册，第 543—544 页。

佃农邓华有，因欠陈观祈会谷 11 石，乾隆二十三年（1758）将佃种的一段寺田抵押与陈，仍然自己耕种，年交利谷 2 石。据称按该处"地方乡风，凡卖田皮，只要还人家租谷，原可自种"。看来永佃农出卖佃权、佃回耕种已成俗例。佃农范兰吉，雍正八年（1730）先后将田皮（佃权）两段活卖，均佃回耕作，一段原计租 13 把，卖后分别交业主、"佃主"租谷各 12 把；另一段原计租 7 把，卖后加纳"佃主"租谷 8 把。[①]

四是底面归并，地主自种。福建莆田谢佑累世佃耕唐孟香田 2 亩，占有"田根"，因拖欠田租，乾隆四年（1739）十二月，唐孟香费银 16 两，立约退佃，买回田根自种。进入乾隆中后期，一方面由于人口增加，另一方面，永佃制下的一些租主分家析产，单个家庭占有的土地（租权）面积减少，有的单靠收租难以维持生活，因而出现强制收回佃权和自行耕种的情况。如前述福建浦城地主罗荣进，因缺田种作，强行原价赎回佃权自耕，就是例子。

五是佃农确立租佃关系、获得土地耕作，即将佃权卖给了地主，如福建浦城佃农林老俚，先是向叶天新借款 20 千文，年纳息谷 6 石，乾隆三十六年（1771）又同叶夥顶彭士荣苗田一宗，并田旁荒碓一座，每人各出钱 33 千 100 文，因不敷顶价，又由叶天新出名代借钱 52 千文，合共 118 千 200 文。田由林老俚承种，除交苗主租 25 石外，余谷"两人公割分收"。[②] 租佃关系一确立，佃权就落入了地主手中，佃农必须同时缴纳田底、田面双重地租。

上述 5 种处理方式中，只有第一种没有改变永佃制的性质和范围，而这种处理方式为数不多。其余 4 种无论佃权由地主收回，还是落入其他地主手中；无论底面"归一管业"，还是底面分离，佃权都不属于佃农所有，永佃制已经消失。这样，随着越来越多的佃权流往地主，佃农持有的佃权减少，永佃制的范围缩小。

---

① 中国第一历史博物馆、中国社会科学院历史研究所编：《清代地租剥削形态》下册，第 567—569 页。

② 中国第一历史博物馆、中国社会科学院历史研究所编：《清代地租剥削形态》下册，第 589 页。

　　倘若佃农抵押、典当、售卖佃权，继续继续耕种交租，佃权与佃农分离，则不论当主、典主、买主身份，这部分永佃制已经消失，或随时可能消失。

　　在永佃制形成较早的皖南徽州等地，明代末期已不乏这类形式的佃权售卖、典当个案，试看崇祯末年皖南徽州的两纸当契：①

其一

　　佃人倪来胜，今有承祖力坌一号，坐落十三都土名塘坞口，今因缺用，自情愿出当与房主汪　名下，文〔纹〕银叁两正。议定递年硬交力租六秤，不得短少。如有少欠，听主召佃耕种。日后有银听佃取受〔赎〕。今恐无凭，立此契为照。

　　崇祯十五年三月十二　日立契佃　倪来胜

　　　　　　　　　　房主　汪章甫书

其二

　　立当约人周在法，今因欠用，有自情愿将粪草田一备，坐落土名金盘丘，当到房东谢应龙、谢应洋名下，本文〔纹〕银一两正。议定递年交小租贰秤，秋收之日送致上门交纳，不致少欠。今恐无凭，立此当约存照。

　　崇祯十六年三月廿一日立当约人　周在法

　　　　　　　　代笔人　谢　彰

　　　　　　　　中见人　周旺法

　　两户佃农（从契文看，应是当主的火佃）因缺钱使用，将"力坌"、"粪草田"（徽州佃权的一种）出当，但继续耕种，交纳小租（力租），失去了佃权，只保留土地耕作，永佃制即时消失。前项当约载明，"日后有银听佃取受"，如能原价回赎，中断的永佃制自然可以恢复，但这种可能性不

---

　　① 南京大学历史系藏原件，转见方行等主编：《中国经济通史·清代经济卷》（下），经济日报出版社 2000 年版，第 1787—1788 页。

大，而契约规定的"如有少欠，听主召佃耕种"，倒往往会成为现实。这样，出当者不仅失去了佃权，连土地耕作也难保住。

进入清代，永佃农"卖（典）佃留耕"的情况愈加普遍，留下来更多个案材料。下面是康熙、乾隆年间3宗"典佃留耕"个案：

其一

立典约人查永阳，今为无银支用，自情愿将承父佃田乙处，土名东门坑，计佃租叁拾陆砠正，大小五丘，三面议定时值价白纹银陆两叁钱正。其银当日收足，其田出典与叔夏阳名下管业，其田本身承去耕种交租，递年议定硬交谷利捌砠拾觔正，送门交纳，不致欠少。如有欠少，听自另召人耕种，本身无阻。如有来历不明，内外人声说，尽身支当，及重叠交易，不干受主之事。今恐无凭，立此当约存炤。

康熙三十一年贰月廿二日立典约人　查永阳

主盟父　查白星

依口代笔人　弟永好①

其二

立佃约人陈英，今因急用，自愿央中将承祖遗下田皮壹号，计田税柒分，土名程家基，计正租叁秤拾觔正，租系本门家主汉官人租，今凭中面议出佃与本门集庆会内为业。当日时值得受佃价银叁两正，其田原是身领耕种，秋收交谷叁秤正，不致短少。涉〔设〕有拖欠，任从执田管业无辞。今恐无凭，立此佃约存照。

乾隆十年九月　日立典约人　陈英

见中　家主吴耀宗②

---

① 中国社会科学院历史研究所收藏整理：《徽州千年契约文书·清民国编》卷1，花山文艺出版社1994年版，第109页。

② 中国社会科学院历史研究所收藏整理：《徽州千年契约文书·清民国编》卷1，第302页。

其三

立出典粪草田皮人汪元龙，今因无银用度，自情愿将梅树岭河前计田叁丘，计客秤〔租〕拾壹秤半，凭中立契出典与天兴公会内为业。当日三面议定时值价银壹两陆钱捌分捌厘。其田未卖之先，断无重复交易。来历不明，卖主承当，不管买人之事。自成之后，两无悔异。如悔者公罚白银五分公用，仍依此契为准。今恐无凭立此典契存据。

递年秋收之日，硬交实谷叁拾叁觔，不敢短少。如有短少觔两，任从召佃下田耕种。

再批，原主日后原价取回，照。

乾隆四十五年六月初十日立出典字人　元龙

中见人　汪元勋

邦松

依口代笔　汪亨富①

这三纸文约中，典约和出典字名称相近，但性质不同。典约和佃约都是绝卖契，而出典字是当契，是抵押借债。与崇祯末年的当约稍有不同。

三宗个案有一个共同点，佃农舍弃佃权，保留耕作。文契分别载明，"其田本身承去耕种交租"；"其田原是身领耕种，秋收交谷叁秤"；其田自身耕种，"递年秋收之日，硬交实谷叁拾叁觔"。不过本身的性质并不相同。三纸契约中，典约和佃约都是绝卖契，均未提到"原价回赎"，丧失了佃权，中断了永佃制；出典字是当契，是抵押借债，故载明"原主日后原价取回"，但无下文。按当地习惯，如果原主将田取回，或因欠租（息）换佃，或典主收回自耕，都会在契纸上批注。看来出典人始终未能达到回赎佃权的目的，事实上等同绝卖，已经丧失了佃权。

鸦片战争后，"卖佃留耕"的情况也很普遍。下面是同治年间的一纸"卖佃留耕"契：

---

① 中国社会科学院历史研究所收藏整理：《徽州千年契约文书·清民国编》卷2，第18页。

立出佃田皮契人刘社福，今有承祖遗下田皮壹号，坐落土名上高田，计田大小贰丘，计税壹亩贰分正，并田塍茶柯一并在内。今因正事急用，央中将前项一并尽行立契出佃与吴慎修、朝奉名下为业。当日三面言定，得受契价银洋拾元正。其银契当日比即两相交明。未佃之先，并无重复交易；今佃之后，听从受人管业耕种。其田央中情嫡〔商〕，原出佃人领回耕种，每年秋收交下午谷壹佰六十斤，不得短少。倘有欠缺不清，任从另发耕种无阻。倘有一切家外人等生枝异说，尽是出佃人理值，不涉受业人之事。恐口无凭，立此出佃契存照。

当日缴付来脚契壹纸，又取回芮欢青佃契壹纸。其田任从迟早听从原价取赎。取赎之日，尚未到秋收交谷，按月二分行息，取赎之日认还中金银五角，同日批。

同治拾贰年十贰月　日立出佃契人　刘社福

凭口代笔　芮祥元①

从契约的前半部分看，完全是一纸田皮卖契，卖主已经允诺，"今佃之后，听从受人管业耕种"。之后才"央中情商"，将田"领回耕种"，保证每年秋收交谷160斤，"不得短少"。卖主失去了佃权（田皮），不过保留"任从迟早听从原价取赎"的权利，希冀有朝一日能够收回佃权。

有的"卖佃留耕"，在"出佃约"之后，还须写立"承佃约"，才能继续耕种交租：

立佃约人程观生，今因缺用，自情愿将田皮壹丘出佃与叶　名下为业耕种，坐落土名牛岭面前过水丘，计租七秤，三面凭中议作时值粪力银贰两伍钱正。其银九七足色。自今出佃之后，一听佃人随时耕种无阻。未佃之先，与本家内外人等并无重张不明等情，如有自理，不干佃人之事。今欲有凭，立此佃约存照。

日后照依原价取赎，两无难异，再批。

---

① 中国社会科学院历史研究所收藏整理：《徽州千年契约文书·清民国编》卷3，第72页。

康熙伍拾玖年正月廿一日立佃约人　程观生
　　　　　　　书见　程观六

　　立承佃田皮约人程观生，今承到叶　名下田皮乙丘，坐落土名过水丘，计租七秤，每年交田皮谷贰秤，不至〔致〕短少。如有此情，一听耕种无阻。今欲有凭，立此承佃约存照。

康熙伍拾玖年正月廿一日立佃约人　程观生
　　　　　　　书见　程观六①

　　永佃农程观生先将一丘田皮以 2.5 两的价格卖给叶某，一听叶某"随时耕种无阻"。接着又立"承佃约"，将水田佃回耕种，每年缴纳田皮谷 2 秤。结果失去了佃权，由只交田骨租的永佃农，降为缴纳双重地租的普通佃农。

　　有的虽然出具的是"借约"、"借字"，属于佃权抵押借债，最终结果同样是永佃制的终结。试看乾隆、道光年间的两纸借约（字）：

　　其一

　　立借字约人程鸣和，今因家母正事急用，自情愿借到族婆仪三名下本洋拾元正，其洋比即是氏收足讫，其利每周年一分行息，送到名下，不得短少，今分身名下归还。倘若本年利息不清，自情愿将父分身名下佃皮田壹丘，土名早稻圻，计租拾租，听从借字人耕种管业，无得异说。恐口无凭，立此借约存据。

　　道光二十年九月　日立此借约亲笔　程鸣和（押）
　　　　　　　　　　　　凭中　胡叔婆（押）
　　再批，老契与别业相连，不便划出，若日后刷出，不作行用。②

---

① 王钰欣、周绍泉主编：《徽州千年契约文书·清民国编》卷 1，花山文艺出版社 1993 年版，第 208 页。

② 中国社会科学院经济研究所藏：《清代民间典当契约》，编号 010·14。

其二

立借约人胡玉友，今因缺少使用，自情愿将承祖遗下田皮一丘，土名金竹坞，计籼租四砠，凭中抵到汪　名下本九五色银壹两五钱整，其银利言定每年秋收之时硬交籼谷三砠，不致短少。倘若谷利不清，听从执田扒佃，无得异说。未抵之先，并无重复交易、一切不明等情，如有尽是本家一面承当，不涉受主之事。恐后无凭，立此抵约存照。

乾隆二年十月　日立借约人　胡玉友（押）

凭中　胡征贤

达　五

采　三①

永佃农举借现款，以田皮抵押，确保债权人的利益不受损失。从契约关系上说，契约一经成立，债务人就失去了佃权，只是可以继续耕作。如果不能按期照额支付利息，连土地耕作也没有了。不过两纸契约所反映的具体情况，略有差异。前者仅以田皮作担保，利息来源和田皮无关；后者则不仅仅是以田皮作抵押，还直接以田皮所产籼谷充当利息，并且是"硬交"，不能折价或换成豆麦等其他实物。3 砠籼谷既是利息，也是地租。因此，虽是借约（契文亦用"抵约"），更像是将田皮典出再佃耕交租。值得注意的是，两纸契约有一个共同点，即均未提到还本日期和相关约定，看来这两名永佃农还款收回田皮的机会不大。

其他地区的情况也大体如此。浙江庆元永佃农范礼堂叔侄从典佃留耕到最终失去耕作的个案，具有一定的代表性。下面是范礼堂叔侄出具的两纸佃约：②

其一

立佃约人范礼堂等，承父手遗有水田皮一段，土名坐落砦耒堀安

① 中国社会科学院经济研究所藏：《清代民间典当契约》，编号010·6。
② 中国第一历史档案馆、中国社会科学院历史研究所编：《清代地租剥削形态》下册，第569页。

著，计业主租七把正。今因缺银食用，将其田皮立出佃约一纸，即日佃与本族礼资弟边，银一两正，其银收讫。其田皮言定递年完纳佃主租八把正，每年不敢欠少。如若皮租有欠，听凭佃主自己易佃耕种。日后办得原钱取赎，业主不得执留，立佃约存照。

雍正八年六月初八日立佃约　兄礼堂　押

见佃侄　义　枝　押

代　笔　吴家庆　押

其二

立补佃约契人范兰吉，承父手遗有水田皮一段，土名坐落砉耒堀下段安著，计业主租七把正。其田皮前叔手佃与本族礼资叔边，今因缺银食用，将其田皮再立补佃约一纸与叔边，补出佃银三两正。其银即日收足讫。其田皮自补之后，听凭叔边前去耕种，立佃约为照。

乾隆二十五年四月初八日立补佃人　范兰吉　押

见　兄范福男　押

代笔人　范永吉　押

从两纸佃约可以看出，范礼堂、范兰吉叔侄将父亲留下的一段田皮，以一两纹银的低价出典，为的是保留耕作，日后可以回赎。苦苦挣扎了30年，不但无法筹措到1两银子，赎回田皮，连耕种交租的现状也无法继续维持，被迫找价绝卖，彻底失去了佃权和土地耕作。

事实上，抵押、典当或出佃田皮（田面），往往是永佃农走向贫困破产的开始，一旦举债，即在债务泥淖中愈陷愈深，很难偿清债务或筹得钱款，赎回佃权。如安徽祁门永佃农陈英，将田皮2亩，出佃与吴姓为业，佃约载明"听从原价回赎"。到乾隆十七年（1752），因"正经急用"，又找价银3两，将田皮绝卖。[①] 徽州永佃农蒋阿郑，嘉庆十八年（1813）因"衣食无度"，将田皮2丘（计大租水谷15秤）当出，得银35两。4年后复因"子外出无踪，

① 王钰欣、周绍泉主编：《徽州千年契约文书·清民国编》卷1，第317页。

女故无办"，同其胞兄"哀求"当主加价 4 两卖断。道光三年（1823），徽州永佃农孙吴氏，因婆死夫在外，无钱安葬，经族众公议，将田皮一号（计田1.2 亩、大租 12 秤）以 11 两纹银的价格活卖。当日族众议决，田皮"不准加价，只准取赎。拾贰年满任从原价取赎，不得难留异说"。但待其丈夫和兄弟返乡，始终无力回赎，最后只得加价 1.5 两卖断。[①]休宁永佃农李奇付的佃权和土地耕作丧失过程，也很有代表性，先看下面的佃约：

> 立佃约人李奇付，原佃得李三付田一备，坐落土名树坑桥头，计田一亩五分，计田大小三丘，计硬租十四秤十四斤。先年得价一两佃与同春堂，递年交小租三秤。崇祯十四年十一月，是身凑价银二两六分，佃来耕种，交纳正租并同春堂小租。今因欠江三孙会银，将前田转佃与房东李　名下为业，得受价银并酒食银二两八钱。其银、契当即两交明白，并无重复交易。不明等情，是身承当，不累受佃人之事。恐口无凭，立此佃约存照。
>
> 　　崇祯十五年五月初二日立佃约人　李奇付
> 　　　　　　　　依口代笔　谢元禄
> 　　其田价银叁〔贰〕两六钱，外酒食贰钱整。[②]

李奇付为了救急，先是得银 1 两，将田皮转租给同春堂，年得小租3 秤。可能因收入太少，无法维持生活，但佃价不断升高，到崇祯十四年（1641）十一月，耗银二两六分，才从同春堂手中将水田重新租回来，允诺同时交纳大租和同春堂小租。但刚刚过了半年，到次年五月，田里插秧不久，又因欠人会银，不得不将水田连青苗一同卖给了李姓，彻底失去了田皮和土地耕作。田皮在地主手中蜕变为收租权，永佃关系消失。

---

① 孙在中：《契墨抄白总登》，中国社会科学院经济研究所藏，徽州地契档，置产簿第 23 函，W・TX・B0063。

② 安徽省博物馆编：《明清徽州社会经济资料丛编》第一集，中国社会科学出版社 1988 年版，第 424 页。

三　租权买卖习惯及其演变与市场价格

在普通租佃制度下和永佃制下，虽然地主都是招佃收租，榨取佃农的剩余劳动，但地主对土地的占有或控制权限有很大的差异。在普通租佃制度下，地主可以随时撤地换佃或收回自种，尽管土地交由佃农耕种，但地主并未因此失去对土地的使用权和实际控制权，仍然集所有权和使用权于一身。佃农租种和使用地主土地，只是定期或不定期"借种"、"借用"地主土地，但不等于取得了地主土地的"使用权"。"使用"和"使用权"是两个不同的概念和范畴。与此相联系，普通租佃制度下的土地买卖，自然属于土地所有权和使用权合一的买卖。永佃制度下的情形则不同，由于地主只能收租，不能随意撤佃，亦即失去了对土地的使用权和实际支配权，而只剩下收租权，地主出卖的土地或地权，也只是收租权，或曰"收租管业权"。买主购进土地或地权后，只能照原额收租，既不能撤佃增租，也不能收回自种。

随着永佃制的流行、发展，地主与土地的联系日趋疏离，从早期的"认租认地"逐渐演变为"认租不认地"。在苏南吴江，调查发现，因田底主大多居住城市，"由于城里土地（即田底）市场的交易自由，地主和他们占有的土地之间的个人关系缩减到最小的程度"。[①] 福建一些地方的情况是：一地常有两契，一曰面契，代表田面权，田面移转以面契出之；一曰根契，代表田底权，田底移转则以根契出之。两者合而为一则谓为"根面全"之契据。[②] 租权或田底、田骨、田根买卖变成纯粹的收租权或地租买卖。田底主的土地交易由以往的田产投资变成为单纯的存本取息。田底、田骨价格的高低也不再受土地的面积和肥瘠制约，而直接由地租数额、借贷利率以及田底供求关系决定。

---

① 费孝通：《江村经济——中国农民的生活》，江苏人民出版社 1986 年版，第 132 页。
② 郑行亮：《福建租佃制度》，《民国二十年代中国大陆土地问题资料》第 62 册，（台北）成文出版社有限公司、〔美国〕中文资料中心重印发行，1977 年版，第 32170 页。

（一）租权买卖的一般情况和买卖习惯

在永佃制下，地主的土地买卖与永佃农的佃权买卖不同。永佃制产生初期，佃农只能永久耕种，而不能转租或让渡佃权，佃权买卖并非同永佃制同时产生，而是永佃制产生若干年以后，是永佃制发展到一定阶段后的产物。[①] 相反，地主的土地买卖，则无论普通租佃制度还是永佃制，都会照常进行，不会因出现永佃制而中断，只是交易标的物的内容发生变化，虽然在契约形式上，起初仍是以传统土地买卖的名义或形式出现，但其内容和功能却由原来包括所有权、使用权在内的完整土地买卖逐渐演变为收租权或单一的土地所有权买卖。试举康熙年间安徽休宁的一纸土地卖契为例：

> 二十都八图立卖契人程台级同弟程于忠、于真等，今自情愿将王字 号土名石柱坑大丘，田租壹拾壹秤，计税壹亩叁分叁厘，计大小贰丘，佃人程作；又将归字三千壹佰五十八号、三千壹佰六十九号，土名小富石墙坞，田租肆秤，计大小贰丘，今议硬交叁秤半，计税五分叁厘，佃人程旺。其四至照依鱼鳞经册。今来凭中立契出卖与本都六图江 名下为业。当日面议时值价足纹银壹拾壹两肆钱整。其银当日随手一并收足，其田自今出卖之后，一听买主收租受税管业。如有内外人言及先后重复交易不明等情，尽是卖主祗〔抵〕当，不涉买人祗〔之〕事。所有税粮在本家户内起推无异。恐后无凭，立此卖契存照。
>
> 康熙十九年闰八月　日立卖契人　程台级
>
> 主盟母胡氏
>
> 同第程于忠
>
> 程于真

[①] 在永佃制萌芽阶段，官田、屯田、军田等特种土地，主佃关系相对稳定，往往世代相传，佃农私相贸易，辗转顶退，产生佃价，官府失去对土地的直接控制，几经反复，最后形成永佃制或永佃权，佃田辗转顶退反过来成为永佃制产生的条件。这是另一种性质的问题。

凭见包中 程振之①

这纸契约从格式、内容、行文、词句看,和传统土地卖契并无太大差别,不同的只有两点:一是特别载明佃人姓名。不过这不是主要的,因为当地有的传统租田卖契也一样提到佃人姓名。主要差别是关于买主权利的说明:"一听买主收租受税管业",而不是当地自种地或传统租田卖契的"一听买主收苗受税管业"。等于说买主既不能自己耕种"收苗",也不能撤地换佃,只能是"收租受税管业"。

显然,永佃制下的地主土地买卖实质上已经变成收租权或单纯所有权的买卖。随着永佃制不断形成和发展,土地明显地分离为"田底"、"田面"或"田骨"、"田皮"两个部分,在有些地区,土地所有权或收租权买卖直接冠以"田骨"、"田底"的契名。

在永佃制下的土地或地权交易中,开宗明义的田底、田骨买卖最早始于何时,无法得知。同时、同地也是情况多种多样,往往田底、田骨买卖与传统形式的土地买卖并存。

在皖南徽州地区,最晚至明万历(1573—1619)后期,已有开宗明义的"田骨"、"地骨"卖契存在。现将万历三十九年祁门东都同一时间订立的两纸田骨卖契抄录如下:

其一

立卖契人胡天佑,原将土名塘坞口长丘上截下截田,该身田骨计租柒斤,计价银贰钱壹分,自情愿出卖与众社人等收租管业。此租贴备为修厅屋。恐后无凭,立此卖契为照。

万历卅九年二月初八日立卖契人 胡天佑

其二

东都胡天寿,今将土名塘坞口坦田上截下截田骨,计硬租柒斤,

① 中国社会科学院历史研究所收藏整理:《徽州千年契约文书·清民国编》第1卷,花山文艺出版社1994年版,第87页。

出卖与众社户人等收租管业，所有税粮听自众社户交纳。恐后无凭，立此卖契为照。

万历卅九年二月初八日立卖［契］人　胡天寿①

这是一次完成和互有关联的两宗地权买卖：卖主可能是兄弟；所卖的 2 丘水田中，系毗邻丘段或同丘分割；买主是同一个人两纸卖契都把交易标的物称作"田骨"，卖主承诺的买主权利是"收租管业"，标志着永佃制下的租权买卖已由传统形式土地买卖演变为开宗明义的"田骨"买卖。

继东都之后不久，万历四十五年（1617），西都②谢阿汪因"户役缺用"，将 2 丘（号）水田（计租 6 秤）售卖，文契也写明"将前田骨、共实硬早租陆秤凭中立契出卖……"。这是第二纸"田骨"卖契。③ 在这前后，相邻 11 都也相继出现了"山骨""地骨"卖契。④ 明末清初，徽州地区的"田骨"，明显多了起来，如休宁茗洲（与祁门八都交界）《吴氏誊契簿》所载崇祯至康熙年间数宗永佃田产卖契，交易标的物均被称为"田骨"或"田骨并租"。⑤ "收租管业"的"田骨"、"山骨"、"地骨"卖契模式已经成为徽州地区永佃制下地权买卖的一般性习惯。

江苏苏州等地，永佃制下的土地买卖，明显分为田底、田面两个部分，通常地主（田底主）立契卖地，交易标的物直称"田底"，以区别于田面或底、面合一的普通土地。民国十八年（1929）吴县的田底绝卖契，大体反映了永佃制发展后期苏州地区田底买卖的一般习惯：

---

① 中国社会科学院历史研究所收藏整理：《徽州千年契约文书·宋元明编》第 3 卷，第 415 页。

② 祁门共分 22 都，明洪武年间将第 10 都分为东、西两都，称十东都（简称东都）、十西都（简称西都）。

③ 中国社会科学院历史研究所收藏整理：《徽州千年契约文书·宋元明编》第 3 卷，第 462 页。

④ 中国社会科学院历史研究所收藏整理：《徽州千年契约文书·宋元明编》第 10 卷，第 68—69、71—73 页。

⑤ 参见中国社会科学院历史研究所收藏整理：《徽州千年契约文书·清民国编》第 12 卷，花山文艺出版社 1994 年版，第 85、92、113、131 页。

立永远绝卖田底文契张存仁、存佐、存记为因正用，凭中唐长生、倪阿根、陶双喜、谢阿宝等，今将旧吴境拾一都叁拾一图功字圩不等则田拾伍亩正，额米拾陆石玖斗陆升七合正，情愿绝卖与王处收租过户办赋。当日三面言明每亩绝卖田底价银洋柒拾捌元，共计银洋壹仟壹佰柒拾元正。当日随契一顿收租，并无除扣等情，并无重叠交易。此产的系自置，并无门房上下有份人等争执。倘有等情，向〔由〕出产人自行理直，与得业者无于〔干〕。此系两愿成交，各无异言反悔。恐后无凭，立此永远绝卖田底文契存照。

随契收足时值绝价银洋壹仟壹佰柒拾元正。

计开　　当交粮串叁纸。

中华民国拾捌年拾月日立永远绝卖田底文契　张存仁（印）

张存佐

张存记

凭　　中　唐长生　＋

倪阿根　＋

谢阿宝　＋

陶双喜　＋

代　笔　余　玉①

除了特别载明交易标的物是"田底"，与此相对应，买主权利为"随契一顿收租"管业，亦即只有收租权。文契其他内容、习惯，则一如普通土地买卖。

随着永佃制下租权或田骨、田底买卖同传统土地买卖不断分离，买主只能"收租管业"、不能随意撤佃、自耕的权利限制，开始成为社会共识或乡俗惯例，永佃农开始成为租权买卖的利益当事人。为了保证买主的收租权，同时避免买主因不承认佃农耕作权而随意收田换佃，产生不必要的纠纷，在永佃制发展比较成熟的皖南徽州等地，一些租权或田底权买卖，通

---

① 〔日〕林惠海：《中支江南农村社会制度研究》上卷，东京有斐阁株式会社昭和28年（1953）版，第177—178页。

常都有永佃农在场见证，在文书上签字画押，有的甚至就以佃农充作中介。
试看下面两纸契约：

其一

廿都八图一甲立卖契人曹正起，今因钱粮急用，自情愿将承祖遗
业该分己业，自烦央中将土名孙塘坞田五丘，系原额王字四百零三号，
计税乙［壹］亩四分三厘五毫，佃人姜其怀，原议交硬租十秤，今来
凭中立契出卖与江　名下为业，三面议取时值价九五色银廿三两整。
其银当日收足，其田即交听从买主收税管业，倘有内外人言说及重复
不明等情，尽是卖人承值，不涉买主之事。四至拘［俱］炤鱼鳞经册，
其税粮即行起推，并无难异。恐口无凭，立此卖契永远存照。

乾隆廿一年五月　日立卖契人　曹正起

同弟正兴

母亲凌氏

凭中　叔公曹尔震

佃人姜其怀①

其二

廿都八图立卖契人程惟端，今钱粮无办，自愿将承祖遗业，土名
葛布山田一丘，交硬租壹秤零伍斤，羌字　号，计税式分正；又将土
名池下丘田一丘，交硬租壹秤半，羌字　号，计税式分伍厘正。今来
凭中立契出卖与江　名下为业，当日三面议定九五色银玖两正。银当
日收足，其田即交买主收税管业无异，倘有内外人言、重复交易不明
等情，尽是卖人承值，不干买主之事。恐口无凭，立此卖契永远存照。

乾隆四十一年十二月　日立卖契人　程惟端

见中佃人　叶诸（有押）

---

① 中国社会科学院经济研究所藏：休宁《乾隆江氏誊契簿》，置产簿第 17 函，W·TX·
B0056。

叶涵①

　　这两纸卖契的买主是同一个人，都有两名"见中"。前者两名"见中"，一人是卖主的叔祖父，另一人即是持有该田田皮的永佃农。从契约文字、格式看，这种处理方法和习惯，似乎主要还是保障买主的收租权；契尾的签名画押亦有灰色地带，"佃人"也可能就是佃人，并非同其"叔公"平起平坐的"见中"。后者的情况则十分清晰，不仅写明"见中佃人"，佃人的身份和功能就是中人，而且两名佃人见中，并无第三人，佃人就是中人。

　　也有的租权买卖，似乎无须中介，但永佃农的签字画押却不能少。下面的卖契就是例证：

　　六图立卖契人程玉如，今因钱粮无办，自愿将承祖田租壹秤，土名小娘田金竹降，系归字一千四百卅九号，计税六厘八毫三丝正，自愿出卖与江　名下为业，当日得受价银九五色一两式钱正。其银当日随手一并收足，其田任从买主收税管业，本家并无异说。设有内外重复不明等情，尽是卖人承当，不涉买主之事。恐口无凭，立此卖契存照。

　　乾隆七年十二月　日立卖契人　程玉如　号
　　　　　　　　　亲笔无中
　　　　　　佃人　方惠宝②

　　可能因为租权（田底）面积小、价额少，交易并未挽请中人、代笔人，文契由买主自行书写，契后注明"亲笔无中"。但有佃人在场，并签字画押。从某个角度看，在租权（田底）的交易过程中，佃农似乎比中人更重要，因为有佃人在场，主佃双方见面，买主的收租权和佃农的耕作权都有保障，交易预后较好，三方都满意。

---

① 中国社会科学院经济研究所藏：休宁《乾隆江氏誊契簿》，置产簿第 17 函，W·TX·B0056。
② 中国社会科学院经济研究所藏：休宁《乾隆江氏誊契簿》，置产簿第 17 函，W·TX·B0056。

在永佃制下，佃农姓名列入土地（租权）买卖文契，契尾签名画押，或充当"见中"，首先是保障买主的收租权，同时也有保障佃农耕作权的作用，特别是佃农充当中介人，说明佃农经济地位和社会地位提高，不能因此说佃农仍然是地主土地上的"附属物"，地主将佃农连同土地一起"卖"给了买主。在传统租佃制度下，一些土地买卖契约也列有佃人姓名，两者形式上相似，但性质不同，不能混为一谈。

随着永佃制的流行、发展，租权、佃权成为各自独立的两项产权，租权买卖、佃权买卖普遍成为相互平行的两项独立买卖，在某些永佃制发达地区，不仅租权（田底）买卖本身形成不同于传统土地买卖特有习惯，即使永佃制已经蜕变，租权（田底）、佃权（田面）重新合一的田地，出卖时也都分成租权（田底）、佃权（田面）两项交易，分别立契、计价。皖南徽州一些地区即是如此。

如黟县，田地买卖有"大买"（田底、租权）、"小买"（田皮、佃权）之分，通常大买契叫"杜卖契"，小买契叫"杜吐契"或"佃田契"。一"卖"一"吐"，表明租权与佃权的区别。无永佃权或永佃权已与租权归并的土地，则称"大小买田"。不过即使大买、小买已经归并或从未分离的田地，在买卖时也往往分立"杜卖"、"杜吐"两纸契据，表明是两项买卖。①该县有一宗茛坦，原来骨、皮（"典首"）分属两家。嘉庆十七年（1812）十二月，田皮主将"典首"卖给骨主，骨、皮重新合一。②次年二月，地主将该宗豆坦出卖，仍然一地分立两契。现将契约照录如下：

其一

立杜卖断契人胡开焕，今因不便，自情愿将续置茛坦壹处，土名里坞，系经理露字　号，计税式亩五分，计茛租式砠拾斤正。其坦新立四至，东至　，西至　，南至　，北至　。四至内凭中出卖与程嘉栋母舅名下为业。三面言定时值价九七银拾伍两正。其银当日收足，

---

① 参见中国社会科学院经济研究所藏：《道光江姓置产簿》，置产簿第 14 函，W·TX·B0053，另见章有义：《明清徽州土地关系研究》，中国社会科学出版社 1984 年版，第 210—211 页。

② 刘伯山主编：《徽州文书》第一辑（3），广西师范大学出版社 2005 年版，第 16 页。

其坦即听买人管业收种〔租〕，其税另立推单收割过户边粮无阻。未卖之先并无重复交易及内外人声说等情，尽是卖人之〔支〕当，不干受人之事。今欲有凭，立此杜卖断契久远存据。

　　嘉庆拾八年弍月日立杜卖断契人　胡开焕

　　　　　　　中见　母

　　　　　　　依口代笔　胡开景①

其二

　　立典约人胡开焕，今因不便，自情愿将续置典首壹处，土名里坞，计客租弍砠拾斤正。凭中出典与程嘉栋母舅名下为业。三面言定时值典价银拾伍两正。其银当〔日〕收足，其典首即听典人管业耕种无阻。未典之先并无重复交易及内外人声说等情，尽是卖人之〔支〕当，不干典人之事。恐口无凭，立此典约存据。

　　嘉庆拾捌年弍月日立典约人　胡开焕

　　　　　　　中见　母

　　　　　　　依口代笔　胡开景②

　　租权、佃权本已合一，卖主、买主都是同一个人，却还是被分成表面上毫无关联两项独立的买卖，分别立契、计价，交易标的物、契约名称和受主称谓均不相同。租权直称"荳坦"，卖契叫"杜卖断契"，受主称"买人"；佃权则称"典首"，卖契叫"典约"，受主称"典人"。这些都刻意表明，虽然骨、皮已经合一，属同一人所有，但仍是两项不同的产权，必须分成两次交易。

　　这种一地两卖、一地双契习惯，并非黟县独有，亦非始自嘉庆。徽州其他地区乾隆年间即有此种买卖习惯。试看孙友良兄弟所立的两纸契约：

---

①　刘伯山主编：《徽州文书》第一辑（3），第18页。

②　刘伯山主编：《徽州文书》第一辑（3），第17页。

其一

立卖契人孙友良同弟春阳，今有叔父遗下田租壹号，土名渡水丘，系难字四千一百十一号，计税六分三厘六毫，计大租六秤，自佃。今因正用，自愿央中将前项田租出卖与族兄胜梁名下为业，当日三面言定时直〔值〕价银拾四两四钱正。其银契当日两相交明。未卖之先，并无重复；今卖之后，听从买人收租管业，本家无得异说。其税粮现在九甲孙绅户内，任从起割过入三甲孙裕祯户内自行办纳。所有来脚契文与别业相连，不得交付。今恐无凭，立此卖契存照。

乾隆五十四年三月立卖契人　孙友良

同弟　春　阳

中见　詹敬修

孙惟贤[①]

其二

立佃约人孙友良同弟春阳，今有叔父遗下田皮壹号，土名渡水丘，系难字四千一百十一号，计税六分三厘六毫，计大租六秤。今因正用，自愿央中将前项田皮出佃与族兄胜梁名下为业，当日三面言定时直〔值〕价银四两八钱正。其银约当日两相交明。未佃之先，并无重复；今佃之后，听从受人受业耕种，本家无得异说。今恐无凭，立此佃约存照。

乾隆五十四年三月立佃约人　孙友良

同弟　春　阳

中见　詹敬修

孙惟贤[②]

前契卖的是田租，亦即租权或田底、田骨，后契卖的是田皮，亦即佃

---

① 孙在中：《契墨抄白总登》，中国社会科学院经济研究所藏，徽州地契档，置产簿第23函，W·TX·B0063。

② 孙在中：《契墨抄白总登》，中国社会科学院经济研究所藏，徽州地契档，置产簿第23函，W·TX·B0063。

权。前契特别写明："自佃"，即自己耕种、自有佃皮。也就是说，田骨、田皮为同一个人所有，买主也是同一个人，两项买卖同时同地进行。即使如此，还是订立两份契约，并分别计价。买主的权利亦不相同，对田租（田骨）是"收租管业"，对田皮则是"受业耕种"。这宗水田，作为一种产权，虽可一分为二，但同一丘水田本身及其使用，却无法"一分为二"，不可能既招佃收租，又同时自己耕种。文契表面上似乎前后矛盾。不过从立契程序来看，并无不妥。当卖主立订前一纸契约时，买主得到的是田租或收租权，并未获得田皮或水田耕作权，自然只能"收租管业"。到订立后一纸契约，受主买下田皮，才得到了水田的耕作权，这才能够"受业耕种"了。若买主让渡田皮，自然仍可"收租管业"。卖主如此立契、行文，无非表明，交易物确是两种不同的产权。如果两契均写"收租管业"或"受业耕种"，反倒不通了。

孙友良立双约的底、面合一田买卖，并非一宗。乾隆五十三年（1788）十一月出卖的另一处水田（丘名一样，鱼鳞册编号不同），也立有双约，契文、格式完全一样。① 底、面合一而立双约的情况绝非个别。乾隆五十六年（1791）孙继先的租田绝卖亦是如此：②

其一

立卖契人孙继先，今有承祖遗下田业壹号，坐落土名湖丘，系难字四千一百〇六号，计田四分六厘，计足租五秤十斤正。今因岁暮急用，自愿央中将前项田业出卖与族叔胜梁名下为业，当日三面议作时值价银十两正。其银契当日两相交明。其田未卖之先，并无重复交易；既卖之后，任从买人收租管业。其税现在九甲孙光祖户内，听从起割过入三甲孙裕祯户内自行办纳，无得难［拦］阻。倘有家外人等一切不明等情，尽是出卖人理值，不涉受业人之事。今恐无凭，立此绝卖

① 孙在中：《契墨抄白总登》，中国社会科学院经济研究所藏，徽州地契档，置产簿第23函，W·TX·B0063。
② 孙在中：《契墨抄白总登》，中国社会科学院经济研究所藏，徽州地契档，置产簿第23函，W·TX·B0063。

契永远存照。

其来脚契文当日一并缴付，又批。

乾隆五十六年十二月　日立绝卖契人　孙继先

见中　支长孙大有

秉笔　堂弟孙建初

其二

立佃约人孙继先，今有承祖遗下田皮壹号，坐落土名湖丘，今因急用，自愿央中将田皮出卖与胜梁族叔名下为业耕种，当日得受时值价银五两四钱正。其银约当日两相交明。其佃未卖之先，并无重复；既卖之后，任从买人耕种，倘有一切不明等情，尽是出佃人理值，不涉受佃人之事。本家无得异说。今恐无凭，立此佃契永远存照。

乾隆五十六年十二月　日立佃契人　孙继先

见中　支长孙大有

秉笔　堂弟孙建初

这也是卖主自种的同一丘水田，田骨（收租权）、田皮（耕作权）均为卖主所有，买主也是同一个人。只是与孙友良卖契稍有不同，没有注明"佃自"，其他内容、文字完全一样。这里有必要说明的是，徽州地区的佃权（田皮）买卖、顶退，常常"佃约"、"典约"混用。"佃约"，并非通常的租佃契约；"典约"既可能是典当，也可能是绝卖。具体内容要看契约相关文字而定。

不仅租权（田底）、佃权（田面）曾经分离的田地买卖分立两契，某些租权（田底）、佃权（田面）从未分离的租田乃至自耕田地，出卖给同一个人，也分成两项不同的买卖，分别计价，订立租权、佃权两项契据。在黟县，佃权已与租权归并，或从无佃权、租权分离"大小买田"，在买卖时也往往分立"杜卖"、"杜吐"两纸契据，表明是两项不同的买卖。道光十三年（1833）方元裕将一处自耕田出卖，即分别计价、立契，契式、文字也基本相同。① 下面是该县咸丰四年（1854）的一组豆坦卖契：

其一

立杜断卖契人叶王氏，同男赐林，今因不便，将续置之业豆坦一处，土名庙前，系经理秋字号，计豆租四砠，计坦税四分正。其坦新立四至，东至墙脚，西至叶姓业，南至塝脚官租界，北至路。今将前项四至内尽行凭中出卖与江锦荣名下为业，三面言定时直〔值〕九五色河平银拾贰两整。其银当日亲手收足，其坦即听买主管业收租。其税另立推单收割过户，输纳边粮。其坦即听买人自行作用无阻。未卖之先，并无重迭交易及来历不明、内外人声说等情，尽身支当，不管买人之事。今欲有凭，立此立杜断卖契永远为据。

　　咸丰肆年六月　日立典约人　叶王氏

　　　　　　　　　　　　　　　同男赐林

　　　　　　　　　　　　　　　侄凤龄

　　　　　　　　　中见　　　江利泉

　　　　　　　　　　　　　　　吴元贵

　　　　　　　　　　　　　　　江维诚

　　　　　　　　　　　　　　　江圣池

　　　　　　　依口代笔　胞侄焕廷②

其二

立杜断典约人叶王氏，同男赐林，今因不便，将续置豆坦一处，土名庙前，计豆租四砠。其坦新立四至，东至　　，西至　　，南至　　，北至。今将前项四至内尽行出典与江锦荣名下为业，三面言定时直〔值〕九五色河平银拾两正。其银当日收足，其坦即听买人管业耕种交租无阻。自成之后，并无重迭交易及内外人声说等情，尽身支当，不管买人之事。今欲有凭，立此立杜断典约存照。

---

① 参见刘伯山主编：《徽州文书》第一辑（3），第43—44页。
② 刘伯山主编：《徽州文书》第一辑（2），广西师范大学出版社2005年版，第53页。

```
咸丰肆年六月  日立典约人  叶王氏
                          同男赐林
                          侄凤龄
                中见      江利泉
                          吴元贵
                          江维诚
                          江圣池
            依口代笔      胞侄焕廷①
```

与前面的一地两契、两价情况有所不同，契中并无"田租"、"田骨"、"田皮"、"佃皮"之类的字眼、名称，交易标的物均为"豆坦一处"，只是两者契名、价银、买主权利不同，前者契名为"杜断卖契"，价额 12 两，买主权利、义务为"管业收租"、"输纳边粮"；后者契名为"杜断典契"，价额 10 两，买主权利、义务为"管业耕种交租"。据此可以断定，前者交易标的物是收租权（田骨），后者交易标的物是耕作权（田皮、佃皮）。可能因为这宗"豆坦"，从未出现过租权、佃权的分离，契中也就没有使用田骨、佃皮一类的名称。上面提到徽州"田皮"使用的"典约"契名，既可能是典当，也可能是绝卖。具体内容要看契约相关说明而定。这宗买卖为了避免与通常的典当紊淆，使用了"杜断典约"这一字面矛盾的独特契名。

在皖北英山（1934 年 4 月划归湖北省），这种一地双契、双价的土地买卖习俗，一直延续到民国初年。据当时调查，如甲将自种的土地立契出卖与乙，乙仅有收租权，而无招佃换佃权。乙必须再出顶价，由甲另立顶约，方有完全管业权。②

一地双契、双价的买卖交易，一般都是同时、同地一次进行，但也有某些个案，两次交易并非同时进行，甚至相隔若干年，试看江苏常熟乾隆

---

① 刘伯山主编：《徽州文书》第一辑（2），第 52 页。

② 国民党政府司法行政部：《民商事习惯调查报告录》（一），民国十九年刊本，第 409—410 页。

四十一年、四十三年一地双契、双价的交易个案:①

其一

立卖田文契薛大邦,为因正用,央中周惟贤,南助号贰斗叁升粮田一亩贰分伍厘正,卖到表侄茂如处,三面言定,自直〔时值〕卖田价银壹拾肆两正,契日一戬交足。自卖之后任凭耕种、办粮、管业,粮谁〔随〕产办,如议退〔推〕收,即便过户。伍年之后任凭赔买取赎,各无反悔。恐后无凭,立此卖田文契为照。

乾隆四十一年十一月（余略）

其二

立贴契薛大春,为因南助号贰斗叁升粮〔田〕并灰肥田壹亩贰分伍厘,亡弟大邦昔年契与侄孙茂如、茂远处。今思时价未敷,央中侄丑观等,议得到侄茂如、茂远处,三面议卖,系灰肥田价银伍两正,契日交足。自贴之后,任凭耕种、办粮、管业,再无异言。言定即贴不贴,倘有原价,伍年之后任凭取赎。自愿非逼,立此贴灰肥粮田为照。

乾隆肆拾肆年拾壹月日立贴契薛大春

中　侄　丑　观　周祥甫

代　笔　孙继臣

银随契足,准作收票。

两纸文契中,前者是"活卖"契,言明五年后可以取赎。不过未到五年,薛大邦亡故,到五年届满,其兄薛大春无力取赎,只得写立贴契。不过并非"找贴"或补足5年前出卖的"粮田"价款,而是"议卖"前契完全没有提到的"灰肥田"。实际上,这宗水田是分两次出卖,头次卖的是"粮田"（田底）,第二次卖的是灰肥田（田面）。

---

① 薛金坤:《清代常熟土地契约文书之三——贴契》,《苏州日报》2014 年 8 月 22 日。

必须提到的是，这宗水田属于卖主自耕，并未出租，亦未设定租额，更未因为永佃制而发生租权（田底）、佃权（田面、灰肥田）的分离。同样是以一地双契、双价的模式进行交易。只是与一般双契、双价交易不同，并非同时和一次进行，田面买卖是以"找贴"契约的形式完成的。

一丘自种和底、面合一的田地，在买卖过程中，人为分成田底（租权）、田皮（佃权）两个部分，分别立契、计价，一宗完整、明了的土地买卖被分拆为两项独立和平行的交易。这种似乎有悖常规、常理的土地买卖模式，是特定历史条件下的产物。因为永佃制广泛流行，土地普遍分离为田底（租权）、田皮（佃权）两部分，各有价格，可以独立买卖、转移，并且越来越频繁，田底（租权）、田皮（佃权）买卖已成为土地买卖的常态。相反，底面合一的传统土地买卖相对稀少，人们对传统意义上的土地价值、价格和市场行情反而感到陌生，难以捉摸。在这种情况下，将土地交易一分为二，分别立契、计价，虽然多了一道交易程序，表面上似乎有些繁琐，但因买卖双方对田底、田皮的市场行情都比较熟悉，有市场参数可供借鉴，相应降低了交易谈判的难度，加快了交易的进行和完成。而且，将其分成两项交易，价格、权益清晰，也为买主对土地的管业、使用，特别是招佃收租，提供了价格依据。这就是土地买卖一分为二的缘由所在。

当然，这种一地两卖、双契的习惯，也不会无止境地一直延续下去。随着永佃权加速分解、蜕变，永佃制对租佃关系的影响逐渐减弱，租佃关系、土地买卖习惯又慢慢回归传统。黟县一宗水田嘉庆至光绪年间买卖分割和契式变化，生动地说明了这一点。该县八都一处土名箬杆坞的水田，计税 1.454 亩，租额 15 砠 15 斤 2 两。在永佃制下，因租权与土地日益疏离，业主抽卖租额，并未按比例划拨面积，查姓买得该宗水田后，发现税亩与租额不符，遂于嘉庆二十四年（1819）备价将所有租额买回，然后兄弟叔（伯）侄 5 户分割，使各户所得租额与税亩相符，"以省日后滋事"，并订立规章，商定专户收执契据，"日后子孙不得私押私售"。然而，分家析产和内部贫富分化，很快冲破了规章约束，开始了新的分割和土地抽卖。道光二年（1822），查启辅即因"母故衣衾棺木无措"，从 6 砠"共业"中抽出自占的 3 砠租额卖与堂兄；道光十五年（1835）正月，查尚赓也将另外 3 砠租额卖与族伯。这两宗地租买卖，只是契约载明，"典首在内"、"并典"，允诺买主"管业耕种无阻"。租权、典首并未分别计价、立契。同年八月，查启节、查尚赓、查尚萧将各自所占份额合在一起，计租 7 砠 17 斤 5 两、计税 1.036 亩，联契出卖。这次与前两次不同，卖主采取了租权、佃权分别立契、计价的交易方式。契约名称、格式、内容，计价方法以及租权、佃权的价格构成（该契租权价格 20 两，典首 17 两），与前面叶王氏的"豆坦"买卖几乎完全一样。[①]

上述过程表明，尽管查姓在买得该宗水田的全部租额时，已将租权、佃权归并，集二者于一身，但在卖出时，仍然采取永佃制下的交易和契约模式，或作相关说明。不过这宗水田到光绪年间再次转卖时，交易和契约模式，又次发生了变化。下面是光绪二十六年（1900）的该宗水田卖契：

> 立杜断卖契人查舒氏，今因正用不便，自愿将承祖阄分得土名箬杆坞田壹丘，计原租柒砠拾柒斤伍两，减硬柒砠正，系经理隶字 号，计田税四分式厘正，其田新立四至，东至，西至，南至，北至。以上四至之内，照依现管现业，现供现粮，本身毫厘不存，凭中尽行立断契出卖与族叔国桢名下为业，三面言定时值价纹银捌两正。其银当日亲手收足，其田即听买人管业耕租、另召收租无阻。其税自八都叁图查潢户丁尚遐推入本都本图户丁德昭名下，收割过户，输纳供粮，氏毋异说。未卖之先，并无重迭〔交〕易，如有来历不明及内外人声说等情、税步多寡、字号讹错，尽氏支当，不涉买人之事。既成之后，两无悔异。今欲有凭，立此立杜断卖契永远存照。
>
> 光绪念六年又八月　日立杜断卖契人　查舒氏
>
> 　　　　　　托中人　亲侄金禄
>
> 　　　　　　　　　金桃
>
> 　　　　　　　　　族叔国荣
>
> 　　　　　　　　　族叔婶查黄氏

① 刘伯山主编：《徽州文书》第一辑（3），第 441、445、459、461—462 页。

代笔　房叔益达①

一地双契、双价的交易模式不见了，也免去了"典首在内"、"并典"一类的说明，从契约本身已很难找到永佃制留下的痕迹，只是原来租额与税亩不符的问题仍然遗留下来。尽管文契保证，"税步多寡、字号讹错，尽氏支当"，"税步"还是大大低于原额。原田面积为 1.036 亩，由 0.6 亩、0.218 亩、0.218 亩等 3 部分组成，现在仅有 0.42 亩，不到原有税亩的一半。

福建、台湾地区，以及热河蒙地区，永佃制下的租权或田底买卖，一般都是采用卖租的契约形式。

福建永佃制形成较早，土地所有权和使用权的分离，不仅时间早，而且相当清晰，土地收租权或田骨买卖，很早就以地租买卖的契约形式，从传统的土地买卖中分离出来了。资料显示，最迟到顺治年间，南平及闽北一些地区，地租已经取代土地或田骨，直接成为相关交易的标的物。顺治十二年（1655）的一纸土地文契，清楚地说明了这一点：

> 崇任得里立契人虞士奎同侄虞汝长，承祖置有晚田一段，坐落土名下社门前，四至在册明白，系佃人练祖应耕作，计苗白米肆箩正。今因缺少银两使用，情愿托中将前田苗白米出卖与江郭秋边为业。当日三面言议时值价纹银壹拾陆两正，成契之日，一顿交足不欠分厘，并无债货准折之类，及重复之理。其田的系自己分定物业，与亲房伯叔兄弟人等，各无相干。自卖之后，任从买主前去收租管业，不得阻执。其田该载民产贰田〔亩〕六分正，后〔候〕大造之年收割入户当差。今恐无凭，立卖契为炤用。
>
> 当日交得契价纹银壹拾陆两正押
>
> 计开：
>
> 一佃练祖应，耕作苗白米肆箩正（坐落土名下社门前）

---

① 刘伯山主编：《徽州文书》第一辑（3），第 484 页。

顺治乙未拾贰年伍月　日立卖契人　虞士奎　押

　　　　　　　同卖　佃人虞汝长　押

　　　　　　　为中人　江云恺　押

　　　　　　　见人　虞宇智　押

　　　　　　　在见人　虞克亨　押

　　　　　　　　　亲　笔　押①

　　立契人十分明确，出卖的就是被称为"苗白米"的四箩地租。虽然文契开头指出，有祖置"晚田"一段，并说明了土名坐落、四至及佃人姓名。但这些都是作为地租载体及其位置而加以交代的，并非交易标的物本身。契约特别点明："情愿托中将前田苗白米出卖与江郭秋边为业"。显然，交易的真正标的物就是四箩"苗白米"。

　　康熙五十九年（1720）的另一纸"卖契"，形式相同。文契先说立契人肖小婢有"早田"一段，计"大苗糙米"3箩2斗5管，随后写明，"情愿托中将前糙米出卖与三桂里张兆成名下为业"。出卖的也是地租，而非土地或田骨。当时在其他地区，这种情况还较为罕见。

　　也有地租直接成为田底买卖的交易标的物，试看乾隆十一年（1746）的一纸"卖契"：

　　　　立卖契字徐聚玉，承父遗有分定田苗白米叁段，一段叁箩五斗正，一段贰箩正，一段壹箩正，共计田米陆箩正，该载民产肆亩叁分叁厘零，今因管业不便，情愿托中将前田苗白米立契出卖与县坊江信公名下边为业，当日三面言议土风时值纹银价叁拾贰两正，成契之日一色交足，不少分厘。其田的系自己物业，与亲房伯叔兄弟佃等各不相干。自卖之后，仍〔任〕从前去收租管业，并无典卖债货准折之类。所有粮产现存兴下里六图十甲徐光奎户内，大造应当收割过户当差，不得丢累。此系两家甘允，再无异说。今欲有凭，立卖契字照用。

当日数据实交得契面价纹银叁拾贰两正。再照。押

计开：

一佃徐世裴，耕作田苗白米叁箩五斗正（坐落回瑶荷垒，递年冬白米送到城内本主收）

一佃应妳福，耕作田苗白米贰箩正（坐落丁墩土名，递年冬白米送到本主城内交收）

一佃王伏生，耕作田苗白米壹箩正（坐落丁墩土名，递年冬白米送到本主城内交收）

乾隆拾壹年五月　日立卖契人　徐聚玉　押

为中人　徐延瑯　押

说谕人　曾兆贵　押

在见　虞尧辅　押

刘果公　押①

与少数顺治十二年的"卖契"不同，文契开宗明义的交易标的物不是"×田×段"，而是"田苗白米叁段"，亦即不再是作为地租载体的土地，而是地租本身，"田"则只是地租"苗白米"限制和修饰词，仅仅说明交易的"苗白米"是"田苗白米"，而非"地苗白米"或"山苗白米"。传统的丘块、四至、面积则被地租数额取代。同时详细载明佃农姓名、负担租额及地租交收办法。

还有的租权买卖成为更加纯粹的地租买卖，在闽北一些地方，租权买卖不仅采用卖租的契约形式，而且开始离开土地，拆散零卖。下面福建闽北的卖租契即是一例：

立断卖送城租米契约字人李崇忠，今因需钱应用，情愿将父手遗下租米壹石五斗，兄弟相共，其田坐落洪家窠亭前，内抽出崇忠己分送城租米柒斗五升正，册载民粮柒升五合，欲行断卖，请问房亲人等

① 杨国桢辑：《清代闽北土地文书选编（一）》，《中国社会经济史研究》1982年第1期，第117页。

俱各无力承交，次托中人引到黄浚名下近前断买，当日经中三面议定时值价铜钱壹拾陆千文正。立契之日，一并交足，分文无欠。自卖之后，任凭照契管业，李宅不得阻霸异说。其粮现存李宅户内，如遇大造，即行推入黄宅户内输纳……

——佃人吴国祥，年交租米七斗五升正

嘉庆十五年二月十七日立断卖送城租米契约字人　李崇忠　押

〔具名下略〕①

卖主从兄弟共有的一石五斗租米中，抽出自己应占的一半售卖，并将应纳钱粮随同所卖租米起推过户，却未提地名或土地坐落、四至，更别说土地的分割和指认了。

在清代台湾，地主售卖租权或田底权，称之为"卖大租"或"卖地租"。不过其契约形式、买卖习惯，亦有变化。试看下面两纸卖租契：

其一

同立杜卖永耕大租契字东螺社番阿乃重长、阿束梯茅、阿这榻那，有同承阿公备工开筑草地一所，址在二林上堡溪湖庄，并仓仔厝湖及沙仔湖共三庄，招佃耕作，年收大租粟四百二十余石，每年应纳课谷九十石零一斗零七合，又带丁耗银八两五钱正。东至番婆庄及大竹围牛埔界，西至大圳港及溪仔岸界，南至八份埔下湳洋界，北至仓仔厝仓车路界，四至界址明白。其界内尚有些存旷地未开，后日仍付银主再开成业，依还掌管，不敢阻挡。今因乏银使用，愿将此大租出卖，先问番亲兄侄姊妹不欲承受，外托中引向黄合亨出首承买，三面同众言定时值永耕价银七百七十大员〔元〕正。其银即日同中亲收足讫，而大租随即踏明界址，交与银主前去掌管，收租纳课。自此出卖终休，如藤割断，后日价值万金，重长同至亲子孙不敢翻异找贴，亦不敢异言生端滋事。保此业系重长阿兄阿弟自己物业，与本社番亲各无干涉，

---

① 杨国桢辑：《清代闽北土地文书选编（二）》，《中国社会经济史研究》1982年第2期，第109页。

亦无重张典挂汉人财物，以及交加来历不明为碍；如有不明等情，重长自出首一力抵挡，不干买主之事。此系二比两愿，各无反悔，恐口无凭，今欲有凭，同立杜卖永耕契字一纸，付执为照。

即日同中亲收过杜卖永耕契字内文库银七百七十大员〔元〕完足，再照。

一、批明：并无配带番丁口粮诸费，声明再照。

乾隆三十二年十一月　日。

为中人　陈世仁

在场见社番通事　羽　生

代笔人　宋克明

立杜卖永耕大租契字社番　阿力〔乃〕重长

阿束梯茅

阿这椙那①

其二

同立杜卖尽根大租契字人半线保阿束社番加蚋，有承祖父田业租粟，现年王廷粲大租谷纳四石四斗，王拱辰大租谷纳一石六斗，陈居嫂大租谷纳一石四斗。今因费用乏银，愿将此各佃租额共七石四斗正出卖，先问房亲不能承受，外托中引就恩向汉人李清出首承买，三面议定卖价银三十五大员〔元〕正，库秤重二十四两五钱正。银、契即日同中收讫；其租随即对佃付银主管收，逐年任听银主收租，以为己利，向各佃完纳，日后子孙不敢异言生端。口恐无凭，合立尽根契字一纸，付执为照。

即日同中收过尽根垦字内银三十五大员〔元〕正完足，再照。

道光二十三年十月　日。

中人　洪才

知见女　结仔

---

① 台湾银行经济研究室编印：《清代台湾大租调查书》第4册，1963年印本，第651—652页。

　　　　　　女孙　红存

　　　　同立尽根字人　番加蚋

　　　　　　代笔　洪明玉①

　　两宗个案都是高山族业主将大租卖给汉人，文契载明的交易标的物都是大租，买主管业的权利和范围也是"收租"。不过契名略有差异，前者是"杜卖永耕大租契"，后者是"杜卖尽根大租契"。"杜卖"、"永耕"二者含义不同，重叠使用，明显矛盾。这是因为当时高山族村社的土地不许买卖，所以加上"永耕"，逃避规管。鸦片战争后，对高山族村社土地的规管开始放松，所以直接使用了"杜卖尽根大租契"的契名。契约内容及其重点，亦不尽相同。前者详细写明了土地的坐落、四至，并交代了四至内余荒的处置方法。而作为收租对象的佃农，只笼统地说"招佃耕作"，而未提姓名。显示地主与土地的关系较密切，在地主对土地和佃农关系的处理上，是以土地为经、佃户为纬，通过土地来寻找和联系佃户，明确了土地的坐落四至，不怕找不到佃户。后者则相反，文契只有租额和佃户姓名，作为交易标的物"田业租粟"的"田业"，并无特定地块，买主直接找佃农收租，似乎无须认地。说明地主已经是认租不认地，认人不认地，与土地的联系相当淡薄。

　　也有的像闽北一样，大租按租额重量或容量单位拆开分卖，并有典当、活卖、加找、绝卖等多种形式。光绪十三年（1887）的大租谷"杜绝尽根契"，生动反映了这种情况：

　　　　立卖杜绝尽根契字人郡城内油行尾陈钳，有承祖父明买尽根大租，在焦吧年楠梓仙溪西里鹿陶洋界内，大租谷至于光绪十年间，父亲陈高陞乏银费用，抽出玖拾伍石，向过岭后街徐合记徐天赏承典佛银伍百大员。其业随即交付前去掌管收成。今因乏银费用，将此大租谷玖拾伍石，先问房亲人等不能承尽外，再托中引就向过徐合记徐江汉，三面言议，

---

　　① 台湾银行经济研究室编印：《清代台湾大租调查书》第 4 册，第 676—677 页。

找买尽根陆捌佛银伍百大员正，合前计共壹仟大员。一卖千休，日后子孙不得言找言赎。保此业系是钳等承祖父之业，亦无重复典挂他人为碍，来历不明。如有不明等情，钳自出头抵当，不干银主之事。此实是二比两愿，各无反悔异言生端诸事。恐口无凭，今欲有凭，合立找尽根契字壹纸，并连上手契字拾式纸，合共拾叁纸，附执为炤。

即日同中收过陆捌佛银伍百大员，连前典契面银共壹仟大员，再炤。

为中人　洪安官

知见人　陈　火

光绪拾叁年贰月　日立卖杜绝尽根契字人　陈　钳

代书人　林德福①

大租主陈钳的祖父置有大租一宗，除大租所在地外，土地面积及大租总数均不详。传至其父陈高陞，因乏银费用，于光绪十年（1884）将其中的 95 石，抽出典当与人，完全没有提及或涉及作为大租载体的田地及其丘块、面积。3 年后，陈钳复将父亲出典的 95 石大租加找绝卖，亦未提及或涉及土地及其丘块、面积。这标志着台湾地区的大租买卖已与土地基本脱钩。

热河蒙地永佃制下的田底或租权买卖，其性质和形式，因地权类别不同而有差异。"大牌地"因有"管事"专职管理，每五年或十年一次丈地，虽行永佃制，但地主与土地的关系十分密切。在清代，蒙旗王公和上层贵族，卖租子的情况很少。进入民国后，蒙旗王公和上层贵族卖租子的事例开始多了起来。1931 年敖汉旗的一纸扎萨克卖租契，可以从中看出"大牌地"租权买卖的一般习惯：

立卖租契文约人札公府，因经理不便，今将祖遗所吃之租计数□□哈达沟、西沟里、五道沟、六道沟、拐绑沟，又台沟凹，四至于

---

① 〔日本〕临时台湾旧惯调查会：《第一部调查第二回报告书·第 1 卷附录参考书》，明治 39 年（1906）刊本，第 40—41 页。

后，情愿卖与佃户万山名下永远为业，或自吃或外卖，均由佃户自便，不与本府相干。同众言明卖价现大洋六元一角整。其洋当交不欠。俟后如有人争论情事，自有本府一面承管。恐后无凭，立卖租为证。

台头凹之四至：东至田姓，西至分水岭，南至分水岭，北至分水岭。

五六道沟之四至：东至河沟，西至分水岭，南至分水岭，北至分水岭。

拐梆沟之四至：东至河沟，西至分水岭，南至分水岭，北至分水岭。

中　人　于伯勤　张震东　彭景呼

代字人　于汉辅

中华民国二十年九月二十二日　立①

这是札萨克公爷府所立的一纸卖租契，买主是其佃户。文契比较特别，交易标的物明明是地租，但列具却是一连串地（土）名，土地四至也一一开列明白，唯独没有地租数量。这是因为"大牌地"往往采用"随年交租"、"见茬交租"的办法，租额并不固定，所以契约没有列明租额。同时，土名四至详细也从一个侧面反映出地主"公爷府"与土地的联系一直相当密切。

蒙旗下层贵族（"小门台吉"）特别是一般蒙族牧民或箭丁的租权或田底买卖，直称为"卖租子"或"退租子"，属于纯粹的地租买卖，契约名称和内容、文字，同"大牌地"租权卖契有很大区别。下面是土默特右旗的一纸"退租契"和土默特左旗的一纸"卖租契"：

其一

立退租契余庆堂台吉宝瑞同近亲吴秉德、姚广茂，因手乏不凑，今将自己所吃郭振明名下地租贰拾吊五百文，退去贰拾吊，变钱九拾

---

① 日伪地契整理局编印：《锦热蒙地调查报告》（日文本）下卷，日伪康德四年刊本，第2409页。

六吊。其钱笔下交足，分文不欠。同众言明，永远为业。以后任其出入，不与余庆堂相干。所余五百文，递〔随〕年交纳。此系两家情愿，各无反悔。恐后无凭，立文约存证。

中见人　关富　辛涌

赵振东　王俊

代字人　郭振鹭

大清光绪三十四年五月二十八日①

其二

立卖地小租②文约人宝正开，今有小租十四吊正，近因途程遥远，相隔百十余里，年年取租不便，自可将此租项一吊作为六吊，合成七十八吊，留下一吊，以作执证。地东地户当面说妥，情愿将此租项卖与胡德成名下吃收，永无反悔。如有反复等情，俱照原卖钱项找回。恐口无凭，立字永远存照。

历年秋后交纳小租钱一吊正。

宣统三年二月初九日立。

胞弟　宝正明

中人　周学中代字③

这两纸文契都是业主将地租卖（退）给佃农。前者卖主是"小门台吉"，后者为普通蒙民。两纸契约有几个共同点：一是契约开宗明义，交易标的物就是"地租"、"小租"，既不称"土地"或"租权"、"收租权"，亦未载明土地坐落、疆界、面积，只有租额。租额是唯一的标的物。表明地主与土地基本上没有直接联系；二是地主并没有将地租全部卖净，而是留

---

① 日伪地契整理局编印：《锦热蒙地调查报告》（日文本）上卷，第194页。
② 热河蒙地地租有大租、小租之分。大租相当于永佃制下的田底租或普通地租，小租则是蒙旗地主或一般牧民以倒卖方式和高于普通佃价向汉族佃农出卖土地耕作权（实际上出卖了一部分田底权）后而保留的一部分田租，单位面积租额远比大租低。在这里，大租、小租的含义与关内永佃制下的大租（田底租）、小租（田面租）的含义不同。
③ 刘克祥：《清代热河的蒙地开垦和永佃制度》，《中国经济史研究》1986年第3期，第62页。

下 500 文或一吊作为卖主继续保留对该宗土地全部所有权的"执证"（依据）。这是因为清政府严格禁止蒙旗地买卖，一些蒙旗贵族或蒙民在出卖租权时，总要留下少量租额，象征性地保留收租权，亦即对土地保留名义上的所有权，以规避私卖蒙旗地的罪责。这是蒙旗地的田底权或收租权买卖，不同于其他地区或其他类别土地田底权或收租权买卖的显著特征。

在买卖、让渡方式方面，租权同佃权一样，除了绝卖，活卖、典当、抵押借债等，也广泛流行。

在皖南徽州地区，典当是租权让渡的一种重要方式，在一些地主"置产簿"中，租权典当时有所见，有的地主因典当入户的田产数量多，更将典当文契单独抄录成册。休宁静村汪姓地主的典当置产簿，辑录的 30 宗当进田产中，即有 16 宗租权，占总数的 53.3%。下录一纸为例：

> 立出当田契人汪鸣珂，今因母故，缺少事用无办，自情愿凭中将承父遗下田一业，坐落土名静村，黄字陆佰叁号，计租一砠，计税壹分柒厘玖毫捌丝，其田东至　，西至　，南至　，北至　为界。又将黄字陆佰壹号，土名静村，计租拾贰砠，计税壹亩叁分壹厘玖毫伍丝，其田东至　，西至　，南至　，北至　为界，共计八至，今凭中立契出当与族侄　名下为业，当日三面议定时值价九五足银叁拾两整。其银当成契日是身一并收足讫，其田随即交与受当人管业收租作利，本家并无内外人等拦阻及重复交易一切不明等情，尽是出当人承当，不涉受当人之事，言定银便听从原价取赎，两无异说，今将本号归户三纸，赤契二纸，缴付受当人收执，今恐无凭，立此当期存照。
>
> 乾隆二十六年拾二月　日立出当田契人　汪鸣珂
>
> 凭中　汪赞玉[1]

与该地同期的田骨绝卖契有所不同，没有将典当标的物称为"租"或"田租"、"早租"等，而仍然叫做"田"。只是同时载明土名、坐落、四至

---

[1]　中国社会科学院经济研究所藏：《休宁汪姓抄契底册》，置产簿第 24 函 W·TX·B0072。

（此契四至空白）和面积，特别是租额，受当人的权利则是"管业收租作利"。而不是"起佃耕作作利"。以表明典当标的物并非普通土地，而是田骨或租权、田租。当地典当习惯，分定期典当和不定期典当两种。定期典当的当期多为 6 年（亦称"半纪"）。这是一纸不定期当契，契约写明，"言定银便听从原价取赎"，出当人只要备足银两，随时可以原价取赎。

福建、台湾、热河等地，也都流行租权、租子典当或抵押借债。

福建的租权、租子典当习惯，各地互有差异。有的同江浙皖一带相似，某些地区又有自己独特的习俗。

试看晚清和民国时期的 3 纸租权典当契：

其一

立典面租契侄子柯，自己手置有民田面租乙〔壹〕号，坐产本都地方，土名上垄，受种贰斗贰升五合正，田大小九丘，递年应纳面租谷三百三十斤正，牲谷在内，现佃许俾楷。其粮银贰钱四分五厘，合受苗米照县例科派，立在许义潮户下。今因要用，将此面租托中典与叔大谟处为业，三面言议，即日得讫面租价国币一百二十元。其钱交足，其面租听叔管业，对佃收租，理纳粮色。……年限不拘远近，听侄照典面国币对期取赎，叔不得执留。……

民国二十五年十一月　立约①

其二

立赞典契人雷乾滕，原租手置阄下份明粮应田壹号，坐属拜井里小获地方，土名俗叫黄金坂，载租谷伍拾觔坪，应粮钱叁拾肆文称，今因无银乏用，即将此租契宽心自愿托中引到契于堂孙雷坤照处为业，三面言议，得出价银叁员叁角正纹广，其银立契之日全中亲手收讫，其租即付银主收租，其年限捌年以满，备银取赎，不敢言说，如是无银取赎，任从银主收租，但此契系是自己兄弟分阄之额，与亲堂伯叔

① 林祥瑞：《试论永佃权的性质》，《福建师大学报》（哲学社会科学版）1981 年第 1 期，第 118 页。

兄弟侄无干，日前并未曾重张典当他人财物。倘有不明，系是腾出头抵当，不涉银主之事，两家情愿，各无反悔，今欲有凭，立赞契一纸为照。

　　　光绪拾玖年拾贰月　日立赞契雷乾腾。[①]

　　其三

　　立卖暂典契雷坤照，自己手置有民田壹号，坐属拜井里小获廷八井地方，土名窑口，应粮壹钱陆分五厘正，应租肆百觔大秤，今因无银乏用，即将此民田托中引到暂于兰得昌处为业，三面言议，得出价钱伏番肆拾肆员正，每员陆钱重，再字。其银立字之日全中亲手收讫，其租执付银主管业收租，亦不敢生端枝节之理，但年限远近备银取赎，不敢执留，如是无银未赎，照旧银主收租，不敢言说之理，但此系是照自己阄份之额，如亲房内伯叔兄弟侄无干，日前并未曾重张典当他人财物，倘有不明，系是照出头抵当，不涉银主之事，两家情愿，各无反悔，今欲有凭，立卖暂契壹纸为照。"

　　　光绪叁拾年叁月　日立暂典契雷坤照。[②]

　　头一纸典当契的具体地点不详，文契所说"面租"，就是江浙皖一带通称的"田底租"。这里"面租"直接作为交易标的物，而田产只是"面租"的载体。同皖南徽州一样，文契必须写明土地坐落、土名、面积（种苗）、租额、钱粮等，并写有永佃农姓名，但没有提及土地四至，亦无须缴交相关契据，文字表述亦无特别之处。这也是一纸不定期典当契，出典人可以"年限不拘远近"，原价取赎。

　　后两纸典当契来自罗源。与前一纸典当契有所不同，后两者交易标的物明显带有水田、地租二元性质：一方面，文契开宗明义典当的都是水田；另一方面，立契人交付或承诺银主实际处置、收益的却是地租。这反映当地租权典卖的发展变化，正处於土地（田底）买卖向地租买卖演变的过程中。至

---

① 陈支平主编：《福建民间文书》第 6 册，广西师范大学出版社 2007 年版，第 69 页。
② 陈支平主编：《福建民间文书》第 6 册，广西师范大学出版社 2007 年版，第 93 页。

于文契本身，两纸典当契的契约名称和文字表述都有其独有的特点和习惯。从前面关于该地佃权（"田根"）典当的讨论中，已经得知，前者"赘典契"中的"赘"，是"赞（赞）"的俗字或隶书体，而"赞"与"暂"同音通假，即"赘"、"赞"同"暂"，两者字义一样。故前者"赘典契"与后者"暂典契"，契名、含义完全相同，虽然后者契名开头缀以"卖"字，全称"卖暂典契"。但因都有"暂"字，强调"典"、"卖"的"暂时性"，故"典"、"卖"同义。两者契名并无实质差别。同时，两契都有当地文契省字的土俗。前者契名开头为"赘典契"，末尾、落款全简省为"赘契"，将关键的"典"字省略；后者开头契名为"卖暂典契"，末尾、落款分别简省为"卖暂契"、"暂典契"，分别省略了关键的"典"字、"卖"字。关于租权移交方式的表述："即将此民田托中引到暂于兰得昌处为业"，其中"暂于"一词，也省略了"典"字。"暂于"原本为"暂典于"。① 所有这些，都反映出该地租权典当的某些特殊习俗。

福建地区除了民田私田的租权典当，还有屯田租权典当。太平天国战争后，特别是到清末，各地屯田的民田化进程加快，屯田顶退、典当增多，不过留存下来的契据很少。因而下面登录的这纸屯田典契，相当珍贵：

> 立典契雷坤照，自己手置有右卫屯田壹号，坐属拜井里小获铺地方，土名八井棋下，应粮壹钱肆分肆厘，载租陆百斤大秤。今因乏用，即将此田托中引到暂典于雷乾珍处为业，三面言议，得出典价小银伍百角正，每角柒分贰厘重，其银立契日仝中亲手收讫，其田即付银主前去会租管业，其粮历年照例贴纳免悬，其年限伍年以满备银取赎。如或无银未赎，照旧收租管业，不敢异言。但此田系照自己手置之业，亲房无干，日前并未曾重张当地他人财物，如有不明，系照出头抵挡，不涉银主之事。两相允愿，各无反悔。今欲有凭，立典契共贰纸为据。
>
> 在见　胞弟雷坤典

① 光绪三十三年同地王仁泰所立租权"暂典契"，关于租权移交方式的表述，"即将此民田托中引到暂典于雷坤照处为业"，可为佐证。（参见陈支平主编：《福建民间文书》第6册，广西师范大学出版社2007年版，第100页。）

宣统元年拾壹月日立典暂契　雷坤照

自己执笔①

　　这纸文契来自罗源。前已述及，光绪二十八年（1902），清廷接纳两江总督刘坤一、湖广总督张之洞的建议，对屯田采取清理、拍卖，改屯田为民田、改屯饷为地丁的政策，买主、屯户报官税契后，听其管业。雷坤照"自己手置"的屯田，应当就是在这种情况下买进或以"屯户"身份报官税契的。从历史背景和文契内容看，屯田变成了民田，不过"右卫屯田"的名称和永佃关系仍然保留着。还有一点，民田私田的的这类典契，一般只有一纸，交由受典人收执。而这纸屯田典契共两纸，分别由交易双方收执，更加谨慎、规范。这从一个侧面反映，清政府对已是民田的屯田管理似乎更加严格。

　　台湾的租权典当，也相当普遍，从现存个案资料看，其数量与绝卖不相上下。下面是光绪四年的一纸大租典契：

　　　　同立转典大租契字人二林上堡万兴庄陈切、陈约、陈宙等兄弟三人，承祖父自己置大租，每年计收过陈任观园，在湖厝庄东畔园一段，丘声不等，每年应纳大租银一元七角五点正。又收过陈枞观园，在本庄土城边，又连湖厝庄东畔园一段，每年应纳大租银五元七角五点正。又收过陈猪观园，在湖厝庄后壁一段，每年应纳大租银五角正。兄弟三人相议，今因乏银费用，先尽问房亲人等伯叔兄侄不能承受，外托中引就与本庄陈看观出首承典，三面言议时值价银四十五元，库平二十八两正。其银即日同中交收足讫，每年大租收抵利息，不敢阻挡。其大租面限五年；若是至期取赎，限至十月为满，听切、约、宙等兄弟备契面银一齐取赎，银主不得习难；如是无银取赎，依旧听银主收租抵利，不敢阻挡。其大租系是切、约、宙等有承祖父自己置业，与别房亲人等无干，亦无重张典挂他人，亦无拖欠正供，亦无交加来历

_____

① 　陈支平主编：《福建民间文书》第 6 册，广西师范大学出版社 2007 年版，第 108 页。

不明等情为碍；如有不明，系是切、约、宙等兄弟出首抵挡，不干银主之事。此系二比甘愿，各无反悔，恐口无凭，今欲有凭，同立转典契字一纸，付执为照。

即日同中收过契面银四十五元，库平二十八两正。

一、再批明：上手大契带连别业，再照。

光绪四年十一月　日。

知见人　陈宙观

中人　陈江胡

同立转典契字人　陈切观　陈约观　陈宙观

代笔人　黄金标①

台湾地区的大租典当，也有定期和不定期两种，陈切兄弟所立的大租典契，是定期典当。从契文看，内容、文字、习惯与福建相近。契文只写明土名、坐落、租额，没有详列四至，亦未缴交相关契据。不过契尾说明，因"上手大契带连别业"，所以没有缴交，看来按惯例，台湾是要缴交相关契据的。同租权买卖一样，该地亲族对典当也有优先权习惯，出当人必须先问房亲族众；族亲不欲承受，才能典与他姓旁人。

在热河蒙地区，租权或租子典当习惯有所不同，租权或租子典当往往以"烂价契"的形式出现。这同清代台湾的习惯是一样的。具体做法是，出当人将租子出当若干年，当契届满，当价自动"烂掉"（消失），租权或租子无偿回归出当人。现举二例：

其一

立当租人牛碌何西大庙，今因手乏，将自己地户王义泰名下租地拾三亩，亲烦中人说妥，情愿当与本地户兴顺成六年不纳租差，同中言明当价中钱六吊七百六十文。其钱笔下交足不缺。六年以后，此钱烂价，照旧例交纳租差。此系两家情愿，并无反悔。恐口无凭，立此

---

① 台湾银行经济研究室编印：《台湾私法物权编》第 3 册，1963 年印本，第 812—813 页。

文约存证。

中见保人　嘎立僧啦嘛

姜　　珍

庞　德　喇嘛

代字人　刘　士　魁

道光二十三年十二月初五日　立①

其二

立当租契文约人包二爷，因欠来往，手中乏困，自己全〔今〕将勿蓝山所吃租地一顷二十亩，情愿当与张永起名下收吃十年为满。十一年后租归本主。言明当价大洋七十元，笔下收足不欠。恐口无凭，立当契为证。

外有租地四十亩张永起自吃，河套地一亩半。

中见人　赵金才　张　才

代字人　赵永学

民国十七年冬月初四　日②

这是两纸"当租契"，但实际上是当地通称的"烂价契"。两纸都是定期典当，亦即定期"烂价"。前者将13亩的租子（租额不详）一当6年，当价中钱6760文，年满6年后"烂价"，收租权无条件回归出当人；后者将120亩的租子（租额不详）一当十年，当价银洋70元，第11年"烂价"。从现金借贷关系看，"烂价"与一般典当不同的是，出当人当出的年租，不仅仅是偿还当价利息，还同时分期偿还了部分当价本金。到当期届满，当价本息已全部偿清，典当标的物也就自动无偿回归出当人。因此，"烂价"典当不存在出当人因无力回赎，而被当主吞没典当标的物的情况，保障了出当人的产权。

---

① 〔日伪〕地契整理局编印：《锦热蒙地调查报告》（日文本）中卷，1937年刊本，第1110页。

② 日伪地契整理局编印：《锦热蒙地调查报告》（日文本）下卷，第2413页。

租权或租子抵押、抵息借债，其性质和形式与典当相近。台湾、热河的两纸租子抵息借约，大体反映了租权抵押借贷的一些情况：

其一

立胎借字人张辰元，今因乏银费用，托中引就，向郡城何谅兄借出佛银四十大元，将新庄大租糖三百斤对佃典银主以抵利息。限不限时，备足母银清还，取回原借字；如无银清还，听银主掌管，或要与他人，听从其便，元不敢异言生端阻挡。保此园系元自置，与别房人等无干，亦无重张典借他人为碍。但上手契遭匪乱失落，故无缴连，日后寻出，不堪为用。口恐无凭，合立借字一纸，付执为照。

即日同中收过佛银四十元完足，再照。

批明：嘉庆十七年十一月，再借过佛银十八元，又照。

嘉庆十年三月　日。

　　　　为中人　张永达①

　　　　　　立胎借银字人　张辰元

其二

立借约人刀崩同弟五力其各，今因使用不足，借到泰和永中钱三十千文，同中言明，以本身吃得本铺租谷一石五斗、差钱九百文，无论粮价大小，每年以此项租差顶补利息。恐口无凭，立此为证。

　　　　中书人　车　坦　初　　　明

　　　　　　李全春　卜合牙拉麻

道光十五年十月三十日　刀崩、五力其各　立②

前者是台湾大租主向城户借银 40 元，以 300 斤大租糖作为抵押，并抵充利息。"胎借字"载明，借期不定年限，借债人随时可以备足母银，取回借据。如无母银清还，听银主照旧掌管收租抵利，借据特别载明，在债务

---

① 台湾银行经济研究室编印：《台湾私法物权编》第 2 册，1963 年印本，第 265—266 页。

② 日伪地契整理局编印：《锦热蒙地调查报告》（日文本）下卷，1937 年印本，第 2414 页。

关系存续期间，债权人可将租项转押他人。

后者是蒙民刀崩兄弟（其弟五力其各即是上述咸丰七年"扛当租子文约"的立约人）向佃户泰和永号借款中钱 30 千文，即以其应交租谷 1 石 5 斗、差钱 900 文抵充债款利息，并不受粮价涨落的影响。这在性质上同不定期典当没有多大差别。稍有不同的是，债权人就是佃户，债款利息即是债权人应交地租，因而不存在债务人拖欠利息的问题。

除了热河地区的"烂价"典当外，租权典当或抵押借债，都有一个还本和备价取赎的问题。但是，如同佃权或田面典当一样，租权主或田底主一般也是在万般无奈的情况下才典当租权或抵押借债的。因此到期未必都能备价回赎，甚至不仅无力回赎，而且出当未几，即要找价，或加价另当。同时，另一种经常出现的情况是，受当人发生经济困难，未等出当人取赎，即行转当，乃至绝卖，使局面变得错综复杂。光绪十三年（1887）台湾的一纸大租"缴典契"，生动地说明了这一点：

> 立缴典课租契字人鹿港街林鸿腾，有承典林源瑞明典过王福泰课租二段，施修月课租二段，陈汝雨课租一段，计合共课租五段，址在二林上堡涂厝厝庄、西势厝庄、港尾庄、竹头仔庄、岱马庄等处。其田每年应完供谷及丁耗银经已载在上手典契内明白。今因乏银别置，欲将此五段课租出缴典，先问房亲人等不欲承受，外即托中引就与族亲源瑞户下林星耀出首承缴典，同中三面言议时值缴典价银佛银三百大元，库平二百一十两正。其银即日同中交收足讫；其各佃应纳课租佃册，以应完供谷及丁耗银俱各对明白，交付银主前去收租抵利，不敢阻挡。保此课租系是鸿腾明典过源瑞物业，与房亲人等无干，亦无重张典挂他人不明为碍；如有不明等情滋事，腾自应出首一力抵挡，不干银主之事。其课租不限年，至十月终听上手备足前上手契面银取赎，银主不得刁难；如上手王、施、陈若无取赎，腾永不敢言及取赎之事。此系二比甘愿，各无反悔，恐口无凭，立缴典课租契字一纸，并缴上手契七纸，五段佃册合一本，付执为照。
>
> 即日同中亲收缴典契面佛银三百大元，库平二百一十两正完足，

再照。

再批明：如有旧欠租谷，归于银主管收，合应批明，再照。

光绪十三年八月　　日。

代笔人　王万春

为中人　蔡世文　蔡英祥

知见人　林文南

母亲丁氏

立缴典课租字人　林鸿腾①

这纸"缴典课租契"反映出来的经济关系相当复杂。立契人林鸿腾缴典绝卖给族亲林星耀的课租五段，系从林源瑞处典进，而林源瑞又是分别向王福泰、施修月、陈汝雨等3户承典而来。这五段课租已是四次转手。现在的问题是，林鸿腾已将五段课租"缴典"绝卖，自动放弃了回赎权，但上手出典人王福泰、施修月、陈汝雨等3户，却持有回赎权。虽然文契载明，"其课租不限年，至十月终听上手备足前上手契面银取赎，银主不得刁难"。但王福泰、施修月、陈汝雨等3户回赎，必须通过林鸿腾，而林鸿腾因已经失去了回赎权，即应为王福泰、施修月、陈汝雨3户的要求而向林星耀提出取赎，也必然会被林星耀拒绝。而林鸿腾也不愿为人做嫁衣，所以这恰恰是林鸿腾所希望的。在这情况下，王福泰、施修月、陈汝雨3户的"取赎权"也就成了水中月。这种情况无论是佃权典当还是租权典当都是常见的。

（二）租权买卖的演变和地权债权化

田底（田骨）或租权买卖是永佃制下土地（地权）买卖的一般形态。不过如同永佃制本身一样，永佃制下的田底（田骨）或租权买卖的形式、内容和习惯，并非静止或固定不变，而是十分活跃和不断演变的。随着永佃制的发展，各地永佃制下的土地或地权、租权买卖也经历了一个明显的演变过程。前面所说的租权买卖习惯，各地互有差异，其中既有地区特点，

---

① 台湾银行经济研究室编印：《台湾私法物权编》第3册，1963年印本，第831—833页。

也包括某个发展阶段或时段的特有形态或习惯；所说的变化，也因资料零散、短缺，仅仅是某一断面或截点，远未反映变化的全貌和实质。所幸皖南徽州地区留下来一批极其宝贵的契约文书档案，特别是一些地主家族"置产簿"、"誊契簿"的买卖文契，数量庞大，延续时间长达数百年，涵盖该地永佃制形成、发展、衰落、消失的全过程。从这些契约格式、内容、文字的变换，可以观测到永佃制下地权（租权）买卖发展、演变的历史全貌。

综合徽州契约文书，参照其他相关资料，永佃制下地权买卖的演变过程，可以大致归纳如下：永佃制下的地权买卖，起初在内容和形式上与普通土地买卖并无多大差别，只是文契特别载明，"任凭买主收租管业"，取代以往通行的"任凭买主收苗管业"，表明买主对土地只能收租，已无撤佃或收回自种的权利，传统的土地买卖由此演变为土地所有权或收租权买卖；继而依存于土地的收租权，同土地的关系逐渐疏离，地租直接成为交易标的物，依存于土地的收租权买卖演变为剥离土地的单纯地租买卖；再往下发展，以田地丘块为单元的地租整卖逐渐演变为不受田地丘块限制的分拆零卖；最后，单笔地租买卖的数额越来越小，买卖频率不断升高，地租买卖日趋零碎化、平常化、日常化，地租买卖实际上演变成一种存本取息式的投资途径或抵押借贷的金融调剂手段。永佃制下土地（地权、租权）买卖演变的实质和归宿是地权债权化。

1. 从"收苗管业"的土地买卖到"收租管业"的租权买卖

在皖南徽州地区，传统的土地买卖契约有相对固定的内容和格式，并有一个显著的特点，关于买主的权利，一般都会根据土地的不同类别和用途，做出清晰而具体的说明：水田写"收苗管业"或"耕作收苗管业"，菜园写"收苗种菜管业"，茶园写"摘茶管业"或"管业蓄养采茶"，池塘写"养鱼管业"，山坡林地写"入山管业"、"砍木栽苗管业"或"长养收苗管业"、"管业长养"，等等，清楚点明了买主权利或"管业"的具体内容。也就是说，买主的"管业"是通过对土地的具体使用，如"耕作收苗"、"种菜"、"养鱼"、"采茶"、"砍木栽苗"或"长养收苗"等来体现的。

如果买卖的土地是出租地，而佃农并无永佃权，文契除了详细列明佃人姓名，地租种类、数额、交租方式，也要特别写明买主有权"收苗管业"。如明天启四年（1624）的一纸租田卖契，契文逐一登载佃人姓名，写明地租种类为麦、豆、粟，交租方式为"监收"。其后卖主承诺，"自从出卖之后，一听买人收苗管业"，[①] 意在表明买主既可收租，又可收回自种。当然，有的卖契不一定登载佃人姓名、租额及交租方式，只笼统载明该田"并佃"出卖，即连同佃权一起出卖。如明万历八年（1580）一纸卖山契，在写明山场的图册号码、面积、四至后，只说"今将前项四至内山并佃，尽行立契出卖……"最后承诺"其山即便交与买人长养收苗管业"。[②]

倘若卖主将自种田地出卖，而后佃回耕作交租，即所谓"卖田留耕"，[③] 而又未能取得永佃权或土地使用权，则文契仍须写明"任凭买主收苗管业"。如明洪武三十一年（1398），休宁太平里胡周因"日食不给"，将父遗水田2号卖与同里人汪猷干，又佃回耕种交租，每年硬上租谷9秤。[④] 卖主同时承诺，其田"一任买人自行文〔闻〕官受税、收苗，永远管业"。[⑤] 又如明宣德三年（1428）闰四月，该县同都一自耕农将已莳秧在田的1亩水田出卖，契约载明，秋后交"上田"（即不经晾晒）籼谷10䄷（合湿谷250斤），待稻谷"收割后，一听买人自行耕种收苗，永远管业"。[⑥] 显然，上述"收苗管业"，是指买主在允许卖主佃种交租的情况下，仍可随时收回自行耕种。卖主"佃种"年份的长短，租佃关系的续断，完全取决于买主的意愿。

---

① 中国社会科学院历史研究所徽州文契整理组编：《明清徽州社会经济资料丛编》第二集，中国社会科学出版社1990年版，第264页。

② 中国社会科学院历史研究所徽州文契整理组编：《明清徽州社会经济资料丛编》第二集，第517—518页。

③ 徽州地狭人稠，耕地供应紧张，早在明代前中期，此种卖地方式已相当普遍。按当地乡俗，这类土地买卖，契文都会特别标注"佃人自"或"佃自"，写明应交租额。现存的一些明代卖田契，从洪武年间（1368—1398）开始，不少写有"佃人自"或"佃自"字样。从这种已经高度简化的佃人身份标示法看，"卖田留耕"流行已久。

④ "秤"系徽州一些地区的租谷计量单位。每秤重量，互有差异，主要有"加六"、"加八"两种。"加六"为每秤16斤，"加八"为每秤18斤。此处为每秤20斤。

⑤ 安徽省博物馆编：《明清徽州社会经济资料丛编》第一集，中国社会科学出版社1988年版，第7页。

⑥ 见安徽省博物馆编：《明清徽州社会经济资料丛编》第一集，第24页。

　　总之，在普通租佃制度下，地主可以随意换佃增租或收回自种，土地买卖一经成交，撤佃权也就同时由卖主转入了买主手中，所以卖主必须承诺，任凭买主"收苗管业"。换言之，买主对购进的土地，同时持有土地所有权和使用权或耕作权。

　　永佃制下的情形则不一样，佃农对土地拥有耕作权或使用权，既可"永久"租种，也可辞佃不种；地主则只能照额收租，无权增租夺佃，按一些地区的乡俗惯例，就是"只许客辞主，不许主辞客"。即使地权转移，也不能影响佃农耕作，地主不能再像过去那样将土地"并佃"出卖，而是"卖田不卖佃"、"卖租不卖佃"。所以买主同卖主一样，对土地的管业权限，也不能超出收租的范围。

　　这样，永佃制下的土地买卖，从交易内容到契约文字都开始发生变化。交易内容从所有权（收租权）和使用权（耕作权）合一的土地整体买卖变为单一的土地所有权（收租权）买卖。与此同时，契约文字也相应调整。既然地主对土地的支配权只剩下收租权一项，卖主也就不能允诺"一任买主耕作收苗管业"或"招（换）佃收租"，而只能改成"一听买主收租管业"。从徽州地区现存的一些土地买卖文书中，可以清晰地看到这一变化的发生。

　　在休宁，现存明清土地买卖文契所见，田底或租权买卖文契最早出现于成祖永乐四年（1406）。从该纸租权卖契可知，在契约形式上，与同期的普通土地或租田卖契相比，并无明显不同，只在买主权利表述方面发生细微差别。试将租权卖契同普通土地卖契做一比较：

其一

　　休宁县一都第四保住人程原得户下有田一号，坐落拾贰都玖保，系乙字玖佰柒拾肆号，田壹亩玖分贰厘三毫，东〔至〕汪彦轮田，西至汪猷干田，南至汪彦轮山，北至溪，土名上江丘，佃人胡真原等，上籼祖〔租〕谷壹拾捌秤，上田祖〔租〕，今来缺物支用，自情愿将前项四至内田，尽行立契出卖与拾贰都汪猷干、汪汝名名下，面议时值价花银贰两肆钱整。其银当成契日一并交收足讫。其田从今出卖之后，一任买人自行闻官受税，收苗管业为定。如有内外人占拦及重迭交易，并是出产人自行祗〔抵〕当，不及买人之事。所有上手来脚契文与别产相连，缴付不便，日后要用，本家索出参照无词。今恐无凭，立此文契为用。

　　洪武三十五年十月二十日出产人　程原得契

　　　　　　　　　　代书人　张鼎义

　　　　　　　　　　见人　祝双

　　今领去前项契内价银并收足讫。同日再批。[1]

　　其二

　　十一都汪伯敬承祖并父买田一备，坐落本都六保，土名乙梓坑吴八住前，系经理坐字二百八十号，计田一亩八分有零，其田东至自田，西至詹永成田，南〔至〕坑，北至山，计租一十八秤；又取坐字二百五十八号，土名㮊背，计田三分九厘九毫，其田东至溪，西至本宅地，南至谢乙地，北至汪宅地，本边三分中得一份；又取二百五十九号，计田一亩有零，东至溪，西、南至汪宅地，北至李宅地；又取梓坑口王起住地，坐字五百二十三号起，至五百二十六号止，计地二亩二分七厘五毫，其地新立四至东至吴宅田，西、北至坑，南至山塝。其王起住地并屋宇，承祖并父买李宗祥、李原等本边三分中得一分。今将契内田、地、火佃基屋，本边合得分数，尽行立契出卖与同都吴希仁名下收租为业，三面议时值价钞五百八十贯文整。其价、契当日两相交付，契后不再立领。未卖之光〔先〕，即无重复交易，如有来历不明，并是卖人之〔支〕当。不及买人之事。今从卖后一听买人收租管业，本家即无言说。所有原买李宗祥、李原来脚契文，与兄相共，不及缴付。其各号田地听自买主闻官受税。今恐无凭，立此卖契为照。

　　永乐四年二月十八日立卖契人　汪伯敬

　　　　　　　　　　见人　汪伯仪

　　　　　　　　　　代书人　李德本[2]

---

①　安徽省博物馆编：《明清徽州社会经济资料丛编》第一集，中国社会科学出版社1988年版，第13页。

②　安徽省博物馆编：《明清徽州社会经济资料丛编》第一集，第16—17页。

两纸卖契的交易标的物均为出租的水田。前者是土地卖契，后者是田骨或租权卖契。粗粗一看，两者内容、结构、文字和形式几乎完全一样，鱼鳞图册编号、土名、坐落、四至、面积、佃人姓名、租额等，全都一一开列明白，无有缺漏，似乎两契都是普通出租田卖契。但仔细一看，就会发现，关于买主权利的规定有细微差别：前者的买主权利是，"自行闻官受税，收苗管业为定"；后者则是"一听买人收租管业"。也就是说，前者买主"管业"的内容和标志是"收苗"，而后者买主"管业"的内容和标志是"收租"。一个是"收苗"；一个是"收租"。当地所谓"收苗"，是指买主可以自行耕作，亦即对所买土地有耕作权或使用权，当然也就有撤佃权，如宣德十年（1435）的一纸租田卖契即写明，"其田今从出卖之后，一任买人自行闻官受税，招佃耕种、收苗，永远管业为定"。[①] 而契约载明"收租管业"，则表明佃农持有永佃权或土地使用权，买主只有收租权，而无撤佃和耕作权。土地买卖交易中买主管业权由"收苗"改为"收租"，土地买卖文契中这一个字的更换，标志着一种新的土地买卖的产生，亦即田底、田骨或租权买卖的产生。

两纸契约之间还有一个差别，即对交易标的物土地的确定方面，两纸契约都载明了土地的鱼鳞图册编号、土名、坐落、四至、面积，但后者实际出卖的只是其中的一部分。虽然被售部分的面积可以按比例计算得出，而坐落、四至则无法具体确定。在这种情况下，买主当然只能收租，而对土地无法直接耕种"管业"。这说明田骨或租权买卖虽然仍以传统土地买卖文契的形式进行，但地主（田骨主）同土地联系已开始模糊、疏离。

安徽省博物馆、中国社会科学院历史研究所整理编辑的徽州明代 271 宗卖田契，大部分是出租地。时间最早的为洪武二十六年（1393），最晚的为崇祯十七年（1644）。文契关于买主的权利表述，在宣德三年（1428）闰四月前，全部为听凭买主"闻官受税，收苗管业"、"自行耕种收苗，永远管业"或类似词句，但该年五月休宁的一纸卖田契，契文被改成"一听买人自行闻官受税，永远收租管业"。原来买主的"收苗"权改成了"收租"

---

① 安徽省博物馆编：《明清徽州社会经济资料丛编》第一集，第29—30页。

权。此后，两种表述交错出现。宣德三年五月至崇祯十七年间的 217 纸卖田契中，载明买主"收租管业"或"买入收租"、"入田收租"、"收租为业"的有 49 宗，占 22.6%。从县区分布看，书中辑录的宣德三年至崇祯十七年间卖田契，休宁最多，计 90 纸，占 41.5%，载明买主"收租管业"的卖田契数量，亦相应较多，共 17 纸，占 34.7%。其次为祁门、歙县。另有 18 纸县份不详。① 从时间上看，这种变化是在明代前期开始出现的。

一些"卖田留耕"的土地，卖地文书也发生了同样的变化。徽州地区现存文书资料显示，从洪武年间（1368—1398）开始，就有不少卖田契载有"佃人自"或"佃自"字样。某些时段（如洪武季年、正统年间等）甚至相当频密。不过在天顺五年（1461）之前，这类文契均写"任凭买主（人）收苗管业"。但从该年三月起，开始有文契将"收苗管业"改为"收租管业"。自耕农民汪舟印因"缺物支用"，将 0.646 亩水田卖与同里人汪猷干，佃回耕作交租。但与以往不同的是，买主已经不能"耕种收苗"。契约写明，其田"一听买人自行管业收租，本家佃作，每年交租五砠"。② 表明卖主不仅仅是将水田佃回耕作交租，而且有土地使用权，出卖的只是收租权。

有必要指出的是，所谓"收苗管业"或"收租管业"，并非空泛的文契套语，或可随意调换、替代，而是有其具体内容和严格的使用范围。嘉靖四十三年（1564）的一纸田、山卖契，清楚地说明了这一点。该年二月，休宁十一都方天生兄弟将一片祖山和山下一丘长条形水田卖与同都高寿得兄弟，文契载明，"其田山自卖之后，一听买人入田收租管业，其山听自载〔栽〕种，并无存留"。③ 显然，买主对田、山的管业权限是不同的，对水田只能"入田收租"，但对山场则可"听自栽种"。而这种差别是有缘由的。因方氏兄弟所卖山、田都是多人占有的"共业"：卖主只占 1/4，而山、田本身条件不同，"共业"主对山、田的管业和使用方式亦有差异。多人占有

---

① 详见安徽省博物馆编：《明清徽州社会经济资料丛编》第一集，第 1—83 页；中国社会科学院历史研究所徽州文契整理组编：《明清徽州社会经济资料丛编》第二集，第 19—30 页。

② 安徽省博物馆编：《明清徽州社会经济资料丛编》第一集，第 44—45 页。

③ 中国社会科学院历史研究所徽州文契整理组编：《明清徽州社会经济资料丛编》第二集，第 63—64 页。原资料买卖双方地址只有都、保，而县份不详，不过文契中买卖的祖山名为"古楼段窑岭"。古楼系休宁古村，故买卖双方暂定为休宁人。

的水田，一般只能招佃耕种，按股分租，所以买主只能"入田收租管业"，而不能自行耕作、"收苗管业"；"祖山"虽然同样是"共业"，但因系山场，各户业主可以按业权分割培护、使用，并且原先可能早已按业权分管，所以卖主承诺，"其山听自栽种，并无存留"。可见所谓"收苗管业"或"收租管业"，都是有特定用途和具体内容的。

"收租管业"和"收苗管业"，虽然只是一字之差，但就在这细微差别的背后，反映出永佃制下土地买卖的重大和实质性变化。后者是传统租佃关系下土地所有权和耕作权合一的土地整体买卖，而前者是永佃制下单一的土地所有权或收租权买卖。

2. 从依存于土地的租权买卖到剥离土地的地租买卖

永佃制下的土地买卖实，由于买主的管业权限只能照额收租，不能撤佃增租、收回自种，或作其他用途，地租的品种、规格、数量成为衡量土地价值、价格的唯一指标，土地方位、地形、交通、面积、肥瘠、灌溉条件等，位居其次，买卖双方一般都会直接根据租额确定土地价格。这样，随着永佃制的发展和地权的流转，地租逐渐取代租权，直接成为土地买卖的交易标的物。永佃制下的土地买卖进而由依存于土地的租权买卖演变为剥离土地的地租买卖。

当然，这种变化也经历了一个曲折和渐进式的过程，而且情况复杂多样，各地进程参差不齐。

在徽州，虽然直至明末，田骨或租权买卖，一直以传统土地买卖的契约格式进行，但买卖双方都明白，实际的交易标的物是地租，而非土地。因此，文契中的土地逐渐模糊、淡化，往往看得见，但摸不着。以宣德三年（1428）休宁的一纸卖契为例：

> 十二都住人汪思广，同弟思溥商议，今将承父户下有田壹号，坐落本都九保乙字叁佰陆拾柒号田，共贰亩贰分捌毫，土名东叉口，东至汪彦伦等山，西至□□田，南至汪猷官田，北至汪子常田，佃人朱天。今为缺物用度，自情愿将前项四至内田取一半，计壹亩壹分肆毫，每年上籼谷拾砠，出卖与同里人汪猷官名下，面议时值价官苎布贰拾壹匹。其

布当收籼谷等物准还，足讫无欠。其田今从出卖之后，一听买人自行闻官受税，永远收租管业。如有内外人占拦，一切重复交易等事，并是出卖人自行祗〔抵〕当，不及买人之事。所有来脚契文，一时检寻未及，日后要用，本家索出参照不词。今恐人心无凭，立卖契文书为用。

宣德三年五月十九日立契出卖人　汪思广文契

同弟　王思溥

见人　程　支①

就文契本身而言，这无疑是一纸完美无瑕的卖田契，契中水田（租田）的鱼鳞图册编号、坐落、土名、四至、面积、佃人姓名、租额等相关要素，一应俱全，无一缺漏，契文也始终以租田作为交易标的物。但问题在于，租田只卖"一半"，而又未对田丘进行分割，划定疆界，买主根本无法确定，究竟哪一部分水田是真正属于自己的，能够确定而且有权获取的只是10租籼谷田租。所以，在这宗土地买卖中，名义上的交易标的物是水田，而真正和实际的交易标的物却是田租。

随着时间的推移，文契中的土地要素进一步模糊和淡出，地租逐渐由事实上的交易标的物演进为契约交易标的物。以嘉靖三十五年（1556）的一纸文契为例：

十五都郑应暹，今将承祖并买受晚田一号，坐落本都三保，土名六沙丘，计租二十七秤，与弟应瞻相共，本位六分（份）应得一分（份）；又卖弟应春六分（份）中一分（份），共计加六晚租九秤。今因缺少使用，自情愿将前〔项〕田租，凭中出卖与族兄郑少潭名下为业，面议时值价纹银九两六钱整，在手足讫，其价契两相交付。未卖之先，与家外人并无重复交易。来历不明，卖人自理，不干买人之事。所有税粮，候大造之年，听自收割，入户供解。今恐无凭，立此为照。

嘉靖三十五年七月初十日立契人　郑应暹（押）契

---

① 安徽省博物馆编：《明清徽州社会经济资料丛编》第一集，第24—25页。

中见人　郑　晋（押）①

　　文契虽然沿用传统卖田契格式，开头以"晚田"为交易标的物，但只载坐落、土名，而鱼鳞图册编号、面积、四至等要素，全部空缺。相反，地租的相关要素，如规格、数量、占有方式及份额、交易份额及数量等，十分清晰、具体。同上述宣德三年的文契一样，本契出卖也不是一丘完整的水田及租额的全部，而只是1/3（卖主自身1/6，外加卖其弟应春的1/6）。土地要素本已模糊不清、残缺不全，再从中抽卖1/3，买主更无从得知所购水田的具体位置及范围大小。正因为如此，到文契后边，不仅交易标的物由"晚田"直接改成了"田租"，亦即由收租权改成了地租本身，连"一听买人永远收租管业"一类契文也省略了。

　　进入清代，租权买卖进一步发生变化，开始直接以田租买卖的契约格式出现，顺治十二年（1655）的"卖契"是典型例子：

　　　清源胡承全兄弟，今因无钱用度，自情愿将承父五保土名汪二八坞早租肆秤八斤正，佃张八孙，立契出卖与房叔前去入田收租管业，三面议时值价纹银叁两五分正。其银在手足讫，当日契价两明。未卖之先，并无重复交易，来历不明卖人自理，不干买人之事。所有税粮，随产供纳。今恐无凭，立此卖契存照。

　　　再批：所有老契同别号，未曾缴付。同日批，只此。

　　　顺治十二年四月初一日立卖契人　胡承全　押　亲笔

　　　　　　　　　　　　　　　承美　押

　　　　　　　　　　　　　　　承祖　押

　　　　　　　　　　　　　　　承兴　押

　　　　　　中见人　继旺②

---

①　中国社会科学院历史研究所徽州文契整理组编：《明清徽州社会经济资料丛编》第二集，第59页。

②　《歙县胡姓誊契簿》，中国社会科学院经济研究所藏，徽州地契档，置产簿第15函，W·TX·B0054。

契约开宗明义，交易标的物就是"早租"（早谷租），水田土名只是说明田租的载体和买主"入田收租管业"的处所。作为土地基本要素，坐落只说"五保"，并无村落及详细地址，至于鱼鳞图册编号、四至、面积等，全部空缺。租额成为唯一的、实实在在的交易标的物。与此相联系，契约文字也大大简化了。

到康熙年间，土地要素加速淡出，文契更为简约，基本内容就是说明地租数额和征取对象。康熙二十二年（1683）的一纸"卖契"颇具代表性：

> 同都立卖契人康鼎，今有承父买受得十保土名布袋丘八秤三斤半，佃严再；七十里七秤，佃祖保；张家门前二秤二斤，佃春保；湖井丘一秤二斤，佃庭付；下坞口一秤，佃春保。又五保土名打虎坑六秤，佃张五得；大儿坑四秤，佃双喜；水碓前三秤二斤，佃凤先；双坑口一秤，佃江法龙。前田玖号，计租叁拾叁秤玖斤半，内七十里加八折加六，计租十四斤，共三十四秤七斤半。出卖与胡　名下为业，当面议时值价银当得纹银拾壹两正，在手足讫。未卖之先，并无重互〔复〕交易，所有税银悉照丈册供解。今恐无凭，立此卖契存照。
>
> 康熙二十二年十二月廿二日立卖契人　　康　鼎　号
>
> 中见　侄　康启晨　号①

基本格式虽与顺治十二年文契相同，但传统卖田契的一些基本要素、内容和词句被大大压缩。顺治十二年文契还保留的买主权利、老契处理或说明等内容也全部消失，田租的地位更加突出。然而，耐人寻味的是，对田租的说明采取了一种极为简单的流水账格式，在契约开头和随后列具田丘、租额时，不仅没有冠以"田"、"田业"一类字样，连"租"、"田租"的冠名也全部省略了，直到租额加总时，才轻描淡写地说，"前田玖号，计租……"。整个契约就是一份极度简化的、备忘录式的田租清单。这从一个侧面反映出永佃制下地租买卖和文契格式的某些变化及特点。

---

① 《乾隆胡姓誊契簿》，中国社会科学院经济研究所藏，徽州地契档，第 16 函，W·TX·B0055。

再往后，文契中的田租位置，被提到土地的前面，土地则降为田租的附注。试看乾隆元年（1736）的一纸"卖契"：

> 立卖契人侄孙延弘，今因钱粮无措，自情愿将承祖五保田租土名中合丘，早租拾叁秤半，佃人朱瑞九。又土名中合丘，早租壹秤陆斤，佃人朱红，共租一拾五秤整，加二大，出卖与叔祖征基名下，当三面议定时值价纹银六两五钱整，在手足讫。自卖之后，各无悔异。来历不明，卖人自理，不涉买人之事。今欲有凭，立此卖契存照。
>
> 　　乾隆元年三月二十二日立卖契人　侄孙延　弘　号
>
> 　　　　　　中　见　亲伯兆鹏　号
>
> 　　　　　　代　笔　兄延商　号①

契文虽然写有水田方位、土名，但都是为田租做注释。买主价买或实际到手的标的物就是田租。交易的性质变得十分简单，文契名称则笼统地叫做"卖契"，如同康熙二十二年（1683）文契一样，"上手来脚契据"验证、缴付，"任从买主收租管业"一类的文契词句，也都全都消失。

最后，田地卖契直接冠名为"卖租契"或"卖田租契"、"杜卖租契"、"杜卖田租契"等，而不再使用传统的"卖田契"、"杜卖田契"或含混的"卖契"、"杜卖契"等名称。从嘉庆九年（1804）休宁朱姓的一纸置产文契，可以看出这类"卖租契"的基本格式：

> 立杜卖租契人顾廷凤同男枝信，今因正用，自愿将承父遗下田一号，坐落土名白羊坞官山，系成字捌佰八十贰号、捌佰九十四号、捌佰九十二号、玖佰拾柒号，计税贰亩伍分，计田六丘，今央中出卖与朱敦素名下为业，当日三面言定得受价银贰拾伍两整。其银契两相交

---

① 《乾隆胡姓誊契簿》，中国社会科学院经济研究所藏，徽州地契档，第16函，W·TX·B0055。契中的"加二大"，指租谷的计量单位"秤"，系10斤加12斤，即1秤为22斤。但两田租额合计，半秤（11斤）加6斤，等于17斤，不够"加二大"或"加八"1秤，租额总数（15秤整）与细数不符（"誊契簿"其他交易个案的租额加总也有类似情况）。存疑。

明，其田计租贰拾五砠，即听从买人管业收租，本家内外人等无得异说。未卖之先，并无重复交易，如有一切不明等情，尽是卖人自理，不涉买人之事。其租田税在贰十七都二图又八甲项德舟户内起割，推入本都图五甲朱之永户内输纳无辞。今恐无凭，立此杜卖租契存照。

并附来脚赤契一张，又批，押。

嘉庆九年八月　日立杜卖租契人　顾廷凤　押

同男　枝信　押

代　笔　顾廷元　押①

这可能是该类文契中较早的，名称虽已改成"杜卖租契"，但受传统文契范式的影响，契文落脚点还是放在土地上。最关键的田租数额，反而作为交易标的物土地的补充成分，放在了契价之后。以致出现契名和契文、交易标的物"二元化"的奇特现象。

不过这种情况，很快就有了改变，嘉庆十七年（1812）的一纸"杜卖租契"是一个标志：

立杜卖租契人顾嘉福，今因正用，自情愿将承祖遗下勾分租壹号，坐落土名汪正坑，系咸字四百贰十三号，计田一丘，计税一亩一分三厘三毛〔毫〕正，计租十贰砠，并来脚赤契、税票，今央中出卖与家主朱茂松名下为业，当日三面言定时值价银三拾贰两正。未卖之先，并无重复交易及一切不明等情，如有，尽是出卖人承值，不涉家主之事。其税在本都图朱顾保户内，任从起割推入家主户内办纳。今又〔欲〕有凭，立此卖租契存照。

嘉庆十七年十一月日立杜卖租契人　顾嘉福　押

见中　亲叔　道元　押

来元　押②

---

① 《休宁朱姓置产簿》，中国社会科学院经济研究所藏，徽州地契档，置产簿第 24 函，W·TX·B0071。

② 《休宁朱姓置产簿》，中国社会科学院经济研究所藏，徽州地契档，置产簿第 24 函，W·TX·B0071。

　　这是火佃将一宗祖遗地租卖给"家主"的文契。本契与上一纸"杜卖租契"不同，契文将交易标的物直接锁定为地租，坐落、土名、鱼鳞册编号、田丘及面积等，都是作为锁定地租的基本要素来处理的，契内交易标的物与契约名称相符，契文与契名协调一致。这是一纸地地道道的"卖租契"，它标志着田骨主、租权主或"租主"与土地的联系进一步疏离。

　　永佃制下底、面分离的租地卖契刚刚从买主"收租管业"的租权买卖演变为直接和纯粹的田租买卖，传统租佃制度下底、面合一的租地乃至自种地，随即紧跟其后，买卖交易也改用卖租、卖佃两个独立的交易程序进行。前揭《休宁朱姓置产簿》中首纸"卖租契"出现于嘉庆九年（1804），而首纸底、面合一地的卖租、卖佃双契产生的时间是嘉庆十一年，只晚了两年。现将该宗交易的一田双契转录于下：①

　　　其一

　　　　立杜卖租契人贰十六都四图吴惟大，今因急用，情愿央中将承祖遗下田租壹号，坐落土名马头坳，系新丈慕字四千式百九十、九十一号，计田大小四丘，计税贰亩贰分整，其田四至，自有册载，不及开写。凭中出卖与贰十七都贰图朱敦素名下为业，当日三面议定时值价银贰拾两整。其银当日一并收足，其田即交买人管业收租办赋，本家内外人等毋得生情异说。未卖之先，并无重复交易，及一切不明等情。如有，尽是出卖人理值，不涉受业人之事。其税在本家吴齐玄户内起割，推入买人户内办纳无辞。恐口无凭，立此杜卖田租契文久远存照。

　　　　其来脚契文与别产相连，未便缴付，日后搬出，不作行用，又批，押。

　　　　嘉庆十一年十贰月　日立杜卖租契人　吴惟大　押
　　　　　　　　　　　　　　凭中　亲侄　吴常万　押
　　　　　　　　　　　　　　　　友余品三　押

　　①　《休宁朱姓置产簿》，中国社会科学院经济研究所藏，徽州地契档，置产簿第24函，W·TX·B0071。

其二

立杜卖佃契人贰十六都四图吴惟大，今因急用，自愿央中将承祖遗下佃业壹号，坐落土名马头坳，计佃贰亩贰分整，计田大小四丘，凭中出卖与贰十七都贰图朱　名下为业，当日三面议定时值价银拾九两整。其银当日一并收足，其佃即交买人管业，另发耕种，本家内外人等毋得生情异说。未卖之先，并无重复交易，及一切不明等情。如有，尽是出卖人理值，不涉受人之事。恐口无凭，立此杜卖佃契久远存照。

嘉庆十一年十贰月　日立杜卖租契人　吴惟大　押

凭中　亲侄吴常万　押

友余品三　押

依口代笔　项君锡　押

当然，租地卖租和底、面合一的自种地分立卖租、卖佃两契的这种传承关系，发生在某一"置产簿"中，有其偶然性和局限性，不一定能准确反映历史事实。事实上，底、面合一的自种地分立卖租、卖佃两契的个案，最迟到乾隆晚期已经出现。前揭乾隆五十四年（1789）孙友良同弟春阳出卖田租、田皮的一田两契，即是例证。交易标的物明明是没有租佃关系的自种水田，但文契不称"田业"，而写成"田租"，所谓"大租六秤"，乃按同类租田计算得出，后面加注"自佃"，立契人兼具业主（地主）、佃农双重身份，将交易分拆为两项，先卖田租，仍保留田皮（佃皮、佃权）和土地耕作，买主只能"收租管业"；而后复立"佃约"，出卖田皮。买主这才可以"管业耕种"。

婺源也通行一地双契。至迟到康熙年间（1662—1722），永佃制已经成为该地租佃关系中一种普遍形式。在那里，土地买卖和田租买卖通常都是分开的。按照惯例，田租的抵押和买卖，其范围仅限于田底权，因而只能收租，而不能直接支配或垦种土地。[1]

---

[1]　参见刘和惠：《读稿本〈畏斋日记〉》，《中国史研究》1981 年第 1 期。

3. 从以田地丘块为单元的地租整卖到分拆零卖

传统土地买卖或以传统土地买卖形式进行的租权买卖，交易标的物的单元或数量大小，受到田地丘块的制约，特别是水田、鱼塘等，很难随意分割、拆散零卖。因此，传统土地买卖，一般固然是以田号、丘块为单元，即使以传统土地买卖形式进行的租权买卖，也因地主同土地的联系仍然相当密切，交易也大都以田号、丘块为单元进行。然而，当租权买卖演变为单纯的地租买卖后，地主"认租不认地"、"认佃不认地"，同土地的联系日益疏离，交易一般只须验明佃人，对佃交接，交易标的物直接按租额计算，交易单元或数量不再受田地丘块的制约。这样，买卖交易中的地租，不仅可以从单个地块剥离出来，不再与某一地块或地块的特定部分存在隶属和对应关系，也无须像传统土地买卖那样勘测和交接土地，免却了确定土地坐落、方向、四至、面积、土壤肥瘠、水利排灌或土地切割、疆界认定等诸多麻烦，地租可以从单个田号、丘块中抽离出来，随意分拆零卖，使地租买卖本身变得异常灵活和简便易行。

当然，将地租从单个或某一田号、丘块中抽卖的情况，在以传统土地买卖形式进行的租权买卖中，也曾出现。从现存资料看，其时间最晚可以追溯到明代后期。万历四十年（1612）祁门谢阿程卖田契即是一例：

十西都谢阿程，今有承祖金业田一备，坐落本保土名留罗坑长弯。系新丈经理唐字四十二号，共积五百二十五步四分，折实税二亩一分五厘二毫六系〔丝〕。计田八丘，计硬早租二十秤又零四秤。其田与伯庚生相共，本身合得一半。计硬租一十二秤。今因娶媳缺用，自情愿托中立契将（田）骨并本身租一半，尽数立契出卖与同都谢敦本名下，收租永远为业。三面言议时值价文银六两正。价契当日两相交付明白。未卖之先，即无家外人重复交易。来历不明，卖人之〔支〕当，不及买人之事。所有税粮，该得一亩零七厘六毫三系〔丝〕。今当大造，随即照数于谢　访户起割，入谢用户供解毋（无）词，不及另立推单。成交之后，各不许悔。如先悔者，甘罚银一两与不悔人用，仍依此文为准。今恐无凭，立此卖契为照。

万历四十年十一月廿四日立卖契　妇谢阿程（押）

领价　男谢永显（押）

代笔　叔公谢高遇（押）

中见人　谢玄孙（押）

谢兴祖（押）①

祁门谢阿程有承祖"金业田"（全业田）一宗，与其伯父相共，自身合得一半。万历四十年（1612）因"娶媳缺用"，将自身应得田骨 1.0763 亩及租谷 12 秤出卖。文契对买主占有和售卖的水田面积、租额说得十分明细、准确，并允诺趁当年"大造"，"照数"起割推入买主户内"供解无词"。但并未对水田"照数"分割，新划疆界。买主实际获得的只是每年应收到租谷，对土地管业或钱粮"供解"，只有面积，并无明确疆域。

不过总的说，当时从整块田地中抽卖租额的个案不多，情况并不普遍，被抽卖的大多是叔（伯）侄、兄弟"共业"。谢阿程所卖的水田，在其祖父时，原是"金业田"，亦即"全业田"，传到谢阿程时，已变成与伯父"相共"的"共业"。当时独家全业田抽卖租额的个案极为稀少，尚未见到拆散零卖的情况发生。

清代时期，"共业"田块抽卖租额的情况已经相当普遍，而且不一定将自身份额卖净，往往是拆卖其中一部分。如歙县胡姓业主有一丘"共业"水田，自身占租 4 秤。康熙四十九年（1710）因"无钱用度"，从自身占有的 4 秤中取卖 2 秤。② 全业（独业）抽卖租额的个案也日渐增多，而且不以单一田号、丘块为限，往往同时从几个田号、丘块抽卖。试以康熙二十二年（1683）休宁的一纸租权卖契为例：

> 立卖田契人吴寅，今因公众事缺用，将自己续置田壹号，坐落土名香树下，系龙字九千九百九十一、九十二号，共税壹亩叁分一厘，

---

① 中国社会科学院历史研究所徽州文契整理组编：《明清徽州社会经济资料丛编》第二集，第 100—101 页。

② 《歙县胡姓誊契簿》，中国社会科学院经济研究所藏，徽州地契档，置产簿第 15 函，W·TX·B0054。

共田租壹拾贰砠半，佃人佛力，内取田租柒砠整，取田税柒分一厘正，情愿凭中出卖与族　名下为业，三面议定时值价银伍两贰钱五分正，比日银契两相交讫。其田税在本家三图七甲吴有施名下起割过户输纳，候大造年听从收过己户无辞。未卖之先并无重复不明，如有等情，卖人承当，悉听收租管业，毋得异说。今恐无凭，立此卖契存照。

康熙贰拾二年九月　日立卖田契人　吴　寅

见　中　吴昭如

王国珍①

与明代抽卖地租的田产多为共业的情况不同，本契田产是卖主全业，且有两个田号，至少两丘以上（上述谢阿程一个田号计有大小 8 丘），每一田号，应各有面积、租额可据，卖主既不按田号或丘段售卖，也没有分别交代各自的面积、租额，只说从中取卖田租 7 砠、田税 7 分 1 厘。在这里，田租只同土地面积挂钩，而没有对应的田号、丘段。还要指出的是，7 分 1 厘的田税面积，并不是按田租准确摊算得出，因 7 砠田租应摊面积为 7 分 3 厘 3 毫 6 丝，而非 7 分 1 厘。显然，7 砠田租另有相应的田号、丘段，但文契并未登载。另外，具体如何取卖：两个田号等额取卖，还是一多一少，抑或先将某一号卖净，再从另一号补足，均不得而知。类似情况并不少见。试看歙县雍正六年活卖田租契：

立卖契人胡万英，今因无钱用度，自情愿将五保土名张家埧大丘内取实租式秤，又土名长定丘租壹秤，共计租叁秤，立契出卖与房弟万章兄弟名下前去入田收租为业，三面议定时值价纹银壹两捌钱正。其银在手足讫，银契当日两明，未卖之先，并无重复交易，来历不明，卖人自理，不干买人之事。所有税粮扒与买人供解，不得另立推单。恐口无凭，立此卖契存照。

再批：长定丘内虚租八斤四两，将考坑口上岸租八斤四两补入契内，照。

---

① 《休宁吴姓誊契簿》，中国社会科学院经济研究所藏，徽州地契档，第 24 函 025 号。

日后原价取赎，照。

雍正六年七月二十日立卖契　胡万英

代笔　侄文仪　字①

卖主因"无钱用度"，活卖田租 3 秤。但既非按完整田号（丘）售卖，也不是单从某一田号（丘）抽卖，文契只说大丘取租 2 秤，另丘 1 秤，并未说明两丘田各自的田租总额。显然，地租开始从具体的田地丘块中被剥离出来。有意思的是，因为丘陵山区田丘面积小，数量多，又是随意抽卖，某一田号（丘）的租额，究竟卖了多少，还剩多少，卖主往往心中无数。此宗交易完结后，不知什么时候（或许是买主"入田收租"）才发现，长定丘虚租 8 斤 4 两，只得另从考坑口抽租填补。

再往下发展，逐渐由田租抽卖演变为随意分拆零卖，而且文契往往只有租额和田号（丘）数量，而无面积，地租完全从田地丘块中剥离出来。资料显示，地租拆卖在其产生的初期，个案数量不算太多，在租权交易中所占比重不大，上揭《歙县胡姓誊契簿》的租权（田底）交易的起迄年份从顺治十二年（1655）至雍正七年（1728），前后延续时间 75 年，共计进行租权（田底）交易 117 宗，能确定为拆卖个案的，包括 4 宗"信鸡"，共 15 宗，占全部交易的 12.8%。从时间上看，大部分拆卖个案发生在康熙后期。表 6-21 反映的是胡姓地主部分零碎拆卖的一些情况。

表 6-21　歙县永佃制下的地租拆卖个案示例
（1639—1729）

单位：租额，秤/斤，契价，两

序号	年　份	卖租原因	租　额		契价（两）	备　注
			原数（秤）	折合斤*		
1	顺治 13 年		15	330	10	计田 3 号，内两号卖净，第 3 号取卖 5 秤

---

① 《歙县胡姓誊契簿》，中国社会科学院经济研究所藏，徽州地契档，置产簿第 15 函，W·TX·B0054。

续表

序号	年　份	卖租原因	租额		契价（两）	备　注
			原数（秤）	折合斤		
2	康熙 9 年		3	66	1	田会背广头内取卖 3 秤
3	康熙 11 年	无钱用度	10	220	5.2	计田 13 秤，取卖 10 秤
4	康熙 46 年		3（斤）	3	0.08	从中取卖 3 斤
5	康熙 49 年	无钱用度	2	44	1.2	"共业"田 1 丘，本身 4 秤，取卖 2 秤
6	康熙 49 年	无钱用度	2	44	1.2	计租 4 秤，取卖 2 秤
7	康熙 57 年		11（斤）	11	1	计租 1 秤 11 斤，取卖 11 斤，自佃
8	康熙 60 年	无钱用度	4	88	2	计租 12 秤，取卖 4 秤
9	雍正 6 年	无钱用度	3	66	1.8	计田 2 号，大丘取 2 秤，另丘 1 秤
10	雍正 7 年	无钱用度	1 秤 11 斤	33	0.75	计 4 秤，取卖 1 秤 11 斤

说明：* 按当地一秤合 22 斤，换算为斤。

资料来源：据《歙县胡姓誊契簿》（中国社会科学院经济研究所藏，徽州地契档，置产簿第 15 函 W·TX·B0054）综合整理计算编制。

　　表中交易的田租，土地都只有丘名、租额及佃人姓名，而无鱼鳞图册编号、坐落、四至、面积。租额拆卖的田产占有形式，田号和丘块多寡，土地经营及交易模式，交易规模大小，拆卖的具体方法，等等，情况不尽相同。交易的 10 宗田产中，一宗为"共业"，其余全部是独家"全业"。土地经营及交易模式方面，一宗田产为自种，卖后佃回耕作，其余全部为他人佃种的租地。拆卖的具体方法也互有差异：如 1 号是将部分田号（丘）卖净，不够再从其他田号（丘）抽卖补足；9 号是分别从两丘田中抽卖，但均未卖净，自己各保留若干租额；6、7、8、10 号则不问田丘，只说从总租额中取卖若干；至于 2、4 号，连总租额也没有，只说取卖租额若干。租额取卖方法的差异和多样化，从一个侧面反映出永佃制下田底或租权买卖的不断演变。

　　乾隆年间的地租拆卖个案，可能相对多一些，某些人卖租更多用拆卖，如休宁西境程协恭，因"钱粮无办"或"急用"等缘由，乾隆二十一年至三十二年间卖租 12 次，其中 6 次是拆卖，具体情形见表 6－22。

表 6 – 22　休宁黄源程协恭地租拆卖示例

(1756—1764)

单位：租额，秤/斤；价格，两

序号	年月	卖租原因	租额		价格（两）	备考
			总额（秤）	取卖		
1	乾隆 21.3	今因使用	5	3 秤半	5	田 1 丘，先年卖过 1 秤半，余租卖净
2	乾隆 25.2	钱粮无办		1 秤 20 斤	4.5	共业田租 1 宗，取卖身占的 1 秤 20 斤
3	乾隆 27.2	钱粮无办	12	1 秤 20 斤	4.5	田 1 丘，原租 12 秤，取卖 1 秤 20 斤
4	乾隆 28.9	钱粮无办	12	2 秤 5 斤		田 1 丘，原租 12 秤，取卖 2 秤 5 斤
5	乾隆 29.8	钱粮无办	8.5	3 秤半	8.8	田 2 丘，一丘 4 秤，取卖 2 秤；另丘 4 秤半，取卖 1 秤半
6	乾隆 29.11	今因急用	4 秤 11 斤	3 秤半	8.75	田租 1 宗，4 秤 11 斤，取卖 3 秤半

资料来源：据《乾隆江氏誊契簿》（中国社会科学院经济研究所藏，徽州地契档，置产簿第 17 函 W·TX·B0056）综合整理编制。

　　租业（田业）占有及拆卖情形不尽相同。拆卖的 6 宗租业（田业）中，1 宗属"共业"，其余 5 宗均是全业。拆卖方法也有好几种：或将"共业"的身占租额卖净；或将先年已卖出部分租额的"全业"田租卖光。不过更多的是从尚未卖过的"全业"田租中取卖。其中多数是从单个田丘取卖，也有一宗（5 号）是同时从两丘水田取卖。值得注意的是，取卖的两丘水田现存租额分别为 4 秤和 4 秤半，而取卖的田租只有 3 秤半，只须从其中一丘水田抽取，即可够数，并有富余。可是卖主并未这样做，而是同时从两丘水田取卖，每丘保留至少一半的租额。

　　随着时间的推移，特别是进入近代，拆卖租额的情况更见普遍，试以《咸丰谢姓誊契簿》资料为例，该誊契簿文契起迄年份从嘉庆十八年（1813）至咸丰三年（1853）年，前后 40 年，共计进行租权（田底）交易 50 宗，其中属于拆卖的 14 宗，占总数的 28%，而咸丰三年间又占一半，占同期租权交易总数（20 宗）的 35%。现将各宗拆卖个案列成表 6–23。

表 6–23　鸦片战争前后徽州永佃制下的地租拆卖个案示例
（1814—1853）

序号	年份	卖租原因	租额		价格（银两）	备考
			总额（秤）	取卖折实		
1	嘉庆 19 年		20	5 秤 12 斤	14.5	田 2 丘，原租 16 秤，内取实租 3 秤 12 斤；又原租 4 秤，折实 2 秤
2	嘉庆 22 年		40	21 秤	40	原租 50 秤，折实 40 秤，内取原租 26 秤 2 斤半，折实 21 秤
3	嘉庆 22 年			34 秤	64	内取原租 13 秤，折实 8 秤；又内取原租 5 秤 14 斤 4 两，折实 4 秤；又内取原租 5 秤，硬交 3 秤；又内取原租 31 秤 4 斤 4 两，折实 19 秤
4	嘉庆 23 年			4 秤 8 斤	14.08	内取原租 7 秤，折实硬交 4 秤 8 斤
5	道光 6 年			8 秤	19	内取原租 8 秤，折实 5 秤 10 斤；原租 4 秤，折实 2 秤 12 斤，共 8 秤
6	道光 11 年	今因正用	98	32 秤		原租 98 秤，内取身分四股二，计 49 秤，折实 32 秤
7	道光 25 年	今因正用		12 秤 10 斤	31.9（千文）	内取原租 14 秤，折实 10 秤；内取原租 2 秤 16 斤，折实硬交 2 秤 10 斤
8	咸丰 1 年	正事急用无措		4 秤 8 斤	11.44（千文）	内取原租 5 秤 10 斤，折实 4 秤 8 斤
9	咸丰 2 年	急用无措		2 秤	3.5（千文）	内取原 2 秤 6 斤，折实 2 秤
10	咸丰 2 年	今因正用		19 秤	29	内取原租 7 秤 10 斤，折实 4 秤 10 斤，又田皮谷 10 斤；又原租 20 秤，折实 14 秤，共折实租谷并田皮谷 19 秤
11	咸丰 2 年	正事急用无措	5	2 秤 8 斤	11	原租 7 秤 10 斤，折实 5 秤；内取实租 2 秤 8 斤

续表

序号	年份	卖租原因	租额		价格（银两）	备考
			总额（秤）	取卖折实		
12	咸丰2年	众用紧迫无措		1秤	1.4	内取原租1秤10斤，折实1秤
13	咸丰2年	钱粮紧迫无措		2秤10斤	3.6	内取原租5秤5斤，折实2秤10斤
14	咸丰3年	正事紧迫无措	6秤10斤	5秤	7	原租6秤10斤，身取6秤，折实5秤

资料来源：据《咸丰谢姓誊契簿》（中国社会科学院经济研究所藏，徽州地契档，置产簿第2函，W·TX·B0013）综合整理计算编制。

表6-23与表6-21、表6-22个案比较，租额拆卖的田产占有形式、交易模式、拆卖的具体方法，大致相同，但也有某些变化：其一，作为交易标的物的地租，除了田底租之外，还有"田皮谷"（田面租），这是田皮（佃权）成为兼并对象的反映①；其二，交易的地租，全部有"原租"、"折实"或"硬交"、"折实硬交"之分。"实租"对"原租"的比例有高有低，最高的为90%（7号），最低的只有47%（13号）。一些地区"原租"、"实租"名目的出现，原因和情况比较复杂，但最根本的原因恐怕还是农业生产力下降；其三，地租交易进一步同土地脱钩，14宗交易个案中，除1宗提到田丘外，其余均未涉及土地和相关要素，直接进行租额交易，有9宗连地租总额都省略了，文契只说取卖租额数，似乎拆卖的地租同土地乃至该号（丘）田地的地租总额都没有关系。

4. 地租买卖的零碎化、日常化和计价标准的变化

地租买卖数量不受田号、丘块的限制，可以随意抽取和拆卖，又无须勘验、交割土地，契据则往往因"同他产相连，不便缴付"，多不验交，地

---

① 当然，田皮（佃权）成为兼并对象，并非始自咸丰，早在康熙、乾隆年间甚至明末，在徽州某些地主"置产簿"中，田皮已是重要角色乃至主角（参见《汪国祥契底》，中国社会科学院经济研究所藏，徽州地契档，第23函，W·TX·B0064；孙在中《契墨抄白总登》，中国社会科学院经济研究所藏，徽州地契档，置产簿第23函，W·TX·B0063；休宁《程姓誊契簿》，中国社会科学院经济研究所藏，徽州地契档，置产簿第12函，W·TX·B0051），不过在租额拆卖个案中，田皮还是首次出现。

租买卖变得异常灵活、简便。卖主为了减缓田底的流失，通常在满足现金需求、解决家庭困难的前提下，尽可能采用零敲碎打的办法，减少每次售卖的租额数量。一般每次交易的地租数额相当细小，有的一宗买卖，售卖的租额和田号、丘块数量不少，但从每一田号、丘块抽卖的租额十分细碎。而且从纵向观察，单宗交易的租额、价额也呈递降态势，前述安徽歙县清源胡姓地主家族顺治至雍正年间的租权购置记录，清楚地说明了这一点，见表 6 – 24。

表 6 – 24　安徽歙县清源胡姓地主购置租权统计
（1655—1729）

单位：租额，斤；契价，两

序号	年份	契约名称	出卖原因	租额（斤*）	契价（两）	备注
1	顺治 12 年 4 月	卖契	无钱用度	96	3.05	
2	顺治 13 年 2 月	卖契		396.5	11	计田 3 号
3	顺治 13 年 5 月	卖契		330	10	计田 3 号，内第 3 号取 5 秤
4	顺治 13 年 6 月	卖契		90.25	2.9	计田 4 号
5	顺治 14 年 2 月	卖契		409.5	10.7	计田 7 号
6	顺治 14 年 5 月	卖契		643.375	18	计田 11 号
7	顺治 18 年 12 月	卖契	无钱用度	1866.5	58	计田 28 号（丘）
8	康熙 9 年 2 月	当契	无钱用度	164	2.08	总额不详，内取 7 秤 10 斤，息银 0.95 两，"银不起息，谷不纳税"
9	康熙 9 年 2 月	典契		66	1	总额不详，内取 3 秤
10	康熙 10 年 4 月	卖契		1755	43	计田 17 号
11	康熙 10 年 4 月	卖契		447.3125	10.8	计田 6 号
12	康熙 10 年 12 月	卖契		204.125	5	计田 7 号
13	康熙 11 年 2 月	卖契	无钱用度	115.5	2.6	
14	康熙 11 年 4 月	典契	无钱用度	44	1.08	田自种
15	康熙 11 年 4 月	卖契	无钱用度	220	5.2	计租 13 秤，内取 10 秤
16	康熙 11 年 4 月		无钱用度	71.5	1.5	
17	康熙 11 年 4 月	典契	无钱用度	44	1.08	田自种，"租不纳税，银不起利"

序号	年份	契约名称	出卖原因	租额（斤）	契价（两）	备注
18	康熙 11 年 5 月	典契	年岁饥荒，日食难度	110	2	内大租 2 秤，力租 3 秤
19	康熙 11 年 9 月	卖契	无钱用度	92.375	2.1	计田 2 号
20	康熙 22 年 1 月	卖契	因无钱用	67.5625	1.7	共田 7 号
	小计			361.7	9.64	
21	康熙 35 年 12 月	卖契	无钱用度	53.6875	1.6	共田 4 号
22	康熙 36 年 12 月	卖契		22	0，7	
23	康熙 41 年 12 月	卖契		46.5625	0.8	
24	康熙 43 年 5 月	卖契		264	8.4	
25	康熙 43 年 7 月	卖契	无钱用度	301.375	2.7	内粪草力垒 8 秤
26	康熙 46 年 7 月	卖契		3	0.08	总额不详，内取租 3 斤
27	康熙 48 年 1 月	卖契	无钱用度	66	1.8	自佃，可以取赎
28	康熙 48 年 6 月	卖契	钱粮无措	32.875	1	
29	康熙 48 年 6 月	卖契	原少父银	66	1.8	
30	康熙 49 年 1 月	卖契	无钱用度	44	1.2	4 秤中取 2 秤
31	康熙 49 年 1 月	卖契	无钱用度	44	1.2	共田，卖主占 4 秤，取 2 秤
32	康熙 49 年 2 月			110	3.3	计田 4 号
33	康熙 49 年 4 月	卖契	无钱用度	22	0.6	自佃
34	康熙 49 年 7 月	卖契	无钱用度	176	2.2	内力垒 4 秤，可以取赎
35	康熙 50 年 3 月	典契		22	0.5	55 年 0.2 两加绝（已入契价）
36	康熙 51 年 2 月	卖契	父故无措	220	6	计田 5 号
37	康熙 51 年 10 月	卖契	无钱用度	223.25	5.95	计田 5 号
38	康熙 51 年 11 月	卖契		157.375	3.54	
39	康熙 52 年 3 月	卖契		240	5.76	计田 3 号
40	康熙 52 年 3 月	卖契		237.5	5.43	计田 2 号
41	康熙 52 年 11 月	卖契		110	2.8	
42	康熙 52 年 12 月	卖契	无钱用度	242	3.64	
43	康熙 53 年 3 月	卖契	无钱用度	176	3.2	
44	康熙 53 年 11 月	卖契		260.875	5.8	计田 8 号

续表

序号	年份	契约名称	出卖原因	租额（斤）	契价（两）	备注
45	康熙 53 年 12 月	卖契		188	4.44	计田 11 号
46	康熙 54 年 1 月	卖契		77	1.75	
47	康熙 54 年 3 月	卖契		121	2.75	计田 3 号
48	康熙 54 年 5 月	卖契		228	3	
49	康熙 54 年 10 月	卖契		44	1	
50	康熙 54 年 11 月	卖契		84	1.58	计田 2 号
51	康熙 54 年 11 月	卖契		609	5.8	计田 7 号，内力租 23 秤，可取赎
52	康熙 54 年 12 月	卖契		124.125	2.2	计田 8 号
53	康熙 55 年 4 月	卖契	钱粮无措	93.75	2	
54	康熙 55 年 6 月	卖契		66	1.5	自佃
55	康熙 55 年 9 月	卖契		0	0.25	信鸡 1 只
56	康熙 55 年 10 月	卖契		96.094	1.3	计田 5 号
57	康熙 56 年 1 月	卖契		90	0.32	可以取赎
58	康熙 57 年 3 月	卖契		11	1	计租 1 秤 11 斤，取 11 斤；自佃
59	康熙 57 年 6 月	卖契	无钱用度	22	0.52	自佃
60	康熙 57 年 8 月	卖契		0	0.25	信鸡 1 只
61	康熙 58 年 4 月	卖契		8	0.22	
62	康熙 59 年 3 月	卖契	无钱用度	44	1	
63	康熙 59 年 5 月	卖契	钱粮无措	50	1.2	计田 2 号
64	康熙 59 年 6 月	卖契	无钱用度	156.25	3.55	可以取赎
65	康熙 60 年 6 月	卖契	日食难度	9	0.7	
66	康熙 60 年 9 月	卖契		88	2.6	
67	康熙 60 年 10 月	卖契	无钱用度	156.3125	0.95	内大租 16 斤 5 两，力租 6 秤 8 斤；原价 7 钱，次年加价 2 钱 5 分，可以取赎
68	康熙 60 年 11 月	卖契	棺木无措	49.3125	1.3	
69	康熙 60 年 12 月	卖契	无钱用度	88	2	12 秤中抽卖 4 秤
70	康熙 61 年 1 月	卖契	无钱用度	6	0.14	
71	康熙 61 年 1 月	卖契	娶媳无措	253	4	

序号	年份	契约名称	出卖原因	租额（斤）	契价（两）	备注
72	康熙 61 年 12 月	卖契	钱粮无措	44	1	
	小计			118.9	2.23	
73	雍正元年 2 月	卖契		44	1.7	
74	雍正元年 3 月	卖契		264	5.8	
75	雍正元年 3 月	卖契		264	5.8	
76	雍正元年 4 月	卖契		54.25	2	
77	雍正元年 4 月	卖契		142	3.6	计田 6 号
78	雍正元年 4 月	卖契		88	2.27	计田 4 号
79	雍正元年 6 月	卖契		44	1.2	计田 2 号
80	雍正元年 7 月	卖契	无钱用度	22	0.56	
81	雍正元年 12 月	卖契	无钱用度	66	1.6	
82	雍正元年 12 月	卖契		382.875	10.5	计田 4 号
83	雍正 2 年 1 月	卖契	无钱用度	8	收讫，不详	
84	雍正 2 年 2 月	卖契	无钱用度	1	收讫，不详	余租 1 斤，卖净
85	雍正 2 年 5 月	卖契		165	2.8	
86	雍正 2 年 7 月	卖契	无钱用度	28	0.85	
87	雍正 2 年 7 月	卖契	无钱用度	43	0.84	
88	雍正 3 年 4 月	卖契	无钱用度	14.25	0.23	
89	雍正 4 年 2 月	卖契		0	0.25	信鸡 1 只
90	雍正 4 年 2 月	卖契		89.75	2.4	计田 4 号，每号最多取 1 秤 15 斤，最少 11 斤
91	雍正 4 年 11 月	卖契	钱粮无措	30	0.8	
92	雍正 4 年 11 月	卖契		70.4375	1.75	计田 7 号，每号最多取 17 斤 12 两，最少 10 两
93	雍正 5 年 2 月	卖契		90.75	2.27	计田 7 号，每号最多取 14 斤 10 两 6 钱，最少 6 斤 13 两
94	雍正 5 年 2 月	卖契		157.375	3.955	计田 6 号，每号最多取 3 秤 11 斤，最少 7 斤 12 两
95	雍正 5 年 2 月	卖契		134.5	3.9	计田 4 号，每号最多取 2 秤 4 斤 13 两，最少 15 斤 8 两

序号	年份	契约名称	出卖原因	租额（斤）	契价（两）	备注
96	雍正 5 年 9 月	卖契	无钱用度	120.8125	3.8	计田 6 号，每号最多取 1 秤 12 斤，最少 2 斤 8 两
97	雍正 5 年 11 月	卖契	无钱用度	99	1.4	
98	雍正 5 年 11 月	卖契		104	2.54	计田 2 号，分别取 3 秤和 1 秤 16 斤
99	雍正 5 年 12 月	卖契		55	1.57	
100	雍正 5 年 12 月	卖契		96	1.9	计税 0.127 亩
101	雍正 6 年 1 月	卖契		132	3.9	
102	雍正 6 年 5 月	卖契	付会无措	62	1.737	计田 3 号，每号取租最多 1 秤，最少 18 斤
103	雍正 6 年 6 月	卖契	姐故无措	77.1875	1.8	计田 14 号，每号取租最多 16 斤 4 两，最少 15 两
104	雍正 6 年 7 月	卖契		154	4.6	计田 3 号，每号取租最多 3 秤，最少 1 秤
105	雍正 6 年 7 月	典契	钱粮无措	33	0.75	
106	雍正 6 年 7 月	卖契	无钱用度	66	1.8	计田 2 丘，内大丘取 2 秤，另丘 1 秤
107	雍正 6 年 8 月	卖契	钱粮无措	110	3	计田 3 号，每号取租最多 4 秤，最少 11 斤
108	雍正 6 年 8 月	卖契	无钱用度	66	1.9	
109	雍正 6 年 8 月	卖契		18	0.5	
110	雍正 6 年 10 月	卖契	无钱用度	0	0.25	信鸡 1 只
111	雍正 7 年 2 月	卖契	无钱用度	111.75	2.53	计田 8 号，每号取租最多 1 秤零 12 两，最少 4 斤 14 两
112	雍正 7 年 3 月	卖契	无钱用度	13.125	0.4	计田 2 号，分别取 2 斤 12 两和 10 斤
113	雍正 7 年 4 月	卖契	钱粮无措	232.75	6.15	计田 3 号，每号取租最多 4 秤 13 斤零 11 两，最少 2 秤 20 斤 5 两
114	雍正 7 年 6 月	卖契	无钱用度	33	0.75	4 秤内取卖 1 秤 11 斤
115	雍正 7 年 6 月	卖契		44	1.1	
116	雍正 7 年 11 月	卖契		44	1	计田 2 号

续表

序号	年份	契约名称	出卖原因	租额（斤）	契价（两）	备注
117	雍正7年12月	卖契		99	2.45	计田8号，每号取租最多1秤零12两，最少4斤14两
	小计			87.8	1.45	
	合计（平均）			17131.6565（146.4）	216.922（1.85）	

说明：＊租额原单位为秤、斤、两、钱，现按该地1秤＝22斤；1斤＝16两（个别个案为18两）；1两＝10钱的标准换算为斤。

资料来源：中国社会科学院经济研究所藏：《歙县清源胡姓誊契簿》，置产簿第15函，W·TX·B0054。

如表6－24，从顺治十二年（1655）至雍正七年（1729）的75年间，胡姓地主先后购进租权（租额，包括"信鸡"）117宗，计谷租17131.66斤、"信鸡"4只，合计租权价银216.272两，平均每宗租额146.4斤、价额1.85两，大部分交易规模和价额甚小，虽然数额最大的两宗，分别达1866.44斤和1755斤，但大部分都在100斤以下，更有4宗不足10斤，最小的两宗分别只有3斤和1斤。如以当时当地地租一般高度即每亩租额200斤计算，146.4斤租子只相当0.73亩。而且，从其发展变化看，单宗交易规模和价额，呈波浪式递降态势。如表，将胡姓誊契簿涵盖的75年分为三个阶段，以观察其变化：顺治后期和康熙前期的29年（1655—1683）中，购置田租20宗，平均每宗租额361.7斤、价额9.64两；康熙后期的27年（1696—1722）中，购置田租52宗，平均每宗租额118.9斤、价额2.23两，比上一阶段分别下降67.2%和76.9%；雍正前期7年（1723—1729）中，购置田租45宗，平均每宗租额87.8斤、价额1.45两，又比上一阶段分别下降26.2%和35.0%。

租权的买卖交易，规模和价额不断缩小，计量单位也琐碎至极，不仅有秤（或䄟）、斤、两，甚至微细到钱，其结果是地租买卖高度细碎化。表中的一些租权买卖特别是康熙后期的一些个案，交易租额很小，往往不过一两秤，甚至不足1秤，仅有三五斤或十来斤。如第26、61、65、70号个案，交易租额依次只有3斤、8斤、9斤、6斤，第84号个案，交易租额更只有 1 斤。有的虽然交易租额不算太少，但相对于田号、丘段总数特别是单个田号、丘段，租额异常细碎。如 103 号个案，田租交易涉及的田号（丘段）达 14 个之多，而交易的田租总额只有 3 秤 11 斤 3 两，平均一个田号（丘）仅 5 斤半，其中最少的只有 15 两；92 号个案最少的只有 10 两。又如 56 号，计田 5 号（丘），计租 96.094 斤。相比之下，不仅交易租额少，计量单位竟然小到钱、分，实属罕见。44 号、45 号、52 号都是以前拆卖后的余数扫尾，田不只一号（丘），交易数额却很小，84 号的售后尾租更只有 1 斤。26 号可能是拆卖的地租中数额最小的，仅有 3 斤，价银 8 分。表中还有 4 宗"信鸡"买卖。"信鸡"原本是附租和地主的额外需索，根本上不了台面，现在不仅作为租权的一部分进入市场，而且堂而皇之单独立契交易。这也是田租分拆零卖后产生的一种奇特现象。

当然，假如卖主所得价额实在不够，下次再卖，甚至立契甫毕，即在契尾加批补卖。如 99 号个案，水田一丘，计租 2 秤 11 斤，卖主立契抽卖 1 秤 11 斤，得价 9 钱 7 分，旋即在契尾"再批"："又将契内共号黄泥段租壹秤，得价纹银陆钱，亦在契内卖讫"。就是这样，交易的规模和租额缩小，交易次数增加，频率升高，导致地租买卖的细碎化、日常化和高频化。

田租被分拆零卖，交易租额缩减，卖租次数增加，买卖田租变成了某些人的经常性和日常性交易活动。从上揭《歙县胡姓誊契簿》所见，簿主进行的田租交易，多的时候一个月五六宗，有时一天就有两宗。一些卖主的卖租活动也十分频密。有个卖主胡承洛（系簿主房叔），从康熙五十三年（1714）11 月开始卖租，至雍正二年（1724）二月卖完最后 1 斤"余租"为止，在 9 年多的时间里，不计店屋、房舍、菜园、茶园、山林，单卖田租就有 19 次，平均一年超过 2 次，多的时候一个月就有 2 次。有时交易甫毕，旋即在契尾加批补卖。雍正元年元月将一块竹园卖与簿主胡大章，价银 3 钱 6 分，当日随即同契"再批"，将下段早租 8 斤，卖与胡大章。二月初三日又亲笔加批："菱角丘仍存租一斤，卖与万章"。①

这种契尾加批补卖的简易田租交易，并非胡承洛的发明，此前此后均有

---

① 《歙县胡姓誊契簿》，中国社会科学院经济研究所藏，徽州地契档，置产簿第 15 函 W·TX·B0054。

人采用：康熙十年（1671）四月，汪光荐将水田 17 号、计租 79 秤 17 斤卖与胡怡公祠后，随即加卖租 3 秤。契尾"再批"称："又，土名栏杆丘租叁秤、佃方六龙亦在内"；康熙四十九年（1710）元月，胡承铎因"无钱用度"，从石陂源埂塝下自身占有的 4 秤田租中，取出 2 秤，卖与房兄胡承起（胡大章之父），得价 1 两 2 钱。契尾随即"再批"："埂塝下自身仍有早租拾一斤，一并出卖与房兄名下，所有价银叁钱正，收讫无词"；雍正七年（1729）二月，胡万英因"无钱用度"，将水田 8 号（丘）、计租 5 秤 1 斤 12 两卖与族弟胡万章兄弟，契尾又加"再批"："考坑口上岸十三两添在契内"。①

　　同时，由于田丘租额被毫无限制地拆卖，次数多，数额琐细，买主又不限一家，有时卖主根本不记得某一田块的租额，究竟卖了多少，尚存多少。虽然文契照例写有"未卖之先，并无重复交易"一类词句，但因记忆或计算差误，"重复交易"还是时有发生。前揭胡万英售卖的 3 秤田租中，即有 8 斤 4 两是已经卖出的"虚租"。胡承洛更是多次"重复交易"卖"虚租"。如康熙五十三年（1714）十一月，售卖田租 11 秤 18 斤 14 两，包括水田 8 号（丘）。其中新田畔晚租 11 斤（佃黄寿）就是"虚数"，早在一年前已卖给了别人。立契当天，契尾即加"再批"："新田畔旧岁卖与麟处，今将荒田外晚租十一斤，佃黄寿，以补契内虚数。同日批照"。次年三月，胡承洛又卖田租 5 秤 11 斤，包括 3 号（丘）水田。其中菱角丘早租 1 秤，也是"虚租"，事后只得从其他多个丘段抽补。契尾"再批"称："菱角丘虚租壹秤，今将六亩丘租五斤八两，佃方祖福；又五保橙术〔树〕丘租七斤五两，佃朱祖旺；又土名塘坞里租十二斤，佃朱保生以补契内。菱角丘仍多二斤，所有价银找讫。亲笔字照"。需要动用 3 个丘段的租额，才能补上 1 秤（22 斤）"虚租"，也从一个侧面说明了田租拆卖的细碎程度。

　　同土地买卖比较，田租买卖的内容和程序都相对简单，若发现"虚租"或重复交易，另调等额田租补上即可解决，并无土地坐落、交通、面积、肥瘦差异等诸多麻烦。所以，田租买卖中的"虚租"或重复交易，不过小事一桩，买主并不十分介意。不仅如此，有的田租交易完成后，出于某种

---

① 《歙县胡姓誊契簿》，中国社会科学院经济研究所藏，徽州地契档，置产簿第 15 函 W·TX·B0054。

原因而调换、变更也是常有的事。如康熙十年四月，王良训将租田6号，计租20秤9斤5两，卖与胡怡公祠，但作为契中第一号租的寺坑口上岸租5秤11斤，很快被调换。契尾"再批"称："内取史家湾实租5秤11斤，对换寺坑口上岸5秤11斤"；康熙六十一年（1722）十二月，胡文胄将木杓丘田租2秤卖与房叔胡万章"收租管业"。次年五月，卖主复将北湖坑口上岸租2秤，调换契内木杓丘租2秤。①

显然，这既反映了永佃制下土地买卖的某些特点，同时也无形中加大了田租交易的频率。

随着永佃制下租权（田底）买卖演变为剥离土地的纯地租买卖，进而成为不受田地丘块限制的租额零卖，交易方式和计价标准也在发生变化。

由于脱离土地的地租买卖，内容和程序简单，谈判难度降低，交易空间扩大，使交易方式发生某些变化，买主不仅无须勘验地亩，甚至买卖双方也不用直接见面，买主可将价款交给第三者代买。下面是一纸代买田租的转卖契：

立杜断转卖契人杨芳五，缘因身出面代买汪东儒田租壹号，坐落土名塘坞口，计正租四砠半，系人字一千零六十号，计田税陆分。愿将〔其〕立杜断契出卖与汪国祥名下为业。契内价银拾一两及外中资银柒钱七分，是身收足，代交卖业人及中见之人。如有等情，尽是见手人之事，不涉受业人之事。所有税粮，向汪占添户扒纳。恐后有〔无〕凭，立此断契永远存照。

再批：上首老买契杨姓契一纸，又上首汪姓契、推单式纸。

嘉庆十五年腊月　日立杜断转卖契人　杨芳五

亲笔无中②

---

① 《歙县胡姓誊契簿》，中国社会科学院经济研究所藏，徽州地契档，置产簿第15函W·TX·B0054。

② 《汪国祥契底》，中国社会科学院经济研究所藏，徽州地契档，置产簿第23函，W·TX·B0054。

这纸"杜断转卖契"与普通卖契或转卖契不同，转卖人当初价买田租并非打算自己持有，亦非应付突发事件而将刚购进的田租转卖，而一开始就明确是出面为他人代买。从文契可知，转卖人在出面代买时请有"中见"，立有正式契据（即"再批"所说的"上首老买契杨姓契"），但并未垫付价款、中见笔礼银及相关费用，也未将田产税粮推入己户，而是待转卖交易程序完成后，才将价款及中资银全数代交卖业人及中见人，指明受业人直接从汪姓卖主（即文契所说"汪占添户"）扒纳税粮。显然，转卖人带有经纪人的性质。不过在这宗交易中，代买人是否名正言顺地从中获得某种利益；居间买卖田租仅是个别案例，还是已成为某些人的职业，尚无从判断。

计价标准和依据的改变更加明显。

传统的土地买卖一旦演变为纯粹的地租买卖，因为买主的管业权限只能是照额收租，并无增租撤佃权和耕作经营权，不论文契有无载明田号、丘段，田地等则、面积大小、肥瘦优劣，这些同买主均无直接利害关系，交易双方议价的唯一对象就是地租，而决定地租价格高低的重要依据和标准，则是当时当地的民间通行借贷利率及其变化趋势。这在皖南徽州和永佃制流行的其他地区，如苏南、浙江、福建、台湾和北方旗地、蒙旗地等地区，大都如此。只是在皖南、苏南、浙江、福建等地，地租多为稻谷（米）、小麦、豆类等实物，租权（地租）价格多为银两、银元或钱文，而稻谷（米）、小麦、豆类的地区和季节差价较大，借贷利率决定租权（地租）价格的机制不是十分直接或立竿见影。

清代台湾特别是北方旗地、蒙旗地地区，情况有所不同，借贷利率决定租权（地租）价格的机制清晰可见。

清代台湾地区，虽然地租也是以谷租为主，但在土地买卖、租佃关系、钱粮借贷、赋税征缴中，稻谷和银元有固定的折算标准，即稻谷1石折合银洋1元，借贷利率决定租权价格的机制比较清晰。当地调查者通常以租权价格相当租额的倍数来测定大租权价格的高低，据此可知大租权交易所依据的借贷利率。调查资料显示，清代台湾的大租权价格，台北与台中、台南两地互有差异。北部台北、基隆、宜兰、桃园、新竹等6县平均，大租权价格为大租额的 5.35 倍，所据借贷利率为 18.7%；中部苗栗、台中、彰化、南投等 4 县平均为大租的 3.8 倍，所据借贷利率为 26.3%；南部嘉义、台南、凤山、恒春等 8 县平均为大租的 3.06 倍，所据借贷利率为 32.7%。[①]

北方旗地、蒙旗地的租权价格，更是直接根据借贷利率确定和计算。旗人地主卖地，价格计算的基本原则和方法是，"不论地之肥瘠多少，以租为利，以价为本，大率合一分有余之息"。清政府更将利率锁定为一分三厘。如每亩租银一钱三分，租权价银即为一两。[②] 热河等地一些蒙旗地的租权买卖，同旗地一样，价格计算也是"以租为息，以价为本"，最简易的方法是参照当时当地的借贷利率，将租额乘以若干倍。如宣统三年（1911）土默特左旗一蒙旗租主，将一宗 14 吊钱的"小租"卖与"地户"（租户），作价办法是"将此租项一吊作为六吊"，并留下一吊作为继续掌管地权的"执证"，实卖 13 吊，合价 78 吊，折合年利率为 16.7%。[③] 又如蒙旗贵族宝瑞台吉，光绪三十四年（1908）卖租的计价方法是，直接将售卖的 20 吊租子"变钱"96 吊（另余 500 文，"随年交纳"）。[④] 价格相当租额的 7.69 倍，借贷年利率为 20.8%。在这里，议价对象和定价标准，全都一目了然。

5. 土地金融调剂功能的增强和地权债权化

永佃制下的土地（租权）买卖的演变，使土地的金融调剂功能明显加强，最终导致地权债权化。

在农业社会，作为社会财富主要标志的土地，有两个基本功能：一是耕作经营或招佃收租；二是金融调剂。在平时可以自行种植或雇工经营，收获粮食或其他产品，也可招佃出租，收取劳役、实物或货币地租。若有经济困难或其他需要，则可通过土地抵押借贷、典当、绝卖，应付现金开支。不过在传统租佃制度下，土地买卖无论自田、租田，一般均以田号、丘块为单元，卖主不可能按照实际需要或自己的意愿分拆零卖。买卖时又必须进行土地勘验、交割，交易程序繁复。同时，传统观念认为典卖田产

---

① 程家颖：《台湾土地制度考查报告书》，台湾银行经济研究室 1963 年刊本，第 59—60 页。
② 《户部则例》卷 1，同治四年校刊本，田赋，第 26—27 页。又见直隶《清赋章程摘要》。
③ 日伪地契整理局编印：《锦热蒙地调查报告》（日文本）上卷，1937 年刊本，第 159 页。
④ 日伪地契整理局编印：《锦热蒙地调查报告》（日文本）上卷，第 194 页。

尤其是祖遗田产，是一种败家和辱没门风的行径，为人诟病。所以，不到山穷水尽、走投无路的地步，通常不会典卖田产。在传统租佃制度下，土地流通和金融调剂功能的发挥，在传统道德观念和交易程序上都存在诸多窒碍。

在永佃制下，与土地疏离的租权买卖，特别是不受田地丘块限制的地租抽卖和分拆零卖，与传统土地买卖比较，交易标的物和交易规模、程序都不同程度地发生了改变。交易标的物由土地本身改为剥离土地的地租，无须实地勘验和进行土地交割；每次交易的范围、数额也无须以田地丘块为单元，可以随意抽卖或分拆零卖。这种剥离土地的地租零卖，对卖主而言，明显有四大好处：第一，因交易的租额与田地丘块脱钩，无须勘验、交割土地，并且只要某一丘块田地的租额尚未卖尽，卖主就可仍然保留（至少名义上如此）该宗田地的所有权，并且躲避了售卖家产、祖产和败家、不孝的恶名，减轻了精神压力。正因为如此，一些卖主通常总是同时从多个田垞抽卖，尽量避免将某一田垞的租额一次性卖尽，目的就是保留这些田垞的所有权；第二，因为卖主可以按照自己的意愿和实际需要决定卖租的交易规模、数额和售卖方式，可以将变卖田产、祖产的损失降到最低限度；第三，因交易规模和数额细小，相应增加了买主人数，降低了买主恃势揹价、压价的风险；第四，因系分拆零卖，单次售卖的租额不多，卖主如果经济好转，即可分次、分批赎回或买回（田地丘墩不一定相同）卖出的地租，延缓或避免了破产的结局。所有这些，都给卖主的金融调剂提供了极大的便利。

事实上，一些卖主出卖的租额小到三五斤、1斤稻谷、1只"信鸡"，所卖的租额尾数零碎到几两、几钱，目的无非是在获取所需现金、排解困难的同时，尽可能降低售卖的地租数量。同时，大量零散、数量细小的地租交易，也反映卖主卖租并非遇到婚丧大事或其他重大灾祸、变故，而只是用于日常性的金融调剂。徽州地区一些租权买卖文契显示，卖主的卖租原因，大多是"无钱用度"。前揭《歙县胡姓誊契簿》列有卖租原因的63纸文契中，53纸是"无钱用度"（含"欠父银"和"付会无措"各1宗），占总数的84.1%，剩下的是婚丧（含1宗年迈置备棺木）和"钱粮无措"

各 4 宗，"年岁饥荒，日食难度" 2 宗。可见绝大部分是用于日常性开支，应付婚丧、灾祸或其他突发事件的是少数。这说明土地（租权）的日常性金融调剂功能大大增强。

当然，土地（租权）这种日常性金融调剂功能的发挥，必须以地租分拆零卖为前提。如果租权买卖尚未演变到脱离田地丘块的地租拆卖，而是停留在以田地丘块为单元的阶段，则仍然只能应付大的灾难或突发事件，一般不可能起到日常性金融调剂的作用。以《徐衷义置产簿》的租权买卖个案为例，该置产簿所辑康熙五年至六十一年间（1666—1722）的 133 纸租权卖契，按租权占有和售卖模式划分，22 宗为抽卖"共业"的身占部分，1 宗为全业拆卖，1 宗为余租卖净，其余 109 宗都是以田地丘块为单元的田租整卖，占租权交易总宗数的 82%。109 宗田租整卖中，98 宗列有卖租原因：86 宗为"钱粮无办"（含"里役无办"），6 宗为"年荒粮食无办"，即用于应付天灾人祸的租权交易达 92 宗，占总数的 93.8%。余下"缺失支用"（含 1 宗"欠人银利"）及"财力无办"、"做木无本"各 2 宗，合计 6 宗①，即用于日常性金融调剂的只占 6.2%。这与前揭《歙县胡姓誊契簿》中的情况（日常性金融调剂占 84.1%）形成鲜明的对比。

土地（租权）日常性金融调剂功能增强，同地租买卖的时间分布变化也有密切关系。在传统租佃制度下，以田号、丘块为单元的土地买卖，一般发生在年头、年尾和农闲时节，主要集中在阴历 11 月至次年 2 月的 4 个月间。剥离土地的地租或租权买卖，因交接不受生产季节的制约，可以随时进行，买卖时间的分布相对均匀。上揭《歙县胡姓誊契簿》128 宗田租买卖，在时间分布上，阴历八、九、十月收割、交租时节，每月交易 4—5 宗，其余 8 个月，少则 9—13 宗（三、五、六、七月），多则 15—18 宗（二、四、十二月）。这种相对均匀的时间分布，自然为日常性的金融调剂提供了时间上的便利条件。

不少租权占有时间短暂，流动频繁，也从一个侧面反映出土地日常性金融调剂功能的增强。文契资料显示，有人于康熙五十九年（1720）七月

---

① 据《徐姓置产簿》（中国社会科学院经济研究所藏，徽州地契档，置产第 25 函，W·TX·B0075）综合统计。

购进田租 2 秤，雍正元年（1723）二月卖出，占有时间不到 3 年；又有一宗 5 秤的田租，在康熙四十四年（1705）十二月至五十二年（1713）十一月的 8 年中，三易其主，平均每户占有时间同样不足 3 年。另外，康熙十一年（1672）四月胡元贞兄弟一纸卖租契的契尾"再批"称："原田春茶坑，胡国廉卖与胡元柱，胡元柱卖与胡大国，胡大国卖与胡元贞兄弟，胡元贞兄弟卖与胡大秀"。此处胡国廉的卖契年份不详。不过就在胡元贞兄弟卖租后的第 13 天，胡国廉即将另一宗田租（计 3 秤 5 斤 8 两）出典；胡大国也曾在康熙二十二年（1683）和三十六年（1697）分别出卖田租（计田 7 号、租额 3 秤 1 斤 9 两）和菜园一处。据此可以推断，4 次交易的当事人都是同时间的人，春茶坑田租几次换主，相隔时间都应较短。

地租拆卖还为某些人的购田融资提供了条件。康熙四十九年（1710）正月，胡承钰因买田"无资"，即从"自佃"水田本身应得的 4 秤早租中取卖 2 秤，得价银 1 两 2 钱，用以补足价款，完成购田交易。[①]

永佃制下的土地（地权、租权）买卖由"收苗管业"演变为"收租管业"开始，直到不受田地丘块限制的地租分拆零卖为止，整个过程的实质就是地权的最终债权化。

永佃制下的地权债权化，具体表现在三个方面。

一是地主（田底主）"认租不认地"、"认佃不认地"，只要能如额收租，其他一概不问，同土地日益疏离。分拆零卖、分家析产或凑资夥买田租而形成的"共业"、"合业"，情况尤为典型。徽州某些地方，大部分田产属于"共业"，一宗面积不大的水田，业主（租主）少则二三家，多则二三十家。[②] 而且，因为典当买卖、分家析产、继承让渡、分拆归并，业主名单经常增减、变化，通常业主（租主）并不明了土地坐落、四至和其他租主及其地租份额，亦不关心田地耕作和实际去向，只知道佃户姓名和自己的租额，租权完全同土地脱钩，其功能只是保证已付地价的利息回报。

---

① 参见《歙县胡姓誊契簿》，中国社会科学院经济研究所藏，徽州地契档，置产簿第 15 函，W·TX·B0054。

② 参见刘克祥：《永佃制下土地买卖的演变及其影响——以皖南徽州地区为例》，《近代史研究》2012 年第 4 期，第 53—55 页。

二是租权价格直接同借贷利率挂钩。永佃制下的租权主或买主，只能按原定租额收租，而不能增租换佃，或收回自种，购买和占有租权，唯一的收益就是每年征收的固定租额，土地坐落、朝向、亩积、沃度、性能、水利灌溉等，对买主并无实质性意义，对租权价格的高低、贵贱也没有影响。决定租权或田底价格的基本因素是租额和借贷利率，具体的计算方法就是"以价为本，以租为息"。地租除以当地借贷年利率，所得商数就是租权（田底）价格。购买或占有租权变成了一种现金放贷或存本取息的投资手段，租权或地权变成了地地道道的债权。

三是租权可以像债券和股票一样买卖。永佃制下租权或地权的买卖交易，无须实地勘验和进行土地交割，交易程序变得十分灵活、简便，甚至可以委托中介代办，租权的交易市场空间空前扩大，住在城里的租权主（田底租）买卖租权，根本无须返回乡下，可以在城里的土地市场进行。正如 20 世纪 30 年代的调查者所说，"田底所有权仅仅表明对地租的一纸权利，这种所有权可以像买卖债券和股票那样在市场上出售"。① 这深刻揭示了永佃制下地权或租权（田底权）及其买卖交易的债权本质。

（三）租权的市场价格

租权或田底权作为地权的一部分，同佃权或底面合一的农地一样，从根本上说，它的市场价格，是由其经济收益及市场供求关系决定的。在永佃制下，由于地主（田底主）只能照额收租，而不能随意撤地换佃或收回自种，也不能随意增租。显然，租权或田底和佃权或田面不同，它的收益就是地租，而地租租额又基本固定不变。与此相联系，在土地市场供求关系相对平稳的情况下，租权价格也相对稳定，不会大起大落。

同一块土地，租权和佃权各自的价额及其占土地总价额的比重，主要取决于单位面积租额的高低和各自的市场供求状况。一般地说，在其他条件不变的情况下，佃权价格与地租成反比，单位面积租额越高，佃权价格越低，租额越低，佃权价格越高；租权价格则与租额成正比，单位面积租额越高，租权价格亦昂，租额越低，租权价格亦贱。不过影响佃权价格的

① 费孝通：《江村经济——中国农民的生活》，江苏人民出版社 1986 年版，第 131 页。

因素，除了单位面积租额，还有土地的肥瘠及产量。如土地肥沃，水利排灌设施配套，产量高而稳定，即使租额稍高，佃农仍有一定收益，而这种土地（佃权）也较俏，市场价格仍然较高。反之，土地瘠薄，产量低而不稳，租额虽低，市场价格也不会处于低水平。而租权价格与土地的肥瘠虽有一点关系（因土地肥沃，产量稳定，佃农拖欠租额的概率相对较低），但不如佃权密切。

前面考察佃权的市场价格时，已谈到佃权价格占土地总价额的比重，高低悬殊，情况多种多样。租权价格同样如此，只是两者在土地总价额中所占比重，彼高此低，彼长此消，若佃权价格占土地总价额的比重较高，或其比重处于升高的变化态势，则租权价格占土地总价额的比重较低，或其比重处于下降的变化态势。反之亦然。因此，前面关于佃权市场价格的考察，同时从一个侧面反映出租权价格占土地总价额的比重情况，这里无须重复讨论。不过有一点需要指出，虽然租权价格同佃权价格一样，占土地总价额的比重，高低不一，情况多样，但这并不等于说，两者在土地总价格中所占的份额对等。在多数地区或多数情况下，租权价格比佃权价格高，在土地总价格中占有较大比重。而且随着永佃制的发展变化，通过长期耕作、价买佃权、卖田留耕等途径产生的永佃制，相对增多。而这类永佃制的单位面积租额较高，相应提高了租权价格及其在土地总价额中的比重。

皖南徽州地区，田骨或租权价格在土地总价额中占有较大比重，加上地狭人稠，土地供不应求，田骨价格一开始就处于较高水平。表6－25反映的是乾隆后期至道光前期歙县城关附近的田骨价格及其变化。

表6－25　安徽歙县田骨（大买）价格示例
(1779—1835)

单位：面积，亩；租额，斤；价格，两

序号	年份	出卖原因	面积（亩）	租额（斤）	价格（银两）		
					总额	每亩价额	每担租价
1	乾隆44年	今因需用	0.967	250	13	13.44	5.2
2	乾隆53年	缺少使用	1.2	300	18	15.0	6.0

续表

序号	年份	出卖原因	面积（亩）	租额（斤）	价格（银两）		
					总额	每亩价额	每担租价
3	乾隆 53 年	今因缺用	0.75	160	11	14.67	6.88
4	乾隆 53 年	今因急用	1.478	320	22	14.88	6.88
5	乾隆 53 年	今因急用	0.27	60	6	22.22	10.0
6	乾隆 54 年	今因正用	0.636	120	14.4	22.64	12.0
7	乾隆 56 年	岁暮急用	0.46	110	10	21.74	9.09
8	乾隆 57 年	今因急用	0.48	116	8	16.67	6.9
	小计		6.241	1436	102.4	16.41	7.13
9	嘉庆元年	今因急用	1.187	210	16	13.48	7.62
10	嘉庆 5 年	今因急用	0.5	80	10.4	20.08	13.0
11	嘉庆 7 年	今因急用	1.09	210	12	11.01	5.71
12	嘉庆 9 年	今因急用	0.25	40	4	16.0	10.0
13	道光 11 年	正用无措	1.66	200	28	16.87	14.0
14	道光 11 年	正事急用	0.63	100	14	22.22	14.0
15	道光 12 年	正事急用	1.327	180	26.1	19.67	14.5
	小计		6.644	1020	110.5	16.63	10.83
	合计/平均		12.885	2456	212.9	16.52	8.67

资料来源：据中国社会科学院经济研究所藏，孙在中《契墨抄白总登》（置产簿第 24 函，W·TX·B0063）综合整理、计算编制。

表 6－25 列 15 宗田骨，按面积计算，亩价最高 22.64 两，最低 12.11 两，平均 16.52 两。按租额计算，每担稻租最高 14.5 两，最低 5.2 两，平均 8.67 两。从发展变化看，单位面积价额除个别年份外，未见大起大落，或明显涨落趋势，如分前后两段观察，乾隆年间 8 宗平均每亩价为 16.41 元，嘉庆道光年间 7 宗平均每亩价为 16.52 元，仅差 0.11 元，属于合理误差范围，基本上处于平稳状态；每担地租的价额，则略有上升，乾隆年间 8 宗平均每担租价为 7.13 元，嘉庆道光年间 7 宗平均每担租价为 8.67 元，后期比前期上升了 21.6%。单位地租价的上升，可能同粮价和民间借贷利率变动有关。

与歙县毗邻的休宁，田骨价格也一直处于较高水平。该县明末崇祯十三年（1640）的一宗买卖，计田骨6处，面积4.726亩，租额44砠7斤（每砠25斤，合1107斤），总价52.5两，亩价11.11两，担租价格4.74两。康熙二十二年（1683）的一宗买卖，田骨0.71亩，租额7砠（合175斤），价额5.25两，亩价7.39两，担租价格3两。① 西部嵯峨山区可能因为地少人多的矛盾更为突出，田骨价格比歙县城关周边更高一些。表6-26反映了板桥黄源一带乾隆年间的田骨价格情况。

表6-26　安徽休宁田骨价格示例

（1742—1776）

单位：面积，亩；租额，斤；价格，两

序号	年份	出卖原因	面积（亩）	租额（斤*）	价格（银两）		
					总额	每亩价额	担租价额
1	乾隆7年	钱粮无办	0.016	25	1	62.5	4.0
2	乾隆8年	缺钱使用	0.541	60	6	11.09	10.0
3	乾隆8年	钱粮无办	4.0	1062.5	36	9.0	3.39
4	乾隆10年	钱粮无办	2.4	475	24	10.0	5.05
5	乾隆11年	急用无办	0.27	50	2.1	7.78	4.2
6	乾隆11年	缺少使用	0.79	137.5	9.9	12.53	7.2
7	乾隆11年	今因急用	0.75	125	10.0	13.33	8.0
8	乾隆18年	今因使用	0.413	75	8.4	20.34	11.2
9	乾隆18年	今因急用	0.43	100	4.8	11.16	4.8
10	乾隆21年	钱粮无办	0.533	75	7.5	14.07	10.0
11	乾隆21年	钱粮急用	0.45	100	8.0	17.78	8.0
12	乾隆21年	今因使用	0.33	87.5	5.3	16.06	6.06
13	乾隆21年	今因使用	0.523	100	5.3	10.13	5.3
14	乾隆21年	钱粮急用	1.435	100	25	17.42	25.0
15	乾隆23年	钱粮急用	0.44	100	9.3	21.14	9.3
16	乾隆23年	钱粮急用	1.0	287.5	13	13.0	4.52
17	乾隆24年	钱粮无办	0.22	50	3	13.64	6.0
18	乾隆24年	钱粮无办	0.49	50	10	20.41	20.0
19	乾隆24年	今因急用	1.13	100	16.5	14.6	16.5

---

① 中国社会科学院经济研究所藏：《休宁吴姓誊契簿》，置产簿第24函，W·TX·B0070。

续表

序号	年份	出卖原因	面积（亩）	租额（斤）	价格（银两）		
					总额	每亩价额	担租价额
20	乾隆 24 年	钱粮无办	0.27	62.5	4	14.81	6.4
21	乾隆 24 年	缺钱粮使用	1.504	575	18.8	12.5	3.27
22	乾隆 25 年	钱粮无办	0.28	70	4.5	16.07	6.43
23	乾隆 25 年	钱粮催逼	0.38	45	5.2	13.68	11.56
24	乾隆 25 年	钱粮急用	0.134	25	2.6	19.4	10.4
25	乾隆 25 年	钱粮急用	1.363	225	24.3	17.83	10.8
26	乾隆 25 年	钱粮无办	0.5	100	5.4	10.8	5.4
27	乾隆 26 年	钱粮事用	0.304	37.5	3.7	12.17	9.87
28	乾隆 27 年	病后欠少使用	0.65	200	12.7	19.54	6.35
29	乾隆 27 年	今因事用	0.522	125	4	7.66	3.2
30	乾隆 27 年	钱粮急用	1.02	400	16	15.69	4.0
31	乾隆 27 年	今因缺用	1.041	162.5	16.3	15.66	10.03
32	乾隆 27 年	钱粮无办	0.3	45	4.5	15.0	10.0
33	乾隆 28 年	今因使用	0.48	100	6	12.5	6.0
34	乾隆 28 年	钱粮无办	0.42	55	5.5	13.1	10.0
35	乾隆 29 年	缺少事用	0.36	55	5.0	13.89	9.09
36	乾隆 29 年	钱粮无办	0.135	25	2.1	15.56	8.4
37	乾隆 29 年	今因急用	0.193	37.5	3.7	19.17	9.87
38	乾隆 29 年	钱粮急用	0.2	37.5	3	15.00	8.0
39	乾隆 29 年	钱粮无办	0.251	50	8.8	35.06	17.6
40	乾隆 29 年	今因急用	0.44	67.5	6.8	15.45	10.07
41	乾隆 29 年	今因急用	0.42	87.5	8.7	20.71	9.94
42	乾隆 29 年	钱粮急用	0.3	130.9	3.8	12.67	2.9
43	乾隆 29 年	钱粮急用	0.33	53	6	18.18	11.32
44	乾隆 29 年	钱粮急用	0.45	87.5	8.9	19.78	10.17
45	乾隆 29 年	钱粮急用	0.12	23.5	3.5	29.17	14.89
46	乾隆 30 年	钱粮无办	0.38	80	8.6	22.63	10.75
47	乾隆 30 年	钱粮无办	1.123	200	45	40.07	22.5
48	乾隆 30 年	钱粮无办	0.541	200	14	25.88	7.0
49	乾隆 32 年	钱粮无办	0.34	50	9.6	28.24	19.2
50	乾隆 32 年	钱粮无办	1.2	172.5	17	14.17	9.86
51	乾隆 32 年	钱粮使用	1.2	175	33	27.5	18.86

续表

序号	年份	出卖原因	面积（亩）	租额（斤）	价格（银两）		
					总额	每亩价额	担租价额
52	乾隆35年	钱粮无办	2.4	625	58	24.17	9.28
53	乾隆35年	自愿正用	0.473	75	12.24	25.88	12.25
54	乾隆36年	钱粮无办	0.66	75	9	13.64	12.0
55	乾隆36年	今因事用	4.76	670	96.6	20.29	14.42
56	乾隆39年	钱粮无办	0.6	295	32	53.33	10.85
57	乾隆39年	今因事用	0.609	170	16	26.27	9.41
58	乾隆40年	钱粮无办	0.72	100	12	16.67	12.0
59	乾隆41年	今因事用	0.785	220	22	28.03	22.0
60	乾隆41年	钱粮无办	0.45	67.5	9	20.0	13.33
	合计/平均		44.769	9217.4	792.94	17.71	8.60

说明：＊原单位为"秤"，现按当地习惯，以每秤25斤换算为斤。

资料来源：据中国社会科学院经济研究所藏《乾隆江氏誊契簿》（置产簿第17函，W·TX·B0056）综合整理计算编制。

这是同一地主乾隆七年至四十一年间（1742—1776）购进的田产。60宗田骨中，亩价最高62.5两，最低7.66两，但除3宗外，全部在10两以上，平均亩价为17.71两。担租价格最高25两，最低2.9两，但绝大部分在5两以上，平均8.6两。一般而言，偏远山区的地价应低于城镇周边地区。表6-23所列歙县城关8宗田骨平均亩价为16.4两，平均担租价格为7.13两，休宁西部山区的田骨价分别比它高出4%和20.1%，这显然是地狭人稠、土地供不应求的结果。

徽州地区田骨或大买价格的大起大落和急剧跌落是鸦片战争前后到太平天国战争及战后时期。试看表6-27：

表6-27　安徽州歙县大买价格示例
（1828—1908）

单位：面积，亩；价格，两

序号	年份	出卖原因	面积（亩）	价格（银两）		备注
				总额	每亩价额	
1	道光8年		1.241	40.0	32.23	

序号	年份	出卖原因	面积（亩）	价格（银两）		备注
				总额	每亩价额	
2	道光 9 年	欠少使用	1.863	37.4	20.08	
3	道光 14 年	今因正用	3.052	56.0	18.35	另塘 0.06 亩
4	道光 14 年	欠少钱粮	1.667	18.0	10.80	另塘 0.167 亩
5	道光 14 年	欠少正用	1.7	24.8	14.59	另塘 0.084 亩
6	道光 16 年	钱粮正用	1.716	6.0	3.50	
7	道光 20 年	欠少正用	1.5	20.0	13.33	原来大、小买契各一纸
8	道光 21 年	今因正用	3.459	30.0	8.67	
9	道光 27 年	缺少正用	2.0	18.0	9.00	
10	道光 29 年	欠少正用	1.095	7.0	6.39	
11	道光 29 年	父手欠项	3.459	75.0	21.68	
12	咸丰元年	钱粮紧急，无从措办	5.822	55.0	9.45	
13	咸丰元年	今因正用	1.6	24.0	15.00	
14	咸丰 2 年	今因正用	3.0	30.0	10.0	另塘 0.08 亩
15	咸丰 6 年	今因正用	4.512	31.5	6.98	另塘 0.31 亩
16	咸丰 7 年	今因正用	3.684	33.3	9.04	
17	咸丰 7 年	钱粮急用	2.244	12	5.35	另塘 0.25 亩
18	咸丰 8 年	今因正用	1.074	10.0	9.31	
19	咸丰 9 年	欠少正用	2.483	20.0	8.05	
20	咸丰 11 年	正用紧急	1.25	5.4	4.32	
21	咸丰 11 年	正用紧急	2.18	12.0	5.5	
22	咸丰 11 年	正用紧急	1.27	6.4	5.04	
23	同治元年	正用紧急	1.2	5.0	4.17	
24	同治元年	正用紧急	1.62	5.0	3.09	另地 0.42 亩，塘 0.13 亩
25	同治元年	正用紧急	1.095	4.0	3.65	
26	同治 4 年	紧急正用	1.106	3.5	3.16	
27	同治 9 年	欠少正用	2.0	12.0	6.00	
28	同治 11 年	钱粮大差使用无措	2.035	8.0	3.93	另塘 0.02 亩

序号	年份	出卖原因	面积（亩）	价格（银两）		备注
				总额	每亩价格	
29	光绪 25 年	今因正用	1.5	8.0	5.33	
30	光绪 33 年	今因正用	4.222	24.0	5.68	另塘 0.047 亩
31	光绪 34 年	捐助继善堂	4.196	16.0	3.81	
	合计/平均		70.845	270.1	3.81	

资料来源：据安徽省博物馆编《明清徽州社会经济资料》第一集，中国社会科学出版社 1988 年版，第 157－190 页综合整理、计算编制。

表 6－27 中所列，全部是歙县的大买（租权）交易价格，反映了从鸦片战争前后直至光绪末尾 80 年间歙县大买价格的变化情况。如表，道光八年（1828），大买亩价高达 32.23 两，比此前乾隆五十四年（1789）最高的亩价 22.64 两，还高出 42.4%。但此后呈波浪式跌落，到太平天国战争爆发并建都南京后，日渐跌入谷底，直至光绪末了也没有明显反弹。

需要指出的是，表列 31 宗大买卖，都只有土地面积，而无租额，无法考察和检测单位租额的价格水平，也无法同其他地区和时段进行比较。

事实上，由于永佃制下的租额一般固定不变，田骨或租权价格的贵贱主要取决于租额的高低，同土地肥瘠、面积大小的关系居其次。有的则直接同租额挂钩，而与土地面积脱钩。在歙县部分地区就是如此。如该县清源胡姓地主从顺治十二年至雍正七年（1655—1729）的 75 年间，购进田骨 96 宗，仅有一宗契约载明面积，其余 95 宗，都只有土名和租额，而无面积和四至，买主只能通过租额来判断田骨价格是否合理。下面不妨摘录数量较大的部分资料制成表 6－28，从地租额的角度检测该地田骨或租权的价格水平。

表 6－28　安徽歙县田骨价格（按租额计）水平示例
(1656—1716)

单位：租额，斤；价格，两

序号	年份	租额（斤*）	价格（两）	
			总额	担租价额
1	顺治 13 年	396.5	11	2.77
2	顺治 13 年	330	10	3.0

续表

序号	年份	租额（斤）	价格（两）	
			总额	担租价额△
3	顺治 14 年	373.38	18	4.82
4	顺治 14 年	409.5	10.7	2.61
5	顺治 18 年	1866.5	58	3.11
6	康熙 10 年	1755	43	2.45
7	康熙 10 年	196	5	2.55
8	康熙 10 年	447.31	10.8	2.41
9	康熙 11 年	220	5.2	2.36
	小计	5994.19	171.7	2.86
10	康熙 43 年	264	8.4	3.18
11	康熙 49 年	176	2.2	1.25
12	康熙 51 年	220	6	2.73
13	康熙 51 年	233.25	5.95	2.55
14	康熙 51 年	157.19	3.54	2.25
15	康熙 52 年	242	5.76	2.38
16	康熙 52 年	237.5	5.43	2.29
17	康熙 52 年	242	3.64	1.50
18	康熙 53 年	176	3.2	1.82
19	康熙 53 年	260.88	5.8	2.22
20	康熙 53 年	176.75	4.44	2.51
21	康熙 54 年	228	3	1.32
22	康熙 59 年	156.25	3.55	2.27
23	康熙 60 年	156.28	0.95	0.61
24	康熙 61 年	253	4	1.58
25	雍正元年	264	5.8	2.20
26	雍正元年	382	10.5	2.75
27	雍正 2 年	165	2.8	1.70
28	雍正 5 年	157.38	3.955	2.51
29	雍正 5 年	134.5	3.9	2.90
30	雍正 6 年	154	4.6	2.99
	小计	4435.98	97.415	2.20
	合计/平均	10430.17	269.115	2.58

说明：＊原单位为"秤"，现按当地一秤合 22 斤换算为斤。又当地租秤一斤合 18 两。

△当地租秤一斤合 18 两，此处一担（100 斤）实际重量为 112.5 斤。

资料来源：据中国社会科学院经济研究所藏《歙县清源胡姓誊契簿》（置产簿第 15 函，W·TX·B0054）综合整理计算编制。

如表 6 - 28，顺治十二年至雍正七年（1655—1729）75 年间 30 宗田骨个案中，担租价格最高为 4.82 两，最低 0.61 两，平均 2.58 两。同休宁乾隆年间的大租价格比较，只有后者的 30%，大大低于休宁乾隆年间的大租价水平。从其本身的内部结构和变化趋势看，除康熙六十年（1721）一宗个案外，[①] 其余高低相差不甚悬殊。前后比较，亦较平稳，并无大起大落。总的趋势是稳中有降，如分段综合计算，顺治至康熙前期的 9 宗个案，平均担租价格为 2.86 两，康熙后期至雍正前期的 21 宗个案，平均担租价格为 2.20 两，比前者跌落了 23.1%。这与歙县及皖南其他地区的情况有所不同，反映了不同时段、不同地域田骨或租权价格水平和变化趋势的多样性。

在江西、福建、台湾以及热河蒙地区，田骨或租权价格，也都直接按租额计算，而与土地面积、肥瘠没有太大关系。

在江西一些地区的水田，有"收租田"与"自耕田"之别。"收租田"即田骨，只能照额收租，一般每亩 1 石；"自耕田"则未必一定自耕，但皮骨合一，均在田主之手，既可招佃收租，又可自己耕种，可以自由更换佃户、决定租额，一般每亩可收租谷 2 石。凡田主购买收租田时，"只计租额给价，而置买自耕田，则须计亩分给价"。[②]

福建如前面提到的闽北和闽清两宗租权交易个案，都是按租额计价，文契并未涉及土地面积及类别、肥瘠。前者从父遗的 1 石 5 斗送城租米中，抽出己分的 7 斗 5 升断卖，计价铜线 16 千文，折合一石租米价为 21.33 千文；后者文契虽然写明土地播种的种子数量，但从契文可以清晰看出，计价的直接依据还是租额。故在交代租谷数量的同时，特别注明"牲谷在内"，以免出现差错或争执。

在台湾，田底或租权买卖文契，通称"杜卖尽根大租契"，有的写明土名、坐落四至和面积，也有的只写土名和佃户姓名，但不论哪种情况，都是按租额和当时当地的借贷利率计算价格，契价直称"租价银"。同时，在绝卖、典当、以租偿息借款等不同形式中，利率亦即租额价格高低，并无

---

① 该宗个案订约时，契价为 0.7 两，次年因卖主强烈要求，才加价 0.25 两，明显有乘人之危、强行压价之嫌。

② 《记江西田赋》，《大公报》民国二十二年 2 月 6 日。

明显差别。表6-29反映的是乾隆中期至光绪晚期台湾租权买卖的基本情况。

表6-29　清代台湾大租权市场价格示例
(1767—1902)

序号	年份	交易方式	租额（石）	价格（银元）	相当年利率*（％）	资料来源▶
1	乾隆32年	绝卖	318	770	41.3	物Ⅱ357
2	乾隆49年	绝卖	0.4	2	20.0	租Ⅳ653
3	嘉庆9年	胎借	540	4000	13.5	租Ⅳ654-555
4	嘉庆13年	烂价	7	16	43.8	租Ⅳ656-657
5	嘉庆13年	绝卖	60	380	15.8	租Ⅳ658
6	嘉庆24年	胎借	0.5	5	10.0	租Ⅳ659
7	道光元年	典租	2	13	15.4	租Ⅳ659-660
8	道光2年	典租	12.8	40	32.0	租Ⅳ660
9	道光2年	典租	11.3	132	8.6	租Ⅳ661-662
10	道光8年	典租	6	27	22.2	租Ⅳ663
11	道光10年	绝卖	103.745	419	24.8	物Ⅷ1638-1639
12	道光11年	胎借	12	282	4.3	租Ⅳ664
13	道光11年	绝卖	44.58	120	37.2	租Ⅳ665
14	道光11年	胎借	402.2	1200	33.5	租Ⅳ670-671
15	道光11年	典租	57.22	200	28.6	租Ⅳ671-672
16	道光13年	胎借	4	226	1.8	租Ⅳ672-673
17	道光13年	押借	36	400	9.0	物Ⅱ259-260
18	道光13年	当租	13	65	20.0	物Ⅱ313-314
19	道光20年	典租	18	120	15.0	租Ⅳ675
20	道光23年	绝卖	7.4	35	21.1	租Ⅳ676
21	咸丰6年	典租	1	6	16.7	租Ⅳ677
22	咸丰9年	胎借	5.6	22	25.5	租Ⅳ678
23	咸丰10年	典租	150	465	32.3	租Ⅳ679-680
24	同治元年	绝卖	4	30	13.3	租Ⅳ681
25	同治4年	典租	1	8	12.5	租Ⅳ682
26	同治6年	绝卖	4.95	49.5	10.0	租Ⅳ683
27	光绪5年	典租	0.2	2	10.0	租Ⅳ685-686
28	光绪6年	绝卖	100	500	20.0	租Ⅳ686-687

续表

序号	年份	交易方式	租额（石）	价格（银元）	相当年利率（%）	资料来源
29	光绪 8 年	绝卖	38.66	193	20.0	租Ⅳ 690
30	光绪 10 年	典租	2	12	16.7	物Ⅱ 274
31	光绪 13 年	绝卖	95	1000	9.5	物Ⅱ 267—268
32	光绪 16 年	绝卖	25	234	10.7	租Ⅳ 692 – 693
33	光绪 16 年	绝卖	1.5	24	6.3	物Ⅱ 258 – 259
34	光绪 19 年	绝卖	40	157.7	25.4	租Ⅳ 694
35	光绪 23 年	绝卖	97	400	24.3	物Ⅱ 268 – 269
36	光绪 25 年	绝卖	0.7	7	10.0	租Ⅳ 695
37	光绪 27 年	绝卖	90.1	465.91	19.3	物Ⅱ 271 – 272
38	光绪 28 年	绝卖▷	14.28	60	10.4▷	租Ⅳ 696 – 697
	合计/平均		2327.135	12088.11	19.3	

说明：＊在清代台湾的土地租佃、买卖契约、赋税征课中，稻谷和银元有固定的折算标准，通常稻谷一石折合银元一元。表中除光绪 28 年一宗个案另有说明外，即以上述标准，将稻谷换算为银元计算利率。

▶为节省篇幅，资料来源书名、页码业已简化："物Ⅱ357"即《台湾私法物权编》第 2 册，第 357 页；"租Ⅳ653"即《清代台湾大租调查书》第 4 册，第 653 页，余类推。

▷原资料称，"大租谷十四石二斗八升三合，折实银六员〔元〕二角一点"，年利率即以租额 6.21 元计算得出。

表 6 - 32 列大租或租权交易，包括绝卖、典当、"烂价"（典当的一种，期满债款本金消失）、胎借等四种形式。清代台湾大租权买卖在其发展过程中，逐渐演变成脱离土地的现金借贷。与其他地区相比，台湾的大租权买卖和市场价格有两个明显的特点：一是买主或贷主多为佃户或小租户。由于大租户多是高山族居民。由于永佃制的形成途径最初多是佃农垦荒，租额较低，后来不少垦荒者发展为从事中间剥削的小租户，经济状况往往优于大租户。而且土地实际为小租户所掌握，加上高山族居民社会联系狭窄，除小租户或佃户外，难以找到受主，租权交易市场基本上是买方市场；二是租权价格的高低，主要取决于当时当地的借贷利率、土地供求状况和买卖双方的博弈，同交易方式并无直接关系，典当、胎借的利率不一定比绝卖高。从表中个案观察，绝卖、典当、胎借三者利率互有高低。38 宗个案中，平均年利率为 19.7%，其中超过 40% 的两宗特高利率个案，一宗是绝

卖，另一宗是"烂价"。① 年利率不足 5% 的两宗特低利率个案，全是"胎借"，是地主（租权主）向"佃主"（永佃农）借款。但又不是单一或纯粹的胎借契约和抵押债务关系，而是同佃权（含部分租权）让渡、土地租佃掺合一起，情况比较复杂、特殊，利率异常，有必要加以说明。为此，不妨将两纸契约契文转录如下：

其一

立收过田租银字加劳佛社番马下六阿沐，今有承祖父遗下有水田一分，坐土名土牛石碑下，东至车路止，西至阿哇田止，南至老车路止，北至圳止，四至界址面踏分明；递年额租谷十二石正。今因马下六乏银应用，前来向到原佃主郑邱氏手内收过佛面银二百八十二大员正，即日当经通土亲收足讫，将田沿界踏交付于氏前去管耕。其田租少银多，无所扣折，此租谷以为抵还银利之需。不拘年限，番主备足约内银母交银主收回，即将田租交还番主自管。此系银到田还；如无银还，仍将约内田租任邱氏管收抵利。此系人番甘愿，各无反悔，今欲有凭，立收过田租银字一纸，付执为照。

即日批明：马下六实收到字内佛面银母二百八十大员正足讫，批照。

再批明：即日马下六又再向原银主借过五大员正，递年每员应贴利谷二斗，批照。

$\qquad$ 在场见　耆老外公六官

$\qquad\qquad$ 代笔　潘秀文

$\qquad\qquad$ 知见　姑阿多怒马下六

再批明：此有石砻内之田屋，归于黄沐兄掌管，二比甘愿，取批是实。

道光（辛卯）十一年六月　日。

立收过田租银字番马下六阿沐②

---

① "烂价"交易中，地租除了偿还利息，尚有一部分要偿还本金，利率高于通常水平是正常的。

② 台湾银行经济研究室编印：《清代台湾大租调查书》第 4 册，1963 年印本，第 664—665 页。

其二

立招垦作塈永耕田字茅抚喇社番阿道歪六万，同妹加六乌南海，有承祖父遗管下有水田一份，坐落土名角口大婆岭阿唇。今来招得汉人邱秋贵兄前去管耕，东南自己作塈田为界，西北天神会内田为界，四至界址面踏分明；递年实带额租谷四石正。兹因番主遁歪家内乏银紧用，前来向到与汉人邱秋贵兄手内备收过银母二百二十六大员正，交于番主亲收足讫。经同通事、土甲三面言定，愿将此田即踏付于银主前去管耕收租。乃系田狭银多，无所准折，有多少租谷以为抵利之需，银到租还，番主自收。自甲午年春起，至癸丑年冬止，一共二十全年，满限以后，番主若无此银交还银主，仍将此田永远管业，不拘年限，永为定规。收租等项，任从银主剪裁，银清租还，不敢霸租，番主亦不得另招别佃情弊，此系番人甘愿，口恐难凭，今欲有凭，立招垦作塈田永耕字二纸，各执一纸，付为执照。

即日批明：道歪实收到字内银母二百二十六大员正，贵备送番主亲收明讫实，批照。

道光（癸巳）十三年十一月日。

在场知见　社丁

依口代笔　八黄良源

同收银　妹加六乌南海

立招垦作塈永耕田字　番阿道歪六万①

两纸契约名称不同，文字有异，但基本内容一样，都是让渡（绝卖）佃权、押当租权。佃权让渡有一个共同特点，均为高价低租，租额远远不够正常的债款利息支付。两纸文契对此特别作了说明，前者称，"其田租少银多，无所扣折，此租谷以为抵还银利之需"，后者也说，"乃系田狭银多，无所准折，有多少租谷以为抵利之需"。因为租谷少，借款多，又无其他租额扣抵，只能有多少算多少。可见这两宗特低利率，并非正常的租权抵押

---

① 台湾银行经济研究室编印：《清代台湾大租调查书》第4册，1963年印本，第672—673页。

借贷利率，前者契中附载的另一宗借款即是明证。马下六同日向"原佃主"借款 5 元，递年每元贴付利谷 2 斗。根据清政府规定和当地市场价格，1 石稻谷一律折合银洋 1 元，递年每元贴付利谷 2 斗，相当年息 2 分。这正是当时台湾乡间通行的借贷利率，也是上述表列 38 宗地租交易的平均利率。这足以证明，两宗特低利率是在"高价低租"特殊情况下的无奈之举。

旗地和蒙旗地的租权买卖，也是脱离土地的的纯租额交易。

在旗地租权的交易中，价格的成立和计算都是以地租为基础，土地的肥瘠反而居次要地位。旗人地主卖地，价格计算的基本原则和方法是，"不论地之肥瘠多少，以租为利，以价为本，大率合一分有余之息"。《户部则例》有地租 130 两，准作地价 1000 两之例，相当年利率 13%。这是旗地租权价格决定的基本准则。"旗民交产"或官府工程用地，以及一些司法案件中出现的相关问题，都是按照这一准则处理的。清政府规定，汉民购买旗人有佃之地，成交后还给佃户推佃原本，方准税契升科，撤地自种。若不愿给还佃本，即令佃户归还买主原价，并按黑地呈报升科。如佃户嫌原价过重，则可按原租数目照例定一分三厘利息核归价本，"买主不得争执"。[①] 又如八旗人等有拖欠公项，将地亩抵帑入官者，无论典、买，均令将原契、原价、原佃、原租各数呈报该旗造册送部核查，即按其租数定价作抵，统以一分三厘为断，如租银得 130 两，准其抵帑 1000 两，依次增加抵算。[②] 因开浚河道及营建工程占用旗地，准以官地按亩拨补。有情愿领价者，即按以租作价之例，以一分三厘之息为断。如每亩租银一钱三分者，准给地价银 1 两。"租数或多或少，照此加减核计，折给价银。领地领价，各听其便"。[③]

蒙旗地的租权买卖也是按租额计价，不过经过了一个发展演变过程。诚然，蒙旗地的租权买卖、让渡，自始至终以地租为交易标的物，交易直称"卖租"、"退租"、"当租"，不过并非一开始就以租额计价。直至咸丰末年，一些租权典卖文契，还是只提地亩，而不见租额。试看咸丰十一年（1861）的一纸"当租文契"：

① 《查办荒地未尽事宜章程》，《清赋章程摘要》，第 16—17 页。
② 《户部则例》，同治四年校刊本，卷 10，田赋，第 20 页。
③ 《户部则例》，同治四年校刊本，卷 1，田赋，第 26—27 页。

立当租文契人牛碌河积斋寺，因手乏不凑，将自吃卧佛寺租地二段，计地三十二亩正。其钱笔下交足不缺。自同治元年春起，至八年秋后满。恐后无凭，立当租文契存证。当日借钱二吊五百文，月息三分。

吗米拉嘛

中　人　萧景美

崔永太

代　笔　陈　连

咸丰十一年十二月十八日　庞德啦嘛立①

出当人订立的是"当租文契"，契价称为"当租价"，价额的计算也肯定考虑到原纳地租额，不过文契却只写地段和土地面积，当主得到的是 32 亩土地的 8 年免租耕作权，契文始终未提原纳租额。严格地说，交易标的物还是土地收租权，而非租额。这说明租子的典卖尚未同土地完全脱钩。

现存资料显示，大约进入同治年间，租权价格开始直接按租额计算。试看同治四年（1865）的卖租"顺契"：

立顺租契文约人扎大那因所吃平房李俊秀名下租钱八百文正，中人说妥，情愿顺租于李扮名下自吃。地一段耕种永远为业，土木相连，阴阳二用，任置主自便，不与去主相干。南至置主，北至去主，东至置〔主〕，西至赵杰地之边，四至分明。言定先使去契钱四拾吊正，外无杂差，两家情愿，各无反悔。恐口无凭，立顺租契为证。

中人言明使去顺契钱六百文。

中见人　立各旦

支吐素

代笔人　李　津　蒙古亲笔

同治四年十二月初二日　立②

---

① 日伪地契整理局编印：《锦热蒙地调查报告》（日文本）中卷，1937 年刊本，第 1099 页。
② 《锦热蒙地调查报告》（日文本）中卷，1937 年刊本，第 1106 页。

这是租子卖主在卖契之外，开给买主的一纸"顺契"。文契反映的经济和社会关系比较复杂，需要做一点说明。前已述及，"大牌地"的佃权转让，老佃必须带同新佃到租主（旗署或蒙旗王公贵族）家中认主，由租主写立"顺契"，并由新佃缴纳相当契价10%的"顺契钱"，目的原是防止佃农私相授受。在这宗交易中，交易标的物是租子，买主又是原佃，卖主是租主本人，且已亲立卖契，再立"顺契"纯属画蛇添足。然而，租主不仅复立"顺契"，还收取600文的"顺契钱"。租主这样做既是"摆谱"，也是为了在契价之外，再得些"顺契钱"。至于契中买主李㧈，应是李俊秀的子侄或兄弟，是李俊秀的财产继承人，故契文说"顺租于李㧈名下自吃"。作为一纸"顺租契"，本来只要写明租额、契价即可，无须提及土地四至及受主权利。但因李俊秀、李㧈原已持有佃权，买下租权后，底面重新合一，李㧈集土地所有权和使用权于一身，所以文契载明土地四至及受主权利，就并非多余了。

至于这宗买卖的租权价格，800文的地租，卖价为40千文，契价相当租额的50倍。按借贷利率计算，年息仅有2%。这是少有的高价。

随着租权买卖的发展演变，蒙旗地租权买卖与土地完全脱钩，成为一种纯粹的现金借贷，同旗地一样，其计价方法是以租为息，以价为本，按当时当地的借贷利率和土地供求状况确定价额。租权买卖变成纯粹的地租买卖。如宣统三年（1911）前述土默特左旗一蒙族租主，将一宗14吊钱的"小租"卖与"地户"（租户），作价办法是"将此租项一吊作为六吊"，并留下一吊作为继续掌管地权的"执证"，实卖13吊，合价78吊，折合年利率为16.7%。[①] 其他蒙地租权买卖也大多是按照这种方法进行的。

这样，蒙旗地特别是一般蒙民地，租权的市场交易和市场价格变得十分清晰和明朗化。不过与佃权情况不同，蒙地租权买卖并不普遍，现存文契再立更少。因此，表6-30所辑11宗个案资料，弥足珍贵。

---

① 日伪地契整理局编印：《锦热蒙地调查报告》（日文本）上卷，1937年刊本，第159页。

表 6 - 30　热河蒙地租权市场价格示例
（1865—1922）

序号	年份	文契类别	租额（千文）	价额（千文）	相当年利率（%）	资料来源*
1	同治 4 年	顺租契	0.8	6	13.3	Ⅱ - 1106
2	光绪 7 年	当契	6	18	33.3	Ⅰ - 162
3	光绪 11 年	当契	21.5	70	30.7	Ⅰ - 161
4	光绪 12 年	当契	10	45	22.2	Ⅰ - 163
5	光绪 15 年	当契	19.015	70	27.2	Ⅰ - 162
6	光绪 27 年	当契	140	800	17.5	Ⅰ - 161
7	光绪 34 年	退租契	19.5	96	20.3	Ⅰ - 194
8	宣统 3 年	卖租契	13	78	16.7	Ⅰ - 159
9	民国 6 年	退租契	2	8	25.0	Ⅰ - 355
10	民国 11 年	当小租契	1	6	16.7	Ⅰ - 163 - 164
11	民国 11 年	当租契	21	147	14.3	Ⅲ - 1895
	合价/平均		253.815	1344	21.6	

说明：* 为节省篇幅，资料书名已省略。"Ⅰ"、"Ⅱ"、"Ⅲ"分别代表"上册"、"中册"、"下册"，"Ⅱ-1106"即日伪地籍整理局编印：《锦热蒙地调查报告》（日文本）中册，1937 年印本，第 1106 页。余类推。

按借贷利率衡量租权价格，11 宗交易个案中，利率最高 33.3%，最低 13.3%，平均 21.6%，与清代台湾 38 宗租权交易个案的平均利率只差 1.9 个百分点，相当接近。近代农村借贷利率，虽然不同地区、不同时期互有高低，但年利二分，一直是一些地区最通行的利率。租权交易大多数按照这一利率来进行的。从蒙地租权价格的变化趋势看，其利率呈波浪式下降，亦即租权价格呈波浪式上升。这同清末民初整个土地价格上扬的变化态势大体吻合。

永佃制下的租权价格，虽然因时因地高低互异，即使同一地区甚至同一买主同年同月购进的租权，价格亦不尽相同。不过与佃权和土地价格比较，租权价格起伏较小，相对平稳。由于地主除了照额收租，不能增租夺佃或收回自种，对土地没有实际支配权，在永佃制比较流行和已经定型的地区，租权、佃权完全分离，租权已与土地脱钩，租权买卖演变为纯粹的地租买卖，租权价格直接由租额和当地借贷利率决定，同土地方位、肥瘠、产量没有直接关系。租权买卖实际上只是一种借贷生息的投资行为。对卖主来说则是一次性付息的现金借贷。如热河蒙旗地的租权买卖契约，通常的说法是，租钱"一吊作为×吊"，或"一吊变钱×吊"。[①] 用清政府的话说，则是"以租为利，以价为本"。[②] 因此，价格的高低直接由当时当地的民间借贷利率决定。在一般情况下，借贷利率升降变化，幅度不大，速度比较缓慢，租权价格也就相对稳定，不会大起大落。

当然，除了民间借贷利率，租权价格也会受到其他一些因素的影响。如农村资金来源及松紧程度、租权和土地的市场供求关系、买卖双方社会地位差异、永佃农的经济地位和租权佃权归并的难易、卖主的经济状况和紧迫程度，等等，都或多或少影响和制约租权价格。乘人之危或仗势揩价，是少数租权价格异常低下的基本原因。在多种因素的影响和制约下，租权价格一般以民间借贷利率为轴心上下浮动，借贷利率较低，租权价格相对较高；反之，借贷利率较高，租权价格相对较低。在各地租权价格中，因为清政府规定和承认的借贷利率较低，旗地租权价格相对较高。按清政府"以租为利，以价为本"的定价原则，旗租130两，作价1000两，借贷年利率为13%，价格相当租额的7.69倍。前引土默特右旗和土默特左旗的两宗卖（退）租个案，前者20吊"变钱"96吊，借贷年利率为20.8%，价格相当租额的4.8倍；后者"一吊作为六吊"，借贷年利率为16.7%，价格相当租额的6倍。表6-33所列的11宗蒙旗地租权买卖个案，平均年利率为21.6%，价格相当租额的5.3倍。清代台湾地权，如表6-32所列，乾隆三十二年至光绪二十八年间38宗大租买卖个案，平均利率为19.3%，价格相当租额的5.19倍，与热河蒙地租权买卖情况相近。不过台北与台中、台南两地有互有差异。据调查统计，北部台北、基隆、宜兰、桃园、新竹等6县（地）平均，价格为大租的5.35倍，相当利率18.7%；中部苗栗、台中、彰化、南投等4县平均，价格为大租的3.8倍，相当利率26.3%；南部嘉义、台南、凤山、恒春等8县（地）平均，价格为大租的3.06倍，相

[①] 刘克祥：《清代热河的蒙地开垦和永佃制度》，《中国经济史研究》，1986年第3期第62页；日伪地契整理局编印：《锦热蒙地调查报告》（日文本）上卷，1937年印本，第194页。

[②] 《查办荒地未尽事宜章程》，直隶《清赋章程摘要》，第16—17页。

当利率32.7%。① 相对而言，中部和南部地区大租价格比较接近，而北部与中、南部差异较大。这种租权价格上的异同，归根结底是由民间借贷利率决定的。

当然，在某些特定时期，租权价格的升降变化，会直接受到阶级力量对比和政治形势的影响。如抗日战争、解放战争到全中国解放前夕，江苏苏松地区的租权价格持续下跌，与佃权价格呈反向变化态势。试看表6-31：

表6-31　江苏松江新农乡田底、田面价格变化统计
（1937年前—1949年前）
单位：（米）石/亩

时期	抗日战争前	抗日战争期间	抗日战争胜利后	新中国成立前
田底价格	8—9	7—8	9—4	4—3—2—1
田面价格	2—4	2—4	2—4	3—5
备注	抗战胜利后，田底价格突然高涨至9石，此后因受解放战争胜利与老解放区土地改革影响，乃逐渐下跌，淮海战役后，更自4石下降至1石。				

资料来源：中共松江地委调委调研组：《松江县新农乡农村情况调查》，见华东军政委员会土地改革委员会编：《江苏省农村调查》（内部资料），1952年刊本，第145页"田面价格与田底价格涨落统计表"。

如表6-31，松江新农乡田底价格，日本全面侵华战争爆发前，每亩为8—9石稻米，相当田面价格的2—4倍。日本侵华战争期间，降至7—8石稻米，抗日战争胜利后，一度恢复到战前水平，担此后因受解放战争胜利与老解放区土地改革影响，持续下跌，淮海战役后，更下降至1石，只相当于田面价格的1/3—1/5。

常熟情况相似。抗日战争前后，田面价格上涨，田底价格下跌。如该县葛成乡，抗日战争前，田底价格和田面价格都是每亩5石米，抗日战争胜利后，田面价格涨至每亩6石，而田底价格猛跌至1石。仅仅相当于田面价格的1/6。②浙江平湖胜利乡第13村，1931年以前，田底价格高于田面价格约三分之二，当时田底租额每亩为6斗到1石米。1931年至日寇侵入平湖

---

① 程家颖：《台湾土地制度考查报告书》，台湾银行经济研究室1963年刊本，第59—60页。

② 《常熟县农村概况》，见华东军政委员会土地改革委员会编：《江苏省农村调查》（内部资料），1952年刊本，第56页。

前，田底价格仍高于田面，有时二者持平，当时田底租额每亩5—7斗米，田赋由业主负担。敌伪统治时期到1947年，田面价格猛涨，比田底价格高出3—5倍。1948年田底田面价格与1947年相仿，当时田底租额每亩1—2斗米，田赋由佃户交纳。[①] 一向热衷于土地（包括田底、田面）兼并的封建地主阶级已经预感到末日即将降临了。

[①] 华东军政委员会土地改革委员会：《浙江省永佃权情况调查》，《浙江省农村调查》，1952年，第222页。

第七章　永佃制度的历史地位和历史作用

永佃制是中国封建制度和社会经济发展到一定阶段的产物，明代中后期和清代前期永佃制大量产生和广泛流行，同当时城乡商品经济发展、封建宗法制度松解、农民人身逐渐获得解放、佃农个体经济开始形成、城乡资本主义萌芽产生，等等，紧密联系在一起，并反过来促进城乡商品经济的发展，加快封建宗法制度的松解和农民的人身解放，有利于佃农个体经济的壮大和经济、社会地位的提高，有利于农业生产和社会经济的发展。不过由于不同地区、不同类型的永佃制，形成途径、乡俗习惯、主佃关系、佃农经济状况和社会地位差异颇大，永佃制的性质、历史地位及作用，相差甚远，情况多种多样。同时，永佃制一经形成，就开始发生演变，出现多种衍生形态，部分地区的永佃农，本身的内部结构和社会性质也比较复杂，除了自食其力、自给自足的佃耕农，也包含雇工耕种的佃富农及经营地主。关于永佃制度的历史地位和历史作用的考察和评价，必须采取历史唯物主义、辩证唯物主义的态度和方法，尊重历史，实事求是，具体问题具体分析。

一　对传统封建租佃制度的冲击与依归

封建土地所有制是地主阶级赖以榨取农民剩余劳动的一种土地私有制度。其核心是封建地主对土地的垄断和对农民某种程度的人身支配。历史告诉我们，在阶级社会，一切剥削者"主要地、几乎完全地依靠和通过对物的支配来进行对人的支配"。① 封建地主对土地的垄断，就是他们支配、役使和剥削农民的先决条件，而封建租佃关系则是支配、役使和剥削农民的基本方式。

从根本上说，永佃制没有也不可能改变封建土地所有制和封建租佃制度的本质，不可能促成或导致封建经济结构的解体。不过尽管如此，永佃制仍然是对传统封建租佃制度的一种冲击，它的产生、形成、流行、发展，给传统封建租佃制度和地租剥削造成了某些冲击和障碍。

中国的封建地主制经济，是建立在佃农经济基础上的寄生经济。在封建土地制度下，地主阶级占有土地，但自己不耕种，而是招佃收租，不过地主并未因此而失去对土地的实际支配权和使用权。因为在传统租佃制度下，"起佃久暂之权操自业户，租户不过按年出租而已"②，佃农只是"借耕"，土地使用权仍然掌握在地主手中。好比农户甲借用农户乙的耕牛犁地，按天交付租金，只是临时借用而已，并未因此获得耕牛的使用权，耕牛使用权仍然然掌握在耕牛持有人的手中。

由于佃农没有任何权利，经济困苦，只能俯首帖耳听从地主的摆布，无任何经济和社会地位可言，下引的皖南徽州一纸"白手承种字"，是一个典型例子：

立白手承种字人王牛林，今承到

汪　名下坐落土名大伯里梓木培水田一业，计田大小七丘。又白手承种土名马车坦田一业，计田大小贰丘，塘一广，内占灌溉。是身凭中承佃耕种，每年秋收接田主二位，带秤临田监割。候田主到田动刀，言定扫斛过筛，三分均分，籽粒不留，田主得二分，身得一分。若种稻、麦两季，亦请田主临田监割麦过斗对分，各得一半；稻过秤四六均分，田主得六分，身得四分。其田身系白手承种，并无丝毫顶吐、粪草情事。如有人力不到，粪草不齐，以及荒芜舞弊等情，悉听田主起佃另召耕种，身不得异说。言定送谷上门交纳，每担给力钱四

---

① 《马克思恩格斯选集》第3卷，人民出版社1975年版，第225页。

② 康熙《平和县志》，康熙五十八年刻本，卷6，"赋役志"，第18页。

分。今欲有凭，立此承佃字为据。

道光二十九年九月日立白手代种永佃字人王牛林（母代）

凭　中　灶　日

德喜笔①

一纸不到 400 字的佃约，四次出现"白手承种"一词，借以突出和强调佃农租地耕种的"乞讨"性。因此，文契中每一句话乃至每一个字都反映出地主的威严、苛刻、霸道和佃农的卑微、懦怯、驯服：产品分配方式，不是佃农有较大经营自主权的定额租，而是地主直接"监割"的分成租；分配比例不是较为通行的对分或主四佃六、主六佃四，而是主得三分二，佃得三分一；衡器既不能用乡间通用的，更不能用佃户的，而是田主自己"带秤"；为防止佃农偷割、隐瞒，必须等田主"到田"方能"动刀"。然而，田主并不会主动到来，而必须佃户去"接"。这些还都在其次，地主的最终杀手锏是撤佃条件，文契载明，"如有人力不到，粪草不齐，以及荒芜舞弊等请，悉听田主起佃另召耕种，身不得异说"。这样，地主就可以驱使佃农最大限度地投入肥料、工本和劳力，提高产量，增加地租收入。只要地主认为禾苗不壮，产量不高，或有其他佃农不能甘愿接受更为苛刻的条件，便随时以"人力不到，粪草不齐"为借口，撤地换佃，佃户随时有失地、失业的危险。

传统租佃制度下的佃农不仅地位低下，没有生产经营自主权，有的连自主处置产品的权利也没有。试看皖南徽州另一纸佃约：

立承佃人汪士全兄弟，今佃到三四都

汪鲁侯名下八保土名径坞西培外边进第二单阊分得山壹号，是身去砍拨锄种栽全苗木，密撒松子，无得抛荒尺土。日后成材，主得贰股，力得壹股。倘后或换，先尽山主，无得变卖他人。自成立后，二无反悔，违者甘罚白银伍钱公用。今恐无凭，立此承佃存照。

---

① 中国社会科学院经济研究所藏：《明清民间佃约》，编号 005・39。

康熙三十六年七月初六日立承佃人　汪士全　押

　　　　　　　　　　　　同弟士圣　押

　　　　　　　中见　凌兴明　押

　　　　　　　　　汪誉生　押

　　　依口代笔人　王其天　押①

　　佃农作为力股"白手"租山种树，产品分配也是主得三分二，力得三分一。佃约除了要求佃农全山"密撒松子，无得抛荒尺土"，一个重要条件是，佃农不能自行处理所得产品，而是"先尽山主，无得变卖他人"。这样，力股不仅没有丝毫经营自主权可言，更重要的是，由于地主刁难、压价，实际上佃农很难获得得三分一的产品。

　　佃农经济艰困，地位低下，剥削残酷，经营不能自主，土地耕作及就业极不稳定，这是传统封建租佃制度的基本特点和普遍规律。

　　在永佃制下，情况有程度不同的改变。由于土地所有权同使用权分离，地主失去了随意撤换佃户的特权，而佃农可以自由顶退田面，农民租地无须完全求助于地主，地主也就失去了在人身上支配佃户的一个重要条件。因此，随着永佃制度的发展，地主和佃农之间的封建依附关系有所松弛。同时，由于佃农掌握了土地的使用权，打破了地主对土地的绝对垄断，从而为佃农反对地主的政治压迫和经济剥削提供了条件。在一些永佃制盛行的地区，地主深感佃农难以支配，地租征收十分不易。如江西宁都州，佃农"往往蔑视田主"，不听摆布，将田皮作为抗租、逃租的条件。有调查称，该地佃农"恃有皮租之说，往往以皮田私售于人，其名曰顶、曰退，最为弊数。如百亩之田，私以其十分之八顶退他佃，却令每年止交骨租五十石，则所为顶退之价，可以加倍而已。所耕十分之二之田，虽认纳五十石之骨租，则俟抗欠数年，任凭官府断田还主。迨田主受田，另交他佃，势不得不照十分之二之田另议租数，而膏腴遂化为硗瘠矣"。②

────────

① 中国社会科学院经济研究所藏：《明清民间佃约》，编号 005·22。

② 国民党政府司法行政部：《民商事习惯调查报告录》（一），民国十九年刊本，第 424、427 页。

在永佃制形成较早又较为普遍的福建，永佃制对传统租佃制度的冲击也十分明显。闽北崇安，康熙、雍正年间，永佃制早已流行、定型，形成了一整套惯例，土地分离为田皮（赔田）、田骨两个部分。由于地主失去了换佃权，"佃为世守"，地主同土地的关系日渐疏离，在地权的转移过程中，"卖田者与买田者，各不知其田，而仅知其佃"；地主出租田地，也"止书租谷之数，并不及田之丘塅"。不仅如此，"佃人换赔（按即让渡佃权）亦听自相授受，故主家不知田之所在"。地主"不知田，则佃人挪移田塅，隐匿丘数，莫可究诘。待至转赔下手，向之挪移隐匿者，皆其私有，故有田而无课"。原佃白种无租无课之田，不过"田主之租尚未尽无也"。这是就平时而言，一旦发生动荡、变乱，永佃制所形成的冲击可能更大。康熙十三年（1674）发生"耿逆之变，佃逃田荒"，邑中西路，村落焚毁，"数十里荡无炊烟"，不仅田主无租可收，"即佃人之欺隐无课者，尽付之荆棘丛中"。及十九年变乱平定，"而原佃或逃亡，或故绝，后之开垦者，多异地之人，于是有耕此主之田而兼并彼主之田者，有豪强而受人投献者，有未尽垦而减其租者，因有照所减之租转卖于人而虚其原额者，有减后垦尽或从前兼并原主不能察觉，因而田多租少，佃人之赔价重于田主之卖价者，且有抗租霸耕不能起业者"。封建统治者总结称，"种种弊端，皆由田主不知田故，田皮虽奉宪禁，积习未能改也"。① 一句话，都是永佃制造成的结果。

崇安如此，其他府县也不无此类情形。如汀州一带，由于地主在更换佃户上"不能自专"，以致"有田之家，徒存业主之名"。② 在古田，田有田根、田面。田面收租纳粮，田根耕耘完租。"然则面果为主乎？曰：否。根亦有手置，有祖遗，自持一契据管业耕种，苟不逋租，田面不得过而问焉，于是尾大不掉。有一年欠租，约以二年；二年欠租，约以三年，积日累月，租多难偿，私将田根售卖而田面不知，买者或不问，因此涉讼酿为夺耕、强割重案"。③ 这种情况不限汀州、古田，福建其他地区亦然。福州、

---

① 雍正《崇安县志》，雍正十一年刻本，卷1，风俗，第45—46页。
② 王简安：《临汀考言》，康熙间刻本，卷6.
③ （清）陈盛韶：《问俗录》卷2，古田县·根面田，第7页。

福宁两府属，有田根、田面之称，佃户因持有田根，"每操业主之柄，或历年霸佃，不容业主另调；或私顶与人，而收无粮之租；或竟私卖与人，不知照业主，以致业主无处索租"。① 福建全省的普遍情况是，"因根者与业主有分据之势，业主即欲转佃，有田根者为之阻隔，不能自行改佃。于是有顽欠田租至七八年之久者。业主忿欠租，则以行凶霸占控告，或竟纠众收割，欲以偿其递年之租，而佃者即以纠众抢掠致控，甚或纠约结会抵御群殴，而械斗之事成矣。……致使业主有田无租，枵腹包粮"。② 在江苏，因为佃户有田面权，遂将地主土地"据为己有，业户不能自主"，即使退佃另召，也无人接种。结果，土地"往往竟自荒废"。地主阶级总结说，永佃权实乃"佃户所持抗租之根源"。③ 在太平天国战争后的江宁，地主阶级更是大肆咆哮，谓因佃户占有"浮土"，"由是业主虽执业完粮，而田土悉归佃户把持，不能操纵由我，遂至揩租霸产，百般刁狡，业主懦弱者，每致颗粒无收"。④

顺治年间的广东潮州，原本"佃丁大半悍黠"，在永佃制下，因占有质田，更加"视业主如弁髦，始而逋租，继且占产，构讼不绝，粮田、质田混淆虚实"。⑤ 封建地主的威严和土地财产备受挑战。

说永佃制导致佃农抗租、地主"颗粒无收"；地主撤地换佃，因土地无人接种而"竟自荒废"，其中未免含有夸大的成分，但是，与传统租佃关系相比，在永佃制下，地主用撤地换佃的办法惩处欠租佃农，确有某些困难。如江苏吴江，20 世纪 30 年代有调查说，佃农所持的"田面所有权"，"不受土地所有者任何直接的干涉。佃户唯一的责任是交租。根据法律，如果佃户连续两年交不起租，地主即可退佃。但该法律并不适用于惯例至上的地方。驱赶佃户的实际困难在于寻找一个合适的替换者。因不在地主自己不耕种土地，如果由外村人来挤掉本村人的位置，那么这些外村人也不会受

① 《财政说明书·福建省田赋沿革利弊说明书》，第 18 页。
② 李殿图：《呈闽省脱欠钱粮积弊》，见（清）钱景星撰《露桐先生年谱》前编，卷 4，第 63 页。
③ 《江苏山阳收租全案》，附江南征租原案·规条。
④ 《申报》光绪五年十二月二十二日。
⑤ 乾隆《潮州府志》，光绪重刊本，卷 12，风俗，第 10—11 页。

到本社区的欢迎。只要是有正当的理由交不起租，村民们是不愿意卡同村人的脖子的。在这种情况下，抱着将来收回租子的希望，宽容拖欠是符合地主利益的。这种情况并不会对地主的地位造成真正的威胁，因为，只要有可能交租时，就有规定的制裁办法迫使佃户还租"。① 这个调查及结论比较客观和接近实际。永佃制下地主的地租征收必然或多或少受到影响，地主也不能动辄撤地换佃，像以往那样随心所欲地惩处欠租佃农，但在一般情况下，还不至于对其地位"造成真正的威胁"。所谓"有田无租，枵腹包粮"，大多属于例外。

永佃制不仅对地主的土地所有权是一个冲击，也影响封建政权对官地的直接掌控，逐渐改变着官地的性质，促成和加速了一些地区官地的民地化进程。如奉天，"各项官地，均系官有财产，佃种于民，按年缴纳额租，永不增租夺佃……佃户经营管理，直与己产无殊，甚至分割典兑，所在多有"。这样一来，"土地所有权已失完全官有之性质"。②

由于佃农持有土地使用权或田面（田皮），佃农地位和主佃关系相应发生变化，地主不能像传统租佃制度那样支配和控制佃农。这种变化直接影响封建租佃制度的顺利运转，因而遭到一些地区封建统治者的激烈反对。

福建云霄厅，早在明代，永佃制已发展为"一业三主"，或有赋无田，或有田无赋，或田赋俱无，但出力佃耕，办纳租税，因有"佃头粪土银，遂私相授受，地主不得召佃"。这就明显冲击了传统的土地单一所有制，影响封建政权的田赋征收，"有田无赋"的租主遂成众矢之的。康熙三十六年（1697）漳浦县即有"灭租之议"，但遭到地主阶级中部分人的反对，谓"租亦价买，且相沿已久，或承之祖上，充为祭费。一旦灭之，以归税主，则税主有无望之福，而租主抱忽诸之伤矣"。于是采用邑绅的"均租议"，业主每石租谷酌偿租主银一二两，将田开归业主。"一业三主"变为"一业二主"，不过"佃头粪土银"未有处理。于是"强族悍佃拖欠短纳，业主欲召佃，则借粪土为辞，别人不敢承耕，此业主又隐受欺制"，地主阶级无法

---

① 费孝通：《江村经济——中国农民的生活》，江苏人民出版社1986年版，第130—131页。
② 《奉天省财政沿革利弊说明书》。

顺利行使收租权和撤佃权，故期盼"仁人君子因时而厘剔焉"，[①] 只是尚未立即采取相关措施。

在福建其他地区，因永佃制冲击封建土地制度和租佃制度，亦为封建统治者所不容，"历奉禁革有案"。汀州府属地区，各乡"民官田亩类皆一田二主"。地主收租纳粮者谓之"田骨"，田主外又有收租而无纳粮者谓之"田皮"。如系近水腴田，则田皮价值反贵于田骨。此种田皮"一经契买，即踞为世业，公然抗欠田主租谷。田主即欲起田召佃而不可得，甚有私将田皮转卖他人，竟行逃匿者，致田主历年租欠无着，驮粮累比，陷身家而误考成，弊害不堪，亦难名言。加以绅监土豪，贪嗜无粮无差，置买田皮，剥佃取租，只顾利己。凡佃民逋欠主租者，反为之祖护，狱讼繁兴"。据此，雍正八年（1730）汀州府衙重申禁革旧例，"凡属皮租，尽行革除，不许民间私相买卖"，并令刊刻告示，晓谕佃户，"只纳田主正租，不许另纳皮租。若有逋欠正租，听凭田主召佃"。不过官府在革除"一田二主"的同时，对地主加租夺佃恶行"并请饬禁"，重申"嗣后佃户若不欠租，不许田主额外加增，生端召佃，俾佃户之所劝勉完租，田主不致误租欠课，两相安业"。后乾隆二十七年（1762）、二十九年又两度申禁"一田二主"，二十七年因闽侯发生田产争讼案，申禁福州府属地区的田皮、田根名目，通饬各属刊刻告示，"于穷乡僻壤，遍行晓谕严禁"。如仍以田皮、田根等名色私相承顶售卖到官控争者，"务即按法重究，追价入官，田归业主另行召佃，不得少事姑息"。又应乡绅呈请，在各属廓外适中之地，"遵照前后详定章程，立碑永禁"。其穷乡僻壤，亦令照式竖碑，或刊刻木榜，一体示禁。"如有佃民再借田皮、田根等项名色私相顶售逋租，或田主额外加增，生端召佃到官控争，即照依碑榜内所定章程，按法分别惩究"。二十九年，福建巡抚衙门指斥地方官"奉行不力"，通饬各属"再为申明禁例，严加整饬"，于"城乡处所，一体勒石禁革。如敢虚应故事，即拘违玩之地方官"。[②]

---

① 嘉庆《云霄厅志》，民国二十四年重印本，卷4，田土，第11页。
② 《福建省例》十四，田宅例，"禁革田皮、田根，不许私相买卖，佃户若不欠租，不许田主额外加增"。

某些地方如因田皮、田根争讼，或酿成命案，官府在审理过程中，更是乘机革除，以绝后患。永春州陈保让，雍正二年（1724）用价银31两，向原佃陈伯君买得佃田一宗自种。陈保让死后，妻黄氏将田转租与夫叔，历年向业主郑廷交租无异。乾隆十七年（1752），郑锭为了盖房，以自田从郑廷手中换得该田田骨，复向原佃陈伯君之子陈志买佃。陈志向黄氏取赎，黄氏因契内并无载赎，坚决不肯。邻居陈愿因盖房有碍其门庭，全力阻止，随即引发两姓械斗，郑锡用竹铳（用于守稻防兽）将陈愿轰毙。官府在审理械斗、命案的同时，特别宣布："再查田根，久经禁革，郑廷既将租田与郑锡等之田对换明白，其原买佃价，应饬着令郑姓交价，押陈志向陈黄氏赎回，给郑锡等叔侄管业"。[①] 这部分田地的永佃关系由此消失。

江西永佃制对传统封建租佃制度和封建秩序的冲击更大，封建政权的压抑措施也十分凌厉。

江西各地永佃制流行广泛，名目繁多。各地习惯，田地买卖普遍有田骨田皮、大业小业、大买小买、大顶小顶、大根小根，以及批耕顶耕、脱肩、顶头、小典等名目，都是"一田两主"。以致"强佃藉有田皮、小业，霸田抗租，田主每受其害"。[②] 显然，这种"一田两主"给地主支配佃农、征收地租造成了相当大的障碍。

在"一田两主"的情况下，业主只管收租，赁耕转顶权自佃户，业主不得过问。如果起耕换佃，必须照还原费工本。佃户因业主无权起耕，于是逋租不清，"历年积累，动盈数百石，田主催之不应，起之不能，不得不鸣官究追，而地方有司，又未免以业富佃贫，量追了事，究之应得之租，十无一二"。[③] 赣东南山区，据称"各属类此之案，不一而足"。为了维护封建租佃制度和封建秩序，地方官府采取多种措施进行压制和整治：先是强制将田皮扣抵欠租，认为"田皮田骨名色相沿已久，故属习俗难移，但田皮起于工本，而工本究有成数"，按察使凌燽于是下令，"凡佃户有抗租至

---

① 中国第一历史档案馆、中国社会科学院历史研究所编：《清代地租剥削形态》下册，第528—530页。

② 《严禁典契虚填淤涨霸占并一田二主等弊》，见江西按察司编《西江政要》卷2，第39页。

③ 凌燽：《平钱价禁祠本严霸种条议》，《西江视臬纪事》卷2，详议，第53页。

三年不清者，即将所欠租谷照时折价，抵作工本。如累欠不清，逾于工本之数者，即许业户起佃另赁，无许佃户仍借工本、田皮之说强行抗占。违者以占耕论。倘佃户额租无缺，而业户额外勒加、指为逋欠者，一并治罪"。①

上犹县境，田分田皮、田骨，佃农可以自由处置田皮，以致土地买卖中出现"一田二主，典卖重复"等"陋弊"，往往"今日将田出卖与张，仍借回赁耕，认纳租谷；明日复卖与李，依然原佃，亦止纳租。是新买主受其欺瞒，而旧业主全不知觉。……毋怪此索谷租，彼索花利，讼端雀起"。为此县令严行示禁，"嗣后田山皮骨，务遵宪令，收并一主，不许分卖。设力不从心，佃卖田皮，须先问骨主，主卖田骨，亦须尽问田皮，力皆不能归并，然后转卖他人"。②

在赣东南地区，闽粤移垦农民通过缴纳"退价"（又称"顶耕"）获得佃权，垦山永佃发展很快，相继出现佃权的顶退、典卖，多的"竟有以一主之田，分佃至数十人"。也有的典卖得价后返回原籍，严重影响地主的土地控制和地租征收，"业户受累无休"。于是官府制定条例，并经巡抚衙门批准，禁止田主收取"退价"和佃农"私佃"。规定嗣后业主出租土地，只令佃户写立"佃约"，载明每年应纳租谷数，付业主收执。如欠租不还，听主起佃另召。田主不得收受"退价"、给佃户"退字"，及向索"上庄礼"等名色，致受牵制。如佃户无力耕种，将田退还田主，听其另召，不得踞占。倘有不经田主私相顶拨，察出与受主同罪。③

与此同时，江西官府又制定条例，一律归并田骨、田皮等"一田两主"名目，规定嗣后凡民间买卖田地、山塘，"务令业佃先行尽问，如业主、佃户均属无力归并，方许将皮、骨，大、小各业，一并售卖，眼同立契，赴县投税，地方官验明粘尾盖印截给，永远执业，不许仍将皮、骨等项名目分卖。如业主急迫欲卖，奸佃乘机揩勒，即令公同地邻人等，估值田亩时价，查明皮租原值，令业主按数将田分拨若干给佃户，粮数照额分完。余

---

① 凌燽：《平钱价禁祠本严霸种条议》，《西江视臬纪事》卷2，详议，第53页。
② 《为示禁田租陋习以杜讼源事》，见中国社会科学院法学研究所藏《谕告文件抄本》。
③ "严禁佃户私佃并侵占报垦"（乾隆十六年），见江西按察司编《西江政要》卷1。

田听业主将皮、骨一并出售，一主为业；若田皮人等急于售卖，而业主或有掯勒，亦照此例分拨。如业佃不先尽问，仍分卖皮、骨，大、小等项者，即照盗卖律，与受主一并治罪。若经地邻人等公处议拨，仍有刁掯不依者，即令协同地邻等禀官究治。倘刁佃恃有田皮、小业，恣意抗租，将田私顶，或移丘换段，冀图隐占，一经涉讼到官，即照例分别追究，仍押令骨主偿还佃户顶价，田断一主管业，抗违重究"。①

乾隆年间，江苏地方官府也对永佃制严加限制，禁止佃农私相承顶田面。苏州、江宁府属地区，因有田面、肥土等永佃名目，佃农"率多出资顶首，私相授受，由是佃户据为己有，有业户不能自主，即欲退佃另召，而顶首不清，势将无人接种，往往竟自荒废"，认为这是"佃户所恃抗租之根源"。于是将苏州的田面，通州的顶首、告工，海门厅的批价，江宁县的肥土，江都、甘泉、泰州、宝应四县的粪系脚，如皋、泰州二县的田面等永佃名目，"概以一年租额为限，倘佃户逞刁，抗欠一年全不破白者，许业户将田收回另佃，即照田面之价抵偿所欠之租"。在新旧佃农承顶交接过程中，强行没收田面顶价，规定新招之佃，应令图总、佃户同业主三方写立承揽，无许自向旧佃私相授受。"所有应出田面顶价，即交业户收执，如有私将田面偿卖别人，及不向业户说明，私以价银顶种者，许业户一并呈官治罪。"②

封建地方官府如此严厉禁革"一田二主"，取消佃农佃权，禁止佃农私相顶退、买卖佃权，恰好从一个侧面反映了永佃制对封建土地制度和租佃制度的严重冲击。

永佃制对当时的土地买卖习惯、土地占有形式和地权分配，特别是地主的土地占有和土地兼并，也都产生了程度不同的影响。

前已述及，在永佃制下，随着土地底、面或所有权（租权）、使用权（佃权）的分离，土地买卖也相应的分为租权（所有权）、佃权（使用权）两项平行的交易，互不影响、干涉，传统的土地买卖，遂被一分为二。买

---

① 《严禁典契虚填淤涨霸占并一田二主等弊》（乾隆十六年），见江西按察司编：《西江政要》卷2，第39页。
② 李程儒：《江苏山阳收租全案》，附"江南征租原案"。

主在一纸土地交易文契中，一般只能获得租权、佃权两项权利中的一项，不可能二者兼得。底、面或租权、佃权已经分离的永佃土地固然如此，在某些地区，一般自种地或招佃收租而佃农并无佃权，并未发生租权、佃权分离的土地，买主也不可能一纸契约、买下土地的所有权、使用权。在徽州一些县区，一般自耕地的买卖也都是严格分作卖契（所有权）、佃约（耕作权）两项交易。前述英山，如卖主将自种的土地立契出卖，买主仅有收租权，而无招佃换佃或耕作权，必须再出顶价，另立顶约，方有完全的管业权。[①] 这样，土地买卖凭空增加了一道契约和计价程序，加大了交易成本，也给地主富户的土地兼并增添了困难和障碍。

至于在永佃制发展过程中出现的土地买卖新模式——"卖田留耕"或"卖马不离槽"，卖主出卖的只有所有权或收租权，而不包括使用权或耕作权，因而并不交地，而是继续耕种，买主只能按契约规定收租，不能换佃、自种，直接和全面掌控土地。

对土地占有形式、地权兼并和地权分配等影响最大的还是永佃制下地权买卖本身的变化，即从依存于土地的租权买卖逐渐演变为剥离土地的地租买卖，并日益平常化、日常化、细碎化。

这种剥离田地丘坵而又零散细碎的地租买卖，对土地占有形式、地权兼并和地权分配等主要产生了三个方面的影响。

一是在土地占有形式方面，导致越来越多"共业"（亦称"合业"）的产生。

由于地租买卖不受田地丘块的限制，每次交易的数额很小，只占某一田号、丘坵地租总额一部分，该田号、丘坵遂成为买主、卖主同时持有的"共业"（"合业"）。如此零敲碎卖的次数越多，若买主非同一个人，同一田号、丘坵的持有人随之增加。不仅如此，卖主为了保持名义上的土地所有权，即使一次出卖的租额较多，也不会将某一田号、丘坵一次性整卖或卖尽，而往往同时从多个田丘零碎抽取。这样，每卖一次租，就会形成一宗或多宗"共业"。随着地租的不断买卖和反复转移，"共业"数量持续

---

① 国民党政府司法行政部：《民商事习惯调查报告录》（一），民国十九年刊本，第409—410页。

增加。

不仅地租分拆零卖会形成和增加"共业"，有的人还凑钱伙买田租，形成"共业"，如顺治十四年（1657），歙县汪子贤、胡实甫凑资伙买谢元卿田租一批，计58秤1斤，汪子贤占三股二，胡实甫占三股一。两人对大部分田丘、租额按股分割、各管各业，但同时留有水田3丘、计租8秤13斤，未有分割，作为"共业"，二人共管收租，而后再按胡占三股一、汪占三股二的比例分配。① 嘉庆二年（1797），休宁顾廷珏、朱世祥先后共契伙买杨梅岭、芭蕉坦等处租田0.965亩，苦桃树湾等处租田1.1亩。② 还有一些小公堂凑钱购置阖房嗣孙共有的祭产。如康熙十年（1671），歙县小公堂胡怡公祠接连用银66.8两，分3次购进田租祭产109秤9斤5两，作为"共业"祭产。③

当然，田产"共业"的产生，并不限于地租的分拆零卖。在永佃制下，因地主"认租不认地"，兄弟、叔（伯）侄分家析产，一般可以直接将租额按人（房）均分，不受田号、丘墩的限制，无须对土地本身进行切割，从而形成多家占有的"共业"。加之地租品种、规格多样，④ 为了做到公平和分配均匀，一般会按品种、规格平分租额。这就势必打乱土地丘块而形成"共业"。在徽州一些村落的土地卖契中可以看到，叔（伯）侄、兄弟出卖的田租中，不少属于同一丘墩。若年份相近，佃农亦相同，如《歙县胡姓誊契簿》显示，胡承锡、胡万松叔侄分别于康熙四十九年二月、五十一年二月出卖的田租中，分别包括黄泥段晚租1秤11斤和4秤11斤，佃农均为方长福；胡承洛康熙五十三年出卖的11宗田租中，有枫树丘1斤12两，佃农方鼎成，胡从田、胡文熊叔侄分别于雍正元年（1723）四月、六月出卖的田租中，也都有枫树丘田租1秤，佃农亦为方鼎成；胡万柏雍正三年（1725）元月卖租14斤4两，次年12月胡万松、胡万楷兄弟卖租1秤21

---

① 见中国社会科学院经济研究所藏《歙县胡姓誊契簿》，置产簿第15函，W·TX·B0054。

② 见中国社会科学院经济研究所藏《休宁朱姓置产簿》，置产簿第24函，W·TX·B0071。

③ 见中国社会科学院经济研究所藏《歙县胡姓誊契簿》，置产簿第15函，W·TX·B0054。

④ 在徽州，地租品种有谷租、麦租、豆租、茶油租、木油租、信鸡等，地租规格有早租、晚租、早晚租、上午租（上田租、湿租）、下午租（干租）、原租、折实租、硬租、监分租等多种名目。

斤，土名都是程家源，佃农则同为胡大佐。等等。① 这些都是分家析产形成的"共业"。

不过分家析产而出现的"共业"还是少数，占有者基本上限于叔（伯）侄、兄弟等至亲。但是，《歙县胡姓誊契簿》中买卖的许多田租及其载体田丘"共业"，如轮山、横丘、三角丘、方丘、腰古丘、栏杆丘、杉木丘、大王丘、梨树丘、郭前丘、寺坑口、荒田外、吴坑口、考坑口、新田畔、橙树丘、石陂源、六亩丘、长定丘、会贝等，持有者并非叔（伯）侄、兄弟等至亲。而是房亲、族亲乃至异姓。这类"共业"除少数为分家析产遗留外，更多的还是地租分拆零卖的结果。

事实上，卖主为了保持名义上的土地所有权，往往同时从多个田丘零碎抽取，合在一起售买，尽量避免某一丘块租额的一次性整卖或卖尽。这样，每卖一次租，就会形成一宗或多宗"共业"，而且产生的时间相当早。资料显示，休宁最晚至明万历后期，已有这类"共业"。万历四十一年（1613），朱汝然伯侄3人，将一宗收租3斤12两、面积1厘2毫的水田，作价纹银4钱，卖与同图人朱良，契文载明，"前项内田租与买人相共"。② 这是零碎拆卖地租而形成"共业"的较早实例。

随着地租的不断买卖和反复转移，"共业"数量持续增加，占有人的范围日益扩大，由叔（伯）侄、兄弟等至亲扩大到房亲、族亲，由族内扩大到异姓，由本村本乡扩大到外村外乡。徽州一些买卖文书和收租簿册中出现的族内远房、本村异姓和外村外乡"共业"，大都是租额分拆零卖形成的。

这种情形自然不限于徽州，其他地区也可见到。如福建闽北，李崇忠有父遗"送城租米"1石5斗，"兄弟相共"。因"需钱应用"，嘉庆十五年（1810）二月拟将自身应得的一半租米售卖，但"房亲人等俱各无力承交"，遂立契卖与黄浚。该项租米乃由兄弟"共业"演变为异姓"共业"。③ 又如

---

① 见《歙县胡姓誊契簿》，中国社会科学院经济研究所藏，徽州地契档，置产簿第 15 函，W·TX·B0054。
② 顺治休宁朱氏《祖遗契录》，见中国社会科学院历史研究所收藏整理《徽州千年契约文书·清民国编》卷 4，第 225—226 页。
③ 见杨国桢辑《清代闽北土地文书选编（二）》，《中国社会经济史研究》1982 年第 2 期，第 109 页。

浙江宁波，王伟宗有田 2 亩，由持有"田脚"（佃权）的佃农陈孟才耕种，年收租谷 320 斤，乾隆五年（1740）王伟宗将田（租权）分卖与陈孟才及其堂兄陈孟立，仍由陈孟才耕种，年交陈孟立租谷 160 斤，其田"统丘未分"，形成两家"共业"。①

不仅地租分拆零卖会形成和增加"共业"，有的人还凑钱伙买田租，形成"共业"，如顺治十四年（1657），歙县清源汪子贤、胡实甫凑资伙买谢元卿田租一批，计 58 秤 1 斤，汪子贤占三股二，胡实甫占三股一。两人对大部分田丘、租额按股分割、各管各业，但同时留有水田 3 丘、计租 8 秤 13 斤，未有分割，作为"共业"，二人共管收租，而后再按胡占三股一、汪占三股二的比例分配。② 嘉庆二年（1797），休宁顾廷珏、朱世祥先后共契伙买杨梅岭、芭蕉坦等处租田 0.965 亩，苦桃树湾等处租田 1.1 亩。③ 还有一些小公堂凑钱购置阖房嗣孙共有的祭产。如康熙十年（1671），歙县清源小公堂胡怡公祠接连用银 66.8 两，分 3 次购进田租祭产 109 秤 9 斤 5 两，作为"共业"祭产。④

随着时间的推移，"共业"的数量和比重持续升高，到近代时期，"共业"成为一些地方租田占有的主要形式。如光绪年间徽州一佚名地主租簿（残本）显示，可以确定占有关系的 48 宗田租中，只有 15 宗"全业"，占31.3%，其余 33 宗都是"共业"，每宗"共业"的占有者至少 2 家，最多10 余家。其中有一宗租田，面积 4.0145 亩，计大租 1147 斤 8 两。由 9 家分割，占有最多的 354 斤，最少的只有 20 斤。⑤ 黟县《孙居易堂租簿》（记账年份为同治四年（1865）至光绪十年（1884））显示，89 宗田产中，49 宗是"合业"，占总数的 55.1%。除两宗合业家数不详外，47 宗合业中，16

① 乾隆刑科题本，见中国第一历史博物馆、中国社会科学院历史研究所编：《乾隆刑部题本租佃关系史料之一·清代地租剥削形态》下册，中华书局 1982 年版，第 550—551 页。
② 见中国社会科学院经济研究所藏《歙县胡姓誊契簿》，徽州地契档，置产簿第 15 函，W·TX·B0054。
③ 见中国社会科学院经济研究所藏《休宁朱姓置产簿》，徽州地契档，置产簿第 24 函，W·TX·B0071。
④ 见中国社会科学院经济研究所藏《歙县胡姓誊契簿》，徽州地契档，置产簿第 15 函，W·TX·B0054。
⑤ 中国社会科学院经济研究所藏：佚名《收租簿》，第 27 函，W·TX·B0202。

宗为两家合业，其余 31 宗的合业家数都在 3 家以上，最多的竟达 28 家。①

因"共业"十分普遍，地主富户的相当一部分土地都存在于这类"共业"中，其中有的所占份额很小，尽管所占土地宗数多、总面积不小，但异常细碎、分散，不成丘垅，地主除了收租，已经和土地没有任何联系，一般也很难通过购买地租对地权进行整合。地契演变成纯粹的债券，地权演变成债权，地主彻底失去了对土地的控制权，从而也失去了对佃农的支配权。

二是放慢或延缓地主富户的地权兼并速度。

在地租买卖相当零散、细碎的情况下，尽管地主富户价买地租的活动频繁，交易次数多，但交易的租子，普遍数额微小，如前述歙县胡姓地主，顺治十二年至雍正七年（1655—1729）75 年间的 117 宗租权交易中（包括 4 宗"信鸡"交易），虽然数额最大的两宗，租额分别达 1866.44 斤和 1755 斤，但大部分都在 100 斤以下，更有 4 宗不足 10 斤，最小的两宗分别只有 3 斤和 1 斤。交易的租子不仅数额小，计量单位也琐细至极。如第 56 号的那宗交易，交易租额即为 4 秤 8 斤 1 两 5 钱，租子竟然细小和精确到"钱"。117 宗合计租额 17131.66 斤、价银 216.272 两，平均每宗租额 146.4 斤、价银 1.85 两。如以当时当地地租一般高度即每亩租额 200 斤计算，经历 75 年，117 宗租权买卖，只买进租权 85.66 亩，平均每宗交易 0.73 亩、每年 1.14 亩，兼并速度相当缓慢。

同时，由于地租买卖的细碎化和平常化，交易程序简单，所需资金不多，能够购置地租的自然不限于少数地主富户，一些买不起整丘、整段田租，但家境稍好的农户或其他村户，在年成和经济状况较好时，也可购租一二秤（租）或三、五、十斤。而且，部分卖主因出卖（活卖）的租额较少，遇到经济状况好转时，可能到期原价回赎，或购进相同数额的地租。这样，地租买主不一定局限地主富户，地权流动呈现多向化态势，不会单向流往地主豪富。在通常情况下，卖租者多，买租者也多，抑制了买方市场的形成，也摊薄了地主富户在土地流通过程中的地权购进份额，从而在某种程度上减缓了地主的地权兼并速度。

---

① 参见章有义：《明清徽州土地关系研究》，中国社会科学出版社 1984 年版，第 318—326 页。

三是地权分配方面程度的分散。

"共业"的普遍存在，使地主的土地（租权）分布零散化；地租买卖的细碎化导致地权流动多向化，在某种程度上减缓了地主的地权兼并速度。而这两者的共同结果是有助于地权某种程度的分散。

地租买卖的细碎化、"共业"的普遍存在，有助于地权某种程度的分散，以皖南徽州地区的情况比较明显。由于资料的限制，无法具体判断早期徽州地区的地权分配态势。现在知道的情况是，直至1949—1950年土地改革前，徽州地区的永佃制仍然在一定范围内流行，土地大都分为大买（田底）、小买（田皮）两个部分。在地权分配方面，与皖南和安徽其他地区比较，则相对分散。试就徽州府属歙县、休宁、祁门、黟县、绩溪、婺源（现属江西省）等6县土地改革前的地权分配同皖南和安徽省内其他地区做一比较，情况有如表7-1。

表7-1　徽州、皖南、安徽土改前夕地权分配状况（％）比较
（1949—1950）

地区别	县别	总计	地主	富农	中农	贫雇农	公地	其他
徽州	歙县	100.0	15.5	5.2	37.8	22.4	9.3	9.7
	休宁	100.0	32.3	2.6	23.7	18.0	10.7	12.7
	祁门	100.0	17.7	2.9	15.1	14.1	36.1	14.1
	黟县	100.0	18.3	4.7	13.8	0.6	40.0	22.6
	绩溪	100.0	21.2	5.2	33.7	15.9	12.4	11.6
	婺源	100.0	15.5	3.7	15.6	9.6	48.9	6.6
	小计	100.0	20.5	4.0	26.0	15.8	21.9	11.8
皖南	11县	100.0	32.4	9.3	28.7	13.5	9.0	7.1
安徽	38县	100.0	30.4	10.4	31.2	22.1	3.4	2.5

资料来源：据相关新编县志综合整理、计算编制，转自刘克祥《全国农村户口、人口、土地阶级分配统计·安徽省》（未刊稿）。

说明：①因资料所限，皖南、安徽县份不全。皖南不计徽州6县，11县为当涂、芜湖、铜陵、南陵、郎溪、宁国、青阳、太平、石埭（今石台）、东流、至德；安徽38县除皖南11县，余为怀宁、宿松、枞阳（桐庐）、望江、六安、霍丘、和县、含山、来安、滁县、无为、太湖、潜山、金寨、岳西、霍山、颍上、阜南、亳州、涡阳、太和、寿县、凤阳、五河、泗县、砀山、怀远。

②祁门地权分配，原资料"贫雇农"和"其他"未分，合计为28.18％，本表假定各占一半，将其分开。

徽州 6 县中，地主富农的占地比重，最高 34.9%（休宁），最低 19.2%（婺源），平均 24.5%，比皖南其他 11 县的 41.7% 低 17.2 个百分点；比安徽省其他 38 县的 40.8% 低 16.3 个百分点。尤其是永佃制发展最为成熟、田租分拆零卖盛行的歙县，地权分散更为明显，地主、富农的占地比重为 20.7%，中农和贫农雇农的占地比重分别达 37.8% 和 22.4%，均超过地主富农，合计 60.2%，相当地主富农的 2.9 倍。另外，绩溪地主、富农的占地比重为 26.4%，中农和贫农雇农为 49.6%，后者相当前者的 1.9 倍，据说"民国以前县内无田户极少"，出卖劳动力的长工多是皖北、苏北、浙江人，县籍贫苦农民多以打短工辅助生活。① 民国以前的地权分配应该比土地改革前夕更分散一些。

当然，考察徽州的地权分配，不能忽略该地大量祠产"公田"的存在。如表，徽州祠田、祭产以及庙产、学产、文会产、茶亭产、桥会产等形形色色的"公田"比重甚高。除了歙县，均超过 10%。婺源地主富农的土地虽然只占 19.2%，但"公田"比重竟然达 48.9%，所以中农贫农占地并不多，仅有 25.2%，即 1/4 强。黟县、祁门的"公地"比重也分别达 40% 和 36.1%，6 县平均为 21.9%。如此高的"公田"比重，无论在皖南、安徽还是全国，实属罕见。

为了准确评估"公田"对地权分配所产生的影响，有必要对其结构、归属、功能、管理使用等进行探查。徽州"公田"中数量最多的是祠会祭产；庙产、学产、文会产、茶亭产、桥会产等的数量较少。祠会祭产大致分为两部分：一部分是祠田，属于宗祠或整个宗族所有，其数量视各宗族贫富、旺衰而异，很不平衡。如绩溪，民国时期，宗祠一般有田二三十亩，多者百亩以上；山场多者百千亩。通常族内设有专管公堂的经理，收入用于祠堂修建、祖先祭祀、办校助学等。亦有族衰人少，田山"无力管理，复成荒野"者。② 毫无疑问，充当"经理"的自然多是那些断文识字的地主、士绅，故祠田实际上大多被控制在地主富农手中。不过从其上述用途看，还不完全等同地主富农的私田；另一部分是宗祠、宗族下属各支派公

---

① 《绩溪县志》，黄山书社 1998 年版，第 154 页。
② 《绩溪县志》，黄山书社 1998 年版，第 152 页。

堂、祠会的祭产、田产。徽州的公堂、祠会数量庞大，多是支派、田产不多的小公堂。如祁门，1950 年土地改革前夕，全县有公堂、祠会 5032 所，平均 4.5 户就有一所公堂。[①] 这些公堂、祠会共有土地 49238 亩，平均每所公堂、祠会 9.8 亩。[②] 虽然单个公堂占有的土地较少，但公堂数量庞大，田产总量远远超过宗祠。徽州地区的祠田祭产，大部分就是这种小公堂田产。由于这类小公堂传代不远，支派、人户不多，田产有限，一般不设专职"经理"，而是以裔孙"共业"的形式存在，众房共同或轮流管理。在一般情况下，祠会传代越近，支派、族众越少，祭祀规模及开销越少，祭产的房亲"共业"色彩也越浓厚，裔孙各房均衡参与管理的机会越大。除了个别例外，田产管理被地主富农独揽的机会、从而对地权分配的实际影响均较小。同时，这类小公堂田产的买卖转移也比较灵活。如财力允许，可以购添扩充；若经费不足或有其他变故，也可随时变卖套现（不过一般不许外流，只能卖与秩下裔孙）。如前述歙县胡怡公祠，康熙十年（1671）曾接连 3 次购进田租祭产 109 秤 9 斤 5 两；而到康熙四十八年（1709），却将菜园 3 块售卖。其兄弟公堂胡忱公祠也在顺治十三年（1656）卖租 4 秤 2 斤 4 两。雍正六年（1728）怡、忱及恺、懭、悦、惯等兄弟 6 房公祠还将其共有的房基一备、房屋一重变卖。[③] 这些祠产的变卖交易，都是由众裔孙共同决定和联名经手办理，这从一个侧面反映出，这些祭产基本上还是属于族众"共业"，同那些完全被地主富户控制的豪族祠产相比，性质还不太一样。因此，特大比重祠产"公田"的存在，固然可能使徽州地权分配发生某些变化，但幅度不会太大，不至于根本改变私有地的阶级分配态势。从整体上看，徽州特别是歙县，地权比较分散，应无疑义。

---

① 各家农户隶属的公堂、祠会及其祭产数量多寡不等，富裕农户或望族，各代先祖往往分别置有或留有祭产，立有公祠，一家农户可能同时隶属多个公堂、祠会。一些贫困农户和独门小姓，则公堂、祠产较少。
② 据《祁门县志》卷 4，农业，安徽人民出版社 1990 年版，第 106—107 页。原资料公堂、祠会占有的耕地只有相对数（36.14%），此处亩数系据该书所揭 1951 年土地改革后全县耕地数（136243.36 亩）计算得出。另据载，土地改革中，全县共征收公堂、祠会等土地 65706.307 亩。其中可能包括庙产、学产等公田。
③ 见中国社会科学院经济研究所藏《歙县胡姓誊契簿》，徽州地契档，置产簿第 15 函，W·TX·B0054。

不过需要再次强调是，这种土地的相对分散，是永佃制下土地买卖最终演变成零碎地租买卖的情况下产生的，有其特殊的经济条件和社会环境，同永佃制度本身似无必然联系。如同样是永佃制度十分盛行的皖北舒城，却可能是安徽全省地权最为集中的县份。该县太平天国战争后，地主以"永佃权"招徕垦荒，佃农几乎全有永佃权。① 但据 1950 年的统计，地主、富农的占地比重分别为 66.2% 和 5.2%，合计 71.4%，在安徽全省可能是最高的。②

永佃制虽然对传统封建土地制度、租佃制度形成某种冲击或碰撞，某些地区有抑制地主兼并、延缓地权集中速度的作用。不过永佃制仍然属于封建租佃制度的范畴，丝毫没有触动封建土地制度、租佃制度的根基，而且从全国范围看，永佃制普遍流行的地域范围有限。即使如此，永佃制仍为某些地区的封建统治者所不容，采取种种措施进行限制和取缔，到 20 世纪 30 年代初，国民党政府进一步通过立法，彻底废除永佃制。

同时，从某个角度看，永佃制和传统封建租佃制度，乃至更加落后的佃仆制（火佃制），是彼此混杂和相互转换的。在徽州地区，某些火佃也有少量永佃田；有一部分永佃农同时兼充火佃，破产后则完全转换为火佃。祁门潘夏九由永佃农向火佃的转换，反映出永佃制和火佃制、永佃农和火佃农之间的某种微妙关系。先看一组契约：

其一

立火佃文约人祁邑八都潘夏九，今承到休邑茗洲吴相公买有祁门蒋村郑德贵三间楼房一半、厨房一间、佃作田五亩，与身居住耕种，委令看守蒋村后山坟茔，成林树木不敢擅动，人畜不致登山扰害。倘有外人作践，即行报知，不敢徇隐。每年二月初一、七月十五预先拨山，以俟拜扫。凡主家到坟所用饭米柴火，是身供应。每于岁首、年夜，亲身到茗洲拜年贺岁，一切婚嫁寿庆等事，听凭叫唤供役，不敢违背。其在地方居住，身自小心循谨，不敢多事。倘日后别迁，其自

① 孙文郁编：《豫鄂皖赣四省之租佃制度》，金陵大学农业经济系 1936 年印本，第 110 页。
② 《舒城县志》，黄山书社 1995 年版，第 87 页。

将屋宇佃作交还吴相公，当听另召人承住，不致有误。恐后无凭，立此火佃文书存照。

康熙三十六年三月　日立火佃文约人　潘夏九

中见　郑德贵①

其二

立典约人潘夏九，今将原典李天祖田皮一号，坐落土名下黄田，计田一丘，计客租廿秤；又原典汪君仪田皮一号，土名牛栏山，计客租［二秤］；又原典吴天昇田皮一号，土名琳琅坑，计田二丘，计客租七秤十斤；又原典潘法保田皮一号，土名柿木坞口，计田二丘、坦一块，计客租十五秤。以上共计田皮肆号，共计客租四十四秤十斤。今因无银支用，自情愿将前四号粪草田皮央中出典与休邑吴相公名下，听自召人耕种管业，三面得受时值价纹银十二两八钱正，当日银约两明。未典之先并无重复交易，倘有来历不明，是身清理，不干受人之事。所有来脚四张，随即缴付。自成之后，两无悔异，如有悔者，甘伐〔罚〕白银伍钱。为后有凭，立此典约存照。

康熙三十六年十一月　日立典约人　潘夏九

中见　郑德贵②

潘夏九作为一名永佃农，或因粪草田皮过少，住房和家庭经济困难，被迫于青黄不接的阴历三月，订立契约，在继续耕作原有土地的同时，兼充吴姓地主的火佃，免租居住主家庄屋，耕种主家田地，为主家看守坟茔、山林，无偿支应杂役。这样，潘夏九就兼具永佃农和火佃（佃仆）的双重身份。

显然，潘夏九的目的是想通过兼充火佃，增加耕作面积和家庭收入，

① 《道光休宁吴氏誊契簿》，中国社会科学院历史研究所收藏整理：《徽州千年契约文书·清民国编》第 12 卷，第 223—224 页。

② 《道光休宁吴氏誊契簿》，中国社会科学院历史研究所收藏整理：《徽州千年契约文书·清民国编》第 12 卷，第 222—223 页。

改善经济环境，保住原有的粪草田皮和永佃农身份。不过这种状况并没有维持多久，潘夏九因"无银支用"，不得不于当年十一月，将自有的4宗粪草田皮卖给了主家，由永佃农沦为纯粹的火佃。

　　同时，永佃制本身也在不断蜕变，退回到或依归于传统封建租佃制度。永佃制的基本属性和特征是佃农有权转租或典卖佃权。然而，佃农一旦将土地转租，永佃权随即与生产者分离，现耕佃农必须同时向转租人（原永佃农）和田底主交租，原来的永佃农不论其转租原因和经济状况如何，在性质上已蜕变为进行中间剥削的"二地主"，这同传统封建租佃制度下的"包佃制"或"转租制"并无质的区别。永佃农如将佃权出卖，则只有在买主自种的条件下，才能保持永佃制的性质不变。若买主并不自种，而是招佃收租，则其性质同永佃农自己转租一样。另外，需要特别强调指出的是，地主（田底主）有权没收或购买佃权（田面权）。按惯例或契约规定，如果永佃农欠租并达到一定数额，地主即可收回佃权或土地，扣抵欠租。佃农并不欠租而出卖佃权时，地主（田底主）也可以出价买进佃权。不论哪种方式，佃权又回到了地主手中，底、面重新合一，地主又集土地所有权和使用权于一身，永佃制在外形上又退回为传统租佃制度。不过它已不是原来意义上的租佃制度。因为底、面重新合一后，不论耕者是原先的永佃农还是新佃农，都必须缴纳田底、田面或大租、小租双重地租。佃农所受的地租剥削如同佃权转租下的现耕佃农一样沉重。

　　从永佃制度发展历程看，永佃制的蜕变是不可避免的。从某个意义上说，永佃制产生、形成和发展的过程，既是佃农占有佃权或土地使用权的过程，同时又是生产者不断同佃权或土地使用权分离的过程，是永佃制重新回归或归依传统封建租佃制度的过程。所以，永佃制对传统封建土地制度、租佃制度的冲击或碰撞力是有限的。

二　佃农社会地位、经济状况的改善及不平衡性与多样性

　　在永佃制下，大部分佃农的社会地位有所提高，经济状况有不同程度

的改善。

在传统租佃制度下，佃农对地主的土地只是"借耕"，并无使用权或耕作权，租佃期限的久暂，佃农的去留，完全取决于地主的意旨，"招之即来，挥之即去"。佃农社会地位低下，生活很不稳定，农业生产和日常生活都不同程度地受到地主的干预，无法进行真正独立自主的土地耕作和生产经营，发展家庭个体经济，但又没有其他就业门径，离开土地就不能生存。这种情况正如当时报刊所论："不为农而不得，欲为农而尤无力"。[①] 不仅如此，在传统封建租佃制度下，因佃农对土地毫无权利，地主可以随意增租夺佃，随意攫夺佃农的投资和经营成果。有时，佃农经过长期的艰辛劳动，投放大量工本，改良土壤，垦辟周边余地，提高了土地单位面积产量和总产量，地主往往借故增租、撤佃，佃农的投入工本和劳动成果，顿时化为乌有。如四川马厂官田佃户，在长期的垦种过程中，将原有的山坡旱地，辟为水田。官府见有利可图，即以佃户开辟荒地，"匿不报明，实属蒙混"的莫须有罪名，于光绪七年（1881）将原有佃户，强行全部撤换，同时将原有的旱地租全部改为水田租，提高租额一倍多。[②] 又如，19 世纪 80 年代中，江苏崇明永昌沙一带，由于河道开通，水利改善，农田丰收。可是，正当"黄茂兴歌，红陈告庆，腰镰劚月"之际，地主"贪心顿起，竟到该处议收租价，谓须十输其五"。[③] 佃农的丰收成果又被地主攫夺。

在普通租佃制度下，土地的所有权和使用权都属于地主，佃农只是"借耕"，如"佣雇取值"，对土地没有任何权利，地主除了害怕佃农抗欠地租，就是担心佃农耕作不力，荒废土地，或移换界至，改变土地面貌。因此，在一些地主的招佃文契中，都有警诫佃农用心耕作，不得偷卖蚕食、抛荒丘角、移丘换段之类的字句，连某些"永远耕佃，不限年月"的最低限度永佃契约，也不例外。如明万历年间刊刻的民间尺牍杂书收录的这类租佃契约范本，特别载明，佃人务必"小心耕作，亦不得卖失界至、移丘

① 《申报》同治十二年九月十九日。
② 《京报》光绪七年三月初二日。
③ 《益闻录》光绪十三年八月十九日。

换段";① "照界管业，辛勤耕种，不得抛荒丘角，埋没界至及移丘换段、隐瞒等情"，等等。②

永佃制下的情形则不同，佃农持有土地的使用权或耕作权，土地被分割为收租权、耕作权两部分，永佃农持有了一部分产权，地主不仅无权撤佃和干预佃农生产，而且租额固定，没有强迫佃农"小心耕作"、"辛勤耕种"的必要，同土地的联系也逐渐疏离，甚至不知田地方位、四至。如广东东江流域的"粪质制"永佃，当初形成时，"租额轻微，对于佃户甚有利益"。同时，佃户因耕种年代久远，常有转租、转典、转投与第三者情事发生，"田主往往不知己田究在何处，不过仅存简单契纸一张，说明某人佃去田地，每年纳租若干而已，故此种佃户常有变为地主之事实"。③ 所谓"佃户变为地主"，既指转租者经济状况改善，上升成为收租"地主"，也包括承典、承投者成为土地的实际支配者。

在某些地区，地主只管收租，与土地疏离，或者根本不知其田地方位、四至，而买主看重的也只是租额，而非土地本身。在这种情况下，一些地主的土地卖契，只写坐落、土名，而不载明四至，仅以"佃户为凭"一笔带过：

> 一都何天济，今有防老田一号，坐落土名梅树坦，计贰丘，硬大租叁拾秤，内取壹拾肆秤正，自情愿凭中出卖与一都徐应选名下为业。面议时值价文〔纹〕银拾两零贰钱正。其价并契当日两明，其田所有老四至，佃户为凭。其田未卖之先，即无家外人等重复交易，如有此情，尽是卖主承当，不干买主之事。所有税粮候大造之年，推割与徐户供解无词。自成之后，各不许悔，如先悔者甘罚白银五钱公用。今恐无凭，立此卖契为照。

---

① 赤心子编：《翰府锦囊》，万历十三年刊本，转自杨国桢《明清土地契约文书研究》，中国人民大学出版社 2009 年版，第 71—72 页。

② 《锲翰林海琼涛词林武库》，万历某年刊，转自杨国桢《明清土地契约文书研究》，第 71 页。

③ 《广东经济年鉴》（民国二十九年度）上册，广东省银行经济研究室民国三十年刊本，第 G46 页。

万历三十三年九月廿九日立卖契人　何天济

奉书　男应鹏

应魁

应桂

中见人　郑达

应礼①

　　这是祁门一纸地租抽卖契，卖主有"防老田"2 丘，硬大租（田骨租）30 秤，抽取其中 14 秤变卖。值得注意的是，文契既未列明田号、四至，也不交代"以图册为准"或"可见图册"，而是说"其田所有老四至，佃户为凭"，似乎一切都是佃户说了算。事实也是如此，租权（田地）屡经切割、转移，由此发生的产权、四至变化，大租主未必说得清楚，而佃农耕种交租，又有田皮权（耕作权），田骨产权、土地四至及其变化，了如指掌。所以卖主说"其田所有老四至，佃户为凭"，买主也无异议。当然，要由佃户证明土地四至的契约，并非只此一宗。万历三十七年（1609）祁门的另一纸地租抽卖契也写明，"所有四至，自有佃户"。②由佃户证明或提供四至的卖山（骨）契更多。如该县环砂乾隆年间的一些山场、山骨卖或租佃契，往往不载四至，只写"其（前）山四至悉照老佃"。③这种情况也不只存在于祁门，休宁亦如此：

　　立卖契程凌杓，今将阄分得在字今丈体字三千〇七号，土名高山坞，地税捌分捌厘，于上豆租五斗四升，佃人孙白。其园东至　，西至　，南至　，北至　。已〔以〕上四至俱炤保簿现业为定。凭中立契出卖与程　名下为业。当日三面言定时值价银壹拾贰两正。其银当日一并收足，其园随即听从买人管业护坟收租。日前并无重复交易准折等情。倘有内外人言说，尽是本家之〔支〕当，不涉买人之事。所有税粮即于　户内起割推入买人户内解纳无异。恐后无凭，立此存炤。

前项契内价银随契收足，所有来脚契文与别业相连，不便缴付，再批。

倘有字号、税亩不清，炤买人前坟、佃人孙白现业为定，又批。

康熙式拾八年十一月　　日立卖契人　　程凌杓

居间　　程公鼎

程子云

吴重仁

程亮公

程余素①

由于几次清丈、田号改变，以及周边地权转移，佃农对土地的字号、税亩、四至，知道得最清楚。所以契尾特别批明，倘有字号、税亩不清，以"佃人孙白现业为定"。

从地主警告佃农"不得抛荒丘角，埋没界至及移丘换段、隐瞒等情"，到土地字号、税亩、四至，以"佃户为凭"，以佃人"现业为定"，从一个侧面说明佃农由土地的附属物变为土地的半个主人。这是一个不小的变化。

江苏、安徽、浙江、江西、福建、台湾一些地区，逐渐形成了几乎平行的两种权利，江苏的田底、田面，安徽的大买、小买，浙江的民田、客田，江西的大业、小业，福建的粮田、赔田，台湾的大租、小租，等等，都属于这种情况。经济是基础，永佃农有了部分产权，在租佃关系中的地位也相应提高，如江西九江的永佃习惯，"业主只能收租，不能提佃。如业主将租地出卖时，亦只能卖租，不能卖佃。故俗呼收租者曰大业主，佃种者曰小业主"。②黎川田地亦有大小"业主"之分。大业主掌管田骨，只能

---

① 《乾隆休宁程氏抄契簿》，见中国社会科学院历史研究所收藏整理《徽州千年契约文书·清民国卷》第10卷，第204—205页。

② 国民党政府司法行政部：《民商事习惯调查报告录》（一），民国十九年刊本，第431页。

收租，谓之"大租"，而不能耕种。大业主如若自佃，须向佃户承买"小租权"，方能起耕自佃，当地俗谓"大业主收租，小业主佃种"。[1] 浙江鄞县和绍兴府属地区，永佃权被称为"田脚"，又称"小业"（田底称"大业"），"亦属产权之一种"，只要照约纳租，无论佃户自种或转佃，"业主绝无干涉之权"。[2] 福建古田、连江，田地例分根（永佃权）、面（收租权），"田根更有一主"，谓之"根主"。田根、田面"分别典卖，即一田有二主矣"。业主"无论如何只能向根主追租，不得自由择佃"。[3] 南平据调查者称，永佃制下的土地，更有两个所有权，"一曰苗田所有权，一曰税田所有权"。[4] 后者就是永佃权。佃农由原来的"借种"上升为土地的半个"业主"。

在永佃制下，由于佃农持有土地的一部分权利，处理租佃关系的续断时，无论佃农因故主动退佃还是欠租撤佃或被迫退佃，都同传统租佃关系有明显的差别。

在传统租佃关系下，即使佃农对土地投放过大量工本，若因故主动退佃，也无权获得任何补偿。永佃制则有所不同，以隆庆元年（1567）皖南休宁的一纸永佃退佃契为例：

> 十七都三图城居住人吴郁同母毕氏、先年故父佃到汪洵土名竹鹊岭园一片，自行种作长养树木，后四十三年汪洵卖与程　名下为业。今因母老有疾，不能种作长养树木，同母、男黄九商议，自愿凭中将园愿自退还本主，凭中三面议作原佃价及树木、石料等项价值文〔纹〕银式拾式两整。其银当日尽收足讫，其园树木、石料随即交还本主管业，再无异说。倘有内外人拦阻及重复树木、一切不明等事，尽是身之〔支〕当，不及本主之事。今恐无凭，立此退佃文约为照。
>
> 其瓦屋料舍尽与程　名下外，屋价银乙两正，再批。
>
> 隆庆元年三月初六日立退佃人　吴郁

[1] 国民党政府司法行政部：《民商事习惯调查报告录》（一），第450页。
[2] 国民党政府司法行政部：《民商事习惯调查报告录》（一），第503页。
[3] 国民党政府司法行政部：《民商事习惯调查报告录》（一），第507、544页。
[4] 国民党政府司法行政部：《民商事习惯调查报告录》（一），第509页。

```
主盟    母毕氏
中见人   周九
       李胜
       陈少泉
       汪敬塘
书     男吴黄九①
```

这可能是现存最早的一纸永佃农退佃契。从契文可知，吴郁的父亲早年通过缴纳佃价租种汪洄一片山地，栽种树木。现在吴父亡故，汪洄也在嘉靖四十三年（1564）将山地卖给程姓。主佃双方均已换人，但租佃关系并未受到任何影响。只因吴母年老有病，不能继续耕作栽植，才主动要求退佃。在这种情况下，地主并未乘机刁难，而是采取了类同土地买卖或佃权顶退的交易方式，主、佃、中人三面议定价格。就本案而言，还有一点相当特别，4 名中见全是外姓，没有一个是主、佃亲族，使议价更加客观公正。这种情况的出现，并非本案地主特别善良，或佃农特别强悍。只是因为佃农占有佃权，改变和提高了在租佃关系中的地位。

佃农并不欠租，因故主动退佃如此，地主因佃农欠租撤佃或佃农被迫退佃，也与传统租佃关系有别。

当然，永佃农对田面的占有，是以照额纳租为前提的。欠租撤佃，地主收回田面折抵欠租，同普通租佃制度是一样的，不过地主对撤佃权的具体行使方面，两者之间还是存在差别的。佃权或田面权同租权或田底权一样，不仅可以用现金或粮食等实物衡量，而且有市场价格作为参数。因此，在一般情况下，地主不能像对待普通佃农那样，永佃农稍有地租拖欠，即行撤佃（当然也有少数强势地主，永佃农稍有地租拖欠，即行收回佃权），强行以佃权或田面折抵租额，只有当佃农所欠租额等于或超过田面价时，地主才能撤佃。清朝某些地方官府还有明确规定，只有在佃农欠租达到一定年限后，地主才能撤佃。由于各地田面权的价格及对地租的比例高低不

---

① 《万历休宁苏氏抄契簿》，中国社会科学院历史研究所收藏整理：《徽州千年契约文书·宋元明编》第 6 卷，第 300—301 页。

同，欠租撤佃年限也不一样。大多自 1 年至 3 年不等。如佃农欠租额尚未达到或超过田面价格，地主欲收地另佃，以田面价格抵租，则只能收回部分田面，有的更只能以短期租约的形式另行召佃，旧佃一旦清偿欠租，还可以将田面赎回，试看福建闽清的一纸佃批字：

> 立批字福城田主叶衔，今有根面全课田一项，载种三斗，土名大仓尾、坑洲等处，年载租米三石。缘罗必善结欠租米甚多，内拨坑洲半斗种，载租米十斗，小寄与罗必和耕作，照额纳租，即日收垫租钱五千文。面约五年限，听田主备价赎回，不得执留。嗣后必善有力租清之日，许必善赎回。如或未清，听叶自便，不得言说。立批字一纸为照。

> 乾隆二十一年十一月　日立批字福城田主　叶衔押

> 在见　林仲京　押

> 陈维成　押

> 罗必善　押①

佃农罗必善租种居城地主叶某田种 3 斗的水田，因"结欠租米甚多"（应该尚未达到田面价额），地主撤回田面，收价另佃，以抵欠租。不过地主并未将田面全部收回，而只收回半斗种的田面，放给罗必和耕种，每年纳租 10 斗，缴纳"垫租钱"5000 文，为罗必善代完欠租；也没有采取通常的永佃长租，而是"小寄"短租 5 年，届时"听田主备价赎回"。佃批还特别写明，罗必善有力清租之日，"许必善赎回"。如租未清，"听叶自便，不得异说"；罗必善并以中见人的身份签字画押。

不过，5 年届满，旧佃并未清租；新佃又耕作了 5 年，旧佃仍然无力清尝欠租，地主这才写立"断字"：

> 立断字福城田主叶衔，于乾隆二十一年间，将根面全课田一项，

---

① 乾隆朝刑部题本，中国第一历史博物馆、中国社会科学院历史研究所编：《清代地租剥削形态》下册，第 591 页。

土名坑洲，受种半斗，寄在罗必和耕作，照种纳租。因旧佃罗必善积欠租粒甚多，兹又向罗必和处凑出代垫租钱二千文，其钱即日收足，其田永远耕作，照旧纳租，不得取赎。如或欠少租粒，仍听田主另召耕，不得借此字为词。今欲有凭，立断字一纸为照。

　　乾隆三十一年十二月　日立断字福城田主　叶衙　押①

新佃又为旧佃"代垫租钱"2000文，田面加价找断，田主和旧佃均不得取赎，由暂时"小寄"变为"永远耕作"。旧佃最终丧失了佃权及该处水田的耕作。从某个角度看，同普通佃农的破产结局并无区别。不过进一步分析，两者还是不完全相同：一是地主并未将土地全部收回另佃，终止整个租佃关系，而是按照短欠租额，只收回其中一部分；二是收回部分的招佃也是采取"小寄"短租的过渡办法，旧佃如在契约期限内清偿欠租，仍可将田面赎回，从而给佃农提供了缓冲和补救的机会。虽然该佃未能赎回田面，最终失去了永佃权，但其过程仍然反映出永佃农与普通佃农地位的明显差别。

有的即使历年欠租，数额不菲，自己情愿退佃，也还可以获得少量佃价。试看乾隆末年黟县的一宗欠租退佃个案：

　　　立退佃约人汪文考，今将土名乌竹降上苴坦大小九片，计苴租贰砠正，历年欠租无数，自情愿央中将典首退与江　名下为业，当得价银壹两伍钱正。其银当日收足，其坦听从管业、另召人耕种无阻，日后不得输〔赎〕回。立此退佃约存照。

　　乾隆六十年十二月　日立退佃约人　汪文考
　　　　　　　　　代笔中　佺武德②

永佃农汪文考因"历年欠租无数"，情愿退租，凭中立约将典首交还业

---

①　乾隆朝刑部题本，中国第一历史博物馆、中国社会科学院历史研究所编：《清代地租剥削形态》下册，第591页。

②　刘伯山主编：《徽州文书》第一辑（4），广西师范大学出版社2005年版，第105页。

主，结果获得 1.5 两的典首价。这些都反映出永佃农和一般佃农在经济、社会地位上的差别。

在社会地位提高的同时，永佃农的经济地位和经济状况，大都或多或少有所改善。由于地主只有收租权，不能随意增租夺佃，佃农生产和生活相对稳定。如江苏，"永佃农民因为占有田面，使用权有稳固保障，就是稍稍缺租，也可不致轻易撤佃"。① 在江西，凡有皮、骨之分的土地，耕种者"与寻常之佃户不同。因对于此项土地，有一半之所有权，业主对之仅能收一定之租额，无自由处分之权"。租额亦较皮骨合一为低，大率每亩收租 1 石，而皮骨合一田每亩可收租谷 2 石，或者更多。② 浙江金华习惯，同一田地，分大买、小买。大买者收租曰"大租"，小买者承种有永佃权，并得转佃与他人耕种，所入租息曰"小租"。"大买、小买，各有统系，买卖时不相干涉"。如遇佃农欠租，"先由业主提出租约呈追，经官署讯明实在，永佃人仍不肯补偿，或无力补偿，再由业主依约声请退佃；退佃以后，核计小租之所入，足偿所欠租息之数，或永佃人自愿如数补清，永佃权仍归永佃人所有，业主不得作难"。③ 地主虽有欠租撤佃之权，但与普通佃农相比，永佃农在租佃关系中的地位仍胜一筹。在江苏某些地区，由于佃农的坚决斗争，还形成了这样的惯例：即使佃农欠租，地主提起诉讼，也只能追租，而不得退佃。④

有些永佃农的佃权或土地耕作权是通过缴纳押租获得的。不过即使在永佃制流行地区，同样是缴纳押租，永佃农和缴纳押租的一般佃农，其权利和地位大不相同。试看下面两宗租佃个案：

其一

立租种空地文契人朱毓锦、陶阿水，今凭中府和生等，租到僧云寿名下坐落吴县旧吴境十都廿七图西冶塘法华寺自南首起连大殿后围

---

① 张益圃：《江苏的土地分配和租佃制度》，《中国农村》1935 年 5 月第 1 卷第 8 期。
② 《记江西田赋》，《大公报》民国二十二年 2 月 6 日。
③ 《大理院致浙江高等审判厅函》，1920 年 2 月 18 日统字第 1232 号，见郭卫《大理院解释例全文》，第 709—710 页。
④ 国民党政府司法行政部：《民商事习惯调查报告录》（一），民国十九年刊本，第 317 页。

墙脚为限空地约五亩八分，凭中议出押租洋壹佰元正，契日一叏付足，每年租金洋五拾元正，值秋季缴付。此地的系僧云寿名下自己之产，并无有份人争执。有则归出租人理涉。自租种后，听凭租种人垦锄种植出租，绝不予份，年限永久。倘日后大殿翻造，须潜用租地，当契与租种人商量，再行立契。此系两愿无逼，永无异言。欲后有凭，立此永远租种文契为凭。

计开　　此契一式两纸，各执一纸。

中华民国二十八年十月九日立租种空地文契人　朱毓锦　押

陶阿水　+

中　人　府和生　+

（余9名中人姓名略）

代　笔　张建民押[1]

其二

立合同招种承揽袁云生，央中凌文俊、府和生等，今将己田坐落吴境十一都十五图尝字圩内，田面贰丘，共计叁亩玖分伍厘正，今招揽到缪新宝承种，当日三面言明押租法币柒拾元正，租米每亩市斛壹石另六升，共计好米肆石壹斗八升七合正，按年收取。倘有拖缺，向押租扣除，收还田面，另行发放。言明四周年为限，年满之后，退还押租，自由发放。水旱灾荒，扁（边）方大例。恐后无凭，立此合同招种承揽为照。

民国念六年三月八日　立合同招种承揽　袁云生　+

央　中　凌文俊　印

府和生　印[2]

---

[1] 〔日〕林惠海：《中支江南农村社会制度研究》上卷，东京有斐阁株式会社，昭和28年（1953）版，第164—165页。

[2] 〔日〕林惠海：《中支江南农村社会制度研究》上卷，东京有斐阁株式会社，昭和28年（1953）版，第225页。

两宗个案都发生在永佃制比较流行的江苏吴县，时间、地点相近，中人之一的府和生为同一个人。租佃条件相同，佃农都须缴纳押租，前者平均每亩银元 17.24 元，后者每亩法币 17.72 元，单位面积押租额相近，后者还略微高一点。[①] 然而两者押租的性质、作用，佃农的境遇、地位和预期结局迥然不同。前者押租是佃权价格，似乎没有地租保证的功能。出租人承诺，土地出租后，听凭租种人垦锄种植、出租，"年限永久"，但并无"欠租扣押"的约束条件；后者恰恰相反，押租是单纯的地租保证，毫无佃权价格的影子。佃农欠租，押租扣抵，"收还田面，另行发放"。约定租期四年，年限届满，退还押租，土地"自由发放"。然而，四年之后，法币早已大幅贬值，佃农被迫依约退佃，但原缴押租几乎化为乌有，既失去了原有的土地耕作，又无钱缴押租种新的土地，完全陷入绝境。这两宗个案清楚地反映了永佃农和普通佃农经济地位和状况的巨大差异。

与普通佃农不同，在永佃制下，佃权或田面已成为永佃农家庭固定资产的重要组成部分，是父祖流传、兄弟阄分的重要遗产，现存民国时期江苏吴县两户永佃农的"分家书"生动地说明了这一点。民国十年（1921）居姓永佃农兄弟三人分家，"分家书"开列的家产为：房屋数间，房基地0.5 亩，自田 3.75 亩，租田（田面田）6.6 亩，以及农具器物等。田面田作为主要家产，和住房、自田一起，三股均分；永佃农周留福不到两岁、其姐不足 10 岁，父母相继亡故，凭借父母遗留的 5 间房屋和 24.2 亩租田（田面），得以生存和成长。民国二十七年（1938），周留福 12 岁时，其姐招婿另立门户，24.2 亩租田是姐弟分家的主要财产。[②] 由此可见佃权对永佃农家庭的重大意义。

永佃农还可在自己永佃地（田面）上，或通过兑换永佃地（田面）起盖房屋。乾隆年间皖南祁门一纸田皮兑换契颇有代表性：

> 立兑换田皮契人凌记旺，今有承祖阄分田皮乙丘，坐落八保土名

---

① 1937 年 3 月，法币尚未贬值，币值同银元相等。

② 〔日〕林惠海：《中支江南农村社会制度研究》上卷，东京有斐阁株式会社昭和 28 年（1953）版，第 134—136 页。

小塘坞口，计田三分，因叔祖、房弟迁居做造屋宇在于旁边，猪鸡耗散，自愿将田凭中出兑与叔祖明华、明富，房弟记鸾三人名下前去做屋管业。明华将自己买受土名合丘靠山田皮乙丘，计田六分；明富将自己承父阄分土名宴坑口田皮六分。记鸾将自己买受土名黄家坞口田皮八分，三人共田三号，兑与记旺名下前去耕种交租管业。自兑之后，无得增减，反悔仍依此契为准。今欲有凭，立此兑换契永远存照。

乾隆四十六年三月廿日立兑换田皮契人　凌记旺

代笔中见　房兄记龙[①]

从凌记旺的田皮系"承祖阄分"推知，凌明华祖孙3户盖房用地，可能均为田皮，因自有田皮不够，才以高出近6倍的面积，将侄孙凌记旺的3分田皮兑换过来。永佃农用田皮盖房，同使用自有土地没有明显区别。因地主没有土地使用权，无论佃农将耕地改作宅基地，还是相互兑换，地主均无权干涉，同时，因农地改变用途而提高的价值，也全部为佃农所得，地主不能因此而增加租额。

当然，永佃农与自耕农不同，对佃权或田面的所有权不是完全独立的，但也同普通佃农有别。在土地占有方面，永佃农介乎普通佃农与自耕农之间，部分属于普通佃农上升为自耕农的一种过渡形态。清代台湾的一些佃权或田面买卖文契显示，相当一部分卖主是将价款携回福建、广东原籍买地置业。不难推断，他们中不少人通过永佃制，已上升为自耕农，少数甚至上升为地主。

由于各地永佃制的形成途径、乡俗惯例和地租水平不同，永佃农家庭经济的改善程度和实际状况，多种多样，各有差异。

一般地说，在各类永佃形式中，垦荒永佃的租额较低，佃农在土地收益中所占份额较大，佃权或田面价格也相对较高，在清代台湾及热河蒙地区，佃权或田面价格更远远高于租权或田底价格。这样，永佃农无论与过去相比，还是与普通佃农相比，社会地位和经济状况，都有较大程度的改

---

① 祁门凌氏《合同文约誊契簿》，中国社会科学院历史研究所收藏整理：《徽州千年契约文书·清民国编》第11卷，第208—209页。

善。如果地主是以出卖垦底权或田底权、埔底权的方式招佃垦荒，收取较高的押荒银或垦底银（埔底银、垦价银），相应降低单位面积租额。佃农在主佃关系中的地位也相应提高。乾隆五年（1740）、十一年（1746）台湾高山族业主所立的永佃契约，生动地说明了这一点：

其一

立给批雷里社番妇鲁物氏，有祖遗应份埔园一大段，坐落土名雷里社后，东至林家园，西至番东义乃园，南至番甲兵园，北至陈雄官园，四至踏明界址为界。今因氏不能自耕，情愿将此埔园托中送就与诚实汉人陈悼观前来承去佃耕，当日三面议定出得埔底银一百三十大元。其银即日同中交收足讫；其埔园即日同中照踏明，付陈悼观前去耕种，子孙永远为业，氏等番亲日后不敢言找贴赎等情。此园奉文清厘，丈过七分五厘，递年配纳口粮租粟一石正，永远为例，不得加减。保此埔园明系氏祖遗之业，与番亲人等无涉，亦无来历交加不明等情；如有不明，系氏一力抵挡，不干承佃人之事。此系二比甘愿，各无反悔，今欲有凭，立给佃批一纸，永付执为照。

即日同中收过批内埔底银一百三十大元足讫，再照。

乾隆五年十月　日立给佃批　番妇鲁物氏

代书　社记李亦明

知见　业户火生

在场　番武朗

为中人　番亲雅生①

其二

立出永耕垦荒山契字南大肚社番爱箸，有承祖父遗下荒山一所，坐落土名中仑，东至义学官田庄边崁顶界，西至大坪脚横路界，南至坑界，北至坑界；四至界址明白。今因乏银费用，情愿将此荒山出垦

---

① 台湾银行经济研究室编印：《清代台湾大租调查书》第3册，1963年印本，第446—447页。

永耕，先尽问通土番亲等俱不欲承受，外托中引就归与义学官田庄汉人陈麟瑞出首承垦永耕，当日三面言议时值价银七十六大员。同中即日见银、字两相交收足讫；其荒山随即踏明界址，交付银主前去掌管。经副园产或栽种树木，明约将来山底无出色者不敢言，如有出色者，或五谷，或树木，逐年配纳大租银三角。自此一卖千休，日后子孙不敢言找言赎之理，亦不敢生端阻挡滋事。保此荒山委系箸承祖父遗下之山，与别番亲等无干，亦无重张典借他人财物，以及来历不明等情；如有不明，箸自应出首一力抵挡，不干银主之事。此系仁义交关，二比甘愿，各无抑勒反悔，口恐无凭，今欲有凭，立出永耕垦荒山契字一纸，付执为照。

即日同中见亲收过永耕垦荒山契字内银七十六大员完足，再照。

乾隆十一年六月日立出永耕垦荒山契字　　番□□□

代笔人　连日昌

为中　番□□□

在场知见　番□□□①

两宗永佃契约都是高佃价、低地租，前者埔园 0.75 甲（折合 8.48 亩），佃价银 136 元，额租 1 石，折合亩价 16.04 元，亩租 0.12 石。按当时当地稻谷 1 石同银 1 元等值计算，佃价相当额租的 136 倍；后者荒山一所，佃价银 76 元，额租 0.3 元，佃价相当额租的 253.3 倍。因为地租是封建土地所有权由以表现的形式，在以有偿让渡土地使用权确立租佃关系的场合，如佃价甚高，租额甚低，甚至只有普通租额的一个零头。这就意味着业主或出租人让渡的不只是佃权或土地使用权，而且包括了部分乃至大部分所有权。佃价愈高，租额愈低，业主或出租人让渡的所有权比重愈大，对土地的利益分割和实际控制权已经很小。与此相联系，佃农在主佃关系中的地位也相应提高。佃农与业主的关系，无形中从传统的主佃关系演变为卖主与买主的关系。从两纸契约的内容和文字看，除应纳租额规定外，没有

---

① 台湾银行经济研究室编印：《清代台湾大租调查书》第 3 册，1963 年印本，第 449 页。

限制、约束佃农的任何规定或文字。相反，限制、约束的倒是业主或出租人自己。由于已经不是传统的租佃或主佃关系，而是卖主与买主（"银主"）的关系，因而不再是地主警告佃农"欠租扣押"或"欠租撤佃"，而是地主一再保证，土地确系祖遗，与他人无干；土地"一卖千休"，归得主"子孙永远为业"，业主"日后不敢言找贴赎"；租额"永远为例，不得加减"。这表明，佃农已成为土地的实际控制者。这种情况在清代台湾和热河蒙地区十分常见。

事实上，由于佃价很高，租额很低，土地的大部分或绝大部分收益归佃农所得，而且，随着土地垦熟，产量提高，而租额不变，佃农的土地收益及其所占份额增大。在一般情况下，佃农因短租而被撤佃或收回佃权（田面）的可能性也越来越小。这样的永佃农，离自耕农或土地所有者仅有一步之遥。基于这种情况，光绪十三年（1887）台湾巡抚刘铭传丈田清赋时，规定由持有田面权的"小租户"缴纳田赋，由藩司刊发相当于土地执照的"丈单"，交由小租户收执，大租户则只有县给"印单"，以为征租凭证。[①] 小租户手中执有省级官府刊发的土地执照，又向自耕农前进了半步。不过需要指出的是，台湾永佃农在这之前已发生贫富分化，富裕者将土地转租，不事生产；贫穷者往往被迫抵押、典卖田面，已经丧失佃权。刘铭传清赋时的"小租主"，相当一部分属于从事中间剥削的"二地主"，永佃农只占少数。这些领有"丈单"的少数永佃农，因须向握有"印单"的业主缴纳六成大租，只是"一田二主"中的一主，与作为土地唯一所有者的自耕农仍有质的区别。

通过价买（包括佃农间的顶退）、缴纳押租、长期耕种和改良土壤等方式获取佃权的永佃农，社会地位提高和经济状况改善的程度，一般不如垦荒永佃农明显，而且不同类别、不同地区之间，乃至同一类别、同一地区，差异颇大。不过仍有若干数量的永佃农，社会地位和经济状况获得程度不同的提高和改善。已揭资料显示，部分永佃农的地租负担比普通佃农为低，通过长期耕种和改良土壤等方式获取佃权的永佃农较为明显。如江苏江宁、

---

① 参见台湾银行经济研究室编印：《清代台湾大租调查书》第 1 册，第 49—55 页。

无锡、常熟等地的"浮土"、"肥土"、"灰肥"、"灰肥田"永佃，江都、甘泉、泰州、宝应等县的"粪系脚"永佃；安徽徽州一带的"草粪"永佃，芜湖的"肥土"永佃；福建永安、南平等地的"赔田"或"赔头谷田"、"耕作赔田"永佃；广东一些地区的"粪质"、"粪系脚"、"质田"永佃；广西某些地区的"粪底"永佃，东北某些地区的"灰粪"永佃，等等，佃农负担的租额大多比普通佃农低，永佃农社会和经济地位有某种程度的提高。

　　不过须要特别强调的是，永佃农社会、经济地位某种程度的提高，只是同普通佃农尤其是同时缴纳大、小租的佃农相比较而言。相对于农业生产力发展水平和佃农负担能力，永佃农所受的地租剥削，仍然是非常沉重的。同时，不同地区、不同地主阶层的佃农情况，也不一样。苏州地租之苛重、豪绅地主的地租榨取手段之残酷，更是远近闻名，佃农苦不堪言。

　　当然，价买佃权形成的永佃，主佃关系也并非完全一样。如果自耕农或小土地所有者，因经济困难出卖佃权，而充当永佃农的买主，经济状况及社会地位和出租人相若，甚至优于业主（卖主），主佃社会地位则完全平等，甚至形成颠倒状态。明末崇祯末年和康熙年间皖南徽州两纸"佃约"所反映的就是这种情况：

　　　　其一
　　　　立佃约人杨应运，今因无银应用，自情愿将己田一丘，土名东塘下，计租六砠，出佃与汪名下，价银一两正，又取查柴下田一丘，计租贰砠，出佃与汪名下，三面议定价银叁钱正。其田即交受佃人耕种管业无阻。自佃之后，倘有不明，尽是佃人承当，不涉受佃人之事。今欲有凭，立佃约存照。
　　　　崇祯十三年九月初三日立佃约人　杨应运　号
　　　　　　　　　　　　　　　　　　　亲笔无见　号①

---

　　① 中国社会科学院经济研究所藏：《汪国祥底契》，置产簿第 23 函，W・TX・B0064。

其二

立佃约人汪德寿，今因无银支用，自情愿凭中将承祖田一丘，土名塘坞，计租四砠半，立契出佃与堂弟德成名下，价银一两正。其银当收足，其田即交受人管业，并无重复交易，一切不明等情，尽是出佃人承当，不涉受业人之事。今恐有凭，立此佃约存照。

康熙四十九年九月二十六日立佃约人　汪德寿　号

中见人　汪启文　号①

从契文看，这两纸佃约中的业主或"出佃人"应该都是小自耕农或小土地所有者，均因经济拮据，"无银应用"、"无银支用"，被迫以出让佃权的方式，出租小段水田，以济燃眉。而作为"受佃人"和永佃农的汪德成及其父祖，则显然是处于经济上升阶段的农户或富裕农户。在这种情况下，主佃双方社会地位相同，经济实力则佃农可能明显优于业主。所以，立契人根本不敢以"业主"自居，而是自称"出佃人"，文契丝毫没有要求佃农"按约交租"或"欠租撤佃"之类的字句，而是立契人自行承诺"其田即交受佃人耕种管业无阻"，保证"自佃之后，倘有不明，尽是出佃人承当，不涉受佃人之事"。事实上，受佃人正通过价买佃权（包括价买永佃农的佃权）的办法扩大耕作规模，乾隆年间后更上升为富农或地主。这是永佃农经济地位上升并且比较极端的例子。

"卖田留耕"永佃的性质和情况不同，它是自耕农贫穷破产的表现，从一个侧面反映出封建土地制度下自耕农的贫困化和自耕农经济的不稳定性，当然不值得推崇或肯定。不过从另一个角度，也还是反映出永佃制度某种进步性。因为如果没有永佃制，自耕农一旦变卖土地、失去地权，也就失去了土地耕作，部分或完全丧失生活依靠，意味着彻底破产。即使揽回耕种，买主也可以撤地换佃，或收回自种，卖主仍然随时有失去耕作的危险。但有了永佃制，自耕农出卖土地，虽然失去了土地所有权，还保有土地使用权，倘不欠租，尚可"永远"耕种，不致彻底破产，完全丧失生活依靠。

---

① 中国社会科学院经济研究所藏：《汪国祥底契》，置产簿第 23 函，W·TX·B0064。

而且，在清代台湾和其他一些地区，"卖田留耕"在性质和功能上等同土地抵押借债，租额等同债款（地价）利息，直接由土地价额决定，卖主可以根据自己急需的款项数额，决定土地价额。这就给遭遇困难的自耕农提供了一种缓冲和选择，不致即行破产。也正因为如此，在一些永佃制比较流行的一些地区，自耕农出卖土地往往采用"卖田留耕"的形式。

不过在封建土地制度下，"卖田留耕"虽然能给家庭经济下滑的自耕农一个缓冲的机会，免于立即失业、破产，但因由自耕纳粮转为佃种交租，入减出增，毕竟不是摆脱困境的根本良策。如无其他办法，对大部分"卖田留耕"农民来说，贫困破产只是迟早的事，浙江诸暨王汉英的贫困破产过程，是一个典型例子。

乾隆九年（1744），王汉英的父亲将"租田"（实为自田）4 亩零卖与蒋育千为业，仍佃回耕种，每年纳租 10 石，由自耕农降为佃农。因租额不轻，经济继续下滑。延至乾隆三十年（1765），王汉英无奈将佃权立约转顶与苏邦信佃种，得价 6400 文，继而丧失了佃权和土地耕作，亦即失去了家庭主要收入来源，经济状况加速恶化，被迫仰赖借贷。乾隆三十四年（1769）八月，王汉英为偿还邻居周尚文 1700 文的债款，不得不从已经出顶的佃权想办法。因见佃价上涨，决定赎回转顶。在原顶契约期限未满、未有取赎的情况下，贸然以 10 千文的佃价顶与债主周尚文。双方约定，10千文佃价中，1700 文扣抵借款，顶主支付现金 5300 文，短欠的 3000 文，将一丘田交由出顶人佃种抵充，又把剩余的水田包给出顶人代种，顶主支付工价 320 文。王汉英虽由早先的自耕农沦为包工，但同时重获部分土地耕作，家庭困境似有转机。未料苏邦信坚持不让取赎，王汉英已得佃价也已移作他用，无力筹措赎款，而周尚文急迫催耕。王汉英无奈，只得强行耕犁，结果与苏邦信家发生冲突，扭打中失手将苏妻陈氏击伤致死，王汉英被处死偿命，其田仍听苏邦信耕种，周尚文所出佃价、苏邦信田中所毁大麦，概令王汉英之子王阿七清还、赔偿，以家破人亡告终。[1] 这种人命惨剧是极少数，但同王汉英相类似的贫困破产个案，并不罕见。

---

[1] 中国第一历史档案馆、中国社会科学院历史研究所编：《清代地租剥削形态》下册，第662—664 页。

当然，导致自耕农"卖田留耕"是封建土地和封建剥削制度造成的恶果，而非永佃制度之过，并且恰恰是永佃制给濒临破产的自耕农提供了一种缓冲或一线生机。

总之，在永佃制下，大部分佃农的社会地位和经济状况有不同程度的改善。但不同类别、不同地区的永佃制，乡俗惯例、租佃规则不一，情况复杂。永佃农人身束缚严重、经济剥削残酷、法律和社会地位卑下、经济困窘的情况或例证，亦不罕见。

前述察哈尔阳原县，全庄土地为单个地主所垄断的"纯佃庄"，全部采行佃奴式永佃，永佃农实为佃奴，庄主集地权、行政管理权和司法权于一身，佃农没有完全的人身自由，其法律和社会地位反低于当地普通佃农。清代台湾一些持有永佃权的"佃丁"，也都地位卑下。有些地区，人多地少，地权集中，佃农竞佃激烈，佃农虽然通过高昂的佃价或押租取得永佃权，但并没有相应降低租额，呈现高佃价、高地租的态势，一些地区的地主（田底主）利用佃农对佃权（田面）的留恋，进行敲骨吸髓的盘剥。如江苏苏州，佃权（田面）成为地主保障和加重地租剥削的重要条件。"盖佃者无田面之系累，则有田者虽或侵刻之，将今岁受困，来年而易主矣。唯以其田面为恒产所在，故虽厚其租额，高其折价，迫其限日，酷烈其折辱敲吸之端，而一身之事畜，子孙之所依赖，不能舍而之他"，[1] 从而使得地主可以肆无忌惮地榨取永佃农的膏脂。又如湖北宜昌的"溜庄"田，佃户可以长期耕种，地主无权撤佃。租秤一般是"斗田石秤"，即大体每亩 1 石稻谷，地租高度属于一般水平。但"上庄钱"亦即佃权价格特别高，大约相当于 3 年的产量，而且退佃时"上庄钱"不退。因此，佃农再苦也不敢退佃，一刘姓佃农为免年年搬家，父子两代人佃种地主 10 亩"溜庄"田，长期忍受剥削，直到全县解放时，一家 4 口人仅有一床破棉被，一人一套破衣服，没有换洗的，只得夜里洗了白天穿。[2] 很明显，这些地区的永佃制完全成为地主残酷剥削、压榨的前提条件。

云南武定彝人土司区的永佃农，单从永佃关系的成立和"官租"正租

---

① 陶煦：《租覈》，民国十六年重排本，第 11 页。

② 《宜昌县志》卷 4，农业，冶金工业出版社 1993 年版，第 144 页。

看，佃农租种田地，无须缴纳高额佃价或押金，只要向土司"献鸡酒"、"献羊酒"就行，官租也只占常年产量的 25%—30%，租率不高，佃农所受的剥削似乎不重。但是，除了"官租"，佃农还要负担水租、小租和各种劳役、杂派。在万德一带，因土司将坝塘视为己产，凡坝塘附近的田地，不论是否使用坝塘水源，一律要交比官租稍低的"水租"。同时，佃农必须缴纳"小租"，以用于支付土司衙门大小头人的薪俸，其数额一般相当"官租"的 20%。这样，佃农实交租额，整整提高了一倍，不是相当于产量的 25%—30%，而是 50%—60%。劳役、杂派也很沉重，土司修盖房屋、出门坐"滑竿"、领娃娃、砍柴以及过年、过节、婚丧嫁娶等，都要佃农服役，仅供吃饭，不付报酬，离土司驻地较远的村寨，每年大约 20 个工；靠近土司驻地村寨，因要为土司舂米、种私庄田，每年多达 70 个工。另外还有专门为土司吹唢呐、耍五哨鞭、守灵堂的村庄，劳役更重。杂派除了国民党县政府的门户钱，每逢土司出门，随从数十，所到村寨，都必须杀鸡宰羊，备好下马酒、火塘酒、宵夜酒、上马酒等迎送招待。① 显然，佃农的实物和劳役负担都十分沉重。这也说明了为什么土司剥夺了佃农的永佃权，仍将土地交回佃农耕种，而佃农又为什么会长期不懈地坚持反土司斗争。

至于旗地的永佃农，虽与清政府明令禁止旗人地主增租夺佃之前相比，经济状况有所改善，但因其地租额原本苛重，改善幅度不大。而且旗地永佃农的佃权和土地耕作并不稳固。按清政府的规定，若旗人地主或庄头自耕、葬坟用地，庄头及旗人看坟家奴在屯居住，需养赡用地等，均可撤佃，而且数量庞大。按规定，旗人坟茔占地面积，随官阶、品级递增，未入流的"庶人"（八旗兵丁闲散均照庶人计）占地 9 步计 1.33 亩；七品以下 20 步计 6.66 亩，并逐级递增。二品 80 步计 106.66 亩，一品达 90 步计 135亩。看坟人养赡地亩照坟地 1/10 计算。上述地亩"均由地方官丈清，责令佃户退给"。② 旗人死后，都会占去大量土地。这样，佃农随时有丧失耕作、流离失所的危险。即使并非自耕、葬坟，地主也可借口佃农短租，随时撤佃。按清政府的规定，"佃农欠租除因灾蠲缓之外，如拖欠一二分者，次年

---

① 《武定县志》，天津人民出版社 1990 年版，第 169—170 页。
② 《户部则例》，同治四年校刊本，卷 1，田赋，第 27—28 页，卷 10，田赋，第 3—5 页。

补还；若在三四分以上及不完前欠者，例准撤地。倘佃户揩霸，呈官勒退，追照另佃"。① 另外，若旗人犯罪，拖欠公项，或开浚河道、营建工程占用旗地等，佃农都随时可能失去佃权和土地耕作。按清政府的规定，如八旗人等有拖欠公项、将地亩抵帑入官者，官府对入官地亩，按 13% 的利率以租计价，如租银 130 两，准其抵帑 1000 两。② 但旗地抵帑入官后，是否仍由原佃耕种，照原额纳租，不得"增租夺佃"，未做说明。又如开浚河道或营建工程占用旗地，旗人地主或可得到相应数量的官地拨补，或可以租计价，按 13% 的利率直接得价（如租银 13 两，即得价 100 两）。③ 在这里，旗人地主的损失得到了补偿，而佃农不论采用何种补偿方式，一无所得。如以官地拨补，官地极可能已有佃农租种或远离佃农住地，又或者是瘠荒，佃农均无法耕作。至于地主直接得价，佃农更是顿时失地破产。

总之，永佃制下佃农经济状况、经济和社会地位的改善或变化，情况复杂多样，必须客观、全面地进行考察、评估，实事求是，具体情况具体分析，不能带有任何主观偏见，否则所得结论，必然偏离历史实际。

三 对农业生产发展的促进作用

不论荒地开垦，还是熟地耕作；不论农业新垦区，还是农业老区，永佃制对农业生产发展的促进作用，都是相当明显的。

在传统封建租佃制度下，地主可以随意撤佃，大多租期短暂，佃农流动频繁，经常换主，不断搬家。搬家本身消耗大量的生产劳动时间和人力、物力，对农业生产和社会经济，都是一种浪费和损失。有人曾对这种浪费和损失，作出中肯的分析，认为佃农过度流动，"自这个农场迁移到那个农场的费用，不能由他在新农场上的劳力和资本的边际报酬的相等加增，加以平衡"。因此佃农的迁移费，成为社会的浪费，诸如家庭设备、牲畜、家

---

① 《直隶清赋问答》，第 42 页。
② 《户部则例》，同治四年校刊本，卷 10，田赋，第 20 页。
③ 《户部则例》，同治四年校刊本，卷 1，田赋，第 26 页。

具搬迁现金，谋求新农场消耗的时间、金钱，贱卖幼畜、设备、家具的损失，旧社区"好誉"的消失，新社区"好誉"获得所耗去的费用，对新农场物质和经济环境适应期间的损失，等等。总之，佃农的过度流动，会"抑制农业效率"，因而抑制社会的"净产品"。① 在永佃制下，佃农生活相对稳定，上述浪费大大简省，是对农业生产和社会经济的一种直接或间接的保护和推动。

在传统封建租佃制度下，佃农由于租佃关系不稳定，土地耕作和劳动成果没有保障，生产积极性被严重挫伤，根本无心改善经营管理，至于施放肥料、改良土壤、兴修水利、提高土地沃度等长期收效的规划和投资，则几乎成为不可能。广东稻田，因租期甚短，普通三年五年，一年的也不少；或者并无定期，地主可以随时收回或改佃。"在无定期又非永租的租佃下，佃户自然不会充分地加肥料，地力就很快地降低。"② 其他地区的情况也一样。正如民国时期的调查者所说，"佃农所视为最苦之问题，即为佃种权之不确定，或租种期限之不定，或时间过短，因此佃农不能安心耕作，不肯施用永久肥料，不欲改良土地，多存五日京兆之心，但求目前之多量生产，而不顾其后，其结果也，地力尽失，生产愈微，不仅业主与佃户互有损失，即对于社会生产上，亦有影响，遗害国家之生计，实非浅鲜"。③ 因此，一些地区有"换佃三家穷"之谚，④ 亦即换佃过勤，则佃户穷、土地穷，地主亦穷。地主愈是用换佃增租的手段加强对佃农的剥削，佃农愈是被迫用耗竭地力这种杀鸡取卵的办法来维持农业生产，其结果是佃户穷、土地穷；由于土地产量递减，佃农负担地租的能力下降，地主的地租收入减少，最后地主也不得不穷。至于作为生产命脉的水利，在传统封建租佃制度下，由于佃农无耕作保证，往往受到严重掣肘。有人在论及江苏太仓海塘河堤失修原因时称，境内农田"岸塍多坏，其说有五：小民困于工力难继，则苟且目前而不修；大户之田与小民错壤而处，一寸之瑕累及百丈，

---

① 章柏雨、汪荫元：《中国农佃问题》，上海商务印书馆民国三十六年版，第53页。
② 陈翰笙主编：《广东农村生产关系与生产力》，中山文化教育馆，1934年刊本，第25页。
③ 沈时可：《海门启东之县农租制度》，《民国二十年代中国大陆土地问题资料》第60册，（台北）成文出版社有限公司、〔美国〕中文资料中心1977年版，第31027页。
④ 章柏雨、汪荫元：《中国农佃问题》，上海商务印书馆民国三十六年版，第33页。

即大户亦徘徊四顾而不修；又有小民佃大户之田，以田非己业，彼此耽误而亦不修；或业户肯出本矣，而佃户心虞岸成更佃，虚费故事而不实修；或工费浩大，望助于官，官又以钱粮无措，厚责于民，则公私交诿，修无日矣。无怪日坏，而水旱频罹也"。① 其实，与小民错壤的"大户之田"，以及招佃收租的"小户之田"，又何尝不是因为佃农"以田非己业，彼此耽误"而田圩失修。佃农没有土地耕作权的传统租佃关系无疑成为一些地区水利失修的主要原因。基于此，农业生产的停滞和破坏是不可避免的。

而在永佃制下，佃农持有佃权，土地耕作有了最基本的保证，生产经营上有了一定程度的自主权，租额是固定的，佃农就有可能通过增施肥料、加强田间管理、改良土壤、兴修水利等多种措施，提高产量，增加收益，从而大大提高了他们的生产积极性，为农业生产的发展开辟了道路。这就至少在某种限度内暂时缓和了生产关系和生产力的矛盾。因为佃农最担心的是地主撤佃增租，这是妨碍佃农积极发展生产的重要因素之一。而永佃制则在某种程度上解决了这个问题。为了刺激农民的生产积极性，一些地主不得不在租约做出"永不增租夺佃"的保证。在清代台湾，一些"荒地招垦字"往往载明，土地开垦成熟后，即使"价值万金"，地主也不得"另生异端"，撤佃增租。② 旱地租契则有这样的条款："若佃人开成水田"，地主"不得加租"。③ 还有的"垦荒字"或"招佃字"写明，"其界内所有田园、埔地，不论已垦、未垦，任从佃人开辟耕种，业主不得再议抽的（按即产量分成）"；"永不得于定额铁租外加收点粒，亦不得再言勘丈升科"。即使官府清丈加赋，也是"业主一力抵挡，不干佃人之事"。④ 等等。

事实上，永佃制对地主和封建官府而言，也起着招徕和固着人手的作用。太平天国战争后，江浙皖地区，人口锐减，土地荒芜，地主和官府急于招佃承垦，以便收租征赋，而佃农因地多人少，土地供求矛盾大大缓解，又恐垦熟后耕作无保障，因而不肯承佃垦耕。在这种情况下，地主和官府往往不得

---

① 民国《太仓州志》，民国八年刊本，卷6，水利下，第39—40页。
② 台湾银行经济研究室编印：《清代台湾大租调查书》第1册，1963年印本，第140页。
③ 台湾银行经济研究室编印：《清代台湾大租调查书》第3册，第420页。
④ 参见台湾银行经济研究室编印：《清代台湾大租调查书》第1册，第143—150页。

不许给永佃权，以广招徕。安徽、浙江一些地区就是这样。在浙江，左宗棠招垦时明确规定，客民开垦成熟后可以永远耕种。除佃户欠租一年以上许业主撤佃外，业主平时只能收租管业，而不得任意撤佃。[①] 在台湾云林县，大租户金大全揽垦荒地，给发垦单升科在案。但因"资本不敷，无力自垦，必须招佃承耕，方免田芜粮累"。乃以永佃轻租招徕人手，承诺佃人备本垦耕，准其永佃。首年免租，次年一九抽收，第三年一九五抽的，自第四年起，永远二八抽收，"不因田园肥美多增租税；遇有丰歉不齐，随时计议酌减，不使佃人受亏"。但因未有官府告示，佃人"不敢承领佃字，备本耕种"。在大租户的请求下，光绪十七年（1891）十月，云林县衙张贴告示，动员佃人"即赴金大全大租馆承领佃字，自备资本耕种，准予永佃"。并令金大全"概照前禀抽纳大租，不得额外加租，各佃亦勿拖延短欠"。[②]

有了这样的保证，佃农就消除了因为开垦余荒、改良土壤而被夺佃增租的顾虑，可以充分而合理地利用地力，改良土壤，发展农业生产。

永佃制对土地开垦，起了极大的促进作用。在开发土地的过程中，某些地区的佃农，还采取了集股合资的方式，进行较大规模的规划和开垦，从而加速了这些地区特别是农业新垦区的土地开发。这在传统封建租佃制度下，一般是不可能的。特别是在清初和太平天国失败后，农业生产遭受严重破坏，一些地区的农村劳动力极度匮乏，耕地大量荒芜，无人垦复，农民获取土地的机会大大增加了，如果地主阶级不改变策略，许给佃农永久耕作权，农业生产是难以得到较快恢复和发展的。永佃制对台湾、内蒙古、东北、崇明岛的土地开垦，陕南、赣南、闽西山区开发等，都有明显的推动作用。因此，同传统封建租佃制度比较，永佃制在调动佃农的生产积极性、恢复和发展农业生产方面，是有其积极作用的。

永佃制不仅在人少地多、劳力缺乏的情况下，促进和加速了荒地开垦，在农业生产正常运转的情况下，对耕地的修复、养护、改造也有不可忽视的作用。在一些地区特别是丘陵山区，农地坍塌、水冲、石埋、沙压的问

---

① 孙文郁编：《豫鄂皖赣四省之租佃制度》，金陵大学农学院经济系，1936 年刊本，第 109—110 页；国民党政府司法行政部：《民商事习惯调查报告录》（一），民国十九年刊本，第 462 页。
② 参见台湾银行经济研究室编印：《清代台湾大租调查书》第 2 册，第 280—281 页。

题经常发生，轻则地块坍塌，作物减产，重则耕地全部报废。在传统租佃制度下，因无佃权保障，佃农一般不愿出资投工修复，而是主动退佃，即使不退佃，也因土地减产或绝产，无力交租。在这种情况下，一些地主撤佃另招，被迫改用永佃制，许给新佃以永佃权，换取佃农对耕地的修复、改造，保证地租征收，在永佃制流行地区尤其是这样。如台湾有一宗庙地，道光初年被水冲没，"十有一、二"，地租减收。后原界浮复，道光九年（1929）业主立给"垦单"，令佃农自备工本，垦成田园，年纳租谷 1 石 8 斗，"永远为业"。① 冲塌的耕地得以修复再用。

由于佃农有了田面权，开始重视农田水利，有的通过修建水利设施，又进而获得若干新的土地田面权。于是作为农业命脉的水利问题，不仅得到了较好的解决，而且形式、方法灵活多样。

在清代台湾，一些永佃契约规定，大型水利干渠，或业四佃六，或业佃均摊，共同筹资修建。如乾隆二十二年（1757）的一纸"佃批字"写明，"若遇筑大陂圳水，业四、佃六均派；田头小陂圳水，佃人自备工力，不得推诿"，资金、责任明确。② 某些平埔高山族屯丁养赡田园，也都扣减租额，留给佃农兴修圳渠。如道光十七年（1837）一纸"永远照贴纳租字"载明，其田 108 甲（1 甲合 11.3 亩），例应按甲递年纳租 8 石。但因该处"过近生番"，陂圳修筑、养护危险，业主决定每甲减收租谷 4 石，贴补佃农"雇募乡勇筑陂修圳之需"，"永远定例"。③ 也有的用让渡土地耕作权的方式，以换取佃农的土地开辟和水利工程的修筑。如秀朗社高山族业主，原以传统租佃形式召佃垦荒，但佃农"不能用力开垦"，而自己又无力垦辟，只得改用永佃方式另召新佃，令其自备伙食工本，开筑陂圳灌溉水田，言明 4 年内免租，4 年后按甲纳租，其田园即付四佃"子孙永为己业"。④ 一些规模较大的水利工程，则几个村社联合采用"割地换水"的方式，由某些资金雄厚的垦户出资修建。如岸里、搜揀、乌牛栏等 4 村社，因水源不足，旱埔农

---

① 台湾银行经济研究室编印：《清代台湾大租调查书》第 1 册，1963 年印本，第 112 页。
② 台湾银行经济研究室编印：《清代台湾大租调查书》第 1 册，第 72—73 页。
③ 台湾银行经济研究室编印：《清代台湾大租调查书》第 5 册，第 808—809 页；第 1 册，第 72—73 页。
④ 台湾银行经济研究室编印：《清代台湾大租调查书》第 2 册，第 192 页。

地，"历年播种五谷未有全收"。雍正十年（1732），四社商请张振万等 6 家垦户，筹集资金 6600 两，开筑大坝，修建引水公圳，将水引入四社，"灌溉民田、番田，共保水源充足"。村社则划拨土地供 6 家垦户"前去开垦，以抵开水银本"，日后"不敢言找言赎侵越等情"，而每家垦户年纳租粟 100 石，由村社"自己到佃车运"。① 在尚处于土地和农业开发早期阶段的台湾特别是高山族村社，垦户之所以愿意自行筹集 6600 两银子、调配足够数量的劳力，修筑大坝和引水干渠，应主要归功于永佃制。高山族村社"割地换水"，划拨一片荒地给张振万等 6 家垦户耕种，按额交租，永不"言找言赎"，用的是永佃制；张振万等 6 家垦户转招佃户，筑陂开圳，垦耕该片荒地，令其"永远为业"，并按额交租，一部分转交高山族村社，一部分垦户自得，用的同样是永佃制。就是这样，凭借一片荒地的永佃权，庞大的水利排灌工程顺利建成了。

不仅民田、番田，清代台湾一些官田的公共水利设施，也都是持有永佃权的佃农合伙修建，自行维护、管理。如光绪十五年（1889），佃首陈阿寿，股首邱阿娘、张天水等人奉令自备工本垦辟九芎坪一处"近番"荒地。为此，陈阿寿等招得 60 户佃农自备工本垦耕，"建庄筑屋，凿陂开圳，圳水均匀灌溉"。界内青山、埔地拈阄均分，各界各管，辟成田园，"异日听官章程，按甲征租，永为己业"。由于地处山区，经常洪水为患，水圳时有毁坏、改道之虞。所以，"招佃分管定界字"特别批明，"圳路倘被洪水冲破，各股田中任众佃圳水通流，各不得刁难"。② 在没有官府出面、出资的情况下，佃首、股首组织、调配 60 户佃农自备工本建庄、垦地、修圳，并强行规定，倘圳路被洪水冲破，各股田地须"任众佃圳水通流，各不得刁难"。这一切恐怕只有在佃农持有永久耕作权的情况下，才可能做到。因为在传统租佃制度下，佃农没有佃权，虽可照约垦荒，但不可能自备工本，戮力修筑陂圳；而如果在荒地垦熟后归垦荒人私有的情况下，多数土地所有者又不会答应自己田地任公众圳水通流。这就是永佃权在某种特定环境下独有的优越性。

① 台湾银行经济研究室编印：《清代台湾大租调查书》第 1 册，1963 年印本，第 23—24 页。
② 台湾银行经济研究室编印：《清代台湾大租调查书》第 1 册，第 28—29 页。

清代台湾其他不少陂圳等水利设施的兴建、修护，也大都是永佃农合伙或高山族村社与永佃农合作、协调，才得以完成。彰化东势角庄一带原有民、番旧筑陂圳一座，流灌民、番田业，但因深入内山，常被"生番"破挖，以致田禾失收。嘉庆九年（1804），"番民"量度地势，集资另开新陂圳一条，配合旧圳接济通流，以助不足。并订有条规，修筑新圳的工程费用、圳匠水甲辛劳工谷，以及新旧水圳的护卫、维修管理，按受益田亩和水甲数量，一体均摊，比较圆满地解决了番民农田的水利灌溉问题。①

有的佃农力量单薄，或工程费用过大，佃农本身无法承担，还自行联合约请财力充裕的商号或其他人出资兴修，以按年交纳水租的方式偿还。下面是一纸邀约开筑水圳的"合约字"，借以窥测此类修圳方式的一般情形：

> 同立合约字人王腊、陈奠邦、简怀苑、赖阳等与东势庄一、二、三、四、五等结众佃魏建安、林华等，甘愿具立请约，邀请长庆源号，即简怀苑、陈奠邦、赖阳等出首作为合伙，充当东势埤圳主，掌管清水沟溪头开筑水圳，灌荫一、二、三、四、五等结田亩，递年众佃每甲田愿纳水租粟三石正。但溪头圳路绵长，工本浩大，动用银元计以数千。苑、邦、阳等既已甘愿出首承充，作为合伙，其工本银元作十股均开，陈奠邦、赖阳、王腊出六，简怀苑出四，以便需用。佣工开凿圳道，务宜同心协力，备济本银，不得违约延宕。其大圳出水告竣，以后递年所收众佃水租谷按照作十股均分量收，邦、阳收得水租粟六股，苑收得水租粟四股，不得违约反悔，异言生端滋事。此系二比甘愿，合伙开筑，今欲有凭，同立合约字一样二纸，每人各执一纸存照。
>
> 批明：我等所出本银，务照约内股份均出，不得临工推诿，致有一马不行，百马之忧。如有股内失约，应得所出本银若干，俟三年后股伙清还本银，将股份扣销，不得异言滋事，批照。
>
> 嘉庆十六年十一月日立合约字人王腊、简怀苑、陈奠邦、赖阳②

---

① 台湾银行经济研究室编印：《台湾私法物权编》第 6 册，1963 年印本，第 1154—1155 页。
② 台湾银行经济研究室编印：《台湾私法物权编》第 6 册，1963 年印本，第 1159—1160 页。

彰化东势庄众佃户，因引灌溪水，圳路绵长，工本浩大，动用银元计以数千，根本无力负担，立约邀请长庆源商号诸股东充当"圳主"，合伙出资佣工开凿圳道，佃农无须筹集和承担筑圳费用。合约规定，大圳竣工出水后，各佃递年每甲田交纳水租 3 石，作为"圳主"开凿、维修水圳投资的回报。这实在是一种十分明智和稳妥的方法，不仅建设和完善了农田水利，发展了农业生产，提高了农田单位面积产量（在通常情况下，水田产量比旱地高二分之一到一倍左右），同时大大增加了佃农的农业收益。而后者只有在永佃制下才能达到。所以也只有在永佃制下，佃农才会想出这种聪明而稳妥的办法。

有的永佃农或垦户所修圳渠水量充足，自用有余，还可以水换地，扩大土地和耕作面积。光绪六年（1880）的"垦田约字"是一个很好的例子：

同立垦田约字圳主潘涵源、业主许光盛等。窃谓开疆拓土，宜资沟浍之功；辟地成阡，当藉水源之利。缘源备本雇工，自赤土窟白石溪开筑大圳，透出枋山庄引灌田亩，盛见其水源浩大，欲此埔地易水。爰是托中邀同圳主相议，愿将明买枋山庄何、张两家田业山埔全段，踏出半段，东至大仑分水王家毗连界，西至坑旧田界，南至顶上无尾仑透横路界，北至蔡家湖底田头横路界，四址明中踏明，立字分管，随将埔地半段，交付涵记掌管，开辟成田，收租纳课，永为己业。圳主亦将圳水分付盛记，永灌田亩，庶几因水利而共利之，指日成良田万顷，无使诸山荒而久荒也，终年收香稻千仓。此系二比甘愿，各无反悔，口恐无凭，同立垦田约字一样二纸，各执一纸照。

即日同中光盛明踏埔地半段，交付涵记掌管，任从开辟成田，弗敢阻挠，声明，批照。

一、批明：涵记圳水付盛记灌荫自己田亩，水尾仍归圳主收回，不得私漏，声明，批照。

香稻千仓。

光绪六年九月　日同立垦田约字　圳主潘涵源
业主许光盛。

代笔　刘吉人

为中　蔡文和①

"圳主"潘涵源自备工本，雇工修筑大圳，水量自灌有余，业主许光盛见此，将自置田业山埔荒地，划出半段，用来换水，灌溉田亩，业主、圳主两得其利。

一些圳渠在筹划、设计和施工过程中，佃农和修建人根据社会环境和地形条件，采取灵活多样的方法，有些经过番界番田的水圳，为了避免日后因水圳占地可能引起的纠葛，采取一次性购地的方法；对凹洼地形采取架造浮枧的方法；对佃农是否帮工修筑的不同情况，则调整水租标准，等等。② 所有这些，不仅显示了永佃制对土地开发和农田水利建设的促进作用，也反映出佃农在永佃制下兴修水利过程中显露出来的聪明才智。

永佃制对农业生产发展的促进作用是十分明显的。不过同时也有其局限和不利影响的一面。

第一，永佃制同押租制一样，大量占用佃农生产资金，加大了社会资金在土地上的沉积比例。相当一部分永佃权是由佃农价买而来，除了直接向地主购买，还有佃农之间的顶退，也有少数地区的佃农通过缴纳押租获得佃权。这些都要耗费佃农一大笔资金，而且随着时间的推移和永佃制的发展，垦荒等原始永佃愈来愈少，除"卖田留耕"外，绝大部分现耕永佃农持有的佃权，都是佃农都是通过价买取得。在佃权的多次买卖或顶退过程中，由于人口增加，佃农竞佃，加上地权兼并，佃权价格不断上升，甚至远远超过租权价格。佃农耗费在佃权购买上的资金越多，用于农业生产的资金越少。甚至购买佃权的资金就是高息借贷而来，买进佃权后，既要筹措生产资金，缴纳地租，还要偿还债务，经济相当拮据，有的根本无条件进行正常的生产活动。这对农业生产的拖累是不言而喻的。

第二，地主寄生性强化，社会寄生阶层扩大。在传统租佃制度下，地主同土地及佃农的关系相对密切，虽不事耕作经营，但在不同程度上干涉

---

① 台湾银行经济研究室编印：《台湾私法物权编》第1册，第121—122页。

② 参见台湾银行经济研究室编印：《台湾私法物权编》第6册，第1160—1161页。

或监督佃农生产，或以租借等方式提供部分生产资料，在帮工佃种制（分益雇役制）下，更是大部分甚至全部生产资料都由地主提供。在永佃制下，最典型的情况是地主"认租不认地"、"认佃不认地"，与土地和农业的关系淡化到最大限度，买地收租变成一种单纯的资金借贷。地主钱财进一步从农业生产中游离出来，地主变成更加地道的寄生虫。不仅如此，由于租权分割不受地块制约，可以任意分拆零卖和无限分割，单个租主对某一丘坵的租权持有量不断缩小，但又不能换佃或收回自耕，如无其他土地垦种，尽管家庭收入下降，仍然只能吃租，导致社会食利、寄生阶层扩大，农业劳动人数和所占比例相应下降。这对农业生产的发展也是显然不利的。

同时，在永佃农可以自由转佃、典卖佃权的条件下，相当一部分田面与直接生产者分离，由耕作权蜕变为收租权，结果在原有地主（田底主、大租主）之外，又衍生出一批被称为"田面主"（小租主、二地主）的中间剥削者和寄生虫。这对农业生产的破坏是双重的：一方面，农业生产者人数减少，不劳而获的寄生者增多；另一方面，现耕佃农须缴纳双重甚至三重、多重地租，经济负担进一步加重，不仅剩余劳动被囊括一空，相当部分甚至绝大部分必要劳动也被剥夺，无法补偿生产和体力消耗，农业再生产的规模不断缩小，条件愈加恶劣，从而加速农业生产的萎缩和衰退。虽然田面由耕作权蜕变为收租权是永佃制分解、蜕变的结果，并非永佃制本身的过错，但它毕竟缘于永佃制。因为只有在永佃制度下，佃农才可自由转租、典卖佃权，并由此导致田面由耕作权向收租权的蜕变。这或许是永佃制作为一种带有某些历史进步性的租佃制度的悖论所在。

第三，永佃制是一柄双刃剑。从某个角度看，永佃制给佃农提供了稳定的土地使用权和相对安定的生产和生活环境，可以毫无顾虑地改良和充分地利用土地，种植那些收效较慢但收获期较长的经济技术作物，如苎麻、油桐、果树、茶丛等，为资本主义性质的经营创造了条件；但从另一个角度看，由于土地所有权和使用权的分离，加上田底权不受限制的拆散零卖和无限分割，又给土地的集中统一和合理利用，造成了难以逾越的障碍。

在一些永佃制发达地区，土地关系的基本情况是，地权集中，而土地的使用异常分散，大部分土地集中在少数地主手中，但对每个地主来说，地块是分散、零碎的。即使地块集中，也被零碎分割使用。永佃农世代守着一小块田面，进行极小规模的农业经营，再辅以某些家庭副业，过着半饥半饱的生活。一小块佃权或田面，就是他们唯一的生活来源和希望，也是束缚他们的一条无形的锁链。像这种类型的永佃农，本身既无多大希望发展资本主义性质的生产经营，或为资本主义积累资金，提供原料和产品市场，也排斥土地的所有者或其他人集中统一使用这些土地，进行资本主义性质的生产经营，排斥封建地主和富农向经营地主或资本主义租地农场主转化。在某些永佃制盛行的地区，往往出现一种奇特景象：以出租土地为生的地主，其大部分自耕地却是租来的；靠租种土地为生的贫农，自有的小块土地却不能自耕，而必须出租。据调查，浙江永嘉某村 4 户地主，占地 261 亩，其中出租地 251 亩，占全部土地的 96.2%，而他们自种地 88 亩土地中，却有 78 亩是租来的，并且 74 亩有永佃权。同样，贫农一方面苦于无地可耕，另一方面，对自有的少量土地，由于没有使用权，又不能收回自种，而只能收租。因而出现地主租地耕种，而贫农出租土地的怪事。如该村贫农、雇农持有的 396.25 亩土地中，竟有 118 亩出租，占 29.8%，比富农 20.9% 的出租地比重还高出 8.9 个百分点。贫农、雇农的出租土地中，110 亩（占 93.2%）只有田底权。[1] 这是 20 世纪 30 年代的调查材料。但是，当时永佃制早已处于分解和衰微态势。因此，这种情况绝不是当时才有的，而是早在清代就发生了。这种情况说明，在永佃制条件下，由于土地所有权和使用权的分离，集中统一使用土地、进行较大规模的农业经营，比在传统租佃关系下更为困难。

四　永佃制对农业资本主义
因素产生的促进与制约

商品生产和雇佣劳动是资本主义产生的两个历史前提。永佃制是在封

---

[1]　国民党政府农村复兴委员会：《浙江省农村调查》，商务印书馆 1934 年版，第 188 页。

建社会晚期商品经济有了较大程度发展的情况下出现的。它的出现反过来又加快商业性农业和农业雇佣劳动的发展。从这个角度说，永佃制对农业资本主义因素的产生和增长，带有某种促进作用。

由于永佃农在生产上有较大的独立性和稳定性，能够摆脱或减弱对地主的依附关系，加强同市场的联系，尤其是永佃农有稳固的土地使用权，地权的转移不影响佃农的土地使用，使佃农可以在生产上做出长期规划，从事一些技术性较强、收获期较长的经济作物或其他商品性作物的种植和生产，如种植茶叶、蓝靛、烟草、棉花，或垦山种树、伐木造纸、种蔗制糖，等等，刺激了佃农的生产积极性，拓宽了生产领域，一些土地耕作面积较大、经济条件较好的永佃农，则可使用雇佣劳动，扩大商品性生产，直接刺激了农业资本主义因素的成长。

（一）永佃制与经济作物种植及农业商品性生产

相对稳定的佃权、固定不变的地租，为耕作者的经济作物种植、农业商品生产创造了最基本的条件，明显刺激了佃农的生产积极性，在一定程度上促进了经济作物种植、农业商品性生产的发展。

1. 永佃制与经济作物种植

永佃制十分盛行、"田皆主佃两业"的江西新城（今黎川）一带，18世纪后，烟草的种植从无到有，迅速兴起、扩大，佃农彼此效尤，"一人栽烟，则人人栽烟"，新城"烟叶向凭客商贩自土地广饶有闲地种烟之处，今则外郡客转贩烟于新城"。因栽烟必须沃壤，原来用于种稻的"腴田"，相继改为烟田，更"有一种无恒产者，专靠赁田栽烟"。不仅男劳力专责栽烟，妇女亦加入其中。往昔"农家妇女馌饷而外，纺织为本，今皆唯烟是务，不知织布何从出"。因栽烟大量占用稻田，导致水稻种植的大幅缩减和粮食供给短缺，粮价昂贵。"烟之多年甚一年"，民食不足亦年甚一年，"合大小业约少谷以十余万计"，谷价由原来每石六七百文"贵至二千上下"。永佃农无疑是烟草种植的主力军。① 不过这股来势迅猛的"栽烟"风，很快

---

① 同治《新城县志》卷1，地理志·风俗，同治九年刊本，第16—17页，附嘉庆十年《大荒公禁栽烟约》。

被嘉庆十年（1805）掀起的"公禁栽烟"运动压了下去。烟草种植急剧萎缩，烟草甚至在新城绝迹，以致同治《新城县志》的"土产"一节中，根本没有提到"烟草"。① 在永佃制广泛流行的福建汀州、永安地区，同样栽种烟、蔗之风炽盛。汀州"八邑膏腴之土，种烟者十居三四"。② 其中应有不少是永佃农。永安"山多田少，依山者半皆梯田"，因种蔗栽烟"利较谷倍"，农民"佃田不顾民食，将平洋腴田种蔗栽烟"。到道光年间，"生齿日繁，寄居者众"，以致"产谷不足"。③

福建还有不少永佃农租地、租山植茶。南平叶姓族众，同治十二年（1873）将一大片荒山批给房亲栽种茶子，搭厂造茶，"永远耕作"。其后茶树枯老，亦任凭承租人"上顶下退"，令租山人无后顾之忧。④

在清代台湾，租地垦荒栽种茶叶的永佃农就更多了，既有单个农户租种，也有多户（人）合伙耕营。

台湾茶叶生产起步较晚，雍正乾隆之交在山区才有上山采茶、制茶活动出现。可能因为采茶引发冲突，影响社会治安，官府、社团曾明令禁止，乾隆三十八年（1773）所立的一纸番地"分垦耕字"，即明令禁止佃农"采茶斗殴"。⑤ 嘉庆年间（1796—1820）开始引种福建武夷茶树，同治元年（1862）淡水开埠后，茶叶种植业加速发展，当时台湾永佃制已走向衰落、蜕变。然而，垦荒种茶、茶园经营主要还是在永佃制和接近永佃的长期租佃形式下进行的。

光绪二年（1876），佃人傅祖荫备出垦底银 49 元，租垦面积颇大的山场水田一处，"开田耕作，栽种茶丛以及杂果等件，永为己业"。栽茶落地 3 年，每千丛每年缴纳山地租银 6 角。⑥ 佃农黄承兴备出"垦底价银"150 元，向高山族业主租得埔地一处，建造房屋，栽种风围杂果、茶树、埔禾、

① 见同治《新城县志》卷1，风俗·土产，第1—10页。
② 王简庵：《临汀考言》，康熙间刻本，卷6，详言。
③ 道光《永安县续志》卷9，风俗，道光十四年刊本，第2—3页。
④ 杨国桢：《清代南平小瀛洲山契辑说》，《中国经济史论文集》，福建人民出版社1981年版，第297页。
⑤ 台湾银行经济研究室编印：《清代台湾大租调查书》第2册，1963年印本，第363页。
⑥ 台湾银行经济研究室编印：《清代台湾大租调查书》第1册，第127—128页。

地瓜，"永为已业"。所种茶丛"每年各万"，到光绪四年（1878），3年已满，立约配纳大租银 1.5 元，埔禾、地瓜则"二八抽的"，业主得二成，佃农得八成。[①] 光绪九年，竹堑社高山族业户钱荣和，一方面因钱粮无出，另一方面因"台山名种"茶树"处处栽种甚殷"，乃将乾隆年间遗下的一大片"牧牛荒埔"，批给赖左进、谢庚辉、金建茂等 7 名佃人，架造茶寮，栽种茶丛，"永为已业"。凭中三面言定，佃农缴纳"埔价垦批银" 180 元，"茶丛落地三年足后"，每万茶丛递年供纳课租银 2 元，"丰荒两无加减，永为定例"。垦辟字又批明：埔地限期 10 年种足茶丛，届期若无石之地未栽茶丛，"照丛阔例纳租"；风围竹木业主不能抽的，但"若无石之地种树、竹，照茶头纳租"。[②] 业户以永佃许诺吸引佃农种茶；又以"茶头"租例强制佃农种茶。所有这些，都有利于佃农的茶树栽植和茶园经营。

有的虽非明确永佃，但也不是普通定期或不定期租佃。业主杜伦有应分山场埔地一所，因"乏力自栽"，光绪十二年（1886）招得佃人张赐承瞨，自备工本起盖茶寮居住，栽种地瓜、茶丛、杂物等项。凭中言定，佃人先备出无利佛银 20 元，借与业主，然后在 3 年内种足 3 万丛茶树，每万丛茶至 3 年后，逐年交纳茶租银 4 元，3 万丛共计 12 元。应纳租银先抵冲 20 元借款，余者送交业主应用。租佃未定期限，但租约载明，"至日久若不欲收成，业佃字据两相交清"。[③] 所谓"不欲收成"，既因茶丛老枯，抑或包含佃农迁移别创等原因，但业主强行撤佃的可能性不大。

在清代台湾，还有田面转租的永佃农植茶。清代台湾的稻田田面转租，大多是三年、五年的短期租佃，十年、八年的中期租佃很少，更无长期租佃。而用于栽茶的埔园田面转租，因茶丛的生长和收获期较长，多采用永佃或二三十年以上的长期租佃。如业主江次德有承父于光绪九年（1883）间取得的霄里社埔地 6.784 甲，租给佃农黄丙南垦种。黄早前于埔地内，自备工本，栽种茶丛，未行丈量计租。"恐日后有争长短，致伤和气"，双方乃于光绪二十六年（1900）立约，踏定茶园界址，丈量面积（4.3 甲），交

---

① 台湾银行经济研究室编印：《清代台湾大租调查书》第 2 册，第 594—595 页。
② 台湾银行经济研究室编印：《清代台湾大租调查书》第 4 册，第 597—598 页。
③ 台湾银行经济研究室编印：《台湾私法物权编》第 3 册，第 690—691 页。

付黄丙南"前去培植，永远为业"，逐年配纳租银6元，"大租一概归于次德自纳"。① 植茶业导致永佃制的延伸，反过来也说明永佃制对植茶业的关键性作用。

从一些茶丛买卖契约也可发现佃权或田面租佃下的植茶永佃。如佃农邬阿来，光绪十年（1884）向"山主"李洪、李芨记租得埔地一所、山排一段，自己栽种茶丛，后因"乏银别创"，光绪十七年将二处茶丛作价16元，立契"尽根卖断"，交由买主张鼎生"前去掌管，收租纳课，永为己业"，同中三面言定，每千丛每年应纳垦户李美盛大租银1角2分，应纳李洪、李芨记小租银4角8分。② 茶丛转手，但永佃制继续，只是又加了一重地租剥削。

在台湾，也有的植茶"永佃"称为"永耕"。如光绪十一年（1885）三月，佃人王国英备出"无利碛地银"6元，与同族园主王万成订立"招贌永耕埔园地合约字"二纸（主佃各执一纸），租得埔园地一所，自备工本、栽种茶丛。三年后除纳园底主大租外，递年缴纳小租银2元。租契特别载明，"此系永耕，逐年租银不得增加减少，别生观觎滋事"；"异日茶枯丛败，愿将茶园交还园主掌管，其无利碛地银交还佃人收回，各不得推诿"。③ 业主林浚哲将荒埔一处贌与佃人邱送德"自备工本，永远栽种茶树"。光绪十二年十二月双方一同点算，计茶树4万丛，约定每万丛交租银12元，合计全年租银48元。"永耕约"载明，"此系永远耕种，并非年数有限。至于茶树枯槁，佃人自当补种，不得以损失之额扣抵地租银额。爰立荒埔永耕约字一样二纸，各执一纸存照"。④ 有的因待垦荒山面积过大，无力垦耕，业主也不得不采用"永耕"形式，招佃栽茶。如"埔主"李宝山、李历山等，在光绪间台湾府衙给批放垦内外山场时，"分管之业广阔"，一直"乏力耕作"，乃于光绪十九年（1893）招得佃人张鼎生，给出山埔一段，令其自备工本，栽种茶丛、风围相思，"陆续栽种，陆续过点"，言明茶丛落地3

① 台湾银行经济研究室编印：《清代台湾大租调查书》第1册，1963年印本，第141—142页。
② 台湾银行经济研究室编印：《台湾私法物权编》第4册，第1061—1062页。
③ 台湾银行经济研究室编印：《清代台湾大租调查书》第1册，第172—173页。
④ 台湾银行经济研究室编印：《清代台湾大租调查书》第4册，第1071页。

年后，递年每万茶丛应纳大小园租 7 元，"无论丰歉，两无加减，永为定规"。"永耕字"同样载明，"倘日后茶丛枯槁，其想思风围等项，任从佃人砍伐，埔主不得异言，亦不得均分，即将山埔交还埔主掌管"。① 交还茶园、山埔的条件是茶丛枯槁，无法经营。如佃农适时浇灌、补栽，保持茶丛、茶园可持续经营，亦可长远耕作。"永耕"的租佃条件显然对佃农有利。

这些茶园不论是永佃农自家栽植经营，还是转租，现耕佃农都有永佃权，看来永佃权茶叶生产的一个重要条件。

长期或不定期租佃同永佃或"永耕"相近，条件也相对灵活。"埔主"林柔记，有承祖父明买受水田连埔地一处，埔地长期未垦。光绪七年（1881），佃人林拔记求租植茶，主佃订立"栽植种茶合约"二纸（主佃各执一纸），林拔记备出无利碛地银 24 元，自备工本，起盖茶寮居住，"竭力栽植种茶"，每万茶丛连同寮地递年缴纳大、小租银 10 元。3 年后经点算，共计茶树 9.25 万丛，应纳租银 92.5 元，租期 30 年，茶园规模颇大。租约批明，倘若 30 年届满，"茶丛尚未枯槁，连茶寮该纳大小租银仍照字内所行"。② 这说明租期较为灵活，并不严格限定为 30 年。光绪十八年（1892），"园主"林隆发将所购埔园一处，膜与萧阿兴自备工本，栽种茶树、风围竹木，架造茶寮，打理稻埕、菜园等，租期 32 年。当日三面议定，林隆发备出无利碛地银 19 元，栽种茶树 13396 丛，栽茶 3 年限满，不得栽种杂物，每年该纳大、小园租银 16.076 元。值得注意的是，只要不影响地租收入，"园主"并不反对佃农转租。"合约字"批明："种茶或自己耕不论，要膜他人，须要陈明园主收租"。③ 32 年的长期租佃，再加上转租权，就给了佃农的茶园经营以充分的保证。

有的山坡荒原，可能因地处偏远、山高坡陡，乏人问津，租佃条件更为宽松。光绪十七年（1891）元月的一纸"招膜耕合约字"显示，叶仕好兄弟有承父遗下山埔地一所，位于"石崁顶"，"因乏佃耕种"，只得"托中引就"佃农陈联生出首承膜栽茶，同中三面议定，租期自辛卯年起至己巳

---

① 台湾银行经济研究室编印：《清代台湾大租调查书》第 4 册，第 1068—1069 页。
② 台湾银行经济研究室编印：《清代台湾大租调查书》第 1 册，第 169—170 页。
③ 台湾银行经济研究室编印：《台湾私法物权编》第 4 册，第 1071—1072 页。

止（1891—1929），长达 39 年。茶秧落地三年后，每千丛每年贴纳山税银 5 角；再限 10 年一过，每千丛贴纳山税银 3 角。业主承诺 10 年后大幅降低租额，并特别声明，"山埔地同中踏付，佃人乏力工本栽种茶丛等情，不得异言"。① 看来业主的最大愿望是佃农长期耕种，而不要中途借故退佃。这一个案说明，近乎永佃制的长期租佃也给植茶业提供了广阔的空间。

还有的为近似长期租佃的不定期租佃。业主林本源有自置埔地一处，因系"高旱之区，水源难通，不能成田"，长期没有收益，乃于光绪六年（1880）招到佃户林清泉，缴"无利定银"2 元，"自备工本，栽种茶丛"，3 年后计租，光绪十年（1884）十二月订立"合约"，言定每万丛年连大租在内，交纳税银 10 元，点算共计植茶 33987 株，作 3.4 万株计算，自光绪十一年年起，年纳税银 34 元。"合约"载明，"瞨限不拘年，若将来年久，茶褪败坏，茶头枯槁，无可收成，佃人应将埔地并茶寮尽行送还本业主掌管；业主即将前送无利定银二元，仍付还佃人收回"。② 虽然是不定期租佃，但只要佃农愿意，随时补栽枯老茶丛，维持经营和按约纳租，仍可如同永佃制一样长期经营。在这种类似永佃的租佃形式下，那些原本高旱缺水、无法耕种的贫瘠山岗，也都得到了充分利用。

由于茶树生长的多年性、收益的长期性、一年中收摘的多次性等特点，茶树形成了一种独立、特殊的产权关系。在清代台湾，茶丛、茶寮等可以自由、单独买卖。如佃农陈万生，光绪二十二年（1896）与黄阿古、徐阿广、谢阿春等 3 人合伙向园主钟秀统瞨有山埔一所，架造茶寮居住，栽种茶丛及风围香薷等，言定每万茶丛，每年缴纳园租银 6 元 5 角。光绪二十六年（1900），陈万生"因乏银应用"，将所种茶树 5000 余丛，并风围香薷及茶寮地基，作价银 43 元，卖与彭廷龙。③ 有时土地或田面买卖、转移，也不影响其掌管、经营。光绪九年（1883）的一纸"杜卖山场茶园田地尽根契字"显示，田面主陈金港、陈金树等将承父持有的山场、茶园、田地一处，作价银 105 元，"尽根"绝卖，但却无权将佃农栽种的茶树、茶丛，居住的

---

① 台湾银行经济研究室编印：《台湾私法物权编》第 4 册，1963 年印本，第 1063—1064 页。
② 台湾银行经济研究室编印：《清代台湾大租调查书》第 1 册，第 176—177 页。
③ 台湾银行经济研究室编印：《台湾私法物权编》第 4 册，第 1075—1076 页。

茶寮及寮基地一并出卖，杜卖契特别批明："四至内，因前大昌号栽种小种茶及茶丛、茶寮地，抽出付大昌号掌管，与港等无干"。[①] 在某些佃权或田面买卖中，卖主非不得已，不会将茶丛、茶园同相连水田、旱埔一同出卖，即使已经卖出，或有紊淆，亦会立契抽回。光绪十五年（1889）十二月的一纸"抽回茶园埔地字"显示，周义玉于该年冬承买邹增生阄分所得田业一段，阄书随交买主收执。因田业四至内有相连菜园、茶园一段，十二月再行立契载明，"即日当场公议，将东界车路面之茶园埔地抽回，系归邹增生自行耕种，永远掌管"。[②] 这些从一个侧面反映出茶丛、茶园产权关系的某种特殊性，也说明茶丛、茶园对田面主、佃农来说是多么重要。也正因为如此，永佃和长期租佃成为茶园租佃形式的主体。

当然，茶园埔地也有短期租佃，而且有的条件严苛。如光绪十四年（1888）十一月，佃农林阿捷备出无利碛地"龙银"100元，外请林李春"担耕"（担保），租种蔡缉光兄弟茶园上、下两所，租期 6 年，[③] 每年交纳租金"龙银"200元。[④] 光绪十八年（1892）十一月，刘渊备出无利碛地龙洋 200 元，租种林国昌茶埔一处，计茶树 4 万余丛，每万茶丛租银 40 元，全年合计 160 元，租期只有 3 年。[⑤]

与前面的永佃（永耕）、长期及长期性不定期租佃不同，这两宗租佃不仅租期短，而且租额高、押租重，单位茶丛租额高出数倍至十余倍不等，尚不包括押租利息。面对租额高、租期短的双重压力，佃农根本不可能有什么长期打算，势必采用寅吃卯粮、竭泽而渔的生产经营模式，往往过度采摘，而疏于浇灌、培壅、管理。结果必然是土地日趋贫瘠，茶丛加速老枯。前一宗茶园租佃就是一个典型例子。其茶园本已经营有年，茶寮及其门窗、户扇一应俱全，但茶丛却多有枯死，佃农的一项重要任务就是限期包补茶丛，所立承佃字就是谓之"承瞨茶园并包补茶丛字"。业主要求佃农在两年内将茶园原来所有"枯失茶窟"，逐一补足；倘有再枯失，"亦当逐

---

① 台湾银行经济研究室编印：《台湾私法物权编》第 4 册，第 1079—1080 页。
② 台湾银行经济研究室编印：《台湾私法物权编》第 1 册，第 166—167 页。
③ 租期从光绪十四年冬至十九年冬，实际生产和收获季节计算，只有 5 年。
④ 台湾银行经济研究室编印：《台湾私法物权编》第 4 册，第 1069—1070 页。
⑤ 台湾银行经济研究室编印：《台湾私法物权编》第 4 册，第 1071 页。

年填补"，并定有严厉的惩罚措施："如无补足，所有空窟，每万供纳租龙银三十六元"。倘有缺租及无补茶株等情，均从无利碛地银扣抵。如有不敷，再由"担耕人"逐件赔足，亦不拘年限，登即收瞨别佃。为了避免罚租、撤佃，佃农一般自然会按约补栽，业主达到了修复茶园的目的，不过"承瞨字"最后又批明："其尾年末，茶株有枯失，不干佃人之事"。① 这使得佃农在尾年进行过度和杀鸡取卵式的采摘，又或者为增加采摘次数，提高茶叶产量，过量施放氮肥，令其疯长，延迟休眠，伤其元气，加速老枯。先时茶株大量枯失，就是这么形成的。佃农虽将枯失茶株补足，但到租耕尾年末和退佃后，茶株"枯失"又接踵而来，如此循环往复，茶园日趋衰败。可见这种高租高押短期租佃对茶园经营、茶叶生产的阻滞和破坏作用是十分明显的。

不过这种重租短期租佃在清代台湾的茶园经营中，似乎并不常见。现存茶园租佃契约中，除这两宗外，并未发现其他同类个案。可以说，永佃和近乎永佃的长期、不定期租佃，是清代台湾茶园、茶埔租佃关系的主体，对清代台湾茶叶种植的发展功不可没。

一些地区的种蔗、制糖，也不少是在永佃形式下进行的。前述福建永安盛行永佃，甘蔗和烟草是当地两种主要的经济作物，那些用于种蔗栽烟的平洋肥腴"佃田"，相当部分是永佃田。

在台湾，种蔗制糖比栽茶制茶更早。郑成功驱逐荷兰殖民者、收回台湾，康熙二十二年（1683）台湾归入清朝版图，直至甲午战争，相当一部分蔗园是官地，种蔗制糖的是官田永佃农，不过留存下来的蔗园永佃契不多。道光二十七年（1847）的一纸旱园杜卖契反映的即是隆恩官地的蔗园永佃。② 咸丰元年（1851）的一纸学田"佃批字"则直接说明了永佃制对佃农植蔗制糖的重要性。台湾府县学乐局有一处蔗园，因佃农王池"历欠多租"，被乐局起耕收回，咸丰元年二月，陈养、林万山合伙备银100元，抵纳乐局因原佃欠租而短缺的"课项"，请求"永为耕作"，并照原例，每年完纳大租糖1200斤，"不敢抗欠"。县学允其所请，给发"佃批字"，并

---

① 台湾银行经济研究室编印：《台湾私法物权编》第 5 册，第 1069—1070 页。
② 台湾银行经济研究室编印：《台湾私法物权编》第 2 册，第 391 页。

警告，"倘该佃有不法滋事以及欠大租项，本局定即一概起耕，毋贻后悔"。① 新佃还未进园，先要代原佃清还巨额欠租，而种蔗制糖除普通农具、资金外，尚须架造糖廊、榨具、牛挂、大型锅灶，置备薪柴，资金工力不菲，没有佃权或土地使用保证，佃农一般不敢问津。在这种情况下，没有永佃制，这种植蔗制糖生产恐怕很难进行和长期持续。

清代台湾也有民田永佃农从事种蔗制糖生产。嘉庆十三年（1808）的一纸田园绝卖契显示，交易标的物除水田犁份106张、旱园犁份12张，"另糖廊一张，带蔗园犁份"，同田园一并交付买主掌管，"按年就佃收租完课，永远为业"。② 这里的蔗园、糖廊，出卖前和出卖后，都是由同一佃农种蔗制糖。凤山业户陈公兴先年买有园地数十甲，并带原佃留下的糖廊二张，全部招佃耕种经营，一度因水冲、浮复，疆界模糊，佃户争占兴讼，经官府堂断结案，陈公兴邀集佃众，共同丈量，分别新旧，各管各业，嘉庆十九年（1814）收取"园底银"9元，将上等园1甲5分租与黄协，可栽种杂粮或芒蔗：栽种杂粮，听业户十分抽二；若种芒蔗，每蔗汁24桶为一日水，听业户抽净糖250斤。其条件是必须用业户糖廊榨制，不得外借"私人别廊"。③ 佃农经营情况不详，不过因芒蔗收益远比杂粮高，又有现成糖廊可供利用，佃农植蔗榨糖的概率较高。道光十六年（1836）的一纸"退还园底字"称，吴提向前业主郑兴统、郑光颜认垦蔗园二埒，面积4甲，与人共置牛挂、廊器榨糖，年纳青糖租12担，经营有年，道光二年至十三年，其孙吴佑兄弟积欠林姓大租糖60石，无力清还，道光十六年被迫将"园底"（即园面）退还业主抵租。同年12月，业主将园底、牛挂、廊器以620银元的价格卖与另一永佃农吴禄记继续经营。④

另外，某些租权、佃权买卖或抵押、典当契约，也从一个侧面反映出永佃农种蔗制糖的某些情况。如嘉庆五年（1800），业主张某因"乏银费用"，托中借得佛面银40元，以承父阄分新庄大租糖300斤（合天平350

① 台湾银行经济研究室编印：《台湾私法物权编》第7册，第1430—1431页。
② 台湾银行经济研究室编印：《清代台湾大租调查书》第4册，第712—713页。
③ 台湾银行经济研究室编印：《台湾私法物权编》第8册，第1814—1815页。
④ 台湾银行经济研究室编印：《台湾私法物权编》第2册，第246—247页。

斤），交付银主收抵利息。"典契字"载明，4年限满，听债务人"备足契面银赎回原字"。然而赎回不久，张某复因"乏银费用"，嘉庆十年（1805）又向债主借款40元，仍以大租糖300斤"对佃典银主以抵利息"，借期则由4年改为"不限时"。但未及回赎，债主亦因"乏银费用"，于咸丰十年向人借银41.5元，办法同样是将大租糖300斤"对佃付与银主以抵利息"。[1] 从嘉庆到咸丰的半个多世纪中，租权几经抵押、转移，但未见佃权变动，说明该佃农的种蔗制糖经营相当稳定。同治四年（1865），永佃农郭循理将先年价买林姓业主园地（佃权）三段出卖，其中两段就是蔗园，年纳林姓业主大租糖550斤。[2] 这说明永佃农的经营规模还不算太小。

　　松杉等林木及经济林的栽培、经营，收益比茶丛更慢，更需要长期和稳定的租佃关系，因而从事这方面栽培经营的农户中，永佃农为数不少。清代时期，徽州丘陵山区栽植松杉竹林的永佃农很多，经营方式大都为多股合营、分片包干。因林木生长成材时间较长，在林木成材砍伐前，各股（力坌）可以自由转让，但砍伐的林木出售，一般须先尽山主，不能自由变卖。福建南平则有不少永佃农租山植林，办厂造纸，或烧制木炭、伐卖木材。如嘉庆五年，该地一名造纸户因缺少毛竹原料，以永佃的形式租进一片竹林山，"租批"字订明，竹林山自租之后，山内所有毛竹、杂木，全部供租山人"厂中造纸使用"，如不欠租，任凭其"子孙永远管业生理；向后租钱亦不得加多减少"。[3]

　　台湾在土地开垦初期，因山林荒地多，多是伐树烧荒垦耕，"招垦字"大多载明，"任从砍伐树木，开辟田园，栽种五谷"。到乾隆末年后，未垦山林埔地日趋稀少，而批佃荒山、荒原栽植林木，逐渐成为土地开发的一个重要方面，一些永佃农开始由砍树垦荒转而垦荒栽树。如嘉庆二年正月，燕雾保永怡堂施姓业主应佃农杨朝阳、杨德之求，批给荒山一处，令其"前去栽种树木、草山、果子掌管，永为己业"，每年配纳大租银2角5

① 台湾银行经济研究室编印：《台湾私法物权编》第2册，第264—267页。
② 台湾银行经济研究室编印：《台湾私法物权编》第2册，第282—283页。
③ 杨国桢：《清代南平小瀛洲山契辑说》，《中国经济史论文集》，第296—298页。

分。① 也有的是水田、茶园、果场一并经营。如前述光绪二年的一宗茶园永佃个案，就是垦户将山场水田批给佃友"任从开田耕作，栽种茶欉以及杂果等件，永为己业"。② 佃农除了种稻、栽茶，同时可以利用山场栽培果树，经营果园。

2. 永佃制与商品和商品性生产

烟草、茶叶、甘蔗、果树、松杉、经济林的种植，基本上都是纯粹的商品或商品性生产。除此之外，稻谷等粮食作物的生产，也有相当一部分是商品性生产。在清代台湾，一些占地较大的地主或田面主收取的谷物租，固然大部分是销往市场（主要是经鹿港销往福建、广东）的商品粮，一些经营规模稍大的永佃农，也有相当一部分粮食投放市场。如雍正十一年（1733）业主杨秦盛将草地 5 甲（合 56.5 亩）租与佃农王及观自备牛车、种子前去垦耕，3 年开成水田后，每年"每甲纳粟八石，满车运到鹿仔港交纳"，"永远定例"。③ 乾隆元年（1736），业主张承祖将埔地 5 甲招得佃农谢登南垦耕，"招佃字"规定，3 年后每甲纳谷 8 石，"永为定例"。租谷由佃农车运，"一半到鹿港交仓，一半运至彰化"。④ 嘉庆五年（1800），地主施伯慎将水田 6.8 甲（76.84 亩）租给永萃亨掌管耕种，"永为己业"，言明逐年交纳大租谷 54.4 石；又将田 5 甲租给陈永亨掌管耕种，"永为己业"，每年交纳租粟 40 石。两佃所交租谷，均须车运到鹿港仓库。⑤ 另外，嘉庆二年（1797）的一宗永佃个案，租地面积仅有 3 分（合 3.39 亩），租谷 2.4 石，也要求"经风煽净好粟，车运鹿港本仓交纳"。⑥ 这些在鹿港（鹿仔港）集结的租谷，几乎全部销往福建。当然，销往福建或进入市场的不限于地主征收的租谷，佃农所得部分，也应有相当比重的商品粮。土地产量分配比例，佃农所得远比交纳的地租为多。如前所述，台湾按产谷 85 石为

---

① 台湾银行经济研究室编印：《台湾私法物权编》第 5 册，第 1030 页。
② 台湾银行经济研究室编印：《台湾私法物权编》第 1 册，第 68—69 页。
③ 台湾银行经济研究室编印：《台湾私法物权编》第 2 册，第 300—301 页。
④ 台湾银行经济研究室编印：《清代台湾大租调查书》第 1 册，第 63 页。
⑤ 台湾银行经济研究室编印：《清代台湾大租调查书》，1963 年印本，第 2 册，第 271 页；第 1 册，第 93 页。
⑥ 台湾银行经济研究室编印：《清代台湾大租调查书》第 1 册，1963 年印本，第 91 页。

一甲，正常年景，5甲田可产谷425石，扣除租谷40石，尚余385石；6.9甲田产谷586.5石，扣除地租54.4石，尚余532石。这远远超出了一般佃农家庭的直接消费额，剩余部分会以各种方式投放市场。这从一个侧面反映出清代台湾永佃制下粮食生产的商业性质。

清代前期，台湾地区类似上述较大面积水田经营的永佃农不在少数。如乾隆十二年（1747），永佃农王简书缴纳埔价银（垦批银）160两，租到业主张振万埔地"田甲"11.5甲，自备工本垦成水田，"垦批字"载明，每甲初年纳大租2石，次年4石，三年8石，每甲随带车工银3钱6分，"永为定例"。[①] 水田垦熟后，可年产稻谷近千石，扣除大租92石，自得约900石。这样的收获量，肯定主要不是家庭消费。乾隆十五年（1750），永佃农李旺租垦某业主埔地犁份3张（合18甲），3年内自出工本凿筑埤圳，垦成田园，逐年收成粟粒、麻豆、杂子，未成水田，照庄例一九五抽的，业主得一五，佃耕得八五；若成水田，奉文丈甲，每甲纳租8石，运到本港船头下船。如不下船，车到仓口，上仓交足。"批佃字"又特别规定，"不许未抽先枭，盗车别庄"。[②] 由此不难判断佃农的商业性经营性质。佃人周向观，早年向林成祖"承买田"（佃权）13甲8分余，自筑埤水灌溉，每甲年纳租谷4石，合共55.38石。乾隆二十九年（1764）又用银48元，向业主林成祖买进圳沟埔地6甲，"用力开筑为业"。[③] 耕作面积达19甲8分余，约合224亩，在当时历史条件下，应是一种更具规模的商品或商品性生产。

热河蒙地区，虽然土地瘠薄，耕作粗放，但因部分永佃农耕作面积较大，也有若干商品性生产。

热河蒙地永佃农的内部结构比较复杂，除大量耕种小片土地的贫苦小农，还有富裕农民、经营地主，以及兼营农业的商人、高利贷者（典当商）、手工业作坊主（烧锅）等。这些地主、富农、商人、高利贷者通过揽垦蒙荒、缴价租种蒙地，占有的蒙地佃权和经营规模远比一般佃农大，从日本侵略者1937年"七七事变"前后调查辑录的租揽契约中，可以窥见一

---

① 台湾银行经济研究室编印：《清代台湾大租调查书》第1册，1963年印本，第65—66页。
② 台湾银行经济研究室编印：《清代台湾大租调查书》第1册，1963年印本，第66—67页。
③ 台湾银行经济研究室编印：《清代台湾大租调查书》第1册，1963年印本，第75页。

些地主、商人租揽和经营蒙地的情况，试看表 7 - 2。

表 7 - 2 若干蒙地永佃农土地经营规模示例
(1740—1911)

序号	资料年份	土地及面积	押契价	租差额	备注
1	乾隆 5 年 (1740)	荒地 48 顷	纹银 3500 两	每顷粮 5 斗、猪草钱 5.4 吊、小差小米、黑豆各 1 斗、干草 10 束	王显廷等 5 人分垦
2	42 年（1774）	荒地一条	纹银 300 两	银 2 两/顷	札萨克官仓地揽垦
3	43 年（1775）	荒地 4.4 顷		每顷租粮 5 大石、猪 1 口、草 200 束、小差银 5 钱	公爷府大牌地租垦
4	49 年（1784）	荒地一处	150 两（1 两合京钱 1800 文）	4 两/顷（1 两合京钱 1800 文）	
5	52 年（1787）	生熟荒地一处	押牌钱 500 吊	粮租 4 石/顷，猪差银 1.5 两、干草 100 个	大牌地租垦
6	58 年（1793）	驿站荒场一处	中钱 5200 吊	开地后 8 年交租，租额不详	徐成、章贵 2 人分垦
7	58 年	坟地 4 顷		租粮 36 石，小差钱 72 吊，干草 400 束	大牌地有限永佃
8	60 年（1795）	荒地一段	押荒钱 300 千文	租银 9.5 两/顷	大牌地领垦
9	嘉庆 2 年 (1797)	荒、熟地 5.13 顷		粮租 6 石/顷，差猪 150 斤，粳米 3 斗	台吉喇嘛地招揽头承租
10	嘉庆 7 年 (1802)	荒地一段	京钱 600 吊	毛银 100 两（1 两合东钱 5 吊）	商人垦种，兼开烧锅、当铺
11	9 年（1804）	荒地 50 顷	1 千文/顷	10 千文/顷	大牌地佃权出卖
12	19 年（1814）	荒地 25 顷	1000 吊	每顷 24 吊	乔国柱等 6 人分垦
13	23 年（1818）	生荒 19 顷	4180 吊	50 吊/顷	招佃垦种
14	23 年（1818）	荒地 128 顷	1182 吊 800 文	粮租 5 石/顷，猪草钱 5 吊，差粮 3 斗，钱 400 文	札萨克官仓地领垦
15	道光 4 年 (1824)	熟地 22.13 顷		1268 吊 574 文	蒙旗贝勒招揽头耕种
16	道光 28 年 (1848)	荒山一处	京钱 600 吊	30 吊	3 家商号充作牧场
17	同治 10 年 (1871)	荒熟地 20 顷	13500 吊	35 吊/顷，合计 700 吊	商人承租，如开烧、当，年交差猪 1 口、烧酒 100 斤

序号	资料年份	土地及面积	押契价	租差额	备注
18	10 年（1884）	熟地 2 段	2032 吊	2 吊	长价退租换新押契
19	光绪 33 年（1907）	荒地 5 顷	1500 吊（5 顷外每亩加找价 4 吊）	5 年后每顷租粮大斗 1 石	汪清等 3 人合垦
20	宣统 3 年（1911）	庙地 5 段	京钱 16000 吊	50 斗	田福租垦

资料来源：1、10、11、12、20 据刘克祥《清代热河的蒙地开垦和永佃制度》，《中国经济史研究》1986 年第 3 期，第 67 页；2、3、4、5、8、14、19 依次据日伪"地籍整理局"编印《锦热蒙地调查报告》（日文本），1937 年印本，中卷第 1074、1109、785、812、1103、995、864 页；6、7、9、13、15、16、17、18 依次据《锦热蒙地调查报告》（日文本）上卷第 318、541、325、316、317、483、339、336 页综合整理、编制。

　　如表，地主、商人、垦户的租地和经营规模都不小，最小的在 4 顷以上，最大的达 128 顷。有的面积不详，但从押契价和租差额看，面积也不小。需要指出的是，这只是一次契约完成的交易量，并非占有、经营的全部土地。因为这些地主、商人、垦户除了一次性批量租垦蒙荒、租种蒙地，还会不时价买和兼并现有佃权。如"永万兴"当铺从道光七年（1827）至光绪十二年（1886）（另有两宗年份不详）的 50 年间，先后 6 次购进佃权，面积 378.4 亩，加上未载面积的一段熟地（参照价格估计大约 20 亩），总计约 400 亩。[①] 所以，部分地主、商人、垦户的实际经营规模，要远大于表列数字。这种商人高利贷者的佃权经营，有的能达到相当大的规模。据光绪二十一年（1895）的记载，敖汉旗下洼附近一个叫王臣的，雇有种地工人五六百名；成全五有种地工人 300 名；张三有 200 余人。据此推断，其经营面积当在一二百顷至四五百顷不等，甚至更大。他们都还经营商业高利贷，各有烧锅、当铺数处或十余处，所产粮食就地加工酿酒。又将农业、商业利润和高利贷利息用来投资土地，"有一文置一文山地"，进一步扩大农业经营规模。[②]

　　另外，在永佃租发展和永佃农贫富分化过程中，也有少数永佃农扩大

① 徐建生、刘克祥：《热河蒙地永佃制下的土地经营和佃农生计》，《中国经济史研究》2014 年第 4 期。

② 徐润：《徐愚斋自叙年谱》，1927 年刊本，第 79 页。

佃权占有和经营规模，上升为富农和经营地主。日本侵略者的调查资料中，不乏这方面的例子：如马志林的祖先一百二三十年前（嘉庆年间）迁往敖汉旗，从打工、搂青到搂青、租种（无永佃权）并举，1927 年终于用银 400 两（540 元），以"红契"方式从扎萨克王府购得 700 亩"大牌地"的"耕种权"。李广德（65 岁）的祖先从顺天府来到敖汉旗，最初也是搂青、打短工，道光年间以"倒契"的形式从王府取得相当面积的土地"耕作权"，后经转倒、分家，到李广德时，尚有佃权二十六七顷，其中耕地 4 顷。[①] 李连科祖上从山东迁至敖汉旗，光绪十年前一直搂青、打日工，光绪三十年至民国间，先后以"倒契"的形式从蒙古台吉、箭丁手上买进 680 亩土地的"耕作权"。[②] 等等。

这些永佃农的农业经营都达到了某种规模，生产的粮食自然不只供家庭消费，相当部分是销往市场的商品。随着时间迁延，人口增加，永佃农永佃农分家析产，生产经营规模细化，农业生产的自给性相应增强，但直到 20 世纪 30 年代，热河蒙地区的粮食商品率仍然不低。日本侵略者的上述调查资料显示，重点调查的 19 个村落中，13 个村落有粮食销售率数据，其中 2 村为 20%，6 村为 30%，3 村为 40%，2 村为 50%，平均 33.8%（简单平均数）。[③] 1936 年全国的粮食商品率为 22%，[④] 热河蒙地区的粮食商品率比全国高出 1/3。

热河蒙地区有如此高的粮食商品率，当然离不开永佃制。热河蒙地永佃有一个不同于其他地区的特点，即永佃农持有的佃权，不论面积大小，大多自种，而不会转佃吃租。因此，随着永佃农贫富分化扩大，进行较大经营规模的永佃农数量增多，商业性农业发展，粮食商品率相应提高。

3. 日伪铁蹄下永佃农的畸形商品生产

上述热河蒙地永佃农的土地经营和粮食商品生产，除了粮食销售率，

① 《锦热蒙地调查报告》（日文本）下卷，第 2067—2068、2093 页。
② 680 亩系指应纳亩捐面积，实际面积要大得多。后来兄弟 4 股分家，李连科分得的亩捐面积 85 亩，实际耕地 200 亩（含撂荒地 50 亩）。据此折算，680 亩相当 1600 亩。〔《锦热蒙地调查报告》（日文本）下卷，第 2237 页。〕
③ 参见《锦热蒙地调查报告》（日文本）中卷，第 758、810、862、903、914、1032、1062、1084 页；下卷，第 2063、2224、2298 页。
④ 吴承明：《中国资本主义和国内市场》，中国社会科学出版社 1985 年版，第 110 页。

基本上是 1931 年"九一八"事变前的状况。1932 年伪满洲国成立、1933 年日寇占领热河后，热河蒙地永佃农的商品生产条件、生产性质、产品分配都发生了根本性的变化。原来正常的粮食商品生产演变为"饥饿型"商品生产，又新增以消灭中华民族为目的的鸦片毒品商品生产。

在日伪统治下，热河农业生产和社会经济已遭严重破坏，广大永佃农和城乡居民饥寒交迫，粮食生产者毫无余粮可言，所谓粮食销售，既非永佃农口粮消费有余，也不是永佃制的某种机制在起作用，而是日本帝国主义疯狂侵略和掠夺的结果。日伪政权税捐苛重，并以货币税制为主，许多永佃农即使口粮不足，仍然被迫售粮以缴纳税捐。因此，粮食高商品率的背后，是大量永佃农和其他农民忍饥挨饿，以野菜、草根、树皮充饥，惶惶不可终日。

这样，原本正常的粮食商品或商品性生产，在日伪时期变成了售卖口粮的饥饿型商品生产。远高于全国平均水平的粮食商品率，正是永佃农为了缴纳税捐、偿还债务而售卖救命口粮的结果。如喀喇沁右旗大牛群村，即使丰年或平年，亦感谷物不足，要从上瓦房、公爷府方面输入，但仍然要将 30% 的谷物售卖。[①] 叶百寿村，调查材料记载，"产粮卖却量为 50%"，调查者在其下边用括号标注，"不足食"。[②] 敖汉旗菜园子村，丰年足食者只十分之七八，普通年更只有十分之五，在这种情况下，还有 20% 的谷物出售。[③] 小河沿村的情况是，丰年可以足食，但平年只有"地主"（大面积雇工耕种的永佃农）足食，而䝁青"不足四个月"，即使如此，谷物卖却量仍达 1/2。[④] 榆树林子村，丰年足食者只有五成，平年减至四成，凶年低至一成，而粮食的售卖比例同样高达五成。[⑤] 在这种情况下，即使耕作面积较大的永佃农，一年中也有好几个月吃草根树皮。如李连科，"从家产看，似属中等以上"，但每年都有一段时间断粮，被迫食"树草"（树皮草根）。[⑥] 李

---

① 《锦热蒙地调查报告》（日文本）中卷，第 810 页。
② 《锦热蒙地调查报告》（日文本）中卷，第 1084 页。
③ 《锦热蒙地调查报告》（日文本）下卷，第 2298 页。
④ 《锦热蒙地调查报告》（日文本）下卷，第 2224 页。
⑤ 《锦热蒙地调查报告》（日文本）下卷，第 2063 页。
⑥ 《锦热蒙地调查报告》（日文本）下卷，第 2240 页。

广德一家 6 口，经营面积达 400 亩，人均 66.7 亩，同样口粮短缺，1936 年甚至还有"相当一段时间食草木（草根树皮）"。① 那些耕作面积细小的贫苦永佃农，艰窘程度更不待言。而永佃农售卖的商品粮绝大部分成为日寇军粮和日伪暴力机构用粮；卖粮所得钱款，则绝大部分通过缴纳税捐等方式，落到了日本侵略者和日伪政权的手中。

关于热河蒙地永佃农的商业性农业经营，还要特别提到的是日伪时期热河蒙地永佃农的鸦片种植。日本帝国主义为了从心灵和肉体上摧残、消灭中华民族，强迫农民种植鸦片，同时课征高额"禁烟特税"。

民国初年就有日本人进入喀喇沁左旗（凌源县）和热河，到处收购、贩卖鸦片、吗啡，大肆播毒。② 日寇侵占东北，即着手推行鸦片毒害政策，1932 年 3 月伪满洲国成立后，9－11 月相继颁布《暂行鸦片收卖法》、《鸦片法》和《鸦片法施行令》，严格实行鸦片划区强制种植、统一收购、统制专卖，不准私种私卖，严行鸦片缉私。次年，日本关东军命令伪满洲国制定了鸦片统制计划，热河是伪满的重要种烟区，种植范围包括朝阳、阜新、赤峰、建平、凌源、平泉等 16 县，所产鸦片名为"西土"，据称 1935 年的种植面积约 17 万亩左右。③ 这一数字显然偏低，凌源一县，1938－1942 年平均，罂粟种植面积即达 72227 亩，占全县上地（罂粟种植均用上地）501937 亩的 14.4%，占耕地总面积 1427415 亩的 5.1%。④ 为了尽快扩大罂粟种植，伪热河省"专卖公署"订有《种烟简章》，每年春季，所有罂粟种植户都必须填写《公约书》，额定种烟面积，出苗后实地丈量，核定烟苗等级和"烟干"任务，秋季由警察和缉私队组成"缴土工作班"催缴"烟干"。"烟干"数是"法定"的，完不成就是"犯法"，一律严惩，有人行贿将"烟干"转嫁给小户，也有人被迫高价买大烟完成"烟干"任务，每年都有很多人因完不成"烟干"任务而被折磨致残、致死或倾家荡产。⑤

---

① 《锦热蒙地调查报告》（日文本）下卷，第 2095 页。
② 《凌源县志》，辽宁古籍出版社 1995 年版，卷 33 附录 "烟毒琐记"，第 705—706 页。
③ 赵惜梦：《沦陷三年之东北》，天津大公报社 1935 年版，第 3 页；天津《大公报》1935 年 4 月 1 日。
④ 《凌源县志》，辽宁古籍出版社 1995 年版，卷 33 附录，第 706 页，卷 5，农业，第 146 页。
⑤ 徐元宫：《鸦片——侵华日军毒害中国人民的工具》，《法制文萃报》2005 年 7 月 4 日。

强迫种植鸦片的最终目的是从心灵和肉体上彻底消灭中华民族，但在被彻底消灭以前，中国人民必须承担包括关东军及其装备、各级日伪政权机构在内的侵略机器的全部费用，换句话说，在彻底消灭中国人民的肉体之前，必须将其身上的油榨干。用中国的资源和人力、财力、物力打败和消灭中国，是日本军国主义的基本国策。强迫种植鸦片、高额征收"禁烟特税"就是这一基本国策的重要组成部分，鸦片税捐系列是伪满洲国四大财政来源之首。① 表7-3反映的是一些蒙地永佃农种植鸦片的一些情况。

表7-3　热河蒙地永佃农的鸦片种植和"禁烟特税"负担

（1937）

单位：伪币元

序号	姓名	耕作面积（亩）	农业收入（元）	鸦片种植			禁烟特税		
				面积（亩）	收入（元）	占农业收入%	数额（元）	占鸦片收入%	占税捐%
1	杨　禄	129.4	535.52	13	227.5	42.5	65	28.6	91.0
2	孙　修	70	104.8	4	40	38.2	20	50.0	74.8
3	于庆志	120	290.05	5	190.05	65.5	35	18.4	85.4
4	王　唤	270	420.2	10	150	35.7	50	30.3	28.7
5	杨鼎和	700	1622.35	15	228	14.1	75	32.9	47.6
6	韩瑞轩	230	435.4	2	57	13.1	10	17.5	22.5
7	朱景轩	103	352.9	3	96.9	27.5	15	15.5	55.6
8	李开运	70	290.5	4	136.8	47.1	20	14.6	70.4
9	李广德	400	350	2.5	35	10.0	5	14.3	33.3
10	冯金林	120	120	2	24	20.0	10	41.7	41.2
11	冯永清	70	106	1.8	35	33.0	9	25.7	52.9
12	滕大鹏	210	220	10	100	45.5	50	50.0	66.1
13	李连科	150	183	2	36	19.7	10	27.8	47.4

---

① 日本侵略者制定的《满蒙统治方案》，将鸦片税和关税、铁路、官办企业、盐税作为伪满洲国"财政预算收入的四大主要来源"（徐元宫：《鸦片——侵华日军毒害中国人民的工具》，《法制文萃报》2005年7月4日）。

续表

序号	姓名	耕作面积（亩）	农业收入（元）	鸦片种植			禁烟特税		
				面积（亩）	收入（元）	占农业收入%	数额（元）	占鸦片收入%	占税捐%
14	马云龙	300	306	2.5	45	14.7	12.5	27.8	43.3
15	孟继贤	120	172.72	1	20	11.6	5	25.0	30.3
	合计/平均	3062.4	5509.44	77.8	1421.25	25.8	391.5	27.5	50.4

资料来源：据据日伪地籍整理局编印：《锦热蒙地调查报告》（日文本），1937年印本，中卷（Ⅱ）、下卷（Ⅲ）综合整理、计算编制，具体页码按序号依次为：① （Ⅱ） 768—770、② （Ⅱ） 792—795。③ （Ⅱ） 795—798。④ （Ⅱ） 846—850。⑤ （Ⅱ） 906—910。⑥ （Ⅱ） 979—982。⑦ （Ⅱ） 1063—1066。⑧ （Ⅱ） 1095—1098。⑨ （Ⅲ） 2093—2095。⑩ （Ⅲ） 2095—2098。⑪ （Ⅲ） 2131—2134。⑫ （Ⅲ） 2157—2159。⑬ （Ⅲ） 2237—2240。⑭ （Ⅲ） 2240—2243。⑮ （Ⅲ） 2243—2246。

永佃农种植鸦片的土地面积多寡不等，少的1亩，多的15亩，15户平均5.2亩，占耕作面积的2.5%，鸦片产值占农业产值的25.8%，单位种植面积的鸦片产值远比粮食作物和其他作物高。表面上看，鸦片产值是某些永佃农农业收入的重要组成部分，似乎是诱使永佃农种植鸦片的重要原因，也应有助种植者增加收益，弥补或缩小亏折。可是，事实完全相反，日本侵略者不仅用鸦片毒品残害中国人民，同时通过"禁烟特税"等多种搜刮手段，将鸦片产值收入也攫夺净尽。

鸦片产值虽比粮食作物和其他作物高出10倍，但日本侵略者的按亩征收的"禁烟特税"却比其他农地的"亩捐"高出百倍。作为伪满"国税"主项的"亩捐"征额是甲地1角、乙地5分，而按鸦片种植面积征收的"禁烟特税"为每亩5元，相当亩捐的50-100倍。按种植者所得鸦片收入计算，"禁烟特税"税率最低14.3%，最高50%，平均27.5%。"禁烟特税"超过这部分农户所纳税捐总额的一半。一些地方的实际税率还要高得多，如喀喇沁右旗公爷府村、四十家子村一带，一半以上的农地种植鸦片，调查者宣传，因为种植鸦片的多，居民生活好。但农民反驳说，因为"禁烟特税"的税率高，扣除短工工资，种植鸦片"几乎无利可得"，当场戳穿了日本侵略者的蛊惑谎言。① 日本帝国主义通过强迫种植鸦片，不仅刀不饮

_____

① 《锦热蒙地调查报告》（日文本）中卷，第843页。

血戕害了中国人民的身心，向彻底消灭中华民族的长远目标跨进了一步，而且增加了一倍税收，为扩大军事侵略、强化武装镇压和暴力统治加固了物资基础，可谓无本万利。而对于被迫种植鸦片的永佃农来说，则无异于饮鸩止渴。栽种鸦片不仅是对同胞心身的残害，而且有的自己就染上毒瘾，无力自拔，喀喇沁右旗公爷府村的王唤就是一例。王唤全家 10 口人，① 有 270 亩土地（佃权）、二牛一马，还有两头奶牛、20 只羊，原本家境富裕（调查者评估为"上中"），自家 3 名劳力和 3 名长工进行耕作，按正常经营和家庭收支，应当收支有余。但王唤被迫种植鸦片 10 亩，收入 150 元，缴纳"禁烟特税"50 元，家中又有 3 人染上毒瘾，不仅劳动和耕作能力大幅下降，② 而且开支猛增，除须缴纳"土钱"60 元（每名 20 元）外，更欠债 800 余元，借期 7 个月，年息 3 分。即使不计本金，收支相抵，已亏折 63.3 元。更为严重的是，债款采取"双保险"模式，除保证人外，又以土地作抵押，如欠息不还，土地转归债权人耕种，王唤立即失地破产。③

鸦片种植对农业资源、农业生产和人民生活都是一种毁灭性的灾难。鸦片种植往往占有和耗竭优质农地。翁牛特右旗水地村的情况是，上地每亩价格 40—50 元，用于种植罂粟、蔬菜，中地每亩 30 元，种植高粱、谷子，下地 15—18 元，种植绿豆、荞麦。④ 翁牛特右旗赤峰街郊外的土地价格，树林地每亩 2—3 元，旱地 10 元，水地 50—60 元，而种植鸦片的土地，普通 100 元，最高 120 元，⑤ 相当水地的 2 倍、旱地的 10—12 倍。敖汉旗萨力把村一带，上地价格每顷 100 元，中地 50—60 元，下地 10—20 元，而种植鸦片的土地是"准黑土"，属于"最上地"，每顷价格达 400 元左右，相当于上地的 4 倍以上。⑥ 上面提到的喀喇沁右旗公爷府村、四十家子村一

---

① 成员结构为：父（65）、母（53），本人（37）、妻（24），大弟（32）、弟媳（26），二弟（22）、弟媳（27），三弟（17，读小学），妹（14）。

② 王唤家除了 3 名男壮劳力，还有 3 名女劳力，按照该地 1 名成年男劳力的耕作面积（60—70 亩，如同村万山，115 亩粮地、10 亩菜园地，家人不参加劳动，只用 2 名长工耕作打理），原本只需雇用 1 名长工（外加若干农忙短工）即可耕作打理，现在却被迫雇用 3 名长工。

③ 《锦热蒙地调查报告》（日文本）中卷，第 846—849 页。

④ 《锦热蒙地调查报告》（日文本）上卷，第 564 页。

⑤ 《锦热蒙地调查报告》（日文本）上卷，第 428 页。

⑥ 《锦热蒙地调查报告》（日文本）下卷，第 2208 页。

带，就是因为土质好，一半以上的农地都用来种植鸦片。① 鸦片种植不仅大量占用优质农地，而且耗竭地力，加速土地的贫瘠化和沙漠化，导致粮食作物面积缩小，单位面积产量和总产量下降，导致粮食严重短缺，即使丰收年成，所收粮食也不够五成人的口粮。正常或普通年成，足食的比例就更低了。如敖汉旗下洼村，丰年产粮足食者三成，不足食者七成；普通年岁足食者二成，不足食者八成。不足食者以野菜"补助，丰年食野菜者一半"。② 小哈拉道口全村 700 户，即使丰年，50% 的农户收粮有"几分不足，必须草食并用"；普通年成有 70% 的口粮不足，"率多草食"。③ 官家地村，五成以上收成时，收获粮食能够维持生计者，不到全村农户（1399 户）的10%。④ 五十家子驿站地一带，蒙汉居民 64 户，"平年产粮足食者二三户"。⑤ 日本帝国主义强迫永佃农种植鸦片、强征"禁烟特税"的罪恶行径，不仅将永佃农的商品生产引入邪路，而且使热河农业生产、粮食供应、人民生活陷入绝境。

（二）永佃农与雇佣劳动的使用和雇工经营

与普通租佃制度相比，永佃制对资本主义产生的另一历史前提雇佣劳动，也有某种程度的促进作用。与传统租佃制度下的佃农比较，使用雇佣劳动、进行雇工经营或雇工性经营的永佃农比重相对高一些。

1. 永佃农与雇佣劳动的使用

在一些永佃制流行地区，经济作物的种植主要是在永佃制的形式下进行的，而经济作物的种植，一般比粮食作物需要更高的技术和更多的劳力，加上部分永佃农经济作物种植面积较大，必须使用或补充一定数量的雇佣劳动，如种蔗、制糖，特别是制糖及其准备工作，包括砍蔗，搬运，除叶、梢、根，榨汁，熬煎等，很费人工，必须实行劳动协作。因此，雇工不在少数，甚至以雇佣劳动为主。福建巡抚丁日昌在关于台湾税则的奏折中称，

---

① 《锦热蒙地调查报告》（日文本）中卷，第 843 页。
② 《锦热蒙地调查报告》（日文本）下卷，第 1997 页。
③ 《锦热蒙地调查报告》（日文本）下卷，第 2176 页。
④ 《锦热蒙地调查报告》（日文本）下卷，第 2121 页。
⑤ 《锦热蒙地调查报告》（日文本）下卷，第 2066 页。

"所谓蔗车、糖廊者，同业异名，系各就田园设厂，雇工营作，按作则征饷"。① "雇工营作"是蔗车、糖廊运作的基本模式。

种茶和茶园经营也是如此。从清代台湾的情况看，大部分永佃农经营的茶园都较大，所栽茶树动辄万丛以上，劳力需求量大，而且时间紧迫，季节性极强。按当地惯例，主佃立约确定茶丛数量，3 年后不论是否栽足，均须照约纳租，或另召他人栽种，佃人不得异言。如光绪四年（1878），汉人黄承兴备出"垦底价银"150 元，承垦高山族业主萧鸣皋埔业一所，建房栽种风围杂果，"永为己业"，"垦契字"载明，佃农"种茶每年各万"，3 年届满，配纳大租银 1 元 5 角。② 光绪十二年（1886），佃人张锡官备出无利佛银 20 元，"借与业主应用"，租得山场埔地一所，栽种地瓜、茶丛、杂物等项，"言约三年要种三万丛茶头为准"，3 年后每万茶丛，年纳租银 4 元，合计 12 元，待抵还前借款项，"余者送交业主应用，各不得刁难"。③ 光绪八年（1882），佃人杨语、杨前缴纳无利碛地银 36 元，租到业主"山场水田物业"二段，"招瞨耕约字"载明，其山场由佃人"自备工本栽种茶丛，开山算起，三年为限"，限满每万丛茶树年纳山税银 4 元，"年款年清，不得拖欠"；"佃人如无栽茶，听业主备工本栽茶收利，其佃人不得转售他人"。④ 也有的业主并不规定茶丛数量，到期只要佃人照额纳租。光绪十一年（1885），佃人王国英备出无利碛地银 6 元，立约"永耕"埔园地一所，自备工本、栽种茶丛。"永耕字"规定，3 年过后，不问茶丛多寡，除大租外，年纳小租 2 元。"年款年清，不得少欠分文；如有少欠大小租银，茶园任从园主起耕，另招别佃，不敢异言"。⑤

要在 3 年的时间内开辟一处上万至三四万丛茶树的茶园，从清除树丛、荆棘、杂草、垦荒和平整土地，到种茶、浇灌、施肥、锄草和田间管理，确保有所收成、能够交租，工程繁复，时间紧迫，劳力需求量相当大，单靠一家一户的劳力无异杯水车薪，根本无法应付，必须补充足够数量雇佣

---

① 台湾银行经济研究室编印：《台湾私法物权编》第 1 册，1963 年印本，第 58 页。
② 台湾银行经济研究室编印：《清代台湾大租调查书》第 4 册，第 594—595 页。
③ 台湾银行经济研究室编印：《台湾私法物权编》第 3 册，1963 年印本，第 690 页。
④ 台湾银行经济研究室编印：《台湾私法物权编》第 1 册，1963 年印本，第 67 页。
⑤ 台湾银行经济研究室编印：《清代台湾大租调查书》第 1 册，1963 年印本，172—173 页。

劳动，甚至以雇佣劳动为主。

这类茶园垦辟、建成后，在常年的生产经营中，也离不开雇佣劳动。特别是茶叶采摘和焙炒、揉搓、烘烤加工，更需要大量劳力，必须大量使用雇工。因青茶采摘的季节性极强，时间异常紧迫，更需要雇用大量的采茶女工。

从事其他作物种植而又耕作面积稍大的永佃农，或某些农业集约化程度较高的地区，也都会多寡不等地使用雇佣劳动。

总体而言，永佃农的生产、生活相对稳定，经济状况比一般佃农好，相当一部分永佃关系形成于荒地开垦，有的面积和规模还较大，不少永佃农使用雇工开垦。福建龙溪、海澄，明代已形成永佃制，清初由于战乱，业户逃亡，出现大量无主田地，在垦荒过程中，永佃制广泛流行。永佃农中有一小部分使用雇佣劳动，加速发展自己的私有经济。[1] 这种情况在蒙地和台湾垦荒永佃中，更加常见。如哲里木盟达尔罕亲王蒙地，嘉庆八年（1803）奉旨招垦，垦民缴纳押荒银取得蒙地垦殖权和永佃权。垦民领取蒙荒后，除自己垦耕外，还可雇工耕种，或转押、出租。[2] 绥远乌拉特中旗一带，清末开始和加快了蒙地开垦。"地商"向蒙旗王爷、台吉、召庙包租大量土地，取得永佃权，除转租给佃农耕种、当二地主外，也自己雇工耕种。[3] 无论垦民或"地商"，雇工耕种相当普遍。

在苏南地区，永佃农的耕作面积一般都不大，但农业集约化程度高，需要的劳动量大，不少永佃农需要使用长工或若干短工进行农业经营。苏州（吴县）清代时，雇工耕种甚至成为永佃农农业经营的一般形态，因此当时有人考察永佃农的家庭生产收支，就是以一个5口之家的永佃农雇用1名长工耕种10亩永佃田为例证。[4] 不过到民国时期，地少人多的情况相当突出，永佃农经济进一步恶化，使用长工进行小面积农业经营的永佃农已经十分少见，只有部分永佃农还使用雇工（主要是月工）进行池塘养鱼业

---

①　《龙海县志》，东方出版社1993年版，卷4，第105页。

②　《四平市志》（下）卷26，农业，吉林人民出版社1993年版，第1294—1295页。

③　《乌拉特中旗志》，内蒙古人民出版社1994年版，第239页。

④　参见陶煦：《租覈》，民国十六年重排本，第17—20页。

的商品性生产。①

在清代台湾，面积较大的荒地或再荒地开垦，一般都需要使用雇工。试看雍正、乾隆年间的两纸招垦文契：

其一

本宅承买恶马草地一所，立名德颐庄，现在开圳灌溉禾苗，招佃垦耕，上供国课，下给家计。兹据佃人张强，备银五两前来承赎，犁份一张，照官尺丈明配田六甲，又每张犁份议贴水圳银三两。其犁分银五两业已收明外，所有水圳银，俟水开到田之日，立即交明，以资工费，不得拖欠。其地丈明，付与该佃自备牛工、种籽，盖房居住，前去垦种为田。至该佃应纳租粟，以雍正十二年为始，每甲照庄例：初年纳粟四石，次年纳粟六石，第三年纳粟八石，永为定例。俱系满斗，经风扇净，车运至鹿仔港、水里港船头交纳，无论丰歉，开透不透，按甲输纳，不得藉端少欠升合。至该佃所耕之田，如欲变退下手顶耕，及招伙帮耕，务须先报明头家查明诚实的人，方许承招，不得私相授受。在庄务须恪守庄规，不许聚赌、容匪、打架、宰牛等项；如有违犯，立即呈官究逐出庄，不得藉端生事。合给佃批，付执为照。

雍正十一年十月日。
德颐庄业主□□□②

其二

立给霄里庄佃批黄，今佃人李瑞芳前来认垦，课地界内给出缺仔面土牛沟内青埔一处，共一十张犁份，东至黄宅埔，西至缺仔崁面大坑缺横车路直透，南至土牛沟，北至沟为界。自给垦以后，付佃前去自用工本开垦耕种。其埔所种杂物，照庄例一九五抽得，佃得八五，

---

① 《吴县保安乡农村情况调查调查》，见华东军政委员会土地改革委员会编《江苏省农村调查》（内部资料），1952 年刊本，第 165—167 页。

② 台湾银行经济研究室编印：《清代台湾大租调查书》第 1 册，1963 年印本，第 62—63 页。

业得一五，收成运至公馆，风净交纳，以供国课，不得抛荒。若给垦三年以后，不去耕种纳租，愿从另招别佃。日后开出大埤圳水照通庄篙尺清丈，每甲八石完收，不得拖欠升合。至开大埤圳公费，业四、佃六匀派；其小埤圳佃人自理。倘日后佃人欲回籍别创，退卖此业，须择诚实人承顶，通知业管到场租清割佃，不得私相授受。今欲有凭，立给佃批，付为执照。

业主乾隆四十三年十一月　　日　　给①

两宗垦荒永佃，有一个共同特点：荒地面积大，开垦时间紧迫，租佃条件苛刻。前者佃农不只是要在 3 年内将 6 甲（合 67.8 亩）草埔荒地全部开成水田，并且没有免租期，且须逐年递增租额：首年每甲 4 石，次年 6 石，第 3 年 8 石。后者条件略微宽松，地租征收较有弹性，有种才交租，并采用旱地分成租制。但业主要求佃户在 3 年内将 11 张犁分（合 621.5 亩）青埔荒地全部垦透，否则"另招别佃"。这样，两户佃农单靠一个人或一家劳力，是根本做不到的，必须雇工。也正因为如此，"佃批"规定佃人雇请工人、"招伙帮耕，务须先报明头家查明诚实的人"，以保证佃庄社会秩序的稳定。

尤其是一些工程较大的荒地初垦或复垦，都是使用雇佣劳动。如后垄等五社有近海埔地一所，合计田 82.43 甲，园 23.39 甲，原于乾隆六、七年（1741、1742）间招佃垦耕，开圳筑田，照例纳租。不意乾隆十九、二十四、二十七等年（1754、1759、1762），迭遭飓风霖雨，溪海交涨，各佃田亩、寮屋、鼎灶、家伙，一概淹压无存，垦本无归。乾隆二十七年（1762），五社通事、土目复招原佃谢雅仁等 6 户，前去"雇工协力开垦，购买肥粪耕种"，言明"工力、粪土、田底归佃，永为己业"。② 东螺社番通事猫刘秀，有临溪荒埔一所，内有溪水及水圳四渠，面积较大，曾被水冲崩，后又浮复，因自己无力开筑，于光绪八年（1882）招得佃农陈齐卿、林文学，"雇工开筑，永为己业。一垦千休，任从其便，听裁种树木、果

① 台湾银行经济研究室编印：《清代台湾大租调查书》第 3 册，1963 年印本，第 550 页。
② 台湾银行经济研究室编印：《清代台湾大租调查书》第 2 册，第 350—352 页。

子，起盖居住，剪裁器俱"。这些都是永佃农使用雇佣劳动垦荒生产的历史记录。①

还有一些佃农以纠股合伙的方式，向番屯、番社或垦首承垦大片荒埔，制订章程，分工协作，规模较大，资金亦相对充裕，自然更多地使用雇佣劳动。如嘉庆二十一年（1816）十月，林长荣等 17 人（户），立约伙垦新港社番屯荒埔两处，集有股银 3945 元（其中林长荣股金不详），以资"造筑隘寮、募丁把守一切口粮用费；若不敷用，仍照份加征银元"。垦荒佃农除了"募丁把守"隘寮，还雇工筑寮和垦荒生产。由于雇工人数多，公议条规特别强调，"应用小工人数，亦要拣择谨人佣用"。② 同年八月，刘华先等 29 人（户）合垦番屯水底寮坎下荒地一片，额定 22 股，"合约"载明，"所有筑庄、凿圳、雇募壮丁一切杂费，随时照股并派并出"。③ 资金充裕，除了雇募壮丁守护外，也雇工垦荒生产。

兴修农田水利，如筑埤开圳，一般工期紧迫，工程规模较大，除了工匠，更须大量使用雇佣劳动。在清代台湾，永佃开垦的土地主要是稻田，兴修水利是土地开辟中的大事。无论业主、垦户、圳主或永佃农，都是雇工开凿陂圳。如圳主潘涵源，"备本雇工"，开筑大圳，引灌田亩。④ "总垦"广泰成，领垦荒地范围内，凡应开水圳、水埤，全部"自雇工匠凿开，以灌溉裕如"，而后招佃垦种。⑤

荒地垦辟后的耕作生产，部分永佃农的土地耕作面积较大，已经超出了一般家庭劳力的范围，或者其他原因，都必须使用或补充若干数量的雇佣劳动。江西丰城，永佃制多为租种会堂、寺庙公产，佃耕权固定不变，父可传子，自己不耕可以交回业主，也可转租或雇工耕种。⑥ 这类情况当然不仅存在于江西丰城一地，其他永佃制流行地区亦如此。

在清代台湾，如上述后垄等五社谢雅仁等 6 户永佃农（垦农），租种面

① 台湾银行经济研究室编印：《清代台湾大租调查书》第 3 册，第 433—434 页。
② 台湾银行经济研究室编印：《清代台湾大租调查书》第 5 册，第 783—787 页。
③ 台湾银行经济研究室编印：《清代台湾大租调查书》第 5 册，第 781 页。
④ 台湾银行经济研究室编印：《清代台湾大租调查书》第 1 册，第 21 页。
⑤ 台湾银行经济研究室编印：《清代台湾大租调查书》第 1 册，第 175—176 页。
⑥ 《丰城县志》，上海人民出版社 1989 年版，第 66 页。

积最大的达 314.6 亩，缴纳粪土田底银 1000 两，年纳租谷 131.58 石，最小的也有 62.9 亩，缴纳粪土田底银 200 两，年纳租谷 26.315 石，耕作面积都较大。具体情形如表 7 - 4。

表 7 - 4　清代台湾永佃农（垦农）垦耕面积示例
（1762）

单位：面积，亩；田底银，两；大租额，石

佃人姓名	租种面积（亩）*	粪土田底银（两）	大租额（石）▷
总计	1195.4	3800	500
谢雅仁	314.6	1000	131.58
林义思	314.6	1000	131.58
刘合欢	314.6	1000	131.58
潘马力	125.8	400	52.63
詹寿官	62.9	200	26.315
江庆郎	62.9	200	26.315

资料来源：据台湾银行经济研究室编印：《清代台湾大租调查书》第 2 册，1963 年印本，第 351 - 352 页综合整理编制。

说明：＊面积原为"犁分"，现按该个案 1 张"犁分"合 5.569 甲，1 甲 = 11.3 亩，折合为亩。
▷大租额原只有总数，细数系据各佃租种面积计算得出。

租种面积、缴纳粪土田底银数额和年租额显示，6 户永佃农都有相当充裕的经济实力和较强的生产能力，耕作面积和经营规模明显比普通佃农或自耕农大。按当时的农业生产力水平，南方稻田区一个成年劳动力的耕作面积约为 10—20 亩。据此计算，6 户永佃农中，租种面积最小的两户，每家至少要有 3—5 劳力，租种面积最大的两户，因可通过劳力协作提高劳动生产率，相应增加单位劳力的耕作面积，但每家至少也要有 15—25 成年劳力。6 户永佃农的租种面积显然远远超出了家庭劳力的生产能力。必须使用雇工，甚至以使用雇佣劳动为主。虽然"佃批字"说，将 19 甲田园踏明，"尽交付与林义思、詹寿官、刘合欢、江庆郎、谢雅仁、潘马力合伙招佃认耕，转佃耕作"。但事实上，如表 7 - 4 所列，林义思等 6 户，并未合伙招佃"转佃耕作"，而是直接按户分佃纳租。这与前面说 6 户前去"雇工协力开垦，购买肥粪耕种"，以及"工力、粪土、田底归佃，永为己业"，完全吻

合。因此，这 6 户就是自己耕种经营的永佃农。他们中某些户或有比例不等
的土地转租，也应是以自种为主，其中为首的谢雅仁，"佃批字"更特别载
明是"原佃"，并非靠转租牟利的"田面主"。由于耕地面积远远超出家庭
劳力的生产能力，这 6 户永佃农的再荒地垦复和此后的耕作生产，应在相当
大的程度上依靠雇佣劳动，甚至以使用雇佣劳动为主。

前述必须依约将租谷直接运送鹿港地主仓库的永佃农谢登南、永萃亨、
陈永享，租种面积分别为 76.84 亩和 56.5 亩，雇佣劳动的使用，也应是生
产经营必不可少的条件。

清代台湾这种耕作面积超过一般家庭劳力范围、必须雇工的永佃农，
并不少见。资料显示，清代特别是清代前期，相当比例的永佃农的耕作面
积，一般都超出了家庭劳力的生产能力，多寡不等都要使用雇佣劳动。表
7-5 是利用现存资料对雍正中期至光绪中期台湾永佃农的租种面积所做的
统计。

表 7-5　清代台湾永佃农耕作规模统计

（1729—1891）

单位：面积，亩；佃价银，两；大租额，石

序号	年份	佃农姓名	租种面积（亩）	佃价银（元）	大租额（石）	备注*
1	雍正 7 年	林生亨	113	500（两）	80	租Ⅰ-59-60
2	雍正 11 年	张强	67.8		48	租Ⅰ-62-63
3	雍正 11 年	杨文达	56.5	12（两）	40	租Ⅱ-187-188
4	乾隆元年	谢登南	56.5		40	物Ⅱ-293
5	乾隆 2 年	林任	45.2		32	租Ⅰ-64
6	乾隆 4 年	叶廷	113		80	租Ⅰ-65
7	乾隆 5 年	刘悖观	8.475	130	1	租Ⅲ-446
8	乾隆 9 年	林元瑸	35.03	39（两）	24.8	租Ⅲ-539-540
9	乾隆 12 年	王简书	129.95	160（两）	92	租Ⅰ-66-67
10	乾隆 12 年	张盛	226		120	租Ⅱ-343
11	乾隆 15 年	罗永连	33.9		9	租Ⅱ-345
12	乾隆 17 年	林子钦	31		21.95	物Ⅱ-208
13	乾隆 18 年	黄定	7.91		5.6	租Ⅰ-69

序号	年份	佃农姓名	租种面积（亩）	佃价银（元）	大租额（石）	备注
14	乾隆19年	陈宅	18.53	20	10.44	租Ⅰ-70
15	乾隆22年	徐时伟	28.25		20	租Ⅰ-72-73
16	乾隆25年	刘盛先	28.25	37.5	37.5	租Ⅱ-347
17	乾隆26年	品秀	60.91		43.12	租Ⅰ-76
18	乾隆27年	魏海	11.53		8.16	租Ⅰ-73
19	乾隆28年	许前兴	28.25		10	租Ⅰ-74-75
20	乾隆29年	周向观	156.45		55.38	租Ⅰ-75
21	乾隆29年	苏赐	12.43	213	7.48	租Ⅱ-358-359
22	乾隆32年	王文光	28.25		20	租Ⅰ-77
23	乾隆32年	谢茂开	33.9		24	租Ⅰ-79
24	乾隆39年	洪振老	11.3	100	3	租Ⅰ-81
25	乾隆43年	黄栋隆	40.26		28.5	租Ⅰ-81-2
26	乾隆60年	林丰荣	113	2	一九五抽的	租Ⅲ-556-557
27	嘉庆元年	萧玖	9.04	20	6.4	租Ⅰ-89-90
28	嘉庆元年	李斗	0.57	6	0.35	租Ⅰ-90-91
29	嘉庆元年	林民	19.775		14	租Ⅲ-558
30	嘉庆2年	陈寮亨	3.39	12	2.4	租Ⅰ-91-92
31	嘉庆3年	郑教观	25.99	70	18.4	物Ⅱ-243-244
32	嘉庆5年	杨添亨	56.5	64	40	租Ⅰ-93
33	嘉庆5年	郑双琳	9.04	3.2	2（元）	租Ⅲ-561-562
34	嘉庆6年	巫德兴	13.84	30	12.25	租Ⅰ-95-96
35	嘉庆6年	杨亮	9.04		12.8	物Ⅱ-302
36	嘉庆8年	黄周	1.695		1.2	租Ⅰ-97
37	嘉庆10年	刘英扬	22.6		12	租Ⅲ-388-389
38	嘉庆13年	邱邻	14.125	40	10	租Ⅰ-99
39	嘉庆15年	黄颜丑	2.825		2	租Ⅰ-102
40	嘉庆19年	黄协	16.95		9（元）	物Ⅰ-143-144
41	嘉庆22年	杨癸龙	14.93		39.85（折银27.9两）	物Ⅲ-395
42	嘉庆25年	李象亨	5.65	38	4	租Ⅰ-105
43	道光元年	杨克俊	39.1	354	27.25	租Ⅰ-105-106

序号	年份	佃农姓名	租种面积（亩）	佃价银（元）	大租额（石）	备注
44	道光 4 年	陈绳武	41.81	1020	29.6	租Ⅰ－108－109；物Ⅱ－244
45	道光 7 年	方曾	6.1		二八抽的	租Ⅰ－111
46	道光 10 年	张添球	5.67	2	2.006	租Ⅰ－112－113
47	道光 14 年	王穆	64.41	21	22.8	租Ⅳ－586
48	道光 14 年	蔡贞明	2.825	8	2	租Ⅰ－116
49	咸丰 8 年	黄协和	21.71	460	1	租Ⅲ－523－524
50	同治 8 年	林协丰	1.695	50	免租	租Ⅰ－123
51	光绪 9 年	黄丙南	76.66		？	租Ⅰ－141－142
52	光绪 10 年	杨定观	0.113	2	0.2	租Ⅰ－130
53	光绪 11 年	巫呆九	5.424	2.88	1.44	租Ⅰ－131
54	光绪 12 年	王刘氏	6.26	4.75		租Ⅰ－132－133
55	光绪 16 年	沈池	2.02	0.358	0.717	租Ⅰ－135－136
56	光绪 17 年	林合	56.5		75	租Ⅰ－140

注：＊为节省篇幅，资料来源书目业已简化："租Ⅰ－59－60"即《清代台湾大租调查书》第1册第59—60页；"物Ⅱ－293"即《台湾私法物权编》第2册第293页，余类推。

为了探查清代台湾永佃农的经营规模及同雇佣劳动关系的整体状况，表中未对相关资料进行任何筛选。不过由于现存资料数量有限，加上相当一部分永佃契约，只有租额或征租办法，而无土地面积，故所列个案数量不大，特别是清代后期的个案更少。尽管如此，还是能从中大体了解清代台湾永佃农生产经营的一般规模。如表7－5，台湾永佃农租种面积大小各异，差异悬殊，但就整体而言，清代台湾永佃农的租种面积不算太小，56户永佃农的平均租种面积为36.64亩。其中经营面积100亩以上的6户，50亩以上的8户，20亩以上的户15户，20亩以下的27户。亦即半数以上的永佃农，租种面积超过20亩。在通常情况下，耕作面积超过20亩的农户，必须使用一定数量的雇佣劳动作为补充。这部分雇佣劳动首先会由那些耕作面积狭小、家庭劳力有余的永佃农或其他农民提供。不过56户永佃农的平均耕作面积已超过20亩的54.6%，亦即永佃农作为一个整体，有超过一半的土地需要依靠永佃农以外的雇工耕作。尤其是雍正乾隆年间，26户中，只有 6 户的租种面积不足 20 亩，而同时有 10 户的租种面积超过 50 亩或 100 亩，更多的雇工来自永佃农以外其他农户。由此可见，永佃农促进和加速了农业雇佣劳动或农工市场的扩大，清代前期尤为明显。

在热河蒙地区，全部是旱地，耕作相对粗放，一个成年劳力的耕作面积大多为 30—50 亩（个别地区达 100 亩上下），一般农户家庭成员的耕作能力为 50—100 亩（个别地区达 150 亩上下），超出这一规模，即须或多或少通过雇工或换工劳动，补充劳力。超出面积越大，需要补充的劳力数量越多。资料显示，热河蒙地区在各个时段，都有数量和比例不等的永佃农，耕作面积超过 100 亩，特别是蒙地开垦初期，有的永佃农开垦和耕作规模规模相当大，使用雇佣劳动或许不在少数。试看乾隆五十八年（1793）翁牛特右旗一纸永佃"合同"：

立合同人挠安章吉、哈呢浪贵坤庆、吴拉其、毕帖石保世户同站上人等，同心议允将昂邦沟五十家子上边有荒场一处，内有胡素太沟，其荒四至：西至名干徒账房房西头山嘴为至〔止〕；东至榆树沟底东山嘴照〔对?〕西山嘴为至〔止〕，山嘴以比〔北〕郗荒元主，山嘴以南在四至以内；南至分水岭，北至分水岭，四至分明。同众说允言明价钱中钱伍〔仟?〕贰百吊正，情愿写与徐成、张贵二人名下开刨耕种，永远为业。开地以后八年秋后交差〔租?〕，两家情愿，并无反复。若有反复之处，有章吉、坤庆等一面全管，若荒地皆空，罚钱四百吊整。其钱当日交足，并无短欠。恐口无凭，立文契为证。开烈〔列〕以后，柴火通打，蓟达〔疙瘩〕通刨，并不许立窑烧石炭。若有烧石炭者，罚银一百两。

　　　　　　　　中见人　姜殿阳　李文德

　　　　　　　　代字人　任世美

　　乾隆五十八年十一月二十五日①

---

① 日伪地契整理局编印：《锦热蒙地调查报告》（日文本）上卷，1937 年刊本，第 541 页。

虽然和同类其他一些垦荒永佃契约一样，没有具体面积和租额，但从契价和四至看，荒场范围不小。这是位于五座山头（其中东面的界址是两座山的山嘴相对）中间一大片洼地，范围和面积不小。按"柴火通打，疙瘩通刨"、不许立窑烧炭的垦荒要求，整片洼地必须开透，不留空隙、边角，这绝非徐成、张贵二人或两家劳力所能为，不但必须使用相当数量的雇佣劳动，甚至以使用雇佣劳动为主。而且，两名永佃农既然能够一次性缴付中钱 5200 吊的契价，并非普通农民，当然也有资金使用雇佣劳动。

这纸"合同"末尾还附有一条日文小注："中华民国十二年四月添付买契"。亦即从乾隆五十八年到民国十二年，这宗土地永佃关系持续了 130 年，最后，徐、张两户永佃农的后代还买下了田底（租权），显示其经济状况稳中趋升。与此相联系，其雇佣劳动的使用，亦可能持续并有所扩大。

还是乾隆五十八年（1793），土默特右旗蒙人三官将一宗坟地（大牌地）租给綦云明，要求在离坟 25 丈以外种足地 4 顷，每年交租粮 36 石、小差钱 72 吊、干草 400 个，耕种"十年以后打地反牌子"，即 10 年后丈地换契。这是"大牌地"的有限永佃。[1] 4 顷地的耕作面积和数额不菲的钱、粮、草的混合地租，显然超出了该佃家庭成员生产能力，必须使用相当数量雇佣劳动。

嘉庆十九年（1814）九月，喀喇沁中旗乔国柱、张安仁等 6 名（户）佃农，交付押契钱 1 千吊，开垦租种旗署官仓地 25 顷，契约规定嘉庆二十六年春天丈地，秋后每顷缴纳租钱 24 吊；次年正月，尹思温、王发空等 4 名（户）佃农，交付押契钱 400 吊，开垦租种旗署官仓地 10 顷，纳租条件与乔国柱等相同。[2] 这两宗租垦，平均每人（户）的垦种面积分别达 417 亩和 250 亩，明显超出了 1 名劳力或家庭成员的耕作能力，不补充若干数量的雇佣劳动，是难以垦耕的。

近代时期，随着人口增加和分家析产，人均和户均耕地面积下降，蒙地永佃农的经营规模明显缩小。不过由于永佃农贫富分化加剧，佃权呈现某种程度的集中态势，一方面，永佃农耕作规模和平均耕作面积缩小；另

---

① 日伪地契整理局编印：《锦热蒙地调查报告》（日文本）上卷，1937 年刊本，第 318 页。

② 日伪地契整理局编印：《锦热蒙地调查报告》（日文本）下卷，第 1788、1789 页。

一方面，永佃农内部耕作面积差别扩大，直至 20 世纪二三十年代和伪满时期，仍有部分蒙地永佃农维持较大面积的耕作经营。1937 年日本侵略者的调查资料显示，一些村落大面积或较大面积经营的永佃农数量甚至同佃权的集中程度成正比。表 7 - 6 反映的是一些村落的佃权占有和使用分配状况。

表 7 - 6　热河蒙地永佃制下佃权分配和使用情况

(1937)

单位：顷

序号	村落*	户数	耕地（顷）	佃权占有户（%）		有地（佃权）户内部佃权占有和使用情况
				有地户	无地户	
1	边家店	672	172	80	20	1 顷以上 45 户，最多 17.5 顷
2	大牛群	886	112	70	30	4 顷以上 1 户，1 顷以上 2 户
3	木匠营子	774	130	90	10	2 顷以上 3 户，1 顷以上 15 户
4	公爷府	811	120	60	40	平均 15 - 20 亩，1 顷以上占 10%，最多 12 - 13 顷
5	黑水村	1238	339	60	40	12 顷以上 1 户，7 顷以上 1 户，6 顷以上 3 户，5 顷以上 2 户，4 顷以上 4 户，3 顷以上 10 户
6	六家村	1004	195	70	30	6 顷以上 2 户，2 顷以上 4 户，1 顷以上 13 户
7	太平地	776	250	90	10	15 顷 1 户，4 顷 1 户，3 顷 2 户，2 顷 10 户
8	二十家子	1051	317	70	30	1 顷以上约 200 户，最多不超过 5 顷
9	马厂村	987	400	80	20	5 顷以上 3 户，1 顷以上 200 户
10	建平街	2465	645	80	20	30 顷以上 1 户，10 顷以上 2 户，6 顷以上 6 户，5 顷以上 4 户，4 顷以上 4 户，3 顷以上 6 户，2 顷以上 6 户，1 顷以上 20 户
11	罗卜沟	1298	565	90	10	5 顷以上 4 户，3 顷以上 5 户，2 顷以上 10 户，1 顷以上 20 户
12	卧佛寺	1093	320	90	10	3 顷以上 3 户，2 顷以上 4 户，1 顷以上 10 户
13	下洼	1788	520	69	31	3 - 4 顷 60 户，1 - 2 顷 180 户，50 亩以上 350 户，10 亩以上 520 户，10 亩以下 130 户

序号	村落	户数	耕地（顷）	佃权占有户（%）		有地（佃权）户内部佃权占有和使用情况
				有地户	无地户	
14	官家地	1399	500	25	75	30 顷 1 户，10 - 20 顷 2 户，5 - 10 顷 6 户，1 - 5 顷 80 户，50 亩 - 1 顷 110 户，5 - 50 亩 150 户
15	小哈拉道口	966	500	36	64	5 - 6 顷 8 户，3 - 4 顷 20 户，1 - 2 顷 150 户，1 顷以下 172 户
16	萨力把	416	180	34	66	最多 5 顷，2 顷以上 30 户，1 顷以上 20 户
17	小河沿	1593	400	23★	77★	4 - 5 顷 3 户，2 - 3 顷 10 户，1 顷以上 30 户，50 亩以上 50 户，10 - 50 亩 200 户，10 亩以下 80 户
18	四德堂	1132	440	50	50	最多 5 顷，3 顷 7 - 8 户，2 顷 40 户，1 顷 100 户
19	菜园子	1053	450	40	60	20 顷 2 户，10 顷以上 4 户，5 顷以上 5 户，3 - 4 顷 13 户，1 - 2 顷 20 户，50 亩以上 60 户，10 - 50 亩以下 200 户，10 亩以下 50 户
20	白塔子	1026	515	24	76	6 - 7 顷 3 户，4 - 5 顷 8 户，2 - 3 顷 20 户，1 顷以上 50 户，50 亩以上 50 户，20 亩以上 70 户，20 亩以下 50 亩

资料来源：据日伪地籍整理局编印《锦热蒙地调查报告》（日文本），1937 年印本，中卷（Ⅱ）、下卷（Ⅲ）综合整理、计算编制，具体页码按序号依次为：①（Ⅱ）第 754—755、759 页。②（Ⅱ）第 806，809—810 页。③（Ⅱ）第 858、861—862 页。④（Ⅱ）第 837、842—843 页。⑤（Ⅱ）第 897、901、903 页。⑥（Ⅱ）第 897、902、903 页。⑦（Ⅱ）第 911、913—914 页。⑧⑨（Ⅱ）第 1020、1025—1026 页。⑩（Ⅱ）第 1027—1028、1031—1032 页。⑪（Ⅱ）第 1058、1061—1062 页。⑫（Ⅱ）第 1058、1061—1062 页。⑬（Ⅲ）第 1991、1996 页。⑭（Ⅲ）第 2104、2108、2116 页。⑮（Ⅲ）第 2171、2175 页。⑯（Ⅲ）第 2203、2207 页。⑰（Ⅲ）第 2215、2222 页。⑱（Ⅲ）第 2228、2232 页。⑲（Ⅲ）第 2291、2296、2296 页。⑳（Ⅲ）第 2307、2309—2311 页。

说明：*19 个村屯中，序号 1—14 属于喀喇沁右旗，15—19 属于敖汉旗。

★有地户合计 373 户，占总数的 23%；无地户为榜青 350 户、商 26 户、采集甘草 600 户、苦力 244 户，合计 1220 户，有地户、无地户共计 1593 户，与全村户数吻合，但有地户的占地面积，即使按最高额加总，也只有 263 顷，比总数少 137 顷，并称"榜青一份种地一百亩"，明显有误。

在热河蒙地永佃制下，永佃农持有的佃权，直接称作"地"，佃权持有者（绝大部分是永佃农）叫"有地户"或"地主"。热河蒙地佃权的买卖、兼并和集中态势，同关内一些地区特别是清代台湾地区的情况是一样的，但是，蒙地佃权的分配、使用有自己的特点，那就是佃权的占有和使用结合在一起，佃权的占有是使用的前提。通常情况下，热河蒙地佃权的占有者，无论面积大小，同时也是土地使用和经营者，分散出租、佃权由使用权蜕变为收租权，佃权所有者蜕变为收租人和食利者的情况，并不普遍。表中各村，"有地户"亦即佃权占有者或永佃农的比重互有高低，最高90%，最底只有24%。永佃农内部佃权分配也很不均平，持有的佃权面积大小悬殊，少的不足5亩，多的上千亩，最多的达3000亩。总的来说，"占地（佃权）" 1顷以上的永佃农及其佃权面积，占有相当比重。据表7－6列数据计算，20村平均，"占地（佃权）" 1顷以上的永佃农合计1172户，占永佃农总数的8.4%，占有的佃权约占总面积的40%—45%。佃权愈集中，"占地（佃权）" 1顷以上的永佃农比重愈高。四德堂的"有地户"的比重降至50%，"占地（佃权）" 1顷以上达148户，合计佃权210顷上下，约占总面积的48%，官家地、小哈拉道口、萨力把等3村，"占地（佃权）" 1顷以上的永佃农约占的"有地户"比重依次为25%、26%和35%，占有佃权依次约占总面积的61%、63%和58%。

这些占有较大面积佃权的永佃农，不可能单凭家庭劳力进行耕作，必须使用雇佣劳动。从日本侵略者的户别调查资料中，可以大致看出这类永佃农使用雇佣劳动的一些情况。敖汉旗金场沟村梁姓永佃农（系该村村长），全家13口人，有佃权230亩，除了自家两名劳力（本人及弟），还雇用6人协同耕作，并有分工：本人及弟耕种50亩，3名耪青耕种150亩,[1] 1名长工专职打理30亩菜园地，1名牛倌放牛（8头），1名羊倌牧羊（34只）。[2] 分工协作十分明确。嘎岔村永佃农冯相廷（系该村村长），全家10口人，有佃权140亩（其中耕地70亩、另外70亩为"不耕地"），雇用1名耪青耕种,[3] 另雇1名羊倌放羊（30只）。[4]

---

[1]　生产费用全部由雇主提供，产品对半分配。

[2]　日伪地契整理局编印：《锦热蒙地调查报告》（日文本）下卷，第1890—1891页。

[3]　耪青住雇主家，雇主提供耕畜、农具，贷给口粮（平均2.2石，丰年秋后偿还3石，平年偿还2.5石），产品对半分配。

[4]　日伪地契整理局编印：《锦热蒙地调查报告》（日文本）下卷，第1932页。

从这两户永佃农①的耕作面积和雇工情况看，一个成年男劳力的耕作面积为50—70亩（菜园地为30亩），一般占有佃权1顷以上，都会或多或少使用雇佣劳动作为补充，如果经济状况较好，或有其他职业及收入（商业、手工艺、"公职"等），使用或补充雇佣劳动的耕作面积下限还会不同程度降低。耕作面积稍大，则会按单位劳力耕作能力和实际需要（牛羊放牧、菜园耕作等）使用雇佣劳动。根据这一状况进行观测，在热河蒙地区，约有10%的永佃农，按需要并常规性地使用雇佣劳动。而且随着佃权不断集中，按需要并常规性地使用雇佣劳动的比重呈上升态势，而部分或大部、全部丧失佃权的贫困永佃农，提供了劳力资源，使雇佣劳动市场扩大。因此，热河蒙地永佃农使用雇佣劳动的比重和数量，明显高于其他地区。这是热河蒙地永佃制发展和农业生产经营模式的一个重要特点。

2. 永佃农的雇工或雇工性经营

由于永佃农的农业经营规模狭小，从总体上说，永佃农对雇佣劳动的使用并不普遍，进行雇工或雇工性经营的永佃农数量更少，比较完整的资料也十分匮乏。

永佃农的商品性生产和雇工或雇工性经营，是在封建社会末期已经出现资本主义萌芽的情况下发生的。从时间上看，清代前期从事较大面积雇工或雇工性经营的永佃农数量相对多一些。近代时期，随着人口增加、累次分家析产，以及永佃农的普遍贫困化，永佃农的生产经营规模缩小，仅有为数不多的永佃农能够保持原有规模，或有所扩大。如浙江的土地改革资料显示，永佃制度比较流行的嘉善、平湖、海宁、桐乡、崇德、德清、鄞县、绍兴、武康等地，都有多寡不等的"大佃"，亦即佃富农。其中鄞县的"大佃"数量，更超过自富农。新中国成立前夕，该县自富农为3549户、27995人，而"大佃"达4227户、33343人。② 这些"大佃"可能大部分属于进行雇工经营的永佃农。不过，鄞县的情况可能是特例，上述其他各县，除嘉善外，"大佃"为数不多。总的说，分布在永佃农中的"大佃"

---

① 这两户永佃农都是"村长"，有"公职"，并有"津贴"（15元/月），情况略为特殊，但一般仍参加农业劳动，与其他永佃农的区别不是很大。

② 《鄞县志》，中华书局1996年版，第221—222页。

或佃富农，在整个永佃农中所占比例微小。

　　在永佃农的雇工或雇工性经营方面，热河蒙地区是另一个特例。前面提到，热河蒙地区约有 10% 的永佃农，按需要并常规性地使用雇佣劳动。而且随着佃权不断集中，按需要并常规性地使用雇佣劳动的比重呈现上升态势。按需要并常规性地使用雇佣劳动的永佃农中，有的可能以家庭劳力为主，雇佣劳动只是一种补充，也有的雇工构成家庭农业劳力的主体，如前揭敖汉旗金厂沟梁姓永佃农，只有两名家庭劳力，而包括牛倌、羊倌在内的雇工却有 6 人，占全部农业劳力的 3/4，亦即以雇工和雇工性经营为主；嘎岔村永佃农冯相廷，并无家庭成员参加农业生产，70 亩耕地全部雇佣 1 名耪青耕种，羊群则雇用羊倌放牧。这是纯粹的雇工和雇工性经营。

　　热河蒙地永佃制的发展历程和永佃农的内部构成，和其他地区有所不同，从蒙地开垦和蒙地永佃制形成开始，一直有关内地主、富户、商人、高利贷者加入永佃农行列，进行较大面积的蒙地揽垦和雇工经营，并延续到近代时期。前述表 7 - 2 所列 20 户永佃农，绝大部分是地主富户、商人、高利贷者，他们经营规模大，资金充裕，户主和家庭主要劳力没有时间也不会去垦荒和参加农业生产，唯一办法就是雇工开垦，进行雇工经营。

　　从时间上看，这种大面积的雇工垦荒和雇工经营，主要发生在乾隆、嘉庆年间，进入近代，数量大减，规模明显缩小，不过也并非完全绝迹。如前所述，据光绪二十一年（1895）的记载，敖汉旗下洼王臣，雇有种地工人五六百名；成全五有种地工人 300 名；张三有 200 余人。又将农业、农产品加工、商业利润和高利贷利息用来投资土地，"有一文置一文山地"，进一步扩大农业雇工经营规模。[①]

　　由于人口密度上升，人均耕地面积下降，但因佃权加速集中，蒙地永佃农耕作面积在不断缩小的同时，较大面积的耕作经营呈现回升和扩大的态势，

　　纵观热河蒙地佃权分配和农业发展变化，开垦初期，人口稀少，荒原辽阔，耕作十分粗放，永佃农耕作面积普遍较大。随着人口增加和分家析

---

　　① 徐润：《徐愚斋自叙年谱》，1927 年刊本，第 79 页。

产，人均和户均耕地面积下降，永佃农耕地面积相应缩小，但与此同时，永佃农贫富分化和佃权兼并加剧，佃权趋向集中，一些丧失佃权的永佃农，被迫部分或完全退出家庭农业经营，独立从事农业生产经营的永佃农数量减少，永佃农内部的农业经营规模差别扩大。这样，永佃农经营规模同时朝着分散细碎和集中扩大的两个方向发展，在多数贫苦永佃农土地耕作不断零碎化的同时，大面积或较大面积的农业经营者数量，在一个时期呈现回升和扩大的态势。因此，20 世纪二三十年代和日伪时期，雇工或雇工性经营，仍占有一定比重。

这里所说的"雇工性经营"，指的是雇佣作为分成制雇工的"耪青"进行耕作的农业经营模式。热河蒙地永佃农的雇工经营有两种基本形式或模式，一种是雇佣长工、短工（日工）耕种，这是纯粹或完全意义上的雇工经营；另一种是雇佣与雇主共同承担灾歉风险的产品分成制雇工——"耪青"耕种。我们将后者称为"雇工性经营"。

当然，热河蒙地区除了大部分耪青属于分成制雇工，也有少数耪青是分成制佃农。招佃收租则属个别情况。所以，日本侵略者关于热河村落概况的调查，将蒙地永佃农的土地利用方式分为"自种"（包括雇工耕种）、"耪青"两种，并未提及租佃关系。表 7-7 反映的是边家店等 19 个村落佃权分配和永佃农的土地利用方式：

表 7-7　热河蒙地永佃制下佃权分配和永佃农经营模式

（1937）

单位：农户，户；耕地，顷

序号	村落*	户数（户）	耕地面积（顷）	土地（佃权）分配、利用状况		有地户土地（佃权）占有、使用规模		有地户土地（佃权）经营模式	
				有地户（%）	无地户（%）	1 顷以上（户）	最大面积（顷）	自种（%）	耪青（%）
1	边家店	672	172	80	20	45	17.5	66.7	33.3
2	大牛群	886	112	70	30	3	4 +	60	40
3	公爷府	811	120	60	40	49	12-13	80	20
4	木匠营子	774	130	70	30	16	2 +	90	10

续表

序号	村落	户数（户）	耕地面积（顷）	土地（佃权）分配、利用状况		有地户土地（佃权）占有、使用规模		有地户土地（佃权）经营模式	
				有地户（%）	无地户（%）	1顷以上（户）	最大面积（顷）	自种（%）	榜青（%）
5	黑水村	1238	339	60	40	23	12 +	50	50
6	六家村	1004	195	70	30	19	6 +	80	20
7	太平地	776	250	90	10	14	15	90	10
8	二十家子	1051	317	70	30	200	1 +	70	30
9	马厂村	987	400	80	20	203	5 +	70	30
10	建平街	2465	645	80	20	49	30 +	60	40
11	罗卜沟	1298	565	90	10	39	5 +	90	10
12	卧佛寺	1093	320	90	10	17	3 +	85	15
13	下洼	1788	520	69	31	240	4	20	80
14	官家地	1399	500	25	75	90	30	60	40
15	小哈拉道口	966	500	36	64	178	5 - 6	40	60
16	萨力把	416	180	33.3	66.7	51	5	50	50
17	四德堂	1132	440	50	50	148	5	50	50
18	菜园子	1053	450	40	60	44	20	50	50
19	白塔子	1026	515	24	76	81	7	70	30
	合计/平均	21656	7064	65.9	34.1	—	—	62.3	37.7

资料来源：据日伪"地籍整理局"编印：《锦热蒙地调查报告》（日文本），1937年印本，中卷（Ⅱ）、下卷（Ⅲ）综合整理、计算编制，具体页码按序号依次为：①（Ⅱ）第754—755、759页。②（Ⅱ）第806、809—810页。③（Ⅱ）第837、842—843页。④（Ⅱ）第858、861—862页。⑤（Ⅱ）第897、901、903页。⑥（Ⅱ）第897、902、903页。⑦（Ⅱ）第911、913—914页。⑧⑨（Ⅱ）第1020、1025—1026页。⑩⑪（Ⅱ）第1027—1028、1031—1032页。⑫（Ⅱ）第1058、1061—1062页。⑬（Ⅲ）第1991，1996页。⑭（Ⅲ）第2104、2108、2116页。⑮（Ⅲ）第2171、2175页。⑯（Ⅲ）第2203、2209页。⑰（Ⅲ）第2228、2232、2233页。⑱（Ⅲ）第2291、2296、2299页。⑲（Ⅲ）第2307、2309—2311页。

说明：*19个村落中，序号1—12属于喀喇沁右旗，13—19属于敖汉旗。

如表7-7，各村土地使用和经营模式，自种、榜青两者所占比重，各村互有高低。榜青地的比重，最低10%，最高达80%，19村平均为37.7%。榜青地比重的高低，大体同佃权的集中程度成正比。一般佃权愈集中，"有地（佃权）户"比重愈低，佃权在"有地（佃权）户"内部的占有和使用愈不均匀，大面积或较大面积占有和使用者的比重愈高，采用雇工（自种中包括雇工耕种），特别是榜青耕种的土地比重也相应增高。其中敖汉旗小哈拉道口、萨力把、菜园子、白塔子等4村，佃权占有和使用的集中程度最高，农户中的"有地（佃权）户"比重依次只有36%、33.3%、40%和24%，"有地（佃权）户"中1顷以上佃权占有和使用者的比重依次为51%、36.4%、24.4%和65.3%。① 与此相联系，榜青耕种的土地比重，大多与"无地（佃权）户"比重吻合或大体相近。一些佃权较为集中的村落，榜青户与"有地（佃权）户"的比例大致为1∶1，甚至更高。如小哈拉道口村，"地主"（大面积佃权占有者）、榜青各为350户；萨利把村，有地（佃权）者140户，榜青200余户，平均每个"有地（佃权）户"有榜青约1.5户；菜园子的"有地（佃权）户"和榜青户比重分别为40%和50%；官家地的"有地（佃权）户"为350户，榜青户占1049家无地（佃权）户的70%－80%，约743－839户，平均每家"有地（佃权）户"有2.1－2.4户榜青；白塔子佃权最为集中，榜青户与有地户的比例亦最高，该村有地（佃权）者250户，榜青676户，二者之比为2.7∶1。另外，如未计入表7－7中的敖汉旗上青他拉村，全村670户，160余顷地，有地（佃权）者120户（占17.9%），榜青400余户，平均每家占地（佃权）户至少有3.3户榜青（平均1名榜青耕种60亩）。② 这些村屯都出现了大面积或较大面积的雇工性榜青经营。

为了准确探明热河蒙地永佃农的雇工经营情况，除了榜青地的大致比重或永佃农与榜青户的比例，还须确定榜青的社会性质和"自种"地所含的雇工经营成分。日本侵略者的村落概况调查材料中，关于榜青习惯的记载，有的较清晰，可供利用。如边家店的榜青习惯是，牛、粮、种子、农具由地主供给，并借给小米1石，秋后还给谷子3石，名为"一米三谷"，产品对半分配；另有"半青半活"，带有一半榜青、一半佣工的性质。③ 公

---

① 菜园子的比重稍低，只有24.4%，乃因单个农户占地和使用面积特大，20顷的2户，10顷以上的5户。这7户就占去了1/4左右的佃权。

② 《锦热蒙地调查报告》（日文本）下卷，第1983、1985—1986页。

③ 《锦热蒙地调查报告》（日文本）中卷，第755页。

爷府的耪青以对半分粮的外青为多，有时也由地主按时价付给现金。一般耪青借贷口粮，小米 1 石，秋后偿付谷子 3 石，因 3 石谷子可出 1.8 石小米，相当 8 分利率，比其他地方高，但 8 月后借粮，不加利息。① 二十家子和马厂村，耪青粮谷对半分配，亩捐、租子由地主负担，耪青借粮，年利五分，多在正月贷借，秋后偿还；耪青雇工，地主融资，月利三分，秋后返还；耪青借马、借农具，如秋前损坏，统统由地主负担。② 官家地的耪青有外青、内青两种，内青居多。外青的口粮、衣料（大布）、雇工钱由地主贷给，口粮五分利、其他三分利（按 4 个月计算），秋后偿还。如遇凶年，借贷物全部由地主负担，解除耪青契约，耪青作为雇工，支给 30—50 元的年薪；内青借贷的粮食、现金，秋后全部无利偿还，但雇约期间须替地主汲水、砍柴。③ 下洼耪青亦有内青、外青之分。内青人口简单，在地主家食住，秋后分粮时，地主扣回食粮 2 石；外青不在地主家食住，春季由地主借给口粮 2 石，秋后加利息扣还 3 石。④ 四德堂的耪青习惯稍异，耪青只出劳力，其他一切费用均由地主负担，借贷的食粮在秋后对半分粮的情况下，无利偿还，无外青、内青之别，耪青均住地主家。⑤

从上述情况看，各村耪青习惯和具体做法，不尽一致，但基本规则和性质相同，即地主提供全部生产资料，并贷给食粮，耪青只出劳力，秋后产品对半分配。无论内青、外青，都属于分成制雇工。总的说，该地耪青同招佃收租和雇工耕种比较，更接近于雇工耕种。

至于"自种"，调查材料未作进一步的解释和交代，只是在农民生活状况的调查中，部分村落有关于"无地（佃权）户"职业或谋生手段的某些记载或统计数据。如喀喇沁右旗公爷府村，占农户总数 40% 的"无地（佃权）户"中，一半耪青，另一半充当日工、苦力；⑥ 小哈拉道口村，"无地

① 《锦热蒙地调查报告》（日文本）中卷，第 639—840 页。
② 《锦热蒙地调查报告》（日文本）中卷，第 1022 页。
③ 《锦热蒙地调查报告》（日文本）下卷，第 2109 页。小河沿村的调查材料也提到，"凶作年成，耪青吃粮，耪地工价，地主认损失"（《锦热蒙地调查报告》（日文本），下卷，第 2224 页）。
④ 《锦热蒙地调查报告》（日文本）下卷，第 1992 页。
⑤ 《锦热蒙地调查报告》（日文本），下卷，第 2230 页。
⑥ 《锦热蒙地调查报告》（日文本）中卷，第 843 页。

（佃权）户"中除350户榜青外，尚有200户劳工及采集甘草者，"农忙期间受雇从事农耕，其他时间以采集甘草为业"；菜园子村，除占农户50%的榜青户外，还有5%的劳工户。① 未入表的喀喇沁右旗小牛群村，"有地（佃权）户"占7成，榜青1成弱，靠年工或日工生活者占2成，雇工超过榜青；敖汉旗四棵树村，除434家"有地（佃权）户"外，360户没有土地，以榜青、劳工、采集甘草为生者"占其绝对多数"。② 调查资料显示，这些年工、日工、劳工都是农业雇工，采用"自种"模式的永佃农中，有一部分会不同程度地使用雇工，进行雇工经营。

表7-7和相关调查材料显示，招榜青耕作确为热河蒙地永佃农进行雇工经营的重要模式，亦有部分永佃农使用某种形式的雇佣劳动。不过这些材料比较笼统，或是间接性的，不能直接说明问题。日本侵略者除了村落概况调查，还进行了户别生计调查，对上述问题提供了较为清晰的答案，表7-8就是根据这些调查材料综合整理而成，从中可以看出热河蒙地永佃农的劳力结构、耕作规模和和农业经营模式，特别是雇工或雇工性经营的具体情况。

表7-8 热河蒙地永佃农的劳力结构和农业经营模式示例

（1937）

序号	姓名	家庭人口（人）	耕作面积（亩）	农业劳力（人）	长工（人）	短工（天）	榜青		耕作经营或模式提要
							人（份）	面积（亩）	
1	苏振德	4	91.3	1				51.3	自种、榜青并重
2	杨 禄	8	129	0			3	129	招榜青"自种"
3	罗子云	8	120	1	2				雇工耕种为主
4	孙 修	6	70	1		若干◁			家工自种，短工补充
5	于庆志	7	120	0	2				全部雇工经营
6	王金春	4	20	1					自种兼外出佣工▷

---

① 《锦热蒙地调查报告》（日文本）下卷，第2175、2298页。

② 《锦热蒙地调查报告》（日文本）中卷，第804页；下卷，第2054页。

序号	姓名	家庭人口（人）	耕作面积（亩）	农业劳力（人）	长工（人）	短工（天）	耢青人（份）	耢青面积（亩）	耕作经营或模式提要
7	王唤	10	270	3	3				家工、雇工耕种并重
8	万山	6	115	0	2				全部雇工经营
9	杨鼎和	8	700	0			7	700	全部招耢青"自种"
10	韩瑞轩	15	230	0			3	230	全部招耢青"自种"
11	张树清	5	50	0	1				全部雇工经营
12	朱景轩	12	103	0	1				全部雇工经营
13	李开运	11	70	2					家工自种
14	杨凤亭	11	100	1	1				家工、雇工耕种并重
15	郭希成	7	160	2					家工自种
16	蔡景文	18	192	0			3	192	全部雇耢青耕种
17	程殿元	7	200	1			1		家工、耢青耕种并重
18	马志林	10	700	0			7	700	全部招耢青耕种
19	李广德	6	400	2			1		家工为主，耢青为辅
20	冯金林	5	120	1.5		90			家工为主，雇工为辅
21	冯永清	9	70	2					家工自种，1人出雇耢青▶
22	滕大鹏◀	9	210	1	1	若干	1	100	雇工、耢青为主，家工次之
23	李连科	4	150	1			1	100	耢青为主，家工自种次之
24	马云龙	7	300	0		34	2	300	招耢青"自种"，短工补充

续表

序号	姓名	家庭人口（人）	耕作面积（亩）	农业劳力（人）	长工（人）	短工（天）	榜青 人（份）	榜青 面积（亩）	耕作经营或模式提要
25	孟继贤	8	120	2	1				家工为主，雇工为辅
26	夏清和	6	50	3					家工自种，内1人出雇日工

资料来源：据日伪地籍整理局编印《锦热蒙地调查报告》（日文本），1937年印本，中卷（Ⅱ）、下卷（Ⅲ）综合整理、计算编制，具体页码按序号依次为：①（Ⅱ）第763—765页。②（Ⅱ）第768—770页。③（Ⅱ）第790—792页。④第（Ⅱ）792—795页。⑤（Ⅱ）第795—798页。⑥（Ⅱ）第844—846页。⑦（Ⅱ）第846—850页。⑧（Ⅱ）第855—857页。⑨（Ⅱ）第906—910页。⑩（Ⅱ）第979—982页。⑪（Ⅱ）第982—985页。⑫（Ⅱ）第1063—1066页。⑬（Ⅱ）第1095—1098页。⑭（Ⅲ）第1859—1862页。⑮（Ⅲ）第1937—1938页。⑯第（Ⅲ）1987—1989页。⑰（Ⅲ）第2023—2025页。⑱（Ⅲ）第2067—2070页。⑲（Ⅲ）第2093—2095页。⑳（Ⅲ）第2095—2098页。㉑（Ⅲ）第2131—2134页。㉒（Ⅲ）第2157—2159页。㉓（Ⅲ）第2237—2240页。㉔（Ⅲ）第2240—2243页。㉕（Ⅲ）第2243—2246页。㉖（Ⅲ）第2246—2248页。

说明：◁依农时雇用短工。

▷佣工收入40元。

▶出雇榜青（面积不详），平均分粮1.5石，折款18.8元。

◀自种1顷，榜青1顷（近似出租），农忙雇用短工（工薪50元，相当年工2倍）。

26户永佃农分布于喀喇沁右旗和敖汉旗的10余处村落。① 如表7-8，永佃农的耕作经营面积大小悬殊，最大700亩，最小20亩，19户（占73.1%）的耕作面积达到或超过100亩，26户平均186.9亩。耕作和经营模式也多种多样，5户只靠家庭劳力，并不使用雇工或榜青（通称"青人"），其中2户除了耕种自家土地（佃权），还外出佣工或榜青，以贴补家计，21户不同程度地依靠雇工或青人耕作，其中10户并无家庭成员参加农业生产（1户无家庭劳力），纯属雇工或榜青经营。按耕作面积或生产劳动力计算，另有3户以雇工、榜青耕种为主，家庭劳力为辅，4户属于家工自种和雇工、榜青耕种并重。在雇工、榜青两种耕种经营模式中，大体二者不相伯仲。10户完全靠雇工、榜青经营的永佃农中，4户为雇工经营，6户为榜青经营；21户不同程度使用雇工、榜青的永佃农中，10户使用雇工，9户招雇榜青，2户雇工、榜青兼用。而雇工耕种也是长工、短工并用。显

———————————

① 26户永佃农是日本侵略者进行的汉族农民户别生计调查的全部，未经任何筛选。

然，榜青经营也是热河蒙地永佃农农业经营的一种重要模式。

关于榜青的类型和习惯，前面已就某些村落的情况作了说明，从整个热河地区看，榜青大致分为"外青"、"内（里）青"、"力量青"、"半青半活（夥）"等四种类型："外青"是青人住地主房屋，但单独起伙，地主贷给的食粮、生产资金秋后分别按一定利率计息偿还，产品对半分配，农闲期间须为地主修理房屋、农具、喂牲口、积肥等；契约一年一定，每年10—11月换约，倘若续约，仍可住用地主房舍。"里青"是青人（单身）住地主家，单独起伙，地主贷给的食粮，秋后加息偿还，地主负担一半生产资金，另一半由里青秋后无息偿还，无论农忙农闲，青人均须听命于地主，从事各种劳役。"力量青"是佃农负担耕畜、农具、车辆、种子、食粮和生产资金，不提供劳役，产品对半或主四佃六分配，秋秸归青人。"半青半活（夥）"是在与"里青"相同的条件下，地主指派一名雇工与青人协同耕作，地主同青人对半分配产品，青人再将所得的一半与雇工平分。①

从农业生产和土地经营的角度看，榜青基本上分为两大类：一类属于以雇主（地主）家庭为生产单位的雇工经营，青人在雇主或雇主长工的统一规划、指挥下从事生产劳动，其身份是与雇主（地主）共同承担风险的产品分成制雇工；另一类是以青人家庭为生产单位的租佃经营，青人耕种的土地与雇主家工或雇工耕种的土地不相连属，青人的生产劳动和经济生活具有相对独立性，其身份是与雇主（地主）共同承担风险的产品分成制佃农。在当地农民观念和乡俗惯例中，青人身份和榜青耕种的社会性质是十分清楚的。不同性质的榜青，对家庭劳力、耕地面积、农业收支的计算方法不同。表列11户部分或全部采用榜青耕种的永佃农中，苏振德、滕大鹏两户的榜青耕种（面积151.3亩）性质属于租佃性经营，其基本做法和特点是，青人不算家庭劳力，榜青地与自种地分开，互不连属，榜青地收入只计自身所得部分，性质上属于分成租；其余9户的榜青耕种全部属于雇工性经营，其基本特点是，青人是以"人"或"份"为单位，同家工、长工一起被列为雇主家庭劳动力，青人耕种的土地同雇主家庭成员耕种或雇

---

① 日伪地籍整理局编印：《锦热蒙地调查报告》（日文本）上卷，第264—265页。

工耕种的土地一样，都被视为"自种"，称为"招榜青自种"；榜青地产量
全部列作雇主家庭"农业收入"，青人分取部分则被列为雇主家庭"支出"。
显然，这种榜青耕种与雇工耕种的基本性质相同，其区别只是雇工（长工
或短工）支取固定工资，不同产量挂钩，无须承担灾歉风险；而榜青则按
约定比例分取产品，必须和雇主（地主）共同承担灾歉风险。

明确了榜青的不同类型和性质，现在可以对热河蒙地永佃农雇工及雇
工性经营做出更加准确的统计和评估。表中专用或兼用榜青的 11 户永佃农，
榜青耕种土地（部分按劳力结构和青人数量估算）2652.3 亩，其中两户租
佃式的榜青耕作面积 151.3 亩，占 5.7%，余下 9 户的榜青全部属于雇工性
经营，榜青耕种面积 2501 亩，占 94.3%，占 26 户耕种总面积 4860.3 亩的
51.4%。这说明两点：第一，热河蒙地永佃农由榜青耕种的绝大部分土地，
性质上属于雇工性经营；第二，招榜青耕种是热河蒙地永佃农雇工和雇工
性经营的主要模式。表中永佃农专用或兼用长工、短和招雇榜青的户数相
同，都是 11 户，但长工、短工的耕作面积为 936 亩，只相当雇工性榜青耕
种面积的 37.4%，占耕地总面积的 19.3%。相对于榜青经营，雇工经营居
次要地位。

综合雇工经营和雇工性榜青（不计租佃式榜青）经营两种形式，可以
大致测定热河蒙地永佃农使用雇佣劳动、进行雇工及雇工性经营的整体状
况和一般水平。26 户永佃农中，完全采用雇工或雇工性榜青耕作经营的 10
户，占总户数的 38.4%；耕作面积 2639 亩，占耕作总面积的 54.2%，户均
耕作面积 263.9 亩，相当 26 户平均耕作面积的 1.4 倍。加上部分使用雇工、
雇工性榜青的 10 户（已剔除单用租佃式榜青的 1 户，另一户兼用长、短工
和租佃式榜青，未剔除），合计 20 户，占总户数的 76.9%，共雇用长工 14
人，短工折合长工约 2 人，雇工性榜青 29 人，三者合计 45 人，平均每户
1.73 人。相比之下，家庭劳力少得多，只有 25.5 人，平均每户不足 1 人。
雇佣劳力和家庭劳力合计 70.5 人，户均 2.7 人，雇佣劳力占农业劳力总数
的 64.5%，家庭劳力只占 35.5%。雇工及雇工性榜青的耕作面积（部分按
雇工、榜青数量估算）为 3437 亩，占全部耕作面积的 70.7%。

这些数据、资料，诸如雇佣习惯、雇工结构、永佃农雇工及雇工性榜

青经营模式、结构等，大体反映了热河蒙地区永佃农农业生产经营的基本面貌和特征。不过需要指出，由于调查对象侧重富裕农户（大部分调查对象的生活程度为中等或中等以上），永佃农的耕作面积、雇工及雇工经营户比重、户均雇工数量和雇佣劳力占农业劳力比重、雇工及雇工性榜青经营面积占总面积比重等，或许高于实际数字。这里不妨将农民户别生计调查和村落概况调查两项资料相互参照，对永佃农的户均耕作面积、雇工及雇工性榜青经营的土地比重等数据进行适当修正。按照村落概况调查估计数据计算，"有地（佃权）户"的户均占有和使用佃权面积为32.6亩，榜青耕种的土地比重为37.7%，参照表7-8材料，扣除5.7%的租佃性榜青耕作面积，雇工性榜青耕作面积的实际比重为36.3%，再根据表7-8雇工经营、雇工性榜青经营两者的土地面积比例，计算得出雇工耕种土地比重为13.6%。两者相加，即得出永佃农的雇工及雇工性榜青耕种的土地比重为51.3%。

热河蒙地永佃农这种大面积、大比例的雇工和雇工性榜青经营，在全国永佃农和永佃制流行地区，都是独一无二的。这种情况的存在，除了永佃制共有的一般性功能和机制，还有热河蒙地区的特殊条件和因素在起作用：蒙地不能买卖，地权不会经常转移，地权转移不会导致买主违例撤佃，使佃农丧失佃权；蒙民大多不谙耕作，不从事农业生产经营，只管收租，而且"认租不认地"，不问土地去向，佃权和租佃关系比较稳定；热河蒙地区属于农业新垦区，地块分割不像关内零碎，耕地相对连块成片，农业耕作相当粗放，作物安排、田间管理简单，便于较大面积的耕作经营和管理；热河蒙地永佃农的构成比较特殊，关内地区的永佃农构成类似普通佃农，除少数富农（大佃、佃富农）外，都是贫苦小生产者和小土地经营者，而热河蒙地永佃农则类同广义的"自耕农"，内部成分复杂多样，除了贫苦永佃农和因贫富分化产生富裕佃农，还有大量来自关内的地主富户以及兼营农业的商人、高利贷者、手工业作坊主等。在一些佃权高度集中的村落，地主、商人、典当商等更构成永佃农的主体，他们大多是乡居地主和农产品加工作坊主兼商人，熟悉并愿意从事农业经营，他们购买和兼并佃权，并非转租谋利，而是耕作经营，因而并非坐食租利的"田面主"，而是佃权的耕作经营者，属于"永佃农"的一部分；农业生产关系和经营模式方面，传统租佃关系在热河蒙地区并不普遍，从蒙地早期垦辟起，由于来自关内的贫苦或破产农民，缺少生产资料，根本没有独立从生产经营的条件，地主或招垦者只能采用供给土地和一切生产资料的辀青制，并逐渐形成惯例和传统。到近代时期，蒙地永佃农贫富分化加剧，越来越多的永佃农丧失佃权和生产资料，沦为雇佣劳动者或"苦力"、"苦工"。同时，关内农民加速贫困化，流入的贫苦或破产农民数量不断增加，给热河蒙地区提供了充足的农业雇佣劳动资源。这就使得雇工经营特别是雇工性辀青经营成为大面积佃权占有者农业经营模式的首选。

正是在上述诸多因素的作用下，热河蒙地永佃制在其发展变化过程中，与关内一些永佃制流行地区不同，没有普遍出现永佃权同生产者的分离，也没有坐食租利的"田面主"，佃权的占有和使用是基本统一的。尽管人口增加，人均和户均耕地面积下降，但随着佃权的不断集中，较大面积的土地（佃权）集中经营亦呈回升和扩大趋势，使得雇工或雇工性辀青经营的佃权面积高达50%以上。

（三）永佃农农业商品生产和雇工经营的历史小结

永佃农的商品性生产和雇工经营，是在封建社会末期已经出现资本主义萌芽的情况下发生发展的，对农业资本主义因素的产生、发育是有意义的，不过由于人数、规模有限，加上历史条件的局限，其影响、作用也不可高估。随着人口增加和分家析产，人均和户均耕作面积缩小。近代时期特别20世纪二三十年代，永佃农内部贫富分化加剧，大部分永佃农的经济地位下降，生产经营规模不断缩小，供给家庭直接消费以外的剩余产品也越来越少，商品生产或商品性生产不断转化为自给性生产。农业劳力使用方面，随着生产经营规模缩小，不仅对雇佣劳动的需求下降，而且呈现家庭劳力过剩或失业、半失业状态。在这种情况下，自然谈不上商品生产和雇工经营的发展。更重要的是，随着帝国主义尤其是日本帝国主义侵略的加速扩大，中国的半殖民地殖民地化程度急剧加深，永佃农的生产和生存环境空前恶化，商品生产和雇工经营或明显萎缩，或被引入和逼上邪路，永佃制和永佃农越来越陷入绝境。

为了全面评估永佃农商品生产、雇工经营和永佃制同农业资本主义发生、发展的关系，有必要具体考察永佃农的发展情况及结局，做一历史性考察和小结。

1. 永佃农经济的发展及其结局的三种情况

综合考察，各地永佃农商品生产、雇工经营和永佃农经济的发展及结局，大致有以下三种情况。

第一种情况是经济状况不稳，或不断恶化，最后完全破产。在永佃制的发展过程中，他们或因欠租，或因天灾人祸，被地主夺回佃权，或被迫将佃权变卖，从而同永佃权分离。从人数上说，这类永佃农是多数或大多数。前面提到的安徽黟县的江广生，道光十年至三十年间（1830—1850）买进"大小买田"17 宗，其中有 3 宗的小买是直接从佃农的手中买进的。① 据祁门地主胡澍廷租簿（记账年份为光绪七年至二十二年）记载，先后买进田面 17 宗，其中耕佃人出卖者 10 宗。②

此类资料在永佃制流行的各个地区屡见不鲜。有人根据乾隆刑科题本中有关永佃权的事例列成简表，所列事例 61 宗，其中 33 宗是佃农典卖田面，涉及地区包括广东、福建、浙江、江西、安徽等省 20 余个州县。从典卖的具体原因看，绝大部分是因为急需用款和经济状况恶化。③ 前述清代皖南众多田面典卖文契，写明的原因几乎全是"无银急用"、"衣食难度"、"钱粮紧急"等。《清代台湾大租调查书》一书所辑田面买卖契约 91 件，其中载明"乏银费用"者 42 计，"无力耕作"者 2 件，"积欠钱粮"、"积欠租额"者 2 件，三者合计 49 件，占总数的 53.9%。

这些永佃农无力保持田面（佃权），但又离不开土地。他们为了延缓佃权的丧失进程和保留土地耕作，或者改卖为典，以期日后回赎，或者典卖后又以更苛刻的条件揽回耕作。在一些地狭人稠的地区尤其是这样。从一些契约资料看，皖南地区的田面（佃权）转移大多数采用借债抵押和典当的方式，

---

① 中国社会科学院经济研究所藏：《道光江姓置产簿》，置产簿第 14 函，W·TX·B0053。

② 中国社会科学院经济研究所藏：《祁门胡澍廷新置租利簿》，置产簿第 5 函，W·TX·B0099。

③ 刘永成：《清代前期的农业租佃关系》，《清史论丛》第 2 辑。

而且多由原佃继续耕种。乾隆刑科题本和有人在闽北地区发现的许多田皮卖契也多附有承佃字。① 傅衣凌先生所辑小租卖契中也都有类似情况。② 但是，经济状况的持续恶化，往往迫使他们不得不最后放弃田面（佃权）和对原有土地的耕作。在这方面，皖南徽州一家程姓地主的誊契簿所反映的情况是有代表性的。该地主乾隆五十八年至宣统二年间（1793—1910）从佃农手中典进田皮57 宗，其中 19 宗是佃农先贱价出典，继而多次加价，最后绝卖的。最多的加价 8 次，保留取赎权时间最长 28 年。另外，57 宗典进的田皮中，有 10 宗是由出典人继续耕作。而这 10 宗田皮中，有 3 宗的出典人最后被迫放弃耕作。如佃农江金英，道光二十五年（1845）春将一宗纳租 7 砠（合 175 斤）的田皮出典，得价 17.5 千文，其田仍由江"揽转耕作"交租，年纳典主"佃利谷"7 砠。是年冬，加价 6500 文，田交典主耕作。次年冬，再加价 2500 文，出典人又将田"揽回耕作"，"佃利谷"则由 7 砠增至 9 砠。另一佃农江佑才，道光八年（1828）将纳租 3 砠 24 斤（合 99 斤）的田皮一宗出典，得价 5000 文，以加纳"佃利谷"3 砠的条件"揽转耕作"，言定三年取赎。但直到道光二十二年（1842），不仅未能赎回，反而因"年底缺少事用"，加价 2000 文，田交典主耕作，仍保留取赎权，但不久又因其母亡故，再次加价 3000 文，田交典主"永远耕作"，彻底失去了佃权及对该田的耕作。③ 就是这样，出典，加价，再加价，最后绝卖；典卖，加租佃种，加价，田交典（买）主耕作，复加租揽回耕作，再加价，田交典（买）主"永远耕作"。这就是永佃农丧失佃权和土地耕作的大致过程。而这种永佃农丧失佃权的过程，许多实际上是自耕农丧失土地所有权过程的延续。

毋庸赘言，从这些破产的永佃农中是不会引出资本主义生产方式来的。当然，他们可以为资本主义生产提供大量的廉价劳动力，但这种廉价劳动力的提供无须经过佃农先掌握永佃权而后破产这样一个过程或阶段。

第二种情况是，经济条件一般。有相当数量的永佃农，在没有天灾人祸等意外打击的情况下，能够比较长时间地维持小农业的个体经营，不过其经

---

① 参见刘永成：《清代前期的农业租佃关系》，《清史论丛》第 2 辑；杨国桢：《试论清代闽北地区民间的土地买卖》，《中国史研究》1981 年第 1 期。

② 傅衣凌：《福建佃农经济史丛考》，福建邵武协和大学中国文化研究会 1944 年刊本。

③ 中国社会科学院经济研究所藏：《程姓誊契簿》，置产簿第 12 函，W·TX·B0051。

营规模很小。再加上人口的自然繁殖和佃权的不断分割,其经营规模就更小了。在那些永佃制产生较早、存在时间较长或人多地少的地区,这种情况尤为突出。以皖南徽州地区为例,据该地一土地契约记载,光绪十七年(1891)一黄姓地主出当田骨一宗,契约开列土地面积 13.19 亩,共有佃人 18 名,平均每人仅有佃权 0.93 亩。其中最多的 2.18 亩,最少的只有 0.22 亩。[1] 咸丰十一年(1861)某地主分家析产,分关阄书开列田租 870 余租,共有佃人 127 名,平均每户纳租 6.85 租(合 175.25 斤)。[2] 按当地通常的地租水平估算,平均每户佃农占有的佃权亦不足 1 亩。当然,这并不一定是这些佃农耕种的全部土地,但是,一个占地数量并不太多的地主,土地出租如此分散,佃人数目如此庞大,无疑说明了佃农经营规模的狭小。值得注意的是,上述两户地主的佃人,从姓名看,不少是同宗兄弟或亲属。这说明永佃农经营规模的狭小,一个重要原因是佃权的多子继承和不断分割。

资料显示,随着时间的推移和永佃制的发展,永佃农的耕地面积和经营规模不断缩小,尤其是到 20 世纪二三十年代,一些地区永佃农的经营规模已经小得可怜。在热河蒙地区,如前所述,由于佃权的占有和使用基本统一,随着佃权的不断集中,较大面积的雇工或雇工性经营有扩大的趋势,但同时因分家析产,部分或大部分永佃农的耕作规模,正在不断缩小。旗仓地和王府地有 5 年丈地换契的规矩,从蒙旗公署和王府不同年份签发的佃户名单和地亩红契,可以清楚看出佃农耕作面积的变化趋势,试看表 7 - 9。

表 7 - 9　热河蒙旗地永佃农耕作面积统计
(1844—1936)

单位:农户,户;面积,亩

序号	年份	旗村	农户数(户)	租种面积(亩)				资料来源*
				小计	最高	最低	平均	
1	1844	喀喇沁右旗榆树林子	26	2019.9	301	12.4	76.7	Ⅱ - 1075

---

[1] 中国社会科学院经济研究所藏:《明清民间典当契约》。

[2] 中国社会科学院经济研究所藏:《徽州民间阄书》。

序号	年份	旗村	农户数（户）	租种面积（亩）				资料来源*
				小计	最高	最低	平均	
2	1854	喀喇沁右旗榆树林子	19	2675.4	810.8	7	140.8	Ⅱ-1077
3	1890	喀喇沁右旗榆树林子	20	359.2	34	2	18.0	Ⅱ-1076
4	1903	喀喇沁中旗小城子	8	357	120	8	44.6	Ⅲ-1775
5	1905	敖汉旗官家地	5	260.3	202.5	7	52.1	Ⅲ-2393
6	1909	喀喇沁右旗萝卜沟	38	1578.4	184.5	4	41.5	Ⅱ-1038-1039
7	1919	喀喇沁中旗法轮寺	43	1209.4	175	1	28.2	Ⅲ-1738-1739
8	1928	喀喇沁中旗法轮寺	49	1212	88	4	24.7	Ⅲ-1739-1740
9	1928	敖汉右旗山嘴子	14	62.7	15.7	0.5	4.5	Ⅲ-2183
10	1929	敖汉左旗头牌子	20	102.2	16.5	0.5	5.1	Ⅲ-2185
11	1932	敖汉左旗小牛群	7	47.7	20.6	1.3	6.8	Ⅲ-2138
12	1933	敖汉左旗三牌子	43	239.7	15.5	1	5.6	Ⅲ-2186
13	1934	敖汉右旗头牌子	50	240	28	0.7	4.8	Ⅲ-2185

　　说明：* 为节约篇幅，征引文献已经简化，"Ⅱ-1075"指日伪地契整理局编印：《锦热蒙地调查报告》（日文本）中卷，1937年刊本，第1075页；"Ⅲ-1775"系同书下卷，第1775页。余类推。

　　表中所列，虽非同一群佃农，但其中不少是同村或邻村，仍有一定的可比性。如表，民国时期同清代晚期相比，永佃农耕作面积大幅度缩小。清末前的6组个案，除一组外，永佃农的最大耕作面积都在100亩以上，咸丰四年（1854）的一组更达810亩有零，平均耕作面积均超过40亩，咸丰四年的一组达140亩有零。进入民国，特别是20年代末30年代初，7组个案中，除1919年的一组以外，永佃农的最大耕作面积均不足100亩，1928年后敖汉旗的5组个案，永佃农的最大耕作面积全部不足30亩或20亩。平均耕作面积除喀喇沁中旗的两租个案外，敖汉旗的6组个案全部在10亩以下，大部分只相当清代晚期的1/5。

　　从农业经营方式和性质上看，在经营粗放的热河旱作区，当永佃农的平均耕作面积超过50亩或100亩时，相当一部分农户的经营规模已接近或超出家庭劳力的耕作能力，需要补充若干数量的雇佣劳动，尤其是农忙短工。耕作面积在一二百每亩以上的永佃农，更多以使用雇佣劳动为主。这部分永佃农的收获物在供应家庭直接消费后，大都有部分进入市场，甚至以商品或商品性生产为主。若耕作面积只有二三十亩，一般既无能力、也不需要使用雇佣劳动，亦无多少剩余产品进入市场，完全表现为一种使用自家劳力的自给性生产。至于耕作面积在 10 亩以下的贫苦永佃农，则土地短缺而劳力有余，不可能单靠土地耕作维持生活，必须出卖部分劳力或从事其他副业，以补土地收入的不足。这就是说，随着耕作面积的不断缩小，原来雇工从事商业性生产的永佃农，同时改变为使用自家劳力的自给性生产。虽然越来越多的贫苦永佃农加入农村雇工队伍，但在永佃农内部却无雇佣劳动的需要。值得注意的是，清末民初正是农村雇佣劳动和商业性农业有较大发展的时期，而永佃农的雇佣劳动和商业性农业反而呈现不断萎缩的态势。这是一种同历史发展趋势不太协调的奇怪现象。

显然，资本主义生产方式的发生发展，不仅不能利用永佃制，反而必须首先冲破土地所有权、使用权分离的障碍。然而，永佃制的瓦解和没落，除了使得封建地租剥削进一步加重、农民经济状况显著恶化、市场萎缩外，地权占有集中而使用零碎、分散的状况依旧，并未为封建土地所有制向资本主义所有制前进提供任何便利。

第三种情况是，永佃农通过垦荒或价买等方式，占有了较大数量的佃权，拥有较多的生产资金和较为齐备的生产工具。他们有的利用有利条件，进行较大规模的雇工经营，或者朝这个方向发展，不过始终没有超出一家一户的小农经济范畴，有的顶多使用少量雇工或季节工进行生产，当他们的田面数额超出这个范围时，即将佃权（田面）转租，而不再直接耕作经营。某些客籍佃农则干脆将其转卖，回原籍用高价购进小片土地，过起"小业主"的生活来。一句话，他们并没有朝资本主义租地农场主的方向发展，而是走上了出租地主地主的老路，或者充当中间剥削的"二地主"。

此种情形，除了热河蒙地区，其他永佃制流行区域基本上都大同小异，如前述陕西定远、宁陕、佛坪等处的永佃农，在揽到大量荒地后，并没有进行雇工经营，而是辗转出租；江苏崇明岛永佃农也是如此；江西宁都南部一带的福建客佃，以永佃的形式长期租种地主土地，久者"至子孙十余世"，"率皆致厚资"。然而，他们并没有就地扩大经营，而是置买"田宅于其祖里"，把田皮转顶他人，回原籍从事自耕小农经营。①

台湾是清代前期开始大规模开发的农业新垦区，茶叶、甘蔗和相当一部分粮食生产又都是商品性生产，本来为资本主义性质的农业经营提供了更有利的条件。不过即使如此，永佃制也没有直接导致农业资本主义经营的发生发展。一些从广东、福建前往垦荒的客民佃农，在积累了一定数量的佃权和资金后，并没有继续就地扩大生产，并发展为资本主义性质的农业经营，而是将佃权转租，成为"小租户"。到清代中后期，大部分富裕佃农已经发展为完全以转租为生的"二地主"。也有一部分永佃农将佃权顶退，然后回内地原籍用高价购买土地。《清代台湾大租调查书》所辑雍正至光绪年间佃权卖契91宗，其出卖原因载明为"回唐别创"、"乏银别创"者39宗。所谓"回唐别创"，就是返回原籍购买土地。而这些"回唐别创"者，大部分属于富裕佃农。现将39宗卖契的佃权价额分组列表如7-10：

表7-10　佃权价额分组

100元以下		100—500元		500—1000元		1000元以上		合计	
宗数	%	宗数	%	宗数	%	宗数	%	宗数	%
4	10.3	21	53.8	6	15.4	8	20.5	39	100

从表7-10中可以看出，39宗个案中，只有4宗的契价在100元（1元合纹银7钱，在当地可买稻谷1石）以下，其余35宗都在100元以上，是属于经济条件较好的富裕佃农。还有8宗超过1000元，最高的达4000元，契载佃权面积13甲（合146.9亩），而该佃农共有田面25.96甲（合293.35亩），而且土地连成片段，完全有条件发展成为资本主义性质经营的租地农场。但是该佃农并未这样做。

究竟是什么因素阻碍着这些有条件的富裕佃农去从事资本主义性质的农业经营呢？

前面已经论证，在封建租地关系中，永佃农是封建依附因素最少、契

① 道光《宁都直隶州志》卷31，艺文志。

约因素最多、耕作经营独立自主性最强的佃农。按照一般规律，他们随着土地和资金的积累，"本人转化为未来资本家的可能性也逐渐发展起来。从这些旧式的、亲自劳动的土地占有者中间，也就产生了培植资本主义租地农场主的温床"。然而，这种发展不是孤立的，无条件的，而是"取决于农村以外的资本主义生产的一般发展"。① 上述富裕佃农之所以没有发展为资本主义的租地农场主，一个重要的原因就是当时城镇没有或很少发展的资本主义生产，没有充分发展的一般商品生产、货币流通和社会分工，从而没有广阔的产品市场。相反，历史悠久的封建生产方式、封建剥削形式却异常顽固地存在着，禁锢着这些富裕佃农的头脑，驱使他们自觉不自觉地走上出租地主或自耕小农的老路。此外，异常苛重和残酷的封建地租也是阻碍这种发展和转化的一个极其重要的因素。马克思曾经指出，如果利润和地租一道产生，"那么，不是利润限制了地租，相反地，是地租限制了利润"。"从概念上说"，地租"会吞并利润"。② 正因为封建地租吞噬了佃农的全部剩余劳动，地租成了佃农剩余劳动的唯一形式，作为剩余劳动的另一形式的利润也就无从产生，从而阻碍着永佃农向租地农场主的转化。不仅如此，在客观上存在榨取高额地租的情况下，一些地租负担较轻的佃农也必然将土地转租，而不会或很少进行资本主义性质的雇工经营。这是因为转租土地所获得的地租可能要比雇工经营的利润高得多，而且不必承担风险。例如，江西宁都，一个租地50亩的永佃农，交地主谷租50石，如将田面转行出租，除谷租由现耕佃人交纳外，尚可获得皮租70石。③ 浙江上虞沙地，大租每亩数百文，小租每亩可达三四千文。④ 安徽歙县某些地方，大买租平均每亩稻谷2斗5升，或旱地钱租银洋1角5分，而小买租平均每亩可达稻谷1石2斗，或旱地钱租2元8角。⑤ 在台湾，水田大租通常为每甲（合11.3亩）稻谷8石，而小租每甲高达四五十石。此外尚可收取高额押租。等等。如此高额的地租收入，是一般雇工经营难以达到的。

---

① 《马克思恩格斯全集》第25卷，第900页。
② 《马克思恩格斯全集》第25卷，第900页。
③ 道光《宁都直隶州志》卷11，风俗志。
④ 国民党政府司法行政部：《民商事习惯调查报告录》，民国十九年刊本，第486页。
⑤ 孙文郁编：《豫鄂皖赣四省之租佃制度》，金陵大学农学院经济系，1936年刊本，第111页。

封建地租之所以会大大高于利润，是因为地租和利润都是直接生产者剩余劳动的转化形态，但在一般情况下，雇主必须满足雇工最低限度的生活需求，保证劳动力的简单再生产，而地主可以不顾佃农的死活，封建地租可能更多地侵蚀直接生产者的必要劳动。这样一来，大部分富裕永佃农也就不会放弃招佃收租这种古老而保险的剥削方式，而去承担雇工经营的风险了。

上面所论永佃农的商品生产、雇工经营和永佃农经济发展及其结局的三种类型，不论哪一种类型都不可能真正导致农业资本主义生产方式的产生和形成。这些都是封建半封建半殖民地条件下的状况。日伪铁蹄下热河蒙地永佃农的家庭经济和悲惨遭遇，情况罕见，下目单述。

2. 日伪铁蹄下热河蒙地永佃农的均贫化和赤贫化

1931 年"九一八"事变后，日本帝国主义很快侵占了东北三省。1932 年伪满洲国成立后，次年 3 月，日寇又迅速侵占热河，并向华北推进，中华民族面临灭顶之灾。覆巢之下焉有完卵。日伪统治初期，热河蒙地永佃制下原有的佃权占有虽然暂时延续下来，雇工或雇工性经营的基本形式和习惯并无多大改变，但由于日本帝国主义的阴险摧残和疯狂劫夺，原有的商品生产则完全被扭曲、变形，被逼入邪路和死胡同，永佃农经济状况急转直下、空前恶化，永佃农不论贫富，不论占有佃权和耕作面积大小，普遍入不敷出、难以为生，大小永佃农和蒙人地主急剧均贫化和赤贫化。前揭苏振德等 24 户永佃农（见表 7-8）①的家庭收支情况，从一个侧面反映了蒙地永佃农的痛苦挣扎和均贫化过程，试看表 7-11。

表 7-11　热河蒙地永佃农家庭收支揽要
(1937)

单位：伪币元

序号	姓名	耕作面积（亩）	收入			支出			盈亏	
			农业	副业、其他	小计	租税、生产	家庭消费	小计	盈余	亏短
1	苏振德	91.3	157.2	0	157.2	9	150	159	0	1.8#

① 其中杨凤亭、马志林两户，因收支项目不全，数据笼统含混，予以剔除，故为 24 户。

续表

序号	姓名	耕作面积（亩）	收入			支出			盈亏	
			农业	副业、其他	小计	租税、生产	家庭消费	小计	盈余	亏短
2	杨 禄	129.4	535.52	103.75	639.27	406.21	240	646.21	0	6.94
3	罗子云	120	177.4	5	182.4	43.2	220	263.2	0	80.8*
4	孙 修	70	104.8	0	104.8	33.75	77	110.75	0	5.95
5	于庆志	120	290.05	5	295.05	80.8	200.4	281.2	13.85	0
6	王金春	20	21.6	40	61.6	1.79	62	63.79	0	2.19
7	王 唤	270	420.2	0	420.2	134.5	265	399.5	0	63.3①
8	万 山	125	211	194	405	90.5	298	388.5	16.5	0
9	杨鼎和	700	1622.35	258	1880.35	1319.45	538.2	1857.65	22.7	0
10	韩瑞轩	230	435.4	246	681.4	305.2	359.4	664.6	16.8②	0
11	张树清	50	75.5	380	455.5	53.5	338.6	392.1	63.4	0
12	朱景轩	103	352.9	180	532.9	62	481.2	543.2	0	10.3
13	李开运	70	310.5	60	370.5	39	342	381	0	10.5③
14	郭希成	160	160	10	170	51	124④	174	0	4
15	蔡景文⑤	192	360	150	510	136	380	516	0	6
16	程殿元	200	120	43	163	53.1	108	161.1	1.9	0
17	李广德⑥	400	340	40	380	198	245	443	0	63
18	冯金林	120	130	31	161	70.7	132	202.7	0	41.7⑦
19	冯永清	70	106	18.75	124.75	19.66	173.88	193.54	0	68.79⑧
20	滕大鹏	210	220	145	365	172	370	542	0	177
21	李连科	150	183	79	262	102.83	241	343.83	0	81.83⑨
22	马云龙	300	306	45	351	65.75	295	360.75	0	9.75⑩
23	孟继贤	120	112.72	60	172.72	19.45	159	178.45	0	5.73
24	夏清和	50	34.4	60	94.4	6.7	91	97.7	0	3.3⑪
	平均	169.6	282.8	89.7	372.5	144.8	245.4	390.2	5.63	26.82

资料来源：同表7-8（其中杨凤亭、马志林2户因资料不全，已舍弃）。

说明：#原统计支出161元，不足3.2元，错。现按细数核正。春借小米1石，利息3分，借期5个月。

*原资料收支差额："亏50元"，错。现按细数核正。

①原资料盈余20.7元，但该户借钱800元余，年利3分，借期7个月，按800元计，应付利息84元，未计入开支。现据实补充、核正。

②原资料支出差额："余20元"，错。现按细数核正。

③原资料支出差额："不足 20.5 元"，错。现按细数核正；该户"本年因生活不足"，借款 50 元，借期 1 年，无利息。

④原资料缺油盐等调味品及服饰等开支，现按同地人口相同、经济条件相近的程殿元相关数字（油盐 4 元、服饰 10 元）补足。

⑤原资料收入概算 520 元，支出概算 450 元，收支决算剩余 70 元，与细数不符，现按细数核正。

⑥借粮谷 25 石，年息 5 分，计 12.5 石。

⑦从屯内杂货商赊货 30 元，年息 2 分（6 元）。

⑧借粮一年 3 石，借钱一年衣服费 15 - 16 元。

⑨借钱 100 元，年利 3；借粮 5 石，年利 5 分。

⑩借钱 150 元，年利 3 分；借粮 5 石，年利 5 分。

⑪不足部分应时出雇日佣，工薪一日二角。

必须指出，由于调查者并非内行和专业人士，调查项目的设计不规范、标准不统一、内容不完整，尤其是支出缺项甚多，一些最基本的生产、生活开支，如种子、肥料、耕畜、农具的添补、维修，夜间照明和医疗卫生等费用，均未计及。尽管如此，仍可大致观测调查对象家庭收支的一般状况。如表，24 户永佃农中，有 18 户亏折，占总数的 75%，亏折总额达 642.9 元，按亏折户平均，每户 35.7 元，按总户数平均，每户 26.8 元。少数有盈余或收支大体平衡的永佃农，则是因为担任农村基层伪职（村长），享有"津贴"，或有商业利润、煤矿股息以及其他额外收入。如杨鼎和、韩瑞轩、张树清 3 户各有 180 元的"村长"津贴，杨鼎和还外加 48 元的"仓长"津贴，张树清外加 200 元的煤矿股份红利；万山有 10 亩园地和 50 只羊，卖烟草、蔬菜收入 134 元，羊绒收入 60 元；于庆志种植鸦片 5 亩，收入 190 元；程殿元养有 22 只羊、7 只猪，售卖分别得款 20—30 元、14—15 元。总之，没有额外"津贴"或收入，完全靠农业经营，无论耕作面积多大，没有一户能够逃离亏折的厄运。

参照表 7 - 8、表 7 - 11 可以发现，亏折及其数额多寡，与永佃农家庭人口及劳力结构、人均耕作面积、经营规模及经营模式之间，并无某种差异或规律可循，表列各户，无论人口及劳力多寡、经营规模大小、自种还是雇工或耪青经营，家庭收支和经济生活无不捉襟见肘、挪补为艰。有的甚至连基本的生活开支也省掉，但仍然难免亏折。表中耕作面积最小的王金春，夫妻俩和年届六旬的父母，耕种 20 亩地的同时，本人兼行佣工，消费开支除仅有 50 元食费、10 元衣服费和 2 元杂费，所有生产支出全是空白，仍亏折 2. 19 元。[①] 夏清和全家 6 口人，耕种 50 亩地，收获物仅供自家消费，副食品等全靠柴薪等进行"物物交换"，现金支出只能靠佣工或售卖家畜应付，自然也无法逃脱入不敷出的命运。

耕作面积小的贫苦永佃农如此，一些耕作面积较大、似乎家境富裕的永佃农，收支也并不宽松，甚至缺口更大。李连科一家 4 口，户主夫妻及儿媳（儿子遭匪贼枪击残废）均为壮劳力，加上 1 名榜青，耕种 150 亩地，理应可以收支平衡。但账面却亏折 82 元，并欠钱债 100 元（年利 3 分）、粮债 5 石（年利 5 分），秋季收割后，除了偿还谷息，只得低价售粮 6 石，以还钱债利息。次年夏季再借粮食，秋季收获后复廉价售卖（6 石约 70 元），第三年夏季又按年利 5 分借粮。结果，在高利贷的泥淖中越陷越深。[②] 除了负债，李连科每年还有一段时间断粮，被迫食"树草"（树皮草根）。调查者总结称："从家产看，似属中等以上，实际上生计困难"。[③] 李广德一家 6 口，经营面积达到 400 亩，人均 66.7 亩，收支状况却是：收获粮谷，自家消费后的残余只能供榜青分粮和偿还借粮利息；现金支出约 90 元，收入只有甘草 10 元和售卖鸦片的 30 元，因而年度决算有"相当欠损"。12 石半的谷息更是一个"致命的负担"。为了应付开支，又只有勒紧裤带卖口粮，以致 1936 年有"相当一段时间食草木（草根树皮）"。[④] 李连科、李广德的状况是一个典型个案，说明了永佃农售卖口粮背后的原因，揭示了日伪统治下粮食商品生产、粮食商品化的悲惨真相。

不分大小农户，普遍收不敷支，挪补无方，一些农户即使亏折，也无处或无信用借贷、谋食，只得以"俭朴及野菜等充之"。[⑤] 所谓"俭朴"，即是勒紧裤带过日子。生活完全处于一种绝望和无助境地。与封建半封建半殖民地条件下，永佃农大致处于贫富分化或两极分化的情况不同，日伪

---

① 《锦热蒙地调查报告》（日文本）中卷，第 846 页。
② 调查者特别补充，现金"副收入"40 元，而支出一百七八十元，每年必负相当数量的债务，特别是受旧债利息的影响很大（《锦热蒙地调查报告》（日文本）下卷，第 2240 页）。
③ 《锦热蒙地调查报告》（日文本）下卷，第 2240 页。
④ 《锦热蒙地调查报告》（日文本）下卷，第 2095 页。
⑤ 《锦热蒙地调查报告》（日文本）中卷，第 1098 页。

统治下的热河蒙地永佃农，则呈现一种典型的"均贫化"、"赤贫化"态势。

导致热河蒙地永佃农入不敷出、大小农户"均贫化"、"赤贫化"的重要和直接原因是日伪政权敲骨吸髓，强征苛捐杂税、加强财政搜刮；强迫种植鸦片，高额征收"禁烟特税"。热河蒙地永佃农租税负担及其结构详见表 7 - 12。

表 7 - 12　热河蒙地永佃农的租税负担及其结构

(1937)

单位：伪币元

序号	姓名	耕作面积（亩）	租税合计（元）	地租		税捐		
				金额（元）	占租税%	金额（元）	占租税%	占收入%
1	苏振德	91.3	9	4	44.4	5	55.6	3.2
2	杨　禄	129.4	76.45	5	6.5	71.45	93.5	11.2
3	罗子云	120	13.2	1.2	9.1	12	90.9	6.6
4	孙　修	70	33.75	7	20.7	26.75	79.3	25.2
5	于庆志	120	45.8	4.8	10.5	41	89.5	13.9
6	王金春	20	1.79	0.75	41.9	1.04	58.1	1.7
7	王　唤	270	179.5	5.5	3.1	174	96.9	41.4
8	万　山	125	14.5	4.5	31.0	10	69.0	2.5
9	杨鼎和	700	177.7	20	11.3	157.7	88.7	8.4
10	韩瑞轩	230	51.5	7	13.6	44.5	86.4	6.5
11	张树清	50	8.5	3	35.3	5.5	64.7	1.2
12	朱景轩	103	32	5	15.6	27	84.4	5.1
13	李开运	70	20	1.6	8.0	18.4	92.0	5.0
14	郭希成	160	11	1	9.1	10	90.9	5.0
15	蔡景文	192	45.2	12	26.5	33.2	73.5	5.2
16	程殿元	200	13.1	5.1	38.9	8	61.1	4.9
17	李广德	400	23	8	34.8	15	65.2	3.9
18	冯金林	120	26.7	2.4	9.0	24.3	91.0	15.2
19	冯永清	70	17.66	0.66	3.7	17	96.3	13.6
20	滕大鹏	210	91.6	16	17.5	75.6	82.5	20.7

续表

序号	姓名	耕作面积（亩）	租税合计（元）	地租		税捐		
				金额（元）	占租税%	金额（元）	占租税%	占收入%
21	李连科	150	21.33	0.23	1.1	21.1	98.9	8.1
22	马云龙	300	29.75	0.9	3.0	28.85	97.0	28.9
23	孟继贤	120	19.46	2.96	15.2	16.5	84.8	9.6
24	夏清和	50	6.7	2.4	35.8	4.3	64.2	4.6
	平均	169.6	40.4	5.0	12.5	35.3	87.5	9.5

资料来源：同表 7–8（其中杨凤亭、马志林 2 户因资料不全，已舍弃）。

　　热河蒙地永佃农负担的租税，包括蒙人地主收缴的地租和日伪政权征收的税捐两部分。通常情况下，无论普通佃农或永佃农，都只纳地租，而不承担政府税捐。作为对佃农剩余劳动再分配的税捐，几乎全部由地主和其他土地所有者承担。而日伪统治下的热河蒙地永佃农，在缴纳地租的同时，不仅必须负担日伪政权规定的税捐，而且种类、名目繁多。先按土地面积计征"亩捐"，然后加征与亩捐等额的"保甲费"（"街村费"、"村保费"等）。种植鸦片则另有高额"禁烟特税"，吸食鸦片须另纳烟捐（"土钱"）。农具、家畜也全都有捐：大车、小车（驴车）有"车捐"或"车牌"，可用于驮载的马、骡、驴、骆驼有"驮捐"，家畜宰杀有"屠宰捐"；放牧、砍柴、采石、烧瓦则要缴纳"山份"，标准、数额各旗村互不相同。[①]另外，房捐据称也已调查登记完毕，随时准备施行。[②]

　　上列税捐都是货币税捐，此外又有实物税捐和劳役。敖汉旗五十家子等村的地方税中有征收粮草的"佐领所公费"，每"锄"（30 亩为一"锄"）摊派高粱 1 斗 7 升、小米 9 升、干草 170 斤。[③]喀喇沁右旗有向石灰窑征收

---

① 敖汉旗玉田沟（亦写作"玉田皋"）等村按牲畜计征，牛 3 角，马 5 角，驴 1 角，骆驼 1 元，羊 5 分，薪柴无一定定额〔《锦热蒙地调查报告》（日文本）下卷，第 2130 页〕；萨力把等村按户计征，凡是养畜户，每家都到"治安队"缴纳"山份"3 元〔《锦热蒙地调查报告》（日文本）下卷，第 2206 页〕；喀喇沁左旗则因山地、村屯大小而异，该旗凡在山地、沙漠放牧，均须缴纳"草梢子山份"，小村每户 1 元，大村每户 3 元〔《锦热蒙地调查报告》（日文本）下卷，第 2155 页〕；喀喇沁右旗的"采石山份"，一人一年 4—5 元，烧瓦一年分两期缴纳，一窑 8 元〔《锦热蒙地调查报告》（日文本）中卷，第 1056 页〕。

② 《锦热蒙地调查报告》（日文本）下卷，第 2224 页。

③ 《锦热蒙地调查报告》（日文本）下卷，第 2066 页。

的"石灰山份"，按石灰产量计征，1 万斤石灰缴纳 200 斤，由参领代收，用于参领公署"公费"，缴付旗署的也很多。① 日伪统治下的蒙地永佃农劳役负担也极重，不过调查资料中登载不全，仅冯金林的"支出"说明："赋役，每年 5 日左右"；冯永清的"支出之部"记录："赋役日数：不定，平均每年约 10 日"；马云龙的"支出"项下提到："赋役日数：去年（1936年）1 个月"。② 其余各户则均无记录。

由于调查资料关于蒙地永佃农税捐负担的统计很不完整，车捐、驮捐、屠宰捐、山份等，多有缺漏，"赋役"调查记录也是挂一漏万，至于一些地方税目，则只见于村屯概况调查，而户别调查不见踪影，表中蒙地永佃农负担的税捐数额及其占收入的比重，比实际数字要低得多。再加上前面提到的，永佃农的生活支出也因缺漏而大幅度缩小，蒙地永佃农入不敷出的实际程度，比表列数字要更加严重得多。

租税内部结构清楚显示，热河蒙地永佃农所纳租税的主要成分并非地租，而是日伪政权征收的苛捐杂税，如表 5 - 8 所示，前者只占租税总额的12.5%，而后者高达 87.5%。有的如李连科，地租甚至只占租税总额的1.1%，而税捐所占比重达 98.9%。这种奇特和违背常理的租税结构，有其历史原因，但主要的还是日本帝国主义为了更顺当地进行金融掠夺和财政搜刮而一手造成的。

由于蒙地永佃制主要是通过佃农垦荒和价买佃权而形成的，通常纳租面积小于实际面积，一些"小牌地"永佃的成立，大多采用"高价低租"的模式，单位面积租额不高，地租多为钱租，又多以铜钱（"中钱"、"东钱"、"塔钱"等）计算。清末民初，银贵钱贱，铜钱大幅贬值，蒙人地主实收地租本已下降，伪满洲国成立时，日本帝国主义在建立伪满货币制度的过程中，又大幅压低铜钱对伪满币的比值，借此进行金融劫夺。结果，蒙地每亩租额只有 2 分 9 厘钱，低到令人难以想象的程度。日本帝国主义这样做，当然并不是为了减轻永佃农的地租负担，而是一箭双雕，用直接向佃农派征税捐的手段，像玩魔术一样，将包括蒙人地主应得地租在

---

① 《锦热蒙地调查报告》（日文本）中卷，第 1057 页。
② 《锦热蒙地调查报告》（日文本）下卷，第 2097、2134、2242 页。

内的佃农收入，全部集中到日伪政权的囊中。结果，永佃农交给蒙人地主的地租虽然减少了，但新增税捐数额，大大超过以前应交的租额，其结果是收支严重不敷。如表所示，24户平均，每户缴纳税捐（未含劳役）35.3元，亏折26.82元。显然，日本帝国主义的税捐苛敛是导致热河蒙地永佃农入不敷出和均贫化、赤贫化的元凶。所有永佃农，不论人口多寡、经营模式，无不亏折，即使劳力强、经营面积大也不例外。如冯金林主要以自家劳力耕种120亩，缴纳地租2.4元、税捐24.3元，亏折41.7元；李连科家工、榜青并用，耕种150亩，缴纳地租0.23元、税捐21.1元，亏折81.83元；滕大鹏家工、雇工、榜青并用，耕种、经营210亩，缴纳地租16元、税捐75.6元，亏折177元；王唤家工、雇工并用，耕种270亩，缴纳地租5.5元、税捐174元，亏折63.3元；马云龙以家工为主、榜青为辅，耕种300亩，缴纳地租0.9元、税捐28.85元，亏折9.75元。当然似乎也有例外，张树清雇工经营50亩，缴纳地租3元、税捐5.5元，盈余63.4元；韩瑞轩雇榜青"自种"230亩，缴纳地租7元、税捐44.5元，盈余16.8元；经营面积最大、雇榜青耕种700亩的杨鼎和，缴纳地租29元、税捐157.7元，盈余22.7元。不过这3户都有"村长"津贴等额外收入，张树清、韩瑞轩各有"村长"津贴180元，杨鼎和有"村长"、"仓长"两项津贴，合计228元。如果剔除这部分额外收入，3户不仅没有盈余，反而依次亏折116.6元、163.2元和205.3元，后者更为表列各户亏折之最。

在永佃农"均贫化"和赤贫化的过程中，可以清晰看到许多永佃农迅速由富变穷的轨迹。如滕大鹏，娶有两房妻子，育有3儿3女，经营2顷多土地（自己加1名年工和农忙短工耕种1顷，招榜青耕种1顷）。虽然保留着富农甚至地主的农业经营模式和身份、架势，生活水平却陡降至吃野菜充饥、卖野菜弥补家计的饥饿型水平。户主接受调查时，虽不能确定"草食"的时间长短，但收入项目列明，野菜除自家食用外，售卖进款5元。[①]即使如此，亏折数额仍然高达177元，相当年收入的48.4%。

---

① 《锦热蒙地调查报告》（日文本）下卷，第2158—2159页。

王唤一家 10 口，有佃权 270 亩、二牛一马、两头奶牛、20 只羊，家境相当富裕，调查者评估为"上中"，在正常情况下，自家 3 名劳力和适量雇工协同耕作，理应当收支有余，衣食不愁。但王唤因被迫种植鸦片，家中 3 人染上毒瘾，劳动能力大幅下降，生产荒废。① 而吸毒和雇工开支大增，捐税尤为苛重，"禁烟特税" 50 元，"土钱" 60 元（每名 20 元），全部捐税高达 174 元，为表中永佃农之最，经济状况急转直下，累积欠债 800 余元，约相当于全年收入的 2 倍，即使单付利息，已亏折 63.3 元（详见表 7-10）。如欠息不还，土地即归债权人耕种，随时可能丧失佃权和土地耕作，失业破产。②

马云龙更是由富变穷、急剧"均贫化"的一个典型。在调查者眼中，马云龙是村里不多见的富户，认为他作为"甲长"，从外表和服饰推测，其生活状况在本村应居"上位"，并怀疑他还有其他收入来源。③ 马云龙的身上似乎也还残留着富裕农户的某种气质或架势，但实际上，家庭经济早已入不敷出、仰赖借贷：一家 7 口人，使用 2 名榜青，经营 300 亩土地，收获粮谷 30.6 石，扣除榜青分粮、自食、家畜饲料、榜青口粮、粮债利息等 28.3 石，仅余 2.3 石，售卖得款约 30 元，另种鸦片纯利 13.25 元，合计 43.25 元，但年支出 200 余元（包括债利 30 元），无异于杯水车薪，以致"每年都有相当欠损"，全靠借贷应付：以年利 3 分的条件借钱 150 元，须还息 30 元，以年利 5 分的条件借粮 5 石，须还息 2 石 5 斗，全都无力清偿，唯有继续借债、债上加债。④

同通常意义上的贫富分化或两极分化比较，日伪统治下的永佃农"均贫化"、赤贫化，发生的社会条件和原因、表现形式、波及范围等方面，都有明显的特点。

---

① 按照该地 1 名成年男劳力的耕作面积为 60—70 亩（如同村万山，115 亩粮地、10 亩菜园地，家人不参加劳动，只用 2 名长工耕作打理）计算，只须 1 名长工（外加若干农忙短工），现在却须雇用 3 名长工，雇工人数增加 2 倍。家中有两头奶牛、20 只羊，却未见任何收益，调查资料中的"副业收入"为零。
② 《锦热蒙地调查报告》（日文本）中卷，第 846—849 页。
③ 《锦热蒙地调查报告》（日文本）下卷，第 2243 页。
④ 《锦热蒙地调查报告》（日文本）下卷，第 2243 页。

通常意义上的永佃农贫富分化或两极分化，是在社会生产、物资流通发生改变或如常运转的情况下，资源、产品分配发生某种倾斜，资源、资金和财富由一部分人向另一部分人流动、集中，不同阶层、人群对财富占有的差别不断扩大，但社会资金、财富总量增加，或维持不变，并有相应部分进入再生产流程。日伪统治下的永佃农"均贫化"、赤贫化，是生产、流通、分配受到外力干扰和毁灭性的破坏，社会资金和个人财富被劫夺，加速流失。从1933年3月日寇侵占热河到1937年"七七事变"前后大规模展开"蒙地调查"的4年多时间里，日本帝国主义疯狂征敛、巧取豪夺，所得物资和金银钱财，直接用于侵略战争和战争准备（包括整个伪满政权机器的运转），或运往日本国内，很快导致农民均贫化、赤贫化产生，并空前加剧。

表现形式方面，通常永佃农的贫富分化或两极分化，一般表现为经营小块土地（佃权）的永佃农，部分人收入减少，经济状况转差，丧失部分或全部佃权，经营规模缩小，甚至完全退出独立的家庭农业经营；小部分永佃农经济状况好转，购（典）进佃权，扩大农业耕作和经营规模，或自行耕作兼行转佃收租。随着时间的推移，贫者愈贫，富者愈富，由贫富分化发展为两极分化，并不断扩大。在日伪统治下，由于流失社会资金和财富统统进入了日本侵略者的手中，永佃农"均贫化"突出表现为富者变穷，穷者更穷，表现为大小永佃农都朝贫困一极集中。因此，永佃农内部的贫富差别，似乎并未扩大，甚至还在缩小。但社会整体资金、财富、资源都在不断减少，甚至趋于枯竭，已无余资融通，几乎完全丧失调剂功能，整个社会陷入绝境。

至于波及范围，通常永佃农的贫富分化或两极分化，波及范围因时因地而异，在一般情况下，总有某种比例的永佃农经济状况变化不大，相对稳定，不会出现全体永佃农卷入贫富分化或两极分化的状况。日伪统治下的永佃农"均贫化"、赤贫化，情况明显不同，不仅永佃农全部加速贫困化，而且波及蒙人地主，由于蒙地地租被压低到极限，蒙旗地主尤其是一般蒙民地主，也被推到了贫困线甚至饥饿线、死亡线上。在这种情况下，"均贫化"、赤贫化不限于大小永佃农，蒙人地主也包括在内。

不过日本帝国主义并不满足于蒙人名义上占有地权、征收微量地租，汉民名义上占有佃权、向日伪政权缴纳税捐的现状，而是要直接占有蒙地和相关的全部权益。而且，日本帝国主义对热河和内外蒙古的土地觊觎、经济掠夺，蓄谋已久。早在 20 世纪初，日本即派遣间谍、退伍军人"密入"图什业图王府以及其他王府管区，充当王府的"顾问"，进行渗透、颠覆、策反活动，左右王府政策和政治倾向，① 并图谋以"十把一束之贱价"买下土地所有权，② 或垦为水田，种植食米，以济日本食料不足；或设牧场，养殖军马、牛畜，以充军用及食用，剩余者制成罐头贩运欧美，毛皮亦供日本不足之用，企望"时机一到则内外蒙古均为我有"。③

1932 年伪满洲国成立后，1933 年 3 月，日寇迅速侵占热河，立即加快了直接劫夺土地的步伐，1936 年 3 月成立以"整理"蒙地"地籍"为目的的"地籍整理局"，1937 年 4 月至 11 月，由伪热河省"次长"负总责，伪锦州、热河两省"荐任官"（均日本人）分别为首组成伪锦州、热河两个"调查班"，对两省蒙地进行为期 8 个月的集中调查。就在调查期间，日本全面侵华战争爆发，加速掠夺蒙地的时机成熟。1938 年 10 月，伪满"总理大臣"张景惠导演，由 30 多名蒙旗王公、旗长代表呈递"奉上书"，将所辖蒙地全部"奉献"给伪满皇帝，名为"土地奉上"。不过尚未包括伪锦州、热河两省。在 10 月的一次蒙旗王公会议上，伪满总务厅长官日人星野直树对此特别说明，"因诸种原因"，锦热两省这次不在"奉上"范围，但"彼等所受恩惠，为时亦不远矣"。④ 果然，不到一年，次年 9 月，伪锦、热两省"土地奉上"丑剧就在张景惠办公室上演。⑤ "奉上"的蒙地所有权内

① "关东厅"长官福岛长女，即被派充图什业图王府"顾问"，因此该王府与日本"颇为接近"。
② 1927 年，图什业图王府已有日本退伍军人 19 人，向王府收买土地，谋求羊毛特买权和矿权。
③ 《田中义一上日皇奏章》，见章伯锋、庄建平主编《抗日战争·从九一八至七七》（中国近代史资料丛刊之十三）第 1 卷，四川大学出版社 1997 年版，第 23—24 页。
④ 《盛京时报》伪康德五年 10 月 15 日，转自佟佳江《伪满时期"蒙地奉上"研究》，《民族研究》2003 年第 4 期，第 103 页。
⑤ 佟佳江：《伪满时期"蒙地奉上"研究》，《民族研究》2003 年第 4 期，第 101—103 页；《宁城县志》，内蒙古人民出版社 1992 年版，第 417—418 页；《平泉县志》，作家出版社 2000 年版，第 174 页。

容包括：①札萨克对蒙民及土地管辖自治权；②"国税" 3/10 的提成；③矿山、窑业、森林、药材出产物之提成；④山川、河流、牧野之所有权。①

就是这样，通过一纸"土地奉上书"，热河蒙旗王公贵族、蒙民、箭丁的蒙地收租权和其他相关权益，瞬间统统被日本帝国主义劫夺净尽，汉民佃农也同时失去了佃权，流行二百余年蒙地永佃制彻底消失。在蒙地"奉上"之前，蒙地永佃农已是入不敷出、只能草根树皮果腹，但毕竟原有蒙地永佃关系、农业经营模式暂时得以维持，现在蒙地统统收归伪满皇帝亦即日寇所有，蒙地佃农不但税捐、劳役进一步加重，而且随时可能失去土地耕作，流离失所。事实上，蒙地"奉上"后，日寇更加肆无忌惮地烧杀抢掠，乱砍滥伐，并大搞"集家并村"，将汉民佃农驱离家园和耕作的土地，集中监视、居住，建造"集团部落"（"人圈"）和"无住禁作地带"（"无人区"）。"集团部落"主要建在平缓地带，"部落"外沿筑有底宽 1.2 米、高 3.5 米的围墙，并建筑炮楼、挖掘护城壕。整个"部落"只有两个大门，门口有日寇站岗，日出"三竿"才能开门，日落即关门上锁。"部落"四围 3 公里的范围又被划为"无住禁耕地带"，严禁住人、耕种、放牧、打柴，沿边设有警戒线，埋有红桩子，越界人、畜，打死无论。这样，大量平缓地带的耕地多被用于建造"集团部落"和围墙、壕沟、炮楼、军用公路和"无住禁作地带"，"部落" 3 公里外又多无耕地，结果不仅耕地量少质劣，且因路途远、劳动时间短，耕作不及时，土地产量异常低下，而苛捐杂税多达数十种，所获产品还不够交税，"人民处在水深火热之中"。② 热河蒙地永佃农沦为全国永佃农中最苦难、最悲惨的一个群体。

---

① 《喀喇沁左翼蒙古族自治县志》，辽宁人民出版社 1998 年版，第 158 页。

② 《敖汉旗志》，内蒙古人民出版社 1991 年版，第 834—836 页，附《日军"集家并村"罪行录》；《河北省土地志系列丛书·平泉县土地志》，2001 年印本，第 235 页。

主要征引文献[①]

一 经典著作

《马克思恩格斯选集》，马克思、恩格斯著，人民出版社1975年版。

《列宁全集》第3卷，人民出版社1963年版。

《资本论》，马克思著，人民出版社1975年版。

二 专著、杂著、笔记、文集

《一山文集》，（元）李继本著。

《20世纪三四十年代的晋陕农村社会——以张闻天晋陕农村调查为中心的研究》，岳谦厚、张玮著，中国社会科学出版社2010年版。

《三邑治略》，（清）熊宾撰，光绪三十一年刻本。

《大清律例通考》，乾隆四十三年刻本。

《广大农村生产关系与生产力》，陈翰笙主编，中山文化教育馆1934年刊本。

《王文勤公年谱》，王传璨编，民国二十二年铅印本。

《天下郡国利病书》，顾炎武编，北京图书馆藏清代抄本。

《天下郡国利病书》，顾炎武编，上海涵芬楼1936年影印昆山图书馆藏稿本。

《元史》，中华书局1976年版。

《切问斋文钞》，陆耀著，乾隆间刻本。

[①] 征引文献名称以首字笔画为序。

《五杂俎》，（明）谢肇淛著，中华书局 1959 年版。

《太宗洪武实录》，民国三十年印本。

《内蒙古经济发展史札记》，沈彬华著，内蒙古人民出版社 1983 年版。

《中国农佃问题》，章柏雨、汪荫元著，上海商务印书馆民国三十六年版。

《中国近代经济史》，凌耀伦等著，重庆出版社 1982 年版。

《中国近代经济史稿》，河北大学经济系经济史教研室编，河北大学经济系 1976 年刊本。

《中国经济史论文集》，厦门大学历史研究所中国经济史研究室编，福建人民出版社，1981。

《中国经济通史·清代经济卷》，方行等主编，经济日报出版社 2000 年版。

《中国棉纺织史稿》，严中平著，科学出版社 1955 年版。

《贝清江诗集》，（明）贝琼撰，康熙间刊本。

《东轩笔录》，（宋）魏泰撰，中华书局 1983 年版。

《四川农村经济》，吕平登编著，商务印书馆 1936 年版。

《台阳见闻录》，唐赞衮撰，台湾银行经济研究室，1958 年刊本。

《台湾通史》，连横著，商务印书馆 1947 年版。

《西江视臬纪事》，（清）凌燽撰，乾隆八年剑山书屋刻本。

《宋史》，中华书局 1977 年版。

《刘中丞奏议》，刘蓉撰，光绪十一年长沙思贤讲舍刻本。

《江村经济——中国农民的生活》，费孝通著，江苏人民出版社 1986 年版。

《问俗录》，（清）陈盛韶著，作者藏手抄本。

《沦陷三年之东北》，赵惜梦编，天津大公报社 1935 年版。

《闲中古今录摘抄》，（明）黄溥撰，收录沈节甫辑《纪录汇编》，上海涵芬楼民国二十七年影印万历景明刻本。

《刦庵官书拾存》，罗正钧撰，民国九年湘潭罗氏养正斋刻本。

《张文襄公全集》，张之洞撰，民国十七年刻本。

《明清社会经济形态研究》，中国人民大学历史教研室编，上海人民出版社 1957 年版。

《明代经济史述论丛初稿》，秦佩珩著，河南人民出版社 1959 年版。

《明清农村社会经济》，傅衣凌著，生活·读书·新知三联书店 1961 年版。

《明清时代商人及商业资本》，傅衣凌著，人民出版社 1956 年版。

《明清徽州土地关系研究》，章有义著，中国社会科学出版社 1984 年版。

《皇朝经世文编》，贺长龄编，思补楼光绪十二年补校本。

《明史》，中华书局 1974 年版。

《明史纪事本末》，（清）谷应泰撰，中华书局 1977 年版。

《明清社会经济史论文集》，傅衣凌著，人民出版社 1982 年版。

《张文忠公文集》，（明）张居正撰，商务印书馆 1935 年版。

《张文襄公电稿》，许同莘编，宣统印本。

《南村辍耕录》，陶宗仪，中华书局 1959 年版。

《海外传教士启示及巧奇书集》（法文本），埃梅·马尔坦著。

《海瑞集》，（明）海瑞撰，中华书局 1962 年版。

《租覈》，（清）陶煦撰，民国十六年重排本。

《阅世编》，（清）叶梦珠撰、来新夏点校，上海古籍出版社 1981 年版。

《虚受堂文集》，王先谦撰，民国十年刊本。

《象山先生全集》，（宋）陆九渊撰，上海涵芬楼影印明嘉靖刊本。

《临汀考言》，（清）王庵简著。

《梁方仲读书札记》，梁方仲著，中华书局 2008 年版。

《简明中国经济史》，刘克祥著，经济科学出版社 2001 年版。

《满洲发达史》，〔日〕稻叶郡著，杨成能译，萃文斋书店，1940 年刊本。

《熙朝纪政》，王庆云著，上海书局，光绪二十八年石印本。

《清代社会经济史研究》，〔日〕重田德著。

《清史稿》，中华书局 1977 年版。

《清江文集》，（明）贝琼撰，《四库全书》本。

《福建佃农经济史丛考》，傅衣凌著，福建协和大学中国文化研究会1944年刊本。

《解放前的中国农村》（第三辑），陈翰笙、薛暮桥、冯和法编，中国展望出版社1989年版。

《豫鄂皖赣四省之租佃制度》，孙文郁编，金陵大学农业经济系1936年印本。

《潜书》，（清）唐甄著，四川人民出版社1984年注释本。

《魏季子文集》，（清）魏礼撰，道光刻本。

《露桐先生年谱》，（清）钱景星编，嘉庆八年刻本。

三 档案、官书、典籍、资料集、调查报告

《土地关系旧法规·奉热两省单行之部》，日伪土地局编，1934年印本

《土地法》，国民党政府立法院编，民国十九年。

《大元圣政国朝典章》，中国广播电视出版社1998年影印元刊本。

《大清十朝圣训》，台北，文海出版社1965年刊本。

嘉庆《大清会典》，嘉庆二十三殿刻本。

嘉庆《大清会典事例》，嘉庆二十三殿刻本。

光绪《大清会典事例》，上海商务印书馆，光绪三十四年石印本。

《大理院判例要旨汇览》，北洋政府大理院编辑处，1926年刊本。

《大理院解释例全文》，郭卫编，上海会文堂新记书局，民国二十一年版。

《文献通考》，（宋）马端临辑，贯吾斋，光绪二十八年印本。

《户部井田科奏咨辑要》，（清）户部编，光绪十六年印本。

《户部抄档》，中国社会科学院经济研究所藏。

同治《户部则例》，同治四年校刊本。

《乾隆朱批奏折》。

《中华民国元年至十六年大理院判决例全书》，郭卫编，上海会文堂新记书局1932年版。

《中华民国六法全书理由、判解汇编》，吴经熊，1936年增订本。

《中华民国史档案资料汇编》，第五辑第二编，财政经济（八），中国第二历史档案馆编，江苏古籍出版社 1998 年版。

《中国土地契约文书集》，〔日〕东洋文库明代史研究室辑，〔日〕东洋文库 1975 年刊本。

《中国民事习惯大全》，施沛生编，1924 年刊本。

《中国近代农业史资料》第一辑，李文治编，生活·读书·新知三联书店 1957 年版。

《中国近代农业史资料》第三辑，章有义编，生活·新知·读书三联书店 1957 年版。

《中国近代对外贸易史资料》，姚贤镐编，中华书局 1962 年版。

清《内阁全宗·刑科题本·土地债务》，中国第一历史档案馆藏。

《中南区一百个乡调查资料选集·解放前部分》，中南军政委员会土地改革委员会调查研究处编印，1953 年印本。

皖南徽州《分家书》，中国社会科学院经济研究所藏。

《平汉沿线农村经济调查》，陈伯庄编，国立交通大学 1936 年印本。

《民法诠解·物权篇》，黄佑昌著，民国三十六年刊本。

《民国二十年代中国大陆土地问题资料》，萧铮主编，（台北）成文出版社有限公司、〔美国〕中文资料中心 1977 年版。

《民国时期社会调查丛编·乡村经济》，李文海主编，福建教育出版社 2009 年版。

《民商事习惯调查报告录》，国民党政府司法行政部，民国十九年刊本。

《四川经济参考资料》，张肖梅编，中国国民经济研究所民国二十八年刊本。

《四川租佃问题》，商务印书馆民国三十三年版。

《台湾土地制度考查报告书》，程家颖编，台湾银行经济研究室 1963 年印本。

《台湾私法物权编》，台湾银行经济研究室编印，1963 年印本。

皖南徽州《收租簿》，中国社会科学院经济研究所藏。

《光绪朝东华录》（5 册本），（清）朱寿朋编，中华书局 1958 年版。

《全国土地调查报告纲要》，国民党政府土地委员会编，民国二十六年刊本。

《江苏山阳收租全案》，李程儒编，民国十六年刊本。

《江苏无锡农民地主经济调查表》，中央研究院社会研究所调查编制，中国社会科学院经济研究所藏原件。

《江苏省农业调查录》，东南大学农科编，民国十二年刊本。

《江苏省农村调查》（内部资料），华东军政委员会土地改革委员会编，1952 年刊本。

《宋会要辑稿》，国立北平图书馆编，该馆 1936 年印本。

《安徽省农村调查》（内部资料），华东军政委员会土地改革委员会编，1952 年刊本。

《抗日战争·从九一八至七七》（中国近代史资料丛刊之十三），章伯锋、庄建平主编，四川大学出版社 1997 年版。

《求实斋类稿》，蒋德钧撰，光绪年间刻本。

《吴光禄使闽奏稿选录》，吴赞诚编，台湾银行经济研究室 1966 年印本。

《奉天省财政沿革利弊说明书》，奉天清理财政局编，宣统年间铅印本。

《张謇与近代南通社会：口述实录（1895—1949）》，姚谦编著，方志出版社 2010 年版。

《明实录》，（台）"中央研究院"历史语言研究所校刊本（无出版年）。

《明清史料丙编》，前中央研究院历史语言研究所编，北京图书馆出版社 2008 年版。

《明清民间佃约》，中国社会科学院经济研究所藏。

《明清民间典当契约》，中国社会科学院经济研究所藏。

《明清徽州社会经济资料丛编》第一集，安徽省博物馆编，中国社会科学出版社 1988 年版。

《明清徽州社会经济资料丛编》第二集，中国社会科学院历史研究所徽州文契整理组编，中国社会科学出版社 1990 年版。

《明清福建经济契约文书选辑》，福建师大历史系编（唐文基主编），人民出版社 1997 年版。

《贵州省财政沿革利弊说明书》，民国四年刊本。

《临时台湾旧惯调查会第一部调查第二回报告书第一卷附录参考书》，临时台湾旧惯调查会，明治三十九年（1931）刊本。

《临时台湾旧惯调查会第一部调查第三回报告书·台湾私法附录参考书》，〔日本〕临时台湾旧惯调查会编，1909—1911 年刊行本。

《宣统政纪》，皇室私编。

《清代台湾大租调查书》，台湾银行经济研究室编，1963 年印本。

清代刑科题本，历史博物馆藏原件。

《南京旗地问题》，万国鼎著，正中书局民国二十四年版。

《浙江省农村调查》（内部资料），华东军政委员会土地改革委员会编，1952 年刊本。

《浙江省农村调查》，国民党政府行政院农村复兴委员会编，商务印书馆 1934 年版。

《量沙纪略》，张鸿编，民国四年印本。

《福建省农村调查》（内部资料），华东军政委员会土地改革委员会编，1952 年刊本。

《福建省例》，台湾银行经济研究室编印，台湾银行 1964 年发行本。

《福州市县经济调查报告书·农业经济篇》，国民党政府铁道部财务司调查科查编，铁道部财务司民国二十一年印本。

《福建民间文书》，陈支平主编，广西师范大学出版社 2007 年版。

《福建台湾奏折》，台湾银行经济研究室辑。

《福建经济概况》，黄金涛、季天祜主编，福建省政府建设厅民国三十七年印本。

《康雍乾时期城乡人民反抗斗争资料》，中国人民大学清史研究所、档案系中国政治制度史教研室合编，中华书局 1979 年版。

《谕告文件》，中国社会科学院法学研究所藏抄本。

《谕折汇存·经济选报》，光绪二十九年印本。

《徽州千年契约文书·清民国编》，中国社会科学院历史研究所收藏整理，花山文艺出版社 1994 年版。

徽州地契档，中国社会科学院经济研究所藏，置产簿第 23 函，W·TX·B0063。

《清代地租剥削形态》，中国第一历史档案馆、中国社会科学院历史研究所合编，中华书局 1982 年版。

《清朝文献通考》，乾隆官修。

《热河省之土地》，日伪热河省长官房土地科编，伪康德五年（1938）日文打印本。

《清实录》，中华书局，1987 年影印本。

《清朝续文献通考》，刘锦藻编，商务印书馆 1935 年版。

直隶《清赋章程摘要》。

《湖南文征》（五册本），（清）罗汝怀纂，岳麓书社 2008 年版。

《湖南省例成案》，嘉庆十八年湖南按察司衙门刻本。

《嘉兴县农村调查》，冯紫岗编，浙江大学、嘉兴县政府 1936 年刊本。

皖南徽州《置产簿》，中国社会科学院经济研究所藏。

《廉江公牍》，聂尔康撰，民国二十四年刊本。

《徽州文书》第一辑（10 册本），刘伯山主编，安徽大学徽学研究中心编，广西师范大学出版社 2005 年版。

《徽州文书》第二辑（10 册本），刘伯山主编，安徽大学徽学研究中心编，广西师范大学出版社 2006 年版。

《徽州文书》第三辑（10 册本），刘伯山主编，安徽大学徽学研究中心编，广西师范大学出版社 2009 年版。

《徽州千年契约文书·宋元明编》，中国社会科学院历史研究所收藏整理，花山文艺出版社 1994 年版。

《徽州千年契约文书·清民国编》，中国社会科学院历史研究所收藏整理，花山文艺出版社 1994 年版

四 地方志

旧方志

民国《上杭县志》，民国二十七年刊本。

《上海府县旧志丛书·崇明县卷》，上海古籍出版社 2011 年版。

乾隆《口北三厅志》，乾隆二十三年刻本。

道光《广宁县志》，民国二十二年刊本。

光绪《广德州志》，光绪六年刊本。

民国《开原县志》，民国十九年铅印本。

民国《云阳县志》，民国二十四年刊本。

嘉庆《云霄厅志》，民国二十四年刊本。

民国《太仓州志》，民国八年刊本。

民国《仁化县志》，民国二十二年刊本。

民国重修《长乐县志》，福建印刷所民国七年印本。

光绪《玉田县志》，光绪十年刻本。

康熙《平和县志》，康熙二十一年抄本。

光绪《白河县志》，光绪十九年刻本。

康熙《宁化县志》，同治八年重刊本。

乾隆《汀州府志》，同治六年刊本。

民国《宁化县志》，民国十五年刻本。

道光《宁都直隶州志》，道光四年刻本。

民国《古田县志》，民国三十一年铅印本。

乾隆《石城县志》，乾隆十年刻本。

康熙《平和县志》，康熙五十八年刻本。

乾隆《乌青镇志》，乾隆二十五年刻本。

道光《永安县续志》，道光十四年刊本。

乾隆《永定县志》（乾隆二十二年刻本），福建省地方志编纂委员会整理，厦门大学出版社 2012 年版。

同治《永新县志》，同治十三年刊本。

嘉靖《龙岩县志》，嘉靖三十七年刻本。

嘉靖《龙溪县志》，嘉靖十四年刻本。

乾隆《龙溪县志》，光绪五年补刊本。

乾隆《龙溪县志》，光绪五年补刊本。

光绪《乐清县志》，民国元年补刊本。

正德《江阴县志》，明正德十五年刻本。

光绪《重修华亭县志》，光绪五年刻本。

同治《兴国县志》，同治十一年刻本。

民国《合江县志》，民国十八年印本。

同治《祁门县志》，同治十二年刊本。

光绪《庐江县志》，光绪十一年活字本。

光绪《重纂邵武府志》，光绪年二十四刊本。

咸丰《邵武县志》，咸丰五年刻本。

光绪《青田县志》，民国二十四年重印本。

光绪《青浦县志》，光绪五年尊经阁刻本。

嘉庆《松江府志》，嘉庆二十二年刻本。

光绪《定远厅志》，光绪五年刻本。

道光《建阳县志》，道光十二年刻本。

道光《定南厅志》，道光五年刻本。

乾隆《信丰县志》，乾隆十六年刻本。

光绪《周庄镇志》，光绪庚辰年（1880）刻本。

民国《金堂县续志》，民国十年版。

民国《桦甸县志》，民国二十一年年铅印本。

同治《雩都县志》，同治十三年刻本。

民国《重修南川县志》，民国二十年铅印本。

光绪《重修嘉善县志》，光绪十八年刊本。

民国《闽清县志》，民国十年铅印本。

咸丰《南浔镇志》，同治二年刻本。

乾隆《南靖县志》，乾隆四十二年刻本。

光绪《浦城县志》，光绪二十六年刻本。

同治《雩都县志》，同治十三年刻本。

雍正《崇安县志》，雍正十一年刻本。

光绪《崇明县志》，光绪七年刻本。

乾隆《崇明县志》，乾隆二十五年刻本。

民国《清流县志》，民国三十六年刊本。

同治《淡水厅志》，同治十年刻本。

民国《续修陕西通志稿》，民国二十三年铅印本。

民国《梨树县志》，民国二十三年铅印本。

民国《雄县新志》，民国十八年刻本。

民国《桂平县志》，民国九年铅印本。

民国《萧山县志稿》，民国二十四年刊本。

民国《黑龙江志稿》，民国二十二年铅印本。

同治《新城县志》，同治九年刻本。

民国《新修大埔县志》，民国三十二年铅印本。

民国《新修南充县志》民国十八年刻本。

嘉庆《郴州总志》，嘉庆二十五年刻本。

康熙《续修瑞金县志》，康熙三十七年刻本。

康熙《瑞金县志》，康熙二十二年刻本。

乾隆《瑞金县志》，乾隆十八年刻本。

乾隆《湖南通志》，乾隆二十二年刻本。

万历《漳州府志》，万历四十一年刻本。

光绪《增修灌县志》，光绪十二年刻本。

《潮州志》，饶宗颐总纂，潮州市地方志办公室 2005 年刊本。

民国《黟县四志》，黟县黎照堂民国十二年刻本。

同治《赣州府志》，同治十二年刻本。

新方志

《土默特右翼前旗志》，内蒙古人民出版社 1994 年版。

《土默特旗志》，内蒙古人民出版社 1997 年版

《于都县志》，新华出版社 1991 年版。

《上杭县志》，福建人民出版社 1993 年版。

《上饶县志》，中共中央党校出版社 1993 年版。

《大足县志》，方志出版社 1996 年版。

《万县志》，四川辞书出版社 1995 年版。

《万源县志》，四川人民出版社 1996 年版。

《山东省志》，山东人民出版社 2000 年版。

《广汉县志》，四川人民出版社 1992 年版。

《广昌县志》，上海社会科学院出版社 1995 年版。

《川北县志》，方志出版社 1996 年版。

《义乌县志》，浙江人民出版社 1987 年版。

《井研县志》，四川人民出版社 1990 年版。

《开江县志》，四川人民出版社 1989 年版。

《无为县志》，社会科学文献出版社 1993 年版。

《无锡县志》，上海社会科学院出版社 1994 年版。

《天台县志》，汉语大词典出版社 1994 年版。

《太仓县志》，江苏人民出版社 1991 年版。

《太湖县志》，黄山书社 1995 年版。

《丰城县志》，上海人民出版社 1989 年版。

《丰都县志》，四川科学技术出版社 1991 年版。

《中江县志》，四川人民出版社 1994 年版。

《长汀县志》，生活·读书·新知三联书店 1993 年版。

《宁河县志》，天津社会科学院出版社 1991 年版

《宁城县志》，内蒙古人民出版社 1992 年版。

《内江县志》，巴蜀书社 1994 年版。

《玉山县志》，江西人民出版社 1985 年版。

《龙井县志》，东北朝鲜民族教育出版社 1989 年版。

《平泉县志》，作家出版社 2000 年版。

《平原县志》，齐鲁书社 1993 年版。

《东丽区志》，天津社会科学院出版社 1996 年版。

《古蔺县志》，四川科学技术出版社 1993 年版。

《巫溪县志》，卷 5，农业，四川辞书出版 1993 年版。

《涪陵市志》，四川人民出版社 1995 年版。

《龙州县志》，广西人民出版社 1993 年版。

《龙岩地区志》，上海人民出版社 1992 年版。

《龙海县志》，东方出版社 1993 年版。

《四平市志》，吉林人民出版社 1993 年版。

《北京市房山区志》，北京出版社 1999 年版。

《永川县志》，四川人民出版社 1997 年版。

《永安市志》，中华书局 1994 年版。

《永定县志》，中国科学技术出版社 1994 年版。

《汉源县志》，四川科学技术出版社 1994 年版。

《乐至县志》，四川人民出版社 1995 年版。

《乐陵县志》，齐鲁书社 1991 年版。

《仪陇县志》，四川科学技术出版社 1994 年版。

《乌拉特中旗志》，内蒙古人民出版社 1994 年版。

《乌拉特前旗志》，内蒙古人民出版社 1994 年版。

《西充县志》，重庆出版社 1993 年版。

《江津县志》，四川科学技术出版社 1995 年版。

《阳原县志》，中国大百科全书出版社 1997 年版。

《阳新县志》，新华出版社 1993 年版。

《兴国县志》，1988 年内部发行本。

《合川县志》，四川人民出版社 1995 年版。

《苏州市志》，江苏人民出版社 1995 年版。

《芜湖市志》，社会科学文献出版社 1995 年版。

《怀柔县志》，北京出版社 2000 年版。

《吴江县志》，江苏科学技术出版社 1994 年版。

《吴县志》，上海古籍出版社 1994 年版。

《陆良县志》，上海科学普及出版社 1991 年版。

《呈贡县志》，山西人民出版社 1992 年版。

《邵武市志》，群众出版社 1993 年版。

《奉贤县志》，上海人民出版社 1987 年版。

《杭州农业志》，方志出版社 2003 年版。

《枞阳县志》，黄山书社 1998 年版。

《松江县志》，上海人民出版社 1991 年版。

《松溪县志》，中国统计出版社 1994 年版。

《武定县志》，天津人民出版社 1990 年版。

《武隆县志》，四川人民出版社 1994 年版。

《弥勒县志》，云南人民出版社 1987 年版。

《罗平县志》，云南人民出版社 1995 年版。

《岢岚县志》，山西古籍出版社 1999 年版。

《宝坻县志》，天津社会科学院出版社 1995 年版。

《宜昌县志》，冶金工业出版社 1993 年版。

《绍兴市志》，浙江人民出版社 1996 年版。

《泸县志》，四川科学技术出版社 1993 年版。

《金堂县志》，四川人民出版社 1994 年版。

《荆州地区志》，红旗出版社 1996 年版。

《柘荣县志》，中华书局 1995 年版。

《宜宾县志》，巴蜀书社 1991 年版。

《南充县志》，四川人民出版社 1993 年版。

《宣威市志》，云南人民出版社 1999 年版。

《科尔沁右翼前旗志》，内蒙古人民出版社 1996 年版。

《重庆市南岸区志》，重庆出版社 1993 年版。

《饶平县志》，广东人民出版社 1994 年版。

《涟水县志》，江苏古籍出版社 1997 年版。

《淳安县志》，汉语大词典出版社 1990 年版。

《准葛尔旗志》，吉林古人民出版社 1995 年版。

《浠水县志》，中国文史出版社 1992 年版。

《凌源县志》，辽宁古籍出版社 1995 年版。

《莆田县志》，中华书局 1994 年版。

《桐柏县志》，中州古籍出版社 1995 年版．

《通辽市志》，方志出版社 2002 年版。

《通海县志》，云南人民出版社 1992 年版。

《通榆县志》，吉林人民出版社 1994 年版。

《翁牛特旗志》，内蒙古人民出版社 1993 年版。

《黄冈县志》，武汉大学出版社 1990 年版。

《萧山县志》，浙江人民出版社 1987 年版。

《阆中县志》，四川人民出版社 1993 年版。

《常熟市志》，上海人民出版社 1990 年版。

《康平县志》，东北大学出版社 1995 年版。

《旌德县志》，黄山书社 1992 年版。

《湖口县志》，江西人民出版社 1992 年版。

《铜梁县志》，重庆大学出版社 1991 年版。

《彭水县志》，四川人民出版社 1998 年版。

《新乐县志》，中国对外翻译出版公司 1997 年版。

《喀喇沁旗志》，内蒙古人民出版社 1998 年版。

《喀喇沁左翼蒙古族自治县志》，辽宁人民出版社 1998 年版。

《湘乡县志》，湖南出版社 1993 年版。

《鄂托克前旗志》，内蒙古人民出版社 1995 年版。

《蓟县志》，南开大学出版社 1991 年版。

《蒲江县志》，四川人民出版社 1992 年版。

《蓝田县志》，陕西人民出版社 1994 年版。

《蓬安县志》，四川辞书出版 1994 年版。

《靖安县志》，江西人民出版社 1989 年版。

《慈溪县志》，浙江人民出版社 1992 年版。

《鄞县志》，中华书局 1996 年版。

《滦平县志》，辽海出版社 1997 年版。

《綦江县志》，四川人民出版社 1991 年版。

《潼南县志》，四川人民出版社 1993 年版。

《镇赉县志》，吉林人民出版社 1994 年版。

《蕲春县志》，湖北科技出版社 1997 年版。

《藁城县志》，中国大百科全书出版社 1994 年版。

《歙县志》，中华书局 1995 年版。

《鄞县志》，中国社会出版社 1994 年版。

五 报纸、期刊、集刊、年鉴

上海《大公报》宣统三年七月初四日、三月二十二日；民国二年 4 月 5 日；民国二十二年 2 月 6 日。

天津《大公报》1935 年 4 月 1 日。

上海《大晚报》民国二十三年 10 月 10 日。

《广东经济年鉴》（民国二十九年度），《广东经济年鉴》编纂委员会编，广东省银行经济研究室民国三十年刊本。

《中央日报》1933 年 2 月 11 日、2 月 17 日、3 月 15 日、9 月 5 日、10 月 19 日。

《历史研究》1979 年第 6 期、1980 年第 2 期、1982 年第 7 期。

《历史教学》1954 年第 4 期。

台北《中央研究院近代史研究所集刊》1981 年 10 月第 10 期

《中学历史》1980 年第 3 期。

《中国史研究》1981 年第 1 期。

《中国农村》1935 年第 1 卷第 4 期；第 1 卷第 8 期；1937 年第 3 卷第 8 期。

《中国社会科学》1980 年第 3 期。

《中国社会科学院经济研究所集刊》第 7 辑，中国社会科学出版社 1984 年版。

《中国社会科学院经济研究所集刊》第 8 辑，中国社会科学出版社 1986 年版。

《中国社会经济史研究》1982 年第 2 期。

《中国社会经济史集刊》，前中央研究院社会科学研究所编，第 8 卷第 1 期，1949 年 1 月。

《中国经济》1934 年第 2 卷第 12 期；2005 年第 1 期。

《中国经济史研究》1986 年第 3 期；1988 年第 4 期。

《中国经济年鉴》，国民党政府实业部《中国经济年鉴》编纂委员会编，民国二十三年版。

《中国经济年鉴》第三编，商务印书馆民国二十五年版。

《史学月刊》1965 年第 5 期。

〔日〕《史学杂志》第 63 编第 7 期，1954 年。

《文物》1975 年第 6 期。

《申报》同治十二年九月十九日；光绪五年十一月二十七日；光绪九年八月初七日；光绪十四年十一月初三日；光绪十四年十一月初三日；光绪三十二年十一月初五日；民国二十一年二月十五日、

《东方杂志》宣统二年七月、民国十六年八月 24 卷 16 号、

《东北师大学报》1984 年第 1 期。

《民族研究》2003 年第 4 期

《四川师院学报》1983 年第 3 期。

《地政月刊》1933 年第 1 卷第 4 期；1935 年第 3 卷第 5 期。

《安徽实业报》宣统元年九月二十日。

《农矿公报》1929 年 10 月第 17 期。

《江西师范大学学报（哲学社会科学版)》1989 年第 3 期。

《江海学刊》1963 年第 1 期。

《字林沪报》光绪十三年七月十一日。

《学术研究丛刊》1980 年第 1 期

《苏州大学学报》1995 年第 2 期。

《申报》同治十二年九月十九日。

《苏州日报》2014 年 7 月 25 日、8 月 8 日、9 月 12 日。

《近代史资料》1955 年第 4 期。

《社会科学战线》1982 年第 2 期。

《近代史研究》2007 年第 1 期。

《明史研究论丛》第一辑，中国社会科学院历史研究所明史研究室编，江苏人民出版 1982 年版。

《明清之际地主佃农关系试探》，张富美撰，1980 年中美历史讨论会影印稿。

天津《益世报·农村周刊》1934 年 7 月 7 日；1935 年 3 月 9 日。

《京报》光绪七年三月初二日。

《浙江经济年鉴》（民国三十六年），浙江省银行经济研究室编，1948 年刊本。

《益闻录》光绪十三年八月十九日。

广州《新岭东报》1933 年 2 月 16 日。

《清史论丛》第 1 辑，中华书局 1979 年版。

《清史资料》1981 年第 3 期。

《清史论丛》第 2 辑，中华书局 1980 年版。

《新中华》1934 年 1 月第 2 卷第 2 期、3 月第 2 卷第 6 期。

《福建师大学报》（哲学社会科学版）1981 年第 1 期。

英文、日文

Journal of the China Branch of the Royal Asiatic Society，第 23 卷，1889 年。

《中支江南农村社会制度研究》，〔日〕林惠海著，东京有斐阁株式会社昭和 28 年（1953）版。

《支那土地制度研究》，〔日〕田边胜正，昭和十八年（1943）刊本。

《支那农业经济论》，〔日〕天野元之助著，改造社昭和十五年（1940）刊本。

《中欧诸国的土地制度和土地政策》（日文本），〔日〕泽村康著。

《中国农村惯行调查》，〔日〕中国农村惯行调查刊行会编，日本岩波书店 1958 年刊本。

《中国法制史研究》，〔日〕仁井田陞著，东京大学 1960 年版。

《永小作论》，〔日〕小野武夫著，1924 年刊本。

《关东州土地旧惯一斑》，大连南满铁路株式会社总务部事务局调查课编，大正四年（1915）印本。

《关东州土地旧惯提要》（日文本），〔日本〕关东都督府临时土地调查部编，大正七年（1918）印本。

《满洲にゎける植民地经济の展开》，〔日〕石田兴平著。

《满洲旧惯调查报告书》（日文本），南满洲铁道株式会社编，大同印书社 1935 年刊本。

《满洲旧惯调查报告书前编》（日文本），南满洲铁道株式会社编，大同印书社 1914 年刊本。

《满洲旧惯调查报告书前篇·一般民地》中卷，南满洲铁道株式会社编，昭和十一年（1936）三版。

《锦热蒙地调查报告》（日文本）（上、中、下 3 卷），日伪地籍整理局编印，日伪康德四年（1937）印本。

后　　记

　　这部书从资料搜集、整理到文稿撰写、修改，最后完稿，几乎贯穿了我的整个研究生涯。学界中人常言，"十年磨一剑"，而我这柄"剑"磨了将近40年。

　　1976年"文革"结束后，所里的研究工作陆续恢复，大型专著《中国近代经济史》重新上马。当时经济史研究组的严中平组长，在全组会上几次提出，永佃制很重要，要有专人做深入研究，但无人主动请缨。我因协助李文治、章有义两位老先生，执笔撰写《中国近代经济史，1840—1894》的农村经济和财政税收有关章节，涉及太平天国战争后江浙皖地区的永佃制问题，无法回避，由此开始了对永佃制问题的探索，在写作、完成经济史书稿的同时，先后写出了《清代永佃制的形成途径、乡俗习惯和地区分布》、《热河的蒙地开垦和永佃制度》等专题论文。我在探讨和研究过程中，深切感悟到严老所言极是，永佃制度确是历史学和经济史学领域的一个重大课题，对系统、深入研究中国封建社会后期农村土地占有关系、租佃形式和整个封建制度的发展进程及演变规律，了解农村封建生产关系向资本主义生产关系演变，解开中国封建生产方式长期延续、资本主义萌芽发展迟缓的谜团，都有重大意义。然而永佃制度的研究，一直是历史学和经济史学领域的一个薄弱环节，研究的人很少。我虽然有决心对永佃制度进行深入、系统的研究，填补这方面的空白，但我的工作重心一直放在《中国近代经济史》的编纂上。不仅当时如此，现在依然如此，永佃制度的研究只能是零敲碎打、见缝插针，这也是一把"剑"磨了将近40年的一个重要原因。

这部书的构思、写作，几易其稿。40 年的书稿写作历程，也是我的学习、成长历程。

鉴于永佃制资料的零散、稀缺及其不平衡性，书稿的最初构思是量力而为，尽可能避难就易、删繁就简，对永佃制度的考察时段只限于清代，并将书稿分上下两篇：上篇为"综合篇"，对清代永佃制的形态特征、流行状况和发展变化做一综合考察，勾画出一个总体轮廓；下篇为"专题篇"，分别对蒙地、旗地和台湾地区的永佃制进行专题研究。不过我的思路和提纲被章有义先生否定了。他认为这种"两张皮"式的松散结构不合适，不仅学术价值有限，也难以避免内容重叠；应该变换思路，将永佃制作为一个有机的整体，进行系统和深入考察。这样处理，资料收集、书稿写作的难度可能加大，但书的质量和学术价值提高。他还特别强调，搞学术研究，眼光要放远大一些，不能急功近利。我听后茅塞顿开，按照章先生的建议，重新构思，另拟提纲，并克服急躁情绪，加大了资料发掘和收集的力度。几年后，在专题研究基础上，写出了一部近 20 万字的稿子。当时章先生身体越来越差，但仍然仔细阅读书稿。他赞同书稿的框架结构、基本观点和结论，同时指出其不足，并对某些内容、段落、文句、提法等提出修改意见。这对我是引领、鼓舞，也是鞭策。我按照章先生的要求，认真修改和充实书稿。转眼间到了 1990 年，我的职称问题已经解决，没有了这方面的压力，书稿的修改可以更加从容、细腻。同时，相关契约和文书档案资料开始陆续整理出版，主客观条件都对书稿的修改、加工有利。但遗憾的是不久后章先生离世，我痛失好导师和引路人。打这以后，我对书稿的思考、修改更加谨慎、严格，一再告诫自己，作为一部大型专著，绝不能出现硬伤。

书稿的修改加工，从未中断，但进展情况并不理想，到我 1998 年退休，仍未杀青。退休后本应有更多的时间加工书稿，但因我在《中国近代经济史》的分工中，被赶鸭子上架，由前两卷的作者变成第 3 卷主编（双主编之一），担子更重，时间更紧。在这种情况下，永佃制稿子有被挤掉或流产的危险。我深知人既有惰性，又有潜能，有时需要某种外来压力才能克服惰性，发掘潜能。而且当时一大批徽州文书档案问世，所里收藏的徽州文书也已重新编目，我还学会了电脑，这些都为书稿加工提供了有利条件。于是我在2007年申请了院里的"老年科研基金"项目，借此逼迫自己加快书稿进度，同时扩充书稿内容，对永佃制的考察时段，上溯至宋代，下延至民国，以便再现中国永佃制度起源、形成、发展和衰落、消亡的历史全貌。

尽管如此，我仍然没有整块时间用于书稿的修改和扩充加工，而仍然只能见缝插针。因此，2010年永佃制课题结项时，《中国近代经济史，1927—1937》按计划完成、出版，而永佃制书稿的扩充，只完成了"上溯"部分，"下延"则仅仅收集到若干资料，尚未成文，最后还是只能以《清代永佃制度研究》的课题名称结项。虽然书稿在质和量的方面都出现了一个飞跃，得到鉴定人的充分肯定，亦可考虑出版。但是为之奋斗了30余年的书稿，还是不够完整，终非我愿。况且民国时期的永佃制，与清代以前迥异，佃农不是"从无到有"，通过垦荒、价买或长期耕作等方式获得永佃权，而是"从有到无"，贱卖或丧失土地所有权，仅仅保留土地耕作权或土地耕作。作为一部完整的、有较高学术价值的永佃制专著，民国时段的永佃制不可或缺，否则学术价值大减，甚至无形中对读者产生误导。然而有关民国时期永佃制的资料，大多分散在各地新编方志中，查找和检索的工作量极大，而且"投入产出"不成比例。尽管如此，为了使书稿完美无缺，我毫不犹豫，又花了5年时间，用"蚂蚁啃骨头"的办法，查阅和检索了全国大约80%—90%的新方志，不仅圆满完成了民国时段永佃制的考察和论述，而且这方面资料的补充，对于永佃制地域分布状况的表述，更加具体、准确，近90万字的永佃制书稿也终于得以收官。岁月悠悠，书稿从"不惑之年"着手准备，到完稿收笔，已年届耄耋。

本书耗费了我大半辈子的心血，同时也凝聚了一众师长、同仁的辛劳和汗水，堪称集体劳动和智慧的结晶。在书稿的构思和前期写作、修改中，章有义先生热心指导和修改，为书稿的写作指明了方向，打下了坚实的基础。魏金玉研究员也给书稿写作提供了指导和帮助。有关古代典籍、文献资料方面的一些问题，我都会经常向他请教。封越建研究员组织研究室同仁对研究室收藏的徽州契约文书进行整理、编目、上架，方便借阅；徐建生研究员帮我拍照，这些使我能够多快好省地查阅、检索这批异常珍贵的文书档案。书稿在"老年科研基金"课题结项时，江太新、魏明孔两位研究员，仔细审读，认真鉴定，并提出宝贵意见。江太新研究员还把自己收集的永佃制资料供我使用。我在完成书稿后，寻思资料方面还有没有什么"漏网之鱼"，突然想起老江花费多年心血编纂的《明清农业史资料（生产关系部分）》，尚未出版，其中定有不少有价值的永佃制资料。我说："老江，你收集的永佃制资料能否先供我一用？"他二话没说，即刻从文件柜翻出一个系好的公文夹，打开一看，正是我要的资料，结果大有收获，书稿锦上添花。公文夹中还掺杂有我的卡片复印件，原来早先我把自己做的永佃制卡片也复印了一部分给他。——我们的资料是互通有无的。

这里还要特别感谢本书责任编辑——社会科学文献出版社经济史编辑室陈凤玲主任、宋淑洁编辑、陶璇编辑和特邀编辑范明礼研究员，感谢四位认真审定，细心编校，发现问题，提出意见，保证质量，背后的辛劳和汗水不言而喻。说来事巧，因永佃制问题专业性较强，我曾特请历史学出身的范明礼研究员担任责任编辑，他当时正在社会科学文献出版社任特邀编辑。不过后来我在一次会上见到陈凤玲主任，她希望出这本书，我说："问题不大，只是我已邀请老范担任编辑。"她说："这好办，现在老范就在我们社。"我交稿后找老范一说，他欣然应允，事情圆满解决。十分有幸，宋淑洁编辑今年刚从人文分社调来经管分社，即接手本书的后期校核和审定。她是历史专业出身，一直编辑有关历史、文献方面的书籍，经验丰富，对本书的质量保证功不可没。

这本书能够最终完成和顺利出版，还有赖院里的好政策。为了调动知识分子的积极性，促进科研发展，院里一直采取各种措施，鼓励离退休研究人员发挥余热，我这本书在写作阶段，院里提供研究经费资助；书稿出版，又提供出版补贴。在现今条件下，如果没有研究经费资助和出版补贴，这类大型专著是很难完成和出版的。

2016 年 12 月

图书在版编目（CIP）数据

中国永佃制度研究：全二册 / 刘克祥著. —— 北京：
社会科学文献出版社，2017.5
（中国社会科学院老年学者文库）
ISBN 978 - 7 - 5201 - 0304 - 6

Ⅰ.①中⋯ Ⅱ.①刘⋯ Ⅲ.①租佃关系 - 研究 - 中国
Ⅳ.①F329

中国版本图书馆 CIP 数据核字（2017）第 012079 号

·中国社会科学院老年学者文库·

中国永佃制度研究（上、下册）

著　　者／刘克祥

出　版　人／谢寿光
项目统筹／陈凤玲
责任编辑／陈凤玲　宋淑洁　陶　璇

出　　　版／社会科学文献出版社·经济与管理分社（010）59367226
　　　　　　地址：北京市北三环中路甲 29 号院华龙大厦　邮编：100029
　　　　　　网址：www.ssap.com.cn
发　　　行／市场营销中心（010）59367081　59367018
印　　　装／三河市尚艺印装有限公司

规　　　格／开　本：787mm × 1092mm　1/16
　　　　　　印　张：54　字　数：824 千字
版　　　次／2017 年 5 月第 1 版　2017 年 5 月第 1 次印刷
书　　　号／ISBN 978 - 7 - 5201 - 0304 - 6
定　　　价／298.00 元（上、下册）